IN FORSCHUNG UND LEHRE PROFESSIONELL AGIEREN

Lioba Werth
Klaus Sedlbauer

Impressum

Bibliografische Informationen der Deutschen Nationalbibliothek: Die Deutsche Nationalbibliothek verzeichnet diese Publikation in der deutschen Nationalbibliografie. Detaillierte bibliografische Daten sind im Internet unter http://dnb.d-nb.de abrufbar.

ISBN 978-3-924066-97-0

Umschlaggestaltung: Janis Eitner
Layoutgestaltung: Anne Brantl

Projektbetreuung und -koordination: Vera Müller

Siebte unveränderte Auflage 2018

Druck: Wienands Print+Medien GmbH, 53604 Bad Honnef

Fotos Titelseite: fotolia.com und istockphoto.com

Vorwort von Hans-Jörg Bullinger

Als Organisation der angewandten Forschung mit mehr als achtzig Forschungseinrichtungen hängt der Erfolg der Fraunhofer-Gesellschaft entscheidend von den Managementfähigkeiten ihrer Institutsleiter ab, die üblicherweise zugleich Lehrstuhlinhaber sind. So, wie unser Namenspatron Joseph von Fraunhofer zugleich Wissenschaftler, Erfinder und Geschäftsmann war, schließen Fraunhofer-Institute die Lücke zwischen universitärer Grundlagenforschung und marktfähigen Produkten.

Wirtschaft und Wissenschaft bilden aus guten Gründen verschiedene gesellschaftliche Systeme mit unterschiedlichen Werten, Interessen und Strukturen. Innovationen entstehen stets, wenn neues Wissen in innovative Produkte und Dienstleistungen umgesetzt wird. Entscheidend ist dabei, dass die handelnden Menschen in einer innovationsförderlichen Umgebung agieren können. Innovatoren sind Persönlichkeiten, die mit Ausdauer und Durchsetzungsvermögen neue Chancen verfolgen und konsequent nutzen. Sie haben nicht nur den praktischen Nutzen ihrer Forschung und deren Umsetzung im Blick, sondern sie gestalten auch die Prozesse von der Erkenntnisgenerierung bis zur Vermarktung von Ergebnissen systematisch. Ihr Credo heißt: „Weitermachen!", wo andere längst aufgegeben haben, und Lösungen suchen, wo andere sagen: „Geht nicht!"

Hierfür finden Sie im vorliegenden Buch Handlungsanweisungen, Tipps und Tricks, außerdem Beiträge zur professionellen Gestaltung des Technologiemanagements, zu Publikationen und Anträgen sowie zur Patentierung. Vor allem die Hinweise zur Außendarstellung verdienen Aufmerksamkeit: Nicht nur Gutes tun, sondern damit auch in die Öffentlichkeit zu gehen, zählt heute zu den Aufgaben jedes Forschers. Ich kann dieses Buch jeder ambitionierten Führungskraft in Forschungseinrichtungen als Handwerkszeug empfehlen, damit Sie später sagen: „Geht doch!"

Prof. Dr.-Ing. habil. Prof. e. h. mult. Dr. h. c. mult. Hans-Jörg Bullinger
Präsident der Fraunhofer-Gesellschaft

Vorwort von Wolfgang Herrmann

Nie war das Führen eines Lehrstuhls so anspruchsvoll wie heute. Neue Methoden in der Lehre, anspruchsvollere Studierende, notwendige Forschungsdrittmittel und eine zunehmende Internationalisierung der Forschungslandschaft – dies sind nur wenige Stichworte, die für den Wandel des Berufsbilds eines Professors stehen. Vom Klischee des in seinen Elfenbeinturm zurückgezogenen Akademikers ist der Hochschullehrer mittlerweile weit entfernt: Er wird zu einem Manager von Forschung und Lehre. Dies umfasst eine methodisch fundierte Strategieplanung ebenso wie die effiziente Organisation des Innenbetriebs bis hin zur professionellen Außendarstellung in der *Scientific Community*, aber auch gegenüber der Presse.

Intention dieses Buchs ist es, Lehrenden und Forschenden anhand von Übersichten und Strukturierungshilfen die Optimierung von Abläufen und Aufgaben zu ermöglichen, indem sie praktische Anleitungen bekommen, um mit vielen Routinen und Methoden souveräner und professioneller umzugehen. Dazu finden sich keine langatmigen Texte mit Belehrungscharakter, sondern übersichtliche Handouts, Leitfäden und Checklisten. Die einzelnen Textteile sind in sich geschlossen aufgebaut, d.h. einzeln zu verstehen, sodass sie je nach Aufgabenstellung einfach nachgeschlagen werden können. Darüber hinaus enthält das Buch eine Fülle von Möglichkeiten, einem Lehrstuhl ein Profil zu geben sowie Tipps, wie die Qualität der Lehre und vieler anderer Prozesse gesteigert werden kann.

Das vorliegende Buch eröffnet thematisches Neuland. Es fasst profunde Kenntnisse und Erfahrungen in der Forschungsorganisation zusammen und bringt hilfreiche Botschaften auf den Punkt. Ich wünsche diesem Werk rasche Verbreitung.

Prof. Dr. Dr. h. c. mult. Wolfgang A. Herrmann
Präsident der Technischen Universität München

Vorwort von Peter Zürn

Um als Industrieunternehmen zu überleben, muss es sich immer wieder ganz nah am Markt ausrichten. Längst garantiert nicht mehr die schiere Größe das Überleben im Wettbewerb, sondern die Fähigkeit, sich einem ändernden Umfeld anzupassen – manchen Entwicklungen vielleicht sogar eine Nasenlänge voraus zu sein -, um seine Kunden zielgerichtet zu bedienen. Kein Industrieunternehmen kann sich langfristig auf seinen Markterfolg verlassen, wenn es nicht in der Lage ist, immer wieder Innovationen hervorzubringen. Dabei geht es nicht immer nur um bahnbrechende neue Erfindungen, sondern oft auch um die kleine Weiterentwicklung, die dennoch einen großen Beitrag zur Entlastung des Kunden leisten kann. Sich dieser Aufgabe zu stellen, bedeutet gleichzeitig, einer hohen Komplexität Herr zu werden. Neben fachlicher Versiertheit ist Kreativität genauso gefragt wie strategisches Vorgehen. Hinzu kommen die *Soft Skills*. Denn Keimzellen des Fortschritts sind immer öfter interdisziplinäre und häufig internationale Teams, die es zu moderieren gilt.

Jedes größere Unternehmen braucht also in seiner Abteilung für Forschung und Entwicklung die Tüftler, die Kreativen, die Analytiker und nicht zuletzt Menschen mit methodischen Managementkompetenzen. Wie in vielen anderen Bereichen auch, kann jeder sich diese Kompetenzen – je nach Neigung – aneignen. Eine fundierte Anleitung hilft dabei allemal. Das vorliegende Buch bietet Führungskräften, vor allem Forschern und Entwicklern, in übersichtlicher Form viele Hinweise und Tipps, die ihnen die tägliche Arbeit erleichtern, auch, wenn sie keiner Hochschule angehören.

Durch den kurzweiligen Schreibstil macht es zudem Spaß, sich der Welt des Forschungsmanagements zu nähern. Das Buch ist eine praktische Hilfe für die Arbeit jeder Forschungs- und Entwicklungsabteilung.

Peter Zürn
Sprecher der Konzernführung der Adolf Würth-Gruppe

Danksagung

Ein solches Buch entsteht natürlich nicht mal so nebenbei, zwischen zwei Vorlesungen. Viele intensive Diskussionen wurden geführt, Konzepte sind entstanden und verworfen worden. Immer wieder diskutierten wir mit Kollegen, Mitarbeitern und Freunden über Sinn und Unsinn von Checklisten, Leitfäden, Vorgaben am Lehrstuhl und ähnliches. Ohne deren Hilfe hätte dieses Werk nicht entstehen können. Wir sprechen daher ein herzliches Danke aus

- an jene, die uns während unserer ersten 100 Tage am Lehrstuhl begleitet haben und dies immer noch tun,
- an jene, die uns gelehrt haben, strukturiert zu denken (Fritz Strack, Jens Förster und Karl Gertis),
- an jene, die mit uns forschen und mit guten Konzepten begleiten (Christine Gockel, Schew-Ram Mehra, Anna Steidle und Wolfgang Zillig),
- an jene, die mit uns die Lehre gestalten und oftmals erste Ansprechpartner für die Sorgen der Studierenden sind (Simone Eitele, Michael Knoll, Stephanie Laux, Holger Röseler und Rebecca Schmidt),
- an jene, die uns bei der Außendarstellung die Augen immer wieder öffnen (Michael Dörfler und Janis Eitner) und
- an jene, die Ergänzungen und Korrekturen durchführten (Hans Feldhütter, Rita Frizlen, Antje Gibson, Eva-Verena Hanke, Ingo Heinemann, Katrin Lo Baido, Silvia Nowak, Elvira Ockel, Peter Ohlhausen, Nadja Skoluda und Marita Worstbrock), an die formatierenden Helfer Gretel Schöttler, Rita Schwab und Claudia Seuffert sowie an Anne Brantl und Viola Pirwitz, die dem ganzen Buch den letzten Schliff gaben.
- Und last, but not least bedanken wir uns ganz herzlich bei Hubert Detmer und Ulrich Josten vom Deutschen Hochschulverband, die uns nicht nur Mut machten, dieses Buch anzugehen, sondern uns auch mit ihren Ideen, ihrer Begeisterung und konstruktiven Anmerkungen währenddessen zur Seite standen.

Lioba Werth und Klaus Sedlbauer

Inhaltsverzeichnis (grobe Übersicht)

Inhaltsverzeichnis

Intention, Gebrauchsanleitung und Aufbau des Buchs

„Wenn du immer wieder das tust, was du schon immer getan hast, dann wirst du immer wieder das bekommen, was Du schon immer bekommen hast. Wenn du etwas anders haben willst, musst du etwas anderes tun! Und wenn das, was du tust, dich nicht weiterbringt, dann tu etwas völlig anders – statt mehr vom gleichen Falschen!"

Paul Watzlawick

Als Lehrstuhlinhaber wollen Sie forschen und Ihre Erkenntnisse in die Lehre einbringen; doch Ihr Beruf besteht noch aus vielen weiteren Aufgaben und Anliegen, die es zu berücksichtigen und zu managen gilt: Organisation der lehrstuhlinternen Abläufe und Zuständigkeiten, Ansprechpartner für die eigenen Mitarbeiter sein, Forschungsprojekte koordinieren, Anträge schreiben, Publikationen verfassen, an Sitzungen teilnehmen, Lehrveranstaltungen vorbereiten und halten etc. Hinzu kommen das Tagesgeschäft wie Postbearbeitung, Literatur lesen, Verwaltungsangelegenheiten, Studierende sowie Mitarbeiter in der Tür, gefühlte 120 Anrufe am Tag und Vieles mehr und halten Sie von dem ab, was Sie eigentlich tun wollen und sollen. Um all diesen Anforderungen gerecht zu werden, bedarf es einer gesteigerten Professionalität im Umgang mit dem Lehrstuhlgeschehen und sich selbst. Doch wie kommt man zu dieser Professionalität? Wochenlange Lehrgänge oder das Lesen von jeweils spezialisierten Wälzern kosten wieder nur Zeit. Einfache und gut verständliche Hilfsmittel, die die zentralen Informationen bündeln, möglichst in komprimierter Form, themenorientiert zum Nachschlagen – das wäre das, was Sie brauchen? Nun, Sie halten es in der Hand!

Im vorliegenden Buch wird Ihnen mit strukturierten Hinweisen aufgezeigt, wie Sie mit neuen Routinen und Methoden souveräner und professioneller agieren und den eigenen sowie den von außen an Sie gestellten Anforderungen gerecht werden können. Darüber hinaus finden Sie in diesem Buch eine Fülle an Möglichkeiten, Ihrem Lehrstuhl ein Profil zu geben. Sie erhalten vielerlei Tipps, wie Sie die Qualität Ihrer Lehre, Forschung, Ihrer Außendarstellung und Ähnliches steigern können.

Selbstverständlich existieren an Hochschulen und in Fachdisziplinen ganz unterschiedliche Vorgehensweisen und Gewohnheiten. Während es sich bei dem einen oder anderen lediglich um Unterschiede in der Umsetzung handelt, der hinter einer Tätigkeit stehende Prozess aber doch der gleiche ist (bspw. bezüglich der Arbeitsmethodik), gibt es andere Vorgehensweisen, die sich vom Grundsatz her mitunter stark unterscheiden (bspw. die Forschungsmethoden). Im vorliegenden Werk wurden daher die in den Fächern stark differierenden Prozesse möglichst allgemeingültig formuliert oder aber unterschiedliche Vorgehensweisen geschildert. Gespickt mit vielerlei Beispielen soll dieses Buch dazu anregen, die eigene Situation zu hinterfragen und Ihnen beim Finden neuer Ideen und Lösungsmöglichkeiten eine wertvolle Stütze sein. Es ist so geschrieben, dass Sie es als persönliches Handbuch im Arbeitsalltag verwenden können. Mitunter wird es Ihnen mal mehr, mal weniger leicht fallen, die Inhalte des Buches auf Ihren Kontext zu übertragen. Nehmen Sie sich das heraus, was Sie interessiert oder woran Sie Bedarf haben. Dies ist einfach möglich, da die einzelnen Textteile in sich geschlossen aufgebaut, d.h. separat zu verstehen sind, sodass Sie sie je nach Bedarf nutzen können. Gemäß den unterschiedlichen Tätigkeitsspektren eines Lehrstuhlinhabers gliedert sich dieses Buch in folgende fünf Teile:

Teil 1 widmet sich dem **internen Management** eines Lehrstuhls. Sollten Sie erst vor kurzem einen Lehrstuhl übernommen haben oder dies planen, sind die Hinweise für die ersten 100 Tage besonders hilfreich. Aber auch die alten Hasen des Universitätsgeschäfts finden hier wertvolle Tipps, beispielsweise zur Ausrichtung und Strukturierung des Lehrstuhls. Einen weiteren Fokus richten wir in diesem Teil auf die Themen 'persönliche Arbeitsmethodik' und das eigene 'Aufgabenmanagement'. Das für viele von uns leidige, aber unvermeidbare Thema 'Sitzungen und Arbeit in Gremien' erhält einen besonderen Stellenwert. So werden Ihnen beispielsweise Leitfäden und Checklisten zu unterschiedlichen Arten von uni- bzw. lehrstuhlinternen Veranstaltungen und Sitzungen angeboten; das Spektrum der Themenbezüge reicht dabei von Berufungskommissionen bis hin zu Weihnachtsfeiern.

Teil 2 fokussiert auf die Managementanforderung '**Präsentieren und Moderieren**'. Dabei geht es um klassische Aspekte der Rhetorik und Präsentationsgestaltung ebenso wie um Medieneinsatz und verschiedene Moderationsmethoden, die Sie für Ihre Lehrveranstaltungen, Vorträge, Sitzungen und Medienauftritte benötigen. Da Sie beim Präsentieren oder Moderieren stets im 'sichtbaren' Mittelpunkt stehen, gehen wir auch entsprechend auf Dos und Don`ts des eigenen Auftretens sowie den Umgang mit Lampenfieber und schwierigen Präsentationssituationen ein.

Teil 3 wendet sich dem Umgang mit Studierenden zu. Zu den Managementanforderungen im Bereich der **Lehre** gehören die Organisation, Durchführung und Bewertung von mündlichen wie schriftlichen Prüfungsleistungen. Darüber hinaus geht es um die Anleitung der Studierenden zur Erstellung von Hausarbeiten, Referaten sowie Abschlussarbeiten. Zu all diesen Lehr- und Prüfungstätigkeiten findet sich eine Reihe von Vorschlägen und Beispielformularen.

Teil 4 betrachtet die neben der Lehre wesentlichste Aufgabe eines Lehrstuhls, die **Forschung**. Der Forschungsplanung, den Methoden zur Bestimmung von Forschungsrichtungen und der Organisation von Projekten sowie dem Publizieren und Antragschreiben sind hier einzelne Kapitel gewidmet. Da der Stellenwert von Patenten in der Universitätslandschaft stetig zunimmt, werden auch hierzu einige Hinweise gegeben. Den Abschluss des Kapitels bilden Kreativitätsmethoden, mit deren Hilfe Sie auf neue Ideen kommen und diese bewerten können.

Teil 5 richtet sich auf die Managementanforderung '**Schnittstellen nach außen**'. Zum einen finden Sie diesbezügliche Aspekte der Außendarstellung mit konkreten Tipps zur Öffentlichkeits- und Medienarbeit; zum anderen wird die gezielte Gestaltung der eigenen Außenwirkung im Rahmen von Tagungen und Events angesprochen. Zusätzlich werden in einer Art 'Lehrstuhl-Knigge' Hinweise gegeben, wie Sie beispielsweise Gäste am Lehrstuhl begrüßen und mit deren Namen und Titeln souverän umgehen.

Beim Lesen dieser Inhaltsübersicht ist Ihnen sicherlich aufgefallen, dass dem Thema Personalführung kein Raum gegeben wurde. Ist Führen an Universitäten also nicht nötig? Doch, natürlich, es ist sogar immens wichtig! Um jedoch den Umfang des Buches nicht zu sprengen, haben wir hier 'nur' die wichtigsten und aufs reine Lehrstuhlmanagement bezogenen Kernkompetenzen aufgenommen und lassen das umfangreiche Thema 'Personalführung' außen vor.

Der besseren Lesbarkeit halber wird im gesamten Buch nur der maskuline Begriff 'der Lehrstuhlinhaber / Professor / Mitarbeiter / Kollege' verwendet; alle Ausführungen gelten jedoch gleichermaßen für weibliche wie für männliche Professoren, Mitarbeiter und Kollegen.

Wir wünschen Ihnen eine inspirierende Lektüre.

27. Februar 2011

Lioba Werth und Klaus Sedlbauer

Teil I: Internes Lehrstuhlmanagement

„Wenn du eine Stunde lang glücklich sein willst, schlafe. Wenn du einen Tag glücklich sein willst, geh fischen. Wenn du ein Jahr lang glücklich sein willst, habe ein Vermögen. Wenn du ein Leben lang glücklich sein willst, liebe deine Arbeit."

Chinesisches Sprichwort

Lieben Sie Ihren Job? Verwundert Sie diese Frage? Nun, Sie sind schließlich mit Leib und Seele Wissenschaftler! Und für diejenigen unter Ihnen, die Professor sind: Diese Amtsbezeichnung bedeutet so viel wie 'öffentlich bekennen'. Wer sich bekennt, ist überzeugt von dem, was er tut, um nicht zu sagen, er hängt im Innersten an seinem Job. Doch woran eigentlich genau? Lieben Sie das Image, das zweifelsohne mit diesem Beruf zusammenhängt; die Führungsposition, die Sie innehaben oder ist es der sorgenfreie Beamtenstatus (sofern Sie ihn haben), an dem Sie hängen? „Nein, um all das geht es nicht wirklich.", denken Sie jetzt vermutlich - Führungsfunktion, Image und Status sind zwar nette Nebenprodukte, aber sie machen nicht den Kern dessen aus, was wir an unserem Job lieben. Vielmehr tragen uns die Inhalte, die unser Beruf mit sich bringt, die Freiheiten, die wir haben: Freiheiten im Forschen, im Lehren, Möglichkeiten der Gestaltung unseres Umfelds, die Chance, die Themen, mit denen wir uns beschäftigen, (nahezu unabhängig) auszusuchen und diese zu gestalten. Im Grunde sehr luxuriöse Attribute, die nur wenige Berufe mit sich bringen. Und um ehrlich zu sein: Es gibt wohl kaum einen Beruf, der vergleichbar ist.

Sie denken gerade, „Ja, diese Aspekte sind schon grundsätzlich da, aber ich ertrinke in Arbeit, ich komme gar nicht dazu, sie auszukosten, sie zu genießen, geschweige denn zu spüren!"? Mit den Freiheiten ist es so eine Sache: Spielräume, die wir haben, sind prädestiniert, auch von anderen 'besetzt' zu werden; d.h. wenn wir nicht ganz klar wissen und benennen können, was zu tun ist und was welche Priorität hat, dann setzen andere uns diese Gewichtungen schneller, als wir es verhindern können. Kaum tun sie dies, haben wir das Gefühl, nicht mehr das tun zu dürfen, was wir so lieben - und so schließt sich der Kreis. Doch wer nicht tut, was er liebt (oder nicht liebt, was er tut), kann nicht erfolgreich sein. Das Geheimnis Ihres Erfolgs heißt folglich: Lieben Sie Ihren Job! Wenn dem bereits so ist, dann kümmern Sie sich drum, dass es so bleibt. Wenn dem noch nicht oder nicht mehr so ist: Dann ändern Sie etwas und gestalten Sie Ihr Arbeitsumfeld (wie Sie dies tun könnten, finden Sie in diesem Buch)!

Es gibt einen weiteren Grund, der es erforderlich macht, dass wir unsere Arbeit wirksam gestalten: Als Professor befinden wir uns in einer exponierten Position, wir stehen immer 'vorne'. Dies gilt gleichermaßen im Hörsaal, wenn 300 Studierende auf uns blicken, bei Interviews oder Vorträgen vor Kollegen oder interessierten Bürgern, wie auch in den Teamsitzungen mit Mitarbeitern und selbst in der Fakultätsratssitzung vor Kollegen. Was Sie sagen, muss verlässlich sein, Hand und Fuß haben, Ihre Aussagen werden für bare Münze genommen! Ihr Handeln (Ihre persönliche Organisation), Ihr Verhandeln (mit Kunden), Ihr Behandeln (von Studierenden in der Prüfung), Ihr Mithandeln (in Projektbesprechungen), Ihr Aushandeln (von Forschungsverträgen) benötigen eine solide Basis, auf welcher Sie agieren.

Sowohl für die Erfüllung unserer exponierten Rolle als auch für die Gestaltung der oben genannten eigenen Freiheiten gilt: Sie sollten Ihren Lehrstuhl so gut im Griff haben, dass Sie sich auf einen reibungslosen Ablauf verlassen, Ihre Zeit effizient einteilen und nutzen sowie auf ein stabiles Mitarbeiterteam zurückgreifen können. In diesem ersten Teil des Buchs geht es daher um Bestandteile eines funktionierenden internen Lehrstuhlmanagements. Es geht dabei darum, ein entsprechendes Fundament zu legen (Kapitel 1), welches Ihrem Team Orientierung in Form von Vision, Mission und

Leitbild sowie Strukturen und Regelungen bietet und summa summarum aus Ihrem Lehrstuhl eine wissenschaftliche Hochburg zu machen verhilft. Die hierfür durchaus erfolgsentscheidende persönliche Arbeitsmethodik wird Ihnen in Kapitel 2 vorgestellt. Im Einzelnen geht es dabei unter anderem um Themen wie die Planung, Umsetzung und Verwirklichung Ihrer Ziele, aber auch um Arbeitsorganisation im Tagesgeschäft, das Setzen von Prioritäten und Zeitmanagement. Da Sitzungen und Veranstaltungen ebenfalls zu Ihrer täglichen Arbeit gehören, werden in Kapitel 3 unter anderem Grundlagen sowie Checklisten und Leitfäden vorgestellt, die Ihnen beispielsweise deren Vorbereitung, Durchführung und Protokollierung erleichtern können. Eine besondere Art der Sitzung stellt die sog. Team-Klausur dar, eine z.B. jährliche Klausursitzung zusammen mit Ihrem Team, die einer Reflexion der zurückliegenden Tätigkeiten und einer Ausrichtung der zukünftigen Aktivitäten dient; sie wird in Kapitel 4 gesondert beschrieben. Eine Abrundung zum Teil I bildet das Thema Social Events (Kapitel 5), welches Ihnen aufzeigt, was es bei den angenehmen, aber im Sinne der Teambildung mindestens ebenso wichtigen Seiten des internen Lehrstuhllebens, nämlich bei Festen und Betriebsausflügen, zu berücksichtigen gilt.

<table>
<tr><td rowspan="5">TEIL I:
INTERNES LEHRSTUHL-MANAGEMENT</td><td>Kapitel 1:
Die Basis schaffen</td></tr>
<tr><td>Kapitel 2:
Persönliche Arbeitsmethodik</td></tr>
<tr><td>Kapitel 3:
Sitzungen</td></tr>
<tr><td>Kapitel 4:
Team-Klausur</td></tr>
<tr><td>Kapitel 5:
Social Events eines Lehrstuhls</td></tr>
</table>

1 Die Basis schaffen

Als Neueinsteiger machen Sie sich in aller Regel oft (noch) Gedanken, wie Sie den Lehrstuhl optimal gestalten könnten, welche Aktivitäten Sie als allererstes angehen wollen. Sie fragen sich, wie Sie gut am Lehrstuhl ankommen, wie Sie Ihre ersten hundert Tage dort bestmöglich meistern können (siehe dazu Abschnitt 1.5). Sie denken darüber nach, wie Sie Strukturen schaffen, die Ihnen und natürlich Ihren Mitarbeitern eine hervorragende Basis für gute Arbeitsbedingungen ermöglichen und was von Ihnen als Führungskraft erwartet wird (vgl. Abschnitt 1.1). Diese strategischen Gedanken werden den älteren Kollegen unter uns aber auch nicht ganz fremd sein. Immer wieder geht es darum, seinen Lehrstuhl so (umzu-)gestalten, dass die Aufgaben effizient abgewickelt werden können. Dies hat viel damit zu tun, wie Sie dem Lehrstuhl beispielsweise durch Vision und Leitbild ein Gesicht geben (Abschnitt 1.3) und Ihre Mitarbeiter als Leistungsträger befähigen (Abschnitt 1.2). Angesprochen wird des Weiteren, wie es gelingen kann, eine Systematik im Lehrstuhlalltag zu etablieren, die durch gewisse Regelungen und Strukturen einen reibungsloseren Ablauf ermöglicht (Abschnitt 1.4). In alldem geht es darum, eine Basis zu schaffen, damit ein Lehrstuhl mit all seinen Aufgaben und Herausforderungen gut laufen kann.

KAPITEL 1: DIE BASIS SCHAFFEN	
	1.1 **Rollen einer Führungskraft**
	1.2 **Mitarbeiter befähigen**
	1.3 **Dem Lehrstuhl ein Gesicht geben**
	1.4 **Den Lehrstuhl mit Systematik versehen**
	1.5 **Für Neueinsteiger und Wechsler – die ersten 100 Tage**

1.1 Rollen einer Führungskraft

Leiten Sie einen Lehrstuhl / eine Arbeitsgruppe – oder leiden Sie unter einem Lehrstuhl / einer Arbeitsgruppe? Sie sollen leiten und nicht leiden! Doch warum hängt dies so häufig zusammen? Weil Sie merken, dass die Fachkompetenz allein nicht reicht, um eine Gruppe zu leiten? Weil ständig mehr Anforderungen an Ihre Soft Skills gestellt werden als an Ihre fachlich-inhaltliche Kompetenz und Sie sich fragen, was die Mitarbeiter von Ihnen tagtäglich erwarten?

Leistungsstarke und harmonisch funktionierende Teams benötigen eine Führung, die verschiedene Rollen wahrnimmt und bedient – und nicht nur die eines fachlichen Beraters. Sie kommen nicht umhin, diese unterschiedlichen Führungsrollen zu übernehmen. Dies hat einen ganz einfachen Grund: Eine Rolle, die im Raum steht und nicht gefüllt wird, erzeugt ein Vakuum. Dieses wiederum kann eine Gruppe 'lähmen' oder sogar 'stilllegen' und auch das Standing der Führungskraft schwächen (nach dem Motto: Alle warten, dass Sie das Zepter in die Hand nehmen, aber Sie greifen (noch) nicht ein und die Mitarbeiter denken „Was für eine schwache Führungskraft!"). Sie sollten daher die wichtigsten Rollen einer Führungskraft gegenüber ihren Mitarbeitern kennen und beherzigen:

- **Kommandeur** sein
  Sie sind das Zentrum Ihres Lehrstuhls und das heißt, Sie sind der Kommandeur, der die Vorgaben macht, Aufgaben vergibt, Leistungen einfordert, der Personal einstellt oder auch verabschiedet. Aber natürlich auch derjenige, der Ideengeber ist und die Hauptausrichtung angibt (vgl. Abschnitt 1.3, Vision). Dies erfordert, dass Sie alle Projekte gleichzeitig im Blick haben und fachlich die Übersicht behalten müssen (vgl. Abschnitt 16.1, Aufgaben und Aktivitäten eines Professors im Forschungsablauf). Nicht zuletzt muss es im Team jemanden geben, der auch dann entscheidet, wenn es Einzelnen weh tut („Du machst die Projekte a und b und lässt von c die Finger, weil es nicht zum Forschungsprofil des Lehrstuhls passt."). Nehmen Sie diese Rollen wahr, denn Sie sind der Kopf des Teams, ohne Sie wird es keine Zugkraft, keine gemeinsame Ausrichtung geben.

- **Moderator** sein
  Bei vielen Prozessen wollen Sie Ihr Team agieren lassen bzw. mit ihm diskutieren oder benötigen seinen Input. In all diesen Situationen ist es erforderlich, dass jemand die Prozesse moderiert. In der Regel kommt diese Aufgabe der Schlüsselfigur eines Teams zu und das sind in den meisten Fällen Sie als Führungskraft. Je besser der Moderator, desto besser der Output einer Diskussion bzw. Sitzung – allein schon deswegen sollten Sie diese Rolle ernst nehmen und gut ausfüllen (für eine ausführliche Anleitung siehe Kapitel 9, Moderationsmethoden).

- **Integrator** sein
  Ein stabiles, gut funktionierendes Team erleichtert Ihnen die Führung ungemein. Doch wer ist in Ihrem Team für den Zusammenhalt zuständig? Die Mitarbeiter unter sich oder die Sekretärin? Beides falsch, wieder mal Sie! Forschungsbefunde zeigen, dass der Zusammenhalt in einem Team entscheidend für Arbeitszufriedenheit, Motivation und Leistung sowie Kreativität ist. Sollte es Mitarbeiter geben, die nicht integriert sind, so werden diese auch nicht vom Team selbst sowie den dort ablaufenden internen vorteilhaften Prozessen profitieren: Das betrifft einerseits Gefühle des Miteinanders, ein gutes Klima, die Erfahrung gegenseitiger Unterstützung und des Füreinandereinstehens, aber auch leistungsbezogenere Komponenten wie die Weitergabe von Informationen oder Wissensmanagement. Etablieren Sie daher neben regelmäßigen Teamsitzungen auch gezielt teambezogene Ereignisse wie die jährliche Weihnachtsfeier, den Betriebsausflug oder gesellige Runden bei Mittagessen oder Kaffeepausen sowie einen Sektumtrunk bei Geburtstagen oder anderen Gelegenheiten wie einem Projektabschluss (vgl. Kapitel 5). Im Rahmen von Team-Events (wie bspw. einem gemeinsamen Stadtrundgang, Kneipenbummel, Klausurtagung) kann sich das Team kennenlernen und zusammenwachsen. Achten Sie bei einem Personalwechsel darauf, dass ausreichend Zeit für die Integration der neuen Mitarbeiter im Team bleibt.

- **Partner** sein
  Beziehen Sie Ihre Mitarbeiter ein – beteiligen Sie sie an Entscheidungen, beispielsweise bei fachlichen Strategien, nutzen Sie deren Expertise und weisen Sie ihnen gemäß deren Qualifizierung ein angemessenes Mitspracherecht zu. Mitarbeiter, die an wichtigen Prozessen Ihres Arbeitsalltags partizipieren, sind eigenverantwortlicher, empfinden eine stärkere Bindung an ihre Arbeit und die Arbeitsgruppe und denken besser mit. Verwechseln Sie aber partnerschaftliches Miteinander nicht mit Abwälzen von Verantwortung oder von Entscheidungen. Achten Sie da-

rauf, dass Sie weiterhin der Kommandeur bleiben (und auch den Kopf hinhalten müssen) sowie andere nur dann und auch nur in den Bereichen einbeziehen, in denen Sie sie wirklich als (Diskussions-) Partner einbeziehen oder mitentscheiden lassen wollen.

- **Förderer** sein
  Ihnen sind junge Menschen anvertraut, die etwas erreichen wollen. Sie haben sie nicht nur eingestellt, sondern auch die Verantwortung übernommen, diese zu einem entsprechenden Karriereschritt wie Promotion oder Habilitation zu begleiten. Fördern Sie Ihre Mitarbeiter, indem Sie sie aktiv unterstützen (mit Ideen, Kontakten, Nachfragen, moralischer Unterstützung sowie konstruktiver Kritik). Sobald Mitarbeiter das Gefühl haben, Ihnen nicht nur zuzuarbeiten, sondern auch bei ihren eigenen Zielen von Ihnen unterstützt zu werden, ruft dies Motivation, Loyalität und letztendlich Leistungssteigerungen hervor. Es sollte Ihnen also in jeder Hinsicht ein Anliegen sein, dieser Förderer-Rolle aktiv nachzukommen.

Soweit zu den Rollen, die Sie ausfüllen müssen, um das Team in seiner personellen Zusammensetzung und Dynamik zu lenken. Führen wird einfacher, wenn Sie sich eine geeignete Basis zur Führung schaffen, d.h. sich darüber klar werden, welche Rollenerfüllung von Ihnen als Führungskraft erwartet wird. Machen Sie sich ebenfalls bewusst, dass Ihnen nicht alle diese Rollen liegen / leicht fallen werden. Dennoch werden je nach Situation auch solche benötigt, die Ihnen schwer fallen. Bedenken Sie, wenn Sie Ihre Rollen nicht wahrnehmen, leiden Ihr Team, Ihr Lehrstuhl und letztlich auch Sie selbst unter der Nichterfüllung Ihrer Leitungsfunktion.

1.2 Mitarbeiter befähigen

Haben Sie sich schon mal Gedanken gemacht, ob Sie Ihre Mitarbeiter überhaupt befähigen, ihre Aufgaben erfolgreich zu bearbeiten? Nun, Sie haben Sie eingestellt, Sie haben Ihnen vielleicht auch Inhalte vorgegeben und vermutlich haben Sie auch stets ein offenes Ohr für deren Belange – doch haben Sie sie damit auch schon befähigt? Ob Sie Ihre Mitarbeiter zum leistungsstarken wissenschaftlichen Arbeiten befähigen, können Sie vereinfacht mit drei Fragen hinterfragen: Meinen Sie, dass die Mitarbeiter an Ihrem Lehrstuhl wirklich Leistung zeigen 'dürfen' (Leistungsmöglichkeit), dass sie dies 'können' (Leistungsfähigkeit) und auch 'wollen' (Leistungsbereitschaft)? Was heißt das konkret?

Leistungsmöglichkeit
Mitarbeiter können nur so viel leisten, wie sie im Rahmen der Gesamtorganisation an Freiräumen haben und zwar in viererlei Hinsicht (nachfolgend illustriert am Beispiel des Forschens):

- **zeitlich**
  Haben Ihre Mitarbeiter noch genügend Zeit, um auch wirklich zu forschen oder sind Sie mit anderen Aufgaben wie Lehre, Prüfungen, Zuarbeiten für Sie so ausgelastet, dass ihnen dies gar nicht mehr möglich ist? Forschung insgesamt, aber vor allem auch das Kreativsein (vgl. Kapitel 20, Kreativitätsmethoden), benötigt Zeit.

- **personell**
  Ein Projektleiter, der alles selbst machen muss und keine Möglichkeit hat, etwas zu delegieren oder sich unterstützen zu lassen, wird weniger bewerkstelligen können als derjenige, dem Personal zur Verfügung steht. Prüfen Sie daher, inwieweit Sie Mitarbeiter sinnvollerweise mit Personalressourcen (studentischen Hilfskräften, externen Doktoranden, Praktikanten Abschlussar-

beiten etc.) ausstatten können, die ihnen (und damit auch Ihnen) ein effizienteres Arbeiten ermöglichen.

- **finanziell**
  Haben Sie einen finanziell so gut ausgestatteten Lehrstuhl bzw. eine entsprechende Projektsituation, dass für die Mitarbeiter die finanzielle Möglichkeit besteht, ihre Forschung 'angemessen' durchzuführen? Dies kann sich auf Sachmittel (Geräte, Labor- oder Büroausstattung) ebenso beziehen wie auf Personalmittel oder Probandengelder. Selbst die schönsten Forschungsideen benötigen ein gewisses Budget, um umgesetzt zu werden.
- bezüglich ihrer Kompetenz und **Entscheidungsbefugnis**
  (vgl. Abschnitt 18.1.3, Projektleiter einsetzen).

Leistungsfähigkeit
Mitarbeiter können nur so viel leisten, wie sie dazu befähigt werden, d.h. fördernd gefordert werden und zwar in dreierlei Hinsicht:

- **fachlich-inhaltlich**
  Die Fachkompetenz eines jeden Mitarbeiters ist sicherlich ein Stück weit 'gegeben', aber dennoch haben die Rahmenbedingungen nicht unerheblichen Einfluss darauf, was Sie aus derjenigen Person noch an weiteren Fähigkeiten und vor allem Begabungen herauslocken können. Jeder wächst an seinen Aufgaben! Doch überfordern Sie nicht, sondern fordern Sie dosiert ein, d.h. immer ein kleines Stückchen über dem jetzigen Fähigkeitslevel, das der Mitarbeiter schon hat.
- **methodisch**
  Ihre neuen Mitarbeiter mögen durch ihr Studium gut ausgebildet sein, doch fehlt insbesondere den jüngeren in aller Regel eine ganz wichtige Komponente des Berufslebens und damit der Erfahrung: Die Methodik. Wie schreibe ich eine Dissertation, wie einen Artikel? Wie macht man Auswertungen oder Analysen? Wie baut man Vorträge auf etc.? Je besser Sie die Einarbeitung und Anleitung der Mitarbeiter zu Beginn gewährleisten, desto schneller und besser werden diese zu voll 'funktionsfähigen' und kompetenten Mitarbeitern. Das im wissenschaftlichen Bereich häufig anzutreffende 'learning by doing' oder 'trial and error'-System ist da sicherlich nicht sehr effizient – und auch nicht sehr wertschätzend. Sie sind erfahrener als Ihre Mitarbeiter – lassen Sie diese von Ihren Erfahrungen profitieren (nicht oberlehrerhaft, sondern kollegial), helfen Sie ihnen, den eigenen Alltag zu strukturieren, effiziente Routinen zu entwickeln und unnötige Fehler zu vermeiden – Sie profitieren beide davon!
- **strategisch**
  So schlau und intelligent ein Mitarbeiter auch sein mag – wenn er nicht strategisch denkt, kann er so manches Mal dennoch auf die Nase fallen. Beruflicher Erfolg hat viel mit Diplomatie und Strategie zu tun – auch im universitären Kontext. Viele Ihrer Tätigkeiten haben mit strategischen Aspekten zu tun, welche noch dazu Ihre Mitarbeiter tangieren: Wie gehen wir bei der gemeinsamen Kundenpräsentation vor? Wie sollte der Antrag oder die Publikation am geschicktesten aufgebaut sein? Wie argumentieren wir bei dem anstehenden Vortrag? Geben Sie Ihren Mitarbeitern entsprechende Informationen zu Außendarstellung, Hochschulpolitik, Akquise, Antragstellung, Verhalten auf Kongressen etc. – Sie machen sie damit zu mitdenkenden und Sie unterstützenden Teammitgliedern.

Im Hinblick auf diese drei Aspekte sollten Sie Mitarbeiter sukzessive zu Eigenverantwortung und Selbständigkeit führen.
Tipp: Es empfiehlt sich insbesondere, an bereits vorhandene Stärken der Mitarbeiter anzuknüpfen

und ihre Neigungen zu nutzen – und nicht (wenn nicht unbedingt erforderlich) erst vollständig neue Stärken zu entwickeln. Wenn Sie Höchstleistungen in Ihrem Team wollen, dann setzen Sie auf die Stärken Ihrer Mitarbeiter und konzentrieren Sie sich nicht darauf, deren Schwächen abzubauen, sonst werden sie in allem nur mittelmäßig; denn nur eine Stärke kann durch Engagement Höhenflüge machen.

Leistungsbereitschaft

Mitarbeiter sind von Grunde zunächst einmal motiviert. Sie stutzen gerade? Denn Sie haben sofort Mitarbeiter vor Augen, auf die dies nicht zutrifft? O.k., Ausnahmen bestätigen die Regel; doch überwiegend werden Sie im Forschungskontext Personen antreffen, die eine sog. intrinsische Motivation mitbringen, d.h. dass sie schlicht und ergreifend 'wollen'. Niemand geht zu überwiegend schlecht bezahlten und sehr kurzfristigen Vertragsbedingungen sowie völlig unklaren Karrierechancen an eine Uni oder in einen wissenschaftlichen Zweig, wenn er nicht wirklich an der Sache selbst interessiert ist, oder? Damit können wir von der Annahme ausgehen: Zunächst einmal ist jeder der hier beteiligten Wissenschaftler motiviert – der Punkt ist nur, diese Motivation kann verloren gehen und das sogar unwiderruflich. Und genau da liegt der Hase im Pfeffer: Sie müssen dafür sorgen, dass Sie die Motivation Ihrer Mitarbeiter nicht zerstören (dumm gelaufen, wenn Ihr Vorgänger dies bereits getan hat). Die gute Nachricht ist also, Sie brauchen Ihre Mitarbeiter nicht aktiv zu motivieren; die schlechte Nachricht: Sie dürfen keine Demotivation verursachen. Auf beide Aspekte wird nachfolgend eingegangen.

Auf welchen Wegen ist die **Motivation** eines Mitarbeiters beeinflussbar? Motivation ist nicht direkt beeinflussbar, d.h. Sie können sie nicht 'verordnen' „Du bist jetzt bitte motiviert.“). Sie können lediglich indirekt an der Motivation eines Menschen ansetzen und zwar über ...

- **das Schaffen äußerer Bedingungen.** Vielleicht haben Sie nicht immer die optimalen Voraussetzungen an Ihrem Lehrstuhl, um motivierte Mitarbeiter zu haben; möglicherweise stimmen Finanzierung und Raumsituation nicht und auch das Team ist vielleicht streckenweise nicht perfekt – müssen Sie dann damit rechnen, dass die Motivation Ihrer Mitarbeiter gefährdet ist? Ja und nein, denn mit guten Voraussetzungen ist's natürlich leichter, motivierte Mitarbeiter zu haben (und zu halten); mit schlechteren Rahmenbedingungen aber dennoch nicht unmöglich, wenn etwas anderes Bedeutsames stimmt, nämlich ...
- **Ihre eigene Einstellung und Herangehensweise.** Nicht ganz so offensichtlich wie die äußeren Bedingungen, dennoch aber sehr einflussreich für die Motivation Ihrer Mitarbeiter, sind Ihre Einstellung und Herangehensweise an die Dinge und die Mitarbeiter. Sehen Sie das Glas halb voll oder halb leer (einem Pessimisten mag man sich nicht anschließen)? Wie gehen Sie mit Fehlern und Problemen um? Reißen Sie Mitarbeitern den Kopf ab, wenn sie Fehler machen? Behalten Sie die Lorbeeren lieber für sich oder teilen Sie sie mit den Mitarbeitern, die sie (mit-) erarbeitet haben? Sie sehen, unsere innerste Einstellung schlägt sich nieder in unseren Verhaltensweisen oder Einstellungen gegenüber unseren Mitarbeitern, sie sind spürbar und haben unmittelbaren Einfluss auf die Motivation. Das Gute ist: Ihre Einstellung und Herangehensweise liegt in Ihrer Verantwortung, Sie können sie auch ändern!

Mindestens genauso wichtig, wie die Beeinflussung der eigenen Einstellung und äußeren Bedingungen ist es, die bestehende Motivation Ihrer Mitarbeiter zu sichern. Wie Ihnen dies gelingt? Nun, im Wesentlichen dadurch, dass Sie **Demotivation** vermeiden, beispielsweise durch ...

- **sinnvolle Delegation** (siehe zu Delegation auch Abschnitt 2.2.3). Geben Sie Mitarbeitern zu ihnen passende Aufgaben, solche, an denen sie wachsen und für die sie Lorbeeren ernten können (bspw. die sie für ihre Vita nutzen können) und nicht nur Ihre unliebsamen Aufgaben. Dies lässt sie mit mehr Engagement und Motivation an das Ganze herangehen und letztendlich eine bessere Leistung bringen.

- **ausreichende Partizipation** (= Beteiligung; vgl. Abschnitt 1.1, Partner sein). Klären Sie die Dinge, die vor allem für die Mitarbeiter bedeutsame Auswirkungen beinhalten, mit ihnen gemeinsam (bspw. „Wollen wir die Tagungsorganisation übernehmen? Ihr hättet dann dieses und jenes dabei zu tun ...") und beteiligen Sie sie an Entscheidungen („Sollen wir für die Literaturrecherche die Software wechseln?") oder zumindest an der Ausgestaltung einer Entscheidung („Wir werden im kommenden Semester ABC als neuen Mitarbeiter haben, wie wollen wir die Büroaufteilung machen?"). Denn in der Regel sind die Mitarbeiter diejenigen, die Ihre Entscheidungen umsetzen müssen und sie haben mehr Motivation, an Dingen mitzuwirken, bei denen sie ein Mitspracherecht oder einen Gestaltungsspielraum hatten.
- **guten Informationsfluss.** Wie Sie selbst sicherlich schon oft genug erfahren mussten, ist nichts frustrierender, als zu späte, falsche oder unvollständige Informationen. Ein guter Informationsfluss hingegen zeichnet sich unter anderem durch transparente Informationswege, definierte Hol- und Bringschuld und effiziente Besprechungen aus (vgl. Abschnitt 2.4.7, Informieren und informiert werden sowie Sitzungsmanagement in Kapitel 3) und bereitet damit den Boden für ein gutes Klima sowie motiviertes und erfolgreiches Arbeiten.
- **das Schaffen von Perspektiven und strategischen Visionen.** Wer nichts hat, worauf er sich ausrichten kann, wer kein Ziel vor Augen hat, der sprintet auch nicht los. Mitarbeiter, die jedoch spüren und erkennen, dass der Lehrstuhl eine Ausrichtung und klare Ziele in Lehre und Forschung hat, gewinnen für sich selbst Orientierung, wissen, worauf sie zusteuern und können sich mit den Zielen und Themen des Lehrstuhls identifizieren (vgl. Abschnitt 1.3). All dies sind gute Voraussetzungen für eine hohe Motivation und ausdauerndes Engagement.
- **Unterstützung der Mitarbeiter-Ziele**. Mitarbeiter sind motiviert, wenn Dinge / Aspekte, die ihnen wichtig sind, als solche anerkannt und gefördert werden. Sehen Sie es beispielsweise als alleinige Verantwortung Ihrer Mitarbeiter an, dass sie zu ihrer Promotion kommen oder sehen Sie sich selbst anteilig mit in der Verantwortung? Und unterstützen Sie sie auch aktiv darin? Wenn Mitarbeiter sich in ihren Zielen wie beispielsweise ihrer Promotion unterstützt fühlen – etwa durch 'echtes' Interesse, Nachfragen, Hinweise und Diskussionen – wenn sie merken, dass Sie sich für ihren Auslandsaufenthalt engagieren, wenn sie sehen, dass Sie ihnen wichtige Kontakte herstellen etc. – dann sind sie wesentlich motivierter als wenn sie sich nur als einen Zuarbeiter erleben, der Ihnen hilfreich ist, aber in seinen eigenen Interessen und Zielen nicht zählt.
- **regelmäßige Rückmeldung zu Leistung und Verhalten der Mitarbeiter.** Sie kennen es sicher: Wenn man nach dem Motto „Net g'schimpft ist g'nug gelobt." nie Rückmeldung oder Anerkennung erfährt, fragt man sich irgendwann „Wozu tue ich das eigentlich alles?" und verliert die Lust. Wer hingegen Rückmeldung bekommt, wurde wahrgenommen (sonst könnte man ja nichts über die Person sagen), wird wertgeschätzt und ist wichtig (sonst würde man sich ja nicht die Mühe machen, etwas zu formulieren) und schon das ist Motivation genug, sich zu verändern bzw. so engagiert weiterzumachen wie bisher. Geben Sie Ihren Mitarbeitern daher Feedback; Sie ermöglichen ihnen dadurch Orientierung, wo sie mit ihrer Leistung und ihren Verhaltensweisen stehen. Ihre Rückmeldung sollte positive (honorieren Sie Erfolge und Stärken) wie kritische Aspekte beinhalten (Anregungen zu Veränderungen), denn beide sind – wenn Sie konstruktiv formuliert sind – motivierend (vgl. Abschnitt 14.1, Feedback geben).

- **Teamorientierung.** Team sollte bei Ihnen nicht heißen „**T**oll, **E**in **A**nderer **M**acht's!", denn das lässt jedes Engagement, jede Motivation sinken. Team sollte vielmehr heißen, nicht jeder kann alles, aber man kann sich ergänzen und zusammenhalten. Stehen auch Sie hinter Ihren Mitarbeitern, verhalten Sie sich loyal, vor allem wenn es darum geht, sie mal nach außen zu verteidigen. Sie werden sehen, dies steckt an – Ihre Mitarbeiter bringen Ihnen dann die gleiche Teamorientierung entgegen. Unterstützen Sie die Teambildung aktiv, beispielsweise durch gemeinsame Aktivitäten wie Betriebsausflug, Fahrgemeinschaft zum Kongress etc. (vgl. Kapitel 5, Social Events eines Teams).
- **Vertrauen.** Mit Vertrauen geht Vieles, ohne Vertrauen geht nichts – wenn Sie jemandem nicht vertrauen, sind Sie – vor allem in heiklen oder problematischen Situationen – wahrscheinlich nicht bereit, sich auch nur einen Schritt auf ihn zuzubewegen oder in eine Zusammenarbeit zu investieren, oder? Sehen Sie, warum sollte es Ihren Mitarbeitern anders gehen? Vertrauen ist das Bindeglied zwischenmenschlichen Miteinanders. Vertrauen kann leicht zerbrechen, aber nur schwer aufgebaut werden. Seien Sie daher achtsam für dieses sensible Gut! Gehen Sie ehrlich und offen mit Ihren Mitarbeitern um, geben Sie Fehler zu und verstecken Sie sie nicht (irgendwer bemerkt es eh), wenn Sie etwas nicht sagen möchten, dann sagen Sie genau das („Dazu kann / will ich derzeit nichts sagen.") und schieben Sie nicht falsche Argumente vor, denn genau das schafft unnötiges Misstrauen. Seien Sie eine Vertrauensperson, indem Sie vertrauliche Informationen für sich behalten und verlässlich sind. Bringen Sie Ihren Mitarbeitern Vertrauen entgegen. Betrauen Sie sie beispielsweise auch mit für Sie wichtigen Dingen, dies lässt ihre Mitarbeiter ein 'Zutrauen' spüren – und wenn sie dies spüren, werden sie motiviert sein, es auch zu rechtfertigen. Bedanken Sie sich nach der Aufgabenerledigung für die vertrauensvolle Zusammenarbeit. Sie sehen, es gibt eine Menge Gelegenheiten, das gegenseitige Vertrauen ineinander zu stärken und damit die Bereitschaft, motiviert aufeinander zuzugehen, zu erhöhen.
- **Respektsperson und Identifikationsfigur sein.** Kennen Sie das Gefühl, für jemanden zu arbeiten, den Sie nicht schätzen bzw. nicht schätzen können? Der nichts hat, was Sie als vorbildlich empfinden, im schlimmsten Fall weder als Mensch noch als Fachmann? Es ist unglaublich schwierig, dann motiviert zu sein. Doch auch der Umkehrschluss gilt: Wer stolz darauf ist, bei jemand Namhaftem zu arbeiten oder mit jemandem eng zusammenzuarbeiten, den er als Mensch oder und Fachkraft schätzt, dann ist das ein enormer Antrieb; dann engagiert man sich, mobilisiert alle Kräfte, um mitzuhalten mit dessen Leistungsniveau, möchte in die einem wertvolle Zusammenarbeit investieren. Seien Sie jemand, den Ihre Mitarbeiter achten und schätzen können bzw. wollen, weil Sie eine Persönlichkeit darstellen, die stark ist, an sich und ihren Schwächen arbeitet, die vielleicht sogar eine Identifikationsfigur darstellt – und in jedem Fall stets mit Respekt auf die Mitarbeiter zugeht. Denken Sie daran: Sie müssen sich nicht 'liebhaben', aber achten müssen sich alle im Team!

Wie Sie gesehen haben, hängt die Leistung von Mitarbeitern von drei unterschiedlichen Ebenen ab (vgl. Abb. 1.1): Ob Mitarbeiter überhaupt die Möglichkeit haben, Leistung zu zeigen (dazu sollten Sie ihnen Freiräume eröffnen); ob Mitarbeiter die Fähigkeit entwickeln, Leistung zu erbringen (dazu sollten Sie sie fordernd fördern) und schließlich von der Leistungsbereitschaft (diesbezüglich sollten Sie vor allem Demotivation vermeiden). Diese drei Leistungsaspekte wurden hier zur Veranschaulichung künstlich getrennt, im Alltag beeinflussen sie sich aber natürlich gegenseitig.

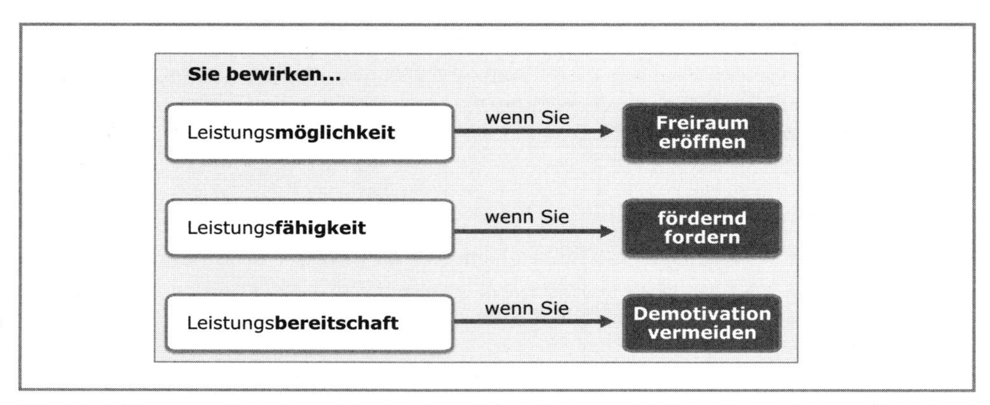

Abb. 1.1. Befähigung von Mitarbeitern auf den drei Ebenen 'Dürfen' (Leistungsmöglichkeit), 'Können' (Leistungsfähigkeit) und 'Wollen' (Leistungsbereitschaft).

1.3 Dem Lehrstuhl ein Gesicht geben

Mal Hand auf's Herz: Warum hatten Sie den Wunsch Professor zu werden? Sicherlich doch nicht wegen des Titels oder um Führungskraft zu sein, sondern vielmehr, um mit einem Wissenschaftlerteam etwas zu bewegen, Themen voranzubringen, spannende Forschung zu betreiben, tolle neue Erkenntnisse zu erlangen, diese zu publizieren ... Stimmt´s? Dann haben Sie wahrscheinlich auch eine mehr oder weniger klare Vorstellung davon, was Sie erreichen wollen. Sie wissen vielleicht (schon) sehr genau, welches Ihre Themen sind und welche Rolle Ihr Lehrstuhl in der Scientific Community spielen sollte? Vielleicht ist es Ihr Ziel, in manchen Themen die Nummer eins zu sein, in Deutschland oder sogar weltweit? Kurzum, Sie haben eine Vision (auch wenn Sie diese bislang noch nicht so benannt haben)!

1.3.1 Vision eines Lehrstuhls

Was ist eine Vision? Eine Vision ist ein Bild einer Zukunft, wie wir sie gerne an unserem / für unseren Lehrstuhl hätten. Sie ist also ein vorstellbarer, erstrebenswerter Zustand oder anders ausgedrückt, ein Idealbild unseres Lehrstuhls, auf das wir hinarbeiten. Immerhin bedeutet 'Vision' in der französischen Sprache 'Traum'. Also: Erträumen Sie sich doch einfach mal die Zukunft Ihres Lehrstuhls! Wie soll diese, wie soll Ihr Lehrstuhlalltag, die Zusammenarbeit mit Ihren Mitarbeitern, Ihre Position in der Scientific Community, die Forschungsthemen usw. aussehen? Und nun verbinden Sie diese mit herausfordernden Zielen – wo soll es für Sie und Ihr Team in den nächsten Jahren hingehen? Was wäre Ihre Lehrstuhlvision vom Jahr 20xx?

Das Vorhandensein einer Vision bietet große Vorteile: In einer Vision beschreiben Sie die wesentlichen strategischen Ziele Ihres Lehrstuhls, aus denen sich auch ein für einen Lehrstuhl gültiges Forschungsprofil ableiten lässt (siehe Abschnitte 17.2 und 17.3). Visionen müssen sich dabei nicht nur auf fachliche Ziele beziehen, sondern können darüber hinaus auch strategischere Aspekte angeben, beispielsweise welche Rolle eine Forschungseinrichtung in einem Themenfeld spielen will und warum sie gerade diese Themen auswählt. Kurzum: Durch Aufstellen einer Vision bekommt Ihr Lehrstuhl eine klar beschriebene Zukunft und lässt sich von Ihnen ziel- bzw. auf diese Zukunft ausgerichtet führen! Und sobald Ihre Mitarbeiter diese Vision kennen und Sie ihnen die Inhalte so vermittelt haben, dass sie sich damit identifizieren, wird sie auch für Ihr Team richtungsweisend sein können. Im Folgenden lesen Sie, an welchen Kriterien sich die Formulierung Ihrer Lehrstuhl-Vision orientieren könnte. Zur Ausarbeitung Ihres 'Lehrstuhl-Traums' können Sie einerseits **Oberziele** heranziehen wie beispielsweise ...

- in Lehre und Forschung Kompetenzen aufbauen.
- neue Felder in Lehre und Forschung erschließen.
- interdisziplinäre und internationale Zusammenarbeit verstärken etc.

Andererseits lassen sich auch **Unterziele** nutzen, die eher beschreiben, wie Sie arbeiten, beispielsweise ...

- Lehren und Lernen auf Grundlage verschiedener und innovativer Lernformen, auch unter Einsatz multimedialer und moderner Techniken.
- interdisziplinäre Vernetzung der Mitarbeiter, um neue Arbeitsfelder aufzubauen und neue Erkenntnisse zu gewinnen.
- Veröffentlichung wissenschaftlicher Beiträge und Forschungsergebnisse zu aktuellen wissenschaftlichen, gesellschaftlichen und technologischen Fragestellungen.
- Unterstützung der Wissenschaft, Gesellschaft und Wirtschaft durch gut ausgebildete und verantwortungsvoll handelnde Menschen als Mitarbeiter und Entscheidungsträger u.a.

Wie sieht eine solche Vision nun konkret aus? Im nachstehenden grauen Kasten finden Sie beispielhaft die Vision eines kleineren Lehrstuhls sowie die Vision eines größeren Forschungsinstituts mit mehreren Abteilungen.

BEISPIEL 1: VISION EINES LEHRSTUHLS
(Lehrstuhl für Wirtschafts-, Organisations- und Sozialpsychologie der TU Chemnitz) (Auszug)

Wir wollen das aus psychologischer Sicht neue Themenfeld 'Menschen in Räumen' international führend besetzen. Ausgehend von sozial- und organisationspsychologischen Grundlagenkompetenzen gelingt es uns, neue Konzepte und Produkte zu generieren, die nachweislich ein tieferes Verständnis zugrundeliegender Prozesse sowie darauf aufbauend eine Optimierung des menschlichen Leistens und Wohlbefindens in bebauter Umgebung ermöglichen.

Unsere Arbeitsweise orientiert sich am Leitgedanken einer interdisziplinären Zusammenarbeit und an gemeinsamen, wissenschaftlich anspruchsvollen Zielen.

In Studium und Lehre bieten wir eine fundierte Ausbildung an, die unsere Absolventen befähigt, mit einer interdisziplinären Sichtweise Arbeitsprozesse zu begleiten und nach psychologischen Kriterien zu optimieren.

BEISPIEL 2: VISION EINES GRÖSSEREN FORSCHUNGSINSTITUTS
(Fraunhofer-Institut für Bauphysik) (Auszug)

Wir streben in der bauphysikalischen Forschung und Entwicklung im Hochbau und in forschungsverwandten Geschäftsfeldern eine dauerhafte nationale und internationale Führungsrolle an.

Unsere Forschungsschwerpunkte sind bestimmt vom Leitgedanken der Verbesserung des Lebensumfeldes für den arbeitenden und wohnenden Menschen sowie der Optimierung der Prozesse Bauplanung, Bauerstellung, Nutzung von Gebäuden sowie Sanierung und Rückbau nach den Grundsätzen der Nachhaltigkeit.

Unsere Unternehmenskultur ist geprägt von eigenverantwortlich handelnden Mitarbeiterinnen und Mitarbeitern, die sich auf eine an gemeinsamen Zielen orientierte Arbeitsweise im Institut stützen.

1.3.2 Mission eines Lehrstuhls

Während eine Vision, wie das Wort schon sagt, ein Zukunftsbild beschreibt („Wohin wollen wir mit unserem Lehrstuhl?"), erläutert die sich daran anschließende Mission, wofür der Lehrstuhl steht und was dessen Auftrag – die Mission – ist. Die Mission eines Lehrstuhls könnte sich beispielweise auf die beiden zentralen Tätigkeitsfelder 'Lehre' und 'Forschung' beziehen. Nachfolgend werden einige der hierzu gehörenden Details beschrieben.

Zur Mission bezüglich der **Lehre** könnte beschrieben werden, wie Sie die Studierenden ausbilden, beispielsweise indem Sie ...

- ihnen das neueste Fachwissen, wissenschaftlich fundiertes und praxisorientiertes Wissen vermitteln.
- sie auf ihr Berufsleben vorbereiten.
- sie mit den neuen Medien und Ingenieurwerkzeugen vertraut machen.
- ihnen durch Vorlesungen, Übungen, wissenschaftliche Arbeiten die Möglichkeit geben, sich auf fachspezifische Aufgaben in Forschung, Entwicklung und in technischen Leitungsfunktionen vorzubereiten.
- ihnen Widersprüche und Wechselwirkungen der Lehrinhalte aufzeigen.
- Studierende zu kompetenten, selbständig denkenden und agierenden Menschen ausbilden etc.

Zur Mission bezüglich der **Forschung** könnte beschrieben werden, wie Sie Wissenschaft betreiben, beispielsweise indem Sie ...

- wissenschaftliche fach-, gesellschafts- und umweltrelevante Forschungsfelder bearbeiten.
- durch Grundlagenforschung neue Erkenntnisse gewinnen.
- die gewonnenen Erkenntnisse an Studierende, Gesellschaft, Fachkreise weitervermitteln.
- Fragestellungen aus der Praxis versuchen zu verstehen.
- neue theoretische Ansätze, Zusammenhänge und Lösungen erarbeiten.
- innovative Ideen, Ansätze und Lösungen entwickeln.

- für sich Schwerpunkte herausfinden und eine führende Position einnehmen.
- Ideen, Entwicklungen und Lösungen etablieren.
- interdisziplinäre Forschung in Form von Projekten, Dissertationen und Bachelor- sowie Masterarbeiten vorantreiben.
- Mitarbeiter bei der wissenschaftlichen Qualifizierung fördern und unterstützen.
- Netzwerke mit Kooperationspartnern aufbauen u.a.

Es ist an dieser Stelle insbesondere für den Bereich 'Forschung' schwierig, konkrete inhaltlich Beispiele vorzugeben, da sich die für eine Mission ergebenden Formulierungen z.T. erheblich voneinander unterscheiden, wie auch die folgenden Beispiele im grauen Kasten zeigen.

BEISPIEL 1: MISSION EINES LEHRSTUHLS
(Lehrstuhl für Wirtschafts-, Organisations- und Sozialpsychologie der TU Chemnitz) (Auszug)

Wir fokussieren auf die Identifizierung der Zusammenhänge zwischen baulichen Raumeigenschaften und dem Denken, Fühlen und Handeln von Menschen in Räumen. Damit verbunden konzentrieren wir uns sowohl auf die Übertragung dieser Erkenntnisse auf die Theorienbildung (Grundlagenforschung) als auch auf die Anwendung, beispielsweise hinsichtlich der Leistungsfähigkeit, dem Wohlbefinden von Menschen und damit verbundener Produktentwicklungen. Damit erweitern wir den Stand des Wissens und den Stand der Technik deutlich.

Wir arbeiten in Kompetenznetzwerken, um eine möglichst interdisziplinäre Herangehensweise an unsere Themen zu ermöglichen. Wir schaffen unseren Studierenden die Möglichkeit, frühzeitig in diesen mitzuarbeiten und in praxisnahen Abschlussarbeiten Unternehmenskontakte zu knüpfen.

BEISPIEL 2: MISSION EINES GRÖSSEREN FORSCHUNGSINSTITUTS
(Fraunhofer-Institut für Bauphysik)[1] (Auszug)

Wir bedienen uns der Erkenntnisse der Grundlagenforschung und entwickeln Methoden, Verfahren, Prozesse sowie Dienstleistungen und Produkte, die uns methodisch sowie schutzrechtlich eine entsprechende Alleinstellung ermöglichen. Auf diese Weise bringen wir unsere Kunden und Partner in eine optimale Wettbewerbssituation, und sichern uns nach wissenschaftlichen wie auch wirtschaftlichen Kriterien die fachliche und technologische Führerschaft.

In unseren Arbeitsgruppen und Abteilungen konzentrieren wir uns auf unsere Kernkompetenzen; bei abteilungs- und institutsübergreifenden Arbeiten sind wir ein kompetenter und kooperativer Partner. Wir initiieren Projekte in den nationalen und internationalen Netzwerken und ermöglichen Innovationen auch in den Randbereichen unserer Forschungsfelder. Wir nutzen unsere wissenschaftlich-technologischen Kompetenzen, um Innovationen zu schaffen und Trends zu setzen.

Wir schaffen die Freiräume für kreatives, inspiratives und innovatives Arbeiten durch eine angepasste Organisationsentwicklung und die Orientierung an den in unserem (Führungs-)Leitbild definierten Werten.

[1] Die Lehre gehört nicht zum Aufgabenfeld dieser Forschungseinrichtung und taucht daher in der Mission nicht auf. Vielmehr wird bei der Ausformulierung Wert darauf gelegt, dass klar zum Ausdruck kommt, welche Art der Forschung betrieben (siehe auch Abschnitt 17.1), wie das Zusammenspiel mit den Kunden ausgestaltet wird (siehe Abschnitt 17.2.1, Geschäftsfelder) und wie die Netzwerke, in denen die Forschungseinrichtung eingebunden ist (siehe Abschnitt 16.2), beschaffen sind.

1.3.3 Leitbild eines Lehrstuhls

Nun haben Sie Vision und Mission eines Lehrstuhls kennengelernt. In einem dritten Schritt geht es nun darum, ein Leitbild zu entwickeln. Vielleicht fragen Sie sich an dieser Stelle, warum es nicht schon reichen würde, sich mit einer Vision und Mission zu begnügen. Die Antwort darauf liegt in einer schlussfolgernden / induktiven Vorgehensweise: Das Leitbild beschreibt, wie Sie es an Ihrem Lehrstuhl schaffen wollen, die Vision und Mission, d.h. Ihre Ziele und Ihren Auftrag, den es zu erfüllen gilt, auch tatsächlich im Alltag umzusetzen. Dazu gibt das Leitbild Hinweise auf entsprechende Strategien und Verhaltensweisen, die Ihren Mitarbeitern wesentliche Orientierung für die Art und Weise der Umsetzung (Werte) gibt. Die Kunst eines guten Leitbilds liegt in dem richtigen Maß an Konkretheit und Akzeptanz bei allen Beteiligten. Im Folgenden finden Sie exemplarische Aspekte, die Sie zur Formulierung eines Lehrstuhl-Leitbilds heranziehen können; im nachstehenden grauen Kasten ist ein Beispiel eines ausformulierten Leitbilds auszugsweise wiedergegeben.

Sie könnten Orientierungspunkte heranziehen, die auf die Art und Weise abzielen, in der Sie **die Umsetzung von Vision und Mission bestreiten** wollen, wie beispielsweise durch ...

- die Bereitschaft zum Lernen und die Offenheit gegenüber Veränderungen.
- hohes Engagement und Einsatzbereitschaft.
- Qualitätsansprüche an Forschung, Lehre, Organisation u.a.

Darüber hinaus wäre es sinnvoll, Aspekte aufzunehmen, die das **menschliche Miteinander** wiedergeben, so beispielsweise ...

- ein freundlicher, aber sachlicher und zielführender Umgang mit Studierenden, Mitarbeitern, Kollegen sowie allen anderen, mit denen Sie zusammen arbeiten.
- Ehrlichkeit und Transparenz im Handeln.
- eine intensive Begleitung in der fachlichen Ausbildung (Promotion, Habilitation), eine entsprechend ausgeprägte Personalentwicklung etc.

Nicht zuletzt könnten Sie auch Hinweise zum **Erscheinungsbild Ihres Lehrstuhls** aufgreifen, d.h. benennen, wie Sie nach innen und außen wirken wollen (sog. Corporate Identity). Dazu könnten beispielsweise folgende Aspekte gehören:

- Das visuelle Erscheinungsbild und Wiedererkennungsmerkmale des Lehrstuhls nach außen (Logo, Schriftbild, Darstellungen sind graphisch, textlich, in der Artikulation und Form einheitlich und abgestimmt)
- Das Auftreten, Verhalten und Benehmen der Personen, die zu dem Lehrstuhl gehören (gewisse Standards und Werte werden eingehalten)

BEISPIEL: LEITBILD EINES GRÖSSEREN FORSCHUNGSINSTITUTS
(Fraunhofer-Institut für Bauphysik) (Auszug)

Wir handeln im Sinne einer gemeinsamen Verantwortung für das Institut.

- Wir sind uns unserer Verantwortung gegenüber dem Institut und allen Beschäftigten bewusst und handeln nach den in diesem Papier formulierten Strategien und Zielen.
- Wir Führungskräfte des Instituts betreiben unsere Positionierung und Vernetzung innerhalb der Scientific Community, um den nachhaltigen Erfolg des Instituts zu sichern. So pflegen wir Kontakte zu allen relevanten wissenschaftlichen Organisationen und Organen und haben den Anspruch, deren kompetenter Gesprächspartner zu sein.
- Wir fühlen uns der Weiterentwicklung der gemeinsamen Gesamtstrategie des Instituts verpflichtet. So bieten wir unseren Mitarbeiter / -innen Leitlinien sowie persönliche und fachliche Perspektiven.

Wir nehmen Führung ernst.

- Uns ist eine hohe Mitarbeiterorientierung wichtig.
- Wir sorgen dafür, dass die Mitarbeiter / -innen aktiv und verantwortlich ihre Aufgaben im Rahmen der Projekte übernehmen. Im Zuge dessen delegieren wir ihnen die erforderliche Verantwortung und Entscheidungskompetenz; formulieren Ziele und Aufgaben klar, eindeutig und unmissverständlich.
- Wir sorgen vorausschauend dafür, dass es für alle wichtigen Funktionen und Aufgaben eine aktive personelle Rückfallposition gibt.
- Wir fördern aktiv eine ausgewogene Work-Life-Balance.

Wir legen Wert auf gute Information und Kommunikation.

- Wir holen notwendige Informationen ein und geben regelmäßig und gezielt aktuelle Informationen nach allen Seiten. Wissen wird offen kommuniziert und weitergegeben. Wir fordern dieses auch von unseren Mitarbeiter / -innen.
- Wir führen regelmäßig Besprechungen mit den Mitarbeiter/-innen durch.
- Wir kommunizieren klar, eindeutig und verbindlich. Dies beinhaltet auch, dass wir verlässlich erreichbar sind und angemessen reagieren.
- Wenn wir im täglichen Miteinander bzw. der Projektarbeit Problemen oder Schwierigkeiten begegnen, besprechen wir diese möglichst unmittelbar mit den Beteiligten und suchen gemeinsam nach adäquaten Lösungen.

Wir schaffen die Grundlage für eine wirksame Zusammenarbeit.

- Wir konzentrieren uns auf die wesentlichen Dinge und gehen diese zielgerichtet an.
- Wir treffen aktiv Entscheidungen, setzen sie um und halten uns an diese konsequent.
- Wir fördern eine Feedbackkultur, d.h. wir geben und holen uns von unseren Mitarbeitern / -innen regelmäßig Feedback.
- Wir nutzen eine konstruktive Streitkultur.
- Wir legen Wert auf ein gutes Miteinander und Teamgeist und fördern entsprechend eine partnerschaftliche Zusammenarbeit. Wir verstehen uns als Solidargemeinschaft.
- Wir achten auf die Einhaltung von Regeln und Prozessen im Institut und scheuen uns nicht davor, erforderliche Konsequenzen zu ziehen.

[...]

Die Erstellung von Vision, Mission und Leitbild beantwortet Ihren Mitarbeitern sozusagen die Frage „Wer sind wir und was wollen wir?". Je klarer definiert ist, wofür ein Team steht, desto besser kann eine Identifikation und Bindung entstehen – an etwas Intransparentes oder Unklares kann man sozusagen nicht 'andocken'. Auf diese Weise ermöglichen Vision, Mission und Leitbild eine bessere Identifikation Ihrer Mitarbeiter mit dem Lehrstuhl / Institut und dessen Zielen. Darüber hinaus schaffen sie die Basis für eine gemeinsame Organisationskultur, welche geeignet ist, nachhaltig zu motivieren und – sofern erwünscht – auch (Nachwuchs-)Wissenschaftler anderer Institutionen und Länder anzuziehen.

Der Ablauf einer Entwicklung von Vision, Mission und Leitbild erfolgt in sieben Schritten:

- In einem ersten Schritt legen Sie fest, was Sie sich von der Arbeit mit dem Trio aus Vision, Mission und Leitbild versprechen, welche Ziele Sie mit der Einführung der drei verfolgen (bspw. „Eine stärkere gemeinsame Fokussierung.").
- In einem zweiten Schritt gilt es nun zu entscheiden, ob Sie den bevorstehenden Entwicklungsprozess (Schritte 3 bis 5) top-down oder bottom-up angehen wollen: Im erstgenannten Fall legen Sie persönlich (oder mit Ihrem Führungsteam) Vision, Mission und Leitbild fest, im zweiten gestalten Sie den gesamten Prozess gemeinsam mit Ihren Mitarbeitern.
- Um die Akzeptanz des 'Trios' zu fördern, ist es in beiden Fällen hilfreich, den Mitarbeitern lediglich die Werte (bspw. Vertrauen, Hilfsbereitschaft, zeitnahes Reagieren, hoch qualitatives Arbeiten), nicht aber die konkreten Formulierungen (bspw. „Wir reagieren zeitnah, indem wir ...", „Unser Qualitätsbewusstsein zeigt sich darin, dass wir ...") vorzugeben. Erarbeiten und diskutieren Sie sie mit Ihren Mitarbeitern, generieren Sie gemeinsam alltagsrelevante Beispiele für ein diesen Werten entsprechendes Verhalten, und arbeiten Sie im gesamten Team an der Umsetzung im Arbeitsalltag. – füllen Sie die Inhalte mit Leben und machen Sie sie anwendbar (Schritt 6). Je mehr es Ihnen gelingt, aus diesem Schritt verbindliche Regelungen und Vorgehensweisen abzuleiten, desto besser. Und nicht zuletzt: Bedenken Sie Ihre Vorbildfunktion! Gehen Sie mit gutem Beispiel voran – vor allem, was Ihre eigene Umsetzung dieser Inhalte betrifft.
- Schließlich empfiehlt es sich, Vision, Mission und Leitbild regelmäßig auf den Prüfstand zu stellen, um zu evaluieren, inwieweit diese noch Aktualität haben bzw. sich ihnen angenähert wurde (Schritt 7).

Im nachstehenden grauen Kasten ist der Ablauf in sieben Schritten noch einmal stichwortartig zusammengefasst.

Vorgehen und Leitgedanken zur Entwicklung von Vision, Mission, Leitbild

Um Vision, Mission und Leitbild Ihres Arbeitsteams zu entwickeln, sollten Sie entsprechend nachstehenden Schritten vorgehen. Exemplarische Leitgedanken zu jedem Schritt sind angegeben.

Schritt 1: Ziele des Prozesses festlegen

- Was wollen wir damit erreichen?
  (bspw. „Mehr Identifikation der Mitarbeiter mit den Zielen des Lehrstuhls.")

Schritt 2: Ablaufschema entwickeln

- Nach welchen Phasen wollen wir den Prozess gestalten?
  (Wer wird wann und wie einbezogen?)

Schritt 3: Inhalte definieren

- Wozu / zu welchen Themen wollen wir Aussagen treffen?

Schritt 4: Analyse und Bewertung des (jetzigen) Lehrstuhls

- Was zeichnet uns aus?
- Womit sind wir zufrieden? Womit noch nicht?

Schritt 5: Vision, Mission und Leitbild konzipieren

- Definition der Lehrstuhlvision: „Wer sind wir?" versus „Wie wollen wir sein?" bzw. „Wohin wollen wir?"
- Definition der Lehrstuhlmission: „Wie wollen wir dorthin gelangen?"
- Definition des Lehrstuhlleitbilds: „An welchen Werten und Verhaltensweisen wollen wir uns auf unserem Weg zur Vision sowie im täglichen Miteinander orientieren?"

Schritt 6: Umsetzung von Vision, Mission, Leitbild ab- und einleiten

- In welchen Themenfeldern wollen wir etwas verändern?
- Was wollen wir konkret tun?
- Was wird jeder bis wann konkret tun?

Schritt 7: Evaluation von Vision, Mission, Leitbild (bspw. alljährlich auf Team-Klausur)

- Was hat sich bewährt?
- Was muss noch überarbeitet, verändert, verbessert oder intensiviert werden?

1.4 Den Lehrstuhl mit Systematik versehen

Wie Sie gesehen haben, fokussiert das Leitbild auf die für einen Lehrstuhl geltenden Werte, welche das Miteinander im Team regeln. Es gibt aber für das Funktionieren eines Lehrstuhls noch eine weitere Voraussetzung. Sie ahnen es sicher schon: Es geht darum, eine Systematik in Ihr Lehrstuhlgeschehen zu bringen und das sowohl hinsichtlich Struktur und Aufbau als auch in Bezug auf Prozesse und Abläufe. Vielleicht fragen Sie sich, weshalb Sie dies tun sollten, wo Sie doch - zumindest bei kleinen Arbeitsgruppen – das Ganze auch einfach laufen lassen könnten, um nicht mit zu vielen Vorgaben (um Systematik einzubringen, braucht es schließlich ein gewisses Maß an Vorgaben) den Spaß zu nehmen? Nun, der Hauptgrund besteht darin, dass Sie Mitarbeiter im Teamgeschehen wirksam machen sollten, damit sie leistungsstark agieren können (vgl. Abschnitt 1.2, Mitarbeiter befähigen). Dazu bedarf es des Einflusses insbesondere auf zwei Wirkgrößen, die in Arbeitssituationen auftreten: Komplexität und Unsicherheit. **Komplexität** entsteht beispielsweise, wenn inhaltlich vielseitige, vom Aufwand her große oder zahlreiche Aufgaben parallel zu meistern sind. **Unsicherheit** entsteht typischerweise infolge wechselnder, unvorhergesehener Rahmenbedingungen sowie bei unklaren oder intransparenten Abläufen, Vorgaben u.Ä. Je unsicherer und je komplexer eine Person eine Situation erlebt, desto schwieriger empfindet sie die Bewältigung. Da dies überwiegend negative Folgen (unnötige Reibungsverluste, hohes Anstrengungsgefühl, Stresserleben und letztendlich meist auch quantitativ sowie qualitativ schlechtere Leistung) mit sich bringt, ist es die Aufgabe einer Führungskraft, sowohl Unsicherheit als auch unnötige Komplexität einer Arbeitssituation möglichst klein zu halten. Bedenken Sie: Wenn man nicht mehr leistungsstark ist mit dem, was man tut, weil man beispielsweise mehr mit Unsicherheiten und Komplexität kämpfen muss anstatt mit dem eigentlichen Inhalt, gehen nicht nur die Wirksamkeit bei der Arbeit, sondern auch Spaß und Motivation verloren. Ermöglichen Sie Ihren Mitarbeitern, dass sie all ihre Kapazitäten auf den Inhalt bzw. die Bearbeitung der Aufgaben richten können und nicht durch ungünstige Begleitumstände davon abgehalten werden. Sobald Sie / sie erleben, dass Ihnen / ihnen Rahmenbedingungen das Arbeiten leichter machen, sind Sie / sie deutlich leistungsstärker und es macht auch allen mehr Spaß.

Denken Sie jetzt, „Klingt gut, doch wie gelingt mir dies?“. Nun, Komplexität und Unsicherheit lassen sich durch **Systematik** reduzieren, im Speziellen durch ...

- sinnvolle Arbeitsteilung (nicht 'jeder macht alles', sondern der Eine ist für ABC zuständig und Fachmann und der Andere für XYZ),
- angemessene Hierarchien (wie bspw. Postdocs als Zwischenebene zwischen Ihnen und den Doktoranden),
- standardisierte Abläufe und gute Kommunikation (hier: Informationsfluss).

Diese Systematiken werden nachfolgend beschrieben. Doch geht es dabei nicht nur um Ihre Mitarbeiter: Wie Sie sehen werden, versetzt die hier beschriebene Systematik auch Sie selbst in die Lage, komplexen und unsicheren Situationen souveräner zu begegnen.

1.4.1 Systematik in Struktur und Aufbau des Lehrstuhls

Systematik im Bereich von Struktur und Aufbau erreichen Sie unter anderem über folgende Wege:

Organigramm. Den ersten Schritt zur Definition einer Organisationsstruktur stellt deren Visualisierung in Form eines Organigramms dar. Ein Organigramm, auch Organisationsplan oder Organisationsschaubild genannt, ist im Grunde nichts anderes als eine grafische Darstellung der Aufbauorganisation, mit der sich organisatorische Einheiten (z.B. Arbeitsgruppen, langfristige Projektteams oder ein an einen Lehrstuhl angekoppeltes Promotionskolleg) gut darstellen lassen (vgl. Abb. 1.2). Zu den Vorteilen eines Organigramms zählt, dass es sowohl der Kommunikation nach außen (Sie können dieses auf die Website stellen und damit auch Außenstehende auf einen Blick erkennen lassen, wie Sie aufgestellt und wer die Ansprechpartner sind) als auch intern der Orientierung dient (indem bspw. gerade neuen Mitarbeitern auch entsprechende Zuständigkeiten, wie Forschung, Lehre und interne Dienste, erkennbar sind). Insbesondere im Falle größerer Lehrstühle oder ganzer Institute gewinnen Sie durch Organigramme einen guten Überblick und einen professionellen Auftritt.

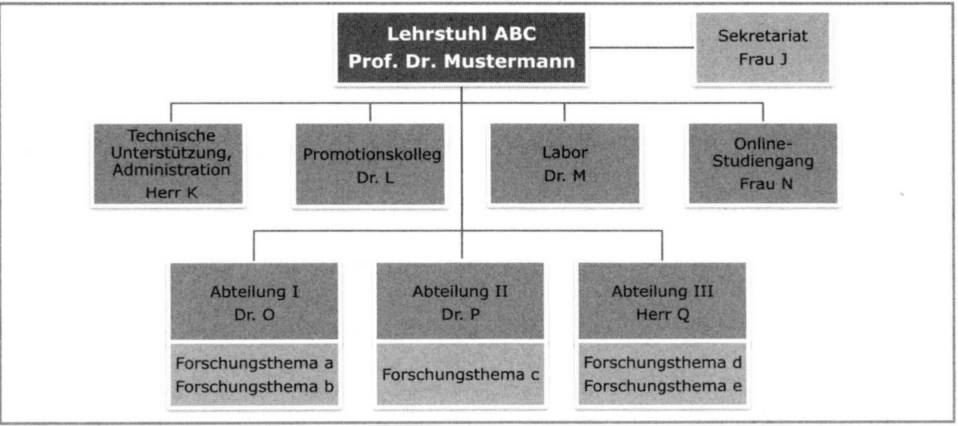

Abb. 1.2. Beispiel eines Lehrstuhlorganigramms.

Anmerkung: Das Organigramm weist die jeweiligen Arbeitseinheiten mit ihren Leitungspersonen aus. Der hier dargestellte Lehrstuhl setzt sich aus einem Sekretariat, einer Arbeitseinheit 'Online-Studiengang', der Arbeitseinheit 'Labor', der Arbeitseinheit 'Promotionskolleg', der Arbeitseinheit 'Technische Unterstützung und Administration' sowie drei wissenschaftlichen Abteilungen zusammen. Bei den wissenschaftlichen Abteilungen könnten unter Forschungsthema noch die jeweiligen Ansprechpartner (a bis e) genannt werden.

Tätigkeitsbeschreibungen.[2] Neben der bloßen Zuordnung aller Mitarbeiter in ein Organigramm sollten Sie explizit die jeweiligen Rollen und erwarteten Aktivitäten eines jeden Mitarbeiters auf seiner jeweiligen Position definieren, beispielsweise als eine Art rollenbezogene *Tätigkeitsbeschreibung* wie ...

- „Von allen Postdocs wird erwartet, dass sie ... ."
  Beispielsweise wären hier klassische Aufgaben wie Projekte leiten, Forschungsanträge schreiben, Publikationen verfassen, aber auch darüber hinausgehende interne Rollenverständnisse wie Doktoranden methodisch in ihrer Tätigkeit unterstützen etc. zu nennen.

- „Von der Funktion des Laborleiters wird erwartet, dass ... ."
  Beispielsweise könnten hier klassische Aufgaben wie Prüfmethoden festlegen und nach Qualitätsstandards wie ISO 9000 durchführen lassen, Zertifizierung des Labors vorbereiten, Angebote und Aufträge überwachen etc. zu zuzählen.

---

[2] Tätigkeitsbeschreibungen sind meist die Grundlage des tarifvertraglich festgeschriebenen Bewertungs- und Eingruppierungsverfahrens und daher an einigen Universitäten auch bei jeder Stellenbesetzung vom Lehrstuhlinhaber einzureichen.

- „Von den Doktoranden hingegen wird erwartet, ..."
  Beispielsweise könnten hier klassische Aufgaben wie Betreuung von Abschlussarbeiten, Abarbeitung der Studien des Lehrstuhls, aber auch darüber hinausgehende interne Rollenverständnisse wie Zuarbeit zu den Projekten der Postdocs etc. beschrieben werden.

Darüber hinaus können Sie jenseits der Tätigkeitsbeschreibungen im engeren Sinne auch für zusätzlich zu vergebende Verantwortlichkeiten *Beschreibungen* verfassen wie beispielsweise:

- „Von demjenigen mit der Zusatzaufgabe / -funktion ... [Datensicherungsbeauftragter, Prüfungskoordinator, HiWi-Koordinator etc.] wird erwartet, dass .... gemacht wird."

Indem Sie diese jeweiligen Tätigkeitsbeschreibungen sowohl mit dem Betreffenden als auch in einer Team-Klausur o.Ä. mit allen Mitarbeitern besprechen (und im Idealfall im Intranet zum Nachlesen hinterlegen), weiß jeder, was von ihm erwartet wird sowie wo die jeweiligen Zuständigkeiten der anderen Beteiligten liegen. Diese Transparenz der Verantwortlichkeiten erleichtert die Prozesse der Beteiligten untereinander und gibt auch Ihnen selbst einen guten Überblick über Ihre Anforderungen an die Mitarbeiter (bezüglich Ihrer eigenen Rolle und Aktivitäten als Lehrstuhlinhaber siehe Abschnitt 1.1 und 16.1, zu den Aufgaben eines Projektleiters siehe Abschnitt 18.1.3, zu Arbeitsabläufen wie Forschungsprozess siehe Abschnitt 18.2.2). Damit wird es Ihnen auch leichter fallen, Ihren Mitarbeitern (bspw. in Mitarbeiter- oder Zielvereinbarungsgesprächen) (Leistungs-) Rückmeldungen zu geben. Eine solche Rückmeldung ist umso einfacher zu geben, je klarer die von einem einzelnen Mitarbeiter verantworteten Ergebnisse sind (und genau diese legen Sie ja mit oben genannten Tätigkeits- und Verantwortungsbeschreibungen eindeutig fest).

Mitarbeiterprofile. Kennen Sie den Fall, dass Sie plötzlich überrascht sind, dass ein Mitarbeiter alle möglichen Funktionen innehat, während ein anderer gar nichts an unliebsamen Aufgaben und Funktionen zu tun hat und Sie auch nicht genau wissen, welche Fortbildungen oder Kongresse wer von Ihren Mitarbeitern besucht? Es ist nicht zu erwarten, dass Sie all dies im Kopf haben, aber Sie sollten über ein System verfügen, welches Ihnen diesen Überblick verschafft. Dazu empfiehlt es sich, pro Mitarbeiter ein sog. 'Mitarbeiterprofil' anzulegen. Dieses ermöglicht Ihnen, auf einen Blick zu sehen, welche Aufgaben und Funktionen jeder Ihrer Mitarbeiter innehat. (Auf dieser Basis können Sie auch elaboriertere Konzepte ableiten, die den Entwicklungsstand, das Erreichen der Ziele sowie ggf. den Förderbedarf des Mitarbeiters beinhalten.)

Ein Mitarbeiterprofil kann als Mindmap (vgl. Abschnitt 9.8) oder auch als Tabelle angelegt sein (vgl. Abb. 1.3 und Tabelle 1.1) und abbilden, welche fachlich-inhaltlichen Aufgaben und Themen derjenige bearbeitet, welche zusätzlichen, administrativen oder sozialen Aufgaben er im Team innehat, für welche Themen er mittelfristig zuständig sein soll (bspw. im Sinne der Nachfolge für einen demnächst ausscheidenden Postdok), für welche Fortbildungen er (deswegen) vorgesehen ist und vieles mehr. Beachten Sie aber, dass ein solches Profil gepflegt, d.h. regelmäßig aktualisiert werden muss, sonst ist es nutzlos.

Besonders vorteilhaft erweist sich ein solches Profil, wenn Sie es mit Ihrer Lehrstuhl-Vision und Mission (vgl. Abschnitt 1.2), dem Forschungsprofil (vgl. Abschnitte 17.1 und 17.2) sowie Ihrer Roadmap (vgl. Abschnitt 17.3.3) abgleichen und so stets den Überblick über alle laufenden Prozesse haben, diese aufeinander abstimmen und ggf. Kurskorrekturen vornehmen können. Dies gelingt Ihnen, wenn Sie beispielsweise prüfen, ob Sie – alle Mitarbeiterprofile zusammengenommen / aufsummiert – damit auch wirklich Ihre Roadmap abarbeiten können, dem Forschungsprofil entsprechen und sich insgesamt Ihrer Vision nähern? Prüfen Sie, ob es ggf. noch Lücken gibt, beispielsweise Themen in keinem Profil enthalten / vorgesehen sind, oder Themen mit zu vielen Personen besetzt sind etc. Auf diese Weise kommen Sie zu einer Ihren Lehrstuhl umfassend beschreibenden

Gesamtübersicht, die den verschiedenen Themen und Aufgaben Personen zuordnet. Letztlich dient dieser Überblick auch der Einschätzung, wie 'gerecht' Lasten und Pflichten auf Ihre Mitarbeiter verteilt sind. Gegebenenfalls können Sie eingreifen und umverteilen und haben dank der Übersicht auch eine gute Argumentationsgrundlage.

Vielleicht klingt es in Ihren Ohren als Gleichmacherei, dass alle das Gleiche machen sollen, und ja, in gewisser Weise ist dem auch so: Jeder Mitarbeiter sollte jedes dieser übergeordneten Felder (Fachliches, Soziales, Administratives etc.) bedienen, wenngleich auch nicht in gleichem Maße. Sobald Sie jemanden für ein Feld 'aussetzen' lassen, haben Sie entweder nicht für ihn gesorgt (bspw. im Falle einer Fortbildung oder attraktiver Forschungsaufgaben) oder aber ihn aus der Verantwortung des Teams herausgenommen (bspw. im Falle sozialer Aufgaben).

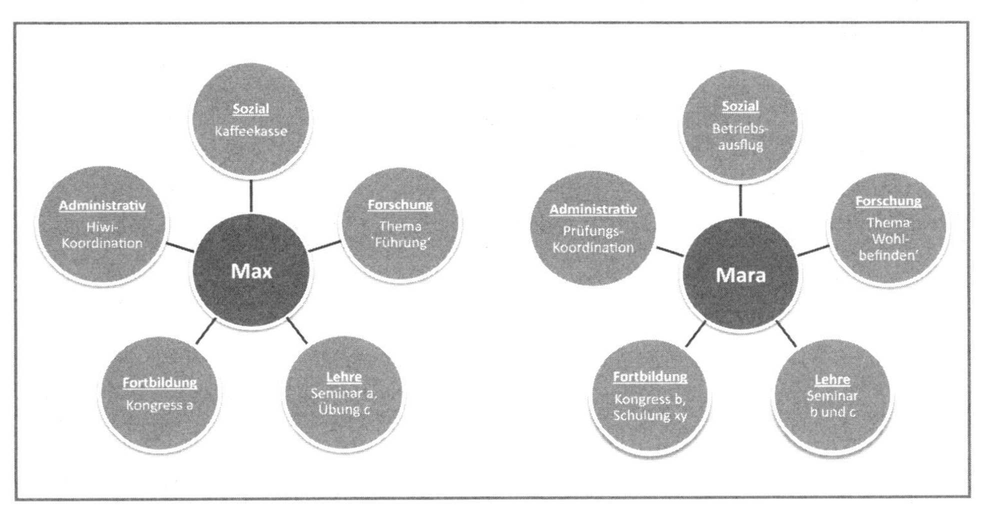

Abb. 1.3. Beispiele für Mitarbeiter-Profile in Mindmap-Form.

Tabelle 1.1. Beispiele für Mitarbeiterprofile in Tabellen-Form.

MITARBEITER	Forschung	Lehre	Fortbildung	Administration	Soziales	...
Max	Thema 'Führung'	Seminar a, Übung c	Kongress a	Hiwi-Koordination	Kaffeekasse	
Mara	Thema 'Wohlbefinden'	Seminar b und c	Kongress b, Schulung xy	Prüfungs-Koordination	Betriebsausflug	
...						

Organisation des Lehrbetriebs. Auch den Lehrbetrieb gilt es, mit Systematik zu versehen: Vom Lehrangebot angefangen über die Dozentenauswahl und -unterstützung, den Umgang mit Studierenden bis hin zum Prüfungsmanagement. All dies wird in Teil III (Lehre) ausführlich dargestellt.

Forschungsstrukturen. Über die stärker forschungsbezogenen Systematiken, die Sie in einer florierenden Forschungseinheit benötigen, geben die Kapitel in Teil IV (Forschung) Aufschluss (siehe im Speziellen Roadmap, Projektübersichten, Finanzplanung, Kapazitätsplanung etc.).

Außendarstellung. Wissenswertes rund um eine systematische Außendarstellung finden Sie im Teil V (Schnittstellen nach außen) beschrieben. Hier empfiehlt es sich, sowohl die Außendarstellung des Lehrstuhls, den Umgang mit wissenschaftlichen Veranstaltungen, den Schriftwechsel als auch das Auftreten des eigenen Teams (im Sinne des Lehrstuhl-Knigge) möglichst effizient anzugehen.

1.4.2 Systematik in Prozessen und Abläufen

Die Systematisierung bekommt insbesondere bei Prozessen und Abläufen eine große Bedeutung. Der Grund dafür ist einfach: Geregelte Abläufe reduzieren Unsicherheit immens. Gleiches gilt für die etwaige Komplexität – auch sie vermindert sich, wenn Vorgehensweisen bekannt sind (insbesondere, wenn ein Mitarbeiter eine Aufgabe zum ersten Mal angeht). Um in Prozessen und Abläufen Systematik zu schaffen, sollten Sie folgende zentrale Aspekte berücksichtigen:

Informationsfluss. Es können ganz allgemein zwei Arten von Informationen unterschieden werden. Mit dem sog. *informellen* Informationsfluss ist der Austausch von Informationen unter den Mitarbeitern selbst, z.B. in der Kaffeeküche gemeint. Er ist wichtig, aber niemals hinreichend für einen funktionierenden Arbeitsablauf. Um diesen sicherzustellen, bedarf es des sog. *gezielten* Informationsflusses. Er beinhaltet alle administrativen (bspw. Koordinierung von Klausuraufsicht) sowie fachlichen Informationen rund um die Planung, Konzeption, Strukturierung und Realisierung von Aufgaben und Projekten in Lehre und Forschung. Er ist unerlässlich und ermöglicht, dass die vorhandenen Aufgaben und Pflichten sinnvoll, mit hoher Qualität und im vorgesehenen Zeitraum erledigt werden können. Selbstverständlich sollten Sie Ihre Mitarbeiter, aber auch diese wiederum Sie informieren. Denn: Information ist eine Hol- und eine Bringschuld (vgl. Abschnitt 2.4.1).
Ein funktionierender Informationsfluss ist somit ein weiterer Schlüssel für die Leistungsfähigkeit der Mitarbeiter (vgl. Abschnitt 1.2) und damit den Erfolg des Lehrstuhls. Dies liegt darin begründet, dass fehlender Informationsaustausch bzw. fehlende Kommunikation gravierende Folgen haben kann. Einige davon kennen Sie sicher auch aus eigener Erfahrung: Nicht oder zu spät informiert worden sein führt beispielsweise zu sinkender Motivation, zu Missverständnissen und Unstimmigkeiten im Team, zu ineffektiver Zusammenarbeit sowie letztendlich zu einer reduzierten Leistungsfähigkeit. Kurzum: Sie können es sich gar nicht leisten, dass der Informationsfluss falsch läuft oder versiegt. Ob die Kommunikation stimmt oder nicht, wird zu einem hohen Maß von Ihnen als Lehrstuhlinhaber bestimmt, denn Sie sind natürlich der Dreh- und Angelpunkt, an dem viele Informationen zusammenlaufen – entsprechend nehmen Sie ganz automatisch eine Vorbildrolle bezüglich des Umgangs mit diesen ein. Um einen gelungenen Informationsfluss zu ermöglichen, wird eine Struktur für die Verteilung von Informationen am Lehrstuhl benötigt. Überlassen Sie auch in kleinen Lehrstühlen die Informationsvermittlung nicht dem Zufall, sondern etablieren Sie immer einen gezielten Informationsfluss, um stets alle Mitarbeiter zu erreichen (für weitere konkrete Hinweise zu Strukturen und Medien eines gelungenen Informationsflusses siehe Abschnitt 2.4).

Arbeitsmethodik. Nicht zuletzt ist Ihre persönliche Arbeitsmethodik für ein systematisches Arbeiten am Lehrstuhl entscheidend, denn jene unterstützt nicht nur Sie selbst darin, effizient und effektiv zu arbeiten, sondern sie prägt darüber hinaus auch ganz wesentlich die Arbeitsweise Ihrer Mitarbeiter. Wenn Sie beispielsweise Termine versäumen, Zusagen vergessen und permanent Chaos in Ihren Plänen und Aufgaben haben, dann signalisieren Sie Ihren Mitarbeitern, dass dies durchaus legitim ist – zumindest werden Sie sich schwer tun, das gegenteilige Verhalten von Ihren Mitarbeitern einzufordern. Wenn Sie jedoch in der Lage sind, die richtigen Prioritäten zu setzen und auf das Wesentliche zu fokussieren, ein gutes Zeitmanagement beherrschen und sorgfältig arbeiten, dann werden dies mit einer hohen Wahrscheinlichkeit auch Ihre Mitarbeiter tun – Ihre Systematik prägt das Denken und Handeln Ihres Teams! Unterstützen Sie auch Ihre Mitarbeiter darin, eine eigene wirksame Arbeitsmethodik zu entwickeln, denn das, was Sie diesbezüglich anleiten und einfordern, wird als Kultur etabliert – und ein Team mit einer guten Arbeitsmethodik kann in kurzer Zeit Großes leisten. Aufgrund ihrer hohen Bedeutung ist den Ausführungen zur persönlichen Arbeitsmethodik ein eigenes Kapitel gewidmet (siehe Kapitel 2).

(Ablauf-)Regelungen. Zunächst empfiehlt es sich, Verfahrensabläufe Ihres Lehrstuhls (bspw. die Vorbereitung und Durchführung schriftlicher Prüfungen) und die dazugehörigen Rechte und Pflichten aller Mitarbeiter (bspw. die Notenfestsetzung) zu definieren. Das Wissen Ihrer Mitarbeiter um diese Regelungen erleichtert Ihnen Ihre Führungssituation ungemein, denn es macht Sie bei bestimmten Nachfragen und in Entscheidungsprozessen 'überflüssig' (man schaut ins Dokument und muss Sie nicht [immer wieder] fragen). Des Weiteren gibt es den Mitarbeitern Sicherheit und Klarheit über die Lehrstuhlabläufe und lässt sie damit eigenständiger agieren (sie können bspw. gegenüber den Studierenden oder in Abläufen gemäß den Dokumenten handeln, ohne rückfragen zu müssen). Und zum Dritten verschafft es Ihnen Sicherheit, dass die Dinge so laufen, wie Sie sie festgelegt haben (sofern sich alle an die Spielregeln halten; aber davon sollten Sie zunächst einmal ausgehen).

Sie fragen sich, was alles und vor allem wie detailliert geregelt werden sollte? Nun, diesbezüglich gibt es so viele Spielarten wie es Lehrstühle gibt. Der eine Lehrstuhl regelt gar nichts, ein anderer verabschiedet nach einem zweijährigen moderierten Prozess ein 200-seitiges Handbuch, das jeden Vorgang / Prozess bis zur Bestellung eines Kugelschreibers regelt. Gilt es also, wie so oft den goldenen Mittelweg zu wählen? Nein, nicht ganz, denn es kommt ganz auf Sie an: Sie benötigen genau das Ausmaß an Regelung, das es Ihnen ermöglicht, einen weitestgehend reibungslosen, fehlerfreien und stressarmen Arbeitsalltag zu gestalten und zugleich im eigenen Handeln flexibel und frei zu bleiben. Als Faustregel kann dennoch gelten, dass es sich erleichternd auswirkt, wenn Sie all die Dinge definieren, die ...

- sich wiederholen (bspw. Prüfungsangelegenheiten), denn so sparen Sie sich ständig neues Erklären.
- die bedeutsam sind und damit schriftlich dokumentiert sein sollten (wie Unterschriftenregelungen). So können Sie unnötigen Ärger und ggf. auch unangenehme Konsequenzen (wie eine Klage eines Studierenden infolge einer Ungereimtheit bei der Notenvergabe) vermeiden.
- die Unfrieden oder Enttäuschungen hervorrufen könnten, wenn sie für die Betreffenden unerwartet auftreten (wie bspw. Anwesenheitszeiten, Entscheidungsbefugnisse, die Sie bei sich und nicht beim Mitarbeiter sehen etc.).

Nicht zuletzt sollten Sie all jenes, was zu Ärger oder Konflikten am Lehrstuhl geführt hat, zum Anlass nehmen, zu prüfen, ob sich hier nicht besser eine transparente, für die Zukunft geltende Regelung aufstellen ließe.

Wie sollten Sie diese Abläufe, Rechte und Pflichten definieren – alleine oder zusammen mit Ihrem Team? Zunächst einmal gilt: Sie als Führungskraft dürfen bestimmen, wo es lang geht, Sie schaffen Ihre Arbeitseinheit so, wie es für Sie und Ihre Rahmenbedingungen gut ist, denn wenn Sie auf Basis Ihrer eigenen Regelungen nicht gut und wirksam agieren können, dann ist keinem geholfen. Doch ein zweiter Aspekt sollte dabei beachtet werden: Das bereits angesprochene Stichwort der 'Partizipation' (vgl. Abschnitt 1.1; Partner sein): Binden Sie Ihre Mitarbeiter in die Ausformulierung der Regelungen ein, das erhöht deren Akzeptanz und Umsetzungsbereitschaft. Und schließlich ist ein dritter Aspekt bedeutsam: Ihre Mitarbeiter sind stets eine wichtige Informationsquelle, wenn es darum geht zu erfahren, wo ggf. noch weiterer Regelungsbedarf besteht (bspw. haben Mitarbeiter Abläufe, an denen Sie gar nicht beteiligt sind, benötigen hier aber möglicherweise Ihre Entscheidung oder Ihren Erfahrungsschatz; z.B. beim Umgang mit HiWis) bzw. wo Regelungen vielleicht angepasst werden müssten, um noch wirksamer zu sein (bspw. Vorschläge zu veränderten Abläufen bei Studentenexkursionen).

Im nachstehenden grauen Kasten finden Sie eine Auswahl möglicher Aspekte für Abläufe und Prozesse, in die Sie an Ihrem Lehrstuhl Systematik bringen könnten. Entscheiden Sie selbst, welche Sie davon nehmen, wie genau Sie die Vorgaben ausformulieren und ob Sie Ihr Team bei deren Ausformulierung hinzuziehen. Beachten Sie, dass an manchen Universitäten schon vielerlei institutsübergreifende Regelungen festgelegt sind, die entsprechend auch für Ihren Lehrstuhl Gültigkeit besitzen könnten. Finden Sie bei all dem die Gradwanderung zwischen konsequenter Regeleinhaltung und flexibler Handhabung, werden Sie kein Prinzipienreiter, aber akzeptieren Sie Ausnahmen auch nur bei wirklich wichtigen Erfordernissen, andernfalls hebeln Sie Ihre eigenen Regelungen mitsamt all ihren Vorteilen aus.

BEISPIELE FÜR MÖGLICHE REGELUNGEN AN EINEM LEHRSTUHL

Allgemeines / Personell

- Bezeichnungen der Geschäftseinheiten und Arbeitsgruppen, die gemäß Organigramm zu verwenden sind
- Unterschriftenregelung, Vollmachten für Kreditkarten (falls vorhanden)
- Zuständigkeiten und Funktionen, Ansprechpartner (nach innen und außen)
- Erreichbarkeit (Wer hat bspw. Ihre Handynummer? Darf diese nach außen gegeben werden?)
- An- und Abwesenheiten (Gibt es Kernarbeitszeiten? Wer darf im Homeoffice arbeiten? Darf während der Vorlesungszeit Urlaub genommen werden?)
- Personalauswahl (Erfolgt diese immer durch den Lehrstuhlinhaber oder dürfen die Projektleiter in ihren Projekten auch selbst Mitarbeiter / HiWis aussuchen und einstellen?)
- Finanzen (Arbeitsanweisungen zum Finanzcontrolling geben; Budget- / Mittelfreigaben klären: Durch wen erfolgen diese? Gibt es pro Person ein Budget zur freien Verfügung, bspw. an Reisekosten, HiWi- oder Probandengeldern?)
- Kalender (Gibt es einen gemeinsamen Kalender für alle? Für wen ist Ihr persönlicher Kalender freigegeben?)

Informationsfluss, Postein- und -ausgang

- Wer darf wessen Post öffnen? Wie sind die Postfächer geregelt? Muss jeder Postausgang auf den Schreibtisch des Profs?
- Informationskanäle (Wie wird informiert – Umläufe, E-Mails, Meetings etc.), Informationshol- und -bringschuld (Wer hat wen wann zu informieren?)

- Umgang mit E-Mails (Ist bei Abwesenheit ein Autoreply verpflichtend? Wer wird wann ins cc gesetzt? Wie schnell und ausführlich ist zu antworten?)
- Routinetermine (Gibt es bei Ihnen Sitzungen / Meetings [bspw. Teamsitzungen, Projektsitzungen, Kolloquien], Mitarbeitergespräche, Team-Klausur, Sprechstunden [für Mitarbeiter beim Prof, für Studierende bei den Lehrstuhl-Dozenten] und wenn ja, wie oft?)
- Wissensmanagement (Was bedeutet Wissensmanagement in Ihrer Arbeitseinheit und wie wichtig ist es Ihnen? Auf welche Art und wie konsequent fordern Sie es ein? Betreiben Sie und Ihre Mitarbeiter ein aktives Wissensmanagement, d.h. werden Dokumentationen gemacht, Neues ins Intranet eingespeist?); Wie hilfreich ist Ihr Intranet aufgebaut, d.h. ist es leicht zu bedienen, gut organisiert und enthält alles, was benötigt wird? Werden Ihre internen Datenbanken (wie Foliensammlung, Versuchsmaterialordner, Literaturdatenbank) auch tatsächlich genutzt und gepflegt?

Lehre

- Lehrkonzepte (Werden diese vorgegeben oder aber darf jeder machen, was und wie er möchte? Wer unterrichtet was nach welchen Regeln? Welche Vorgaben und Freiheiten gelten gegenüber den Studierenden?)
- Abschlussarbeiten (Wie sehen Betreuung und Themen sowie deren Vergabe aus?)
- Prüfungen (Wer hat Prüfungsberechtigungen? Wie sieht die Ablaufregelung für Prüfungen aus? Wer managt den gesamten Aufgabenpool?)

Forschung

- Forschungsideen (Was hat man bei Ihnen zu tun, wenn man eine Forschungsidee hat? Wer entscheidet über Umsetzung, Freigabe der Projektdurchführung?)
- Arbeitsanweisungen zur Abwicklung von Projekten, Anweisungen zur Bedienung von Laborgeräten, Qualitätsrichtlinien für Messungen
- Publikationen (Welche Ablaufangaben gibt es bei der Erstellung? Wie lange vor der Abgabe muss der Entwurf beim Prof / Koautor sein? Wie ist es um Ihren Qualitätsanspruch bestellt? Welche Publikations-Strategie wird verfolgt – möglichst viel oder möglichst hochkarätig, möglichst breite Zielgruppe oder nur Wissenschaftler?)
- Anträge, Angebote und Patentideen (Sind sie gewünscht? Wie wird diesbezüglich verfahren – sind bspw. alle zunächst dem Lehrstuhlinhaber vorzulegen?)

Außendarstellung

- Website (Wer darf etwas einstellen? Muss alles vom Prof genehmigt werden oder kann jeder Mitarbeiter selbst entscheiden?)
- Corporate Design (Welche Vorgaben gibt es für einheitliche PowerPoint-Folien, E-Mail-Signatur, Visitenkarten, Briefpapier etc.? Wie strikt werden diese gehandhabt?)
- Besuch wissenschaftlicher Veranstaltungen (Ist die Teilnahme an Kolloquien der Nachbarlehrstühle, des Netzwerks verpflichtend oder freiwillig? Sind bei Kongressteilnahmen Anmeldung, Finanzierung und Inhalte mit dem Prof abzustimmen? Ist ein vorhergehender 'Probevortrag' am Lehrstuhl verpflichtend?)

1.5 Für Neueinsteiger oder Wechsler - Die ersten 100 Tage

Sie kommen neu an einen Lehrstuhl, werden diese Tätigkeit in Kürze aufnehmen oder planen gerade einen Wechsel an einen anderen Lehrstuhl? Dann stellen Sie sich wahrscheinlich die Frage, wie die ersten Tage sein werden, wie Sie das neue Team aufnehmen wird und mit welchen Ereignissen Sie konfrontiert, welche Erlebnisse Sie haben werden. Eine höchst spannende Zeit! Damit drängt sich aber eigentlich schon gleich der nächste Gedanke auf: Was kann ich tun, damit der Einstieg erfolgreich verläuft? Wie kann ich gerade in der ersten Zeit Fehler vermeiden, die sich vielleicht später negativ bemerkbar machen? Gibt es klassische Anfängerfehler, die es zu vermeiden gilt oder generelle Schwierigkeiten zu bedenken? Natürlich werden sich bei jedem Neueinstieg die ersten Tage und Wochen immer anders darstellen. Keine Startsituation gleicht einer anderen. Kollegen, die diese bereits mehrfach erleben durften, weil Sie häufiger den Lehrstuhl oder den Arbeitgeber gewechselt haben, werden dies bestätigen. Dennoch gibt es einige grundsätzliche Aspekte, die Sie bedenken sollten.

Zuerst müssen Sie wissen, dass die Anfangszeit die prägendste ist. An Ihrer neuen Wirkungsstätte kennt man Sie noch nicht und wird sich daher insbesondere in dieser ersten Zeit bemühen, schnell einen Eindruck von Ihnen zu gewinnen: Wer und wie sind Sie? Was sind Ihre Gepflogenheiten? Inwieweit haben Ihre Aussagen Bestand? Wie verlässlich sind Sie? etc. In diesen ersten Tagen und Wochen stehen Sie noch mehr als im sonstigen Führungskräftealltag im Fokus der Aufmerksamkeit. Jeder Schritt wird wahrgenommen, jede Aussage aufmerksam gehört, und interpretiert – möglicherweise falsch bzw. nicht so, wie Sie es intendiert hatten. Kurzum: Ihr Verhalten an diesen Tagen wird einen großen Einfluss auf das spätere Miteinander mit den Kollegen, Mitarbeitern und Studierenden haben. Sie setzen deshalb gerade in dieser Zeit Standards! Überlegen Sie daher gut, welche Standards dies sein sollen. Wenn Sie beispielsweise aus einer Euphorie heraus sagen, dass bei Ihnen am Lehrstuhl jeder Mitarbeiter (selbstverständlich) in drei Jahren promovieren kann und Sie zwei Betriebsausflüge im Jahr gut finden, werden Ihre Mitarbeiter dies als Standard auch einfordern und (berechtigterweise) enttäuscht sein, wenn es anders kommt. Andererseits: Wenn Sie in dieser Zeit keinerlei Aussagen zu Vorgaben machen (bspw. die Qualität einer Arbeit als o.k. bezeichnen, obwohl sie Ihnen nicht passt – weil Sie 'nett' sein und niemanden verschrecken wollen), haben Sie falsche Standards gesetzt. Bereiten Sie sich folglich auf die wichtigsten Themen vor (Was machen wir in Forschung und Lehre? Wer ist für was zuständig? Was von seinen bisherigen Themen darf jeder weitermachen, was nicht? Wie organisieren wir uns als Team sowie in Bezug auf Informationsfluss und Außendarstellung? Welche Anforderungen an Dissertationen werden gestellt? etc.) und seien Sie in Ihren Aussagen verlässlich, konkret und formulieren Sie unmissverständlich und begründet! Für die ersten Tage wäre es also durchaus angebracht, Sie würden sich die wichtigen zentralen Aussagen, die Sie Ihren Mitarbeitern gegenüber machen, vorher überlegen und ggf. sogar aufschreiben (bspw. o.g. Zeitdauer für den Abschluss einer Promotion, welche Social Events es im Jahresablauf geben wird; wie häufig Mitarbeitergespräche geplant sind etc.). Bitte informieren Sie dabei stets alle Mitarbeiter, die es betrifft, zeitgleich (vgl. Abschnitt 2.4.7, Informieren und Informiert werden). Wenn sich einer vernachlässigt oder übergangen fühlt, werden Sie lange brauchen, bis Sie dieses Gefühl bei ihm wieder ausgeräumt haben.

Und noch ein Hinweis zum Umgang mit Humor: So angenehm Humor für das Klima sein kann, so schwierig kann er zu deuten sein, wenn eine Führungskraft ihn einsetzt (so könnten sich Mitarbeiter beispielsweise fragen: „Macht er sich lustig oder nimmt er jemanden / etwas nicht ernst? Oder will er nur witzig sein? Ist es wirklich nett gemeint?"). Gehen Sie folglich mit Humor stets vorsichtig um; machen Sie aus Gründen des Respekts und der Wertschätzung keine Späße über andere Personen (auch nicht sich selbst), nur über Ereignisse oder fiktive Personen ('Klein Erna'); setzen Sie insbesondere keine Ironie (die ist zu mehrdeutig) und keinen Sarkasmus oder Zynismus ein (diese sind zu abwertend). Sobald Ihre Mitarbeiter Sie und Ihren Humor nach den ersten Tagen leichter einschätzen können, werden Sie noch genug Möglichkeiten haben, ihn zum Einsatz zu bringen.

Aber nicht nur Sie haben einen Einfluss auf Ihre Mitarbeiter. Auch diese werden – gewollt oder nicht – Sie beeinflussen und es wird sich ein erster Eindruck eines jeden Mitarbeiters auch bei Ihnen festsetzen. Seien Sie sich dessen bewusst! Es wird auch Mitarbeiter geben, die dieses Phänomen als ihre Chance wahrnehmen und versuchen werden, Sie für sich zu gewinnen. Sie werden Erfolgsstories einzelner Mitarbeiter / Kollegen hören, aber auch warnende Hinweise bezüglich anderer Mitarbeiter / Kollegen. Seien Sie dabei immer vorsichtig, und kürzen Sie solche Ränkespiele einfach mit dem Satz ab: „Ich werde mir gern selbst ein Bild von jedem machen!".

Gehen Sie diese Tage also überlegt, besonnen und mit einer inneren Ruhe an. In den ersten hundert Tagen müssen Sie (noch) keine fachlich-wissenschaftlichen Erfolge aufweisen – in dieser Zeit ist es viel essentieller, Ihr Team für sich zu gewinnen und den Alltag zu organisieren. Nutzen Sie diese Zeit also schlicht um – bildlich gesprochen – wie nach einem Umzug anzukommen, Ihr Kompetenz-Interieur auszupacken und alles systematisch an Ort und Stelle zu platzieren. Diese erste, prägende Zeit kommt nie wieder! Was diesbezüglich bei Ihrem 'Einzug' in den ersten Wochen zu bedenken ist, wird im Folgenden beschrieben.

HINWEISE ZUM VORGEHEN IN DEN ERSTEN 100 TAGEN

Allgemeines

- Genießen Sie diese Tage des Ankommens!
- Geben Sie am ersten Tag ruhig einen Sekt aus oder bringen Sie eine typische Speise aus Ihrer Heimat mit (einen Bocksbeutel aus Franken, Lebkuchen aus Nürnberg oder Printen aus Aachen).
- Ruhe bewahren! Gehen Sie die ersten Tage völlig stresslos an. Nehmen Sie sich nicht zu viel vor, legen Sie keine Reisen in diesen Zeitraum, sonst strahlen Sie keine Ruhe mehr aus. Dies werden Ihre (neuen) Mitarbeiter bemerken (keiner möchte einen gestressten Chef). Und reagieren Sie auf alle Informationen gelassen, lassen Sie sich durch nichts aus Ihrer Ruhe bringen.
- Ihre Mitarbeiter sollten Sie authentisch kennenlernen – also geben Sie nicht vor, anders zu sein als Sie sind (verstellen Sie sich bspw. nicht als Clown, um witzig zu wirken).
- Anfangs darf alles gefragt werden („Ach, haben wir das in der Bibliothek stehen?") – später wird's peinlich.
- Achten Sie darauf, welche Zeichen Sie setzen (z.B. Pünktlichkeit, eine strukturierte Vorgehensweise beim ersten Teammeeting, Protokollerstellung und Prüfung deren Einhaltung, Ausschalten des Handys bei Besprechungen etc.) – Sie prägen damit den Lehrstuhl!
- Übernehmen Sie nicht sofort alle eingebürgerten Prozesse blind. Evaluieren Sie sie erst einmal.
- Gestalten Sie auch Ihr eigenes Büro ansprechend und stimmig.

Mitarbeiter

- Kennenlernen ist der erste Schritt. Betreiben Sie Small Talk (siehe Abschnitt 24.3). Merken Sie sich die Namen Ihrer Mitarbeiter und verwenden Sie diese!
- Eine heikle Frage ist stets das 'Du' und 'Sie' im Umgang mit den Mitarbeitern – es unterscheidet sich mitunter sehr zwischen den Fachdisziplinen und Führungspersönlichkeiten. Falls Sie sich mit Ihren Mitarbeitern / Kollegen duzen möchten, sollten Sie das 'Du' nicht einfach so vorgeben, sondern sich zuvor fragen, was Sie damit signalisieren möchten. Soll das 'Du' Zeichen eines besonderen Vertrauensverhältnisses sein? Oder versprechen Sie sich davon einen anderen Umgangston, ein anderes Arbeitsklima oder möchten Sie damit eine flachere Hierarchie herstellen? Je nachdem, worum es Ihnen geht, sollten Sie 'die Verkündung des Du' formulieren und auch den Zeitpunkt der Vermittlung wählen – keinesfalls gibt man ein 'Du' zwischen Tür und Angel! Bedenken Sie auch, dass sich manch schüchterner Mitarbeiter überrumpelt fühlen, ein 'äußerst' selbstbewusster es ggf. sogar ablehnen könnte oder dass Ihr Team von Ihrem Vorgänger einen ganz anderen Umgangston gewohnt war – gehen Sie deshalb behutsam mit dem 'Du' um. Und nicht zuletzt ist zu berücksichtigen: So schön sich das 'Du' in einem vertrauensvollen Umgang mit den Mitarbeitern auch anfühlen mag, die Führung Ihrer Mitarbeiter wird Ihnen – vor allem in schwierigen Situationen – mit einem 'Sie' meist leichter fallen. Gängig ist daher übrigens zu Beginn das Siezen (Frau / Herr abc) oder aber die Kombination aus Vornamen und 'Sie'.
- Bilden Sie sich bewusst einen Eindruck von Ihren Mitarbeitern, eruieren Sie ihre Stärken und Schwächen, denn nur so können Sie sie gezielt einsetzen und fördern (vgl. Abschnitt 1.2, Mitarbeiter befähigen). Fragen Sie beispielsweise Ihre Mitarbeiter nach deren fachlichen Ausrichtungen / Vertiefungen. Achten Sie darauf, welche besonderen Fähigkeiten jemand zeigt, wer besonders gut präsentieren oder didaktisch vorgehen kann, wer konzeptuell stark ist oder ein Formulierungskünstler. Und ob jemand ein Organisationstalent besitzt, werden Sie spätestens im ersten gemeinsamen Projekt eruieren. Aber fällen Sie kein voreiliges Urteil, sondern fundieren Sie es möglichst auf konkreten Beobachtungen bzw. sich wiederholenden Ereignissen / Fakten (vgl. Abschnitt 13.7, Fehler bei der Beurteilung anderer).
- Versuchen Sie, das soziale Geflecht am Lehrstuhl zu verstehen (Wie sind die Rollen verteilt? Wer ist der 'zweite Chef'?).
- Machen Sie Antrittsbesuche bei Kunden / Forschungspartnern zusammen mit Ihren Mitarbeitern. So lernen Sie beide rasch kennen.
- Bewahren Sie sich bei all dem aber einen gewissen Freiraum, eine Privatsphäre. Laden Sie Ihre Mitarbeiter in den ersten Wochen also nicht gleich nach Hause ein.
- Sollten Sie einen oder mehrere Mitarbeiter 'mitgebracht' haben, so achten Sie darauf, dass Sie diese gegenüber den 'neuen' Mitarbeitern nicht bevorzugen bzw. den neuen eine Chance geben, Sie gleichermaßen kennenzulernen.

Verwaltung und Kollegen

- Stellen Sie sich bei der Verwaltung Ihrer Universität vor (mit diesen Personen werden Sie immer mal wieder Kontakt haben).
- Gehen Sie möglichst zu allen Veranstaltungen und Sitzungen der Fakultät. Lassen Sie keine Chance aus, die Fakultät zu erkunden: Sie werden Vieles lernen und erfahren. Planen Sie Ihre erste Vorstellung in der Fakultät, d.h. überlegen Sie sich genau, welche Informationen Sie geben wollen, und 'schießen' Sie nicht spontan los.
- Gehen Sie auf Kollegen zu und suchen Sie nach Gemeinsamkeiten (persönlich und fachlich). Gemeinsamkeiten verbinden, erhöhen die gegenseitige Sympathie und erleichtern den Einstieg in eine Zusammenarbeit
- Sprechen Sie ruhig an, dass Sie neu sind und noch Vieles kennenlernen und verstehen wollen / müssen.
- Keinesfalls sollten Sie den Satz loswerden, dass beispielsweise XYZ an der früheren Hochschule besser sei!
- Legen Sie im Laufe der Zeit Ihre fachlichen Pläne kurz und bündig, aber klar strukturiert dar.
- Bauen Sie Netzwerke auf. Sammeln Sie erste Ideen für lehrstuhlübergreifende Projekte, aber machen Sie noch keine konkreten Zusagen – sprechen Sie darüber ggf. vorher mit Ihren Mitarbeitern.
- Eruieren Sie durchaus auch die Machtstrukturen in der Fakultät (Wer hat Einfluss? Wer ist in welchen Themenfeldern führend?).

Organisation

- Lassen Sie in der ersten Zeit alle Vorgänge über Ihren Tisch laufen, damit Sie möglichst rasch einen vollständigen Überblick bekommen – auch, wenn der Postberg hoch wird. Sagen Sie dazu, dass Sie dies auch wieder ändern werden, sobald Sie sich sicher sind, wie Sie Ihre Prozesse im Lehrstuhl strukturieren wollen, Regelungen dafür geschaffen sind und Sie Aufgaben delegieren können.
- Geben Sie sich Mühe, alle Informationen wirklich aufzunehmen und zu verstehen. Geben Sie nicht vor, etwas zu verstehen, obwohl Sie es nicht verstanden oder gar nicht zugehört haben.
- Versuchen Sie, vorhandene Prozesse (bspw. die Abwicklung von Prüfungen oder den Zugang zu Literaturdatenbanken über die Uni-Website) und Abläufe zu verstehen (ggf. eine Liste mit Unklarheiten machen und Mitarbeiter fragen).
- Definieren Sie Ihrerseits Abläufe und Prozesse (vgl. grauer Kasten zu Regelungen in Abschnitt 1.4.2). Kommunizieren und erläutern Sie diese und halten Sie sie zusätzlich zum Nachlesen im Intranet / in Datenbanken fest.
- Unterscheiden Sie Wichtiges von Unwichtigem (siehe Eisenhower Abschnitt 2.2.3), damit Sie stets genügend Zeit haben, sich der Prozesse anzunehmen, die Sie in den ersten Tagen strukturieren wollen.
- Lassen Sie die von Ihnen initiierten Abläufe wachsen, pflegen Sie sie und haben Sie sie stets im Blick. Und leben Sie sie auch selbst (im Sinne von „Practice what you preach.“).

- Delegieren Sie erste Aufgaben angemessen und richtig (siehe Abschnitt 2.2.3) und kontrollieren Sie die Umsetzung.

Zeitplanung

- Schleppen Sie möglichst keine zeitraubenden Altlasten (bspw. die Fertigstellung eines angefangenen Buchs) aus Ihrem früheren Job mit – es nimmt Ihnen jegliche Zeit und Kapazität, aufs Neue zu reagieren. Auch die bisherigen Netzwerke und Kontakte kosten Zeit, Sie sollten sie nicht abbrechen lassen, aber durchaus kundtun, dass Sie sich nun in die neuen Aufgaben einfinden und ggf. daher kurz pausieren werden – und vergessen Sie nicht, Ihre Kontakte nach gegebener Zeit wieder voller Elan aufzunehmen (denn sonst sind sie wirklich verloren).
- Planen Sie ausreichend Zeit für Ihre Mitarbeiter und Kollegen ein. Stehen Sie vor allem in den ersten Tagen für fachliche und persönliche Gespräche zur Verfügung. Auf diese Weise gewinnen Sie in kurzer Zeit viele wichtige Informationen und lernen Ihre Mitarbeiter frühzeitig kennen.
- Machen Sie ganz bewusst 'Termine mit sich selbst' für die Reflexion und das kritische Hinterfragen Ihrer ersten Eindrücke und halten Sie diese ein.
- Denken Sie daran, Ihre neue Umgebung auch außerhalb des Lehrstuhlgeschehens kennen und schätzen zu lernen (Mitarbeiter und Kollegen sind meist begeisterte 'Stadtführer' und so könnten Sie beide auch eine jeweils andere Seite aneinander kennenlernen).

Nach den ersten 100 Tagen ist die Basis geschaffen, der Lehrstuhl hat ein Gesicht, Sie haben mit Ihren Mitarbeitern zusammen an der Vision, Mission, dem Leitbild (vgl. Abschnitt 1.3) gearbeitet und Strukturen geschaffen, die sich nun etablieren und bewähren müssen. Doch ist nicht nur der Lehrstuhl auf diese Weise sozusagen 'aufzustellen', sondern auch Sie selbst müssen sich entsprechend 'arbeitsfähig' machen. Unter anderem gehört dazu, eine persönliche Arbeitsmethodik zu entwickeln, wie Sie nachfolgend dargestellt ist.

FAZIT 'DIE BASIS EINER ERFOLGREICHEN ARBEITSEINHEIT ETABLIEREN'

Rollen einer Führungskraft

Seien Sie sich bewusst, dass Sie als Führungskraft verschiedenste Rollen ausfüllen müssen, um den Ansprüchen und Erwartungen eines erfolgreichen Teams nachzukommen und um Ihr Team in seiner personellen Zusammensetzung und Dynamik zu lenken. Sie müssen ...

- Kommandeur sein,
  d.h. Vorgaben machen, Entscheidungen treffen, Arbeiten einfordern.
- Moderator sein,
  d.h. Gruppendynamik lenken, Sitzungen moderieren, zu Synthesen finden.
- Integrator sein,
  d.h. Ihre Mitarbeiter zu einem echten Team machen, für den Zusammenhalt sorgen, neue Mitarbeiter integrieren.

Forts.

- Partner sein,
  d.h. Mitarbeiter in Entscheidungen einbeziehen, ihre Expertise einbringen lassen und Mitsprachen / -gestaltung ermöglichen.
- Förderer sein,
  d.h. die Mitarbeiter qualifizieren, sie in ihren Zielen und Interessen unterstützen.

Mitarbeiter befähigen

Ihre Mitarbeiter sind in weiten Teilen so gut und erfolgreich, wie Sie sie 'dazu machen'. Die Leistung eines Mitarbeiters ist in nicht unerheblichem Maße von Ihrem Verhalten als Führungskraft abhängig. Entscheidend ist, dass Sie Mitarbeiter in dreierlei Hinsicht befähigen:

- Leistungs*möglichkeit*
  Dürfen Ihre Mitarbeiter Leistung bringen? D.h. haben sie die dazu erforderlichen zeitlichen, personellen, finanziellen sowie auf Kompetenz und Entscheidungsbefugnis bezogenen Freiräume?
- Leistungs*fähigkeit*
  Können Ihre Mitarbeiter Leistung bringen? D.h. haben Sie sie fachlich-inhaltlich, methodisch und strategisch befähigt, leistungsstark zu sein? Fördern Sie ihre Stärken?
- Leistungs*bereitschaft*
  Wollen Ihre Mitarbeiter Leistung bringen? D.h. wurden diese auch nicht durch äußere Rahmenbedingungen oder Ihre Einstellung bzw. Herangehensweise demotiviert?

Dem Lehrstuhl ein Gesicht geben

Wer ist Ihr Lehrstuhl und wohin geht seine Reise? Wenn eine Arbeitseinheit keine Orientierung und auch kein Wertesystem vermittelt, dann ist sie sozusagen 'gesichtslos'. Geben Sie daher Ihrem Team:

- Vision
  „Wohin wollen wir mit unserem Lehrstuhl?" Geben Sie Ihren Mitarbeitern und dem Außenfeld ein Bild der Zukunft Ihres Lehrstuhls.
- Mission
  „Wofür steht der Lehrstuhl und was ist sein Auftrag?" Vermitteln Sie Ihren Mitarbeitern und dem Außenfeld, wie Sie sich dieser Vision nähern werden, welche Wege und Methoden für Sie charakteristisch sind.
- Leitbild
  „An welchen Werten und Verhaltensweisen wollen wir uns auf unserem Weg zur Vision sowie im täglichen Miteinander orientieren?" Geben Sie mit einem Leitbild Ihren Mitarbeitern Hinweise darauf, wie Sie es an Ihrem Lehrstuhl schaffen wollen, die Vision und Mission, d.h. Ihre Ziele und Ihren Auftrag, auch tatsächlich im Alltag umzusetzen. Zeigen Sie dazugehörige Werte auf, und verbinden Sie diese mit konkreten Strategien und Verhaltensweisen, die Ihren Mitarbeitern Orientierung für die Art und Weise der Umsetzung geben.

Den Lehrstuhl mit Systematik versehen

Um Mitarbeiter im Teamgeschehen so wirksam zu machen, dass sie leistungsstark agieren können, müssen Sie zwei Wirkgrößen reduzieren: Komplexität und Unsicherheit. Dies gelingt Ihnen, wenn Sie dem 'Ganzen' mit Systematik begegnen und zwar in zweierlei Hinsicht:

Forts.

- Struktur und Aufbau
  Sorgen Sie dafür, dass auf Basis von Organigramm, Tätigkeitsbeschreibungen und Mitarbeiterprofilen jeder weiss, wer in welcher Funktion wofür zuständig ist und seine Verantwortlichkeiten im Detail kennt. Bringen Sie des Weiteren Systematik in Ihre Arbeitseinheit, indem Sie den Lehrbetrieb, die Forschung und die Außendarstellung des Lehrstuhls ebenfalls klar und transparent strukturieren.

- Prozesse und Abläufe
  Um Systematik in Ihre Prozesse zu bringen, benötigen im Speziellen der Informationsfluss des Lehrstuhls (der bei Ihnen sozusagen als Schaltstelle zusammenläuft), die Arbeitsmethodik des gesamten Teams sowie zahlreiche Ablaufregelungen Ihre Aufmerksamkeit.

Die ersten 100 Tage

„You will never get a second chance to make a first impression." Wenngleich dieser Satz nicht auf alles passt, so ist er doch insbesondere für Ihren Start in einem neuen Arbeitsverhältnis bzw. mit einem neuen Team zutreffend. Eine vergleichbare Chance, um sich zügig eine gute Arbeitsbasis zu schaffen, werden Sie nicht wieder bekommen. Sie haben sozusagen eine 'freie Fläche', ein 'weißes Blatt Papier', auf dem Sie agieren können. Und da die Anfangszeit die einflussreichste und damit prägendste Zeit ist, können Sie hier den Grundstein für sowohl das Miteinander als auch die Arbeitssystematik und -standards legen.

2 Persönliche Arbeitsmethodik

„Ruhe oder Unrast unserer Seele hängen nicht so sehr von großen Ereignissen ab als von der reibungslosen oder fehlerhaften Ordnung des Alltagslebens."

François Duc de La Rochefoucauld

Wissen Sie, welche Termine Sie in den nächsten beiden Wochen haben? „Nein", werden viele berechtigt sagen: „Steht doch auch alles im Kalender!". Das ist per se ja schon mal ziemlich gut, aber – Hand auf's Herz – haben Sie sich diese Termine auch so gesetzt, dass Sie zur richtigen Zeit stattfinden und effizient vorbereitet werden können? Oder richten Sie sich bei der Terminplanung eher nach den Wünschen der Anderen und sind deshalb bei manchen Terminen weniger gut vorbereitet, als Ihnen lieb ist? Bereits das Platzieren der Termine im Kalender ist ein erfolgsentscheidender Moment. Eine Terminplanung bewegt sich immer in bestimmten Zeitfenstern (bspw. Tageszeit, Dauer des Termins, ggf. Anfahrtszeit) und es ist erforderlich, diese so zu setzen, dass Sie Ihnen unter anderem die Möglichkeiten einer effizienten Terminvor- oder Nachbereitung (bspw. das rasche Durchsehen der Punkte auf der Tagesordnung kurz vor Beginn der Besprechung, oder das Sammeln und die Verschriftlichung von neuen Ideen nach einer Diskussion) bietet. Und genauso, wie das Setzen Ihrer Termine Aufmerksamkeit und Vorbereitung bedarf und nicht willkürlich passieren sollte, erhebt Ihre Arbeitsmethodik denselben Anspruch. Um Ihnen ein erfolgreiches Arbeiten zu ermöglichen, will auch sie vorbereitet werden.

Im Zusammenhang mit der Arbeitsmethodik soll der Terminus 'Vorbereitung' nun weiter gefasst werden, denn bei der Gestaltung der täglichen Arbeit geht es nicht nur darum, ad hoc den nächsten Termin oder die darauffolgende Besprechung vorzubereiten, sondern auch ganz wesentlich darum, mittel- und langfristig, vor allem aber zielorientiert zu denken, zu planen – und zu arbeiten. Vielleicht haben Sie sich eine solche Arbeitshaltung ja auch schon das eine oder andere Mal vorgenommen, wollten „sich endlich mal einen Überblick über das, was demnächst so ansteht, verschaffen", „morgen aber wirklich mal alles abarbeiten, was Sie sich auf Ihre To-do-Liste geschrieben hatten" oder „am Jahresanfang eine Planung aller Aktivitäten der folgenden zwölf Monate durchführen"? Womöglich haben Sie mit diesen Tätigkeiten auch begonnen, aber haben Sie sie zu Ende geführt? Oder wurden Sie von etwas Dringlicherem oder Wichtigerem unterbrochen, haben den Zeitaufwand für einzelne Arbeitsschritte unterschätzt oder sich unter Umständen sogar ablenken lassen?

Vorschläge zu Möglichkeiten, die Sie nutzen können, um in Zukunft effektiver, effizienter, konzentrierter und zielgerichteter zu arbeiten und zufriedener auf Ihre Arbeitszeit zu blicken, finden Sie in den nachstehenden Ausführungen. Dazu wird in diesem Kapitel zunächst beschrieben, wie Sie Ihre persönlichen Ziele und jene des Lehrstuhls formulieren (siehe Abschnitt 2.1). Anschließend wird aufgezeigt, wie Sie Ihre tagtäglichen Aufgaben bewerten und priorisieren können (siehe Abschnitt 2.2). Dabei steht die planerische Gestaltung der Arbeitsorganisation im Vordergrund, also die Frage, wie es Ihnen gelingt, die *richtigen* Dinge zu tun. Um zu lernen, wie Sie die Dinge auch *richtig* tun, wird darauf aufbauend dargelegt, wie Sie den eigenen Arbeitsalltag optimal planen und gestalten (siehe Abschnitt 2.3). Den Abschluss des Kapitels bilden schließlich Hinweise für den souveränen Umgang mit der täglichen Informationsflut und der Bearbeitung des Posteingangs (siehe Abschnitt 2.4).

2.1 ZIELE SETZEN

„Während Sie mit den kleinen Dingen beschäftigt sind, sollten Sie an die großen Dinge denken, damit all die kleinen Dinge die richtige Richtung nehmen."

Alvin Toffler

Bestimmt fragen Sie sich manchmal, was Sie eigentlich am zurückliegenden Tag oder in der vergangenen Woche gemacht haben – und wozu Eigentlich. Haben Sie mit all diesen Tätigkeiten sich selbst und Ihre Ziele oder die des Lehrstuhl vorangebracht, oder sogar beides? Die Frage nach dem 'Wozu?' steht in direktem Zusammenhang mit dem Vorhandensein von und dem Bewusstsein über die eigenen jeweiligen Ziele. Da liegt die Frage „Welche Ziele will ich eigentlich privat und beruflich erreichen?" nahe.

Eines steht sicher fest: Wir alle wollen in für uns relevanten Bereichen erfolgreich sein. Doch wann sind wir erfolgreich? Erfolg machen wir daran fest, unsere vorher gesteckten Ziele erreicht zu haben. Umgekehrt bedeutet es aber, dass Sie ohne eigene definierte Ziele nie 'richtigen' Erfolg haben können. Zweifellos können Sie vielerlei tolle Dinge schaffen, kreieren, realisieren, für die andere Sie sicherlich auch anerkennen oder beneiden. Jedoch werden Sie niemals das erfüllende Gefühl innerer Zufriedenheit erleben - welches Ihnen sicher ist und Sie für Ihre Anstrengungen entschädigt – wenn Sie ein bewusst gestecktes Ziel erreichen.

Möglicherweise denken Sie jetzt, das klingt zwar schön, entspricht aber nun mal nicht der Realität, im Tagesgeschäft haben schließlich ganz andere Dinge Vorrang – Sie müssen dringende Aufgaben erledigen – die heutige Vorlesung nochmals durchsehen, das eilige Manuskript des Mitarbeiters freigeben, das schon längst überfällige Review einer wichtigen Zeitschrift bearbeiten, das Gutachten für den Studierenden fristgerecht erstellen usw. Auf den ersten Blick haben Sie mit diesem Argument zwar recht, denn in unserem alltäglichen Tun verlieren wir das Bewusstsein für die Ziele, auf die wir hinarbeiten, in der Regel aus den Augen.

Erfolgreich sein heißt *nicht*, alle anstehenden Aufgaben bewältigt zu haben – und doch arbeiten wir sie oft einfach ab, ohne sie und ihre Ziele zu hinterfragen. Was dann allerdings in der Regel passiert, ist unkoordinierter Aktionismus, der sich zwar kurzfristig gut anfühlen mag („Ich tue ja was!" oder „Ich bin busy, also bin ich wer."), mittelfristig aber wenig hilfreich ist und nur Stress und Anspannung erzeugt – anstatt Erfolg. Trotz des vielen Arbeitens fühlen wir, dass wir nicht an den Aufgaben arbeiten, die uns wichtig sind, was zumeist daran liegt, dass wir gar nicht wissen, mit welcher Sinnhaftigkeit wir eigentlich an etwas arbeiten (außer, um es erledigt zu haben). Es stellt sich keine Genugtuung, keine Zufriedenheit ein, sondern das ständige Gefühl, mehr tun zu müssen. Sobald wir ein Ziel vor Augen haben, dem sich unsere Handlungen zuordnen lassen, können wir anstehende Aufgaben wesentlich leichter priorisieren, delegieren und vor allem mit viel besserem Gewissen auch mal (nicht Zielführendes) ablehnen. Mit klaren Zielen vor Augen sind Sie ein aktiver Gestalter und nicht nur ein passiver Abarbeiter!

Für ein souveränes Selbst- und Arbeitsmanagement ist es folglich wichtig, sich diese Ziele regelmäßig und bewusst vor Augen zu halten. Warum? Nun, Ziele motivieren uns Menschen und geben unserem Handeln einen Sinn – beispielsweise wenn wir wissen, dass unser Handeln in einem positiven Zusammenhang mit einem unserer Ziele steht und uns diesem näher bringt – so wird auch das eher unerfreuliche Akquirieren erträglich, wenn dieses uns unserem begehrtem Forschungsprojekt näher bringt. Hinzu kommt, dass Sie, wenn Sie Ihr Ziel nicht kennen bzw. definieren und charakterisieren können, auch keinerlei Kriterien haben, um beurteilen zu können, ob die Aufgabe abgeschlossen ist, Sie alles ausreichend berücksichtigt haben und im Endeffekt überhaupt erfolgreich waren. Beginnen Sie folglich keine Aktivität, ohne ihr Ziel / ihren Zweck zu kennen! Nehmen Sie sich daher in regelmäßigen Zyklen die Zeit, sich – beruflich wie privat – über Ihre langfristigen Ziele Gedanken zu machen (vgl. grauer Kasten). Dabei können Ihnen die Fragen im grauen Kasten eine Orientierung geben.

„Ans Ziel kommt nur, wer eines hat!", sagte einst Martin Luther. In Analogie zu diesem Zitat könnten wir ergänzen: Ans Ziel kommt nur, wer ein auf allen Ebenen stimmiges Ziel hat: Leiten Sie stringent aus Ihren Visionen (siehe Abschnitt 1.1.1, Lehrstuhl-Visionen und Abschnitt 17.2, Forschungsprofil / -vision) Ziele ab; zunächst mittelfristige mit einer Zeitspanne von etwa ein bis drei Jahren, dann kurzfristige mit einer Zeitspanne von Wochen bis wenigen Monaten, und bereiten Sie dann die Umsetzung dieser mit der ALPEN-Methode vor (vgl. Abb. 2.1). Wenn Sie beispielsweise aus der Vision, ein international renommiertes Institut zu werden, das mittelfristige Ziel ableiten, sich mit Ihrem Lehrstuhl in zwei Jahren für die Austragung des 'großen internationalen Kongresses' zu bewerben, resultieren daraus kurzfristige Ziele und Aufgaben, welche eine konkrete Handlungsebene betreffen (bspw. einen Konzeptentwurf zu gestalten). Auf diese Weise heruntergebrochene Ziel lassen sich 'anpacken', werden greifbar und somit eher Realität als wenn Sie es bei abstrakten Visionen belassen. Andererseits: Würden Sie Ihre Ziele nicht mit den Visionen abgleichen, könnte es passieren, dass beide wenig miteinander zu tun haben und Sie somit viele Ziele bearbeiten, die Sie letztendlich nicht Ihrer Vision näherkommen lassen. Nutzen Sie daher die Chance, beide Hand in Hand gehen zu lassen, indem Sie sie schlicht aufeinander abstimmen.

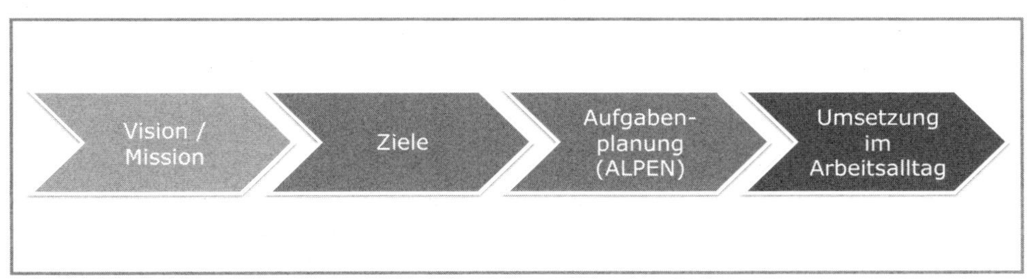

Abb. 2.1. Von der Vision / Mission zur Umsetzung im Alltag – eine Abfolge.

Zielklärende Gedanken und Fragen

- Wie empfinde ich meine gegenwärtige Situation? Was gefällt mir gut, was würde ich gerne ändern? Was müsste ich dazu tun?
- Welchen Stellenwert haben Arbeit, Freizeit, Gesundheit, Freunde und Familie zurzeit in meinem Leben? Bin ich mit meiner Priorisierung und den alltäglichen Zeitfenstern dieser Prioritäten eigentlich zufrieden?
- Was ist für mich wirklich wichtig im Leben – welche Werte, welche Bedingungen?
- In welchen Momenten fühle ich mich besonders lebendig? Was tut mir gut?
- Was ist für mich das größte Glück, was macht mich unglücklich? Was tue ich eigentlich viel zu selten?
- Wo sehe ich mich beruflich in 1 / 3 / 5 / 20 Jahren? Wo privat? Sind diese Ziele miteinander vereinbar?
- Welches große Ziel strebe ich an? Welcher Traum soll sich erfüllen?
- Bin ich auf dem Weg, meine Lebensprioritäten zu verwirklichen?
- Wenn ich das Drehbuch meines Lebens selbst schreiben könnte – wie ginge es jetzt (mit Perspektive auf ein zufriedenes Arbeitsleben) weiter?
- Wenn ich als alter Mensch im Schaukelstuhl auf meine jetzige Situation zurückblicke, würde ich denken, dass ... / würde ich mich ärgern, wenn ich nicht ...?

2.1.1 Zielformulierungen

Wie oben dargestellt wurde, haben Ziele für Ihr Handeln – sei es innerhalb eines Projekts oder im Rahmen Ihres Arbeitstages – eine motivierende Wirkung. Sie führen zu verbesserter Leistung und helfen Ihnen, sich effizienter zu organisieren und Ihre Arbeit auf die Zielerreichung auszurichten. Eine Voraussetzung dafür ist, dass Sie Ihre Ziele 'SMART' formulieren, damit sie ihre handlungsweisende Wirkung entfalten können:

- **S**pezifisch (= konkret, präzise)
  Je spezifischer Ihr Ziel formuliert, ist, desto besser können Sie sich an ihm ausrichten. Das Ziel „Drei Mal pro Woche laufen gehen" wäre folglich besser als „Mehr Sport machen". Ihr Ziel sollte auch inhaltlich festgelegt sein, d.h., es sollte genau das aussagen, was Sie meinen. Formulieren Sie es daher positiv (z.B. „Ich werde bei der Verhandlung morgen ganz ruhig bleiben.") anstatt mit Verneinungen zu arbeiten (z.B. „Ich werde mich bei der Verhandlung morgen nicht provozieren lassen."). Dies erleichtert die Verarbeitungsprozesse im Gehirn und damit Ihre Erfolgschancen.

- **M**essbar (= die Zielerreichung ist überprüfbar)
  Nur an messbaren Zielen können Sie deren Erreichung bzw. Ihren Erfolg überprüfen. Setzen Sie sich dafür Kriterien, an denen Sie die Zielerreichung überprüfen können. Das Ziel „Ich werde im Sommer fitter sein, als jetzt." oder „Ich werde ab morgen häufiger joggen gehen." wäre entsprechend nicht so geeignet, wie „Fit sein heißt für mich, 45 Minuten am Stück joggen zu können." bzw. „Ich werde ab morgen zweimal die Woche joggen gehen.".

- **A**ktionsorientiert (= eine eigene Aktion beinhaltend)
  Formulieren Sie folglich keinen Zustand (z.B. lustig sein), sondern eine Aktion (z B. Witze erzählen). Ihr Ziel sollte sich außerdem auf etwas beziehen, das Sie aus eigener Kraft / Anstrengung erreichen können (z.B. einen Vortrag mit humorvollen Elementen vorbereiten). Finden Sie Zielformulierungen, die von dem Einsatz / Engagement anderer (z.B. andere durch meinen Vortrag zum Lachen bringen) unabhängig sind. Verwenden Sie persönliche ('ich' statt 'man') und verbindliche ('ich werde' statt 'ich müsste', 'ich sollte', 'ich könnte', 'ich dürfte') Formulierungen.

- **R**ealistisch (= erreichbar und herausfordernd)
  Nur ein Ziel, das Sie erreichen können und das Sie zugleich herausfordert, wird Sie motivieren, entsprechende Energien aufzubringen. Unrealistische Ziele wirken demotivierend und beeinflussen die Selbstwirksamkeit negativ. Im Verhältnis zu „Ich werde in zwei Wochen 15 kg abnehmen." wäre „Ich werde in zwei Wochen zwei Kilogramm abnehmen." das bessere Ziel, da es realistisch(er) (und vermutlich trotzdem noch herausfordernd) ist.

- **T**erminiert
  Ihr Ziel sollte zeitlich festgelegt sein – sei es in Form einer Phase (z.B. in den nächsten zwei Wochen) oder eines fixen Zeitpunkts für Beginn und Ende (z.B. ab morgen / bis Ostern). Nicht begrenzte Ziele („Ich werde ab jetzt für immer morgens 30 Minuten joggen." oder „... ab jetzt bis was weiß ich wann.") sind für uns und unseren Disziplineinsatz weniger greifbar, auch unüberschaubar und daher weniger motivierend. Nicht zuletzt sind sie natürlich ohne Termin auch nie wirklich überprüfbar, denn ohne Deadline kann die Zielerreichung ja beliebig vertagt werden. Daher sollten Sie sagen: „Dieses Ziel will ich in vier Monaten, also am 31.12. diesen Jahres erreicht haben." oder „Ich will von heute an bis zunächst einmal in vier Wochen jeden Morgen 30 Minuten joggen gehen.".

Nachdem Sie nun die Kriterien für die Formulierung Ihrer Ziele kennen, fragen Sie sich sicherlich, wie entsprechend formulierte Ziele aussehen würden. Natürlich werden Ihre Ziele auf Sie und Ihren Lehrstuhl zugeschnitten sein, sicherlich können Sie aber aus den folgenden Beispielen einige Ideen und Anregungen ableiten:

- Bis in fünf Jahren werde ich am Lehrstuhl die neuen Forschungsfelder A, B und C aufgebaut haben; d.h., dass jedes Forschungsfeld dann mindestens mit einem Promovenden besetzt und einem fünfjährigen Projektplan versehen ist.

- Mein Drittmittelvolumen werde ich bis in drei Jahren auf 250.000,- € pro Jahr erhöht haben. Als Startpunkt werde ich bis Monatsende mein Forschungsprofil im Rahmen eines Flyers aufbereiten und ausgewählte Kooperationspartner zu Gesprächen einladen.

- Ich werde in sechs Monaten ein Manuskript zum Thema ABC bei dem Peer-Reviewed Journal DEF einreichen. Zum Schreiben des Manuskripts werde ich mir in den nächsten sechs Monaten monatlich ein Zeitfenster von drei aneinander hängenden Tagen reservieren.

- Innerhalb der nächsten zwei Jahre werde ich an meinem Lehrstuhl einen neuen Online-Studiengang zum Thema ABC etablieren. Als ersten Schritt werde ich am nächsten Mittwochnachmittag die für den neuen Onlinestudiengang erforderlichen Projektstrukturpläne erstellen und in der kommenden Fakultätsratssitzung die Kollegen diesbezüglich informieren.

- Ab sofort begrenze ich meine Woche auf 50 Stunden Arbeitszeit. In genau einem Monat evaluiere ich diese Umsetzung.

Wenn Sie nun Ihre Ziele formulieren können, geht es im Weiteren darum, deren Verwirklichung im Einklang mit den täglichen Aktivitäten des Arbeitslebens zu planen. Wie dies im Einzelnen funktionieren kann, wird im folgenden Abschnitt erläutert.

2.2 DIE *RICHTIGEN* DINGE TUN - PLANEN MIT DER ALPEN-METHODE

„Ein Ziel ohne Plan ist nur ein Wunsch."

Antoine de Saint-Exupery

Vermutlich werden Sie sich in Bezug auf die Bedeutung von Planung für Ihr alltägliches Tun zwischen zwei Polen bewegen. Der eine Pol besagt so etwas wie „Planung ist das halbe Leben.", der andere sagt „Man kann eigentlich gar nicht zuverlässig planen, weil meistens etwas Unvorhergesehenes dazwischen kommt." – und je nach Situation fühlen Sie sich dem einen oder dem anderen näher zugewandt. Aber was ist denn nun richtig? Um diese Frage zu beantworten, ist es hilfreich, vorab einmal zu klären, was Planen eigentlich heißt und wie man 'richtig' plant.

Unter Planung versteht man ganz allgemein die gedankliche Vorwegnahme von Handlungsschritten, die zur Erreichung eines Ziels notwendig sind. Bevor Sie mit einer Planung beginnen können, müssen Sie wissen, in welche Richtung es eigentlich gehen soll – also Ihre Ziele kennen (vgl. obiger Abschnitt). Wenn Sie diese benannt haben, gilt es, sich einen Überblick darüber zu verschaffen, welche Aufgaben und Handlungen oder Aktivitäten im Einzelnen zur Zielerreichung erforderlich sind (A). Ebenfalls sollten Sie sich über den Leistungsaufwand (Mittel, Zeit, Vorbereitung), den Sie zur zielorientierten Ausübung der Aktivitäten benötigen werden, Gedanken machen: Wie wollen Sie Ihr Ziel erreichen? Was benötigen Sie dazu? Und wie lange werden Sie brauchen (L)? Wenn Sie diesen Leistungsaufwand kennen, ist es an der Zeit, Ihren Fokus zu schärfen und die Prioritäten (P) sowie den effizienten Ablauf festzulegen (E). Um das Erreichen Ihrer Ziele und Vorhaben im Alltag nachhaltig zu unterstützen, sollten Sie unterstützende Kriterien für die Zielerreichung definieren (N); diese können sowohl das Ergebnis betreffen als auch den Weg dorthin.
Die eben genannten Planungsschritte sind Gegenstand der sog. ALPEN-Methode (daher die Buchstabenzuordnung zu den einzelnen Arbeitsschritten). ALPEN ist ein Planungsinstrument, welches Ihnen durch eine systematische Vorgehensweise dazu verhelfen kann, Ihren Arbeitsalltag effektiver und für Sie zufriedenstellender zu gestalten.

Denken Sie nun vielleicht, „Ach, Herrjemine, eine solche Planung ist doch viel zu viel Aufwand für das alltägliche Tun, für ein solches System habe ich gar keine Zeit?" In gewisser Weise hätten Sie mit diesem Argument recht, denn selten planen wir derart bewusst und durchdacht, aber wenn wir genau hinsehen, erkennen wir, dass wir das Konzept eigentlich bereits intuitiv für nahezu alle unsere Handlungen anwenden.
Ein kleines Beispiel dazu: Nehmen wir einmal an, Sie wollen eine Bergtour in die Alpen unternehmen. Zunächst legen Sie das Ziel fest: Sie wollen Ausblicke genießen, sich beim Klettern austoben und dabei einen neuen Dreitausender erklimmen. Dazu wählen Sie einen bestimmten Berg aus.

(A) Zunächst sammeln Sie die Aufgaben, die Sie erledigen müssen, um starten zu können, beispielsweise ...

- das Wochenende festlegen, an dem es losgehen soll,
- Kletterpartner suchen,

- die Route festlegen (idealerweise auch eine Schlechtwetteralternative).

(L) Zu einer guten Routenplanung gehört, dass Sie ...

- die mögliche Wegstrecke hinsichtlich ihres Schwierigkeitsgrads bewerten,
- den zeitlichen Aufwand für die Anfahrt und den Aufstieg zu den möglichen Hütten abschätzen,
- die Optionen für den Abstieg und die Rückfahrt mit dem Bus zu Ihrem Auto sich raussuchen.

(P) In Abhängigkeit von der Wettervorhersage entscheiden Sie sich für den günstigsten Weg und buchen die Hütte.

(E) Mit Ihrem Kletterpartner stimmen Sie auf Basis der Entscheidung unter (P) den endgültigen Ablauf Ihrer Klettertour ab, so beispielsweise

- Abfahrtszeit,
- erforderlicher Proviant / Ausrüstung,
- geplante Rückkehr.

(N) Vermutlich sind es bei dieser Freizeitaktivität eher unbewusste Kriterien, an denen Sie den Erfolg Ihres Ausflugs messen und aller Wahrscheinlichkeit nach stellen Sie diese hier auch erst post hoc fest – wie die Strecke war zu unwegsam, die Verpflegung nicht ausreichend, die Pausen zu lang oder zu selten, die Kleidung nicht auf schlechtes Wetter ausgelegt etc. Wenn Sie derartige Erfahrungen aber bereits gesammelt haben, werden Sie sich vor Beginn der nächsten Tour diese sicher wieder in den Kopf rufen und Ihre Planung entsprechend optimieren. Hilfreich sind hier Erinnerungshilfen wie solche, die Sie rechtzeitig die Wetterlage und den Proviant checken lassen und das Fassen von Vorsätzen, beispielsweise um sich bei dieser Tour nicht so zu überfordern wie bei der letzten, sondern in kürzeren Abständen Pausen zu machen.

Dieses kleine Beispiel zeigt, dass wir unseren Alltag eigentlich immer planen, wenn oft auch nur intuitiv und eher selten bewusst und strukturiert wie mit der ALPEN-Methode. Bei banaleren oder gewohnten Aktivitäten verschafft uns das in der Regel auch keine Probleme. Geht es jedoch um umfangreichere Aufgaben oder komplexere Projekte (bspw. wie die Ausrichtung einer Konferenz) oder aber um jene Aufgaben, die im Wirrwarr der alltäglichen Dringlichkeiten viel zu schnell unter den Tisch fallen (wie bspw. endlich wieder an der Publikation zu arbeiten), dann ist das mit dem intuitiven Planen so eine Sache. Riskieren Sie es dennoch, finden Sie sich nämlich mit erschreckend hoher Wahrscheinlichkeit in einer Situation wieder, in der Sie entweder hektisch reagieren müssen – oder aber andauernd auf die Dinge verzichten, die Ihnen eigentlich am Herzen liegen und die Qualität Ihres Berufes ausmachen (wie bspw. das Lesen von Fachpublikationen und Forschen im engeren Sinne).

Um die Voraussetzungen für ein gezieltes, durchdachtes und nachhaltiges Planen und Arbeiten zu schaffen, ist die hier dargestellte ALPEN-Methode zu empfehlen, denn: „Gut geplant ist schon halb die Alpen erklommen!". In der nachfolgenden Abbildung 2.2 sind die einzelnen Planungselemente der ALPEN-Methode im Überblick dargestellt; in den nachfolgenden Abschnitten wird jeder Schritt ausführlich beschrieben.

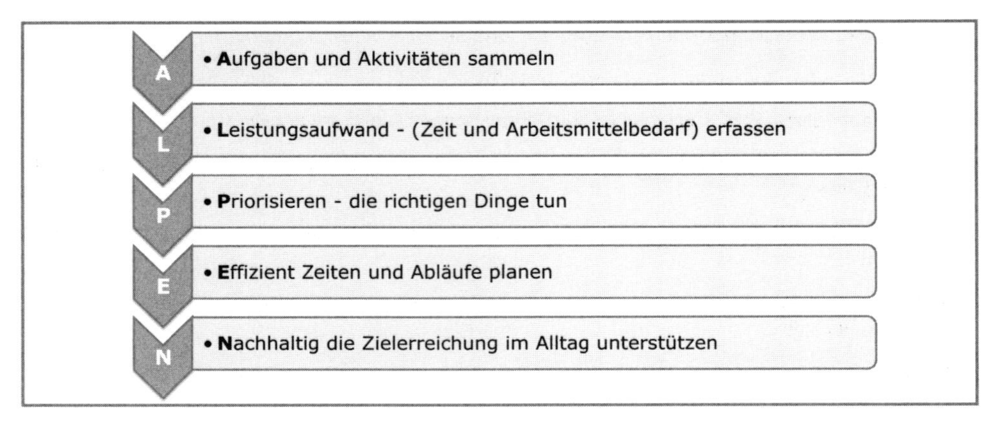

Abb. 2.2. Vorgehensweise nach der ALPEN-Planungs-Methode.

2.2.1 A = Aufgaben / Aktivitäten sammeln

Sich in regelmäßigen Abständen den Überblick verschaffen. Ein wesentlicher Teil erfolgreicher Arbeitsorganisation besteht darin, selbst der Gestalter seiner Prozesse zu sein – und nicht derjenige, der auf Anfragen und Planungen anderer reagiert; also zu agieren statt zu reagieren! Um Gestalter oder auch Initiator der eigenen Termine und Aufgaben zu sein, müssen Sie sich regelmäßig einen Überblick über die aktuelle Lage (Aufgaben, laufende Projekte, Termine, Zielausrichtung etc.) verschaffen und das weitere Vorgehen planen. Nur wenn Sie wissen, was an Aktivitäten auf Sie zukommt, können Sie adäquat priorisieren, delegieren, informieren – kurz: Planen und arbeiten.

Verschaffen Sie sich einen solchen Überblick in regelmäßigen Abständen:

- **Am Abend den nächsten Tag planen.**
  Lassen Sie das Planen des nächsten Tages beispielsweise zu Ihrem täglichen Ritual werden, mit dem Sie Ihren Arbeitstag beenden. Gehen Sie Ihre Unterlagen (Termine, Wiedervorlage; vgl. Abschnitt 2.4) noch einmal durch und legen Sie den Ablauf des nächsten Tages fest. Sie werden sehen, dass Sie zum Feierabend viel besser abschalten und nachts besser schlafen können, wenn Sie den Tag wohl geordnet beenden und wissen, was am nächsten Tag ansteht. Sie wissen auch, wie Sie es angehen werden, können am nächsten Morgen optimal in den Tag starten und Ihr erstes Leistungshoch gleich voll ausschöpfen. Richten Sie sich täglich für die Planung des Folgetags ein Zeitfenster in Ihrem Kalender ein.

- **Am Freitag die nächste Woche planen.**
  Nutzen Sie beispielsweise am Freitag das Energietief der Mittagspause, um sich einen Überblick über die kommende Woche zu verschaffen: Welche Termine stehen an, was müssen Sie vorbereiten oder delegieren? In der Regel erreichen Sie zu dieser Zeit auch noch die Mitarbeiter, die Sie ggf. mit Aufgaben oder Informationen versorgen müssen.

- **Alle vier Wochen den nächsten Monat planen.**
  Mindestens einmal im Monat sollten Sie sich die Zeit nehmen, neben der Vorbereitung der Aufgaben des nächsten Monats auch einen Blick zurück bzw. in Ihre Wiedervorlagen zu werfen. Welche Arbeitsgänge haben Sie eventuell vernachlässigt?

- **Zum Semesterende das nächste Semester planen.**
  Was ist im laufenden Semester gut gelaufen, was wollen Sie verändern oder optimieren? Welche Neuerungen sind zu beachten? Welche Forschungsprojekte sind abgeschlossen, welche neuen stehen an, welche Folgeanträge sind anzugehen? Darüber hinaus können Sie Inhalte bezüglich Team- und Administrationsabläufen reflektieren und zur Vorbereitung auf die Team-Klausur heranziehen (vgl. Kapitel 4, Team-Klausur).

- **Zum Jahresende das nächste Jahr planen.**
  Einmal im Jahr sollten Sie einen Blick auf Ihre Jahresplanung, Ihre Ziele sowie Ihr Forschungsprofil (vgl. Kapitel 17) werfen. Verfolgen Sie all diese noch? Sind sie für Sie noch aktuell? Was können Sie tun, um sich wieder stärker an ihnen auszurichten?

Einklang von Zielen und Aufgaben. Bei den tagtäglichen Aktivitäten, die wir ausüben, lassen sich zwei Arten unterscheiden: Jene Aufgaben und Aktivitäten, die an uns herangetragen werden und jene, die wir uns selbst wählen. Beide sollten weitestgehend mit unseren Zielen in Einklang stehen, und sie sollten uns unseren Zielen näher bringen und nicht weiter davon entfernen. Wie kann dies gelingen? Unabhängig davon, welcher Quelle die anstehenden Aktivitäten entspringen mögen, besteht der erste Schritt – noch vor der konkreten Planung – darin, Aufgabe / Aktivität und Ziele miteinander in Verbindung zu bringen. Im Idealfall haben Sie zuerst ein Ziel aufgestellt und leiten aus diesem einzelne Meilensteine und konkrete Aufgaben ab. Im Alltag ist es nun aber oftmals so, dass ganz konkrete Aufgaben an uns herangetragen werden, die scheinbar kein anderes Ziel haben, als erledigt zu werden („Könnten Sie mal eben hier den Vorsitz machen?" und „Würden Sie das wohl ausarbeiten?"). Gerade in diesen Fällen ist es wichtig, eine Zuordnung dieser Aufgaben zu den (eigenen) Zielen zu finden – denn dann machen sie nicht nur mehr Spaß, sondern erhalten auch einen Sinn – sie bringen uns nämlich unseren Zielen näher. Haben Sie beispielsweise das Ziel, für ein bestimmtes Forschungsfeld in der Scientific Community bekannter zu werden, passt die Durchführung eines Workshops zu diesem Thema (als Beispiel für eine Aufgabe, die an Sie herangetragen wurde) sehr gut zu Ihrem Ziel. Sollte sich keine Zuordnung zu einem Ihrer Ziele finden, dann bleibt Ihnen immer noch die Option, die Aufgabe abzuwählen oder aber eine neue Zielkategorie für die Aufgabe aufzustellen (bspw. 'Lernen' als Ziel: „Ich hatte noch nie eine Workshopleitung, dabei kann ich was lernen." oder 'Solidargemeinschaft', im Sinne von „Jeder in unserer Scientific Community übernimmt mal eine Aufgabe in der akademischen Selbstverwaltung.") oder aber in den sauren Apfel zu beißen, die Aufgabe auch ohne Ziel zu erledigen (aber seien Sie sicher, sie wird dann auch 'sauer schmecken'). Achten Sie darauf, dass solche 'zielirrelevanten Aufgaben' einen möglichst geringen Anteil an Ihrer Arbeitswoche haben, da diese unzufrieden machen.

Allgemeine To-dos sammeln. Um eine gezielte Planung von Aufgaben mit der ALPEN-Methode zu ermöglichen, müssen Sie sich zunächst einen Überblick über Ihre Aufgaben verschaffen, d.h. erst einmal alle To-dos zusammentragen. Oftmals überspringen wir in der Planungseuphorie diesen Schritt und stellen dann zu einem späteren Zeitpunkt (meist leider *zu* spät) fest, dass wir die Hälfte der dazugehörigen Aufgaben vergessen haben und unser (Zeit-)Plan daher nicht aufgeht. Orientieren Sie sich bei der Auflistung aller Aktivitäten und Aufgaben am besten zunächst an den Aufgaben / Terminen, die mit Gewissheit auf Sie zukommen werden (z.B. Vorlesungen, Sitzungen, Meetings etc.). Gerade bei komplexeren Aufgaben (bspw. eine neue Vorlesung konzipieren) ist es wichtig, diese in handhabbarere Teilschritte bzw. Sub-Aufgaben zu zergliedern, denn nur wenn Sie die einzelnen Arbeitsschritte kennen, können Sie im nächsten Arbeitsschritt deren angemessene Bearbeitungsdauer einschätzen und sie später auch priorisieren. Zudem ist es meist leichter und mit einem angenehmen Gefühl von Kontrollierbarkeit verbunden, einzelne Sub-Aufgaben anzugehen als vor komplexen Aufgabenkonstrukten wie 'der Ochs vor'm Berg' zu stehen. Dabei gilt: Je umfassender / komplexer eine Aufgabe ist, desto zeitiger sollten Sie mit der Sammlung der zugehörigen Aktivitäten beginnen; die Ausrichtung eines Kongresses will beispielsweise zwei Jahre Vorlauf haben, das Organisieren einer Gastvortragsreihe ist im Vergleich dazu in seinen Aktivitäten überschaubar und wird weniger Zeit beanspruchen.

Nutzen dieses Vorgehens

Der größte Vorteil, den Ihnen dieser Schritt der ALPEN-Methode bringt, ist eine verbesserte Fokussierung auf die wesentlichen Dinge. Zum einen haben Sie durch die oben genannte Übereinstimmung von Zielen und Aufgaben erreicht, dass Sie sich mit der Aufgabenbearbeitung Ihren Zielen wirksam annähern bzw. zumindest eine Sinnhaftigkeit Ihrer Aktivitäten erleben. Die verbesserte Fokussierung resultiert im Wesentlichen daraus, dass Sie durch das oben genannte organisierte Sammeln mit höherer Wahrscheinlichkeit an alles Wichtige gedacht haben. Vielleicht kennen Sie diesen Effekt aus der Urlaubsvorbereitung: Bevor Sie Ihren Arbeitsplatz für diese wohl verdiente freie Zeit verlassen, organisieren und strukturieren Sie die Dinge, die während Ihrer Abwesenheit und nach Ihrer Rückkehr anstehen, in der Regel so gut, dass Sie sich ruhigen Gewissens für 14 Tage vom Geschehen verabschieden können. Haben Sie dieses gute Gefühl vor Augen: Sie waren effektiv und wirksam, haben die anstehenden Aufgaben strukturiert, ggf. einige Elemente delegiert, wissen, was nach Ihrer Rückkehr zu tun ist und in welcher Reihenfolge Sie vorgehen werden? Erinnern Sie sich? Warum gönnen Sie sich diesen 'Luxus des reinen (Schreib-)Tisches und des klaren Kopfes' nur zum Urlaub? Sie können sich dieses positive Gefühl doch viel öfter verschaffen! Die Entscheidung hierzu liegt ganz bei Ihnen und ihr Beginn in der Sammlung der anstehenden Aufgaben / Aktivitäten.

2.2.2 L = Leistungsaufwand einschätzen

Nachdem Sie nun die absehbaren Aufgaben / Aktivitäten gesammelt haben und wissen, was diesbezüglich auf Sie zukommen wird, steht Schritt 'L' an; den Leistungsaufwand der Aufgaben abzuschätzen. Darunter fallen ...

A) das Sicherstellen aller für Ihre Aufgabenbearbeitung notwendigen Mittel,

B) das Einschätzen des Zeitbedarfs, den Sie pro Aufgabe zur Bearbeitung benötigen werden und

C) das Einplanen von Pufferzeiten.

A) Mittel zur Aufgabenbearbeitung bestimmen

Zu den sog. Mitteln, die Sie für eine Aufgabenbearbeitung benötigen, gehören Räume, technische Ausstattung (z.B. für eine Beamer-Präsentation), erforderliche Unterlagen (Handouts, Protokolle, TOP-Listen) genauso, wie Personal im weiteren Sinne (bspw. die Zuarbeit eines Mitarbeiters für einen Vortrag). In einigen Fällen müssen darüber hinaus auch finanzielle Ressourcen berücksichtigt (und geplant) werden (z.B. für die Miete eines Vortragssaales). Wenn Sie Zuarbeiten delegiert haben, bedenken und veranlassen Sie bereits an dieser Stelle, dass man sie Ihnen rechtzeitig wieder zukommen lässt, damit Sie sie weiterbearbeiten können (zu Delegieren siehe Abschnitt 2.2.3).

B) Länge der Aufgabe einschätzen

Sicherlich ertappen Sie sich manchmal dabei, dass Sie denken, „Mist, jetzt habe ich für dieses Schreiben / Gespräch / Telefonat schon wieder viel länger gebraucht, als ich dachte bzw. dafür eingeplant hatte.". Es ist nicht immer möglich, die Dauer einer Tätigkeit akkurat einzuschätzen, dennoch gilt: Um realistisch planen zu können, bedarf es eines genauen Überblicks darüber, worin wir unsere Arbeitszeit investieren bzw. wie viel Zeit wir für unsere (typischen) Tätigkeiten brauchen. Wie viel Zeit haben Sie vergangene Woche beispielsweise verwendet für:

- Telefongespräche
- Schriftwechsel
- Small Talk am Arbeitsplatz
- Sitzungen, Meetings, Konferenzen und deren Nachbereitung mit Protokollen
- Sachbearbeitungsaufgaben (Unterschriftenmappen, Abrechnungen von Reisen oder Projekten)
- Besuche / Unterbrechungen / Störungen

Wenn Sie Aufgaben in Ihren Terminkalender einplanen wollen – und Dank des Schritts 'A' der ALPEN-Methode wissen Sie ja, um welche Aufgaben es sich alles handelt – dann müssen Sie deren Zeitaufwand kennen (brauche ich dafür eine Stunde oder eher drei Stunden, einen einmaligen Termin oder gleich mehrere?). Um diese Zeiten korrekt einzuschätzen, benötigen Sie Erfahrungswerte oder zumindest Hinweise anderer erfahrener Personen, wie viel Zeit für Tätigkeit X wohl zu veranschlagen ist. Sollten Sie wenig Erfahrungswerte oder kein Zeitgefühl haben, empfiehlt es sich, einfach mal eine Zeitlang zu protokollieren, wie viel Zeit Sie für eine Sache (bspw. Schriftverkehr oder Telefonate) benötigen. Das mag zwar einen kurzzeitigen Zusatzaufwand verursachen, dieser ist jedoch nur vorübergehend und zahlt sich mittelfristig in Form eines professionellen Zeitmanagements aus! Die Zeitbedarfserfassung beschränkt sich allerdings nicht nur auf die Tätigkeit selbst; auch für Vor- und Nachbereitung sowie für Korrekturschleifen müssen Sie den Zeitbedarf bedenken.

Nehmen wir einmal an, es ist eine Ihrer Aufgaben, einen Kollegen zu einem Vortrag an Ihren Lehrstuhl einzuladen – Ihre Zeitliste würde dann wie folgt aussehen:

- Sechs Wochen vorher den Kollegen anschreiben (30 Minuten für Entwurf des Briefes, den Ausdruck und die Unterschrift)
- Fünf Wochen vorher einen Anruf, um die Zusage zu fixieren und das Thema des Vortrags zu bestimmen (30 Minuten)
- Für den Tag des Vortrags von 16 Uhr bis 21 Uhr ein Zeitfenster im Kalender buchen
- Eine Woche vorher E-Mail schreiben, um die Anreise zu klären (5 Minuten)
- Einen Tag vorher Anruf zur Klärung letzter Details (bspw. der An- und Wiederabreise) (10 Minuten)
- Nachbereitungsschritt (20 Minuten)

C) PUFFERZEITEN EINPLANEN

Nachdem Sie nun neben den anstehenden Aufgaben auch die dafür benötigten Mittel und Zeiten kennen, sollten Sie noch eines berücksichtigen, bevor Sie die Umsetzung organisieren: Das Einplanen von Pufferzeiten. Vielleicht kennen Sie es aus eigener Erfahrung: Sie haben das Gefühl, dass der heutige Arbeitstag endlich einmal wieder gut geplant ist, die acht Stunden Arbeitszeit neben der Vorlesung haben Sie fest zugeteilt und dann plötzlich stand eine Mitarbeiterin aufgelöst in der Tür, trafen Sie den Dekan auf dem Flur – endlich mal hatte er Zeit für Ihre Anliegen –, benötigte ein Journalist noch am selben Tag dringend die Vorbesprechung für ein spontanes Interview mit Ihnen und kam Ihre Sekretärin gleich mit mehreren eiligen Angelegenheiten. Und was ist die Moral von der Geschicht'? Nun, *"Erstens kommt es anders und zweitens als man denkt."* (Wilhelm Busch) – so scheint es. Doch trügt dieser Schein vielleicht? Schließlich erleben wir 'unvorhergesehene Ereignisse' ja tagtäglich. Wenn sie nun so typisch sind, könnte man sie dann nicht auch vorhersehen und als 'täglichen Zeitfresser' einplanen? Ein lohnenswerter Gedanke, doch wie viele Pufferzeiten sollte man eigentlich in die Tagesplanung einbauen?

Einen Arbeitstag haben Sie bereits voll ausgefüllt, wenn Sie ~ 60 % dieser Arbeitszeit mit planbaren Tätigkeiten versehen. Möglicherweise denken Sie nun, das könne doch gar nicht sein, warum den Rest nicht mit verplanen? Nun, in gewisser Weise tun Sie dies genau dadurch, dass Sie die verbleibenden 40 % *nicht* zuordnen, denn somit haben Sie ausreichend Raum für die Dinge eingeplant, die ungeplant auftreten. In jenen 40 % finden sich beispielsweise Zeitfenster, die Sie brauchen, wenn der Computer mal wieder nicht so will, wie er soll, wenn ein Telefonat doch einmal länger dauert oder wenn Sie sich einfach einmal Zeit nehmen wollen, um mit Ihrem Mitarbeiter über dessen berufliche Zukunft zu sprechen oder Sie spontan vielerlei Einfälle für das Buch haben, das Sie schreiben wollen.

Die Faustregel für ein **realistisches Zeitmanagement** lautet:

~ 60 % für Aufgaben / Aktivitäten verplanen

~ 20 % für unvorhergesehene Ereignisse (z.B. Ausfall der Technik, Anruf der Verwaltung) einkalkulieren

~ 20 % für spontane und kreative Aktivitäten (z.B. neue Ideen ausformulieren) einkalkulieren

Bei einem typischen zehnstündigen Arbeitstag sind folglich nur sechs Stunden mit festen Aufgaben zu verplanen.

Vermutlich fällt Ihnen, wenn Sie dieses Modell des Zeitmanagements betrachten, auf, dass Ihnen an einem Arbeitstag eigentlich nur erschreckend wenig Zeit zur Verfügung steht und Sie eigentlich gar nicht all das schaffen können, was Sie sich zurechtgelegt hatten. Das ist richtig! Und genau das ist realistisch. Wie oft haben Sie sich schon viel mehr für einen Arbeitstag vorgenommen und dann nur einen Bruchteil davon erreicht und sind enttäuscht und unzufrieden heimgegangen? Genau aus diesem Grunde raten Zeitmanagementexperten, sich anders zu verhalten, um den Tag stressfreier und erfolgreicher abschließen zu können: Gehen Sie mit Zeit nicht überoptimistisch, sondern realistisch um und planen Sie Störungen gleich von vornherein mit diesen 40 % ein. Sollten diese dann (wider Erwarten) doch ausbleiben und Sie zu mehr kommen als geplant, können Sie sich über die gewonnenen Zeitfenster freuen und sie frei nutzen.

Nutzen dieses Vorgehens

Mit diesem Schritt der ALPEN-Methode sammeln Sie alle anstehenden Aufgaben inklusive der erforderlichen Arbeitsmittel sowie ihre entsprechende Bearbeitungsdauer als auch zusätzliche Pufferzeiten. Dies versetzt Sie in die Lage, realistischere Zeitpläne zu erstellen und somit Terminierungen zu etablieren, die sich nicht ständig selbst überholen. Ein Eintrag dieser Planungen in den Kalender erfolgt allerdings erst später – *nach* der im nächsten Abschnitt beschriebenen Priorisierung der Aufgaben!

2.2.3 P = Prioritäten setzen

„Nur eine bewusste Entscheidung für das Wesentliche verhindert eine unbewusste Entscheidung für das Unwichtige."

Stephen R. Covey

Effektiv arbeitende Menschen konzentrieren sich auf das Wesentliche. Doch was heißt das eigentlich? Vermutlich geht es Ihnen, wenn Sie an all die Informationen, Aufgaben und Projekte denken, die Ihnen täglich begegnen, so, dass Sie gar nicht recht wissen, womit Sie eigentlich anfangen sollen. Die Auswahl ist groß – Ihre Zeit begrenzt! Um effektiv sein zu können, müssen Sie also entscheiden, was von all den Vorgängen nun das Richtige bzw. das Wesentliche ist. Es gilt, den Aufgaben Prioritäten zuzuweisen und konkurrierende Prioritäten in die richtige Bearbeitungsreihenfolge zu bringen.

DEN ANSTEHENDEN AUFGABEN PRIORITÄTEN ZUWEISEN

Das unten abgebildete Eisenhower-Prinzip (vgl. Abb. 2.3; benannt nach seinem Entwickler, dem US-General Dwight Eisenhower) dient als praktisches Hilfsmittel, um Aufgaben zu priorisieren. Es unterscheidet zwischen den beiden Dimensionen 'dringlich' und 'wichtig'. Als wichtig werden dabei solche Aufgaben eingestuft, die unmittelbar zu Ihrer Funktion, Tätigkeit, Person gehören. Dringlich sind hingegen Aufgaben, bei deren Nichteinhaltung Schaden entsteht und die in aller Regel terminiert sind.

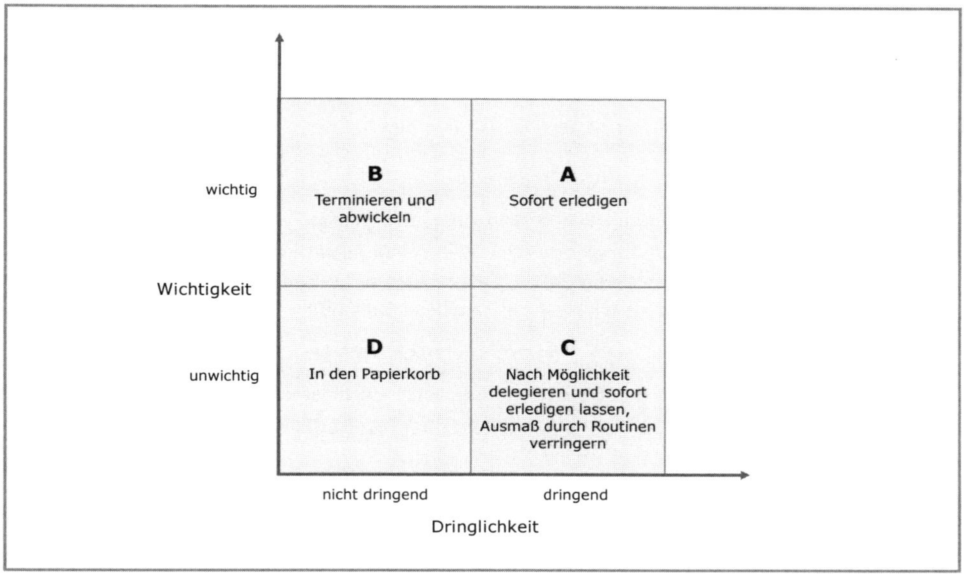

Abb. 2.3. Priorisierung von Aufgaben nach dem Eisenhower-Prinzip.

A-Aufgaben

A-Aufgaben sind jene wesentlichen, also unter anderem auch zu Ihren Zielen passenden Aufgaben, die Sie in der Regel selbst zu übernehmen haben, da sie von hoher Bedeutung und zeitlich eng terminiert sind – sie müssen umgehend erledigt werden. A-Aufgaben sind inhaltlich charakteristisch für Ihre Tätigkeit. Im Idealfall sind sie vorher B-Aufgaben gewesen, d.h., Sie konnten deren Umsetzung in Ihren Zeitplan einpassen. Typische A-Aufgaben wären beispielsweise:

- der Vortrag, den Sie morgen auf dem Kongress halten müssen
- Ihr Beitrag zum Thema zukünftiger Forschungsschwerpunkte Ihres Lehrstuhls, den Sie am Nachmittag in der Fakultätsratssitzung vorstellen werden
- ein Gespräch mit Ihrem Mitarbeiter, der wegen eines plötzlichen Todesfalls in der Familie vor einem Nervenzusammenbruch steht
- die Erwiderung auf eine Falschaussage zu Ihren Forschungsergebnissen in der Tagespresse

B-Aufgaben
B-Aufgaben sind solche, die von hoher Bedeutung sind, zeitlich jedoch (noch) unter keinem Druck stehen. B-Aufgaben weisen häufig – genauso wie A-Aufgaben – eine hohe Korrelation zu Ihren übergeordneten Zielen und wesentlichen Tätigkeitsmerkmalen auf. Aufgrund ihrer Relevanz sollten Sie daher deren Erledigung in Ihre Sammlung von Aufgaben / Aktivitäten übernehmen und terminieren. Wenn Sie B-Aufgaben vernachlässigen, können sie schnell zu (unerwarteten) A-Aufgaben werden, die Ihrem Zeit- und Arbeitsplan einen gehörigen Strich durch die Rechnung machen. Typische B-Aufgaben wären beispielsweise:

- die Vorbereitung der Tagesordnung für die nächste Team-Klausur
- das Zusammenstellen der neuen Vorlesung, die Sie im kommenden Semester halten sollen
- die Überarbeitung des Manuskripts, das Sie per Deadline einer Zeitschrift erneut einreichen müssen
- die zu lesende Dissertation oder Abschlussarbeit inklusive des zu schreibenden Gutachtens
- eine Patentidee anmelden
- das eigene Forschungsprofil anpassen

C-Aufgaben
C-Aufgaben sind Tätigkeiten, die durch ihre Dringlichkeit bestechen, nicht aber durch ihre Bedeutung (passen ggf. nicht zu Ihren übergeordneten Zielen) und damit ideal delegiert werden können. Es steht hier also Wichtigkeit vor Dringlichkeit. Differenzieren Sie klar zwischen Aufgaben, die von Ihnen erledigt werden müssen und solchen, die Sie delegieren können, denn Delegation ...

- verschafft Ihnen Zeit für wichtigere / wesentlichere Aufgaben (A-Aufgaben).
- lässt Sie die Fachkenntnisse und Erfahrungen der Mitarbeiter besser nutzen.
- trägt dazu bei, die Fachkenntnisse und Erfahrungen der Mitarbeiter auszubauen.
- kann (zumindest, wenn sie gut gemacht ist) Mitarbeiter motivieren und anspornen.

Besonders gut lassen sich beispielsweise Routine-, Detail- aber auch Spezialistenaufgaben delegieren. Um erfolgreich zu delegieren, sind vorab die folgenden fünf W's zu klären:

- Was soll getan werden? (Inhalt)
- Warum / Wozu soll es getan werden? (Ziel, sinnstiftende Begründung, Motivation)
- Wer soll es tun (und warum diese Person)? (Person)
- Wie soll es getan werden? (Umfang, Details)

- Bis wann soll es getan werden? Gibt es Zwischentermine? (Terminierung)
- Wann wird in Bezug auf die Aufgabe wieder Kontakt aufgenommen, beispielsweise um Meilensteine zu besprechen oder Zwischenkontrollen durchzuführen? (Tracking)

Typische C-Aufgaben wären beispielsweise:

- Das Planen der Reise zum Kongress. Infos dazu können HiWis oder eine Sekretärin einholen.
- Die Anfrage von Studierenden, welche Möglichkeiten es für die Durchführung einer Masterarbeit an Ihrem Lehrstuhl gibt und welche Themen angeboten werden. Eine entsprechende, jeweils im Web zu aktualisierende Liste, kann ein Mitarbeiter pflegen.
- Das Durchsehen Ihrer Internetseite in Bezug auf Aktualität und ggf. Aktualisierung der Daten. Dies sollte der Internetverantwortliche am Lehrstuhl erledigen.
- Die Aktualisierung des Vorlesungsverzeichnisses, welche einmal im Semester abgefragt wird. Dies kann der 'Lehrkoordinator' Ihres Lehrstuhls in die Hand nehmen und Ihnen dann zur Freigabe vorlegen.
- Den Kaffee kaufen und Kekse besorgen. Auch dies können Sie Mitarbeitern oder an Ihr Sekretariat delegieren.

D-Aufgaben

D-Aufgaben sind schlussendlich Tätigkeiten, die eigentlich in die Nichtsnutz-Zeitfresser-Schublade fallen. Versuchen Sie, die Ausführung dieser Aufgaben zu vermeiden und sie langfristig ganz loszuwerden. Beispiele sind:

- Den Fragebogen einer Marketingagentur ausfüllen, den Sie einfach so zugemailt bekommen haben. Um solche Anfragen loszuwerden, könnten Sie einen Spamfilter einbauen.
- Das 'freitägliche' Sichern Ihrer Festplatte. Hier könnten Sie mit dem Rechenzentrum eine automatische Datensicherung vereinbaren, die dies bei jedem Einloggen für Sie übernimmt.
- Zum 23. Mal einem Studierenden erläutern, wann die nächste Lehrstuhl-Exkursion stattfindet. Eine solche Information lassen Sie am besten unter 'Aktuelles' auf Ihre Homepage stellen (siehe zum Thema Internetpräsenz auch Abschnitt 21.3). Die Information, dass derartige Hinweise dort zu finden sind, können Sie in der Vorlesung und auf dem schwarzen Brett ankündigen bzw. über den Studenten-Mailverteiler schicken.

Möglicherweise denken Sie jetzt, dass das Prioritätenprinzip nur für berufliche Tätigkeiten gedacht ist und private Vorgänge außen vor lässt. Sicherlich haben Sie damit zu Teilen recht – in erster Linie ist es für berufliche Prioritätensetzung geschaffen. Aber wenden Sie es einfach ebenso in Bezug auf Privates an – was ist wichtig, was dringlich? Keinesfalls ist es dabei so, dass Freizeitaktivitäten, Familie, Muße, Kultur, Sport und Erholung in die Kategorie D-Aufgaben fallen. Sie sind mindestens B-, wenn nicht sogar A-Aufgaben und sollten in Ihrer Planung unbedingt und gleichwertig berücksichtigt werden! Auch Ihren privaten Vorgängen können Sie hinsichtlich ihrer Dringlichkeit und Wichtigkeit entsprechende Prioritäten zuweisen und danach handeln (bspw. Gespräch mit dem Sohn zur Schulproblematik als A-Aufgabe, schönes Abendessen mit dem Partner als B-Aufgabe, Bügeln als C-Aufgabe). Und genauso wie im Job gilt auch hier: Sollten Sie eine B-Aufgabe (wie 'Geburtstagsgeschenk für die Ehefrau kaufen') ewig lang vergessen oder vertagen, wird's irgendwann (spätestens nach 364 Tagen) zur dann doch äußerst eiligen A-Aufgabe!

Umgang mit konkurrierenden A-Aufgaben

Doch nun noch einmal zurück in den beruflichen Kontext. Was ist zu tun, wenn mehrere A-Aufgaben, also viele wichtige und gleichzeitig dringliche Aufgaben, anstehen? Woher wissen Sie dann eigentlich, welche davon höchste Priorität hat? Wenn Sie des Öfteren vor dieser Frage stehen, haben Sie sich vermutlich mehr Aufgaben angelacht, als Sie tatsächlich bewältigen können (denken Sie daran: Weglassen ist die Königsdisziplin des Selbstmanagements). Werden Sie sich dieser Situation bewusst und reflektieren Sie diese und ihre Lösungsmöglichkeiten kritisch:

- Woran liegt es, dass ich vor lauter Arbeit schon wieder kaum noch weiß, wo oben und unten ist?
- Kann ich Anfragen / Aufgaben ablehnen bzw. Nein-sagen?
- Delegiere ich genug oder bin ich der Überzeugung, alles selbst machen zu müssen?
- Womit halte ich mich unnötig auf? Was sind meine Zeitdiebe (vgl. grauer Kasten zu Störungen und Unterbrechungen in Abschnitt 2.3.1)?
- Was will ich tun / ändern?

Wenn Sie sich nun in einer Situation befinden, in der Sie zwischen mehreren wesentlichen Aufgaben entscheiden müssen, was aktuell zu tun ist, können Sie neben den oben aufgeführten Kriterien der Wichtigkeit und Dringlichkeit, die als grundsätzliche arbeits- bzw. aufgabenbezogene Prioritäten-Parameter gelten, vier weitere Kriterien heranziehen (vgl. grauer Kasten).

Entscheidungskriterien für aktuell zur Option stehende Handlungen

1. **Kontext:** Was können Sie dort, wo Sie sind, mit den vorhandenen Mitteln erledigen? Haben Sie alle Materialien / Unterlagen parat, die Sie benötigen?
2. **Verfügbare Zeit:** Wie viel Zeit haben Sie jetzt, bis Sie etwas anderes erledigen müssen? Wie lange würden Sie etwa für die Bearbeitung der einzelnen Optionen brauchen?
3. **Verfügbare Kräfte:** Wozu haben Sie noch ausreichend Kräfte? Wie ist es um Ihre Konzentration / Leistungsfähigkeit / Müdigkeit / Kommunikationskraft bestellt? Berücksichtigen Sie auch Ihre Tagesleistungskurve (siehe nächster Abschnitt).
4. **Hebelwirkung:** Mit der Bearbeitung welcher Aufgabe erzielen Sie die größte Hebelwirkung? Welche bringt Sie am weitesten? Wobei erzielen Sie mit einem Aufwand von 20 % 80 % des Ergebnisses (Pareto-Prinzip[3])?

Nutzen dieses Vorgehens

Mit diesem Schritt der ALPEN-Methode priorisieren Sie Ihre Aufgaben. Damit befinden Sie sich in der vorteilhaften Position, auf einer soliden Basis entscheiden zu können, was mit den jeweiligen Vorgängen geschehen soll: Sie können eine Bearbeitungsrangfolge erstellen, Aufgaben delegieren

[3] Vilfredo Pareto (ital. Ökonom: 1848-1923) gilt als Begründer der 80/20-These: 20 % der Bevölkerung besitzen 80 % des Vermögens, 20 % der Aufträge eines Unternehmens sind für 80 % des Umsatzes verantwortlich etc. Auf Ihren Alltag übertragen mag das heißen, dass 20 % Ihres Kleiderschrankinhalts 80 % Ihrer täglichen Kleidung ausmachen, dass die 20 % der Zeitung, die Sie beim morgendlichen Zeitunglesen tatsächlich lesen, Ihnen schon die Möglichkeit geben, 'die Zeitung gelesen' und erfasst zu haben. Kurzum: mit 20 % Ihres Aufwands können Sie 80 % Ihres Erfolgs bewirken – wenn Sie sich dabei auf die richtigen, die wesentlichen Dinge konzentrieren.

bzw. durch Routinen ersetzen, streichen oder ablehnen. Achten Sie darauf, dass Sie von einer Priorisierung betroffene Personen auch unmittelbar darüber in Kenntnis zu setzen (dass sie bspw. etwas später erhalten, gar nicht erhalten werden oder etwas delegiert wird). Was Ihnen die ALPEN-Methode bezüglich der Terminierung rät, wird im Folgenden ausgeführt.

2.2.4 E = Effiziente Zeiten und Abläufe planen

„Gegenüber der Fähigkeit, die Arbeit eines einzigen Tages sinnvoll zu ordnen, ist alles andere im Leben ein Kinderspiel."

Johann Wolfgang von Goethe

Wenn Sie der ALPEN-Methode bis hierher gefolgt sind, haben Sie sich einen Überblick darüber verschafft, was zu tun ist – mit anderen Worten:

- Sie wissen, was Ihr Ziel ist bzw. Ihre Ziele sind.
- Sie wissen, welche Aufgaben / Aktivitäten damit einhergehen.
- Sie wissen, welche Mittel Sie zur Zielerreichung / Aufgabenbearbeitung benötigen.
- Sie wissen, was wesentlich, wichtig und dringlich ist und haben entsprechende Prioritäten gesetzt.
- Sie kennen die Grundlagen der Zeitplanung (60:20:20-Regel, Zeitdiebe, Pufferzeiten).

Nachdem Sie nun die Prioritäten richtig gesetzt haben und wissen, *was mit welcher Priorisierung und Dauer* zu tun ist, gilt es, die entsprechende zeitliche Terminierung im Kalender vorzunehmen. Für welchen Zeitpunkt eines Tages sollten Sie Ihre A, B und C-Aufgaben einplanen (Eisenhower-Prioritätenraster)? Eine wichtige Stellgröße Ihrer diesbezüglichen Planung ist hier Ihre Tagesleistungskurve.

TAGESLEISTUNGSKURVE BERÜCKSICHTIGEN

Die Leistung eines jeden Menschen ist während eines Tages chronobiologischen Schwankungen unterworfen. Die durchschnittliche Leistungsfähigkeit lässt sich mit der Tagesleistungskurve beschreiben, auch wenn es natürlich individuelle Unterschiede gibt (der eine ist eher ein Nachtarbeiter, der andere ein Frühaufsteher). Für die meisten Menschen gilt:

- Am Vormittag: Leistungshöhepunkt
- Am frühen Nachmittag: (Nach-)Mittagstief
- Am späteren Nachmittag: erneute Leistungssteigerung
- Am frühen Abend: kontinuierlicher Abfall der Leistungskurve

Für ein souveränes Zeitmanagement ist es unerlässlich, seine Tagesleistungskurve bzw. den eigenen Biorhythmus zu kennen, denn am effizientesten werden Sie dann arbeiten, wenn Sie Ihre Leistungsfähigkeit bei der Aufgabenplanung berücksichtigen (vgl. Tabelle 2.1). Daraus resultiert, dass Sie A-Aufgaben während des Leistungshochs (in der Regel am Vormittag), B-Aufgaben in der mittleren Leistungsphase (in der Regel am Nachmittag) und C- Aufgaben in der leistungsschwachen Zeit (in der Regel am frühen Nachmittag) bearbeiten sollten; D-Aufgaben hingegen am besten gar nicht, und wenn sie dann doch mal sein müssen, dann legen Sie sie ins Leistungstief.

Tabelle 2.1. Priorisierung von Aufgaben nach dem Eisenhower-Prinzip.

AUFGABENART	WANN EINPLANEN?	AKTION
A-Aufgaben Dringliche Dienstaufgaben / akute Probleme, Projekte	Im Leistungshoch	Erfordern absolute Priorität und sind sofort zu erledigen
B-Aufgaben Planungsaufgaben	Im Leistungshoch	Erfordern Aufmerksamkeit, können sich schnell in A-Aufgaben wandeln Terminieren!
C-Aufgaben Zuarbeit / Routinearbeiten	Im Leistungstief	Bald erledigen, reduzieren, delegieren
D-Aufgaben Unnötige Aufgaben, Zeitdiebe	Gar nicht	Unnötige Tätigkeiten, selbst erzeugte Ablenkungen Ignorieren / eliminieren!

PAUSENZEITEN EINPLANEN

Pausen zur Regeneration.[4] Es ist für Ihre Leistungs- und Konzentrationsfähigkeit von großer Bedeutung, Pausen zu machen. Auch Spitzensportler brauchen Regenerationszeiten und genauso geht es Ihrem Gehirn. Es funktioniert ebenso wie ein Muskel, der einerseits stetes Training, andererseits auch Erholungszeiten braucht, um fit und belastbar zu sein. Da zu langes und zu intensives Arbeiten Sie aufgrund sinkender Konzentration und damit einhergehender reduzierter Leistungsfähigkeit ineffektiv werden lässt, sollten Sie bei der Terminierung Ihrer Aufgaben unbedingt auch Pausen mit einplanen. Erholungsphasen während der Arbeit beugen zudem einem Stimmungs- und Leistungsabfall vor. Generell empfiehlt es sich, mehrere kurze Pausen von ca. 10 - 15 Minuten über die gesamte Arbeitszeit zu verteilen, um Ihre Konzentrationsfähigkeit auf hohem Niveau halten zu können. Dabei entscheiden Sie selbst, wann Sie eine Pause machen. Achten Sie aber darauf, dass Sie die Pause nicht erst dann einlegen, wenn Sie völlig erschöpft sind, denn dann ist der Erholungseffekt für Sie deutlich geringer. Um Ihre Müdigkeit richtig einschätzen zu können, beobachten Sie am besten Ihre Leistungsfähigkeit im Verlauf des Tages und stimmen Ihre Tätigkeiten – soweit Ihnen das möglich ist – mit Ihrer Leistungskurve ab. Wenn Ihnen also nach dem dritten Fachartikel die Augenlider schwer werden und die Buchstaben langsam verschwimmen, dann ist es definitiv Zeit für eine Pause! Aber was machen Sie dann in dieser Pause?

In Ihren Pausen sollten Sie das Richtige tun; in diesem Zusammenhang bedeutet das, bewusst etwas anderes als zuvor. Verlassen Sie für einen Kaffee oder Tee kurz Ihr Büro, machen Sie Entspannungsübungen (Progressive Muskelrelaxation, Atemtechniken etc.), bewegen Sie sich etwas, schnappen Sie frische Luft etc. Insbesondere aktive Pausen (also mit Bewegung verbundene Pausen) wirken bei geistiger Arbeit mobilisierend und erholsam. Dabei bekommen Sie wieder einen klaren Kopf und können mit neuer Energie die begonnene Tätigkeit beenden oder sich einer neuen

---

[4] Näheres zu den Forschungsbefunden zur Wirkung von Pausen können Sie nachlesen bei Dababneh et al. (2001) sowie Tucker (2003; Tucker et al., 2003).

Aufgabe widmen. Achten Sie jedoch darauf, Ihre Pausen nicht zu sehr auszudehnen, denn je länger die Pause, desto größer der Aufwand, sich wieder in die Arbeit hineinzudenken.

Neuere Forschungsbefunde liefern übrigens erste Hinweise dafür, dass eine Entspannungsübung für die Reduzierung des Nachmittagslochs und des Anspannungs- / Anstrengungsgefühls deutlich effizienter ist als der Small Talk beim Mittagessen mit den Kollegen. Überlegen Sie also, wann die kollegiale Atmosphäre und wann eine echte Erholungszeit für Sie und Ihr Tagespensum angemessen sind.

Stille Stunde für sich. „Aus der Ruhe kommt die Kraft!", heißt es so schön – und an dieser Aussage ist auch Einiges dran. Planen Sie sich regelmäßig sog. 'stille Stunden' ein, d.h. Zeiten, in denen es wirklich 'still' um Sie ist, in denen Sie einfach nur mal einen Gedanken zu Ende denken, ihm nachhängen können, durchatmen und sich sammeln. Es bietet sich an, solch stille Stunden gezielt dann einzuplanen, wenn es eigentlich recht hektisch zugeht, beispielsweise auf der Kongressreise vor der Heimfahrt nochmals eine Stunde in einem schönen Park zu verbringen und dort den Kongress innerlich zu verarbeiten oder von der Uni aus in der Mittagspause eine Stunde spazieren zu gehen und sich für den Nachmittagsmarathon zu sammeln. Stille Stunden sind besonders erholsam in der Natur, wirken aber natürlich auch in anderem Ambiente. Nutzen Sie diese Chance des ganz bewussten mentalen Energieauftankens!

SCHRIFTLICH PLANEN

Wenn Sie nun den Ablauf und die Umsetzung Ihrer Ziele und Aufgaben organisieren wollen, um den nächsten Arbeitstag, die kommende Woche oder auch Ihre mittelfristigen Ziele wie beispielsweise Ihre Forschungsvorhaben (vgl. Abschnitt 17.3.3, Roadmap) zu gestalten, sollten Sie dies grundsätzlich schriftlich tun. Schriftlich fixierte Pläne bieten folgende Vorteile:

- Sie erhalten einen (besseren) Überblick und erhöhen damit Ihre Flexibilität in der Entscheidung für oder aber auch gegen Aufgaben.
- Alles, was Sie sich aufschreiben, entlastet auch Ihr Gedächtnis. Schriftliches Planen ermöglicht Ihnen damit die Konzentration auf das Wesentliche.
- Ein schriftlicher Plan motiviert zur Arbeit, da eine gewisse Selbstverpflichtung dahinter steht.
- Vorhaben, die nur in Ihrem Kopf existieren, werden leichter vergessen, verworfen oder auch aufgeschoben.
- Werden schriftliche Pläne nicht erreicht, so sehen Sie dies schwarz auf weiß. So unschön diese Gewissheit auch sein mag, verhilft sie Ihnen dennoch, dazuzulernen – die einzelnen Tätigkeiten besser einzuschätzen (bspw. in ihrem Umfang und Zeitbedarf) oder aber auch sich konsequenter an die eigenen Pläne zu halten.
- Nicht zuletzt: Werden Ihre Pläne erreicht, sehen Sie dies ebenfalls schwarz auf weiß vor sich, denn Sie dürfen ja nun den schriftlichen Plan abhaken bzw. etwas von Ihrer To-do-Liste streichen.

Neben den mittelfristigen schriftlichen Planungen haben Sie auch stets die aktuell anstehenden Aufgaben und Aktivitäten zu planen – in entsprechenden Tages- oder Wochenplänen. Hinweise dazu, wie Sie Tagespläne gestalten sollten, finden Sie im nachstehenden grauen Kasten (vgl. auch Abb. 2.4).

Tipps für die Erstellung eines Tagesplans

- Sorgen Sie jeden Tag für einen guten Tagesbeginn. Je nach individuellem Geschmack sind für Sie vielleicht ein gutes Frühstück zuhause, ein paar ruhige Minuten mit der Tageszeitung oder eine morgendliche Joggingrunde zur Aktivierung ein schöner Start in den Tag. Sie haben es selbst in der Hand, gestalten Sie sich Ihren Tagesbeginn so, dass er Ihnen Freude und Elan bringt!
- Stürzen Sie sich nicht unvorbereitet in den Tag – blinder Aktionismus ist nicht zielführend. Erstellen Sie am Vorabend Ihre Tagesplanung. Werfen Sie morgens zunächst einen Blick auf Ihre Tagesplanung und halten Sie sich dann an diese.
- Legen Sie zudem jeden Tag etwas auf Ihren Plan, das Ihnen Freude macht.
- Berücksichtigen Sie bei der Tagesplanung ganz gezielt Ihre Tagesleistungskurve.
- Jede Aufgabe hat eine Priorität (A, B, C, D). Setzen Sie diese – sonst tun es andere für Sie.
- Schätzen Sie den Zeitbedarf für die einzelnen Aufgaben realistisch ein und planen Sie Puffer (60:20:20-Regel), ausreichend Zeit für Vor- und Nachbereitung sowie Korrekturschleifen ein. So beugen Sie unnötigen Frustrationen vor und verhindern, dass im Fall der Fälle Ihre gesamte Planung durcheinander gerät.
- Berücksichtigen Sie auch Pausen und ggf. eine stille Stunde für sich selbst (bspw. zum visionären oder kreativen Arbeiten).
- Planen Sie stets mit ein, den Tag mit einer Nachbereitung abzuschließen (in der Sie unter anderem die Bearbeitung unerledigter Aufgaben neu terminieren und so dafür sorgen, dass kein Vorgang vergessen wird).
- Schriftliche Tagespläne, die erfolgreich abgearbeitet wurden, belegen die geleistete Arbeit eines Tages, entlasten Ihr Gedächtnis und ermöglichen eine Konzentration auf das Wesentliche. Ein gutes Gefühl stellt sich ein!
- Sofern Sie mit einer elektronischen Tagesplanung arbeiten, können Sie diese für Ihr Sekretariat und oder Ihr Team freischalten. Denn kennen Ihre Mitarbeiter Ihre Planung, können sie entsprechend mitdenken und mit koordinieren, Zeitverschiebungen berücksichtigen etc. Ist in Ihrem Kalender beispielsweise ersichtlich, dass Sie in KW xy auf Vortragsreise sind, kann das Sekretariat schon vorab die Notenlisten mit Ihnen abstimmen, sodass diese ohne Verzögerung im Prüfungsamt eingehen können.

Kalender

	Montag, 16. August
	Geb. Martin Mustermann
08⁰⁰ / **09⁰⁰**	Sichten des Schreibtischs (Post, Unterschriftenmappen, Zeitschriften etc.) und der Mails
	Durchsprechen des Tages mit der Sekretärin
10⁰⁰	Vorbereitung des Mitarbeitergesprächs
	Mitarbeitergespräch mit Barbara Beispiel (vereinbarte Zusatzthemen beachten)
11⁰⁰	Stille Stunde
12⁰⁰	Mittagspause
13⁰⁰	Zeit für Telefonate und Mails
14⁰⁰	Vorbereitung Vorlesung
15⁰⁰	Vorlesung (Achtung: Daran denken, die Evaluierungsbögen auszuteilen)
16⁰⁰	Zeit für Diverses: Nachbesserung Vorlesung, Mails, Telefonate
17⁰⁰	Brainstormingrunde mit Mitarbeitern zum Thema „Welche Themen gehen wir im Forschungsfeld A an?"
18⁰⁰	Persönliche Reflexion über die Brainstormingergebnisse
	Tagesplanung für morgen sowie Packen für die Dienstreise
19⁰⁰	Abfahrt zum Flughafen

Abb. 2.4. Illustration eines Kalendereintrags für einen Tag.

Nutzen dieses Vorgehens

Dieser Schritt der ALPEN-Methode soll Ihnen dabei helfen, Ihren Arbeitstag so zu planen, dass Sie an dessen Ende mit sich und Ihrem Werk zufrieden sind. Dazu gehört zum einen die Berücksichtigung der eigenen Tagesleistungskurve (Wichtiges ins Leistungshoch legen), um in dem vorgesehenen Zeitfenster auch wirksam arbeiten zu können, sowie Pausenzeiten einzuplanen, um stets mit Kraft und Energie den nächsten Schritt bearbeiten zu können. Hinter all dem steht eine schriftliche Tagesplanung, welche diese Hinweise berücksichtigt und uns durch ihre Verschriftlichung dazu bringt, sie auch einzuhalten.

2.2.5 N = NACHHALTIG DIE ZIELERREICHUNG IM ALLTAG UNTERSTÜTZEN

„Failing to plan is planning to fail."
Benjamin Franklin

Ziele, die Sie sich setzen, sind nur so wirksam, wie Sie sie auch verinnerlicht und ihnen durch eine entsprechende Planung und Priorisierung einen guten Boden bereitet haben. Doch gibt es noch einige Tipps und Tricks, die nachhaltig dazu beitragen, gesetzte Ziele auch zu erreichen. Hierzu gehören unter anderem die folgenden:

Vorsätze bilden.[5] Das Non-Plus-Ultra, um den Anfang und die Umsetzung geplanten Verhaltens zu erleichtern, ist die sog. Vorsatzbildung. Vorsätze dienen als 'Brücke' zwischen Zielabsicht und der gewünschten Handlung und helfen Ihnen dabei, Ihre Ziele umzusetzen. Ähnlich wie die Ziele, müssen auch Vorsätze richtig formuliert sein, um wirksam zu sein. Sofern sie wie eine solche Gewohnheit formuliert sind („Immer wenn ..., dann tue ich ...") sind Vorsätze in der Lage, das Aufbrechen alter bzw. das Etablieren neuer Gewohnheiten und Verhaltensweisen zu unterstützen. Gut formulierte Vorsätze beinhalten neben dem 'wenn-dann-Prinzip' eine genaue Beschreibung der Modalitäten der gewünschten Handlung:

- *Wann* (werde ich etwas tun?)
- *Was* (werde ich tun?)
- *Wo* (werde ich es tun?)
- *Wie* (werde ich es tun?)

Wenn Sie sich also beispielsweise vornehmen, dass Sie E-Mails nur noch zu extra dafür geblockten Zeiten bearbeiten wollen, dann sollten Sie den Vorsatz dazu formulieren *„Immer, wenn* ich außerhalb der geblockten Zeiten mit der Maus auf Outlook klicken will, *dann* nehme ich die Finger von der Maus und widme mich wieder meiner Aufgabe.". Oder wenn Sie sich vorgenommen haben, öfter Pausen zu machen als bisher, dann könnten Sie den Vorsatz verwenden „Immer, wenn ich beim Lesen merke, dass meine Konzentration so nachlässt, dass ich einen Satz dreimal lesen muss, dann stehe ich auf und mache eine kurze Pause.". Oder wenn Sie sich vorgenommen haben, jeden Morgen von 9 bis 11 Uhr konsequent ungestört zu arbeiten, könnten Sie sich darin durch eine Vorsatzformulierung unterstützen: „Immer, wenn ich morgens ins Büro komme, dann stelle ich zuerst das Telefon auf das Sekretariat um.". So banal es erscheinen mag, wenn Sie Ihre Vorsätze auf diese Weise ausformulieren, sie sich verbindlich vornehmen und durchaus auch im Sinne einer Selbstinstruktion (oder Selbstaffirmation) vorsagen, delegieren Sie sozusagen eine Aufgabe an Ihr Gehirn und lassen dieses auf seine ganz eigene Weise an der Umsetzung Ihrer Ziele mitarbeiten. Somit wird es Ihnen viel leichter und besser gelingen, Ihr neues Ziel im Alltag zu etablieren – probieren Sie es aus; aber Achtung, es mag einige Zeit dauern, bis sich die neue Gewohnheit automatisiert hat!

Erinnerungshilfen nutzen. Um Ihre Aufgaben, die Sie noch vor sich haben, stets im Überblick zu behalten, sollten Sie diese visualisieren. Dies kann beispielsweise in Form einer Mindmap an einem Whiteboard in Ihrem Büro, einer To-do-Liste in einem Collegeblock oder aber über ein Softwaretool geschehen (siehe Abschnitt 18.1, Projektstrukturierung betreiben). Das Entscheidende ist, dass Sie

---

[5] Für detaillierte Ausführungen zum Thema 'Vorsätze' siehe Gollwitzer (1990, 1996, 1999), Gollwitzer und Brandstätter (1997) sowie Sheran und Orbell (1999).

durch die Visualisierung immer wieder an Ihr Ziel, Ihre To-dos erinnert werden, vor allem dann, wenn Ablenkungen drohen, die Ihr Ziel in Vergessenheit geraten lassen. Hilfreich können daher auch Erinnerungstermine in Ihrem Arbeitssystem, Symbole auf dem Schreibtisch, Postit's an der Tür, oder aber daheim der mit einem Smiley versehene Zettel am Badezimmerspiegel sein; wichtig ist nur, dass Sie sie regelmäßig zur Kenntnis nehmen.

Erfolgskriterien festlegen. Ein grobes Gefühl, ob etwas gut oder schlecht lief, haben wir meistens – doch sagt uns dieses Gefühl auch, was genau wir beim nächsten Mal lieber anders machen sollten? Wohl eher nicht. Zielgerichtet optimieren können Sie nur, wenn Sie wissen, wo genau Sie anzusetzen haben. Legen Sie deshalb vor der Umsetzung größerer Aufgaben schriftlich Kriterien fest, die Ihnen helfen, die Einhaltung Ihrer Ansprüche zu kontrollieren. Ihre Ansprüche können sich dabei sowohl auf das Ergebnis als auch auf den Weg dorthin beziehen: Was ist Ihnen in Bezug auf die Zielerreichung besonders wichtig? Was sind Ihre Teil-Ziele? Typische Kriterien können beispielsweise sein:

- Zeit
  (z.B. besonders schnell sein; einen bestimmten Zeitplan einhalten)
- Finanzen
  (z.B. in den schwarzen Zahlen bleiben; möglichst viele externe Fördermittel einholen)
- Qualität
  (z.B. inhaltliches Niveau, sprachliches Niveau, Einbezug bestimmter Quellen, Einhaltung bestimmter Abläufe)
- Instrumente
  (z.B. neue Techniken ausprobieren; bestimmte Methoden anwenden)
- Außenwirkung
  (z.B. einen professionellen Eindruck hinterlassen, perfekte Aufbereitung der Inhalte in Vortrag, Layout o.ä.)

Übrigens können Sie viele dieser Kriterien auch Mitarbeitern bei der Delegation einer Aufgabe kommunizieren („ABC soll in der vorgesehenen Zeit mit der vorbestimmten Methode XYZ gemacht werden."; vgl. Abschnitt 2.2.3), sie sind diesen bei der Aufgabenbearbeitung ebenso eine hilfreiche Orientierung wie Ihnen.

Reflektieren und Optimieren. Vor allem bei umfangreichen, komplexen sowie regelmäßig wiederkehrenden Aufgaben (z.B. Verfassen einer Publikation, vgl. Abschnitt 19.1, oder Organisation einer Absolventenfeier; vgl. Abschnitt 22.3.1) ist der Gewinn, den Sie aus einer Reflexion jener ziehen können, besonders groß, da Ihnen bei Routinen häufige Gelegenheiten bevorstehen, das Gelernte umzusetzen. Wann immer Sie eine Routineaufgabe vor sich haben, sollten Sie daher während und nach der Bearbeitung reflektieren, was Sie optimieren bzw. verändern könnten – und dieses auch tatsächlich angehen. Zudem könnten Sie sich die Frage stellen, ob Sie aus dieser Aufgabe Abläufe, Prinzipien etc. gelernt haben, die Sie beim nächsten Mal wieder verwenden können; sei es eine Vorlage eines Schreibens, Manuskriptaufbaus oder Gutachtens, welche Sie sich abspeichern. Ebenso mag es aber auch um komplexere Aufgaben gehen, wie beispielsweise die Abwicklung eines Forschungsprojekts (vgl. Abschnitt 18.1 und 18.2.2), die Durchführung einer Konferenz (vgl. Abschnitt 22.2). Auch hier lassen sich Vorgänge und Abläufe festhalten und reflektieren. Am sinnvollsten ist es, Sie erstellen im Nachgang eine sog. 'Handanweisung' (vgl. Projekthandbuch in Abschnitt 18.1), wie man optimal vorgehen sollte. Diese wäre neben den reinen Abläufen mitsamt Hinweisen gespickt wie „Vorsicht, hier hatten wir uns total verkalkuliert, da wir ABC übersehen hatten.", um für vergleichbare Tätigkeiten zukünftig besser gewappnet zu sein. Wenn Sie diese dann in den entsprechenden Situationen wieder heranziehen, haben Sie die beste und einfachste Vorbereitung bereits getan – und auch schon eine ideale Vorlage für eine eventuelle Delegation.

Nutzen dieses Vorgehens

Mit diesem Schritt der ALPEN-Methode ermöglichen Sie sich, eine höhere Umsetzungswahrscheinlichkeit Ihrer Vorhaben im Alltag zu erreichen. Die wohl wichtigste Stellgröße hierbei ist die Bildung von Vorsätzen, die Ihnen helfen, neue Verhaltensweisen und Gewohnheiten zu etablieren. Jene können durch Erinnerungshilfen unterstützt werden, die Sie Ziele und Aufgaben nicht aus den Augen verlieren lassen. Um schließlich bestimmen zu können, ob Sie Ihre Ziele erreicht haben, sind Erfolgskriterien und Reflexionen unerlässlich. Diese geben Ihnen sowohl während der Aufgabenbearbeitung als auch im Nachhinein (und damit bei Routineaufgaben wiederum im Voraus) Hilfestellungen, an denen Sie Kurskorrekturen vornehmen können, um nicht vom beabsichtigten Weg abzukommen.

Mithilfe der ALPEN-Methode können Sie Ihren täglichen Berg von Aufgaben in überschaubare Hügel von To-dos aufteilen und deren Bearbeitungsfolge anhand vorher definierter Ziele priorisieren. Einige Tätigkeiten erledigen sich mit diesem Verfahren ganz von selbst, weil Sie sich aufgrund Ihrer Priorisierung als delegierbar oder irrelevant erweisen. Den verbleibenden, wesentlicheren Aufgaben werden Termine zugeordnet und darauf aufbauend entsprechende Tagespläne erstellt, die Pausen und ausreichend Puffer für Unvorhergesehenes sowie Spontanes berücksichtigen. In der nachfolgenden Tabelle 2.2 sind die einzelnen Planungselemente noch einmal komprimiert aufgeführt.

Tabelle 2.2. Übersicht der ALPEN-Planungsmethode.

PLANUNGSSCHRITTE		LEITGEDANKEN
A	**A**ufgaben / Aktivitäten sammeln	
	• Ziel und Zweck von Aufgaben festlegen	• Was tun? Wozu / weshalb tun?
	• Aktivitäten aus Zielen ableiten	• Was ist im Einzelnen zu tun?
L	**L**eistungsaufwand erfassen	
	• Arbeitsmittelbedarf einschätzen	• Was wird gebraucht?
	• Bearbeitungszeit einschätzen (Vorbereitung, Durchführung)	• Wie lange wird x dauern?
	• Pufferzeiten einplanen	• Puffer für x, y, z berücksichtigen!
P	**P**riorisieren – die richtigen Dinge tun	
	• Tätigkeiten priorisieren	• Welche Tätigkeit ist wie wichtig / dringlich, vom Zeitbedarf und zu meiner Leistungskurve passend, hat die größtmögliche Hebelwirkung? • Welche Priorisierung ergibt sich?

E	**E**ffiziente Zeiten und Abläufe planen	
	• Tagesleistungskurve berücksichtigen • Pausen machen • Schriftlich planen	• Was mache ich wann? • Wie gestalte ich Pausen? • Meine Tagesplanung ...
N	**N**achhaltig die Zielerreichung im Alltag unterstützen	
	• Vorsätze formulieren • Erinnerungshilfen • Erfolgskriterien aufstellen • Reflektieren und Optimieren	• 'Wenn ... dann ...' • Vermerken, dass x ansteht und daran erinnern am ...! • Woran erkenne ich, dass x erfolgreich war? • Wie könnten xy (noch) besser / Fehler oder Schwierigkeiten vermieden werden?

Wenn Sie jetzt denken „Die haben ja leicht reden, das mit der Planung klingt ja schön und gut, aber so etwas ist immer viel leichter gesagt als getan!“, lesen Sie den nächsten Abschnitt. Hier wird darauf eingegangen, wie Sie Ihre Planungsprinzipien im Alltag so optimal einbetten, dass sie sich auch verwirklichen lassen.

2.3 Die Dinge *richtig* tun – Arbeitsplatz und Arbeitszeiten optimal nutzen

„Es geht nicht nur darum, das Richtige zu tun,
sondern auch darum, die Dinge richtig zu tun.“

Bisher ging es im Zuge der Arbeitsorganisation vorwiegend um deren planerische Gestaltung (ALPEN-Methode), mit dem Ziel, das Wesentliche zu erkennen und anzugehen, d.h. die *richtigen Dinge zum richtigen Zeitpunkt* zu tun. Im Folgenden geht es nun darum, die *Dinge richtig zu tun*, d.h. die Umsetzung dieser Pläne optimal anzugehen. Im Folgenden werden daher Tipps und Tricks zur optimalen Ausschöpfung und Nutzung Ihrer Arbeitszeiten bis hin zur Gestaltung Ihres Arbeitsplatzes beschrieben.

2.3.1 Ungestörte Arbeitszeiten

Sie kennen Situationen wie diese sicher nur allzu gut: Kaum haben Sie mit einer Aufgabe begonnen, läutet das Telefon. Sie werden aus Ihren Gedanken gerissen, sprechen mit dem Anrufer und vertiefen sich wieder in Ihre Arbeit, bis nach zwei Minuten ein Mitarbeiter die Tür zu Ihrem Büro öffnet – er hätte da etwas Wichtiges mit Ihnen zu besprechen. Kaum ist dieser wieder draußen, erreicht Sie eine dringende SMS Ihrer Familie ... In der Regel fällt uns die Intensität und hohe Taktung der Störungen nicht auf, wenn sie passieren. Aber spätestens abends, wenn Sie auf den Tag zurückblicken und sich ärgern, dass Sie schon wieder nichts 'Gescheites' geschafft haben, bleibt als einzige Erklärung, dass Sie ja auch zu nichts kommen konnten, denn Sie wurden ja ständig gestört! Hinzukommt, dass Sie nicht nur ineffektiv arbeiten (mussten), sondern auch genervt und demotiviert waren, weil Sie ständig von vorne begannen, sich einzudenken. Aber es geht auch anders: Denn Störungen kann man abstellen.

Störungen abstellen. Widmen Sie einer Aufgabe Ihre ungeteilte Aufmerksamkeit. Stellen Sie Störungen und Unterbrechungen gezielt ab (zum Umgang mit Störungen siehe auch Tabelle 2.3):

- Schließen Sie Ihr E-Mail- und andere Nachrichtenprogramme, sodass Sie nicht durch mögliche neu eintreffende Mitteilungen abgelenkt werden.
- Schalten Sie Ihr Telefon auf Anrufbeantworter um oder bitten Sie Ihre Sekretärin, Ihre Anrufe entgegenzunehmen.
- Unterbinden Sie unangemeldete Besuche, beispielsweise durch ein Schild „Bitte nicht stören!" an Ihrer Bürotür.
- Lassen Sie sich nur durch wirklich wichtige Dinge (A-Prioritäten) unterbrechen. Und was wichtig ist, entscheiden immer Sie selbst und kein anderer – egal, wie wichtig oder dringend man Ihnen eine Sache auch darstellt.
- Arbeiten Sie ggf. im Homeoffice, wenn Sie dort ungestörter und dennoch diszipliniert arbeiten können.

Arbeiten in Blöcken. Zur Erhöhung Ihrer Flexibilität ist es hilfreich, Tätigkeiten (z.B. das Schreiben von E-Mails, das Führen von Telefonaten, aufräumen etc.) zu blocken (d.h. zusammenzufassen) und zwar thematisch-inhaltlich ebenso wie aktivitätsbezogen. Das geblockte Bearbeiten von thematisch-inhaltlich ähnlichen Dingen hat den Vorteil, dass Sie sich nicht ständig neu in das jeweilige Thema eindenken müssen. Aktivitätsbezogenes Blocken (bspw. en bloc E-Mails schreiben oder Telefonate führen) hat den Vorteil, dass Ihr Gehirn in ein- und demselben Arbeits-Modus bleibt, was Ihnen das Voranschreiten erleichtert!

Eine Sache zu einer Zeit. Wenn Sie effizient und effektiv arbeiten wollen, sollten Sie Ihre Aufmerksamkeit immer nur einer Sache zu einer Zeit widmen. Die Forschung hat gezeigt, dass wir nicht in der Lage sind, mehrere Aufmerksamkeit fordernde Eindrücke bzw. Aufgaben parallel zu verarbeiten. Wir erledigen solche aufmerksamkeitsfordernden Aufgaben (z.B. eine E-Mail schreiben und 'parallel' telefonieren) nicht wirklich parallel, sondern sequentiell (der Ausdruck 'Switchtasking' wäre folglich zutreffender als das landläufige 'Multitasking') und verursachen immense Zeit- und Konzentrationsverluste, da wir eigentlich in keiner der beiden Angelegenheiten wirklich vorankommen. Dass Sie nicht 'vorankommen', merken Sie beispielsweise daran, dass Sie nach einem Telefonat, bei welchem Sie heimlich noch E-Mails gelesen oder getippt haben, weder genau sagen können, ob Sie Ihre Mails fehlerfrei bearbeitet haben noch was genau der Andere am Telefon erzählt hat; beides läuft nur noch mit halber Kraft ab.

Flow erzeugen. Ein weiteres Argument, das dafür spricht, sich regelmäßig ungestörte Zeitfenster einzurichten, geht mit den Forschungsbefunden zum sog. Flow einher (= das lustbetonte Gefühl des völligen Aufgehens in einer Tätigkeit). Mit Flow wird nach Csikszentmihalyi (1999) ein Zustand beschrieben, in dem Personen mit etwas beschäftigt sind (bspw. der statistischen Analyse ihrer Untersuchungsergebnisse oder dem Schreiben einer Publikation) und regelrecht in der Tätigkeit versinken: Sie können sich konzentrieren, sind aufmerksam, haben Ideen, kommen gut voran, vergessen die Zeit („Wie bitte, schon so spät?") – kennen Sie diesen Zustand?
Als Wissenschaftler brauchen Sie unbedingt Flow-Zeiten, denn sie sind entscheidend, um kreativ, innovativ und damit erfolgreich sein zu können. Vielleicht sind Sie sogar vor allem deswegen Professor geworden, weil Sie genau in diesem Flow-Sinne forschen wollten?! „Ach ja, wenn man diesen Flow-Zustand doch nur öfter haben könnte!", denken Sie sich jetzt vielleicht. Die gute Nach-

richt ist: Sie können diese Flow-Zeiten gezielt fördern, indem Sie in Ihrem Arbeitsumfeld die dafür notwendigen Voraussetzungen schaffen:

- Ein maßgeblicher Faktor für Flow-Erleben ist die Aufgabe selbst: Nur als angenehm empfundene Herausforderungen (nicht zu schwere aber auch nicht zu leichte Aufgaben) sind Flow-geeignet.
- Eine weitere Voraussetzung für Flow ist störungsfreies Arbeiten: Unser Gehirn lässt sich nicht auf Flow ein, wenn es weiß, dass es potenziell abgelenkt werden könnte und nicht ausreichend Zeit zur Verfügung steht (siehe auch oben: Störungen abstellen).

Zur Schaffung der entsprechenden Rahmenbedingungen gehört auch, dass Sie noch *bevor* Sie mit der Tätigkeit beginnen, den Kaffee kochen und sich etwas zu essen mit an den Schreibtisch nehmen, das stille Örtchen aufsuchen, ggf. Ihren 'Kopf leeren' und Ihre Gedanken aufschreiben, die Unterlagen zusammen suchen, Ihr E-Mail-Programm schließen und das Telefon auf den Anrufbeantworter umleiten etc. – damit Sie dadurch nicht aus dem Flow gerissen werden können. Und sollte dennoch ein Gedanke aufkommen, der nicht zu Ihrer Flow-Arbeit passt, halten Sie ihn kurz schriftlich fest, damit er aus dem Kopf ist und Sie sich wieder auf das Wesentliche konzentrieren können.

Tabelle 2.3. Tipps und Tricks zum Umgang mit Störungen und Unterbrechungen.

POTENZIELLE STÖRFAKTOREN	**LÖSUNGEN**
Telefon	Stellen Sie zur Vermeidung von Störungen in Ihren Leistungshochs bzw. hoch konzentrierten Arbeitsphasen Ihr Telefon (auf Anrufbeantworter, Sekretariat) um. Zurückrufen ist klüger als sich anrufen zu lassen – 'agieren statt reagieren' ist hier das Motto. Entscheiden und agieren Sie dann, wenn es in Ihren Ablauf passt. Die beste Variante: Vereinbaren Sie Telefontermine, so können beide Seiten die terminliche Passung gewährleisten.
Kunden, Drittmittelgeber, Kollegen, Mitarbeiter	Vereinbaren Sie auch bei spontanen Besuchen und Anfragen lieber Termine (bspw. in einer Stunde), sodass Sie das, woran Sie gerade arbeiten, noch sinnvoll beenden können und Ihren Terminplan nicht zerreißen.
	Begrenzen Sie Störungen zeitlich („Ich habe bedauerlicherweise nur 10 Minuten, die widme ich Dir aber gern.").
	Seien Sie mutig und zugleich wertschätzend, wenn es um das Beenden von Gesprächen geht. Bedenken Sie: Mehr Zeit für jemanden zu haben, ist kein Zeichen von Wertschätzung, wenn Sie dabei genervt sind! Vermeiden Sie eine stets 'offene Tür'. Zum einen lässt Sie dies selbst abgelenkter sein, da Sie schon allein perzeptuell alle Bewegungen, Geräusche von außen registrieren. Zum anderen lädt eine offene Bürotür vorbeigehende Studierende, Kollegen, Mitarbeiter geradezu ein, hereinzukommen, denn sie signalisiert, dass Sie ansprechbar sind (denn andernfalls wäre Ihre Tür zu). Wenn Sie beispielsweise von Ihren Mitarbeitern mit vielen einzelnen Fragen belästigt werden, bietet es sich an, Routinetermine zu etablieren (Teamsitzungen, Mitarbeitergespräche, Projektsitzungen), in denen Sie diese gebündelt abhandeln können.

POTENZIELLE STÖRFAKTOREN	LÖSUNGEN
Ich – die eigene Person	Üben Sie sich darin, ausgewählte Arbeiten und Anfragen auch abzulehnen und „Nein!" zu sagen. Legen Sie Zeiten fest, in denen Sie am Stück ungestört arbeiten können und arbeiten Sie dann Ihre wichtigen Aufgaben (A- und B-Prioritäten) ab. Tun Sie 'das Richtige' und vermeiden Sie zeitverschwendende Gewohnheiten (wie bspw. Reiseverbindungen selbst raussuchen, anstatt dies das Sekretariat oder ein Reisebüro machen zu lassen). Um effektiv zu arbeiten, sollten Sie Ihr E-Mail-Programm schließen, damit Sie nicht durch eingehende E-Mails von Ihrer eigentlichen Tätigkeit abgelenkt werden; es sei denn, diese besteht gerade darin, E-Mails zu bearbeiten, versteht sich. Bereiten Sie Gespräche und Meetings so vor, dass sie effizient ablaufen und nicht unendliche Rückfragen nach sich ziehen (vgl. Abschnitt 3.1). Je genauer Sie beispielsweise Arbeitsanweisungen formulieren und erklären, desto weniger Rückfragen werden kommen. Also lieber etwas mehr Zeit für die Vorbereitung einplanen, dann gibt es weniger Störungen im Nachgang.

2.3.2 Getting things done – von Aufschieberitis, Überwindung und anderen Schwierigkeiten

„Niemand hätte je den Ozean überquert,
wenn die Möglichkeit bestanden hätte, bei Sturm das Schiff zu verlassen."
Charles Franklin Kettering

„Fünf Frösche sitzen auf einem Baumstamm. Vier entscheiden sich, herunter zu springen. Wie viele bleiben übrig? Die Antwort ist fünf – denn es gibt einen Unterschied zwischen Entscheiden und Tun." So lustig diese kleine Geschichte klingen mag, so häufig treffen wir Vergleichbares in der Realität an: Wer kennt es nicht, sich entschieden zu haben, etwas zu tun (bspw. „Morgen beginne ich mit dem Schreiben des neuen Papers.") und es letztendlich dann doch ewig vor sich herzuschieben und für das Nicht-Tun die brillantesten Ausreden und Entschuldigungen zu (er-)finden („Ich hab's im Kopf schon nahezu fertig.", „Ich warte nur noch die neuen Auswertungen der Diplomandin ab, vielleicht würde ich die ja noch einbauen." etc.). Von außen betrachtet entlockt es einem manchmal einen Schmunzler, wenn man sich so anschaut, was da an Vorwänden aufgefahren wird: Mancher braucht das richtige Gefühl oder einen freien Kopf, ein anderer etwa Druck, ein nächster muss vorher dringend noch etwas anderes erledigen, um die anstehende Aufgabe richtig gut machen zu können (bspw. einen Müsliriegel kaufen gehen) – aber eines haben all diese Vorwände gemeinsam: Sie sind Anzeichen für 'Aufschieberitis'. Und die meisten Menschen sind es, wenn sie ganz ehrlich sind, leid, die Sachen aufzuschieben und würden sich gern besser überwinden können.

Die Lösung ist ebenso trivial klingend, wie schwer in der Umsetzung: Entschließen Sie sich einfach, Dinge zu tun oder sie zu lassen, aber entscheiden Sie sich und zwar bewusst dafür oder dagegen. Seien Sie sich sicher, eine klare Entscheidung wird Sie wesentlich zufriedener stellen, als sich Dinge ('pro forma') vorzunehmen, die Sie dann doch nicht tun. Und nicht zuletzt sparen Sie sich das ewige Nachdenken und die inneren Diskussionen über 'Soll ich, soll ich nicht, dafür spricht x – dagegen aber auch y...'.

Die Entscheidung für eine bestimmte Aufgabe (bspw. das Manuskript zu schreiben) ist zwar der erste Schritt in die richtige Richtung, aber jeder, der sich mal Vergleichbares vorgenommen hat, weiß, dass es mit der Entscheidung und dem Vorsatz allein noch nicht getan ist. Sie müssen auch noch durchhalten, (v.a. innere) Widerstände überwinden und Versuchungen widerstehen. Nachstehend finden Sie daher einige Hilfestellungen zur Begegnung solcher Herausforderungen:

Beginnen Sie einfach – auch unliebsame Aufgaben. „Selbst die längste Reise beginnt mit dem ersten Schritt." Oft ist dieser der schwerste – aber er wird mit dem Aufschieben auch nicht leichter. Fangen Sie einfach an, wenn die Aufgabe (bspw. die Reisekostenabrechnung) ansteht. Es gilt nicht nur, dass Motivation zu Aktion führt, sondern auch die Umkehrung „Aktion bewirkt oft Motivation." oder „Der Appetit kommt beim Essen.".

Erleichtern Sie sich den Anfang. Machen Sie es sich zu Beginn so leicht und so angenehm wie möglich. Setzen Sie sich nicht zu sehr unter Druck und fangen Sie klein, aber bestimmt an. Überfordern Sie sich nicht (vgl. Abschnitt 2.1 zu SMARTen Zielen) – nur so bekommen Sie am schnellsten Erfolgserlebnisse, die Ihnen fortan auch über Durststrecken hinweghelfen. Wer sich hingegen permanent Druck und unrealistischen Anforderungen aussetzt, füttert damit regelrecht die Kräfte seines inneren Schweinehundes, was die Handlungsumsetzung zusätzlich erheblich erschwert. Erleichternd hingegen wirkt das Zergliedern von Aufgaben – insbesondere solcher, die auf den ersten Blick nicht zu bewältigen oder sehr komplex erscheinen. Letzteren Eindruck haben Sie übrigens typischerweise dann, wenn Sie die einzelnen Teilpakete bzw. Handlungsschritte noch nicht erfassen können. Durch das Zergliedern wird das Anstehende greifbar; je konkreter, desto besser handhabbar und desto einfacher der Einstieg. Dies gilt beispielsweise auch für das Verfassen von Texten wie etwa einem Buch.

> „Erscheinen Ihre Ziele zu gewaltig? Zerteilen Sie sie! Sie wollen ein Buch schreiben und können das nicht? Macht nichts, schreiben Sie ein Kapitel! Geht immer noch nicht? Dann schreiben Sie einen Absatz oder einen Satz. Klappt auch nicht? Dann schreiben Sie ein Wort oder einen Buchstaben. Das kann jeder. [...] Kluge Kritiker wenden jetzt ein, dass aus einer Folge von Buchstaben nicht automatisch ein Buch wird. Das stimmt. Aber aus einer Folge von *keinen* Buchstaben wird automatisch kein Buch. Ihre Chancen steigen also erheblich, wenn Sie es über den Weg der Buchstaben versuchen."[6]

Tappen Sie nicht in die Ausnahmefalle. Ausnahmsweise ausfallen lassen, dann schleifen lassen, schließlich bleiben lassen: Ausnahmen führen schnell dazu, ein Vorhaben wieder aufzugeben. Seien Sie ehrlich zu sich selbst und fragen Sie sich, ob die Ausnahme wirklich zwingend oder ob sie nur ein vorgeschobener und mitunter willkommener, bequemer Anlass ist, um sich nicht überwinden zu müssen. Sollten Sie (insbesondere in der Anfangsphase) Ihren Vorsatz beispielsweise aus Zeitgründen nicht 'durchziehen' können, so bleiben Sie wenigstens mit einem Minimalprogramm am Ball. Damit verhindern Sie insbesondere bei neu zu etablierenden Gewohnheiten (wie bspw. dem morgendlichen Joggen) aus dem Rhythmus zu kommen; gehen Sie also anstatt der sonst 30 Minuten lieber nur 10 Minuten laufen als gar nicht.

Geben Sie nie aus der momentanen Laune heraus auf. Bestimmen Sie, wenn Sie sich etwas vornehmen, bereits im Voraus Etappentermine bzw. mögliche 'Revisionstage', an denen Sie entscheiden können, ob Sie mit Ihrem Entschluss weiter machen oder ihn wirklich aufgeben wollen (und treffen Sie möglichst keine Entscheidung außerhalb dieses Termins!). Auf diese Weise senken

---

[6] aus: http://www.perspektive-mittelstand.de/Zielmanagement-vom-guten-Vorsatz-hin-zur-Tat/management-wissen/1360.html (Stand: 15.02.2011)

Sie die Gefahr, eine Entscheidung aus einer momentanen Laune heraus zu treffen. Und wie immer gilt auch hier: Nehmen Sie eine konstruktive Grundhaltung ein. Sehen Sie Schwierigkeiten als Herausforderungen, Fehler als Helfer und Misserfolge als Wegweiser zum Erfolg und denken Sie ganz bewusst daran, wie brillant es sich anfühlen würde, wenn Sie jene Herausforderung nun doch überwänden.

Schließen Sie Aufgaben bewusst ab. Beenden Sie Aufgaben stets bewusst und mit ungeteilter Aufmerksamkeit. Hierfür gibt es zweierlei Gründe. Zum einen signalisieren Sie Ihrem Gehirn dadurch den Abschluss, der es ihm leichter macht, für diese Aufgabe 'abzuschalten'; Informationen bezüglich dieser Aufgabe werden dann endgültig abgespeichert und nehmen Sie mental nicht mehr ein. Zum anderen erleben Sie beim bewussten Beenden ein Erfolgserlebnis („Geschafft!").

Belohnen Sie sich. Dass Konsequenzen einen starken Einfluss auf unsere Motivation haben, beispielsweise ob wir Ziele und Vorsätze verfolgen, fallenlassen oder dann doch wieder neu aufnehmen, wies schon der behavioristische Verhaltensforscher Skinner (1938) nach. Insbesondere in der wissenschaftlichen Arbeit ist es aber häufig so, dass Konsequenzen sehr lange auf sich warten lassen: Der Artikel wird erst ein Jahr nach erfolgreicher Durchführung der Experimentalreihe publiziert, der Forschungsantrag wird erst fünf Monate nach Einreichung angenommen etc. Deswegen ist es motivationspsychologisch von Vorteil, sich selbst Konsequenzen zu schaffen. Wenn es für Sie einen Anreiz darstellt, es Sie motiviert, sich für die erfolgreiche Aufgabenbearbeitung eine Belohnung in Aussicht zu stellen (wie einen Theaterbesuch, den ersehnten Filmabend, eine neue CD o.ä.), tun Sie es. Allerdings müssen Sie diese Belohnung dann konsequenterweise auch streichen, wenn Sie Ihr Soll nicht erfüllt haben.
Neben diesem strategischen Ansatz können Sie natürlich auch den erfolgreichen Abschluss einer Aufgabe spontan feiern oder den kleinen Sieg über Ihren inneren Schweinehund mit einem Glas Sekt oder einem Besuch in Ihrem Lieblingsrestaurant genießen. Haben Sie in dieser Woche eine Menge geschafft? Ist der Vortrag gut gelaufen? Dann genießen Sie das gute Gefühl, freuen Sie sich über den nun nachlassenden Stress und die positive Rückmeldung; vielleicht schreiben Sie sich sogar auf oder erzählen daheim, über welche Worte Sie sich besonders gefreut haben. Gerade bei langfristigen Zielen sind auch Etappenbelohnungen eine wichtige Sache, um sich selbst und die eigene Leistung zu würdigen. Feiern Sie Ihre Erfolge – Sie haben es sich verdient!

2.3.3 Gestaltung des Arbeitsplatzes

Um Ihren Arbeitsalltag auch tatsächlich so effektiv und effizient gestalten und durchziehen zu können, wie Sie ihn geplant haben, bedarf es einiger ganz wesentlicher Voraussetzungen. Sie müssen all diese Arbeitsmittel funktionsfähig an der Hand haben, die Sie benötigen. In diesem Punkt unterscheiden wir uns keinesfalls von anderen Berufsgruppen. Ein Schuster oder ein Schneider wird auch sein Werkzeug parat haben. Sonst könnte er nicht Schuhe oder Kleidung bearbeiten. In unserem Beruf gehen wir mit Wissen um, also mit Informationen und Methoden. Ein ganz wesentlicher Teil unseres Werkzeugs sind daher all die Konzepte und Hilfsmittel, die uns einen optimalen Umgang mit diesem Wissen gestatten. Daher wird ein eigener Abschnitt der Gestaltung des Arbeitsplatzes gewidmet.

Arbeitsmittel. Vielleicht kennen Sie folgende Situationen aus eigener Erfahrung: Sie wollen eben noch schnell die Handouts für Ihre Präsentation zusammentackern – aber die Heftklammern sind leer? Oder einer Ihrer externen Promovenden fragt Sie, wie er seine Dissertation beim Prüfungsamt anmelden muss. Das steht in der Promotionsordnung, denken Sie sich, aber wo finde ich die denn jetzt? Und ein letztes Beispiel in dieser Reihe: Sie müssen heute unbedingt noch eine Abstimmung

zu einem Projekt mit Ihren Kollegen aus den USA machen. Klasse wäre eine Videokonferenz; Sie können aber die Anlage nicht bedienen und aufgrund von Ferienzeit ist spontan keiner der zuständigen technischen Mitarbeiter erreichbar.
Sollten Sie solche Situationen häufiger erleben, vernachlässigen Sie vermutlich die Planung der Arbeitsmittel (das 'L': Arbeitsmittel sorgsam einplanen in der ALPEN-Methode; siehe Abschnitt 2.2.2). Es kostet Sie mitunter wertvolle Zeit, wenn Sie sich erst ad hoc um die für Ihre Arbeit wesentlichen Arbeitsmittel kümmern. Dies ist einem effizienten Zeitmanagement in jedem Fall höchst abträglich. Stellen Sie deshalb sicher, dass Sie über alle für Ihre Arbeit notwendigen Mittel verfügen und dass diese funktionstüchtig sind – denn ohne sie kann auch ein das Chaos überblickendes Genie nicht arbeiten. Doch was heißt eigentlich 'die notwendigen Mittel'? Was benötigen Sie denn, um arbeiten zu können?

Nehmen wir an, Sie fangen bei null an und wollen sich 'den klassischen Büroarbeitsplatz' einrichten (für Laboratorien, Ateliers etc. gelten natürlich zusätzlich noch ganz andere Listen). Entsprechendes Mobiliar vorausgesetzt: Was brauchen Sie?

- **Übliche Büromaterialien.** Sie benötigen Ordner, Druckpapier, Notizpapier, Post-it's (mehrere Größen und Farben), Stifte (Füllfederhalter, Textmarker, Kugelschreiber, Bleistift, Folienstifte), Klarsicht- und Prospekthüllen, Registraturen oder Trennstreifen, Büroklammern, Tesafilm, Briefumschläge und ggf. Briefmarken (in gängigen Formaten / Werten). Achten Sie bei Ihren Materialien stets auf Qualität und Kompatibilität (das Druckpapier muss zum Drucker passen). Zur Besorgung dieser Grundausstattung werden sich die meisten sicherlich an ihr Sekretariat wenden. Stimmen Sie sich aber trotzdem ab, da jeder seinen eigenen Arbeitsstil hat und andere Dinge benötigt.
- **Reserve / Lager.** Gehen Sie dazu über, ein kleines Lager für sämtliche Büroverbrauchsmaterialien zu führen, und delegieren Sie die Pflege dessen an jemanden, der sich zuverlässig darum kümmert.
- **Nichtelektronische Instrumente.** Von diesen Hilfsmitteln gibt es in unseren heutigen Büros zwar zunehmend weniger, dennoch kommen wir, wenn wir effektiv arbeiten wollen, wohl nicht ohne Ablagekörbe (~3), Aktenordner oder ähnliches aus.
- **Elektrische und elektronische Geräte.** In diese Kategorie fallen auch PC/Laptop, Drucker, Scanner, Fax, Kopierer, Telefon (Festnetz und Handy), Diktiergerät – und je nach Bedarf auch eine Kaffeemaschine bzw. ein Wasserkocher.
- **Organizer.** Sie brauchen ein System, mit dem Sie Termine, Aufgaben, Erinnerungen und Notizen erfassen und organisieren können (siehe hierzu auch den nachfolgenden Abschnitt zum Basiswerkzeug Organizer).
- **Moderationswerkzeug.** Neben dem Wandkalender mit Jahresübersicht könnte es insbesondere im Hinblick auf Besprechungen und Meetings auch hilfreich sein, sich mit Whiteboard, Flipchart und einem Moderationskoffer auszustatten.
- **Sonstiges.** Denken Sie auch an für Sie vielleicht von zuhause oder Ihrem letzten Arbeitgeber gewohnte Dinge wie ein mobiles Internet mit Netzwerkzugang via VPN; eine Weiterleitung Ihrer Faxe oder auch Ihrer Anrufbeantworternachrichten als E-Mail-Attachment.

Wichtig ist insgesamt, dass all diese Arbeitsmittel zu Ihnen passen und Sie diese auch nutzen können und wollen. Und noch etwas, auch wenn Sie dieser Spruch an Ihre Großmutter erinnern könnte: Gehen Sie sorgsam mit all diesen Hilfsmitteln um, denn Sie sind nur eine wirkliche Arbeitserleichterung, wenn sie auch funktionieren. Im Falle ihres Nichtfunktionierens hingegen sind sie nicht nur ein Ärgernis, sondern teils auch eine echte Arbeitsblockade. Es ist meist schlimmer, wenn man sich auf etwas verlässt, das nicht funktioniert, als dieses Arbeitsmittel überhaupt nicht zu besitzen.

Basiswerkzeug Erinnerungssystem ('Organizer'). Aufgrund der großen Anzahl unserer vielseitigen Aufgaben und Anforderungen brauchen wir einen freien Kopf, um uns auf das Wesentliche konzentrieren zu können. Wir sind weit davon entfernt, uns alle Prozesse, Aufgaben und Hinweise merken zu können, die wir in unserem komplexen Alltag zu bedenken haben. Daher benötigen wir ein funktionierendes und vor allem verlässliches Erinnerungssystem. Insbesondere Aufgaben und To-dos, die einem plötzlich in den Sinn kommen, wollen festgehalten werden, denn nur wenn wir wissen, dass wir an alles gedacht haben und uns ein 'outgesourcedes Gedächtnis' an all das, was im Moment nicht, zu einem anderen Zeitpunkt, aber sehr wohl wesentlich ist, erinnert, können wir uns auch konzentriert den aktuell wesentlichen Aufgaben widmen und in diesen effektiv, effizient und erfolgreich sein. In der Tat ist es so, dass Ihr Kopf den Gedanken an eine Aufgabe „Oha, xyz darf ich wirklich partout nicht vergessen ..." so lange immer wieder 'aufploppen' lassen wird, bis er der beruhigten Überzeugung ist, dass dieser per zuverlässiger Erinnerungshilfe festgehalten (oder abgearbeitet) wurde. Gönnen Sie sich diese Voraussetzung des professionellen Arbeitens und verschwenden Sie Ihre Zeit und Energie nicht mit stressverstärkendem Polyideismus an Dinge, die Sie 'auf keinen Fall vergessen dürfen', sondern halten Sie jene in einem Erinnerungssystem fest.
Doch nicht nur Aufgaben wollen festgehalten werden, auch Ideen und Einfälle sollten notiert werden. Möglicherweise ergeht es Ihnen dabei wie vielen anderen, denen die zündenden Ideen für den anvisierten Kongress, den roten Faden der Vorlesung oder die Tatsache, dass Sie unbedingt noch Regeln für effiziente Teamsitzungen definieren wollen, genau dann einfallen, wenn man darüber gerade gar nicht gezielt nachdenkt, sondern 'unbewaffnet' beim Bäcker in der Schlange steht oder in der Bahn sitzt. Halten Sie auch diese Geistesblitze fest – es wäre viel zu schade, wenn Sie wieder verfliegen würden! Einige Kollegen sprechen solche Gedanken auf ein kleines portables Diktiergerät (die meisten neueren Smartphones beinhalten bereits eine solche Funktion) oder notieren sie in ihrem Organizer. Entscheidend ist jedoch nicht nur, dass Sie beispielsweise die Notizfunktion Ihres Organizers nutzen, um Gedanken festzuhalten, Sie müssen sich diesen Listen auch regelmäßig widmen; tragen Sie dafür am besten einen regelmäßigen Termin in Ihrem Kalender ein.
Ob Ihr Erinnerungssystem schlussendlich elektronisch und technisch mit Ihrem kalendarischen Planungssystem integriert ist oder nicht, ist unerheblich, solange es effizient und für Sie einfach und schnell zu bedienen ist. Denn wenn Ihnen das Arbeiten mit den von Ihnen gewählten Ordnungswerkzeugen Spaß macht und Sie diese gerne verwenden, nutzen Sie einen der besten Tricks, um die persönliche Produktivität zu steigern.

Sollten Sie **viel reisen oder pendeln,** müssen Sie darauf achten, dass Ihr Arbeits- und Organisationssystem so flexibel ist, dass Sie Ihr 'Minibüro' gut transportieren können. So können Sie die Zeitfenster, die sich Ihnen eröffnen, wenn Ihr Flieger beispielsweise wieder einmal Verspätung hat oder Sie im Taxi im Stau stehen, optimal nutzen. Dadurch, dass Sie Ihre Arbeit z.B. mit der ALPEN-Methode (vgl. Abschnitt 2.2) detailliert im Voraus planen, wissen Sie, welche Aufgaben auf Sie zukommen werden, können zielgerichtet vorgehen, kleine Zeitfenster sinnvoll nutzen und systematisch das mitnehmen, was Sie brauchen bzw. bearbeiten wollen (bspw. ein paar Zeitschriften zum Lesen). Bereiten Sie Ihre Arbeit planerisch vor, dann laufen Sie auch nicht Gefahr, 'immer alles' mitnehmen zu müssen.

Wenn Sie **zwei oder mehr Arbeitsplätze** haben, sollten Sie an beiden Orten jeweils die gleichen oder sogar untereinander austauschbare / synchronisierbare Arbeits- und Organisationssysteme einrichten. Gestalten Sie sich an allen Orten die für Sie idealen Arbeitsvoraussetzungen und beschaffen Sie sich die benötigten Mittel (siehe oben). Das bedeutet jedoch nicht, dass Sie in Zukunft alles doppelt kaufen müssen. Sie können Ihre Arbeitsplätze auch unter einer Job-Rotations-Perspektive betrachten: Rotieren Sie beispielsweise zwischen administrativer Arbeit, Forschung und Lehre in der Universität und kreativer Arbeit (z.B. Paper und Bücher schreiben) im Homeoffice. An jedem Büro sollten Sie das finden, was Sie brauchen: Alle Informationen, die Sie an mehreren Standorten benötigen und die Sie immer mal wieder bearbeiten, sollten Sie elektronisch sichern, sodass Sie diese stets aktualisiert dabei haben. Das Notebook haben Sie ohnehin immer dabei. Aber: bestimmen Sie einen Hauptarbeitsplatz – an dem befinden sich alle wichtigen Akten, Bücher, Dokumente.

Zu guter Letzt sollten Sie, sofern Sie die komfortable Situation mehrerer Sekretariate haben, mit diesen abstimmen, wer für welche Aufgaben zuständig ist. Sonst kann es passieren, dass an jedem Ihrer Arbeitsplätze Termine zugesagt werden – und dann ist es nur eine Frage der Zeit, bis ein Tag doppelt belegt wird.

2.4 Umgang mit und Verwaltung von Informationen

Ihr Beruf bringt es mit sich, dass Sie täglich – zusätzlich zu Ihren Dienstaufgaben – mit einer Fülle an Informationen (die meist auch mit Aufgaben verknüpft sind) überhäuft werden, beispielsweise Bewerbungen, die per Post / E-Mail eingehen, neueste wissenschaftliche Erkenntnisse, die Ihnen ein Kollege auf dem Flur zugerufen hat, eine Einladung zu einem Kongress, eine SMS Ihrer Familie, dass Sie auf der Heimfahrt am Abend bitte noch ein Brot besorgen sollen, ein Kollege, der Sie versucht hat anzurufen und dem Sie einen Rückruf zugesagt haben, eine Idee für ein neues Projekt, die Ihnen spontan einfiel, die Wiedervorlagemappe, die seit drei Wochen ungelesen auf Ihrem Schreibtisch liegt ...

Doch wie geht man professionell mit dieser alltäglichen Informationsflut um? Wie verwaltet und organisiert man diese Datenmengen, die da über die unterschiedlichsten Wege (elektronisch, postalisch, verbal) auf einen hereinströmen? Die Antwort liegt auch hier wieder in einem durchdachten Arbeitssystem, das schnell und funktional ist und mit dem Sie sich kompetent fühlen. Strukturen und Verhaltensweisen, die den Umgang mit Informationen erleichtern, werden nachfolgend dargestellt. Dazu gehören:

- Das Reduzieren des täglichen Informationszustroms (Abschnitt 2.4.1)
- Ein Modell des Umgangs mit täglich eintreffenden Vorgängen (Abschnitt 2.4.2) und das entsprechende Bearbeiten eingehender Aufgaben (Abschnitt 2.4.3)
- Das Arbeiten mit Wiedervorlagen (Abschnitt 2.4.4) und Ablagen (Abschnitt 2.4.5)
- Der richtige Umgang mit E-Mails (Abschnitt 2.4.6)
- Informieren und informiert werden (Abschnitt 2.4.7)

2.4.1 Die Informationsflut präventiv reduzieren

Das erste und einfachste Mittel gegen Ihre alltägliche Informationsflut ist: Tun Sie alles, damit Sie diese präventiv reduzieren; d.h. im Vorhinein das Ausmaß an Informationen, das auf Sie eintrifft, steuern. Auf diese Weise können Sie sich in Ruhe um die verbleibenden Aufgaben / Vorgänge kümmern. Bei dieser Informationsreduktion können Ihnen die folgenden Kniffe helfen. Nutzen Sie beispielsweise ...

- **Gezielte Aktionen.** Derjenige, der seinerseits viel Post versendet (E-Mails, Briefe), erzeugt viele Reaktionen, auf die er wiederum reagieren muss. Seien Sie sich daher bei jeder Mail, die Sie versenden, darüber bewusst, dass Sie unweigerlich eine Antwort darauf erzeugen. Des Weiteren gilt: Wer zu freigiebig mit Visitenkarten um sich wirft, braucht sich nicht wundern, wenn er mit nutzloser Post überschüttet wird. So kann Ihr (unüberlegter) Satz, „Schicken Sie's mir einfach zu, hier ist meine Visitenkarte.", dazu führen, dass Sie nun zahlreiche Flyer, Bewerbungen und anderes auf dem Tisch liegen haben.
- **Ausgewählte Mailinglisten.** Denken Sie über Verteilerlisten nach: Stehen Sie auf zu vielen davon? Oder könnte da manche Rundmail nur an einen Vertreter Ihres Lehrstuhls gehen, nicht aber an alle (und damit auch nicht immer an Sie als Lehrstuhlinhaber)? Lassen Sie Ihren Namen von Mailinglisten streichen, durch die Sie keine wertvollen Informationen bekommen.
- **Filterfunktionen.** Verwenden Sie gute Filter – Spamfilter auf der einen Seite und mögliche Filterfunktionen für bestimmte Betreffs auf der anderen Seite (bspw. können Sie alle Mails mit dem Betreff oder einem Wort 'Lehre' gleich an den Lehrkoordinator Ihres Lehrstuhls oder Mails bestimmter Absender wie beispielsweise eines Verteilers an einen bestimmten E-Mailordner weiterleiten lassen). Auf diese Weise hätten Sie im ersten Fall einen Teil der Mailbearbeitung sofort delegiert und einen anderen Teil, der in Ihrem E-Mailordner 'Verteiler-Info-Mail' gelandet ist, zur Weiterbearbeitung aussortiert. Diese Mails könnten Sie dann, da Verteilermails zumeist nicht dringlich sind, immer an einem bestimmten Tag der Woche lesen (nicht aber täglich).
- **Vorselektion.** Das Sekretariat kann eine weitere Filterfunktion vornehmen und alle Informationen (E-Mails, Post, Anrufe) vorscreenen, sodass nur ausgewählte zu Ihnen vordringen. Dies erfordert natürlich, dass Sie genaue Absprachen und Vorgaben dazu tätigen, welche Informationen und Materialien Sie erhalten bzw. aussortiert haben möchten.

Geben Sie dem Informationsfluss durch Routinen eine Struktur. Sie können Routinen im Informationsaustausch mit anderen Personen sowie für die eigene Bearbeitung von Informationen nutzen.

- **Feste Termine und Sprechzeiten.** Lassen Sie Team- oder Projektsitzungen, Studentensprechstunden, Kolloquien u.ä. routinemäßig stattfinden. Eine solche Institutionalisierung von Zusammenkünften schafft ein regelmäßiges Forum für den Informationsaustausch (Mitarbeiter kommen nicht zwischendrin, sondern zu diesem Termin mit ihren Fragen) und halten Sie auch weniger mit Terminsuchen auf. Achten Sie bei der Terminfindung darauf, möglichst Termine zu wählen, zu denen die Betreffenden auch tatsächlich kommen können – denn ansonsten werden sie auf E-Mails oder Anrufe ausweichen und Ihren Informationsfluss wieder anschwellen lassen.
- **Umläufe.** Nutzen Sie Umläufe (= Weiterreichen einer Information an ausgewählte Personen; beispielsweise lehrstuhlintern, auf Professorenebene im Institut etc.) zur Verbreitung von Informationen wie Prospekten, Zeitschriften, Newslettern des Rechenzentrums, Unterlagen zur Kenntnisnahme u.ä. Durch einen Vordruck, auf dem alle Namen der am Umlauf Beteiligten stehen, die diese nur noch jeweils abhaken, wenn sie es gelesen oder bearbeitet haben, erleichtern Sie sich die Arbeit, anstatt stets einen neuen Umlaufzettel anzufertigen. Sie können den Umlaufzettel auch mit weiteren Anmerkungen versehen (z.B. „Schaut Euch den Artikel von Werth an; enthält eine neue Methode."). Vermerken Sie auf dem Umlaufzettel stets, was nach dem Umlauf mit der Information geschehen soll (bspw. zurück zu Ihnen oder in eine Ablage oder in die Aktenvernichtung).

- **Terminabstimmungen.** Terminabstimmungen mit mehreren Personen (v.a. per E-Mail) sind gewöhnlich eher zeitaufwändig. Nehmen Sie diese wenn möglich in gemeinsamen Sitzungen vor, da haben Sie alle an einem Tisch, oder aber mit elektronischen Tools wie 'Doodle-Umfragen' (ein kostenloses Werkzeug für Gruppenabsprachen im Internet). Letzteres ist vor allem dann sinnvoll, wenn die Einigung auf einen Termin ortsverteilte Personen oder Kollegen betrifft, die keinen gemeinsamen elektronischen Kalender haben. Doodle-Umfragen bieten sich aber auch für Termin- und andere Sachumfragen an, bei denen die Teilnehmer zwischen mehreren Optionen auswählen sollen (z.B. zur Auswahl eines Termins, eines Ziels für einen Betriebsausflug, eines Themas für ein Kolloquium etc.). Sie haben auf diese Weise ein schnelles Ergebnis ohne sich persönlich intensiv einbringen zu müssen (außer der paar Minuten für das Einstellen der Informationen). Sollten Sie Termine vorgeben oder auch welche erhalten, die für Ihre Mitarbeiter ebenfalls von Belang sind, setzen Sie diese Ihren Mitarbeitern und sich selbst rechtzeitig und mit entsprechenden Fristen in den Kalender. Je früher sich alle darauf einstellen können, desto besser.

- **Alternative Informationsquellen.** Sie können das Ausmaß an Anfragen an Sie persönlich reduzieren, indem Sie alle wichtigen Informationen (wie Promotionsordnung, Vorlesungszeiten, Sprechzeiten), zu denen man Sie als persönlichen Ansprechpartner ansieht, anderweitig verfügbar machen. Beispielsweise könnten Sie im Intranet für Ihre Mitarbeiter oder für die Studierenden im Internet Leitfäden und Frequently Asked Questions mit den dazugehörigen Antworten (sog. FAQ-Seiten) sowie mit jeweils klar definierten Ansprechpartnern bereitstellen (vgl. Abschnitt 2.4.1 und als Beispiel für studentische Anleitungen Kapitel 12). Wenn solche Instrumente gut gepflegt, interessant aufgebaut und übersichtlich gestaltet sind, wird sie jeder gerne nutzen. Auf diese Weise können Sie sich ein Stück von der sog. Informations-Bringschuld (Sie müssen andere informieren) befreien und diese in eine sog. Informations-Holschuld umwandeln (die anderen müssen sich diese Informationen holen, bspw. indem sie ins Netz schauen). Das erspart Ihnen viel reden, erklären und antworten. Haben Sie aber Verständnis für die Umgewöhnung Ihres Umfelds in Richtung Informations-Holschuld – gut Ding will Weile haben, d.h. auch hier muss der Personenkreis von Ihnen eine Zeit lang 'erzogen' werden, bis Sie die Wirkung spüren.

- **Persönliche Routinen etablieren.** Auch was Ihre eigene Informationsbearbeitung betrifft, sollten Sie feste Arbeitsroutinen einplanen (bspw. bei der Postbearbeitung). Nichts ist schlimmer, als wenn sie sich irgendwo zu einem unüberschaubaren 'Schreckensberg' anhäuft. Wenn Sie etwas lesen, dann lesen Sie es nicht einfach so, sondern markieren Sie gleich interessante Themen – sei es in Textstellen oder als Randnotizen (bspw. mit T = Termin, Datum dazu angeben; R = Rücksprache, Namen dazu angeben; A = Ablage, Ordner dazu angeben; WV = Wiedervorlage, Datum dazu). Dieses Prinzip können Sie auch im Team anwenden: Wenn jemand in einer Zeitschrift etwas Relevantes gelesen hat, gibt er sie in einem Umlauf (siehe oben) an die anderen weiter und vermerkt auf einem Zettel, wenn darin für jemand andere etwas Spannendes sein könnte. Gewöhnen Sie sich an, Einfälle, die Sie haben, unmittelbar zu notieren oder für Ihre 'stillen Stunden' in den Kalender einzutragen (vgl. Abschnitt 2.2). Immens hilfreich ist zudem ein gut durchdachtes Ablagesystem (siehe Abschnitt 2.4.5). Halten Sie dieses konsequent durch, um so der (spätestens im Laufe der Zeit entstehenden) Informationsflut Herr zu werden.

Sie haben nun kennengelernt, wie Sie das Ausmaß an Informationen, das auf Sie einströmt, reduzieren können. Und was tun Sie nun anschließend mit den verbleibenden, eintreffenden Informationen? Um einen optimalen Umgang mit diesen geht es im Nachstehenden.

2.4.2 Ein Modell des Umgangs mit täglich eintreffenden Vorgängen

Haben Sie sich eigentlich schon einmal bewusst damit auseinander gesetzt, wie Sie eingehende Informationen und Aufgaben handhaben? Haben Sie sich vielleicht ein System überlegt, dem Sie vertrauen, welches Sie nichts vergessen lässt, Ihnen einen souveränen Überblick über anstehende Aufgaben, Termine, laufende Projekte, Fristen etc. verschafft – ein praktikables Arbeitssystem? Und nutzen Sie es auch? Sie werden in Ihrem Arbeitsalltag mit einer Flut von Informationen und Aufgaben konfrontiert, die – wenn Sie sie nicht systematisch angehen und in geeignete Bahnen leiten – beeindruckend schnell zu einer 'Flutkatastrophe' werden kann. Sicher, ein Notfallplan kann Sie das eine oder andere Mal vor der Überschwemmung retten; wesentlich klüger ist es allerdings, mit einem System zu arbeiten, das Ihnen das Wasser da hinlenkt, wo Sie es gerne hätten – um es aufzubereiten, anzustauen, weiter- oder abzuleiten. Sie müssen sich auf dieses System verlassen können, es muss Sie erinnern, rechtzeitig bestimmte Hebel in Bewegung zu setzen. Ein solches Sicherheitssystem, das Ihnen einen souveränen Umgang mit den alltäglichen Aufgaben und Informationen bietet, werden Sie im Folgenden vorfinden.

Wenngleich die in Abbildung 2.5 als Überblick dargestellte Vorgehensweise auf den ersten Blick vielleicht komplex erscheint, sind die Prinzipien, nach denen bei eingehenden Informationen und anstehenden Aufgaben vorgegangen wird, recht einfach.

Grundprinzipien des Umgangs mit Informationen und Aufgaben

1. Sich erst einen Überblick verschaffen und dabei unnötige Informationen und Aufgaben systematisch eliminieren.
2. Verbleibende Aufgaben bearbeiten (nach dem Motto: „Think twice about what to do – but never do things twice.").
3. Sequentiell arbeiten – kein Multitasking.
4. Ein verlässliches Erinnerungssystem etablieren.

Abbildung 2.5 macht deutlich, dass es grundsätzlich zwei Quellen von Vorgängen[7] gibt, die Sie in Ihrem beruflichen Alltag zu handeln haben. Dazu zählen auf der einen (in der Abbildung 2.5 rechten) Seite diejenigen, die mit Ihren eigenen, persönlichen Zielen zusammenhängen (bspw. die eigene Motivation, ein Buch zu schreiben). Auf der anderen (in der Abbildung 2.5 linken) Seite gibt es externe Vorgänge, also solche, die von außen an Sie herangetragen werden und die Sie quasi kraft Amtes (aus den Dienstaufgaben resultierend) zu berücksichtigen haben. Aus diesen beiden Quellen erhalten Sie Informationen und Aufgaben, die Sie zunächst zu kennen, dann untereinander zu gewichten bzw. zu priorisieren, in eine Bearbeitungsfolge zu bringen und schließlich abzuarbeiten haben.

[7] Der Begriff 'Vorgang' wird im Folgenden als Sammelbegriff für Aufgaben und Informationen verwendet. Wenn es jeweils nur um Aufgaben oder nur um Informationen geht, werden trennscharf ausschließlich diese Begriffe verwendet.

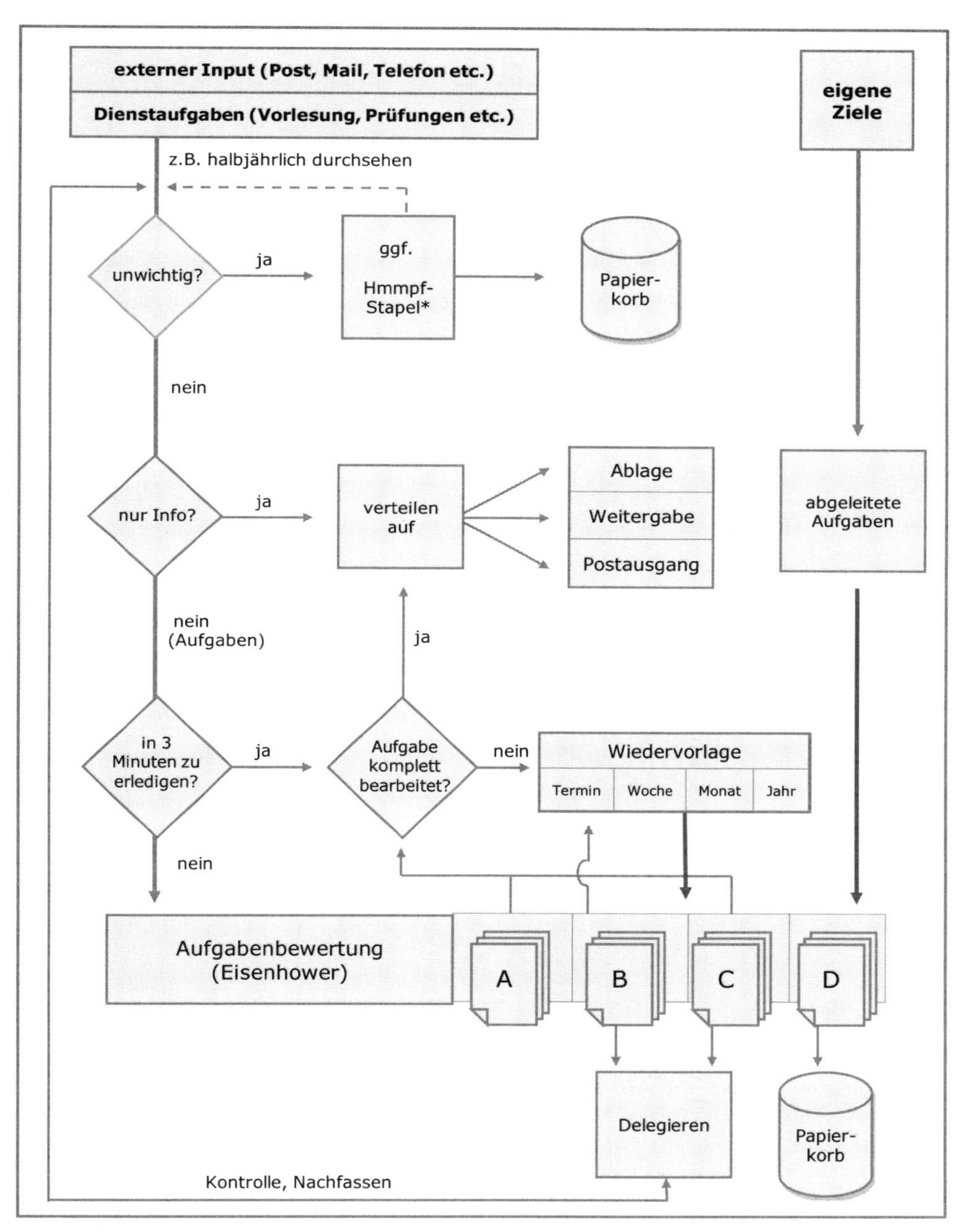

Abb. 2.5. Überblick des Umgangs mit Informationen und Aufgaben.
Anmerkung: Der Hmmpf-Stapel ist die Vorstufe zum Papierkorb für diejenigen, die sich nicht sofort zum Wegwerfen entschließen können.

Wie ist hierbei nun konkret vorzugehen? Zunächst soll diesbezüglich der rechte Strang betrachtet werden. Wie bereits erwähnt, werden unter der Aufgabenquelle 'Eigene Ziele' selbst gesetzte Ziele und entsprechend ableitbare Aufgaben und Handlungen verstanden, die der eigenen Motivation entspringen. Ihr Inhalt ist dabei nicht festgelegt, es kann sich sowohl um von den eigentlichen Dienstaufgaben ferne Ziele handeln (bspw. Buch schreiben, Forschungssemester planen) als auch um mit den Dienstaufgaben verbundene (bspw. sich zum Dekan wählen lassen, zusätzliche Forschungsgelder akquirieren). Aus diesen Zielen leiten Sie dann auf dem in der ALPEN-Methode beschriebenen Weg 'A' (Aktivitäten sammeln; vgl. Abschnitt 2.2.1) Ihre Aktivitäten und Aufgaben ab. Wie mit diesen Aufgaben im Eisenhower-Kasten weiter zu verfahren ist, wird weiter unten erklärt. Zunächst soll auch der linke Strang bis zu dieser Stelle erläutert werden.

In einem ersten Schritt verschaffen Sie sich hier einen Überblick über die externen Vorgänge und sichten die Informationen und Aufgaben, die Sie aus den unterschiedlichsten Quellen (Briefpost, E-Mails, Telefonate, Zuruf, Idee, Dienstaufgaben) erhalten haben. Beginnen Sie nicht gleich mit der Bearbeitung des erstbesten oder angenehmsten Vorgangs, dem Sie beim Sichten begegnen, wenngleich dies oft verlockend erscheint. Sichten bedeutet (noch) nicht bearbeiten: Erst einen Überblick verschaffen, dann bearbeiten – nur so können Sie unnötigen Ballast abwerfen. Trennen Sie dafür beim Sichten schon mal die Spreu vom Weizen und entscheiden Sie, ob der jeweilige Vorgang wichtig oder unwichtig ist. Auf diese Wichtigkeitsfrage gibt es drei mögliche Antworten mit entsprechenden Konsequenzen:

- Unwichtig – dann wandert der entsprechende Vorgang direkt in den **Papierkorb** (bspw. Veranstaltungshinweis eines völlig fremden Fachgebiets);
- Unwichtig, aber Sie können sich nicht durchringen, den Vorgang in den Papierkorb zu werfen – dann wandert dieser Vorgang ggf. auf den **Hmmpf-Stapel** (seien Sie sich aber bewusst, dass dieser meist eh nur die Vorstufe zum Papierkorb ist) oder
- Wichtig – wenn das der Fall ist, muss in einem nächsten Schritt genauer differenziert werden, was zu tun ist.

Der nächste Schritt differenziert nun die noch verbleibenden Vorgänge: Handelt es sich um eine reine Information oder um eine (wie auch immer geartete) Aufgabe? Sofern es sich um eine **Information** handelt, müssen Sie entscheiden, wie diese zu verteilen bzw. zuzuordnen ist. Auch hier gibt es wieder drei Möglichkeiten:

- **Eigene Ablage.** Ist die Information für Sie beispielsweise im Rahmen eines Projekts wichtig, wandert sie in die entsprechende Projektablage (siehe Abschnitt 2.2.5) oder gehört die Information zu einer Dissertation, die Sie gerade betreuen, dann wandert sie in den entsprechenden Ordner.
- **Weitergabe.** In diese Kategorie fallen die Informationen, die Sie an jemanden (Mitarbeiter, Kollegen, Sekretärin) weiterleiten wollen. Achtung, es geht hier nicht um das Delegieren von Aufgaben, sondern lediglich um die Weitergabe von Informationen, wie beispielsweise einen interessanten Artikel. Dies geht bevorzugt auch durch das ins Postfach der betreffenden Person legen, per Umlauf (vgl. Abschnitt 2.4.1), per Weitergabe in Sitzungen (vgl. Kapitel 3) etc.
- **Postausgang.** Diese Kategorie ist der der Weitergabe ähnlich, nur dass in diesem Fall das Ganze in den Stapel der ausgehenden Post wandert, d.h. in die Hauspost oder die zu frankierende Post (in der Regel geben Sie all dies ins Sekretariat zum Versenden).

Wenn es sich jedoch nicht nur um eine Information, sondern um eine **Aufgabe** handelt bzw. etwas, das von Ihnen weitere Handlungen erwartet, müssen Sie differenzieren, ob jene Handlung in drei Minuten erledigbar ist (sog. Drei-Minuten-Regel) oder nicht. Wenn Sie eine Aufgabe **in drei Minuten erledigen** können, tun Sie dies umgehend, denn ein erneutes Einarbeiten zu einem späteren Zeitpunkt würde Sie unnötige Einarbeitungszeit kosten. Je nachdem, um welche Art von Aufgabe es sich handelt bzw. ob Sie sie vollständig oder nur einen ersten Teil erledigt haben, ist dann wie folgt weiter zu verfahren:

- Aufgaben, die Sie nach der Drei-Minuten-Regel vollständig bearbeitet haben, bzw. die abgeschlossen sind, können Sie bei Bedarf im Anschluss an Ihre Ablage verteilen (bspw. Brief unterschreiben und Kopie in die Ablage sortieren).
- Aufgaben, die eine längere Bearbeitungsdauer als drei Minuten erfordern oder die aus mehreren Teilen bestehen und nicht komplett abgearbeitet wurden, werden terminiert und wandern in die Kategorie **Wiedervorlage** (vgl. Abschnitt 2.4.4). Ein Beispiel für eine solche aus mehreren Teilen bestehende Aufgabe könnte eine Einladung zu einem Vortrag sein. Dieser sagen Sie gemäß der Drei-Minuten-Regel zu, müssen aber zu einem anderen Zeitpunkt noch die Eröffnungsrede, die Sie dort halten sollen, vorbereiten. Jene Vorbereitung der Rede würde dann terminiert werden. Berücksichtigen Sie bei dieser Terminierung den Zeitbedarf und formulieren Sie konkrete Handlungen bzw. was genau zu tun ist, wenn Sie sich den Vorgang wieder vornehmen.

Um nun sämtliche Aufgaben, deren Bearbeitung **länger als drei Minuten** dauert, in eine Bearbeitungsfolge zu bringen, ist das **Eisenhower-Prinzip** anzuwenden (vgl. Abschnitt 2.2.3). Wie die Grafik zeigt, hat das Eisenhower-Feld drei Zugänge: Es bewertet jene Aufgaben, deren Bearbeitung länger als drei Minuten dauert, solche Aufgaben, die nach einer Terminierung in der Wiedervorlage erneut auf den Plan gerufen werden, und schließlich auch diejenigen, die sich aus Ihren eigenen Zielen ergeben. All diese Aufgaben müssen erfasst (d.h. nächste Handlungsschritte und etwaigen Zeitbedarf antizipieren; vgl. ALPEN 'L' und 'E') sowie bewertet bzw. priorisiert werden, um eine Bearbeitungsfolge ableiten zu können.

Wenden Sie dazu die ABCD-Kategorien der Priorisierung nach Eisenhower auf Ihre Aufgaben an:

- **A-Aufgaben** sind solche, die sowohl wichtig, als auch dringlich sind – sie sind umgehend zu erledigen und ggf. zu einer späteren Weiterbearbeitung in die Wiedervorlage (Ihr Arbeits- und Erinnerungssystem) zu übernehmen.
- **B-Aufgaben** sind all die, die wichtig sind, zeitlich aber nicht drängen. Sie werden terminiert, ggf. bereits initialisiert (bspw. Teilaufgaben schon mal delegiert) und wandern quasi direkt in Ihre Wiedervorlage bzw. Ihr Arbeits- und Erinnerungssystem.
- **C-Aufgaben** sind diejenigen, die nicht so wichtig sind, als dass Sie sie selbst erledigen müssten, zeitlich aber drängen und deswegen am besten delegiert werden. Terminieren Sie die Delegation und auch Termine zur Nachverfolgung und Kontrolle.
- **D-Aufgaben** sollte es bei Ihnen nach der bisherigen Vorgehensweise eigentlich nicht mehr geben, da Sie alle unwichtigen Aufgaben bereits vorab aussortiert haben. Die D-Kategorie kann an dieser Stelle aber dennoch zum Tragen kommen, wenn beispielsweise eine Veranstaltung, auf der Sie eigentlich einen Vortrag halten sollten (auf den Sie sich etwa morgen vorbereiten wollten und deren Info dazu aus der Wiedervorlage auftauchte) in der Zwischenzeit abgesagt wurde. Damit entfällt Ihre Vorbereitung und eine A- bzw. B-Aufgabe wurde zu einer redundanten D-Aufgabe – sie ist irrelevant geworden.

Es kann Ihnen allerdings passieren, dass Sie mehrere Aufgaben haben, die grundsätzlich A-Priorität hätten, welche sich aber im Vergleich miteinander situationsspezifisch eventuell doch noch wieder

oder weiter hinsichtlich Dringlichkeit und Wichtigkeit differenzieren lassen. Aus einer bisherigen A-Aufgabe müssen Sie dann im Zuge sich verschiebender Prioritäten ggf. doch eine B- oder C-Aufgabe machen. Dies wird immer dann der Fall sein, wenn Sie für Ihre A-Aufgaben nicht die erforderliche Zeit haben und sie verschieben oder delegieren müssen (bspw. die heutige Vorlesung wegen eines spontanen Ministeriumstermins einem Mitarbeiter übergeben müssen).
Es kann auch sein, dass Sie bezüglich Ihrer B-Aufgaben neue Entscheidungen treffen müssen. Dies wäre beispielsweise der Fall, wenn bei Ihnen gerade eine Einladung auf den Bildschirm flattert, in der Sie ein Kollege zu einer Keynote-Speech nach New York holen möchte, Sie aber eigentlich am gleichen Tag eine Vorlesung zu halten und am darauffolgenden einen Termin im Ministerium hätten. Hier müssten Sie Ihre bisher gleichwertigen B-Prioritäten untereinander neu gewichten, um eine Rangfolge erstellen bzw. die eine oder andere Aufgabe delegieren zu können.

Sie sollten daher wirklich *erst, nachdem* Sie sich einen Überblick verschafft haben, die anstehenden Aufgaben bewerten und *erst dann* abarbeiten. Wenn Sie Ihre anstehenden Aufgaben entsprechend zugeordnet haben, verlassen die Aufgaben sozusagen das Eisenhower-Feld in Richtung 'Bearbeitung', wofür Ihnen drei Ausgänge / Richtungen zur Verfügung stehen:

- Ausgang in Richtung '**Wiedervorlage**' (vgl. Abschnitt 2.4.4)
  In die Wiedervorlage fließen vor allem solche Aufgaben, die Sie in irgendeiner Art terminieren, weil Sie sie zu einem anderen Zeitpunkt (Tag, Woche, Monat, Jahr) bearbeiten oder weiterverfolgen wollen. Typischerweise handelt es sich dabei um B-Aufgaben und die Verfolgung delegierter C-Aufgaben. Ihre Wiedervorlage ist damit kein wahlloses Sammelbecken für noch nicht abgeschlossene Aufgaben, sondern ein durchdachtes Termin- und Erinnerungssystem, das Ihnen die entsprechenden Abläufe zu den jeweils beabsichtigten Zeitpunkten erneut auf den Plan ruft. Es muss dafür zwei wesentlichen Anforderungen genügen und diese verknüpfen:
  - Zu bearbeitende Daten, Dateien und Materialien verlässlich und für Sie übersichtlich speichern
  - Sie verlässlich und zuverlässig an die Bearbeitung der jeweiligen Arbeitsgänge erinnern

  Eine Aufgabe befindet sich so lange in Ihrer Wiedervorlage und wird immer wieder neu terminiert, bis sie vollständig abgearbeitet ist und in den Postausgang, die Ablage oder den Papierkorb wandern kann.
- Ausgang in Richtung '**Delegieren**' (vgl. Abschnitt 2.2.3)
  Delegiert werden in allererster Linie C-Aufgaben. Notieren Sie sich am besten (handschriftlich oder elektronisch – je nachdem, wie es besser zu Ihrem Arbeits- und Erinnerungssystem passt) zu jeder zu delegierenden Aufgabe das aktuelle Datum und die ersten Gedanken, die Ihnen spontan zu der Aufgabe in den Sinn kommen – sie werden Ihnen das Wiedereindenken erleichtern, wenn Sie später mit dem Mitarbeiter darüber sprechen. Von Bedeutung ist dann (neben dem Inhalt und der Art und Weise der Delegationsgesprächsführung) vor allem das Terminieren von Deadlines und 'Kontrollzeitpunkten' bzw. des Reports von Zwischenständen. Vermerken Sie diese Kontrollzeitpunkte mit spezifischen Stichworten in Ihrer Wiedervorlage und stellen Sie sicher, dass Sie daran erinnert werden, damit Sie die delegierte Aufgabe verfolgen können – schließlich delegieren Sie nur die Bearbeitung und eine Teil-, nicht aber die Gesamtverantwortung.
- Ausgang in Richtung '**Papierkorb**'
  In den Papierkorb wandern vor allem D-Aufgaben, aber auch solche, die Sie abgeschlossen haben und die nicht in Ihrer Ablage abgespeichert werden müssen.

Damit ist der empfohlene Umgang mit eintreffenden Vorgängen abgeschlossen. Im Folgenden wird nun noch näher auf einzelne Spezifika dieses Bearbeitungsprozesses (Einzelheiten der Abbildung 2.5) eingegangen.

2.4.3 Eingehende Aufgaben bearbeiten

Die wichtigste Regel zur Bearbeitung von Aufgaben heißt: "Think twice about what to do – but never do things twice." Sie beinhaltet zwei wesentliche Aussagen: Sie sollen gut überlegen, *was Sie tun werden* und Sie sollen sich gut überlegen, wann Sie eine Aufgabe bearbeiten und sie *nicht zweimal* tun. So banal es auf den ersten Blick erscheint, so bedeutend ist es für Ihre Effektivität.

Betrachten Sie zunächst einmal das „Was werden Sie tun?". Wenn Sie nach dem oben skizzierten Vorgehen (vgl. Abb. 2.5) entschieden haben, dass eine Aufgabe wichtig ist, müssen Sie entscheiden, *was* mit ihr passieren soll. Damit sind zum einen die groben Kategorien 'terminieren', 'jetzt erledigen', 'delegieren' gemeint, zum anderen aber auch die inhaltlichen: Was genau müssen Sie tun, wenn Sie sich diesen Vorgang vornehmen – egal, ob zur jetzigen Bearbeitung, späteren Delegation oder terminiert in drei Wochen. Welche Handlungen sind auszuführen? Konkretisieren Sie Ihre Tätigkeiten so weit, dass Sie genau wissen, was Sie diesbezüglich zu tun haben. Dies gelingt Ihnen leichter, wenn Sie eine Formulierung mit Objekt(en) *und* Verb verwenden, so beispielsweise 'Kollegen Sedlbauer wegen des Projekts A anrufen und B klären' oder 'Informationen zu psychologischen Prozessen bei Kreativität recherchieren' anstelle 'Treffen festsetzen'. Hinter diesem Vorgehen steckt die Logik, dass Sie den Zeitbedarf einer Aufgabe und deren Bearbeitung viel besser einschätzen und planen können, wenn Sie benennen, welche konkreten Tätigkeiten Sie im jeweiligen Zusammenhang auszuüben haben. Notieren Sie sich diese nächsten Schritte zum jeweiligen Vorgang, dann wird Ihnen bei terminierten Aufgaben auch das Einfinden leichter fallen. Und nicht zuletzt: Sie können Arbeiten auch den unterschiedlichen Kontexten zuordnen (bspw. Arbeitsplätzen wie Uni, Zuhause oder auch Tätigkeitsarten wie Telefonaten, E-Mails etc.).

Die zweite Message, die in der Regel „Think twice about what to do – but never do things twice." mitschwingt, ist die, ein und dieselbe Aufgabe nicht zweimal zu beginnen. Fangen Sie die gleiche Tätigkeit nicht mehrmals an, denn Sie werden jedes Mal eine gewisse Einarbeitungszeit benötigen, die Ihre Arbeit langfristig ineffizient werden lässt. Zweimal den gleichen Brief lesen und erneut überlegen, was damit zu tun ist, ist nicht nur ineffizient, sondern macht auch unzufrieden. Ein gutes Sortierungssystem (vgl. Abb. 2.5) erlaubt es Ihnen, eingehende Informationen unmittelbar zu kanalisieren und damit rasch wieder den Blick für das Wesentliche frei zu haben.

2.4.4 Die Wiedervorlage

Mit der Wiedervorlage überwacht man Vorgänge 'auf Termin'. Darunter fallen zum einen Unterlagen, die ein bestimmtes Fälligkeitsdatum haben, wie Eintrittskarten, Flugtickets, Zahlungsbelege, Einladungsschreiben. Und zum anderen solche, die noch nicht abgeschlossen sind, weil beispielsweise noch Informationen fehlen, die erst später zu bekommen sind. Sie sollten Wiedervorlage-Termine, die andere einhalten sollen sowie solche, die Sie selbst einhalten wollen / sollen, unterscheiden (siehe grauer Kasten).

Beispiel für Termine, die andere einhalten sollen

- Statistische Auswertungen für den Geschäftsbericht, den Sie fertig stellen wollen, wurden Ihnen bereits bis zum 21. Oktober zugesagt.
- Sie legen eine Kopie dieser Notiz auf Termin: 21. Oktober.
- Sind die Unterlagen nicht pünktlich da, fassen Sie nach. Sie können natürlich auch (wenn Sie Ihre Pappenheimer schon kennen) drei Tage vorher an die Deadline erinnern; dann muss aber auch die Wiedervorlage drei Tage vor dem Termin terminiert sein.

Beispiel für Termine, die man selbst einzuhalten hat

- Sie haben am 20. Oktober ein Angebot abgegeben und wollen sicher sein, dass Sie den Auftrag bekommen.
- Sie legen eine Kopie des Angebots für den 3. November auf Termin (Original bleibt in der Akte!). Weitere Unterlagen sind längst im griffbereiten Projektordner, sonst wird die Wiedervorlage zum unüberschaubaren Papierberg und hat die Größe der eigentlichen Ablage bald überholt!
- Am 3. November fassen Sie nach. Erreichen Sie den Geschäftspartner nicht, weil er erst am 5. November von einer Dienstreise zurückkehrt, legen Sie die Angelegenheit für den 5. November wieder auf Termin. So steuern Sie die zeitliche Überwachung des Ablaufs.

Mit einer Wochen-, Monats- und Jahres-Wiedervorlage terminieren Sie in aller Regel fortlaufende Vorgänge (z.B. Ihre jeden Freitag zu aktualisierende Wochenplanung, das jeweils für den ersten Freitag im Monat eingeplante Zeitfenster für Finanzübersichten, turnusgemäß wiederkehrende Sitzungen etc.). Eine gute Wiedervorlage sollte lückenlos alle derzeit laufenden Projekte zumindest stichwortmäßig beinhalten.
Tipp: Fügen Sie die jeweiligen Unterlagen, die Sie lesen oder bearbeiten, stets den dazugehörigen Vorgängen hinzu (z.B. zur Rechnung die Bestellung beifügen, Stellungnahme zur Reklamation), das macht es Ihnen und Ihrem Sekretariat leichter, die Dinge zügig zu bearbeiten.

Es gibt unterschiedliche Formen der Wiedervorlage, aus denen Sie sich die für Ihr Arbeitssystem geeignetsten (auch Kombinationen sind möglich) aussuchen können. Dazu zählen beispielsweise Pultordner (mit kombinierter Sortierung / Datum 1 - 31 sowie Jahresfächern), Hängemappen, Stehmappen oder Computer-gestützte Varianten (bspw. Excel / Word; Kalenderprogramme mit automatischen Erinnerungsfunktionen wie z.B. Microsoft Outlook, Lotus Notes oder Sunbird).

Tipp: Altlasten abarbeiten
Haben Sie vielleicht wunderbare, meterhohe Stapel an Altlasten angesammelt, mit denen Sie schon seit Langem 'abrechnen' wollten? Wenn Sie sich nun dieser Aufgabe annehmen, durchforsten Sie sie am besten nach folgender Vorgehensweise (beachten Sie: Diese Vorgehensweise gilt NUR im Ausnahmefall der Altlasten, bei dem ganz normalen Posteingang machen Sie das zuvor beschriebene Prinzip):

- Nehmen Sie sich einen großen Mülleimer und vier leere Ordner, Aktendeckel o.ä. und beschriften Sie diese mit Bearbeiten, Verteilen, Lesen und Ablegen.
- Überfliegen Sie nun Ihre Altlasten und entscheiden Sie, ob Sie sie noch einer der vier Kategorien zuordnen können oder ob sie gleich in den Papierkorb wandern können. Inzwischen dürften sie ja alle nicht mehr aktuell bzw. dringlich sein, sondern überwiegend nur noch Papierkorb-

oder Ablagewert haben). Verschwenden Sie keine Zeit damit, sie zu lesen, sondern legen Sie sie entsprechend ab.

- Maximal ein Vermerk, was mit dem Dokument zu machen ist, darf hier sein.
- Nachdem Sie Ihre Altlasten entsprechend sortiert haben, können Sie sich der Bearbeitung der verbleibenden Ordner / Mappen zuwenden.
- Hinweis: Für bestimmte Unterlagen gelten gesetzliche Fristen zur Aufbewahrung; sie können erst nach Ablauf jener Fristen entsorgt werden.

2.4.5 Die Ablage

Neben der Koordination der eingehenden Post sowie deren Abarbeitung oder Delegierung wird es erforderlich sein, dass Sie Unterlagen ablegen müssen. Dies geschieht entweder endgültig nach Abarbeitung oder vorläufig im Projektordner (machen Sie sich aber hierzu einen Hinweis in der Wiedervorlage). Ihre Ablage wird sich aufgrund Ihres großen Aufgabespektrums sehr umfangreich gestalten. Je nach Bedarf können Sie für sich sinnvolle Kategorien (Hauptablage) bilden, beispielsweise:

- Forschung
  Diese Kategorie können Sie dann in einzelne Forschungsrichtungen und –projekte detaillieren im Sinne von Unterablagen 'Projekt 1-n'; Verzeichnis aller Vorgänge / Übersicht über alle größeren Aufgabenbereiche bzw. Projekte, an denen Sie arbeiten.
- Lehre
- Schriftverkehr, Post und Kommunikation
- Personal Lehrstuhl
- Universitätsangelegenheiten
- Fakultätsangelegenheiten

Wenn Sie **Papier-Akten ablegen** wollen oder müssen, sollten Sie bedenken, dass diese nach bestimmten Kriterien abgelegt werden sollten, z.B. wie im folgenden grauen Kasten (Ablagekriterien) und in der Tabelle 2.5 (Ablageorte) dargestellt. Weisen Sie jeder Papierakte ein Inhaltsverzeichnis zu, das immer nach demselben Prinzip aufgebaut ist (bspw. in jedem Projektordner findet sich unter Nr. 3 der Projektantrag). So finden Sie Vorgänge viel leichter wieder. Bedenken Sie, dass Sie nicht zu viele Gruppen / Kriterien bilden, denn je mehr Sie haben, desto aufwändiger gestaltet sich die Ablagearbeit, da es dann viele sowohl-als-auch-Dokumente gibt. Fertigen Sie sich einen sog. Aktenplan an, d.h. eine Übersicht darüber, in welchen Akten nach welchem Schema etwas abgelegt ist (vgl. hierzu Tabellen 2.4 und 2.6).

Tipp: Sobald eine Akte in den Keller bzw. ins Archiv wandert, muss unbedingt ein Vernichtungsdatum drauf notiert werden und das Archiv regelmäßig nach 'zu vernichtenden Akten' durchsucht werden.

Tipps zum Ablagesystem im Falle von Papier-Akten

Ablagekriterien

- Logische Aufteilung nach Begriffen
- Maximal in fünf bis sieben Hauptgruppen aufteilen, Untergruppen bilden
- Festlegung bei 'sowohl-als-auch'-Dokumenten! Am besten, Sie kopieren nur die erste Seite mit einem handschriftlichen Hinweis auf das Hauptdokument und legen diese Kopie in die zweite Akte – sonst züchten Sie unnötige Papierberge.
- Aktenplan erstellen (= Übersicht, in welchen Akten Sie was nach welchem Schema ablegen; vgl. Tabellen 2.4 und 2.6)
- Kurze, informative und gut lesbare Aktenbeschriftung (keine Inhaltsangabe!)
- Klare übersichtliche Gliederung (Inhaltsverzeichnis)
- Keine übervollen und auch keine leeren Akten anlegen
- Bei umfangreichen zusammengehörigen Schriftstücken Akten in Einzelakten aufteilen (z.B. Personalakten)

Übersicht

- Numerische Gliederung (meist besser handhabbar als farbliche)
- Aktenplan gleicht den Ablagekriterien am PC

Optionale Ordnungsweisen

- Alphabetisch (personenbezogene Dokumente)
- Chronologisch (nach Zeit)
- Nach Sachgebiet (Themen)

Standorte festlegen

- Siehe Tabelle 2.6

Tabelle 2.4. Beispiel einer Gliederung eines Ordners zu Universitäts-Interna.

GLIEDERUNG EINES ORDNERS ZU UNIVERSITÄTS-INTERNA
1. Universität
• Aktuelle Terminübersicht (Vortragszeiten, Fristen etc.) • Adressen / Ansprechpartner • Leitbild / Vision • Merkblätter • Gesetze und Ordnungen (Landes-Hochschulgesetz, Promotions- / Hochschulordnung etc.)
2. Fakultät
• Aktueller Terminplan • Adressen / Ansprechpartner • Übersicht Lehrstühle • Bisherige Beschlüsse • Sitzungsprotokolle (Fakultätsrat) • Weitere Informationen (Verteiler-Informationen etc.)
3. Institut
• Aktueller Terminplan • Ansprechpartner mit Telefon und Raumnummer • Sitzungsprotokolle (Institutionsvorstand) • Studien- und Prüfungsordnung

Tabelle 2.5. Unterbringung von Papierakten nach Ablageorten.

AKTEN	ABLAGE	BEREICH
Dynamische Akten Zugriff mehrmals täglich	**Platzablage** Im Sideboard neben dem Tisch	**Dynamischer Bereich** (Griffbereich)
Lebende Akten Zugriff mehrmals wöchentlich	**Bereichsablage** Im Arbeitsbereich Wandschränke im Büro	**Statischer Bereich** (Steckbereich)
Tote Akten Zugriff unregelmäßig Aufbewahrungsfrist Nachschlagewerke	**Altablage** In Nebenräumen (im oberen Bereich des Hochschranks) oder Keller	**Statischer Bereich** (Gehbereich)
Ewige Akten Zugriff eher selten Zur Dokumentation Lange Aufbewahrungsfristen	**Archiv** Keller, Archivräume Irgendwann Ablage P (= Entsorgung)	**Statischer Bereich**

Tabelle 2.6. Beispiel einer Gliederung eines Projektordners zu einem Industrieauftrag.

GLIEDERUNG EINES ORDNERS ZU EINEM INDUSTRIEAUFTRAG	
1. Deckblatt	**5. Planungsunterlagen**
• Projektnummer • Projekttitel • Projektleiter / Vertreter • Auftraggeber • Projektleiter beim Auftraggeber / Vertreter • Geplante Laufzeit • Tatsächlicher Projektstart • Tatsächliches Projektende • Geplante Gesamtkosten	• Projektfeinplan • Kostenkalkulation • Ablaufplanung (Balkenplan) • Meilenstein- / Kontrolltermine
2. Vorgaben für das Projekt	**6. Projektdurchführung**
• Wünsche, Erwartungen, Forderungen des Kunden, Merkmale der Projektergebnisse in Relation zu den Vorgaben • Bearbeiter im Lehrstuhl / Verfügbarkeit • Interne Verantwortlichkeiten und Befugnisse • Bearbeiter beim Kunden / Befugnisse • Externe Mitarbeiter • Ressourcenverfügbarkeit • Zu beachtende Normen, Gesetze, Patente, Literatur • Eingebrachte Vorleistungen des Lehrstuhls	• Projektstrukturplan • Aktuelle To-do-Liste / Maßnahmenliste • Statusberichte • Protokolle und Schriftverkehr • Änderungen im Projekt • Nachweise über erfolgte Freigaben • Protokolle der Projektkontrollen / Meilensteine • Weitere Kontrollen / Reviews • Externe Gutachten • Bestellvorgänge • Investitionsplanung und –verfolgung • Literatur- und Patentrecherchen • Eigene Schutzrechtshandlungen
3. Vertragsunterlagen	**7. Ergebnisse**
• Anfrage des Kunden / Angebot des Lehrstuhls mit Leistungsbeschreibung / Lastenheft • Vertrag bzw. Auftrag mit Anlagen • Ggf. Auftragsbestätigung • Vertragsänderungen • Zugesagte Merkmale der Ergebnisse	• Labor- / Prüfergebnisse • Kommentare / Bewertungen • Merkmale der Projektergebnisse in Relationen zu den Vorgaben • Ergebnisberichte (Teilergebnisse) • Präsentationsunterlagen • Aufbereitete Projektergebnisse (Präsentationen, Bilder, Videos, Zeichnungen) • Bedienungsanleitung • Verschleißteilliste
4. Informationen zum Kunden	**8. Wissenstransfer**
• Produktpalette (ggf. Zulieferer / Abnehmer) • Organigramm des Kunden • Unmittelbare Kontaktpartner und ihre Zuständigkeiten / Befugnisse • Anfahrtsskizze / Hotel	• Lessons-Learned-Dokumentationen • Debriefing-Dokumention • Maßnahmenpläne

Nachdem Sie nun die Aspekte zu Papierakten gelesen haben, denken Sie vielleicht, „Ach, wie viel einfacher scheint die Bewältigung der E-Mail-Flut zu sein, ein einfaches Klicken genügt, um die elektronischen Briefe zu verschieben, weiterzuleiten, an Verteiler zu versenden oder zu löschen." Dennoch muss auch der Umgang mit E-Mails mit System erfolgen, sonst findet man in kürzester Zeit auch im Mail-Account bzw. -Archiv nichts mehr wieder. Dazu lesen Sie im Folgenden einige Hinweise.

2.4.6 Umgang mit E-Mails

Auch für die Bearbeitung Ihrer E-Mails benötigen Sie eine gute Arbeitsstruktur. Klassische Hilfestellungen für den professionellen Umgang mit E-Mails und deren Ablage sind folgende:

Posteingang automatisieren. Machen Sie sich Techniken der automatisierten Verarbeitung von Mails zu Eigen. So ermöglichen viele Softwaretools und -Programme, dass E-Mails automatisch ...

- in vordefinierte Ordner verschoben werden.
- gelöscht werden (per Spamfilter).
- mit Prioritäten versehen werden.
- Sie bei Erhalt ausgewählter Absender / Betreffs (nicht aller!) informieren.

Dies gelingt natürlich nur, wenn die zu filternden Angaben (bestimmte Absender, Betreffzeilen ...) vorhersehbar bzw. bekannt sind. Des Weiteren können Sie Ihr E-Mail-Konto auch sichtbar für Ihr Sekretariat machen und Ihre E-Mails in vordefinierte Ordner ablegen, welche das Sekretariat bearbeiten soll.

Posteingangs-Routine etablieren. Entscheiden Sie bei eingehenden E-Mails sofort, was damit zu tun ist, auch hier gilt: „Think twice about what to do but never do things twice!" (vgl. Abschnitt 2.4.3). Treffen Sie zu jeder überflogenen Mail sofort eine Entscheidung, in welche Kategorie oder an welchen Ort sie zur passenden Weiterverarbeitung gehört:

- **Gleich beantworten (Drei-Minuten-Regel)**
  Auch hier gilt: Was Sie innerhalb von drei Minuten erledigen können, können Sie sofort tun (bspw. Terminbestätigungen, Ablegen in einem Ordner, löschen, weiterleiten an andere, Nachhaken bei einer Information, Publikationsanforderungen etc.).
- **Papierkorb (löschen)**
  Leeren Sie regelmäßig Ihren Papierkorb bzw. kopieren Sie die gelöschten Dateien zumindest zum Sparen von Speicherplatz auf einen externen Datenträger.
- **Wiedervorlage**
  Typische E-Mails für die Wiedervorlage sind beispielsweise solche zu Vorgängen, die wegen fehlender Informationen nicht zu Ende gebracht werden können, Anfragen an wichtige Stellen (wie Drittmittelgeber, Kooperationspartner, Verlage), Erinnerungsmails, die Sie termingerecht rausschicken wollen, noch zu lesende Newsletter etc. Die Wiedervorlage Ihrer E-Mails können Sie ebenso ordnen, wie Ihre papierbasierte Variante (bspw. Ordner 'Monate' mit Unterordnern für die 12 Monate des Jahres wie '01_Januar' und einen Ordner 'aktueller Monat' beispielsweise mit Unterordnern der 31 Tage des aktuellen Monats wie mit '01').
  Wenn eine E-Mail zu einem bestimmten Datum rausgehen soll, empfiehlt es sich, das Datum, zu dem die E-Mail rausgehen soll, in den Betreff einzutragen. Sie können sich aber auch eine Erinnerung an eine E-Mail im Kalender oder Ihrer To-do-Liste eintragen. Sie können die noch

zu bearbeitenden E-Mails aber natürlich auch ausdrucken und in die Papier-Wiedervorlage einsortieren, so geht möglicherweise weniger verloren bzw. wird weniger übersehen als in einer 'zweigleisigen Wiedervorlage' (E-Mail *und* papierbasiert; umgekehrt können Sie Dokumente wie Briefe natürlich auch einscannen und elektronisch verfügbar machen lassen).

- **E-Mail-Ablagesystem nutzen**
  In die Ablage kommen nur erledigte E-Mails (sonst übersehen Sie noch 'offene E-Mails'.) Richten Sie sich keine 'Zwischenablagen' ein – sie sind nur ein stets willkommenes Sammelbecken für aufgeschobene Dinge, die zumeist eigentlich doch nie bearbeitet werden. Um zu entscheiden, wo Sie sie im Falle der Ablage einsortieren, sollten Sie bedenken, dass Informationen nutzbar sein müssen, überlegen Sie also stets, für wen die Information Bedeutung hat (wäre sie bspw. neben Ihrer eigenen Person auch noch relevant für andere wie Projektmitglieder, die Sekretärin, die zukünftigen neuen Mitarbeiter etc.) und natürlich, wo sie dementsprechend abgelegt werden soll, sodass derjenige ebenfalls Zugriff darauf hat oder eben nicht (Laufwerk, Intranet, persönlicher Ordner, Papierablage).
  Tipp: Sie können in der E-Mail auch wichtige Textteile vor dem Ablegen markieren, so finden Sie die Kernaussagen leichter wieder.

  - **Thematische Ablage.** Das grundlegende Ordnungsprinzip ist bei dieser Form der Ablage ziemlich einfach: Alles, was zum selben Thema gehört, kommt in denselben Ordner und die Ordner sind hierarchisch angeordnet (vgl. Abb. 2.6). Verwenden Sie idealerweise nicht mehr als vier Ebenen (zum einen wird sonst der Suchweg zu lang, zum anderen sind viele Intranets fehleranfälliger bei zu vielen Ordnerebenen). Jede Datei muss eindeutig zu einem Ordnungskriterium gehören, damit die Ablage wirkungsvoll genutzt werden kann (manche E-Mails passen allerdings zu verschiedenen Kriterien und Sie müssen sich entscheiden). Diese Ablageform wird die gängigste im universitären E-Mailgebrauch sein.

  - **Ablage durch Zuweisung von Attributen.** Hier erfolgt die Sortierung anhand von Attributen (wie Absender, Betreff, Empfangsdatum), was beispielweise dem Standardsortierungssystem bei MS Outlook entspricht (vgl. Abb. 2.7). Sie können aber auch jede E-Mail mit ein oder mehreren eigenen Attributen (Projekt a, Lehre, Verwaltung_Uni, Promotionsausschuss etc.) versehen, was – je nach verwendeter Software – automatisch oder durch manuelle Zuweisung (bspw. einer Projekt-Nummer, eines Seminarnamens) geschehen kann. Die Attribute müssen eindeutig sein, sollten nicht aus zusammengesetzten Wörtern bestehen, keine Verben oder Adjektive, sondern Hauptwörter sein. Verwenden Sie nicht zu viele Attribute und beginnen Sie denselben Ordner immer mit demselben Attribut (bspw. VL_20110, VL_2012).
    Ihr Vorgehen wäre dann Folgendes: Sie legen Ihre Mails nur noch in einem einzigen Ordner ab und weisen der einzelnen Mail oben genannte Attribute zu. Statt mehreren Ordnern brauchen Sie nur noch einen einzigen. Diesen legen Sie sich neben den 'E-Mail-Posteingang' und benennen ihn beispielsweise als 'Mail_Sammlung_2012'. Jede eingehende Mail müssen Sie öffnen, lesen und sofort mit den Attributen versehen. Erst dann dürfen Sie sie in den neu benannten Ordner verschieben. Beachten Sie bitte, dass dieses Vorgehen für Sie nur Sinn macht, wenn Sie es auch strikt einhalten. Andernfalls bleiben Sie lieber beim herkömmlichen hierarchischen System.

  - **Ablage mithilfe von Verweisen.** Das grundlegende Prinzip ist hier, dass auf eine E-Mail mittels Verweisen von mehreren Ablageorten aus zugegriffen werden kann (vgl. Abb. 2.8). Legen Sie Ihre E-Mail ganz normal an dem von Ihnen gewünschten Ablageort ab. Ist sie inhaltlich auch an anderen Ablageorten relevant, so fügen Sie dort einen Verweis bzw. eine

Verlinkung (keine Kopie!) ein, mittels dessen Sie auf die Original-E-Mail zugreifen können. Kopien abzulegen wäre zwar auch möglich, hätte allerdings den Nachteil, dass dies irgendwann die Speicherkapazitäten des Rechners sprengt.

Orientieren Sie sich bei der E-Mail-Ablage an den anderen Ordnungssystemen (z.B. Papierablagesystem), die Sie am Lehrstuhl bereits verwenden. Nutzen Sie möglichst die gleichen Schlagwörter, Querverweise und Nummerierungen, damit Sie sich nicht jeweils anders eindenken müssen. Unnötiges Herumsuchen ist ein frustrierender Zeitfresser und wird Sie über kurz oder lang dazu bringen, Ihr System nicht einzuhalten!

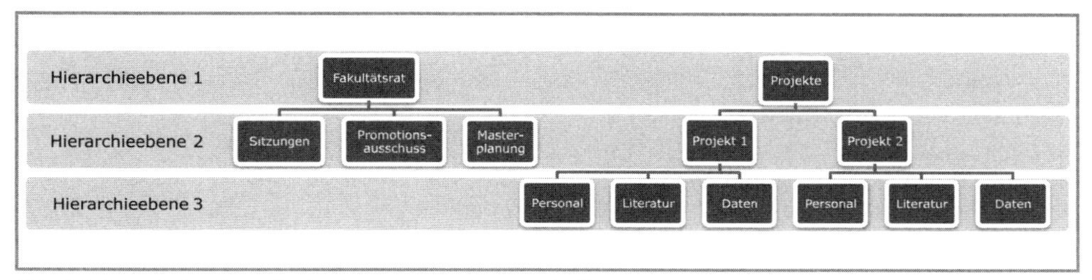

Abb. 2.6. Beispiel einer hierarchischen bzw. thematischen E-Mail-Ablage.

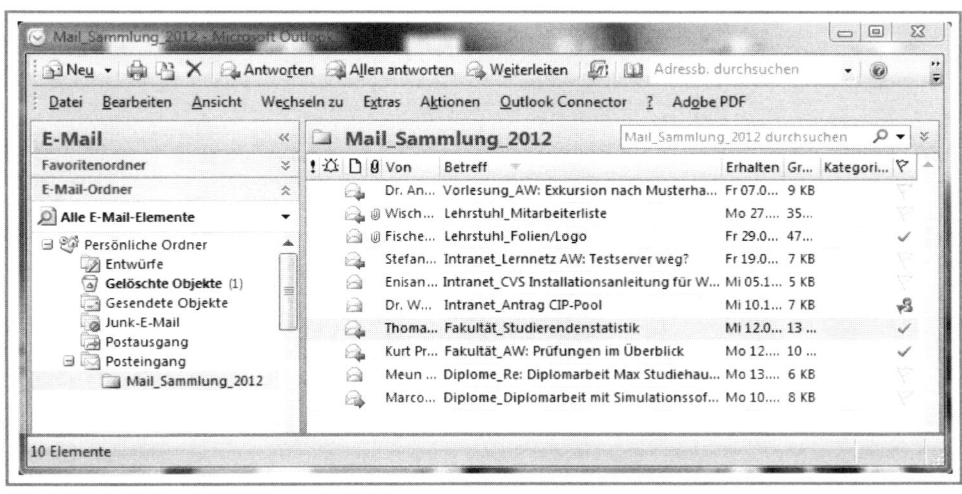

Abb. 2.7. Beispiel einer E-Mail-Ablage nach Attributen.

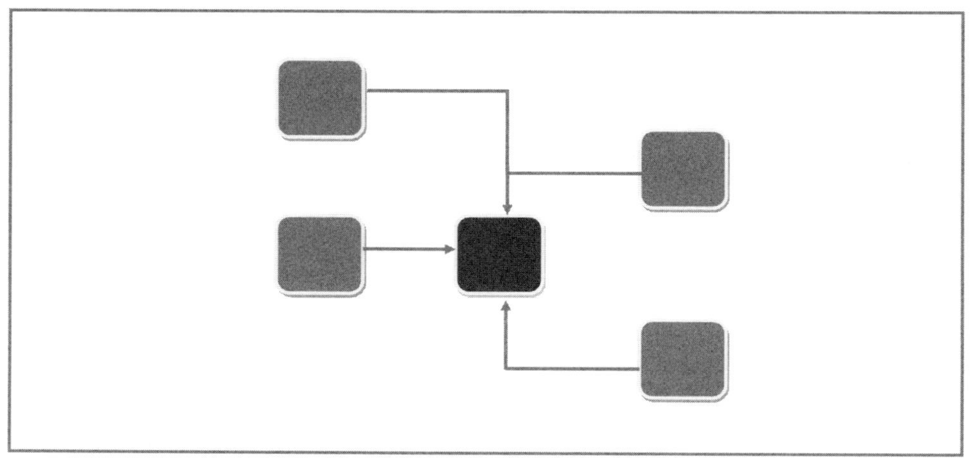

Abb. 2.8. Beispiel einer E-Mail-Ablage nach Verweisen.
Anmerkung: Helle Felder stehen für Verweise, das dunkle Feld für die Original-E-Mail.

Das Lesen von E-Mail-Bergen koordinieren. Wenn Sie beispielsweise nach einem Urlaub einen Berg an E-Mails vor sich haben, nach welcher Strategie sollten Sie dann bei deren Bearbeitung vorgehen? Es empfiehlt sich, ...

- die Mails nach Absendern und Datum zu sortieren und alle Mails eines Absenders am Stück zu lesen, um nicht welche zu bearbeiten, die sich bereits erledigt haben.
- die Mails nach 'An' und 'CC' zu sortieren. Geben Sie den 'Ans' dabei höhere Priorität und lesen Sie diese zuerst, da Sie bei 'CC' in der Regel nur in Kopie mit informiert werden.
- gezielt Zeitfenster für die Mailbearbeitung festzulegen. Fragen Sie sich, wie viel Zeit pro Tag Sie mit Mails verbringen wollen / können und blocken Sie diese für deren Bearbeitung.

E-Mail-Zeiten festlegen. Um es erst gar nicht zu E-Mail-Bergen kommen zu lassen, aber auch nicht dauernd von eintreffenden E-Mails gestört zu werden, sollten Sie sich nach Möglichkeit mehrmals täglich Zeitfenster in Ihrem Kalender reservieren, in denen Sie sich den einkommenden E-Mails widmen – und zwar en bloc (zur blockweisen Bearbeitung siehe unter ALPEN Abschnitt 2.3.1, Tipps zur Umsetzung von Plänen). Berücksichtigen Sie hierbei vor allem die Eisenhower-Kriterien und Ihre Tagesleistungskurve. Es ist völlig legitim, auf eine E-Mail nicht sofort zu antworten. Wenn Sie dies stets sofort tun, gewöhnen Sie Ihr Umfeld daran und man wird es irgendwann einfordern. Gegebenenfalls ist es sinnvoll, einen E-Mail-freien Tag einzurichten (an diesem Tag ein Autoreply einrichten, dass keine Mails beantwortet werden).

Für weitere Informationen zum Umgang mit E-Mails siehe E-Mail-Netiquette in Abschnitt 24.4.

2.4.7 Informieren und informiert werden

Vielleicht begegnen Ihnen in Ihrem Arbeitsalltag des Öfteren Situationen, in denen Sie sich denken „Wieso sagt man mir das eigentlich erst auf mein explizites Nachfragen hin?" oder in denen Ihnen Ihre Mitarbeiter sagen „Das wusste ich nicht!". Diese und ähnliche Situationen sind typische Beispiele für einen noch nicht funktionierenden Informationsfluss. Auf Aspekte, die diesen besser gelingen lassen, soll nun im Folgenden näher eingegangen werden.

Andere Personen informieren

Informieren ist die Führungsaufgabe schlechthin. Entscheidend dabei ist, dass Sie nicht nur unter Zugzwang – d.h. wenn jemand fragt – informieren, sondern eine aktive Bringrolle einnehmen. Informieren zu wollen, nicht zu müssen, ist das Credo. Beides ist spürbar und letzteres macht Ihr Gegenüber nur misstrauisch (nach dem Motto, „Warum muss ich dem alles aus der Nase ziehen, warum erzählt der nicht bereitwillig, was gibt's also zu verheimlichen?"). Wie Sie als Führungskraft mit Informationen und deren Weitergabe umgehen, hat verschiedene Auswirkungen:

- Inwiefern Sie anderweitig nicht zugängliche Informationen, die für die Arbeit des Empfängers von Bedeutung sind, weitergeben oder nicht, zeigt Ihre Haltung gegenüber dieser Person. Missbrauchen Sie Informationen nie als Machtinstrument.
- Gelieferte Informationen dienen dem Informationsempfänger als Entscheidungsgrundlage und durch Ihr Informierungsverhalten nehmen Sie direkten Einfluss darauf – befähigen Sie durch Ihr Informationsverhalten Ihre Mitarbeiter und Kollegen, ihre Arbeit besser zu machen.
- Informationen lösen auch Handlungen und Stimmungen aus. Informierte Personen fühlen sich ernst genommen und werden ihre Aufgaben schneller und 'freudiger' erledigen.
- In Abhängigkeit vom Zeitpunkt des Informierens kann die Information als Unterstützung (wenn bspw. ein hilfreicher Hinweis zur Projektarbeit gegeben wird) oder aber als Bremsblock wirken (wenn eine Information demjenigen nicht mehr aus dem Kopf geht). Wählen Sie daher den Zeitpunkt der Informationsweitergabe mit Bedacht (und zu aller Gunsten) aus.

Dass Sie informieren sollten, versteht sich von selbst. Bedenken Sie aber auch, *wen* Sie *wann* und *wie* informieren. Achten Sie auf Ihre Wortwahl, die Atmosphäre und Ihre nonverbalen Botschaften, denn diese entscheiden über Ihre Wirksamkeit und die Akzeptanz der Inhalte (siehe unten und vgl. Kapitel 6, Basiswerkzeug Kommunikation). Informieren Sie ...

- **alle Beteiligten gleichzeitig.**
  Wenn eine Information mehrere Personen betrifft, dann geben Sie sie möglichst an alle Beteiligten gleichzeitig, beispielsweise in einer Sitzung oder per E-Mail. Andernfalls öffnen Sie dem sog. Flurfunk im wahrsten Sinne des Wortes 'Tür und Tor'. Betreiben Sie kein sog. 'Management by Corner' („Ach, wo ich Dich grad treffe, da fällt mir ein ..."), sondern eine gezielte Informationsweitergabe; Spontaneität ist hier fehl am Platze, vor allem wenn Sie nicht alle Betroffenen in gleicher Weise informieren (bezüglich Zeitpunkt und Ausmaß).
- **die Perspektive und Ausgangsbasis des Empfängers beachten.**
  Wenn Ihr Gegenüber Sie mit Ihrer Information nicht versteht, haben Sie den Aufwand des Informierens umsonst betrieben. Bereiten Sie Informationen daher so auf, dass der Andere sie auch emotional und intellektuell erfassen sowie nachvollziehen kann, beachten Sie auch den Sachkenntnisstand der Person. Nehmen Sie Rücksicht darauf, dass so manch eine Information für Sie selbst neutral, aber für den Betreffenden hoch emotional sein kann und umgekehrt.
- **auch über die jeweilige Verfahrensweise informieren.**
  Geben Sie bei der Weitergabe einer Information an, wie diese zu handhaben ist – ist sie beispielsweise vertraulich oder aber explizit weiterzugeben (bspw. an weitere Mitarbeiter, Studierende etc.).
- **begründet und rechtzeitig.**
  Ihre Begründungen entscheiden in weiten Teilen über die Akzeptanz und Umsetzung der Information. Sie brauchen nicht viele Argumente, aber stichhaltige – und die natürlich zum richtigen Zeitpunkt.

- **regelmäßig und zeitnah.**
  Aktualität ist beim Informieren unerlässlich. Wenn Sie nur ab und zu informieren, dann weiß Ihr Umfeld nie, ob Sie auch immer an die Informationsweitergabe denken würden. Verteilen Sie deshalb bezüglich der jeweils relevanten Sachverhalte zeitnah und regelmäßig News in Ihren Sitzungen oder per E-Mail – und wenn es nichts Neues zu berichten gibt, ist auch das eine Information, die Ihre Mitarbeiter erhalten sollten. Sorgen Sie so dafür, dass Ihr Umfeld immer up to date ist.

- **das nötige Minimum.**
  Niemand möchte gerne ellenlange Monologe hören und allen fällt es schwer, aus einer Flut von Informationen das Wesentliche herauszuhören. Prüfen Sie Ihre Informationen daher vorab und differenzieren Sie sie so, dass Sie sie auf die Kerninhalte reduzieren können – denn die Essenz muss ankommen. Beschränken Sie sich auf wenige, wesentliche Informationen und Argumente.

- **wahr, frei zugänglich, transparent.**
  Beschönigen oder übertreiben Sie nichts, Ihre Aussagen sollen stets seriös und verlässlich sein. Versuchen Sie, bedeutsame Informationen für alle zugänglich zu machen (bspw. über Info-Mails oder Protokolle – vgl. Abschnitt 3.1.3, Protokolle in Sitzungen). So können auch diejenigen, die relevanten Information erhalten, die sonst uninformiert blieben, weil sie beispielsweise krank oder anderweitig verhindert waren.

Wenn Sie diese Aspekte in Ihrem Informationsverhalten berücksichtigen, prägen Sie durch Ihre Vorbildrolle auch die Informationskultur, die man Ihnen entgegenbringt. Achten Sie auf eine gute Informationsaufbereitung und -weitergabe und halten Sie auch Ihre Mitarbeiter zu einem entsprechenden Verhalten an.

Selbst informiert werden
Der Informationsfluss ist vermutlich der einzige Fluss, der in zwei Richtungen fließt. Ebenso entscheidend, wie die Weitergabe von Informationen von Ihrer Seite, ist es, dass Sie von Ihrem Umfeld (Mitarbeiter, Kollegen, Studierende) 'richtig informiert' werden. Auch auf diesen Informationsweg sollten Sie steuernd einwirken, damit Sie dauerhaft und so informiert werden, wie Sie es gerne hätten. Um 'richtig informiert' zu werden, sind folgende Vorgehensweisen hilfreich:

- **Hol- und Bringschuld festlegen**
  Definieren Sie mit Ihren Mitarbeitern Hol- und Bringschuld („Was holt Ihr Euch an Informationen von mir bzw. anderen, was liefere ich Euch?"). Treffen Sie mit ihnen auch Vereinbarungen darüber, wann diese Updates für wichtige Informationsbereiche stattfinden und wer sie initiiert.

- **Transparent sein**
  Kommunizieren Sie, *was* Sie wissen wollen, *warum* Sie es wissen wollen und *wozu* Sie es benötigen. Damit vermitteln Sie dem Mitarbeiter den konkreten Zweck und die Sinnhaftigkeit seines Informierens und erteilen gleichzeitig eine Vorgabe für die Aufbereitung der gewünschten Information.

- **Vertraulichkeit besprechen**
  Gehen Sie mit den erhaltenen Informationen 'richtig' um. Seien Sie vertrauenswürdig und sprechen Sie ab, ob einzelne Informationen weitergegeben werden dürfen und in welcher Form: „Wie Sie in den Wald hineinrufen, so schallt es auch wieder hinaus!".

Kommunikative Grundlagen des Informierens und der Gesprächsführung
Beide Seiten, d.h. sowohl Informationsgeber als auch Informationsnehmer, sollten im Rahmen der beruflichen Kommunikation grundlegende Aspekte des Informierens und der Gesprächsführung berücksichtigen:

- **Die Gesprächsatmosphäre**
  Gestalten Sie den Gesprächsrahmen, in dem Sie zusammen kommen, positiv. Dies gelingt Ihnen unter anderem dadurch, dass Sie ...
  - dem Überbringer Wertschätzung zukommen lassen, beispielsweise indem Sie sich für das Geben von Informationen bedanken. Verbannen Sie auch Dinge wie Blackberrys oder iPhones aus Gesprächen. So sehr wir alle an diesen Geräten hängen und auch auf die Gefahr hin, dass genau während der Besprechung die ultimative Neuigkeit reinkommt - diese Geräte vermindern die wahrgenommene Wertschätzung und damit die Kommunikation und haben in der Besprechung nichts verloren (vgl. Kapitel 3, Sitzungsmanagement; vgl. Kapitel 24, Kleiner Lehrstuhl-Knigge).
  - im Gespräch 'präsent' sind, d.h. ehrliche Aufmerksamkeit zeigen (aktiv zuhören, sich einlassen, nonverbale Zuwendung signalisieren; vgl. Abschnitt 6.3.3).
  - sich vorbereiten und soweit möglich Vorinformationen zum Thema parat haben.
  - sog. 'offene' Fragen stellen, da diese zu weiteren wichtigen Informationen führen können (vgl. Kapitel 9.2, Fragetechniken).
- **Die Auswahl des richtigen Mediums zum Informieren**
  Wählen Sie die Kommunikationsmittel nicht beliebig, sondern stets gezielt und zweckdienlich. Setzen Sie E-Mails nur dort ein, wo sie das ideale Medium darstellen - wie bei vielen Empfängern und bei Routineinformationen. Einfluss auf die Wahl des Informationsmediums nehmen dabei drei Größen: die Person, die Situation und der Inhalt (siehe Tabelle 2.7).

Tabelle 2.7. Übersicht der Einflussfaktoren für die Wahl eines Informationsmediums.

EINFLUSSGRÖSSE	ZIEHEN SIE EIN TELEFONAT ODER PERSÖNLICHES GESPRÄCH VOR, WENN ...	BEGRÜNDUNG
Person	... der Betreffende in unmittelbarer Nähe sitzt.	Ein E-Mail-Pingpong dauert länger als ein kurzes Nachfragen.
	... derjenige eher Dinge nicht / falsch versteht.	Nehmen Sie aktiv Einfluss darauf, dass diese Person Ihre Information exakt so versteht, wie Sie dies meinen. Ein persönliches Gespräch ist da meist klärender, da Sie sich im Dialog rückversichern können, was sie verstanden hat und so Nachfragen, Missverständnissen und Fehlarbeit vorbeugen.

EINFLUSSGRÖSSE	ZIEHEN SIE EIN TELEFONAT ODER PERSÖNLICHES GESPRÄCH VOR, WENN ...	BEGRÜNDUNG
Situation	... der Betreffende Ihnen eine Reihe von Fragen beantworten soll oder aber mit entsprechenden Rückfragen zu rechnen ist.	Fragenpakete sind im Dialog schneller zu klären als ein zeitaufwändiger E-Mail-Pingpong.
	... es zeitlich drängt und Sie annehmen, dass der Andere seine Mails nicht rechtzeitig liest.	Ersparen Sie sich unnötige Wartezeiten und Zeitnot, indem Sie denjenigen direkt kontaktieren.
Inhalt	... die Gesprächsthemen komplex oder kompliziert sind (bspw. wenn das strategische Vorgehen gegenüber einem Kooperationspartner abgestimmt werden soll).	Nutzen Sie hierbei die Möglichkeiten von Visualisierungen und persönlichen Erläuterungen. Das persönliche Gespräch ist hier letztendlich weniger zeitintensiv als mehrmaliges Nachfragen per E-Mail.
	... unangenehme Aufgaben delegiert werden sollen.	Eine Weitergabe unangenehmer Informationen oder Aufgaben sollte ebenfalls im persönlichen Gespräch erfolgen, da ein solches als wertschätzender wahrgenommen und gestaltet werden kann als eine schriftliche Variante desselben. Darüber hinaus bietet das persönliche Gespräch die Möglichkeit, eine Aufgabe gezielter und umfassender zu delegieren und einem ungünstigen Verlauf (bspw. wenn das Gegenüber die Aufgabe innerlich ablehnt) schneller entgegenwirken zu können.
	... vertrauliche Gespräche geführt werden sollen.	Vertraulichkeit entsteht vor allem über eine entsprechende Gesprächsatmosphäre und Blickkontakt. Per E-Mail kann zwar Vertrauliches ausgetauscht werden, doch erzeugen Sie Vertrauen und Vertraulichkeit und damit auch die Offenheit Ihres Gegenübers eher im direkten Kontakt. Nicht zuletzt könnten E-Mails auch weitergeleitet bzw. von Unbefugten gelesen werden und sind daher ohnehin kein ideales Medium für die Weitergabe vertraulicher Informationen.

EINFLUSSGRÖSSE	ZIEHEN SIE EIN TELEFONAT ODER PERSÖNLICHES GESPRÄCH VOR, WENN ...	BEGRÜNDUNG
Inhalt	... zwischenmenschliche Probleme gelöst werden sollen.	Das Lösen zwischenmenschlicher Probleme bedarf eines echten zwischenmenschlichen Kontakts. Schwierige bzw. zwischenmenschliche Themen lassen sich in einer Face-to-Face-Situation über mehrere Kanäle (verbal, nonverbal, paraverbal) und damit didaktisch besser vermitteln als über einen eingeschränkten E-Mail-Kanal. Des Weiteren kann ein sachlicher Austausch via E-Mail zwar (sachliche) Missverständnisse lösen, nicht aber Vertrauen oder menschliche Nähe wiederherstellen, wie es in einem Face-to-Face-Gespräch möglich ist. Schließlich sollten Sie in einem Gespräch zu zwischenmenschlichen Themen schnell und spontan aufeinander reagieren können und das gelingt Ihnen nur, wenn Sie die Reaktionen des Gegenübers ebenso unmittelbar wahrnehmen können wie er Ihre.
	... emotional aufwühlende und gefühlsbetonte Themen (positive wie negative) kommuniziert werden sollen.	Eine Reaktion auf emotional aufwühlende Informationen sollten Sie auffangen können – und das ist nur möglich, wenn Sie dem Informationsempfänger gegenüber sitzen und seine Reaktion wahrnehmen (bspw. dass er mit Tränen der Enttäuschung kämpft). Per E-Mail bleibt Ihnen seine Reaktion entweder ganz verborgen oder aber Sie erhalten sie so zeitverzögert, dass Sie nicht mehr rechtzeitig darauf Einfluss nehmen können.

Häufig werden Sie als Rahmen einer Informationsweitergabe an mehrere Personen bzw. Ihr Team eine Sitzung wählen. Da Sitzungen und Besprechungen nicht nur Bestandteil unseres Alltags sind, sondern ihnen auch eine sehr große Bedeutsamkeit (als Informationsinstrument) zukommt, ist ihnen und ihrem Gelingen ein eigenes Kapitel gewidmet (Kapitel 3).

In diesem Kapitel haben Sie kennengelernt, wie Sie es schaffen können, Ihre Aufgaben nach definierten Zielen auszurichten. Die ALPEN-Methode ermöglicht Ihnen, eingehende Aufgaben zu strukturieren, sie zu priorisieren und mit einem strategischen Zeitmanagement in Ihrem Kalender zu platzieren. Eine durchdachte Wiedervorlage und Ablage – auch von E-Mails – helfen Ihnen dabei, relevante Informationen gezielt nachschlagen zu können und unterstützen Ihren effizienten Arbeitsprozess genauso, wie ein durchdachter Umgang mit Informationen. Tragen Sie mit einer bewussten Arbeitsorganisation aktiv zu einem organisierteren, reibungsloseren und gelassenerem / souveräneren Arbeitsgeschehen bei. Es liegt ganz in Ihrer Hand!

FAZIT 'ARBEITSMETHODIK'

Ziele setzen

- Ermitteln Sie Ihre persönlichen Visionen und Ziele (beruflich und privat).
- Arbeiten Sie mit Zielhierarchien – leiten Sie aus ihnen konkrete Handlungen / Aufgaben ab und machen Sie so Ihre Ziele und Meilensteine handhabbar.

Aufgaben und Aktivitäten sammeln

- Haben Sie stets einen Überblick aller anstehenden Aufgaben und Projekte.
- Sammeln und notieren Sie alle anstehenden Aufgaben, Aktivitäten und Termine und ordnen Sie sie bewusst Ihren Zielen zu.
- Hinter jeder Aktivität steht ein klar definiertes Ziel. (Unsinnige Aufgaben werden zuvor ausgesondert.)

Leistungsaufwand einschätzen

- Bestimmen Sie die Arbeitsmittel, die Sie zur Aufgabenerfüllung benötigen (Arbeitsmaterial, Informationen, Räumlichkeiten, Geräte und Instrumente, Personen).
- Schätzen Sie den Zeitbedarf der einzelnen Aufgaben ein. Berücksichtigen Sie auch Zeit für Vor- und Nachbereitung sowie für Korrekturschlaufen.
- Verplanen Sie nur ca. 60 % Ihrer Arbeitszeit (60:20:20-Regel), um ausreichend Puffer für Spontanes und Unvorhergesehenes zu haben.

Priorisieren – die richtigen *Dinge* tun

- Ordnen Sie Ihren Aufgaben Prioritäten zu und bringen Sie sie in eine Rangfolge. Orientieren Sie sich dabei am Eisenhower-Raster (A / B / C / D-Aufgaben).
- Berücksichtigen Sie zudem (v.a. bei konkurrierenden Prioritäten) Kontext, verfügbare Zeit, Pareto-Prinzip und verfügbare Kräfte bzw. Ihre Tagesleistungskurve.
- Delegieren Sie geeignete Aufgaben.

Effiziente Zeiten und Abläufe planen

- Übertragen Sie Ihre Aufgaben in entsprechende Zeitfenster Ihres Arbeitsorganisationssystems (Kalender, Palm, Outlook o.Ä.) und planen Sie immer schriftlich.
- Beachten Sie für Ihre Zeitplanung auch Ihre Tagesleistungskurve.
- Machen Sie regelmäßig bewusst kleine Pausen, entspannen Sie sich gezielt.
- Planen Sie Termine 'mit sich selbst' (sog. 'stille Stunden' und 'Kreativ-Zeiten') ein.

Forts.

Nachhaltig die Zielerreichung unterstützen

- Bilden Sie Vorsätze, um so Ihre Ziele im Alltag präsenter zu machen und leichter erreichen zu können.
- Entlasten Sie Ihr Gedächtnis – arbeiten Sie mit Erinnerungshilfen, damit Sie sich auf die jeweils wesentlichen Aufgaben konzentrieren können.
- Legen Sie Erfolgskriterien fest, an denen Sie Prozess und Gegenstand der Zielerreichung messen wollen und evaluieren Sie regelmäßig.
- Evaluieren und optimieren Sie vor allem Routinen – hier sind Gewinn und Nutzen besonders hoch.

Die Dinge *richtig* tun – Arbeitsplatz und Arbeitszeiten optimal nutzen

- Gestalten Sie Ihren Arbeitsplatz bzw. Ihre diversen Arbeitsplätze mit effizienten Arbeitsmitteln und einem gut gestalteten Organizer.
- Verbannen Sie Störungen (Telefon, Besuche, E-Mails), um konzentriert und im Flow arbeiten zu können.
- Arbeiten Sie ähnliche Inhalte und oder Tätigkeiten blockweise ab.
- Arbeiten Sie stets nur an einer Sache – Switchtasking bzw. vermeintliches Multitasking ist ineffizient.
- Erleichtern Sie sich insbesondere den Anfang einer Aufgabe, schnüren Sie aus einer Aufgabe Teilpakete.
- Tappen Sie nicht in die Ausnahmefalle und geben Sie nie aus einer Laune heraus auf.
- Machen Sie Pausen. Schließen Sie Aufgaben bewusst ab. Belohnen Sie sich und feiern Sie Erfolge.

Umgang mit und Verwaltung von Informationen

- Dämmen Sie den auf Sie einströmenden Informationsfluss präventiv ein. Strukturieren Sie Ihren Informationsfluss durch Routinen und kanalisierte Informationszufuhr.
- Gehen Sie bei der Bearbeitung eingehender Informationen und Aufgaben folgendermaßen vor:
    - Verschaffen Sie sich erst einen Überblick und eliminieren Sie dabei unnötige Informationen und Aufgaben systematisch.
    - Dann bearbeiten Sie nach dem Motto „Think twice about what to do – but never do things twice".
    - Etablieren Sie ein verlässliches Erinnerungssystem.
- Arbeiten Sie mit der 'Drei-Minuten-Regel': Wenn Sie etwas schnell abarbeiten können, nutzen Sie die Chance. Nicht aber, wenn Sie wissen, dass es länger dauern würde.
- Führen Sie ein durchdachtes Ablagesystem, sowohl für Papierablagen als auch für elektronische Dateien und E-Mails.
- Pflegen Sie die Ablage und Wiedervorlage regelmäßig – sortieren Sie Überflüssiges aus.
- Informieren Sie aktiv und sorgen Sie auch dafür, dass Sie von anderen stets gut informiert werden.

3 Sitzungen

„Sitzung ogsetzt, highetzt, abghetzt, ausanandergsetzt, Tagesordnung festgsetzt, wieder abgsetzt, Kommissionen eigsetzt, Kommissionen bsetzt, umbsetzt, gschwätzt/ nix gsagt, vertagt, z'letzt neu ogsetzt, vui san zsammakumma, nix is rauskumma, Sitzung umma."

Franz Josef Strauß

Sitzungen – ein heikles Thema. Vielfach verlaufen sie – galant gesagt – 'suboptimal', doch können wir nicht auf sie verzichten, wenn wir Informationen austauschen, Konzepte erarbeiten oder Gremienentscheide herbeiführen wollen. Dies kennen Sie doch sicher: Sie sollen eine Besprechung abhalten, vielleicht sogar den Vorsitz führen. In 30 Minuten ist es soweit – mit welchen Gefühlen blicken Sie dieser Aufgabe entgegen? Viele von uns gehen mit Stapeln abzuarbeitender Arbeitspakete in Sitzungen, hocken E-Mail-bearbeitender Weise drin und warten, bis sie wieder gehen können. Wir erleben sicherlich mehr Sitzungen als ineffizient, unnötig zeitraubend und nervtötend als umgekehrt. Doch muss das wirklich so sein?

Warum sind Sitzungen so häufig nicht erfolgreich?

Sitzungen werden in ihrer Schwierigkeit oft unterschätzt, weil uns das Beisammensein und Reden mit anderen Menschen so natürlich und einfach erscheint – doch dem ist nicht so. Eine schlecht vorbereitete und nicht konsequent geführte Besprechungssituation hat zumeist große Auswirkungen auf unsere Motivation, Einsatzbereitschaft und Leistungsfähigkeit. Dies ist darauf zurückzuführen, dass ...

- die Ziele unklar sind; so beispielsweise wenn die Tagesordnung verwirrend oder nicht vorhanden ist oder aber keiner weiß genau, warum er da ist.
- die Ziele falsch gesetzt sind und es eher um ein Kräfte messen als um ein inhaltliches Ziel geht.
- die Besprechung schlecht geführt bzw. moderiert wird und so beispielsweise nichts vorangeht und den 'Profilneurosen' bzw. dem Redefluss einzelner nichts entgegengesetzt wird.
- die falschen Leute teilnehmen, so beispielsweise wenn Entscheidungsträger nicht erscheinen, sondern lediglich ihre Vertreter senden oder ein Fachbereich gar nicht vertreten ist.
- das Timing nicht stimmt und zu spät begonnen oder geendet oder ein ungünstiger Tag gewählt wurde.
- die Rahmenbedingungen ungeeignet sind, beispielsweise eine lange Anreise, ein zu kleiner Raum, eine schlechte Akustik oder Störungen durch hereinplatzende Personen vorliegen.
- die Besprechung überflüssig ist, d.h., die Punkte auch mit weniger Leuten oder am Telefon geklärt werden könnten. Es gibt auch den Fall, dass man Inhalte sucht, um der vereinbarten Routinebesprechung einen Sinn oder Inhalt zu geben – sobald Sie die Frage zu Beginn hören „Haben wir einen Tagesordnungspunkt, über den wir reden könnten?", sollten Sie die Sinnhaftigkeit der Besprechung hinterfragen oder für ein Ausfallen dieser plädieren.

Und ganz abgesehen davon, wie langweilig viele Sitzungen sind – sie kosten nicht nur Zeit, sondern auch jede Menge Geld. Haben Sie mal ausgerechnet, was die Kosten Ihrer nächsten Sitzung sind? Überschlagen Sie einfach mal Ihre Arbeitszeit, zuzüglich der Ihrer Kollegen und Mitarbeiter. Dazu kommen die Kosten für die technische Ausrüstung, Raummiete (entfällt bei der Uni meistens), Ausgaben für Organisation (Papier, Druck, Porto, Telefongebühren), die 'Ausfallkosten', weil alle Teilnehmer in der Zeit nichts Neues erfinden, publizieren, Forschungsgelder akquirieren etc. Und dann fragen Sie sich mal, ob das Ergebnis, das Ihre Besprechung bestenfalls erbringen wird, diesen Preis wert ist. Nein? Na, dann sollten Sie etwas ändern, denn je höher wir auf der Karriereleiter steigen, an desto mehr Sitzungen nehmen wir im Allgemeinen teil.

Kurzum: Meetings kosten zu viel Zeit, Geld sowie Nerven und Lebensqualität, um sie 'einfach so' abzuhalten und hinzunehmen, dass sie ineffizient sind. Der Erfolg eines Meetings liegt vor allem in seiner Methodik. Ist diese gut, so birgt ein Meeting ein großes Potenzial zur Leistungssteigerung. Lesen Sie nachfolgend nach, wie Sie mit einer gekonnten Sitzungsvorbereitung und -durchführung dieses erreichen können.
Die hier beschriebenen Aspekte und Tipps gelten gleichermaßen für Besprechungen mit Ihren Mitarbeitern oder Kollegen, für Gremien- oder Ausschusssitzungen, Mitgliederversammlungen bei Kongressen oder Verbänden, Konferenzen oder Meetings mit Kunden bzw. Kooperationspartnern. Der Einfachheit halber wird nachfolgend für all diese Situationen der Begriff 'Sitzung' als Überbegriff (für Konferenzen, Besprechungen etc.) verwendet.

Nutzen Sie Meetings als Kommunikationsmittel und als Management-Instrument
Eine Sitzung ist dadurch gekennzeichnet, dass eine Gruppe zusammenkommt, Informationen austauscht und oft auch gemeinsame Probleme löst. Eine Besprechung hat einen Leiter, der den Prozess verantwortlich gestaltet und die Gruppe anleitet, zu Lösungen zu kommen, welche alle Beteiligten mittragen. Dies gelingt jedoch nur, wenn der Leiter auch die entsprechende Kompetenz hat, den Prozess zu managen bzw. die dafür grundlegenden Regeln beherrscht und beachtet – und diese sich folglich angeeignet und trainiert hat.

Kommen Sie gerade zu dem Schluss, einfach Ihre Sitzungen wegzulassen, um diese schwierig erscheinende Aufgabe zu umgehen? Ein solches Vogelstraußprinzip hat sich leider empirisch nicht als erfolgreich erwiesen, denn regelmäßige Besprechungen sind notwendig, um ein Team zu führen. Je mehr Besprechungsmoderation Sie beherrschen, desto weniger Leitung ist in Ihrem Team nötig. Die Erklärung hierfür ist denkbar einfach: Erfolgreich moderierte Besprechungen ...

- bringen eine Menge Zeitersparnis, denn Informationen können gleichzeitig an mehrere Personen weitergegeben werden. Dies geht per E-Mail zwar auch, aber nicht alle Informationen lassen sich adäquat mit dem One-Way Medium E-Mail versenden; sobald Rückfragen kommen oder komplexere Inhalte zu vermitteln sind (bspw. Hintergrundinformationen, die Sie nicht per Mail kommunizieren wollen), sind Sie mit der Informationsweitergabe in einer Besprechung besser bedient.
- bieten die Möglichkeit der Nachfrage und Diskussion, sodass die Gefahr der Nichtumsetzung infolge unzureichender Klärung oder mangelnden Verständnisses und damit letztendlich Fehlerraten im Arbeitsprozess sinken.
- fördern auch eine gute Entscheidungsfindung, so sind die Akzeptanz der getroffenen Entscheidungen sowie die Motivation zu ihrer Umsetzung größer.
- verbessern den Informationsfluss im Team: Die Mitarbeiter wissen mehr voneinander und über die laufenden Prozesse im gesamten Team, sodass die Transparenz der Prozesse und Tätigkeiten aller erhöht ist und beispielsweise Doppelarbeiten vermieden werden können.
- machen durch den dortigen Informationsfluss aus Mitarbeitern Mitdenker – und genau die brauchen Sie, denn sobald Mitdenker ihr Wissen und ihre Erfahrung mit einbringen, läuft das Team eigenständiger und Sie selbst müssen weniger dazu tun. Des Weiteren sind (wissenschaftliche) Mitarbeiter in aller Regel zufriedener, wenn ihr Mitdenken gewünscht ist. Werden Mitarbeiter dosiert gefordert mitzudenken, spiegelt sich dies auch in der Qualität ihrer Arbeitsergebnisse wider.

- lassen Sie selbst viel über Ihre Mitarbeiter und darüber, wie Ihre eigenen Vorschläge ankommen, erfahren: Sie lernen Ideen, Kommunikations- und Teamfähigkeit der Mitarbeiter kennen, erhalten Rückmeldung zu Ihren Informationen und können dadurch wesentlich gezielter führen.

Nicht zuletzt werden gut moderierte Sitzungen meist als erfolgreicher bewertet als andere Sitzungen. Lesen Sie daher nachstehend, wie man Sitzungen erfolgreich managt.

3.1 Ein Leitfaden zum Sitzungsmanagement

So unterschiedlich die Arten von Besprechungen, die es gibt, auch sein mögen (vgl. Tabelle 3.1), so gleich sind dennoch die Grundregeln, deren Befolgung all diese Sitzungen im oben genannten Sinne erfolgreich machen. Nachfolgend werden Sie erfahren, welche Aspekte bei der Planung, Durchführung und Nachbereitung von Sitzungen zentral sind, um Sitzungen effizient und wirksam zu gestalten. In weiteren Abschnitten werden exemplarisch bestimmte Uni-typische Sitzungen herausgegriffen, um auf deren Spezifika hinzuweisen. Hierzu zählen beispielsweise Sitzungen mit Externen wie beim Institutskolloquium, Sitzungen mit Studierenden wie beim lehrstuhlinternen Kolloquium sowie taktische Sitzungen wie etwa im Rahmen einer Berufungskommission.

KAPITEL 3: SITZUNGEN	**3.1** **Ein Leitfaden zum Sitzungsmanagement**
	3.2 **Spezialfall 'Video- und Telefonkonferenzen'**
	3.3 **Spezialfall 'Öffentliches Fachkolloquium'**
	3.4 **Spezialfall 'Internes Kolloquium am Lehrstuhl'**
	3.5 **Spezialfall 'Taktische Sitzung – Berufungskommission'**

Schaffen Sie anhand des nachstehenden Leitfadens die Grundlagen erfolgreicher Sitzungen.

LEGEN SIE EINEN EXAKTEN RHYTHMUS FEST UND HALTEN SIE DIESEN EIN.

- **Ritualisiert.** Lassen Sie die Sitzung immer am selben Tag und zur selben Zeit stattfinden, sonst bekommen Sie nie alle Mitarbeiter zusammen und Sitzungstermine werden vergessen. Die Ritualisierung von Sitzungen, welche eh regelmäßig stattfinden (müssen), macht diese weniger störanfällig.
- **Ausreichend häufig.** Die Häufigkeit ergibt sich in Abhängigkeit von Teamgröße und Sachverhalt. Teamsitzungen sollten beispielsweise mindestens einmal pro Monat, höchstens wöchentlich stattfinden (vgl. Tabelle 3.1).

- **Stetig.** Sollten Sie einmal nichts zu besprechen haben, verkürzen Sie lieber die Besprechungsdauer und machen Sie eine Kurzbesprechung mit Kaffee daraus, als dass Sie einen Termin ausfallen lassen.
- **Terminwahl.** Der Termin sollte gemeinsam diskutiert werden; stellen Sie sich jedoch darauf ein, dass es vermutlich keinen idealen Termin geben wird. Für Aufgabenverteilungsmeetings eignet sich insbesondere der Wochenanfang; für eher reflektorische Meetings (Wie war die Woche?) das Ende der Woche (freitags). Administrative Sitzungen sind durchaus im Mittagsloch möglich (also kurz vor / nach dem Mittagessen), strategische besser im Leistungshoch, d.h. am Vormittag oder nach dem Mittagstief. Achten Sie darauf, 'Beschluss-Meetings' nicht im Leistungstief nach einem guten Mittagessen anzusetzen. Es besteht sonst die Gefahr, dass zwar unliebsame Beschlüsse leichter durchgesetzt werden, aber niemand hinter diesen steht.
- **Angemessene Dauer.** Setzen Sie Sitzungen möglichst nicht länger als zwei Stunden an, denn ab dann schaltet jeder ab (vgl. Abschnitt 3.1.2, Pausen; zumal wir im universitären Kontext an 90-Minuten-Einheiten gewöhnt sind). Für viele Inhalte werden 30 bis 60 Minuten ausreichen. Falls Ihre Sitzungen dazu neigen, zu lang zu werden, können Sie sich behelfen, indem Sie den Beginn des Termins kurz vor dem Mittagessen oder auf einen Freitag – nach dem Mittagessen – legen und schon wird's niemand mehr ausdehnen wollen. Planen Sie bei längeren Sitzungen Pausen (thematisch sinnvoll) ein und starten Sie ggf. schon am Vorabend. Und überladen Sie Ihre Tagesordnung nicht. Priorisieren Sie lieber und lassen Sie ggf. Punkte weg!
- **Konsequent.** Halten Sie Ihr Vorgehen und den einmal festgelegten Kurs bei den Besprechungen konsequent ein; nur so kann sich unter Ihren Mitarbeitern die orientierende und teambildende Wirkung von Besprechungen auch entfalten.

Tabelle 3.1. Übersicht verschiedener Sitzungsarten.

SITZUNGSART	CHARAKTERISTIK	RHYTHMUS
Jourfixe Teamsitzungen	Gleichbleibende Tagesordnung	Wöchentlich bis 14tägig
Gremien Fakultätsratssitzung Ausschüsse	Teils wiederkehrende Tagesordnung Ergänzungen nach Bedarf	Monatlich bis quartalsweise
Jahrestagung Kongress, Symposium	Sitzung oft Teil einer ganzen Veranstaltung	Halbjährlich bis jährlich wiederkehrend
Kundentermin Berufungskommissionssitzung	Meist ein Ziel für die gesamte Besprechung(skette)	Einmalig oder ereignisbezogen

MANAGEN SIE DEN GESAMTEN PROZESS EINER SITZUNG.

Eine Sitzung zu managen, umfasst nicht nur die Durchführung der eigentlichen Besprechung, sondern ebenso ihre Vor- und Nachbereitung. Mithilfe nachstehender Abbildung 3.1 können Sie sich einen groben Überblick über die wesentlichen Kriterien eines guten Sitzungsmanagements verschaffen, anschließend finden Sie konkrete Details zur Realisierung derselben.

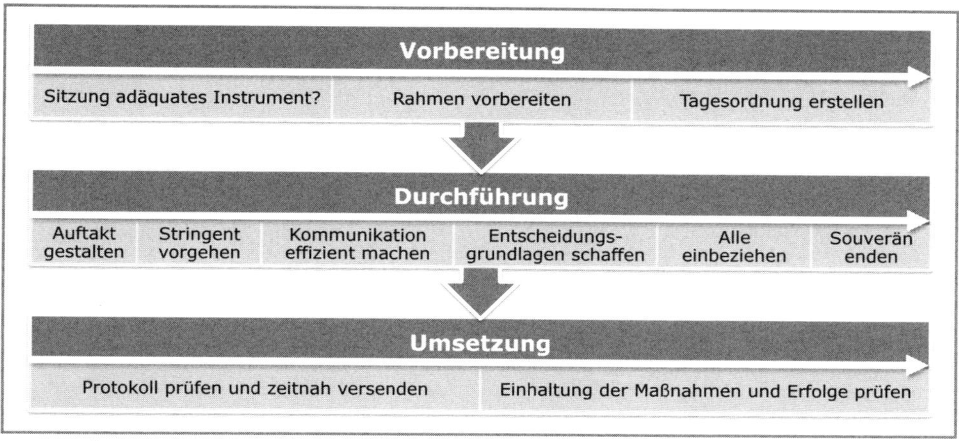

Abb. 3.1. Übersicht des Prozesses 'Sitzungsmanagement'.

3.1.1 Phase 1: Sitzungsvorbereitung

Sofern es sich nicht um eine sich ständig wiederholende Sitzung handelt (wie bspw. die wöchentliche Teamsitzung), sondern eine aus konkretem Anlass einzuberufende Sitzung, sollten Sie zunächst einmal klären, ob eine Sitzung im eigentlichen Sinn wirklich das angemessene Instrument ist (vgl. Tabelle 3.2).

Tabelle 3.2. Exemplarische Leitfragen zur Entscheidung einer Sitzung als geeignetes Instrument.

LEITFRAGEN	SITZUNG? JA	SITZUNG? NEIN	WENN KEINE SITZUNG, WAS DANN?
Wollen Sie Informationen erhalten und weitergeben?		X	E-Mail, Intranet, Berichte
Wollen Sie Probleme analysieren, bearbeiten oder lösen?	X		
Wollen Sie Entscheidungen mit größeren Auswirkungen fällen?	X		
Wollen Sie für eine Gruppe Ziele suchen, erarbeiten und vereinbaren?	X		
Wollen Sie Ideen generieren?	X		
Wollen Sie Fragen von einzelnen Teammitgliedern beantworten?		X	Telefongespräch, E-Mail
Wollen Sie Arbeitsabläufe koordinieren oder optimieren?	X		

Forts.

LEITFRAGEN	SITZUNG? JA	SITZUNG? NEIN	WENN KEINE SITZUNG, WAS DANN?
Wollen Sie ausgewählten Teammitgliedern gegenüber Kritik äußern?		X	Vier-Augen-Gespräch
Wollen Sie die Teamarbeit (kritisch) reflektieren?	X		
Wollen Sie schnell und gezielt an einzelne Informationen gelangen?		X	Telefongespräch, E-Mail
Wollen Sie die Erfüllung gemeinsam gesteckter Ziele oder Aufgaben bewerten?	X		
Wollen Sie Konflikte im Team ansprechen und lösen?	X		
Wollen Sie über Gehaltserhöhungen oder Stellenverlängerungen diskutieren?		X	Vier-Augen-Gespräch

Sofern Sie die Sitzung einberufen wollen, gilt es, nachfolgende Planungsaspekte zu bedenken:

Teilnehmerkreis bestimmen.

- Halten Sie die Teilnehmerzahl so gering wie möglich; laden Sie nur diejenigen ein, die gebraucht werden (Ausnahme: Teamsitzung – da gehört das ganze Team dazu). Wenn Sie frei wählen können, sind vier bis sieben Personen eine ideale Gruppengröße.
- Mögliche Einladungskriterien können sein: Der Teilnehmer ...
  - ist ein erfahrener Experte / Problemlöser, d.h. verfügt über das benötigte Fachwissen oder hat Erfahrungen mit ähnlichen Problemstellungen (verfügt über Fachkompetenz; hat etwas beizutragen).
  - ist (Mit-)Entscheider (verfügt über Entscheidungsbefugnis bzw. Entscheidung muss von ihm getragen werden).
  - ist von Entscheidung direkt betroffen (d.h., er muss informiert werden bzw. Entscheidung muss von ihm mitgetragen werden).
  - ist Meinungsbilder oder 'aus politischen Gründen' unverzichtbar (d.h., er darf auf keinen Fall übergangen werden).
  - kann moderieren bzw. wird gezielt als Moderator eingeschaltet, weil beispielsweise der eigentliche Sitzungsleiter bei einem Punkt direkt betroffen ist.
- Achten Sie, wenn möglich, darauf, unterschiedliche Typen von Teilnehmern einzuladen, sodass Ihre Sitzungen nicht zu 'einseitig' besetzt sind. Mischen Sie:
  - kreative Ideenträger (gedanklich flexible Kollegen, die vernetzt denken)
  - tatkräftige (Kollegen, die auf Entscheidungen und Umsetzung drängen)
  - Organisatoren (Kollegen, die systematisch arbeiten und Details prüfen)
  - fürsorgliche (Kollegen, die die Kommunikation koordinieren und verbessern)

- Bedenken Sie, ob es Teilnehmer gibt, die einer zusätzlichen vorherigen Instruktion / Information bedürfen, beispielsweise wenn sie aufgrund ihrer Vorgeschichte anders 'abgeholt' werden müssen.
- Überlegen Sie, wer noch über die Sitzung zu informieren ist (aber nicht teilnehmen muss) und was passiert, wenn einer der Teilnehmer nicht kommen kann.
- Wenn Sie die Teilnehmer vorab schriftlich einladen, dann bitten Sie um formlose Teilnahmebestätigung und ggf. Nennung weiterer Tagesordnungspunkte, sodass Sie alles Weitere besser planen können und vor Überraschungen eher geschützt sind.

Sitzungsort und -raum auswählen. Dieser sollte ...

- für die Mehrzahl der Teilnehmer leicht erreichbar sein, beispielsweise in unmittelbarer räumlicher Nähe (sonst kommen einige vielleicht schon allein wegen dieses Aufwands nicht oder nur verspätet).
- für alle leicht zu finden sein. Verschicken Sie ggf. vorab einen Lageplan, schildern den Weg aus und sorgen Sie dafür, dass jemand per Handy zur Wegauskunft erreichbar ist.
- nicht zu groß und nicht zu klein sein, gut belüftet werden können, nicht zu laut, vorzugsweise einen runden Sitzungstisch haben. Erfrischungen, Obst und Gebäck tragen ebenfalls zu einer angenehmen Atmosphäre bei.
- die Tisch- / Stuhlanordnung Ihrer Wahl ermöglichen. Überdenken Sie vorab, ob Sie eine Sitzordnung vorgeben möchten oder nicht. Achten Sie darauf, dass ausreichend Stühle (eher ein paar zu viel, aber nicht 10 Stühle herumstehen lassen, das wirkt unaufgeräumt) vorhanden sind.

Unterlagen und Technik einplanen.

- Welche Unterlagen sind Ihrerseits mitzubringen? (Eventuell Unterlagen schon vorab mit der Sitzungseinladung verschicken und dies dort notieren.)
- Visualisierungshilfsmittel sollten vorhanden sein oder organisiert werden (bspw. Flipchart und -stifte, Whiteboard und Boardmarker, Beamer und Leinwand); ggf. benötigen Sie für Online-Präsentationen einen W-LAN-Anschluss.
- Ggf. Sitzordnung per Tischkarten oder Plakat vorbereiten (vgl. Sitzplatzwahl in Abschnitt 24.1, Kleiner Lehrstuhl-Knigge).
- Falls die Teilnehmer sich nicht oder nicht gut kennen: Namensschilder auf den Tischen aufstellen (vorzugsweise in DIN A4, beidseitig querbedruckt, Schriftgröße 100).

Protokollführung festlegen.

- Art des Protokolls (wörtliches, Stichwort-, reines Beschlussfassungsprotokoll) festlegen und folgende Fragen klären: Wer führt das Protokoll? Wer muss das Protokoll anschließend genehmigen und erhalten? (vgl. Abschnitt 3.1.3, Phase 3, Protokoll führen)

Sitzungseinladung. Diese enthält ...

- Bezeichnung der Besprechung. Diese ist meist gar nicht so einfach zu definieren. Eine gute Bezeichnung ist deswegen so wichtig, da mit ihr beispielsweise Ziele der Besprechung präjudiziert werden.
- Sitzungsort. Benennen Sie Ort und Raumnummer; fügen Sie ggf. einen Lageplan bei.
- Sitzungszeit und –dauer. Beginn und Ende der Sitzung sind ebenso bekanntzugeben.

- Teilnehmerkreis. Der Namen des Besprechungsleiters sowie der Teilnehmer sind aufzulisten; des Weiteren ist anzugeben, falls einige Teilnehmer nur zu einzelnen Tagesordnungspunkten anwesend sein werden.
- Unterlagen. Nennen Sie ggf. Unterlagen, die mitzubringen sind.
- Tagesordnung. Verschicken Sie ggf. Unterlagen oder andere Sitzungsinformationen zur Vorbereitung als Anlage der Tagesordnung mit.

Erstellung der Tagesordnung

- Entweder legen Sie selbst eine Tagesordnung fest oder Sie bitten vorab per E-Mail um Ergänzung bzw. Zusendung von weiteren Tagesordnungspunkten, die Sie dann entsprechend ordnen. Hier gilt es zu klären:
  - Was wird in welcher Reihenfolge besprochen? Wie ist der Zeitrahmen pro Thema?
  - Wer bereitet welches Thema vor? (ggf. Entscheidungsvorlagen schriftlich vorbereiten)

  Beachten Sie, dass eine logische Abfolge und ein roter Faden erkennbar sein sollten.
- Differenzieren Sie zwischen dringenden und wichtigen Punkten. Dringende Angelegenheiten, die in kurzer Zeit abgehandelt werden können, sollten Sie an den Anfang stellen. Dringende, aber zugleich kritische Punkte sollten nicht zu weit vorne stehen, da sich damit möglicherweise die Stimmung in der Sitzung frühzeitig verschlechtert, was die Möglichkeit der sachlichen Diskussion weiterer Tagesordnungspunkte behindern kann. Wichtige Punkte hingegen, die meist zugleich auch mehr Zeit benötigen, platzieren Sie am geschicktesten in der Mitte der Besprechung, wenn die Leistungsfähigkeit der Teilnehmer am höchsten ist. Die 'am leichtesten zu besprechenden' Inhalte (das sind bspw. jene, an denen alle ein gemeinsames Interesse haben, wie Einladung von Gastrednern) gehören ans Ende.
- Am besten betrachten Sie die einzelnen Punkte der Tagesordnung als Aufgaben, die erledigt werden sollen (fälschlicherweise werden sie meist nur als Themenliste gesehen, um die es gehen wird). Formulieren Sie Ihren Tagungsordnungspunkt daher 'aktiv' mit einem Verb, anstatt einfach nur mit einem Substantiv; so legen Sie wesentlich klarer fest, was die Gruppe konkret tun soll: Statt 'Website' sollte der Tagesordnungspunkt lauten: 'Janis berichtet über die aktuellen Änderungsvorschläge unserer Website; das Team wird über diese abstimmen.' Letztere Formulierung signalisiert der Gruppe, was ihre Aufgabe ist und macht diese damit handlungsaktiv, während die erste Formulierung nur das Stichwort angibt, der Gruppe aber keine Verantwortung / Tätigkeit zuweist.
- Hüten Sie sich vor dem Punkt 'Sonstiges' – dahinter versteckt dann so mancher Teilnehmer gern seine eigene Tagesordnung. Bemühen Sie sich statt einer solchen Sammelkategorie lieber, die weiteren Themen als eigene Tagesordnungspunkte unterzubringen. Für den Fall, dass vor der Sitzung nicht alle Tagesordnungspunkte abgefragt werden konnten, sollten als erster Akt der Tagesordnung selbige entsprechend ergänzt werden, statt alles in einen Punkt 'Sonstiges' zu schieben.
- Setzen Sie keinen Tagesordnungspunkt an den Anfang, zu dem Sie die Anwesenheit einer Person brauchen, bei der Sie aber nicht sicher sein können, dass sie auch pünktlich ist (bspw. anreisebedingt). Andererseits kann man notorische Schwänzer oder Zuspätkommer dadurch erziehen, dass zu Beginn einer Sitzung jeweils wichtige Punkte wie Geldverteilung oder Aufgabenverteilung besprochen werden (zu der man ihre Anwesenheit zwar nicht braucht, die Betref-

fenden aber das Nachsehen haben, wenn sie nicht mit Einfluss nehmen bzw. vom Kuchen etwas abbekommen konnten).

Beispiel für eine gute Tagesordnung

Tag: Freitag, 13. Januar 2011

Beginn: 10.30 Uhr; **Ende:** 13.45 Uhr

Ort: Fakultätsraum – FR 0.815 (Gebäude in der Universitätsstraße 23)

Sitzungsleitung: Prof. XYZ (Handynummer XXXX)

10.30 Uhr	TOP 1:	Begrüßung, Vorstellung der Teilnehmer
10.40 Uhr	TOP 2:	Genehmigung des Protokolls der Sitzung vom 14.12.2009 und Besprechung der Umsetzungspunkte
10.45 Uhr	TOP 3:	Festlegung der Tagesordnung (ggf. Ergänzung)
10.50 Uhr	TOP 4:	Geänderte Verteilung der HiWi-Mittel auf die Lehrstühle (siehe Anlage 1 zu xyz)
11.30 Uhr	kurze Pause	
11.45 Uhr	TOP 5:	Vorstellen und Verteilen der Lehrevaluierung im SS 2009 betreffend die Vorlesungen im SS: Studiengang A Bachelor; Studiengang A Master, Studiengang B Bachelor und Studiengang C Bachelor
12.00 Uhr	TOP 6:	Information über die zukünftigen fachlichen Forschungsschwerpunkte der Institute und Lehrstühle; jeder Lehrstuhl soll in 10 Minuten seine Ideen mithilfe von 3 bis 5 Folien (Inhalt, Zeitdauer, Finanzierung, Kooperationen) allgemein verständlich präsentieren; Diskussion dazu erfolgt in der nächsten Sitzung
13.30 Uhr	TOP 7:	Ergänzende Punkte der Tagesordnung Nächste Sitzungstermine

Beispiel für eine schlechte Tagesordnung

Beginn: ca. 10.30 Uhr

Ort: wird noch bekannt gegeben

TOP 1: Begrüßung, altes Protokoll

TOP 2: Geldverteilung

TOP 3: Lehrevaluierung

TOP 4: Fachliche Schwerpunkte

TOP 5: Sonstiges

3.1.2 Phase 2: Sitzungsdurchführung

Nutzen Sie eine effiziente Sitzungsgestaltung als ein Zeichen für Ihre Führungsstärke: Demonstrieren Sie, dass Sie eine Sitzung mit Disziplin durchführen und mit wirksamen Ergebnissen abschließen können und Ihr Zeitmanagement im Griff haben. Genau dasselbe erwarten Sie doch auch von Ihren Kollegen und Mitarbeitern, oder?

WIDMEN SIE DEM SITZUNGSAUFTAKT IHRE VOLLE AUFMERKSAMKEIT.

- **Der Anfang prägt.**
  Wenn Sie einen glasklaren, gut strukturierten und disziplinierten (pünktlichen) Anfangspunkt setzen, prägen Sie mit genau diesen Werten den weiteren Verlauf. Ihr Start ist Signal für alle und wird richtungweisend sein – in die eine wie in die andere Richtung.

- **Fangen Sie pünktlich an.**
  Akzeptieren Sie ein Zuspätkommen nicht. Sobald Sie auf alle warten bzw. dieses hinnehmen, signalisieren Sie, dass Sie es tolerieren und es wird zum ungeschriebenen Gesetz, dass man zu spät kommen darf. Duldung wird als Zustimmung interpretiert! Außerdem bestrafen Sie durch Warten nur diejenigen, die pünktlich waren.
  Es hat sich auch bewährt, einige wichtige Punkte gezielt zu Beginn der Sitzung zu besprechen, sodass die Teilnehmer bemüht sind, pünktlich zu sein, um diese nicht zu verpassen (vgl. Planung der Tagesordnung).

- **Der Sitzungsanfang ist besonders störanfällig.**
  Durch die übliche anfängliche Unruhe, Zuspätkommende etc., ist es umso wichtiger, dass Sie zu Beginn klar und stringent auftreten.
  Begrüßen Sie die Teilnehmer ebenso positiv wie zum Ziel führend: Nicht „Können wir anfangen? Also, heute geht es um, äh, ja, also ...“, sondern: „Schön, dass Sie (alle) kommen konnten, damit sind wir voll arbeitsfähig – danke! Was uns heute zusammenführt...“ Der erste Satz ist positiv und wertschätzend, der zweit führt direkt in medias res und startet ohne Vorgeplänkel den Arbeitsprozess.

- **Verdeutlichen Sie das Ziel der Sitzung und der einzelnen Tagesordnungspunkte.**
  Gehen Sie nicht stillschweigend davon aus, dass jeder das Ziel der Sitzung kennt, sondern ge-

ben Sie es nochmals explizit vor. Beachten Sie, dass das *Ziel* nicht das Gleiche ist wie der *Anlass* der Besprechung. (Beispiel für ein Ziel: „Bis zum Ende der Besprechung haben wir geklärt, wer welchen Teil zur Abwicklung des Projekts xyz übernehmen wird."; Anlass wäre bspw. lediglich die Routinebesprechung). Stellen Sie nach dem Ziel den Zeit- und Inhaltsplan, also die Tagesordnung, vor. Je nach Tagesordnung kann es natürlich auch nicht nur eines, sondern gleich mehrere Ziele geben.

GEHEN SIE STRINGENT VOR.

- **Halten Sie sich an die Tagesordnung.**
  Teilen Sie die Tagesordnung vorher oder spätestens zu Beginn der Sitzung aus oder visualisieren Sie sie. Fragen Sie zu Beginn der Sitzung, ob sie von allen akzeptiert wird oder es Ergänzungen gibt (vgl. Beispiel einer guten Tagesordnung im obigen grauen Kasten).
  Unterscheiden Sie Diskussionspunkte von reinen Informations-Mitteilungs-Punkten; letztere sollten als solche gekennzeichnet werden und entsprechend wenig Zeit erhalten (zu Beginn oder am Ende abhandeln). Lassen Sie nur Ergänzungen zu, die auch vorbereitet sind; andernfalls vertagen Sie sie auf die kommende Sitzung.

- **Gehen Sie zügig vor.**
  Arbeiten Sie die Tagesordnungspunkte zügig ab; Langatmigkeit macht niemandem Spaß! Lassen Sie dabei aber ausreichend Raum für Diskussionen.
  Wenn Sie merken, dass ein Tagesordnungspunkt mehr Zeit beansprucht, als Sie geplant oder zur Verfügung haben, so sprechen Sie dies an und entscheiden gemeinsam mit den Teilnehmern das weitere Vorgehen (Ist der Punkt bspw. zu vertagen oder lässt sich ein anderer Punkt verschieben?).

- **Nutzen Sie Pausen.**
  Alle 45 - 60 Minuten lässt die Aufmerksamkeit nach, sodass Sie dann eine kurze Pause machen sollten. Dies empfiehlt sich übrigens auch, wenn die Diskussion sich festgefahren hat oder die Wellen hoch schlagen – eine Pause beruhigt und Lösungen haben bessere Erfolgsaussichten. Nutzen Sie die Pausen auch, um den Raum zu lüften und ggf. die Teilnehmer kurz ins Freie zu schicken. Das freut insbesondere Raucher und Handytelefonierer.
  Sollte sich abzeichnen oder entschieden werden, dass die Sitzung länger als geplant gehen wird, dann machen Sie eine Pause, sodass alle Teilnehmer ihre Anschlusstermine absagen / verschieben können, sonst sitzen Sie nur alle auf heißen Kohlen oder fangen an, SMS zu schreiben.

- **Visualisieren Sie.**
  Es hilft zur Strukturierung des Ablaufs und vor allem der Diskussionsbeiträge sehr, zu visualisieren: Dazu gehören das schriftliche Austeilen von Unterlagen (wie der Tagesordnung), das Mitschreiben am Flipchart oder das Aufnehmen von Protokollvorschlägen.
  Ein für alle sichtbares (Mit-)Visualisieren wirkt wie ein 'Brennglas': Es konzentriert die Kräfte auf den jeweils wichtigsten Punkt und zwingt zur Präzisierung. Worte verflüchtigen sich; dementsprechend werden nicht-visualisierte Inhalte gerne von allen wiederholt; Visualisieren hingegen hält das Gesagte sichtbar und damit verfügbar (vgl. Kapitel 8, Medientechnik). Schließlich trägt Visualisieren auf diese Weise auch dazu bei, Missverständnissen vorzubeugen.

GESTALTEN SIE DEN KOMMUNIKATIONSABLAUF EFFIZIENT.

- **Informieren Sie zunächst.**
  Bringen Sie das Wissen der Beteiligten auf den gleichen Stand („Was ist?", „Wie ist die Lage?", „Was muss jeder wissen, um entscheiden zu können?").
- **Fordern Sie konstruktive Vorschläge ein.**
  Dies gelingt Ihnen, indem Sie das Wissen, die Erfahrung, die Expertise, Urteilskraft oder das Vorstellungsvermögen der Teilnehmer gezielt ansprechen und auch Alternativvorschläge einfordern („Was sollen wir tun?").
- **Beziehen Sie die Teilnehmer bezüglich ihrer Verantwortlichkeit mit ein.**
  Lassen Sie die Gruppe oder Einzelne Verantwortung für Maßnahmen oder ganze Entscheidungsinhalte übernehmen (bspw. „Was oder wie sollen wir es tun?"), und treffen nicht Sie die Entscheidung.
- **Fragen Sie nach.**
  Wenn ein Teilnehmer zu allgemein bleibt, bitten Sie ihn, seine Aussagen zu konkretisieren, dies gilt auch bei sog. Killerphrasen (d.h., pauschalen Ablehnungen wie bspw. „Das wird niemals gehen!" könnten Sie begegnen durch die Frage „Unter welchen Umständen wäre es vielleicht dennoch möglich?" oder „Was sind die konkreten Stellen, die es zu umschiffen gilt?"; vgl. Abschnitt 9.2, Fragetechniken).
- **Fassen Sie zusammen.**
  Zur Orientierung und vor allem zur Strukturierung der Diskussionsbeiträge trägt ganz entscheidend bei, dass Sie regelmäßig den Stand der Diskussion zusammenfassen (im Idealfall visualisiert) und auf den Punkt bringen (Ergebnis, Beschluss festzurren).
- **Bitten Sie um Wortmeldungen.**
  Wenn alle gleichzeitig reinreden, haben Sie schnell eine chaotische Situation bzw. geben unnötig Ihre Führungsrolle ab.
- UND: Halten Sie sich selbst ebenfalls an die oben genannten Regeln.

SCHAFFEN SIE EINE GRUNDLAGEN FÜR EINE GUTE ENTSCHEIDUNGSFINDUNG.

- **Akzeptieren Sie nicht vorschnell Lösungen.** Erfragen und sammeln Sie zunächst die Vor- und Nachteile, das Für und Wider, bevor Sie in eine Entscheidungsphase gehen – vorschnelle Lösungen entpuppen sich im Nachhinein oft als Scheinlösungen.
  Gehen Sie dazu in vier Phasen vor:
  - Informationsstand erfragen
    Was weiß die Gruppe über die Angelegenheit. Welche Informationen, Randbedingungen, Chancen, Risiken sind gegeben?
  - Bewertungen klären
    Wie ist die Haltung der Gruppe oder Einzelner zu den vorliegenden Informationen und unterschiedlichen Ansichten?
  - Mögliche Lösungen herbeiführen
    Erfragen Sie, mit welchen Lösungen das Ziel schnell erreichen werden könnte. Leiten Sie Pläne für mögliche Vorgehensweisen ab, die auf einer Bewertung der Fakten basieren.

- Aktionen bzw. Entscheidungen treffen
  Für welche Möglichkeiten entscheidet sich die Gruppe? Ggf. abstimmen lassen oder fragen, wer jetzt nicht damit einverstanden ist (siehe Kapitel 9, Moderationsmethoden).

BEZIEHEN SIE ALLE TEILNEHMER MIT EIN.

- Nicht jeder bringt sich gern ein. Sorgen Sie daher dafür, dass niemand außen vor bleibt und der Sachverstand eines jeden zur Geltung kommt. Wenn Sie Ihre Teilnehmer gut kennen, sollte es Ihnen leicht gelingen, sie auch an einem für sie günstigen Zeitpunkt aufzurufen.
- Die Verteilung der Sprechzeit ist in einer Besprechung ein Nullsummenspiel: Was der eine gewinnt, verliert der andere (oder Sie müssen überziehen). Dies berechtigt, verpflichtet aber zugleich den Leiter, dafür zu sorgen, dass die Redebeiträge der Vielredner nicht auf Kosten der stilleren Teilnehmer gehen (zum Umgang mit Vielrednern siehe Abschnitt 10.2.5).
- Als Sitzungsleiter sollten Sie auch die Hinweise der nicht Anwesenden einbringen (bspw. „Herr ABC ist ja heute entschuldigt, hat mich aber gestern explizit darum gebeten, Ihnen heute über den Punkt xyz zu berichten.“ oder „Da wir in dieser Runde keinen studentischen Vertreter dabei haben, sollten wir unsererseits schon mal deren Perspektive bedenken – was wären die studentischen Anliegen an dieser Stelle?“).
- Reden Sie selbst nicht zuviel, sondern geben Sie lieber Fragen in die Runde.
- Legen Sie die Reihenfolge der Wortmeldungen fest, wenn die Beiträge zahlreich sind. Lassen Sie ggf. Ihren Nachbarn die Wortmeldungen aufschreiben.
- Achten Sie darauf, dass sachlich argumentiert wird und niemand ins Persönliche abgleitet. Lassen Sie als Besprechungsleiter ebenfalls nicht zu, dass ein Teilnehmer in die Ecke gedrängt oder angegriffen wird.
- Stört ein Teilnehmer, so zeigen Sie ihm Grenzen auf, indem Sie ihn auf die Spielregeln hinweisen bzw. mit ihm einen 'Waffenstillstand' bis nach der Sitzung vereinbaren.
- Unterbrechen Sie durchaus auch mal die Sitzung. Sprechen Sie dabei bewusst an, dass Sie dies aufgrund der verfahrenen Situation machen und was Sie in / nach der Pause erwarten. Verzichten Sie aber auf persönliche Schuldzuweisungen, denn die bringen niemanden weiter.
- Bewahren Sie Ruhe – auch wenn es sonst niemand im Raum tut. Unterbrechen Sie die Sitzung ggf., damit sich die Gemüter beruhigen können oder Sie mit den Kontrahenten allein sprechen können.
- Sollte ein Konflikt in der gesamten Gruppe bestehen, so brechen Sie die inhaltliche Sitzung ab und thematisieren den Konflikt: Was ist der Grund der Dissonanzen? Wie lassen sich diese beheben?

ENDEN SIE SOUVERÄN.

- **Ziehen Sie ein Fazit.**
  Fassen Sie abschließend nochmals kurz die Inhalte und ihre Ergebnisse zusammen. Geben Sie einen Ausblick auf die Zukunft (bspw. „Wir werden bis dann das und das tun.“). Fragen Sie den Protokollanten, ob er alle für seine Mitschrift nötigen Informationen hat.
- **Schaffen Sie Verbindlichkeiten.**
  Legen Sie fest, wer was und bis wann zu machen hat (Aktionsplan). Halten Sie dies im Proto-

koll fest. Legen Sie ebenfalls fest, was mit den nicht mehr besprochenen Tagesordnungspunkten geschehen soll (zusätzlicher Sitzungstermin, Vertagen, schriftlicher Umlauf etc.). Setzen Sie ggf. Zeit und Ort des nächsten Meetings fest.

- **Danken Sie den Teilnehmern.**
  Heben Sie die Leistungen der Besprechung hervor und danken Sie allen Teilnehmern für ihr Kommen und ihre Beiträge.

- **Das Ende haftet!**
  Ebenso bedeutsam wie der Anfang ist auch das Ende der Sitzung, denn hier prägen Sie, wie die Teilnehmer aus der Sitzung gehen. Nutzen Sie eine 'symbolische Führung', indem Sie ein sichtbares Sitzungsende schaffen (durch Aufstehen, Verabschieden, Türe öffnen etc.), so gelingt Ihnen ein Ende leichter und wird stimmiger wahrgenommen. Nicht zuletzt: Enden Sie pünktlich, sonst hat niemand mehr Lust, zu weiteren 'nicht enden wollenden' Sitzungen zu Ihnen zu kommen.

3.1.3 Phase 3: Umsetzung der Sitzungsergebnisse und Nachbereitung erfolgreicher Besprechungen

Ob Sitzungsergebnisse berücksichtigt und umgesetzt werden, ist keine Frage des Zufalls, sondern kann und muss entscheidend von Ihnen als Sitzungsleiter gesteuert werden. Dies gelingt Ihnen in erster Linie anhand folgender Aktionen.

LASSEN SIE PROTOKOLL FÜHREN.

- Besprechen Sie mit dem Protokollführer, welche Variante eines Protokolls Sie benötigen (vgl. Tabelle 3.3). Ins Protokoll gehören neben Mitschriften auch die aktuelle Tagesordnung, die Liste der Anwesenden, die Zeit sowie Datum, Uhrzeit und Ort des nächsten Meetings. Ermuntern Sie den Protokollanten, bei jeder Unklarheit nachzufragen; so vermeiden Sie, dass er Falsches oder Ungenaues aufschreibt.
- Lassen Sie den Protokollanten am Ende jedes Tagesordnungspunkts das Gespräch einschließlich der gefällten Entscheidungen zusammenfassen. Noch besser ist es, wenn Sie zu jedem Punkt einen Protokollvorschlag machen (ggf. auch visualisiert), den die Gruppe abnickt. Auf diese Weise machen Sie es dem Protokollführer besonders leicht und können sicherstellen, dass das Protokoll am Ende auch in Ihrem Sinne korrekt ist und nicht noch zigfach überarbeitet werden muss. Nutzen Sie ggf. ein Diktiergerät, in das Sie die Protokollvorschläge sprechen.
- Sie können den Protokollanten auch die Tagesordnung und den Zeitplan mitüberwachen lassen.
- Versenden Sie das Protokoll zeitnah nach der Sitzung (binnen einer Woche) an alle zu dem Gremium gehörenden Personen.
- Lassen Sie bei der jeweils nachfolgenden Sitzung das vorhergehende Protokoll genehmigen und überprüfen Sie die To-dos (vgl. Beispiel einer guten Tagesordnung im grauen Kasten).

ÜBERPRÜFEN SIE DIE EINHALTUNG DER VEREINBARUNGEN UND BESCHLÜSSE.

- Mit dem Überprüfen und Versenden des Protokolls ist Ihre Aufgabe als Besprechungsleiter noch nicht getan! Das Nachhalten der Vereinbarungen, die in der Besprechung getroffen wurden, ist ein wesentlicher Punkt Ihrer Führungsaufgabe.
- Setzen Sie Ergebnisse in Gang mithilfe eines Maßnahmenplans. Darin sind Aussagen wie „Wer macht / organisiert was bis wann und mit wem?" enthalten (vgl. Kapitel 9, Moderationsmethoden).
- Planen Sie die Kontrolle der Ergebnisse. Dazu gehören Aspekte wie „Wer kontrolliert wann und was konkret? Was wird im Falle abweichender oder fehlender Ergebnisse getan?". Vereinbaren Sie dazu Termine und lassen Sie sich (gerne auch in den weiteren Sitzungen) von den Verantwortlichen berichten, wie weit sie mit der Aufgabenbearbeitung sind.
- Seien Sie konsequent bei der Nichteinhaltung der Aufgaben. Duldung wird als Zustimmung interpretiert! Sprechen Sie Nichteinhaltungen in der Gruppe offen an; vereinbaren Sie die weiteren Schritte und lassen Sie die Erledigung der Aufgaben an alle rückmelden.
- Denken Sie daran: Sie werden am konsequenten Umgang mit Vereinbarungen und der Wirksamkeit Ihrer Besprechungen gemessen. Sie setzen Ihre Standards!

Tabelle 3.3. Die wichtigsten Protokollarten im Überblick.

1. BESCHLUSSPROTOKOLL	
Inhalt	• Datum • Ort • Dauer • Anwesende / Abwesende • Tagesordnung • Ergebnisse / Beschlüsse (mit Maßnahmenplan) • Unterschrift des Protokollführers • Eventuell wichtige Angaben in Kurzsätzen oder Stichworten
Vorteile	• Kurz und übersichtlich • Geringer Aufwand • Rasche Information
Nachteil	• Begrenzter Informationsgehalt für Nichtteilnehmer
2. KURZPROTOKOLL	
Inhalt	Inhalt eines Beschlussprotokolls und zusätzlich bestehend aus: • Anträgen • Hinweisen • Ergänzungsvorschlägen • Anregungen • Diskussionsbeiträgen Jedoch: • Keine Zitate, auch wenn diese 'köstlich' waren • Keine Nennung einzelner Redner

Vorteil	• Relativ hoher Informationsgehalt
Nachteile	• Aufwendig • Hohe Anforderungen an den Protokollführer
3. VERLAUFSPROTOKOLL	
Inhalt	Inhalt wie Beschlussprotokoll und zusätzlich bestehend aus: • Beinahe wörtlicher Wiedergabe des Konferenzgeschehens (Stenogramm oder Tonband)
Vorteile	• Ausführlich • Hohe Beweiskraft
Nachteile	• Unübersichtlich • Großer Zeitaufwand

Abschließend finden Sie hier noch einmal eine Zusammenfassung der wichtigsten Phasen, Inhalte und Ziele eines guten Sitzungsmanagements (vgl. Tabelle 3.4).

Tabelle 3.4. Überblick der wichtigsten Phasen, Inhalte und Ziele eines Sitzungsmanagements.

PHASE	INHALTE	ZIEL
I Vorbereitung	a) Klärung, ob eine Sitzung das adäquate Instrument ist b) Sitzungsrahmen vorbereiten c) Inhaltliche Tagesordnung erstellen	Schaffung optimaler Voraussetzungen
II Durchführung	a) Auftakt gestalten b) Stringent vorgehen c) Kommunikationsablauf effizient machen d) Entscheidungsgrundlagen schaffen e) Alle Teilnehmer einbeziehen f) Souverän enden	Lenkung auf ein Ergebnis hin; effizienter Ablauf
III Umsetzung	a) Protokoll führen lassen b) Die Einhaltung der Vereinbarungen und Beschlüsse sowie deren Erfolge überprüfen	Protokollieren, Realisieren und Kontrollieren der Ergebnisse

3.2 Spezialfall 'Video- und Telefonkonferenzen'

Dieses Problem kennen Sie sicherlich: In einem Projekt arbeiten mehrere Forschungsteams zusammen, die auf mehrere Standorte, vielleicht sogar über die ganze Welt verteilt sind. Eine Abstimmung über Inhalte und Zeitpläne ist erforderlich, allerdings ist das gar nicht so einfach zu bewerkstelligen, denn Besprechungen, an denen sich alle persönlich treffen, sind weder finanziell noch zeitlich ausreichend häufig zu ermöglichen. Was bleibt Ihnen also? Entweder müssen Sie mit allen Beteiligten einzeln telefonieren oder es gehen jede Menge E-Mails hin und her. Welche der beiden Methoden Sie auch bevorzugen, zu ausdiskutierten und von allen getragenen Entscheidungen und vor allem zum eigenen inhaltlichen Arbeiten, zu kommen, wird vermutlich schwer werden. Um in standortverteilten Teams Fakten zu besprechen und Beschlüsse zu fassen, braucht es gemeinsame 'Sitzungen', an denen alle teilnehmen. Lassen sich 'face-to-face'-Treffen nicht realisieren, können Video- oder Telefonkonferenzen eine geeignete Alternative sein. Auch wenn beide Varianten inzwischen technisch gut entwickelt sind, sind sie dennoch nicht mit persönlichen Meetings zu vergleichen, da wichtige zwischenmenschliche Komponenten wie das persönliche Händeschütteln, der vertrauensvolle Blick zueinander fehlen. Daher gilt die Regel: Zumindest der Erstkontakt von Teams sollte grundsätzlich ein persönliches Treffen sein. Für fortlaufende Abstimmungen eignen sich dann auch die technisch basierten Alternativen – sofern sie professionell durchgeführt werden.

Doch was macht Video- und Telefonkonferenzen (ob über Skype oder andere technische Übertragungswege) zu einer guten Alternative? Um das Miteinander hier gelingen zu lassen, gilt es zunächst, technische und organisatorische Vorbereitungen zu treffen. Dazu gehören:

Störgeräusche verhindern. Versuchen Sie, während der Konferenz Störgeräusche wie Stühle rücken, Kaffeetassen klappern, Umgebungslärm durch offene Fenster etc. zu vermeiden.

Insbesondere bei einer Telefonkonferenz, bei der Sie Ihre Teilnehmer nur hören und nicht sehen, sind Sie auf Ihr Gehör und eine hohe Konzentration angewiesen. Sorgen Sie deshalb für einen ungestörten Raum. Es ist eine Frage der Wertschätzung gegenüber den anderen Teilnehmern, dass Sie möglichst nicht vom Autotelefon aus, sondern in ruhigen Räumen an einer Telefonkonferenz teilnehmen. Achten Sie auch darauf, dass Änderungen bezüglich der Teilnehmer (einer geht raus, jemand anderes kommt hinzu) stets kommuniziert werden, denn es ist ja nicht visuell zu erkennen, ob jemand neues dazu kommt oder die Sitzung verlässt.

Im Falle der Videokonferenz sollten Sie das Minimieren von Störgeräuschen vor allem dann beachten, wenn Sie ein Konferenzsystem haben, welches auf Geräusche hin die Kamera führt. In einem solchen Fall kämen nämlich Teilnehmer ins Bild, die nicht sprechen, aber (irrelevante) Hintergrundgeräusche verursachen (bspw. Stühle rücken, neue Getränke liefern). Bei längeren Störungen (jemand kommt rein und muss Sie etwas Wichtiges fragen) können Sie das Mikrofon auch kurz ausschalten – teilen Sie dies der Gegenseite aber unbedingt mit, um Missverständnisse zu vermeiden (denn die sieht, wie Sie sich unterhalten, muss aber annehmen, dass eine technische Störung vorliegt, da sie ja nichts von der Unterhaltung hört).

Unterlagen verschicken. Bereiten Sie eine Telefon- oder eine Videokonferenz genauso vor wie 'reale' Sitzungen (vgl. Abschnitt 3.1.1 zur Sitzungsvorbereitung). Verschicken Sie beispielsweise stets vorab eine Tagesordnung und ggf. weitere Unterlagen, sodass alle Beteiligten wissen, worum es gehen wird und wie viel Zeit für die einzelnen TOP's eingeplant ist. Geben Sie auf der Tagesordnung immer auch die Telefonnummern der Beteiligten an, sodass alle erreichbar sind, falls es Probleme (bspw. beim Herstellen der Konferenzleitung) geben sollte. Ruhen Sie sich im Falle von Videokonferenzen nicht darauf aus, Unterlagen oder Präsentationen ja auch in die Kamera halten zu können – sie haben immer Qualitätseinbußen durch eine schlechtere Auflösung und ein verwackelndes Bild.

Aufgaben eines jeden Teilnehmers. Als Teilnehmer (in jeder Rolle, d.h. auch als Moderator oder örtlicher Sitzungsleiter; siehe auch Abschnitt weiter unten) sollten Sie die wichtigsten Grundlagen des Verhaltens in Telefon- und Videokonferenzen kennen und berücksichtigen. Hierzu zählen folgende Aspekte:

- **Verzögerungen.** Bei der Übertragung von Audio- (v.a. bei Überseegesprächen) und Videosignalen kommt es zu Verzögerungen. Beim Sprechen ist es deshalb hilfreich, kleine zusätzliche

Pausen einzufügen, bevor man verbal reagiert. Als Richtwert empfiehlt es sich, die normale Reaktionszeit auf den Partner zu verdoppeln. Im Falle von Videokonferenzen sollten Sie auch bei Ihrer Gestik an den verzögerten Bildaufbau denken und häufige sowie schnelle Bewegungen vermeiden.

- **Sprache und Verständlichkeit.** Sorgen Sie für eine gute Sprachverständlichkeit, indem Sie einen Raum mit geringem Nachhall als Standort für die Konferenz wählen (d.h., solche Räume meiden, in denen Sie einen Nachhall hören, wenn Sie bspw. in die Hände klatschen). Die Gründe dafür liegen auf der Hand: Die Teilnehmer auf der anderen Seite werden aus akustischen Gründen stets weniger verstehen als in einem face-to-face-Gespräch. Es ist deswegen aber nicht notwendig, mit lauterer Stimme zu sprechen, stellen Sie stattdessen einfach Ihr Mikrofon adäquat ein.
- **Eineindeutigkeit.** Die normalerweise über Gestik und Mimik vermittelten Informationen (vgl. Kapitel 6, Basiswerkzeug Kommunikation) fehlen in Videokonferenzen teilweise und in Telefonkonferenzen vollständig. Erhöhen Sie daher die Eineindeutigkeit Ihrer Aussagen und Verhaltensweisen: Hilfreich ist es, wenn Sie sich kurz fassen, die Sätze verständlich formulieren (keine unbekannten Wörter verwenden), möglichst klar artikulieren und die zentralen Aussagen wiederholen. Verwenden Sie stets die Namen der Beteiligten („Lioba, könntest du dazu bitte Stellung beziehen?") oder Teams („Was meint denn Ihr Würzburger dazu?", „Wie seht Ihr Psychologen denn diesen Punkt?"), sodass stets jeder weiß, wer gefragt ist bzw. wer gerade spricht („Also, ich – hier spricht jetzt Klaus Sedlbauer – meine, dass ...").
  Das Besprechen von Sitzungsunterlagen ist in Video- und Telefonkonferenzen nicht so einfach, wie wenn man einander wirklich gegenüber sitzt. Die Auseinandersetzung mit den Sitzungsmaterialien erfolgt in der Regel mithilfe einer auf einem getrennten Rechner laufenden Präsentation oder auf Basis von Ausdrucken oder (in Videokonferenzen) einer sog. Dokumentenkamera (jene nimmt ausschließlich die Dokumente auf und gibt diese auf dem Monitor wieder; vgl. Abb. 3.2). Als Vortragender / Moderator gilt es daher, seine Zuhörer kontinuierlich durch die Materialien zu führen, sonst verliert man sie, weil sie ggf. schon 'weiterblättern' und nicht der Didaktik folgen, die man sich überlegt hatte. Sagen Sie daher stets, wo Sie sich in der Präsentation oder den Materialien befinden (bspw. „Bitte klicken Sie jetzt weiter!" / „Bitte öffnen Sie jetzt den Hyperlink unten rechts!" / „Ich habe eine Frage zu dem Punkt ABC auf Seite / Folie 14 unten").

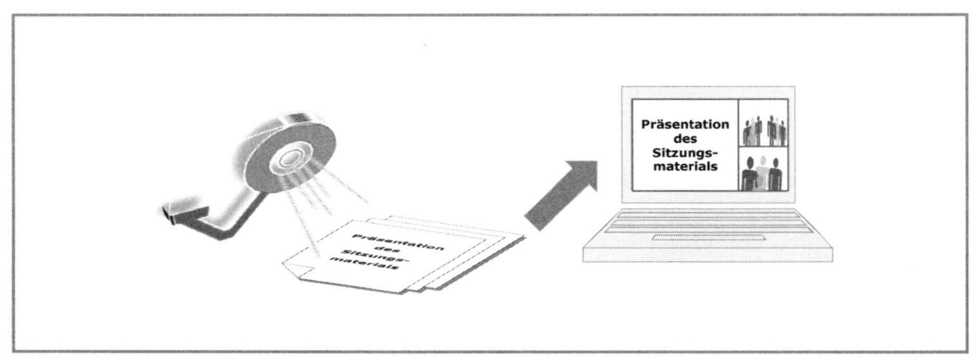

Abb. 3.2. Schematische Darstellung der Funktionsweise einer Dokumentenkamera.

Aufgabe des Moderators / Sitzungsleiters. Sie wissen ja, wenn Menschen in Teams zusammenkommen, sind diese stets nur so effektiv wie ihre Moderation (vgl. Abschnitt 9.1, Aufgaben eines Moderators). Ein Teilnehmer (in der Regel der Projektleiter oder unter Kollegen rotierend ein anderer) übernimmt die Moderation und damit auch die Leitung der Video- oder Telefonkonferenz. Sollten an dem Gespräch mehrere Teams (und nicht nur Einzelpersonen) beteiligt sein, so sollte darüber hinaus pro beteiligtes Team ein Team-Sitzungsleiter benannt werden.

- **Aufgaben des Moderators.** Der Moderator trägt die Gesamtverantwortung für die Konferenz, also für die Gruppen auf beiden Seiten. Wie jeder Moderator müssen Sie die Regeln der Gesprächsführung einhalten und sich strikt an den Zeitablauf und die Tagesordnung (vgl. Abschnitt 3.1.1, Sitzungsmanagement und 9.1, Moderation) halten. Als Moderator achten Sie des Weiteren darauf, dass das Gespräch im Gange bleibt. Für mehr Beteiligung sorgen Sie am besten, indem Sie Fragen stellen (vgl. Abschnitt 9.2) und auf diese Weise andere in die Diskussion mit einbinden; verwenden Sie dabei die Namen der Beteiligten, sodass jeder weiß, wer gefragt ist bzw. wer gerade spricht. Darüber hinaus empfiehlt es sich, häufiger als bei face-to-face-Konferenzen und vor allem am Ende die Inhalte zusammenzufassen („Welchen Stand haben wir?"), bei unklaren Aussagen Gegenfragen zu stellen und ganz bewusst Meinungs- und Stimmungsabfragen durchzuführen.
- **Aufgaben des örtlichen Sitzungsleiters.** Als örtlicher Sitzungsleiter müssen Sie darauf achten, dass die üblichen Sitzungsregeln eingehalten werden. So haben Sie beispielsweise Seiten- und Nebengespräche stringent zu unterbinden. Ferner sollten Sie allen an der Konferenz teilnehmenden Gesprächspartnern mitteilen, wenn Stimmungsveränderungen auftreten, beispielsweise wenn plötzlich alle über etwas lachen oder sich verwundert anschauen („Entschuldigung, liebe Würzburger, wir mussten gerade so lachen, weil jemand die Tür aufmachte, verblüfft reinschaute, 'Oh Gott' sagte und wieder verschwand." oder „Wenn ich in die Gesichter unserer Gruppe hier schaue, kann hier niemand diese Lösung gutheißen.")
  Als örtlicher Sitzungsleiter tragen Sie auch für die technischen Details während der Konferenzschaltung die Verantwortung, d.h. Sie entscheiden, ob und wann das Mikro beispielsweise ausgestellt wird (siehe oben) und beenden offiziell von Ihrer Standortseite die Sitzung sowohl verbal gegenüber dem Moderator als auch technisch.
  Im Falle von Videokonferenzen gelten zudem noch ein paar weitere technische Aufgaben für den Sitzungsleiter. Wenn Sie beispielsweise glauben, dass Ihr Team eine kurze interne Abstimmung benötigt, so können Sie die Übertragung auf Standby schalten und ein sog. Standbild wird gesendet. Kündigen Sie dies unbedingt vorher an bzw. stimmen Sie es mit dem Moderator ab (Bei einem Standbild nimmt die Gegenseite sonst eine technische Störung an.). Sofern Sie an Ihrem Standort (bspw. um Anschauungsmaterial zu zeigen) die Funktion nutzen, auf einen Präsentationsmodus oder eine Dokumentenkamera umzuschalten, sollten Sie daran denken, auch wieder zurückzuschalten, sobald eine Diskussion einsetzt, denn die Gesichter sind hier dann wichtiger als das Material.
  Tipp: Vergewissern Sie sich, bevor Sie mit Ihrem Team in eine vertrauliche Unterhaltung einsteigen (bspw. in Pausen oder nach der Sitzung), dass die Konferenzschaltung auch wirklich getrennt wurde.

SPEZIFIKA EINER TELEFONKONFERENZ

Technische Vorbereitung. Telefonkonferenzen bieten generell die Möglichkeit, ohne großen technischen Aufwand ein Gespräch mit mehreren Teilnehmern zu führen, die sich an unterschiedlichen Orten befinden. In sog. Konferenzschaltungen können Sie sich weltweit von jedem Telefon (auch mobil) einwählen. Im Allgemeinen stehen zwei 'Dienste' zur Verfügung: ein interner Firmendienst oder ein Dienst eines Telefonanbieters. Im ersten Fall muss eine Person die weiteren internen wie externen Telefonkonferenzteilnehmer zuschalten. Im zweiten Fall wird eine Telefonnummer mit einer PIN an die Teilnehmer verteilt, sodass diese sich selbständig einwählen können.

Kein Blickkontakt. Im Vergleich zu einer Videokonferenz ermöglicht eine Telefonkonferenz keine Übertragung optischer Informationen. Welche Auswirkungen hat das? Man sieht seine Gesprächspartner nicht und kann keine Informationen aus körperlichen Reaktionen (und sei es auch nur ein Kopfschütteln) ziehen. Als Folge dessen muss man häufiger nachfragen, beispielweise ob Informationen verstanden worden sind oder wie Stimmung und Meinungsbild bei den Teilnehmern gerade sind („Sind Sie alle einverstanden?", „Können wir Folgendes beschließen?"). Vorteil derselben Medaille ist natürlich, dass Sie sich mit Ihrem Team leichter nonverbal abstimmen können (bspw. nicken, Daumen hoch / runter), ohne dass dies vom Gesprächspartner der anderen Seite wahrgenommen werden kann. Eine Telefonkonferenz gelingt nur bei hoher Disziplin und vor allem Konzentration der Teilnehmer.

SPEZIFIKA EINER VIDEOKONFERENZ

Das Verhalten in einer Videokonferenz bedarf einer gewissen Übung. Beim ersten Mal empfinden die meisten Nutzer das Gespräch als unnatürlich, denn die Reaktionen bzw. die Übermittlung dieser dauern je nach Qualität der Anlage sowie der Übertragungswege spürbar länger als im direkten Gespräch. Entsprechend stellt sich die 'Natürlichkeit' in der Kommunikation erst nach einer gewissen Übung ein.

Technische Vorbereitung. Bei Einzelplatzsystemen (wie über Skype) wird die Videokonferenz internetbasiert über den eigenen Computer mittels Webcam und Mikrofon geführt und es können beliebig viele Einzelplatzsysteme bzw. Teilnehmer zugeschaltet werden. Die technische Vorbereitung ist einfach und obliegt dem jeweiligen Teilnehmer. Videokonferenz-Anlagen hingegen sind üblicherweise in eigens dafür eingerichteten Meeting-Räumen installiert und für die Teilnahme mehrerer Personen ausgelegt. Bei dieser, meistens ebenfalls internetbasierten, Variante steht immer eine Freisprecheinrichtung und ein zusätzlicher großer Monitor und oder ein Beamer zur Verfügung. Bei der Benutzung dieser Anlagen ist es ratsam, an allen beteiligten Standorten jemanden mit einem technischen Vorab-Check zu beauftragen.
Bei der Auswahl des Standorts der Anlage ist zu beachten, dass sich keine hochglänzenden oder blendenden Gegenstände (z.B. Whiteboard oder lackierte Tischoberflächen) im Raum bzw. im Fokuswinkel der Kamera befinden, da diese bei der Bildübertragung extrem störend sind – das Gegenüber schaut 'in einen weißen Fleck'. Des Weiteren sollte das Tragen von karierter oder stark gemusterter Kleidung vermieden werden. Dies ist ebenfalls störend für die Bildübertragung (das Karierte / Gemusterte ergibt in der Bildübertragung für das Gegenüber ein flackerndes Bild).

Blickkontakt. Ein authentischer Blickkontakt während einer Videokonferenz ist leider nicht möglich. Wenn man auf den Monitor schaut, um den Partner zu sehen, anstatt in die Kamera, vermittelt man seinem Gegenüber den Eindruck, dass man an ihm vorbeischaut. Nur ein direkter Blick in die Kamera vermittelt das Gefühl, direkt in die Augen des Gesprächspartners zu sehen – allerdings sieht man dann den Partner selbst nicht mehr. Die Lösung: platzieren Sie die Kamera direkt über dem Monitor und schauen Sie beim Zuhören auf den Monitor bzw. das Videobild, beim Sprechen hingegen in die Kamera (vgl. Abb. 3.3).

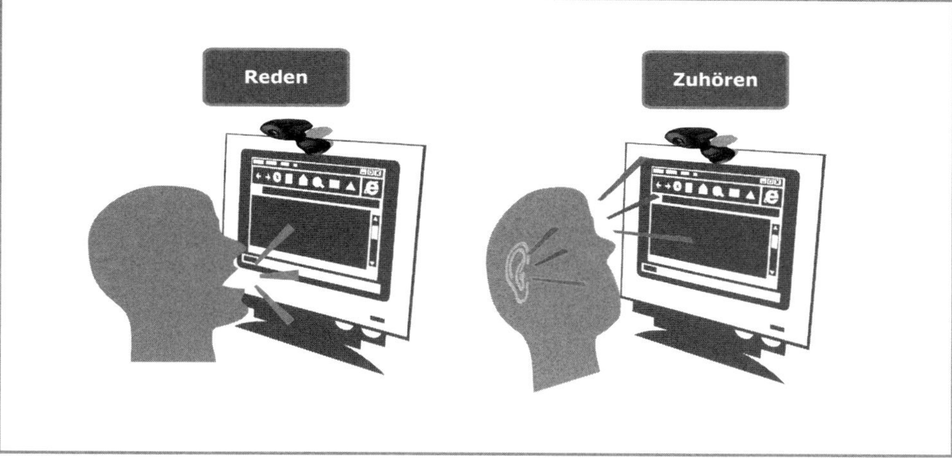

Abb. 3.3. Schematische Darstellung vom Blickkontakt während einer Telefonkonferenz.

10 Tipps für effizientere Gespräche via Telefon und Video

Vorbereitung

1. Definieren Sie zuerst das Gesprächsziel.
2. Bereiten Sie alle notwendigen Unterlagen vor.

Beginn

3. Straffen Sie die Begrüßungs- und Small Talkphase (erzählen Sie sich keine Wetterberichte).
4. Sagen Sie zuerst, worum es geht (Anlass, Ziel) und ggf. welche Personen anwesend sind.

Verlauf

5. Stimmen Sie das laut Tagesordnung vorgesehene bzw. für den jeweiligen TOP zur Verfügung stehende Zeitfenster nochmals ab. Haben Sie fortlaufend die Uhr im Blick (Denken Sie daran, Zeit ist Geld!).
6. Notieren Sie sich wichtige Einzelheiten (Zahlen, Daten, Fakten); lassen Sie ggf. Protokoll führen (vgl. Abschnitt 3.1.3).

7. Unterbrechen Sie die Gespräche nicht wegen Hinzukommen Dritter (bspw. wenn jemand bei Ihnen in den Raum kommt oder ein nächster Anrufer 'anklopft'). Sie verlängern damit nur unnötig Ihr Gespräch.

Abschluss

8. Fassen Sie das Gesprächsergebnis kurz zusammen.
9. Wiederholen Sie die getroffenen Vereinbarungen kurz und bündig.
10. Beenden Sie als Moderator das Gespräch zügig, aber mit Wertschätzung (Dank an die Teilnehmer bzw. Moderation) und einem konstruktiven Ausblick („Wir sprechen uns dann am 5.4. wieder. Bis dahin, gutes Gelingen.").

3.3 Spezialfall 'Öffentliches Fachkolloquium'

Wer kennt es nicht, es wird mal wieder zu einem Vortrag eines externen Kollegen eingeladen, wenig spannender Titel, fades Abstract oder gar keins auf der Einladung? Man fühlt sich verpflichtet hinzugehen, man weiß nicht, was man fragen soll und noch dazu gibt es beim Postkolloquium (gemütlicher Ausklang des Kolloquiums) keine Sitzordnung, man kriegt einen ungünstigen Sitzplatz und weiß nicht, mit wem man über was reden soll. Dabei könnten wissenschaftliche Vorträge dieser Art und die Diskussion in kleinem Kreis für Sie selbst und Ihre Mitarbeiter eine große Bereicherung darstellen. Was also wäre zu bedenken, um ein Institutskolloquium oder, wie es mancherorts heißt, eine fachinterne Vortragsveranstaltung zum Erfolg zu führen?

Nun, die Anforderungen an Sie als Sitzungsleiter bestehen darin, dass Sie den unterschiedlichen Beteiligten gerecht werden:

- **Dem Publikum**
  Zunächst einmal gilt es, Personen für den Vortrag zu interessieren (durch Werbung und gezielte Ansprache) und ihnen eine angenehme Atmosphäre zu schaffen. Nach dem Vortrag haben Sie die Aufgabe, Beiträge des Publikums hervorzulocken und (durch Moderation) zu integrieren. Beim ggf. anschließenden Postkolloquium besteht Ihre Aufgabe im in Gang halten eines angenehmen Gesprächs (vgl. Abschnitt 24.3, Small Talk).

- **Dem Gastredner**
  Der Eingeladene muss sich als Gast umsorgt und wertgeschätzt fühlen, ein interessiertes Publikum und eine hochwertige Organisation (funktionierende Technik und Administration) antreffen sowie in Ihnen und möglichst auch in Ihren Mitarbeitern spannende Gesprächspartner finden (auch beim Postkolloquium).

- **Ihren Mitarbeitern**
  Sie glauben, Ihre Mitarbeiter haben keine Anforderungen an einen solchen Abend (zu haben)? Nun, es besteht zumindest eine: Ihre Mitarbeiter brauchen in Ihnen ein Vorbild. Im Rahmen eines Institutskolloquiums können Sie dies gleich mehrfach liefern (oder eben auch nicht): Ihre Mitarbeiter erleben Sie in den Rollen des Gastgebers bzw. Repräsentanten des Hauses, des Moderators, des Diskussionspartners (und natürlich wie immer auch der Führungskraft). Nutzen Sie daher die Chance, Ihren Mitarbeitern ein gutes Vorbild zu sein und sie sukzessive am Prozess des Gastgeber- und Moderator-Seins zu beteiligen.

Um all diese Ziele zu erreichen, benötigen Sie eine entsprechend sorgsame Vorbereitung, Durchführung und Nachbereitung. Diese werden nachfolgend beschrieben.

3.3.1 Vorbereitung

Vorbereitung bezüglich des Gastredners

Überlegen Sie sich vor Beginn der Veranstaltungsreihe, wen Sie einladen möchten. Da Ihr Gast als 'Visitenkarte' für Sie selbst gilt, laden Sie nur gute Redner mit interessanten Themen ein. Vermeiden Sie Langweiler, deren Vortrag weder Sie noch Ihr Publikum interessiert; dies fällt nur auf Sie zurück und man könnte Ihnen mangelnde Differenziertheit in der Auswahl unterstellen.

- Schreiben Sie den Gast rechtzeitig an und klären Sie mit ihm Honorar, Anreise, wenn notwendig Übernachtungsmöglichkeiten, mögliches bzw. das von Ihnen präferierte Vortragsthema, erwünschte Vortragszeit (Anteil Vortrag / Diskussion), die Art des dazugehörigen Postkolloquiums (wenn so etwas an Ihrer Hochschule üblich ist) und welche Technik er für den Vortrag benötigt. Geben Sie ihm eine Vorstellung davon, vor welchem Publikum er den Vortrag halten wird (Hauptsächlich Professoren oder hauptsächlich Studierende? Fachinterne oder Fachfremde?).
- Erklären Sie dem Gast, wie viel Redezeit er zur Verfügung hat und wie viele Fragen und Anmerkungen in bisherigen Veranstaltungen üblicherweise aufgetreten sind. Versuchen Sie, ihm die 'ungeschriebenen Gesetze' Ihrer Vortragskultur zu erklären (z.B. ob bereits während des Vortrags oder erst nach dem Vortrag Fragen gestellt werden). Klären Sie mit Ihrem Gast auch, ob – und wenn ja, wie – Sie ihm ein Zeichen geben, wenn sich die Redezeit dem Ende zuneigt. Einigen Personen wird es ausreichen, wenn Sie ihnen kurz zunicken; andere möchten vielleicht lieber eine Karte mit der Anzahl der noch verbleibenden Minuten gezeigt bekommen.
- Fragen Sie Ihren Gast, wie viel Zeit er für die Vorbereitung direkt vor dem Vortrag braucht und tun Sie alles dafür, dass Ihr Gast diese Zeit zur Verfügung hat. Dies sollten Sie natürlich auch bei der Raum- und Ablaufplanung berücksichtigen.
- Tipp: Sofern Ihnen dies für Ihre Mitarbeiter sinnvoll erscheint (bspw. weil Sie ihn als fachlichen Sparringspartner einbringen möchten), bitten Sie ihn um weitere Zeit für Gespräche mit Ihren Mitarbeitern an oder auch nach dem Vortragstag. Stellen Sie dementsprechend einen Plan der Treffen mit den Mitarbeitern (Wer? Wann? Wie lange? Zu welchem Thema?) zusammen und schicken Sie ihn an alle Beteiligten, damit sich sowohl Gast als auch Mitarbeiter auf die Treffen vorbereiten können.
- Holen Sie (oder einer Ihrer Mitarbeiter) Ihren Gast zur vereinbarten Uhrzeit vom Bahnhof, Flughafen oder Parkplatz ab, und zeigen Sie ihm den Campus oder ggf. auch die Stadt.
  Tipp: Machen Sie sich eine Übersicht über die wichtigsten Eckdaten Ihrer Universität (Gründung, Studentenzahl, wichtigste Fakultäten und Fächer etc.) sowie der Stadt (Gründung, Einwohnerzahl, Hauptarbeitgeber, politische Situation, Infos zu den Sehenswürdigkeiten, aktuelle Ereignisse etc.), ggf. auch des (Bundes-)Landes; dies hilft auch, falls Ihnen mal die Themen ausgehen.
- Nach seiner Ankunft am Lehrstuhl fragen Sie Ihren Gast, ob Sie ihm etwas zu trinken anbieten dürfen. Mindestens bieten Sie ihm eine Tasse Kaffee und ein Wasser an. Vielleicht kennen Sie auch das Lieblingsgetränk Ihres Gastes: Dann sollte es zur Verfügung stehen.

Institutsinterne Vorbereitung

Stellen Sie die Informationen zum Postkolloquium zusammen (Wo? Wann? Wie viele Personen?). Reservieren Sie ggf. im Restaurant Ihrer Wahl für das Postkolloquium einen Tisch bzw. wenn es am Lehrstuhl stattfindet, organisieren Sie ein ausreichendes Catering.

Tipp: Fragen Sie vorab bei Ihren Kollegen und Mitarbeitern an, ob sie kommen werden, um zumindest eine ungefähre Vorstellung der Platzanzahl zu gewinnen.

- Machen Sie ausreichend Werbung für den Vortrag; nichts ist peinlicher als ein leerer Vortragssaal. Die Anwerbung eines Vortrags lebt von Ihrer Person, d.h. nutzen Sie 'Mund zu Mund Propaganda', indem Sie in Ihren Sitzungen und Vorlesungen auf den Vortrag hinweisen, hier bereits einzelne zielgruppenrelevante Aspekte des Vortrags oder des Redners hervorheben und somit Lust auf den Vortrag machen. Selbstverständlich sollten Sie zusätzlich 7 - 10 Tage vorher Plakate aufhängen sowie auf Ihrer Website und per Mailverteiler auf den Vortrag hinweisen. Empfehlenswert ist darüber hinaus, am Tag vor dem Vortrag nochmals eine Erinnerungsmail an Kollegen, Mitarbeiter und Studierende zu versenden (vgl. Beispiel im grauen Kasten). Je nach Gast könnte auch eine Pressemitteilung Sinn machen (vgl. hierzu Kapitel 21.4).

BEISPIEL FÜR ERINNERUNGSMAIL AN DEN VORTRAG

Liebe Kollegen, liebe Mitarbeiter,

sicher freuen Sie sich schon auf den heutigen Vortrag; es spricht Kollege Max Mustermann zum Thema „Der Einfluss bauphysikalischer Randbedingungen auf die Werterhaltung von Gebäuden". Wir treffen uns um 17.30h im Hörsaal x in Gebäude A. Die Studierenden sind herzlich eingeladen. Bitte sprechen Sie den Vortrag in Ihren heutigen Lehrveranstaltungen nochmals an.

Herzlichen Dank und bis heute Abend,
Prof. Dr. Einladender

- Bereiten Sie Ihre Vorstellung des Gastes vor (Ausbildung, Forschungsbereich, wichtige Publikationen und Preise, eventuell lustige gemeinsame Erlebnisse) und stimmen Sie sie vor dem Vortrag mit ihm ab (sodass sie fehlerfrei ist und er weiß, was Sie über ihn sagen werden) (vgl. Beispiel im grauen Kasten).

BEISPIEL FÜR DIE VORSTELLUNG EINES EXTERNEN REDNERS

Ich freue mich, heute Franziska Musterfrau als Rednerin in unserem Kolloquium begrüßen zu dürfen. Sie arbeitet seit 1995 als Professorin für Organisationspsychologie an der Universität Wahlstadt. Zuvor hat sie an der Universität XYZ bei Prof. Doktorio promoviert und sich habilitiert. In ihrer Forschung beschäftigt sie sich insbesondere mit Entscheidungsprozessen in Gruppen.

Eine Frage, die sie in diesem Rahmen besonders interessiert, ist: Wie verfälschen Gruppenmitglieder Informationen, um andere Gruppenmitglieder zu einer bestimmten Entscheidung zu bewegen? Für ihren Artikel über dieses Thema im Journal of Group Research hat sie letztes Jahr den Förderpreis des Interdisziplinären Netzwerks für Gruppenforscher gewonnen.

Darüber hinaus zeichnet sich Franziska Musterfrau durch ihr großes Engagement in der Fachpolitik aus, so ist sie derzeit Fachgruppensprecherin der Sozialpsychologie; ihr haben wir auch die Gründung des neuen Journals XY zu verdanken.

Franziska Musterfrau und mich verbindet bereits eine längere Kooperation sowie eine nette Begebenheit: Wir haben uns kennen gelernt auf einer Doktorandentagung in Amsterdam, als wir beide nach dem Kongressdinner den letzten Bus versäumten und 5 km durch den Regen zum Hotel stapfen durften, da kein Taxi auf der Straße und kein Handy in unseren Taschen war.

In der Folge konnten wir dann auf vielen Konferenzen die Forschung des anderen weiter diskutieren und ich durfte insbesondere schätzen lernen, in Franziska Musterfrau stets eine phantastische Rednerin und inspirierende Diskussionspartnerin zu finden. Freuen Sie sich daher mit mir auf einen spannenden Vortrag zum Thema XY.

- Mit Ihren Mitarbeitern – sofern diese noch keine erfahrenen Small Talker sind – sollten Sie auch das Postkolloquium kurz durchsprechen: Was müssen sie über den Gast wissen? Was könnten sie fragen, um das Gespräch in Gang zu halten (bspw. „Ich habe gehört, dass an Ihrer Universität gerade xyz neu eingeführt wird; können Sie uns von den ersten Reaktionen der Studierenden dazu berichten?"). Was könnten fachliche Anknüpfungspunkte sein? Sind gemeinsame Kooperationsprojekte geplant?
- Sorgen Sie dafür, dass zum einen die Vortragstechnik funktioniert und zum anderen auch während des Vortrags Wasser für den Gastredner bereitsteht.

3.3.2 Durchführung

- Stellen Sie den Gast dem Publikum vor – so, wie Sie es vorher mit ihm abgesprochen haben. Versuchen Sie, die Vorstellung so kurz und knapp wie möglich zu halten (maximal drei Minuten; vgl. grauer Kasten); schließlich sind nicht Sie der Star des Abends, sondern Ihr Gast.
- Falls Sie nach dem Kolloquium noch ein Postkolloquium in einem Restaurant planen, kündigen Sie dieses direkt nach Ihrer Vorstellung des Gastes an.
- Lauschen Sie dem Vortrag aufmerksam. Falls Sie während des Vortrags gelangweilt oder genervt wirken, wird sich das auf andere Personen im Publikum übertragen; ebenso wenig dürfen Sie natürlich E-Mails oder SMS lesen (siehe Abschnitt 24.4, Kleiner Lehrstuhl-Knigge).
- Machen Sie sich während des Vortrags Notizen, um im Anschluss passende Fragen stellen zu können. Für diesen Zweck ist es auch hilfreich, vorher einige Publikationen des Gastes zu lesen. Bitten Sie auch Ihre Mitarbeiter, sich Fragen zu überlegen und zu stellen. Eventuell verteilen Sie Fragen an die Mitarbeiter, damit ausreichend Diskussion entsteht. Wie gute Fragen formuliert sein sollten, finden Sie im untenstehenden grauen Kasten.
- Achten Sie darauf, dass Ihr Gast die Redezeit einhält, indem Sie ihm das vorher vereinbarte Zeichen geben.
- Ist der Vortrag beendet, sollten Sie allen voran beginnen, dem Gast durch Klopfen oder Klatschen für den Vortrag zu danken.
- Im Anschluss ist es Ihre Aufgabe, die Diskussion zu moderieren. Fragen Sie dazu direkt nach dem Vortrag in die Runde, wer Fragen oder Anmerkungen hat. Achten Sie darauf, dass die Fragen und Anmerkungen zum Thema des Vortrags passen. Falls eine vollkommen unpassende Frage gestellt wird, laden Sie den Frager ein, nachher persönlich mit dem Gast zu sprechen.

Falls niemand eine Frage stellt, dann sind Sie an der Reihe, eine zu stellen. Es ist wichtig, dass Sie, Ihre Mitarbeiter und das Publikum Fragen stellen. Übergehen oder unterschätzen Sie diesen Schritt nicht, denn das Stellen von Fragen bekundet Ihr Interesse und Ihren Respekt dem Redner gegenüber.
Besonders gekonnt agieren Sie, wenn Sie das Ganze nicht nur mit einer wertschätzenden Bemerkung, sondern auch mit einer smarten Überleitung oder einem witzigen Kommentar gestalten (bspw.: „Wie wir jetzt gelernt haben, ist Feedback ein wesentlicher Bestandteil von Kommunikation. Wer gibt das erste Feedback?").

- Beenden Sie die Runde, wenn keine Fragen mehr gestellt werden oder das zeitliche Ende der Veranstaltung erreicht, die Zeit sozusagen 'um' ist. Falls geplant, laden Sie das Publikum noch einmal zum Postkolloquium ein.
- Danken Sie Ihrem Gast und zeigen Sie Ihren Dank erneut durch Klopfen oder Klatschen.

DIE KUNST DER GUTEN FRAGE

Eine gute Frage ist dreigeteilt aufgebaut:

- Kurze Wiederholung und Zusammenfassung eines vorgetragenen Punkts wie z.B.
"Wenn ich Sie richtig verstanden habe, dann folgern Sie aus Ihren Ergebnissen, dass Gruppen falsche Entscheidungen fällen, weil die Mitglieder nicht alle Informationen in die Diskussion mit einbringen."
- Neue Information, die der Redner nicht erwähnt hat, wie z.B.
"Allerdings sehe ich hier, dass die Mehrzahl der Gruppen richtige Entscheidungen treffen, obwohl nicht alle Informationen in der Diskussion angesprochen werden."
- Verständnisfrage oder eigene Schlussfolgerung wie z.B.
"Wieso treffen also trotzdem so viele Gruppen richtige Entscheidungen?"

Gute Fragen zeichnen sich folglich durch Bezug zur Rede des anderen, durch komprimierte Informationen sowie Wertschätzung des Referenten aus. Fragen werden hingegen schlecht durch einen fehlenden Bezug zum Vortrag, durch zu viele neue Informationen (Monologe des Fragenden) oder durch fehlende Wertschätzung des Redners.

3.3.3 Nachbereitung

- Erklären Sie dem Gast, welche Pläne Sie für den Rest des Tages oder Abends haben (z.B. wo das Postkolloquium stattfindet und wie Sie beide dort hinkommen).
- Veranlassen Sie, dass die Technik wieder abgebaut wird.
- Sorgen Sie beim Postkolloquium dafür, dass Ihr Gast in der Mitte der Gruppe sitzt und von den Diskussionen nicht ausgeschlossen wird.

- Falls nicht schon zuvor erfolgt, stellen Sie Ihrem Gast die am Essen Teilnehmenden einzeln vor und zeigen Sie nach Möglichkeit Gemeinsamkeiten oder überschneidende Themen auf, sodass sich Anknüpfungspunkte für Ihr Gespräch ergeben (vgl. Abschnitt 24.3, Small Talk).
- Für viele ein Problem, da kaum offen darüber gesprochen wird: Die Bezahlung! Es gibt keinen Grund, Ihre gesamte Mitarbeiter- oder Kollegenschar einzuladen, aber dem Gast sollten Sie diese Ehre immer erweisen. Eine Frage der Fairness und Transparenz ist es, wenn Sie Ihren Mitarbeitern gegenüber am Lehrstuhl offen kommunizieren, wie Sie es handhaben werden (bspw. wäre es auch ein gängiges Vorgehen, die Getränkerechnung für alle zu übernehmen, die Essensrechnung hingegen jedem Mitarbeiter selbst zu überlassen).
- Bringen Sie Ihren Gast nach Abschluss des Postkolloquiums zum Hotel, Bahnhof oder Flughafen – oder bestellen Sie ihm zumindest ein Taxi.
- Schicken Sie Ihrem Gastredner nach einem Tag eine nette Dankesmail. Dies erinnert ihn an den Tag, erhöht die Wertschätzung und schafft die Möglichkeit einer Anknüpfung an das gemeinsam Diskutierte.

Checkliste
für das Abhalten öffentlicher Fachkolloquien

Vorab

✓ Offizielle Einladung des Gastredners, Termin nochmals bestätigen lassen
✓ Rahmenbedingungen mit Gast klären: Was? Für wen? Wie lange? Mit welcher Technik?
✓ Vortreffen mit Mitarbeitern, Kolloquium und Postkolloquium durchsprechen
✓ Infos für die Vorstellung des Gastes vorbereiten (lassen)
✓ Gast von Bahnhof / Flughafen / Parkplatz abholen
✓ Technik im Kolloquiumsraum vorbereiten

Währenddessen

✓ Gast vorstellen und zu Postkolloquium einladen
✓ Zeichen für die Einhaltung der Redezeit geben
✓ Fragen für die Diskussion nach dem Vortrag vorbereiten
✓ Fragerunde moderieren
✓ Gast für seinen Vortrag danken

Danach

✓ Gast beim Postkolloquium einladen (mit Kostenübernahme)
✓ Gast zum Hotel / Bahnhof / Flughafen / Parkplatz bringen
✓ Am nächsten Tag ggf. dem Gast eine Danke-Mail schreiben

3.4 SPEZIALFALL 'INTERNES KOLLOQUIUM AM LEHRSTUHL'

Das Ziel von internen Kolloquien ist, dass Mitarbeiter, Doktoranden und Studierende ihre Forschungsarbeiten (diese Arbeiten können 'in progress' oder abgeschlossen sein) in einem geschützten Rahmen vorstellen können, um Feedback zu bekommen. Der Vorteil solcher Kolloquien ist, dass die Redner durch das Feedback feststellen können, wie schlüssig ihre Annahmen, wie sinnvoll ihr Versuchsaufbau und wie nachvollziehbar ihre Schlussfolgerungen sind und auf diese Weise die Qualität ihrer Forschungsarbeit verbessern. Nachteilig könnte sein, dass sich die Redner durch kritische Diskussionsbeiträge persönlich abgewertet fühlen und möglicherweise durch zu viele oder divergente Ideen in die falsche Richtung gelenkt werden. Aber selbstverständlich obliegt es Ihnen als Moderator, dies in die positive Richtung zu steuern.

Was sind in einer solchen Situation die Anforderungen an Sie als Sitzungsleiter? Im Rahmen eines lehrstuhlinternen Kolloquiums steht die Ausbildung Ihrer Mitarbeiter und Studierenden im Fokus. Unter dieser Überschrift haben Sie in jeder solchen Sitzung drei Aufgaben zu erfüllen:

- **Fachlich fördern**
  In aller erster Linie ist das Kolloquium eine Fachveranstaltung, in der es darum geht, aktuelle Forschungsideen, -ergebnisse oder Literatur zu diskutieren. Laden Sie daher alle Anwesenden ein, sich daran aktiv zu beteiligen und vermeiden Sie durch gekonnte Moderation, dass nur der Professor und Oberassistent reden.

- **Methodisch kompetent agieren**
  Eine solche Sitzung steht und fällt mit einer effizienten Moderation. Fehlt eine straffe Führung der Sitzung, so sinkt die Qualität sofort (bspw. durch unpassende oder fehlende Beiträge und ein mangelndes Zeitmanagement). Das Auftreten einer guten Diskussion hängt neben der Moderation auch an der Atmosphäre: Man traut sich nur dann, eine vage Alternatividee zu äußern, wenn Wohlwollen im Raum ist. Tragen Sie daher dafür Sorge, dass sowohl effizient moderiert wird (durch Sie selbst oder eine rotierende Moderation) als auch, dass die Vorträge und Diskussionen auf einem entsprechend konstruktiven Niveau stattfinden.

- **Individuell fördern**
  Der jeweilige Vortragende sollte eine Rückmeldung zu seiner Präsentation erhalten, um sich sowohl fachlich als auch persönlich weiterentwickeln zu können (vgl. Abschnitt 14.1, Feedback geben). Laden Sie dazu das Publikum (v.a. Ihre Mitarbeiter) ein, sich an einem solchen Feedback zu beteiligen – so schulen Sie auch deren Feedbackfähigkeit und ermöglichen dem Referenten eine breitere Rückmeldung – vorausgesetzt, der Referent ist am Feedback interessiert.

Um all diese Aufgaben zu erfüllen, gehen Sie am besten folgendermaßen vor:

Vorbereitung
Erklären Sie den Vortragenden, dass sie ein klares Ziel für ihren Vortrag und die anschließende Diskussion finden sollen (z.B. ein Modell, eine Methode oder Ergebnisse vorstellen), wer wann an der Reihe ist, wie viel Zeit die Redner zur Verfügung haben und vereinbaren Sie last but not least, wer für den Auf- und Abbau der Technik zuständig ist.

Durchführung
Falls Gäste im Publikum sind, begrüßen Sie sie und erklären Sie ihnen kurz, wer heute welches Thema vorstellt. Geben Sie stets (auch wenn keine Gäste dabei sind) zur besseren Einordnung des Vortrags sowohl einen kurzen Hinweis zum Stand der jeweiligen wissenschaftlichen Arbeit (bspw. am Anfang der Arbeit oder kurz vor dem Abschluss) als auch dazu, wie sich der Inhalt der Arbeit in die Forschungslandschaft des Lehrstuhls einbettet (z.B. interdisziplinäre Arbeit, die nur ein Rand-

gebiet des Lehrstuhls betrifft; anwendungsorientierte versus grundlagenorientierte Arbeit, die das Kernthema der Lehrstuhlforschung ergänzt). Verteilen Sie zu Vortragsbeginn die Aufgabe eines Protokollführers. Ein Protokollführer hat sich als sinnvoll herausgestellt, weil der Vortragende meist nicht gleichzeitig wichtige Anmerkungen notieren und etwas auf sie entgegnen kann.
Hören Sie dem Vortrag aufmerksam zu und überlegen Sie nach ca. 2/3 der Zeit, ob der Redner sein Vortragsziel erreichen wird. Wenn dem nicht so ist, dann fragen Sie ihn direkt, was er tun kann, um das Ziel in der noch verbleibenden Zeit doch noch zu erreichen. Danken Sie dem Vortragenden und zeigen Sie Ihren Dank durch Klopfen oder Klatschen nach dem Vortrag sowie nach der Diskussion. Legen Sie bei der sich anschließenden Diskussion Wert darauf, dass erst positive Aspekte des Inhalts betont werden, bevor die negativen angesprochen werden. Wenn Sie negative Aspekte anmerken, dann stets mit dem Versuch, Lösungsmöglichkeiten anzudeuten oder aufzuzeigen. Wenn Ihnen viel daran liegt, dass Studierende in die Diskussion mit einbezogen werden, dann vermeiden Sie es, die ersten Kommentare ausschließlich selbst zu machen. Bestärken Sie Studierende, indem Sie ihnen für die Beiträge danken. Sie dürfen die Studierenden auch explizit zu Fragen ermuntern! Ein Beispiel für eine (kritische) Anmerkung könnte lauten:

> "Ihr Modell scheint mir sehr plausibel und gut durchdacht. Zugleich sehe ich, dass einige Ihrer Modellannahmen dem empirisch bestätigten Ansatz von Anselm Klein widersprechen. Klein hat gezeigt, dass... Inwiefern können Sie Kleins Annahmen in Ihr Modell integrieren? Ich könnte mir vorstellen, dass das folgendermaßen möglich ist ... Was meinen Sie dazu?"

Im Sinne einer Weiterentwicklung Ihrer Mitarbeiter und Studierenden ist es sinnvoll, wenn über die rein fachlich-inhaltliche Diskussion hinaus auch eine Feedbackrunde stattfindet, bei der Aspekte wie Rhetorik, Gestik, Didaktik angesprochen werden (vgl. Kapitel 14, Feedback geben und nehmen). Für diese Feedbackrunde kann man die externen Besucher auch bitten, den Raum zu verlassen oder den Vortragenden zu fragen, ob diese dabei anwesend sein dürfen.

Checkliste
für lehrstuhlinterne Kolloquien

Vorab

- ✓ Ziel und Redezeit mit dem Vortragenden vereinbaren
- ✓ Funktionsfähigkeit der Technik prüfen

Zu Beginn

- ✓ Begrüßen und Vorstellen des Vortragenden und seines Projekts
- ✓ Protokollführer festlegen

Während des Vortrags

- ✓ Zuhören, Fragen und Feedback notieren

In der Diskussion

- ✓ Positive UND negative Aspekte betonen

Zum Schluss

- ✓ Dem Vortragenden danken
- ✓ Feedbackrunde eröffnen

3.5 Spezialfall 'Sitzung einer Berufungskommission'

Waren Sie schon mal Mitglied in einer Berufungskommission? Hatten Sie vielleicht den Eindruck, dass das Ganze mehr ein taktisches Gerangel als klassische Gremienarbeit war? Berufungsverfahren gehören zu den wohl strategischsten Aufgaben im Dienstgeschehen eines Professors. Doch warum? Geht es denn nicht einfach nur darum, den am besten geeigneten Kollegen in die Fakultät zu holen? Grundsätzlich schon, jedoch spielen Strategie und Geschick gerade bei der Berufung eines Kollegen eine so große Rolle, da sich aus der hochexplosiven Mischung an Interessen der einzelnen Beteiligten eine psychologisch brisante Situation ergibt. Sie haben es nämlich zu tun mit:

Einer Entscheidung unter Unsicherheit. Alle Beteiligten treffen in gleich mehrfacher Hinsicht Entscheidungen unter Unsicherheit:

- Fachlich, indem Sie in aller Regel in einer Berufungskommission sitzen, in welcher eine Professur berufen werden soll, die nicht Ihrem eigenen Fach entspringt. Damit agieren Sie in einem fachfremden Bereich und sind fachlich-inhaltlich entsprechend unsicher (es sei denn, Sie sitzen als fachvertretender Gutachter in der Runde).
- Persönlich, indem Sie eine Entscheidung pro oder contra eine Person treffen müssen, von welcher Sie meist nicht viel mehr als seine Publikationen sowie den Lebenslauf und den kurzen Auftritt im Berufungsverfahren kennen; damit treffen Sie eine Entscheidung unter Zeitdruck bzw. begrenzten Informationen, was typischerweise zu einer Zunahme sog. Urteilsfehler und einer erhöhten Wahrscheinlichkeit einer Fehlbesetzung führt.

Einer sich langfristig auswirkenden Entscheidung. Sie berufen jemanden für mehrere Jahre oder sogar auf Lebenszeit, d.h., sollte er nicht von selber gehen, haben Sie hier eine irreversible Situation herbeigeführt. Dies kann sich für Sie im Kleinen wie im Großen auswirken: Als unmittelbarer Kollege haben Sie denjenigen tagtäglich und in jeder Institutsbesprechung um sich, als entfernterer Kollege haben Sie mit dieser Besetzung zumindest eine strategische Anbindungsmöglichkeit zu vergeben. Kurzum: Sie verspielen sich selbst zukünftige Chancen und Vorteile, wenn Sie hier Ihre Interessen nicht durchsetzen (können) oder zu wenig vorbereitet in ein solches Verfahren gehen.

Divergierenden Interessen. Jeder der Beteiligten hat seine ureigensten Interessen und Ziele, die er mit der Neubesetzung verfolgt. Für den einen mögen diese neutral bis belanglos sein, für den anderen hingegen vielleicht eine hoch emotionale Situation. Oder während der eine einen speziellen Kandidaten präferiert, ist genau dieser für den anderen ein klares NoGo. Erschwerend kommt noch hinzu, dass die divergierenden Interessen in der Regel nicht mit den wahren Begründungen vorgebracht werden, sondern nur verdeckt ausgespielt (bspw. vermeintlich objektiviert geschildert) werden. Je widersprüchlicher die Interessen, je emotional aufgeladener die Sichtweisen, desto kontroverser und anstrengender kann die Diskussion werden.

Angesichts all dieser Randbedingungen ist es kein Wunder, dass Berufungsverfahren durchaus kompliziert erscheinen und ablaufen – bereiten Sie sich also gut vor. Nachfolgend finden Sie daher entsprechende Aspekte, die Sie als Mitglied sowie Aspekte, die Sie als Sitzungsleiter beachten sollten.

3.5.1 Mitglied einer Kommission werden

Sie kennen bestimmt die folgende oder eine ähnliche Situation: Es ist Montagmorgen, Sie screenen Ihre E-Mails und stoßen auf eine mit dem Betreff 'Berufungskommission', hinter welcher sich die Frage verbirgt, ob Sie in die Berufungskommission 'Nachfolge Fred Ausscheider' gehen möchten – um Rückmeldungen wird bis Ende der Woche gebeten. Sie müssen sich also entscheiden: Werde ich Mitglied oder nicht? Um hier schnell und effizient herauszufinden, ob sich ein Engagement für Sie lohnt, ist es hilfreich, sich folgende Fragen zu stellen:

- Welchen fachlichen Bezug hat die ausgeschriebene Stelle zu meinem eigenen Fachbereich? Könnte durch die Neubesetzung eher Konkurrenz oder Kongruenz entstehen? Falls ja, hat die Auswahl der Person Auswirkungen auf Ihre zukünftige Arbeitssituation und Sie sollten Mitglied in der Kommission werden.
- Welche Art einer Zusammenarbeit wäre vorstellbar, sollte forciert werden? Im Fall möglicher Kooperationen mit dem neuen Kollegen sollten Sie sich als Vorbereitung Ihrer Arbeit in der Kommission entsprechende gemeinsame Forschungsschwerpunkte überlegen und nach geeigneten Kandidaten Ausschau halten.
- Und schließlich: Welcher zeitliche Aufwand kommt auf mich zu? Kann oder will ich mir diesen leisten? Nur Mitglied auf dem Papier zu sein, macht niemandem Spaß; da wäre es fast besser, Sie würden Ihren Platz jemand anderem weitergeben.

Wenn Sie sich entschieden haben, mitzuarbeiten, dann seien Sie auch aktiv und engagiert dabei. Bereiten Sie sich auf die Kommissionsarbeit vor, beispielsweise mit folgenden Fragen:

- Welche Rolle spiele ich selbst in der Berufungskommission? Wen vertrete ich in der Kommission: Nur mein Fach oder mein ganzes Institut? Die Fakultät? Eine kooperierende Forschungseinrichtung? Oder bin ich als neutraler Gutachter geladen? Je nach Ihrer Rolle wird es erforderlich sein, dass Sie sich vor Aufnahme der Arbeit der Kommission mit Kollegen des Instituts / der Fakultät, die Sie vertreten oder aber beraten sollen, abstimmen. Bei dieser Abstimmung sollte es um Fragen gehen, wie „Was ist die Widmung der Stelle?", „In welche Richtung soll sich das Institut / die Fakultät in den nächsten Jahren entwickeln?", „Welche Forschungsschwerpunkte sollten ausgebaut oder ergänzt werden?" etc.
- Wer sind meine Kollegen in der Berufungskommission? Welche Interessen verfolgen diese? Die Zusammensetzung der Kommission spielt bei der Festlegung der Ausschreibung der neu zu besetzenden Professur sowie bei der Bewertung der möglichen Kandidaten eine große Rolle. Bei Gruppensituationen dieser Art tritt spätestens in Entscheidungsmomenten eine große Dynamik auf, auf die Sie nur dann Einfluss nehmen können, wenn Sie die Intentionen und Hintergründe der anderen Mitglieder kennen. Sprechen Sie Ihre Kollegen daher an und eruieren Sie deren Interessen, Erwartungen oder auch Bedenken bezüglich der Ausschreibung und einzelner Kandidaten.

Schließlich ist für eine gute Kommissionsarbeit auch eine ausreichende Kenntnis der Abläufe, Phasen und Stationen der Arbeit einer Berufungskommission hilfreich. Diese wird nachfolgend aus Sicht des Vorsitzenden der Kommission beschrieben.

3.5.2 Aufgaben des Vorsitzenden der Berufungskommission

Stellen Sie sich nun vor, Sie seien der Sitzungsleiter, d.h. hier, der Vorsitzende der Kommission – was haben Sie in dieser Funktion zu bedenken? Schließlich tragen Sie die Verantwortung für den Erfolg des gesamten Verfahrens, sind in allen Phasen konzeptionell gefordert und bei den Besprechungen vor allem als geschickter Sitzungsleiter vonnöten! Nachstehend wird grob skizziert, welche Hauptaufgaben Sie als Sitzungsleiter in den einzelnen Phasen eines Berufungsverfahrens zu erfüllen haben.

PHASE 1: VORBEREITUNG

Im Regel- und Normalfall ist der Ausschreibungstext bereits beschlossen, wenn die Berufungskommission erstmals zusammentritt. Das heißt, es ist im Normalfall gar nicht die Berufungskommission, die den Ausschreibungstext erarbeitet. Falls Sie doch in die Situation kämen, dies tun zu müssen, finden Sie im grauen Kasten einige beachtenswerte Aspekte.
Schon im Vorfeld, also bei Übertragung der Leitung der Berufungskommission an Sie und vor Aufnahme der eigentlichen Arbeit der Berufungskommission, sollten Sie sich als Vorsitzender einige strategische Randbedingungen überlegen.

Rechtliche Grundlagen klären
Lesen Sie sich die rechtlichen Grundlagen des Ganzen – also die Berufungsordnung, Grundordnung bzw. Satzung der Universität, ggf. Kooperationsverträge, Stiftungsvertrag oder ähnliches – genau durch. Das mag nach Mehraufwand klingen, rentiert sich aber in jedem Fall. Zum einen haben Sie strategische Vorteile, wenn Sie all Ihre Möglichkeiten, aber auch Determinanten kennen und zum anderen müssen Sie als Verantwortlicher ein rechtskräftiges Verfahren sicherstellen und dies können Sie nur mit dem entsprechenden Basiswissen.

Randbedingungen des Verfahrens eruieren
Zunächst müssen Sie sich im Klaren darüber sein, mit welchen Randbedingungen des Berufungsverfahrens Sie es gemäß der Ihnen vorliegenden Ausschreibung zu tun haben (vgl. grauer Kasten). Des Weiteren benötigen Sie einen Überblick über die inhaltlichen Aspekte der auszuschreibenden Stelle verschafft haben, sind die Anforderungen und Wünsche aus Sicht der Universitätsleitung, möglicher außeruniversitärer Kooperationspartner, Ihrer und anderer Fakultäten bzw. des Instituts, an dem die Professur angesiedelt sein wird, zu klären und zu berücksichtigen (bspw. ob 'der Beste' genommen werden soll oder aber jemand, der gut ist und zugleich sicher und zügig die Stelle antreten würde).

Einladung zu den Sitzungen der Kommission
Da die gemeinsamen Sitzungen einer Berufungskommission von entscheidender Bedeutung für das gesamte Verfahren sind, sollten Sie darauf achten, dass möglichst viele Mitglieder am ersten Termin erscheinen können. Zumindest die Wichtigsten müssen anwesend sein (bspw. aus jeder beteiligten Fakultät oder der außeruniversitären Forschungseinrichtung mindestens ein Vertreter). Daher ist anzuraten, mit der Terminabstimmung rechtzeitig zu beginnen.
Tipps: Legen Sie die Sitzungen beispielsweise auf den Tag einer ohnehin gemeinsam stattfindenden Sitzung (z.B. Fakultätsratssitzung), sodass die Chancen für eine breite Anwesenheit größer sind. Lassen Sie alle Sitzungen von einem Protokollführer protokollieren (vgl. Abschnitt 3.1.2, Protokollführung) und ggf. auch mitvisualisieren (vgl. Kapitel 8, Medientechnik). Sie sollten keinesfalls das Protokoll selbst verfassen – dies würde Sie viel zu sehr von Ihrer Moderatorenaufgabe ablenken (vgl. Kapitel 9, Moderationsmethoden).

HINWEISE ZUR ERSTELLUNG EINER AUSSCHREIBUNG

Falls die Formulierung einer Ausschreibung ebenfalls zu Ihren Aufgaben als Leiter der Berufungskommission gehören sollte, sollten Sie nachstehende Aspekte berücksichtigen.

Art des Verfahrens festlegen

Zunächst müssen Sie sich im Klaren darüber sein, welche Art eines Berufungsverfahrens Sie anstreben wollen oder müssen (letzteres beispielsweise, weil es Ihnen so vorgegeben wurde). Es sind drei unterschiedliche Verfahrensarten gängig:

- Das idealtypische Verfahren
  Idealerweise ist der Ausschreibungstext das Resultat einer Anforderungsanalyse einer Stelle. Je prägnanter diese Anforderungen formuliert werden, desto klarer die Kriterien, die die Bewerber erfüllen müssen. Ein solches Verfahren gelingt natürlich nur dann, wenn genügend darauf passende Bewerbungen zu erwarten sind.
- Das flexible Verfahren
  Die Ausschreibung wird sehr vage formuliert, beispielsweise bedingt durch ein zu erwartendes geringes Bewerberspektrum. Je weicher die Formulierungen, desto mehr Bewerber lassen sich als passend einstufen bzw. desto flexibler ist die Ausschreibung 'verargumentierbar'.
- Das personenspezifische Verfahren
  Die Ausschreibung wird auf eine oder wenige spezielle Person/en zugeschnitten formuliert, sodass in der geforderten Kombination nahezu niemand außer dieser Person in Frage kommt. So etwas tritt beispielsweise dann auf, wenn politische Vorgaben oder Wünsche existieren, die eine bestimmte Person auf dieser Stelle sehen wollen oder auch durch eine sog. Findungskommission bereits ein spezieller Kandidat herauskristallisiert wurde.

Überblick über das ausgeschriebene Fach verschaffen

Da Sie als Vorsitzender der Berufungskommission das Fach, in dem die Position besetzt wird, nicht in allen Facetten kennen (können), sollten Sie sich zunächst von Experten des Faches beraten lassen, an welchen Themen derzeit und zukünftig geforscht wird. Es wäre durchaus auch üblich, den einen oder anderen (deutschen oder internationalen) Lehrstuhl zu besuchen, um sich zu orientieren. So könnten Sie sich zugleich einen Eindruck darüber verschaffen, wer die wesentlichen Akteure des Fachs sind.

Interessen klären und Lehr- sowie Forschungsprofil erstellen

Nachdem sie sich einen Überblick über die fachspezifischen Aspekte der auszuschreibenden Stelle verschafft haben, sind die Anforderungen und Wünsche aus Sicht der Universitätsleitung, möglicher außeruniversitärer Kooperationspartner, Ihrer und anderer Fakultäten bzw. des Instituts, an dem die Professur angesiedelt sein wird, zu klären und zu berücksichtigen. Neben den Forschungsrichtungen stellt die Lehre einen wesentlichen Aspekt dar; beispielsweise könnte Lehrexport in eine andere Fakultät gefordert sein. Dazu empfiehlt es sich schon frühzeitig Kontakt mit den wesentlichen (und einflussreichen) Personen aufzunehmen und Gespräche zu führen, um sich ein umfangreiches Bild der Interessenslage zu verschaffen. Vernachlässigen Sie es an dieser Stelle, werden Sie mit hoher Wahrscheinlichkeit später damit konfrontiert. Ziel dieses Arbeitsschrittes ist es, ein möglichst klares Lehr- und Forschungsprofil zu erstellen.

Schließlich sind im Falle von Berufungen mit außeruniversitären Forschungseinrichtungen (wie Helmholtz-Gemeinschaft Deutscher Forschungszentren, Max-Planck-Gesellschaft, Fraunhofer-Gesellschaft, Wissenschaftsgemeinschaft Gottfried Wilhelm Leibniz) oder auch bei Stiftungsprofessuren weitere Randbedingungen zu beachten, so beispielsweise deren Kooperationsverträge, Berufungsordnungen etc.

Weitere Randbedingungen klären
Eine frühzeitige Vorklärung der erforderlichen Ressourcen (Stellen, Investment, Sachmittel, geeignete Räume / Labore) und die Möglichkeiten deren Bereitstellung kann spätere Verzögerungen und Schwierigkeiten minimieren.

Bewerbermarkt sichten
Bei diesem Arbeitsschritt geht es im Wesentlichen darum auszuloten, wie groß der Bewerbermarkt ist, wie umfangreich das mögliche Bewerberspektrum sein wird und, ob es überhaupt genügend geeignete Kandidaten für die Stelle geben könnte. Sollte sich abzeichnen, dass kaum Bewerber auf das oben genannte Profil passen, so ist das Profil zu erweitern und die Ausschreibung breiter zu gestalten sowie an mögliche Kandidaten aus der Industrie, dem Ausland oder angrenzenden Fachbereichen zu denken. Denkbar ist hier auch die Vorschaltung einer sog. Findungskommission. Diese hat die Aufgabe, ein mögliches Bewerberspektrum zu eruieren.

Vorentwurf für die Ausschreibung
Aus dem oben genannten Lehr- und Forschungsprofil können Sie, um die erste Sitzung zielführend zu gestalten, einen ersten Entwurf einer Ausschreibung ableiten (Sie unterliegen bei Berufungen einer gesetzlichen Ausschreibungspflicht). Denken Sie daran, dass jede Ausschreibung aus formalrechtlichen Gründen bestimmte Textpassagen enthalten muss (bspw. die Berücksichtigung von Behinderten). Falls die Ausschreibung inseriert werden sollte, müssen Sie dies bei der Kostenplanung berücksichtigen.

Vorschlag zur Kommissionszusammensetzung
Um sämtliche Anforderungen an die Stelle (bspw. welche Lehr- und Forschungsbereiche zu übernehmen sind) und Wünsche an den Kandidaten (bspw. mehrsprachige Vorlesungen oder Betreuung von speziellen Forschergruppen) im Verfahren berücksichtigen zu können, sollten Sie eine Liste entsprechender Kommissionsmitglieder vorschlagen und mit den betroffenen Fachbereichen bzw. (je nach Uni auch) Fakultäten abstimmen. Denken Sie hierbei daran, etwaige Kooperationspartner mit einzubeziehen und berücksichtigen Sie in Ihrer Planung, dass ggf. Reisekosten für externe Mitglieder übernommen werden müssen.

Diskussion und Festlegung der Ausschreibung
Der nun anstehende Schritt ist der wohl wesentlichste: Die Diskussion und Festlegung der Ausschreibung. Beziehen Sie hier ebenfalls mit ein, wie der Lehrstuhl bisher ausgestattet war, wer der letzte Inhaber war / ist, an welchen Themen geforscht wurde, in welche Netzwerke der Lehrstuhl eingebunden ist. Dieser Input hat neben der Information Ihrer Kollegen auch für Sie einen entscheidenden Vorteil: Sie können Ihren Vorschlag des Ausschreibungstextes an diesen Informationen orientieren und quasi ableiten bzw. in den wesentlichen Bestandteilen erläutern und begründen, warum xyz notwendig erscheint.
Schlagen Sie einen Zeitplan vor, der ausgehend von dem Datum, zu dem die Stelle besetzt sein soll, die Begutachtungszeiträume sowie die Deadline, zu der alle Bewerbungen vorliegen müssen, beinhaltet. Der Vollständigkeit halber sollten Sie ebenfalls festlegen, wo die Ausschreibung wann veröffentlicht wird.

PHASE 2: ERSTES TREFFEN DER KOMMISSION

Jetzt wird es wirklich ernst: Nun stellen Sie die ersten Weichen, manche davon sind irreversibel. Daher sollten Sie sich sehr genau überlegen, wie Sie in jeder Sitzung vorgehen wollen. Hauptinhalt dieser ersten Besprechung stellt das Kennenlernen der Mitglieder der Berufungskommission, Abstimmen des weiteren Vorgehens sowie das Schalten der Anzeigen dar (diese Sitzung kann auch mit der zweiten zusammengelegt werden, d.h. erst nach Eingang und Versenden der Bewerbungsunterlagen erfolgen). Es bietet sich an, in folgenden Schritten vorzugehen:

Begrüßung

Starten Sie mit einer freundlichen, alle Beteiligten einschließenden Begrüßung. Erwähnen Sie dabei die jeweiligen Angehörigen der Fakultäten sowie die außeruniversitären Vertreter, die am Tisch sitzen, zum Beispiel mit dem Satz: „Es freut mich, dass Sie, wie ich auch, die Wichtigkeit der neu geschaffenen Stelle in der Forschungslandschaft unserer Universität erkannt haben und der Einladung gefolgt sind. So sitzen heute nicht nur Vertreter der Fakultäten 1, 4 und 7 am Tisch, sondern auch der Fraunhofer-Gesellschaft, welche eine Kooperation mit dem neu zu besetzenden Lehrstuhl anstrebt."

Vorstellungsrunde

In der sich an die Begrüßung anschließenden Vorstellungsrunde sollten Sie nicht nur darauf Wert legen, dass die Namen und die Zugehörigkeit der Teilnehmer genannt werden (günstigerweise haben Sie ohnehin Namensschilder aufstellen lassen), sondern dass jeder Einzelne ...

- seine persönliche Motivation für die Mitarbeit in der Kommission,
- ggf. seine strategischen Ziele (z.B. „Ich möchte mit dem neuen Kollegen einen Sonderforschungsbereich starten und ein neues Forschungslabor aufbauen."),
- die Anforderungen, die er kraft Amtes zu vertreten hat (z.B. wenn die neue Professur im Nebenamt die Leitung einer Materialprüfanstalt mit übernehmen muss),

benennt und erläutert. Dabei sollten Sie mit gutem Beispiel vorangehen und selbst beginnen.

Klärung und Festlegung des Vorgehens

Im nächsten Schritt wäre es ratsam, einige Takte zur Vorgehensweise zu sagen, z.B. in welchem Zeitraum die Berufung abgeschlossen sein muss, ob externe Gutachter in der Kommission sitzen oder ob es zwei parallele Kommissionen gibt (dies wäre bspw. der Fall, wenn der neue Kollege auch eine außeruniversitäre Einrichtung leiten soll). Darüber hinaus ist es von Vorteil, gleich in der ersten Sitzung alle weiteren Termine abzustimmen und festzulegen. Machen Sie ruhig sog. Vorhaltetermine, die Sie lieber wieder stornieren als kurzfristig nach realisierbaren neuen Terminen zu suchen. Machen Sie Terminabsprachen möglichst in der ersten Viertelstunde, da möglicherweise einzelne Kollegen eine Sitzung frühzeitig verlassen und dann keine gemeinsamen Terminabsprachen mehr möglich sind.

Vereinbaren Sie bereits an dieser Stelle, wie mit den eingehenden Bewerbungen umgegangen werden soll. Es hat sich stets bewährt, die Anzahl der Eingänge (Werfen Sie unbedingt frühzeitig einen Blick hinein, um festzustellen, ob auch ernstzunehmende Kandidaten dabei sind!) immer wieder zu kontrollieren, um bei (zu) wenigen Bewerbungen ggf. mit weiteren Anzeigen oder persönlichen Ansprachen nachzulegen. So können an dieser Stelle auch vereinbaren, dass Sie in diesem Falle oder auch bereits jetzt gezielt Kandidaten ansprechen und zur Bewerbung auffordern und hier um Namensnennungen geeigneter Kandidaten bitten. Besprechen Sie ebenfalls, ob Sie ein schematisiertes Bewerberformular (vgl. Beispiel im grauen Kasten) verwenden möchten, welches Sie den Kandidaten zumailen oder zum Download im Internet zur Verfügung stellen. Dies erspart Ihnen viel

Arbeit.
Die eingegangenen Bewerbungsunterlagen sind in vollständiger Form sämtlichen Mitgliedern der Kommission rechtzeitig vor der nächsten Kommissionssitzung zukommen zu lassen, damit jeder genügend Zeit hat, sich einzulesen. Es empfiehlt sich, dabei eine Frist von mindestens fünf Arbeitstagen vor der Sitzung einzuhalten (und diese vorab anzukündigen).
Hinweis: Denken Sie unbedingt daran, auf die ankommenden Bewerbungen Eingangsbestätigungen zu geben – dies ist nicht nur eine Frage der Wertschätzung, sondern auch ein wichtiges Zeichen Ihrer Professionalität.

Definition der Kriterien für die Bewertung der Bewerbungsunterlagen
Damit die Kommissionsmitglieder auch wissen, anhand welcher Aspekte sie die Bewerbungsunterlagen einzuordnen und zu bewerten haben, ist es sinnvoll, entsprechende Kriterien vorzugeben bzw. sich auf gemeinsame zu einigen (wie Publikationsbreite, Internationalität, Drittmittelrate etc.). Kriterien zur Bewertung lassen sich ganz allgemein gliedern in die Bereiche 'akademischer und beruflicher Werdegang' sowie 'fachlich-strategische Aspekte' (vgl. grauer Kasten). All diese Aspekte sollten natürlich proportional zum Lebensalter bzw. zur Berufserfahrung betrachtet werden.
Tipp: Lassen auf Basis dieser Festlegungen bereits eine Tabelle erstellen, die Sie den Mitgliedern bei der Versendung der Bewerbungsunterlagen mitschicken. In dieser sollten bereits eingetragen sein die Bewerber in alphabetischer Reihenfolge mit Name und Geburtsdatum, ihre derzeitige Position / Heimatuni, ihre wichtigsten akademischen Titel / Werdegang (welches Studium, wann Promotion und zu was, wann Habilitation und zu was), eine Spalte für das zu vergebende Ranking sowie eine für Bemerkungen.

PHASE 3: SICHTUNG DER BEWERBUNGSUNTERLAGEN

In der nächsten Sitzung geht es um die Diskussion und Bewertung der eingegangenen Bewerbungsunterlagen sowie um die Auswahl der Kandidaten, die zum sog. 'Vorsingen' eingeladen werden. Auch in dieser Phase können Sie durch gute und fundierte Vorarbeit die Diskussion vereinfachen und zielführend zu einer Liste kommen. Sie haben hier im Besonderen das gezielte Auswählen der Kandidaten sowie das Festlegen von Kriterien zur Gestaltung und Bewertung des 'Vorsingens' zu leisten.

Auswahl der Kandidaten
Gehen Sie die Kandidaten der Reihe nach durch und besprechen Sie insbesondere die auszuschließenden Fälle (bspw. hat das in der Ausschreibung geforderte Fach nicht studiert; Altersgrenze überschritten) und die Highlights (bspw. unübertroffene Publikations- oder Drittmittelrate, berühmter Preisträger). Für eine bessere Vergleichbarkeit der einzelnen Kandidaten empfiehlt sich eine tabellarische Darstellung der einzelnen Kandidaten oder die Gegenüberstellung in einer Matrix. Typischerweise werden bei dieser Diskussion den Kandidaten Rankings von A bis C oder D vergeben: A (sehr gut passend), B (gut passend), C (eher nicht passend) und D (gar nicht passend). Die (meist 5 bis 8) besten Bewerber werden eingeladen.

Festlegen des 'Vorsingens'
Nach Diskussion der Unterlagen sowie Festlegung einer Auswahl an einzuladenden Kandidaten, entscheiden Sie über die Art des 'Vorsingens'. Universitäten haben hier unterschiedliche Standardvorgehensweisen, die sich nach Bundesland und auch Fach unterscheiden. Komponenten des 'Vorsingens' können sein ...

- ein Fachvortrag (auf englisch oder deutsch) mit anschließender öffentlicher Diskussion (sog. Fragerunde) mit vorgegebenem oder freiem Thema; in der Regel 30- bis 45-minütige Dauer.

- ggf. eine Mustervorlesung (auf englisch oder deutsch) mit vorgegebenem oder freiem Thema, 45-minütig.
- ein Berufungsgespräch (in welchem meist Lehr- und Forschungskonzeptionen erfragt und mögliche Kooperations- oder Ausstattungsvorstellungen diskutiert werden), typischerweise 30- bis 60-minütige Dauer.
- gemeinsames Essen oder Kaffeetrinken. Diese Variante ist zunehmend häufiger anzutreffen, auch als Essen mit mehreren Kandidaten gleichzeitig.
- die Bearbeitung von Tests bzw. Aufgaben gängiger Personalauswahlverfahren. An einzelnen Universitäten werden inzwischen Verfahren der Personalauswahl eingesetzt wie es bei anderen Arbeitgebern der Industrie schon seit langem gängig ist. So gibt es bereits Berufungsverfahren, in denen die Kandidaten Aufgaben eines Assessment-Centers (bspw. Rollenspiele, die Führungsverhalten abbilden) oder Persönlichkeitstests (die Persönlichkeitseigenschaften des Bewerbers abbilden) bearbeiten. Diese sollen der Kommission Aufschluss geben über Verhaltensweisen und Persönlichkeitseigenschaften des Kandidaten, welche im persönlichen Gespräch bzw. Vortrag oder Vorlesung nicht unmittelbar abzulesen sind.

Die wohl am häufigsten anzutreffende Vorgehensweise ist die (auch zeitliche) Kombination von Fachvortrag mit anschließender Fragerunde als öffentliche Veranstaltung sowie Berufungsgespräch, welches die Kommission unter Ausschluss der Öffentlichkeit mit dem Kandidaten meist kurz nach dem Vortrag durchführt. Nach der Festlegung des Umfangs des Vorsingens haben Sie nun noch die Termine, an denen das Vorsingen stattfinden soll, zu beschließen (in der Regel werden an zwei aufeinanderfolgenden Tagen bis zu acht Personen eingeladen). Das gemeinsame Abstimmen des Termins ist wichtig, um zu verhindern, dass nur eine peinliche Handvoll Leute erscheinen – und das würde Ihre Universität bzw. Ihr Fach in keinem guten Licht dastehen lassen. Sie erleichtern es sich und der gesamten Berufungskommission, wenn Sie alle Vorträge und Berufungsgespräche in einer ggf. mehrtägigen Blockveranstaltung durchführen; gleichzeitig ist so eine höhere Standardisierung und damit eine bessere Vergleichbarkeit der Kandidaten gewährleistet.

Es empfiehlt sich, sofort nach dieser Sitzung / Entscheidung die Einladungen an die Bewerber auch zu verschicken – so wird's nicht vergessen und auch die Bewerber können ihre Termine entsprechend planen.

Beispiel eines schematisierten Bewerberformulars

Wir bitten darum, dieses Formular auszufüllen und als Attachment in der Form '**eigenerName.doc**' per E-Mail an **XXX@uni-XX.de** zurückzusenden. Bitte verändern Sie das Layout nicht.

Allgemeine Daten
Name / Vorname / Titel: Geburtsjahr:

Hochschulabschluss (Art / Datum / Ort):

Promotion (Titel / Datum / Ort):

Habilitation (Fach / Datum / Ort / Venia für ...):

Institutionsorte seit Studienabschluss mit Zeitdauer pro Ort, Funktion, Tätigkeitsfeld:

Derzeitige Stellung (Bezeichnung / seit wann?):

Einordnung des Arbeitsgebiets in Stichworten:

Auszeichnungen und Zusatzqualifikationen

Förderungen durch Stiftungen in der Vergangenheit (als Doktorand / als Habilitand / Sonstige):

Auszeichnungen / Preise:

Zusätzliche Qualifikationen (in Bereichen der im Ausschreibungstext genannten Fächer):

Zusätzliche Qualifikationen (in anderen Bereichen):

Publikationen

Anzahl der referierten Publikationen (Zeitschriften / Tagungen):

Anzahl der Herausgeberwerke:

Anzahl der Bücher / Buchbeiträge (ohne Tagungsbände):

Anzahl der technischen Berichte:

Angabe der wichtigsten fünf Publikationen (Titel / Literaturstelle):

1.

2.

3.

4.

5.

Zitationsanalyse Ihrer Publikationen:

Forschung

Forschungsschwerpunkte (in Stichworten):

Längere Forschungsaufenthalte (seit Studienabschluss (≥ 1 Monat / Ort / von – bis):

Anzahl der betreuten Dissertationen (abgeschlossen / laufend):

Drittmittel (Projektname / Geldgeber / Finanzvolumen / Anteile Personal-, Sachmittel und Sonstiges / Zeitraum):

Davon eigenständig beantragt:

Als Mitantragsteller (weitere Antragsteller bitte nennen):

Davon übertragbar auf den neuen Arbeitgeber:

Lehre

Lehr- und Prüfungserfahrung (Titel in Stichpunkten / Umfang / Häufigkeit):

Organisatorische Funktionen

Lehrstuhlvertretungen (Ort / Zeitraum):

Mitwirkung in der akademischen Selbstverwaltung:

Tagungs- und Kongressorganisationen:

Tätigkeit in wissenschaftlichen Gesellschaften (wo, Funktion, Zeitraum):

Management in Fachzeitschriften (Editor, Koeditor, Editorial Board, Gutachter):

Sonstiges

Mindestens drei Vorschläge für Gutachter (Name / Organisation / Anschrift):

1.

2.

3.

Ggf. Bemerkungen Ihrerseits:

EXEMPLARISCHE KRITERIEN FÜR DIE BEWERTUNG DER BEWERBUNGSUNTERLAGEN

1) Akademischer Werdegang und aktuelle Position

- Absolvierte Studien (bspw. Zweitstudium), und (Zusatz-) Ausbildungen wie Facharzt- oder Therapieausbildung
- Habilitation
- Erhaltene Rufe
- Anzahl der Vorträge sowie Anzahl, Qualität und Impactfaktor der (Peer-Reviewed) Publikationen
- Erteilte Patente
- Preise und Auszeichnungen
- Beurteilung in den Lehrevaluationen
- Tätigkeit in der Fachpolitik oder und der akademischen Selbstverwaltung

2) Beruflicher Werdegang

- Praxis- bzw. Industrieerfahrung und -kontakte
- Personalverantwortung, Personalführung, Managementerfahrung
- Auslandsaufenthalte
- Wahrnehmung der vom Kandidaten derzeit geleiteten Einheit
(Welchen Ruf genießt der vom Kandidaten geleitete Lehrstuhl? Ist die Forschungseinrichtung, die vom Kandidaten geleitet wird, bspw. in DFG-Kreisen bekannt?)

3) Strategisch-fachliche Aspekte

- Kooperationen (wissenschaftlich und praxisbezogen)
- Thematische Anbindungsfähigkeit an die bestehenden Institute / Schwerpunkte der Uni
- Erfahrung mit und Umfang der Drittmittel (DFG, Industrie, Stiftungen)
- Inovationsgrad der Forschungsthemen

PHASE 4: DAS 'VORSINGEN'

Sind dann die hoffentlich richtigen Kandidaten eingeladen, geht es ans Wesentliche: Das 'Vorsingen'. Aus Sicht des Bewerbers ist es eine echte Bewerbungssituation, ein Schaulaufen, in dem es gilt, sich gut zu präsentieren; aus Sicht der Berufungskommission steht im Fokus, den möglichen zukünftigen Kollegen und seine Kompetenzen 'kennenzulernen', ihm ggf. noch ein letztes Mal 'auf den Zahn zu fühlen'. Da alle Mitglieder und vor allem Sie als Vorsitzender im Rahmen des 'Vorsingens' immer wieder vor der Aufgabe stehen, den Kandidaten Fragen stellen zu müssen, sollten Sie sich im Vorfeld Gedanken über mögliche Fragen machen. Denn einerseits wirft die Qualität der von Ihnen gestellten Fragen ein Licht auf Sie (Ihr Interesse am Kandidaten, Ihre Fähigkeit mitzudenken etc.) und andererseits ermöglichen nur gute Fragen auch eine gute Entscheidung. Qualitativ hochwertig sind in diesem Zusammenhang Fragen, die den Kandidaten dazu bringen, sich, seine Inhalte und Kompetenzen zu präsentieren, sodass Sie ihn kennenlernen und beurteilen können. Dazu einige Beispiele als Anregungen im grauen Kasten, die je nach Fachdisziplin und -kultur entsprechend abzuwandeln und zu ergänzen sind.

Typische Fragen zum fachlichen Vortrag des Bewerbers

Neben den Fragen zum Vortragsinhalt im engeren Sinne ließe sich fragen:

- In welchem Zusammenhang stehen Ihre Befunde zu den Befunden von xyz?
- Welche praktischen Implikationen, Empfehlungen lassen sich hieraus ableiten?
- Könnte man aus Ihren Forschungsprojekten Patente oder Produkte ableiten? Wenn ja, welche?
- Worauf werden Sie Ihre bisherigen Befunde übertragen / anwenden, in welche Richtung ausbauen / fortsetzen? Nennen Sie bitte weitergehende Forschungsideen / Visionen.

Typische Fragen an den Bewerber im Rahmen eines Berufungsgesprächs

- Was wären Ihre ersten Projekte, die Sie anpacken würden?
- Was möchten Sie langfristig als Forschungsschwerpunkte etablieren?
- Was sind Ihre Ziele für die nächsten 5 Jahre? Was möchten Sie bis dahin hier erreicht haben?
- Inwiefern wären Ihre Vortrags- / Forschungsinhalte mit denen der anderen Kollegen in der Fakultät zu verbinden? Welche Kooperationen streben Sie in der Fakultät an?
- An welchen wissenschaftlichen Netzwerken oder Kooperationen sind Sie beteiligt und wie würden Sie diese hier einbringen?
- Über welche Praxis-/Wirtschafts- / Industriekontakte verfügen Sie?
- Wie steht es um die Drittmitteleinwerbung? Welche davon käme(n) beim Wechsel mit?
- Wie viele Stellen / Mitarbeiter könnten Sie sich vorstellen mitzubringen? Welche Arbeitsgruppen oder welche Mitarbeiteranzahl würden Sie hier aufbauen / anstreben? Wie werden Sie den akademischen Nachwuchs fördern?
- Wie sieht Ihr Lehrkonzept aus? Wo werden Ihre Schwerpunkte in der Lehre liegen? Was könnten Sie den Studierenden an Besonderheiten bieten?
- In welcher Hinsicht würden Sie sich in der akademischen Selbstverwaltung engagieren wollen? Welche Erfahrungen bringen Sie diesbezüglich mit? Was könnten Sie sich vorstellen, zur Frauenförderung in Studium und Mittelbau beizutragen?
- Was ist Ihre persönliche Motivation zu wechseln?
- Wann können Sie beginnen?
- Laufen derzeit noch andere Bewerbungen?
- Haben Sie noch für Fragen an uns?

Tabelle 3.5. Beurteilungsbogen zur standardisierten Bewertung der Bewerber.

BEURTEILUNGSBOGEN BERUFUNGSVORTRAG (AUSZUFÜLLEN VON JEDEM KOMMISSIONSMITGLIED PRO BEWERBER)		
Ausgeschriebene Stelle:		
Name des Kandidaten:		
Thema des Vortrags:		
Am:	**Beginn: Uhr**	**Ende: Uhr**
BEURTEILUNG DES VORTRAGS		
Wissenschaftliche Tiefe:		**Fachliche Breite:**
Ausgezeichnet		Sehr weit
Gut erkennbar		Angemessen
Nur in Teilen gegeben		Eng
Nicht erkennbar		Sehr eng
Gliederung und Methodik des Vortrags:		**Didaktische Fähigkeiten:**
Professionell		Sehr ansprechend, sehr anschaulich
Geschickt		Gewandt, anschaulich
Eher ungeschickt		Mit Unsicherheiten, noch sehr anschaulich
Unklar, unbrauchbar		Mit großen Unsicherheiten, noch sehr unanschaulich
Auftreten und Verhalten des Vortragenden:		**Weitere Anmerkungen:**
Sehr sicher, temperamentvoll, lebhaft		
Sicher, lebhaft bis ruhig		
Etwas unsicher, zu ruhig, arrogant		
Sehr unsicher, ermüdend		
BEURTEILUNG DES KANDIDATEN IN FRAGERUNDE UND BERUFUNGSGESPRÄCH		
Beantwortung der Diskussionsfragen:		**Gesamteindruck bei der Fragerunde und im Berufungsgespräch:**
Klar, vollständig		Sehr sicher, emotional kompetent
Im Großen und Ganzen klar, fast vollständig		Sicher
Ausweichend, unklar, weitschweifig		Unsicher oder arrogant
Fehlerhaft, unvollständig		Sehr unsicher

Passung der Person zur Ausschreibung:	Integration in das Portfolio der Fakultät:
Passt hervorragend	Hervorragend möglich
Weitgehend passend	In Teilen
Geringe Übereinstimmung	Kaum erkennbar
Keine Übereinstimmung	Keine Integration erkennbar
ZUSAMMENFASSENDE BEURTEILUNG (IN SCHULNOTEN; MIT BEGRÜNDUNG)	
Fachlich	
Pädagogisch	
Strategisch	
Persönlich	
ABSCHLIESSENDE BEWERTUNG	
Vorschlag für Listenplatz (mit Begründung):	

Meist muss Ihre Bewertung in kurzer Zeit (während des Vortrags und der Fragerunde) und mit rasch aufeinanderfolgenden Bewerbern getätigt werden. Um nichts zu vergessen und alle Kandidaten nach denselben Kriterien und gleichermaßen differenziert zu bewerten, empfiehlt es sich daher, standardisierte Bewertungsschemata zu nutzen (vgl. Vorlage in Tabelle 3.5).

Typische Kriterien zur Beurteilung des Kandidaten beim Vorsingen

- **Wissenschaftliche Ausprägung**
  Hierunter fallen der wissenschaftlich-methodische Tiefgang sowie die fachliche Breite des Bewerbers. Diese Kriterien sind von Bedeutung, denn vermutlich möchten Sie ja einen Kollegen, mit dem Sie Projekte durchführen können. Ferner sollte er offen für und anbindungsfähig an die Fach- und andere Kollegen sowie an bestehende Projekte der Universitäten sein.
- **Didaktische Fähigkeiten**
  Zu diesem Kriterium gehören Anschaulichkeit, Verständlichkeit, interaktive und ansprechende Vortragsgestaltung etc. Gut ausgeprägte didaktische Fähigkeiten seitens Ihres Kandidaten beeinflussen später die Qualität der Lehre und damit die Lehrevaluationen und den Ruf des Instituts unter den Studierenden.
- **Souveränität im Auftreten, repräsentative Fähigkeiten**
  Jene haben den nicht unwichtigen Vorteil, dass Ihr potenzieller Kollege Ihr Institut im Außenraum gut darstellen und ggf. auch medienwirksam auftreten kann.
- **Sympathie und kooperatives, kollegiales Verhalten**
  Vermutlich möchten Sie keinen Kollegen einstellen, mit dem es schwierig oder unangenehm ist umzugehen. Achten Sie daher darauf, wie kollegial und kooperativ dieser Ihnen entgegentritt bzw. wirkt.

PHASE 5: ABSTIMMEN DER LISTE

Kandidaten für die engere Wahl abstimmen

Die finale Arbeit einer Berufungskommission stellt die sog. 'Liste' dar, die an die Fakultät und die Hochschulleitung weitergegeben wird. Vor allem in diesem Abschnitt ist oftmals moderierendes oder sogar strategisches Vorgehen erforderlich, da ggf. einige Kommissionsmitglieder einen speziellen Kandidaten an die erste Stelle bringen wollen – oder eben nicht. Um die aus dieser Situation entstehende Diskussion gut moderieren zu können, sollten Sie sich inhaltlich-argumentativ gut vorbereiten, d.h. im Vorfeld entsprechende Pro- und Contra-Argumente sammeln sowie sich die Reihenfolge Ihrer Argumentation genau überlegen. Wenn dann dennoch die Debatte ins Stocken kommt oder die Diskussion in die falsche Richtung geht, ist es Ihre Aufgabe, lenkend und lösungsorientiert einzugreifen – beispielsweise indem Sie den Vorschlag machen, weitere Kandidaten nachzuladen, eine Pause einzulegen oder im Worst Case zu einem neuen Entscheidungstermin einladen.

Gutachten einholen

Nachdem die Kandidaten der engsten Wahl (in der Regel bis zu vier) entschieden sind, müssen, sofern diese nicht bereits der Kommission angehören, externe Gutachter bestellt werden. Dies stellt dann meist die letzte Chance einer Einflussnahme der einzelnen Mitglieder Ihrer Kommission dar. Daher bietet es sich für Sie an, mit einem eigenen Vorschlag einer Gutachterliste in die Abstimmungssitzung zu gehen. In der Regel werden zwei Gutachten pro Person eingeholt.

Als Gutachter kommen jene Professorenkollegen in Frage, die vom gleichen Fach sind wie die ausgeschriebene Stelle und so die Qualifikationen für diese Stelle vollumfänglich beurteilen können. In diesem Sinne kann es von Vorteil sein, wenn die Gutachter die Kandidaten aus der Community oder einer Zusammenarbeit kennen, da sie so aussagefähigere Gutachten erstellen können als allein aufgrund deren schriftlicher Bewerbung und Publikationen. Im Normalfall sollten Gutachter nicht mit dem Kandidaten in enger Weise publiziert oder kooperiert haben; nicht sein Mentor oder Doktorvater sein oder sich in einer ähnlichen Befangenheitsposition befinden (doch ist dies bei 'kleinen Fächern' nicht immer auszuschließen); schließlich sollten die Gutachter auch keine 'eigenen Kandidaten' (ihre Zöglinge) im Rennen haben und entsprechend parteiisch sein. Ob eine ausreichende Neutralität eines Gutachters (also keine 'Befangenheit') vorliegt, hat die Kommission in eigenem Ermessen zu entscheiden, das heißt, sie muss sich darüber Gedanken machen, ob hier aus Sicht eines verständigen Dritten eine Besorgnis der Befangenheit vorliegt oder nicht. Die Kandidaten können auch um Gutachtervorschläge gebeten werden (diese sind aber für die Kommission nicht verbindlich). Sollten sie dabei einen ggf. 'befangenen Gutachter' benennen, wie beispielsweise den eigenen Doktorvater, müssen sie dies offenlegen.

Die Gutachten können Sie in verschiedenster Weise beauftragen: Oftmals werden vergleichende Gutachten eingeholt. Diese besagen, dass ein- und derselbe Gutachter alle Kandidaten beurteilt (diese also vergleicht) und in eine Rangreihe bringt. Als Variante werden Einzelgutachten angefordert, d.h. ein Gutachter beurteilt nur eine Person und diese Gutachten werden dann in ihren Aussagen verglichen. Da in allen Fällen der Stil, die Länge und ggf. auch die Sprache (bei internationalen Gutachtern) in den Gutachten stark variieren, erleichtert wiederum ein standardisierter Beurteilungsbogen, den Sie den Gutachtern vorgeben, die anschließende Arbeit der Kommission erheblich.

Erstellen der Liste

Nach Eingang der Gutachten findet die letzte Sitzung der Kommission statt, in der eine bzw. die Liste ('DIE Liste') mit der Reihung der Kandidaten verabschiedet wird. Auch für diese Runde gilt das oben Gesagte: Gehen Sie gut vorbereitet (d.h., mit all den Begründungen und Fakten, die für oder gegen die Kandidaten sprechen) in die Sitzung, denn am Ende dieser Sitzung soll die Verabschiedung der Liste stehen – dies ist also Ihre letzte Einflussmöglichkeit, bevor Ihre Arbeit bzw. die der Kommission final beendet wird. Häufig werden Listen mit drei Kandidaten (Platz 1 bis 3) beschlossen, welche in ihrer Folge ausdrücken, dass die Kommission mit jeder der Berufungen – wenn auch in absteigender Priorisierung – einverstanden wäre. Sieht die Kommission jedoch einen großen Abstand zwischen den Kandidaten, so erstellt sie gewöhnlich eine Liste mit sog. Sperrvermerk. Dieser besagt, dass – sollte Platz 1 absagen – die Kommission nochmal gehört werden muss und folglich nochmals Einfluss nehmen kann, bevor mit Platz 2 verhandelt wird.

Der hier geschilderte Verlauf einer Berufungskommissionsarbeit mag für viele Universitäten typisch sein, ist aber dennoch nur als Beispiel zu sehen, da es schlussendlich eine ganze Reihe an Möglichkeiten für Abweichungen oder Varianten geben kann. In jedem Fall wird es sich aber um eine Sitzungsreihe handeln, die von allen Beteiligten ein hohes Maß an Fingerspitzengefühl erfordert.

Checkliste
für die Arbeit des Vorsitzenden (bzw.) der Berufungskommission

Phase 1 – Vorbereitung

✓ Überblick über rechtliche Grundlagen verschaffen

✓ Interessen klären und entsprechendes Stellenprofil erarbeiten

✓ Kommission zusammenstellen (nur für den Vorsitzenden)

Phase 2 – Erstes Treffen der Kommission

✓ Anzeigen schalten

✓ Bewertungskriterien für die Bewerbungsunterlagen festlegen

✓ Ggf. schematisierte Formulare für die Bewerber entwerfen

Phase 3 – Sichtung der Bewerbungsunterlagen

✓ Bewerber entsprechend der Kriterien einordnen und bewerten, Einzuladende auswählen

✓ Aufbau des 'Vorsingens', Reihenfolge der Kandidaten sowie den Termin festlegen

✓ Bewerber entsprechend einladen

✓ Beurteilungsbogen für das 'Vorsingen' entwerfen

Phase 4 – Das 'Vorsingen'

✓ Bewerber anhand des Beurteilungsbogens bewerten

✓ Fragen stellen (Kompetenzen und Eignung feststellen)

Phase 5 – Abstimmen der Liste

✓ Auf die zu begutachtenden Kandidaten der engeren Wahl einigen

✓ Gutachter festlegen und Gutachten einholen

✓ Finale Liste mit den ausgewählten Kandidaten verabschieden

4 Team-Klausur

„Ganz gleich was für ein großer Krieger ein Häuptling ist, er kann die Schlacht nicht gewinnen ohne seine Indianer."

Vielleicht kennen Sie folgende Parabel: Es war einmal ein Bauer, der sich mit stumpfer Sense abmühte, sein Feld zu mähen. Den Rat eines Vorbeireisenden, die Sense doch zu schärfen, ignorierte er mit dem Argument, dafür keine Zeit zu haben – er müsse schließlich rasch sein Feld mähen. Was sagt uns die Geschicht'? Natürlich kann der Bauer mit seiner stumpfen Sense so weiter arbeiten wie bisher, doch wird es ihn unnötig viel Kraft kosten, der Erfolg wird geringer und die Frustration darüber immer größer werden. Seien Sie klüger und stellen Sie metaphorisch gesprochen sicher, dass Ihre Sense scharf bleibt und dass Sie über ein Arbeitsinstrument verfügen, das Sie Ihren Zielen näher bringt.

Wenngleich Sie bei der alltäglichen Lehrstuhlarbeit vermutlich keine Wiesen zu mähen haben, gibt es dennoch Instrumente, die geschärft werden wollen. Viel zu selten nehmen wir uns die Zeit, um beispielsweise über unser Team oder neue strategische Ausrichtungen nachzudenken, wenngleich dies immens wichtig ist. Um den Blick für das Wesentliche wieder zu schärfen, um Wege aus dem Trott, aus dem Gewohnten und den Routinen zu finden, Prioritäten richtig setzen und sich optimieren zu können, hilft eine gewisse Distanz oder Auszeit. Es empfiehlt sich deshalb, halbjährlich (mindestens aber jährlich) eine Art Rückzug des Lehrstuhls in Form einer Team-Klausur einzuberufen. In dieser Auszeit (auch Mitarbeiter-Workshop genannt) haben Sie und Ihre Mitarbeiter Zeit, um ganz bewusst und mit Distanz zum Tagesgeschäft über die tägliche Arbeit und ihre Abläufe nachzudenken, wichtige Handlungsabläufe und Prozesse zu reflektieren und diese wirksamer zu gestalten, Strategien zu erarbeiten und auch, um das gemeinsame Miteinander einmal unter die Lupe zu nehmen.

Sie meinen, Sie arbeiten zwar in einer gemeinsamen Arbeitseinheit, aber eigentlich doch jeder alleine und nicht wirklich in einem Team? Nun, das mag man im wissenschaftlichen Bereich so sehen können, da meist jedes Teammitglied ein eigenes Thema bearbeitet, doch letztendlich sitzen Sie alle im gleichen Boot: Wenn es im Lehrstuhl nicht reibungslos rund läuft, dann kommt niemand mehr zu seinem eigentlichen Thema. Des Weiteren gilt: „Wer alleine arbeitet, addiert. Wer zusammenarbeitet, multipliziert." Wie der Volksmund schon sagt, Synergieeffekte benötigen ein funktionierendes Team.

Ziel einer Team-Klausur ist es, eben diese Synergien und auch neue Handlungsspielräume entstehen zu lassen, welche Sie und Ihr Team sinnvoll und produktiv für weitere Projekte nutzen können. Mit einer solchen Team-Klausur haben Sie ein Instrument der Qualitätssicherung an der Hand, welches Ihnen hilft, Kräfte und Kompetenzen zu bündeln und mit Ihrem Team als Ganzem zielgerichteter, wirksamer und effizienter zu arbeiten – kurz: Ihre Arbeitswerkzeuge zu schärfen. Woran Sie denken sollten, wenn Sie in diesem Sinne Ihre nächste oder auch allererste Team-Klausur anvisieren, wird im Folgenden ausgeführt. So finden Sie hier die Darstellung Ihrer Aufgaben als Leiter einer Team-Klausur (Abschnitt 4.6), zuvor Hinweise auf den Start derselben, die inhaltlichen Punkte (Abschnitte 4.1 bis 4.4) sowie zu den beim Abschluss einer solchen Klausur zu berücksichtigenden Aspekten (Abschnitt 4.5).

4.1 Vorgehensweise und mögliche Themenbereiche

Sie fragen sich, welche Themen / Hauptbereiche im Fokus der Team-Klausur stehen sollten? Gegenstand eines solchen Workshops ist es ja, wichtige Handlungsabläufe und Prozesse in der Arbeit zu reflektieren und wirksamer zu gestalten. Analog gilt es, die bedeutsamsten Bereiche herauszugreifen, die die Erfüllung dieser Aufgaben und die kontinuierliche Optimierung sicherstellen können. Sicherlich werden Sie nun sagen, dass **Forschung** und **Lehre** die Hauptaufgaben eines Lehrstuhls sind und daher entsprechender Aufmerksamkeit bedürfen. Recht haben Sie, es sind auch zwei der wichtigsten Themen. Da jedoch funktionierende Lehre und Forschung auf einer möglichst reibungslosen Kooperation basieren, müssen Sie zusätzlich genau jene thematisieren: Die **Zusammenarbeit** hinsichtlich der reinen **Organisation**, ihrer Administration sowie hinsichtlich des zwischenmenschlichen Miteinanders.

Ihr Vorgehen bezüglich dieser Themenbereiche sollte dabei strategisch immer aus zwei Kernelementen bzw. vier Schritten bestehen (siehe Abb. 4.1). Einerseits steht die **Reflexion der vergangenen Periode** im Fokus, bei der es darum geht, anhand von Leitfragen zentraler Aspekte des gemeinsamen Arbeitens zu reflektieren sowie gelungene und weniger gelungene Aspekte im Sinne einer Manöverkritik zu sammeln und entsprechende Stärken und Schwächen herauszuarbeiten. Andererseits gilt es, eine **(Neu-)Ausrichtung** zu betreiben, d.h., aus oben genannter Reflexion Handlungsempfehlungen bzw. Lösungsalternativen abzuleiten und konkrete Maßnahmen bzw. Vereinbarungen zu beschließen.

Dieser Prozess des Reflektierens und Planens sollte in Ihrem Lehrstuhl zur regelmäßigen Einrichtung werden. Sowohl Sie als auch Ihre Mitarbeiter werden sich – im Falle eines solchen wiederholenden Turnus – bereits im Laufe des Jahres Gedanken machen, was in der nächsten Team-Klausur angesprochen werden sollte (bspw. das Einbringen eines Vorschlags zu einer zu ändernden Vorgehensweise im Ablauf).

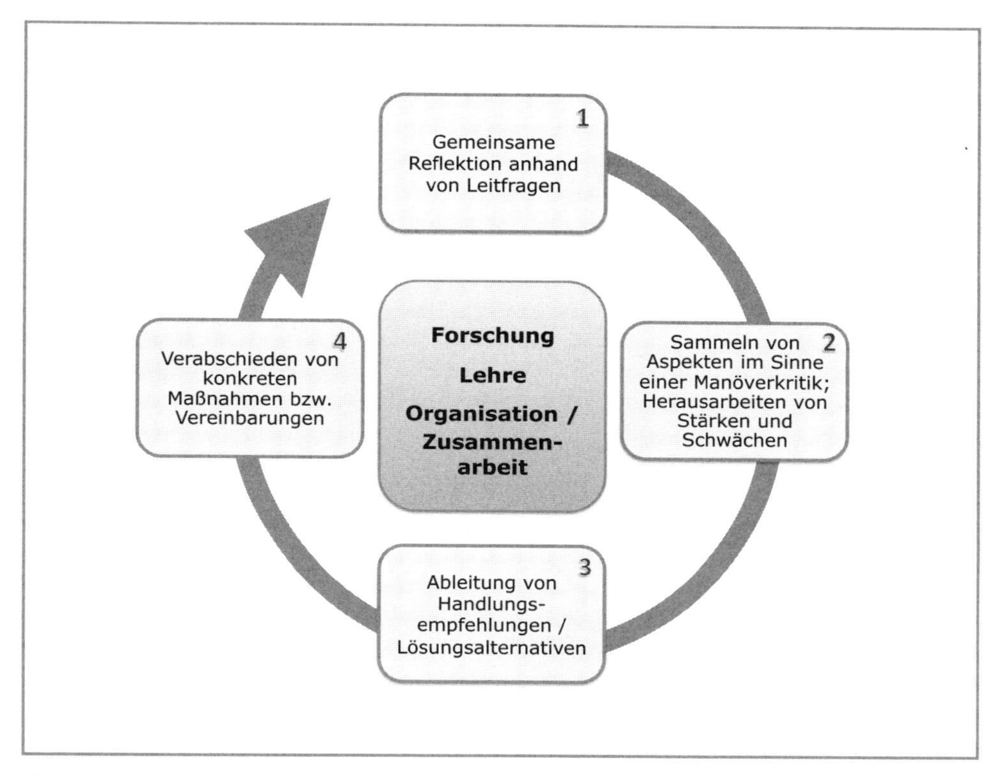

Abb. 4.1. Schematische Darstellung der Reflexion und Neuausrichtung der wesentlichen Lehrstuhlthemen.

Diese Reihenfolge hat den Vorteil, dass Sie auf der Reflexion der vergangenen Periode systematisch eine inhaltliche und strategische (Neu-)Ausrichtung aufstellen können. Denn aus der Rückschau – unabhängig davon, ob diese reibungslose Abläufe oder aber Probleme in der Abstimmung ergeben hat – lassen sich konkrete Handlungsempfehlungen ableiten, wie Sie die entsprechenden Aspekte im Team in Zukunft gestalten oder optimieren können. Eine Neuausrichtung ohne diese Reflexion, Analyse und Erkenntnis, wo genau Sie und Ihr Team zur Optimierung ansetzen können / müssen, wäre somit nur bedingt sinnvoll, da Ihnen eine Grundlage fehlt, auf der Sie konstruktiv aufbauen können.

DER START IN DIE TEAM-KLAUSUR

Sie haben nun alle Themen und Unterlagen für die Team-Klausur beisammen, aber die Frage „Wie komme ich rein ins Thema, ran an die Teammitglieder?" ist noch ungeklärt? Der Beantwortung dieser Frage widmet sich der folgende Abschnitt.

Begrüßung Ihrer Mitarbeiter. Die offizielle Begrüßung Ihrer Teilnehmer der Team-Klausur bildet den Auftakt und kann sich zum Beispiel an ein Frühstück in geselliger Runde anschließen. Mit einer gemeinsamen informellen Aktivität zu beginnen, hat den Vorteil, dass sich die Teilnehmenden schon ein wenig 'warmsprechen' können und neue Teammitglieder ggf. erste Gelegenheit haben, den Rest des Teams in eher lockerem Rahmen kennen zu lernen. Weil gemeinsame informelle Aktivitäten im laufenden Semesterbetrieb insgesamt eher selten stattfinden, ist es durchaus geschickt, in der Team-Klausur vom gewohnten Vorgehen und zielgerichtetem Einstieg wie bei Besprechungen und Teamsitzungen abzuweichen und Ihren Teammitgliedern am Beginn der Team-Klausur einen Rahmen für Small Talk zu bieten. Nachdem die wichtigsten privaten Neuigkeiten etc. ausgetauscht sind, lässt sich dann im Anschluss an das Frühstück umso direkter und ohne Umschweife effektiv in die inhaltliche Arbeit einsteigen und letztlich viel produktiver arbeiten.

Einleitung in das Thema. In den eigentlichen Teil der Team-Klausur können Sie beispielsweise mit einem kurzen persönlichen Rückblick auf die vorlesungsfreie Zeit oder das vergangene Semester starten, der Sie direkt zu den aktuell anstehenden Aufgaben am Lehrstuhl führt und Ihnen einen eleganten Einstieg in die inhaltliche Arbeit bietet. Genauso können Sie ein persönliches Erlebnis aus der Urlaubszeit mitbringen, an dem Ihnen klar geworden ist, wie viel Spaß Ihnen die Zusammenarbeit macht und dass Sie sich auf das kommende Semester mit Ihrem Team und die anstehenden Aufgaben freuen. Geben Sie nach den einleitenden Worten einen kurzen Überblick über das anstehende Programm der Team-Klausur. An dieser Stelle sollten Sie dessen Sinn und Zweck, den Aufbau sowie die Ziele des Ganzen kurz vorstellen. Im Anschluss an die Vorschau bietet es sich an, die Erwartungen und Wünsche der Teilnehmenden an die Team-Klausur zu sammeln und gerne auch visuell festzuhalten (vgl. Kapitel 9, Moderationsmethoden). Dies ist insofern sinnvoll, als dass Sie sich ggf. am Ende einzelner Themen noch einmal annehmen können und um zu schauen, ob alle Erwartungen erreicht wurden und zu entscheiden, wie Sie mit den nicht erreichten umgehen wollen.

Spezialfall: Die erste Team-Klausur. Sofern Sie eine solche Klausur das erste Mal mit einem komplett neu formierten Team ausrichten, sollten Sie mit einer Vorstellung der einzelnen Teammitglieder starten (bspw. zu deren Werdegang, Projekten, persönlichen Zielen). Ebenfalls sollten Sie bei einem neuen Team bzw. einer ersten Team-Klausur besonderes Augenmerk und Zeit auf die Erarbeitung eines gemeinsamen Leitbilds und gemeinsamer Werte legen (vgl. Abschnitt 1.1). Dies ist aufwändig, weil es hierzu kaum Vorgaben oder Manuale geben kann (im Gegensatz bspw. zur Lehre, siehe Teil III) und Sie somit Zeit zur Erarbeitung derselben brauchen. Diese Zeit sollten Sie sich unbedingt auch nehmen, da ein Leitbild die innere Akzeptanz Ihrer Mitarbeiter braucht, um umgesetzt zu werden (Sie können es nicht 'verordnen'). Der Aufwand wird sich für Sie lohnen, denn mit einem von allen gelebten Leitbild ersparen Sie sich viel Führungsaufwand.
Es ist zu beachten, dass bei einer allerersten Team-Klausur jeder der Themenbereiche (Organisation und Zusammenarbeit, Lehre, Forschung) viel Zeit beanspruchen wird, da ja alle einzelnen Aspekte erstmalig zu erarbeiten und durchzusprechen sind, um so zu dem angestrebten einheitlichen Verständnis zu gelangen. Aufgrund des hier geforderten hohen Zeitaufwands mag es sinnvoll sein, die Themenbereiche einmalig in einzelnen, jeweils ein- bis zweitägigen Workshops abzuhandeln.

Im Folgenden wird veranschaulicht, welche spezifischen Inhalte der drei Bereiche (Organisation und Zusammenarbeit, Lehre, Forschung) Sie jeweils in Betracht ziehen sollten (Abschnitte 4.2 bis 4.4). Tabelle 4.1 gibt Ihnen Beispiele des Einsatzes solcher Fragen mit möglichen Ergebnissen und Implikationen.

Tabelle 4.1. Exemplarische Fragen zur Manöverkritik, mögliche Ergebnisse und daraus ableitbare Handlungsempfehlungen.

ORGANISATORISCHE ABLÄUFE IM ADMINISTRATIVEN BEREICH		
Beispielfrage	**Mögliches Ergebnis (Bsp.)**	**Mögliche Umsetzung**
Wie gut waren die Vorbereitungen schriftlicher Prüfungen organisiert?	Das Generieren von möglichen Fragen hat viel mehr Zeit in Anspruch genommen als geplant. Die Klausuren konnten deshalb erst in letzter Minute unter Hochdruck fertig gestellt und kopiert werden.	Schnellere Rückmeldung bei Fehlentwicklung, umfangreiche Aufgabe auf mehrere Mitarbeiter verteilen oder Verantwortlichen in anderen Aufgabenbereichen entlasten.
KOORDINATION VON HILFSKRÄFTEN		
Beispielfrage	**Mögliches Ergebnis**	**Mögliche Umsetzung**
Wie gut waren wir in der Lage, Aufgaben unter den HiWis gleichmäßig zu verteilen?	Hilfskräfte erhielten zum Teil widersprüchliche Anweisungen von verschiedenen Mitarbeitern.	Aufträge an Hilfskräfte im Team besser aufeinander abstimmen. Vorbereitungen für die Lehre und Aufgaben für die Hilfskräfte langfristiger anlegen, sodass Arbeiten in den Ferien laufen können.
ABSTIMMUNG VON VERANTWORTLICHKEITEN		
Beispielfrage	**Mögliches Ergebnis**	**Mögliche Umsetzung**
Inwiefern gab es eine überschneidungsfreie Aufteilung der administrativen Aufgaben auf die einzelnen Teammitglieder?	Bei der Pflege des Labors und der Wartung der Labortechnik war nicht klar, wer verantwortlich ist. Die Versäumnisse mussten deshalb vom ersten, der die Technik benötigt hat, behoben werden, was zu unerwarteten Verzögerungen führte.	Aufgaben im Zusammenhang mit der Pflege des Labors explizit benennen und Verantwortliche(n) bestimmen.
INFORMATIONSFLUSS UND WISSENSMANAGEMENT		
Beispielfrage	**Mögliches Ergebnis**	**Mögliche Umsetzung**
Wie gut waren wir in der Lage, Wissen im Team zu verteilen und uns fachlich auszutauschen?	Fachlicher Austausch wurde rege genutzt, z.B. durch Weiterleiten von Fachartikeln. Wissensmanagement lag jedoch brach und auch der Infofluss war häufiger versackt.	Informationshol- und bringschuld besser definieren. Intranet und Datenbanken konsequent pflegen und nutzen.

ZWISCHENMENSCHLICHES MITEINANDER		
Beispielfrage	**Mögliches Ergebnis**	**Mögliche Umsetzung**
Hatten wir im vergangenen Semester genügend Gelegenheit, uns als Team weiterzuentwickeln?	Der Betriebsausflug war eine gute Gelegenheit, sich im Team näher kennen zu lernen. Die Hilfskräfte blieben aber eher unter sich.	Hilfskräfte beim nächsten Mal stärker einbinden.

WIRKUNG NACH AUSSEN		
Beispielfrage	**Mögliches Ergebnis**	**Mögliche Umsetzung**
Inwiefern ist es uns in der vergangenen Periode gelungen, uns unter den Studierenden positiv zu positionieren?	Nachfrage an Abschlussarbeiten und HiWi-Jobs ist groß; obwohl wir so große Ansprüche haben.	Wir können mehr Aufgaben auf HiWis umverteilen und mehr Forschungs- bzw. Abschlussarbeiten vergeben bzw. unter den Anfragen noch gezielter die Besten auswählen.

STUDIERENDENRÜCKMELDUNGEN IN DER LEHRE		
Beispielfrage	**Mögliches Ergebnis**	**Mögliche Umsetzung**
Welche Rückmeldungen haben wir von Studierenden erhalten?	Unzufriedenheit von Studierenden mit strenger und in ihren Augen intransparenter Bewertung von Referaten.	Gründe für hohe Maßstäbe und konkrete Kriterien für die Bewertung offener nach außen kommunizieren.

SCHWIERIGE LEHRSITUATIONEN FÜR DOZENTEN		
Beispielfrage	**Mögliches Ergebnis**	**Mögliche Umsetzung**
Was haben wir für schwierige Lehrsituationen erlebt?	Studierende nehmen mehrfach an Seminarsitzungen gar nicht teil oder kommen oft zu spät und wir haben keine rechtliche Handhabe dagegen.	Zu Beginn der Veranstaltungsreihe an die Verantwortung einer aktiven Teilnahme appellieren. Prüfungsteile auf einzelne Sitzungen aufteilen (falls möglich).

INHALTLICHE ARBEITSWEISE IN DER FORSCHUNG		
Beispielfrage	**Mögliches Ergebnis**	**Mögliche Umsetzung**
Auf welchem Niveau waren unsere Experimente? Wo könnten oder müssten wir dieses erhöhen?	Experimentalreihen und Ergebnisse eines Projekts berücksichtigten nicht vollständig den vorliegenden Stand des Wissens.	Häufiger interne Präsentationen oder Projektbesprechungen zur Feinabstimmung durchführen. Genauer Literatur recherchieren.

PUBLIKATIONEN (FORSCHUNG)		
Beispielfrage	**Mögliches Ergebnis**	**Mögliche Umsetzung**
Wie viele Publikationen konnten wir im vergangenen Jahr in Peer-Reviewed Journals platzieren? Mit welchem Impact-Factor? Was können wir aus den Reviewer-Rückmeldungen lernen?	Insgesamt zu wenig publiziert, da zu wenig Zeit zum Schreiben gefunden. Ablehnquote entsprach dem Üblichen. Reviewer favorisierten neuere Mess-/ Auswertungsmethoden wie ABC.	Feste Schreibzeiten und Meilensteine für Manuskripte festlegen. Gemäß den Reviewerkommentaren bei zukünftigen Forschungsarbeiten den zusätzlichen oder alternativen Einsatz der neueren Mess-/ Auswertungsmethoden stets prüfen.

4.2 Reflexion und (Neu-)Ausrichtung von Organisation und Zusammenarbeit

Die Manöverkritik, die mit der Reflexion und Ausrichtung der lehrstuhlinternen Organisation und Zusammenarbeit einhergeht, ist ein ganz wesentliches Instrument, um Ihre Arbeitswerkzeuge zu schärfen. Im Unterschied zum Mitarbeitergespräch zwischen Mitarbeiter und Führungskraft liegt bei der Manöverkritik der Fokus auf Prozessen, die sich auf das Team und die Arbeit im Team beziehen – und nicht auf der Beziehung zwischen dem Mitarbeiter und seiner Führungskraft. Die Manöverkritik ist somit auf Teamebene anzusetzen und beinhaltet zweierlei: Ein Element der Qualitätssicherung (etwa im Sinne eines kontinuierlichen Verbesserungsprozesses; vgl. Abschnitt 11.3 sowie 18.2.1) sowie zugleich ein Instrument der Mitarbeiterpartizipation. Als solche sollte sie auch genutzt werden.

In der ersten Hälfte der Team-Klausur sollten Sie systematisch auf die gemeinsame Arbeit in der vergangenen Periode zurückblicken, d.h. sowohl auf das Miteinander als auch auf die Organisation (Administration bzw. generellen Abläufe des Lehrstuhls). Ziel einer solchen Reflexion ist es, zu erkennen wie erfolgreich und effizient zentrale Prozesse und Abläufe in der Vergangenheit vonstatten gingen und zu erarbeiten, welche Verbesserungspotenziale sich daraus ergeben. Gerade für das Äußern von Problemen und Kritik ist ein Workshop-Klima wichtig, in welchem Ihre Mitarbeiter mögliche Schwierigkeiten ansprechen können, welche ihnen in der gemeinsamen Arbeit am Lehrstuhl, in der Abstimmung untereinander oder im zwischenmenschlichen Miteinander aufgefallen sind. Auf diesen Äußerungen aufbauend sollten Sie dann Veränderungsprozesse erarbeiten und deren Umsetzung auch so unmittelbar wie möglich einleiten. Legen Sie nach Möglichkeit mit Ihrem Team hierzu bereits während der jeweiligen Bearbeitung Zuständigkeitsbereiche und Verantwortlichkeiten fest (hätten Sie bspw. entschieden, dass es einen Ansprechpartner für Prüfungen geben soll, so sollten Sie diese Aufgabe sofort bzw. am Ende der Team-Klausur jemandem vergeben).

Als Strukturierungshilfe für die allgemeine Manöverkritik zu 'Organisation und Zusammenarbeit' und auch deren (Neu)-Ausrichtung finden Sie nachstehend detaillierte Ausführungen von Themenbereichen, die Sie adressieren könnten – bitte beachten Sie, dass diese lediglich eine kleine, wenn auch wichtige Auswahl relevanter Themen darstellen.

Leitbild. Im Rahmen der Manöverkritik ist unter anderem das Leitbild zu thematisieren – vorrangig mit der Frage „Inwieweit sind wir unserem Leitbild in der vergangenen Periode gerecht geworden?" (vgl. Abschnitt 1.1.3). Es mag durchaus sein, dass Sie am Ende der Team-Klausur durch die einzelnen Themen / Phasen, die Sie bearbeitet haben, zu einem anderen Leitbild kommen, als das bestehende. Ignorieren Sie diese Tatsache nicht, sondern thematisieren Sie sie – und das ggf. neue

Leitbild (vgl. auch Abschnitt 4.5). Gleiches gilt für den Abgleich mit Ihrer Vision und Mission (vgl. Abschnitt 1.1.1 und 1.1.2). So bietet es sich unter anderem an, ...

- zu prüfen, inwieweit Sie Ihrer Vision, Mission und Ihrem Leitbild nachgekommen sind. Was wurde erreicht, was nicht, was wurde vielleicht sogar vergessen?
- die Inhalte des Leitbilds zu hinterfragen und ggf. anzupassen. Sind sie in ihrer Formulierung für uns aktuell relevant? Welche nicht mehr und warum nicht? Sind Inhalte zu ergänzen?
- den Transfer von Vision, Mission und Leitbild in den Alltag zu reflektieren und zu verbessern, beispielsweise durch konkrete Alltagsbeispiele und Verhaltensregeln. Durch was würden unsere Werte und Ziele noch greifbarer und spürbarer? Wie können wir uns darin unterstützen, sie besser zu erreichen?

Organisatorische Abläufe. Aufgaben, die im Zusammenhang mit der Lehre, Organisation oder Administration des Lehrstuhls stehen, sollten besonders effizient sein, um Ihnen und Ihren Mitarbeitern zum einen eine solide Basis und zum anderen möglichst viel Freiraum für andere Tätigkeiten wie Forschungsarbeiten, Publizieren, Vorträge etc. zu lassen. Im Rahmen der Manöverkritik sollten Sie daher kritisch auf jene zurückblicken, um zu sehen, was bzw. welche in der vergangenen Periode gut und effizient bewältigt wurden, wo es Schwierigkeiten gab und was ggf. noch gar nicht rund läuft. Im speziellen sollten Sie die vorhandenen Abläufe und Strukturen hinterfragen. Eine gute Koordination und wirksame Führung vorausgesetzt, können Ihnen wissenschaftliche Hilfskräfte eine große Stütze sein und einen erheblichen Beitrag zum Erfolg Ihres Lehrstuhls leisten. Im Rahmen der Manöverkritik sollten Sie deshalb explizit thematisieren, inwiefern Sie und Ihr Team diese wichtige Ressource (oder auch vergleichbare wie Laborpersonal, Sekretariatsmitarbeiter) in der vergangenen Periode zielgerichtet eingesetzt haben und inwiefern die Arbeit dieser gut organisiert war. Ausgehend von dieser Basis können Sie ableiten, was Sie als Team insgesamt, beispielsweise in der Kommunikation oder in einzelnen Abläufen, verbessern können. So bietet es sich unter anderem an, ...

- bestehende Regelungen, Strukturen und Abläufe aufzulisten und kritisch durchzugehen. Welche festgelegten Regelungen und Abläufe haben wir (vgl. Abschnitt 1.2)? Welche davon sind optimal gelöst, welche wären noch sinnvoll zu verändern? Welche schaffen wir einzuhalten, bei welchen tun wir uns bislang schwer? Welche fehlen uns noch, um selbständiger oder transparenter agieren zu können? Wie gut gelingt es uns bislang, die anstehenden Aufgaben zu koordinieren und untereinander abzustimmen? Wo hakt es und wie lässt sich dies beheben?
- die Dauer und Effizienz von Sitzungen und gemeinsamen Terminen (z.B. wöchentliche Teamsitzungen, Forschungskolloquien, Konsultationsgespräche für Doktoranden) zu hinterfragen. Sind unsere Sitzungen zu lang, zu kurz, zu häufig, zu selten? Wie zufrieden sind wir mit den erzielten Ergebnissen, wie zufrieden mit dem Ablauf / Verlauf? Passt der Teilnehmerkreis oder sollten wir diesen erweitern/einschränken? Wie zufrieden sind wir mit der Teilnahmequote, der aktiven Beteiligung und ggf. der Moderation? Was wollen wir diesbezüglich verändern?
- das Einhalten von Deadlines, Pünktlichkeit und ähnliches anzusprechen. Wann werden Deadlines von uns eingehalten, wann nicht? Was könnte uns helfen, diesbezüglich zuverlässiger zu agieren?
- die Nutzung der Arbeitsmittel zu thematisieren. Wie steht es um die aktuell vorhandene und zukünftig benötigte (technische) Ausstattung des Lehrstuhls? Hat jeder alles, was er für seine Forschung und Lehre braucht?

Abstimmung von Verantwortlichkeiten. Die Klärung von Verantwortlich- und Zuständigkeiten innerhalb der gemeinsamen Arbeit ist aus vielen Gründen wichtig – zwei seien herausgegriffen: Durch klare Zuweisung von Verantwortungen vermeiden Sie, dass Arbeiten unnötigerweise von mehreren Mitarbeitern doppelt, mehrfach oder gar nicht erledigt werden, weil sich keiner zuständig fühlt. Zum anderen ist die Thematisierung der Verantwortlich- und Zuständigkeiten aber auch wichtig, um herauszufinden, ob einzelne Mitarbeiter vielleicht mit ihren Verantwortungsbereichen überfordert oder unzufrieden sind, sodass Sie negativen Tendenzen entsprechend entgegenwirken können. Sie könnten auch Rollen und Aufgabengebiete der einzelnen Hierarchiestufen (bspw. Doktorand versus Postdok) deutlich machen und aufzeigen, welche Aufgaben mit der jeweiligen Rolle verbunden sind und wie diese zusammenspielen (bspw.: die Postdocs sollen die methodische Anleitung der Doktoranden übernehmen; die Doktoranden wiederum sollen die Klausurkorrektur machen und auf diese Weise wieder die Postdocs entlasten u. ä.). Vergessen Sie nicht, auch Ihre eigene Rolle und Zuständigkeiten transparent zu machen (vgl. Abschnitt 16.1). So bietet es sich unter anderem an, ...

- Rollen und Aufgabengebiete der einzelnen Hierarchiestufen bzw. Personen zu klären. Mit welcher Rolle sind welche Erwartungen und Aufgaben verbunden? Was wiederum gehört nicht zu der Rolle und kann daher auch nicht erwartet werden?
- Umfang der Zuständigkeiten und damit verbundenen Aufgaben transparent zu machen und ggf. neu zu verteilen. Wer ist bei uns für was verantwortlich? Welche Zuständigkeiten sind dauerhaft, welche Verantwortlichkeiten rotieren?
- Koordination von Hilfskräften, Laborpersonal, Sekretariaten zu thematisieren. Wie sind die einzelnen Personalbereiche koordiniert? Wer hat inwiefern 'Zugriff' auf diese Ressourcen? Wie steht es diesbezüglich um unsere Einarbeitungspläne / -strukturen, Personalplanung und -Überschneidungen sowie zukünftigen Bedarf?

Informationsfluss und Wissensmanagement. Eng mit der Abstimmung der Verantwortlichkeiten und den oben genannten Regelungen verbunden sind Fragen des Informationsflusses und des Wissensmanagements (vgl. Abschnitte 1.2, 1.4 und 2.4). Erst und nur dann, wenn wichtige Informationen allen schnell und leicht zugänglich sind, können Sie und Ihr Team wirksam und effizient arbeiten. Gerade im Bereich der Wissenschaft sind Wissensmanagement und Informationsfluss wichtige Voraussetzungen dafür, dass Ihr Team als Einheit insgesamt wirksamer arbeitet als jeder Einzelne für sich und andersherum jeder einzelne seinen bestmöglichen Beitrag zum Team beisteuern kann. So bietet es sich unter anderem an, ...

- Informationsdefizite (zeitlich und inhaltlich) anzusprechen und Abhilfen zu vereinbaren. Wie zufrieden sind wir mit unserem Informationsfluss fachlicher Art (inhaltlicher Aspekte, fachlicher Hinweise, Literaturtipps etc.) sowie administrativer Art (wie bspw. Hinweise auf eine neue Reisekostenabrechnung, Terminankündigungen oder –verschiebungen etc.)? Haben wir alle notwendigen Informationen zeitnah zur Verfügung oder fehlen relevante? Oder haben wir zu viele, insbesondere zuviel irrelevante?
- Zugang zu und Weitergabe von Informationen festzulegen (bspw. Informationshol- und bringschuld definieren). Wer darf / muss welche Informationen erhalten? Über welche Medien (E-Mail, Intranet etc.) kommunizieren wir diese? Wie gut kommen wir unserer Informationshol- und -Bringschuld nach? In welchen Bereichen versiegen Informationen oder suchen wir ohne Erfolg nach ihnen (bspw. im Intranet)?
- Funktionieren des Wissensmanagements, der Dokumentation und Datensicherung zu prüfen. Betreiben wir aktives Wissensmanagement? Nehmen wir unsere Dokumentationspflicht und

Verantwortung gegenüber einer sorgfältigen Datensicherung ernst und kommen jener ausreichend nach?

Zwischenmenschliches Miteinander. Die Stimmung und das Klima im Team sollten angesprochen werden, um mögliche Konflikte rechtzeitig zu erkennen und entsprechend die Möglichkeit zur Intervention zu haben. Ein offenes und aufgeschlossenes Klima hilft Ihnen, die Potenziale Ihres Teams optimal zu nutzen und ist somit die Basis einer jeden effizienten Zusammenarbeit. So bietet es sich unter anderem an, ...

- das Arbeitsklima anzusprechen. Wie steht es um unser Arbeitsklima? Sind wir zufrieden mit dem Miteinander? Fühlen wir uns wohl und macht uns das miteinander Arbeiten Spaß? Haben wir ein offenes, konstruktives Klima? Haben wir ein sog. Wir-Gefühl, d.h. erleben wir uns als ein Team, das zusammensteht? Oder stehen der Wettbewerb, die Karriere jedes Einzelnen im Vordergrund?
- Regeln der Zusammenarbeit aufzustellen bzw. zu reflektieren. Agieren wir nach klaren Prinzipien einer guten Zusammenarbeit, beispielsweise nach Fairness, Ehrlichkeit, Hilfsbereitschaft, konstruktiver und nicht abwertender Kritik? Welche davon missachten wir immer mal wieder, im Speziellen unter Zeitdruck? Welche Aspekte vermissen wir noch im Miteinander? Wie könnten wir hier besser miteinander umgehen?
- Planung und Gestaltung gemeinsamer Feierlichkeiten oder Betriebsausflüge vorzunehmen. Haben wir ausreichend Zeit für uns als Team auch jenseits der inhaltlichen Arbeit? Welche Aktivitäten könnten wir gemeinsam angehen? Welche davon mit den HiWis oder auch den Partnern? Oder haben wir gar kein Bedürfnis nach diesen Aktivitäten? Warum nicht? Weil sie immer langweilig waren? Dann diese bitte besser gestalten (vgl. Kapitel 5)! Oder weil wir nicht noch mehr Zeit miteinander verbringen wollen? Dann bitte die Bedeutung gemeinsamer Zeiten verdeutlichen und zumindest gemeinsame Mittagessen oder Kaffeepausen erwägen.

Wirkung nach außen. Reflektieren Sie die Außenwirkung Ihres Lehrstuhls (vgl. Kapitel 21 und 24) und der einzelnen Mitarbeiter. Denn die Fremdwahrnehmung beeinflusst unter anderem, wie leicht Sie fähige Studierende für eine Forschungsarbeit oder Tätigkeit als Hilfskraft begeistern können, aber auch, ob Sie Kooperationspartner aus Wissenschaft und Wirtschaft finden. Rückmeldungen von außen durch Studierende, Kollegen, Kooperationspartner, Medienberichte, Evaluationsergebnisse und vieles mehr geben Ihnen Hinweise darauf, wie gut es Ihnen in der vergangenen Periode gelungen ist, andere mit Ihrer Arbeit insgesamt zu überzeugen. So bietet es sich unter anderem an, ...

- Grundsätze der Außendarstellung zu thematisieren bzw. Anforderungen Ihrerseits zu definieren und ggf. Regeln festzulegen, beispielsweise für die Einhaltung eines Corporate Designs. Beachten wir die vereinbarten Regeln der Außendarstellung? Agieren wir im Namen des Lehrstuhls oder nur für uns selbst (denn nur als Team sind wir stark und können etwas bewegen)?
- Das eigene Verhalten nach außen kritisch zu beleuchten. Wie würde man uns von außen wahrnehmen? Was tun wir aktiv für unsere Außendarstellung? Sind unsere Homepage-Inhalte benutzerfreundlich und stets aktuell? Werden wir beispielsweise von Journalisten und anderen Wissenschaftlern angefragt? Wie gehen wir dann mit diesen (Presseanfragen, Praxispartnern etc.) um? Reagieren wir zeitnah, profund und professionell oder wimmeln wir sie eher ab? Halten wir den Kontakt und bauen ein Netzwerk mit diesen auf oder lassen wir den Kontakt versickern? Wenn wir Gäste haben – wie gehen wir dann mit diesen um? Betreuen wir sie so, dass sie sich wohl fühlen und gerne wieder kommen oder ist es uns eine lästige Pflicht, die wir schnell hinter uns bringen wollen?

- Das eigene Image zu hinterfragen. Wie kommen wir in der Fakultät oder der Universität und unter den Studierenden an? Sind wir auf Institutskolloquien oder anderen Veranstaltungen, Konferenzen und in Gremien aktiv (genug)? Mit welchem Verhalten tragen wir dort zu unserem Image bei? Stellen wir wertschätzende und intelligente Fragen, diskutieren wir konstruktiv mit oder treten wir arrogant auf und kritisieren wir nur? Welche Resonanz erfahren wir von außen? Was sagen uns das Feedback, etwaige Beschwerden oder Verbesserungsvorschläge der Studierenden oder auch der Kooperationspartner und Drittmittelgeber über unser Image und was könnten wir daraus lernen?

4.3 Reflexion und Ausrichtung von Lehre

In diesem Abschnitt der Team-Klausur sollte die Gestaltung der Lehre im Mittelpunkt stehen. Im Wesentlichen geht es dabei um das Angebot von Lehrveranstaltungen sowie die Organisation von schriftlichen und mündlichen Prüfungen (vgl. Kapitel 11 und 13). Ziel der Reflexion und Ausrichtung Ihrer Lehre ist es, nicht nur die eigene Qualität und Leistung zu verbessern, sondern die Team-Klausur auch zum produktiven Erfahrungsaustausch in Bezug auf die Lehre des vergangenen Semesters zu nutzen. So kann er dazu dienen, didaktisches Wissen und praktische Erfahrungen (z.B. Ideen zur Auflockerung von Seminaren, zur Gestaltung einer Abschlusssitzung etc.) für alle direkt nutzbar zu machen und letztlich die Qualität der Lehraufgabenerfüllung kontinuierlich zu verbessern.

Lehrkonzepte. Nutzen Sie die Gelegenheit der Team-Klausur, Ihren Lehrplan für die von Ihnen angebotenen Fächer oder Module nochmals auf den Prüfstand zu stellen: Gibt es Verbesserungsbedarf oder –möglichkeiten (bspw. Ungenauigkeiten, häufige Nachfragen in bestimmten Punkten, Unzufriedenheiten oder Kritikpunkte seitens Studierender und Lehrender)? Darüber hinaus ist es durchaus sinnvoll, den inhaltlichen Aufbau und das didaktische Konzept einer im kommenden Semester anstehenden Lehrveranstaltung von den entsprechenden Dozenten in Form einer Kurzpräsentation darstellen zu lassen – etwa in einer zwanzigminütigen Präsentation zu den Zielen und Themen / Inhalten eines Seminars zuzüglich 15-20 Minuten Diskussions- und Feedbackzeit. Wenn dann alle dem jeweils Vortragenden Feedback geben, können Stärken, aber auch eventuelle Schwachpunkte der Konzeption oder des Seminarverständnisses des jungen Lehrenden erkannt und noch rechtzeitig vor Beginn der Veranstaltung behoben werden. Je nach Vorlaufzeit der Universitäts-Stundenplanung bzw. zeitlichem Abstand zum Veranstaltungsbeginn, kann es sinnvoll sein, all dies fürs übernächste Semester zu planen. Die konzentrierte Präsentation der einzelnen Veranstaltungen hat den weiteren Vorteil, dass ersichtlich wird, wo es thematische Überschneidungen, Ergänzungen oder Bezüge gibt. So können ggf. Lücken geschlossen werden bzw. eine bessere Abstimmung erfolgen (bspw. wenn aufgrund der Nachfrage der Studierenden in diesem Semester mehr zu einem bestimmten Themenbereich angeboten werden sollte) sowie Sie als Lehrstuhlinhaber spätestens zu diesem Zeitpunkt alle Konzepte freigeben, wenn Sie sie noch nicht kennen sollten. So bietet es sich unter anderem an, ...

- die Abstimmung des Lehrangebots zu prüfen. Passen die einzelnen Seminare und Vorlesungen thematisch und didaktisch zueinander? Haben wir keine ungewollten Überschneidungen? Erfüllen wir den Lehrplan, die Studien- und Prüfungsordnungen sowie die von uns gesteckten Ziele (bspw. Gewichtungen bestimmter Inhalte oder auch der eigenen Forschungsbereiche)?
- inhaltliche Konzepte sowie didaktische Elemente zu hinterfragen und zu optimieren. Erweisen sich neue inhaltliche Konzeptionen von Seminaren oder Vorlesungsbausteinen als schlüssig?

Haben andere Teammitglieder Hinweise und Ergänzungsvorschläge für den jeweiligen Dozenten?

- ein Fazit aus den jeweiligen Erfahrungen mit Seminarthemen und -anforderungen zu ziehen. Was sind typische Dinge, die es bei den Erstsemestern oder aber den höheren Semestern zu beachten gibt? Was sind zu hohe, was zu niedrige Anforderungen bzw. welche davon führen zu Diskussionen mit den Studierenden? Was sind beliebte Themen, was sind begehrte Seminarplätze? Profitieren Sie untereinander von Ihren Erfahrungen und versuchen Sie aus diesen ein effizientes zukünftiges Handeln abzuleiten.

Lehrevaluation. Im Rahmen der Lehrevaluation sollten sowohl Inhalt als auch Form der Lehre thematisiert werden. Dafür eignet sich beispielsweise ein gemeinsamer Evaluationsbogen für alle Dozenten des Lehrstuhls, da die Ergebnisse einzelner Lehrender so vergleichbar sind. Ebenfalls werden so standardisierte Auswertungsprozeduren (z.B. eine einmal erstellte Datenbankstruktur) ermöglicht, sodass sich der Auswertungsaufwand für jeden Einzelnen in Grenzen hält. Vor allem im Spezialfall der ersten Team-Klausur empfiehlt es sich, Kriterien zu erarbeiten, über die die Lehrevaluation Auskunft geben soll: Soll sie beispielsweise nur Bewertungen des Dozentenverhaltens und der Veranstaltung selbst enthalten oder aber Einschätzungen des Verhaltens und Aufwands der Teilnehmer? Ausgehend von diesen Wunschkriterien kann dann ein passendes, bereits bestehendes Evaluationsinstrument gesucht werden oder alternativ der Auftrag der Konzeption an eines der Teammitglieder vergeben werden. Auch zu späteren Team-Klausuren kann es jedoch durchaus sinnvoll sein, sich den Evaluationsbogen noch einmal näher anzuschauen und ggf. Korrekturen vorzunehmen – etwa, wenn Sie Ihr Leitbild ändern oder neue Qualitätsmaßstäbe vorgeben (Vorlagen für Lehrevaluationen finden Sie in Kapitel 15). So bietet es sich unter anderem an, ...

- das Instrument 'Evaluationsbogen' ggf. zu hinterfragen und anzupassen. Wie zufrieden sind wir mit dem Aufbau und der Aussagefähigkeit unseres Evaluationsbogens?
- die ausgewerteten Lehr-Evaluationen genauer zu betrachten. Wie fallen unsere Evaluationen insgesamt aus? Wie liegen wir im Vergleich zum Institut / zur Fakultät; wie fallen unsere aktuellen Veranstaltungen im Vergleich zu unseren früheren aus? Welche Kommentare oder Hinweise zur Veränderung erhalten wir von den Studierenden? Welche Bewertungen und Bedürfnisse der Studierenden können wir daraus ableiten bzw. erkennen und ggf. besser adressieren? Welche Hinweise zur Verbesserung unserer Lehrkonzepte oder unseres eigenen Verhaltens lassen sich ableiten?

Studentische Leistungen bewerten und prüfen. Nutzen Sie diesen Abschnitt der Team-Klausur, um einzelne Aufgabenbereiche wie Erstellung, Korrektur und Aufsicht schriftlicher Prüfungen abzustecken und die damit verbundenen Anforderungen zu kommunizieren. Das gilt insbesondere dann, wenn Sie sich bei der Erstellung und Korrektur von Klausuren von den wissenschaftlichen Mitarbeitern Ihres Lehrstuhls unterstützen lassen wollen. In den meisten Studienordnungen sind Prüfungen in Form von Klausuren vorgesehen (vgl. Abschnitt 13.3, Schriftliche Prüfungen), weswegen auch Leitlinien für das Verhalten als Klausuraufsicht ein mögliches Workshop-Thema sein könnten. Je nachdem, wie häufig Studierende an Ihrem Lehrstuhl das Recht auf Klausureinsicht in Anspruch nehmen und diese von einer Person aus dem Team durchgeführt wird, ist es ratsam, auch hier Leitlinien zum Ablauf einer solchen Klausureinsicht vorzugeben.
Falls in einer der Sie betreffenden Studienordnungen mündliche Prüfungen vorgesehen sind, sollten Sie auch auf die Aufgaben eingehen, die auf Ihre Teammitglieder in der Rolle als Prüfungsbeisitzer zukommen, was beispielsweise beim Protokollieren der Prüfung zu beachten ist, inwieweit Sie die Beisitzer in die Prüfung einbeziehen werden usw. (vgl. Abschnitt 13.2, Mündliche Prüfungen). Ana-

loges gilt hier für praktische Prüfungen.
Nutzen Sie darüber hinaus die Gelegenheit, einheitliche Kriterien zur Bewertung studentischer Leistungen zu definieren bzw. deren Einhaltung zu prüfen. Eine solche Festlegung ist insofern sinnvoll, als dass sie Ihnen hilft, die Bewertung von beispielsweise Referaten und Haus- oder Abschlussarbeiten sowie anderen Studienleistungen objektiver zu gestalten. Außerdem können Sie eine gemeinsame Linie erarbeiten, die aufzeigt, welche Kriterien bei der Bewertung neben der eigentlich wissenschaftlichen Arbeit (z.B. Pünktlichkeit bei Abgabe von Hausarbeiten, regelmäßige Teilnahme an den Sitzungen, ...) wichtig sind und wie Sie mit Übertretungen wichtiger Vorgaben umgehen wollen. In diesem Abschnitt der Team-Klausur können Sie auch Anforderungen bzw. konkrete Elemente eines Feedbacks von Lehrenden an Studierende explizit machen (bspw. im Anschluss an Referate, zur Zusammensetzung der Note etc.) und Rückmeldegespräche bei Bedarf auch üben lassen (vgl. Kapitel 13 und 14). So bietet es sich unter anderem an, ...

- für Ihre Mitarbeiter konkrete Verhaltensmaßstäbe für Klausuraufsicht, -einsicht, Prüfungsbeisitz zu entwickeln bzw. deren Erreichung zu reflektieren. Welche Anforderungen bestehen an den Prüfungsbeisitzer bzw. die Prüfungsaufsicht? Welche Aufgaben sind zu erfüllen? Wie geht man mit Ausnahmesituationen um (bspw. mit Prüfungsabbruch seitens des Studierenden, Betrugsversuchen etc.)? Welchen Situationen sind wir diesbezüglich bislang begegnet und wie (souverän) sind wir dann damit umgegangen? Haben wir einheitliche Bewertungskriterien und nutzen wir diese auch? Was wäre anzupassen?
- Die Effizienz des Prüfungsmanagements zu hinterfragen. Wie effizient gestalten wir unsere Prüfungsperioden? Stimmt unser Zeitmanagement bezüglich der mündlichen Prüfungstermine, der rechtzeitigen Klausurkorrektur etc.? Wie effizient gehen wir bislang bei den Klausurkorrekturen, den Prüfungsprotokollierungen und der Notengebung insgesamt um? Und ist unser Vorgehen gerecht?
- Leistungsrückmeldung zu erklären und ggf. einzuüben. Geben wir unseren Studierenden außer der Note noch eine Rückmeldung zu ihrer Leistung (bspw. Begründung zum Zustandekommen der Note, detailliertes Feedback zum Auftreten o.ä.)? Wie könnte dies aussehen? Worauf wäre hierbei zu achten?

Abschlussarbeiten. Abschlussarbeiten sind einerseits eine Prüfungsleistung, die Sie als Lehrstuhl zu betreuen haben. Anderseits sind sie aber auch eine Chance, Studierende für wissenschaftliche Projekte zu interessieren und auszubilden. Und nicht zuletzt haben Sie die Möglichkeit, wichtige Teilprojekte Ihrer Forschung im Rahmen von Abschlussarbeiten zu delegieren. Grund genug also, den Umgang mit Abschlussarbeiten einer kritischen Prüfung zu unterziehen. Bringen Sie Grundsätze zum Betreuen von Abschlussarbeiten zur Sprache. Treffen Sie in Ihrer Team-Klausur Beschlüsse, wie umfangreich beispielsweise eine Master- versus Bachelorarbeit thematisch und vom Arbeitsaufwand her für einen Studierenden üblicherweise sein sollte, wie viel Selbständigkeit Ihre Teammitglieder von den Studierenden erwarten können und worauf Sie generell in der Betreuung von Abschlussarbeiten Wert legen (vgl. Abschnitt 12.3, Anleitungen zum Schreiben einer Abschlussarbeit). Thematisieren Sie weiterhin, wie zufrieden Sie alle mit der Anzahl der Interessenten und deren Qualifikation sowie mit den erfolgten Abschlussarbeiten und deren Qualität sind. So bietet es sich unter anderem an, ...

- Aufgaben und Rolle des Betreuers sowie des Studierenden bei Abschlussarbeiten (Bachelor, Master) festzulegen. Was beinhaltet eine Betreuung, welche konkreten Aufgaben sind zu erfüllen? Wie lässt sich dies gerecht handhaben? Welche Anforderungen stellen wir an unsere Studierenden in ihren Abschlussarbeiten? Wie können wir dazu beitragen, dass diese erreicht werden?

- bisherige Abschlussarbeiten zu reflektieren. Wie steht es um das Kosten-Nutzen-Verhältnis von Betreuungsaufwand und Qualität der erreichten Arbeit? In welchem Ausmaß betreuen wir (zeitlich und inhaltliche Unterstützung betreffend)? Inwiefern gelingt es uns, diese Themen in unsere Projektarbeiten einzubinden, sodass sie uns thematisch voranbringen und den Studierenden ggf. Anschlussprojekte ermöglichen? Wie zufrieden sind die Studierenden mit dem Verlauf und dem Abschluss ihrer Arbeit bei uns?
- Überblick über Studierenden-Interesse zu gewinnen. Welche Themen oder Arten von Abschlussarbeiten werden in welchem Ausmaß nachgefragt? Wurden alle auszugebenden Themen vergeben? Haben wir ausreichend viele und gute Interessenten für Abschlussarbeiten oder müssen wir uns um deren Akquise Gedanken machen? Konnten wir insbesondere bereits eingearbeitete Studierende (HiWis, Praktikanten) für eine Abschlussarbeit bei uns gewinnen und so von der Einarbeitung profitieren?

Anforderungen an Dozenten. Hinterfragen Sie, welchen Anspruch Sie als Lehrstuhlinhaber, die Studierenden als 'Nutzer' sowie die Mitarbeiter als 'Betroffene' an das Lehren bzw. die Dozentenrolle haben (vgl. hierzu Abschnitt 11.1.3 und 11.2). Doch wie definieren Sie diesen Anspruch bzw. diese Anforderungen? Sie könnten dazu beispielsweise zunächst die höhere Ebene betrachten und erarbeiten, was gemäß Ihres Leitbilds gute Lehre auszeichnet. Davon können Sie dann ableiten, welche konkreten Anforderungen an die Lehrenden damit verbunden sind (z.B. die Notwendigkeit, Lehrveranstaltungen zu evaluieren, didaktische Fähigkeiten etc.). Vergessen Sie jedoch nicht, alle drei Perspektiven in den endgültigen Anforderungskatalog mit einzubeziehen. Sammeln Sie ggf. mit Ihren Mitarbeitern schwierige Situationen, die diesen im Umgang mit den Studierenden begegneten und erarbeiten Sie Alternativen zur Lösung bzw. zum idealen Dozentenverhalten. Je größer das Verhaltensrepertoire ist, auf das Ihre Mitarbeiter für den Umgang mit den Studierenden zurückgreifen können, desto leichter und souveräner können sie agieren. So bietet es sich unter anderem an, ...

- die Rolle des Dozenten zu definieren und das Erreichen dieses Anspruchs zu reflektieren. Was erwarten Sie als Lehrstuhlinhaber von Ihren Lehrenden, was erwarten die Studierenden von diesen? Welchen dieser Erwartungen möchten Sie gerecht werden oder erfüllen Sie / Ihre Lehrenden bereits? Wie können Sie mit jenen Aspekten umgehen, die Sie nicht bedienen können / wollen oder die bislang nicht gelungen sind? An welchen konkreten Alltagsbeispielen lässt sich eine solche Rollenerfüllung erkennen?
- idealtypisches Verhalten der Dozenten im Falle schwieriger Situationen zu erarbeiten. Welche Schwierigkeiten sind in den bisherigen Veranstaltungen mit Studierenden aufgetreten? Gab es beispielsweise Unpünktlichkeit der Teilnehmer, Missachtung von Anforderungen oder verspätete Abgaben der Prüfungsleistungen? Welche festen Regelungen könnten wir hierzu ableiten und in all unseren Veranstaltungen umsetzen? Traten inhaltliche oder persönliche Streitigkeiten bzw. Konfliktsituationen mit Studierenden auf? Wie sähe diesbezüglich ein optimales Verhalten seitens des Dozenten aus?

Erarbeiten Sie sich auf diese Weise eine hohe Qualität in der Lehre, und legen Sie am Ende dieses Team-Klausur-Abschnitts wieder Verantwortlichkeiten für die definierten Aufgabenbereiche fest, sodass es für jedes Aufgabengebiet (z.B. Erstellen von Klausuren, Generierung eines Leitfadens für die Aufgaben als Prüfungsbeisitzer etc.) mindestens einen Ansprechpartner aus dem Team gibt, der sich um die Bearbeitung kümmert, ggf. einzelne Zuarbeiten koordiniert und zu einem Gesamtprodukt integriert.

4.4 Reflexion und Ausrichtung von Forschung

Die Reflexion und (Neu-)Ausrichtung von der an Ihrem Lehrstuhl betriebenen Forschung sollte genutzt werden, um die gesamte Forschungsplanung und dazugehörigen Prozesse zu optimieren: Dazu gehört einerseits Aufgaben, die mit der Forschung in Zusammenhang stehen, zu definieren und zu verteilen sowie andererseits, Wissen und Erfahrungen über die abgeschlossenen, aktuell laufenden oder künftig anstehenden Forschungsprojekte auszutauschen. Auf Basis der Ergebnisse können Sie dann im Zuge Ihrer Forschungsplanung eine Forschungs-Roadmap (vgl. Kapitel 17.3.3) ableiten bzw. eine vorhandene aktualisieren.

Forschungsprofil und -roadmap. Die Diskussion aller wesentlicher laufender und geplanter Projekte am Lehrstuhl sollten Sie für eine Aktualisierung der Forschungs-Roadmap und Ihres Forschungsprofils nutzen und gemeinsam festlegen, welcher Forschungsausrichtung das gesamte Team (Sie eingeschlossen!) in der kommenden Zeit folgt (vgl. Kapitel 17). An dieser Stelle empfiehlt sich auch der Einsatz entsprechender Metaplantechniken oder Mindmaps (vgl. Kapitel 9, Moderationsmethoden). So bietet es sich unter anderem an, ...

- Visionen und Forschungsprofil zu überprüfen und ggf. anzupassen. Inwiefern haben wir uns im letzten Jahr unserer Vision angenähert? Was ist uns gelungen, was nicht und warum? Ist unser Forschungsprofil nach wie vor zutreffend? Was sollten wir am Profil bzw. an den Umsetzungsstrategien verändern?
- Forschungsstrategien und –konzeptionen abzuleiten und eine Roadmap aufzustellen bzw. zu aktualisieren. Mit welchen Strategien könnten wir unsere Forschungsziele besser erreichen? Welche Forschungsaktivitäten wollen wir in welcher Abfolge angehen? Welche der bisherigen Bestrebungen diesbezüglich sind misslungen und warum? Welche Forschungsbereiche hätten die besten Zukunftschancen, welche Stärken und Schwächen hätten unsere Vorhaben (vgl. Abschnitt 17.3.1 und 17.3.2)?
- Kooperationen und Netzwerke zu prüfen. Über welche Netzwerke und Kooperationen verfügen wir derzeit? Sind die noch relevant, aktuell und werden sie von uns gepflegt? Welche benötigen wir noch zur Umsetzung unserer Forschungsplanung?

Kapazitäts- und Finanzplanung. Aus der Forschungsplanung bzw. aus den präsentierten Forschungsvorhaben der einzelnen Mitarbeiter sollten ebenfalls die gesetzten Ziele und anstehenden Projekte mitsamt ihren Zeit- und Aufgabenplänen für die kommende Periode erkennbar werden (vgl. Abschnitt 18.1). Im Rahmen einer Team-Klausur können diese in ihrem Zusammenspiel durchaus nochmals transparent gemacht werden, sodass alle eine Vorstellung des Ganzen gewinnen. Vor allem, wenn begrenzte Kapazitäten (bspw. im Labor) bestehen, ist es ratsam, da die einzelnen Projekte ja zeitlich aufeinander abgestimmt sein müssen – zumindest diejenigen, die auf die gleichen Ressourcen wie technische Geräte oder Untersuchungsräume zurückgreifen. Auf diese Weise lassen sich durch vorausschauende Planung spätere Engpässe vermeiden und auch Nischen aufzeigen, in denen 'spontane' oder zusätzliche Forschungsaktivitäten Platz finden können.
Die regelmäßige Diskussion über die Personal-, Aufgabenzuordnung und Finanzsituation in den einzelnen Projekten und deren Laufzeiten verschafft einen guten Überblick über die Finanzlage des Lehrstuhls sowie gebundene bzw. freie Personalkapazitäten und Forschungsgelder. Dies ermöglicht es Ihnen, Ihren Mitarbeitern bestimmte Aufgaben wie Projektakquisition, Betreuung von Abschlussarbeiten oder die Planung von Lehrstuhlevents zuzuweisen, ohne Gefahr zu laufen, dass immer die gleichen einzelnen Teammitglieder nahezu alle Aufgaben übernehmen. Des Weiteren können Sie alle ihre diesbezüglichen Erfahrungen einbringen lassen und Ihre Mitarbeiter 'schulen',

ebenfalls ökonomisch und zielorientiert ihre eigene Forschung zu planen. So bietet es sich unter anderem an, ...

- Arbeitsstand, Kapazitätsplanung und Erfüllung in den Projekten zu eruieren. Wie steht es um unsere Auslastung sowie Zielerreichung? Was können wir gemeinsam bezüglich der Personalzuordnung (Mitarbeiter, HiWis, Praktikanten) beachten, initiieren oder verabschieden? Inwiefern müssen wir zukünftig anders, beispielsweise ressourcenschonender oder wirtschaftlicher agieren?
- die Finanzplanung des Lehrstuhls aufzustellen, zu kontrollieren und zu aktualisieren. Wie schaut unsere Finanzierung (Ausgaben versus Einnahmen), wie unsere aktuelle Drittmittelsituation aus? Welche Konsequenzen hat dies für uns insgesamt, aber auch für jeden einzelnen für die nächste Zeit? Was können wir aus der bisherigen Akquise wissenschaftlicher Projekte lernen, wie sollten wir sie künftig koordinieren oder verändern?
- zu klären, wie gut es bislang gelang, Planungen und Kalkulationen aufzustellen. Wie realistisch waren diese? Woran scheiterten sie üblicherweise? Was könnten wir aus dem bisherigen Vorgehen lernen? Was ließe uns zukünftig genauere Schätzungen und Pläne aufstellen?

Aktuelle Forschungsprojekte. Es ist sinnvoll, alle Teammitglieder, die an Forschungsaktivitäten beteiligt sind, ihren aktuellen Stand der Arbeiten (unter anderem auch das eigene Dissertationsvorhaben) in Form einer Kurzpräsentation darstellen zu lassen. Denn kritische Fragen und das anschließende Feedback können helfen, wichtige Ergebnisse und eventuelle Schwachpunkte zu erkennen und letztlich Ansatzpunkte für Verbesserungen und Weiterentwicklungen aufzuzeigen. Durch die konzentrierte Darbietung aller Forschungsaktivitäten werden zudem Schnittmengen der einzelnen Arbeiten sichtbar, die in Hinblick auf Synergie-Effekte (z.B. in Form von Gemeinschaftsprojekten) genutzt werden können (v.a. bei größeren Lehrstühlen kennen Mitarbeiter häufig die Arbeiten der anderen nicht oder unzureichend). Um erkennbar zu machen, wo es solche Schnittmengen gibt, kann es hilfreich sein, sich die oben genannte Roadmap diesbezüglich anzusehen oder die zentralen Erkenntnisse der Forschungsprojekte auf einem gemeinsamen Schaubild (z.B. in Form einer Mindmap, vgl. Abschnitt 9.8) für alle sichtbar anordnen zu lassen. Weiterhin hat eine solche komprimierte Präsentation aller Forschungsaktivitäten den Vorteil, dass Sie und Ihr Team neue Themen für die Vergabe von Forschungspraktika und Abschlussarbeiten generieren und deren Bandbreite auf einen Blick ersehen können. Auf dieser Basis können Sie einzelne Ausschreibungen bzw. Themengebiete für Abschlussarbeiten oder sonstige Forschungsprojekte besser aufeinander abstimmen, planen und von den einzelnen Teammitgliedern besetzen lassen. So bietet es sich unter anderem an, ...

- aktuelle Forschungsaktivitäten zusammenzustellen und bezüglich der Zielerreichung und möglicher Synergieeffekte zu analysieren. Wo haben wir überlappende Themen oder Methoden, wo könnten wir untereinander davon profitieren?
- Projekte für Studierende (bspw. Abschlussarbeiten) abzuleiten. Welche Teilprojekte lassen sich abspalten als studentische Arbeit, welche verwandten Themen oder Vertiefungen wären diesbezüglich möglich? Gäbe es Kooperationspartner, die man hierfür gewinnen könnte?

Verwertung von Forschungsergebnissen. Ebenfalls der Team-Klausur zugehörig ist das Thema Publikation und Medienwirksamkeit: Wie steht es um Qualität, Quantität, Stil und Themen Ihrer Publikationen? Welche Hilfestellung können Sie Ihren Mitarbeiter bzw. diese einander als Autoren geben (vgl. Abschnitt 19.1)? Sind Sie ebenfalls ausreichend in anderen Medien vertreten, gibt es ggf. konkreten Besprechungsbedarf hierzu (bspw. „Wie verhalte ich mich im Interview?" oder „Wie bringe ich meine wissenschaftlichen Inhalte außerhalb wissenschaftlicher Artikel in die Medien?";

siehe hierzu Abschnitt 21.4 und 21.6)? Schließlich empfiehlt es sich, im Rahmen der Team-Klausur abzustimmen, wer in der kommenden Periode auf welchen Tagungen oder Kongressen welche Projekte präsentieren wird (vgl. Abschnitt 22.1). Dies gibt Ihnen auch die Möglichkeit, Ihre Außendarstellung, Ihr Standing und Ihre Präsenz in Community und Universität aktiv zu gestalten. Und nicht zuletzt sollten Sie die vergangene Antragszeit reflektieren, neue Antragsvorhaben ableiten bzw. besprechen (vgl. Abschnitt 19.2) und ggf. das Thema 'Patente' (vgl. Abschnitt 19.3) ansprechen. So bietet es sich unter anderem an, ...

- die Verwertung von Forschungsergebnissen zu hinterfragen. Was tun wir bislang mit unseren Forschungsergebnissen? Legen wir sie beiseite und widmen uns gleich der Umsetzung neuer Ideen oder werten wir sie aus und nutzen sie vollständig? D.h., publizieren wir sie? Leiten wir daraufhin Aktivitäten im Zuge der Öffentlichkeitsarbeit (als Kongressbeiträge, Pressemitteilungen etc.) ein? Denken wir über mögliche Patentierungen nach? Lassen wir sie in Forschungsanträge einfließen?
- das Publikationsverhalten zu analysieren. Wie steht es um bisherige Publikationserfolge des Lehrstuhls? Was können wir aus den bisherigen Reviews und Feedbacks der Herausgeber lernen? Welche Publikationen (Themen, Anzahl, Qualität, Stil etc.) planen wir, und wie können wir uns gegenseitig darin unterstützen, diese Vorhaben zu realisieren? Woran scheitern unsere Publikationsvorhaben oder deren Ausmaß bislang?
- Drittmittelaktivitäten zu reflektieren. Wie erfolgreich waren wir bislang in unseren Antragsstellungen, Bewerbungen und Angebotsabgaben? Wie sind die jeweiligen Bearbeitungen / Durchführungen bislang gelaufen? Was können wir daraus für die Zukunft lernen? Welche neuen oder Folgeanträge bzw. -Angebote planen wir?

Wissenschaftliche Arbeitsweise. Die Art und Weise, in der Ihre Mitarbeiter in Projekten arbeiten und diese abwickeln, gilt es ebenfalls zu thematisieren. Im Fokus der Diskussion hierzu sollte stehen, wie die Mitarbeiter die Literatur aufarbeiten, diese aufbereiten, wesentliche Ergebnisse mit Kollegen besprechen, auf die Wünsche eines Drittmittelgebers oder Kunden eingehen, Berichte und Publikationen erstellen etc. (vgl. Kapitel 18 und 19). Im Speziellen könnten hier auch Arbeitsweisen wie Genauigkeit, Effizienz und Innovationsgeist hinterfragt werden (bspw. „Wie innovativ waren unsere Experimentalreihen? Wie kamen unsere Forschungsideen auf dem Kongress an? Wie exakt waren unsere Labormessungen?"). Schließlich gilt es, die Qualität im wissenschaftlichen Arbeiten zu sichern (vgl. Abschnitt 18.2.1).
Insgesamt erreichen Sie durch die Auseinandersetzung mit der wissenschaftlichen Arbeitsweise eine klare Vorgabe Ihrer Ansprüche und andererseits eine Sensibilisierung für deren Einhaltung. Nicht zuletzt geben Sie Ihren Mitarbeitern Orientierung, was Ihnen wichtig ist und erwartet wird. Bedenken Sie, dass Sie für die Arbeitsweise Ihrer Mitarbeiter nach außen geradestehen müssen. So bietet es sich unter anderem an, ...

- die eigenen Qualitätsstandards in der Forschung sowie die Sicherung derselben zu reflektieren und ggf. neu zu definieren: Was ist für uns Qualität? Was bedeutet dies konkret in unserem Forschungsalltag, wo schlägt sich dies nieder? Weiß jeder, wann er in diesem Sinne erfolgreich agiert und kann er dies auch seinen Projektmitarbeitern / HiWis vermitteln? In welchen Aspekten lassen wir die Zügel schleifen, in welchen Aspekten können wir uns verbessern? Wie gut gelingt es uns, uns an die Regeln guter wissenschaftlicher Praxis zu halten?

- die wissenschaftliche Arbeitsweise in den Projekten zu überprüfen: Welche Fehler oder Schwierigkeiten sind in unseren Projekten aufgetreten? Konnten wir an unseren Projektergebnissen unsere bisherige Arbeitsweise ablesen (schnell, aber gleichzeitig zu oberflächlich oder ungenau gewesen oder aber genau, aber zugleich zu langsam und daher zu spät gewesen ...)? Wodurch sollte unsere Arbeitsweise gekennzeichnet sein, welche Kriterien und Ansprüche haben wir diesbezüglich (Innovationsgrad, Genauigkeit versus Schnelligkeit, Praxisnähe, Tiefe versus Breite etc.; vgl. auch Leitbild)? Sind diese Kriterien ausreichend definiert oder noch zu schwammig? Welche Nebenwirkungen handeln wir uns mit unserer Arbeitsweise ein? Können wir diese abfedern oder aber unsere Arbeitsweise ändern?

Nutzen Sie die Chance, all diese Forschungsaspekte und Fragen auf der Team-Klausur nicht nur zu thematisieren, sondern auch schon möglichst Vieles davon verbindlich festzulegen – im Anschluss haben alle sonst schnell wieder andere / wichtigere Dinge zu tun. Ziel sollte sein, dass alle Mitarbeiter nach einer Ihren Ansprüchen gemäßen Arbeitskultur vorgehen und Sie auf diese Weise eine solide Basis zur Erreichung Ihrer Forschungsziele etablieren.

4.5 Bilanzierung, Abschluss und Nachbereitung

Nach dem Hauptteil der Team-Klausur, der inhaltlichen Reflexion und Bearbeitung der Bereiche Organisation und Miteinander, Lehre sowie Forschung, schließt sich die Abschlussphase an, bestehend aus Bilanzierung und Abschluss. Im Anschluss an die Team-Klausur steht die Nachbereitung an. Auf all diese Phasen wird nachfolgend eingegangen.

Bilanzierung. Machen Sie einen Soll-Ist-Vergleich: Was wollten Sie erreichen und was haben Sie erreicht? Bilanzieren Sie am Ende der Team-Klausur sowohl die aus der Reflexion der vergangenen Periode als auch die aus der (Neu-)Ausrichtung hervorgebrachten Aspekte. Bringen Sie dazu noch einmal auf den Punkt, welche Erkenntnisse Sie und Ihr Team aus der Team-Klausur ziehen konnten: Welche Ansatzpunkte für Verbesserungen in einzelnen Prozessen sind sichtbar geworden, welche Synergie-Potenziale wurden erkannt und welche übergeordneten Ziele sollen Ihr gemeinsames Arbeiten in der kommenden Zeit leiten? Machen Sie beispielsweise deutlich, unter welchem gemeinsamen Forschungsthema sich die Projekte der einzelnen Teammitglieder subsumieren lassen und welchen Beitrag jeder einzelne zum Gesamtprojekt leistet bzw. leisten sollte. Machen Sie dabei auch deutlich, in welchem Kosten-Nutzen-Verhältnis die in die Umsetzung jeweils zu investierenden Energien und Kapazitäten zu sehen sind.
In regelmäßigen Abständen oder wenn grundsätzliche Änderungen diskutiert und verabschiedet wurden, ist es am Ende der Team-Klausur sinnvoll, die im Workshop verabschiedeten Maßnahmen mit Ihrem gemeinsamen Leitbild und Ihren zentralen Werten (noch einmal) abzugleichen. Im Mittelpunkt sollte die Frage stehen, inwiefern das aufgestellte Leitbild (noch) aktuell ist. Unter Umständen müssen Sie einzelne Punkte, z.B. aufgrund veränderter Rahmenbedingungen (neue Teammitglieder, Restriktionen durch die Hochschule oder mehr Spielraum), revidieren und aktualisieren. Oder Sie stellen fest, dass Sie und Ihr Team den aufgestellten Ansprüchen in der Vergangenheit (noch) nicht gerecht werden konnten, weil einzelne Ziele oder Vorgaben nicht realistisch waren. Auch und gerade dann sollten Sie Ihr Leitbild korrigieren, denn es kann nur dann wirksam sein, wenn es umsetzbar ist!

Abschluss. Der Abschluss Ihrer Team-Klausur bedarf trotz und gerade wegen Ihrer bisherigen Anstrengungen noch einmal besonderer Aufmerksamkeit, denn das Ende ist entscheidend für die Umsetzung! Schließen Sie die Team-Klausur also nicht mit zwei Sätzen oder in einem absoluten Leistungstief ab (so nach dem Motto „Ach, komm, das machen wir eben noch schnell und dann ist auch gut – war ja anstrengend genug."), sondern verlegen Sie ihn dann lieber auf den Folgetag. Warum ist der Abschluss so wichtig? Nun, wenn Sie auf einen gelungenen Abschluss verzichten, riskieren Sie die Wirksamkeit Ihrer gesamten Team-Klausur: Gehen Ihre Mitarbeiter zufrieden, motiviert und mit klaren Zielen und To-dos im Kopf aus der Team-Klausur heraus, gehen sie auch mit hoher Wahrscheinlichkeit an eine unmittelbare und engagierte Umsetzung der Inhalte.
Zum Abschluss der Team-Klausur ist es empfehlenswert, die Teilnehmenden noch einmal reflektieren zu lassen, inwiefern die Team-Klausur ihren Vorstellungen aus der Anfangsphase des ersten Tages entsprochen hat, inwiefern sie mit dem Verlauf der Veranstaltung zufrieden sind und ggf. welche persönlichen Benefits sie aus dieser Team-Klausur gezogen haben. Der Abschluss sollte auch genutzt werden, um organisatorische Verbesserungsvorschläge für eine künftige Team-Klausur abzuleiten (z.B. Timing, Ort, Ablauf, Themen etc.). Einen Schlusspunkt können Sie mit einem kurzen persönlichen Resümee der Team-Klausur und einem Ausblick auf wesentliche Aufgaben und reizvollen Herausforderungen der kommenden Periode setzen. Damit runden Sie die Team-Klausur ab und geben für alle den Startschuss für einen motivierten Start ins bevorstehende Semester.

Nachbereitung. Wenngleich die Team-Klausur zwar nun offiziell abgeschlossen ist, will sie inoffiziell noch nachbereitet werden. Tragen Sie die Protokolle zusammen, checken Sie sie auf ihre Inhalte und verschicken Sie sie und den Maßnahmenplan möglichst zeitnah an alle Beteiligten, sodass einer konsequenten Umsetzung nichts mehr im Wege steht. All das, was Sie nun nacharbeiten möchten (bspw. Anregungen oder Informationen Ihrer Mitarbeiter durchdenken) bzw. gemäß Protokoll kontrollieren müssen (bspw. die Umsetzung der neuen Website oder anderer Aufgaben), übertragen Sie sich am besten gleich in Ihren Kalender. Und notieren Sie sich nochmals explizit (bspw. als einzelnes Deckblatt im Ordner des Protokolls), welche Veränderungen Sie bei der Gestaltung der nächsten Team-Klausur berücksichtigen möchten (bspw. längere Pausen oder andere Rahmenbedingungen), sodass dies nicht in Vergessenheit gerät.

4.6 Aufgaben des Leiters der Team-Klausur

Sie haben nun mögliche Inhalte einer Team-Klausur kennengelernt und auch die Vorteile der gemeinsamen Auseinandersetzung mit diesen vor Augen. Wie Sie nachstehend nun sehen, müssen Sie als Leiter dieser Veranstaltung, um eine erfolgreiche Team-Klausur zu ermöglichen, im Voraus und auch währenddessen verschiedenste Aufgaben wahrnehmen. Diese reichen von der reinen Organisation über die inhaltliche Planung bis hin zur Moderation.

ECKDATEN SCHAFFEN: TERMIN, DAUER UND ORT

Rechtzeitige Terminplanung. Um auch mit Sicherheit einen Termin für die Team-Klausur zu finden, der nicht mit Verpflichtungen einiger der Teilnehmenden kollidiert, ist es ratsam, den Zeitpunkt möglichst langfristig im Voraus zu planen (bspw. ein Semester im Voraus) und diesen mit den Teammitgliedern abzustimmen. Der Einfachheit halber kann der Termin auch in regelmäßigem Turnus stattfinden (z.B. in der vorletzten Woche eines jeden Semesters).

Zeitpunkt. Der Zeitraum am Ende der vorlesungsfreien Zeit bzw. einige Tage vor dem Start der Lehrveranstaltungen haben sich im Hochschulkontext für Team-Klausuren als besonders günstig erwiesen. Denn direkt zu Beginn des neuen Semesters stehen häufig viele organisatorische Aufgaben an, die für Ablenkung sorgen und ein fokussiertes Arbeiten während der Team-Klausur erschweren. Gegen einen Termin mitten im Semester spricht die Tatsache, dass in einem Workshop viele Regelungen für die Zukunft bzw. das kommende Semester getroffen und umgesetzt werden sollen – ein Semesterbeginn kann hier als Startschuss in eine neue Runde gelten. Der Zeitpunkt gegen Ende der vorlesungsfreien Zeit hat außerdem den Vorteil, dass viele Mitarbeiter erholt und voller Tatendrang aus dem Urlaub zurück sind – machen Sie sich diese Energie zunutze!

Dauer. Je nach Umfang der Themen, die Sie auf der Team-Klausur ansprechen möchten, sollten Sie in der Regel ca. zwei Tage einplanen. Bedenken Sie, dass Sie genügend Zeit für Pausen, Phasen für lockere Gespräche oder Erholung einkalkulieren müssen (siehe Abschnitt zum Ablaufplan weiter unten).

Ort. Bei der Wahl des Orts sollten Sie sich vorab entscheiden, ob Sie innerhalb der gewohnten Umgebung Ihrer Hochschule arbeiten wollen oder sich gezielt in eine Unterkunft außerhalb zurückziehen. In Tabelle 4.2 finden Sie jeweils Argumente für und gegen die beiden generellen Optionen. Es ist zu empfehlen, die Workshops alternierend auszurichten. Das heißt, in einem Semester arbeiten Sie innerhalb der eigenen Hochschule, im Folgenden gehen Sie an einen Ort außerhalb usw. Dieses Vorgehen ist besonders dann zu empfehlen, wenn keine und nur sehr begrenzte finanzielle Mittel für Anfahrt, Unterkunft und Verpflegung zur Verfügung stehen. Besonders geeignet sind auch Unterkünfte, für die Ihre Universität Sonderkonditionen hat, oder auch die Tagungsstätte, die möglicherweise Ihrer Universität gehört (ein Gästehaus oder ähnliches).

Tabelle 4.2. Argumente für und gegen Austragungsorte einer Team-Klausur.

MÖGLICHE ORTE	PRO	CONTRA
In den Räumen der eigenen Hochschule	• Exzellente technische Ausstattung ohne größeren Aufwand herzustellen (WLAN-Empfang, Laptops, Beamer, Moderations-Material) • Komfort, zu Hause zu übernachten und ggf. abends Zeit mit der Familie verbringen zu können	• Tatsächlicher Rückzug vom Tagesgeschäft im Sinne einer solchen Team-Klausur erfordert Disziplin (z.B. Angewohnheit, Pausen zum Lesen von E-Mails zu nutzen) • Störungen wahrscheinlich
Außerhalb	• Attraktive Möglichkeiten für rekreative Elemente (z.B. Spaziergänge in der Natur) als Anreiz für Teammitglieder • Arbeit in ungewohnter Umgebung regt unter Umständen dazu an, Routinen zu verlassen	• Übernachtungs- und Verpflegungskosten • Zeitaufwand für An- und Abreise • Organisationsaufwand für Reisebuchung und -abrechnung

Hinweise für eine Team-Klausur außerhalb der Hochschule

Anreise und Unterkunft. Klären Sie, wie Sie zu Ihrem Ausrichtungsort gelangen. Je nach dem, wie gut die Verkehrsanbindung Ihrer Unterkunft ist und wie viel Gepäck und Hilfsmittel (wie Flipcharts, Moderationskoffer etc.) Sie selbst mitbringen müssen, empfiehlt sich eine Anreise mit dem Auto. In dem Fall ist es möglicherweise günstig, Fahrgemeinschaften zu bilden.

Verpflegung. Es ist ratsam, eine Unterkunft mit Vollpension auszuwählen. Darüber hinaus sollten kleine Snacks für zwischendurch, wie z.B. Kekse oder etwas Obst und natürlich auch Getränke in ausreichender Menge mitgebracht oder vorab bestellt werden.

Arbeitsmittel. Schließlich sollten Sie vorab genau klären, welche technische Ausstattung Ihnen am gewünschten Ort zur Verfügung gestellt werden kann bzw. muss. Gegebenenfalls können Sie einige Hilfsmittel (wie Beamer oder Moderationsmaterial) auch selbst mitbringen. Wichtige Helfer bei der Arbeit sind in jedem Fall:

- Flipcharts und Stifte, Metaplanwände, Karten und Pinnnadeln
- Laptop und Beamer
- Internet-Anschluss mit hoher Geschwindigkeit

ZIELE, INHALTE UND ABLAUF DEFINIEREN

Ziele und Inhalte festlegen. Bevor Sie mit der detaillierten Planung beginnen, sollten Sie für sich die Ziele festlegen, die Sie mit der Team-Klausur erreichen wollen. Klare Zielvorstellungen sind eine wichtige Voraussetzung für gute Entscheidungen und in der Folge dafür, dass die notwendigen Schritte in Gang gesetzt und damit die Zielerreichung wahrscheinlich wird (vgl. Abschnitt 2.1, Ziele setzen). Nehmen Sie sich deswegen vorab unbedingt Zeit, um sich über Ihre Ziele klar zu werden. Im Rahmen Ihrer Zielfindung und der anschließenden Festlegung der Inhalte könnten Sie sich über folgende Fragen Gedanken machen:

Ziele der Team-Klausur definieren

- Unter welchem Motto / welcher Überschrift / welchem Leitsatz / welcher Kernfragestellung findet die Team-Klausur statt? Welchen Zweck hat sie?
- Was wollen Sie mit dieser Team-Klausur erreichen? Wie sieht Ihr angestrebtes Endziel aus?
- Woran werden Sie erkennen können, dass Sie Ihr(e) Ziel(e) erreicht haben?
- Was wollen Sie (dafür) auf Ihrer Team-Klausur tun?
- Wie wollen Sie Ihr(e) Ziel(e) erreichen? Mit welchen Methoden? In welcher Atmosphäre?
- Welche (strategischen) Effekte soll Ihre Team-Klausur haben? Was soll im nächsten Semester / Jahr anders sein als jetzt?
- Wie ist die aktuelle Stimmung im Team? Inwiefern können / müssen Sie diese berücksichtigen / beeinflussen, um Ihr(e) Ziel(e) zu erreichen?

Berücksichtigen Sie bei der Festlegung der Inhalte auch Themen, Bedürfnisse und Ziele Ihrer Mitarbeiter bzw. kalkulieren Sie dafür in Ihrer Ablaufplanung entsprechend Zeit mit ein.

Ablaufplan. Um einen groben Ablaufplan erstellen zu können (vgl. Tagesordnung im grauen Kasten), müssen Sie die wichtigsten inhaltlichen Schwerpunkte Ihres Workshops kennen und deren Zeitbedarf abschätzen. Ein vorab festgelegtes Zeitlimit für die einzelnen Abschnitte zwingt zum zielgerichteten Abarbeiten der Punkte und verhindert, dass besonders für Themen am Ende des Programms nur noch wenig oder keine Zeit übrig bleibt. Auch eine Aufteilung der Workshop-Tage auf einzelne thematische Bereiche, z.B. Tag 1: Reflexion der Organisation und Abläufe, Tag 2: Strategische und inhaltliche Ausrichtung in Forschung und Lehre, kann sinnvoll und hilfreich sein.

Materialien / Medien. Stellen Sie sicher, dass sämtliche Materialien vorhanden sind; in der Regel benötigen Sie Flipcharts, Moderatorenkoffer, Beamer, Laptops, weitere Hilfsmittel zur Dokumentation oder Visualisierung (vgl. Kapitel 9, Moderationsmethoden) und ggf. auch schriftliche Unterlagen wie beispielsweise das Protokoll der vorhergehenden Team-Klausur, die Studien- oder Prüfungsordnung, die bisherige Forschungsplanung etc.

Tagesordnung der Team-Klausur Frühjahr 2012

Datum: 13. - 14. März 2012

Beginn 13. März: 12.00 Uhr (gemeinsames Mittagessen); **Ende:** ca. 20.00 Uhr

Beginn 14. März: 09.00 Uhr; **Ende:** ca. 18.30 Uhr

Ort: Seminarraum 4/206

Tag 1:

12.30h: TOP 1: Begrüßung und Ziele der Team-Klausur

12.45h: TOP 2: Administration und Reflexion der Arbeit in der vergangenen Periode
Reflexion des Leitbilds des Lehrstuhls
Manöverkritik der vergangenen Periode
Klärung der organisatorischen Aufgaben für den laufenden Betrieb

Ende etwa 20.00h

Tag 2:

09.00h: TOP 3: Vertiefung der Reflexion und bessere inhaltliche Ausrichtung bezüglich der Lehre

12.00h: Mittagspause

13.00h: TOP 4: Vertiefung der Reflexion und bessere inhaltliche Ausrichtung bezüglich der Forschung

17.00h: Top 5: Zusammenfassung der Ergebnisse und Ausblick

Ende gegen 18.30 Uhr

MITARBEITER ÜBER DIE TEAM-KLAUSUR INFORMIEREN

Zielstellung vermitteln. Bereits im Vorfeld sollten Sie Ihren Teammitgliedern vermitteln, worin Sie den Sinn und Zweck der Team-Klausur sehen und welche Zielstellung Sie damit verfolgen. Dies könnte beispielsweise sein, dass Sie in der Mitarbeitergruppe Möglichkeiten suchen, Ihre Arbeitsweise als Team zu verbessern und weitere Team-Potenziale zu entfalten. Die Aussicht darauf motiviert und hilft Ihnen und dem Team, zielgerichtet auf der Team-Klausur Lösungen zu erarbeiten.

Vorbereitung der Teilnehmenden. Der Erfolg einer Team-Klausur steht und fällt mit seiner Vorbereitung – und an dieser sind nicht nur Sie als Leiter maßgeblich beteiligt. Teilen Sie Ihren Mitarbeitern den Ablaufplan oder zumindest eine Vorschau auf wichtige Themen, die Sie behandeln wollen, vorab mit. Dies gibt allen Teilnehmern Gelegenheit, sich einzustimmen, über wichtige Fragen bereits im Vorfeld nachzudenken und ggf. Vorbereitungen (bspw. Präsentationen zu Eigenen Projekten) zu treffen. Es ist empfehlenswert, den Teilnehmern zusätzlich zum Ablaufplan eine Hilfestellung zur Strukturierung der Rückschau vorzugeben. Dies können Leitfragen zu Arbeitsbereichen des Lehrstuhls, aber auch zu wichtigen Werten des Leitbilds sein (vgl. Abschnitt 4.2). Diskussionen über strategische Entscheidungen können so auf einer viel besseren Basis geführt werden, weil alle Teilnehmer die Möglichkeit hatten, sich in die entsprechenden Themen einzudenken und ggf. Informationen einzuholen.

QUALITÄT DER TEAM-KLAUSUR SICHERSTELLEN

In den meisten Fällen werden Sie die Leitung der Team-Klausur übernehmen, wenngleich einzelne Abschnitte natürlich durchaus auch von Ihren Mitarbeitern übernommen werden können. Unabhängig davon ist Aufgabe des Leiters für die Qualität der Klausur zu sorgen (bitte beachten Sie auch die Hinweise zur Gestaltung von Sitzungen in Abschnitt 3.1). Deshalb gilt:

Moderieren Sie. Jede gute Sitzung benötigt einen wirksamen Moderator (vgl. Kapitel 9.1, Moderationsmethoden), d.h. jemanden, der nicht nur darauf achtet, dass der Zeitplan eingehalten wird, sondern auch Diskussionen in Gang bringt, am Laufen hält, an den richtigen Stellen zusammenfasst, Fazits zieht sowie auch die schweigsameren Teilnehmer einbezieht und damit eine Beteiligung aller herstellt. Es ist wichtig, dass Sie nicht zu dominant auftreten, also nicht zu starke inhaltliche Vorgaben machen, da Ihr Team sonst keine Beiträge macht und damit der Sinn einer solchen Klausur nicht erreicht werden wird. Stattdessen sollten Sie sich auf's Moderieren konzentrieren, d.h. die Beiträge Ihres Teams mäßigen, steuern und lenken.

Visualisieren Sie. Damit alle wichtigen Bereiche und angesprochenen Themen präsent bleiben, sind die genannten Punkte an einer Tafel, auf einem Flipchart oder Metaplanwand zu sammeln (siehe Kapitel 8, Medientechnik).

Agieren Sie stets lösungsorientiert. Fokussieren Sie nicht nur auf Resultate (*Was* haben wir erreicht?) eines Themas, sondern vor allem auch auf die damit verbundene Umsetzung von Prozessen, Aufgaben, Aufträgen etc. sowie eventuelle Schwierigkeiten und Hindernisse, die dabei auftraten (*Wie* haben wir es erreicht?). Die daraus resultierenden Erkenntnisse sollten zielgerichtet genutzt werden, um ähnliche Probleme für die Zukunft zu lösen oder in der kommenden Zeit zu umgehen. D.h., leiten Sie bei Bedarf auch Handlungsempfehlungen oder sogar Vereinbarungen ab, wie Sie in Zukunft mit bestimmten Sachverhalten verfahren wollen.

Schaffen Sie Verbindlichkeiten. Halten Sie am Ende eines jeden Abschnitts fest: Wofür haben wir uns nun entschieden? Wer macht was bis wann? Je verbindlicher Sie hierbei sind, desto wahrscheinlicher ist die zukünftige Umsetzung des Erarbeiteten (vgl. Abschnitt 9.7, Maßnahmenplan).

Achten Sie auf ein gutes Klima. Nicht zuletzt ist die Atmosphäre für das Gelingen und den Erfolg Ihrer Klausur entscheidend. Sie legt den Grundstock für Motivation und die Bereitschaft, sich zu engagieren und miteinander zu interagieren. Das klingt ein bisschen weit hergeholt? Sie brauchen sich bloß vor Augen zu führen, wie Menschen agieren, die Hunger oder Durst haben, die müde sind, eine Pause brauchen: Sie sind meist aggressiver als gewöhnlich. Sorgen Sie daher für eine gute Verpflegung, Frischluft und Pausen, sodass es nicht an diesen trivial erscheinenden Rahmenbedingungen scheitert.
Ein weiterer Bestandteil eines guten Klimas ist das zwischenmenschliche Miteinander. Gehen Sie diesbezüglich mit guten Beispiel voran und achten Sie auf ein wertschätzendes, vertrauens- und verständnisvolles Miteinander – fördern Sie einen wohlwollenden, konstruktiven Umgang und lassen Sie keine Ironie, keinen abwertenden Humor zu, denn Ihre Klausur lebt schließlich von ehrlichem, offenem Eingestehen der erlebten Stärken und Schwächen. Wenn Sie hier eine gute Basis schaffen, werden Sie ein motiviertes und in sich starkes Team um sich haben.
Noch ein Hinweis: Viele Lehrstuhlinhaber erleben Kritik am Miteinander oder an Abläufen innerhalb des Lehrstuhls als persönliche Kritik, als eigenes Versagen oder als Unterstellung von Inkompetenz. Sollten derartige Äußerungen auch bei Ihnen im ersten Augenblick eine Verteidigungshaltung hervorrufen, lösen Sie sich ganz bewusst von diesen Gedanken. Diese Empfindung ist zwar vollkommen normal, macht es Ihnen aber unnötig schwer, die Optimierungspotenziale zu erkennen. Versuchen Sie, Kritik bewusst als Chance zu sehen, es künftig besser zu machen – schließlich gibt man Ihnen die Möglichkeit dazu! Schaffen Sie mit Ihren Mitarbeitern eine optimale Plattform der Zusammenarbeit und Sie werden sehen – Ihre Mitarbeiter werden dies als positiv erleben und zu schätzen wissen. Es kann sogar einen richtigen Motivationskick geben, gemeinsam an einem 'besseren Team' zu bauen.

ORGANISATORISCHES WÄHREND DER TEAM-KLAUSUR

Dokumentation. Tragen Sie Sorge dafür, dass wichtige Eckpunkte (bspw. neue Aufgabenverteilungen, Beschlüsse zu veränderten Abläufen u. ä.) während der Team-Klausur schriftlich festgehalten werden. Was Sie in Hinblick auf die Dokumentation beachten sollten, finden Sie in Abschnitt 3.1.3. Generell empfiehlt es sich, eine Person zu bestimmen, die alle wichtigen Eckpunkte und Beschlüsse / Festlegungen, die in der Team-Klausur getroffen werden, protokolliert. Alternativ kann auch abschnittsweise jeweils einer der Mitarbeiter das Protokollieren übernehmen, was oft hilft, um Ermüdungsfehlern vorzubeugen. Nach Abschluss der Team-Klausur sollten die einzelnen Protokolle zu einer Gesamtdokumentation zusammengefügt werden und allen Teilnehmern zukommen.

Pausen. Während der Team-Klausur sollten Sie darauf achten, dass geplante Pausen tatsächlich eingehalten werden – auch wenn in der zweiten Tageshälfte die Versuchung groß ist, Erholungsphasen wegzulassen, um pünktlich oder etwas früher als geplant zum Ende zu kommen. Häufig verlängert ein Vorgehen getreu dem Motto 'Augen zu und durch' die Bearbeitungszeit, weil sich die Teilnehmenden bald in einem Konzentrationstief befinden (vgl. Abschnitt 3.1.2, Pausen). Eine gezielte Auszeit, z.B. bei einem Kaffee, Abendessen oder bei einem Spaziergang, wirkt in dieser Hinsicht oft Wunder und verkürzt am Ende meist sogar die Netto-Arbeitszeit. Nutzen Sie Pausen auch, um den Raum, in dem Sie arbeiten, zu lüften, sich etwas zu bewegen und etwas frische Luft zu schnappen – mögliche Raucher Ihres Teams werden es Ihnen ebenfalls danken. Sorgen Sie dafür, dass während der gesamten Team-Klausur ausreichend Getränke wie Kaffee und Tee sowie Wasser und Säfte vorhanden sind und auch, dass Snacks wie Kekse, aber auch frisches Obst über den gesamten Verlauf bereit stehen.

Checkliste
zum Ausrichten einer Team-Klausur

Vorüberlegungen und Vorbereitung

- ✓ Termin und Dauer
- ✓ Ort
- ✓ Vorschau auf wesentliche Themen und Ablauf / Tagesordnung erstellen und austeilen
- ✓ Materialien und Medien

Organisatorisches während der Team-Klausur

- ✓ Pausen
- ✓ Verpflegung
- ✓ Dokumentation / Protokoll

Ablauf der Team-Klausur

- ✓ Begrüßung und Ziele
- ✓ Reflexion und (Neu-)Ausrichtung von Organisation und Zusammenarbeit allgemein
- ✓ Reflexion und (Neu-)Ausrichtung von Lehre
- ✓ Reflexion und (Neu-)Ausrichtung von Forschung
- ✓ Bilanzierung und Abschluss

Nachbereitung

- ✓ Protokoll versenden
- ✓ Umsetzung der Maßnahmen kontrollieren und konsequent nachverfolgen

5 Social Events eines Teams

„Je mehr Vergnügen du an deiner Arbeit hast, umso besser wird sie bezahlt."

Mark Twain

Wer arbeitet, soll auch feiern, sagt ein alter Spruch. Und genau so ist es; zum Arbeiten gehören auch Zeiten des Socializing und Feierns – feiern Sie mit Ihrem Team, wann immer sich eine sinnvolle Gelegenheit ergibt: Ein Glas Sekt für alle beim Start eines neuen DFG-Projekts, ein Kuchen oder ein Eis anlässlich eines Geburtstags, und dann natürlich die klassischen Events wie Betriebsausflug und Weihnachtsfeier.

Oder haben Sie das Gefühl, Wissenschaft darf nicht zur Spaßaktion, zu klamaukig werden? Nun, Ihre Mitarbeiter (und wahrscheinlich auch Sie) verbringen die meiste Zeit der Woche in der Uni und wenn Sie da nun ständig nur fordern, ernst sind und anstrengende Dinge tun, dann geht ein Stückchen Lebenskultur und Miteinander unter. Wenn Sie noch dazu eine Arbeitsteilung haben, bei der jeder im Grunde nur für sich und an seiner Karriere arbeitet, dann fehlt ein zentrales Element: Das gemeinsame Erlebnis.

Ein Team ist nur so gut, wie es sich auch als Team fühlt. Ein guter Zusammenhalt kann nicht verordnet werden, er muss wachsen. Doch dieses Wachstum können Sie unterstützen und tun damit allen und vor allem dem Ergebnis der täglichen Arbeit gut. Damit sich die Mitarbeiter wirklich als Team verstehen und erleben, sollten Sie aktiv Gelegenheiten schaffen, in denen Sie als Team agieren: Durch ein abendliches Beisammensein bei einem Kongress, einen gemeinsamen Kneipenbummel, eine Feier anlässlich einer bestandenen Doktorprüfung etc. Weitere Beispiele sind in Tabelle 5.1 zusammengestellt. Wenn Sie und Ihre Mitarbeiter diesbezügliche Gestaltungsvarianten gemeinsam angehen, Ideen dafür generieren und diese kreativ umsetzen, werden Sie einander auf neue, besondere Art kennenlernen und auch jenseits der fachlichen Arbeit ein Zusammengehörigkeitsgefühl erzeugen.

Wie solche Events ablaufen könnten und was Sie bei Vorbereitung und Planung berücksichtigen sollten, bringen Ihnen die nachstehenden Ausführungen näher.

Tabelle 5.1. Typische Anlässe für Social Events und ihre Gestaltungsmöglichkeiten.

ANLASS (EXEMPLARISCH)	GESTALTUNG (EXEMPLARISCH)
Jährlich wiederkehrend	
Weihnachtsfeier, Jahresabschlussfeier, Neujahrsempfang	Siehe Abschnitt 5.2
Betriebsausflug	Siehe Abschnitt 5.1
Geburtstag von Mitarbeitern	Sekt, Kuchen, Eis oder kleine Häppchen
Semesterauftakt oder –abschluss	Kurzer Kickoff mit HiWis etc., z.B. mit Pizza oder Sekt und Salzstangen
Besondere Ereignisse	
Promotion, Habilitation eines Mitarbeiters	Umtrunk mit Buffet, Party
Start eines neuen Drittmittel-Projekts	Sekt, Kuchen, Eis oder kleine Häppchen
Abschluss eines größeren Projekts	Gemeinsamer Kneipenbummel, Abendessen
Einreichung / Annahme eines neuen Papers	Sekt, Kuchen, Eis oder kleine Häppchen
Jubiläum des Lehrstuhls / Instituts / Fakultät	Fachkolloquium, Empfang oder Abendessen mit Gästen
Kongressbesuch	Abendliches Beisammensein, gemeinsamer Kneipenbummel, Sightseeing
Zugang neuer Mitarbeiter im Team; Abschied eines Mitarbeiters	Sekt, Kuchen, Eis oder kleine Häppchen, gemeinsamer Kneipenbummel
Ihr Neubeginn am Lehrstuhl	Gemeinsame Stadtführung, Theater- oder Kinobesuch, Picknick etc.
Preisverleihung	Je nach Art des Preises: Umtrunk bis gemeinsames Abendessen

5.1 Der Betriebsausflug

Und auch das noch: Der Betriebsausflug! Ist er für Sie eher ein unproduktiver Wandertag, auf den man gut und gerne verzichten könnte? Zumal sich eh niemand findet, der ihn organisiert und ohnehin immer jemand meckert, egal, was man macht? Und so toll ist Ihr Team auch nicht, dass Sie gleich einen ganzen Tag mit ihm verbringen wollen?

Doch so arbeitsreich und wenig vorteilhaft es Ihnen auch auf den ersten Blick erscheinen mag, Betriebsausflüge können rundum schön sein und haben noch dazu viele Vorteile für ein Team, weshalb auch Ihr Lehrstuhl darauf keinesfalls verzichten sollte. So lernen sich die Teammitglieder auf ganz andere Weise kennen – wenn sie buchstäblich einmal gemeinsam in einem Boot gesessen haben wie beispielsweise beim Rudern oder Rafting, wenn Sie bei einer Schnitzeljagd miteinander geknobelt haben, um den Weg zu finden oder ein Rätsel zu lösen, wenn sie Tränen lachend aus einer Veranstaltung kommen, dann haben sie jenseits der Arbeit ein gemeinsames Erlebnis einer ganz anderen Qualität. Gerade bei Teams, die sonst nicht viel miteinander zu tun haben, steigt die Chance für ein besseres Wissensmanagement (nach dem Motto „Wo ich den jetzt schon kenne – vielleicht interessiert ihn die neue Studie von xyz."). Während es bei der Arbeit um Expertise und Arbeitsleistung eines jeden geht, stehen hier das menschliche Miteinander und gemeinsame Erleben einer arbeitsfremden Begebenheit im Vordergrund. Die Eigenschaften eines anderen werden wesentlich besser kennen und schätzen gelernt, verborgene Talente plötzlich sichtbar, so manches Vorurteil abgebaut und auch ein Chef ist plötzlich zum Greifen nah und viel lockerer als man ihn sonst so kennt. Nutzen Sie daher diese Chance und veranstalten Sie regelmäßig einen Betriebsausflug (einmal jährlich; beispielsweise im Sommersemester und im Wintersemester dann die Weihnachtsfeier, vgl. Abschnitt 5.2).

Damit der Betriebsausflug auch gelingt, braucht es – mal wieder – eine gute Vorbereitung und etwas Kreativität, um nicht ein nullachtfünfzehn Ereignis daraus zu machen. Nicht zuletzt steht und fällt die Akzeptanz des Betriebsausflugs auf Seiten Ihres Teams mit Ihrer Haltung zu jenem: Geben Sie klare Signale Ihrerseits, dass der Tag von Ihnen gewollt, als sinnvoll erachtet und als Wert gesetzt wird, dass Sie sich (ehrlich) auf den Ausflug freuen – dann wird auch Ihr Team mit Engagement dabei sein. Wenn Chefs zeigen, dass sie keine Lust dazu haben, sich Besseres in der Zeit vorstellen könnten (entsprechend unterwegs permanent E-Mails lesen oder telefonieren) und sich nur hinquälen, weil es alle tun und weil es halt getan werden muss, dann sollten sie es lieber gleich lassen und die Zeit wirklich anders nutzen; angesichts der großen Potenziale, die das Ganze haben kann, wäre dies aber äußerst schade.

Für einen gelungenen Betriebsausflug sollten Sie auf einen Wechsel der Örtlichkeit fokussieren. Nehmen Sie den Betriebsausflug auch wortwörtlich als solchen (Ausflug) und fliegen (bzw. fahren) Sie aus der Stadt und der unmittelbaren Umgebung heraus. Die Symbolik des 'Heraustretens' aus dem Gewohnten ist auch für die Gruppe gewollt – es gibt ihr einen anderen Kontext des miteinander Agierens. Im Vordergrund sollte das gemeinschaftliche Erleben stehen; somit sollten sich daran sämtliche Aktivitäten orientieren. Achten Sie dabei auf folgende Aspekte:

- **Anreise.** Bereits die Anreise sollte gemeinsam erfolgen und damit in das gemeinschaftliche Erleben einstimmen. Fahren Sie also gemeinsam per Zug, Fahrrad oder in Fahrgemeinschaften zum Ausflugsziel / Veranstaltungsort.
- **Eine echte Auszeit.** Der Tag sollte frei von 'Arbeit' sein – keine Aktivitäten mit unmittelbarem Bezug zum Berufsalltag. Stattdessen sollten Spaß und aktives Erleben angesagt sein – keine Vorträge (oder nur, wenn sie in ein bestimmtes Programm eingebunden sind), keine allzu bedrückenden Mahnmäler o.ä., die einer fröhlichen Stimmung des Ganzen entgegenstehen. Selbstverständlich sollte die Aktivität an den Mitarbeitern orientiert sein. Wenn einige Ihrer Lehrstuhlmitarbeiter in zwei Jahren in Rente gehen, ist das Canyoning sicherlich nicht die beste Wahl.
- **Diverse Aktivitäten im Team / in der Kleingruppe.** Eine Aktivphase sollte allerdings nicht zu lange gehen (keine vier Stunden Olympiade), da dann eine zu große Einseitigkeit entsteht; wie immer im Leben gilt auch hier: Auf die richtige Dosis kommt es an.
- **'Leckeres'.** Kulinarische Elemente wie ein gutes Essen im Restaurant (vom Chef / Lehrstuhl bezahlt), tolles Grillgut, regionale Spezialitäten oder gar selbstgemachte Kleinigkeiten als Besonderheit, lassen einen länger an den Betriebsausflug zurückdenken.
- **Abschluss.** Es sollte unbedingt einen gemeinsamen Abschluss geben – kein vorzeitiges Gehen einzelner, sodass der Letzte den Grill wegräumen muss. Auch der Abschluss sollte gemeinschaftlich erfolgen und das ganze Event abrunden.

Zur Programmplanung finden Sie im grauen Kasten diverse Ideen. Insbesondere bei jungen Lehrstuhlteams können Sie auch kreative Aktionen anbieten, wie beispielsweise folgende:

Einen kleinen Film drehen
Einen Film zu drehen erfordert ein Team, das offen für Neues ist, denn das Verkleiden und Agieren in Rollen (Theater) ist nicht jedermanns Sache. Ein solches Event hat den großen Vorteil, dass hier ein gemeinsames Werk entsteht, welches auch nachhaltig zur Verfügung steht.

Olympiade
Kleingruppen treten im sportlichen Wettkampf gegeneinander an. Dabei sind die einzelnen Disziplinen nicht die klassischen Sportarten, sondern solche, die mit Spaß, z.T. Geschicklichkeit oder Teamarbeit, aber ohne gesteigerten sportlichen Ehrgeiz gemeistert werden sollten. Gruppen mit ca. sechs Personen sind optimal. Beispiele für mögliche 'olympische Disziplinen':

- Brücke bauen: Die Gruppe bekommt einige Gegenstände, z.B. leere Bierkisten und Bretter, mit denen eine gewisse Entfernung überbrückt werden muss, während keines der Mitglieder den Boden berühren darf.
- Langlauf mit Bierbänken: Die Gruppe muss komplett auf zwei umgedrehten Bierbänken stehen und eine gewisse Strecke zurücklegen.
- Apfel fischen: Die Mitglieder der Gruppe müssen sich der Reihe nach mehrmals im Kreis drehen, dann einige Meter laufen und einen Apfel (oder ein Stück) mit dem Mund aus einer Schüssel Wasser angeln. (Hinweis: Aus hygienischen Gründen sollte das Wasser häufig gewechselt werden.)
- Teebeutelweitwurf: Die Gruppenmitglieder bekommen je einen Teebeutel, den sie mit dem Mund – das Papierzettelchen zwischen den Zähnen – möglichst weit werfen sollen.
- Flüsterpost – spezial: Die Gruppe muss in einer Reihe einen Begriff von hinten nach vorne flüsternd weitergeben. Dabei hat jeder Sprecher einen Schluck Wasser im Mund.

Schnitzeljagd
In Kleingruppen (nicht alleine – wir wollen ja keine Einzelkämpfer, sondern ein Team ausbilden) müssen Aufgaben erfüllt werden, die über mehrere Stationen zu einem 'Schatz' führen. Wichtig ist dabei, echte Herausforderungen zu stellen: Knifflige Aufgaben, die nur unter Beteiligung der ganzen Gruppe erreicht werden können, Zeitdruck einbauen und für Wettbewerb unter den Gruppen sorgen. Der Weg von Posten (also Versteck mit Botschaft etc.) zu Posten sollte von der unmittelbaren Umgebung des Standorts (also z.B. der Grillhütte) nicht zu weit wegführen (also keine kilometerlangen Fußmärsche).

Geocaching
Geocaching ist eine internetbasierte Variante der Schnitzeljagd. Wie funktioniert die Schatzsuche im Einzelnen? Holen Sie sich im Internet zunächst die Koordinaten von einer Website und begeben Sie sich mit GPS auf die Suche nach dem vorgegebenen Ziel bzw. Schatz. So haben Sie beispielsweise zu einem bestimmten Punkt zu gehen, dort einen versteckten Schatz zu finden, sich in ein im Schatz befindliches Logbuch einzutragen und eventuell den Fund oder anderes im Internet wieder zu berichten (denn es ist ja ein internetbasiertes Spiel). Dies geht dann mit beliebig vielen Varianten: Die Teilnehmer müssen anhand eines Rätsels die Koordinaten erknobeln oder der Schatz ist nur nachts zu finden, weil er nur über Reflektoren sichtbar ist, d.h., im Schein einer Taschenlampen das Versteck erkennbar wird etc. Das Ganze ist auch als Wettbewerb für zwei oder mehr Gruppen möglich. Insgesamt birgt es den großen Vorteil, dass nicht alles eigens vorzubereiten ist, son-

dern die Wege / Koordinaten bereits im Web stehen. Es bedarf allerdings ein wenig an Zubehör (bspw. GPS) und es sollte jemand aus der Vorbereitungsgruppe Geocaching kennen, um den Aufwand zeitlich abschätzen zu können.[8]

Nun haben Sie einige Hinweise zu möglichen Social-Event-Gestaltungen gelesen. Sicherlich fällt Ihnen noch viel mehr ein, was für Ihr Team ein gelungenes Event sein könnte. Falls nicht, fragen Sie doch auch mal – vornehmlich die älteren – Mitarbeiter, was früher an Events am Lehrstuhl stattfand, ob es beispielsweise Traditionen gab, wie Rituale bei Doktorfeiern, den klassischen Bierfassanstich, das 'hier grillt der Prof für die Studis'-Grillen oder ähnliches und knüpfen Sie daran an.

Ideen zur Gestaltung eines Betriebsausflugs[9]

Einen Ausflug in die Umgebung organisieren

- Stadtführung, Museumsbesuch, Fabrikbesuch
- Besuch eines Kooperationspartners, Firmenbesichtigung
- An einen See fahren (mit Volleyball und Picknick)
- Irgendwo per Zug / Bahn / Auto hinfahren und grillen, picknicken

Ein Ereignis planen (und ggf. buchen)

- Miteinander einkaufen und kochen
- Wandern
- Fahrradtour
- Kanufahren (falls keine Erfahrung damit besteht, bitte nur mit Guide! Gibt es auch mit organisiertem Picknick zu buchen)
- Kegeln / Bowling
- Hochseilgarten oder Kletterpark
- Skitour
- Aktivsportart wie Canyoning oder River-Rafting

[8] Weitere Infos: http://www.manager-magazin.de/life/freizeit/0,2828,578224,00.html;
Hinweis zu kritischer Wertung: http://www.spiegel.de/reise/deutschland/0,1518,644695,00.html (Stand: 15.02.2011)

[9] Bitte versicherungstechnisch zuvor abklären; ggf. darf das Ganze nur als gemeinsame 'Freizeitgestaltung' stattfinden.

Eine Veranstaltung buchen

- Stadtführung 'der anderen Art' (bspw. Nachtwächterführung in Würzburg oder Führung durch ein besonderes Stadtviertel in Frankfurt)
- Kochkurs (halbtägig)
- Krimidinner
- Kleinere, aber unterhaltsame Fortbildungs- / Seminareinheit (wie Geschäftsessentraining)
- Golf-Schnupperkurs (drei Stunden mit Trainer auf der Driving Range und dem Übungsgrün)
- 'Wildnis-Training' mit Feuer machen, Fisch grillen, Werkzeug aus Feuerstein bauen etc (gibt's von 'Wildnisschulen')
- Naturerlebnispfad o.ä.

Checkliste zur Ablauforganisation von Social Events

- ✓ Rechtzeitig mit der Planung beginnen (je höher die Anzahl der Personen bzw. je größer das Event, desto früher; für Weihnachtsfeiern bspw. ca. vier Monate vorher; sonst sind weder Termine noch Reservierungen mehr möglich)
- ✓ Genauen Zeitpunkt für das Event bestimmen
- ✓ Budget festlegen
- ✓ Ideensammlung
- ✓ Schnellstmöglich die Mitarbeiter in Kenntnis setzen bzw. ein Teamtreffen diesbezüglich einberufen, dann kann sich jeder darauf einrichten
- ✓ Aufgaben verteilen; festlegen, wer die einzelnen Bereiche des Events organisiert (Auswahl des Ziels, Rahmen Veranstaltungen)
- ✓ Angebote einholen (Lokalitäten, Musik, Essen, Rahmenprogramm etc.), Angebote auswerten, entscheiden und bestätigen (Lokalitäten, Programmpunkte, Musik, Essen und Getränke, ...)
- ✓ Programmablauf des Events in schriftlicher Form festhalten
- ✓ Eventuell Verkehrsmittel buchen
- ✓ Versicherungsfragen klären (Dienstreise)
- ✓ Ggf. (bei moderater Distanz zum Ausflugsziel) vor dem Event mit den Verantwortlichen vor Ort treffen, um Details zu klären
- ✓ Namen der Teilnehmer registrieren / Teilnehmerzahl abfragen
- ✓ Liste mit Kontakten der externen Ansprechpartner erstellen
- ✓ Letzter Check (Eintrittskarten vorhanden? Reservierungsbestätigungen erhalten? Namensliste noch aktuell? Fotoapparat organisiert? ...)
- ✓ Nacharbeit (Kostenübersicht erstellen, Rechnungsprüfung, Fotos zusammenstellen, eventuell Verbesserungsvorschläge sammeln, ...)

5.2 Die Weihnachts- bzw. Jahresabschlussfeier

Jedes Jahr steht sie wieder an: Die Weihnachtsfeier am Lehrstuhl (auch Jahresabschlussfeier genannt). An vielen Lehrstühlen setzen sich die Mitarbeiter zusammen, um in der Adventszeit bei selbst gebackenen und mitgebrachten Plätzchen zu feiern und Glühwein zu trinken. Und Sie denken sich: Oh je, wieder so ein langweiliger Abend, wo alle schweigend rumsitzen und jeder sich fragt, ab wie viel Uhr er endlich gehen darf, ohne dass es negativ auffällt?

Andere Lehrstühle wiederum machen aus der Weihnachts-/Jahresabschlussfeier ein richtiges 'Event', laden ihre Mitarbeiter an einen anderen Ort ein und organisieren eine umfangreiche Veranstaltung. Aber woher das Geld nehmen? Vielleicht fragen Sie sich auch, ob Sie als Chef alle ins Restaurant einladen und aus eigener Tasche zahlen müssen? Erfüllt nicht auch eine Feier in der Uni ihren Zweck? Nun ja: Ein außergewöhnlicher Rahmen ist natürlich maßgeblich von der Höhe des Budgets abhängig. Spezielle Agenturen bieten Veranstaltungen auf Berghütten, in Zirkuszelten, Theatern und Opernhäusern, im Casino o.ä. an. All das ist schön und wenn Sie ein Industriesponsoring oder entsprechende Drittmittel haben, freuen sich Ihre Mitarbeiter, da können Sie sicher sein. Jedoch braucht's das nicht unbedingt, auch eine kleine Feier in der Uni, zu der alle etwas beisteuern, kann unvergesslich sein, wenn sie entsprechend gut vorbereitet ist. Ja, auch hier gilt wieder: Gute Vorbereitung zahlt sich aus!

Doch warum sollten Sie diesem Fest so viel Aufmerksamkeit schenken? Nun, eine gelungene Weihnachtsfeier bietet die Möglichkeit, das Gemeinschaftsgefühl, die Identifikation mit dem Lehrstuhl sowie die Motivation der Mitarbeiter zu steigern. Ferner kann die Weihnachtsfeier auch zur Abrundung eines Jahres dienen. Sie eröffnet aber auch die Gelegenheit, das letzte Jahr mit seinen Erfolgen, Problemen und gemeinsamen Erlebnissen besinnlich oder auch humorvoll Revue passieren zu lassen. Und schließlich stellt eine Weihnachtsfeier ein Dankeschön an die Beteiligten dar und zeigt Ihre Wertschätzung gegenüber dem Einsatz Ihrer Mitarbeiter. Es ist also essentiell wichtig, dass auch Sie sich für diesen Termin Zeit nehmen!

TERMIN

Legen Sie den Termin frühzeitig fest; so verfügen sowohl die Beteiligten als auch die Lokalitäten noch über freie Kapazitäten. Um die stressbeladene Vorweihnachtszeit zu entspannen, kann auch eine Jahresauftaktveranstaltung wie ein Neujahrsempfang eine Alternative sein. Überlegen Sie, welcher Wochentag und welche Uhrzeit am besten geeignet sind. Nehmen Sie von Freitagen Abstand – Wochenend-Pendler schätzen diese nur mäßig und wenn Sie nun doch in der Uni feiern, gestaltet sich das Aufräumen am Samstag dank eines akuten 'Motivationsdefizits' oft schwierig.

ORT

Wer die Wahl hat, hat die Qual: Wo wollen Sie feiern? Sofern Sie die Feier im Restaurant oder ähnlicher Lokalität stattfinden lassen wollen, reservieren Sie dort einen Tisch bzw. Nebenraum und lassen Sie sich die Reservierung vorsichtshalber per Fax bestätigen. Klären Sie auch, welche Optionen die Speisekarte bietet (Vegetarier) und – sofern Sie sich für ein Menü entscheiden – wann Sie jenes auswählen können. Vorteile eines Restaurants sind, dass Sie und Ihr Team vermutlich mehr Entspannung und weniger Arbeit haben werden und ein Restaurant möglicherweise (aufgrund des monetären Aufwands) sogar als größere Wertschätzung von den Mitarbeitern empfunden wird. Bedenken Sie jedoch, dass der etwas formellere Rahmen eines Restaurants Ihnen nicht zwangsläufig die gleichen Freiheitsgrade für spontane Aktivitäten wie Spiele, weitere Programmbeiträge oder

Tanz bietet. Schließlich ist ein Essen im Restaurant auch spätestens nach dem Digestif beendet und erzeugt bei den jüngeren Mitarbeitern häufig den Wunsch nach einer Fortsetzung des Ganzen in einer Bar. Sofern hier nicht alle mitgehen wollen, zieht dies eine Teilung der Gruppe nach sich, sodass Ihre teambildende Maßnahme 'Weihnachtsfeier' verpufft bzw. Ihr Team womöglich ohne Sie oder andere Mitarbeiter davon zieht.

Wollen Sie vielleicht doch am Lehrstuhl feiern? Dann könnten Sie sich entweder das Essen liefern lassen oder aber mit allen gemeinsam zu einem Buffet beitragen. Beides kann durchaus gemütlich sein und ist meist weniger kostspielig als eine Feier im Lokal. Sie bzw. Ihre Mitarbeiter haben dann allerdings mehr Arbeit mit dem Dekorieren und Aufräumen. Als dritte Möglichkeit könnten Sie auch alle Mitarbeiter zu sich nach Hause einladen und für alle kochen bzw. ein Fondue oder Raclette machen; auch eine Feuerzangenbowle kommt immer wieder gut an.

Wofür Sie sich auch immer entscheiden: Vermeiden Sie nach Möglichkeit große Tische (über acht Personen) und feste Sitzordnungen! Schließlich sollen sich Ihre Mitarbeiter doch besser kennenlernen. Daher sind kleine Stehtische (mit wechselnder Besetzung) eine sinnvolle Alternative.

ORGANISATION

Legen Sie fest, wer für die Organisation verantwortlich ist. Zu empfehlen ist, dass ein bis zwei Ihrer Mitarbeiter die volle Verantwortung der Organisation der Weihnachtsfeier übernehmen. Diese umfasst:

- Die Verwaltung des von Ihnen freigegebenen Budgets
- Die Koordination mit der Lokalität bzw. des selbst organisierten Buffets (zu dem dann alle Mitarbeiter etwas beitragen) (vgl. Ort)
- Die Erstellung von Einladung und Rückmeldelisten
- Die Programmgestaltung und ggf. die Moderation des Abends (falls Sie dies nicht selbst machen möchten)
- Falls in der Uni stattfindend: Koordination des Auf- und Abbaus (selbstverständlich packen hier alle Mitarbeiter mit an), die Raumreservierung sowie ggf. die Meldung an das Wachpersonal

Klären Sie frühzeitig, wer eingeladen wird. Wie steht es um die Hilfskräfte, die Diplomanden oder Tutoren des Lehrstuhls, Alumnis, ggf. auch Partner der Mitarbeiter? Zum einen ist eine solche Entscheidung sicherlich ganz pragmatisch von der Größe eines Lehrstuhls sowie der finanziellen Möglichkeiten abhängig, ein kleiner Lehrstuhl kann gut und gerne auch noch weitere Personen dazu einladen. Zum anderen sind aber auch psychologische Aspekte entscheidend: Wenn Sie und Ihre Mitarbeiter nie alleine ein Social Event haben (sondern nur mit Studierenden, Alumni oder Partnern gemeinsam), dann wäre es durchaus eine Überlegung, die Weihnachtsfeier oder aber den Betriebsausflug rein im engeren Kreise zu halten. Sollten Sie bereits den Betriebsausflug nur mit dem Kernteam stattfinden lassen, dann wäre es sicherlich eine schöne Geste, wenn die Weihnachtsfeier eine Feier für einen größeren Kreis wäre. Dafür spräche auch, dass Ihre Mitarbeiter auf diese Weise eine Chance hätten, die für sie arbeitenden HiWis oder Diplomanden dazu zu bitten. Überlegen Sie, wie viel die Sache kosten darf bzw. wer (was) zahlt.

PROGRAMM / ABLAUF

Eine kurze Rede von Ihnen als Lehrstuhlinhaber wird auf jeden Fall erwartet (vgl. Abschnitt 22.4, Reden halten). Machen Sie sich also vorab Gedanken und bereiten Sie ggf. Entsprechendes vor – als Klassiker bietet sich immer ein Rückblick auf das vergangene Jahr an. Sammeln Sie dazu das ganze Jahr über schon diverse Begebenheiten und arbeiten Sie diese in eine kleine Rede ein. Achten Sie dabei unbedingt darauf, dass Sie auch zu jedem der Mitarbeiter ein Ereignis schildern, sodass alle gleichermaßen mit Wertschätzung oder auch humoristischen Kommentaren bedacht werden. Vorsicht: Worte des Chefs werden immer auf die Goldwaage gelegt, seien Sie daher nie, auch nicht nur ansatzweise, sarkastisch oder verletzend. Wollen Sie Ihren Mitarbeitern bei der Feier kleine Weihnachtsgeschenke überreichen (bspw. ein Taschenbuch zu einem interessanten Thema)? Es bietet sich an, Geschenkübergaben auch in die oben genannte Rede miteinzubauen, beispielsweise indem Sie aus 'dem goldenen Buche' vorlesen und entsprechend der genannten Anlässe und Personen kleine Aufmerksamkeiten ausgeben. Soll es außer dem Essen noch ein Programm geben? Vielleicht wollen auch Ihre Mitarbeiter eine Einlage beisteuern (Diashow, Spiele, Sketche, Musikbeitrag etc.).

Tipps zur Gestaltung von lehrstuhlinternen Feiern (wie Weihnachts- oder Promotionsfeiern) und dem dazugehörigen Programm finden Sie im grauen Kasten. Und wenn Sie nicht wissen, was Ihren Mitarbeitern gefallen könnte, dann fragen Sie sie doch einfach – wahrscheinlich werden Sie überrascht sein, wie viel Kreativität und gute Ideen diese haben.

Ideen zur Gestaltung einer institutsinternen Feier

Varianten einer institutsinternen Feier

- Geselliges Beisammensein als Frühstück, Brunch, Kaffeetrinken, Abendessen oder Party
- Mottoparty
  Beispielsweise erscheint jeder (auch Sie als Chef) in symbolischer Verkleidung eines Mottos, beispielsweise gemäß der eigenen Disziplin als Kunstepoche, Bauwerk, psychologisches Experiment oder physikalischer Effekt. (Diese können dann im Rahmen eines Programmpunkts erraten werden.)
- Rollenspiel-Event
  Es wird von einem oder mehreren Beteiligten ein Drehbuch geschrieben, in welchem Rollen charakterisiert und Szenarien vorgegeben werden. Jeder Teilnehmer der Feier erscheint im Outfit der ihm zugedachten oder von ihm gewählten Rolle und agiert den gesamten Abend hindurch entsprechend dieser Rolle.

Programmbeiträge

- Rede halten
  Verfassen Sie beispielsweise einen Rückblick auf das vergangene Jahr bzw. den Jubilar (in Prosa oder Versform; mit oder ohne Folien / Bilder); in der Regel ist eine solche Rede 'Chefsache' oder zumindest eine Gemeinschaftsproduktion des Teams, an der Sie beteiligt sind.

- Bildershow
  Beliebt sind auch immer Dia- oder PowerPoint-Präsentationen mit Bildern des letzten Betriebsausflugs oder anderer Lehrstuhlevents, die unterhaltsam moderiert oder mit Musik untermalt werden.
- Kleiner Auftritt
  So gibt es immer Mitarbeiter, die in einer Band sind, Gitarre spielen, zaubern können u.ä. Locken Sie die versteckten Talente hervor! Im Falle einer Promotionsfeier könnten Sie gemeinsam auf bekannte Melodien Texte dichten, die auf den Promovenden oder den Lehrstuhl gemünzt sind.
- Spiele wie 'Tabu' oder 'Montagsmaler'
  Besonders reizvoll sind diese Spiele dann, wenn Sie ausschließlich Begriffe aus Ihrem Fach oder der Universität verwenden. Beispielsweise bereitet ein Spielleiter das Spiel so vor, dass Sie Ihr Dissertationsthema pantomimisch darstellen müssen oder einen der bedeutendsten Vertreter Ihres Faches verbal beschreiben müssen, ohne dessen Namen, Fach, Universität, Geschlecht, Forschungsthema nennen zu dürfen – es gibt mehrere Gruppen und die Gruppe, die zuerst errät, um wen oder was es sich handelt, erhält einen Punkt. Ein in Vorbereitung und Ausführung sehr unterhaltsames und intelligentes Spiel, da es wunderbar auf Ihren Lehrstuhlkontext bezogen ist.
- Wichteln
  Beim Wichteln gibt es unterschiedliche Spielvarianten. Gemeinsam haben sie alle, dass jeder ein kleines Geschenk mitbringt, welches zunächst erst einmal in einen großen Sack wandert. Für die Geschenke können Sie unterschiedliche Vorgaben machen, beispielsweise preislich (z.B. max. 5 €), qualitativ (z.B. 'Schrott-Wichteln' vs. ein 'echtes' kleines Geschenk), thematisch (weihnachtlich, nicht typisch deutsch, selbstgemacht ...) und vieles mehr. Auch können Sie vorgeben, ob die Geschenke zufällig ihre neuen Besitzer finden oder ob vorab Lose mit Namen gezogen werden, sodass jeder weiß, für wen er sich etwas überlegen kann. Letztere ist die deutlich persönlichere Variante und in Kombination mit dem 'echten' Geschenk meist auch die, an der im Endeffekt alle mehr Freude haben.

Teil II: Präsentieren und Moderieren

„Tritt fest auf, mach's Maul auf, hör bald auf."
Martin Luther

Präsentieren ist Ihr Alltag, sei es als Lehrender oder als Forscher, als Vorgesetzter oder als 'Antragsteller' im Rektorat oder bei einem Projektträger. Nicht nur in Vorlesungen und Seminaren, auch in Sitzungen, Gremien, auf Kongressen oder im Berufungsverfahren – immer gilt es, andere von sich zu überzeugen, Eindruck zu machen, sie zu motivieren, eine Idee oder eine Story glaubhaft und mit Begeisterung rüberzubringen oder sogar eine schwierige Situation in einer Sitzung durch gute ergebnisorientierte Moderation zu entschärfen. Doch es gibt große Unterschiede in der Qualität – dem einen hört man mit Begeisterung und Wonne zu, ist fasziniert, beim anderen kann man sich kaum wach halten, driftet ab – wo liegt der Unterschied? Liegt es an der Rhetorik? An der Moderation? Am Inhalt? An der Sympathie? An den professionell gestalteten Folien? Was ist das Erfolgsgeheimnis?

Nun, um einen erfolgreichen Vortrag zu halten

- müssen Sie etwas zu sagen haben und dabei den Nerv Ihrer Zuhörer treffen (vgl. Abschnitt 7.3),
- sollten Sie das Basiswerkzeug 'Kommunikation' sowie seine Wirkung (bspw. gewisse Dos und Don'ts bei nonverbalem, paraverbalem und verbalem Auftreten) (vgl. Kapitel 6) kennen und nutzen
- und sich die wesentlichen Regeln guter Präsentations- und Moderationstechniken zu eigen machen (vgl. Kapitel 7 bis 9).

Entscheidendes Hintergrundwissen und zahlreiche Tipps und Tricks zu diesen zentralen Bestandteilen erfolgreichen Präsentierens und Moderierens finden Sie in nachstehenden Kapiteln.

TEIL II: PRÄSENTIEREN UND MODERIEREN	**Kapitel 6: Basiswerkzeug 'Kommunikation'**
	Kapitel 7: Präsentations- und Vortragsgestaltung
	Kapitel 8: Medientechnik
	Kapitel 9: Moderationsmethoden
	Kapitel 10: Umgang mit schwierigen Präsentationssituationen

6 Basiswerkzeug 'Kommunikation'

„Nutzen Sie Ihre Chance, andere zu bewegen!"

Sie kennen bestimmt die Situation, dass Sie einem Vortrag gelauscht haben, bei dem Ihnen die Augen regelrecht zufielen und Sie erst bei seiner Zusammenfassung oder in der Fragerunde erkannten, dass der Redner eigentlich völlig neue und hoch interessante Fakten gezeigt hatte. Oder vielleicht machten Sie als Redner selbst auch schon mal die Erfahrung, einfach keinen Draht zu den Zuhörern aufbauen zu können – Ihre Witze kamen nicht so an wie sonst, Fragen wurden kaum gestellt und auf Ihre Fragen ans Publikum erhielten Sie kaum Antworten. Was war los? Sie hatten doch interessante Inhalte!

Aus dem Studium erinnern sich die meisten von uns an Vorlesungen, die zwar inhaltlich extrem wichtig für das Gesamtverständnis des Faches waren, in denen sich jedoch nur wenige Studierende einfanden, weil der Vortragsstil des Professors einfach furchtbar war. Wer als 'Vorlesender' nicht wie ein begeisterter Wissenschaftler wirkt, wer nicht auch didaktisch gut ist und so seine Zuhörer in den Bann ziehen bzw. mit seiner Begeisterung anstecken kann, braucht sich über das mangelnde Interesse an seiner Veranstaltung nicht zu wundern.

Die meisten Menschen gehen davon aus, dass ihre Wirkung vor allem auf ihrer Fachkompetenz, das heißt auf dem Inhalt dessen, was sie sagen, basiert (auf rein verbaler Kommunikation). Wissenschaftlichen Erkenntnissen zufolge macht das Inhaltliche aber nur einen sehr geringen Teil der eigenen Wirkung aus. Ein weitaus größerer Teil kommt dem Paraverbalen, das heißt der Stimme, zu. Den größten Beitrag zur persönlichen Wirkung leistet das nonverbale Verhalten, die Körpersprache. Insbesondere die Stimmigkeit (Kongruenz) zwischen ...

- nonverbaler Kommunikation (Körpersprache),
- paraverbaler Kommunikation (Stimme) und
- verbaler Kommunikation (Sprache bzw. Inhalt)

stellt einen wesentlichen Faktor für den Erfolg der Kommunikation dar (vgl. Abb. 6.1). Auf diese drei Punkte wird nachfolgend eingegangen.

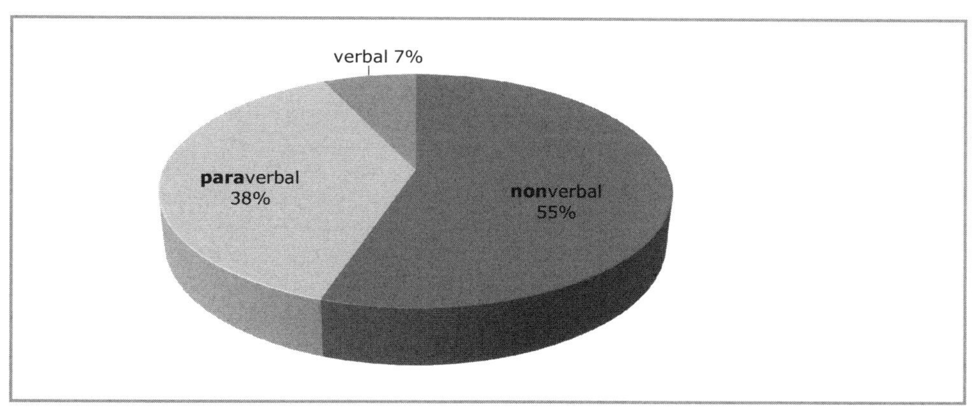

Abb. 6.1. Die Gesamtwirkung einer Person wird größtenteils durch non- und paraverbale Signale vermittelt. Verbale Signale, das heißt der eigentliche Inhalt, machen nur einen geringen Teil aus. Die Prozentwerte sind Schätzungen für den Fall, dass Fremde aufeinander treffen; hat man sich erst einmal einen Eindruck gebildet, wird der Inhalt vergleichsweise bedeutsamer (Mehrabian, 1980) (Abbildung aus Werth & Thum, 2006, S. 6, Abb. 1).

<table>
<tr><td rowspan="3">KAPITEL 6:
BASISWERKZEUG 'KOMMUNIKATION'</td><td>6.1
Nonverbale Kommunikation – Körpersprache</td></tr>
<tr><td>6.2
Paraverbale Kommunikation – Stimme</td></tr>
<tr><td>6.3
Verbale Kommunikation – Sprache und Inhalt</td></tr>
</table>

6.1 Nonverbale Kommunikation - Körpersprache[10]

Nonverbale Kommunikation wird als die Art der Kommunikation verstanden, bei der Botschaften wortlos, d.h. über Blickkontakt, Mimik, Gestik, Körperhaltung sowie physische Distanz gesendet und empfangen werden.

Nicht nur bei Gesprächen in Dialogform, sondern auch bei Sitzungen und Vorträgen kommunizieren Sie nonverbal. Insbesondere hier gilt es, zwei psychologisch-strategische Wirkungen der Körpersprache zu beachten: Zum einen erzielen Sie mit einer guten Körpersprache positivere Bewertungen. Zum anderen beeinflussen Sie sich selbst über Ihren Körperausdruck und können auf diese Weise zu Ihrem eigenen Wohlbefinden beitragen (sog. Bodyfeedback). Nachfolgend finden Sie Erläuterungen zu den einzelnen Elementen nonverbaler Kommunikation.

Blickkontakt

- Zunächst einmal ermöglicht Blickkontakt Ihnen eine vermehrte und genaue Beobachtung Ihres Gegenübers, durch die Sie wichtige Informationen über seine spontanen Reaktionen, seine Aufmerksamkeit u.ä. gewinnen können. Achten Sie beispielsweise darauf, ob / wie Ihr Gegenüber mimisch auf Sie und die von Ihnen übermittelten Informationen reagiert (Schaut er interessiert oder runzelt er aus Unverständnis die Stirn?), wie seine Körperhaltung ist (Wirkt er unsicher oder ablehnend oder aber tritt er Ihnen mit einer offenen Körperhaltung gegenüber?).
- Des Weiteren wirkt sich Blickkontakt auf die Zuschreibung von bestimmten Eigenschaften aus. Nicht nur die Art Ihres Blicks, auch Ihre Fähigkeit zum Blickkontakt und Blick-halten werden interpretiert, was sich in unserer Sprache ausdrückt: „Er warf ihr einen warmen versus kalten / feindseligen Blick zu.", „Sie hielt seinem Blick stand.", „Sie zuckte nicht mal mit den Wimpern.", „Er fixierte sein Gegenüber und suchte in seinem Blick nach ....", um nur einige Beispiele zu nennen. Entsprechend werden einer Person, die einen angenehmen Blickkontakt herzustellen vermag, auch eher Souveränität, Glaubwürdigkeit, Ehrlichkeit, Interesse und ähnliches zugeschrieben.
- Auf eben diesem Wege beeinflusst Blickkontakt auch das zwischenmenschliche Miteinander, denn Blickkontakt signalisiert Interesse, Wertschätzung, ist die Basis von Vertrauen und stellt damit insbesondere für schwierige oder unangenehme Themen eine wichtige Gesprächsvoraus-

[10] Quelle: Werth, L. & Thum, C. (2006). *Geschäftsessen souverän gestalten*. Heidelberg: Spektrum Akademischer Verlag.

setzung dar. Wer sich nicht anschaut, hat es merklich schwerer, miteinander warm zu werden, denn es fehlt dann einfach ein wichtiger Transmitter für Vertrauen, Wärme und Aufmerksamkeit.

- Doch beachten Sie, dass sich die Wirkung von Blickkontakt von Kultur zu Kultur unterscheiden kann. Während in westlichen Kulturen konstanter Blickkontakt als ein Zeichen von Souveränität und Glaubwürdigkeit interpretiert wird, kann der direkte Blickkontakt in anderen Kulturen hingegen unangemessen sein (z.B. zwischen Männern und Frauen in muslimischen Kulturen oder gegenüber Ranghöheren in asiatischen Kulturen; vgl. Abschnitt 16.3.3 zu Interkultureller Zusammenarbeit).
- In unserem Kulturkreis sollten Sie stets Blickkontakt halten, aber niemanden anstarren. Letzteres verhindern Sie am besten, indem Sie bei einzelnen Gegenübern Ihren Blick nicht nur auf die Augen selbst, sondern auch auf Stirn und Nasenbein richten. Achten Sie bei mehreren Gesprächspartnern darauf, dass Sie alle Beteiligten anschauen und nicht nur einzelne, beispielsweise immer den, der gerade spricht und wenn Sie sprechen dann lassen Sie Ihren Blick über alle gleiten.
- Tipp für Vorträge: Wenn Sie ein großes Publikum vor sich haben, folgen Sie mit Ihren Augen einem 'geistigen M' oder teilen Sie den Saal in Quadraten und widmen Sie jedem Quadranten gleichermaßen Aufmerksamkeit. Beides hilft Ihnen, alle Personen visuell einzubeziehen.

Mimik

- Allem voran wirkt Mimik via Bodyfeedback (vgl. Abschnitte 6.1 und 10.2.1) auf Sie selbst: Wenn Sie lächeln (den für das Lächeln zuständigen Zygomatikusmuskel anspannen), erleben Sie mehr Leichtigkeit und sind kreativer; wenn Sie hingegen die Augenbrauen runzeln, fühlen Sie sich angestrengter. Drum lächeln Sie doch einfach etwas mehr, es macht das Leben entspannter!
- Ihre Mimik beeinflusst jedoch nicht nur Sie selbst, sondern auch Ihr(e) Gegenüber: Wer eine lebhafte und ausdrucksstarke Mimik aufweist, wird eher gemocht, denn er zeigt mehr Emotionen und ist damit 'fassbarer' – einem undurchschaubaren Pokerface gegenüber hält man sich lieber auf Distanz.
- Schließlich können Sie über Mimik Ihre Stimmung, Motivation und Begeisterung übertragen. Mimik ist sozusagen 'emotional ansteckend' und das im positiven wie im negativen. Deswegen: Seien Sie freundlich, lächeln Sie! Wer lächelt, wirkt sympathischer und mitreißender – natürlich nur dann, wenn das Lächeln auch situationsangemessen ist. Aber übertreiben Sie Ihre Mimik nicht, denn wie immer gilt: Alles, was nicht authentisch ist, wirkt aufgesetzt und damit kontraproduktiv.

Gestik

- Um Ihre Worte gezielt mit Gestik zu unterstreichen, empfiehlt es sich, die eigenen Hände überwiegend im Bereich zwischen Schultern und Bauch zu bewegen.
- Spielen Sie nicht mit den Händen oder mit Gegenständen herum. Zum einen wirkt es nicht gelassen und souverän, zum anderen machen Sie sich selbst unruhiger (Bodyfeedback) als Sie es möglicherweise ohnehin schon sind.
- Wenn Sie nicht wissen, wohin mit den Händen, dann legen Sie sie ineinander oder halten Sie bei einem Beamervortrag die Fernbedingung oder Stichwortkarten fest (allerdings ohne damit herumzuspielen). In einer Besprechung oder anderen Gesprächen, bei denen Sie sitzen, legen Sie die Hände in den Schoß (Hosen- oder Sakkotaschen sind tabu).

Tipp: Der Laserpunkt zittert auf der Präsentationsfläche übrigens deutlich weniger, wenn Sie die Fernbedienung oder den Laser selbst mit beiden Händen halten.

- Zeigen Sie eine gute Übereinstimmung von Mimik bzw. Gestik und Inhalt, alle drei müssen zueinander passen! Denken Sie beispielsweise an Barack Obamas Antrittsrede und seinen legendären Satz „Yes, we can!". Worin lag seine starke Wirkung begründet? Neben dem reinen Sachverhalt betonte Obama durch Variation seiner Stimme (vgl. Abschnitt 6.2, Paraverbale Kommunikation) den Inhalt seiner Rede, er unterstrich sie mit klaren, ruhigen, aber bestimmten Gesten und akzentuierte die Ernsthaftigkeit sowie den Enthusiasmus mit einer präzisen Mimik. Stellen Sie sich nun einmal vor, er hätte sein Publikum während seiner Rede nicht angeschaut, sondern vorrangig auf seine Notizen geblickt, hätte nervös mit einem Kugelschreiber gespielt oder hektische Handbewegungen gezeigt – denken Sie, er hätte damit genauso viel Erfolg gehabt? Sicherlich nicht. Ob im Dialog, der Besprechung oder einem Vortrag vor großem Publikum: Ein gutes Zusammenspiel von Mimik, Gestik (Stimme, Sprache) und Inhalt lässt Sie und Ihre Worten wesentlich wirksamer sein.

Körperhaltung

- Haben Ihnen auch schon Ihre Eltern oder Großeltern gesagt, dass Sie sich 'gerade halten' sollen? In der Tat hatten sie nicht unrecht, denn eine Körperhaltung trägt sowohl zu Ihrem eigenen Befinden als auch zur Wirkung auf andere bei. Größeren Menschen sowie aufrecht stehenden wird mehr Autorität, Kompetenz und Erfolg zugeschrieben als kleineren oder gebückt stehenden. Unabhängig von Ihrer Körpergröße, achten Sie auf eine gerade, aufrechte Haltung (Schultern zurück, Blick und Kinn gerade nach vorne, nicht gesenkt oder angehoben), damit strahlen Sie mehr Sicherheit und Erfolg aus. Und schließlich gilt: Wer sich aufrecht hält, fühlt sich auch sicherer (Bodyfeedback).
- Achten Sie auf eine offene Körperhaltung, d.h. verschränken Sie Ihre Arme nicht vor der Brust. Auch wenn Sie es aus Gewohnheit oder Gemütlichkeit heraus machen: Es wirkt abweisend und das sowohl im Gespräch als auch bei Vorträgen.
- Halten Sie eine gleichmäßige, moderate Körperspannung – kein Rumhängen, keine schlabberigen Gesten, sondern straffe Schultern und Hände, denn nur aus dieser Körperspannung heraus, können Sie dynamisch und pointiert gestikulieren / agieren. Eine Geste beispielsweise, die von einem 'gespannten' Körper ausgeführt wird (gestreckte, offene Hand, gezielt geführter Arm) ist didaktisch wirksamer, sie ist im positiven Sinne spannungsgeladener und trägt damit zu Ihrem positiven Auftreten viel mehr bei als eine fahrige Bewegung (spannungsfreier Arm, schlackernde Hand).
- Nicht zuletzt ist auch Ihr Stand wichtig und zwar sowohl für Ihr Erleben als auch Ihr 'Standing'. Wenn Sie stehen, dann stehen Sie mit beiden Füßen auf dem Boden, das Gewicht sollte gleichmäßig auf beide Beine verteilt sein. Ein solcher Stand gibt Ihnen mehr Stabilität: Wer stabil steht, fühlt sich selbst und wirkt auch auf andere stabiler (Bodyfeedback). Zudem kann er auch ruhiger atmen und damit gelassener agieren als jemand, der auf einem Bein herumwackelt oder wippt.

Distanz

- Jeder Mensch hat seine individuelle Distanzzone, d.h. einen Mindestabstand zu anderen Personen, der als angenehm empfunden wird. Dieses Distanzempfinden ist jedoch nicht nur individuell, sondern auch interkulturell unterschiedlich. In unserem Kulturkreis bewegt man sich in formellen Kontexten wie dem Berufsalltag in einem Umkreis von etwa einer Armlänge um eine Person herum (vgl. Abschnitt 16.3.3 zu Interkultureller Zusammenarbeit).

- Bei Zweiergesprächen ist es optimal, die Stühle in einem Gesprächswinkel von etwa 90° zueinander zu platzieren (bspw. an einem Tisch über Eck); so können Sie eine ausgewogene Mischung aus Nähe und Blickkontakt sowie Distanz erreichen. In dieser Konstellation müssen Sie sich nicht wegdrehen, wenn Sie mal wegschauen wollen, um beispielsweise nachzudenken; wenn Sie einander frontal gegenüber säßen hingegen schon (vgl. auch Abschnitt 24.1, Sitzordnung).
- Als Sitzungsleiter oder Moderator sollten Sie sich in eine Position begeben, in der Sie jeden sehen können, aber auch jeder Sie sehen kann. Bei einer U-förmigen Stuhlanordnung wäre dies beispielsweise eine der Endpositionen für den Moderator (der viel visualisieren muss) oder aber die Position in der Mitte für einen Sitzungsleiter, der nicht zugleich visualisiert.
- Als Vortragender stellen Sie ebenfalls sicher, dass jeder Sie sehen kann! Je weiter weg Sie vom Publikum stehen, desto schwieriger wird es, dieses zu bewegen, zu interagieren und Nähe her-zu-stellen. Optimal ist es für Sie, wenn Sie, zumindest bei kleineren Gruppen, auf Ihr Publikum zugehen oder in den Teilnehmerkreis hineingehen können. 'Schneiden' Sie aber zugleich niemanden die Sicht ab, indem Sie länger in seinem Blick auf die Projektionsfläche stehen.

Objekt-Kommunikation

- Wir kommunizieren auch über bestimmte Objekte, mit denen wir uns umgeben, wie beispielsweise Statussymbole (Accessoires wie Uhren, Schmuck und Taschen, Einrichtung im eigenen Raum etc.) oder auch unsere Kleidung. So demonstrieren Sie, wenn Sie ein Mitarbeitergespräch an Ihrem Schreibtisch führen, aufgrund der ungleichen Stühle die unterschiedlichen Hierarchien bzw. Positionen, während dies in der Sitzecke, bei gleichen Stühlen, nicht der Fall wäre. Was auch immer Sie tun – seien Sie sicher, Ihr Umfeld bemerkt und interpretiert es. Achten Sie also darauf, auf welche Weise Sie mit Objekten eine Gesprächs- oder Vortragssituation prägen.
- „Dress for Success" heißt: Finden Sie die Balance zwischen 'dem Anlass angemessen' und 'sich wohlfühlen' (siehe auch Abschnitt 24.1, Kleiner Lehrstuhl-Knigge). Kleiden Sie sich adressatengerecht, indem Sie mit Ihrem Outfit niemanden vor den Kopf stoßen (bspw. weil Sie zu sportlich oder freizeitmäßig zur Konferenz oder dem Berufungsvortrag erscheinen), aber bleiben Sie zugleich auch glaubwürdig, indem Sie sich Ihrem Background entsprechend kleiden (Es gibt berufsstandtypische Kleidungsstile und Sie sollten sich nicht 'verkleidet' vorkommen; denn dann würden Sie sich nicht wohlfühlen und das wäre sofort wahrnehmbar.).
  Tipp: Für Vortragssituationen ist meist ein klassischer und seriöser Stil angemessen – hier gilt: Lieber etwas zu offiziell als zu leger gekleidet.

6.2 Paraverbale Kommunikation – Stimme[11]

Paraverbale Kommunikation bezieht sich auf Botschaften, die wir mit unserer Stimme mittels Volumen, Stimmhöhe, Sprechgeschwindigkeit, Sprechpausen und einer klaren Aussprache übermitteln. Auch in Abhängigkeit ihrer Stimme werden einer Person unterschiedliche Eigenschaften und Gefühle zugeschrieben.

---

[11] Wir danken Frau Dr. Katrin Lo Baido für die freundliche Abdruckgenehmigung dieses Abschnitts.

Geschwindigkeit (langsam oder schnell)

- Generell gilt: Sprechen Sie mit angemessener Geschwindigkeit, d.h. in einem für die Zuhörer verständlichen Tempo; tendenziell lieber etwas zu schnell als zu langsam, denn ein zügiger Redner wird als kompetenter, intelligenter und glaubwürdiger beurteilt als ein Redner mit zu langsamem Tempo – nach dem Motto „Der weiß, was er sagen will".
- Um jedoch Versprecher zu vermeiden, ist langsameres Sprechen die beste Methode. Sprechen Sie Neues, Komplexes, Fremdwörter oder schwierige Wörter langsamer aus! Denken Sie dabei auch daran, dass für Sie Fachbegriffe zum alltäglichen Sprachgebrauch gehören, für Ihr Publikum (vor allem fachfremde Zuhörer) aber ungewohnt sein können.
- Verändern Sie Ihr Sprachtempo hin und wieder. Variieren Sie die Geschwindigkeit in Abhängigkeit dessen, was Sie inhaltlich sagen. Betonen Sie wichtige Inhalte durch Ihr Sprachtempo. Machen Sie beispielsweise eine Stelle spannend, indem Sie langsamer (oder und auch leiser) werden.

Volumen (laute oder leise Stimme)

- Sprechen Sie lauter (oder leiser) bei wichtigen Aussagen. Indem Sie immer wieder die Lautstärke ändern, können Sie die Aufmerksamkeit der Zuhörer besser an sich binden.
- Passen Sie sich in Ihrer Lautstärke den räumlichen Gegebenheiten an.

Stimmhöhe (hohe oder tiefe Stimme)

- Grundsätzlich gilt: Senken Sie Ihre Stimmhöhe, denn aufgrund von Nervosität kommt es häufig zu einer hohen Stimme. Ein tieferer Klang Ihrer Stimme wird jedoch vom Publikum als angenehmer wahrgenommen – eine tiefe Stimme wirkt souveräner.
- Betonen Sie Endkonsonanten und Endsilben, es verbessert Ihre Atmung.
- Ändern Sie die Tonhöhe hin und wieder, das macht Ihren Vortrag spannender und abwechslungsreicher.
- Heben Sie am Ende einer Frage Ihre Stimme. Senken Sie am Satzende Ihre Stimme.

Sprechpausen

- Verwenden Sie Pausen, denn sie sind ein wichtiges dramaturgisches und didaktisches Instrument: Sprechpausen strukturieren oder teilen Ihren Vortrag, erzeugen Spannung und bannen die Aufmerksamkeit. Des Weiteren regen gezielte Pausen die Phantasie der Zuhörer an und lassen innere Bilder entstehen.
- Legen Sie vor oder nach einem wichtigen Thema eine Sprechpause ein.
- Falls Sie Zeit zum Nachdenken oder Entspannen benötigen: Machen Sie eine kurze Sprechpause. Eine Pause zwischen den Sätzen wirkt kompetent, ein plötzlich abgebrochener Satz hingegen nicht.
- Tipp: Zählen Sie bei einer Pause einfach bis zehn; zehn Sekunden sind durchaus eine akzeptable Länge!

Klarheit der (Aus-)Sprache (Artikulation)

- Sprechen Sie klar und verständlich – eine deutliche Aussprache von Worten, Wortanfängen und -enden sowie aller Vokale ist unerlässlich und sollte ggf. mit Artikulationsübungen trainiert werden!
- Eine deutlich artikulierte Stimme ist zum einen besser zu verstehen, zum anderen wirkt sie auch souveräner.

- Vermeiden Sie „äh, mh, ..." und andere Füllwörter. Ohne Füllwörter wirken Sie wesentlich kompetenter und sicherer. Eine Möglichkeit, diese zu vermeiden, ist, Ihren Mund zwischen Sätzen zu schließen und durch die Nase zu atmen.

6.3 Verbale Kommunikation – Sprache und Inhalt

Mit unserer verbalen Kommunikation wollen wir den Zuhörer anhand sprachlicher Mittel von einer Aussage überzeugen oder zu einer bestimmten Handlung bewegen. Natürlich mag ein geschliffenes Vokabular, Charisma, eine perfekte Rhetorik und eine hundertprozentige Abstimmung von Wort und Gestik bzw. Körpersprache hilfreich sein, doch ist dies noch lange nicht hinreichend, um Sie zu einem guten Redner zu machen. Sie sollten ebenso über die Fähigkeit verfügen, eine gute Kommunikationsatmosphäre erzeugen bzw. Kommunikation positiv beeinflussen zu können und dies sowohl als Redner als auch als Zuhörer. Zum anderen sollten Sie – um den Inhalt des Gesagten und dessen Wirkung zu unterstützen – über ein Repertoire an Techniken verfügen, das es Ihnen ermöglicht, Vorträge zu strukturieren und gezielt zu steuern (bspw. auch zu deeskalieren). Die im Folgenden genannten Hinweise gelten gleichermaßen für Vorträge, Moderationen und im Gespräch.

Erzeugen einer guten Kommunikationsatmosphäre

- **Formulierungen** können sich förderlich bzw. hinderlich auf Kommunikation auswirken. Achten Sie daher darauf, vermehrt 'Gesprächsförderer' einzusetzen und 'Gesprächsstörer' zu vermeiden (siehe Abschnitt 6.3.1 und 6.3.2). Vermeiden Sie rhetorische 'Weichmacher' (siehe Abschnitt 6.3.2) und, wenn nötig, verwenden Sie rhetorische 'Hartmacher' (wie bspw. „Lassen Sie mich unmissverständlich sagen, ...").
- Des Weiteren stellen **Fragen** ein effektives Werkzeug dar, um Ihr Publikum einzubeziehen und Ihre Präsentation didaktisch zu lenken. Frage ist dabei jedoch nicht gleich Frage – beachten Sie, dass es verschiedene Typen von Fragen gibt, die je nach Situation mehr oder minder wirkungsvoll sind (siehe Abschnitt 9.2).
- Schließlich verbessert auch die Kunst des sog. **aktiven Zuhörens** Kommunikationssituationen in entscheidendem Maße, denn nicht nur der Redner, sondern auch der Zuhörer beeinflussen die Kommunikationssituation und -atmosphäre maßgeblich – und diese Rollen wechseln im Rahmen einer Präsentationssituation regelmäßig (siehe Abschnitt 6.3.3).[12]

Den Inhalt und seine Wirkung unterstützende Techniken

- Insbesondere die Kenntnis von **Strukturhilfen** – etwa bezüglich des gekonnten Aufbaus eines Vortrags (siehe Abschnitt 7.1) oder einer spontanen Rede (siehe Abschnitt 22.4) – unterstützt Sie darin, den Inhalt Ihres Gesprochenen wirkungsvoll zu gestalten und sich in den entsprechenden Situationen souverän zu bewegen.
- Ein gezielter **Medieneinsatz** (siehe Kapitel 8) lässt Sie Ihre Aussagen nachhaltiger und pointierter vermitteln – Visualisierungen können Ihre Worte / Inhalte 'bildlich' unterstreichen.

---

[12] Bitte beachten Sie, dass das aktive Zuhören bereits eine Mischform der drei Ebenen der Kommunikation darstellt, da hier zwar einerseits verbale Fähigkeiten, aber zum anderen ebenso para- und nonverbale Elemente zum Einsatz kommen. Die Zuordnung des aktiven Zuhörens zur verbalen Kommunikation erfolgte aufgrund seines besonderen Beitrags zu einer guten Kommunikationsatmosphäre.

- Die richtigen **Moderationsmethoden** (siehe Kapitel 9) sowie das entsprechende Know-how zum **Umgang mit schwierigen Präsentationssituationen** (siehe Kapitel 10) verleihen Ihnen auch in dynamischen, emotionalen oder zeitlich gedrängten Situationen die nötige Professionalität hinsichtlich der Vermittlung Ihrer Inhalte.

6.3.1 Gesprächsförderer

Wie wir Dinge sagen – unsere Formulierung eines Inhalts – kann sich förderlich bzw. hinderlich auf ein Gespräch, einen Vortrag oder eine sonstige Kommunikationssituation auswirken. Achten Sie daher darauf, vermehrt sog. 'Gesprächsförderer' einzusetzen. Diese werden im Folgenden erläutert.[13]

Mit eigenen Worten wiederholen / zusammenfassen

Indem Sie mit eigenen Worten einen Inhalt wiederholen oder zusammenfassen, den der Andere gesagt hat, zeigen Sie ihm, was Sie verstanden haben sowie dass Sie wirklich an dem, was er sagt, interessiert sind. Falls Missverständnisse aufgetreten sind, hat Ihr Gegenüber dank Ihrer Zusammenfassung die Möglichkeit, diese gleich aus dem Weg zu räumen bzw. zu korrigieren.

Klären und auf den Punkt bringen

Indem Sie einen Inhalt auf den Punkt bringen bzw. nochmals klären, erreichen Sie, dass sich das Gespräch nicht in Nebenschauplätzen verläuft und das Wesentliche auch wirklich besprochen wird.

Formulierungen, die helfen, das Wesentliche konzentriert zu betrachten und gleichzeitig dazu führen, dass der Gesprächspartner sich verstanden fühlt, sind ...

- „Ihnen ist wichtig, dass ..."
- „Du möchtest gern ..."
- „Für Sie kommt es sehr darauf an, dass ..."
- „Dir ist daran gelegen, dass ..."
- „Sie legen Wert auf ..."
- „Deiner Meinung nach sollten ..."
- „Sie wünschen sich ..."
- „Dir liegt am Herzen, dass ..."

Einschränkende Wiederholung

Wiederholen Sie eine pauschale Aussage („Das geht niemals.") mit dem Zusatz einer zeitlichen Einschränkung („im Moment"). Dies kann dazu führen, dass die Aussage differenziert wird („Das geht im Moment noch nicht."). Aus dem Satz „Das kann ich nicht machen." wird in der Wiederholung dann „Das heißt, Du kannst es heute nicht machen. Wann dann?"

---

[13] Quelle: Weisbach, C.-R. (2001). *Professionelle Gesprächsführung*. München: dtv.

Formulierungen, die Ihnen in diesem Sinne helfen, einen Satz Ihres Gegenübers zu differenzieren, sind:

- noch
- im Moment
- jetzt, gerade, derzeit
- augenblicklich, heute

Übertreibende Wiederholung

Die Wiederholung einer Aussage mit einem übertreibenden Element kann helfen, den Anderen zu einer Relativierung bzw. einer Konkretisierung seines Standpunkts zu bewegen. So relativiert er seinen ersten Satz „Das wird nicht gehen!" durch die übertreibende Wiederholung „Du hältst es also für völlig ausgeschlossen?" in „Nun ja, unter bestimmten Umständen ginge es ja schon ...".

Beispiele:

- nie, niemals
- weder jetzt noch später
- undenkbar
- immer
- unmöglich
- dauernd
- völlig ausgeschlossen
- jederzeit

In Beziehung setzen

Der Gesprächsförderer 'In-Beziehung-setzen' eignet sich zur Strukturierung und Reduktion auf das Wesentliche. Ausführungen werden logisch und verständlich, weiterhin wird eine Entscheidung herbeigeführt. Wenn Sie wahrnehmen, dass Ihr Gegenüber (oder auch Sie selbst) hin- und hergerissen ist, könnten Sie dies mit den Worten wiedergeben: „Einerseits begrüßt du den Vorschlag und die damit einhergehenden Veränderungen, andererseits befürchtest du, den damit verbundenen Kosten und Anforderungen nicht nachkommen zu können."

Beispiele:

- einerseits – andererseits
- sowohl als auch
- teils – teils
- weder – noch

Nachfragen

Nachfragen signalisiert dem Gesprächspartner echtes Interesse, fördert das gegenseitige Verstehen und verhindert Missverständnisse.

Beispiele:

- „Was meinst Du mit ...?"

- „Kannst Du mir dazu noch ein Beispiel geben?"
- „Was bedeutet ...?"
- „Das habe ich gerade nicht verstanden."

Denkanstöße geben

Mit Denkanstößen helfen Sie, über den sprichwörtlich eigenen Tellerrand hinauszusehen und Lösungen bzw. Möglichkeiten zu entdecken, die dem Gesprächspartner und Ihnen selbst sonst womöglich verborgen geblieben wären.

Beispiele:

- „Welche Konsequenzen hätte ...?"
- „Was würde passieren, wenn ...?"
- „Wie würde es aussehen, wenn ...?"
- „Was müsste anders sein oder sich ändern bzw. geändert sein, damit...?"

Wünsche herausarbeiten

Auch Wünsche können dabei helfen, auf kreative Ideen zu kommen. Mit der Äußerung von Wünschen treten häufig auch vorher im Verborgenen liegende Motivationen zu Tage.

Beispiele:

- „Wie wäre denn eine optimale Lösung?"
- „Wenn Du bereits jetzt wüsstest, wie die Sache ausgeht, was würdest Du tun bzw. unterlassen?"
- „Stell Dir den Zeitpunkt vor, an dem Du die Sache abgeschlossen haben wirst, wie wirst Du Dich da fühlen?"

Gefühle ansprechen

Wenn Sie Ihrem Gesprächspartner die Möglichkeit geben, seine Gefühle (z.B. Frust, Ärger, ...) zu verbalisieren, signalisieren Sie dadurch Interesse und erreichen, dass er sich wirklich verstanden fühlt. Er kann sich dann viel eher auf das weitere Gespräch einlassen. Sprechen Sie daher die Gefühlsebenen, die Sie beim Anderen wahrnehmen, an.

Beispiele:

- „Sie haben Ihre Zweifel, ob das so funktionieren kann."
- „Damit scheint es Ihnen richtig gut zu gehen."
- „Es klingt so, als wären Sie sich da noch unsicher."
- „Mir scheint, dass Sie an der Stelle noch Bedenken haben."
- „Das ärgert Sie jetzt bzw. da sind Sie jetzt enttäuscht."

Nonverbal Interesse zeigen

Wenn Sie auch nonverbal Ihr Interesse bekunden, signalisieren Sie dem Gesprächspartner, dass Sie ihm zuhören und sich wirklich für seinen Standpunkt interessieren. Das erreichen Sie z.B. durch Blickkontakt und eine offene, dem Anderen zugewandte Haltung (vgl. Abschnitt 6.3.3, Aktiv Zuhören).

6.3.2 Gesprächsstörer

Genauso, wie es Möglichkeiten gibt, sich zielorientiert und gesprächsförderlich zu verhalten, können wir auch in einer Art und Weise agieren, die sich hinderlich auf ein Gespräch, einen Vortrag oder sonstige Kommunikationssituationen auswirken kann. Achten Sie darauf, solche 'Gesprächsstörer' zu vermeiden, denn sie führen in aller Regel zu einer Verhärtung der Fronten, verschlechtern das Gesprächsklima und bringen einen Austausch schnell zur Eskalation.

Befehlen

Befehle geben wir dann, wenn wir überzeugt sind, dass der andere diesen benötigt, um sich 'richtig' verhalten zu können. Das zugrunde liegende Muster meint: „Ich weiß, was richtig ist und deshalb gibt es hier nichts mehr zu diskutieren." Bei Befehlen laufen wir aber Gefahr, uns lächerlich zu machen, sollte der andere nicht gehorchen. Ferner fühlt sich der Befehlsempfänger eingeschränkt und bevormundet, da wir ihm keine Wahl lassen und seine Freiheit einschränken. Nicht selten rufen Befehle entsprechend auch Wut oder Trotz hervor.

Beispiele:

- „Sie werden die Aufgabe noch heute erledigen!"
- „Du wirst mir jetzt (bitte) zuhören!"

Überreden

Auch beim Überreden gehen wir davon aus, dass der andere das unserer Meinung nach 'richtige' Verhalten nur dann zeigen wird, wenn wir ihn darauf hinweisen. Das zugrunde liegende Muster bedeutet also: „Du kannst mir eigentlich nur noch zustimmen, wenn Du meine Argumente gehört hast." Im Gegensatz zum Befehlen verwenden wir das Überreden jedoch, um den anderen dazu zu bringen, dieses Verhalten 'freiwillig' zu zeigen. Mit einer freundlichen Wortwahl wird versucht, darüber hinwegzutäuschen, dass auch hier die Freiheit des anderen eingeschränkt werden soll.

Beispiele:

- „Sehen Sie sich die einmalige Chance an, die sich Ihnen eröffnet, wenn Sie in unsere Außenstelle Kleckersdorf umsiedeln. Nirgendwo werden Sie so viele Gestaltungsmöglichkeiten vorfinden wie gerade dort."
- „Du würdest den Kindern eine riesige Freude machen, wenn Du sie nach Büroschluss abholen könntest. Außerdem wären wir dann alle zum Abendessen zusammen, und Du könntest diesmal die ganze Sportschau sehen."

Warnen und Drohen

Warnen und Drohen ist sozusagen die 'unfreundlichere' Variante des Überredens – der andere soll durch die prophezeiten negativen Folgen zur Einsicht gebracht werden, dass das vorgeschlagene Verhalten auf jeden Fall das 'richtige' ist. Das zugrunde liegende Muster lautet: „Du wirst schon sehen, was Du davon hast!". Auch hier wird dem Anderen die Wahlfreiheit implizit abgesprochen.

Beispiele:

- „Bitte, wenn Sie nicht nach Kleckersdorf wollen, steht es Ihnen selbstverständlich frei abzulehnen. Ob ich allerdings noch einmal mit so einem Angebot aufwarten kann, muss ich bezweifeln."
- „Wenn Du nicht magst, musst Du natürlich nicht die Kinder abholen. Aber ich will dann von Dir kein Wort hören, wenn Du nicht zu Deiner Sportschau kommst!"

Vorwürfe
Das zugrunde liegende Muster ist in diesem Fall: „Das wäre nicht passiert, wenn Du nicht so wärst, wie Du bist." bzw. „Das wäre mir nie passiert." Wenn das Unglück schon passiert ist, zeigen Vorwürfe dem Anderen deutlich an, dass wir ihn – zumindest in diesem Bereich – für unzulänglich halten. Vorwürfe bringen weder in der konkreten Situation noch für die Zukunft eine Verbesserung. Wenn, dann sollten Sie in einem gewissen zeitlichen Abstand über den 'Vorfall' reden und das entsprechende Verhaltensmuster ansprechen.

Beispiele:

- „Wozu haben Sie eigentlich Ihren Kopf?"
- „Wenn du endlich mal daran gedacht hättest, wäre die Ablehnung des Antrags nicht passiert."

Bewerten
Mit der Bewertung wird dem Gesprächspartner auf sehr subtile Weise Überlegenheit demonstriert. Das zugrunde liegende Muster lautet: „Ich bin in der Position, Dich zu tadeln oder zu loben." Der andere kann sich dadurch bevormundet bzw. herabgesetzt fühlen – das gilt auch bei Lob.

Beispiele:

- „Ich finde, dass Du es Dir ganz schön leicht machst."
- „Das ist für Deine Verhältnisse eine tolle Leistung."

Herunterspielen
Herunterspielen zeigt dem Anderen, dass seine momentane Gefühlslage eigentlich übertrieben ist und man ihn aus diesem Grund auch nicht wirklich ernst nimmt. Dadurch wird Überlegenheit demonstriert. Das zugrunde liegende Muster meint also: „Ich weiß (im Gegensatz zu Dir), dass es eigentlich nicht so schlimm ist."

Beispiele:

- „Mach Dir nichts draus, daran sind schon ganz andere vor Dir gescheitert."
- „Andere Mütter / Väter haben auch hübsche Söhne / Töchter."

Ironisieren, nicht ernst nehmen
Das zugrunde liegende Muster lautet im Falle des Ironisierens, nicht ernst Nehmens: „Deine Gründe dafür, dass Du meinen Vorschlag ablehnst / Dich beschwerst, sind lächerlich." Auch hier wird dem Gesprächspartner Überlegenheit demonstriert. Weiterhin wird seine Wahlfreiheit eingeschränkt, indem ihm suggeriert wird, dass es keine 'ernsthaften' Gegenargumente gibt.

Beispiele:

- „Mein lieber Herr ABC, da Sie auf mein Angebot, Sie nach Kleckersdorf zu entsenden, nicht eingehen, muss ich annehmen, dass Ihnen Zweifel kommen, ob Sie den Anforderungen dort gewachsen sind."
- „Es grenzt wahrscheinlich an eine Zumutung, den völlig überlasteten Vater mit so einer zeitraubenden Aufgabe zu betrauen, seine Kinder nach der Arbeit abzuholen."

Von sich reden
Beim sog. 'von sich reden' bedeutet das zugrunde liegende Muster: „Im Gegensatz zu meinen sind Deine Probleme Pipifax." Dem Gesprächspartner wird also signalisiert, dass wir sein Anliegen als bedeutungslos ansehen und uns deswegen auch nicht damit beschäftigen.

Beispiel:

- *Professor der Uni-Verwaltung:*
  „Jetzt habe ich Ihnen alle Unterlagen zusammengestellt, aber immer noch kein Geld bekommen. Wie lange muss ich denn noch darauf warten?"
- *Sachbearbeiter:*
  „Ja, lieber Herr ABC, so einfach ist das nun auch nicht. Schauen Sie, da muss ich erst einmal die Unterlagen prüfen, und außerdem sehen Sie ja, wie viel hier auf meinem Schreibtisch liegt. Jeder, der zu mir kommt, will sein Geld am liebsten gleich mitnehmen. Aber wie stellen Sie sich das vor? Außerdem arbeite ich bereits seit zwei Wochen für meinen erkrankten Kollegen mit. Glauben Sie, ich habe in diesem Jahr schon Urlaub genommen?"

Psychologisieren, interpretieren

Zugrunde liegendes Muster: „Ich weiß (im Gegensatz zu Dir), woran es *wirklich* liegt, dass Du meinen Vorschlag ablehnst / Dich beschwerst." Mit Psychologisieren und Interpretieren wird dem Anderen Überlegenheit demonstriert. Unter Umständen treffen wir mit unserer Interpretation genau ins Schwarze, lassen dem Anderen aber keinerlei Chance, uns zuzustimmen und gleichzeitig sein Gesicht zu wahren.

Beispiele:

- „Ihrer Ablehnung einer Versetzung nach Kleckersdorf liegt eine starke Fixierung auf unseren hiesigen Standort zugrunde. Ich nehme an, Sie sind noch nie in Ihrem Leben aus unserer Region herausgekommen."
- „Mensch, gib's doch zu, Du bist total eifersüchtig!"

Ausfragen

Fragen ist im Rahmen der Gesprächsführung sehr wichtig – Ausfragen kann dagegen sehr hinderlich sein. Beim Ausfragen sind Thema und Antwortrahmen vorgegeben – der Fragende versucht eigentlich nur, eine Bestätigung für das zu bekommen, was er ohnehin schon vermutet. Es geht dann nicht um einen offenen Informationsaustausch.

Beispiele:

- „Wo warst Du? Warum kommst Du erst jetzt?"

Lösungen präsentieren, Ratschläge geben

Ratschläge sind häufig nicht erwünscht und können deshalb vom anderen meist nicht angenommen werden – selbst wenn Sie noch so gut sind. Das zugrunde liegende Muster lautet: „Ich traue Dir nicht zu, selbst auf die passende Lösung zu kommen." Vor dem Austeilen von Ratschlägen sollte man sich also rückversichern, ob der andere überhaupt an einem solchen interessiert ist.

Beispiel:

- „An Deiner Stelle würde ich nach xyz gehen."

Negationen, Verneinungen

Negationen („nicht", „kein") werden vom Gehirn häufig nur unzureichend verarbeitet und wirken dann wie ein Bumerang: Es tritt genau das ein, was man nicht will. Bei dem Satz „Bitte sei jetzt nicht sauer!" bleibt also hauptsächlich 'sauer' (anstelle von 'nicht sauer') im Gehirn des anderen hängen und das Gegenüber kommt womöglich erst auf die Idee, sauer zu sein.

Beispiele:

- „Versteh mich nicht falsch ... ."
- „Ich hoffe, Du bist jetzt nicht zu enttäuscht."
- „Du solltest dich jetzt nicht aufregen!"

Einschränkungen

Auf „aber", „doch", „jedoch", „nur", „allein" sowie „sondern" verzichten, denn sie verneinen bzw. schränken den vorangegangen Inhalt des Gesprächspartners ein. Dabei werden zwei Gesichtspunkte einander gegenübergestellt und der des anderen strategisch entwertet.

Beispiele:

- „Ja, da haben Sie vollkommen recht, aber in diesem Fall verhält es sich doch anders ..."
- „Ich stimme Ihnen im Prinzip zu, nur müssen Sie bedenken ..."
- „Ja natürlich, das sehe ich genauso, doch haben Sie dabei übersehen ..."

Besser ist es, anstatt „aber", „doch" etc. das Wort „und" zu verwenden („Du denkst x und ich denke y ..."); denn dann stehen beide Aussagen auf gleicher Ebene nebeneinander („Ja, ich stimme dir in den Punkten a und b zu; und zugleich in den Punkten d und e nicht.") und wirken jeweils für sich: „Ja, in Punkto a und b haben Sie vollkommen recht. Bezüglich Punkt c möchte ich darauf hinweisen, dass hier eine Besonderheit vorliegt, da ...." Oder „Ich stimme Ihnen im Prinzip zu, d.h. in Bezug auf a und b. Hinsichtlich des Aspekts c möchte ich eine Differenzierung anbringen dahingehend, dass hier ...".

Weichmacher

Wer Weichmacher benutzt, ist fein raus – jedenfalls legt er sich nicht fest. Wenn Sie beispielsweise sagen „Den Vorschlag finde ich eigentlich nicht schlecht.", weiß Ihr Gesprächspartner nun nicht, ob Sie den Vorschlag eher gut oder eher schlecht finden.

Beispiele:

- Das sollte, dürfte, müsste, könnte (und andere Formulierungen im Konjunktiv)
- Man kann (unpersönliche Formulierung)
- eventuell, vielleicht, ein wenig, ein bisschen, ein Stück weit
- eigentlich (ich bin eigentlich der Meinung – und uneigentlich nicht?)
- irgendwie
- relativ
- im Prinzip

Präzisieren Sie daher Ihre Aussage: „Den Vorschlag finde ich gut (bzw. schlecht)." oder „Den Vorschlag finde ich dahingehend gut, dass ..." – so kommen Sie ohne Weichmacher aus und Ihr Gegenüber weiß, woran er ist und kann Sie beim Wort nehmen.

6.3.3 Aktiv Zuhören

„Die einfachste Art, einen Menschen zu ehren, ist, ihm zuzuhören."
Antoine de Saint-Exupéry

Kennen Sie das wohltuende Gefühl, einem guten Zuhörer gegenüber zu sitzen? Sie erzählen und spüren, dass Ihnen wirklich zugehört wird und Sie verstanden werden mit dem, was Sie berichten. Was macht Ihr Gegenüber, dass diese Wirkung bei Ihnen ankommt? Was unterscheidet einen guten von einem schlechten Zuhörer? Ein guter Zuhörer hört 'aktiv' zu, d.h. er tut mehr als einfach nur anwesend zu sein und seine Ohren zur Verfügung zu stellen. Er hört, versucht zu verstehen, nachzuvollziehen und ist dadurch in der Lage, sich an das, was Sie erzählt haben, auch wirklich zu erinnern. Mit dieser Fähigkeit des aktiven Zuhörens erreicht er sehr schöne Nebeneffekte: Zum einen entsteht eine angenehme Kommunikationsatmosphäre, in der eine Beziehung zueinander aufgebaut und ein wertschätzender Umgang gefördert wird. Zum anderen wird die Kommunikation durch aktives Zuhören qualitativ hochwertig und effizient, weil beispielsweise Missverständnisse schnell ausgeräumt werden.
Glauben Sie, dass solch aktives Zuhören ausschließlich auf 'persönliche' Gesprächssituationen begrenzt ist? Oder gilt es auch in anderen Kommunikationssituationen wie Vorträgen und Besprechungen? Ja, es gilt – inklusive seiner positiven Wirkung – immer! Doch so schön es ist, einen guten Zuhörer um sich zu haben: Im Tagesgeschehen treffen wir meist andere Zuhörersituationen an. Vor allem in größeren Veranstaltungen und insbesondere in deren Eröffnungsreden, finden wir uns oft in einer Schar geistig eher abwesender als anwesender Kollegen wieder. Die Schuld dafür liegt klar beim Referenten – oder etwa nicht?

„Viele Menschen besuchen Präsentationen und Vorträge mit derselben Einstellung wie Kinovorstellungen: Mal schauen, was geboten wird. Dahinter verbirgt sich – ob bewusst oder unbewusst – eine Anspruchshaltung. Man sieht den Redner in der Bringschuld: Er muss dafür sorgen, dass die Präsentation gut und für einen selbst möglichst angenehm verläuft. Sich selbst sieht man in der Rolle eines Konsumenten, der am Ende die Veranstaltung 'amused' oder 'not amused' verlässt und während des Vortrags allenfalls die Aufgabe hat zuzuhören. Abgesehen davon, dass viele Vortragsbesucher nicht einmal diese eine Aufgabe erfüllen, geht ihre Mitwirkungspflicht darüber hinaus."[14]

Hervorzuheben sind in Bezug auf eine Mitwirkung im Sinne des aktiven Zuhörens vor allem die folgenden Aspekte:[15]

Bedenken Sie Gegenseitigkeit und Fairness.
Zunächst einmal ist der Besuch einer Veranstaltung eine Frage der Gegenseitigkeit. Erwarten Sie nicht nur vom Referenten, dass er Ihre Perspektive als Zuhörer berücksichtigt und bedient, sondern versetzen auch Sie sich in seine Rolle und seien Sie das Publikum, das Sie als Redner selbst gerne vor sich hätten. Sobald Sie den Referenten in seinem Handeln unterstützen, ihm beispielsweise möglichst viele positive Signale zukommen lassen, machen Sie ihn sicherer und die Veranstaltung für alle Seiten angenehmer. Selbst an gestandenen Referenten geht das Verhalten eines Publikums nicht wirkungslos vorüber: Während eine wohlwollende Zuhörerschaft den Referenten

---

[14] aus J. Herrmann, „Präsentationen und Vorträge - so verhalten sich gute Zuhörer", Projektmagazin, http://www.projektmagazin.de/tipps/t-1507-1.html; Stand: 15.02.2011

[15] Bitte beachten Sie, dass diese nun aus der Sicht und als Aufgaben des Zuhörers geschrieben sind. Selbstverständlich gelten sie aber ebenso für den aktiven Redner, Referenten oder Lehrenden, wenn dieser beispielsweise einer Frage oder Stellungnahme aus dem Publikum zuhört.

bestätigt und ihn zur Hochform auflaufen lässt, löst ein gleichgültiges oder Widerspruch signalisierendes Publikum ein Gefühl der Ablehnung aus und kann die Leistung schmälern.

Schauen Sie freundlich.
Stellen Sie sich vor, Sie gehen auf die Bühne ans Rednerpult und schauen in 150 missmutig oder gelangweilt blickende Gesichter – wie leicht wird es Ihnen nun fallen zu zeigen, dass Sie ein guter Redner sind? Bedenken Sie, dass es für einen Akteur einen großen Unterschied macht, ob er in 150 gleichgültige oder in 150 freundliche Gesichter schaut, die ihm signalisieren, dass sie sich auf das Bevorstehende freuen. Unterstützen Sie einen Akteur zu Beginn mit einem offenen und freundlichen Blick – das macht ihm eine Freude und hat für Sie selbst den Vorteil, dass Sie dank Bodyfeedback (vgl. Abschnitte 6.1, 10.2.1 und 20.1.2) positiver gesinnt sind und aufgrund einer dadurch erhöhten Kreativität vermutlich auf bessere / spannendere Fragen kommen.
Übrigens, viele Mitarbeiter kennen dies zu Genüge: Sie tragen vor und wann immer sie ihren Chef anschauen, schaut dieser angestrengt und mit gerunzelter Stirn – dem Mitarbeiter rutscht das Herz in die Hose, dabei ist der Chef bloß hoch konzentriert und merkt gar nicht, wie seine Mimik ist. Reflektieren Sie als Vorgesetzter gerade in solchen Situationen Ihre Mimik und lächeln Sie wohlwollend in die Teilnehmerschar sowie zu dem Akteur. So wird dieser sich bestärkt fühlen, mit seinem Vortrag fortzufahren und vielleicht sogar seine Leistung steigern können. Schließlich benötigen Akteure auch immer wieder 'Blickpartner' im Publikum. Erwidern Sie daher als Zuhörer den Blickkontakt eines Akteurs freundlich.

Seien Sie aufmerksam.
Widmen Sie Ihre Aufmerksamkeit tatsächlich dem Akteur. Was hier trivial klingt, ist dennoch seltener anzutreffen als man glaubt: Wer kennt es nicht, dass sich Zuhörer (ob im Hörsaal oder im Kongresszentrum) während eines Vortrags mit den Sitznachbarn unterhalten, SMS schreiben, Zeitung lesen oder Nickerchen machen. Sofern Sie den Eindruck haben, dass Sie Ihre Zeit besser nutzen können, indem Sie Ihre Unterlagen sichten oder sich auf ein anstehendes Meeting vorbereiten, dann steht es Ihnen frei, dies zu tun – aber tun Sie es woanders. Wenn Sie sich dafür entschieden haben, an einer Veranstaltung teilzunehmen, dann seien Sie auch wirklich präsent – es ist eine Frage der Wertschätzung demjenigen gegenüber, der diese leitet bzw. sich vorbereitet hat. Würden Sie nicht auch genau das von Ihren Teilnehmern / Ihrem Publikum Ihnen gegenüber erwarten?

Geben Sie nonverbale und paraverbale Bestätigung
Lassen Sie den Referenten merken, dass Sie seinen Ausführungen folgen können, dass seine Scherze ankommen, seine Beispiele zutreffen. Die einfachste Möglichkeit hierzu ist das Kopfnicken. Kennen Sie das „Ohhhh!" und „Ahhh!" eines Publikums oder das gemeinsame Lachen? All das sind emotionale Reaktionen eines Publikums, die vom Referenten gewollt sind und deren Eintreten ihm signalisieren, dass er den richtigen Ton und Inhalt trifft. Auch wenn der gut gemeinte Scherz Sie beim besten Willen nicht zum Lachen bringt, schenken Sie dem Referenten zumindest ein Lächeln als Zeichen der Anerkennung, es kann / wird seine allgemeinen Leistungen positiv beeinflussen. Da Stirnrunzeln, verständnisloses Kopfschütteln oder Augenrollen den Akteur in seiner Leistung negativ beeinflussen und noch dazu wenig wertschätzend sind, sollten Sie von diesen absehen.

Fragen Sie konstruktiv und interessiert nach.
Auch bei Fragen gilt: Verhalten Sie sich so, wie Sie selbst behandelt werden möchten. Lassen Sie den Referenten ausreden. Melden Sie sich ggf. mit Handzeichen und warten Sie, bis man Ihnen das Wort erteilt. Achten Sie darauf, ob Verständnisfragen während des Vortrags vom Referenten explizit gewünscht sind; andernfalls sind Fragen nur am Ende des Vortrags zu stellen. Halten Sie in jedem Fall kein Koreferat, sondern formulieren Sie Ihre Zwischenfrage kurz und stellen Sie diese

wirklich nur zu unmittelbar erfolgten Aussagen. Bei einer Diskussions- oder Fragerunde am Ende der Veranstaltung können Sie durchaus auch eigene Statements oder weiterführende Gedanken abgeben, aber auch diese sollten dennoch nicht zu einem langen Monolog ausufern – damit nähmen Sie dem Referenten seine Plattform und das wäre kein guter Stil.

Dass Sie zugehört haben und Ihr Nachfragen ein Zeichen Ihres guten Zuhörens und Interesses ist (und keine Selbstdarstellung), sollten Sie beim Nachfragen auch verbal zum Ausdruck bringen (vgl. Abschnitt 9.2, Fragetechniken; Abschnitt 3.3.2., Die Kunst der guten Frage):

- Signalisieren Sie Ihrem Gegenüber, dass Sie seinen Ausführungen folgen konnten, indem Sie ein oder zwei Schlüsselworte aus der Aussage des Sprechers wiederholen oder seine Hauptinhalte mit eigenen Worten formulieren, „Mit anderen Worten …", „Was Sie meinen, ist …", „Ich habe … verstanden.", „Sie nehmen Bezug auf …?", „Meinen Sie …?".
- Sollten Ihnen (weitere) Details fehlen, so haken Sie mit (offenen) Fragen nach (z.B. „Was sind Ihre Vorstellungen zu …?", „Wie würden Sie vorgehen …?") oder geben Sie dem Sprecher mehr Spielraum („Könnten Sie bitte an einem Beispiel erläutern, …"; „Bitte erklären Sie, warum …").
- Setzen Sie während seiner Antwortgabe kurze verbale Bestätigungen ein wie „okay", „ja", „Ich verstehe."; Sie ermutigen den Sprecher so, mit seiner Antwort fortzufahren.

Kurzum: Selbst wenn Sie sich im Rahmen eines Vortrags nicht aktiv einbringen, beeinflussen Sie dennoch den Referenten bzw. Gesprächspartner sowie die Atmosphäre – Sie können in der Rolle des Zuhörers also gar nicht passiv sein bzw. nicht nicht kommunizieren. Nutzen Sie daher die Chance, die Situation konstruktiv mitzugestalten. Seien Sie ein wertvoller Zuhörer durch eine positive Einstellung zum Akteur und dem, was er sagt sowie durch bewusste Kommunikation dieser Haltung in Mimik und Körpersprache.

Überblick 'Aktiv Zuhören'

Seien Sie ein guter Zuhörer, d.h. ein aktiver Zuhörer:

- Schauen Sie freundlich.
- Seien Sie aufmerksam.
- Geben Sie nonverbal und paraverbal Bestätigung, dass Sie hören und wahrnehmen, was der Andere sagt. Bedenken Sie: Aktiv zuhören impliziert keine Zustimmung, sondern nur ein Aufnehmen des Gesagten.
- Fragen Sie konstruktiv und interessiert nach.

So zeigen Sie Ihre Wertschätzung aus und tragen zu einer guten Gesprächsatmosphäre bei.

FAZIT 'BASISWERKZEUG KOMMUNIKATION'

Die Stimmigkeit zwischen den u.g. drei Ebenen der Kommunikation stellt einen wesentlichen Faktor für den Erfolg einer Person dar. Nutzen Sie alle drei Ebenen, um wirksam zu kommunizieren.

Nonverbale Kommunikation

Den größten Beitrag zur persönlichen Wirkung leistet das nonverbale Verhalten. Achten Sie daher im speziellen auf Ihren Umgang mit:

- Blickkontakt
- Mimik
- Gestik
- Körperhaltung
- Distanz
- Objekt-Kommunikation

Paraverbale Kommunikation

Unsere Stimme vermittelt ebenfalls eine Botschaft, ggf. eine ganz andere als beabsichtigt. Um hier souverän und wirksam zu agieren, sollten Sie daher achten auf:

- Geschwindigkeit
- Volumen
- Stimmhöhe
- Sprechpausen
- Klarheit der (Aus-) Sprache

Verbale Kommunikation

- Erzeugen Sie bereits durch die Wahl Ihrer Formulierungen eine angenehme Kommunikationsatmosphäre. Setzen Sie 'Gesprächsförderer' ein; vermeiden Sie 'Gesprächsstörer'.
- Nutzen Sie Methoden wie aktives Zuhören und Fragen stellen.
- Strukturieren Sie Ihre Vorträge und Reden (siehe Kapitel 7).
- Professionalisieren Sie Ihren Einsatz von Medien und Moderationsmethoden (siehe Kapitel 8 und 9).

7 Präsentations- und Vortragsgestaltung

„Eine gute Rede besteht aus einem interessanten Anfang und einem wirkungsvollen Schluss - der Abstand dazwischen sollte möglichst gering gehalten werden."

Sir Winston Churchill

Hand auf's Herz: Haben Sie nicht auch schon den einen oder anderen Vortrag gehalten, mit dem Sie im Nachhinein recht unzufrieden waren, beispielsweise weil Sie Ihre Inhalte nicht prägnant oder zeitgerecht vermitteln, das Publikum nicht in Bann ziehen oder einfach kein Interesse wecken konnten? Woran lag dies Ihres Erachtens? Haben Sie etwas falsch gemacht, waren die Rahmenbedingungen zu schlecht (der falsche Zeitpunkt, der Raum zu kalt, zu viele Vorredner etc.) oder war es einfach nur das falsche Thema für die falsche Zielgruppe? Wissen Sie, wie Sie sicherstellen können, dass (gewillten) Zuhörern Ihre Vorträge im Gedächtnis bleiben und so ankommen, wie Sie es möchten? In diesem Kapitel wird es um die Beantwortung genau dieser Fragen gehen.

Die hier beschriebenen Aspekte und Tipps gelten gleichermaßen für Vorträge bei Kongressen, Kolloquien oder 'Vorsingen' (Bewerbungsvorträgen), für Kundenpräsentationen wie für Lehrveranstaltungen. Der Einfachheit halber wird nachfolgend für all diese Situationen der Begriff 'Vortrag' zumeist als Überbegriff (für Präsentation / Vorlesung / Rede etc.) verwendet.

KAPITEL 7: PRÄSENTATIONS- UND VORTRAGSGESTALTUNG	
	7.1 Vortragsstruktur
	7.2 Vortragsvorbereitung
	7.3 Die Beziehung zu den Zuhörern
	7.4 Transfer sichern

7.1 Vortragsstruktur

Um zu wissen, wie sich ein guter Vortrag halten lässt, muss man zunächst wissen, wie er aufgebaut ist; denn nur wer weiß, welche Komponenten es zu berücksichtigen gilt, kann diese auch gezielt einsetzen. So lässt sich ein Vortrag in drei Teile untergliedern, die auch als 'rhetorische Triangel' bezeichnet werden: Die Einleitung, der Hauptteil und der Schluss (vgl. Abb. 7.1). In allen drei Teilen geht es darum, der jeweiligen Funktion gerecht zu werden. Das bedeutet inhaltlich betrachtet, in der Einleitung das Thema EINZULEITEN, im Hauptteil die HAUPTSACHE zu behandeln und keine Nebensächlichkeiten sowie im Schluss das Ganze ABZUSCHLIESSEN. Das Publikum betreffend ist in der Einleitung das Interesse zu wecken, im Hauptteil aufrecht zu erhalten und am Schluss den Zuhörern das Gefühl zu geben, eine runde Sache gehört zu haben (Zusammenfassung) und etwas Wichtiges mit heimnehmen zu können (Nachhaltigkeit). Als Faustregel zur entsprechenden Zeitverteilung der drei Teile (Einleitung, Hauptteil, Schlussteil) könnte eine Aufteilung von 10:80:10 oder auch 20:70:10 gelten.

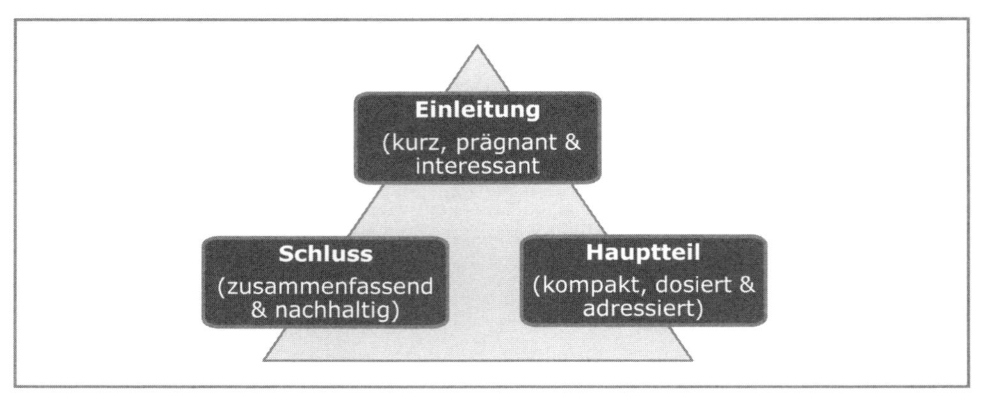

Abb. 7.1. Ein Vortrag ist aufgebaut aus der sog. 'Vortragstriangel': Einleitung, Hauptteil und Schluss.

Das klingt in der Regel einfacher als es ist – denken Sie nur an all die wenig vorbildhaften Vorträge, die Ihnen auf die oben stehenden Fragen eingefallen sind. Im Folgenden werden Ihnen deshalb die diesbezüglich wichtigsten Tipps dargelegt.

A EINLEITUNG

Ein guter Einstieg holt den Zuhörer bei seinem Kenntnisstand ab, baut eine Beziehung zu ihm auf (vgl. Abschnitt 7.3), weckt Interesse und lässt Aufmerksamkeit entstehen.

Erste Elemente Ihres Vortragsbeginns sollten daher sein:

- Zunächst einmal das Publikum willkommen heißen (sofern dies unmittelbar vor Ihnen keiner tat).
- Sofern Sie nicht anmoderiert wurden, stellen Sie sich vor, andernfalls nicht.
- Nennen Sie das Thema der Präsentation und stellen Sie klar, wie Sie zu dem Thema in Beziehung stehen. Manchmal kann es auch hilfreich sein, die 'Historie' der Präsentation oder des Vortrags darzustellen („Wie kommt es, dass *ich* diese Präsentation halte?").
- Nennen Sie die Hauptziele der Präsentation.
- Geben Sie eine kurze 'Gebrauchsanweisung' (Gliederung, Dauer, Fragen usw.). Nennen Sie vielleicht auch schon eingangs Ihre zentrale Botschaft. Dies hat den Vorteil, dass Sie an der Reaktion des Publikums unmittelbar erkennen können, wie viel Überzeugungsarbeit noch zu leisten sein wird, was es Ihnen leichter macht, inhaltliche Prioritäten zu setzen (vgl. Abbildung 7.2 zur Einteilung des Stoffes in Kann-, Soll- und Muss-Inhalte in Abschnitt 7.2).

Ihr Publikum ziehen Sie in Bann, wenn Ihre Einleitung Aspekte enthält wie

- positive Neuigkeiten („Letzte Woche habe ich gelesen, dass die Bedeutung Ihres Studienfaches zunehmen wird ..."),
- ein vor kurzem stattgefundenes persönliches Ereignis („Als ich gerade den Gang entlang lief, fragte mich jemand ...") oder eine Anekdote,
- eine einleitende Frage, die Aufforderungscharakter hat und zum Mitdenken anregt („Können Sie sich an ein Beispiel erinnern, bei dem in Ihrer Besprechung xyz schief gelaufen ist?"),

- eine provozierende Frage („Wie kann eine Elite-Universität wie die Ihrige ...?") oder auch ein Aufstellen einer kuriosen, gewagten oder paradoxen These,
- Aufzeigen des persönlichen Nutzens des Zuhörens („Im Folgenden werden Sie erfahren, wie Sie selbst in wenigen Schritten xyz umsetzen können."), ggf. auch zuvor Betroffenheit herstellen („Wussten Sie, dass 76 % der Probleme dieser Art selfmade sind und durch ein besseres Projektmanagement zu verhindern gewesen wären?").
- Tipp: Lassen Sie zu Vortragsbeginn Ihren Blick ganz bewusst in die Runde schweifen und nutzen Sie diesen Moment, sich zu sammeln und Konzentration zu finden; dies wird auch die Zuhörer aufmerksamer sein lassen.

Immer wieder trifft man auf Redner, die sich zu Beginn ihres Vortrags entschuldigen, beispielsweise dafür, dass die PowerPoint-Folien leider etwas unübersichtlich (was natürlich nicht vorkommen sollte!), sie nervös, oder gesundheitlich angeschlagen seien etc. Entschuldigungen sind meist ein Ausdruck von Unsicherheit und der Vortragende erhofft sich dadurch, das Publikum wohlwollend stimmen zu können. Allerdings rücken Fehler und Unsicherheiten durch Entschuldigungen meist überhaupt erst in den Vordergrund – sie fokussieren die Aufmerksamkeit: „Oh ja, die Folie kann man schon wieder kaum lesen.". Vermeiden Sie also Entschuldigungen und bitten Sie nur dann darum, wenn wirklich spontan etwas zu Entschuldigendes passiert (wie ein inhaltlicher Fehler, den Sie soeben auf der Folie entdecken, ein Hustenanfall Ihrerseits, sodass Sie Ihre Rede unterbrechen mussten).

Was Sie ebenfalls zu Beginn nicht tun sollten, ist zu versprechen, dass Sie sich „in Anbetracht der Zeit kurz fassen werden". Durch eine solche Ankündigung wirkt das Thema langatmig, Ihr Vortrag überfrachtet (was er vielleicht gar nicht ist) und man kann den Eindruck bekommen, dass Sie leider genau die Inhalte ausgelassen haben, die eigentlich spannend gewesen wären. Kurzum: Sie erreichen auch hier eine gegenteilige Wirkung. Fassen Sie sich einfach kurz und betonen Sie es nicht weiter.

B HAUPTTEIL

Im Hauptteil des Vortrags wird den Zuhörern das Thema systematisch vorgestellt. Dazu wird die inhaltliche Konzeption in Haupt- und Unterpunkte gegliedert.

- Präsentieren Sie den Inhalt in einer 'bekömmlichen' (KISS-Prinzip: „Keep it short and simple.") und interessanten Art und Weise (vgl. Abschnitt 7.2, Didaktische Vorbereitung). Haben Sie Mut zu kurzen Sätzen, diese wirken kraftvoll, lebendig, dynamisch und prägen sich leichter ein als lange Sätze.
- Achten Sie auf Ihre Körpersprache, denn sie begleitet und ergänzt Ihre inhaltlichen Aussagen. Nutzen Sie Ihr nonverbales Verhalten, um sich selbst gut und sicher zu fühlen sowie eine positive Ausstrahlung zu haben (vgl. Abschnitt 6.1 und Kapitel 10).
- Gestalten Sie die Beziehung zu Ihrem Publikum, beispielsweise durch Fragen und für die Zielgruppe relevante Beispiele (vgl. Abschnitt 7.3).
- Achten Sie auf Ihr Publikum. Reaktionen der Zuhörer (wie bspw. Stirnrunzeln, fragende Blicke, Schmunzeln) sagen viel darüber aus, was angekommen ist – oder was Sie vielleicht wiederholen sollten (vgl. auch Abschnitt 6.1, Nonverbale Kommunikation).

C SCHLUSS

Der erste Eindruck ist zwar entscheidend und prägend für den weiteren Verlauf; doch genauso gilt: Der letzte bleibt. Das heißt, er ist ebenso nachhaltig und deshalb ein bedeutender Teil Ihrer Wirkung. Auf der inhaltlichen Ebene sollte zum Vortragsende eine Zusammenfassung erfolgen. Diese können Sie ganz konkret vorbereiten (sowohl den Text als auch die Folien oder ein Flip). Bei längeren Vorträgen sollte schon während des Vortrags die Möglichkeit genutzt werden, Zwischenergebnisse zu subsumieren oder kurze Teilzusammenfassungen zu geben. Diese helfen Ihren Zuhörern beim Verständnis sowie bei der Einordnung des Gesagten in den Gesamtkontext und ermöglichen zugleich eine kurze gedankliche Verschnaufpause. Die Nachhaltigkeit Ihrer Zusammenfassung können Sie steigern, indem Sie ...

- am Ende Ihre wichtigsten Aussagen nochmals präzise, aber stichpunktartig wiederholen: Formulieren Sie Ihre Take-Home-Message. Halten Sie sich auch hier an das KISS-Prinzip: Formulieren Sie möglichst wenige Aussagen und bedienen Sie sich gerne auch einfacher, bildhafter Formulierungen – die sind oft besonders einprägsam.
- einen Ausblick geben oder einen Appell („Denken Sie also beim nächsten Mal daran ...!") senden. Ein 'großes Finale' wird es, wenn Ihre Schlussworte das Publikum begeistern, verblüffen, zum Nachdenken anregen oder zum Lachen bringen.
- dem Publikum im letzten Satz danken. Sagen Sie allerdings *nicht* „Danke für Ihre Aufmerksamkeit." oder sogar „Geduld". Das kann den Eindruck erwecken, dass Sie dankbar sind, dass das Publikum nicht eingeschlafen ist. Verwenden Sie stattdessen Sätze wie „In meiner Präsentation wollte ich die Wichtigkeit betonen... Danke.", „Vielen Dank. Ich möchte Sie nun einladen zu unserem Umtrunk im Foyer ..." oder „Ich freue mich jetzt auf die Diskussion mit Ihnen!".

Diskussion zum Vortrag

Meist ist nach dem letzten gesagten Wort des Vortrags nicht das Ende der Veranstaltung erreicht, sondern vielmehr eine Diskussion zum Vortrag eröffnet. Sofern eine anschließende Diskussion vorgesehen ist, ...

- schaffen Sie eine Überleitung von Ihrem Vortrag zur Diskussion (falls es keine Moderation gibt; in einem solchen Fall erfolgt dies durch den Moderator).
- geben Sie Informationen über den zeitlichen Rahmen (z.B. „Wir haben 10 Minuten für die Diskussion").
- motivieren Sie die Teilnehmer dazu, Fragen zu stellen („Ich bin gespannt auf Ihre Fragen.", „Ich bin sehr froh, mit Ihnen noch xyz zu diskutieren.").
- bereiten Sie 'Backups' vor, um auf Fragen profund antworten zu können. Vielleicht wissen Sie aus Erfahrung, welche Fragen das Publikum haben könnte, bereiten Sie entsprechend zusätzliche Folien oder Flips vor. Aber beachten Sie: Halten Sie an dieser Stelle keinen zweiten Vortrag, in welchem Sie zuvor nicht untergebrachte Inhalte nachholen, sondern bleiben Sie kurz und prägnant.
- würdigen Sie stets alle Fragen, und versuchen Sie auf jeden einzugehen, der sprechen möchte. Wiederholen Sie die Frage nochmals mit Ihren eigenen Worten; so hat auch jeder im Raum die Frage (akustisch) verstanden; ggf. können Sie auch anfügen: „Eine sehr gute Frage, denn in der Tat ist ...".

- sollten Sie keinesfalls auf eine Frage, die erkennen lässt, dass der Fragende den Inhalt (noch) nicht verstanden hat, antworten „Das haben Sie falsch verstanden." oder „Da irren Sie sich.". So üblich diese Aussagen auch sind und so sehr Sie auch damit recht haben mögen, sie sind nicht wertschätzend und stellen den Fragenden vor versammelter Mannschaft bloß. Geschickter wäre eine Antwort wie „An dieser Frage lässt sich gut erkennen, dass die Thematik sehr komplex ist. Gerne werde ich die Zusammenhänge (nochmals) im Detail erläutern.", denn sie lässt nicht nur Sie souverän erscheinen, sondern trägt zugleich auch zu einer guten Beziehung zu den Zuhörern bei (vgl. Abschnitt 7.3, Die Beziehung zu den Zuhörern).
- seien Sie insbesondere auch kritischen Anmerkungen gegenüber wertschätzend (vgl. Kapitel 10, Umgang mit schwierigen Präsentationssituationen).
- schenken Sie nicht einer bestimmten Person zu viel Aufmerksamkeit. Das kann vor allem bei 'unangenehmen' Fragern oder Vielrednern passieren (vgl. Abschnitt 10.2), aber auch bei sehr sympathischen oder dankbaren Zuhörern (letztere schauen den Redner bspw. an und nicken stets verständig).
- Sie können das Ende der Diskussionszeit auch langsam einstimmen mit den Worten „Wir haben noch 5 Minuten Zeit / Zeit für zwei Fragen.".
- schließen Sie die Diskussion und damit auch Ihren Vortrag offiziell ab – bei einem Gastvortrag wird dies üblicherweise vom Gastgeber übernommen – und bedanken Sie sich für die Diskussion und die darin geleisteten Beiträge, Hinweise, Tipps und oder Anmerkungen. Sollten Fragen offen geblieben sein, so können Sie sie in der Pause beantworten oder – sofern Sie das möchten – per E-Mail in den folgenden Tagen.

Übrigens: Diese 'finale' Diskussion ist mitsamt ihren Fragen ein guter Spiegel dafür, wie viel Interesse Sie wecken konnten oder auch in welchem Ausmaß Sie provoziert haben.

Nachbereitung

Versuchen Sie nach einem Vortrag unbedingt Feedback zu bekommen, denn das kann Ihnen viele Anregungen für Verbesserungen geben. Fragen Sie bei Interesse ruhig auch gezielt nach: „Wie gut konnten Sie bei Thema xyz folgen? War es für Sie umfassend genug? Wozu hätten Sie sich gern mehr bzw. weniger Infos gewünscht?" Notieren Sie sich diesbezüglich auch wichtige Informationen, die Sie im Rahmen Ihres Vortrags und in den Gesprächen danach gesammelt haben. Schreiben Sie sich ggf. eine To-do-Liste für das nächste Mal, denn: „Nach dem Vortrag ist immer auch vor dem Vortrag.".

FAZIT 'VORTRAGSSTRUKTUR'

☝ **Einleitung**
Begrüßung, Vortragsziele nennen, Teilnehmer abholen, Interesse wecken

☝ **Hauptteil**
Thema systematisch vorstellen, KISS-Prinzip einhalten

☝ **Schluss**
Zentrale Inhalte wiederholt zusammenfassen, Ausblick geben

☝ Ggf. **Diskussion**
Fragen (und Kritik) stets würdigen, bei 'Vorahnungen' eventuell Backups vorbereiten, Dank für Diskussionsbeiträge aussprechen

Sie kennen nun die Elemente einer guten Vortragsstruktur. Um diese entsprechend umsetzen zu können, bedarf es einer adäquaten Vorbereitung. Was es diesbezüglich zu berücksichtigen gilt, wird im folgenden Abschnitt verdeutlicht.

7.2 Vortragsvorbereitung

Sind Ihnen schon einmal Kollegen aufgefallen, die ihren Vortrag auf der Fahrt zum Kongress vorbereiten, oder sogar in einer Pause vor ihrem Vortragsblock, oder aber immer wieder den gleichen Vortrag mitsamt den gleichen Gags halten? Diese Vorträge werden in der Regel nur bedingt effektiv sein, denn jeder erfolgreiche Vortrag bedarf einer guten Vorbereitung oder zumindest Anpassung an Ort und Zuhörerschaft. Bedenken Sie: Sie können nie wieder so viel Einfluss auf das Gelingen des Vortrags nehmen wie in der Vorbereitungszeit. Im Rahmen einer Vorbereitung gewinnen Sie ein Mehr an Informationen und Detailkenntnissen bzw. Struktur und haben die Möglichkeit, gezielte Visualisierungen anzufertigen, weitere Materialien für den Bedarfsfall (bspw. die Diskussion) aufzubereiten. Letztendlich werden Sie vorbereitet eine größere persönliche Sicherheit und Klarheit im Auftreten spüren und ausstrahlen, die Ihnen auch in schwierigeren Vortragssituationen Gelassenheit für souveräne spontane Reaktionen verschafft. Im Folgenden werden daher die zur Vorbereitung gehörenden Arbeitsschritte beschrieben.

SCHRITT 1: ALLGEMEINE VORBEREITUNG

Zu einer sinnvollen Vorbereitung benötigen Sie zunächst ganz allgemeine Informationen. Dazu zählen beispielsweise Auskünfte über das Publikum (siehe Abschnitt 7.3, Beziehung zu den Zuhörern aufbauen), den Anlass und übergeordneten Kontext Ihres Vortrags (denken Sie an eine dem Anlass angemessene Kleidung), Veranstaltungsort, die Vortragsziele etc. Natürlich sollten Sie sich auch nach exakter Vortragslänge und Diskussionszeit erkundigen und schließlich die Themen der Vor- und Nachredner anschauen (bspw. im Abstract-Band, aber auch unmittelbar vor Ihrem Vortrag den Beitrag Ihres Vorredners mit Perspektive auf Ihren anschließenden anhören), um Wiederholungen zu vermeiden oder Anknüpfungspunkte und Ergänzungen zu nutzen.

SCHRITT 2: INHALTLICHE VORBEREITUNG

Natürlich wissen Sie als Redner, was und dass Sie etwas zu sagen haben. Jedes Mal bei Adam und Eva anzufangen reicht Ihnen langsam? Das ist nur allzu gut nachvollziehbar, doch versetzen Sie sich einmal in die Lage Ihrer Zuhörer: Sie haben Ihren Wissens- und Erfahrungsschatz leider (noch) nicht, hören alles oder vieles zum Ersten Mal, werden eventuell überladen mit neuen Informationen und müssen in alldem erkennen, was der zentrale Punkt ist. Als guter, zielgruppenorientierter Redner überlegen Sie sich daher zuvor, was die zwei bis drei Aspekte bzw. 'zentralen Botschaften' sind, die die Zuhörer wirklich mit nach Hause nehmen sollen (Take-Home-Message/s): Was soll sie bewegen, wenn sie den Raum verlassen? Was soll ihnen sofort einfallen, wenn man sie im Anschluss an Ihren Vortrag nach den zentralen Aspekten fragt? An was sollen Sie sich in ein paar Wochen definitiv noch erinnern? Um diese Ziele zu erreichen, gehen Sie in folgender Reihenfolge vor:

Ziele festlegen und Stoff sammeln

Legen Sie zunächst die Ziele Ihrer Präsentation fest: Was wollen Sie mit Ihrem Vortrag erreichen? Was sollen die Teilnehmer lernen / am Ende wissen? Orientieren Sie folglich die Wahl Ihrer weiteren Themen und Inhalte an diesen Zielen: Was muss das Publikum wissen, um meine Take-Home-Message(s) zu verstehen? Ebenso bedeutet es, dass Sie Ihre Kenntnisse über das Publikum sowie den Auftraggeber (deren Erwartungen, Bedürfnisse, Vorwissen usw.) mit einbeziehen müssen – was wäre entsprechend der inhaltliche Stoff, den Sie bringen müssen, um Ihre Ziele bei dieser Zielgruppe umzusetzen bzw. zu erreichen?

Reduktion der Themen und Inhalte auf das Wesentliche

Als nächstes gilt es, die Fülle an Themen und Inhalten, die Ihnen bezüglich Ihrer Ziele eingefallen sind, zu reduzieren. Begrenzen Sie den Vortrag inhaltlich und passen Sie den Umfang der zur Verfügung stehenden Zeit an, denn nur selten haben Sie die Zeit, alles anzusprechen, was zu dem betreffenden Thema gehört oder angesprochen werden könnte. Das klingt leichter als es ist? Dann hilft es Ihnen sicher, den Stoff in drei Bereiche einzuteilen: In Kann-, Soll- und Muss-Inhalte (siehe Abb. 7.2 und Tabelle 7.1). Sammeln, priorisieren und strukturieren Sie dann Ihre Argumente und später auch Folien (siehe auch Abschnitt 8.1). Um diese Priorisierung während des Vortrags nicht aus den Augen zu verlieren, können Sie beispielsweise Ihre Stichwortkarten farbig sortieren. Verwenden Sie z.B. weiße Karten für die Inhalte, die Sie vortragen müssen, gelbe Karten für die Inhalte, die Sie vortragen sollen und grüne für solche, die in die Kann-Kategorie fallen.

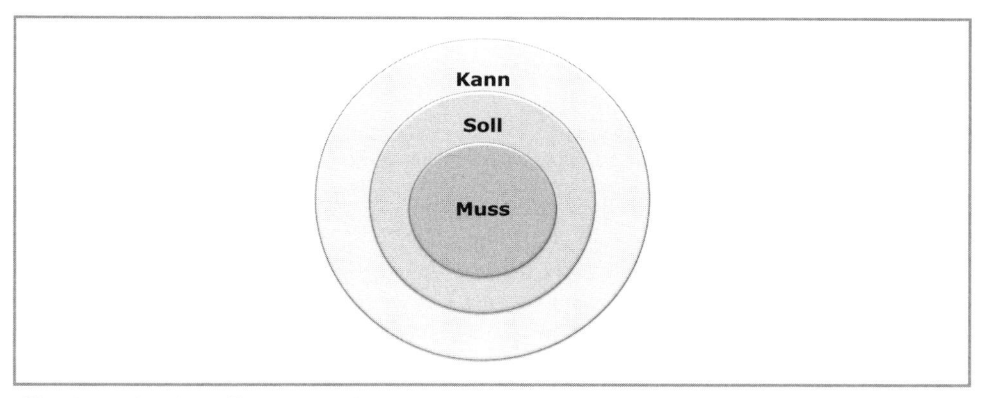

Abb. 7.2. Einteilung des Stoffes in Kann-, Soll- und Muss-Inhalte.

Tabelle 7.1. Einteilung des Stoffes in Kann-, Soll- und Muss-Inhalte.

MUSS	SOLL	KANN
Was alle Teilnehmer wissen müssen (Minimum).	Was die meisten Teilnehmer wissen sollten.	Was die Teilnehmer zusätzlich wissen können.
Wichtige Punkte, die den Teilnehmern bekannt sein bzw. von jedem Teilnehmer beherrscht werden müssen, um den Vortrag zu verstehen bzw. das Ziel zu erreichen.	Punkte, deren Kenntnis wünschenswert ist, die jedoch nicht von grundlegender Bedeutung sind.	Weniger grundlegende, aber wissenswerte Punkte, die erwähnt werden, wenn genügend Zeit zur Verfügung steht und die Aufnahmefähigkeit dafür vorhanden ist.

Visualisieren der ausgewählten Inhalte

Denken Sie schon einmal über Medien und Materialien, die Sie verwenden wollen, nach, orientieren Sie sich hinsichtlich des Einsatzes aber unbedingt am Inhalt – nicht jedes Medium passt zu jedem Inhalt (vgl. Schritt 4 'Visualisierung und Foliengestaltung' und Kapitel 8). Hilfreich ist es auch, für den Kern Ihrer Botschaft ein Symbol, ein Logo oder eine andere Form der Visualisierung zu verwenden, das ggf. immer wieder auftaucht. Damit können die Zuschauer / Zuhörer schneller den Sinn der Folie erfassen als durch das zeitlich aufwändige Lesen eines Textes. Somit unterstützt Ihre Visualisierung die schnelle und automatische Verarbeitung des Stoffs und minimiert damit das Anstrengungsgefühl des Publikums – ein Effekt, der Ihnen zugute kommen wird! Je weniger anstrengend (aber zugleich anregend) und gefälliger Ihr Vortrag ist, desto mehr wird dies Ihrer Kompetenz zugeschrieben!

SCHRITT 3: DIDAKTISCHE VORBEREITUNG

Arbeiten Sie den Kern Ihrer Botschaft heraus – was ist Ihre Take-Home-Message? Und orientieren Sie die Folge der weiteren Themen, Inhalte, Medien und Methoden an jener. Sie können sie in der Präsentation auch mehrfach wiederholen, aufgreifen, an Beginn und Ende Ihres Vortrags stellen etc. und sie so zum Mittelpunkt des Geschehens machen.

Ein weiteres, zentrales didaktisches Element ist die Fokussierung auf Verständlichkeit – denn ein Vortrag kann nur dann überzeugen, wenn er verständlich ist. Achten Sie daher darauf, dass Ihr Vortrag ...

- **einfach und verständlich** formuliert ist. Das erreichen Sie, indem Sie kurze Sätze bilden und den Zuhörern bekannte Wörter verwenden bzw. Fachausdrücke erklären.
- den Zuhörern **Orientierung und Struktur** gibt. Oftmals sind die Strukturen, der imaginäre rote Faden, den Zuhörern nicht so klar, wie Ihnen selbst. Schaffen Sie daher sichtbare Strukturen, indem Sie
    - **Orientierungshilfen geben**. Bauen Sie dazu Ihren Zuhörern 'mentale Brücken', d.h. geben Sie Beispiele oder unterstreichen Sie Inhalte mit Zahlen, Daten und Bildern. Sie können auch, je nach Anlass und Bedarf, die Folien zusätzlich als Handouts austeilen, wenngleich das eine innere Strukturierung Ihres Vortrags natürlich nicht ersetzt.
    - **überdeutlich strukturieren**. Dazu geben Sie stets eine Gliederung oder Agenda an (z.B. visualisiert in Ihrer PowerPoint-Präsentation oder auf dem Flipchart) und bereiten Übergänge und Überleitungen sorgfältig vor (von Thema zu (Unter-)Thema bzw. von Folie zu Folie) und stellen Sie die Beziehungen zwischen den Teilen her. Schließlich sollten Sie das Gesagte regelmäßig am Ende eines Themenblocks oder Gliederungspunkts zusammenfassen bzw. ein Zwischenfazit ziehen. So haben Sie auch die Möglichkeit, die zentralen Elemente Ihrer Take-Home-Messages herauszustellen und Ihren roten Faden zu verdeutlichen.
- **Prägnanz** aufweist. Um dies zu erreichen, wiederholen Sie nur, wenn nötig (wie im Falle einer Zusammenfassung) oder wenn es didaktisch-zielorientiert geboten ist (wie bspw. eine Definition zweimal vorlesen und jeweils einen anderen Aspekt hervorheben). Achten Sie darüber hinaus auf Ihre Wortwahl; geben Sie genügend, aber nicht zu viele Erklärungen.
- **Stimulanz** bietet, d.h. Elemente, die die Informationen 'lebendiger' und 'greifbarer' machen. Achten Sie aber bei all diesen 'anregenden Extras' darauf, dass sie in direktem Zusammenhang mit dem Inhalt stehen; verwenden Sie sie nicht zum Selbstzweck. Im positiven Sinne stimulierend wirken in einem Vortrag folgende Stilmittel:

- **Medienwechsel.** Versuchen Sie, verschiedene Sinne anzusprechen, nicht nur den visuellen. Passen Sie die Medien an den Inhalt an. Variieren Sie Ihre Visualisierungstechniken, machen Sie (je nach Fachrichtung) kleine Rollenspiele, verwenden Sie Symbole oder bringen Sie einen interessanten Gegenstand mit, spielen Sie einen Film oder eine akustische Animation ein (vgl. Kapitel 8, Medientechnik).
- **Alltags- oder Praxisbezug.** Präsentieren Sie einen neueren Zeitungsartikel, der mit dem Inhalt im Zusammenhang steht. Verwenden Sie Zitate oder Sprichwörter, Beispiele und Gegenbeispiele oder bringen Sie bei Bedarf und Passung auch persönliche Erfahrungen oder eine persönliche Geschichte ein. Ebenso können Sie Beispiele, die Ihnen das Publikum nennt, mit einbeziehen und aufgreifen.
- **Experten.** Wenn sich Ihnen die Möglichkeit bietet, laden Sie doch Experten für bestimmte Argumente ein und erteilen ihnen das Wort. Oder präsentieren Sie relevante Bücher.

SCHRITT 4: VORTRAGSTECHNIK UND -METHODIK

Lesen Sie Ihre Präsentation niemals ab; denn dann verlieren Sie den Blickkontakt und damit Ihre Verbindung zum Publikum. Darüber hinaus wirken Sie, wenn Sie ablesen, wie ein Nachrichtensprecher und einem solchen kann man kaum mehr als 15 Minuten konzentriert zuhören - denn durch die Textgebundenheit verlieren Sie viele essentielle nonverbale Gestaltungsmittel (z.B. Blickkontakt, freies Bewegen im Raum, Gestik etc.; vgl. Abschnitt 6.1). Kurzum: Sie werden Ihr Publikum nicht begeistern können, wenn Sie wie der oben genannte Sprecher an Ihren Formulierungen hängen. Im Umkehrschluss bedeutet das natürlich nicht, dass Sie sich keiner Orientierungsmittel bedienen sollen, im Gegenteil. Karteikarten (farbig sortiert nach Muss-, Soll- und Kann-Kriterien) oder Ausdrucke der PowerPoint-Folien haben sich hier als sehr probat und deutlich geeigneter erwiesen als ein Fließtext.

Pannen passieren, und heutzutage allzu gerne dank der tatkräftigen 'Unterstützung' moderner Technik. Prominentes Beispiel ist der irische Ministerpräsident Brian Cowen. Er sollte im Weißen Haus eine Rede halten und las diese inbrünstig vom Teleprompter ab. Nach mehreren Minuten Redezeit musste er allerdings feststellen, dass der Teleprompter ihm die Rede von US-Präsident Obama anzeigte, die dieser bereits einige Minuten zuvor gehalten hatte. Damit Ihnen das nicht passiert: Bereiten Sie die Räumlichkeiten (z.B. Positionierung von Beamer, Flipchart etc.) und die Medien rechtzeitig vor und stellen Sie sicher, dass die Technik funktioniert und Sie das richtige Skript sowie die richtige Datei parat haben. Schauen Sie beispielsweise Ihre PowerPoint-Präsentation vor Ihrem Vortrag durch – auf dem Rechner des Veranstalters kopiert könnten sich Formatierungsfehler ergeben haben; für die können Sie zwar nichts, aber Ihre Professionalität leidet dennoch darunter. Deswegen sollten Sie ausreichend Zeit zur Optimierung der Datei haben.

Visualisieren Sie, gestalten Sie Folien richtig!

„Ein Bild sagt mehr als tausend Worte." – diese Volksweisheit verdeutlicht, dass Menschen sich Illustrationen, also das, was sie sehen bzw. sich vorm inneren Auge (als Szenario) vorstellen, besser merken können als das, was ihnen nur gesagt wird bzw. sie lediglich als Sachinformation hören. Forschungsbefunden zufolge können übrigens über Vorträge dann bedeutsame Lernerfolge erzielt werden, wenn sie in Kombination mit audiovisuellen Medien eingesetzt werden[16]. Folglich sollten Sie sich in einem Vortrag niemals nur aufs Reden allein beschränken, sondern immer auch

[16] Für detaillierte Informationen zur Wirkung des Medieneinsatzes auf den Lernerfolg siehe beispielsweise Arthur et al. (2003).

Medien zur Unterstützung Ihres Vortrags heranziehen. Analog sollte auch der Inhalt Ihres Vortrags die Medien bestimmen und nicht andersherum. Arbeiten Sie daher unbedingt auch mit Bildern und Geschichten, Metaphern und Anekdoten, denn die meisten Menschen merken sich Informationen leichter, die sie in Bildern abgespeichert haben. Bilder können Sie sowohl verbal schildern als auch visuell (per Beamer, Flipchart, Film) darbieten. Manchmal überzeugt eine kleine Geschichte wirklich mehr als eine lange Kette sachlicher Argumente – und einprägsamer ist sie allemal. Aber erzählen Sie keine zu langen Geschichten aus 1001 Nacht.

Manche Redner verfahren nach dem Motto „Haste ne Folie, haste nen Vortrag – haste viele Folien, haste nen besonders guten Vortrag." – aber damit haben sie sich leider geirrt. Rechnen Sie bei Ihrer Vortragsplanung mit einer Redezeit von mindestens drei Minuten pro Folie, das gibt Ihnen auch für die Reduktion der Themen und Inhalte einen guten Richtwert. Setzen Sie die Folien, die Sie dann darbieten, genauso gezielt ein, wie das, was Sie sonst noch sagen oder präsentieren. Folien sollen Ihre Rede unterstützen und nicht ersetzen – sonst wären Sie ja überflüssig. Schließlich haben Sie etwas zu sagen und nicht nur Folien zu zeigen. Schreiben Sie ferner keinen Prosatext auf Folien (und lesen ihn womöglich noch ab); aber auch mit nur einem Wort auf der Folie hätten Sie das Ziel verfehlt. Formulieren Sie Halbsätze und lassen Sie Ihre Folien Ihre Worte untermalen und schwierige Zusammenhänge durch Skizzen oder Bilder nachvollziehbar machen (vgl. Abschnitt 8.1).

Adäquater Einsatz von Folien heißt folglich:

1. Schritt: Folie in den gesprochenen Text einbetten und Aussage der Folie vorbereiten
2. Schritt: Folie zeigen; Folie anschauen lassen
3. Schritt: Folie kommentieren, die Aussage zusammenfassen oder auf Kernaussage hinweisen
4. Schritt: Mit gesprochenem Wort fortfahren, Überleitung zur nächsten Folie

Allgemeine Regeln zum Einsatz von visuellen und auditiven Medien

- Verwenden Sie Medien niemals ohne vorherige Probe und legen Sie im Rahmen Ihrer Vorbereitung genau fest, wann und an welcher Stelle in der Präsentation sie zum Einsatz kommen!
- Stellen Sie sicher, dass die Medien wirklich bei der Verständigung helfen und sie nicht behindern – das wäre etwa dann der Fall, wenn Sie einen Kurzfilm oder ein Schaubild zeigen, das neben den zentralen zu viele neue und auch irrelevante Informationen enthält.
- Zeigen Sie Medien erst, wenn sie 'an der Reihe' sind und setzen Sie sie nur so lange ein, wie Sie darauf Bezug nehmen (z.B. Flipchart dann umschlagen oder Projektor ausblenden, indem Sie im Präsentationsmodus Taste 'B' drücken). Sonst folgt Ihnen Ihr Publikum womöglich nicht so, wie Sie es wollen, sondern verbleibt bei der Folie oder dem Flip, die / das Sie gerade vorgestellt haben.
- Geben Sie allen freie Sicht auf die visuellen Hilfen. Verdecken Sie beispielsweise mit dem Körper nicht das gerade Geschriebene bzw. Gezeigte, sprechen Sie zu den Teilnehmern, nicht zur Leinwand / Flipchart und behalten Sie stets Blickkontakt.
- Lassen Sie die Medien wirken. Machen Sie stets eine kurze Pause (bei Folienwechsel), damit die Medien wirken, beispielsweise die Teilnehmer die visuellen Hilfen ohne Ablenkung ansehen können (insbesondere bei Texten oder Comics); reden Sie erst dann weiter.

- Es geht nicht darum, ein Feuerwerk an Medienkunst zu bieten, sondern darum, Ihren Vortrag mit den entsprechenden Medien stimmig abzurunden. Um es mit einer Metapher zu sagen: Vergleichen Sie einen Vortrag einfach mit dem Kochen – Sie würden doch auch immer den Kochtopf (= die Medien) nach dem, was Sie kochen möchten (= dem Inhalt) und den jeweiligen Zutaten aussuchen und nicht umgekehrt, nur weil Sie einen bestimmten Topf nehmen wollen, die dazu passenden Zutaten suchen. Daher sollten Sie nicht ohne Nachzudenken standardmäßig immer den gleichen Medieneinsatz planen, sondern stets bei der Vorbereitung diesen gezielt überdenken – Sie würzen ja schließlich auch nicht immer und alles nur mit Currypulver! Mögliche Medien und den adäquaten Umgang mit diesen können Sie in Kapitel 8 nachlesen.

Übung macht den Meister

Und natürlich ist kein Redner vom Himmel gefallen. Das Zauberwort lautet auch hier: Üben, Üben, Üben und die Technik im Griff haben! Wann immer es um einen völlig neuen Vortragsinhalt oder um eine neue Vortragsart geht oder Sie noch ungeübt sind, dann trainieren Sie! Das heißt:

- Machen Sie zum einen Probedurchläufe Ihres Vortrags; sprechen Sie ihn auf alle Fälle laut und gehen Sie Ihre Struktur nicht nur in Gedanken durch. Zum einen prägt sich der Inhalt, wenn Sie sich selbst reden hören, besser ein; zum anderen fallen Ihnen holprige Übergänge und andere Unstimmigkeiten besser auf.
- Nehmen Sie sich selbst durchaus auch mal auf (Video-)Band auf. Sie werden erstaunt sein, wie Sie wirken. Achten Sie auf Ihre paraverbale Wirkung wie beispielsweise die Sprechgeschwindigkeit, das Ausmaß an Betonungen und Pausen sowie auf Ihre nonverbale Wirkung – unruhige Gesten, zu viel auf-und-ab-gehen etc. (vgl. die drei Ebenen der Kommunikation in Kapitel 6).
- Bitten Sie Ihre Mitarbeiter, Kollegen oder Freunde regelmäßig um Feedback (und das nicht nur zum Inhalt, sondern durchaus auch zu Ihrem Präsentationsverhalten). Sofern Sie ein- und denselben Vortrag mehrfach halten, optimieren Sie sowohl Inhalt als auch Folien und Rhetorik von Mal zu Mal.

Falls Sie unter Lampenfieber leiden, lesen Sie Abschnitt 10.2.1 und nehmen Sie Chancen trotz eines mulmigen Gefühls wahr! Nutzen Sie sie, üben und reflektieren Sie und gewinnen Sie Routine und Sicherheit! Üben Sie darüber hinaus auch spontane Reden; das lässt Sie eventuelle Hemmschwellen überwinden. Letzteres gelingt Ihnen ebenfalls, wenn Sie sich aktiv in Diskussionen und Konversationen einbringen oder auch Small Talk mit Fremden üben.

FAZIT 'VORTRAGSVORBEREITUNG'

☝ **Allgemein**
Informieren Sie sich über Gegebenheiten (wie Raum, Zeit, Veranstaltungsart, Vorredner etc.) und Zielgruppe.

☝ **Inhaltlich**
Teilen Sie den Vortragsstoff in Kann-, Soll- und Muss-Inhalte.

☝ **Didaktisch**
Bereiten Sie den Inhalt in einer einfachen, strukturierten, präzisen und auch zugleich anregenden und interessanten Weise auf.

☝ **Technisch**
Bereiten Sie sowohl Ihren Vortrag als auch die Vortragstechnik vor.

7.3 Die Beziehung zu den Zuhörern

Treffen Sie das Interesse Ihrer Zuhörer!

Den Nerv Ihrer Zuhörer können Sie nur dann treffen, wenn Sie deren ganz persönliches Interesse an der Sache kennen und bedienen. Fragen Sie sich daher: Wen habe ich als Zuhörer? Was führt sie in meine Veranstaltung? Welche Sorgen, Probleme, Interessen haben sie? Wo liegt ihr Bedarf? Was bewegt sie zurzeit am meisten? Bei Ihren Studierenden könnte dies beispielsweise heißen: Was ist deren Interesse an Ihrer Vorlesung? Ja genau, in erster Linie das Bestehen der Prüfung! In zweiter Linie vielleicht Wissenserwerb und Unterhaltung sowie etwas Praxisrelevantes für das (Berufs-)Leben zu lernen. Bei einem Kongress würde für Ihr Publikum sicherlich im Fokus stehen, neue Methoden, Ansätze, Verfahren kennenzulernen, zu sehen, was die Konkurrenz macht, inspiriert zu werden etc. Bei einem Drittmittelgeber hingegen wäre das Hauptinteresse vermutlich, ob sein Geld gut investiert ist, ob Ihre Ergebnisse solide sind, ob es Innovationen gibt.

Holen Sie Ihre Zuhörer ab!

Um Ihre Zuhörer 'abzuholen', sollten Sie sich bei der Präsentationserstellung Folgendes beachten:

- Entwickeln Sie für Ihre zentralen Aussagen Beispiele aus der Gedankenwelt der Zuhörer. Knüpfen Sie an diese an, denn so können Sie hervorragend Bezüge von Ihrem Inhalt an die Zuhörerwelt herstellen und auch Emotionen (z.B. Betroffenheit) erreichen. Verwenden Sie auch Beispiele aus dem 'Hier und Jetzt' und beziehen Sie Beiträge des Publikums immer wieder mit ein.
- Knüpfen Sie an gemeinsame Erfahrungen an, beispielsweise gleiche Ausbildung, Branche, Herkunft, Lebensabschnitt etc. Wer auf diese Weise mit seinen Zuhörern auf einer Wellenlänge liegt, wird sie wesentlich leichter mit seinen Gedanken erreichen und überzeugen können.
- Verwenden Sie Begriffe, die die Zuhörer kennen und passen Sie Ihren Jargon an sie an. Lassen Sie sich auf deren 'Sprache' ein, entweder weil Sie sie ebenfalls verwenden (z.B. Dialekte, Fachbegriffe) oder indem Sie zeigen, dass Sie sich mit ihr beschäftigt haben (z.B. „Wie man bei Ihnen hier sagt.", „Wie es bei den jungen Leute heute so heißt ..."). Vermeiden Sie unnötige Fachbegriffe, schließlich sollen Sie durch Ihre Argumente überzeugen und dafür müssen Sie verstanden werden und Sachverhalte nicht unnötig verkomplizieren.
- Nehmen Sie sich selbst nicht zu ernst. Wenn Sie über sich selbst lachen können, geht es Ihnen sicherlich besser vorm Publikum: Denn sollte Ihnen eine kleine Panne passieren (Sie stolpern übers Beamerkabel oder verlieren den Faden) und Sie darüber dann einen Witz machen sowie über sich selbst lachen können, gewinnen Sie Ihr Publikum in Sekundenschnelle für sich (vgl. Kapitel 10). Sind Sie hingegen bitterernst und eher konsterniert, wenn Ihnen eine Panne unterläuft oder jemand über Ihren Stolperer lacht, werden Sie niemanden für sich einnehmen. Zu perfekte Redner können auch abschrecken, versuchen Sie daher nicht zwangsläufig hundertprozentige Bühnenreife zu erreichen.

Schätzen Sie Ihr Publikum!

Geben Sie Ihrem Publikum das Gefühl, dass Sie seine Anwesenheit, Kommentare und Fragen zu schätzen wissen. Menschen sind wohlwollend, wenn sie Wertschätzung erfahren. Wer beispielsweise seinen Studierenden im Seminar oder in der Vorlesung den Eindruck vermittelt, sie seien eher lästig und dumm, wird mit Sicherheit auch kein Gefühl der Wertschätzung zurückbekommen (wie man in den Wald hineinruft, so schallt es nun mal bekanntlich auch wieder heraus). Sobald Sie sich freuen, dass Ihre Zuhörer da sind und Sie gerne mit ihnen arbeiten, werden diese Ihre positive Haltung spüren. Zeigen Sie ihnen diese auch, indem Sie darauf achten, dass Sie die Beiträge des

Publikums würdigen (z.B. durch „Danke für diese Nachfrage.“),oder auch sich für deren Interessen engagieren, beispielsweise indem Sie, wenn Sie auf Fragen nicht sofort antworten konnten, diese aufschreiben und sie später per E-Mail oder beim nächsten Treffen beantworten.

Sollte es Ihnen schwer fallen, sich auf Ihre Vorträge oder Vorlesungen zu freuen, weil Sie immer ein paar Störer im Publikum haben, konzentrieren Sie sich doch auf diejenigen Zuhörer, die Sie und Ihre Vorlesungen maßgeblich dadurch positiv beeinflussen, dass sie sich rege beteiligen. Und wenn all dies die Störer noch nicht einfängt, dann lesen Sie unter Abschnitt 10.2 nach (Umgang mit schwierigen Präsentationssituationen).

Fordern Sie Beiträge Ihres Publikums ein!

Um Beiträge des Publikums einzubeziehen, bieten sich insbesondere zwei Techniken an:

- Stellen Sie Fragen und diskutieren Sie, wann immer angemessen. Antworten müssen nicht immer verbal sein, sondern können auch über Handheben abgefragt werden (bspw. „Wie viele von Ihnen sind der Meinung, dass ...?“).
- Hören Sie aktiv zu (z.B. durch Zusammenfassen des Gesagten, durch Nicken, Nachfragen; vgl. Abschnitt 6.3.3).

Bedenken Sie: „Schülerfragen sind immer wichtiger als Lehrerfragen.“, d.h. wann immer jemand aus dem Publikum fragt, nehmen Sie dies ernst und widmen Sie der Beantwortung Aufmerksamkeit. Denn zum einen haben Sie offenbar das Interesse von mindestens dieser einen Person getroffen und wenn Sie Glück haben, ist dies prototypisch für das gesamte Publikum. Zum anderen können Sie aus derlei Fragen wichtige Rückschlüsse auf Ihr didaktisches Konzept ziehen.

FAZIT 'EINE BEZIEHUNG ZUM PUBLIKUM AUFBAUEN'

- Das Interesse des Publikums adressieren und daran anknüpfen.
- Dem Publikum Wertschätzung entgegenbringen.
- Beiträge des Publikums einbeziehen und wichtig nehmen.

7.4 TRANSFER SICHERN

„Transfer bedeutet, dass Neues so stimmig in die Person integriert wird und zum Umfeld passt, dass es wie selbstverständlich umgesetzt wird.“

Ralf Besser

Warum halten Sie (in oder außerhalb der Universität) Vorträge? Weil Sie nicht Nein sagen konnten? Weil Sie es gerne tun? Oder weil Sie die Erfahrung gemacht haben, dass Ihre Zuhörer von Ihren Inhalten im Alltag profitieren? Haben Sie sich eigentlich schon mal gefragt, zu welchem Zweck Sie eine Vorlesung halten? Um Ihr Lehrdeputat zu erfüllen? Oder um den Studierenden etwas mit auf den Weg zu geben? Damit sie etwas lernen? Wenn Sie wollen, dass bei Ihren Zuhörern 'etwas hängen bleibt' – und als Hochschullehrer sollte Ihnen am Herzen liegen, dass diese das Gelernte auch umsetzen können – ist es essentiell, die Grundlagen der Transferförderung zu kennen.

Sicherlich wollen Sie doch auch folgende drei Ziele erreichen:

- Ihrer Zielgruppe (Studierende oder Teilnehmer eines Vortrags) Inhalte vermitteln.
- ein übergeordnetes Verständnis der Inhalte mit flexibler Anwendbarkeit auf den zukünftigen Berufsalltag aufzeigen.
- auf das (Arbeits-) Leben im Allgemeinen vorbereiten.

Doch wie gelingt Ihnen dies? Voraussetzung dafür ist, dass Menschen die Fakten und Methoden, die Sie vermitteln, annehmen und auf ihren Kontext übertragen, also transferieren. Für einen erfolgreichen Transfer spielt die (Eigen-)Motivation eine ganz zentrale Rolle – und zwar sowohl die des Lehrenden als auch die des Lernenden. Aus der Perspektive des Lehrenden stellt man sich im Zuge der Veranstaltungskonzeption zumeist die Frage, welche Aspekte in Erinnerung bleiben und später eine Anwendung finden sollten. Was habe ich zu vermitteln? Was davon ist besonders interessant? Was sollen die Studierenden lernen, was sie später im Beruf anwenden können? Wollen Sie vielleicht auch erreichen, dass bei Ihren Teilnehmern mehr hängen bleibt als nur zu lernende Stichworte – vielleicht so etwas wie ein Verständnis des Faches, die Grundidee einer Forschungsrichtung oder ein möglicher, zukünftiger Berufsethos? Vermutlich werden Ihre Studierenden ihren Fokus allerdings eher auf den Erwerb von prüfungsrelevantem Fachwissen legen, um die bevorstehende Prüfung zu meistern, als sich jetzt schon Gedanken zu machen, wann sie dies in ihrem Leben / Berufsalltag brauchen werden.

Wie lassen sich nun dennoch die drei oben genannten Ziele erreichen? Ein Transfer gelingt nicht nur über den ausgewählten Inhalt / Stoff, sondern vor allem über unsere Didaktik, d.h. die Art der Wissensvermittlung (z.B. das Herunterbrechen von Theorien auf eine mögliche praktische Anwendung). Schließlich spielt auch unser eigenes Auftreten als Lehrende eine wesentliche Rolle. Die drei Variablen bzw. Schlüsselfaktoren für einen erfolgreichen Transfer sind somit Inhalt (vgl. Abschnitt 7.4.1), Didaktik / Vermittlung (vgl. Abschnitt 7.4.2) und Person (vgl. Abschnitt 7.4.3).

7.4.1 Inhalt

Zunächst einmal gilt es, den adäquaten Inhalt auszuwählen. Dieser ist doch im Unibetrieb von der Studienordnung vorgegeben, werden Sie nun vermutlich einwerfen – zu Recht. Doch sind im Zusammenhang mit Transfer weniger die reinen Informationen, die Sie vermitteln, von Bedeutung, sondern vielmehr das Paket, das Sie Ihren Adressaten daraus schnüren. Wählen Sie aus dem Pool an möglichen Inhalten das Richtige und dies zielgruppenspezifisch in der richtigen Dosierung aus. Erst wenn Sie die Inhalte des Pakets kennen / bestimmt haben, können Sie mit der Verpackung bzw. der Didaktik beginnen. Gelingt es Ihnen, das für Ihre Zielgruppe Richtige auszuwählen, so wird auch die didaktische Aufbereitung einfacher. Natürlich gibt es Fächer, die eher leichtere und andere, die tendenziell schwerere Kost beinhalten. Dennoch können Sie bei beiden Varianten Inhalte auswählen, vertiefen und andere weglassen – Sie können gestalten. Nutzen Sie diese Möglichkeit im Sinne der Transfersicherung bzw. der Verankerung der Inhalte bei Ihren Studierenden.

7.4.2 Didaktik / Vermittlung

Ergänzend zum Inhalt können Sie den Transfer auch auf didaktischem Wege fördern.[17] Dazu zählen im Wesentlichen drei Phasen, die Sie hinsichtlich der Transfersicherung bewusst beachten, gestalten und nutzen sollten:

VOR dem Seminar / Vortrag

Wahl des richtigen Veranstaltungszeitpunkts. Dazu gehört der Wochentag (Montag und Freitag sind bspw. in der Regel schlecht besuchte Vorlesungstage) genauso, wie der Zeitpunkt des Vortrags im Tagesablauf. Wenn Sie beispielsweise nach dem Mittagessen referieren werden Sie es ungleich schwerer haben, Ihre Teilnehmer in der erforderlichen Aufnahmefähigkeit zu halten, der es für einen erfolgreichen Transfer bedarf. Darüber hinaus ist die Wahl des Zeitpunkts auch im Studienverlauf zu verstehen: Wann vermitteln Sie die Inhalte? Kommen sie zur richtigen Zeit in dem Sinne, dass das erforderliche Grundverständnis gelegt wurde? Oder aber kommen sie so spät, dass sie die Zuhörenden bereits unterfordern? Oder vielleicht so kurz vor den Prüfungen, dass niemand mehr Zeit und Muße hat, sich darauf einzulassen? Transfersicherung auf dem Wege der Didaktik bedeutet also unter anderem sicherzustellen, dass Methoden und Inhalte in ihrer Abfolge so gestaltet sind, dass sie stets logisch aufeinander aufbauen. Dies gilt sowohl innerhalb Ihrer eigenen Veranstaltungen als auch im Studienablauf, also der Zusammenarbeit mit Ihren Kollegen (siehe hierzu auch Kapitel 11.1.1, 'Planung des Studienverlaufs').

Erwartungsklärung. In jedem Fall muss Ihnen bei der Vorbereitung Ihres Vortrags die Erwartung Ihrer Teilnehmer klar sein, denn wenn Sie Inhalte bringen, die gänzlich gegen die Vorstellungen der Teilnehmer sind und deshalb von diesen abgelehnt werden, wird der Transfer behindert sein. Fragen Sie zu deren Klärung im Idealfall vorab einige Teilnehmer (bei Vorträgen außerhalb der Uni auch Ihren Veranstalter bzw. Auftraggeber). Zur Erwartungsklärung eignen sich folgende Leitfragen:

- Welches Ziel hat dieser Vortrag / diese Vorlesung?
- Woran wird zu erkennen sein, dass dieses Ziel erreicht wurde?
- Welche Wissenslücken sollen geschlossen, welche Probleme beseitigt, welche Fähigkeiten erworben werden?
- Welche langfristigen Ziele sollen berücksichtigt werden?

Sollten Sie doch einmal feststellen, dass die Erwartungen der Zuhörer gänzlich andere sind, klären Sie diese unbedingt in der Situation und gehen Sie auf die Bedürfnisse Ihrer Teilnehmer ein. Dann können Sie ihnen eine Brücke zu den von Ihnen vorbereiteten Inhalten bauen und dazu beitragen, dass sie sich mit einer höheren Wahrscheinlichkeit dennoch auf jene einlassen werden.

Zielgruppe. Mit der Klärung der Erwartungen wird bereits offensichtlich, wie bedeutsam die Kenntnis der Zielgruppe für den Lern- und Transfererfolg ist. Um einen für Ihre Teilnehmer optimalen Vortrag zu halten, sollten Sie neben den Erwartungen auch herausfinden, ob Sie es mit einer homogenen Zielgruppe zu tun haben (Sind bspw. nur Hauptfachstudierende in der Vorlesung oder zugleich auch Nebenfächler? Besteht Ihr Vortragspublikum aus Wissenschaftlern oder und Prakti-

[17] Im Folgenden wird jedoch nicht näher auf didaktische Stilmittel und Ansätze zur Aufbereitung der Lehre eingegangen, hierzu sei an dieser Stelle auf die gängige Fachliteratur verwiesen (z.B. Macke, Hanke & Viehmann, 2008). Im Vordergrund werden die für die Didaktik bedeutsamen Phasen der universitären Lehre stehen.

kern?). Von einer homogenen Gruppe spricht man dann, wenn sich deren Mitglieder in möglichst vielen Kategorien (z.B. Erfahrung, Wissensstand, Alter) sehr ähnlich sind. Die Kenntnis der Homogenität und der Eigenschaften der Zielgruppe ist für Sie wichtig, denn sie gibt Ihnen bedeutende Informationen (bspw. über deren Wissensstand) und sollte auf diesem Weg die didaktische Gestaltung Ihrer Vorlesung / Präsentation beeinflussen. Inwiefern sind etwa Fachbegriffe vereinfacht zu erklären? Welche Beispiele können Sie nennen, sodass sich Ihr Plenum in diesen wiederfindet? Versuchen Sie sich sowohl bei der Vorbereitung als auch bei der Durchführung so gut wie möglich in die Teilnehmer hinein zu versetzen. Fragen Sie sich dazu: Welche Gedanken und Gefühle lösen Sie / Ihre Inhalte bei Ihren Zuhörern aus und welche Konsequenzen haben diese für den Transfer?

Transferprobleme vorhersehen. Wenn Sie bereits während der Vorbereitung einer Veranstaltung die Vermutung haben, dass die Anwendung der Inhalte oder aber das Lernen der Inhalte sehr umfangreich, komplex oder schwierig werden könnte, sollten Sie dies zu Beginn der jeweiligen Sitzung ansprechen. Denn dadurch geben Sie ihnen wertvolle Unterstützung: Vermitteln Sie Lernstrategien, Faustregeln oder anderweitige Tipps beim Umgang mit Schwierigkeiten, geben Sie den Teilnehmern die Hilfestellung, die Sie bei anfänglichen Problemen brauchen, und den Mut, sich gut gewappnet daran zu wagen. Zur Kategorie Transferhilfe zählt es in diesem Zusammenhang auch, vorbereitend mit den Studierenden das Thema 'Prüfungen und Lernen' zu thematisieren und mögliche Lösungen für Probleme anzubieten (z.B. bei einem großen Stoffumfang zeitig anfangen zu lernen und zu wiederholen). Bei berufsbegleitenden Veranstaltungen wie Onlinestudiengängen, Berufsakademien oder Zusatzausbildungen könnten Sie beispielsweise auch konkrete Schwierigkeiten aus Praxiserfahrungen erfragen und die dazugehörigen Lösungen gemeinsam erarbeiten. Summa summarum gilt es also, die Schwierigkeiten, die bei der Übertragung / Anwendung der Lerninhalte entstehen könnten, zu reduzieren, um den Transfer zu fördern.

WÄHREND des Seminars / Vortrags

Aktivierende Lernformen. Beziehen Sie die Teilnehmer aktiv in Ihre Veranstaltung ein, sei es durch Fragen an das Publikum, durch eine gemeinsame Diskussion oder den Einsatz von Moderationsmethoden (siehe dazu Kapitel 9). Sobald Teilnehmer aktiv sind und mitdenken, d.h. aus der sog. Konsumhaltung herauskommen, ist ein erfolgreicher Transfer wesentlich wahrscheinlicher. Prüfen Sie also bereits vor der Veranstaltung, welche Lernformen aufgrund der Rahmenbedingungen (wie Teilnehmerzahl, Raumgegebenheiten) und des Inhalts möglich sind und schaffen Sie entsprechende Aktivierungsanteile. Fragen Sie sich: Für welches didaktische Ziel ist welche (Moderations-, Visualisierungs-) Methode zur Vermittlung am besten geeignet? Wie / Womit kann ich die Teilnehmer aktivieren?

Zielgruppenrelevanz. Holen Sie die Teilnehmer dort ab, wo sie stehen! Dieser Satz bezieht sich zugleich auf mehrere Aspekte:

- Berücksichtigen Sie das **Vorwissen** Ihrer Teilnehmer und beginnen Sie mit einem Kenntnisstand, den Sie sicher voraussetzen können. Ansonsten ist es an Ihnen, die (gemeinsame) Basis zu schaffen, auf der Sie aufbauen wollen.
- Stellen Sie zudem sicher, dass Sie und Ihre Zuhörer die gleiche '**Sprache**' sprechen. Verwenden Sie nur Fachausdrücke, die Ihrem Plenum bekannt sind und erklären Sie neue. Passen Sie auch Ihre Wortwahl, Ihre Beispiele und Ihren Abstraktionsgrad an – vor einer Gruppe von Handwerkern gilt es, einen bauphysikalischen Prozess anders auszudrücken als vor Thermodynamik-Kollegen.

- Die **Interessen** Ihrer Zuhörer sind, wie bereits oben erwähnt, eine weitere Stellgröße für den Transfererfolg. Um hier anzusetzen, können Sie Ihre Präsentation beispielweise mit einer aktuellen Begebenheit beginnen, die derzeit allen Teilnehmern auf den Nägeln brennt. Zeigen Sie auf, welche Bedeutsamkeit die aktuellen Forschungsbefunde für Theorie und Praxis Ihres Fachs haben. Berichten Sie dabei nicht alles, was Sie wissen, sondern entsprechend reduziert und zielgruppenorientiert das, was für Ihr jeweiliges Plenum relevant ist. Ein Overload an Information lähmt nämlich gleichsam die Zuhörer und den Transfer, da der Wald vor lauter Bäumen nicht mehr zu sehen ist. Es wird dann schnell unklar wo und was nun wie transferiert werden soll.

Vermittlung von Praxisbeispielen, alltagsnaher Anwendungsbezug. Je besser Sie Ihren Zuhörern die Inhalte mit Beispielen und Anwendungsbezügen vor Augen führen können, desto besser werden sie sie verinnerlichen. Eine Vorgehensweise, die sich bei der Vermittlung von Anwendungsbezügen bewährt hat, ist die deduktive:

- Erklären Sie zunächst Ihre These / Theorie / Methode / Formel etc.
- Skizzieren Sie dann eine für Ihre Teilnehmer typische Situation oder ein alltägliches Problem, das im Zusammenhang mit Ihrer These steht, als Ausgangsbeispiel.
- Bezugnehmend auf dieses Beispiel erläutern Sie die zentralen Elemente / Kriterien / Variablen, die als Beispiele für Ihre These / Theorie / Methode / Formel stehen.
- Stellen Sie die wichtigsten Zusammenhänge noch einmal pointiert und konzentriert dar.
- Ziehen Sie ggf. ein explizites Fazit oder fassen Sie die Kernelemente kurz zusammen.

So liefern Sie nicht nur eine Eselsbrücke zum Lernen ('den Fall' vergessen Zuhörer nicht so schnell wie eine trockene Theorie), sondern zugleich eine Anwendung beispielsweise in Form einer Vorbereitung auf den Berufsalltag. Letzteres hat den zusätzlichen Vorteil, dass die Zuhörer für sich unmittelbar den Mehrwert darin erkennen, die Inhalte zu verstehen und zu lernen (nach dem Motto, „Das kann ich im Alltag anwenden."), was zugleich ihre Motivation erhöht. Neben dem 'Berufsbezug' können Sie im Hochschulkontext auch auf den 'Prüfungsbedarf' der Studierenden eingehen, etwa indem Sie mit ihnen am Ende der Vorlesung mögliche themenrelevante Prüfungsfragen durchgehen.

NACH dem Seminar / Vortrag

Memos in Materialien, Verweise auf Internetseiten oder weitergehende Literatur. Je mehr Informationsmaterial Sie den Teilnehmern, entweder zum sofortigen Lesen oder späteren Nachschauen an die Hand geben, desto größer ist natürlich die Wahrscheinlichkeit, dass diese es auch tun. Es ist immer von Vorteil, die wichtigsten Inhalte schwarz auf weiß zu haben. Überlegen Sie jedoch, wann Sie derartige Papiere aushändigen, damit die Konzentration der Teilnehmer auch bei Ihnen bleibt, solange Sie es wünschen. Memos und andere Materialien fördern den Transfer im Nachhinein, indem sich Teilnehmer erneut bzw. wiederholt mit den Inhalten beschäftigen und diese vertiefen können. Informationsmaterialien fördern damit die für den erfolgreichen Transfer erforderliche Kontinuität.

Kontinuität. Transfer lebt von Kontinuität und zwar insofern, dass es für diesen essentiell ist, dass das erworbene Wissen bzw. die erlernten Fähigkeiten kontinuierlich verwendet und konsolidiert werden und nicht verloren gehen. Bildlich gesprochen könnte man von aktivem, angewandtem Wissen / Fähigkeiten und trägem, ungenutztem Wissen / Fähigkeiten sprechen, wobei es letzteres zu vermeiden gilt. Zu diesem Zweck kann man von sog. Follow-Ups in Form von begleitenden Tutorien, Übungen oder Fortsetzungsbausteinen Gebrauch machen, aber auch das anschließende Arbeiten in Teilnehmergruppen wie Lerngruppen, Arbeitskreisen, Netzwerke wirken sich entsprechend förderlich auf den Transfererfolg aus.

7.4.3 Person

Der Transfer kann neben der Didaktik und dem Inhalt auch noch über die **Person des Referenten** beeinflusst werden. Diesbezüglich sind zu nennen:

- **Kompetenz.** Die inhaltliche und didaktische Kompetenz des Referenten haben einen erheblichen Einfluss auf den Transfererfolg (siehe oben). Des Weiteren gilt: Je vertrauter Sie mit Inhalten und Methoden sind, desto flexibler können Sie auf Belange des Publikums eingehen, dessen Fragen beantworten, sich dem Niveau / Horizont Ihrer Zuhörer anpassen und desto kleiner verbleibt die bei jenen klaffende Wissenslücke. Je höher der Erkenntnisgewinn der Teilnehmer ausfällt, desto zufriedener gehen diese nach Hause und desto motivierter werden sie das neue Wissen auch anwenden.
- **Erfahrung.** Auch der Erfahrungsschatz, den ein Vortragender mitbringt, spielt hinsichtlich der Glaubwürdigkeit seiner Aussagen eine erhebliche Rolle. Verweisen Sie daher als Vortragender durchaus auf Projekte und Fälle (bspw. Beratung), die Sie gut kennen und lassen Sie Ihre Berufserfahrung einfließen. Allerdings gilt hier auch die edle Gleichung: Dozent = dezent. Berichten Sie eher galant von Erfahrungen als pompös von Erfolgen – schneller als Sie denken, belächelt man Sie sonst als prahlerisch.
- **Begeisterung.** Je mehr Sie hinter Ihrer Sache stehen und je mehr Spaß Sie dabei haben, desto mehr strahlen Sie diese Überzeugung und Passion auch aus. Geben Sie Ihren Zuhörern die Möglichkeit, sich von Ihrer Begeisterung anstecken zu lassen (vgl. Abschnitt 6.1, Nonverbale Kommunikation).
- **Modellfunktion.** In Ihrer Situation / Position als Lehrender übernehmen Sie zwangsläufig auch eine Vorbildrolle – ob Sie es nun wollen oder nicht. Diese bezieht sich neben der inhaltlichen Expertise auch auf die folgenden Bereiche:
  - **Authentizität / Stimmigkeit.** Wirkt ein Referent authentisch, wird es ihm eher gelingen, seine Inhalte an den Mann zu bringen, denn authentischen Menschen glaubt man eher. Erzeugen Sie Stimmigkeit zwischen dem, was Sie sagen und dem, was Sie tun: Wenn Sie den Studierenden sagen, „Sie können mich jederzeit ansprechen" und Sie reagieren dann aber, wenn jene dies tun, ärgerlich, dann verlieren Sie an Glaubwürdigkeit. Um sich diese zu bewahren, sollten Sie nach dem Prinzip agieren: „Practice what you preach!" – was Sie nicht praktizieren wollen, sollten Sie gar nicht erst in Aussicht stellen.
  - **Vorbild.** Des Weiteren sind Sie als Hochschullehrer in einer Rolle, in der Ihnen eine Vorbildfunktion zukommt. Wenn Sie sich jedoch nicht entsprechend 'professoral' verhalten, sondern beispielsweise eine Sprache verwenden, die unangemessen ist (z.B. eine Rede im Clochard-Jargon auf der Absolventenfeier), dann wirken Sie inkongruent, was dazu führen kann, dass man Ihnen (unbegründet) Kompetenzen abspricht. Seien Sie sich also bewusst, dass man von Ihnen in einem gewissen Rahmen ein rollenkonformes 'Professorenverhalten' erwartet – und das auch mit Recht. Achten Sie auf entsprechende Verhaltensweisen wie professionelles Lehren und Vortragen (vgl. Kapitel 7-10 Vortragen, Präsentieren, Medien einsetzen, Moderieren), aber auch Ihr nonverbales Verhalten sowie Ihre Umgangsformen

(vgl. Abschnitt 6.1, Nonverbales Verhalten und Kapitel 24, Kleiner Lehrstuhl-Knigge). Je souveräner Sie in diesen Bereichen sind, desto besser ist dies für Ihre Vorbildfunktion, denn Menschen nehmen mehr von einer Person an, wenn diese Sicherheit und Souveränität ausstrahlt.

Bisher wurde nur die Person des Lehrenden und ihre Einflussmöglichkeiten auf den Transferprozess betrachtet; jedoch kann natürlich auch die **Person des Lernenden / Teilnehmers** einen wesentlichen Einfluss darauf nehmen.

- **Engagement.** Wer freiwillig an einer Lehrveranstaltung teilnimmt und sich das Thema selbst aussuchen konnte, der ist vermutlich motivierter als jemand, der dazu verpflichtet wurde. Hinter diesen Effekten steht wieder einmal das bereits oben geschilderte Prinzip von Interesse und Nutzen: Die Person, die sich freiwillig in eine Veranstaltung begibt, hat an den Inhalten vermutlich Interesse und verspricht sich von der Teilnahme sicherlich einen Nutzen. Diese Person wird sich mit großer Wahrscheinlichkeit auch mehr einbringen und engagieren als jemand, dem die Teilnahme auferlegt wurde. Als Lehrender können Sie dies nur durch Aufzeigen von Nutzen und Vorteilen beeinflussen, ansonsten gilt leider „Wer nicht will, der will nicht.".
- **Subjektiver Aufwand.** Je größer der Aufwand für den jeweiligen Teilnehmer ist, die Inhalte zu verstehen, sie sich anzueignen und später anzuwenden, desto geringer wird der Transfererfolg sein. Aus dieser Tatsache resultieren zweierlei Dinge: Zum einen müssen Lernaufwand und Nutzen in einem exponentiell positiven Verhältnis stehen – je größer der Aufwand für den Teilnehmer, desto größer muss auch der Nutzen sein, der daraus zu ziehen ist. Zum anderen bedeutet dies für Sie als Lehrenden, dass es – wenn Sie den Transfererfolg erhöhen wollen – an Ihnen ist, den Umfang und die Komplexität des Menüs bzw. der Inhalte soweit zu reduzieren, dass die Happen verzehrbar werden (siehe auch oben: Antizipation von Transferproblemen). Verringern Sie den subjektiv wahrgenommenen Aufwand der Teilnehmer, indem Sie umfangreiche Sachverhalte zunächst aufteilen, die Kernelemente separat vermitteln und erst abschließend die einzelnen Elemente wieder zu einem großen Ganzen zusammenführen.
  Des Weiteren ist zu berücksichtigen, dass sich bei den Teilnehmern durchaus auch ein Widerstand gegen Veränderungen oder etwas Neues einstellen kann. Wenn Sie beispielweise über die Notwendigkeit einer Steuererhöhung plaudern (subjektiver Aufwand für jeden einzelnen), werden Sie geringere Sympathie erfahren, als wenn es um ein neues Rechenverfahren geht, das den Aufwand bei der Eingabe der Daten erheblich reduziert (subjektiver Nutzen für jeden). Sie wissen ja: Überbringer positiver Nachrichten werden geschätzt, jene negativer Botschaften mitunter nicht. Insbesondere trockene und unangenehme Themen bedeuten einen hohen subjektiven Aufwand für die Zuhörer und bedürfen daher im Speziellen einer guten Didaktik, die den gefühlten Aufwand reduziert oder zumindest erträglicher macht.
- **Subjektiver Nutzen.** Je besser die dargebotenen Informationen und Methoden dem jeweiligen Teilnehmer helfen, seine Anforderungen zu erfüllen bzw. je größer der gewinnbare Nutzen ist, desto größer ist auch die Chance, dass die von Ihnen vermittelten Inhalte transferiert werden bzw. Anwendung finden. Zeigen Sie Ihrem Plenum den Nutzen auf und lassen Sie Ihre Zuhörer ggf. auch eigenständig Vorteile mit einbringen. Nur wer einen sinnvollen Mehrwert in neuen Inhalten / Methoden sieht, kann überhaupt erst die Bereitschaft entwickeln, sie in die Praxis umzusetzen.

Neben der zuvor beschriebenen Bedeutung der jeweiligen Person des Lehrenden und der des Lernenden, spielt auch die **Interaktion** der beiden Akteure eine große Rolle, z.B. wenn Einwände aus dem Teilnehmerkreis aufkommen. Wie formulieren die Teilnehmer ihre Einwände? Wie gehen Sie als Lehrender damit um? Sehen Sie den Einwand als Angriff oder als Optimierungspotenzial für sich als Referenten? Transferförderlicher ist die letztgenannte Haltung, denn jeder behandelte, geklärte oder auch verhandelte Einwand, jede Auseinandersetzung mit einem inneren „Nein" oder Zweifeln der Teilnehmer ist von entscheidender Bedeutung für den Lernerfolg. Gehen Sie auf Ihr Plenum ein und stellen Sie die ständige Wahrnehmung der Zuhörer / Teilnehmer sowie den gegenseitigen Austausch in Ihren Fokus. Schaffen Sie eine offene Atmosphäre, die zum Zuhören einlädt und zum Fragen ermutigt (vgl. Kapitel 7.3, Beziehung zu den Zuhörern aufbauen). Sie werden erleben, dass im Zuge dessen auch die Bereitschaft der Teilnehmer, sich mit den Inhalten auseinanderzusetzen, steigt und die reine Konsumhaltung vergeht.

Nicht zuletzt können folgende **Rahmenbedingungen** einer Veranstaltung wesentlich zu deren Erfolg beitragen:

- **Die technischen Bedingungen.** Dazu zählen neben den Gerätschaften auch Ihre und die Sichtbarkeit Ihrer Beamer-Präsentation sowie Ihre Hörbarkeit. Achten Sie also darauf, dass man Sie sehen, hören und Ihnen damit folgen kann (siehe auch Kapitel 7 und 8).
- **Ankündigung.** Denken Sie – bei einer externen Veranstaltung – an den Moderator und seine Worte zur Ankündigung Ihres Vortrags. Briefen Sie ihn mit den Eckdaten, die Sie in Ihrer Vorstellung genannt haben wollen und geben Sie ihm auch eine Frage an die Hand, die er einleitend in der nach dem Vortrag stattfindenden Diskussion stellen kann. Durch eine hervorragende Antwort (die Sie parat haben, da die Frage ja aus Ihrer Feder stammt) bleiben Sie dem Publikum in guter Erinnerung!
- **Image.** Das wissen Sie sicher oder haben es schon mal am eigenen Leib wahrgenommen: Nicht jedes Thema kommt gleich gut an. Diese Aussage gilt nun aber auch für ein Fach generell. Manche Fächer haben ein schlechtes Image; sie gelten als langweilig / trocken oder aber als sehr theoretisch und sind damit beispielsweise bei den Studierenden unbeliebt. Diese Grundeinstellung Ihrer Zuhörer sollten Sie bei der didaktischen Aufbereitung berücksichtigen. Sprechen Sie dieses Faktum offen an und zeigen Sie etwas von der Motivation, die Sie von Ihrem Fach haben.

FAZIT 'TRANSFER SICHERN'

- ☝ Transfer wird leichter, wenn Sie den richtigen Inhalt für die richtige Zielgruppe auswählen.
- ☝ Transfer wird gesichert, wenn Didaktik und Vermittlung darauf abgestimmt sind. D.h., Transferaspekte werden bei der Vortragsplanung (Zeitpunkt, Inhalt), während des Vortrags (bspw. durch aktivierende Lernformen, Anwendungsbezug) sowie im Nachgang zu diesem berücksichtigt (bspw. durch Materialien, Follow-Ups).
- ☝ Schließlich beeinflussen auch die Person des Referenten, die Interaktion mit den Teilnehmern sowie die umgebenden Rahmenbedingungen des Referenten die Transferleistung.

Checkliste
zur Präsentations- und Vortragsgestaltung

Leitfragen zur Vorbereitung

✓ Wozu dient der Vortrag? Aus welchem Grund / Zweck findet er statt? Berücksichtigen Sie die unterschiedlichen Perspektiven: Organisator, Referent (eigene Person), Zuhörer.

✓ Welche Ziele hat die Präsentation? Was soll erreicht werden? Berücksichtigen Sie die unterschiedlichen Perspektiven (Organisator, Referent, Zuhörer).

✓ Wie viel Zeit steht zur Verfügung? Planen Sie Unterbrechungen / Abweichungen (z.B. in Form von Fragen, Erklärungen, kurze Exkurse) und die abschließende Diskussion mit ein.

✓ Welchen Bezug gibt es zwischen Ihrer Person und dem Thema?

✓ Welche Rolle werden Sie haben, welche Aufgabe gegenüber dem Publikum?

✓ Wie möchten Sie vorgehen, welchen Aufbau sollte der Vortrag haben? Welche Rahmenbedingungen (z.B. Zielgruppe, Räumlichkeiten) sind zu berücksichtigen?

✓ Was können Sie tun, um den Transfer möglichst nachhaltig zu fördern und zu sichern?

✓ Mit welchem Material, mit welchen Medien und mit welcher Technik möchten / müssen Sie arbeiten? Welche Erfordernisse bringen diesbezüglich Auftrag / Ziel (siehe oben) und Teilnehmergruppe mit sich (Gruppengröße, Kenntnisse, Bedürfnisse)?

✓ Wo findet die Präsentation statt? Inwiefern ist Rücksicht auf die lokalen Rahmenbedingungen zu nehmen? Inwiefern beeinflusst der Veranstaltungsort Ihre Präsentation bzw. deren Gestaltung / Konzeption (weil bspw. keine Beamerpräsentation möglich ist oder die Zuhörer von einer vorhergehenden Weinprobe kommen und angeheitert sind etc.)?

Leitgedanken zur Durchführung

✓ Der Vortrag besteht aus den Elementen der 'rhetorischen Triangel' (Einleitung, Hauptteil, Schluss). Ist Ihr roter Faden erkennbar, die Argumentationskette logisch aufgebaut?

✓ Bauen Sie eine Beziehung zu Ihrem Publikum auf (z.B. indem Sie es durch alltagsnahe Beispiele ansprechen) und gestalten Sie diese konsequent auch während Ihrer Rede.

✓ Fassen Sie die Kerninhalte nach wichtigen Abschnitten kurz zusammen.

✓ Bereiten Sie ggf. eine abschließende Diskussion und die Moderation dieser vor.

Aspekte der Nachbereitung

✓ Klären Sie auch die Fragen, die im Anschluss an Vortrag und Diskussion noch offen geblieben sind (z.B. per E-Mail).

✓ Holen Sie sich Feedback. Wie kam Ihre Präsentation an? Was gefiel gut, was nicht?

✓ Erstellen Sie sich eine To-do-Liste mit Dingen, die Sie verändern bzw. optimieren wollen.

8 Medientechnik

„Auf die Verpackung kommt es an –
ein Bild sagt mehr als tausend Worte".

Wenn man Ihnen die Frage stellen würde, ob Sie nur mit einer fachlich-inhaltlichen Vorbereitung in Ihren Vortrag gehen oder aber auch die Darbietungsform durchdacht und ausgefeilt haben, kämen Sie vielleicht ins Grübeln. Und das hätte einen guten Grund: Es bieten sich Ihnen unterschiedlichste Möglichkeiten, Ihren Vortrag medial zu unterstützen. Doch welches Medium ist das richtige? Sind Beamer-Präsentationen wirklich immer angebracht? Gehören Overheadfolien mittlerweile in die Retro-Schublade? Die folgenden Ausführungen werden Ihnen die gängigen visuellen, auditiven und haptischen Medien vorstellen, Ihnen aufzeigen, wann sie zum Einsatz kommen sollten (bzw. wann nicht) und einige Tipps für den Umgang mit ihnen geben.

Denken Sie doch einmal an den letzten Vortrag, den Sie gehört haben, zurück. Haben Sie die Situation vor Augen? Gut, dann versuchen Sie sich jetzt einmal vorzustellen, jener Vortrag wäre reine Rede gewesen und es hätte keine Visualisierungen gegeben – weder Text, noch Bild. Wie wäre es nun für Sie gewesen, wenn Sie keine bildliche Unterstützung gehabt hätten? Wie wäre es um Ihre Konzentration bestellt gewesen? Woran könnten Sie sich noch erinnern? Visualisierung ist eine von mehreren Möglichkeiten, die uns die Aufnahme und Erinnerung von Informationen bzw. Inhalten erheblich erleichtern kann. In der Regel ist es so, dass sich die Zuhörerschaft bei Vorträgen, die ohne jegliche mediale Unterstützung dargeboten werden, an Inhalte schlechter erinnern kann. Und das gilt nicht nur für Vorlesungen und Vorträge, sondern genauso für Meetings und Besprechungen in kleiner Runde. Dabei dient die Visualisierung nicht nur Ihren Zuhörern, auch Sie als Referierender können davon profitieren.

Visualisierung unterstützt die Zuhörenden darin, ...

- komplexe Inhalte leichter zu verstehen und nachvollziehen zu können.
- Inhalte und Zusammenhänge besser zu behalten / erinnern.
- den Ausführungen und Erklärungen des Referierenden gezielter folgen zu können.

Doch bevor Sie sich jetzt in die Visualisierung Ihrer Vortragsinhalte stürzen, beachten Sie:

- Eine Visualisierung unterstützt Sprache, ersetzt sie aber nicht. Sprechen Sie folglich jede in Ihrer Präsentation vorkommende Grafik, jedes Schaubild und jedes Stichwort an; erläutern Sie alles, was Sie zeigen.
- Gehen Sie stets nach der Regel vor, „Visualisierung bedingt Präzisierung.". Seien Sie in Ihren Visualisierungen eindeutig und lassen Sie keine Ambiguität zu. Verwenden Sie daher sparsame, klar verständliche und gut beschriftete Darstellungen.
- Wenn Sie visualisieren, müssen Sie sich oft unter vielen Möglichkeiten für eine Darstellungsform, eine Animation, ein Layout oder ein Stichwort entscheiden; vermischen Sie diese nicht, da es den Zuhörer nur verwirren würde.
- Insgesamt zeigt eine Visualisierung stets Ihre eigene subjektive Sicht der Dinge; stellen Sie deswegen sicher, dass Ihr Plenum diese (Ihre Logik, Ihr Konzept) nachvollziehen kann.

Visualisierung hilft dem Referenten ...

- komplexe Zusammenhänge darzustellen und dadurch zu vereinfachen.
- den Detaillierungsgrad sukzessive zu erhöhen (durch Einblenden weiterer Details).
- bei der Präzisierung von Inhalten und Zusammenhängen (durch Worte, Symbole).
- Inhalte besser memorierbar zu machen (das Gesagte ist optisch verfügbar).
- Redezeit effektiv und ökonomisch zu nutzen („Ein Bild sagt mehr als 1000 Worte.").
- durch unterschiedliche Darstellungsarten und –formen Abwechslung in den Vortrag zu bringen.
- die Betrachter mit einzubeziehen und zu Stellungnahmen zu ermuntern.
- die Aufmerksamkeit der Zuhörer zu kanalisieren.
- als Gedächtnisstütze und damit auch dem Entgegenwirken von Blackouts.

Zur Visualisierung können Sie unterschiedliche Medien wählen. Die gängigsten dieser Medien werden nachfolgend dargestellt (8.1 – 8.8 visuelle Medien, 8.9 auditive Medien, 8.10 – 8.11 haptische Medien). Wie und wann diese anzuwenden sind und worauf Sie bei der Anwendung achten sollten, wird im Folgenden ebenfalls näher ausgeführt.

KAPITEL 8: MEDIENTECHNIK	
	8.1 Beamer-Präsentation
	8.2 Videos / Filme
	8.3 Overheadprojektor
	8.4 Diaprojektor
	8.5 Pinnwand
	8.6 Flipchart
	8.7 Wandtafel und Weißwandtafel
	8.8 Handout
	8.9 Audiodatei
	8.10 Modelle
	8.11 Proben

8.1 Beamer-Präsentation

Die Darbietung von Inhalten und Themen mittels einer Beamer-Präsentation ist heutzutage die wohl gängigste, und in der Tat bringt sie wirklich viele Vorteile mit sich!

EINSATZGEBIETE

Beamer-Präsentationen sollten besonders dann zum Einsatz kommen, wenn ...

- Sie technische oder numerische Daten oder komplexe Grafiken visualisieren möchten.
- Sie den 'Lernweg' Ihres Publikums durch Animation von Text und Bild didaktisch gestalten wollen.
- Sie ein großes Plenum erreichen wollen (auf Entfernung gut sichtbar bzw. in mehrere Räume übertragbar).
- Sie die Inhalte mehrfach präsentieren oder Folien kombinieren möchten (ökonomisches Arbeiten).
- Sie die Präsentation im Anschluss an Ihren Vortrag den Teilnehmern zukommen lassen oder diese zu anderen Zwecken (per Mail) versenden wollen.

Sehen Sie von Beamer-Präsentationen ab, wenn ...

- Sie ein interaktives Medium brauchen – die Beamer-Präsentation ist frontal.
- Ihre Präsentation maßgeblich durch Beiträge des Plenums beeinflusst oder gestaltet sein wird – beispielsweise wenn Sie etwas erarbeiten wollen.
- Sie spontan auf veränderte inhaltliche Bedürfnisse Ihrer Teilnehmer reagieren wollen / sollen.
- ein großes Risiko aufgrund technischer Probleme besteht (bspw. der Raum dafür bekannt ist, dass der Beamer nicht funktioniert; der Raum nicht abgedunkelt werden kann).

TIPPS ZU LAYOUT UND GESTALTUNG

- Verwenden Sie eine Schrift ohne Serifen (z.B. Arial, Helvetica, Verdana etc.) und bleiben Sie bei dieser einen Schriftart. Betonen Sie durch Fett- oder Kursivsetzung und sehen Sie von S p e r r u n g e n ab.
- Rutschen Sie bei der Schriftgröße zugunsten der Lesbarkeit niemals unter die 18pt-Marke (außer bei Quellenangaben und der mitlaufenden Gliederung).
- Arbeiten Sie bei Schrift und Beschriftung mit maximalen Farbkontrasten (z.B. schwarze Schrift auf weißem Grund) und sehen Sie von farbiger Schrift auf farbigem Grund ab – aus der Ferne ist es schlicht nicht mehr lesbar.
- Wenn Sie sich für ein Farbschema entschieden haben (auch für Diagramme etc.), halten Sie dieses im gesamten Vortrag ein. Das gleiche gilt für Symbole; geben Sie ihnen didaktisch immer nur *eine* Bedeutung.
- Der Text auf Ihrer Folie sollte 10 Zeilen nicht überschreiten, ca. 30 % der Folie sollten frei bleiben (vgl. Abb. 8.1 und 8.2).
- Verwenden Sie bei Nummerierungen und Aufzählungen maximal drei Gliederungsebenen, sonst wird es schnell unübersichtlich.

- Bleiben Sie inhaltlich bei einem zentralen Thema pro Folie.
- Formulieren Sie weder ganze Sätze, denn diese rauben zuviel Platz, noch einfache Stichworte, denn im Nachhinein weiß man oft nicht mehr, was damit gemeint war. Arbeiten Sie daher mit Halbsätzen aus Subjekt / Objekt und Verb.
- Wenn Sie mit Scans bzw. kopierten Abbildungen arbeiten, achten Sie darauf, dass diese wirklich auch aus der letzten Reihe lesbar sind. Es kostet Sie sonst unnötig viel Zeit, die Abbildungen vorzulesen.
- Setzen Sie Animationen (nur) gemäßigt ein. Allzu pompöse Darstellungen lenken vom Inhalt ab und erschweren es Ihrem Plenum, Ihnen zu folgen.
- Zur Orientierung ist es sowohl für Sie als auch für Ihr Plenum hilfreich, wenn Sie bei Ihrem Vortrag eine Gliederung mitlaufen lassen. Heben Sie den Gliederungspunkt, in dem Sie sich gerade befinden hervor; beispielsweise durch Rahmung, Kursiv- oder Fettschrift (vgl. Abb. 8.1).
- Vergessen Sie Ihr Copyright (in der Fußzeile) nicht.

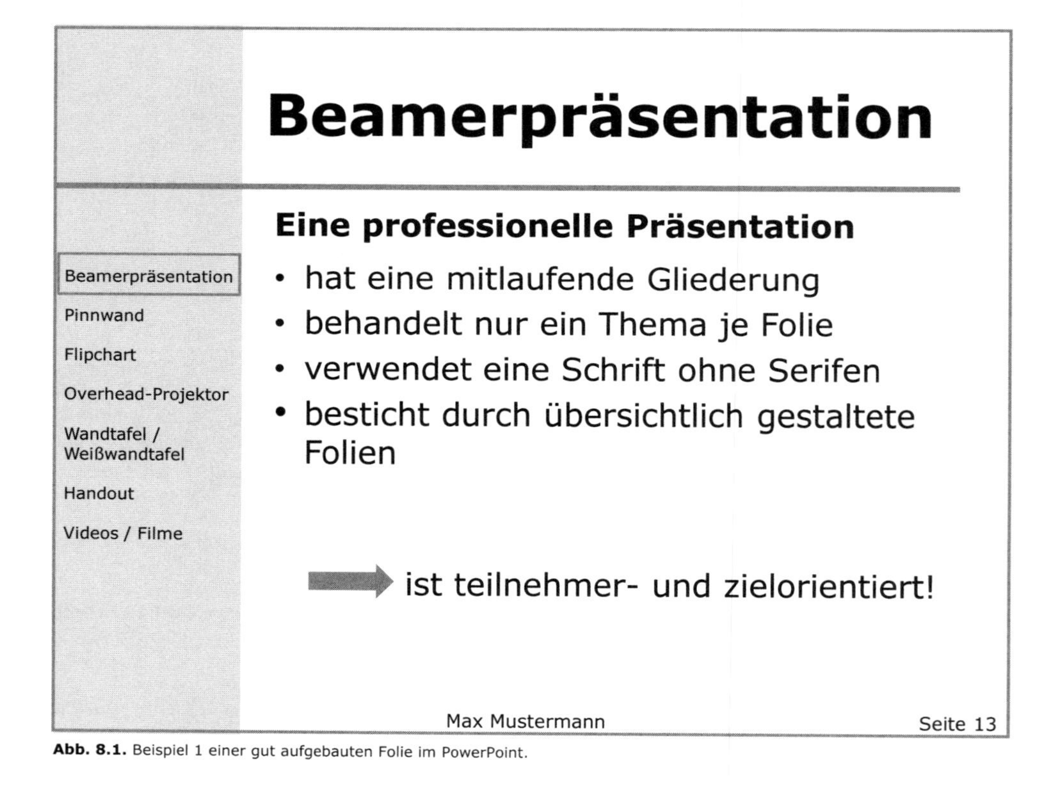

Abb. 8.1. Beispiel 1 einer gut aufgebauten Folie im PowerPoint.

Kriterien für nachhaltiges Bauen

Einleitung

Definition Nachhaltigkeit

Internationale Systeme

Deutsches System

Kriterien nachhaltiges Bauen

Zusammenfassung

Ausblick

1. Ökologische Kriterien
- geringer Flächenbedarf
- minimierter Materialverbrauch
- optimale Recyclingfähigkeit

2. Ökonomische Kriterien
- minimaler Energieverbrauch während der Nutzung
- geringe Wartungskosten

3. Soziokulturelle Kriterien
- Einbau gesundheitsverträglicher Materialien
- optimale Behaglichkeit in Räumen

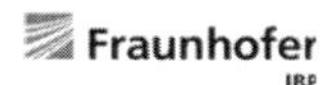

Abb. 8.2. Beispiel 2 einer gut aufgebauten Folie im PowerPoint.

Kriterien

Einleitung

Definition Nachhaltigkeit

Internationale Systeme

Deutsches System

Kriterien nachhaltiges Bauen

Zusammenfassung

Ausblick

1. Ökologische Kriterien: Zu den ökologischen Kriterien gehören v.a. folgende Aspekte, nämlich geringer Flächenbedarf, minimierter Materialverbrauch sowie optimale Recyclingfähigkeit. Diese sind besonders wichtig und müssen dringend berücksichtigt werden!!!!

2. Ökonomische Kriterien: dazu gehören v.a. minimaler Energieverbrauch während der Nutzung und geringe Wartungskosten. Damit kann erheblich Geld gespart werden.

3. Soziokulturelle Kriterien: wir zählen dazu den Einbau gesundheitsverträglicher Materialien sowie optimale Behaglichkeit in Räumen. Noch zu erwähnen: Leistungsfähigkeit von Bewohnern gehört auch zu diesem Unterkriterium.

Abb. 8.3. Beispiel einer schlecht aufgebauten Folie im PowerPoint.

UMGANG MIT DEM MEDIUM

Vor der Präsentation

- Planen Sie bei der Schätzung der Dauer des Vortrags im Durchschnitt drei Minuten pro Folie ein (bei reinen Fotos weniger Zeit).
- Klären Sie, wenn Sie außer Haus präsentieren, mit dem Veranstalter, welche Geräte bzw. welche Technik vorhanden ist. Sie benötigen einen Computer oder Laptop, die entsprechenden Verbindungskabel zum Beamer, den Beamer, einen Laserpointer, einen Presenter (Gerät zum 'Vor-und-Zurück-Klicken' während der Präsentation) und ggf. ein Mikrofon. Zudem empfiehlt es sich, stets Ersatzbatterien für Presenter und Mikrofon dabei zu haben.
- Im Falle sehr wichtiger Präsentationen sollte jeweils ein Ersatzgerät (Beamer, Laptop, Presenter) vorhanden sein.
- Prüfen Sie rechtzeitig vor Ihrem Vortrag die Stromversorgung und alle notwendigen Kabel.
- Prüfen Sie, ob das dargestellte Bild Ihrer Präsentation dem Original entspricht (Echtheit der Farben, Animationen, Bildgröße etc.), denn durch unterschiedliche Programme oder Betriebssysteme können Verzerrungen entstehen. Klären Sie die Kompatibilität rechtzeitig, sodass Sie Ihre Präsentation bei möglichen Kompatibilitätsproblemen noch überarbeiten können.
- Prüfen Sie die Lesbarkeit Ihrer Folien – am besten auch aus der Perspektive der letzten Reihen.
- Prüfen Sie die Lichtverhältnisse; dunkeln Sie ggf. den Raum etwas ab, um das Abbild Ihrer Präsentation auf der Leinwand besser erkennen zu können.
- Um später während der Präsentation den roten Faden nicht zu verlieren und gute Überleitungen zu bringen, ist es (gerade, wenn Sie Ihre Präsentation zum Ersten Mal halten) hilfreich, sich die Folien im Handzettelformat (z.B. sechs auf einer Seite) auszudrucken oder Karteikarten vorzubereiten und diese mit nach vorne zu nehmen. Übrigens wissen Sie dann auch, wohin mit den Händen.
- Sofern Sie mehr wissen möchten zu Lampenfieber oder zur persönlichen Vorbereitung auf Präsentationen und Vorträge lesen Sie dies nach in den Kapiteln 10 und 7.

Während der Präsentation

- Sprechen Sie nicht mit der Projektion / Leinwand, sondern wenden Sie sich stets Ihrem Publikum zu. So bekommen Sie auch mit, wenn Ihr Plenum Ihnen nicht folgen kann oder Fragen aufkommen.
- Benutzen Sie den Presenter, damit Sie im Raum flexibel sind. Verwenden Sie einen Laserpointer zum Zeigen (und nicht einen Stock, da Sie sich bei dessen Verwendung vom Publikum wegdrehen würden).
- Bringen Sie als Schlussfolie eine Gliederungsübersicht, ein Zitat oder ein Abschlussbild, aber auf keinen Fall ein „Danke für Ihre Aufmerksamkeit.", denn letztere können Sie bei einem guten Vortrag voraussetzen (vgl. Abschnitt 7.1, Vortragsstruktur bzw. Schluss).

Nach der Präsentation

- Falls Ihre Präsentation von einem fremden Rechner abgespielt wurde, löschen Sie die Datei, damit kein Unbefugter darauf zugreifen kann und nehmen Sie natürlich Ihren Memorystick mit.

- Sofern Sie während des Vortrags merken, dass Fehler auf den Folien, Reihenfolgen ungünstig oder einige Stellen unrund waren, so verbessern Sie diese unmittelbar nach dem Vortrag oder notieren sich zumindest alle Anmerkungen.

Unterart: Grafiktabletts

Dies ist ein System, das ähnlich der klassischen Beamer-Präsentation funktioniert: Daten werden per PC und Beamer auf eine - und das ist der Unterschied - einer Tafel ähnliche, sensitive Oberfläche projiziert (vgl. Abb. 8.4). Diese Tafel ist ebenfalls mit Ihrem Computer verbunden und kann wie ein Touch-Screen funktionieren, sodass Sie 'live' arbeiten können. Auch besteht die Möglichkeit, auf der Tafel Ergänzungen vorzunehmen, die automatisch gespeichert werden. Der Vorteil dieses Systems besteht darin, dass Gedanken und Einwände direkt in Bezug zu einer Visualisierung ergänzt werden können - während einer Präsentation lassen sich (per kabellosem Stift) Objekte hervorheben, Skizzen oder Kommentare auf den Folien hinzufügen und als Vektorgrafik speichern. Übrigens: Diese Funktion ist bereits bei sog. Tablet PCs integriert. Weitere Informationen finden Sie im Fachhandel oder im Internet.

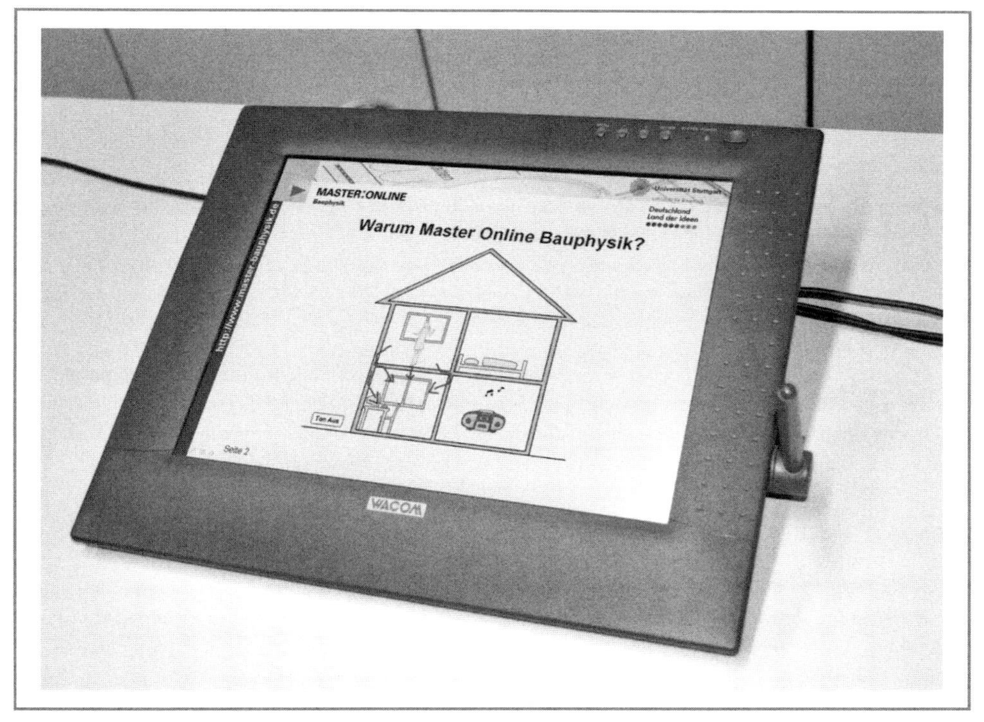

Abb. 8.4. Beispiel eines Grafiktabletts (auch Tablet PC genannt).

Unterart: 3D-Darstellungen

3D-Darstellungen eignen sich zur Visualisierung von komplexen räumlichen Situationen und Gegenständen. Grundlegend wird hierbei zwischen einer axonometrischen und einer perspektivischen Darstellung unterschieden. Die axonometrische Darstellung ist im Vergleich zur Perspektive einfacher zu erstellen und zeichnet sich durch Maßhaltigkeit der Proportionen aus. Daher eignet sich die Axonometrie prinzipiell besser zur Darstellung technischer Gegebenheiten, während die Perspektive einen natürlicheren räumlichen Eindruck vermittelt (vgl. Abb. 8.5).

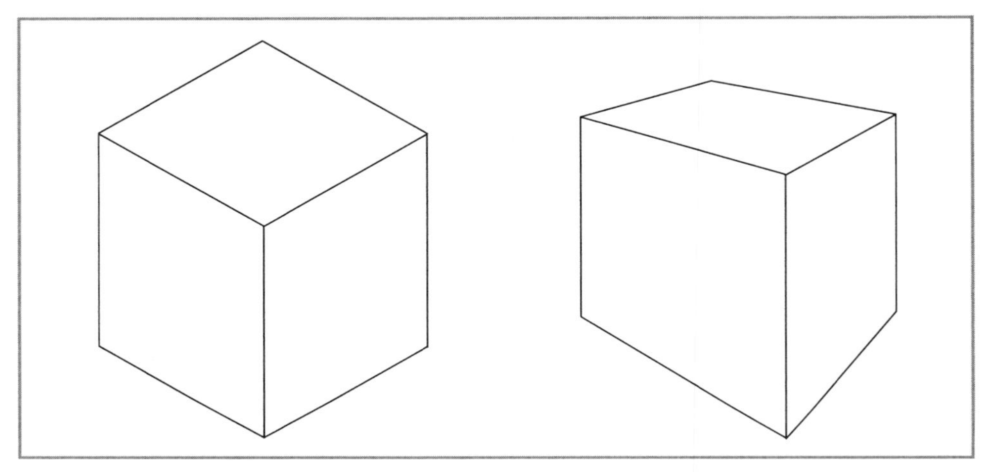

Abb. 8.5. Beispielbild zur Nutzung von 3D-Darstellungen. Axonometrische (hier Isometrische; linke Seite der Abbildung) und perspektivische Darstellung eines Würfels (rechte Seite der Abbildung).

8.2 Videos / Filme

Filme und Videos eignen sich ebenso zur Veranschaulichung von Inhalten und Informationen wie die oben genannten. Sie bieten den Vorteil, dass Informationen in der Regel sehr plastisch in einen Kontext eingebettet werden und Inhalte, für deren Erklärung Sie sonst sehr lange gebraucht hätten, sehr anschaulich und in sehr kurzer Zeit vermittelt werden können.

EINSATZGEBIETE

Filme eignen sich hervorragend als didaktisches Mittel, wenn...

- Sie Abläufe analysieren wollen (z.B. bestimmte Verhaltensweisen im Rhetoriktraining).
- Sie komplexe Prozesse oder Abläufe veranschaulichen wollen (z.B. Produktionsketten).
- Sie anderweitige Informationen darbieten wollen (z.B. Ausschnitte aus Dokumentationsfilmen).
- Sie Erinnerungen wecken wollen (z.B. an Epochen oder politische Ereignisse).
- Sie sich bei langen Präsentationen eine Pause und Ihren Zuhörern eine Abwechslung gönnen wollen.

UMGANG MIT DEM MEDIUM

- Stellen Sie vor Ihrer Präsentation sicher, dass die Technik funktioniert; und auch, dass Sie, je nachdem mit welchen Geräten Sie arbeiten (Video- / DVD-Player, Fernseher, Computer, Beamer etc.), sicher im Umgang damit sind.
- Prüfen Sie vorab ebenfalls die Bild- und Tonqualität.
- Videos und Filme bedürfen einer sorgfältigen didaktischen Einbettung. Machen Sie sich und Ihren Zuhörern klar, mit welchem Ziel oder mit welcher Aufgabe Sie den Einsatz des Mediums verbinden (bspw. „Im Anschluss an den Filmausschnitt zu der Rede von X wollen wir über seine rhetorischen Kompetenzen diskutieren. Achten Sie also auch auf ...") und lenken Sie damit die Aufmerksamkeit Ihrer Teilnehmer auf die für Sie wichtigen Aspekte.

(Zum Einsatz von audiovisuellen Medien im Kontext der Lehre siehe auch Abschnitt 11.1.2, Lehre mit elektronischen Medien / E-Learning.)

8.3 Overheadprojektor

Heutzutage ist der Overheadprojektor an vielen Stellen vom Prinzip der Beamer-Präsentation (siehe 8.1) abgelöst worden. Nichtsdestotrotz eignet er sich nach wie vor sehr gut zur Visualisierung, wenngleich sich eine Präsentation ausschließlich mittels Overheadprojektor bzw. -Folien nicht (mehr) empfiehlt.

EINSATZGEBIETE

Der Overheadprojektor ist besonders dann geeignet, wenn ...

- Sie komplexe Daten, Grafiken oder Modelle darstellen möchten, denn diese können auf die Folien gedruckt / kopiert werden.
- Sie Inhalte auf den Folien handschriftlich (mit Folienstift) ergänzen möchten (Achtung: Lesbarkeit der Handschrift muss gegeben sein!).
- Sie Inhalte Ihrer Präsentation längerfristig, wiederholt oder parallel visualisieren wollen. Dennoch kann immer nur eine Folie zur selben Zeit gezeigt werden.
- Sie möglicherweise Inhalte spontan 'überblättern' wollen oder müssen (was mit einem Beamer nicht möglich wäre).
- Sie schnell zwischen verschiedenen Medien wechseln oder durch Medienwechsel Ihre Präsentation auflockern möchten (z.B. Flipchart, Overheadprojektor, Pinnwand, ...).
- Sie in der Situation oft oder spontan Visualisierungen erstellen müssen.

Sehen Sie von einem Einsatz des Overheadprojektors ab, wenn ...

- hohe (Folien-)Qualität erforderlich ist (Beamer-Folien verfügen über eine bessere Qualität).
- Sie ein interaktives Medium brauchen – die Arbeit mit dem Overheadprojektor ist weder so interaktiv noch so zeitgemäß wie die mit anderen Visualisierungsmitteln (Flipchart, Metaplanwand etc.).

TIPPS ZU LAYOUT UND GESTALTUNG

- Wenn Sie Inhalte auf die Folien drucken, verwenden Sie eine Schrift ohne Serifen (z.B. Arial, Helvetica, Verdana, etc.), nutzen Sie nur eine Schriftart und betonen Sie durch Fett- oder Kursivsetzung; sehen Sie von S p e r r u n g e n ab.
- Nehmen Sie von farbiger Schrift Abstand; oftmals ist sie projiziert nicht mehr klar genug lesbar, da die Kontraste zum Hintergrund nicht so gut gegeben sind wie bei schwarzer Schrift auf weißem Hintergrund.
- Wenn Sie sich für ein Farbschema entschieden haben (auch für Diagramme etc.), halten Sie dieses ein. Das gleiche gilt für Symbole. Geben Sie ihnen didaktisch immer nur eine Bedeutung.
- Verwenden Sie bei Nummerierungen und Aufzählungen maximal drei Gliederungsebenen, sonst wird es schnell unübersichtlich. Bleiben Sie inhaltlich bei einem zentralen Thema pro Folie.
- Achten Sie bei Scans bzw. kopierten Abbildungen darauf, dass diese wirklich (auch aus der letzten Reihe) lesbar sind. Es kostet Sie sonst unnötig viel Zeit, die Abbildungen vorzulesen.

UMGANG MIT DEM MEDIUM

Vor der Präsentation

- Prüfen Sie, ob der Overheadprojektor funktioniert und ggf. eine Ersatzbirne oder ein Ersatzgerät vorhanden ist.
- Prüfen Sie die Einstellung des Overheadprojektors (Bildausschnitt, ausreichender Farbkontrast / Helligkeit, Schärfe korrekt eingestellt).
- Achten Sie auf die Qualität des Drucks oder der Kopie Ihrer Folie.

Während der Präsentation

- Legen Sie die Folien rechtwinklig auf den Projektor. Wenn Sie zum Publikum schauend stehen und die Projektionsfläche somit hinter Ihnen ist, müssen Sie die Folien zu sich lesbar hinlegen.
- Wenn Sie auf etwas zeigen möchten, tun Sie dies mit einem Stift auf der Folie bzw. dem Projektor und nicht auf der Leinwand. Legen Sie den Stift dazu mit seiner Spitze auf den Punkt zeigend ab, über den Sie gerade sprechen. Übrigens, auf diese Weise sieht man auch nicht, wenn Sie zittern.
- Falls erforderlich, decken Sie Teile der Folie mit einem Blatt Papier ab (nicht mit den Händen).
- Wenn Sie mehrere Folien darbieten, versuchen Sie in Layout und Stil möglichst einheitlich zu bleiben.
- Benutzen Sie nicht zu viele Folien pro Zeiteinheit (ca. drei Minuten pro Textfolie).
- Auch wenn es unwahrscheinlich klingt, es passiert leichter und häufiger als man denkt: Achten Sie darauf, wirklich auf Folie zu schreiben und nicht auf die Oberfläche des Projektors selbst – sonst hat die Nachwelt dauerhaft Freude an Ihren Ausführungen!

Nach der Präsentation

- Sie können die Folien im Nachhinein durch Kopieren vervielfältigen oder einscannen und per Mail versenden.

8.4 DIAPROJEKTOR

Wie der Overheadprojektor auch, ist der Diaprojektor an vielen Stellen vom Beamer ersetzt worden (siehe 8.1). Ein Vortrag mit Diaprojektor eignet sich gut zur statischen Visualisierung ohne Interaktionen.

EINSATZGEBIETE

Der Diaprojektor ist besonders dann geeignet, wenn ...

- Sie Fotos als Anschauungsobjekte zu Ihrem Vortrag präsentieren wollen.
- Sie komplexe Grafiken, Schaubilder oder Daten visualisieren wollen, denn diese können auf einen Diafilm belichtet werden und haben eine hohe Auflösung.
- Sie großen Wert auf die Farbwiedergabe legen, da manche Beamer Farben blass und falsch darstellen sowie eine kontrastarme Darstellung bieten.
- Sie eine Doppelprojektion planen, denn in großen Vortragsräumen stehen oft zwei Diaprojektoren zur Verfügung.
- an dem Vortragsort keine Beamer vorhanden sind bzw. Sie auf ein Notebook verzichten möchten oder müssen.
- Sie schnell zwischen verschiedenen Medien wechseln wollen (z.B. Flip-Chart – Diaprojektor – Wandtafel).
- Sie ein großes Plenum haben.

Sehen Sie vom Einsatz des Diaprojektors ab, wenn ...

- Sie die Reihenfolge der Inhalte spontan festlegen wollen, denn dies ist mit dem Diaprojektor nicht möglich.
- Ihre Inhalte durch Beiträge des Plenums erarbeitet werden sollen.
- Sie ein interaktives Medium brauchen – die Dia-Präsentation ist frontal.
- Sie Animationen, Film und Ton verwenden wollen.
- Sie an einem hellen Ort die Präsentation halten (Open-Air, Raum kann nicht abgedunkelt werden).
- Sie die Präsentation dem Publikum in schriftlicher Form zukommen lassen wollen.

TIPPS ZU LAYOUT UND GESTALTUNG

- Wenn Sie Dias belichten lassen, achten Sie auf Abstand zu den Rändern, da diese teilweise vom Dia-Rahmen verdeckt werden.
- Wenn Sie Dias mit Text belichten lassen, verwenden Sie eine Schrift ohne Serifen, nutzen Sie nur eine Schriftart und betonen Sie durch Fett- und Kursivsetzung; sehen Sie von S p e r r u n g e n ab.
- Achten Sie bei Schrift und Beschriftung auf maximale Farbkontraste (schwarze Schrift auf weißem Grund) und sehen Sie von farbiger Schrift auf farbigem Grund ab, da diese schlecht lesbar ist.

- Wenn Sie sich für ein Farbschema entschieden haben (auch für Diagramme etc.), halten Sie dieses ein. Das Gleiche gilt für Symbole, geben Sie Ihnen didaktisch immer nur eine Bedeutung.
- Bleiben Sie inhaltlich bei einem zentralen Thema pro Dia.
- Verwenden Sie bei Nummerierungen und Aufzählungen maximal drei Gliederungsebenen, sonst wird es schnell unübersichtlich.

UMGANG MIT DEM MEDIUM

Vor der Präsentation

- Prüfen Sie, ob der bzw. die Diaprojektoren funktionieren und ob ggf. eine Ersatzbirne vorhanden ist.
- Prüfen Sie, ob die Fernbedienung(en) funktionieren und ob die Schärfe richtig eingestellt ist.
- Reinigen Sie gegebenenfalls die Dias von Staub und Fusseln.
- Prüfen Sie die Lichtverhältnisse und dunkeln Sie den Raum ggf. ab.
- Prüfen Sie, ob alle Dias im Magazin richtig herum eingelegt sind und ob das Magazin im Diaprojektor durchläuft.

Während der Präsentation

- Sprechen Sie nicht mit der Projektion, sondern wenden Sie sich dem Publikum zu.
- Verwenden Sie zum Zeigen auf die Dia-Projektionen einen Laserpointer.
- Sollten Sie mit einer Doppelprojektion arbeiten, weisen Sie immer darauf hin, welches Dia Sie gerade besprechen.

Nach der Präsentation

- Nehmen Sie die mitgebrachten Dias und Diamagazine aus dem Projektor.
- Sofern Sie während des Vortrags einen Fehler auf den Dias bemerkten, so notieren Sie dieses und erstellen die entsprechenden Dias neu.

8.5 Pinnwand

Die Pinnwand ist in der Regel eine auf Füßen / Rollen stehende, etwa 1,25 m x 1,5 m große Weichfaserplatte, auf der mit Stecknadeln Packpapier und Moderationskarten befestigt werden können (auch Metaplanwand genannt).

EINSATZGEBIETE

Die Pinnwand ist besonders dann geeignet, wenn ...

- Sie stichwortartige Beiträge, Begriffe, Ideen oder Beispiele sammeln wollen.
- Ihre Visualisierung Arbeitsfläche erfordert (bspw. zum Umstecken der Karten nach bestimmten Sortierungskriterien).

- Sie mit Ihrer gesamten Zuhörerschaft (regelmäßig) interagieren wollen (Frage-Antwort-Interaktion, Diskussion).
- Sie Ihre Zuhörerschaft aktiv sein lassen wollen, indem sie beispielsweise selbst ihre Beiträge anpinnen dürfen.
- Sie Inhalte spontan bzw. in der Situation erarbeiten, generieren, zusammentragen oder neu strukturieren wollen (z.B. im Rahmen einer Moderation).
- Sie den Raum flexibel gestalten möchten (setzt voraus, dass die Pinnwand transportabel ist).
- Sie Inhalte Ihrer Präsentation während der gesamten Veranstaltung oder parallel zu einem anderen Medium visualisieren wollen, beispielsweise als Gedächtnisstütze zum besseren Merken oder weil Sie regelmäßig auf bestimmte Inhalte zurückgreifen wollen – wie etwa auf die Veranstaltungsgliederung.
- Sie ein eher kleines Plenum (max. 15 - 20 Personen) haben. Bei einem zu großen Plenum verliert diese Visualisierung aufgrund der Entfernung und manchmal nicht ganz leicht lesbaren Handschrift sonst ihren Effekt.

Sehen Sie von einer Arbeit mit der Pinnwand ab, wenn ...

- ein theoretischer Inhalt präsentiert wird, denn der macht sich besser als PowerPoint-Präsentation oder auf vorbereiteten Flipcharts bzw. Tafelbildern.
- 'optische Perfektion' erforderlich ist. Denn spontan ist kaum jemand perfekt und sobald Sie Teilnehmer schreiben lassen, haben Sie das Schriftbild ohnehin nicht mehr in der Hand.
- Sie ein großes Plenum erreichen wollen. Eine Pinnwand bietet in diesem Fall nicht die Lesbarkeit, die Sie auf die Entfernung benötigen.
- Sie nur wenig Zeit für Ihre Präsentation haben, denn die Visualisierung mit der Pinnwand beansprucht Zeit für das Schreiben, Anpinnen einer Moderationskarte und Erläutern des stichwortartigen Begriffs.
- Ihre Vorbereitungszeit kurz ist. Sehen Sie dann lieber von einer Visualisierung ab, bevor Sie nicht durchdachte, unübersichtliche Grafiken, Schaubilder oder Texte darbieten.
- Sie das Problem umgehen wollen, Beiträge des Plenums nicht anzupinnen, denn ein Weglassen eines Beitrags wäre mangelnde Wertschätzung gegenüber dem betreffenden Teilnehmer.
- Sie keinerlei Kenntnisse der Moderationsmethoden haben.

TIPPS ZU LAYOUT UND GESTALTUNG

- Die Pinnwand kann vor der Benutzung mit glattem Packpapier bespannt werden, wenn Sie darauf zusätzlich etwas notieren wollen.
- Verwenden Sie gezielt verschiedenfarbige Karten für verschiedene Themen (z.B. blaue Karten für 'Pneumatik', rote Karten für 'Hydraulik').
- Heben Sie Überschriften und Gliederungen durch gesonderte Kartenformen von Inhaltskarten hervor (bspw. Wolkenform für Gesamtüberschrift, ovale Karten für Themen und rechteckige für Unterpunkte).
- Gliedern Sie optisch durch Schriftblöcke bzw. fassen Sie inhaltlich Zusammengehörendes auch optisch zusammen (z.B. durch Absätze).

UMGANG MIT DEM MEDIUM

Vor der Präsentation

- Es empfiehlt sich, den Einsatz und die Gestaltung von Pinnwänden vorab zu durchdenken: Wie viele Pinnwände benötigen Sie? Wie viel Packpapier, wie viele Moderationskarten (Farben, Formen)? Wie wollen Sie die Pinnwand gestalten (Anordnung von Text und Moderationskarten)?
- Überlegen Sie sich auch, ob und wenn ja, welche Pinnwände Sie bereits vorbereiten können (z.B. Tabellen zeichnen, Moderationskarten beschriften).
- Komplexe Grafiken, die Sie erst während Ihrer Präsentation mit den Teilnehmern entwickeln, können Sie per Bleistift vorzeichnen bzw. sich Hilfslinien aufmalen.
- Drehen oder stellen Sie die vorbereiteten Pinnwände so, dass die Teilnehmer nicht sehen können, was sie erwarten wird – bis Sie es wollen.
- Prüfen Sie die Stifte (Sind sie leer oder schreiben sie noch lesbar?) sowie den Vorrat an Packpapier, Moderationskarten und Pinnnadeln.

Während der Präsentation

- Halten Sie im Gespräch Blickkontakt, d.h. Sie sprechen nicht, während Sie etwas anschreiben oder Karten an der Pinnwand befestigen. Es gilt die TTT-Regel: "Touch, turn, talk".
- Wertschätzen Sie jeden Beitrag der Teilnehmer, beispielsweise verbal durch ein „Danke" oder nonverbal durch ein Nicken oder das Übernehmen der Karte.
- Instruieren Sie Ihre Teilnehmer, auf jede Moderationskarte nur *ein* Stichwort zu schreiben. Sonst können Sie die Karten ggf. später nicht zuordnen / clustern. Wenn sich ein Stichwort mehreren Kategorien zuordnen lässt, können Sie es auch vervielfältigen.
- Sorgen Sie dafür, dass jedes Stichwort auf der Pinnwand verständlich und treffend formuliert ist. Fragen Sie bei uneindeutigen Beiträgen beim jeweiligen Schreiber nach, was er damit ausdrücken wollte und benennen Sie das Stichwort ggf. (nach Einverständnis des 'Urhebers') um.
- Schreiben Sie leserlich bzw. bitten Sie auch Ihre Teilnehmer darum. Durch schnelles Schreiben gewinnen Sie nicht wirklich Zeit, denn wird die Schrift unleserlich, können Sie die Aufmerksamkeit Ihrer Teilnehmer verlieren und müssen diese wieder einfangen.
- Wenn bei einer Moderation der Entwicklungsprozess der erarbeiteten Inhalte von Bedeutung ist, fotografieren Sie die jeweiligen Zwischenschritte für die Dokumentation ab.
- Bedenken Sie, dass Änderungen (bei Rechtschreibfehlern o.Ä.) im Nachhinein nicht möglich sind und Durchstreichungen das Bild 'verunhübschen'; schreiben Sie stets bewusst und konzentriert.

Nach der Präsentation

- Halten Sie die wichtigsten Darstellungen Fotografisch fest (vgl. Abb. 8.6 und 8.7). Auf diese Weise können Sie beispielsweise eine Fotodokumentation für die Teilnehmer anfertigen oder sie zu Eigenen Zwecken archivieren.
- Entfernen Sie alle Karten von der Pinnwand und hinterlassen Sie so dem nächsten Referenten eine saubere Arbeitsfläche; sammeln Sie auch die Pinnnadeln wieder ein.

Tipp: Wenn Sie eine Moderation / Präsentation mehrmals oder regelmäßig durchführen und bestimmte Karten entsprechend wiederverwenden, kann es sinnvoll sein, diese durch Laminieren haltbarer zu machen. Zu den Techniken der einzelnen Moderationsmethoden (gilt auch für den Umgang mit dem Flipchart) sind ein Blick in die gängige Fachliteratur oder und der Besuch entsprechender Schulungen zu empfehlen.

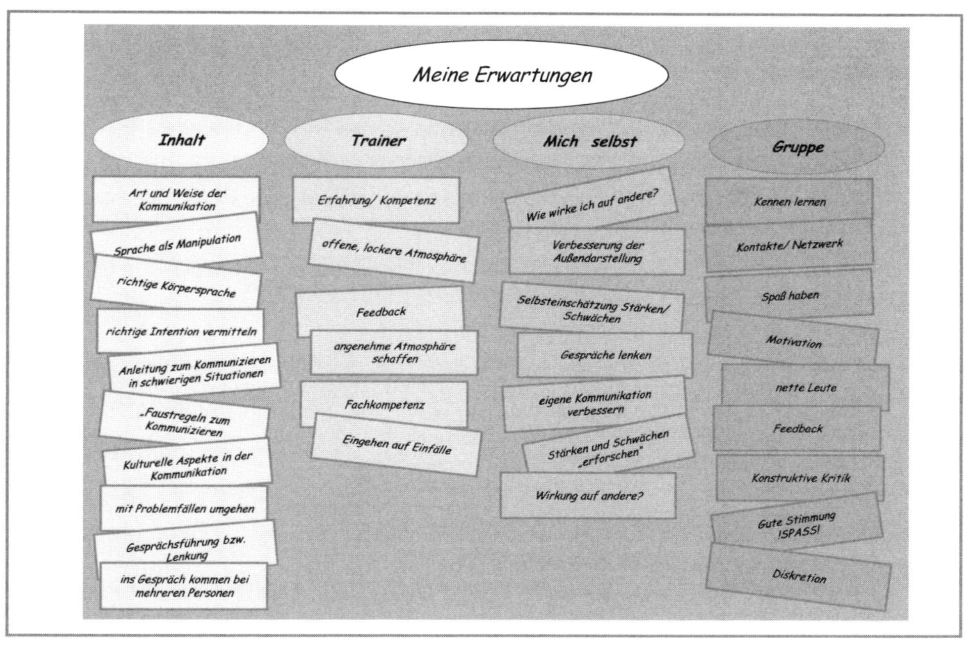

Abb. 8.6. Beispielbild zur Nutzung der Pinnwand mit Teilnehmerbeiträgen.

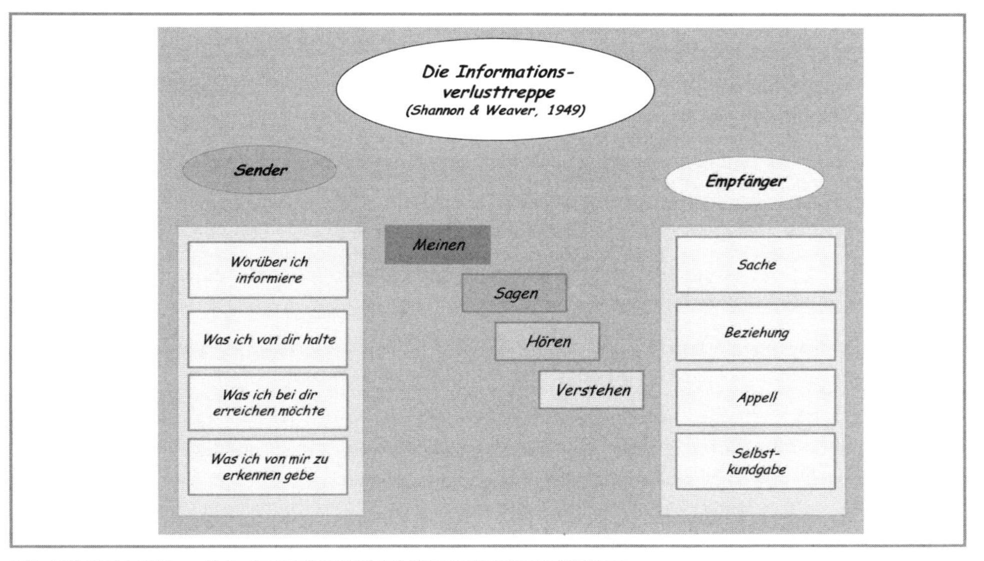

Abb. 8.7. Beispielbild zur Nutzung der Pinnwand mit einer vorbereiteten Abbildung.

8.6 Flipchart

Das Flipchart ist in seiner Funktionsweise mit einem übergroßen (ca. 0,7 m x 1 m) Notizblock vergleichbar. Bezüglich des handschriftlichen Festhaltens von Informationen ist es der mit Packpapier bespannten Pinnwand ähnlich, weswegen sich einige Einsatzgebiete überschneiden. Allerdings lassen sich an einem Flipchart in der Regel keine Moderationskarten befestigen.

EINSATZGEBIETE

Das Flipchart ist besonders dann geeignet, wenn ...

- Sie stichwortartige Beiträge, Begriffe, Ideen oder Beispiele sammeln wollen.
- Sie Ergebnisse aus einer Kleingruppenarbeit oder Diskussion festhalten wollen.
- Sie einen Verlauf dokumentieren wollen.
- Sie mit Ihrer gesamten Zuhörerschaft (regelmäßig) interagieren wollen.
- Sie didaktisch und inhaltlich spontan sein wollen.
- Sie den Raum flexibel gestalten wollen (setzt voraus, dass das Flipchart transportabel ist).
- Sie Inhalte Ihrer Präsentation längerfristig, wiederholt oder parallel visualisieren wollen (z.B. als Gedächtnisstütze zum besseren Merken oder weil Sie regelmäßig auf bestimmte Inhalte / Flips zurückgreifen wollen wie auf ein Themenspeicher-Flip).
- Sie eine eher kleine Zuhörerschaft (max. 15 - 20 Personen) haben. Bei einer zu großen Zuhörerschaft verliert diese Visualisierung aufgrund zu großer Entfernung und der manchmal nicht ganz leicht lesbaren Handschrift sonst ihren Effekt.
- Sie eine Wandzeitung oder ein Poster (z.B. zur Begrüßung) gestalten wollen.

Sehen Sie von einer Arbeit mit dem Flipchart ab, wenn ...

- Sie ein großes Plenum erreichen wollen (Lesbarkeit ist auf Entfernung nicht gegeben).
- 'optische Perfektion' erforderlich ist, denn Sie können nichts 'löschen'.
- Sie nur wenig Zeit für Ihre Präsentation haben, denn die Visualisierung mit dem Flipchart beansprucht Zeit für das Anschreiben und Erläutern des Geschriebenen.

TIPPS ZU LAYOUT UND GESTALTUNG

Ein gutes Flipchart ...

- hat immer eine als solche erkennbare Überschrift oder einen Titel (bspw. durch Unterstreichung oder eine sich vom Text abhebende Farbe).
- hat einen blau oder schwarz geschriebenen Text (Kontrastprinzip verbessert Lesbarkeit) aus Groß- und Kleinbuchstaben (nicht ausschließlich große Buchstaben).
- besticht durch treffende Halbsätze (Subjekt / Objekt und Verb). Formulieren Sie weder ganze Sätze – die rauben zu viel Platz – noch einfache Stichworte – denn im Nachhinein weiß man dann oft nicht mehr, was genau gemeint war.

- zeigt seine professionelle Gestaltung auch in leserlicher Schrift. Durch allzu schnelles Schreiben gewinnen Sie nicht wirklich Zeit, denn wird die Schrift unleserlich, können Sie die Aufmerksamkeit Ihrer Teilnehmer verlieren und Sie müssen diese erst wieder einfangen.
- gliedert optisch durch Schriftblöcke bzw. fasst inhaltlich Zusammengehörendes auch optisch zusammen (z.B. durch Absätze).

Tipp: Es gibt im Fachhandel Schreibanleitungen, Übungshefte und Schablonen, um professioneller schreiben zu lernen.

UMGANG MIT DEM MEDIUM

Vor der Präsentation

- Es empfiehlt sich, den Einsatz und die Gestaltung von Flipcharts vorab zu durchdenken: Wie viele benötigen Sie? Wie viel Papier (am besten kariertes, bei unliniertem Papier schreibt man sonst oft schräg) und Stifte (sind sie leer oder schreiben sie noch lesbar) werden gebraucht?
- Überlegen Sie sich auch, ob und wenn ja, welche Flips Sie bereits vorbereiten können (z.B. Tabellen zeichnen).
- Komplexere Grafiken, die Sie erst während Ihrer Präsentation mit den Teilnehmern entwickeln, können Sie per Bleistift vorzeichnen oder sich Hilfslinien aufmalen.
- Drehen oder stellen Sie die vorbereiteten Flips so, dass die Teilnehmer nicht sehen können, was sie erwarten wird – bis Sie es wollen (oder verwenden Sie ein Deckblatt).
- Die meisten Flipcharts sind höhenverstellbar. Justieren Sie es in einer Höhe, in der Sie bequem schreiben können und zugleich alle Teilnehmer freie Sicht auf das Flipchart haben.

Während der Präsentation

- Halten Sie im Gespräch Blickkontakt. Sprechen Sie nicht, während Sie etwas anschreiben oder Karten an der Pinnwand befestigen, sondern agieren Sie nach dem Prinzip "Touch, turn, talk".
- Bedenken Sie, dass Änderungen (bei Rechtschreibfehlern o.Ä.) im Nachhinein nicht möglich sind und Durchstreichungen das Bild 'verunhübschen'; schreiben Sie stets bewusst und konzentriert.

Nach der Präsentation

- Im Rahmen einer länger andauernden Veranstaltung können Sie wichtige Flipchartblätter mit Kreppband aufhängen und so eine Wandzeitung gestalten.
- Halten Sie die wichtigsten Darstellungen Fotografisch fest (vgl. Abb. 8.8 und 8.9). Auf diese Weise können Sie beispielsweise eine Fotodokumentation für die Teilnehmer anfertigen oder sie zu Eigenen Zwecken archivieren.
- Nehmen Sie die verbrauchten Flips ab, sodass die Arbeitsfläche für den Nächsten wieder nutzbar ist.

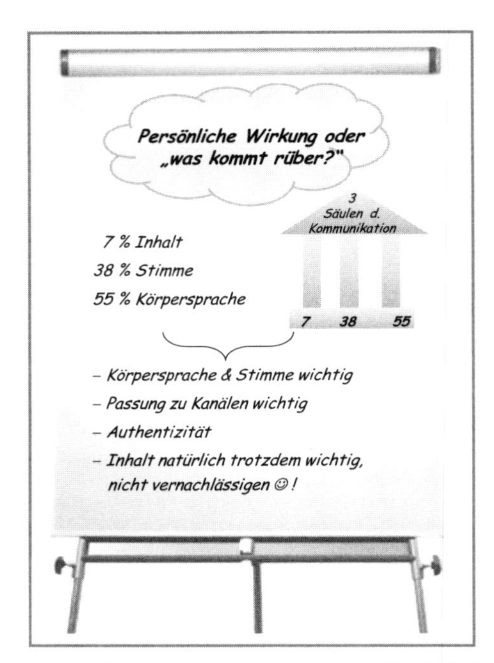

Abb. 8.8. Beispielbild zur Nutzung eines vorbereiteten Theorie-Flipcharts.

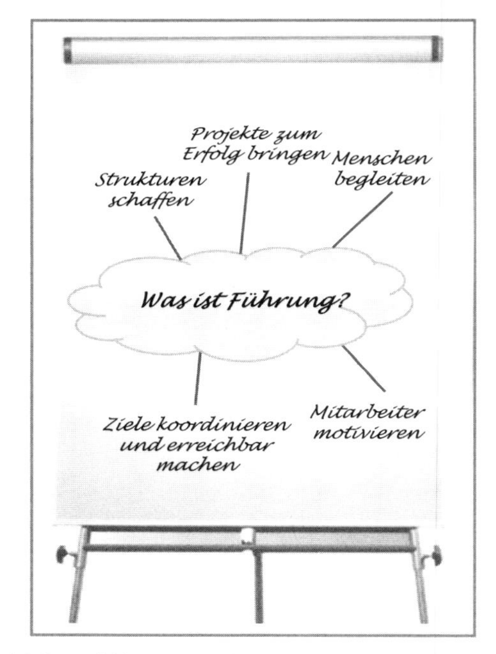

Abb. 8.9. Beispielbild zur Nutzung des Flipcharts mit Teilnehmer-Beiträgen.

Unterart: Copyflip

Ein Copyflip ist quasi ein elektronisches Flipchart, das direkt mit einem Drucker verbunden ist (vgl. Abb. 8.10). Alles, was auf den Schreibflächen des Copyflips notiert wird, kann per Tastendruck als DIN A4-Ausdruck ausgegeben werden. Dieses rasche Aushändigen der Visualisierung ist ein Vorteil der Copyflips. Weitere Informationen finden Sie im Fachhandel oder im Internet.

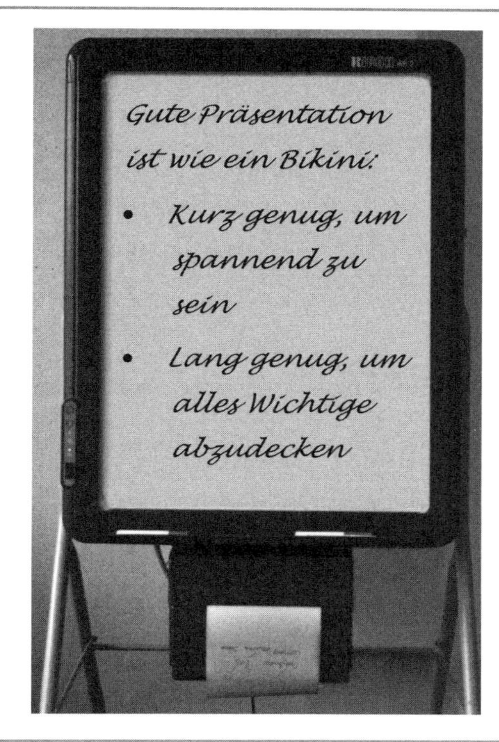

Abb. 8.10. Beispiel der Verwendung eines Copyflips.

8.7 Wandtafel und Weißwandtafel

Die Wandtafel gehört ähnlich wie Overheadprojektor eher zu den traditionelleren visuellen Medien. Das macht sie zwar nicht zwangsläufig schlechter, jedoch sollten Sie von einem ausschließlichen Gebrauch dieser frontalen Medien zugunsten einer interaktiven Arbeit mit dem Plenum absehen.

EINSATZGEBIETE

Die Wandtafel kann besonders dann gut zum Einsatz kommen, wenn ...

- Sie parallel zu einer Beamer- oder Overheadprojektion (spontane) Erläuterungen, Ergänzungen oder Stichworte festhalten wollen.

- beispielsweise mathematische Gleichungen abgeleitet werden. Ein Tafelbild kann gut, quasi dem Aufschreiben folgend, von den Teilnehmern abgeschrieben werden. Durchdenken Sie Ihr Tafelbild jedoch vorher, damit Sie mit dem Platz auskommen und löschen Sie nichts, bevor es die Studierenden abschreiben konnten.
- Berechnungen während der Präsentation durchgeführt werden.

Sehen Sie von der Arbeit mit einer Tafel ab, wenn ...

- Ihr Outfit tadellos bleiben muss – Kreidestaub könnte dem entgegenwirken.
- Sie den Raum flexibel gestalten wollen, denn Tafeln sind in der Regel fest montiert.
- Sie Visualisierungen vorbereiten wollen / müssen, denn Tafeln kann man nicht (gut) abdecken, können aber z.T. hochgefahren werden.
- Sie einen modernen Medienauftritt abliefern wollen. Hierfür eignen sich Beamer-Präsentation, Flipchart und Metaplanwand besser.
- Sie empfindliche Ohren haben – Kreide kann in einem unangenehmen Frequenzbereich quietschen.

TIPPS ZU LAYOUT UND GESTALTUNG

Ein gelungenes Tafelbild ...

- hat immer eine als solche erkennbare Überschrift oder einen Titel (bspw. durch Unterstreichung oder eine sich vom Text abhebende Farbe).
- hat einen mit weißer oder gelber Kreide geschriebenen Text; denn diese Farben sind am besten lesbar (Kontrastprinzip). Nutzen Sie die anderen Farben für Akzentuierungen.
- zeigt seine professionelle Gestaltung auch in leserlicher, ausreichend großer Schrift. Durch allzu schnelles Schreiben gewinnen Sie nicht wirklich Zeit, denn wird die Schrift unleserlich, können Sie die Aufmerksamkeit Ihrer Teilnehmer verlieren und Sie müssen diese wieder einfangen.
- gliedert optisch durch Schriftblöcke bzw. fasst inhaltlich Zusammengehörendes auch optisch zusammen (z.B. durch Absätze).

UMGANG MIT DEM MEDIUM

Vor der Präsentation

- Sorgen Sie für ausreichend Kreide und einen Schwamm / ein Wischtuch.
- Wurde die Wandtafel vorher gereinigt? Ist sie noch nass (dann kann man nicht schreiben)?

Während der Präsentation

- Halten Sie im Gespräch Blickkontakt. Sprechen Sie nicht, während Sie etwas anschreiben oder die Tafel hoch fahren. Verfahren Sie stattdessen nach dem Prinzip "Touch, turn, talk".
- Ermöglichen Sie Ihrem Plenum eine freie Sicht auf die Tafel.

Nach der Präsentation

- Machen Sie Fotos von der Wandtafel, wenn Sie später den Ablauf oder einzelne Schritte dokumentieren wollen.

- Reinigen Sie die Tafel und hinterlassen Sie so dem Nächsten eine saubere Arbeitsfläche.

Unterart: Weißwandtafel (Whiteboard)

Ein Whiteboard vereint einige Funktionen der Pinnwand und der Tafel miteinander. Es ist in der Regel magnetisch, sodass Moderationskarten befestigt werden können und reversibel dank abwischbaren Markern. Whiteboards sind besser lesbar als Wandtafeln und daher im kleinen Plenum diesen vorzuziehen. Meist sind sie allerdings ebenso wie Wandtafeln fest installiert und können nicht so flexibel bewegt werden wie Pinnwände; es gibt aber auch frei stehende Modelle. Achten Sie bei Benutzung der Weißwandtafel unbedingt darauf, dass Sie non-permanente Stifte verwenden! Wenn's dann aber doch passiert ist, helfen spezielle Produkte aus dem Fachhandel, um Ihr Whiteboard wieder zu reinigen.

Unterart: Copyboard

Ein Copyboard ist eine besondere Art von Whiteboard, das mit einem Kopierer oder Thermodrucker verbunden ist – auf Knopfdruck wird das vorhandene Bild abgescannt, gespeichert oder kann ausgedruckt werden (siehe Abbildung 8.11).

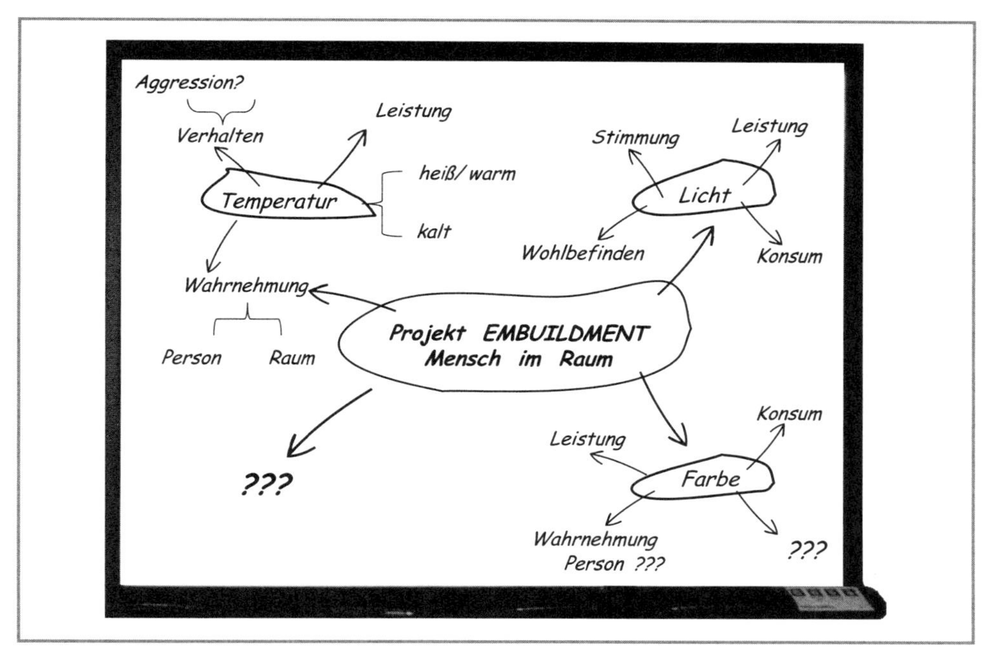

Abb. 8.11. Beispielbild zur Nutzung des Copyboards.

8.8 Handouts

Handouts sind zumeist Verschriftlichungen der jeweiligen Präsentation und enthalten die wichtigsten Stichpunkte, eine inhaltliche Zusammenfassung oder Kopien der vorgestellten Folien (Beamer-Präsentation, Overheadprojektor).

EINSATZGEBIETE

Handouts sind besonders dann geeignet, wenn ...

- Sie eine längere Präsentation halten und den Teilnehmern durch das Handout eine Gedächtnisstütze (Daten, Fakten, Argumente) geben wollen.
- diese die Gliederung der Präsentation enthalten und so der Orientierung der Teilnehmer dienen.
- diese Ihre wichtigsten Thesen zusammenfassen.
- sie zusätzliche Informationen und Visualisierungen beinhalten, wie Beispiele und ausführliche Erläuterungen zu Ihrer Präsentation.

TIPPS ZU LAYOUT UND GESTALTUNG

- Wenn Sie eine Beamer-Präsentation halten, ist die einfachste Form des Handouts die Vervielfältigung Ihrer Präsentationsfolien. Diese muss lesbar, also auf Farbkontraste, Animationselemente und Schriftgröße geprüft sein. Am besten eignet sich der Ausdruck von sechs PowerPoint-Folien je Din A4 Seite.
- Alternativ können Sie auch eine Kurzfassung Ihres Vortrags in Stichworten oder in Prosa austeilen oder auch die Variante Ihres Vortrags in Artikelform.
- In jedem Fall sollte Ihr Handout neben den inhaltlichen Aspekten auch folgende Informationen enthalten:

  Auf dem Deckblatt:
  - Name der Veranstaltungsreihe und Titel der Veranstaltung, in der Sie referieren
  - Ihren Namen und ggf. akademischen Titel
  - Bei Bedarf auch Ihren Kontakt (E-Mail, Telefon)
  - Datum

  Abschließend:
  - Literatur- und Quellenverzeichnis

UMGANG MIT DEM MEDIUM

Hinweise zur Handhabung:

- Sofern Sie zu Beginn auch noch andere, ergänzende Handoutformen (wie vereinzelte Folien, Erläuterungen oder ergänzende Literatur) verteilen, sollten Sie darauf hinweisen, wann und wie sie zum Einsatz kommen werden.
- Überlegen Sie sich, wann Sie das Handout austeilen wollen – vor dem Vortrag oder danach. Die erste Variante hat den Vorteil, dass Ihre Zuhörer sich bei Bedarf Notizen zu den einzelnen Punkten machen können. Allerdings sind sie, wenn sie das tun, von Ihrem Vortrag abgelenkt. Falls Sie nicht wollen, dass damit die Konzentration auf Sie als Redner sinkt, teilen Sie sie zu dem Zeitpunkt aus, zu dem sie gebraucht werden oder aber (angekündigt) am Ende der Veranstaltung (sozusagen als zusätzliches 'Schmankerl'). Teilen Sie die Handouts nach Ihrer Präsentation aus, haben sie die Funktion einer Erinnerungsstütze. Je nachdem, für welche Variante

Sie sich entscheiden, sollten Sie das Handout inhaltlich unterschiedlich gestalten: Bei der Option auf Mitschrift können Sie sich kürzer fassen, denn die Teilnehmer nehmen noch selbständig Ergänzungen vor. Soll Ihr Handout aber zum Nachlesen gedacht sein und eine Erinnerungsfunktion erfüllen, ist es ratsam, etwas ausführlicher zu sein.

- Wenn es sich bei Ihrem Handout um eine Publikation handelt, dann wäre es wenig sinnvoll, diese kurz vor dem Vortrag auszuteilen, da sonst jeder liest oder schaut, ob er selbst zitiert ist. Stattdessen können Sie diese anschließend austeilen oder über das Internet zum Runterladen anbieten; letzteres mit dem Nebeneffekt, dass dann auch gleich Ihre Homepage angeschaut wird.
- Planen Sie in Abhängigkeit vom Zweck des Handouts und Umfang Ihrer Präsentation ausreichend Zeit für dessen Erstellung ein.

8.9 Audiodateien

Audiomedien dienen zwar auch der Darstellung von Inhalten, jedoch sprechen sie im Gegensatz zu den bisher vorgestellten Medien nur einen Sinn, den des Hörens, an. Der Einsatz von Audiomedien kommt damit hinsichtlich der Memorierbarkeit der reinen Rede (ohne jegliche Visualisierung) gleich, weswegen von einem überproportionalen Anteil an Audiomedien in einer Präsentation abzuraten ist, es sei denn, Musik oder bestimmte akustische Informationen sind der Kerninhalt Ihrer Präsentation.

EINSATZGEBIETE

Audiomedien eignen sich zur Darbietung besonders, wenn ...

- Sie im Sinne eines Medienwechsels Abwechslung in Ihre Präsentation bringen wollen bzw. die Augen kurzzeitig entlasten wollen.
- auditive Elemente der Kern Ihrer Präsentation sind (z.B. wenn Sie den Effekt einer Schalldämmung darbieten wollen).
- Sie Informationen im Original einsetzen wollen (z.B. Interviewausschnitte anstatt Transskripte oder Verschriftlichungen einer Rede).
- Sie durch Musik oder Geräusche Stimmungen beeinflussen wollen (z.B. Entspannung).

UMGANG MIT DEM MEDIUM

- Stellen Sie vor Ihrer Präsentation sicher, dass die Technik funktioniert (Tonqualität, Lautstärke); und auch, dass Sie, je nachdem mit welchen Geräten Sie arbeiten, sicher im Umgang mit ihnen sind.
- Wenn Sie mit einem Computer arbeiten, berücksichtigen Sie die Leistungsfähigkeit der Soundkarte.
- Audiomedien bedürfen einer sorgfältigen didaktischen Einbettung. Machen Sie klar, mit welchem Ziel oder mit welcher Aufgabe Sie den Einsatz des Mediums verbinden (bspw. „Lehnen

Sie sich zurück und lassen Sie die Musik auf sich wirken, entspannen Sie sich ...") und lenken Sie damit die Aufmerksamkeit Ihrer Teilnehmer auf die für Sie wichtigen Aspekte.

8.10 Modelle

Unter dem Begriff des Modells sind hier plastische Gegenstände unterschiedlichen Ursprungs gemeint; sei es aus Kunst, Physik, Medizin, Architektur oder anderen Gebieten (vgl. Abbildung 8.12).

EINSATZGEBIETE

Modelle eignen sich hervorragend zur Visualisierung, wenn ...

- diese die Realität (vereinfacht) abbilden, beispielsweise bei einem architektonischen Entwurf.
- Sie dreidimensionale Strukturen erläutern wollen. Beispielsweise ist es einfacher, sich die inneren Organe des menschlichen Körpers anhand einer Plastik vorzustellen (so wie Sie es vielleicht noch aus Schulzeiten kennen), als ohne eine Visualisierung.
- Sie durch das haptische Erfassen das Verstehen und Erinnern der Teilnehmer positiv beeinflussen wollen (z.B. bei Materialeigenschaften).

UMGANG MIT DEM MEDIUM

- Achten Sie darauf, dass Ihr Modell für alle Teilnehmer sichtbar ist. Wenn Sie mit verhältnismäßig kleinen Modellen arbeiten (bspw. einen architektonischen Entwurf einem Plenum von 200 Teilnehmer vorstellen wollen), sollten Sie dafür sorgen, dass jeder wenigstens kurz Zugang zu Ihrem Modell hat.
- Einige Modelle können auch durch das Plenum gereicht werden, so beispielsweise das Probeexemplar eines Buchs.
- Klären Sie bei besonders wertvollen Modellen wie Kunstgegenständen Versicherungsangelegenheiten im Voraus.
- Betten Sie Ihr Modell didaktisch in Ihre Präsentation ein. Planen Sie ausreichend Zeit für die Auseinandersetzung Ihres Plenums mit dem Modell ein (Vorstellung des Modells, Fragen zu ihm, möglicher aufkommender Diskussionsbedarf).
- Stellen Sie sicher, dass Sie ausreichend Kenntnisse über das vorzustellende Modell haben!

Unterart reale Objekte

Eine besondere Art des Modells ist die Besichtigung realer Objekte wie beispielsweise die eines Gebäudes in der Architektur oder die Begutachtung eines Rechners in der Informatik.

Abb. 8.12. Beispiel eines architektonischen Modells.

8.11 Proben

Als Proben nimmt man üblicherweise Festkörper, Flüssigkeiten oder Gase, um physikalische oder chemische (bspw. optische oder olfaktorische) Eigenschaften darzustellen. Des Weiteren werden Proben zur Bestimmung der physikalischen oder auch chemischen Eigenschaften des Materials genutzt.

EINSATZGEBIETE

Proben eignen sich besonders zur Darstellung, wenn ...

- Sie im Rahmen der Präsentation durch geeignete Methoden (Experimente) bestimmte Eigenschaften herleiten (bspw. Reißfestigkeit von Werkstoffen).
- Sie durch das haptische Erfassen das Verstehen und Erinnern der Teilnehmer positiv beeinflussen wollen.

UMGANG MIT DEM MEDIUM

- Die Proben sollten für alle Teilnehmer sichtbar sein. Wenn es die Eigenschaften der Proben zulassen, sollten Sie allen Zuhörern die Probe zugänglich machen (bspw. durch das Plenum geben).
- Betten Sie die Proben didaktisch in die Präsentation ein.
- Sollten Sie Experimente mit den Proben planen, so achten Sie darauf, dass die Vorgänge von allen Plätzen aus erkannt werden können.

FAZIT 'MEDIENTECHNIK'

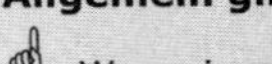

Allgemein gilt:

- Wann immer Sie Ihre Präsentation durch Medien unterstützen können, sollten Sie dies tun – allerdings stets gezielt, durchdacht und auch wohl dosiert. Die Faustregeln „Viel hilft viel!" und „Proben sind was für Feiglinge!" treffen hier leider nicht zu – es sei denn, Sie wollen eine PowerPoint-Karaoke starten (was sich aber eher als humoristische Einlage bei einem Fest eignet als bei einer professionellen Präsentation).

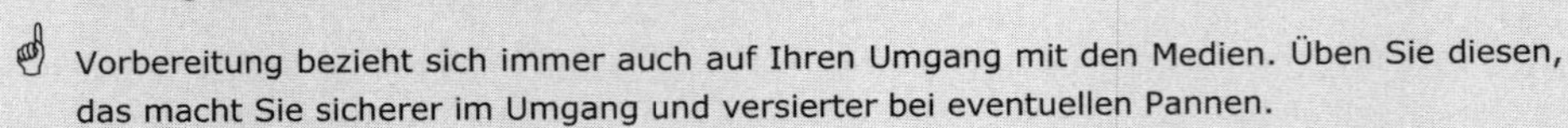

- Vorbereitung bezieht sich immer auch auf Ihren Umgang mit den Medien. Üben Sie diesen, das macht Sie sicherer im Umgang und versierter bei eventuellen Pannen.
- Sofern Sie mit elektronischen Medien arbeiten, sollten Sie immer einen Plan B in der Hinterhand haben, falls diese infolge Stromausfall oder anderer Umstände ausfallen.

Zu den gängigsten Medien zählen:

1. Beamer-Präsentation
2. Videos/Filme
3. Overheadprojektor
4. Diaprojektor
5. Pinnwand
6. Flipchart
7. Wandtafel / Weißwandtafel (Whiteboard)
8. Handout
9. Audiodatei (Musik, Erzählung etc.)
10. Modelle
11. Proben

9 Moderationsmethoden

Gehört die Teilnahme an oder auch die Leitung von Besprechungen für Sie auch zu den eher unangenehmen Aufgaben im Berufsalltag? Liegt es vielleicht daran, dass diese Sitzungen meist langatmig sind, kaum spannende Fakten debattiert werden, sie im seltensten Fall zu nennenswerten Ergebnissen führen und niemand störende Teilnehmer oder unwichtige Beiträge einbremst? Oder ist Ihnen vielleicht sogar schon mal in Ihrer Rolle als Sitzungsleiter eine Sitzung völlig entglitten: Der Zeitplan war nicht mehr zu halten, die Teilnehmer eher polemisch als sachlich argumentierend, die ersten verließen den Raum?

Die Qualität von Besprechungen steht und fällt mit der Qualität der Sitzungsleitung. Diese bezieht sich auf das in Kapitel 3 beschriebene Management des gesamten Sitzungsprozesses, vom Einberufen der Sitzung über die Vorbereitung, das Durchführen der Sitzung bis hin zur Nachbereitung derselben (vgl. Abschnitt 3.1). Entscheidendstes Merkmal der Sitzungsleitung sollte ihre Fähigkeit zu moderieren sein, d.h. zu 'mäßigen', zu 'steuern' oder zu 'lenken' (der Begriff 'Moderation' stammt aus dem lateinischen 'moderare'). Eine solche Steuerung ist unerlässlich, denn nur dann können sowohl Inhalt als auch alle Beteiligten zu einem guten Ganzen geführt und die Besprechung erfolgreich werden. Schlechte oder sogar fehlende Moderation kann sich nur der leisten, der die Zeit hat, ineffektiv zu arbeiten und auch einen Imageverlust (nämlich schlechter Moderator zu sein) in Kauf nehmen mag. Wann immer uns ein entsprechend gutes Ergebnis einer Sitzung wichtig ist, müssen wir folglich effiziente Moderationsmethoden einsetzen.

Moderation ist in jedem Fall mehr als das reine Aufrufen von Tagesordnungspunkten. Doch was gehört eigentlich alles zu den Aufgaben eines Moderators? Nachfolgend wird beschrieben, wie es Ihnen gelingt, eine Besprechung adäquat und erfolgreich zu moderieren.

<table>
<tr><td rowspan="9">KAPITEL 9:
MODERATIONSMETHODEN</td><td>9.1
Aufgaben eines Moderators</td></tr>
<tr><td>9.2
Fragetechniken</td></tr>
<tr><td>9.3
Blitzlicht</td></tr>
<tr><td>9.4
(Ein- und Mehr-)Punktabfrage</td></tr>
<tr><td>9.5
Abfrage auf Zuruf</td></tr>
<tr><td>9.6
Kartenabfrage (Metaplantechnik)</td></tr>
<tr><td>9.7
Maßnahmenplan (oder To-do-Liste)</td></tr>
<tr><td>9.8
Mindmapping</td></tr>
<tr><td>9.9
Themenspeicher</td></tr>
</table>

9.1 Aufgaben eines Moderators

Das A und O einer guten Moderation ist ihre Vorbereitung, denn erst sie lässt den Moderator (sofern er nicht ein Profi ist) souverän agieren. Die Vorbereitung erfolgt in dreierlei Hinsicht: Bezüglich der eigenen Person (persönliche Eignung), inhaltlich sowie organisatorisch. Alle drei Faktoren werden nachstehend erläutert.

PERSÖNLICHE VORBEREITUNG DES MODERATORS – methodische & persönliche Eignung

Als allererstes sollten Sie sich fragen, ob die für die anstehende Thematik ausgewählte Moderationsmethode(n) auch wirklich die geeignete ist bzw. ob Sie mit ihr das erreichen können, was Sie erreichen wollen. Die zwei wesentlichsten Kriterien dabei sind:

- **Der der Gruppe zur Verfügung stehende Gestaltungs- und Entscheidungsspielraum**
  Das Thema, das moderiert werden soll, muss ergebnisoffen bzw. offen für neue Ideen, Ansätze oder Lösungen sein. Wenn das Ziel der Sitzung allerdings darin besteht, dass im Vorfeld bereits festgelegte Meinungen, Vorgaben oder Entscheidungen nur noch einen 'letzten demokratischen Schliff' bekommen sollen, sollte dies fairerweise den Teilnehmern offen gesagt werden und kein Umweg über vermeintliche Beteiligung (nichts anderes ist eine Moderationsmethode) gewählt werden.
- **Die für die Themenbearbeitung zur Verfügung stehende Zeit**
  Da Moderation stets einen offenen, kreativen Charakter hat, benötigt sie einen gewissen zeitlichen Spielraum. Sie müssen mit der Gruppe in der Lage sein, sich auf Themen- und Fragestellungen sowie die Methoden einlassen zu können – geniale Einfälle und Ergebnisse entstehen kaum unter Zeitdruck. Der konkrete Zeitbedarf hängt im Einzelfall vom Thema, dem Ziel bzw. der Aufgabenstellung, der Gruppengröße sowie der gewählten Moderationsmethode ab.

Danach gilt es zu klären, ob Sie persönlich als Moderator infrage kommen. Gegebenenfalls ist es klüger, bei 'Nichteignung' die Moderationsaufgabe abzugeben. Fragen Sie sich daher vorab:

- **Verfüge ich über die nötige Kompetenz**, die jeweils geeigneten / passenden Moderations- oder auch Kreativitätsmethoden (siehe Kapitel 9 und 20) einzusetzen bzw. anzuwenden? Ein Moderator zeichnet sich durch seine methodische Kompetenz (d.h. das Beherrschen der nachstehenden Moderationsmethoden) sowie durch seine soziale Kompetenz (Fähigkeit zur Regelung des Miteinanders innerhalb der Gruppe) aus.
- **Kann / will ich inhaltlich ausreichend neutral sein?** Denn das ist Teil der Rolle des Moderators. Er ist inhaltlich unbeteiligt (äußert keine Stellungsnahmen, Bewertungen oder Meinungen) und konzentriert sich auf den Prozess. (Sofern Sie zugleich auch Entscheider sind, können Sie entweder für die davon betroffenen Tagesordnungspunkte einen anderen Moderator benennen oder aber die Doppelrolle bewusst ansprechen.) Der Moderator sollte sich dabei als Dienstleister verstehen, der eine Art 'Hebammenfunktion' innehat – er bringt durch die Steuerung des Prozesses die neuen Ideen und Entscheidungen ans Tageslicht. Da er diese Funktion nur mit, nie aber gegen die Gruppe agierend ausfüllen kann, kommt seiner Akzeptanz in der Gruppe eine große Bedeutung zu.
- **Bin ich auf einer hierarchischen Ebene** (also z.B. Chef der Gruppe) angesiedelt oder habe ich einen Teilnehmerkreis, die / der es wahrscheinlich macht, dass man mit mir offen über ABC spricht? Bedenken Sie, dass Ihre hierarchische Position sowie die Teilnehmerkonstellation darauf Einfluss nehmen können, wie sich Teilnehmer in einer Moderation verhalten. Eine Moderation basiert darauf, dass die Teilnehmer ihr gesamtes Ideenpotenzial in den Moderationspro-

zess einbringen. Es könnte Ihnen aber beispielsweise passieren, dass Ihre Teilnehmer weniger Beiträge bringen, weil sie (wenn auch unberechtigterweise) annehmen, dass sie sich vor Ihrer Führungskraft oder den weiteren Teilnehmern blamieren würden.

INHALTLICHE VORBEREITUNG

Es ist für den Moderator nicht unbedingt wichtig, inhaltlicher Experte auf dem Thema zu sein, das er moderieren soll – er ist der Methodenexperte (für die Methode 'Moderation'), die Teilnehmer sind die Inhaltsexperten. Allerdings sollte er sich in das Thema hineindenken können – auch, um den Ablauf der Moderation planen zu können. Die inhaltliche Vorbereitung bezieht sich dabei auf Folgendes:

Klärung der Zielsetzung. Formulieren Sie das Ziel, das Sie mit der Moderation erreichen wollen, klar und unmissverständlich. Dabei geht es nicht um die inhaltliche Vorwegnahme der Ergebnisse, sondern um die Art bzw. Qualität der Ergebnisse, die Sie erreichen wollen. Was wollen Sie am Ende der Arbeitssitzung in Bezug auf das Thema mit der Gruppe erreicht haben:

- Will ich Ideen, Informationen oder Vorschläge gesammelt haben?
- Will ich Informationen oder Vorschläge auch schon in irgendeiner Art bearbeitet haben?
- Sollen Maßnahmen entwickelt werden?
- Will ich Entscheidungen gefällt haben?

Analyse der Teilnehmergruppe. Reflektieren Sie:

- Wer gehört zur Teilnehmergruppe bzw. wer sollte dazu gehören?
- Wie viele Teilnehmer können / wollen Sie laden?
- Welche Funktion / Position / Erfahrung / Entscheidungskompetenz haben die Teilnehmer?
- Welche Vorinformationen haben sie?
- Wie sehen die Beziehungen der Teilnehmer zueinander aus?
- Welche Interessen vertreten sie? Welche Einstellungen zum Thema herrschen vor?
- Welche Erwartungen werden die Teilnehmer haben?
- Welche Konflikte könnten auftreten?

ORGANISATORISCHE VORBEREITUNG

Der Umfang und Aufwand der organisatorischen Vorbereitung hängt von der Gruppe, vom Thema, der Zielsetzung, der gewählten Vorgehensweise und der anvisierten Dauer der Zusammenkunft ab.

Zeitlicher Rahmen. Im Allgemeinen gelten für die Zeitplanung folgende Faustregeln:

- Je emotionaler, je konfliktverheißender das Thema, desto höher der Zeit- und Pausenbedarf. Berücksichtigen Sie diese bei Ihrer Ablaufplanung (bspw. das Mittagstief, Kaffeebedarf, spontane Pausen bei hitzigen Diskussionen etc.).
- Je größer die Gruppe, desto höher der Zeitbedarf, da alle Teilnehmer einbezogen werden sollten.
- Je weiter die Frage- bzw. Themenstellung gefasst ist, desto höher ist der Zeitbedarf.

Räumliche Gegebenheiten. Diesbezüglich sind sowohl Größe und Ausstattung der Räume (Bestuhlung, Technik etc.) als auch mediale und materielle Ausstattung (Anzahl an Flipcharts, Metaplanwänden, Moderationskoffern mit Karten, Stiften, Pinnnadeln etc.) zu beachten. Denken Sie auch an Ersatzmaterial.

Ablaufplanung. Nach Durchführung der inhaltlichen und organisatorischen Vorbereitung sollte der grobe Ablauf der Moderation geplant werden. Berücksichtigen Sie dabei die bisher betrachteten Aspekte (Ziel, Zeit, Zielgruppe etc.), die Phasen der Moderation (siehe unten) und wählen Sie die entsprechend geeigneten Moderationsmethoden aus. Als Checkliste zur Vorbereitung kann Ihnen die im grauen Kasten genannte helfen (Phasen siehe nächster Textabschnitt).

Checkliste zur Vorbereitung des Moderationsablaufs

Einstieg (Phase 1)

- ✓ Wie stelle ich Anlass, Hintergrund, Zeitrahmen und Ziel den Teilnehmern vor?
- ✓ Welche Spielregeln möchte ich (bspw. bei einem konfliktträchtigen Thema) vereinbaren?
- ✓ Wie erfasse ich die Stimmungen in der Arbeitsgruppe?

Hauptteil (Phase 2 - 5)

- ✓ Welche didaktischen Moderationsschritte lassen sich aus der Fragestellung ableiten?
- ✓ Wie lauten die konkreten Arbeitsfragen?
- ✓ Mit welchen Methoden will ich diese bearbeiten lassen? Wie soll visualisiert werden?
- ✓ Welche Schwierigkeiten könnten auftreten? Wie kann mit diesen umgegangen werden?
- ✓ Wie hoch ist der Zeitbedarf? Bitte Zeitpuffer nicht vergessen einzuplanen!

Abschluss (Phase 6)

- ✓ Anhand welcher Kriterien lässt sich die Zielerreichung überprüfen?
- ✓ Auf welche Weise werde ich zum Abschluss die Eindrücke / Stimmungen der Teilnehmer ermitteln?
- ✓ Mit welchem Status (Abschluss / Weiterbearbeitung / Vertagung eines Themas) soll die Sitzung enden?

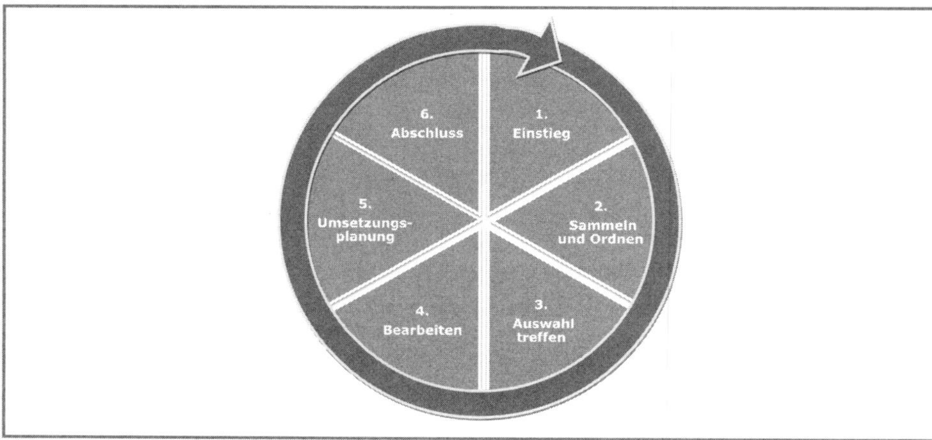

Abb. 9.1. Phasen einer Moderation.

DURCHFÜHRUNG DER MODERATION

Eine Moderation durchläuft in der Regel mehrere Phasen (vgl. Abb. 9.1; für einen Überblick siehe Tabelle 9.1):

1. Einstieg

- Begrüßung der Teilnehmer
- Thematische, inhaltliche, zeitliche und ggf. räumliche Orientierung
- Schaffung einer konstruktiven Arbeitsatmosphäre
  Es kann hilfreich sein, Regeln für die Kommunikation in der Teilnehmergruppe zu vereinbaren – allerdings müssen Sie sie dann auch durchsetzen, denn alles, was Sie an Regelverstößen dulden, wird als Zustimmung interpretiert. Solche Regeln könnten beispielsweise sein:
  - Nur eine Person redet, nicht mehrere zur gleichen Zeit.
  - Jeder spricht für sich und nicht für andere (Ich-Aussagen anstelle von Man- / Wir-Aussagen).
  - Alle fassen sich kurz (Lang- oder Vielredner werden unterbrochen; vgl. Abschnitt 10.2.5).

2. Sammeln und Ordnen (oder bereits Erarbeitetes / Vorgegebenes darstellen)

- Zusammentragen der themenrelevanten Beiträge
- Inhaltliches Ordnen bzw. Sortieren der Beiträge

3. Auswahl treffen

- Klären, welches Thema / welche Themen / in welcher Reihenfolge die Themen bearbeitet werden sollen

4. Bearbeitung

- Bearbeitung des Themas in Einzel-, Plenums- oder Kleingruppenarbeit
- Vorstellen der Ergebnisse

5. Umsetzungsplanung

- Erstellung eines Maßnahmenplans, der festhält, wer was bis wann tun wird (vgl. Abschnitt 9.7)

6. Abschluss

- Zusammenfassung der wesentlichen Phasen, Zwischenstände und Resultate; Verweis auf den Maßnahmen- oder Aktionsplan.
- Fragen klären oder ggf. darüber abstimmen: Ist das Ziel der Sitzung / des Workshops erreicht worden?
- Formulierung des Status: Wie wird es weitergehen? Wird das Thema abgeschlossen, weiter bearbeitet, vertagt?
- Beenden Sie die Zusammenkünfte stets konstruktiv, geben Sie beispielsweise einen spannenden Ausblick auf das nächste Treffen („Dann werden wir über ABC entscheiden können.") (vgl. Abschnitt 3.1.2, Sitzungsdurchführung).

Während der Durchführung der oben genannten Phasen einer Moderation sollten Sie sich als Moderator auf folgende Verhaltensweisen konzentrieren:

- **Struktur geben und einhalten.**
  Zielsetzung, Ablauf (ggf. Tagesordnung) und Zeit im Auge behalten und managen, d.h. steuernd eingreifen (bspw. Redezeiten beschränken, Themen beenden / vertagen etc.).
- **Die Diskussion in Gang bringen.**
  Stellen Sie Fragen (siehe Abschnitt 9.2, Fragetechniken). Fragen sind Ihr Moderationsinstrument Nummer Eins, sie regen zu Gespräch und Austausch an und können Ihnen helfen wichtige Informationen in Erfahrung zu bringen.
- **Den Teilnehmern helfen, sich zu äußern.**
  Suchen Sie mit ihnen ggf. nach passenden Formulierungen – manchen fällt es schwer, sich treffend auszudrücken. Wenden Sie Techniken des sog. aktiven Zuhörens an (siehe Abschnitt 6.3.3). Reformulieren Sie, d.h. wiederholen Sie Aussagen der Teilnehmer mit eigenen Worten. So stellen Sie sicher, dass Sie alles richtig verstanden haben und können gezielt erfragen, was Ihnen unklar ist. Diese Vorgehensweise hat sich auch bei verbalen Angriffen bewährt: Wiederholen Sie beispielsweise einen Vorwurf („Was Sie da vorschlagen, ist doch absoluter Nonsens. Das ist doch total unrealistisch.") in Ihren eigenen Worten („Sie glauben also, dass sich das Konzept nicht umsetzen lässt?") – umschreiben Sie Angriffe sachlich, aber verständnisvoll, entziehen Sie ihnen die emotionale 'Schärfe' und bleiben Sie selbst emotional neutral.
- **Im Falle verhärteter Fronten oder schwieriger Situationen deeskalieren.**
  Dazu stehen Ihnen die in Kapitel 10 geschilderten unterschiedlichen Möglichkeiten zur Verfügung. Wenn sich beispielsweise alles im Kreis dreht und es nicht weiter geht, können Sie die sog. Review-Technik einsetzen: Rekapitulieren Sie das Ziel der Diskussion / Sitzung und lenken Sie die Gruppe wieder dahin zurück. Wenn gar nichts mehr geht, können Sie auch ein 'Timeout' wählen, also eine Pause verordnen oder sogar die Runde vertagen.

Ein Hinweis: Klären Sie unfaires Verhalten Ihnen gegenüber (wie bspw. Beleidigungen) niemals vor allen, sondern stets unter vier Augen mit der betreffenden Person – in einer Pause oder nach der Sitzung.

Nachdem Sie sich nun den Moderationsprozess und Ihre damit einhergehenden Aufgaben bewusst gemacht haben, stellt sich Ihnen sicherlich die Frage, was Sie sich denn konkret unter den oben erwähnten Moderationsmethoden vorzustellen haben. Im Folgenden werden daher die klassischen Techniken der Moderation dargestellt, wie Sie sie typischerweise in Seminaren oder Besprechungen nutzen können.

Tabelle 9.1. Einsatzbereiche der Moderationsmethoden innerhalb einer Sitzung.

PHASE IN DER SITZUNG	ZIEL UND ZWECK	ZUR MODERATION EINSETZBARE METHODEN
Anfang / Einstieg Phase 1	Kennenlernen	Kartenabfrage; Blitzlicht
	Warm-up	Blitzlicht
	Erwartungen erfragen	Blitzlicht
		Zurufabfrage
		Kartenabfrage
	Stimmungslage erfassen	Blitzlicht
		Punktabfrage
		Zurufabfrage
	Sitzungs- / Moderationsziel klären (vorab oder während der Sitzung)	Informieren (vgl. Abschnitt 2.4.7) (falls Ziel vorab geklärt), Abstimmen (falls Ziel hier zu klären ist)
Durchführung Phase 2 - 4	Sammeln	Brainstorming
		Zurufabfrage
		Flipchart-Abfrage
		Kartenabfrage
		Kreativitätsmethoden (vgl. Kapitel 20)
	Verbindungen herstellen, Gemeinsamkeiten aufzeigen	Mindmap (vgl. Abschnitt 9.8)
		Gliedern / Clustern
	Auswählen / Abstimmen	Punktabfrage
		Zurufabfrage
		Ideenbewertungstechniken (vgl. Abschnitt 20.5)
		Handheben
	Bearbeiten	Kreativitätsmethoden (vgl. Kapitel 20)
		Ideenbewertungstechniken (vgl. Abschnitt 20.5)
Ende / Abschluss Phase 5 - 6	Zusammenfassung	--
	Verbindliche Absprachen	Maßnahmenplan / To-do-Liste
	Zukunftsperspektive / Ausblick	--
	Eindrücke / Stimmungen einfangen	Blitzlicht
		Punktabfrage
		Zurufabfrage
	Konstruktiver Abschluss	--
Und immer gilt: Fragetechniken einsetzen (vgl. Abschnitt 9.2)!		

9.2 Fragetechniken

„Wer fragt, der führt."

Fragen stellen das im Grunde simpelste, aber wesentlichste Steuerungselement des Moderators für die Gruppe dar. Sie sind ein wichtiges Mittel, um ein Gespräch zu lenken, um Teilnehmer zu aktivieren, auf etwas hinzulenken, zu fokussieren, zu präzisieren, Entscheidungen herbeizuführen, die Diskussion zu straffen oder Missverständnisse auszuräumen. Mit ihrer Hilfe lassen sich Unklarheiten ausräumen, Themen vorantreiben, stillere Teilnehmer einbeziehen, neue Aspekte integrieren und vieles mehr. Nachfolgend finden Sie einen Überblick der wichtigsten Frageformen in den Tabellen 9.2 und 9.3.

Tabelle 9.2. Die wichtigsten Frageformen für Gesprächsführung und Sitzungsmoderation.

TYP	ANTWORT	BEISPIELE	ANWENDUNG	SCHWIERIGKEIT
geschlossen	„Ja" oder „Nein"	„Können Sie ...?" „Würden Sie ...?" „Ist es ...?" „Glauben Sie, dass ...?"	**Anwenden, um ...** ... Basisinformationen zum Gesprächseinstieg zu erhalten, z.B. „Waren Sie schon im Urlaub? Wo denn?" (Die offene Einstiegsfrage „Wie waren denn Ihre Erfahrungen in Ihrem Italienurlaub?" könnte Ihr Gesprächspartner nicht beantworten, wenn er zum einen gar keinen Urlaub gemacht hätte und zum anderen nicht in Italien war) ... sich das Einverständnis des Adressaten bzw. seine Zustimmung zu holen, z.B. „Sind Sie einverstanden, dass ...?" ... Fakten / Ergebnisse / Übereinstimmungen aufzudecken oder festzuhalten, z.B. „Können wir festhalten, dass ...?" ... Abschweifungen zu unterbinden ... zu überprüfen, ob man den Sprecher richtig verstanden hat ... jemanden auf eine bestimmte Meinung festzulegen bzw. herauszufinden, ob er sich festlegen lässt	Der Befragte fühlt sich leicht ausgefragt. Man erhält keine zusätzlichen, weiterführenden Informationen.

<table>
<tr><th>TYP</th><th>ANT-WORT</th><th>BEISPIELE</th><th>ANWENDUNG</th><th>SCHWIERIGKEIT</th></tr>
<tr><td rowspan="2">offen (W-Fragen)</td><td>Sehr frei</td><td>„Wie ...
... siehst Du die Sache?"
... könnte es aussehen, wenn ...?"

„Was ...
... meinst Du dazu?"
... müsste sich verändern, damit ...?"</td><td>Anwenden, um ...
... ein konstruktives, offenes Gespräch in Gang zu bringen
... Wertschätzung und Gleichberechtigung zu signalisieren
... auf nicht-direktive Weise neue, weiterführende Informationen zu erhalten (z.B. Hintergrundinformationen wie Ziele, Interessen, Motive, Werte und Normen)
... sich eine Meinung oder einen Sachverhalt genauer erklären zu lassen (v.a. bei Widerständen, Skepsis und Einwänden sinnvoll)
... das Gegenüber stärker in die Problemlösung einzubeziehen bzw. zum Nachdenken anzuregen
... kreative Antworten zu fördern bzw. die Beteiligten zu Beiträgen und Ideen anzuregen
... eine Diskussion zu eröffnen oder auszuweiten</td><td>„Wie"- bzw. „Was"-Fragen zu stellen mag anstrengend sein, denn es erfordert ein gewisses Maß an Kreativität und Mitdenken – sinnvolle Fragen lassen sich nur generieren, wenn man weiß, was der andere bisher erzählt hat und was er derzeit antwortet.
Das Gespräch kann sich in Nebensächlichkeiten verlieren.</td></tr>
<tr><td>Frei, aber knapp</td><td>„Wer war noch da?"

„Wann genau war das?"

„An / Bei welchem Punkt ...?"

„Wo genau ...?"

„Wie viele ...?"

„Worin siehst Du..."</td><td>Anwenden, um ...
... komprimiert bestimmte Informationen zu erhalten (Namen, Orte, Uhrzeiten ...)
... die Diskussion zu lenken
... Abschweifungen zu verhindern
... Fachkenntnisse zu erfragen
... jemanden in die Diskussion einzubeziehen
... die Aufmerksamkeit auf einen bestimmten Punkt zu lenken und die Diskussion zu beschleunigen
... über einen Leerlauf hinweg zu kommen</td><td>Ausschließlich eingesetzt führen diese Fragen wie die geschlossenen Fragen schnell dazu, dass sich der Befragte ausgefragt fühlt („Verhör").</td></tr>
</table>

TYP	ANTWORT	BEISPIELE	ANWENDUNG	SCHWIERIGKEIT
offen (Fortsetzung)	(Frei) „Darum"	**„Warum** ... ...?" ... ist das so?" ... haben Sie das so gemacht?"	**Anwenden, um ...** ... den Grund für ein Verhalten / ein Ereignis zu erfahren Sehr bewusst und sparsam einsetzen; lieber einmal zu wenig als einmal zu viel!	Erzwingt die Angabe eines Grundes, den der Befragte u. U. nicht sofort parat hat. Er gerät schnell unter Rechtfertigungszwang und fühlt sich in die Enge getrieben (A: „Warum?" – B (genervt): „Warum, warum? DARUM!") Warum-Fragen sind immer vergangenheits- und nicht lösungsorientiert.

Tabelle 9.3. Frageformen mit spezieller Zielsetzung.

TYP	ANTWORT	BEISPIELE	ANWENDEN, UM...
Nach-Fragen	(Frei)	„Kannst Du mir ... noch mal erklären?" „Was meinst Du mit ...?" „Können Sie mir für ... ein Beispiel geben?"	... das eigene Bild zu konkretisieren / zu vervollständigen ... echtes Interesse zu signalisieren ... Missverständnisse zu verhindern
Kollektiv-Fragen	(Frei)	„Was halten **wir** davon, dass ...? „Wie stehen **wir** zu ...?	... die ganze Gruppe anzusprechen ... keine Verlegenheit aufkommen zu lassen ... neue Sprecher zu Reaktionen anzuregen ... einen Standpunkt deutlich zu machen, ohne parteiisch zu sein
Zurückgegebene Fragen	(Frei)	„Ihrer Ansicht nach ist das also ...?	... eine Frage an den Sprecher zurückzugeben ... den Sprecher aufzufordern, seine Ausführungen auszuweiten oder einzuschränken
weiterleitende Fragen	(Frei)	„Danke, Thomas. Peter, was hältst Du davon?"	... von einem Sprecher auf nächsten überzuleiten ... Ideen zu vergleichen ... den Gesprächsfluss nicht versiegen zu lassen ... Personen (ggf. auch Störer) zu involvieren
strategische Fragen	(Frei)	„Ich stimme Ihrem Argument zu; sollten wir dennoch nicht zuerst die Ergebnisse der Studie diskutieren?"	... um das Thema zu wechseln

Spiegel-fragen	(Frei)	„Sie sind der Meinung, dass ...?" „Verstehe ich Sie richtig, dass Sie darauf hinaus wollen, dass ...?"	... um zu zeigen, dass die Einwürfe des Publikums ernst genommen werden

9.3 Blitzlicht

WAS UND WOZU? (GEGENSTAND SOWIE SINN UND ZWECK)

Die Blitzlichtmethode beinhaltet eine 'Momentaufnahme' und dient dem Erfassen der augenblicklichen Stimmung, Zufriedenheit oder Meinung aller Teilnehmer zu Beginn, während oder am Ende einer Veranstaltung. Sie deckt das Klima, die Zufriedenheit oder Störungen auf und dient somit vor allem der Orientierung des Moderators. Jeder der Anwesenden äußert sich zu dem erfragten Aspekt durch ein kurzes, spontanes Statement (welches nicht viel länger sein sollte als das 'Blitzlicht' einer Kamera).

Welche Vorteile hat es?

- Die Methode ist schnell, kurz und unkompliziert.
- Sie lässt sich jederzeit einsetzen, also auch bei spontan auftretenden Problemen.
- Alle Teilnehmer werden integriert (auch die zurückhaltenden Teilnehmer müssen sich äußern).
- 'Vielredner' werden durch die Knappheit der Statements eingebremst.

Welche Schwierigkeiten sind zu beachten?

- Teilnehmer ziehen sich ggf. aus der Affäre mit dem Satz „Ich schließe mich meinem Vorredner an".
- Begründungen sind aufgrund der kurzen Statements ausgeschlossen, müssten ggf. in einer anschließenden Diskussion nachgeholt werden.
- Sollte das Blitzlicht überraschend negativ ausfallen, müssten Sie eine Diskussion nachschieben, um die Begründungen zu erfahren und ggf. die Ursachen auszuräumen.

WIE? (ABLAUF, VORGEHEN)

Die Blitzlichtmethode folgt nachstehendem Vorgehen:

- Der Moderator gibt eine Frage vor, beispielsweise „Was nehmen Sie aus der heutigen Sitzung mit?" oder „Wie zufrieden sind Sie mit der Entscheidung?".
- Jeder Teilnehmer erhält reihum die Möglichkeit zu einem persönlichen Statement zum erfragten Inhalt.

Als Regeln gelten:

- KISS (keep it short and simple), d.h. am besten nur ein Satz, keine ausschweifenden Erklärungen.
- Außer Verständnisfragen gibt es keine Rückfragen, Kommentare oder Diskussionen.

- Als Moderator können, müssen Sie aber nicht unbedingt ein Fazit ziehen.

Tipps
- Als Moderator können Sie die Qualität des Blitzlichts über die Art Ihrer Frage sowie über die Reihenfolge der Beiträge steuern. Vor allem der erste und der letzte Redner haben Einfluss, indem der erste für die anderen meist als Orientierung dient (nehmen Sie hier also jemanden dran, der in Qualität und Umfang seines Beitrags gut ist) und der letzte ein gutes Schlusswort gibt.

9.4 (Ein- und Mehr-) Punktabfrage

WAS UND WOZU? (GEGENSTAND SOWIE SINN UND ZWECK)

Sollen verschiedene Alternativen gewichtet oder entschieden werden, sind aber nicht ausdiskutierbar, so bietet sich diese Methode der Punktbewertung an. Dadurch können in der Gruppe vorliegende Meinungen, Stimmungen, Erwartungen, Schätzungen oder Haltungen sichtbar und entscheidbar gemacht werden.

Die Teilnehmer werden aufgefordert, eine vorab formulierte und auf einem Flipchart oder einer Pinnwand visualisierte Frage durch das Kleben eines Punkts zu beantworten, beispielsweise entlang einer Zufriedenheitsskala.

Vorteile
- Die Punktabfrage ist ein simples Instrument, um Entscheidungen zu treffen und gleichzeitig zu visualisieren.
- Jeder Teilnehmer hat die gleiche 'Stimmmacht' (d.h. Anzahl der Punkte), dominante Teilnehmer werden in ihrer Einflusskraft minimiert.
- Gewichtungen können berücksichtigt werden (siehe Variation).
- Die Methode schafft Transparenz der Abstimmungen bzw. Antwortverteilungen.

Schwierigkeiten
- Oftmals tritt ein sog. Herdentrieb ein, d.h. Teilnehmer orientieren sich (da nicht verdeckt) an den Punkten der anderen.
- Manche Teilnehmer warten auch ab, bis alle ihre Punkte geklebt haben, um dann mit ihrem Punkt bei einer knappen Entscheidungslage das 'Zünglein an der Waage' spielen zu können.

WIE? (ABLAUF)

Die Durchführung einer Punktbewertung umfasst folgende Schritte:
1. Jeder Teilnehmer erhält einen Klebepunkt.
2. An Pinnwand, Whiteboard oder Flipchart wird ein Diagramm aufgemalt, in das der Teilnehmer an der für ihn und seine Wertung zutreffenden Stelle seinen Punkt anbringt (vgl. Abb. 9.2 bis 9.7).
3. Der Moderator zählt die Punkte aus und verkündet das damit erzielte Entscheidungsergebnis bzw. die Rangfolge.

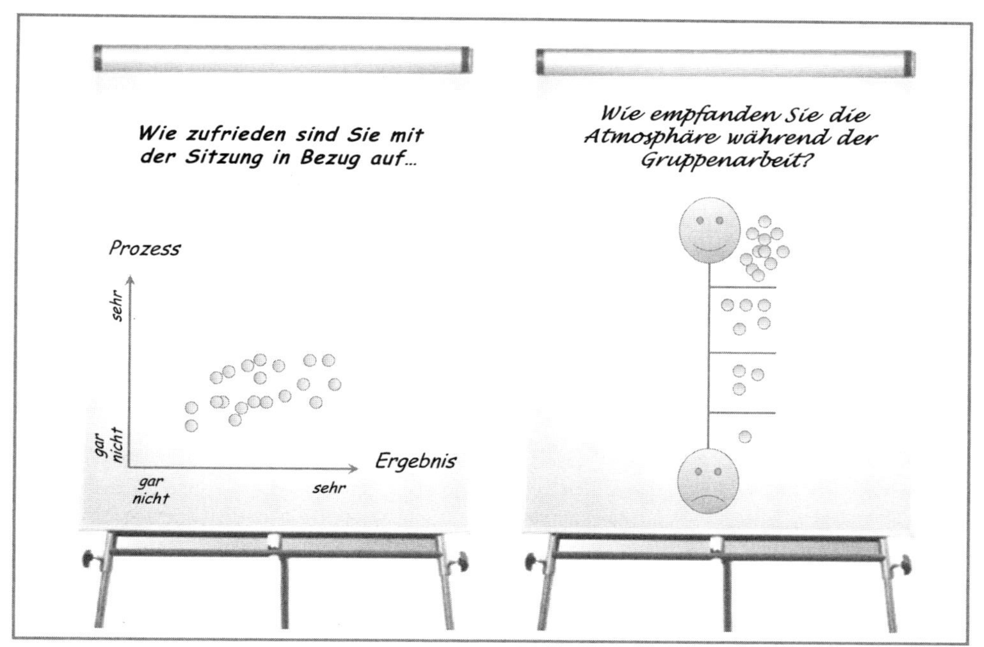

Abb. 9.2. Beispiel 1 für eine Punktabfrage.

Abb. 9.3. Beispiel 2 für eine Punktabfrage.

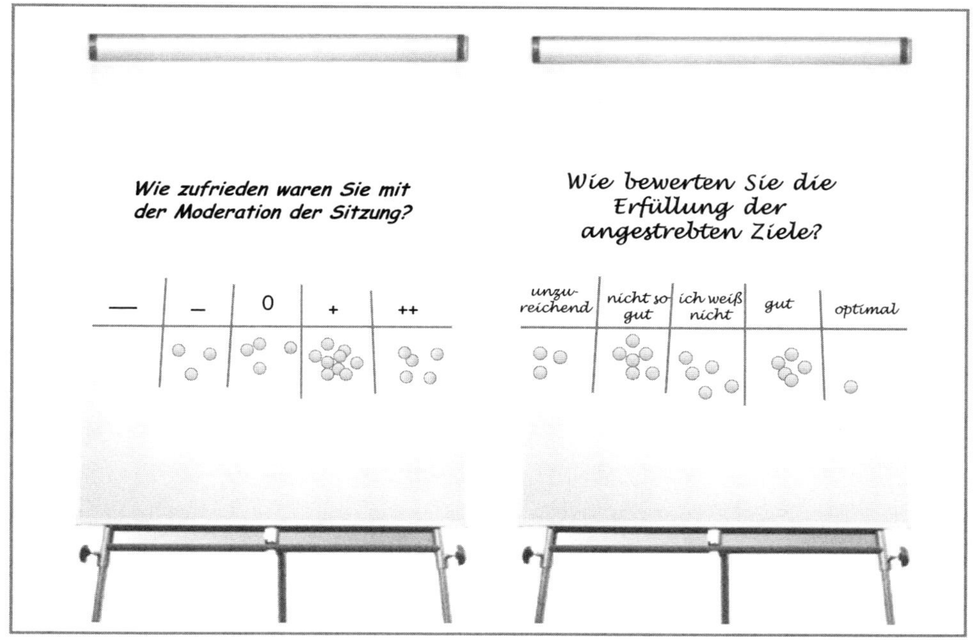

Abb. 9.4. Beispiel 3 für eine Punktabfrage.

Abb. 9.5. Beispiel 4 für eine Punktabfrage.

Abb. 9.6. Beispiel 5 für eine Punktabfrage.

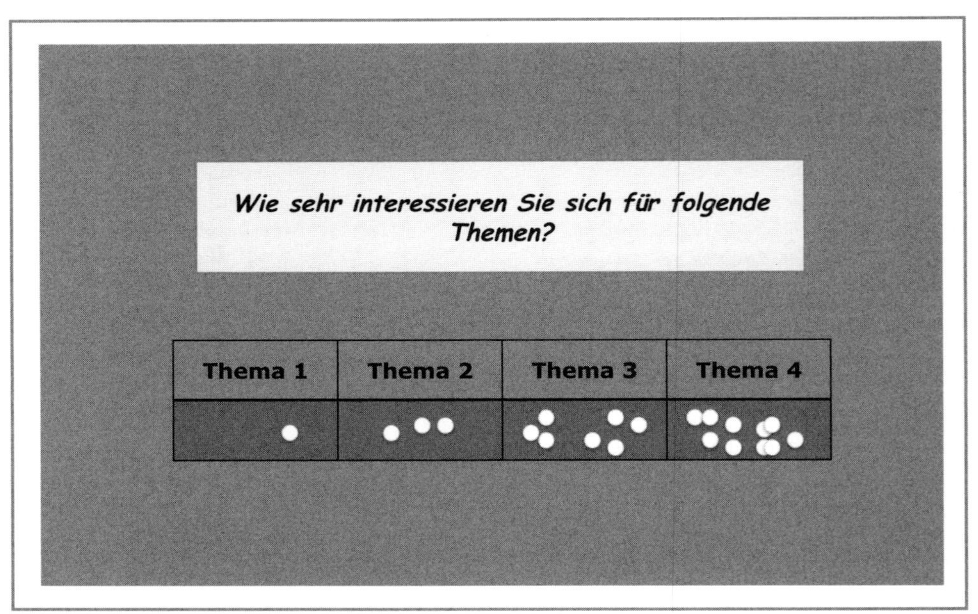

Abb. 9.7. Beispiel 6 für eine Punktabfrage.

Als weiteres Beispiel siehe Abb. 9.15 in Abschnitt 9.7, Maßnahmenplan.

Variationen

- **Einpunktabfrage 'Stimmungsbarometer'.** Auf einer in der Regel fünfstufigen Skala (bin mit Ergebnis / Verlauf abc sehr unzufrieden – unzufrieden – neutral – zufrieden – sehr zufrieden; vgl. Abb. 9.3 bis 9.5 und alternativ 9.7) tragen alle Teilnehmer ihre Punkte ein. Man erkennt daraus auf einen Blick die Stimmungslage und kann, bei Anwendung einer zeitabhängigen Skala auch den Stimmungsverlauf messen.
- **Mehrpunktfrage.** Damit Teilnehmer beispielsweise bei der Entscheidung zu einer von mehreren Alternativen, die zur Wahl stehen, eine differenzierte Bewertung abgeben können, erhalten sie mehrere Klebepunkte. Die Anzahl der Klebepunkte sollte der Anzahl der Alternativen, dividiert durch zwei, entsprechen; die Teilnehmer dürfen, müssen aber nicht, pro Alternative mehrere Punkte kleben. Erhält ein Teilnehmer beispielsweise sechs Klebepunkte, so könnte er drei Punkte an seinen Favoriten, zwei an die zweitwichtigste Karte und einen an die drittwichtigste Karte kleben. Nachdem alle Teilnehmer ihre Punkte verteilt haben, ist auf einen Blick erkennbar, welche Karten als besonders wichtig empfunden werden. Anstelle zu klebender Punkte können auch wie beim Kartenspielen Striche verteilt und in Fünfer-Blöcken gezählt werden.
- **'Verdeckte Wahl'.** Vor allem bei konfliktträchtigen Themen empfiehlt sich eine 'verdeckte Wahl' (egal, ob Ein- oder Mehrpunktabfrage). Jeder Teilnehmer notiert zunächst seine Punkteverteilung für sich auf einem Zettel. Anschließend visualisiert der Moderator die Ergebnisse aller vergebenen Punkte auf dem Flipchart / der Pinnwand.

9.5 Abfrage auf Zuruf

WAS UND WOZU? (GEGENSTAND SOWIE SINN UND ZWECK)

Dem Moderator werden Stichworte oder Inhalte 'zugerufen', die er am Flipchart dann notiert (zum Medieneinsatz eines Flipcharts oder einer Pinnwand siehe Abschnitte 8.6 und 8.5; vgl. Beispiel in Abb. 9.8). Diese Methode der Abfrage auf Zuruf dient zum Sammeln von Beispielen, Themen, Fragen, Ideen und Ähnlichem.

Vorteil

- Die Methode erfordert nur einen geringen Zeitaufwand.

Schwierigkeiten

- Nennungen sind nur schwer zu ordnen, da sie auf dem Flipchart untereinander stehen.
- Eine Gleichbehandlung der Teilnehmer erweist sich als schwierig, weil diese sich unterschiedlich häufig und mit unterschiedlicher inhaltlicher Qualität beteiligen.
- Die Beiträge der Teilnehmer sind nicht anonym.

WIE? (ABLAUF)

Die Durchführung einer Flipchart-Abfrage umfasst folgende Schritte:

1. Die am Flipchart (oder der Pinnwand) visualisierte Frage oder Überschrift wird in die Runde gegeben und um Beantwortung, Beispiele etc. gebeten.
2. Teilnehmer rufen dem Moderator die Antwort zu.

3. Dieser schreibt sie stichwortartig für alle lesbar auf.

Tipp
Zum Thema 'Schrift am Flip' siehe Abschnitt 8.6.

Abb. 9.8. Beispiel für eine Zurufabfrage am Flipchart.

9.6 Kartenabfrage (Metaplantechnik)

WAS UND WOZU? (GEGENSTAND SOWIE SINN UND ZWECK)

Auf einer mit Packpapier bespannten großformatigen Steckwand werden Karten mit Stichworten / kurzen Texten frei angeordnet. Sie werden mit Nadeln dort angepinnt und können im Laufe der Diskussion bei Bedarf immer wieder neu geordnet werden (zum Medieneinsatz einer Metaplanwand siehe Abschnitt 8.5).

Ziel der Kartenabfrage ist es, Wissen, Themen, Fragen, Ideen oder Lösungsansätze zu sammeln und diese in kurzer Zeit zu visualisieren und zu systematisieren (z.B. zur Ordnung, Bewertung und Entscheidung).

Vorteile

- Alle Teilnehmer werden gleichermaßen einbezogen.
- Alle Nennungen sind gleich wichtig; Hierarchieunterschiede und ähnliches der Teilnehmer werden minimiert.
- Die Methode ist sehr flexibel, da die Karten jederzeit neu geordnet werden können.
- Die Methode ermöglicht ein systematisches Arbeiten, bei dem die Vielfalt eines Themas und seiner Aspekte (Mehrfachnennungen versus Varianten) sowie der gemeinsame Entscheidungsprozess visualisiert werden.

Schwierigkeiten

- Es ist ein hoher Zeitaufwand erforderlich, vor allem wenn nach der reinen Kartensammlung eine systematische Bearbeitung erfolgt.
- Bei großen Gruppen wird dieses Vorgehen schnell unübersichtlich, selbst wenn die Kartenanzahl pro Person limitiert wird.

WIE? (ABLAUF)

Die Durchführung einer Kartenabfrage umfasst folgende Schritte:

1. Ziel der Abfrage / Fragestellung / Arbeitsauftrag erklären.
2. Kartenabfrage mit einer eindeutigen Frage beginnen.
   Beispiel: „Was sind die entscheidenden Kriterien für den neuen Studiengang?" oder „Was sind die Ziele der neuen Ausschreibung?" oder „Was könnten Gegenargumente zu unserer Experimentalidee sein?" und „Welche Ideen gibt es für die Operationalisierung?". Die jeweilige Frage / Aufgabe muss in Stichwörtern beantwortbar sein.
3. Die vorgesehene Methode erklären: Was ist zu sammeln, wie ist es von jedem Teilnehmer anzuordnen oder vorzutragen?
4. Karten und Filzstifte austeilen; das Beschriften erklären (groß und deutlich schreiben, dicke Filzstifte verwenden, pro Karte nur ein Stichwort; vgl. Abb. 9.9).
5. Die Teilnehmer ihre Ideen in Stichworten auf ihre Karten schreiben lassen. Hierzu können eine beliebige oder aber eine vorgegebene Anzahl an Karten Verwendung finden. Bedenken Sie als Richtwert, dass Teilnehmer für drei bis fünf Karten etwa 10 Minuten benötigen.
6. Jede Karte ist entweder durch den Moderator oder besser noch durch die Teilnehmer selbst an die Wand zu pinnen (vgl. Abb. 9.10) und ggf. im Anschluss systematisch weiter zu bearbeiten.

Systematische Weiterverarbeitung

Zu einer systematischen Weiterverarbeitung stehen verschiedene Möglichkeiten zur Verfügung:

- **Ordnen und Gruppieren der Karten.** Zum Ordnen werden die Karten entsprechend umgesteckt. Die Karten werden nach Themen gruppiert in 'Cluster' oder Spalten, welche durch den Moderator vorgeschlagen oder durch die Teilnehmer selbst generiert werden. Die Kartengruppen werden mit Überschriften versehen (vgl. Abb. 9.11). Auf diese Weise macht die Kartengruppierung Schwerpunkte und Übereinstimmungen, aber auch Unterschiedlichkeit in der Gruppe sichtbar.
  Dabei können weitere Ideen auf Karten geschrieben werden. Geben Sie den Teilnehmern des Weiteren Gelegenheit, Karten von einer Gruppe zur anderen zu verschieben und doppeln Sie

Karten, wenn sie zu zwei Gruppen gehören sollen oder Uneinigkeit über die Zuordnung besteht. Beziehungen und Zusammenhänge können auch mit farbigen Filzschreibern in Form von Linien, Pfeilen, Piktogrammen, Bildern, Grafiken, Tabellen, Mindmaps, Comics etc. dargestellt werden – sofern die Wand mit entsprechendem Papier bespannt ist.

- **Bewerten.** Karten können intuitiv (auf Zuruf der Teilnehmer) nach Bedeutung geordnet oder durch 'Bepunkten' bewertet werden. Zum Bewerten ist ein Bewertungskriterium vorzugeben, wie beispielsweise 'Wichtigkeit', 'Anwendbarkeit', 'inhaltliche Bedeutsamkeit' etc. (vgl. Abschnitt 9.4 zur Punktabfrage sowie Abschnitt 20.5 zur Ideenbewertung; vgl. Abb. 9.12).
- **To-do-Liste.** Oft werden aus den bearbeiteten Themen Aufgaben oder Projekte abgeleitet. In einer To-do-Liste wird dann festgehalten, wer was wann wo wie mit wem und bis wann tut. Sie dient auch zur Dokumentation des aktuellen Bearbeitungsstands.
- **Abschlusspräsentation.** Zum Schluss wird gemeinsam das Geleistete und Erreichte nochmals gewürdigt und auch das noch nicht Erreichte benannt. Zum Abschluss wird ein Ausblick auf die weitere Entwicklung gegeben.
- **Dokumentation.** Ergebnisse werden mit einer Digitalkamera festgehalten. Auch Verlaufs- und Zwischenergebnisse können so dokumentiert und als Bilder per E-Mail verschickt oder als Protokoll ausgedruckt werden. Bei Bedarf können die Karten mit einem Klebestift auf das Packpapier geklebt und das Ganze im Projektraum zur Visualisierung und weiteren Verwendung aufgehängt werden.

Abb. 9.9. Beispiel für die 'ideale Schriftgröße und Schreibkantenbreite des Stifts' auf einer Moderationskarte.

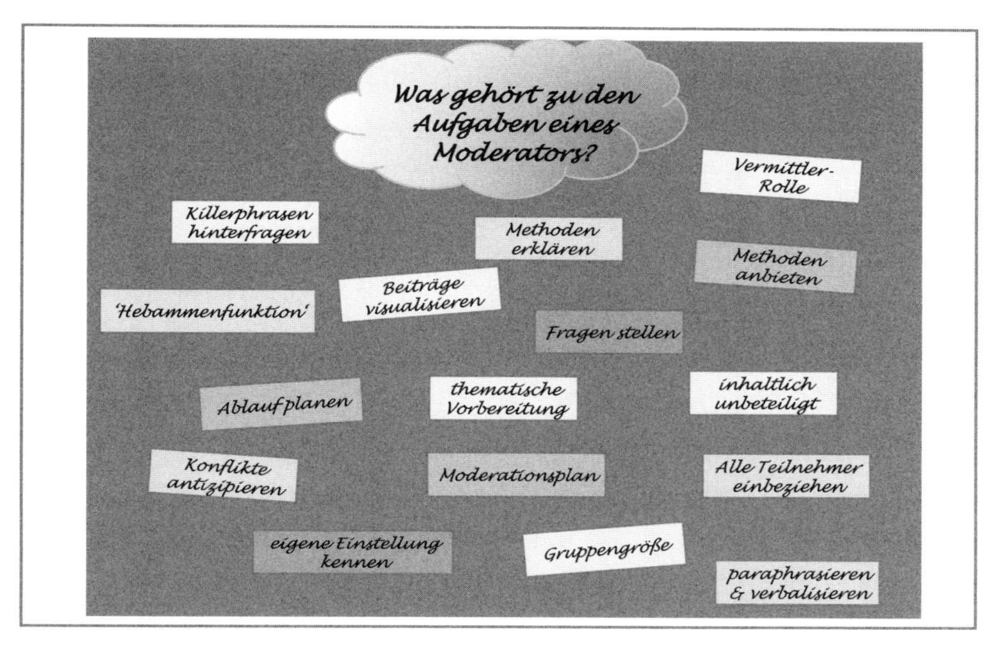

Abb. 9.10. Beispiel für eine Kartenabfrage (hier: Gesammelte Karten an die Pinnwand heften).

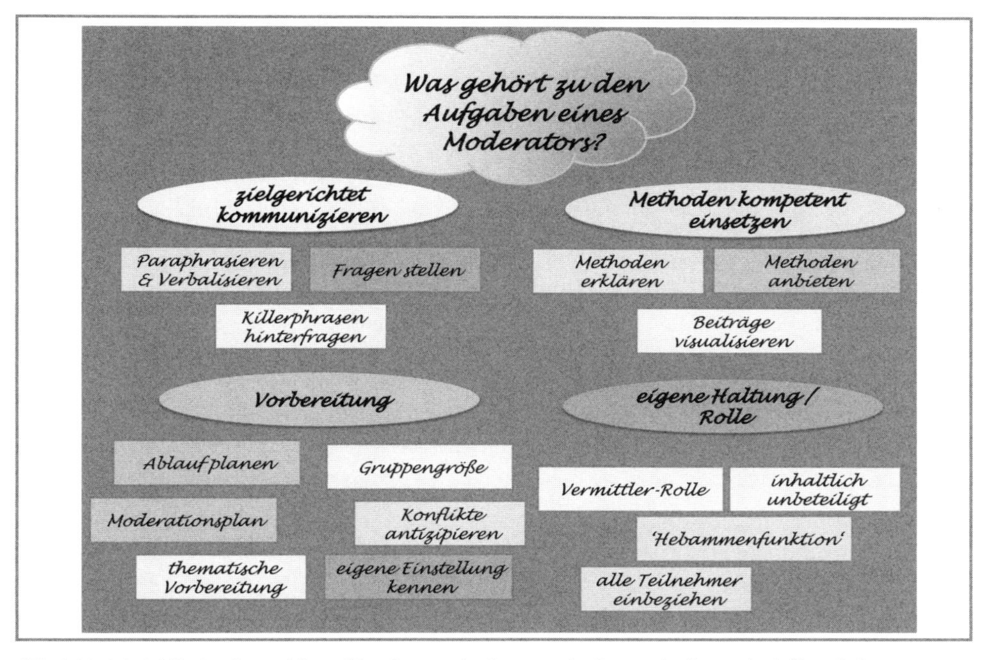

Abb. 9.11. Beispiel für eine Kartenabfrage (hier: Gesammelte Karten an der Pinnwand ordnen und mit Überschriften versehen).

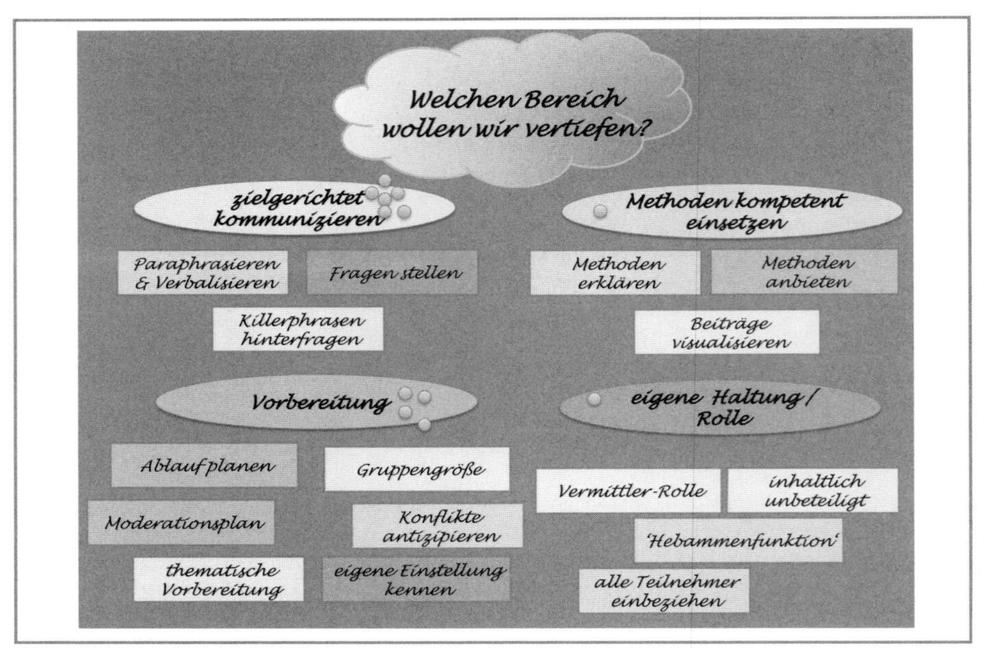

Abb. 9.12. Beispiel für eine Kartenabfrage (hier: Geordnete Karten an der Pinnwand gewichten / bepunkten und dazu unbedingt die Frage der Bepunktung ebenfalls anheften).

Tipps

- Wenn beim Aufhängen der Karte eine Diskussion darüber entsteht, was wohin gehört, nicht auf einer systematisch perfekten Zuordnung bestehen.
- Stichworte, die sich nicht gleich einordnen lassen, erstmal abseits aufhängen.
- Bei unklaren Stichworten gleich nachfragen, was unter diesen zu verstehen ist.
- Eine Alternative zur Kartenabfrage ist die Zurufabfrage. Dabei rufen die Teilnehmer ihre Antworten einem Schreiber zu, der diese dann in einem Halbsatz auf je eine Karte schreibt. Anschließend werden die Karten vom Moderator vorgelesen und mithilfe der Gruppe nach Themen geordnet an die Wand gepinnt. Diese Variante eignet sich besonders bei Teilnehmern mit wenig Übung im Formulieren und Schreiben. Vorteilhaft ist des Weiteren, dass Mehrfachantworten minimiert werden (da die Begriffe bereits visualisiert sind). Nachteilig ist an diesem Verfahren, dass es gleichzeitig Eigenverantwortung nimmt und von einzelnen Teilnehmern dominiert werden kann.

Varianten einer Kartenabfrage[18]

1. **Abfrage nach individueller Wichtigkeit**
   Die Teilnehmer auffordern, ihre Metaplankarten nach Wichtigkeit zu ordnen und nur die ihnen wichtigste Karte in die Struktur einzubringen.

2. **Anonyme (Metaplan-)Kartenabfrage**
   Der Moderator sammelt alle Karten mit verdecktem Stichwort ein. Anschließend heftet er die Karten nach und nach an die Pinnwand und fragt dabei die Teilnehmer, wie die Karten den bereits angebrachten zuzuordnen sind.

3. **Bewerten der geordneten Metaplankarten**
   Beim Strukturieren komplexer Themen können mithilfe von Klebepunkten Schwerpunkte gesetzt werden. Jeder Teilnehmer erhält eine vorgegebene Anzahl an Punkten, die er frei auf die Karten bzw. die Spalten verteilen darf.

4. **Deduktives Systematisieren ('vorgegebener Metaplan')**
   Die Teilnehmer ordnen ihre Karten nicht nach selbst gewählten Themen, sondern im Anschluss an eine kurze Diskussion nach vorgegebenen begrifflichen Kategorien. Strittige Zuordnungen können zurückgestellt oder als Restkategorie gesammelt werden.

5. **Karussell (sukzessive Kartenabfrage)**
   Die Teilnehmer werden aufgefordert, auf eine gegebene Frage der Reihe nach zu antworten und nur Punkte zu nennen, die bisher noch nicht genannt wurden. Je nach gewünschter Kartenzahl kann man das Karussell einmal oder mehrfach durchführen. Ein Teilnehmer, der nichts mehr sagen möchte, kann an den Nächsten weitergeben. Hauptvorteil dieser Variante ist es, die Anzahl der entstehenden Karten zu reduzieren und die Arbeit zu beschleunigen.

9.7 Maßnahmenplan (oder To-do-Liste)

WAS UND WOZU? (GEGENSTAND SOWIE SINN UND ZWECK)

Der Maßnahmenplan beinhaltet die Übersicht und Zuordnung von in der Sitzung beschlossenen Maßnahmen und Aufgaben inklusive ihrer Deadlines und Verantwortlichen. Da er die Umsetzung der verabschiedeten Maßnahmen für alle sichtbar festhält, sollte er im Grunde das Endergebnis einer jeden guten Sitzung sein.

Vorteile

- Ein Maßnahmenplan schafft eine für alle Teilnehmer klare Struktur der verschiedenen Aufgaben oder zu erledigenden Aufgaben.

[18] Entnommen aus: Macke, G., Hanke, U. & Viehmann, P. (2008). *Hochschuldidaktik. Lehren, vortragen, prüfen*. Weinheim: Beltz.

- Es entsteht das gute Gefühl, mit einem klaren Ergebnis aus der Sitzung zu gehen. Die Wahrscheinlichkeit einer Umsetzung ist im Falle klar definierter Maßnahmen / präzise formulierter To-dos erhöht.
- Bei der gemeinsamen Erstellung wird jeder Teilnehmer einbezogen. Dadurch werden in der Regel mehr (alle) Punkte bedacht und eine größere Akzeptanz für die Festlegung der Maßnahmen gebildet.

Schwierigkeiten

-

WIE? (ABLAUF)

Maßnahmenpläne können beispielsweise als Tabelle am Flipchart oder an der Metaplanwand sowie am Laptop (mit Beamer) erstellt werden (siehe Abbildungen 9.13 und 9.14).

Tipps

- Manchmal neigen Gruppen dazu, Aktionspläne um des guten Gefühls wegen zu etablieren, ohne dass diese wirklich die notwendigen und relevanten Maßnahmen oder Aufgaben beinhalten. Achten Sie daher darauf, dass die vereinbarten Maßnahmen Ihren Inhalt auch exakt und vollständig abdecken.
- Sorgen Sie des Weiteren dafür, dass aus einer Zusammenfassung nicht eine neuerliche Grundsatzdiskussion entsteht. Dies gelingt Ihnen am einfachsten, indem Sie in der Sitzung ...
  - die einzelnen Sitzungs-**Phasen** deutlich machen: „Nachdem wir dies nun von unterschiedlichen Seiten beleuchtet haben, fasse ich die Diskussion nochmals zusammen.“, „Nun möchte ich mit Ihnen aus dem Besprochenen die konkreten To-dos ableiten.“.
  - nach einer Diskussion stets ein **Fazit** ziehen und sich dieses von der Gruppe bestätigen lassen: „Stimmt Ihr dem soweit zu?“, „Finden Sie sich darin wieder?“, „Sind Ihres Erachtens alle relevanten Punkte darin enthalten?“.
  - aus den einzelnen Fazits die **logisch** daraus folgenden Arbeitspakete **ableiten** und diese wiederum in konkrete Aufgaben münden lassen.

Sollten dann trotz dieses Vorgehens Teilnehmer plötzlich eine erneute Diskussion anfangen, kann man diese auf die zuvor vereinbarte Vorgehensweise verweisen („Wir befinden uns nun in der Maßnahmenplanung. Wir hatten uns doch zuvor auf die zu fokussierenden Punkte geeinigt. Bitte bleibt jetzt auch bei den Maßnahmen zu diesen ausgewählten Aspekten. Es geht jetzt nur noch ums Wie, nicht mehr ums Ob.“) – selbstverständlich nur dann, wenn es sich nicht um wirklich wichtige, übersehene Punkte handelt.

Maßnahmenplan

Was ?	Wer?	Bis wann?	Erledigt?
HiWi-Verträge verlängern & koordinieren	AS	Okt. 2011	✓
Planung Forschungskolloquium	SB	15 Okt. 2011	✓
Vorbereitung Blockseminar	CG	5. Nov. 2011	
Planung und Durchführung Workshop „Führung"	LW	Ende Nov. 2011	
Weihnachtsfeier planen & vorbereiten	ME	11. Dez. 2011	

Abb. 9.13. Beispiel eines Maßnahmenplans.

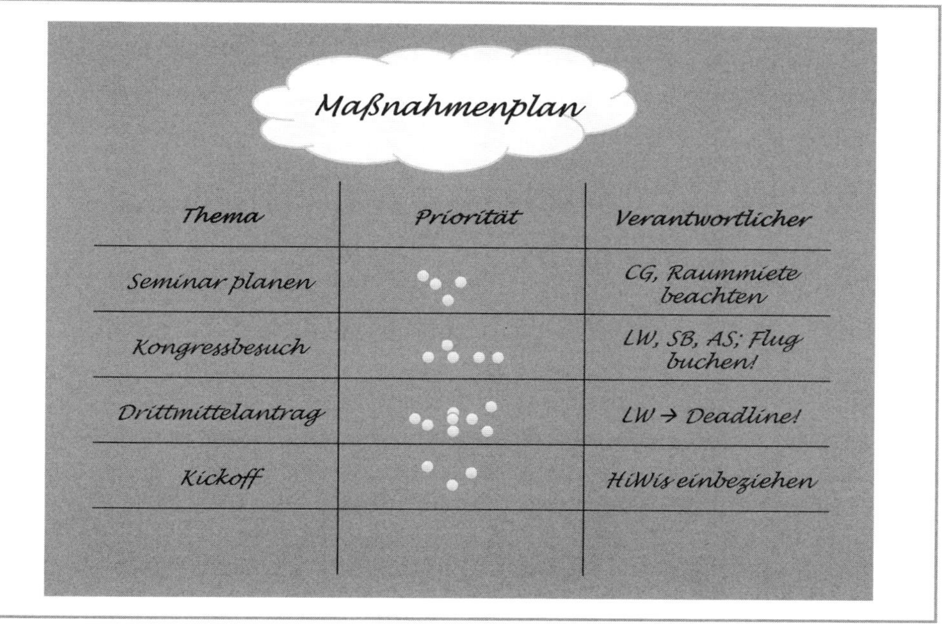

Abb. 9.14. Beispiel eines Maßnahmenplans an der Metaplanwand (Prioritäten wurden hier mit der Punktabfrage bewertet).

9.8 Mindmapping

WAS UND WOZU? (GEGENSTAND SOWIE SINN UND ZWECK)

Die Methode des Mindmapping dient dazu, komplexe Zusammenhänge in einprägsamer Form darzustellen. Durch geeignete Visualisierung können beispielsweise die wesentlichen Ergebnisse eines Brainstormings oder einer Diskussion strukturiert aufbereitet werden. Dazu wird nach einem bestimmten Kriterium strukturiert, beispielsweise hierarchisch, assoziativ, pro und contra. Das Mindmapping kann papierbasiert (an einem Flipchart, einer Metaplanwand bzw. an einer Tafel) oder computergestützt (im PowerPoint oder aber etwas komfortabler mit einer speziellen Mindmap-Software) erfolgen (siehe Abbildungen 9.15 bis 9.17).

Vorteile

- Diese Methode macht Zusammenhänge leicht erklärbar / sichtbar / strukturierbar.
- Gedankensprünge sind ableitbar bzw. schnell erkennbar.
- Es lassen sich Gedächtnishilfen ableiten.

Schwierigkeiten

- Der Einsatz dieser Methode erfordert ein wenig Übung. So neigt man anfangs zur Abbildung auch unnötiger Nebenpfade; insbesondere wenn die Mindmap am Rechner erstellt wird.

WIE? (ABLAUF)

Die Visualisierung eines Themas als Mindmap umfasst folgende Schritte:

1. Nehmen Sie ein großes Blatt Papier und nutzen Sie dieses im Querformat. Oder aber, wenn Sie computergestützt vorgehen, wählen Sie die Seiteneinstellung Querformat.
2. In die Mitte der Skizze wird der zentrale Begriff / das Thema geschrieben und durch Einkreisen als Zentrum gekennzeichnet. Alternativ könnte auch eine einfache Skizze oder ein einprägsames Bild als Visualisierung des Diskussionsthemas dort stehen.
3. Zu diesem, im Fokus stehenden Begriff werden weitere Begriffe gesucht. Diese sollen je nach gewünschtem Kriterium ergänzende, erweiternde oder auch gegenteilige zentrale Aspekte des Kernthemas bezeichnen. Sie werden auf einem gesonderten Blatt festgehalten.
4. Dann erfolgt eine Prüfung dahingehend, ob die Begriffe dem zentralen Begriff gleichrangig sind oder ihrerseits eine Ober- und Unterordnung beinhalten; es darf kein anderer Begriff des gleichen Ranges einem anderen Begriff logisch untergeordnet werden können. Wenn sie nicht gleichrangig sind, werden vom fokussierten Begriff aus Äste gezeichnet und an jeden Ast einer der neuen Begriffe eingetragen.
5. Von diesen Begriffen ausgehend können nun Unterpunkte eingetragen und mit Linien verbunden werden. Auf diese Linien werden entsprechende Schlüsselworte geschrieben. Die Verwendung von Schlüsselwörtern erlaubt eine Konzentration auf das Wesentliche.
6. Jeder Ast kann durch Astverzweigungen weiter ausdifferenziert werden.

Dieses Schema kann im Laufe des Prozesses angepasst werden (Optimierungsiterationen). Gerade das Anpassen unterstützt den Prozess des Verstehens und Ordnens der verschiedenen Aspekte eines Hauptthemas. Hier ist Sachverstand des Moderators gefragt / sinnvoll. Je nach Komplexität der einzelnen Begriffe können von den eingezeichneten Linien weitere Linien ausgehen, auf denen die einzelnen Kriterien weiter untergliedert werden. Dies kann sich mehrfach wiederholen.

Tipps

- Arbeiten Sie relativ zügig, um beispielsweise einen Brainstormingprozess nicht zu unterbrechen. Halten Sie sich nicht an der Formulierung einzelner Begriffe auf, da eine Nachbesserung sinnvollerweise in den üblichen Optimierungsiterationen gleich mit erledigt werden kann.
- Mehr als drei oder vier Unterstufen machen eine Mindmap unübersichtlich, dann lieber ein neues zu einem neuen Begriff anfertigen.
- Die Übersichtlichkeit können Sie erhöhen, indem Sie gezielt unterschiedliche Farben nutzen, um beispielsweise durch Verwendung derselben (anderer) Farbe die Zusammengehörigkeit (Unterschiedlichkeit) von Begriffen oder Ideen zu unterstreichen.

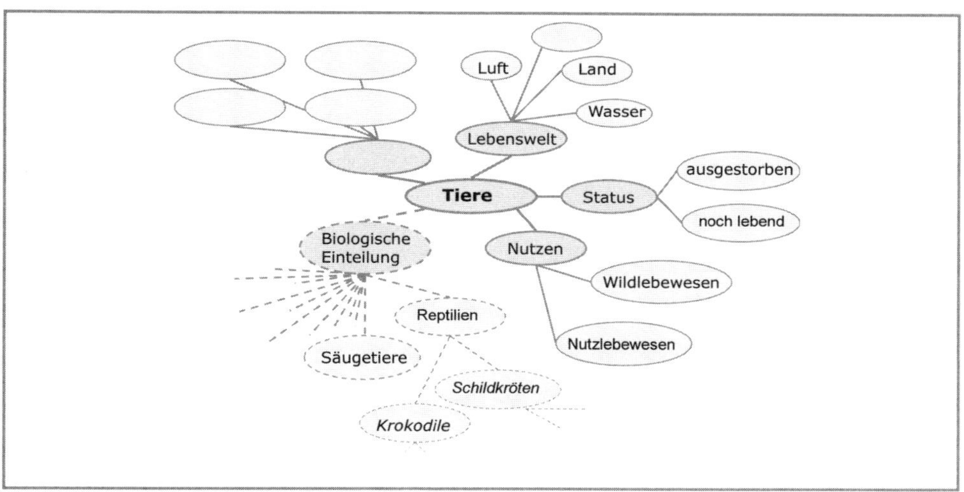

Abb. 9.15. Beispiel einer Mindmap zum Thema 'Tiere und ihre Klassifizierung'.

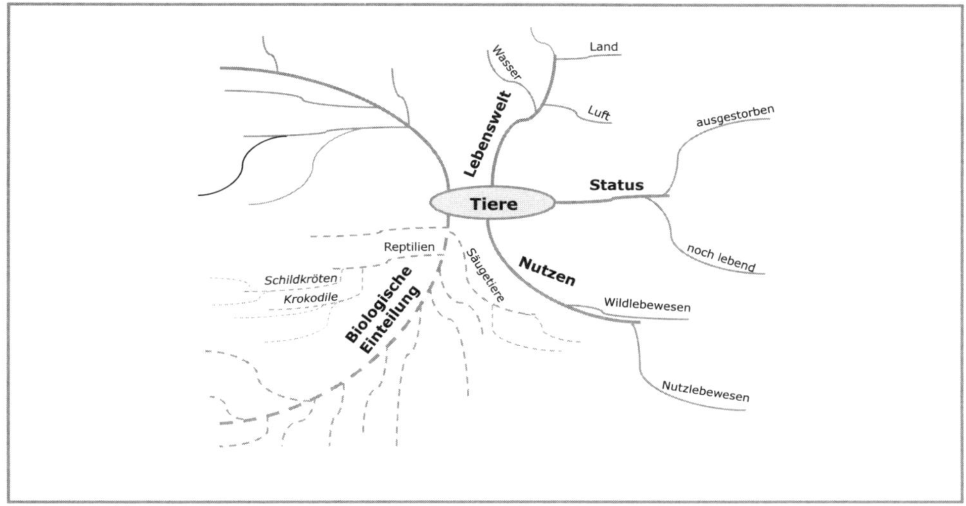

Abb. 9.16. Alternatives Beispiel einer Mindmap zum Thema 'Tiere und ihre Klassifizierung'.

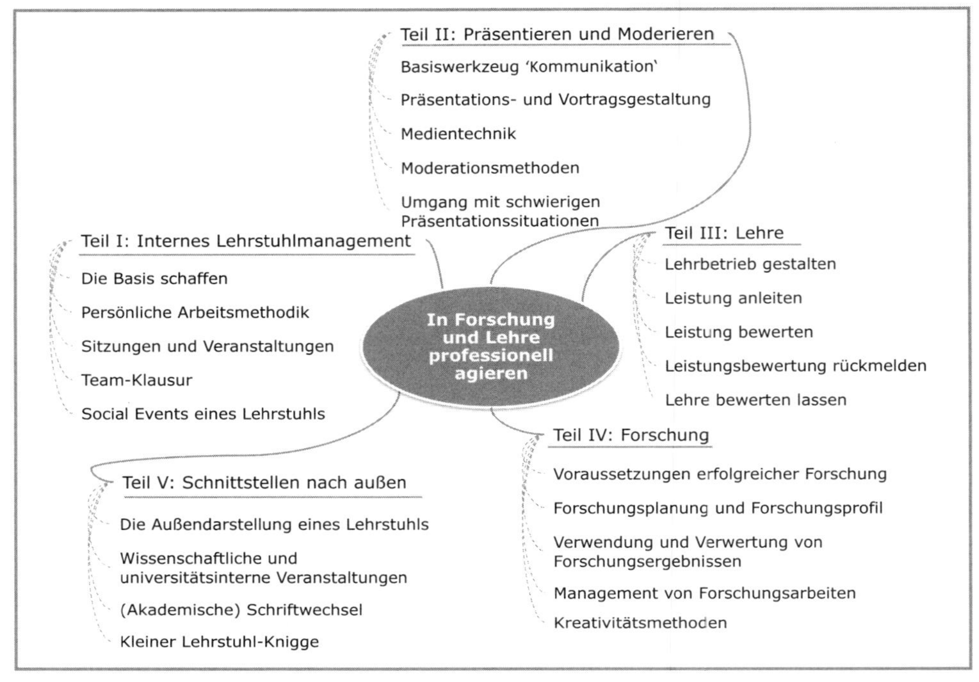

Abb. 9.17. Beispiel einer Mindmap (erstellt zur Planung dieses Buchs).

9.9 THEMENSPEICHER

WAS UND WOZU? (GEGENSTAND SOWIE SINN UND ZWECK)

Ziel dieser Methode ist es, in einer Diskussion oder Veranstaltung (z.B. einer Team-Klausur) aufgekommene, noch nicht oder nicht ausreichend bearbeitete Themen und Arbeitsschwerpunkte im Blick zu behalten. Dazu werden die aufgekommenen Stichworte (Themen) am Flipchart oder der Metaplanwand festgehalten.

Vorteile

- Visualisierte Themen bleiben im Gedächtnis, sowohl Ihnen als auch den Teilnehmern. Damit werden sie nicht von den Teilnehmern ständig erneut genannt und Sie denken daran, die Themen noch zu berücksichtigen.
- Durch eine solche Visualisierung bzw. überblicksartige Darstellung wird des Weiteren eine gezielte Auswahl oder Priorisierung leichter möglich.

Schwierigkeiten

- Der Themenspeicher muss kontinuierlich gepflegt werden, d.h. Abgearbeitetes oder Verworfenes muss gestrichen sowie neue Themenstellungen müssen hinzugefügt werden.

WIE? (ABLAUF)

- Die Teilnehmer listen gemeinsam mit dem Moderator die (bspw. mit Kartenabfrage ermittelten) Themen, die (weiter-)bearbeitet werden sollen, auf.
- Die Themen werden zu einem gemeinsam festzulegenden Zeitpunkt (in der Sitzung oder zu einem Folgetermin) der Reihe nach, nach inhaltlichem Zusammenhang oder aber nach Priorität gegliedert, bearbeitet.
- Sollte die Priorisierung der Themen unklar sein, kann diese beispielsweise anhand der Einpunkttechnik ermittelt werden (vgl. Abschnitt 9.4).
- Der Themenspeicher kann als reine Stichwortsammlung gestaltet sein oder aber auch als Tabelle, in der spaltenweise Thema, Priorität, Zeitpunkt der Bearbeitung und ähnliches festgehalten werden (siehe Abbildungen 9.18 und 9.19).

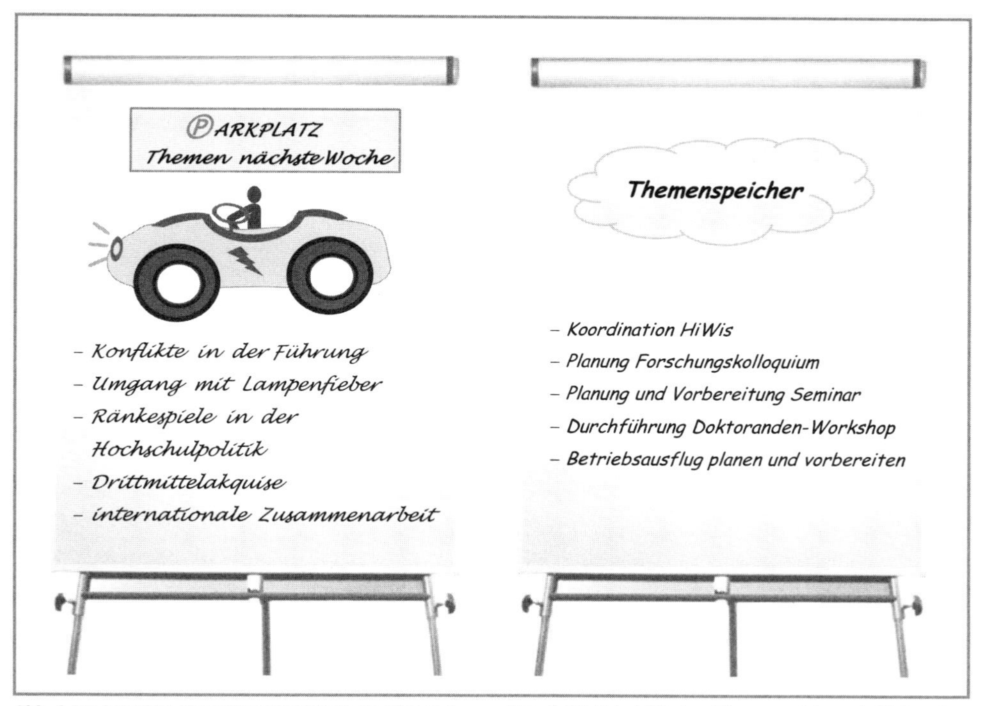

Abb. 9.18. Beispiel 1 eines Themenspeichers als Stichwortsammlung am Flipchart.

Abb. 9.19. Beispiel 2 eines Themenspeichers als Stichwortsammlung am Flipchart.

FAZIT 'MODERATIONSMETHODEN'

Allgemein gilt:

- Die Qualität von Besprechungen und Seminaren steht und fällt mit der Qualität der Sitzungsleitung: Zum einen gehört dazu die Sitzungsvorbereitung mitsamt dem Management, zum anderen aber ist entscheidend, ob der Sitzungsleiter über die Fähigkeit verfügt, zu moderieren, denn nur dann kann er sowohl den Inhalt als auch alle Beteiligten zu einem guten Ganzen führen.
- Wann immer Sie Ihre Veranstaltung durch Moderation unterstützen können, sollten Sie dies tun – allerdings stets gezielt, durchdacht und auch wohl dosiert. Bereiten Sie dabei zum einen Ihre Moderationsmedien gut vor und machen Sie sich zum anderen mit den jeweiligen Moderationsmethoden vertraut.
- Der Moderator sollte sich dabei als Dienstleister verstehen, der eine Art 'Hebammenfunktion' innehat – er bringt durch die Steuerung des Prozesses die neuen Ideen und Entscheidungen ans Tageslicht. Da er diese Funktion nur mit, nie aber gegen die Gruppe agierend ausfüllen kann, kommt seiner Akzeptanz in der Gruppe eine große Bedeutung zu. Sie wird u.a. durch seine methodische Kompetenz (d.h. das Beherrschen von Moderationsmethoden) sowie durch seine soziale Kompetenz (Fähigkeit zur Regelung des Miteinanders innerhalb der Gruppe) gespeist.

Zu den Basistechniken der Moderation zählen:

- Fragetechniken (denn diese brauchen Sie für alle nachstehenden Methoden)
- Blitzlicht
- Brainstorming
- Ein- und Mehrpunktabfrage
- Abfrage auf Zuruf
- Kartenabfrage bzw. Metaplantechnik
- Maßnahmenplan
- Mindmapping
- Themenspeicher

10 Umgang mit schwierigen Präsentationssituationen

„Das menschliche Gehirn ist eine großartige Sache.
Es funktioniert bis zu dem Zeitpunkt, wo du aufstehst, um eine Rede zu halten."

Mark Twain

Möglicherweise ist Ihnen auch schon passiert, dass Sie mitten im Vortrag, der sehr gut begann, plötzlich durch einen Kommentar aus dem Publikum komplett aus dem Konzept geworfen wurden. Vielleicht waren Sie gar ab diesem Ereignis nicht mehr in der Lage, flüssig zu formulieren oder haben öfter den roten Faden verloren? Manche von uns erleben auch schon Stunden oder Tage vor einem Vortrag eine innere Unruhe, die oft gar nicht inhaltlich begründet ist; d.h. wir sorgen uns beispielsweise nicht bezüglich der Inhalte, die wir präsentieren, oder der Fragen, die uns erwarten und ggf. nicht sofort beantworten könnten. Häufig ist die Sorge vielmehr durch unvorhersehbare Schwierigkeiten bedingt, die auftreten könnten – beispielsweise in Form von Störungen oder Angriffen aus dem Publikum, den nicht zu bremsenden Vielredner oder andere unangenehme Situationen.

Oft sind es also gar nicht die Störungen selbst, die uns irritieren, sondern schlicht unser 'Unvorbereitet-Sein' in Bezug auf diese. Unvorbereitet sind wir meist in zweierlei Hinsicht: In Bezug auf unsere Einstellung sowie in Bezug auf unser Verhaltensrepertoire. Was eine Störung ist und was nicht, bzw. was Sie als solche wahrnehmen, bestimmen immer noch Sie selbst und Ihre Einstellung dazu. Pflegen Sie daher eine gesunde Einstellung zu Störungen. Seien Sie nicht empört, wenn Störungen auftreten – zum einen können Sie sie ohnehin nicht verbieten und zum anderen ist sich darüber zu ärgern verschwendete Energie. Sehen Sie Störungen doch mal als Chance! Eine Störung ist ein perfekter Anlass, mit den Zuhörern in den Dialog zu treten und das ist die Erfolgsgarantie für eine gute Zusammenarbeit schlechthin. Nutzen Sie daher solche Situationen, Ihre Souveränität und Professionalität unter Beweis zu stellen.

Ob eine Störung eskaliert oder nicht, bestimmen Sie durch Ihre Reaktion: Wenn Sie beispielsweise einer Frage, bei der alle die Luft anhalten, mit wohlwollendem Humor begegnen und die Situation so in Sekunden entschärfen, ist es keine Störung mehr. Oder umgekehrt: Wenn Sie auf eine witzig gemeinte Bemerkung hin völlig pikiert und sehr empört reagieren, ist eine zunächst unerhebliche Störung schnell eskaliert. Legen Sie sich ein Verhaltensrepertoire für Störungs-Situationen an oder zu und üben Sie es ein. Nur darum zu wissen ist lediglich die halbe Miete, erst das Trainieren lässt Sie souverän werden.

Wie Sie in den nachfolgenden Abschnitten erkennen werden, sind für einen adäquaten Umgang mit Störungen zwei Phasen relevant:

- **Prävention**
  Minimieren Sie von vornherein die Wahrscheinlichkeit des Auftretens von Störungen und Unruhen (vgl. Abschnitt 10.1).
- **Intervention**
  Reagieren Sie auf eine Störung adäquat und seien Sie diesbezüglich vorbereitet (vgl. Abschnitte 10.2). Lernen Sie aus dem Erlebten, indem Sie es reflektieren und Ihr Verhalten bzw. die Rahmenbedingungen zukünftig entsprechend anpassen.

Erfahren Sie daher nachstehend zu beiden Phasen Wissenswertes über den Umgang mit Störungen sowie konkrete Verhaltenstipps beim Auftreten typischer Störungssituationen .

KAPITEL 10: UMGANG MIT SCHWIERIGEN PRÄSENTATIONSSITUATIONEN	**10.1** **Prävention** **Minimieren von Störungswahrscheinlichkeiten**
	10.2 **Intervention** **Vom Umgang mit schwierigen Situationen**

10.1 Prävention: Minimieren von Störungswahrscheinlichkeiten

Erstaunlicherweise gehen einige Störungen nicht vom Publikum aus, sondern vom Präsentator, also von Ihnen selbst. Die gute Nachricht daran ist, dass Ihnen diesbezüglich alle Wege offen stehen, diese Störungen zu minimieren bzw. zu verhindern. Die Auftretenswahrscheinlichkeit von Störungen lässt sich minimieren, wenn Sie die nachstehenden Aspekte bezüglich Ihrer eigenen Person (vgl. Abschnitt 10.1.1), Ihrer eigenen Präsentation (vgl. Abschnitt 10.1.2) sowie Ihres Miteinanders mit den Teilnehmern (vgl. Abschnitt 10.1.3) berücksichtigen bzw. sich gut darauf vorbereiten.[19]

10.1.1 Die eigene Person betreffend

Die eigene Kleidung

Eine Störquelle kann beispielsweise Ihre Kleidung sein. Ein klassisches Beispiel hierzu wäre, wenn aufgrund seines sehr legeren Kleiderstils der Professor optisch nicht vom Studenten zu unterscheiden ist. Kleidung sollte nicht provozieren bzw. irritieren oder Erwartungen Ihres Publikums verletzen. Vielmehr sollten Sie stets eine dem Anlass angemessene Kleidung tragen, die Ihre Professionalität unterstreicht. Auf diese Weise kann Kleidung Ihnen Sicherheit (der Business-Dress als 'Rüstung / Kostüm') und Wohlbefinden sowie dem Publikum gegenüber einen angemessenen Eindruck vermitteln (vgl. Abschnitt 6.1, Nonverbales Auftreten und Kapitel 24, Kleiner Lehrstuhl-Knigge).

Der eigene Dialekt

Sie brauchen nicht verstecken, woher Sie kommen, aber zu auffällig hörbar sollte es auch nicht sein – vor allem, wenn Ihr Publikum diese Herkunft nicht mit Ihnen teilt. Während eine mundartliche Einfärbung auflockernd wirken kann, so ist ein breiter Dialekt hingegen unangemessen und kann Störungen provozieren (sobald das Publikum sich über den Dialekt amüsiert oder aber den Referenten nicht versteht). Mit Ihrer Herkunft kokettieren dürfen Sie durchaus, nur eben nicht überheblich dabei wirken: Ein klassisches Beispiel zu letzterem wäre die Reaktion aus dem Publikum auf einen hamburgerisch sprechenden Referenten: „Also, wir im Süden haben längst gelernt mit einem solchen Problem umzugehen." Einen charmanten Hinweis auf die sprichwörtliche schwäbische Sparsamkeit, wenn Ihnen der Laserpointer batteriebedingt ausgeht, wird Ihnen hingegen kaum jemand verübeln.

---

[19] In Anlehnung an: Topf, C. (2004). *Präsentations-Torpedos. Präsentation für Fortgeschrittene. So überleben Sie persönliche Angriffe, Pannen, dumme Zwischenfragen, randalierende Vorgesetzte und andere Störfaktoren*. Bonn: ManagerSeminare.

Die Wertschätzung im Auftreten gegenüber anderen

Eine Präsentation halten zu müssen, verunsichert viele Menschen bzw. macht sie nervös. Wer verunsichert ist, reagiert oft unangemessen: Aus Unsicherheit heraus treten wir dann zu forsch auf. Doch gilt auch der umgekehrte Fall: Sind Menschen gelangweilt (weil sie Thema oder Publikum nicht interessieren) oder genervt (weil sie glauben, gerade Besseres zu tun zu haben und sich am liebsten wegwünschen würden), agieren sie ebenfalls häufig arrogant und wenig wertschätzend. Eine solche Arroganz von Dozenten gegenüber Studierenden ist häufig ebenso anzutreffen wie die etwas herablassende Beantwortung von Fragen auf einem Kongress. Um ein Beispiel zu geben: Auf eine Frage zu seinem Vortrag antwortet der Nobelpreisträger der jungen Doktorandin: „Das hatte ich zwar vorhin gesagt, ich kann es für Sie aber nochmals wiederholen ...". Abgesehen davon, dass ein solches Verhalten vollkommen deplaziert ist, provoziert es auch Störungen.

Treten Sie so auf, dass es zum Anlass (z.B. Vorlesung), zum Thema (z.B. Dienstleistung), zum Ziel / Auftrag (z.B. Wissensvermittlung an Studierende), zu Ihnen und zu Ihrer Zielgruppe passt. Um nicht zu forsch zu wirken, dürfen Sie durchaus auch mal eine Schwäche zugeben – das macht Sie sympathischer als wenn man merken würde, dass Sie diese überspielen wollen. So könnten Sie beispielsweise an einer schwierigen Folie erzählen, dass Sie diese Stelle im Vortrag immer 'besonders lieben', weil Sie sich an diesem Punkt gerne verheddern.

Die eigene Selbstsicherheit

„Den Unsicheren beißen die Hunde.", d.h. wenn Sie unsicher sind, sind Sie ein willkommenes Opfer für Ihr Publikum; je unsicherer Sie sind, desto eher laden Sie zu 'Übergriffen' ein (vgl. Abschnitt 10.2.4). Ein typisches Beispiel hierzu wäre ein Redner, der sich verhaspelt und daraufhin in Widersprüche verstrickt; die entsprechende Reaktion aus dem Publikum ist vorprogrammiert: „Was ist denn nun korrekt? Können Sie nicht mal klare Aussagen machen oder wissen Sie es nicht?".

Präsentieren Sie daher souverän sowie selbstsicher und falls Sie es nicht ganz sind, dann 'stärken' Sie sich vor und während eines Vortrags. Sicherheit geben unter anderem eine gute inhaltliche und administrative Vorbereitung, angemessen gesetzte eigene Erwartungen und Ziele an Ihren Vortrag sowie ein adäquater Umgang mit Lampenfieber (siehe Abschnitt 10.2.1). Achten Sie zum anderen auf Ihre Körperhaltung. Eine aufrechte, gerade Haltung (d.h. Schultern zurück, Kopf hoch, Bauch rein) trägt entscheidend dazu bei, dass Sie von Ihrem Publikum als souveräner wahrgenommen werden; dies erhöht dementsprechend auch Ihre Erfolgschancen. Ebenso gilt der umgekehrte Schluss (vgl. Bodyfeedback in Abschnitt 6.1 und 10.2.1): Mit gebeugter Haltung erleben sich Personen als weniger kompetent; wer sich hingegen aufrecht hält, dem fallen verstärkt auch souveräne, kompetente und erfolgreichere Dinge ein, die sein Auftreten entsprechend prägen werden.

Nutzen Sie also diese Möglichkeiten, sich selbst positiv zu beeinflussen, indem Sie aufrecht sitzen und stehen. Im Stehen sollten Sie sich entsprechend auf beide Beine gleichermaßen stellen, um so einen stabilen Stand zu empfinden. Nicht zuletzt hat auch Ihre innere Verfassung Einfluss darauf, wie intensiv Sie aufkommende Störungen erleben: Je ausgeglichener Ihr Selbstwertgefühl ist, desto weniger werden Ihnen Angriffe und Störungen zusetzen und desto gelassener können Sie auf diese reagieren.

Die eigene Begeisterung

Schließlich ist auch Ihr Engagement entscheidend: Erhalten Sie beispielsweise die Reaktion aus dem Publikum „Was, ist die Zeit schon um? Ich hätte dem noch stundenlang zuhören können!", so wissen Sie, dass Sie bei der Präsentation hoch engagiert waren, denn Begeisterung steckt an! Wenn Sie begeistert sind, wirkt auch der Inhalt spannender und wenn's spannend ist, stört niemand.

10.1.2 Die Präsentation betreffend

Raum, Atmosphäre etc.
Überprüfen Sie im Vorfeld, ob der Raum und seine Ausstattung für ein gutes 'Präsentationsklima' sorgen (bspw. Tageslicht, Akustik, angenehme und regulierbare Temperatur, Möglichkeit zum Lüften etc.). Sollte dies nicht der Fall sein, und können Sie nichts daran ändern, greifen Sie dies auf humorvolle Weise bei den Zuhörern im Voraus auf („Es tut mir leid, dass wir hier sozusagen im Dunkeln sitzen, aber vielleicht kann ich wenigstens etwas Licht in die Thematik bringen.", "Ich darf Sie nun mit dem Thema xy durch das Mittagstief begleiten, lassen Sie sich erfrischen von ...").

Struktur
Wenn man Ihnen und der Struktur Ihres Vortrags nicht oder nur schwer folgen kann, – 'wenn der rote Faden fehlt' – sind Störungen nahezu vorprogrammiert. Berücksichtigen Sie deswegen bei der Konzeption Ihres Vortrags stets, dass Ihnen die Zusammenhänge klarer sind als Ihren Zuhörern (vgl. Abschnitt 7.2, Didaktische Vortragsvorbereitung) und dass ein für Sie bestehender roter Faden noch lange nicht den Zuhörern eingängig ist. Holen Sie Ihre Zuhörerschaft daher dort ab, wo sie steht und präsentieren Sie mit überdeutlicher Struktur: Verbalisieren Sie den roten Faden, visualisieren Sie die Gliederung, schaffen Sie Übergänge zwischen den Folien und bleiben Sie beim Thema.

Medienwahl
Grundsätzlich ist zu empfehlen, die Inhalte Ihrer Rede mit den entsprechenden Medien zu visualisieren, da dies das Verständnis ungemein erleichtert und den roten Faden verdeutlicht (vgl. Abschnitt 7.2, Vortragstechnik). Doch kein Medieneinsatz und keine Visualisierung nützen, wenn sie unverständlich bleiben. „Können Sie die Folie nochmals auflegen?", „Können Sie die Folie vorlesen? Ich kann das von hier aus nicht erkennen!", „Was soll das Diagramm besagen?". Sobald mit Medien nicht adäquat umgegangen wird, kommt es schnell zu solch typischen Kommentaren. Durch Unverständlichkeit hervorgerufenen Störungen können Sie aber vorbeugen, indem Sie alle von Ihnen verwendeten Medien so gestalten und einsetzen, dass sie sowohl optisch als auch inhaltlich verständlich sind (vgl. Kapitel 8, Medientechnik).

Technik
Auch technische Pannen provozieren Störungen. Betreiben Sie daher eine entsprechende Pannen-Prophylaxe: Bringen Sie beispielsweise die ppt-Datei auf mehreren Datenträgern (CD, USB-Stick) mit, haben Sie einen kleinen Satz Batterien für Mikro und Laserpointer in der Hinterhand. Falls es dennoch zu einer Panne mit der Technik kommt: Solange Sie daraus kein Drama machen, macht es wahrscheinlich auch sonst keiner. Wenn Sie sich keinen Vorwurf wegen einer Panne machen, macht Ihnen (meist) auch sonst keiner einen. Sollten Sie bei einer technischen Panne nicht weiter wissen, fragen Sie neben dem Veranstalter ggf. auch das Publikum um Hilfestellung – das ist Ihrem sympathischen Auftreten zuträglich und verkürzt möglicherweise sogar die Zeit der Panne, falls Sie in Ihren Reihen einen 'Experten' haben sollten. Und Sie dürfen durchaus auch Ihre Situation ansprechen, indem Sie beispielsweise sagen: „Um die Zeit zu überbrücken, bis der Rechner wieder hochgefahren ist, würde ich von Ihnen gerne einmal wissen ...".

Zeitmanagement
Kennen Sie den Fall, dass seitens der Zuhörer Kommentare aufkommen wie „Wie lange geht das hier denn noch?", „Wie viele Folien will der denn noch zeigen?"? Meist liegt diesen Störungen tatsächlich eine nicht ausreichend straffe Vortragsweise oder falsche Planung zugrunde – vorausgesetzt, der Inhalt als solcher ist für die Zuhörer interessant. Um diesem Störungsfall vorzubeugen, sollten Sie zum einen nicht alles sagen, was Sie zu sagen haben oder gar, was Sie zum Thema

wissen, sondern nur das Wesentliche; weniger ist hier mehr! Zum Zweiten ist es hilfreich, nach dem sog. KISS-Prinzip vorzugehen: Keep it short and simple. Wenn Ihre Zuhörer leicht folgen können, haben sie das Gefühl, die Zeit vergeht wie im Fluge; wenn man allerdings nichts versteht, sind bereits wenige Minuten eine Ewigkeit. Und zum Dritten: Bauen Sie üppig Zeitpuffer ein; denn meist fallen einem während des Vortrags noch mehr Details oder Anekdoten ein, als man zu erzählen vorhatte oder aber es kommen unerwartete Fragen seitens der Zuhörer, deren Beantwortung ebenfalls Zeit kostet. Besser, Sie sind etwas zu früh mit dem Vortrag fertig als dass Sie überziehen müssen.

10.1.3 Das Miteinander mit den Teilnehmern betreffend

Gestalten Sie das Miteinander mit den Teilnehmern von Beginn an so konstruktiv, dass der Nährboden für Störungen möglichst gering ist. Dies kann Ihnen gelinge, indem Sie darauf achten, ...

das Interesse der Teilnehmer zu treffen.
Sofern Sie die Inhalte Ihrer Präsentation so vermitteln, dass sie für Ihre Zuhörer interessant, relevant und transferierbar sind, werden Sie kaum mit negativen Störungen zu rechnen haben. Gebannte Zuhörer haben nahezu keine Kapazitäten frei, um Störungspotenziale wahrzunehmen oder Langeweile entstehen zu lassen. Doch leider referieren manche Vortragende häufig nur das, was ihnen selbst wichtig ist und nicht das, was den Zuhörern wichtig ist, sodass es unter Zuhörern immer wieder zu der Frage kommt „Naja, klingt ganz nett, aber was bringt uns das jetzt?". Dabei würden sich beide Interessenlager meist gut verbinden lassen.

Um diese Verbindung zu erreichen, fragen Sie sich bei der Vortragsplanung stets selbst, welches Ihre zentralen Botschaften für Ihren Zuhörerkreis sind. Sie dürfen diesen durchaus auch direkt ansprechen, z.B. „Für die Architekten unter uns bedeutet dies Folgendes ..." Je besser Sie Ihre Zuhörer kennen und verstehen, desto eher können Sie auch Störungen vorausberechnen und umschiffen. Sie können vorab oder auch während der Präsentation den Veranstalter oder Ihre Zuhörer fragen, was sie am meisten interessiert und diese Interessen dann im Vortrag aufgreifen (vgl. Abschnitt 7.3, Das Interesse der Zuhörer treffen).

Grundlagen der Zusammenarbeit, Spielregeln festzulegen und einzuhalten.
Je nach Kontext (z.B. insbesondere in Seminaren) sollten gemeinsam mit den Zuhörern / Teilnehmern Spielregeln vereinbart werden. Sollten während Ihres Seminars immer wieder einzelne Teilnehmer rausgehen, weil ihre Handys klingeln oder sie Lust auf eine Zigarette haben und Sie oder Ihre sonstigen Teilnehmer dadurch gestört werden, wäre dies der späteste Zeitpunkt, entsprechende Regeln abzusprechen. So lassen sich beispielsweise für Raucher und Handytelefonierer entsprechend häufige Pausen vereinbaren, sodass diese nicht während der Veranstaltung das Geschehen verlassen müssen. Ebenso können Sie dies auch bereits im Vorhinein tun („Für dieses Seminar bitte ich um folgende Vereinbarungen ...").

10.2 Intervention: Vom Umgang mit schwierigen Situationen

Sollten Ihre Präsentationen, Besprechungen und Vorträge doch nicht so störungsarm verlaufen, wie Sie es sich vorstellen, finden Sie im Folgenden Verhaltensvorschläge, die Ihnen helfen, angemessen, zielgerichtet und effektiv zu reagieren.

Allgemeines zu Ihrer eigenen Haltung
In dubio pro reo – gehen Sie bei jeder Störung erst einmal davon aus, dass keine Provokation dahinter steckt, auch wenn es danach aussieht! Denn zum einen relativiert es Ihre Empörung und Sie können gelassener reagieren. Zum anderen wirkt ein solches Denken häufig wie eine sich selbst erfüllende Prophezeiung: Der andere lenkt ein und verhält sich friedlicher, nachdem Sie ihm diese friedfertige Absicht unterstellt ('prophezeit') haben. Beziehen Sie Störungen nicht auf sich, sondern auf den Verständigungsprozess – und diesen können Sie nun bei Bedarf optimieren. Sagen Sie sich bei kleinen Störungen konsequent und nachdrücklich: „Nicht ich als Person bin gemeint – wie kann ich es für den anderen verständlicher / klarer ausdrücken (um derartige Störungen zu vermeiden)?". Das gilt bis zum Beweis des Gegenteils.

Bedenken Sie: Große Störungen unterscheiden sich nur in der Größe, nicht im Prinzip von kleinen. Also keine Bange, entschärfen Sie große Störungen einfach ebenso wie die kleinen.

Allgemeines zu Ihren Reaktionsweisen
Schenken Sie Störungen nicht zu viel Aufmerksamkeit, sonst werden sie unnötig wichtig. D.h.:

- Lassen Sie sich durch Störungen nicht über Gebühr aufhalten. Behandeln Sie Störungen stets angemessen: Kleine Störungen – kleine Reaktion.
- Begegnen Sie Störungen zunächst auf der untersten Eskalationsstufe: Erst ganz sanft, dann langsam steigern. Die erste kleine Störung sollten Sie ignorieren. Bei der zweiten können Sie, bei der dritten sollten Sie eingreifen.
- Bleiben Sie bei allem, was Sie tun, authentisch, denn konsequentes Schauspielern ist auf Dauer viel zu Kraft raubend und nicht durchzuhalten.
- Je größer der Angriff, desto stärker weigern Sie sich, sich provozieren zu lassen. Wer die Contenance verliert, hat den Störer gewinnen lassen. Rechtfertigen Sie sich nicht, das wirkt schwach. Reagieren Sie auf Störungen niemals zynisch! Das hilft zwar im ersten Moment oft, wirkt aber oberlehrerhaft, zickig und unsouverän. Verkneifen Sie es sich auch, Wertungen der Störer oder der vorgebrachten Inhalte abzugeben! Zeigen Sie stattdessen innere Größe, indem Sie auf nachfolgend geschilderte Weise damit umgehen.

Da es bei all dem darum geht, nicht die Störung zu bekämpfen, sondern die Ursache der Störung anzugehen, finden Sie nachstehend konkrete Verhaltenstipps zum Umgang mit folgenden schwierigen Situationen aufgelistet:

1. Dem eigenen Lampenfieber (vgl. Abschnitt 10.2.1)
2. Einwänden und störenden Fragen (vgl. Abschnitt 10.2.2)
3. Unruhe im Plenum (vgl. Abschnitt 10.2.3)
4. Angriffen und Beleidigungen (vgl. Abschnitt 10.2.4)
5. Lang- und Vielrednern (vgl. Abschnitt 10.2.5)
6. Ungewollten Pausen (vgl. Abschnitt 10.2.6)

10.2.1 Das eigene Lampenfieber

„Furcht besiegt mehr Menschen als irgendetwas anderes auf der Welt."

Ralph Waldo Emerson

Kennen Sie das Gefühl: Gleich sollen Sie aufstehen und eine Präsentation halten, eine Konferenz leiten oder ein Interview geben - beginnt vielleicht Ihr Herz zu klopfen, Ihre Hände werden feucht, Ihr Kopf rot? Oder lassen Sie gar lieber den Kollegen das Wort ergreifen, bevor Sie sich selber in den Mittelpunkt des Geschehens rücken? Lampenfieber ist wohl eines der größten Karrierehindernisse aller Zeiten – glücklicherweise eines, das überwindbar ist.

Zunächst einmal ist festzustellen, dass Lampenfieber positiv ist, denn es zeigt, dass man leisten will; es wirkt sogar leistungsfördernd. Erst dann, wenn das Maß an Lampenfieber zu hoch wird, ist es leistungshinderlich. Sollte letzteres der Fall sein, müssen Sie aktiv werden: Denn wenn Sie nichts tun, wird es nicht besser, sondern in aller Regel schlimmer, d.h. die Symptome nehmen zu, das Vermeiden und Umgehen der entsprechenden Situationen ebenfalls, was sich wiederum in den meisten Fällen negativ auf Ihre Konzentrationsfähigkeit und Leistung auswirkt. Also, wie sollten Sie es nun angehen? Lampenfieber begegnen Sie am besten durch eine gute Prävention (vorbereitende Maßnahmen) und eine gute Intervention (sich regulieren). Wie nachfolgend zu sehen ist, können Sie auf drei Ebenen ansetzen, um Auftretenshäufigkeit und Wirkung Ihres Lampenfiebers zu verändern:

a) Ihre eigene Kompetenz stärken

b) Ihre Einstellungen überprüfen und ggf. ändern

c) Sich bzw. Ihr Lampenfieber regulieren

A) Eigene Kompetenz stärken

Bereiten Sie sich gut vor.
Minimieren Sie die die Gefahrenquellen, treffen Sie Vorsorge, denn eine Vermeidung der Situationen ist keine Lösung. Bei einem Redeauftritt hieße dies beispielsweise, dass Sie sich gemäß den nachstehenden Punkten so gut wie möglich vorbereiten, sodass Sie ein angenehm sicheres Gefühl haben, dass er gelingen wird.

- Dies betrifft zum einen die rein **fachliche** Vorbereitung: Forschungsbefunde bestätigen, dass in Publikumssituationen gut gelerntes Verhalten eher eine Leistungsverbesserung erfährt, während schlecht Eingeübtes hingegen Leistungsverschlechterungen nach sich zieht.
  Fragen Sie sich daher: Haben Sie einen durchgängigen roten Faden, der Sie überzeugt? Stehen Sie hinter den Inhalten, die Sie vortragen? Kennen Sie Ihr Thema, Ihr Manuskript, Ihre PowerPoints gut genug?
  Machen Sie für sich kleine Generalproben (ohne Unterbrechungen). Für viele Menschen ist es darüber hinaus hilfreich, den Anfang ihres Vortrags auswendig zu lernen, um so Sicherheit zu gewinnen und den meist aufregendsten Teil des Auftritts leichter überstehen zu können. Wer den Anfang 'wie im Schlaf' kann, den kann die Aufregung zwar durchaus Kapazitäten kosten, jedoch wird dies seine Leistung nicht schmälern. Und wenn man sich erst einmal 'warm' geredet hat ohne sich zu verhaspeln, reduziert sich auch die Aufregung.
- Einen weiteren Aspekt stellt die **technische** Vorbereitung dar: Wie vertraut sind Sie mit den Medien, der Methode, die Sie einsetzen möchten? Falls Sie noch Nachholbedarf haben, zeigen Sie keine falsche Scheu und lassen Sie sich den Umgang mit diesen zeigen und üben Sie, bis

Sie mit der Technik, die Sie verwenden wollen, vertraut sind. (Manch einen beruhigt es beispielsweise, die eigene Beamerfernbedienung zu verwenden und keine fremde, auf der man die Tasten ständig suchen muss.)
Und noch eines: Sollten Sie Sorge haben, sich zu verhaspeln oder den Faden zu verlieren, so ist ein guter Stichwortzettel hilfreich. Drucken Sie Ihre Stichwortzettel oder Vortragsskripte aber in größerer Schrift (Schriftgrößevon mindestens 20 pt) oder beschreiben Sie Ihre Karteikarten größer als sonst, denn typischerweise können Personen bei Lampenfieber gut in die Ferne, aber schlecht nah sehen. Dies ist ein Relikt unserer Vorfahren: 'Wenn ein Bär kam, wurde Adrenalin ausgeschüttet und ließ unsere Vorfahren besonders gut in die Weite nach Fluchtwegen gucken'.

- Zum Dritten können Sie sich auch auf die **Situation** und das **Miteinander** mit dem Publikum vorbereiten. Fürchten Sie zum Beispiel, dass man Sie bei einem Vortrag über ein kontroverses Thema mit Zwischenrufen bombardieren könnte? Dann legen Sie sich schon im Vorfeld einige Antworten zurecht und entwerfen Sie eine Strategie, mit der Sie jederzeit zu Ihrem Konzept zurückkehren können. Es schadet nie, sich inhaltlich immer auch auf Zwischen- und Nachfragen vorzubereiten. Überlegen Sie beispielsweise selbst oder aber lassen Sie Ihr Team vorab darüber nachdenken, welche Fragen kommen könnten und legen Sie sich entsprechende Antworten zurecht. Da Zuhörer stets aus der eigenen Perspektive heraus fragen, sollten Sie sich über den Hintergrund Ihrer Zuhörerschaft informieren und aus diesem heraus typische Fragen generieren.

Gehen Sie Schritt für Schritt vor.
Manchmal besiegen wir unsere Ängste nur dadurch, dass wir uns diesen stellen – und das am besten in kleinen Schritten: So könnten Sie zum Beispiel erst vor wenigen Zuhörern sprechen, bevor Sie sich in volle Säle wagen. Übung macht den Meister!

Machen Sie sich mit den lokalen Gegebenheiten vertraut.
Machen Sie sich vorher mit den Örtlichkeiten und dem Raum vertraut, in dem Sie sprechen. Gehen Sie herum, schauen Sie sich alles an. Ein Vertrautheitsgefühl lässt Sie sicherer und natürlich auch besser vorbereitet sein (beispielsweise was die Technik oder die Akustik im Raum betrifft). Nehmen Sie vor der Veranstaltung darüber hinaus 'taktil' Kontakt zum Raum auf, d.h. öffnen Sie ein Fenster oder fassen die Vorhänge an. Dies lenkt Ihre Aufmerksamkeit von innen nach außen, weg von der Aufregung, hin zur realen Umgebung. Sie können ruhig auch schon vor Ihrem Vortrag bzw. in der Pause mal zum Rednerpult gehen und einen Blick ins Publikum wagen – sofern Sie die Möglichkeit dazu haben und dies für Sie nicht unnötig Unruhe stiftet. So kennen Sie auch diese Perspektive schon, wenn Sie dann zu Ihrem 'Auftritt' nach vorne gehen.

Nehmen Sie Kontakt mit Ihrem Plenum auf.
Es ist ebenso empfehlenswert, etwas früher zu erscheinen und sich vor dem Vortrag mit dem Publikum, den Kollegen oder dem Veranstalter zu unterhalten. So sind Sie zum einen abgelenkt, zum anderen haben Sie die Chance, einen persönlicheren Kontakt zu Ihrem Publikum zu bekommen – wahrscheinlich gewinnen Sie dadurch auch den beruhigenden Eindruck, dass Sie gleich zu sympathischen und Ihnen wohlgesonnenen Personen sprechen werden. Es ist leichter, zu 'Bekannten' zu sprechen als zu völlig Fremden. Schließlich besteht für Sie auch die Möglichkeit, beim Vortrag des Vorredners eine Frage zu stellen. Dann hat man schon mal vor dem Publikum gesprochen und der erste Bann, in den Fokus der Aufmerksamkeit zu rücken, ist gebrochen. Sollten Sie im Publikum einen für besonders unangenehme Fragen bekannten Kollegen entdecken, wechseln Sie mit ihm vorher ein paar Worte (vgl. Abschnitt 24.3, Small Talk); dies stimmt ihn meist freundlicher.

B) EINSTELLUNGEN ÜBERPRÜFEN

Bringen Sie sich in eine positive Einstellung.
„Das schaffe ich nicht.", „Das wird nichts.", „Ich werde das total vermasseln.". Es gibt viele Gedanken und Sätze, mit denen Sie sich vor einem wichtigen Auftritt so richtig 'runterziehen' können. Sie können sich aber auch gezielt aufbauen: Bestärken Sie sich beispielsweise mit sog. Selbstaffirmationen („Ich schaffe das. Ich weiß, dass ich gut bin."). Oder erinnern Sie sich an gut gelungene Präsentationen aus der Vergangenheit. Rufen Sie sich diese Situation in allen Einzelheiten in Erinnerung: Was haben Sie gesehen, gehört, gefühlt, gerochen, geschmeckt? Je besser Sie dies nun spüren und erleben, desto mehr können Sie davon in Ihre jetzige Situation mit hineinnehmen. Sie werden sich wohler und sicherer fühlen.

Zeichnen Sie ein positives Bild von sich.
Stellen Sie sich bildlich vor, wie Sie gleich mit klarer, selbstsicherer Stimme reden werden. Wer sich selbst als erfolgreich vergegenwärtigt, wird erfolgreich sein.

Denken Sie an Ihre Botschaften und machen Sie sich Lust auf Ihren Vortrag.
Vergegenwärtigen Sie sich, was Sie sagen wollen und dass Sie wesentliche Inhalte, spannende Fakten, zentrale Botschaften rüberbringen wollen, dies lässt Sie ausstrahlen, etwas zu sagen zu haben. Vielleicht werden Sie sogar einen Witz oder Ihren Lieblingsinhalt erzählen? Denken Sie daran und schon freuen Sie sich mehr auf Ihren Vortrag.

Machen Sie sich ein positives Bild von Ihrem Publikum.
Stellen Sie sich plastisch ein Publikum vor, das Ihre Rede interessiert verfolgt und als anregend, informativ und unterhaltsam erlebt. Zum einen macht Ihnen das mehr Lust, vorzutragen (denn Sie haben ein positives Publikum vor Ihrem inneren Auge), zum anderen treten Sie dem Publikum anders entgegen, nämlich im Sinne einer sich selbst erfüllenden Prophezeiung positiv und wohlwollend.

Seien Sie nicht zu perfektionistisch.
Zu hoch gesteckte Ziele oder ein überzogener Anspruch können Lampenfieber unnötig steigern. Reflektieren Sie daher Ihre Erwartungen und Ansprüche an sich selbst. Nobody is perfect! Überfordern Sie sich also gerade am Anfang Ihrer Rednerkarriere nicht. Setzen Sie sich klare, aber überschaubare Ziele, d.h. nehmen Sie sich ein, zwei Dinge vor, die Sie in Ihrem Vortrag umsetzen wollen und an denen Sie sich messen („Ich will diesmal das Publikum anschauen – anstelle des Bodens."). Sobald Ihnen diese Umsetzung gelingt, können Sie die nächsten Ziele angehen.

Nehmen Sie eine positive Grundeinstellung zu Fehlern ein.
Sie haben die Wahl: Sie können Fehler als eine Chance oder aber als Bedrohung ansehen! Sehen Sie sie als Chance an, so bewahren Sie sich stets auch die Option auf eine Entwicklung! Ihr Publikum wird Ihnen kleine Fehler und Einschränkungen nachsehen – ein zu perfekter Auftritt hingegen macht eher unsympathisch, denn er löst Distanz zum Publikum aus, wirkt schnell unnatürlich und lenkt vom eigentlichen Inhalt ab.

Akzeptieren Sie Ihre innere Anspannung und nehmen Sie sie mit Gelassenheit an.
Haben Sie keine Angst vor Ihrem Lampenfieber! Begrüßen Sie es lieber wie etwas Vertrautes, einen alten Bekannten, indem Sie zu sich sagen: „Da bist du also wieder, mein kleines Lampenfieber. Eigentlich mag ich dich nicht. Aber du wirst schon zu irgendetwas gut sein.". Wenn Sie derart gelassen an Ihr Lampenfieber herangehen, es einfach akzeptieren, dann reduziert es sich ganz von selbst.

Denken Sie daran, dass Lampenfieber ja tatsächlich zu etwas gut ist und, wie eingangs beschrieben, auf einem mittleren Level Ihre Leistung sogar verbessern kann. Nutzen Sie in diesem Sinne Ihre innere Aufregung als Antrieb, sich gründlich vorzubereiten, und nehmen Sie sie von der guten Seite: (Dosierter) Positiv-Stress macht vital, lebendig und stark!

C) SICH UND DAS LAMPENFIEBER REGULIEREN

Entspannen Sie sich vor wichtigen Diskussionen und Präsentationen.
Viele Menschen verfallen unter Stress oder wenn sie nervös sind von der beruhigenden Bauch- oder Tiefenatmung in die flachere Brustatmung. Dies ist jedoch eine ungünstige Reaktion, da es die Anspannung noch verstärkt: Es gelangt zunehmend weniger Sauerstoff in den Körper und ein Beklemmungsgefühl im Brustkorb entsteht. Wenn wir zu flach atmen und nur einen geringen Teil der Lunge nutzen, verstärkt dies unsere Angst, denn die so genannte Brustatmung ist nicht unsere natürliche Atemtechnik, sondern signalisiert dem Körper – evolutionsbedingt – 'Achtung, Gefahr!'. Unser Körper reagiert darauf, indem er mehr Adrenalin ausschüttet – bei jedem flachen Atemzug. Unsere angeborene, natürliche Atmung ist stattdessen die Bauchatmung (auch Zwerchfellatmung genannt), bei der sich die Lunge vollständig mit Luft füllt und sie gleichmäßig wieder ausstößt, was übrigens auch die Stimme besser klingen lässt.
Wir können lernen, tief und ruhig zu atmen, gerade auch dann, wenn uns nicht danach ist. Nehmen Sie Ihre Nervosität daher als Zeichen, gezielt ein paar tiefe Atemzüge in den Bauch zu machen. So werden Sie sich entspannter fühlen, entspannter wirken und auch klarer denken können. Die ideale Übung, wenn Sie kurz vor einem Redeauftritt stehen (aber auch unabhängig davon), ist, fünf Minuten lang folgendermaßen zu atmen: Durch die Nase einatmen, dabei langsam bis 'sechs' zählen. Kurze Pause (ein bis zwei Sekunden), ausatmen und dabei bis 'acht' zählen. Wir atmen auf diese Weise innerhalb einer Minute nur beruhigende viermal ein und aus. (Wenn Sie eine Atemwegserkrankung haben, sollten Sie von dieser Übung allerdings Abstand nehmen.)
Sind Sie körperlich ganz und gar angespannt, nutzen Sie darüber hinaus die Methode der sog. progressiven Muskelentspannung: Steigern Sie die Spannung nochmals, um dann loszulassen. Ballen Sie Ihre Hände zu Fäusten, pressen Sie die Lippen aufeinander, kneifen Sie die Pobacken zusammen, krallen Sie die Zehen, als müssten Sie etwas greifen – und dann lassen Sie alles los, während Sie tief ausatmen. Alles, was zuvor angespannt war, wird sich dabei mit entspannen.

Nutzen Sie Bodyfeedback– stabilisieren Sie sich durch Ihre Körperhaltung.
Einerseits drückt unser Körper aus, was wir fühlen, andererseits schafft und verstärkt er diese Gefühle aber auch: D.h. wenn Sie sich der Angst beugen, sich also klein machen und in sich zusammensinken, dann fühlen Sie sich auch klein. Wer sich 'hängen lässt', hängt bald wirklich durch (vgl. Bodyfeedback in den Abschnitten 6.1 und 20.1.2). Darum sollten wir uns gerade, wenn wir uns klein fühlen bewusst aufrichten, erhobenen Hauptes durch die Welt gehen und lächeln. Ganz besonders, wenn wir am Rednerpult stehen: Nehmen Sie dort von Anfang an eine Körperhaltung ein, die Kraft ausstrahlt – und Sie werden diese Kraft bald spüren. Lächeln macht kreativer und lässt Sie somit auch besser vortragen und antworten.

Warten Sie nicht auf Ihre Angst / Lampenfieber.
Angst ist ein Aufmerksamkeitsphänomen. Es ist wie bei dem Kaninchen, das auf die Schlange blickt und sich nicht mehr rühren kann. Je mehr Sie etwas beachten, desto stärker wird es in Ihrer Wahrnehmung. Wenn Sie somit wissen, dass Ihre Angst eigentlich unangemessen ist, sollten Sie Ihre Aufmerksamkeit gezielt von dieser weg auf etwas anderes richten. Ihre Gedanken brauchen einen neuen Haftpunkt, Sie müssen aktiv an etwas anderes denken. Schenken Sie Ihre Aufmerksamkeit also nicht Ihrer Angst, sondern Ihrem Anliegen – dem Inhalt Ihrer Rede.

Checkliste
zum (zeitlichen) Umgang mit Lampenfieber

✓ **Zwei Stunden vor dem Termin:** Entspannen Sie sich! Verlassen Sie Ihren Arbeitsplatz, und drehen Sie eine Runde an der frischen Luft! Das macht den Kopf frei und bringt Sie auf andere Gedanken.

✓ **Halbe Stunde vor dem Termin:** Denken Sie an eine Situation zurück, in der Sie sehr gut waren! Rufen Sie sich alle Einzelheiten in Erinnerung: Wie fühlte es sich an, was ging Ihnen durch den Kopf, mit welcher Einstellung sind Sie ans Publikum herangetreten? ...).

✓ **Unmittelbar vor dem Termin:** Kommunizieren Sie schon einmal informell mit dem Publikum, den Kollegen oder dem Veranstalter.

✓ **Während Sie auf Ihren Vortrag warten:** Hören Sie aufmerksam zu! So bekommen Sie ein gutes Gefühl für die Situation.

✓ **Wenn Sie dann an der Reihe sind:** Stehen Sie schweigend auf, und lächeln Sie! Schauen Sie in die Runde und suchen Sie sich drei freundliche Gesichter aus, zu denen Sie abwechselnd sprechen. Eins links, eins in der Mitte, eins rechts. Beginnen Sie mit Ihrem ersten Satz, den Sie auswendig gelernt haben. Dann den zweiten. Dann den dritten. Jetzt haben Sie sich frei gesprochen, und es wird nichts mehr schief gehen!

✓ **Während Ihres Vortrags:** Denken Sie an Ihre Körperhaltung und die Bauchatmung! Gönnen Sie sich kurze Pausen, in denen Sie tief durchatmen und Ihre Körperhaltung stabilisieren.

10.2.2 Einwände und störende Fragen

Einwände oder Fragen sind bei Präsentationen weniger eine Ausnahme als vielmehr zu erwarten und im wissenschaftlichen Diskurs sogar grundsätzlich erwünscht. Deshalb sollten Sie versuchen, mögliche Fragen zu erahnen und diese entsprechend vorzubereiten. Dabei unterscheidet man im Rahmen von Präsentationen drei Fragearten:

- **Reine Verständnisfragen** sollten Sie während Ihres Vortrags beantworten, damit die Zuhörer weiter folgen können (auf diese Frageart wird im Folgenden nicht näher eingegangen).
- **Inhaltliche bzw. Diskussionsfragen** sollten Sie stets in der Diskussionsrunde nach dem Vortrag beantworten – sie zerreißen Ihnen sonst schnell Ihr Zeitkonzept.
- **Störungen und Einwände** sind immer kritisch und bedürfen daher einer ganz besonderen Umgangstechnik, die nachstehend beschrieben wird. Grundsätzlich empfiehlt es sich hier, umso freundlicher, sachlicher und klarer zu antworten, je störender die Zwischenfrage ist.

Zur effektiven Reaktion auf störende Fragen und Einwände nutzen Sie nachstehende Verhaltensweisen. Sie können ...

a) **darauf verweisen**, dass diese Fragen zu einem späteren Zeitpunkt im Vortrag / in der Präsentation ohnehin beantwortet werden (sofern dem so ist) und im Vortrag fortfahren.

b) **diese zurückstellen / aufschieben**

- Machen Sie sich eine kurze schriftliche Notiz. Dies zeigt dem Frager, dass Sie die Frage bzw. den Einwand ernst nehmen. Oder notieren Sie – wenn möglich – den Punkt gut sichtbar für alle Zuhörer (auf einem 'Parkplatz', beispielsweise einer Tafel oder einem Flipchart; vgl. Abschnitt 9.9, Themenspeicher).
- Sagen Sie dann „Wenn Sie erlauben, werde ich auf diese Frage im Laufe des Vortrags eingehen, sie würde zum Gliederungspunkt xy ganz wunderbar passen / am Ende in der Diskussion eingehen."

c) auf den Einwand eingehen, indem Sie ...

mit einer kurzen **inhaltlichen Antwort** auf den Einwand reagieren:

- Hören Sie als Vortragender aktiv zu (vgl. Abschnitt 6.3.3).
  Versuchen Sie, so rasch wie möglich zu erfassen, um was es bei dem Einwand geht und überlegen Sie, ob Sie darauf eingehen müssen oder nicht.
- Nehmen Sie eine (kurze) Pause!
  Falls Sie Zeit schinden müssen, verwenden Sie Sätze wie „Lassen Sie mich zuerst folgendes sagen". Sie können den Einwand auch kurz zusammenfassen oder mit einer Gegenfrage reagieren.
- Gehen Sie dann erst auf den Einwand ein.
  Sagen Sie niemals „nein" auf einen Einwand hin, das wäre zu hart. Sie könnten stattdessen sagen „Danke für diesen wichtigen Beitrag. Ich stimme zu, dass... Nichtsdestotrotz, möchte ich betonen, dass...".
- Auch wenn Sie eine kurze Antwort geben, sollten Sie eine etwaige Diskussion in der Regel aufschieben (bspw. in dem Sie anbieten, das Thema während der Pause zu diskutieren).

mit einer **Frage** auf den Einwand reagieren:

- Unangenehme Kommentare (wie „Diese Theorie ist ja absoluter Blödsinn!") niemals abschmettern, sondern beispielsweise durch Formulierungen wie „Sie meinen, dass es strittige Punkte gibt?" relativieren bzw. präzisieren („Sie spielen sicherlich auf den konkreten Punkt xyz an.") und dann Ihren Punkt wieder anbringen.
- Sie können mit Gegenfragen reagieren; dann muss der Gefragte sich erklären und seine Ausgangsfrage verliert ihre Wirkung. Auf die Frage „Halten Sie uns jetzt eine Predigt?" hin könnten Sie antworten: „Warum glauben Sie, dass ich Ihnen eine Predigt halten will / sollte?". Wer seinen Witz oder seine spitzzüngige Bemerkung erklären muss, ist nicht mehr witzig und verliert an Eindruck.
- Oder erfragen Sie die konkreten Gründe und stellen diese ggf. ab, um dann die Störung zukünftig auszuräumen. Wenn beispielsweise die Zuhörer miteinander schwatzen, weil sie aufgrund der schlechten Akustik ohnehin kaum etwas verstehen, wäre dies für Sie wichtig zu wissen, denn es würden wieder alle / die meisten zuhören, sobald Sie mittels Mikrophon gut verständlich wären.

Sonderfälle gibt es immer; an dieser Stelle seien die zwei typischsten herausgegriffen:

Sonderfall 'Fragebombardements'. Hierauf können Sie reagieren, indem Sie ...

- die Fragen zu einem Themenkomplex zusammenfassen: „Danke, dass Sie den Bereich xy ansprechen. Dieser Bereich ist in der Tat sehr wichtig und deswegen haben wir in der Vorlesung xy ausgiebig Zeit, dies zu vertiefen.".
- und diese anschließend separieren: „Welche Ihrer Fragen darf ich zuerst beantworten?".

Sonderfall 'Killerphrasen' (bspw. Pauschalisierungen oder Verallgemeinerungen). In diesem Fall gilt:

- Killerphrasen sind typischerweise vorgeschobene, nicht in dem Ausmaß gemeinte Einwände, die einzelne Sachverhalte generalisieren und oder dramatisieren (z.B. „Das ist wie immer vollkommen langweilig."; „Da werden die niemals zustimmen."). Sie sind deshalb effektiv, weil uns ad hoc meist keine gute Erwiderung einfällt.
- Im Grunde genommen lassen sich Killerphrasen jedoch einfach auflösen. Nehmen Sie Killerphrasen dazu immer wortwörtlich („Es gab also noch nie eine Veranstaltungseinheit, die Sie nicht langweilig fanden?"; „Du siehst es also als ganz und gar unmöglich an, dass die Verwaltung zustimmt?") und lassen Sie sie dann vom Betreffenden spezifizieren, indem Sie nachfragen im Sinne von 'Wenn Y nicht wäre, wäre dann auch nicht „Nein", sondern „Ja"?' („Was wären Konstellationen, unter denen die Verwaltung zustimmen würde?" oder „Wenn wir die Verwaltung dazu bekämen, dem zuzustimmen, wären Sie dann auch bei unserer Idee dabei?").
  Ihr Gegenüber sagt dann in der Regel nicht mehr „Nein, niemals.", sondern generiert gedanklich ein potenzielles „Ja, vielleicht, so könnte es gehen." Damit lässt er sich auf Sie und den Gesprächsinhalt wieder ein.

  Mögliche Sätze, um dies zu erreichen, wären:

  - „Was muss geschehen / eintreffen, zutreffen, damit ...?"
  - „Was brauchst Du, um ...?"
  - „Unter welchen Bedingungen könnten Sie wirklich ...?"
- Es empfiehlt sich übrigens, die erste Killerphrase geflissentlich zu überhören. Bei der zweiten oder dritten schreiten Sie ein und fragen anhand des oben beschriebenen Vorgehens nach.

10.2.3 Unruhe im Plenum

Für Störungen in Form von Unruhe bieten sich verschiedene Reaktionsmöglichkeiten an – insbesondere, um in der Lehre die Aufmerksamkeit von Studierenden zu fokussieren:

Ignorieren Sie die Unruhe. Manches Verhalten, welches keine weitere Aufmerksamkeit bekommt, verliert sich wieder. Belohnen Sie die Unruhestifter nicht mit Ihrer Aufmerksamkeit.

Demonstrieren Sie, dass Sie die Störung bemerken, beispielsweise ...

- indem Sie einfach zur Quelle der Unruhe schauen.
- durch einen Wechsel Ihrer Position, Stimmlage, Medien.
  So können Sie in der Vorlesung durchaus leise über die bevorstehende Prüfung philosophieren und werden sehen: Schon ist's wieder mäuschenstill im Saal.
- indem Sie schweigen. Stille ist ein gutes Mittel, um die Aufmerksamkeit des Publikums zurück zu gewinnen.

Sprechen Sie die Störung auf humorvolle Weise an.

- Z.B. „Das heutige Thema ist die Aufmerksamkeitsspanne älterer Menschen; die derzeitige Situation hier im Raum spiegelt die ziemlich kurze Aufmerksamkeitsspanne von Personen mittleren Alters wider."

Sprechen Sie die Störung direkt an.

- Z.B. „Ich habe Schwierigkeiten, aufgrund des Lärms hier im Raum zu reden.“ oder „Ich habe das Gefühl, Sie benötigen eine Pause. Liege ich da richtig?“ oder „Ab einer bestimmten Konzentration von CO_2 im Raum wird man unkonzentriert. Dies scheint jetzt der Fall zu sein – wir sollten lüften!“.

Sprechen Sie die Störer an.

- Z.B., indem Sie die Störer auffordern, ihre Gedanken allen mitzuteilen (wir gehen ja immer davon aus, dass diese über die Inhalte des Vortrags reden).
- Oder holen Sie die Unruhigen mit einer Frage ab („Herr xy, was hat Sie denn so in Bann genommen, dass Sie es Ihren Nachbarn einzeln erläutern mussten?“ oder „Wie sehen Sie denn die soeben geschilderten Ansätze, um gegen den Klimawandel vorzugehen?“) – nur Vorsicht: mit letzterer Frage könnten Sie ihn auch sehr gegen sich aufbringen, wenn er nicht zugehört hat und damit die Frage 'vor versammelter Mannschaft' nicht beantworten kann.

Stoppen Sie die Präsentation. Gehen Sie auf die sog. Metaebene (meta = übergeordnet), d.h. sprechen Sie nicht über das Fachliche, sondern über das, was sich gerade abspielt.

- Z.B. „Ich möchte meinen Vortrag an dieser Stelle unterbrechen, um mit Ihnen abzustimmen, wie wir fortfahren. Es ist so, dass einige von Ihnen untereinander diskutieren. Eventuell gibt es tatsächlich wichtige Dinge zu ergänzen, die alle im Raum betreffen? (Oder brauchen alle eine Lüftungspause?) Dann würde ich vorschlagen, dass...“.
- Oder sagen Sie einfach, dass der Lärm Sie stört und Sie daher fünf Minuten Pause haben wollen.

10.2.4 Angriffe und Beleidigungen

„Das können Sie in Ihrem Alter (oder auch als Frau) doch gar nicht beurteilen!“, „Wie man Sie hier berufen konnte, bleibt mir auch wirklich ein Rätsel“. Lassen Sie sich auf gar keinen Fall provozieren, wenn man Sie persönlich angreift oder beleidigt. Wer sich provozieren lässt, hat schon verloren und agiert meist unprofessionell. Souveräner wirken Sie, wenn Sie Größe bewahren, indem Sie nicht zum Gegenangriff übergehen und das Ganze eskalieren lassen, sondern es Ihnen gelingt, die Situation aufzulösen oder aber dem Anderen möglichst sanft Einhalt zu gebieten. Gehen Sie hier wiederum nach dem Motto vor, erst sanft, dann härter reagieren. Dazu stehen Ihnen in aufsteigendem 'Härtegrad' unterschiedliche Möglichkeiten zur Verfügung:

- **Sachlich nachfragen**
  Sie können die Aussage auch als solche ernst nehmen und sachlich nachfragen: „Und was genau ist Ihre Frage?“ oder „Welcher Aspekt hiervon ist mir als Frau Ihres Erachtens hierbei nicht zugänglich?“
- **Verständnis zeigen**
  Je nach Angriff ließe sich mit Verständnis für die Situation des Betreffenden reagieren. So könnten Sie auf die Aussage „Ich persönlich halte Ihre Interpretation für (völlig) übertrieben.“ reagieren mit „Ich verstehe, dass dieses Ergebnis Sie verwundert; allerdings lässt es sich durchaus erklären und nachvollziehen, wenn man bedenkt, ...“.
- **Humorvoll aufgreifen**
  Je brutaler ein Angriff, desto besser wirkt aufgrund der Kontrastwirkung der Einsatz von Hu-

mor; doch Vorsicht, er enthält häufig auch bereits eine Gegenprovokation. Beispielsweise könnten Sie auf die Aussage „Das können Sie als Frau nicht beurteilen" antworten, „Da bin ich ja froh, dass ich das bis heute nicht geahnt habe!" oder „Sie haben recht, dafür bin ich einfach zu intelligent!". Beides wären humorvolle Antworten, letztere allerdings bereits mit einer (leichten) Gegenprovokation.

- **Sich naiv stellen**
  Bei persönlichen Attacken können Sie sich durchaus auch naiv stellen und beispielsweise auf den Kommentar „Das können Sie als Frau nicht beurteilen." mit einem naiven „Oh weh, wenn ich das als Frau nicht beurteilen kann, wer von Ihnen kann's mir dann nur erklären?" reagieren.

- **Den anderen deutlich in seine Schranken weisen, bis hin zur Gegenattacke**
  Wenn Sie Ihrem Kontrahenten deutlich machen wollen, dass er seinen Kompetenzbereich erheblich überschritten hat, sollte das wohl dosiert geschehen, sodass Sie zwar den Punkt treffen, aber keine weitere Eskalation in Gang setzen.
  Überzogen würden Sie in diesem Sinne agieren, wenn Sie die Aussage „Nun stellen Sie sich doch nicht so an." kommentieren würden mit den Worten „O.k., wenn Sie dann auch aufhören könnten, sich anzustellen, dann können wir ja weiter machen!". Da Gegenattacken wie diese in der Regel bereits so viel aggressiven Unterton enthalten, dass sie maximal den Anderen einschüchtern, auf ein Publikum aber nicht souverän wirken, wäre von diesen eher abzusehen. Angemessener wären hingegen klare Ansagen wie „Bitte seien Sie so gut und lassen Sie Aussagen dieser Art [bspw. unterhalb der Gürtellinie, persönliche Anspielungen oder anzügliche Kommentare] weg." oder und „Gerne beantworte ich Ihre Fragen, wenn diese ... [bspw. vorwurfsfrei, sachlich, höflich] formuliert sind.".

10.2.5 Lang- und Vielredner

Und dann war da noch der nette ältere Kollege, der sich für eine Frage meldet, erst mal aufsteht, sich vorstellt, Luft holt und dann beginnt, von seinen Forschungsleistungen aus den Siebzigern zu erzählen. Die ersten Minuten vergehen, Sie hoffen, er käme auf den Punkt. Aber was passiert: Er steigert sichtlich sein Sprechtempo, um nochmals richtig auszuholen. Ein Langredner! Oder kennen Sie jenen, der sich bei jeder nur erdenklichen Gelegenheit (eine Frage, eine Atempause Ihrerseits) meldet und zu reden beginnt? Ein Vielredner! Was können wir hier unternehmen, um nicht allzu unhöflich zu wirken, sowohl die lang als auch häufig Redenden (nachfolgend der Einfachheit halber: Vielredner) aber dennoch zum Stoppen zu bringen?

Hinter 'viel reden' steckt oft der Wunsch, anerkannt und ernst genommen zu werden bzw. sich die eigene Einsamkeit von der Seele zu reden. Dieses Bedürfnis sollten Sie berücksichtigen oder sogar befriedigen, da Sie den Vielredner sonst kaum ins Boot bekommen.

Was Sie tun können:

- Sprechen Sie Vielredner mit Namen an. Die Verwendung des Namens wirkt wie ein 'Stopper'. Sprechen Sie dabei mit fester und bestimmter Stimme.
- Unterbrechen Sie den Redefluss mit Formulierungen, die Wertschätzung ausdrücken – ohne Wertschätzung geht nichts! Beispielsätze wären: „Herr ABC, Sie haben da gerade etwas ganz Wichtiges angesprochen. Lassen Sie uns dies vertiefen und ..." oder „Herr ABC, schön, dass Ihnen dies so am Herzen liegt, da könnten wir gleich gemeinsam ansetzen und ..."
- Haken Sie mit geschlossenen Fragen ein. Führen Sie den Vielredner bei Ausweichmanövern mit geschlossenen Fragen zum Kernthema zurück: „Habe ich Sie richtig verstanden, dass ...?",

„Wollen Sie damit sagen, dass...?" Und lassen Sie ihm nach einem „Ja" keine Chance zum Weitersprechen, sondern reden *Sie* weiter.

- Zeigen Sie ihm den Nutzen Ihrer Unterbrechungen auf. Sagen Sie ihm, warum er Ihnen zuhören sollte, beispielsweise auf diese Weise: „Herr xy, damit uns die vielen interessanten Punkte, die Sie angesprochen haben, nicht verloren gehen, lassen Sie uns nochmals zusammenfassen, also, ..."
- Aktiv zuhören sollten Sie ausnahmsweise nur sparsam verwenden, um den Redeschwall nicht zu vergrößern und eher die Punkte 'Umgang mit Killerphrasen' und Zusammenfassen einsetzen.
- Vermeiden Sie Gesprächsstörer und Verhaltensweisen wie Augenverdrehen, Seufzen, Stöhnen, ein süffisantes Lächeln oder ähnliche genervte Reaktionen. Diese sind aus mehreren Gründen nicht wirklich hilfreich. Zum einen ist ein Vielredner meist schlecht darin, nonverbale Signale zu bemerken und sie so zu deuten, wie Sie sie gemeint haben. Viel bedeutsamer ist allerdings, dass solche Verhaltensweisen nicht wertschätzend sind und damit ohnehin nicht verwendet werden sollten. Außerdem sind sie auch noch kontraproduktiv, da sie für Ihr Hauptproblem, den Vielredner durch das Stillen seines Bedürfnisses verstummen zu lassen, keine Abhilfe schaffen. Stattdessen geben Sie Ihm noch mehr Futter, da er sich ja nicht verstanden und anerkannt fühlt.

10.2.6 Ungewollte Pausen

Kennen Sie das: Sie selbst verlieren Ihren roten Faden, machen schließlich eine Pause, in der Sie verzweifelt nach einer logischen Fortsetzung Ihres Satzes oder Vortrags suchen – doch Sie finden sie nicht und die Pause scheint schlicht nicht enden zu wollen?

- Generell gilt: Sie vermeiden am besten, dass Sie den Faden verlieren, wenn Sie sich die ersten Sätze Ihrer Präsentation / Ihres Vortrags aufschreiben und vor allem die Überleitungen ausfeilen.
- Gewinnen Sie Zeit, indem Sie Füllsätze verwenden wie „Meine lieben Kollegen" oder „Damen und Herren".
- Greifen Sie das vorherige Thema erneut auf, so kommen Sie selbst wieder in den Redefluss.
- Fassen Sie die Kernaussage des Gesagten noch einmal zusammen; so runden Sie das Bisherige einfach ab und können mit dem nächsten Thema weiter machen.
- Paraphrasieren Sie, indem Sie mit Satzfragmenten wie „Lassen Sie es mich anders sagen." oder „Besser gesagt, ..." das bereits Gesprochene mit anderen Worten wiederholen oder weiterführen und so für sich den Faden wiederfinden.
- Heben Sie hervor, dass Sie später noch einmal auf dieses Thema zurückkommen werden.
- Ihr Vorteil ist, dass Sie wahrscheinlich der einzige im Raum sind, der merkt, dass Sie gerade nicht weiter wissen – niemand im Publikum kennt Ihr Konzept wirklich und so können Sie ganz beruhigt auch einfach von etwas anderem weiterreden.
- Und wenn all das oben Genannte nicht hilft, dann können Sie immer noch das Publikum direkt ansprechen, um den Faden zu finden („Oops und prompt hab ich den Faden verloren, haben Sie ihn gesehen? Nein, im Ernst, können Sie mir gerade weiterhelfen? – Was habe ich zuletzt gesagt?").

Wenn Ihr Publikum nicht reagiert bzw. Ihre Teilnehmer mal nicht weiter wissen.
Erinnern Sie sich vielleicht auch an eine Situation, in der Sie eine wohlüberlegte Frage an das Publikum stellen, als Antwort jedoch nur fragende Gesichter oder gesenkte Köpfe bekommen? Niemand antwortet Ihnen und die Sekunden, die vergehen, kommen Ihnen vor wie Stunden? Reagieren Sie auf jeden Fall nicht eingeschnappt oder konsterniert, das isoliert Sie vom Publikum und schadet Ihrer Wirkung (vgl. Abschnitt 10.1.1, Die eigene Selbstsicherheit). Als alternative Reaktionsmöglichkeiten bei einer solch ungewollten Pause bieten sich an:

- Pausen können auch Denkpausen, also sinnvolle Pausen sein. Des Weiteren sind Teilnehmer häufig gewöhnt, dass - wenn sie nur lang genug abwarten und passiv bleiben - Referenten die Antwort selbst geben. Solange Sie beim Abwarten aufmerksam in die Gesichter blicken, wirkt es auffordernd und auch beabsichtigt und nicht so, als wüssten Sie nicht weiter.
- Halten Sie das Schweigen aus.
- Klären Sie nach einiger Zeit das Verständnis: „Ist die Frage / Aufgabenstellung klar?“ oder „Was benötigen Sie noch, um an dieser Frage weiterzuarbeiten?“.
- Geben Sie als erste Hilfestellung einen Lösungsansatz vor und lassen Sie dann die Zuhörer weitermachen. Loben und bestätigen Sie die ersten zaghaften Reaktionen.
- Seien Sie flexibel und versuchen Sie es mit einem weiteren Beispiel, einer alternativen Fragestellung oder zu einem anderen Zeitpunkt wieder - auch das Zusammenspiel von Redner und Zuhörer muss sich etablieren.

FAZIT 'UMGANG MIT SCHWIERIGEN PRÄSENTATIONSSITUATIONEN'

Prävention

Die Auftretenswahrscheinlichkeit von Störungen lässt sich minimieren, wenn Sie von vornherein folgende Aspekte berücksichtigen bzw. gut vorbereiten:

Die eigene Person betreffend

- Angemessene Kleidung tragen
- Keinen / wenig Dialekt sprechen
- Wertschätzung gegenüber anderen zeigen
- Über Selbstsicherheit verfügen bzw. daran arbeiten
- Begeisterung ausstrahlen

Die eigene Präsentation betreffend

- Angenehmen Raum und Atmosphäre gestalten
- Struktur haben
- Angemessene Medien wählen
- Funktionierende Technik sicherstellen
- Zeitmanagement im Griff haben

Das Miteinander mit den Teilnehmern betreffend

- Interesse der Teilnehmer treffen
- Spielregeln vereinbaren und einhalten

Intervention

Die Eskalation von Störungen lässt sich minimieren, wenn Sie auf eine Störung adäquat reagieren und diesbezüglich vorbereitet sind. Typische Störgrößen, die Sie reflektieren und an die Sie Ihr Verhalten bzw. die Rahmenbedingungen entsprechend anpassen sollten, sind:

- Das eigene Lampenfieber
- Einwände und störende Fragen
- Unruhe im Plenum
- Angriffe und Beleidigungen
- Lang- und Vielredner
- Ungewollte Pausen

Teil III: Lehre

„Man soll Denken lehren, nicht Gedachtes."

Cornelius Gurlitt

Gehören Sie auch zu denen, die sich oft sagen: „Ach herrje, jetzt habe ich schon wieder Vorlesung, wann komme ich denn endlich zum eigentlichen Arbeiten?" – nur allzu nachvollziehbare Gedanken. Berücksichtigen Sie jedoch, dass die Lehre ein wesentlicher Teil Ihrer Arbeit ist. Wenn Sie diesen nur als lästig wahrnehmen, wird er nicht weniger, schmälert aber Ihre Lebensfreude und Ihre Arbeitszufriedenheit! Machen Sie sich Lust auf Lehre – man wird es Ihnen danken und auch Sie können durch dieses 'Mehr' an Lehrfreude nur profitieren! Lehre macht auch dann deutlich mehr Spaß, wenn sie gut strukturiert geplant ist, reibungslos sowie mit Niveau abläuft. Durch Ihr qualitativ anspruchsvolles und professionelles Agieren tragen Sie maßgeblich zur Leistungsstärke der Studierenden (bzw. deren Befähigung zur Entwicklung dieser Stärken) bei. Unterstützen Sie beide Seiten und statten Sie sich selbst sowie die Studierenden mit den nötigen Rahmenbedingungen aus, beispielsweise einem konstruktiven Lernklima, klar strukturierten, inhaltlich ansprechenden Lehrveranstaltungen, Lernzielvorgaben, durchdachten Leistungsrückmeldungen zur Leistungsverbesserung etc. Es gilt auch hier das alte Sprichwort: Man erntet, was man sät. Und ein Stück weit bekommen Sie die Studierenden, die Sie sich entwickeln: Wenn Sie das Einhalten von Vorgaben nicht konsequent einfordern, sondern Abweichungen tolerieren, bekommen Sie den Wildwuchs, den Sie zulassen.

Also: Gestalten Sie Ihren Lehrbetrieb professionell – nachfolgend finden Sie eine Reihe nützlicher Hinweise zu möglichen Maßnahmen hierzu. Diese erstrecken sich von der Planung eines neuen Studiengangs bis hin zum ganz normalen Lehralltag mit Seminaren und Leistungsbeurteilungen.

TEIL III: LEHRE	**Kapitel 11:** **Den Lehrbetrieb gestalten**
	Kapitel 12: **Anleitungen für Studierende und ihre zu erbringenden Leistungen**
	Kapitel 13: **Studentische Leistung bewerten**
	Kapitel 14: **Leistungsbewertung rückmelden**
	Kapitel 15: **Die eigene Lehre bewerten lassen (Lehrevaluationen durch Studierende)**

11 Den Lehrbetrieb gestalten

Sollte Sie jemand fragen, was die zentralen Aufgabenbereiche eines Professors sind, würden Sie vermutlich antworten: Forschung und Lehre – zwei zugegebenermaßen sehr komplexe Arbeitsbereiche. Dieses Kapitel widmet sich nun letztgenannten (bezüglich Forschung siehe Teil IV). Um Ihren Lehrbetrieb effektiv und für alle Beteiligten erfolgreich zu führen, sollten Sie drei wesentliche Aspekte konstant im Auge behalten. Der erste bezieht sich auf die strategische Gestaltung des Lehrbetriebs, denn eine strategisch und strukturell gute Planung lässt Ihren gesamten Lehrstuhl professioneller und vor allem effizienter agieren (vgl. Abschnitt 11.1). Der zweite Aspekt richtet sich auf Ihren Umgang mit den Studierenden. Ein gutes Miteinander ist die Basis jeder Zusammenarbeit. Stimmt diese nicht, wird das Unterrichten unnötig erschwert (vgl. Abschnitt 11.2). Drittens gilt es, eine konsequente Qualitätssicherung zu betreiben, die Ihnen einerseits den stets richtigen Einsatz Ihrer Ressourcen gewährleistet und andererseits zum guten Image des Instituts beiträgt (vgl. Abschnitt 11.3).

<table>
<tr><td rowspan="3">KAPITEL 11:
DEN LEHRBETRIEB GESTALTEN</td><td>11.1
Gedanken zu Strategie und Strukturierung des Lehrbetriebs</td></tr>
<tr><td>11.2
Miteinander von Dozenten und Studierenden in der Lehre</td></tr>
<tr><td>11.3
Qualitätssicherung in der Lehre</td></tr>
</table>

11.1 Gedanken zu Strategie und Strukturierung des Lehrbetriebs

Wenn Sie den Begriff 'Lehre' hören, was assoziieren Sie dann damit? Die Prüfungen? Ihre Vorlesung bzw. die Seminare Ihrer Mitarbeiter? Oder die zu vermittelnden Inhalte? All dies gehört in der Tat zur Lehre und es gilt, aus diesen einzelnen Teilen ein Ganzes zu machen, ihm eine Struktur zu geben, sodass alles aufeinander abgestimmt ist. Für eine solche Gesamtstruktur sind folgende Teilbereiche zu berücksichtigen:

- Die Vermittlung von fachlichen Inhalten in den jeweils vorgesehenen Lehrformen (siehe vorliegender Abschnitt 11.1), inklusive der dazugehörigen Sicherung der Qualität der Lehre (siehe Abschnitt 11.3 sowie Hinweise zum Umgang mit Lehrevaluationen in Kapitel 15)
- Die Anleitung von Studierenden zum wissenschaftlichen Arbeiten sowohl in der Methodik (siehe Kapitel 12) als auch in der Fähigkeit zu wissenschaftlichem Diskurs und entsprechend kritischer Reflexion
- Die Kontrolle der Lernerfolge im Sinne des Prüfens und des Bewertens studentischer Leistungen (siehe Kapitel 13)
- Das Rückmelden der Leistungsbewertungen im Sinne eines Feedbacks (siehe Kapitel 14)

Nachstehend werden Aspekte, die es bei der Gestaltung eines Lehrbetriebs zu beachten gilt, vorgestellt. Hierzu gehören Aspekte, die bei der Planung eines Studienverlaufs bzw. der Module und Lehrveranstaltungen zu berücksichtigen sind (Abschnitte 11.1.1 und 11.1.2) sowie Hinweise zum Einsatz mit Lehrenden (Abschnitt 11.1.3).

11.1.1 Planung des Studienverlaufs und der Module

Bevor Sie als (neuer) Lehrstuhlinhaber damit beginnen, ein Lehrkonzept zu erstellen, sollten Sie sich einen Überblick über entsprechende Vorgaben, Richtlinien und mögliche Freiheitsgrade in der Planung, Erstellung und Durchführung von Lehrveranstaltungen verschaffen. Aber auch erfahrene Dozenten müssen Ihre Lehrveranstaltungen von Zeit zu Zeit immer wieder einmal überdenken, beispielsweise im Falle universitärer Veränderungen wie der Umstellung auf einen Bachelorstudiengang, der Schaffung eines neuen Studiengangs oder bei technischen Veränderungen wie der Umstellung auf stärker internetbasierte Lehrveranstaltungen. Nachstehend finden Sie für Ihre Konzeptionen wichtige Aspekte.

RAHMENBEDINGUNGEN

Formale / strukturelle Aspekte. In Ihrer Fakultät / Ihrem Fachbereich wird es einen oder mehrere Studiengänge geben, in die Sie Ihre Fachinhalte einbringen (bspw. Lehrexport oder -import von anderen Fakultäten). Jedem dieser Studiengänge liegt ein Studiengangskonzept zugrunde (ggf. finden Sie an Ihrer Hochschule andere Begriffe dafür wie Mantelnote und Studiendokumentation), in welchen für den gesamten Studienverlauf Lehrinhalte in sog. Modulen zusammengestellt werden. Im Idealfall wird jeder Studiengang aus einem Strategieplan bzw. einer Vision der Universität abgeleitet (bspw. gemäß der Frage „Was sollen Forschungs- und Lehrportfolios der Fakultät sein?"). Die Module wiederum bestehen aus einzelnen Lehrveranstaltungen (siehe Abbildungen 11.1 und 11.2). Für jedes Modul sind Lernziele benannt und die Prüfungsform festgelegt, seien es eine Gesamtprüfung oder Teilprüfungen in bzw. zu den einzelnen Lehrveranstaltungen. Weitere organisatorische Einzelheiten wie Wiederholung einer Prüfungsleistung etc. regeln entsprechende Studien- und Prüfungsordnungen. Derartige formale und strukturelle Randbedingungen sind für Sie im Rahmen der Konzeption der Lehrveranstaltungen verbindlich.
Hinweis: Diejenigen unter Ihnen, die an der Entwicklung neuer Studiengänge beteiligt sind oder diese sogar federführend vorantreiben, müssen des Weiteren die dazugehörigen Studien- und Prüfungsordnungen (mit-)erstellen und sich auf einen möglichen Akkreditierungsprozess vorbereiten (vgl. Abschnitt 11.3, Akkreditierung).

Inhaltlich / fachliche Aspekte. Das Fach, das Sie in Lehre (und Forschung) an Ihrer Hochschule vertreten, ist innerhalb oben genannten Rahmenbedingungen von Ihnen inhaltlich in Module und diese wiederum in Lehrveranstaltungen aufzubereiten. Bezüglich dieser Modulaufteilung ergeben sich starke Unterschiede zwischen einzelnen Fächern. So werden manche Lehrstühle nur ein Modul bereit stellen, während andere vielen Modulen einzelne Lehrveranstaltungen zuliefern und wieder andere mit ihrem Lehrstuhl einen gesamten Studiengang abdecken.
Hinweis: In einigen Fächern existieren von fachpolitischen Gremien erarbeitete Regelwerke, die Anforderungen an die Lehre des entsprechenden Faches vorgeben. Diese sollten Sie in Ihrer Lehrplanung berücksichtigen. So richtet sich die Lehre im Fach Bauphysik beispielsweise am sog. Memorandum Bauphysik aus, welches von der 'Ständigen Konferenz der Hochschullehrer für Bauphysik' erstellt wurde.
Die von Ihnen konzipierten (Teil-)Module sind in die jeweiligen Studiengangskonzepte zu integrie-

ren. Dabei kann es vorkommen, dass Sie gesamte Module einbringen oder aber nur einzelne Lehrveranstaltungen zu Modulen beitragen; ebenso kann es sein, dass Sie Modulverantwortlicher sind oder lediglich einem modulverantwortlichen Kollegen zuarbeiten. Unter Berücksichtigung der Vorgaben der Universitätsverwaltung ist eine Modulbeschreibung zu erstellen. Üblicherweise haben Sie dabei die Modulbezeichnung, den Modulverantwortlichen, die Lernziele sowie -inhalte, des Weiteren für jede Lehrveranstaltung die Form der Veranstaltung (z.B. Vorlesung, Seminare) mitsamt ihren Semesterwochenstunden, der Art der Prüfung (bspw. Hausarbeit, Klausur, mündliche Prüfung) sowie die ECTS zusammenzustellen.

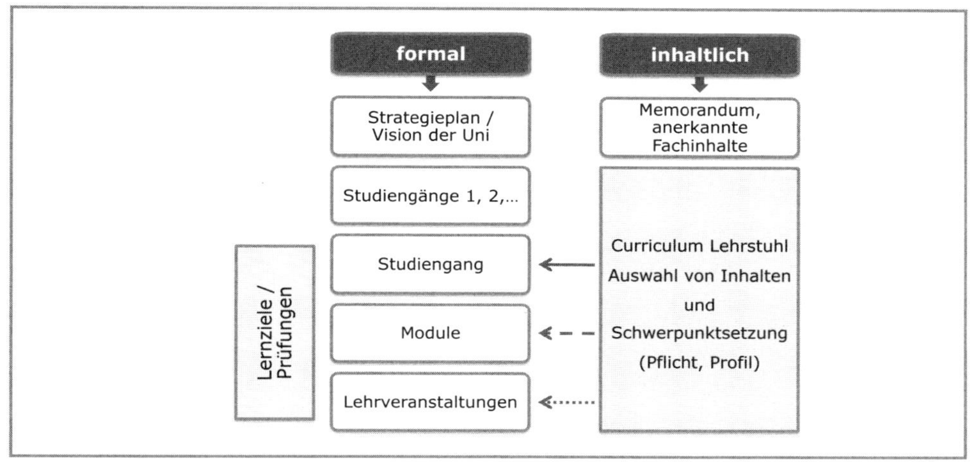

Abb. 11.1. Übersicht des Zusammenspiels struktureller und inhaltlicher Aspekte bei der Bereitstellung von Lehrveranstaltungen, Modulen bzw. Studiengängen.
Anmerkung: Links dargestellt ist die formale Einbindung einer Lehrveranstaltung in ein Modul, das wiederum ein Baustein eines Studiengangs darstellt. Studiengänge können sich an einem Strategieplan oder einer Vision einer Universität orientieren. Als Lehrstuhl haben Sie die Möglichkeit, basierend auf den o.g. diversen Rahmenbedingungen, Ihre Lehrinhalte in Veranstaltungen und Module einzubringen oder Module sowie ggf. Studiengänge zu entwickeln. Memoranden oder Ihr Curriculum geben dabei Anhaltspunkte.

LOGISCHER UND ABGESTIMMTER AUFBAU

Sowohl bei der inhaltlichen Planung der Module als auch bei der Planung der einzelnen Lehrveranstaltungen ist darauf zu achten, dass sie jeweils aufeinander abgestimmt sind. Dies umfasst:

Den Studienverlauf insgesamt. In jedem Studiengang gibt es Lehrinhalte, die auch ohne Vorkenntnisse gelehrt werden können (z.B. typische Erstsemesterveranstaltungen) und andere, die auf vorhergehenden aufbauen (wie bspw. wenn zum Verständnis von Modul C der Besuch von Modul A benötigt wird). Zur Planung Ihrer Modulanordnung sollten Sie vor allem folgende Aspekte berücksichtigen:

- **Basiswissen.** Der Studierende muss über Grundkenntnisse (wie Begrifflichkeiten, Theorien, Konzepte) verfügen, um die wissenschaftlichen Zusammenhänge Ihres Moduls erfassen zu können.
- **Methodenwissen.** Ähnliches gilt für die anzuwendenden methodischen Grundlagen. Möchten Sie beispielsweise einen physikalischen Effekt mithilfe von Differentialgleichungen oder statisti-

schen Aussagen abbilden, müssen die Studierenden zuvor die entsprechenden mathematischen Grundlagen erlernt haben.

Es bietet sich an, einen folgerichtigen / geordneten Besuch der Veranstaltung durch Studierende über die Zulassungsvoraussetzungen zu den einzelnen Modulen sicherzustellen (erst wenn Modul A bestanden wurde, kann Modul C besucht und geprüft werden).

Ihr eigenes Modul. Innerhalb Ihres Moduls, für das Sie als Modulverantwortlicher zuständig sind, müssen die einzelnen Veranstaltungen ebenfalls aufeinander abgestimmt werden, beispielsweise können bei einem zweisemestrigen Modul zuerst die Vorlesung zu besuchen und danach in Seminaren Einzelthemen zu vertiefen sein. Dies können Sie durch entsprechende Zulassungsvoraussetzungen innerhalb des Moduls regeln oder zumindest Empfehlungen für die Studierenden aussprechen.
Ferner sollten Sie für jedes Modul **Lernziele** formulieren, die deutlich machen, was erreicht werden soll sowie woran erkennbar ist, dass die Ziele erreicht wurden. Nicht zuletzt sind pro Lehrveranstaltung bzw. insgesamt für das Modul die zu erbringenden Prüfungsleistungen festzulegen (schriftliche, mündliche, praktische Prüfung, Hausarbeit, Referat etc.; vgl. Kapitel 13).

Hinweis: Achten Sie sorgfältig auf das Zusammenspiel und die Abhängigkeiten einzelner Lehrveranstaltungen innerhalb eines Moduls und auch modulübergreifend. Es ist nicht nur unprofessionell, sondern auch eine Ressourcenverschwendung und für Studierende demotivierend, wenn ein Lehrplan inhaltliche Dopplungen enthält oder Modulinhalte auf bisher noch nicht (ausreichend) vermitteltem Wissen aufbauen. Insbesondere im fortlaufenden Lehrbetrieb, wenn einzelne Dozenten ihre Veranstaltungen überarbeiten oder erweitern, wird häufig vergessen, Abgleiche mit den Veranstaltungen der Kollegen vorzunehmen.

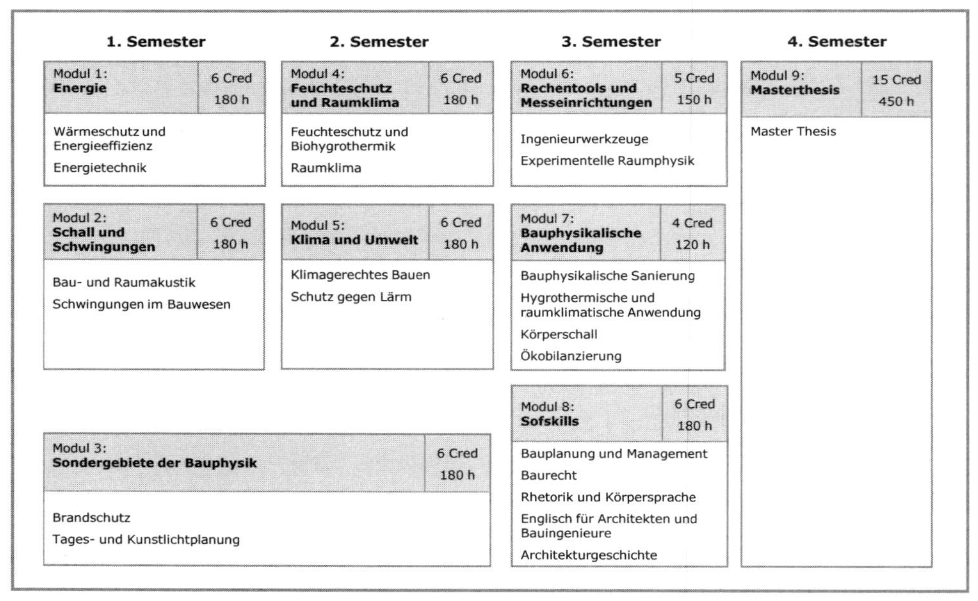

Abb. 11.2. Beispiel einer Studiengangs-Übersicht (Master-Online-Studiengang Bauphysik der Universität Stuttgart).

11.1.2 Vom Modul zur Lehrveranstaltung

AUSWAHL DER LEHRFORM

Zur Vermittlung der ausgewählten Themen und Inhalte stehen Ihnen unterschiedliche Lehrformen zur Verfügung. Die Entscheidung, ob Seminar, Vorlesung oder Kolloquien die richtige Form darstellen, sollte sich dabei stets an Lernziel und Inhalt der Veranstaltung orientieren (für eine Übersicht zur internetbasierten Lehre siehe grauer Kasten). Im Allgemeinen wird zwischen folgenden Varianten differenziert:

Vorlesungen. Hierbei handelt es sich um eine (im Laufe eines Semesters) regelmäßig (meist wöchentlich) stattfindende Veranstaltung im Hörsaal zu einem umgrenzten Thema (bspw. Sozialpsychologie oder Klimaschutz) unter Leitung eines Dozenten (in der Regel des Professors). Aufgrund der meist großen Teilnehmerzahl und dem typischerweise dominierenden Vortragscharakter sind Interaktionsmöglichkeiten mit den Studierenden sowie ein direkter Dialog mit diesen sehr eingeschränkt (vgl. Kapitel 7, Präsentations- und Vortragsgestaltung).

Seminare. Ein Seminar ist eine regelmäßige Veranstaltung (meist wöchentlich oder auch in Form eines mehrtägigen Blocks) unter Leitung eines Dozenten zu einem umgrenzten Thema, welches sich meist auf Vorlesungsinhalte bezieht und diese vertieft. Da diese Lehrform in einem kleineren Rahmen mit in der Regel bis zu 30 Personen stattfindet, kann hier interaktiver gelernt werden (über Referate, Diskussionen, Übungen) und lassen sich Fragen im direkten Dialog mit dem Dozenten klären.

Kolloquien. Kolloquium bedeutet 'fachliches Gespräch' und stellt gleich zweierlei dar: Zum einen eine Veranstaltung für Dozenten mit dem Ziel des fachlichen Austauschs über Diplomarbeiten, Habilitationen und andere Forschungsarbeiten in einem Fachkreis. Zum Zweiten kann ein Kolloquium aber auch eine Sonderform einer mündlichen Prüfung im Rahmen eines Seminars, Praktikums oder Tutoriums sein (bspw. in Biochemie: Kolloquium im Laborpraktikum).

Übungen. Übungen sind im Curriculum vorgesehene, z.T. scheinpflichtige Vertiefungsveranstaltungen zum Festigen und Anwenden von Wissen und Fertigkeiten. Im Rahmen des Physikstudiums werden z.B. Rechenaufgaben von den Studierenden selbständig vorbereitet und die Lösungswege in den Übungen unter Leitung eines Übungsleiters (meist eines wissenschaftlichen Mitarbeiters) vorgestellt sowie diskutiert.

Tutorien. Bei Tutorien handelt es sich um eine begleitende Veranstaltung (z.B. zu einer Vorlesung). Sie dienen dem Vertiefen oder Erlernen von Wissen, Fähigkeiten und oder Fertigkeiten innerhalb eines Faches unter Leitung eines oder mehrerer Studierenden höherer Semester (bspw. zur gezielteren Prüfungsvorbereitung, zum Anwenden bestimmter Wissensinhalte oder Methoden in Statistik oder zum Einüben bestimmter Fertigkeiten wie Mikroskopieren in Biologie).

Praktika. Ganz allgemein bezeichnet ein Praktikum eine auf eine bestimmte Zeit begrenzte praktische Vertiefung zuvor erworbener theoretischer Kenntnisse bzw. das Erlernen von Fähigkeiten und Fertigkeiten in praktischer Anwendung (sog. prozedurales Wissen). Hierbei können interne Praktika, d.h. Praktika als Lehrform an der Universität (wie Laborpraktika in der Biochemie oder Experimentalpsychologische Praktika in der Psychologie) sowie externe Praktika, d.h. Praktika in einer Organisation im Sinne eines Berufspraktikums, gemeint sein (z.B. ein Physikstudent als Forschungspraktikant an einem Fraunhofer-Institut oder ein BWL-Student als Praktikant in der Personalabteilung eines Konzerns).

Exkursionen. Eine Exkursion ist eine wissenschaftliche Bildungsreise zur Vertiefung von Kenntnissen, die mit einem Lehr- und Lernziel in Verbindung stehen. Unter Leitung eines Dozenten finden so Reisen zu beispielsweise einem relevanten Forschungsinstitut, einer Klinik, einem Wirtschaftsunternehmen, einem Museum oder aber zu einer Vorlesung an einen anderen Ort statt.

Eine Lehrveranstaltung zu planen heißt nicht nur, sich gut aufeinander aufbauende Inhalte und einen stimmigen Semesterverlauf zu überlegen. Vielmehr gilt es auch, als Dozent ein ebenso einfaches wie wirksames Prozedere der Lehrveranstaltungen zu entwickeln (bspw. Organisation, Zulassung, Zeitfenster) und den Studierenden gute Lernvoraussetzungen zu verschaffen. Neben einem entsprechenden Miteinander (vgl. Abschnitt 11.2) gehört dazu, dass Sie die Organisation rund um die Lehrveranstaltung festlegen und prüfen, Leistungsanforderungen vorgeben und didaktisch vorgehen. Was das jeweils bedeutet, werden Ihnen die folgenden Ausführungen näher bringen.

ZEITLICHE STRUKTUR DER LEHRVERANSTALTUNG

Bei der Planung Ihrer Lehrveranstaltungen legen Sie auch deren **Turnus** fest. Sollte dies mit den Vorgaben Ihrer Universität vereinbar sein, so können Sie neben den wöchentlichen Veranstaltungen auch sog. Blockseminare oder -vorlesungen wählen. Geblockte Lehrveranstaltungen (bspw. alle 14 Tage doppelt so lang oder als ein einziger Block an mehreren aufeinanderfolgenden Tagen im Semester) bieten sich an, wenn ...

- komplexe zusammenhängende Inhalte vermittelt werden müssen,
- experimentelle oder andere aufwändige Aufbauten benötigt werden,
- lang andauernde Gruppenprozesse (gemeinsame Gruppenarbeit, gruppendynamische Entwicklungen) Veranstaltungsgegenstand sind,
- der Veranstaltungsort schwierig zu erreichen ist (bspw. Labor- oder Supervisionsräume in einer weiter entfernten Klinik) und die Studierenden durch die Blockung seltener diese Anfahrten haben oder
- Reisezeiten zu berücksichtigen sind (bspw. wenn Lehrbeauftragte aus anderen Städten entsprechende Anreisen haben).

Beachten Sie bei der Planung geblockter Lehrveranstaltungen neben den Vorschriften der Universität, dass ggf. auch Studierende anderer Studiengänge oder 'Nebenfächler' zur Teilnahme vorgesehen sind und auch für diese das Wahrnehmen der Termine (möglichst überschneidungsfrei) machbar sein muss.

Wenn es dann ganz konkret an die Erstellung des Zeitplans geht, achten Sie darüber hinaus darauf, dass ...

- lehrstuhlintern und -extern mögliche **terminliche Überschneidungen** vermieden werden. So sollte beispielsweise zwischen zwei Veranstaltungen, die zeitlich hintereinander angeboten werden, genügend Zeit für einen Hörsaalwechsel eingeplant sein (an vielen Hochschulen werden Veranstaltungen in verschiedenen Teilen der Uni angeboten, die oftmals weit auseinander liegen und ein Pendeln mit öffentlichen Verkehrsmitteln erforderlich machen). Im Falle einer von der Hochschule zentral durchgeführten Terminplanung sollten Sie deren Vorgaben überprüfen und ggf. anpassen lassen.
- Ihre Lehrveranstaltungen korrekt (mit Titel, Ort, Zeit und Lehrpersonen) in das allgemeine sowie in das kommentierte **Vorlesungsverzeichnis** eingetragen werden.

VORGABE VON LEISTUNGSANFORDERUNGEN, STANDARDS UND STRUKTUR

Wenn Sie Ihre Lehre planen und durchführen, sollten Sie strukturiert vorgehen (vgl. Kapitel 2, Persönliche Arbeitsmethodik). Dazu gehört neben einer soliden **inhaltlichen Strukturierung**, dass Sie mit guten Materialien (dann hat Arbeiten einfach mehr Qualität) und mit dem nötigen Zeitpuffer in die Veranstaltung gehen (lassen Sie sich bspw. von Ihren HiWis vorab Raum und Technik, wie Mikrophon, Beamer etc. bereitstellen bzw. überprüfen). Zum anderen sollten Sie den Studierenden **organisatorische Struktur** geben: Das fängt bei einer klaren Semesterübersicht an und setzt sich mit jeder einzelnen Lehrveranstaltung fort; d.h. Sie übernehmen die Vorbildfunktion: Sie treten strukturiert auf, gehen 'in Vorleistung' mit klar nachvollziehbaren Themen- und **Leistungsanforderungen**, die dann in aller Regel auch entsprechende Folgeprozesse nach sich ziehen (wie bspw. vorbereitete Studierende in der Seminarbesprechung, strukturierte Referate und durchdachte Diskussionsbeiträge).
Kurzum: Sie definieren die Standards und sorgen für deren Einhaltung – denn wenn Sie keine setzen oder deren Einhalten nicht nachverfolgen, überlassen Sie die Qualität dem Zufall, Ihre Studierenden können ins Schwimmen kommen und Bequemlichkeit kann sich breit machen. Geben Sie Ihren Studierenden durch Vorgaben (bspw. wie eine Abschlussarbeit gestaltet sein soll) und Leitfäden (bspw. in welcher Reihenfolge bei der Erstellung einer Abschlussarbeit am besten vorzugehen ist) Orientierung bezüglich Ihrer Leistungsanforderungen. Etablieren Sie auf diese Weise ein Qualitätsniveau, das allen Beteiligten gut tut und letztendlich auch Ihnen angesichts eines reibungsloseren Ablaufs mehr Spaß in der Lehre bereitet (vgl. Kapitel 12, Anleitungen für Studierende und ihre zu erbringenden Leistungen).

DIDAKTISCH DURCHDACHT VORGEHEN[20]

So simpel es auf den ersten Blick klingen mag, so schwierig ist es doch oft in der Umsetzung: Die Lehrveranstaltungen sind so zu planen, dass die vorgesehenen Inhalte auch zeitlich geschafft werden können. Dies betrifft sowohl die einzelne Veranstaltung als auch die gesamte Veranstaltungsreihe des Semesters. Es ist insbesondere darauf zu achten, dass der zu vermittelnde **Stoffumfang** den zugeordneten Semesterwochenstunden der Studierenden entspricht. Ferner sollten Sie für jede Lehrveranstaltung **Lernziele** formulieren, die nicht nur deutlich machen, was erreicht werden soll, sondern auch, woran erkennbar ist, dass es erreicht wurde.

Aktualität garantieren. Eine permanente Aktualisierung der Lehrveranstaltungen sollte für Sie selbstverständlich sein. Dies betrifft die Anpassung an thematische Veränderungen ebenso wie auch die Vermittlung des aktuellen Stands des Wissens (stete Berücksichtigung neuer Literatur und Befunde). Des Weiteren kann es durchaus auch für die Studierenden spannend sein, die Vorlesungsthemen durch aktuelle Forschungsergebnisse aus Ihrem Lehrstuhl zu ergänzen – vielleicht kommt so auch der eine oder andere Studierende auf eine Idee zu einer Abschlussarbeit. Nicht zuletzt umfasst Aktualität auch das aktuelle Zeitgeschehen: Greifen Sie Medienberichte und gesellschaftliche Ereignisse auf und zeigen Sie anhand derer die Relevanz Ihrer Themen auf – und Sie werden interessierte und motivierte Studierende haben!

Lehre als Interaktion verstehen: Studierenden Fragen stellen und ihnen Impulse geben. Lehre, insbesondere in der Form der Vorlesung, wird schnell zu einem Frontalunterricht, bei dem

---

[20] Zum didaktisch sinnvollen Aufbereiten von Lehrveranstaltungen finden sich ausgezeichnete Anleitungen in der Fachliteratur (vgl. auch Literaturempfehlungen in Kapitel 25).

der Studierende die Rolle des stillen Zuhörers oder reinen (vom Beamerbild) Abschreibenden übernimmt und damit zum passiven Konsumenten wird. Dozenten müssen daher über ein Methoden- und Verhaltensrepertoire verfügen, diese passive Haltung aufzubrechen und Studierende aufzuwecken, zu interessieren, zur Reflexion anzuregen und ihre Aufmerksamkeit zu halten. Doch wer von uns kennt es nicht, dass der gutgemeinte Versuch, eine Frage ans Publikum zu stellen, zu gähnendem Schweigen führte?
Als Alleinunterhalter (und das sind Sie als Dozent zumeist) Fragen zu stellen, die auch beantwortet werden und das Geschehen im gewünschten Sinne vorantreiben, ist nicht so einfach, wie es klingt. Wer Fragen stellt, muss sich zunächst überlegen, welche Funktion sie erfüllen sollen: Sollen sie eine neue Perspektive eröffnen oder aber zurück zum Thema führen; sollen sie nur wach rütteln oder aber eine breite Diskussion entzünden? Eine Übersicht zu den gängigen Fragearten und -funktionen findet sich im Abschnitt 9.2.

Den Transfer von Lehrinhalten sicherstellen. Lehrveranstaltungen sind nur so gut, wie sie auch sicherstellen, dass Studierende die Inhalte transferieren, d.h. die Inhalte auf die Prüfungs- sowie die künftige Berufssituation übertragen können. Eine ausführliche Darstellung zum Transfer von Vorträgen und Lehrveranstaltungen findet sich in Abschnitt 7.4.

Gute Lernmaterialien anbieten. Lernen macht den Studierenden mehr Spaß, wenn Sie ihnen gute Materialien zum Lernen oder Vor- bzw. Nachbereiten der Lehrveranstaltungen anbieten. Im Speziellen sind hier auch internetbasierte Systeme zu empfehlen. Sie könnten zu diesem Zweck beispielsweise einen entsprechenden Service- und Downloadbereich auf Ihrer Homepage einrichten (als allgemeine Seite oder aber bezogen auf jede einzelne Lehrveranstaltung; vgl. Abschnitt 21.3, Internetauftritt). Zu den Lehrveranstaltungen können Sie die Folien Ihrer Vorlesung bzw. die Seminarpräsentationen der Teilnehmer, ggf. dazugehörige Handouts oder Skripte, Semesterübersicht inklusive Literaturempfehlungen und Pflichtliteratur, ggf. weiterführende Inhalte wie Übungen oder Anwendungsbeispiele, Videos, interessante Links zum Thema u.v.m. anbieten. Zum anderen könnten Sie auch internetbasierte Lernplattformen für Ihr Institut in Erwägung ziehen (siehe grauer Kasten zur Internetlehre).
Bedenken Sie: Ein gutes Angebot an Lernmaterialien ermöglicht gut vorbereitete Studierende und diese wiederum erleichtern schlussendlich auch Ihre eigene Lehrsituation. Im Falle gut vorbereiteter Studierender sind deren Beiträge insgesamt auf höherem Niveau, sodass Sie als Dozent weniger mithelfen bzw. fehlendes Wissen kompensieren müssen; fachliche Diskussionen fallen allen leichter, sodass Sie als Dozent weniger allein unterhalten bzw. moderierend anschieben müssen und schließlich gehen die Beiträge mehr in die Tiefe, sodass sie gewinnbringender für alle Beteiligten sind.

INTERNETLEHRE

Der Einsatz neuer Medien und Techniken wird zu einem immer wichtigeren Bestandteil der Hochschulausbildung – nicht nur für den Lernenden, sondern auch für den Lehrenden. Das Lehren mit modernen Medien wird unter dem Oberbegriff **Internetlehre** zusammengefasst und beschreibt eine Form des Lehrens, bei der elektronische oder digitale Medien für die Präsentation und Verbreitung von Lernmaterialien genutzt werden. Weiterhin wird mittels entsprechender Medien der Austausch studienrelevanter Informationen angeregt, ermöglicht und erweitert. Ein weiterer, in diesem Zusammenhang häufig genutzter Begriff ist der des **Blended Learning.** Blended Learning steht für 'gemischtes Lernen' bzw. die Kombination aus Präsenz- und Internetlehre und bildet quasi die Überschrift für unterschiedlich hohe Gewichtungen / Anteile moderner Medien und deren Formen:

- **Tele-Teaching.** Werden (Video-)Aufzeichnungen von Vorlesungen im Internet zugänglich gemacht, wird dies als Tele-Teaching bezeichnet. Programme wie Lecturnity sind speziell zur Aufzeichnung, Bearbeitung und Veröffentlichung von Bildschirmpräsentationen, Vorlesungen und sonstigen Vortragsformen entwickelt worden (nähere Information und Downloads finden Sie im Internet). Solche Aufzeichnungen ermöglichen folglich das Hören von Vorlesungen zu jeder Zeit, an jedem Ort sowie das Erreichen einer großen Zuhörerschaft. Darüber hinaus gibt es im Rahmen des Tele-Teachings auch Methoden der Lifeübertragung, bei denen der Lehrende und die Studierenden durch Video oder Audio miteinander verbunden sind und ein direkter Austausch stattfinden kann.
- **Web Based Training.** Das Web Based Training stellt eine Erweiterung des Tele-Teachings dar, bei dem der zeitlich und räumlich flexible Zugriff nicht nur auf die Veranstaltungsaufzeichnungen (vgl. Tele-Teaching), sondern auch auf weiteres Material zu der Lehreinheit (wie Übungsaufgaben, Simulationen, Hintergrundinformationen) besteht. Im Rahmen dieser Lernform erfolgt der Austausch zwischen Studierenden und Lehrenden (als auch unter den Kommilitonen) über E-Mail, Chat und Diskussionsforen. Der zentrale Vorteil des Web Based Trainings liegt in der Möglichkeit eines auf die Bedürfnisse des Einzelnen abgestimmten Lernens, da das Lerntempo, die Reihenfolge der Lerninhalte und die Wiederholung oder das Überspringen einzelner Einheiten vom Studierenden selbstbestimmt werden können. Diese Form des Lernens fördert das Selbststudium, (er-)fordert jedoch gleichzeitig eine hohe Selbstdisziplin und gute Selbstmanagementfähigkeiten vom Studierenden.
- **Online-Kurse** sind webbasierte Lernprogramme bzw. Tutorien im Inter- bzw. Intranet, bei denen die Wissensvermittlung durch Texte, Videos, Grafiken, Audiobeiträge und Simulationen erfolgt. Anhand eines Navigationsprogramms wird der Studierende durch aufeinander aufbauende Module geleitet. Im Gegensatz zum Web Based Training, das ein ergänzendes Lernangebot darstellt, ist hier explizit eine Leistungsbewertung vorgesehen.
- **Learning-Management-Systeme (LMS).** An einigen Universitäten sind inzwischen sog. LMS anzutreffen. Diese Lernplattformen dienen in der Regel nicht nur zur Bereitstellung von Lerninhalten, sondern ermöglichen ein erweitertes Kursmanagement (einschließlich Personen- und Rechteverwaltung). Verschiedene Kommunikationstools, die das LMS mitbringt, wie Wikis (= ein offenes Autorensystem für Webseiten), Foren, Chatfunktionen und E-Mail dienen der interaktiven Vernetzung sowohl der Studierenden untereinander als auch zwischen dem Dozenten und den Studierenden. Inhalte auf der Plattform können auch nur für einen bestimmten Personenkreis freigegeben werden, beispielsweise speziellen Kursteilnehmern. Da die Betreuung und der Betrieb des LMS in der Regel zentral am Rechenzentrum erfolgt, sind Effizienz, Nachhaltigkeit und maximale Ausfallsicherheit optimal gewährleistet.

Zusammenfassend birgt die Internetlehre viele Vorteile für die Lehrenden und Lernenden. Vor allem für das Fernstudium und das berufsbegleitende Studium ist sie eine wichtige Lehrform. So ermöglicht sie den Studierenden, sich im Vorfeld zeit- und ortsunabhängig auf den in der Lehrveranstaltung zu behandelnden Lehrinhalt vorzubereiten oder den bereits vermittelten Lehrstoff nachzuarbeiten, zu vertiefen und besser zu verstehen. Allerdings können sich die Vorzüge dieser Lehrform nur zeigen, wenn eine gewisse Medienkompetenz der Lernenden und auch der Lehrenden vorausgesetzt wird, das Material gut aufbereitet ist und die Navigation benutzerfreundlich gestaltet wird. Die diversen Nachteile der neuen Medien (wie bspw. kein persönlicher Kontakt, kein spontanes Eingehen auf aktuelle Fragen der Studierenden durch den Dozenten) sollte gut abgewogen und ihr Einsatz entsprechend sinnvoll und ergänzend zur traditionellen Lehre gehandhabt werden.

11.1.3 Personaleinsatz in der Lehre – Auswahl und Förderung

Bei all dem, was Sie seitens Ihres Lehrstuhls oder Ihrer Professur in der Lehre abzudecken haben, gilt es, das Zusammenspiel aller Beteiligten (Studierenden, Mitarbeiter, Verwaltung) und Aufgaben zu koordinieren und zu managen. Bedenken Sie, dass Sie als Lehrstuhlinhaber für das einstehen, was an Lehre in Ihrer Arbeitseinheit angeboten und mit welcher Qualität dieses durchgeführt wird. Wenn Sie hier anspruchsvolle Maßstäbe setzen – und dazu sei Ihnen geraten – müssen Sie Ihre Lehrenden sorgfältig auswählen und sie vor allem so unterstützen, dass sie gut agieren können. Nur so können Sie und Ihr Lehrstuhl letztlich als Gesamtheit erfolgreich dastehen. In Bezug auf den Personaleinsatz in der Lehre sollten Sie auf folgende Punkte Wert legen:

ZUORDNUNG DER DOZENTEN ZU LEHRVERANSTALTUNGEN

Vergegenwärtigen Sie sich das **Lehrdeputat**, das von Ihrem Lehrstuhlpersonal insgesamt pro Jahr gefordert wird. Haben Sie sich schon einmal Gedanken darüber gemacht, wem Ihres Lehrpersonals Sie welche konkrete Lehrveranstaltung übergeben? Oder überlassen Sie diese Zuordnung ausschließlich den Vorlieben Ihrer Mitarbeiter oder aber dem Organisationstalent Ihrer Sekretärin? Bei der Zuordnung von Mitarbeiter und Lehrveranstaltung sollten Sie beachten, dass Lehrveranstaltungsform (Vorlesung oder Übung, Haupt- oder Proseminar) und Inhalt jeweils zum Reifegrad und fachlichen Schwerpunkt Ihrer Mitarbeiter passen. Ihre Mitarbeiter sollten vor allem solche Lehrthemen übernehmen, zu denen sie sich auskennen und nicht erst umfangreich einarbeiten müssen (gut eignen sich bspw. jene, die in inhaltlicher Nähe zu ihrem Dissertationsthema stehen und solche, die sie ggf. in regelmäßigen Abständen wiederholt anbieten können). In Bezug auf den Reifegrad Ihrer Mitarbeiter sollten Sie deren Lehr-Erfahrungsschatz berücksichtigen und auch darauf eingehen, wie sicher und kompetent sie sich in unterschiedlichen Lehrformen fühlen (z.B. Vorlesung vs. Seminar). Die thematischen Schwerpunkte und der Reifegrad Ihrer Mitarbeiter beeinflussen somit auch maßgeblich, wie viel Unterstützung Ihre Mitarbeiter von Ihnen brauchen, um effizient und in Ihrem Sinne arbeiten zu können.

Immer wieder hört man von Mittelbau-Angehörigen, dass sie Lehrveranstaltungen ihrer Professoren zusätzlich zu ihren eigenen übernehmen müssen. Bedenken Sie, dass es weder von gutem Stil zeugt, die eigene Lehre (ohne offizielle Lehrdeputatsreduktion) abzuschieben, noch fair ist, Mitarbeiter über ihre Stellenbeschreibung hinaus mit Lehre zu belasten. Insbesondere den Mitarbeitern, die sich auf sog. Qualifizierungsstellen (bspw. Doktoranden) befinden, sollte sowohl aus rechtlicher Sicht als auch aus Fairnessgründen die laut Hochschulgesetz vorgesehene Zeit zur Qualifizierung (Promotion, Habilitation) auch eingeräumt werden. Nicht zuletzt können bei Mitarbeitern, die sich in diesem Sinne ausgebeutet oder überfordert fühlen, Demotivation und Leistungseinbußen entstehen, die sich einfach vermeiden ließen.

Es mag den Fall geben, dass Sie über Ihren Lehrstuhl Veranstaltungen anbieten (müssen), die weder Sie noch Ihre Mitarbeiter aus inhaltlichen oder kapazitativen Gründen selbst durchführen können. In solchen Fällen bietet es sich an, dass Kollegen anderer Fakultäten oder Hochschulen diese Teile der Lehre übernehmen. Ebenso ist es in einigen Universitäten oder Fachbereichen üblich, dass Lehraufträge an Vertreter anderer Forschungsinstitutionen oder der Wirtschaft sowie an externe Promovenden vergeben werden.

Beachten Sie dabei, dass Sie als Lehrstuhlinhaber (bzw. die diese Dozenten beauftragende Fakultät) sowohl für Ihre eigenen an der Lehre beteiligten Mitarbeiter als auch für Ihre externen Lehrbeauftragten die volle Verantwortung für Inhalt und Qualität der Lehre tragen bzw. zu übernehmen haben. Wählen Sie deshalb Ihre Lehrbeauftragten sorgfältig aus, beispielsweise indem Sie sich einen Vortrag oder auch eine Veranstaltung dieser anhören und ggf. bisherige Lehrevaluationen zeigen lassen. Wenn jene dann für Sie Lehre halten, können Sie im Falle einer Vorlesung diese auch besuchen und sich selbst (erneut) ein Bild machen oder im Anschluss an die Veranstaltung durch gezieltes Feedback lenkend eingreifen.

FACHLICHE UNTERSTÜTZUNG DER LEHRENDEN

Es gibt für Sie unterschiedliche Ansatzpunkte, um Ihre Lehrenden zu unterstützen. Dazu zählen insbesondere folgende:

Inhalte und Anforderungen abstecken. Besprechen Sie mit Ihren Lehrenden, was Sie in den einzelnen Lehrveranstaltungen inhaltlich behandelt haben wollen. Verdeutlichen Sie Ihre weiteren Ansprüche, indem Sie Vorgaben machen und diese konsequent einfordern: So beispielsweise, welches Niveau die der Veranstaltung zugrunde liegende Literatur haben soll; wie mit Abweichungen im Falle unpünktlicher Abgabe einer Hausarbeit der Studierenden und ähnlichem umgegangen werden soll, inwiefern Sie möchten, dass jeder Studierende eine Leistungsrückmeldung erhält etc. Geben Sie Ihren Lehrenden auf diese Weise Anleitungen für die Qualität, die Sie erzielt haben wollen.

Wissensmanagement pflegen. Betreiben Sie ein effektives und effizientes Wissensmanagement. Um dieses zu erreichen ist es hilfreich, wenn die Lehrveranstaltungen gut strukturiert, dokumentiert und mit Kerninhalten sowie Lernzielen archiviert sind. Wenn die Lehrveranstaltungen und -materialien im Intranet des Lehrstuhls zur Verfügung stehen, kann ein neuer Mitarbeiter im Falle eines sich wiederholenden Seminars auf Bewährtes zurückgreifen oder im Krankheitsfall ein Ersatzdozent oder auch Sie selbst ohne allzu große Vorarbeit die Vertretung übernehmen. Auch die Neukonzeption von Lehrveranstaltungen wird durch eine professionelle Dokumentation erleichtert, indem dort Beispiele vorhanden sind und Modulteile oder Foliensätze verwendet werden können.

Die Lehrenden betreuen. Fragen Sie Ihre Dozenten regelmäßig, wie es in ihrer Lehre läuft – denken Sie daran: Sie stehen für den Lehrbetrieb Ihres Lehrstuhls ein, da sollten Sie auch informiert sein bzw. sich für das interessieren, was in Ihrem Namen läuft. Möglicherweise brauchen Ihre Lehrenden in einigen Bereichen Unterstützung – für Sie wahrscheinlich ein Klacks, für den jungen Dozenten sicherlich eine große Hilfe und ein Motivator, wenn Sie diese Hilfe leisten. Häufig wissen junge Mitarbeiter z.B. nicht, auf was sie im Rahmen eines Themas besonders fokussieren sollten, wofür sie wie viel Zeit einplanen oder wie viel Aufwand sie in die Anleitung der Studierenden stecken sollen. Wenn eine Lehrveranstaltung abgeschlossen ist, sollten Sie die Ergebnisse der Lehrevaluation mit Ihrem Mitarbeiter durchsprechen (vgl. Kapitel 15). Damit setzen Sie einerseits das Signal, dass Lehrevaluationen ernst zu nehmen sind, andererseits üben Sie Ihre Kontrollfunktion aus und zum Dritten ermöglicht die gemeinsame Besprechung der erzielten Ergebnisse dem Mitarbeiter, diesbezüglich Fragen zu stellen, das eigene Handeln zu verbessern oder auch sich ein Lob abzuholen.

Die Lehrenden qualifizieren. Haben Sie schon einmal darüber nachgedacht, ob und inwiefern Sie aktiv zur Qualifizierung Ihrer Mitarbeiter beitragen? Qualifizieren Sie vielleicht Ihre Mitarbeiter ausschließlich in einzelnen Bereichen, wie z.B. ihrer Forschungsarbeit oder Präsentationskompetenz? Natürlich ist die oben genannte Betreuung der Lehrenden bereits ein wichtiger und auch unerlässlicher Faktor der Qualifizierung, doch bieten sich Ihnen gerade im Bereich der Lehre noch weitere an: Gehen Sie beispielsweise nach Absprache in einzelne Veranstaltungen Ihrer Mitarbeiter mit und geben Sie ihnen im Nachgang Feedback zu ihrer Rolle, ihrem Verhalten und Agieren. Lassen Sie sie aus Ihrem Erfahrungsschatz profitieren, indem Sie ihnen alternative Verhaltensmöglichkeiten oder auch didaktische Methoden aufzeigen. Nehmen Sie auch Ihrerseits Mitarbeiter mit in Ihre Veranstaltungen und tauschen Sie sich über deren Eindrücke aus. So fördern Sie die Auseinandersetzung mit der Rolle des Lehrenden, der von Ihnen gewünschten Darstellung von Inhalten und lernen in

den Diskussionen gegenseitig neue Aspekte kennen.
Sie können Ihre Mitarbeiter im Rahmen der Qualifizierung aber auch ermuntern, das Fortbildungsprogramm der Universität oder anderer Anbieter (bspw. des DHV) zu nutzen. Mit den richtigen Fortbildungen können gezielt Defizite ausgeglichen werden, sodass sich Ihre Mitarbeiter sicherer fühlen und professioneller agieren können. Ganz nebenbei können Sie es sich so auch etwas leichter machen und einen Teil Ihrer Qualifizierungsaufgabe delegieren – vergessen Sie aber nicht, sich nach einem Fortbildungsbesuch bei Ihren Mitarbeitern nach deren Eindrücken, Erkenntnisgewinnen und Transfermöglichkeiten zu erkundigen (zu Transfer siehe auch Abschnitt 7.4).

11.2 Das Miteinander von Dozenten und Studierenden in der Lehre

Das Miteinander zwischen Ihnen als Dozent und Ihren Studierenden wird geprägt von Ihrem eigenen Selbstverständnis, dem Bild, das Sie von Ihren Studierenden haben, von den Rahmenbedingungen, die Sie den Studierenden schaffen und dem Verhalten, welches Sie in den Interaktionen mit den Studierenden an den Tag legen.

EIGENES SELBSTVERSTÄNDNIS KLÄREN

Beantworten Sie sich doch einfach mal folgende Fragen:

- Welche Rolle spielt Lehre für mich im Vergleich zur Forschung? Ist sie eine Freude oder eher ein notwendiges Übel?
- Welchen Anteil der Lehre möchte ich selbst übernehmen, welchen möchte ich delegieren? Möchte ich am liebsten alles delegieren oder nur die Seminare, aber keine Vorlesungen oder sogar nur bestimmte Themen? Oder lieber alles selbst machen?
- Wie stehe ich zu meinem Fach bzw. den Fächern, die ich zu vertreten haben; sind es meine Wunschfächer oder eher welche, die ich mit übernehmen musste? Wie stehe ich zu meiner Institution, bin ich beispielsweise gerne da oder am liebsten möglichst oft weg / zuhause? Bin ich stolz, zu dieser zu gehören oder schätze ich sie eher nicht so sehr?
- Wie sehe ich mich selbst als Professor? Vielleicht als Hochschullehrer im engeren Sinne, der gerne und mit Engagement lehrt und hinter dieser Rolle steht? Oder eher als Forscher, der sein Lehrdeputat gerade noch so in Kauf nimmt?

Dachten Sie sich vielleicht beim Beantworten der obigen Fragen „Ach, wie schön wäre mein Job, wenn es keine Studis gäb?“. Manch einer verhält sich auch so und betrachtet die Studierenden als nervende, zeitraubende Klientel oder im besten Falle als Ware – als kostengünstige Diplomanden, studentische Zuarbeiter etc. Und Sie können sicher sein, dass dieses Selbstverständnis das Miteinander zwischen Ihnen und den Studierenden nicht nur prägt, sondern für diese auch deutlich spürbar ist.

Auf den allermeisten Professuren im deutschsprachigen Raum sind Sie nicht nur Forscher, sondern auch (Hochschul-)**Lehrer**. Klären Sie daher, wie Sie sich und Ihre Rolle in der Lehre verstehen. Es ist wichtig, sich damit auseinanderzusetzen, denn nur wer seine Rolle(n) mag und sich mit ihr / ihnen identifiziert, wird sie auch gut und erfolgreich ausfüllen (vgl. auch Rolle des Lehrstuhlinhabers in der Leitung einer Arbeitseinheit in Abschnitt 1.1). Und in diesem Sinne sollte es Ihnen ein

Anliegen sein, die Ihnen anvertrauten jungen Erwachsenen sowohl fachlich auszubilden, als auch auf ihrem persönlichen Weg zur Berufstätigkeit zu begleiten.

EIN FÖRDERLICHES KLIMA SCHAFFEN

Einen vertrauensvollen Umgang zwischen Lehrenden und Studierenden anstreben. Signalisieren Sie Wertschätzung! Zeigen Sie, dass Sie bemüht sind, die Studierenden zu verstehen und ernst zu nehmen, geben Sie ihnen Sicherheit, sodass sie bei Unklarheiten oder Unsicherheiten auch nachfragen und sich trauen, kreativ zu sein. Studierende sollten keine Angst haben, bloßgestellt zu werden, das lähmt jede Initiative. Machen Sie gerade aus diesem Grund transparent, an welcher Stelle Sie von ihnen Eigenständigkeit, Beteiligung, kritischen Diskurs und Einsatz erwarten.

Verlässlich sein. Nur wenn Sie als Dozent Ihre Vorgaben gegenüber den Studierenden auch konsequent einhalten, nachverfolgen und bei Missachtung auch Konsequenzen zu spüren sind, können diese ihre Wirkung entfalten. Lassen Sie hingegen Fehler und Fehlverhalten durchgehen, fördern Sie diese Abweichungen. Für Ihre Konsequenz gilt natürlich auch der Umkehrschluss: Auch Sie müssen sich an Ihre Zusagen und Angaben (wie bspw. Prüfungsanforderungen, Deadlines) strikt halten und sollten diese nicht beliebig ändern. Ihre Studierenden müssen des Weiteren darauf vertrauen können, dass die Vorgaben der Studien- und Prüfungsordnung im Institut oder in der Fakultät von allen Kollegen in gleicher Weise eingehalten werden. So kann es beispielsweise nicht sein, dass bei Ihnen eine Masterarbeit 50 Seiten umfassen sollte, während der Kollege nur 30 Seiten verlangt – beide sollten sich strikt an die Studienordnung (oder eine gemeinsame Vereinbarung) halten. Zum einen sind Studierende für klare Vorgaben dankbar und verwirrt, wenn es diese nicht gibt. Zum anderen wirkt es sich früher oder später negativ auf das kollegiale Klima aus, wenn Dozenten mit ungleichen Anforderungen an die Studierenden herantreten. Damit wären Tür und Tor offen für ein 'gegeneinander ausgespielt werden' seitens der Studierenden, aber auch unnötige Konkurrenzsituationen zwischen Kollegen könnten entstehen. Schaffen Sie also auch über Details Einigkeit; geben Sie beispielsweise eine klare und einheitliche Regel vor, was bei zu später Abgabe einer Hausarbeit erfolgt (eine Nicht-Annahme oder aber Notenabzüge pro verspätetem Tag) und machen Sie diese transparent (bspw. zum Nachlesen auf Ihrer Homepage einstellen).

Rückmeldung ermöglichen. Lernen und Weiterentwicklungen sind ohne Rückmeldung nur schwer möglich. Das gilt gleichermaßen für die Studierenden, die die Rückmeldung des Dozenten zur erbrachten Leistung benötigen, um sich einschätzen und verbessern zu können, als auch für Sie als Dozent, da Sie ebenfalls die Rückmeldung der Studierenden brauchen, um Ihrerseits einen Anhaltspunkt zu haben, wie Sie und Ihre Lehre wahrgenommen werden.
Daher sollten Sie regelmäßige Lehrevaluationen (Kapitel 15), Feedbackgespräche und klare Leistungsrückmeldungen nach Referaten oder anderen Prüfungsleistungen etablieren (vgl. Leistung bewerten in Kapitel 13). Rückmeldungen können sich auf die inhaltliche Leistung oder auch auf sog. Soft Facts (weiche Faktoren) beziehen, wie z.B. Sozialverhalten, Präsentationsfertigkeiten oder Offenheit im Umgang miteinander. Wie Rückmeldungen gestaltet sein sollten, wird ausführlich in Kapitel 14 beschrieben.
Aus Effizienzgründen empfiehlt es sich für Dozenten, Rückmeldungen in den Lehrveranstaltungen zu ritualisieren, beispielsweise grundsätzlich eine Feedbackrunde nach einem Referat abzuhalten oder auf der Lehrstuhlebene stets am Ende des Semesters Lehrevaluationen durchzuführen. Eine solche Regelmäßigkeit sollte Sie jedoch nie davon abhalten, auch spontan Anerkennung zu äußern, beispielsweise wenn Sie begeistert sind über die Initiative oder Leistung eines Studierenden und Sie diesen zufällig auf dem Flur treffen.

INFORMATIONEN UND ERREICHBARKEIT

Studierende informieren. Im Grunde können Sie nie zu viel, sondern nur falsch informieren, d.h. über das falsche Medium (sodass nicht alle oder zu viele Personen erreicht werden), zu spät, zu wenig oder zu konfus (vgl. Umgang mit und Verwaltung von Informationen in Abschnitt 2.4). Es gibt verschiedenste Anlässe, um Studierende zu informieren. Gängigerweise gehören dazu:

- Raum- und Zeitplanung der Einführungs- und Lehrveranstaltungen
- Veranstaltungen wie Gastvorträge und Kolloquien
- Angebote an Exkursionen oder Praktika
- Ausgeschriebene Seminar-, Diplom-, Bachelor- und Masterarbeiten
- Vorankündigungen, Terminplanung und Ergebnisse von Prüfungen
- Aktuelle Geschehnisse oder spontane Änderungen

In der Regel erfolgt eine Ankündigung gleich auf mehreren Wegen, so beispielsweise durch Aushänge und Ankündigungen im Lehrstuhl, an den entsprechenden schwarzen Brettern, in den Lehr-, aber auch in gesonderten Informationsveranstaltungen, der Homepage (unbedingt auf Aktualität achten) etc. Sie können diese Informationen auch bündeln und beispielsweise zu Semesterbeginn eine Infoveranstaltung zur Lehrübersicht des Semesters mitsamt den dazugehörigen Prüfungsinformationen abhalten – so werden Ihnen viele einzelne Nachfragen erspart. Ebenso empfehlenswert ist es, die zu den oben genannten Themen wiederholt auftretenden Fragen zu sammeln und sie mitsamt Ihren Antworten als 'Frequently Asked Questions' (FAQ) auf Ihrer Homepage einsehbar zu machen (vgl. Beispiele in Abschnitt 13.1).
Das zur Verfügung stellen von Lehrmaterialien im Netz hat vielerlei Vorteile (unter anderem ist es wesentlich kostengünstiger als das Austeilen von Handouts oder Umdrucken), bringt jedoch auch ein paar Anforderungen mit sich. Achten Sie beispielsweise darauf, dass nicht jeder (und v.a. weltweit Fachfremde) Zugriff darauf hat (es sei denn, Sie wollen Ihre Unterlagen in die ganze Welt verteilen), sondern nur die jeweiligen Teilnehmer. Dies können Sie steuern, in dem Sie passwortgeschützte Bereiche auf Ihrer Homepage einrichten lassen und das jeweilige Passwort ggf. semesterweise wechseln. Dies ist übrigens eine gute Möglichkeit, das Ausmaß zu reduzieren, in welchem Ihre Unterlagen in falsche Hände geraten. In diesem Sinne wäre es auch empfehlenswert, Ihr Logo in alle Unterlagen und sogar in bestehende Grafiken oder Bilder einzufügen und ausschließlich PDF online zu stellen.

Erreichbarkeit *von* Studierenden. Sicherlich sind auch Sie oft unterwegs, erhalten spontan wichtige neue Termine – manchmal zu Lasten von Lehrveranstaltungen. Für den Fall, dass eine solche zeitlich verlegt werden muss, wird es oft schwierig, die Teilnehmer rechtzeitig zu informieren. Studierende, die an einem Veranstaltungstermin dann vergeblich auf Sie warten, ärgern sich und das zu Recht. Umgehen können Sie diese Pannen, indem Sie einen seminar- oder vorlesungsspezifischen E-Mailverteiler einrichten, über den dringende Informationen die Studierenden auch noch kurzfristig erreichen. Um Ihren Aufwand bezüglich der Adresskoordination zu reduzieren, können Sie auf Ihrer Homepage einen Verteiler einrichten, in den sich die Studierenden selbst eintragen. Ein solches Vorgehen können Sie übrigens ebenfalls für eine elektronische Einschreibung in Seminare bzw. Seminarplatzvergabe nutzen, oder um Lehrunterlagen – ggf. mit Passwort geschützt – zum Download bereit zu stellen.
Tipp: Um einen Mehraufwand zu umgehen, der durch Unleserlichkeit einiger Handschriften schnell

entstehen kann, lassen Sie die Teilnehmeradressen nicht handschriftlich auf ein Blatt, sondern besser direkt in ein entsprechendes Online-Formular eintragen.

Erreichbarkeit *für* Studierende. Eine häufig geäußerte Kritik von Studierenden richtet sich auf die schlechte Erreichbarkeit der Professoren oder Dozenten. Mancher Professor würde (angeblich) nur kurz vor der Lehrveranstaltung erscheinen, sofort nach dieser wieder verschwinden und am Institut finde man ihn ohnehin auch nie, eher lese man über ihn in der Zeitung. Typisches Gerede, denken Sie? Unterschätzen Sie bitte solche Aussagen nicht! Sie sind für Ihre Studierenden Ansprechpartner in inhaltlich-wissenschaftlichen Angelegenheiten, aber auch, ob Sie wollen oder nicht, ihr Vorbild im Bereich des persönlichen Auftretens und Verhaltens.
Organisieren Sie Ihre Erreichbarkeit z.B. über Sprechstunden (die Sie dann natürlich auch einhalten sollten) und gestalten Sie diese je nach Andrang mit oder ohne Voranmeldung und Terminvergabe durch Ihr Sekretariat. Sie können aber auch weniger offizielle Wege gehen, indem Sie beispielsweise jeweils nach den Vorlesungen etwas länger bleiben oder insbesondere bei großen Veranstaltungen Vorlesungssprecher benennen (lassen), die Wünsche oder Sorgen der Studierenden sammeln und an Sie weitergeben. Geben Sie Antworten, die alle betreffen, dann in der Vorlesung; dies reduziert übrigens auch redundante E-Mail-Anfragen. Für den Fall, dass Sie tatsächlich wenig erreichbar sein können, weil Sie gerade in diesem Semester in einem Institut an einer anderen Stadt oder in einem externen Forschungsprojekt involviert sind, geben Sie eine E-Mail-Adresse an, unter der Sie selbst oder ein mit Ihrer Lehre vertrauter Mitarbeiter die Nachrichten bearbeiten. Auch für Telefontermine sind Studierende meist dankbar; jedoch ist und bleibt der persönliche Kontakt wie immer der beste. Nutzen Sie diesen beispielsweise auch, wenn man / Ihre Studierenden Sie zu Festen oder Veranstaltungen einlädt – bleiben Sie mit den Studierenden im Kontakt: Besser kurz anwesend sein als gar nicht erscheinen.
Natürlich erwartet niemand, dass Sie jede Studentenanfrage persönlich bearbeiten, aber Sie sollten dafür Sorge tragen, dass sie beantwortet wird: Durch das Delegieren bzw. Weiterleiten an einen Mitarbeiter, durch automatische Antwortmails oder den Verweis auf Ihre Sprechstunde oder Infoveranstaltung. Bedenken Sie, Sie sind ein wichtiger Ansprechpartner Ihrer Studierenden und diese so etwas wie Ihre Kunden, für die Sie – in einer definierten Zeit – kompetent und freundlich zur Verfügung zu stehen haben; 'wohl definiert' insofern, als dass ein ständiges und permanentes zur Verfügung Stehen kontraindiziert wäre, da es Ihren weiteren Dienstaufgaben wie Forschung und Qualifizierung Ihrer Mitarbeiter entgegen stünde.

Zusammenarbeit mit der Fachschaft. Nehmen Sie die Fachschaft ernst, denn sie ist das Sprachrohr der Studierenden. Nutzen Sie die Zusammenarbeit mit der Fachschaft gezielt, kooperieren Sie mit deren Vertretern und pflegen Sie einen engen Informationsaustausch, indem Sie beispielsweise bei anstehenden Veränderungen diese vorab zu einem Gespräch bitten, sie zu Festen oder Aktivitäten Ihres Lehrstuhls einladen, deren Einladungen wahrnehmen und auf Anfragen prompt reagieren. Auf diese Weise haben Sie jenseits der reinen Lehr- und Prüfungstätigkeit die Möglichkeit, Kontakte zu den Studierenden zu knüpfen, ein Vertrauensverhältnis zu bilden, frühzeitig Meinungsbilder und Informationen zu erhalten bzw. geben zu können.

11.3 Qualitätssicherung in der Lehre

Haben Sie sich schon einmal Gedanken gemacht, wie Sie die Qualität in Ihrem Studiengang bewerten oder sogar sicherstellen können? Ja? Und was genau tun Sie dazu? Im Folgenden skizzieren wir Ihnen kurz, woher Sie die entsprechenden Informationen beziehen können und welche Aspekte Sie dabei berücksichtigen sollten. Die Bewertung der Qualität eines Studiengangs kann auf drei Ebenen erfolgen:

- **Hochschulübergreifend** gibt es sog. Hochschulrankings, die je nach Vorgehen mehr oder weniger aussagefähige Bewertungen erzielen. Hier erfahren Sie erste Ansatzpunkte über die Bewertung Ihres Studiengangs im Vergleich zu denselben anderer Universitäten. Die Rankings basieren auf Bewertungen der jeweiligen Studierenden oder und 'objektiven' Daten wie Studiendauer, Promotionsanzahlen, Drittmitteln oder Publikationsindizes. Entsprechend sind dies nur sehr grobe Angaben.
- An den meisten Hochschulen gibt es sog. **hochschulinterne** Qualitätsmanagementsysteme (häufig QMS genannt), d.h. Verfahren, die standardmäßig und hochschulweit eingesetzt werden, um die Qualität von Lehre und Studium festzustellen. Hierzu werden beispielsweise jährlich Befragungen unter den Studierenden zu Rahmenbedingungen, Betreuungssituation etc. durchgeführt (vgl. Beispiel der Uni Stuttgart im grauen Kasten am Ende des Kapitels) sowie sog. Erfolgs- und Ressourcenkennzahlen (wie bspw. Regelstudienzeit, Absolventenzahlen, Lehrangebot und-nachfrage) erfasst und ausgewertet. Sollten Ihnen diese Auswertungen seitens der Universität nicht automatisch zugesandt werden, fordern Sie sie an, denn Sie geben Ihnen wichtigen Aufschluss über die Kennzahlen sowie den Vergleich Ihres Studiengangs zu anderen Fachbereichen der Universität.
- Zusätzlich haben Sie an Ihrem **eigenen Lehrstuhl** bzw. **institutsintern** die Möglichkeit, regelmäßig eigene Maßnahmen der Qualitätssicherung anzuwenden.

Im Folgenden wird von letzterem Fall ausgegangen. Es werden Aspekte und Möglichkeiten beschrieben, die Ihnen als Lehrstuhlinhaber / Institutsvorstand zur Verfügung stehen, um für Ihren Studiengang Maßnahmen der Qualitätssicherung anzuwenden bzw. als Bewertungskriterien der Qualität zu nutzen. Diese lassen sich in zwei zentrale Bereiche untergliedern (vgl. auch Qualitätssicherung in der Forschung, Abschnitt 18.2.1):

Transparenz und Klarheit von Organisation und Prozessen. Immer da, wo Menschen aufeinander treffen, miteinander erfolgreich arbeiten und etwas bewegen sollen, braucht es eindeutig definierte Prozesse, Transparenz und Klarheit in der Organisation. Nur dann lassen sich faire, sichere und qualitativ hochwertige Abläufe gewährleisten. Die zentralsten Kriterien der Qualitätssicherung in Bezug auf Transparenz und Klarheit in Studium und Lehre sind folgende:

- **Transparenz von Organisationsstrukturen.** Stellen Sie Ihr Organigramm sowie Ansprechpartner auf Ihrer Homepage transparent dar. Unter einem Organigramm versteht man sozusagen die Landkarte eines Instituts, es ist eine grafische Darstellung des Aufbaus des Instituts, ein Organisationsschaubild (vgl. Abschnitt 1.4). Ihr System kann nur dann sinnvoll und gewinnbringend von allen genutzt werden, wenn jeder weiß, wen er für was ansprechen kann und wie jemand mit anderen Einheiten (wie Abteilungen) und Aufgaben zusammenhängt.
- **Standardisierung von Prozessen.** Ein standardisierter Prozess beschreibt die zum aktuellen Zeitpunkt effizienteste Vorgehensweise, um ein optimales Arbeitsergebnis in gleichbleibender Qualität mit gleichem, optimalen Ressourceneinsatz zu realisieren, unabhängig davon, wer diese Leistung erbringt (bspw. Klausurerstellung und –auswertung, vgl. Abschnitt 13.3). Selbstverständlich bleibt ein solcher Standard nur so lange aufrecht, bis eine bessere Lösung oder eine Veränderung ansteht. Ziel der Standardisierung ist es, Abläufe und Prozesse so zu gestalten, dass alle Arbeitsschritte im Gesamtsystem optimiert sind. Dies kann unter anderem über Leitfäden und Manuale oder andere Wissensmanagementsysteme erfolgen.

- **Klare Vorgaben und Verantwortlichkeiten.** Dies umfasst sowohl Regeln für den Bereich der Studierenden als auch für die Dozenten und die die Lehre betreuenden Mitarbeiter. Denken Sie bei der Zusammenstellung an Anleitungen für Studierende (vgl. Kapitel 12), Leitfäden für alle ablaufenden Prozesse am Lehrstuhl für Ihre Mitarbeiter, das routinemäßige Einsetzen von Protokollen (vgl. Abschnitt 3.1.3) und regelmäßige Reflexionsrunden (vgl. Abschnitt 4.3).
- **Sicherstellung des Know-hows.** Sobald Sie Personal haben, erfordert dieses auch Ressourcen, um die eigene Qualität zu halten und ausbauen zu können: Arbeiten Sie neue Mitarbeiter gut ein, da Sie nur so deren Arbeitsqualität sicherstellen können. Doch auch bereits eingearbeitete Mitarbeiter müssen in neue Aufgaben eingewiesen werden bzw. in bestehenden Aufgaben Kontrolle und Rückmeldung erfahren, um Ihre Arbeitsqualität zu kennen, zu halten bzw. verändern zu können. Nicht zuletzt gilt es, frühzeitig Nachfolgen aufzubauen, d.h. dass die an Lehrstühlen herrschende Fluktuation der jungen Mitarbeiter (gehen bspw. nach der Dissertation bzw. haben nur befristete Arbeitsverträge) stets mitbedacht und rechtzeitig das Know-how der Gehenden sichergestellt, ihre Aufgaben beendet sowie den neuen Mitarbeiter diese übertragen werden müssen. Einarbeitung und Nachfolgeaufbau sollten Sie daher stets im Hinterkopf haben und des Weiteren eine konsequente Personalentwicklung (im Sinne von Fortbildungsangeboten, Personalgesprächen, Promotionsbegleitung) betreiben.

Die Beteiligung von und Bewertung durch Studierende. Der Studierende ist sozusagen Ihr 'Kunde' – es gilt, ihn einerseits zu beteiligen, mitbestimmen zu lassen, um so Zufriedenheit und Akzeptanz des Lehrbetriebs zu sichern und zum anderen, wichtige Informationen dieses 'Endverbrauchers' frühzeitig zu erhalten. Beides ermöglicht Ihnen nicht nur eine bessere Gestaltung des Studiengangs, sondern auch des eigenen Handelns.

- **Austausch und Partizipation.** Bleiben Sie in Kontakt mit den Studierenden und beziehen Sie diese unbedingt in Veränderungsprozesse ein (wie die Einführung von Studiengebühren, Veränderung der Studienordnung oder die Umstellung des Lehrangebots). Gespräche mit der Fachschaft sowie der Studienkommission und dem Prüfungsausschuss geben Ihnen Aufschluss über die Perspektive, Bedürfnisse und Erfahrungen der Studierenden. Empfehlenswert sind in diesem Sinne routinemäßige Treffen zu Beginn eines jeden Semesters sowie bei aktuellen Anlässen (beispielsweise der Planung des Jahrgangsabschlussballs).
- **Lehrevaluationen.** Unerlässlich sind regelmäßige Evaluationen aller am Institut stattfindenden Lehrveranstaltungen (vgl. Kapitel 15). Liegen kontinuierlich Rückmeldungen aller beteiligten Studierenden vor, so trägt dies zur Qualitätssicherung bei, indem flächendeckende Lehrveranstaltungsevaluationen durchgeführt werden (also niemand durchs Netz fällt und auch Zeitverläufe sichtbar werden), deren Auswertung nach Lehrveranstaltungstypen differenziert (und damit vergleichbar wird) – natürlich nur, wenn diese auch mit den Dozenten analysiert wird (und damit Veränderungen möglich und eingeleitet werden können).
- **Befragung Ehemaliger.** Über diese Standardverfahren hinaus sind auch kleine Interviews oder Befragungen der Studierenden, von Studienabbrechern bzw. -wechslern und auch der Alumni sinnvoll. Sie helfen, noch genauer Aufschluss über die Bindung der Studierenden an die Universität, Kriterien ihrer Zufriedenheit und Wechselgründe zu erhalten. Auf Basis dieser Ergebnisse lassen sich dann entsprechende Konsequenzen ziehen und Maßnahmen einleiten (bspw. gezielte Veränderungen der Rahmenbedingungen bzw. der Betreuung der Studierenden).

Sollten Sie auf der Suche nach weiteren Kriterien für Qualitätssicherung in der Lehre sein oder in die Situation kommen, eine **Akkreditierung** Ihres Studiengangs vorbereiten zu müssen, können

Leitfragen hilfreich sein wie sie in nachstehender Tabelle 11.1 aufgelistet sind (vgl. auch ausführliche Anleitungen vom Akkreditierungsrat oder diversen Akkreditierungsanbietern).

Tabelle 11.1. Leitfragen zur Bewertung eines Studiengangs.

LEITFRAGEN ZUR BEWERTUNG EINES STUDIENGANGS (in Anlehnung an Akquin) (UND VORBEREITUNG AUF EINE AKKREDITIERUNG)
Um Ihren eigenen Studiengang zu überprüfen oder auch um sich auf eine Akkreditierung vorzubereiten, können nachstehende Leitfragen bzw. Gliederungspunkte hilfreich sein.
A Konzept des Studiengangs
A1 Ziele der Institution
• Was sind die strategisch-politischen Ziele des Studiengangs? (bspw. universitätsintern, landespolitisch) • Wie trägt der Studiengang zur Profilbildung der Universität / Fakultät / des Fachbereichs bei? • Welche quantitativen Ziele hat der Studiengang? (Verhältnis von Nachfrage und Auslastung an Studienplätzen; Studienabbrecherzahlen etc.) • Sind die Ziele des Studienganges bezüglich der Profilbildung von Universität / Fakultät / Fachbereich erreicht worden? • Hat sich die gewählte Curriculumsstruktur bezüglich fachwissenschaftlicher und berufsfeldbezogener Kompetenzen bewährt?
A2 Ziele des Studiengangs
• Welche fachlichen Kompetenzen sollen vermittelt werden? • Welche fachübergreifenden, allgemeinen, berufsrelevanten Fähigkeiten und Fertigkeiten sollen vermittelt werden?
A3 Berufliche Relevanz des Studiengangs und Konkurrenzsituation
• Für welche beruflichen Tätigkeitsfelder qualifiziert der Studiengang? • Wie schätzen Sie die Zukunft des Arbeitsmarktes ein, auf den der Studiengang zielt? Gibt es Aussagen / Untersuchungen Dritter zur Zukunft dieses Arbeitsmarktes? • Welche Hochschulen bieten welche Studiengänge in Konkurrenz zu diesem Studiengang an? Wo bestehen Ihre Kompetenzen / Vorteile / Besonderheiten? • Gibt es aus Ihrer Sicht Handlungsbedarf, um auf aktuelle Entwicklungen im Kontext von Arbeitsmarkt und Konkurrenz durch andere Hochschulen zu reagieren? • Ist ein Alumniprogramm etabliert oder geplant? • Wie sind die Erfahrungen der Absolventen des Studienganges bei der Suche nach einem Arbeitsplatz?

A4 Aufbau des Studiengangs

- Wie organisieren Sie den Studiengangsaufbau?
  (konsekutiv, Bachelor zu Master etc.)
- Wie sind zeitlicher Ablauf und inhaltlicher Aufbau gestaltet?
- Wie sehen Forschungs- und Praxisbezug aus? In welcher Form finden sie statt?
- Wie werden beispielsweise Praxis- oder Auslandssemester bzw. -zeiten integriert?
- Ist ein disziplinübergreifendes Angebot vorhanden?
  (Muss oder kann ein außerfachliches Fach belegt werden?)

A5 Lernziele, Modularisierung, ECTS

- Wie ist der Studiengang strukturiert?
  (Modularisierung, Verhältnis von Pflicht-, Wahlpflicht-, Wahlangeboten, Leistungspunktevergabe, Häufigkeit und Dauer der Module etc.)
- Wie schätzen Sie die Studierbarkeit
  (z.B. Niveauangemessenheit, Zeitaufwand, Dauer der Regelstudienzeit, Vereinbarkeit Studium-Familie etc.) des Studienganges ein?
- Wie lauten die Modulbeschreibungen?
- Wie tragen die einzelnen Module zur Gesamtkompetenz des Absolventen bei?
- Welche Schlüsselqualifikationen werden vermittelt?

A6 Lehrqualität

- Welche didaktischen Mittel werden eingesetzt, um die Studierenden mit berufsadäquaten Handlungskompetenzen auszustatten?
  (Lehrmethoden, Veranstaltungsformen)
- Wie werden die eingesetzten Prüfungsarten begründet?
- Werden Fremdsprachen eingebunden?
  Gibt es ein Sprachenzentrum oder andere Formen der Unterstützung des Fremdsprachenerwerbs innerhalb und außerhalb des Studiengangs? Sind fremdsprachige Lehrveranstaltungen oder Module – ggf. mit ausländischen Gastdozenten – regelmäßiger Bestandteil eines relevanten Teils des Studiengangs?
- Werden neue Medien eingesetzt oder Fernstudien ermöglicht?
  Verfügt das Institut (die Hochschule) über eine elektronische Lernplattform mit fachlicher Unterstützung durch qualifiziertes Personal oder gibt es Pläne zur (Weiter)-Entwicklung eines E-Learning-Konzepts (vgl. Abschnitt 11.1.2)?
- Wie wird die Qualifikation der Lehrenden sichergestellt?
  Wie stellen Sie sicher, dass bei der Rekrutierung des wissenschaftlichen Personals neben der Forschungs- auch die Lehrkompetenz evaluiert wird? Auf welche Maßnahmen oder Angebote zur Weiterentwicklung der Lehr- und Prüfungskompetenz können Sie verweisen?

- Welche Anreize bestehen für das wissenschaftliche Personal, besonders qualifiziert zu lehren und zu prüfen sowie die Lehr- und Prüfungskompetenz zu verbessern? Gibt es eine regelmäßige Evaluation der Gesamtbelastung des wissenschaftlichen Personals durch Lehre, Prüfungen, Forschung, Selbstverwaltung und Dienstleistungen?

B Implementierung des Studiengangs

B1 Ressourcen

- Sind die personellen Ressourcen für die Durchführung des Studiengangs ausreichend? Wie sind sie verteilt?
- Sind die aktuellen Sach- / Haushaltsmittel ausreichend und den Studiengangszielen angemessen?
- Wie sieht derzeit das Verhältnis von Erfolgskennzahlen (z.B. Studienanfänger, Studierende) und Ressourcen im Studiengang aus und wie schätzen Sie dieses perspektivisch ein?

B2 Organisation und Kooperation

- Wie ist der Studiengang organisiert? Wie werden Zuständigkeiten und Ansprechpartner transparent gemacht? Mit welchen Gremien und Ausschüssen erfolgen beispielsweise Abstimmungen und Entscheidungen?
- Inwiefern liegen Konzepte für eine mögliche Beteiligung von Studierenden oder Externen vor? Existiert beispielsweise eine Absolventenorganisation, die in ständigem Austausch mit dem Fachbereich steht und an der Weiterentwicklung der Studienprogramme beteiligt ist? Werden Berufseintrittsphase und Berufserfolg der Absolventen regelmäßig evaluiert?
- Wie ist das Prüfungssystem organisiert?
  (Modalitäten, zeitliche Regelung, Belastung der Studierenden etc.)
  Wie werden die Studierenden über die Prüfungsanforderungen und Bewertungskriterien informiert? Gibt es (hochschulweite) Regelungen über Anmeldung zu bzw. Rücktritt von Prüfungen, Wiederholungsmöglichkeiten, Fristen für die Bewertung von Prüfungsleistungen usw.? Gibt es eine stark divergierende Prüfungspraxis innerhalb desselben Studiengangs? Sind Prüfungsorganisation und Prüfungspraxis Gegenstand regelmäßiger hochschulweiter Evaluationen? Gibt es erkannte Schwächen in der gegenwärtigen Prüfungsorganisation und Prüfungspraxis? Welche Veränderungen sind geplant?
- Welche Kooperationen und Projekte bestehen?
  (innerhalb der Hochschule, außerhalb im Inland bzw. Ausland, in Wirtschaft oder Praxis)
  Gibt es Anreize und Förderstrukturen für die Ausweitung und Intensivierung der internationalen Beziehungen in Lehre und Studium? Hat das Institut Kooperationsbeziehungen mit ausländischen, insbesondere europäischen Hochschulen? Wird diese systematisch zur Erweiterung und qualitativen Absicherung des Studentenaustausches und zur Förderung des wissenschaftlichen Nachwuchses genutzt? Gibt es vertraglich gesicherte Kooperationspartner des Instituts mit der Wirtschaft oder relevanten Institutionen wie Kliniken)? usw.

B3 Zugangsvoraussetzungen

- Wie sieht das Anforderungsprofil für Studienanfänger aus?
- Was sind Kriterien für das Auswahlverfahren?
- Wie sieht das Prozedere des Auswahlverfahrens aus?
- Welche Wechselmöglichkeiten bestehen zwischen Hochschulen, unterschiedlichen Fachrichtungen sowie zwischen verschiedenen Abschlusssystemen und Aufbaustudiengängen?

B4 Transparenz

- Welche Informationsmöglichkeiten gibt es für Studierende sowie externe Interessenten den Studiengang betreffend?
  (Website, schriftliches Material, Aushänge, Info-Mails, -veranstaltungen, Sprechstunden, Studienberatung etc.)
- Wie werden die Anforderungen für die Studierenden transparent gemacht?
  Gibt es beispielsweise ein studienganginternes Modulhandbuch, in welchem die Anforderungen für jedes Modul spezifiziert sind, sodass sie sich das ganze Studium über orientieren können?

C Qualitätssicherung

- Wie sieht die Arbeit der Studienkommission aus?
- Wie werden Studierende in die Verbesserung der Lehre einbezogen?
- Welche weiteren Verfahren zur Qualitätssicherung von Lehre und Studium setzen Sie ein? (z.B. Studiengangs-, Lehrevaluationen, Alumnibefragung etc.)
- Machen Ihre aus den Befragungen gewonnenen Ergebnisse Maßnahmen erforderlich (bspw. um das Verhältnis von Erfolg und Ressourcen zu verbessern)? Welche konkreten Maßnahmen haben Sie eingeleitet bzw. streben Sie für die Zukunft an?

FAZIT 'DEN LEHRBETRIEB GESTALTEN'

Eine professionelle Gestaltung des Lehrbetriebs umfasst:

Strategie und Strukturierung
Eine strategisch und strukturell gute Planung lässt den gesamten Lehrstuhl professioneller und vor allem effizienter agieren. Fokussieren Sie daher im Speziellen folgende Aspekte:

- Planen Sie den Studienverlauf und die Module so, dass sie den Rahmenbedingungen formal wie fachlich gerecht werden und sowohl die inhaltliche Planung der Module als auch die der einzelnen Lehrveranstaltungen aufeinander abgestimmt sind.

- Wenn es dann an die konkrete Planung der Lehrveranstaltungen geht, sind Lehrformen, zeitliche Strukturen, Vorgaben (Leistungsanforderung, Standards, Struktur) und Didaktik festzulegen.

- Den Personaleinsatz in der Lehre betreffend, haben Sie das Zusammenspiel aller Beteiligten und Aufgaben zu koordinieren sowie zu managen. Zum Gelingen tragen insbesondere eine durchdachte Zuordnung der Dozenten zu Lehrveranstaltungen sowie eine fachliche Unterstützung und Qualifizierung der Lehrenden bei.

Das Miteinander von Dozenten und Studierenden in der Lehre
Ein gutes Miteinander ist die Basis jeder Zusammenarbeit. Stimmt diese nicht, wird das Unterrichten unnötig erschwert. Beachten Sie daher:

- Wenn Sie sich selbst gemäß Ihrem eigenen Selbstverständnis als Lehrer sehen, diese Rolle ernst nehmen und auch gerne angehen, werden Sie dies auch nach außen ausstrahlen und entsprechend überzeugend und erfolgreich als Lehrender agieren können.

- Ein förderliches Klima liegt dann vor, wenn das Miteinander von Vertrauen, Verlässlichkeit und einer konstruktiven Feedbackkultur gekennzeichnet ist.

- Ein beidseitig guter Informationsfluss ermöglicht erst ein reibungsloses Arbeiten. Informieren Sie Ihrerseits die Studierenden ausreichend und sorgen Sie darüber hinaus dafür, für diese erreichbar und in stetem Kontakt mit ihnen zu sein.

Qualitätssicherung
Betreiben Sie eine konsequente Qualitätssicherung, denn sie gewährleistet Ihnen einerseits den stets richtigen Einsatz Ihrer Ressourcen und trägt andererseits zum guten Image des Instituts bei. Widmen Sie Ihre Aufmerksamkeit insbesondere diesen Qualitätsfaktoren:

- Schaffen Sie Transparenz und Klarheit von Organisation und Prozessen. Dies gelingt Ihnen beispielsweise durch erkennbare Strukturen (wie Organigramm mit Ansprechpartnern), die Standardisierung von Prozessen, klare Vorgaben und Verantwortlichkeiten sowie die Sicherstellung des Know-hows (wie Einarbeitung und Nachfolgeaufbau).

- Sorgen Sie für eine Beteiligung von Studierenden und eine Bewertung durch diese (bspw. im Rahmen von Lehrevaluationen oder Umfragen bei den jetzigen und ehemaligen Studierenden). Zum einen gilt es, Zufriedenheit und Akzeptanz des Lehrbetriebs zu sichern und zum anderen, wichtige Informationen der Studierenden frühzeitig zu erhalten.

12 Anleitungen für Studierende und ihre zu erbringenden Leistungen

Erinnern Sie sich zurück an Ihre eigene Diplom- oder Magisterarbeit: Hatten Sie da auch Sorge, dass Ihre Gliederung der Arbeit nicht dem entspricht, was erwartet wird? Dass das, was Sie abgegeben haben, nicht den Ansprüchen genügen würde? Mal ehrlich, wie oft haben Sie damals nachgefragt? Haben Sie vielleicht als Studierender auch erst im Nachhinein verstanden, wie Ihr Betreuer die Abschlussarbeit tatsächlich erstellt haben wollte? Oder hatten Sie das Glück, eine gute Vorlage oder eine organisatorische Anleitung durch einen hilfsbereiten Assistenten bekommen zu haben? Die typische Situation, in der sich Studierende hier wiederfinden, ist, dass ihnen selbst eine Vorstellung dessen fehlt, was von ihnen gefordert wird, denn in der Regel sind Ihre Studierenden das erste Mal in ihrem Leben mit solchen Arbeiten konfrontiert. Kurzum, es gilt also, sowohl Studierenden als auch den diese betreuenden Mitarbeitern Sicherheit zu geben bezüglich des erwarteten Vorgehens und Anspruchs.

Mit entsprechend standardisierten, schriftlichen Anleitungen schaffen Sie nicht nur eine große Unterstützung, sondern auch eine gleiche Ausgangsbasis für alle Arbeiten. Nicht zuletzt hat es natürlich auch für Sie einen Vorteil, denn Sie können damit Standards für Niveau und Qualität setzen (vgl. Qualitätssicherung in der Lehre, Abschnitt 11.3). Entsprechende Standards sind zu folgenden Leistungen (die Bezeichnungen können sich je nach Fachbereich unterscheiden) relevant:

- **Klausuren und mündliche Prüfungen.** Hierzu benötigen die Studierenden ausführliche Informationen über Umfang, Themen, Ablauf und Vorgehen. Wissenswertes aus Sicht der Prüfer, insbesondere zu den wesentlichen Aspekten des Gestaltens und Managens mündlicher Prüfungen und Klausuren, wird in Kapitel 13 dargestellt (v.a. in den Abschnitten 13.1 bis 13.3).
- **Referate.** Referate finden in der Regel im Kontext von Seminaren statt und dienen dazu, dass Studierende wissenschaftlich ein Thema erarbeiten, bestimmte Wissensinhalte an andere Lehrveranstaltungsteilnehmer vermitteln und die Gestaltung und Präsentation dieser Inhalte erlernen.
  Im Abschnitt 12.1 finden Sie einen exemplarischen Leitfaden für Studierende zum Erstellen und Halten von Referaten. Selbstverständlich gibt es auch den Fall, dass Studierende beispielsweise über die Ergebnisse ihrer Masterarbeit berichten. In solchen Fällen wären entsprechend zusätzliche Hinweise in den Leitfaden aufzunehmen wie beispielsweise zu kolloquiumsspezifischen Abläufen oder einem größeren Schwerpunkt auf Diskussionen als auf der Theoriedarstellung.
- **Hausarbeiten.** Im Rahmen von Hausarbeiten (auch Seminararbeit genannt) sollen Studierende zum einen eigenständiges wissenschaftliches Arbeiten einüben und zum anderen den Erwerb desselben nachweisen. Die Kernleistung besteht darin, eine durch die Lehrveranstaltung vorbereitete Fragestellung in wissenschaftlicher Form anzugehen oder ein Problem mit den geläufigen Methoden des entsprechenden Faches zu analysieren, Wege zu einer Lösung zu finden und diese zu begründen. Die Hausarbeit dient also auch dem Nachweis der Fähigkeit, Fragestellungen, Methoden und den Forschungsstand zu einem eingegrenzten Thema sachlich und sprachlich in eigenständiger Form zu bearbeiten. Beim Schreiben der Hausarbeit sind formelle und inhaltliche Vorgaben sowie generelle Richtlinien zum wissenschaftlichen Schreiben einzuhalten. Entsprechend benötigen die Studierenden zum Erstellen dieser Arbeit wichtige Hinweise zu den Anforderungen, die auf sie zukommen sowie zur Gestaltung der Arbeit. In Abschnitt 12.2 wird ein exemplarischer Leitfaden für Studierende zum Anfertigen einer Hausarbeit wiedergegeben.

- **Abschlussarbeiten.** Das Anfertigen einer Abschlussarbeit stellt ebenfalls eine eigenständige studentische Prüfungsleistung dar. Mit dieser Arbeit zeigen Studierende ihre Fähigkeit, ein Problem aus ihrem Fachbereich selbständig und zweckgerichtet unter Anwendung wissenschaftlicher Methoden und Erkenntnisse zu bearbeiten. Beim Schreiben der Abschlussarbeit sind formelle und inhaltliche Vorgaben sowie generelle Richtlinien zum wissenschaftlichen Schreiben einzuhalten. Entsprechend benötigen die Studierenden zum Erstellen dieser Arbeit wichtige Hinweise zu den Anforderungen, die auf sie zukommen, sowie zu Durchführung, Organisation und Gestaltung der Arbeit. In Abschnitt 12.3 sind exemplarische Leitfäden für Studierende zum Verfassen einer Bachelor- sowie einer Masterarbeit enthalten.
- **Dokumentationen.** Im Rahmen von Praktika sind Studierende in der Regel aufgefordert, einen Bericht oder eine Dokumentation abzugeben. Die Anforderung liegt hier darin, dass eher nicht wissenschaftliche Inhalte, sondern der Verlauf von Arbeiten oder Handlungen sowie die dazugehörigen Sachverhalte (objektiv) zu beschreiben sind. Die formalen Anforderungen der Dokumentation werden zumeist vom Prüfungsamt oder Praktikumsstelle vorgegeben.
- **Projektarbeiten.** Durch Projektarbeiten werden in der Regel die Fähigkeiten zu Teamarbeit (da in Gruppen erarbeitet und durchgeführt) und insbesondere die Entwicklung, Durchsetzung und Präsentation von Konzepten oder Methoden nachgewiesen. Hierbei sollen die Studierenden nachweisen, dass sie an einer komplexeren Aufgabe Ziele definieren sowie (interdisziplinäre) Lösungsansätze und Konzepte erarbeiten können. Projektarbeiten können Referate (wie bspw. Vortrag oder Präsentation eines Modells), schriftliche Prüfungen (wie eine Hausarbeit, einen Bericht / Dokumentation) oder auch eine praktische Prüfung umfassen.

Die Basis allen wissenschaftlichen Arbeitens ist eine profunde Auswertung der Literatur. Deshalb wird eine exemplarische Anleitung zur **Literaturrecherche** beigefügt (Abschnitt 18.2.3), die für Referate, Haus-, Bachelor- und Masterarbeiten (siehe Abschnitte 12.1 bis 12.3) verwendet werden kann.

Bitte beachten Sie: Da fach- und universitätsspezifisch ganz unterschiedliche Anforderungen an die Art der studentischen Leistungen (zum Teil werden bereits die Bezeichnungen derselben abweichen) gestellt werden, verstehen sich die folgenden Vorlagen als Beispiele, auf deren Basis Sie eigene, für Ihr Fach angepasste Vorgaben für Studierende entwerfen können.

<table>
<tr><td rowspan="3">KAPITEL 12:
ANLEITUNGEN FÜR STUDIERENDE</td><td>12.1
Anleitung zum Halten eines Referats</td></tr>
<tr><td>12.2
Anleitung zum Verfassen einer Hausarbeit</td></tr>
<tr><td>12.3
Anleitung zum Schreiben einer Abschlussarbeit</td></tr>
</table>

12.1 Anleitung zum Halten eines Referats (für Studierende)

(Beispiel des Instituts für Psychologie der Technischen Universität Chemnitz)

Im Folgenden finden Sie wichtige Hinweise zu den Anforderungen, die im Rahmen eines Referats sowie zur Vorbereitung und Durchführung des Referats auf Sie als Studierende zukommen.

Generell gilt für alle in diesem Leitfaden genannten Informationen: Falls der Dozent in der jeweiligen Veranstaltung andere Vorgaben macht, sind die Vorgaben des Dozenten verbindlich.

ALLGEMEINE ANFORDERUNGEN

Referate dienen dazu, dass Studierende „wissenschaftlich ein Thema erarbeiten, bestimmte Wissensinhalte an andere Lehrveranstaltungsteilnehmer vermitteln und die Gestaltung und Präsentation wissenschaftlicher Inhalte einüben" (Aschermann, 2004, S. 2). Dementsprechend beinhaltet ein Referat folgende Leistungen:

Aufbereitung der Literatur
Vom Dozenten werden meist nur zwei bis drei wesentliche Texte vorgegeben. Für die Referenten wird es darüber hinaus unerlässlich sein, in Bibliotheken oder Datenbanken selbständig zusätzliche Literatur zu recherchieren.

Vermittlung des Inhalts in einem Referat
Eine Seminarveranstaltung bietet Ihnen (je nach Anzahl der Referenten) zwischen 20 und 90 Minuten Zeit für Ihr Referat. In dieser Zeit sollten Sie ...

- das Thema Ihres Referats in einen übergeordneten Kontext stellen.
- den Stand des Wissens zu Ihrem Thema zusammenfassend darzustellen.
- die wichtigsten Theorien und ihre empirischen Belege übersichtlich und anschaulich präsentieren; die diesbezüglich wissenschaftlichen Arbeiten zu beleuchten, nachvollziehbar und erlebbar zu machen (z.B. durch dementsprechendes Darstellen von Studien).
- eine persönliche (kritische) Einschätzung der vorgestellten Inhalte vornehmen.
- Ihren Vortrag durch eine PowerPoint-Präsentation und evtl. durch den Einsatz weiterer Medien (z.B. Flipchart, Metaplan, ggf. Video ...) unterstützen.
- die anderen Lehrveranstaltungsteilnehmer direkt ansprechen und einbeziehen.
- eine Diskussion anregen und ggf. selbst moderieren.

TIPPS FÜR DIE INHALTLICHE UND FORMALE VORBEREITUNG VON REFERATEN

Dieser Abschnitt enthält Tipps zur Vorbereitung von Referaten.

Die nachfolgenden Inhalte wurden von Aschermann (2004) in großen Teilen übernommen und für den Leitfaden angepasst.[21]

Vorbereitungszeit
... oder die Frage, wie gut Sie das Thema beherrschen wollen.

- Verständigen Sie sich mit Ihrem Dozenten über Ablauf, Ziele und Medien.
- Fangen Sie möglichst früh mit der Vorbereitung Ihres Referats an. Meist braucht man nämlich auch hierfür länger, als man denkt.
- Faustregel: Planen Sie in Stunden etwa 30 % Lesezeit, 40 % Nachdenk- und 30 % Erarbeitungszeit (= Erstellung und Gestaltung) ein.
- Sie sollten die abgesprochene Literatur (bzw. die Ergebnisse Ihres Versuchs o.ä.) bis spätestens zwei Wochen vor Ihrem Referatstermin durchgearbeitet haben, damit Sie frühzeitig eventuelle Unklarheiten mit dem Dozenten besprechen können.

Wer sind meine Zuhörer?
- Klären Sie, welche Stellung Ihr Thema im Ablauf des Gesamtseminars einnimmt, welcher Bezug zu vorhergehenden oder nachfolgenden Referatsthemen besteht (bspw. „Während die vorigen Referate die theoretischen Modelle beleuchteten, widmet sich mein Referat der Übertragung auf den Anwendungsbereich xyz.").
- Stimmen Sie Ihr Referat auf Vorwissen und Motivation Ihrer Zuhörer ab. Sie halten Ihren Vortrag nicht für den Dozenten, sondern für die anderen Studierenden!
- Fragen Sie sich, was Sie selbst interessieren würde. Denn nur wenn Sie selbst an Ihrem Thema interessiert sind, können Sie auch bei Ihren Zuhörern Interesse wecken!

Bearbeitung des Themas
- Recherchieren Sie wissenschaftlich.
- Verwenden Sie nicht nur eine Literaturquelle pro Referat, sondern beziehen Sie sich immer auf mehrere Veröffentlichungen. Stellen Sie sie ggf. auch einander gegenüber.
- Formulieren Sie nach dem gründlichen Lesen die zentralen Aussagen der Literatur (maximal drei Sätze), die Sie in eigenen Worten Ihren Zuhörer vermitteln möchten. Nur Mut – „Weniger ist mehr"! Reduzieren Sie die Wiedergabe der Literatur auf die wirklich wesentlichen Punkte.
- Strukturieren Sie das Referat in drei bis sechs Abschnitte und formulieren Sie für jeden Abschnitt die dazugehörige Botschaft.
- Belegen Sie zentrale Punkte mit treffenden Beispielen oder Studien aus den Texten.

---

[21] Aschermann, E. (2004). Tipps für die inhaltliche und formale Vorbereitung von Referaten. Online im Internet: URL: http://www.psychologie-studium.info/dateien/refv.pdf (Stand: 21.03.2010).

Aschermann, E. (2004). Tipps für die praktische Durchführung von Referaten. Online im Internet: URL: http://www.psychostudium.de/forumdateien/Attachments/Referat_Durchf_hrung.pdf (Stand: 21.03.2010).

- Verdeutlichen Sie dabei Beziehungen, Gemeinsamkeiten und Gegensätze zwischen den Texten und Ihrem fachlichen Vorwissen.
- Stellen Sie eigene Überlegungen an, beziehen Sie Stellung und begründen Sie Ihre Position.
- Wichtig: Ihre Aufgabe beschränkt sich also nicht darauf, Texte zusammenzufassen und vorzustellen, sondern Zusammenhänge unter einer klaren Fragestellung zu analysieren.
- Tipp: Notieren Sie es sich jeweils, wenn Ihnen bereits während der Erarbeitung Ihrer Sitzung Themen und Ideen für Diskussionen einfallen. Der Kreativität sind hier im Prinzip keine Grenzen gesetzt, solange Sie den Bezug zum Sitzungsthema bzw. das fachliche Niveau der Diskussion aufrechterhalten.

Erstellung eines Leitfadens
Erstellen Sie einen Leitfaden, an dem Sie sich während des Vortrags orientieren können. Dieser enthält ...

- die Gliederung und den Ablauf des Vortrags sowie einzelne Zeitabschnitte.
- Ihre Leitfragen, die Sie im Laufe des Vortrags klären möchten.
- die vorgesehenen Darstellungsmethoden (PowerPoint, Flipchart etc.) und die Stelle des Referats, an denen sie zum Einsatz kommen sollen.
- Versuchen Sie auf Basis dieses Leitfadens Ihr Referat möglichst 'frei' zu halten (siehe auch unter 'Tipps für die praktische Durchführung von Referaten').
- Lesen Sie auf keinen Fall den Vortrag ab!
- Tragen Sie nur Zitate oder Stellen des Referats, an denen Sie sich sehr unsicher sind, wörtlich ausformuliert vor.

Erstellung eines Handouts
Bitte beachten Sie, was für eine Art Handout in Ihrem Seminar gefordert ist (allgemeines Handout, Leitfaden, Manual etc.). Sollte Ihr Seminarleiter keine speziellen Vorgaben zum Thema Handout machen, gilt Folgendes:

- Das Handout (max. vier Seiten) dient dazu, die wichtigsten Aspekte Ihres Referatsthemas knapp und verständlich zusammenzufassen.
- Im Kopfteil: Lehrstuhl, Seminartitel, Referatstitel, Dozentenname, Referentennamen, Datum.
- Fassen Sie die Gliederungspunkte und die Abschnitts-Botschaften Ihres Vortrags stichwortartig zusammen.
- Wichtig: Geben Sie die Quelle des referierten Materials an, damit die Zuhörer das Thema nacharbeiten können.
- Das Handout ist NICHT identisch mit den Folien Ihrer PowerPoint-Präsentation; in der Regel werden diese zusätzlich ausgeteilt.
- Sehen Sie sich zum Thema 'Handout' auch die unten genannte Literaturempfehlung an.

Darstellungsmethoden und Gestaltung

Nutzen Sie die Vorteile visueller Hilfsmittel (wie Beamer-Präsentation, Flipchart etc.) für Ihren Vortrag, denn sie bringen einige Vorteile mit sich:

- Visuell unterstützte Informationen werden schneller wahrgenommen und wirken überzeugender.
- Bilder, Graphiken und Farben (in angemessenem Umfang) machen Ihre Folien / Präsentation / Flipcharts lebendiger.

Nutzen Sie als leicht handhabbares Programm PowerPoint, auch Bilder und Graphiken können hier leicht eingefügt werden. Machen Sie sich mit Funktionen wie der Verwendung von 'Masterfolien' vertraut.

Bei der Gestaltung von PowerPoint-Präsentationen sollten Sie sich auf wenige Folien beschränken (bspw. 6 inhaltliche Folien in 18 Minuten). Stellen Sie sicher, dass Ihre Folien gut lesbar und übersichtlich sind und auch in der letzten Reihe noch 'ankommen'. Dazu sollten Sie die folgenden Regeln beachten:

- Verwenden Sie nur eine Schriftart. Nur Titel dürfen in einer anderen Schriftart gestaltet sein.
- Variieren Sie innerhalb dieser Schriftart durch fette oder kursive Schreibweise.
- Verwenden Sie Schriften ohne Serifen (Schnörkel), denn sie sind auf dem Bildschirm besser lesbar (z.B. Arial oder Verdana sind gut geeignet).
- Verwenden Sie keine farbige Schrift auf farbigem Hintergrund. Schwarze Schrift vor weißem Hintergrund ist deutlicher als farbige vor farbigem Hintergrund.
- Verwenden Sie mindestens Schriftgröße 18.
- Bringen Sie nicht zu viele Informationen auf eine Seite, aber auch nicht zu wenig (mindestens 3 Zeilen, maximal 12 Zeilen).
- Schreiben Sie eher in Halbsatzform als in ganzen Sätzen – konzentrieren Sie sich auf die Kernbotschaften. Auch hier ist die Grundregel: „Weniger ist oft mehr!".
- Beschränken Sie sich trotz der Fülle des Angebots auf eine bescheidene Auswahl an Animationen. Zu viele von ihnen wirken störend und lenken unnötig vom Inhalt ab.

Des Weiteren:

- Planen Sie mit dem Dozenten die Durchführung und stellen Sie sicher, dass die technischen Hilfsmittel (Beamer, Laptop, ...), die Sie benötigen, vorhanden sein werden.

Sicherheit während des Vortrages

- Sicherheit im Inhalt Ihres Referates gibt Ihnen vor allem das vorausgehende Üben Ihres Vortrags. Sprechen Sie ihn so früh und so oft wie möglich (mindestens aber einmal komplett) vor dem Spiegel oder im Beisein einer anderen Person durch.
- So können Sie auch noch Probleme in Ihrer Zeitplanung erkennen und beheben sowie Schwierigkeiten in der Argumentation oder bei Überleitungen aus dem Weg räumen.

Was kann ich gegen mein Lampenfieber tun?

- Klären Sie Unsicherheiten oder Verständnisprobleme Ihrerseits unbedingt vor dem Referat mit dem Dozenten (und nicht erst im Referat bzw. gar nicht).

- Lampenfieber wird nicht besser, wenn Sie Referatssituationen vermeiden, sondern nutzen Sie sie – Je mehr Übung Sie haben, desto besser wird es.
- Bereiten Sie sich gewissenhaft vor (durch einen für Sie hilfreichen Leitfaden, mehrere 'Generalproben'), insbesondere die Einleitung und den Schlussabsatz sollten Sie vorbereiten (schriftliches Ausformulieren, Auswendiglernen).
- Sprechen Sie bereits zu Hause im Stehen und simulieren Sie so die Seminarsituation.
- Seien Sie am Tag des Referates rechtzeitig vor Ort und bereiten Sie in Ruhe den Raum, Beamer usw. vor, sodass Sie nicht gehetzt sind, wenn es losgeht.
- Achten Sie auf ruhiges und gleichmäßiges Atmen, eine offene Körperhaltung und einen freundlichen Gesichtsausdruck.

INHALTLICHE STRUKTUR EINES REFERATS

Ein Referat, ganz gleich welcher Länge, enthält verschiedene inhaltliche Teile. Die einleitenden Teile und die kommentierenden bzw. abschließenden Abschnitte sollten dabei jeweils etwa 15 % der Präsentationszeit beanspruchen, während der Hauptteil ca. 70 % der Präsentationszeit füllt.

Aufbau und inhaltliche Strukturierung
Gehen Sie trichterförmig vor: Fangen Sie breit an (z.B. mit einem Alltagsbeispiel), werden Sie zunehmend spezifischer (einzelne Thesen und Experimente) und zum Schluss wieder breiter, indem Sie die Essenz des Referats zusammenfassen.

In der Regel besteht ein Referat aus allen oder einigen der folgenden Abschnitte:

1. Einleitung
2. Gliederung des Vortrags
3. Hauptteil des Vortrags bzw. These
4. Kritische Betrachtung
5. Abschluss bzw. Zusammenfassung
6. Diskussion

Was es bei den jeweiligen Aspekten zu beachten gilt, lesen Sie im Folgenden.

1. Einleitung

Um sich das Interesse Ihres Publikums zu sichern, sollte Ihre Einleitung folgende Elemente beinhalten:

- Begrüßung und Vorstellung (sofern der Dozent dies nicht macht),
- Einbettung des Themas (und der Leitfragen) in das Gesamtthema der Veranstaltung,
- Aufwerfen der Leitfragen in dem Sinne, 'Warum erzähle ich nun das, was ich erzählen werde?', beispielsweise „Wir alle wissen, dass wir uns in einem demographischen Wandel befinden, doch was ist der Grund dafür? Nachfolgend werde ich aufzeigen, was die derzeit diskutierten Erklärungsansätze, Brennpunkte und Interventionsstrategien sind."

2. Gliederung des Vortrags

- Teilen Sie Ihren Zuhörern zur Orientierung, bevor Sie mit dem eigentlichen Referat beginnen, die Gliederung bzw. den Ablauf des Vortrags mit (am besten auf ppt-Folie).
- Verdeutlichen Sie die Bedeutung der einzelnen Gliederungsabschnitte für den roten Faden Ihres Referats, indem Sie bei der Vorstellung Ihrer Gliederung zu jedem Abschnitt etwas über den zu referierenden Inhalt sagen (ein bis drei Sätze).

3. Hauptteil des Vortrags bzw. These

- Machen Sie im Referat deutlich, wann ein neuer Gliederungspunkt beginnt und wann er endet.
- Fassen Sie am Ende eines längeren Abschnitts noch einmal seine Kernbotschaft zusammen.
- Trauen Sie sich, Dinge zu wiederholen! Wichtige Aspekte können so betont werden und außerdem nicht verloren gehen.

4. Kritische Betrachtung

Kritik an zugrunde liegender Literatur ist dann sinnvoll, wenn ...

- das Publikum die Kritik nachvollziehen kann, weil sie sich auf die zentralen Elemente (Studien, Befunde etc.) der referierten Inhalte bezieht.
- die Kritik am Ende des Vortrags erfolgt. Kritik zu Beginn oder während Ihres Vortrags vermindert die Lust des Publikums, Ihnen weiter zuzuhören.

5. Abschluss bzw. Zusammenfassung

Damit Ihre Zuhörer auch etwas mit 'nach Hause' nehmen können (Take-Home-Message), ...

- fassen Sie noch einmal in Kurzform die Botschaften der einzelnen Abschnitte zusammen (eventuell Folie).
- formulieren Sie ganz zum Schluss 'kurz und knackig' die Hauptbotschaft Ihres Vortrags.
- nennen Sie zum Schluss auf gar keinen Fall neue Informationen oder Argumente!

6. Diskussion

- Die Diskussion muss nicht zwingend am Schluss des Referats stehen. Meist ist sie dann am sinnvollsten, wenn sie sich ergibt. Aber achten Sie dabei auf das Zeitmanagement!
- Schlagen Sie eine Brücke zur Diskussion, indem Sie Ihre Zuhörer auffordern, Fragen zu stellen.
- Wenn nicht sofort viele Fragen gestellt werden, warten Sie ruhig noch einen Moment (Faustregel: 30 Sekunden Schweigen aushalten).
- Bereiten Sie ein paar Fragen vor, mit denen Sie die Diskussion eröffnen können („Eine Frage, die jetzt wahrscheinlich im Raum steht, ist ...").
- Machen Sie Ihre eigene Position deutlich und provozieren Sie ruhig auch mal – inhaltlich natürlich!
- Diskutieren Sie auf Grundlage des von Ihnen vermittelten Fachwissens.

ALLGEMEINE ASPEKTE DER DURCHFÜHRUNG

Neben den spezifischen Anforderungen der einzelnen Phasen gilt es folgende generelle Aspekte bei der Durchführung des Referats zu beachten:

Allgemeines
Es gibt einige Aspekte, die Referenten berücksichtigen sollten, um die Vermittlung der Inhalte wesentlich zu verbessern. Dazu zählen neben dem Verhalten des Referenten seine Vortragsweise sowie die Gestaltung des zeitlichen Rahmens:

1. Vortragsverhalten
2. Zeitmanagement
3. Einsatz von Medien
4. Einbeziehen der Zuhörer
5. Praktische Vorführungen
6. Gruppenpräsentationen

Deren wichtigste Aspekte werden nachfolgend kurz beschrieben.

1. Vortragsverhalten

- Lesen Sie Ihren Vortrag auf gar keinen Fall ab, Ihre Zuhörer schlafen sonst schon nach fünf Minuten ein! Oftmals klingt freie Rede schwieriger als sie ist. Bedienen Sie sich daher gerade zu Beginn Ihrer Rednerkarriere kleiner Hilfsmittel, wie Karteikarten mit wichtigen Stichworten zu den jeweils zu präsentierenden Inhalten. Notieren Sie aber keine ausformulierten Sätze auf den Karteikarten, denn zum einen lassen die sich während des Referats kaum lesen, zum anderen laufen Sie dann Gefahr, abzulesen anstatt frei zu sprechen und das lässt die Aufmerksamkeit der Zuhörer sinken. Profitieren Sie des Weiteren von einer gut strukturierten PowerPoint-Präsentation. Hier finden dann nicht nur die Zuhörer, sondern auch Sie selbst den roten Faden immer wieder.
- Sprechen Sie laut und deutlich und machen Sie genug Pausen: Hierdurch wirken Sie sicherer und werden Sie auch sicherer! Stellen Sie sich gleichmäßig auf beide Beine, die Füße etwa schulterbreit auseinander; so stehen Sie stabil und können die beruhigende Bauchatmung nutzen.
- Sprechen Sie auf gar keinen Fall längere Zeit zur Tafel, zum Flipchart oder in den Projektor bzw. Monitor. Schauen Sie ins Publikum und nehmen Sie Kontakt zu den Zuhörern auf.
- Heben Sie zentrale Inhalte durch Variation der Stimmlage heraus.

2. Zeitmanagement
In der Regel dauern Referate länger, als man denkt. Damit Sie Ihre Zeit einhalten ...

- müssen Sie schon vorher eine gute Zeitaufteilung geübt haben (vgl. Vorbereitung).
- muss Ihr Ablaufplan so flexibel gestaltet sein, dass Sie im 'Notfall' wissen, welche Aspekte Sie kürzen oder auslassen können. Planen Sie deshalb am besten mit Muss- und Kann-Inhalten bzw. unterschiedlichen Prioritäten.
- sollten Sie Diskussionszeit auch außerhalb der eigentlichen Diskussion mit einplanen.

3. Einsatz von Medien

- Bauen Sie mehrere visuelle Medien in Ihren Vortrag ein. Damit sorgen sie für Abwechslung und halten Ihre Zuhörerschaft wach!
- Wenn Sie eine PowerPoint-Präsentation als Grundlage für den Vortrag verwenden, können Sie ergänzend beispielsweise Flipchart oder Metaplanwand einsetzen. Auf diesen Medien kann man z.B. Hinweise oder Stichworte aufnehmen, die erst während der Sitzung entstehen. Eine Metaplanwand eignet sich z.B., um Beiträge auf Karten sammeln zu lassen und sie dann zu präsentieren. Ein gut gesetzter Videoausschnitt kann eventuell auch sinnvoll sein.
- Für alle zusätzlichen Medien gilt: Nutzen Sie sie nur, wenn sie passend sind. Kein Medium um des Mediums Willen einsetzen!

4. Einbeziehung der Zuhörer

- Die Zuhörer einzubeziehen, ist vor allem bei langen Referaten (mehr als 20 Minuten) wichtig.
- Ermuntern Sie Ihre Zuhörer gleich zu Beginn Ihres Vortrags zu Eigenen Fragen, beispielsweise wann immer diese aufkommen: Zwischenfragen beleben Ihr Referat und führen vielleicht zu einer interessanten Diskussion!
- Stellen Sie zudem selbst Zwischenfragen an Ihre Zuhörer!
- Wichtig: Antwortet Ihr Publikum auf die Frage, ob es einen bestimmten Sachverhalt verstanden hat, mit Schweigen, bedeutet dies nicht, dass Sie darüber hinweg gehen sollten. Vielmehr bieten sich zwei Möglichkeiten an: Drehen Sie die Frage rum, d.h. fragen Sie, wer den Sachverhalt NICHT verstanden hat (wenn dann immer noch alle schweigen, haben Sie ein anderes Problem) oder stellen Sie eine konkrete Frage zum Inhalt (wie bei der Diskussion) und stellen Sie so sicher, dass der Inhalt wirklich verstanden wurde. Falls er nicht verstanden wurde, erklären Sie ihn noch einmal.

5. Praktische Vorführungen

- Beziehen Sie (wenn möglich) Elemente in Ihren Vortrag ein, die Ihren Zuhörer die Möglichkeit zu Eigenem Handeln geben bzw. sie aktiv werden lassen.
- Mit klarem Bezug zu Ihrer zentralen Fragestellung wird dies die Attraktivität und den Lerneffekt Ihres Referats deutlich steigern!
- Beispiele: Experimente vor- oder durchführen, z.B. auch mit den Lehrveranstaltungsteilnehmern erneut 'nachspielen', Rollenspiele, Zuhörer eigene Hypothesen zu einem bestimmten Sachverhalt formulieren lassen, Fragen beantworten lassen, Beiträge sammeln oder ähnliches
- Diese praktischen Anteile benötigen Zeit. Berücksichtigen Sie sie bereits bei der Zeitplanung mit ausreichend Puffer.
- Praktische Vorführungen können besonders zu Beginn Ihrer Präsentation positiv wirken. Sie wecken Aufmerksamkeit und Interesse und erzeugen eine interaktive Atmosphäre, die Ihre gesamte Sitzung prägen kann. Setzen Sie praktische Einheiten jedoch nur ein, wenn sie sinnvoll und passend sind.

6. Gruppenpräsentationen / -referate

- Gehen Sie zunächst wie bei einem Einzelreferat vor (gemäß obenstehender Anleitung) und teilen Sie erst danach die Rollen bzw. Teile auf. Achten Sie darauf, dass bei der Aufteilung nichts Wesentliches weggelassen wird (Anfang, Fazit etc.).
- Bereiten Sie sich unbedingt gemeinsam auf das Referat vor: Einzelvorbereitung führt nämlich aufgrund von Überschneidungen und fehlenden Übergängen meist zu Verwirrung und Langeweile bei den Zuhörern.
- Beachten Sie unbedingt auch hier Ihr gemeinsames Zeitmanagement! Jeder von Ihnen hat exakt die gleiche Zeit zu füllen (bspw. beim Bachelor 30 Minuten, ist jeweils gemäß Studienordnung vorgegeben). Wenn also drei Referenten gemeinsam 90 Minuten haben, müssen Sie sich die Aufgaben so zuteilen, dass jeder 30 Minuten füllt. Sobald einer von Ihnen überzieht, geht dies zu Lasten der anderen.
- Führen Sie auch Ihre 'Generalprobe' zusammen durch.

Weitere allgemeine Tipps

- Wenn Sie das nächste Mal im Publikum sitzen, achten Sie doch einfach einmal darauf, was der Vortragende macht und was davon gut bei Ihnen ankommt. Übernehmen Sie unter Umständen einige Bestandteile oder probieren Sie sie einfach einmal aus.
- Und vergessen Sie nicht: Sie müssen nicht perfekt sein, Sie können aber stetig besser werden!

KRITERIEN ZUR BEWERTUNG

Beachten Sie die o.g. Punkte auch vor dem Hintergrund, dass Sie danach bewertet werden. Ihre Referate werden an unserem Lehrstuhl unter anderem nach folgenden Kriterien bewertet:

- Selbständigkeit in der Vorbereitung
- Inhalt (z.B. im Hinblick auf Richtigkeit, eine gezielte Auswahl und Vollständigkeit)
- Richtiges und sauberes Zitieren der wissenschaftlichen Fachliteratur sowie Literaturverzeichnis (vgl. Leitfaden Hausarbeiten)
- Präsentation (z.B. im Hinblick auf Vortragsstil, Gestaltung des Ablaufs und Medieneinsatz)
- Zeitplanung (im Vorfeld sowie während der Sitzungsgestaltung)
- Handout (z.B. im Hinblick auf Informationsgehalt, Übersichtlichkeit)
- Einbeziehen der Teilnehmer und Einsatz von interaktiver Methoden (z.B. Übungen)
- Diskussion (z.B. Anregung dazu und ggf. Moderation selbiger)

12.2 Anleitung zum Verfassen einer Hausarbeit (für Studierende)

(Beispiel des Instituts für Psychologie der Technischen Universität Chemnitz)

Im Folgenden finden Sie wichtige Hinweise zu den Anforderungen, die im Rahmen einer Hausarbeit (inhaltliche sowie äußere Gestaltung) auf Sie zukommen. Generell gilt für alle in diesem Leitfaden genannten Informationen: Falls Ihr Dozent in der jeweiligen Veranstaltung andere Vorgaben macht, sind die Vorgaben Ihres Dozenten verbindlich.

Allgemeine Anforderungen

Die schriftliche Hausarbeit ist eine Form des Erwerbs von Leistungsnachweisen ('Schein' bzw. 'Credits'). Durch die Hausarbeit sollen Sie zum einen eigenständiges wissenschaftliches Arbeiten einüben, zum anderen den Erwerb desselben nachweisen.

So wird von Ihnen gefordert, in der vorgegebenen Zeit und im angegebenen Umfang in der Lage zu sein, eine durch die Teilnahme an der Lehrveranstaltung vorbereitete Fragestellung in wissenschaftlicher Form anzugehen, ein Problem mit den geläufigen Methoden des entsprechenden Faches zu analysieren und Wege zu einer begründeten Lösung zu finden. Darüber hinaus dient die Hausarbeit dem Nachweis Ihrer Fähigkeit, eigenständig Fragestellungen, Methoden und den Forschungsstand zu einem eingegrenzten Thema sachlich und sprachlich zu bearbeiten. Thematisch sind Hausarbeiten grundsätzlich mit dem Dozenten abzustimmen.

Formen bzw. Arten von Hausarbeiten

In der Regel handelt es sich bei der Hausarbeit um eine Einzelarbeit; sie kann allerdings auch als Gruppenarbeit konzipiert sein, wenn die einzelnen Leistungen deutlich erkennbar gemacht werden und der Dozent dem zustimmt. Nur in Ausnahmefällen sollten jedoch mehr als zwei Personen daran beteiligt sein.

Die Beurteilung der Hausarbeit umfasst neben der Prüfung der sachlich-argumentativen Stimmigkeit der Gliederung und des Inhalts auch die Prüfung des Umgangs mit entsprechender Fachliteratur sowie die Fähigkeit, Ergebnisse Ihrer Literaturstudien eigenständig zusammenzufassen und kritisch zu diskutieren.

Einen Sonderfall stellen Hausarbeiten dar, deren Kern eine von Ihnen durchgeführte *empirische Untersuchung* bildet. Bei empirischen Hausarbeiten geht es nicht um repräsentative Studien, sondern um erste eigene explorative Untersuchungen. Wichtig ist neben einer präzisen Beschreibung Ihrer konkreten Vorgehensweise und der Präsentation der Untersuchungsergebnisse ein einleitender Teil, der zeigt, dass Sie die zu untersuchende Fragestellung aus einem theoretischen Bezug heraus entwickelt haben. Ferner erforderlich ist auch ein Abschnitt, in dem Sie – ausgehend von einer kritischen Reflexion – die von Ihnen getroffene Methodenauswahl erläutern und begründen. Am Schluss Ihrer Arbeit muss sich stets eine Interpretation der Untersuchungsergebnisse befinden (die Zahlen an sich sagen zu wenig aus).

Eine weitere Besonderheit stellen *Referatsausarbeitungen* dar. Es handelt sich dabei um eine schriftliche Ausformulierung des im Seminar vorgestellten Referats. Diese erfordern keine weiteren wissenschaftlichen Analysen als die, die bereits im Referat erbracht wurden. Allerdings ist darauf zu achten, dass in der Referatsausarbeitung (möglicherweise abweichend vom Referat) durchgängig eine angemessene wissenschaftliche Sprache verwandt wird und dass die gleichen formalen Regeln wie bei Hausarbeiten gelten.

VORBEREITUNG DER HAUSARBEIT

Themenwahl und -eingrenzung

Ganz allgemein gilt: Einer Hausarbeit sollte ein zu lösendes Problem in Form einer Fragestellung zugrunde liegen. Können Sie diese nicht benennen, müssen Sie Ihr Thema noch weiter eingrenzen. Hierzu einige Tipps:

- Versteifen Sie sich nicht auf ein Thema, das zwar auf den ersten Blick relevant und interessant erscheint, zu dem Sie aber keine wissenschaftliche, fachspezifische Literatur finden bzw. beschaffen können.
- Die Seitenanzahl richtet sich nicht allein nach den Vorgaben Ihres Dozenten, sondern auch danach, wie ausführlich Sie die Frage beantworten wollen bzw. wann sie beantwortet ist.
- Ein knackiger Titel oder eine kurze Frage steigern das Interesse des Lesers am Thema und auch die eigene Identifikation mit dem Inhalt.
- Interesse am Thema und nicht allein am Scheinerwerb führt zu einer besseren Qualität der Hausarbeit.

Bitte beachten Sie unbedingt schon bei der Auswahl Ihres Themas, dass Sie die Fragestellung so einschränken, dass sie im vorgesehenen Umfang der Hausarbeit auch bearbeitet werden kann. Ihre Aufgabe ist nicht, eine überblicksartige Darstellung (wie in einem Lehrbuch) zu machen, sondern ein eng umgrenztes Thema ausführlich darzustellen und eine Transferleistung zu erbringen. Diese Transferleistung kann je nach Studienabschnitt die Übertragung der theoretischen Inhalte auf einen Anwendungsbereich in der Wirtschaft (z.B. Themengebiet Gestaltung von Assessment Centern für Anwendungsbereich Callcenter-Mitarbeiter) oder auf andere wissenschaftliche Phänomene (z.B. Essstörungen aus der Sicht des Themengebiets Theorie der Zielkonflikte), sowie den Vergleich und die Diskussion unterschiedlicher theoretischer Modelle auf Grundlage der empirischen Befunde beinhalten.

Die Darstellung des Themas sollte so geartet sein, dass sie für einen Leser ohne spezifisches Vorwissen verständlich ist. Dazu ist es auch erforderlich, dass Sie Ihr Thema oder Ihre Frage klar umreißen bzw. abgrenzen, präzise formulieren und verwendete Fachbegriffe eindeutig klären.

Grundsätzlich lassen sich vorgegebene und selbst gewählte Themen unterscheiden. Bei vom Dozenten vorgegebenen Themen sollten Sie sich in der Auswahl und Eingrenzung des Themas folgende Fragen stellen:

- Welche Fragen werden durch das Thema aufgeworfen?
- Was sind wichtige Begriffe, die es zu diesem Thema zu klären gilt?
- Welche Abgrenzungen zu ähnlichen Begriffen und Sachgebieten sind notwendig und sinnvoll?
- Zu welchen benachbarten Problemfeldern lassen sich Bezüge und oder Abgrenzungen herstellen?
- Welche Wissenschaftler und oder wissenschaftliche Schulen und Theorien sind unbedingt zu nennen?

Können Sie Ihr Thema frei wählen, sollten Sie zunächst feststellen, was Sie interessiert und wie viel Aufwand Sie betreiben wollen. Eine geeignete Methode, um eine eigene Idee für eine wissenschaftliche Fragestellung für Referat, Seminar- oder Diplomarbeit zu entwickeln, stellt beispielsweise das Mindmapping dar. Dabei visualisieren Sie das für Sie interessante Themengebiet, gliedern und spezifizieren es und setzen es in Bezug zu weiteren Themen. Durch eine sukzessive Literaturrecherche lernen Sie die einzelnen skizzierten Zweige genau kennen, können dadurch Ihr Thema von anderen Gebieten abgrenzen und abschließend Ihr Thema in einer Fragestellung formulieren (für weitere Infos siehe bspw. Klein, 2003).

Literaturauswahl

Es ist wichtig, dass Ihre Hausarbeit einen aktuellen Stand der Forschung zum gewählten Thema wiedergibt, wobei dieser Teil in der Regel bezüglich der Aktualität und Spezialisierung über das Seminar selbst hinausgeht. Die eigenständige Literatursuche ist Teil der Hausarbeit. Erwarten Sie deshalb nicht von den Dozenten, dass sie Ihnen eine Literaturliste anfertigen. Zudem sollten Sie sich darum bemühen, Originaltexte zu bekommen (sofern dies keinen unangemessen großen Aufwand erfordert).

Zur Literatursuche gibt es eine Reihe von Hilfsmitteln, die Sie während Ihres Studiums kontinuierlich nutzen sollten:

- Es lohnt sich, aktuelle Ausgaben von Fachzeitschriften nach Aufsätzen, aber auch Buchbesprechungen durchzuschauen.
- Besonders hilfreich sind Überblicksartikel (Reviews), in denen eine Übersicht von Veröffentlichungen zu einem bestimmten Thema gegeben wird.
- Auch aktuelle Lehrbücher sind nützliche Quellen für neuere Forschungsliteratur.

In wissenschaftlichen Literaturdatenbanken finden Sie im Gegensatz zu Bibliothekskatalogen nicht nur die Titel von Büchern oder Zeitschriften verzeichnet, sondern auch einzelne Artikel in Zeitschriften und Herausgeberwerken. Außerdem finden Sie zu jedem Titel eine Kurzzusammenfassung (Abstract).

Bei vielen Datenbanken oder auch den Fachzeitschriften können Sie Artikel direkt aus dem Internet herunterladen, entweder gegen Gebühren, z.T. aber auch kostenlos (Artikel als PDF zum Download). Auf die Datenbanken haben Sie an Uni-Rechnern Zugriff oder aber üblicherweise von Ihrem Rechner zu Hause, nachdem Sie den VPN-Client installiert und gestartet haben. Ein kleiner Geheimtipp sind die Homepages der für das Thema relevanten Forscher. Vor allem Forscher amerikanischer Universitäten bieten ihre Texte mitunter im Netz zum Herunterladen an.

- Tipp: Archivieren Sie Literatur nach Autor oder Stichworten, beispielsweise auf Karteikarten oder computergestützt (BIBLIST, EndNote, Zotero o.ä.). Gewöhnen Sie sich an, immer die vollständige Quellenangabe zu notieren, wenn Sie Fotokopien oder Notizen zu Texten anfertigen. Das erspart es Ihnen, später ein zweites Mal suchen zu müssen, weil Ihnen Angaben zum Zitieren fehlen – auch im Sinne eines klugen Zeitmanagements. Bei Hausarbeiten empfiehlt es sich, das Literaturverzeichnis von Beginn der Bearbeitung an zu führen und aktuell zu halten.

Texte lesen und verstehen

Bei der Erarbeitung von Texten hilft ein systematisches Vorgehen, die Kernaussagen des Autors (und nicht die eigenen) und dessen Argumentation aus dem Text zu ziehen. Folgendes Vorgehen empfiehlt sich:

- Markieren Sie zentrale Begriffe, Schlüsselworte und Kernaussagen.

- Bemühen Sie sich zunächst, den Text zu verstehen, bevor Sie sich eine eigene Meinung darüber bilden!
- Klären Sie, ob die Begriffe und Schlüsselworte für den Autor die gleiche Bedeutung haben wie für Sie, und wenn nicht, was der Autor genau damit meint. Ziehen Sie möglicherweise weitere Veröffentlichungen des Autors zu Rate oder lesen Sie die Veröffentlichung, aus der Ihr zu bearbeitender Beitrag stammt, in Gänze quer.
- Achten Sie darauf, ob und wenn ja, welche Unterschiede zwischen einer umgangssprachlichen und einer wissenschaftlichen Verwendung zentraler Begrifflichkeiten zu verzeichnen sind (bspw. 'Emotion und Affekt' in der Fachsprache versus 'Gefühl' in der Umgangssprache).
- Zur Erarbeitung eines Textes empfiehlt es sich, darüber hinaus kurze Zusammenfassungen zu schreiben bzw. Zwischenüberschriften einzufügen, die den Inhalt jeweils eines Abschnitts möglichst präzise wiedergeben. Anhand dieser können Sie sich die Argumentationsweise des Autors bzw. die Textstruktur gut vor Augen führen.
- Ein Tipp: Fassen Sie den gesamten Text (gilt sowohl für einen gelesenen als auch einen selbst geschriebenen Text) in drei, dann zwei und schließlich einem Satz zusammen. So stellen Sie sicher, dass Sie mit einem Satz oder einer Überschrift auch exakt die Kernbotschaft treffen. Diese Vorgehensweise kann z.B. auch für die Formulierung Ihrer eigenen Überschriften ein sinnvolles Vorgehen sein.

AUFBAU DER HAUSARBEIT

Gliederung

Wenn Sie Ihr Thema in Grundzügen festgelegt, sich mit der entsprechenden Literatur vertraut gemacht und die Zielsetzung Ihrer Arbeit abgesteckt haben, gilt es, die durch das Literaturstudium gefundenen relevanten Aspekte in eine sinnvolle Reihenfolge zu bringen und zu untergliedern. Diese Gliederung ist kein Selbstzweck, sondern sie dient Ihnen und dem Dozenten als Inhaltsverzeichnis und bietet Orientierungshilfe. Das Gliederungsprinzip kann sich dabei je nach Fragestellung unterscheiden: Deduktiv (vom Allgemeinen zum Besonderen), induktiv (vom Besonderen zum Allgemeinen), chronologisch (anhand der geschichtlichen Entwicklung oder beginnend mit den neuesten Erscheinungen), ätiologisch (nach Ursache und Wirkung) oder holistisch (einerseits das Ganze und andererseits Teile des Ganzen bestimmen).

Eine Gliederung ist hierarchisch aufgebaut und sollte mit einer Dezimalklassifikation versehen sein, wie folgendes Beispiel veranschaulicht:

1 Einleitung

2 Biografische Anmerkungen zu Kurt Lewin

2.1 Lewin und die Gestaltpsychologie

2.2 Lewin und Freund

3 Feldtheoretische Grundbegriffe

4 Diskussion

5 Schlussfolgerungen

6 Literaturverzeichnis

Dabei ist es sinnvoll, über eine dreifache Untergliederung eines Punkts (also z.B. 2.2.2.1) nicht hinauszugehen. Die Gliederung ist eines der zentralen Qualitätsmerkmale einer schriftlichen Arbeit und für Ihren Leser (nach dem Titel) oft die erste Begegnung mit Ihrem Werk.

Tipp: Gehen Sie zum Schluss, wenn Sie Ihre Arbeit geschrieben haben, noch einmal über die Gliederung und prüfen Sie sie erneut in Bezug auf Aufbau und vor allem Einhaltung der Gliederung.

Einleitung

Die Einleitung hat folgende Funktionen:

- Das Thema wird in ihr genau definiert, d.h. die Fragestellung ist eindeutig zu formulieren und die Zielsetzung der Arbeit zu benennen.
- Sie hat die Art der Bearbeitung zu klären, beispielsweise spezielle Methoden.
- Der Aufbau der Arbeit wird kurz vorgestellt.
- Gegebenenfalls ist eine Abgrenzung gegen andere mögliche Auffassungen vom Thema bzw. von einer unterschiedlichen Herangehensweise an das Thema hier zu leisten.
- Sie kann evtl. auch den persönlichen Bezug zum Thema erkennen lassen.
- Sie soll bei dem Leser Interesse für den nachfolgenden Text wecken.

Hauptteil

Das Ausgangsproblem stellt den roten Faden dar. Die Argumente, die entwickelt werden, müssen ihren Bezug zu diesem Problem stets erkennen lassen. Sollten Überlegungen, die über das eigentliche Thema hinausreichen, unvermeidlich sein, dann können Sie diese in einen Exkurs stellen, d.h. in einen in sich abgeschlossenen, vom Rest des Textes deutlich abgehobenen Abschnitt.

Die Entfaltung eines Argumentationsstrangs setzt voraus, dass Sie die wichtigsten Informationen (Theorien, Daten, Fakten, Untersuchungen) über den Problemgegenstand kennen. Diese Informationen müssen in der Arbeit mitgeteilt werden, oder aber Sie machen deutlich, dass diese Kenntnisse beim Leser vorausgesetzt werden (da sie z.B. Grundlage des entsprechenden Seminars sind). Beschränken Sie sich dann auf entsprechende Literaturverweise.

Eine Arbeit darf nicht nur aus einer Aneinanderreihung von Fakten und Literaturverweisen bestehen; vielmehr muss stets eine argumentative Auseinandersetzung erfolgen. Fast zu jedem Problem gibt es unterschiedliche Sichtweisen und theoretische Positionen. Derartige Positionen müssen bei Ihrer Hausarbeit berücksichtigt werden, wobei Sie sich entweder von Anfang an begründet auf eine einzige wissenschaftliche Position beziehen oder zu einem Problem eine begrenzte Anzahl von Positionen darstellen, um sie gegeneinander abzuwägen. Diese Entscheidung über die Vorgehensweise sollte in der Einleitung bereits deutlich gemacht werden.

Bitte denken Sie daran:

- Es können in einer Hausarbeit nie alle einem Thema zugehörigen Probleme behandelt werden! Umso wichtiger ist deshalb eine gezielte und begründete Auswahl.
- Es wäre unwissenschaftlich, so zu tun, als gäbe es zu Ihrer Problemstellung nur eine einzige Position, auch wenn Sie selbst sie für richtig halten.

- Wichtig ist, dass Sie versuchen, von Ihrer eigenen Meinung abzusehen bzw. von Ihrem Alltagswissen zu abstrahieren, um eine wissenschaftlich fundierte Analyse und Diskussion der Problemstellung zu leisten.

Gleiches gilt auch für die von Ihnen verwendete Sprache:

- Eine präzise Aussage wird schnell durch Alltagsbegriffe, die oft mehrdeutig sind, verwässert. Das bedeutet, dass Sie auf jeden Fall die wissenschaftlichen Fachbegriffe benutzen müssen.
- Auf der anderen Seite zeichnet sich ein wissenschaftlicher Stil nicht durch eine Häufung von Fremdwörtern und einen komplizierten Satzbau aus; vielmehr lässt sich eine gelungene wissenschaftliche Arbeit durch einfache und übersichtliche Form sowie einen präzisen und korrekten Inhalt kennzeichnen.

Ich-Formulierungen sollten Sie vermeiden; ebenso auch Anglizismen, verwenden Sie für letztere nach Möglichkeit die deutschen Fachbegriffe. Führen Sie Ihren Leser durch Ihre Arbeit hindurch, d.h. ermöglichen Sie es ihm, der Entwicklung Ihrer Sinnstruktur und Ihrem roten Faden Schritt für Schritt zu folgen. Unterstützen Sie dies durch Übergänge und Überleitungen zwischen den Abschnitten (am Ende und ggf. zu Beginn eines Abschnitts).
Tipp: Lassen Sie die Arbeit vor der Abgabe von anderen Personen Korrektur lesen, durchaus auch von solchen, die sich nicht mit dem Thema auskennen.

Wissenschaftliche Argumentationen sollten auch kritische Argumentationen sein. Denn nicht alles, was Sie in der Literatur zu Ihrem Thema finden, muss auch 'richtig', d.h. wissenschaftlich haltbar sein. Versuchen Sie deswegen darauf zu achten, inwieweit bei Untersuchungen, Konzepten oder Theorien z.B. Verkürzungen, Verschleierungen oder Fehlschlüsse zu entdecken sind. Natürlich müssen kritische Argumentationen gut begründet sein. Unterscheiden Sie dabei, auf welcher Ebene Sie Kritik üben wollen:

- Sehen Sie an einer einzelnen empirischen Untersuchung (ihrer Methodik, Interpretation) oder zu Befunden anderer Studien Widersprüche?
- Gibt es innerhalb eines Konzepts (Theorie, Ansatzes) interne Widersprüche oder ungeklärte Prämissen?
- Finden sich bei den Aussagen eines Konzepts (Theorie, Ansatzes) Widersprüche zu externen Aussagen (z.B. zu Ergebnissen empirischer Untersuchungen, zu Statistiken, zu Erfahrungsberichten etc.)?

Zusammenfassung
Ziehen Sie am Ende Ihrer Hausarbeit ein Resümee dessen, was Sie gesagt haben und schließen Sie damit, um die Arbeit abzurunden, wieder an Ihre Einleitung an. Die Zusammenfassung hat folgende Funktionen:

- Sie soll die im Hauptteil gewonnenen Erkenntnisse über das Ausgangsproblem noch einmal kurz und in pointierter Form vor Augen führen.
- Weiterführende oder offen gebliebene Fragen, die beim derzeitigen Forschungsstand nicht beantwortet werden können, sollen aufgezeigt werden.
- Dem Verfasser wird Gelegenheit zu einer abschließenden persönlich-wertenden Stellungnahme gegeben, die zwar nicht streng argumentativ abgesichert sein muss, aber mit den Ergebnissen des Hauptteils im Einklang stehen muss.

UMGANG MIT QUELLENANGABEN

Es ist selbstverständlich, dass Sie zum Herausarbeiten der eigenen Position auf fremden Positionen aufbauen. Die Notwendigkeit der Begründung Ihrer Aussagen zwingt Sie geradezu, sich mit den Forschungsergebnissen anderer Wissenschaftler zu beschäftigen. Sie brauchen sich also nicht zu scheuen, etwas 'zu übernehmen'. Allerdings dürfen Sie dies niemals wörtlich abschreiben (das wäre ein Plagiat) - es sei denn, Sie kennzeichnen, dass Sie zitieren. Es muss überall im Text klar erkennbar sein, ob eine eigene Position dargestellt oder eine fremde Position referiert wird.

Im Fach Psychologie gelten bestimmte Regeln für die Gestaltung von Quellenangaben und Literaturverzeichnissen. Verbindlich hierfür sind die Richtlinien zur Manuskriptgestaltung der Deutschen Gesellschaft für Psychologie (DGP, 2007). Bitte ziehen Sie diese Regelungen für Ihre Hausarbeit heran. Sollten Sie Ihre Quellenangaben und Ihr Literaturverzeichnis nicht gemäß diesen Regeln erstellt haben, kann Ihre Arbeit leider nicht angenommen werden. Nachfolgend als Beispiel eine kurze Übersicht der wichtigsten Regeln im Fach Psychologie.

Quellenangaben im Text

Das Kenntlichmachen erfolgt im Text nur durch einen Kurzhinweis, damit es den Lesern ermöglicht wird, die Quelle im Literaturverzeichnis wieder zu finden. Zu diesem Kurzhinweis gehören der Name des Autors sowie die Jahreszahl, die sich auf das Erscheinen des Beitrags bezieht. Wichtig ist, dass alle Quellenangaben, die im Text gemacht werden, auch im Literaturverzeichnis zu finden sind, und dass im Literaturverzeichnis nur diejenigen Quellen aufgeführt werden, die auch im Text genannt worden sind. Dies eignet sich insbesondere für die Wiedergabe von Gelesenem in eigenen Worten, Untersuchungsergebnissen aus Projekten anderer Forscher und für die Wiedergabe wesentlicher, bedeutsamer Inhalte (und Ideen) zu einem Thema anhand verschiedener Autoren.

Es gibt verschiedene indirekte Zitationsweisen, die Sie im Folgenden aufgelistet finden:

- Bei der Angabe mehrerer Autoren ist es wichtig, dass zwischen den Namen ein 'und' ausgeschrieben wird, wenn diese im fortlaufenden Text erscheinen:

  Beispiel: Ein ähnliches Argument führten auch Werth und Sedlbauer (2011) an.

- Stehen Namen mehrerer Autoren in Klammern, wird das '&' benutzt:

  Beispiel: Auch die Hypothesentestung wird empfohlen (Werth & Sedlbauer, 2011).

- Hinweise auf weiterführende Literatur können Sie problemlos im Text unterbringen. Stellen Sie in diesem Fall bitte ein 'vgl.' (= vergleiche) voran.

  Beispiel: Diese Forderung wird durch andere Autoren unterstützt (vgl. z.B. Werth, 1998).

- Wenn Sie z.B. einen Text von Sedlbauer (2011) benutzt haben und aus dessen Darstellung einer Arbeit von Werth (1998) berichten, dann ist dies eine sog. Sekundärzitation. Das müssen Sie im Text kenntlich machen.

  Beispiel: Schon Werth (1998, zitiert nach Sedlbauer, 2011, S. 58) stellt fest, dass Geschäftsessen eine psychologisch taktische Interaktion seien.

Im Literaturverzeichnis wird dann sowohl die Quelle als auch die Originalarbeit angegeben.

Wörtliche Zitate

Bei wörtlicher Wiedergabe von Textpassagen aus Veröffentlichungen anderer Autoren und Definitionen anderer Wissenschaftler sind wörtliche Zitate angebracht. Folgendes ist zu beachten:

- Wörtliche Zitate müssen in Anführungszeichen gesetzt werden, sofern ihre Länge 40 Wörter nicht übersteigt. In eine Klammer hinter das Zitat kommen Name des Autors, Jahreszahl sowie Seitenangabe des Zitats:

  Beispiel: So sind Grundlagen-, Anwendungs- und Ressortforschung unterschiedliche, um nicht zu sagen, eigenständige Typen von Forschung. Unter Ressortforschung versteht man „die Forschungs- und Entwicklungsaktivitäten für Bundesministerien und Landesministerien. Dazu zählen wichtige forschungsbasierte Dienstleistungen, wie beispielsweise auf den Gebieten der Prüfung, Zulassung und Regelsetzung." (Werth & Sedlbauer, 2011, S. 463).

- Taucht der Name der zitierten Autoren unmittelbar vorher in Ihrem Text auf, so braucht er nicht mehr in die Klammer eingefügt zu werden.

  Beispiel: Werth und Sedlbauer weisen deutlich auf die Aufgaben eines Lehrstuhlinhabers hin: „Als Lehrstuhlinhaber haben Sie üblicherweise neben der Pflicht zu lehren auch die Pflicht und das Recht zu forschen." (2011, S. 433).

- Geht ein Zitat über zwei oder mehr Seiten des zitierten Werkes, werden die erste und die letzte Seite angegeben, verbunden durch einen Bindestrich. Die früher übliche Schreibweise mit 'f.' oder 'ff.' wird nicht mehr verwendet.

  Beispiel: (Werth & Sedlbauer, 2011, S. 433-434)

- Falls Sie einen Teil aus dem Zitat weglassen, so kennzeichnen Sie die Lücke mit drei Auslassungspunkten, wenn Sie einen oder mehrere Sätze weglassen, mit vier Auslassungspunkten.

  Beispiel: Sedlbauer geht noch einen Schritt weiter: „Nachhaltigkeit ist ein Imperativ zukünftigen Bauens." (2010, S. 13).

- Falls Sie dem Zitat etwas hinzufügen, beispielsweise eine Stelle des Zitats durch Kursivdruck hervorheben, so müssen Sie dies wie folgt kenntlich machen:

  Beispiel: Sedlbauer geht noch einen Schritt weiter: „Nachhaltigkeit ist ein *Imperativ* zukünftigen Bauens." (2010, S. 13; Hervorhebung v. Verf.).

- Haben wörtliche Zitate einen größeren Umfang als 40 Wörter, so werden sie als sog. Blockzitat geführt. Ein Blockzitat bildet einen eigenen Absatz, der komplett eingerückt wird. Es steht nicht in Anführungszeichen. Am Ende des Blockzitats nach dem letzten Satzzeichen folgt die Klammer mit der Quellenangabe.

  Beispiel: Werth und Sedlbauer (2011) geben folgende Umschreibung:

  > Als Lehrstuhlinhaber haben Sie üblicherweise neben der Pflicht zu lehren auch die Pflicht und das Recht zu forschen. So werden Sie mit Ihrer Ernennung finanzielle und personelle Ressourcen sowie Infrastruktur in Ihren Verantwortungsbereich übertragen bekommen haben und verfügen so über die Möglichkeit zu eigenständiger Forschung – und dies in einem Freiraum, wie ihn nur wenige andere Berufe bieten. Diese Freiheit der Forschung und Lehre ist im Grundgesetz (Artikel 5, Absatz 3) geregelt ... Das heißt, jeder, der wissenschaftlich tätig ist, hat ein Recht auf die Abwehr staat-

licher Beeinflussung des Prozesses der Gewinnung (Forschung) und Vermittlung (Lehre) wissenschaftlicher Erkenntnisse. Wie Sie forschen und was Sie an Ihrer Hochschule lehren, kann Ihnen folglich nicht staatlich vorgeschrieben werden. So können Sie beispielsweise nicht auf eine bestimmte Wissenschaftstheorie verpflichtet werden. (S. 433)

Literaturverzeichnis

Am Ende jeder Arbeit befindet sich ein alphabetisch geordnetes Literaturverzeichnis. Nachstehend finden Sie daher Beispiele für die Zitierweise von Büchern, Zeitschriften, Beiträgen in Herausgeberwerken sowie Dissertationen bzw. Diplomarbeiten. Das Literaturverzeichnis ist, wie die Gliederung, eines der zentralen Qualitätsmerkmale einer schriftlichen Arbeit.

- **Bücher**
  Autor(en). (Jahr). *Buchtitel*. Verlagsort: Verleger.

  Beispiele:
  Werth, L. (2004). *Psychologie für die Wirtschaft*. Heidelberg: Spektrum Akademischer Verlag.

  Werth, L. & Sedlbauer, K. (2011). *In Forschung und Lehre professionell agieren*. Bonn: Deutscher Hochschulverband.

- **Zeitschriften**
  Autor(en). (Jahr). Titel des Artikels. *Name der Zeitschrift, Band* (Heft, wenn es das gibt), Seitenangaben.

  Beispiel:
  Werth, L., Markel, P. & Förster, J. (2006). The role of subjective theories for leadership evaluation. *European Journal of Work and Organizational Psychology, 15*, 1-26.

- **Beiträge in Herausgeberwerken**
  Autor(en). (Jahr). Beitragstitel. In Herausgebername(n) (Hrsg.), *Buchtitel* (Seitenangaben). Verlagsort: Verleger.

  Beispiel:
  Werth, L. & Strack, F. (2006). Kognitionspsychologische Grundlagen. In F. Petermann & M. Eid (Hrsg.), *Handbuch der Psychologie*, Band *„Handbuch der Psychologischen Diagnostik"* (S. 78-88). Göttingen: Hogrefe.

- **Dissertationen und Diplomarbeiten**
  Autor(en). (Jahr). *Titel*. Unveröffentlichte Diplomarbeit (bzw. Dissertation), Universität, Ort.

  Beispiel:
  Werth, L. (1996). *Der Einfluss metakognitiven Wissens auf Rekognitionsurteile.* Unveröffentlichte Diplomarbeit, Universität Trier, Trier.

Wollen Sie mehrere Werke desselben Autors zitieren, werden diese nach den Erscheinungsjahren geordnet (ältere zuerst). Hat ein Autor / eine Autorin mehrere Werke in einem Jahr geschrieben, werden diese alphabetisch nach dem Titel geordnet und die Jahreszahlen mit Buchstaben (a, b, c, ...) versehen.

Beispiele:

Werth, L. & Förster, J. (2002a). Implicit person theories influence memory judgments: The circumstances under which metacognitive knowledge is used. *European Journal of Social Psychology, 32*, 353-362.

Werth, L. & Förster, J. (2002b). Wie Sie als Führungskraft Kreativität steigern oder blockieren können. *Wirtschaftspsychologie, 2*, 13-20.

- **Internet**

  Verfasser. (Erscheinungsdatum). *Titel*. Online in Internet: URL: Internetadresse (Datum der Einsichtnahme).

  Beispiel: American Psychological Association. (2003). *APA Style: Electronic media and URLs*. Online im Internet. URL: http://www.apastyle.org/apa-style-help.aspx (Stand 15.02.2011).

Bei weiteren Fragen zu Online-Zitierweisen siehe http://scidok.sulb.uni-saarland.de/doku/zitieren.php#zitonline (Stand 15.02.2011).

FORMALE GESTALTUNG DER HAUSARBEIT

Der Textumfang wird Ihnen von der Studienordnung der TU Chemnitz vorgegeben, so sind im Bachelorstudium 15 Seiten zuzüglich Literaturverzeichnis und einem eventuellen Anhang üblich; im Masterstudium sollte der Textumfang 30 Seiten zuzüglich des Literaturverzeichnisses und einem eventuellen Anhang nicht überschreiten. Bei Arbeiten, die von mehreren Personen verfasst werden, muss der Textumfang der Gesamtarbeit entsprechend größer sein.

Layout

Ein Beispiel für ein gutes Layout (siehe auch abschließende Checkliste des Leitfadens): Oben, unten, rechts und links jeweils 2,5 cm Seitenrand (Papier nur einseitig bedrucken). Der Zeilenabstand beträgt 1,5 Zeilen (abweichend von APA), die Schriftgröße 12 bei Times New Roman und 11 bei Arial. Der Text sollte als Blocksatz konzipiert sein.

Deckblatt

Das Deckblatt beinhaltet alle offiziellen Informationen (Ihren Namen, den Titel der Arbeit, Lehrveranstaltungstitel und Dozent usw.) und ist deswegen unbedingt erforderlich. Ein Musterdeckblatt finden Sie im Anhang.

Anhang

Alle Materialien, die nicht unmittelbar zum Text gehören oder einfach zu viel Platz benötigen, können Sie in den Anhang stellen. Dazu zählen z.B. Fragebögen, Grafiken, Fotografien, Zeichnungen, Stadtpläne, Tabellen usw.

Erklärung

Fügen Sie Ihrer Hausarbeit eine von Ihnen handschriftlich unterschriebene Erklärung an, aus der hervorgeht, dass Sie die abgegebene Hausarbeit ohne fremde Hilfe verfasst sowie alle Quellen nach bestem Wissen zitiert und angegeben haben. Eine Mustererklärung finden Sie untenstehend.

Regelungen zur Annahme der Hausarbeit

Weist die Hausarbeit grobe formale Mängel (z.B. fehlende und oder falsche Zitierungen, Literaturangaben o. ä.) auf, wird sie ohne weitergehende inhaltliche Korrektur zur einmaligen Überarbeitung und Behebung dieser Mängel zurückgegeben. Entspricht die Hausarbeit nicht den inhaltlichen Anforderungen an eine Hausarbeit im Grund- bzw. Hauptstudium, wird sie als nicht bestanden gewertet; das Gleiche gilt für Hausarbeiten, die nach der Überarbeitung noch erhebliche formale Mängel aufweisen. Eine weitere Überarbeitung ist in diesen Fällen nicht möglich. Wird die Hausarbeit als bestanden gewertet, erhalten Sie einen Leistungsnachweis. Eine differenzierte formale Benotung erfolgt nach den unten dargestellten Anforderungen.

ANHÄNGE EINER HAUSARBEIT

Anhang A: Musterdeckblatt

Titel der Arbeit

Schriftliche Hausarbeit zur Lehrveranstaltung xx
von Dozent xy

angefertigt im Studienfach / Studienabschnitt xy

von
Name:
Adresse: ...
Matrikel Nr.: ...
E-Mail: ...

im Semester XYZ (WS / SS)

Anhang B: Erklärung

Hiermit erkläre ich, dass ich die vorliegende Hausarbeit mit dem Thema XY ohne fremde Hilfe erstellt habe. Alle verwendeten Quellen wurden angegeben. Ich versichere, dass ich bisher keine Hausarbeit oder Prüfungsarbeit mit gleichem oder ähnlichem Thema an der Uni Musterstadt eingereicht habe.

Ort, Datum

XYZ (handschriftlich!)
____
Unterschrift

FAZIT

Wenn es an eine Hausarbeit geht, dann ...

- Suchen Sie sich ein Thema, das Sie interessiert!
- Erstellen Sie sich einen Zeitplan!
- Schaffen Sie sich eine strukturierte Gliederung, sie ist das Fundament einer Hausarbeit!
- Investieren Sie in eine sorgfältige Literaturvorarbeit, dies verringert den Zeitdruck!
- Erarbeiten Sie sich eine sinnvoll eingegrenzte Fragestellung, dies erspart Verwirrung und unnötige Auseinandersetzung mit irrelevanten Fragen!
- Bemühen Sie sich um eine wissenschaftliche Form der Auseinandersetzung und des schriftlichen Ausdrucks!
- Schreiben Sie verständlich und präzise!
- Kümmern Sie sich um eine übersichtliche formale Gestaltung!
- Lassen Sie Sorgfalt bei Literaturverweisen und -verzeichnis walten!

CHECKLISTE FÜR HAUSARBEITEN (FÜR STUDIERENDE)[22]

Bevor Sie die Hausarbeit abgeben, sollten Sie folgendes überprüfen:

- Ist das äußere Erscheinungsbild der Arbeit in allen Punkten akzeptabel?
- Enthält das Titelblatt alle notwendigen Informationen?
- Stimmen Schriftgröße und Schriftart auf allen Seiten?
- Sind automatische Silbentrennung und Blocksatz eingestellt?
- Sind Abstände der Ränder, Kopf- und Fußleisten und Zeilenabstände korrekt?
- Besitzen alle Seiten ab Seite 2 die korrekten Seitenzahlen?
- Sind die Gestaltung und die Begriffswahl einheitlich? Das ist besonders dann oft nicht der Fall, wenn eine Arbeit von mehreren Personen verfasst wurde.
- Sind zentrale Begriffe definiert?
- Besitzt die Arbeit alle nötigen Teile: Den eigentlichen Text, ein Titelblatt, ein Inhaltsverzeichnis, eine Zusammenfassung und ein Literaturverzeichnis?
- Sind die eingeführten Absätze korrekt?
- Sind die Abbildungen / Tabellen korrekt nummeriert?
- Wird im Text auf jede Abbildung / Tabelle mindestens einmal verwiesen?
- Wird auf Abbildungen / Tabellen verwiesen, die es nicht gibt? (Dann ändern!)
- Hat jede Tabelle und Abbildung eine aussagekräftige Legende?
- Hat jede Tabelle einen aussagekräftigen Tabellenkopf?

---

[22] adaptiert nach Buchner (2010)

- Wurden Inhaltsverzeichnis und ggf. Abbildungs-, Tabellen- und Abkürzungsverzeichnis am Schluss noch einmal aktualisiert?
- Habe ich jeden Textabschnitt mit Literatur / wissenschaftlichen Quellen belegt?
- Sind für alle genannten Fakten (außer solchen, die selbst hergeleitet wurden), die Quellenangaben genannt?
- Findet sich jede Literaturangabe im Text auch im Literaturverzeichnis?
- Ist das Literaturverzeichnis frei von Angaben, die nicht im Text vorkommen?
- Ist das Literaturverzeichnis alphabetisch geordnet?
- Entsprechen die Literaturangaben im Text und im Literaturverzeichnis den Richtlinien?
- Stimmen die Zitierweisen mit den Richtlinien, die der Dozent vorgibt, überein?
- Habe ich die eidesstattliche Erklärung unterzeichnet?

LITERATUREMPFEHLUNGEN

Darüber hinaus ist als Literatur, die Studierenden das Verfassen von Hausarbeiten näher bringt, unter anderem folgende empfehlenswert:

Buchner, A. *Zur Gestaltung von Haus- und Diplomarbeiten*. Online in Internet: URL: http://www.psycho.uni-duesseldorf.de/abteilungen/aap/Dokumente/typoskriptrichtlinien.pdf (Stand 15.02.2011).

Deutsche Gesellschaft für Psychologie (Hrsg.). (2007). *Richtlinien zur Manuskriptgestaltung* (3. Aufl.). Göttingen: Hogrefe.

Höge, H. (2002). *Schriftliche Arbeiten im Studium: Ein Leitfaden zur Abfassung wissenschaftlicher Texte* (2. Aufl.). Stuttgart: Kohlhammer.

Klein, R. (2003). Wissenschaftliches Schreiben lehren und lernen. Teil I: Anwendungsbezogene Schreibübungen für Lehrende und Studierende. In B. Behrendt, H.-P. Voss, & J. Wildt (Hrsg.), *Neues Handbuch Hochschullehre. Lehren und Lernen effizient gestalten* (Griffmarke G 4.1., S. 1-42). Bonn: Raabe.

Sonnentag, S. (2006). *Abschlussarbeiten und Dissertationen in der angewandten psychologischen Forschung.* Göttingen: Hogrefe.

Trimmel, M. (1994). *Wissenschaftliches Arbeiten in der Psychologie*. Wien: WUV Universitätsverlag.

Wissenschaftliches Arbeiten im Studium. Online in Internet: URL: http://web.uni-frankfurt.de/fb04/katzenbach/institut/leitfaden.pdf (Stand 15.02.2011).

12.3 Anleitung zum Schreiben einer Abschlussarbeit (für Studierende)

Nachfolgend finden Sie Anleitungen für Studierende, d.h. Leitfäden, die Sie Ihren Studierenden als Hilfestellung zum Verfassen ihrer Abschlussarbeiten zur Verfügung stellen können. Bitte beachten Sie, dass diese Leitfäden aus dem Fach Organisationspsychologie stammen und somit an Ihr Fach und Ihre Situation adaptiert werden müssen.

12.3.1 Beispielvorlage 'Leitfaden zum Verfassen einer Bachelorarbeit'

(Beispiel des Lehrstuhls für Wirtschafts-, Organisations- und Sozialpsychologie der Technischen Universität Chemnitz)

Sie haben einen wichtigen Punkt in Ihrem Studium erreicht: Sie beginnen mit dem Schreiben Ihrer Bachelorarbeit. Dazu müssen Sie nicht nur eine geeignete Fragestellung finden, sondern auch eine wissenschaftliche Methode, um diese Fragestellung adäquat zu beantworten. Das stellt auf den ersten Blick eine große Herausforderung, vielleicht sogar eine Überforderung dar. Wo anfangen? Wie vorgehen?

Im Folgenden finden Sie daher einen **Leitfaden zur Organisation, Durchführung und Gestaltung einer Bachelorarbeit**. Dieser wurde mit dem Ziel zusammengestellt, Ihnen die Ansprüche an eine Bachelorarbeit transparent zu machen und Ihnen zu helfen, sich die Zeit während Ihrer Bachelorarbeit richtig einzuteilen und Ihr Vorgehen adäquat zu strukturieren. Zudem können Sie den Leitfaden nutzen, um Ihre Arbeit mit den Augen eines Prüfers kritisch durchzusehen und dabei vielleicht noch bestehende Mängel zu entdecken und zu verbessern. Wenn Sie nach dem Lesen des Leitfadens noch Fragen haben, können Sie sich gern an die Mitarbeiter des Lehrstuhls wenden.

FUNKTIONEN EINER BACHELORARBEIT

Die Bachelorarbeit ist die wichtigste schriftliche Studienleistung in Ihrer bisherigen akademischen Ausbildung. Sie zeigen mit dieser Arbeit Ihre Fähigkeit, ein Problem aus Ihrem Fachbereich selbständig und zweckgerichtet unter Anwendung wissenschaftlicher Methoden und Erkenntnisse zu bearbeiten. Beim Schreiben Ihrer Abschlussarbeit sind formelle und inhaltliche Vorgaben sowie generelle Richtlinien zum wissenschaftlichen Schreiben einzuhalten. Im Folgenden werden wir insbesondere auf die formellen und inhaltlichen Vorgaben eingehen. Weitere Informationen zum wissenschaftlichen Schreiben finden Sie auf unserer Homepage unter 'Nützliche Links' (http://www.tu-chemnitz.de/hsw/psych/professuren/sozpsy/links.php).

ALLGEMEINE ANFORDERUNGEN AN EINE BACHELORARBEIT

Im Rahmen einer Bachelorarbeit sollte ein überschaubares Problem ...

- innerhalb einer bestimmten Frist,
- selbständig, wenn auch durch Fachleute betreut,
- mit geeigneten wissenschaftlichen Methoden bearbeitet sowie
- in einer anerkannten wissenschaftlichen Form dargestellt werden.

Anfertigung innerhalb einer bestimmten Frist
Im Allgemeinen werden Thema und Zeitpunkt der Bearbeitung im Prüfungsamt aktenkundig gemacht, dazu müssen Sie Ihre Arbeit dort anmelden. Die in der Prüfungsordnung vorgegebenen Fristen sind einzuhalten.

Durchführung selbständig, wenn auch durch Fachleute betreut
Die Selbständigkeit zeigt sich im Auswählen eines der vom Prüfer vorgegebenen Themen oder eigener thematischer Vorschläge, in der Ab- und Eingrenzung des Themas, in der Formulierung eines geeigneten Untersuchungsansatzes (Theorie und Methodik), in der Materialauswahl (Literatur), in der Entscheidung für einen geeigneten Lösungsweg (Methode) und in der Art der Präsentation (Strukturierung, Aufbau).

Bearbeitung anhand geeigneter wissenschaftlicher Methoden
Studierende sollen in der Bachelorarbeit ihre im Studium erworbenen Fachkenntnisse nachweisen. Dazu zählt die Fähigkeit zur systematischen und methodisch korrekten Bearbeitung eines abgegrenzten Themas.

Darstellung in einer anerkannten wissenschaftlichen Form
Zur wissenschaftlichen Form zählen zum einen die Fähigkeit zur logischen und prägnanten Argumentation und zum anderen die formal korrekte Präsentation der Ergebnisse. Im Hinblick auf die Argumentation gilt eine Arbeit als wissenschaftlich korrekt, wenn alle in der Einleitung aufgeführten thematischen Fragen beantwortet, alle Feststellungen und Behauptungen nachprüfbar belegt und in sich schlüssig bewiesen sind. Als schwere wissenschaftliche Mängel gelten das willkürliche Weglassen von Teilaspekten eines Themas oder eine unvollständige Argumentation in der Beweiskette. Fließen persönliche Ansichten der Autoren in die Argumentation ein, so müssen diese kenntlich gemacht werden.
Im Hinblick auf die Darstellung sollte eine logisch angemessene, klare Gliederung und Aufteilung der Arbeit in verschiedene Bestandteile vorgenommen werden. Durch die Strukturierung von Inhalt und Aussagen sollte erkennbar sein, an welcher Stelle der Arbeit wichtige Erklärungen zu finden sind, wo die zugrunde liegenden Daten, benutztes Quellenmaterial, die Resultate usw. nachgelesen werden können und wo Auswertung, Interpretation und Diskussion einsetzen.
Schließlich sollte die Arbeit den Prinzipien von Wahrheit und Redlichkeit in der Auseinandersetzung mit dem Thema genügen. Hierzu zählt die unbedingte Ehrlichkeit des Autors bei der Offenlegung der Quellen, aus denen Erkenntnisse, Argumente und Anregungen gewonnen wurden.

SPEZIFISCHE ANFODERUNGEN AN EINE BACHELORARBEIT

Neben Vorbereitung, Durchführung und Auswertung Ihres Forschungsvorhabens sowie dem Verfassen der Bachelorarbeit, sind noch vor der Datenerhebung folgenden Leistungen zu erbringen:

a) Erstellen eines Exposés (Umfang ca. 5 - 10 Seiten), in dem Sie zu Fragestellung und Hypothesen, zum Forschungsstand und zum geplanten Vorgehen Stellung nehmen.

b) Ein- oder zweimaliges Vorstellen der Bachelorarbeit im Lehrstuhlkolloquium (Zeitpunkt in Absprache mit dem Betreuer), selbständige Vorbereitung der Präsentation (insgesamt stehen Ihnen dabei 45 Minuten zur Verfügung; planen Sie bitte Zeit für Diskussionen, Fragen etc. ein).

HINWEISE ZU AUFBAU, DURCHFÜHRUNG UND GESTALTUNG DER ARBEIT

Im Folgenden haben wir für Sie grundlegende Anforderungen in Hinblick auf den Aufbau, die Durchführung und die (formale) Gestaltung Ihrer Bachelorarbeit zusammengestellt. Für weiterführende Hinweise zum Aufbau eines wissenschaftlichen Textes und zur Darstellung der Ergebnisse schauen Sie sich bitte die diesbezüglichen Literaturempfehlungen der Professur an. Hilfreiche Tipps zu Themensuche, Literaturrecherche und zum wissenschaftlichen Schreiben haben wir für Sie ebenfalls auf unserer Homepage unter 'Nützliche Links' bereitgestellt (http://www.tu-chemnitz.de/hsw/psych/professuren/sozpsy/links.php).

AUFBAU EINER BACHELORARBEIT

Ihre Bachelorarbeit soll unterteilt sein in Einleitung, Hauptteil (mit Theorie-, Methoden- und Ergebnisteil) und Diskussion. Nicht unterschätzt werden darf die Bedeutung des Inhaltsverzeichnisses bzw. der Gliederung. Die einzelnen Teile der Bachelorarbeit sollten folgenden Bewertungskriterien genügen:

Inhaltsverzeichnis, Gliederung
Aus der Gliederung des Inhaltsverzeichnisses sollten die abgehandelten Schwerpunkte ersichtlich werden. Dabei bietet das Inhaltsverzeichnis einen ersten Eindruck von der thematischen Vollständigkeit sowie der Ausgewogenheit der Behandlung des vorgegebenen Themas. Kriterien sind hier Systematik und Vollständigkeit der Gliederung.

Einleitung
Die Einleitung dient dazu, das Thema genau zu definieren, d. h., die Fragestellung ist eindeutig zu formulieren und die Zielsetzung der Arbeit ist zu benennen. In der Einleitung wird weiterhin der Aufbau der Arbeit kurz vorgestellt und die Art der Bearbeitung, beispielsweise welche Methoden verwendet wurden, geklärt. Gegebenenfalls ist dabei eine Abgrenzung gegen andere mögliche Auffassungen zum Thema bzw. zu einer unterschiedlichen Herangehensweise an das Thema zu leisten. In der Einleitung ist es auch möglich, den persönlichen Bezug zum Thema erkennen zu lassen. Auf jeden Fall soll das Interesse bei den Lesern für den nachfolgenden Text geweckt werden.

Theorieteil
Der Hauptteil der Arbeit gliedert sich in einen Theorie-, einen Methoden- und einen Ergebnisteil. Im Theorieteil werden der Hintergrund der Fragestellung und der aktuelle Forschungsstand erläutert, es werden wesentliche Begriffsbestimmungen vorgenommen und Definitionen angeboten. Vor dem theoretischen Hintergrund werden die Hypothesen abgeleitet. Ferner wird im Theorieteil die Entscheidung für die gewählte Methode erklärt, wobei verschiedene methodische Alternativen zur Aufgabenlösung diskutiert werden sollten.

Leitfragen zum Theorieteil

- ✓ Wurden die wichtigsten Begriffe vorgestellt?
- ✓ Wird die Fragestellung folgerichtig abgeleitet und nachvollziehbar begründet?
- ✓ Sind die im Theorieteil behandelten Sachverhalte für die Aufgabenbearbeitung relevant?
- ✓ Sind die Inhalte der einbezogenen Arbeiten relevant, gut gegliedert und verständlich dargestellt?
- ✓ Gibt es eine kritische Reflexion der berücksichtigten Literatur?
- ✓ Sind die Hypothesen logisch und formal einwandfrei?
- ✓ Sind die Hypothesen gut operationalisiert und spezifiziert?

Methodenteil

Der Methodenteil enthält das Design der Studie. Weiterhin werden im Methodenteil die Stichprobe sowie die Untersuchungsmaterialien, die Durchführung und die Datenauswertung beschrieben.

Leitfragen zum Methodenteil

- ✓ Ist der Untersuchungsplan (Design, Repräsentativität der Stichprobe, Stichprobenumfang, Power...) der Fragestellung angemessen?
- ✓ Ist die Stichprobe gemäß den wissenschaftlichen Gepflogenheiten beschrieben?
- ✓ Sind Untersuchungsverfahren und -instrumente der Fragestellung angemessen?
- ✓ Sind die Messzeitpunkte sinnvoll gewählt?
- ✓ Werden mögliche Störfaktoren (bspw. Geschlechts- oder Persönlichkeitsunterschiede) gesehen und bei der Planung berücksichtigt?
- ✓ Wird die Durchführung ausreichend beschrieben (sodass bspw. eine Replikation möglich ist)?
- ✓ Sind die statistischen Methoden der Fragestellung und Datenqualität angemessen?

Ergebnisteil

Im Ergebnisteil werden die Ergebnisse der Arbeit, die einen Bezug zur Fragestellung aufweisen, dargestellt. Wenn weitere Befunde oder Interpretationen als wichtig angesehen werden, sollten diese im sich anschließenden Diskussionsteil dargestellt werden.

Leitfragen zum Ergebnisteil

- ✓ Ist die Ergebnisdarstellung vollständig (v. a. im Hinblick auf die Fragestellung) und übersichtlich?
- ✓ Werden die Daten objektiv beschrieben? (Im Ergebnisteil wird auf Interpretationen verzichtet!)
- ✓ Ist die Ergebnisdarstellung in ihrer Reihenfolge logisch und sinnvoll von der allgemeinen zur detaillierten Beschreibung hin aufgebaut?
- ✓ Sind Grafiken und Tabellen verständlich, sinnvoll und adäquat bezeichnet?

Diskussion und Fazit

Der Diskussionsteil enthält die Gesamtinterpretation der Resultate, weiterführende Überlegungen, eine Zusammenfassung der wichtigsten Ergebnisse und deren Bewertung im Hinblick auf die Fragestellung / Zielsetzung der Arbeit. Eine kritische Auseinandersetzung mit den Grenzen und möglichen Schwachpunkten der Untersuchung ist ebenfalls wünschenswert. Auch wird hier eine Einschätzung der Qualität der Ergebnisse getroffen, beipielsweise ob diese neu sind, welchen Fortschritt sie im Vergleich zur Ausgangslage darstellen und wie sie in den größeren Zusammenhang des Fachgebietes passen. Zudem sollten Hinweise gegeben werden, wo noch offene Fragen bestehen und wo Sie möglichen künftigen Forschungsbedarf sehen. Die hier getroffenen Aussagen sollten hinreichend belegt sein.

Leitfragen zum Diskussionsteil

- ✓ Werden die Ergebnisse logisch und methodisch korrekt interpretiert?
- ✓ Werden die Ergebnisse integriert, das heißt, die Einzelergebnisse zueinander in Beziehung gesetzt sowie auf die Fragestellung und den Forschungsstand bezogen?
- ✓ Werden die Ergebnisse angemessen und kritisch diskutiert?
- ✓ Wird die eigene Untersuchung hinsichtlich ihrer Einschränkungen kritisch reflektiert?
- ✓ Werden Schlussfolgerungen und Ansätze zu möglichen Folgeuntersuchungen diskutiert?
- ✓ Werden Schlussfolgerungen für die Praxis abgeleitet und wird ein Anwendungsbezug hergestellt?

Literaturverzeichnis

Im Literaturverzeichnis werden alle im Text verwendeten Quellen aufgelistet. Beachten Sie hier unbedingt die im APA-Standard festgelegten Vorgaben (siehe unter Abschnitt 4.3 die Ausführungen zu den formellen Anforderungen an die Bachelorarbeit).

Selbständigkeitserklärung

Mit der Selbständigkeitserklärung bzw. der sog. eidesstattlichen Erklärung bezeugen Sie, dass die Arbeit selbständig und nur unter Zuhilfenahme der angegebenen Hilfsmittel verfasst wurde.

Anhang

Im Anhang legen Sie Ihre Materialien (verwendete Fragebögen, Interviewleitfäden etc.) bei.

DURCHFÜHRUNG DER UNTERSUCHUNG ZUR BACHELORARBEIT

Die Durchführung der Bachelorarbeit lässt sich in vier Phasen gliedern:

a) Themensuche und Eingrenzung

b) Operationalisierung

c) Datenerhebung und Auswertung

d) Planen des Schreibprozesses

Jeder dieser Bereiche stellt spezifische Anforderungen an den Autor. Wir gehen im Folgenden auf die einzelnen Phasen ein.

a) Themensuche und Eingrenzung

In diesem Bereich, der meist der ersten Phase der Bachelorarbeit entspricht, gilt es, die Fragestellung zu konkretisieren, das Versuchsdesign zu entwickeln und die Hypothesen zu formulieren. Am Anfang einer Untersuchung steht jedoch die Literaturrecherche. Die Literaturrecherche hilft bei der Konkretisierung der Fragestellung.

Leitfragen zur Literaturrecherche

- ✓ Wurden alle in Frage kommenden Datenbanken einbezogen?
- ✓ Wurden alle für das Thema relevanten Suchbegriffe in die Suche einbezogen und korrekt verknüpft?
- ✓ Wurde die Suche (Such-Stichworte, ggf. auch Ergebnisse) gut dokumentiert, sodass sie replizierbar ist?
- ✓ Wurden alle erforderlichen Volltexte besorgt?
- ✓ Wurden alle Texte entsprechend ihrer Relevanz sachlich korrekt ausgewertet?
- ✓ Wurden die wichtigsten Artikel für den Theorieteil zusammengefasst (z.B. in Form eines Literaturvergleichs)?

Am Ende dieser Phase steht das Exposé. In diesem 5 bis 10-seitigen Text sollten Sie die in nachstehender Tabelle 12.1 genannten Punkte abhandeln:

Tabelle 12.1. Zentrale Bestandteile des Exposés.

ZENTRALE BESTANDTEILE DES EXPOSÉS	
Fragestellung und Hypothesen	Was soll mit der Arbeit untersucht oder nachgewiesen werden? Allgemeine Erwartungen; Vermutungen, die durch die Arbeit geprüft werden sollen, sollten mit dem Betreuer abgesprochen sein.
Forschungsstand zur Problemstellung	Welche Erkenntnisse zur Fragestellung bestehen bereits? Kurzer Überblick über das Thema und die relevante Fachliteratur; dazu ist eine selbständige Literaturrecherche in Bibliotheken, im Internet, v. a. aber in Literaturdatenbanken wie PsychINFO und PSYNDEX erforderlich.
Geplantes Vorgehen / Methodik	Welche Erkenntnisse zur Fragestellung bestehen bereits? Kurzer Überblick über das Thema und die relevante Fachliteratur; dazu ist eine selbständige Literaturrecherche in Bibliotheken, im Internet, v. a. aber in Literaturdatenbanken wie PsychINFO und PSYNDEX erforderlich.

Das Exposé erfordert ein gründliches Nachdenken über die Fragestellung und das Vorgehen zu deren Beantwortung. Ein gutes Expose stellt bereits das Gerüst für die Abschlussarbeit dar, das in den weiteren Arbeitsschritten differenziert und erweitert werden kann.

b) Operationalisierung

In der Phase der Operationalisierung überlegen Sie sich die empirische Umsetzung Ihrer Fragestellung. Aufgrund des begrenzten zeitlichen Rahmens bietet es sich hier an, bereits erprobte Methoden aufzugreifen und diese gegebenenfalls an Ihre Fragestellung anzupassen. In dieser Phase werden Sie auch die Materialien (Fragebögen, Versuchsmaterial etc.) erstellen und diese in Absprache mit dem Betreuer vortesten. Vor Abschluss dieser Phase haben Sie die Gelegenheit, Ihr Vorhaben im Lehrstuhlkolloquium vor- und zur Diskussion zustellen.

c) Datenerhebung und Auswertung

In dieser Phase werden die Daten erhoben und ausgewertet. Da hier Kenntnisse in Statistikprogrammen (SPSS, Amos etc.) unerlässlich sind, sollte bei Bedarf *vor* der Bachelorarbeit ein Kurs belegt werden.

d) Planen des Schreibprozesses

Der in Tabelle 12.2 angegebene Zeitplan gilt für Studierende, die ausschließlich (Vollzeit) an ihrer Bachelorarbeit schreiben und eine Laboruntersuchung durchführen. Für fachübergreifende oder angewandte Arbeiten kann entsprechend der spezifischen Anforderungen des Projekts eine andere Einteilung sinnvoll und erforderlich sein.

Tabelle 12.2. Grober Zeitplan zur Anfertigung einer Bachelorarbeit.

ZEIT	AKTIVITÄTEN
4 Wochen	Einlesen in die Theorie, Planung, Entwicklung von Fragestellung und Hypothesen
3 Wochen	Versuchsmaterial erstellen, Vortesten
3 Wochen	Daten erheben
4 Wochen	Daten auswerten
10 Wochen	Bachelorarbeit schreiben (inkl. einmaliger Korrektur der Rohversion durch den Betreuer)

GESTALTUNG EINER BACHELORARBEIT

Umfang der Bachelorarbeit
Eine Bachelorarbeit sollte ca. 40 bis 60 Seiten umfassen, je nach der Fragestellung (ohne Titelseite, Inhalts-, Tabellen-, Abbildungs-, Abkürzungs-, Literaturverzeichnis und Anhang); der genaue Umfang ergibt sich aus der Art der Arbeit und ihrer Darstellbarkeit; er wird vom Betreuer individuell festgelegt.

Formelle Anforderungen an die Bachelorarbeit
Eine wissenschaftliche Arbeit folgt für unterschiedliche Teile und Aufgaben unterschiedlichen Format-Standards. Bitte beachten Sie beim Verfassen Ihrer Bachelorarbeit unbedingt die Vorgaben der DGPs bzw. der APA zur Gestaltung von Manuskripten. Sie finden diese u. a. in folgenden Büchern:

- Deutsche Gesellschaft für Psychologie (Hrsg.) (2007). *Richtlinien zur Manuskriptgestaltung* (3. Aufl.) Göttingen: Hogrefe.
- American *Psychological* Association (Ed.) (2009). *Publication manual of the American Psychological Association* (6th ed.). Washington, D.C.: American Psychological Association.

Sie finden in diesen Richtlinien genaue Vorgaben für die Nummerierung der Seiten, die Formatierung von Überschriften, Aufzählungen und Gliederungsebenen, das Aussehen des Deckblattes, des Literaturverzeichnisses sowie die Verwendung von Zitaten.

BEISPIEL FÜR DEN AUFBAU EINER BACHELORARBEIT

TITELBLATT

[DANKSAGUNG]

[INHALTSVERZEICHNIS]

[ABBILDUNGSVERZEICHNIS]

[TABELLENVERZEICHNIS]

[ABKÜRZUNGSVERZEICHNIS]

1 Einleitung

2 Theoretischer Hintergrund

2.1 Entwicklung der Fragestellung

2.2 Hypothesen

3 Methode

3.1 Stichprobe

3.2 Messinstrumente

3.3 Prozedur / Design

4 Ergebnisse

5 Diskussion

LITERATURVERZEICHNIS

[ANHANG]

SELBSTÄNDIGKEITSERKLÄRUNG

SONDERFALL 'EXTERNE BACHELORARBEITEN'

Der Lehrstuhl arbeitet eng mit Unternehmen, Verwaltungen und anderen Institutionen zusammen. Wenn Sie sich für eine Bachelorarbeit in einem Unternehmen interessieren, beachten Sie bitte die Informationen zu externen Bachelorarbeiten unter http://www.tu-chemnitz.de/hws/psych/professuren/sozpsy/leitfaeden.php.

12.3.2 Beispielvorlage 'Leitfaden zum Verfassen einer Masterarbeit'

(Beispiel des Lehrstuhls für Wirtschafts-, Organisations- und Sozialpsychologie der Technischen Universität Chemnitz)

Im Folgenden finden Sie wichtige Hinweise zu den Anforderungen, die im Rahmen einer Masterarbeit im Fach Psychologie auf Sie zukommen, sowie zu Durchführung, Organisation und Gestaltung der Arbeit.

ALLGEMEINE ANFORDERUNGEN

Neben Vorbereitung, Durchführung und Auswertung Ihres Forschungsvorhabens sowie dem Verfassen der Masterarbeit, sind folgende Leistungen zu erbringen:

- Selbständige Literaturrecherche (Bibliothek, v. a. aber Literaturdatenbanken)
- Entwicklung einer Fragestellung in Absprache mit dem Betreuer
- Erstellung eines Exposés (Inhalte laut Tabelle 12.3, ca. fünf Seiten lang)
- Vorstellung der Masterarbeit im Lehrstuhlkolloquium (Zeitpunkt in Absprache mit dem Betreuer), selbständige Vorbereitung der Präsentation (ca. 45 Minuten inklusive Diskussion).

Tabelle 12.3. Erläuterung zu inhaltlichen Punkten einer Masterarbeit.

INHALTLICHER PUNKT	ERLÄUTERUNG
Stand des Problems	Kurzer Überblick über das Thema und relevante Fachliteratur dazu
Fragestellung und Hypothesen	Allgemeine Erwartungen, Vermutungen, die durch die Arbeit geprüft werden sollen
Methodik	Untersuchungsdesign, Stichprobe(n), Versuchsablauf, nötige Vorstudien, geplantes Auswertungsverfahren

GROBER ZEITPLAN

Der in Tabelle 12.4 stehende Zeitplan gilt für Studierende, die ausschließlich (Vollzeit) an ihrer Masterarbeit arbeiten und eine Laboruntersuchung durchführen. Für fachübergreifende oder angewandte Masterarbeiten ist je nach den spezifischen Anforderungen des Projekts eine andere zeitliche Einteilung sinnvoll und erforderlich.

Tabelle 12.4. Grober Zeitplan zur Anfertigung einer Masterarbeit in Psychologie.

ZEIT	AKTIVITÄTEN
4 Wochen	Einlesen in die Theorie, Planung, Entwicklung von Fragestellung und Hypothesen
3 Wochen	Versuchsmaterial erstellen, Vortesten
3 Wochen	Daten erheben
4 Wochen	Daten auswerten
10 Wochen	Masterarbeit schreiben (inkl. einmaliger Korrektur der Rohversion durch den Betreuer)

HINWEISE ZU DURCHFÜHRUNG UND GESTALTUNG DER ARBEIT

Themensuche

- Literaturrecherche: Was gibt es bereits? (Wichtige Artikel / Literatur gleich für den Theorieteil zusammenfassen.) Was wäre eine neue Fragestellung? ('Leitfaden für Literaturrecherche' beachten)
- Fragestellung konkretisieren (Was ist das Ziel der Untersuchung?)
- Versuchsdesign entwickeln
- Hypothesen formulieren

Operationalisierung

- Experimentelle Umsetzung durchdenken (dabei: Erprobtes aufgreifen!)
- Material erstellen (ggf. in Absprache mit dem Betreuer vortesten!)
- Handout erstellen sowie in Projektsitzung des Lehrstuhls vorstellen und diskutieren

Datenerhebung und Auswertung

- Daten erheben
- Daten auswerten (mit SPSS, bei Bedarf *vor* der Masterarbeit einen Kurs belegen!)

Masterarbeit schreiben

Sehr hilfreiche Tipps zum Aufbau eines wissenschaftlichen Textes, zur Darstellung von Ergebnissen und wie man sie präzise und verständlich formuliert, bieten beispielsweise folgende Texte:

- Buchner, A. *Zur Gestaltung von Haus- und Diplomarbeiten*. Online im Internet: URL: http://www.f3.htw-berlin.de/Professoren/Pruemper/pdf/RichtlinienHaus-undDiplomarbeiten.pdf (Stand: 15.02.2011).
- Bem, D. J. (2002). Writing the Empirical Journal Article. In J. M. Darly, M. P. Zanna & H. L. Roediger (Hrsg.), *The Compleat Academic: A Career Guide.* Washington, D.C.: American

Psychological Association. Online im Internet: URL:http://www.dbem.ws/WritingArticle.2.pdf (Stand: 15.02.2011).

- Schneider, W. (2001). *Deutsch für Profis: Wege zum guten Stil.* München: Goldmann.
- Sonnentag, S. (2006). *Abschlussarbeiten und Dissertationen in der angewandten psychologischen Forschung.* Göttingen: Hogrefe.

ÜBERSICHT ÜBER DIE WICHTIGSTEN ECKPUNKTE

Umfang und Aufteilung

- Umfang: 75-90 Seiten (ohne Titelseite, Inhalts, Tabellen-, Abbildungs-, Abkürzungs-, Literaturverzeichnis und Anhang)
- Theorie-, Empirie- und Diskussionsteil sollten in etwa gleich umfangreich sein, d. h. etwa je ein Drittel der Arbeit ausmachen.

Format

- Schriftgröße – und Schriftart: Times New Roman 12, Arial 11 oder Vergleichbares; Zeilenabstand 1,5 bis 2 pt; Seitennummerierung im Anhang: A1-AX; B1-BX etc.
- Bitte beachten Sie beim Verfassen Ihrer Masterarbeit die Vorgaben der DGPs bzw. der APA zur Gestaltung von Manuskripten:
    - Deutsche Gesellschaft für Psychologie (Hrsg.) (2007). *Richtlinien zur Manuskriptgestaltung* (3. Aufl.) Göttingen: Hogrefe.
    - American *Psychological* Association (Ed.) (2009). *Publication manual of the American Psychological Association* (6th ed.). Washington, D.C.: American Psychological Association.

Reihenfolge beim Schreiben

1. Experimenteller Teil
2. Theorieteil
3. Diskussion
4. Literatur und Anhang

(Tipp: Literaturverzeichnis parallel zum Schreiben erstellen)

Allgemeines Vorgehen beim Schreiben

Trichterförmiger Verlauf: Breit anfangen (mit einem Alltagsbeispiel), zunehmend spezifischer werden bis zum Experiment selbst, in der Diskussion dann wieder breiter werden.

In Sonderfällen – nach Absprache mit dem und Genehmigung durch den Betreuer und in Abhängigkeit der Qualität der Daten – kann die Masterarbeit in Form eines wissenschaftlichen Artikels ausformuliert werden (siehe insbesondere Bem, 2002).

BEISPIEL FÜR DEN AUFBAU EINER MASTERARBEIT
im Fach Psychologie

TITELSEITE

Danksagung

INHALTSVERZEICHNIS

ABBILDUNGSVERZEICHNIS

TABELLENVERZEICHNIS

ABKÜRZUNGSVERZEICHNIS

EINLEITUNG

I THEORIE

1. Die Theorie von XXX
2. Relevante Aspekte von XXX
3. Fragestellung und Ziele dieser Arbeit

II EXPERIMENTELLER TEIL

4. Untersuchungsdesign
5. Unabhängige und abhängige Variablen
   - 5.1 Unabhängige Variablen
   - 5.2 Abhängige Variablen
6. Hypothesen
7. Durchführung der Untersuchung
   - 7.1 Stichprobe
   - 7.2 Versuchsmaterial
   - 7.3 Versuchsablauf
8. Ergebnisse
   - 8.1 Datenausfälle
   - 8.2 Überprüfung der Hypothese XX
   - 8.3 Überprüfung der Hypothese XY
   - 8.4 Zusammenfassung der Ergebnisse

III DISKUSSION

9. Kritische Diskussion der Ergebnisse
10. Implikationen für Theorie und Empirie
11. Implikationen für die Praxis
12. Fazit

IV LITERATURVERZEICHNIS

V ANHANG

BEISPIEL FÜR DEN AUFBAU EINER MASTERARBEIT im Fach Bauphysik

TITELSEITE

INHALTSVERZEICHNIS

1. EINLEITUNG

2. METHODISCHE VORGEHENSWEISE

3. STAND DES WISSENS

3.1 Analyse der vorhandenen Literatur

3.2 Bewertung

4. BESCHREIBUNG DES VERSUCHSGEGENSTANDS

5. DURCHFÜHRUNG DER UNTERSUCHUNGEN

5.1 Messungen am Versuchsaufbau

5.2 Rechnerische Untersuchungen

5.3 Validierung der Rechenergebnisse

6. DISKUSSION DER ERGEBNISSE

7. VERALLGEMEINERUNG DER AUSSAGEN

8. PRAKTISCHE SCHLUSSFOLGERUNGEN

9. ZUSAMMENFASSUNG

10. AUSBLICK

11. LITERATURVERZEICHNIS

ANHANG

13 Studentische Leistung bewerten

„Wer lehrt, der prüft." (und umgekehrt)

Mal ehrlich: Wenn wir uns an die Studentenzeit erinnern bzw. darüber reden, diskutierten wir damals oft länger über den Prüfer und seine Klausuren als über die Inhalte der Vorlesung. Daran hat sich nichts geändert: Studierende lernen meist nur das, was (ihrer Vermutung nach) geprüft wird, nicht aber unbedingt das, was in der Lehrveranstaltung vermittelt oder Gegenstand des Moduls ist. Das heißt im Umkehrschluss, dass nicht nur Sie als *Dozent* der Lehrveranstaltung, sondern auch Sie als *Prüfer* einen großen Einfluss auf das haben, was ein Prüfling lernt und damit letztendlich an Wissen hat. Folglich sollten Sie die Anforderungen an Ihre Prüfungen sowie deren grundsätzliche Durchführung sehr bewusst kommunizieren und gestalten – zum einen um Ihrer Bedeutung als Lehrender gerecht zu werden und zum anderen, um später in der Prüfung niemanden mit Ihren Standards bzw. Anforderungen (vgl. auch Kapitel 12) zu überraschen.

Beim Prüfen sind fünf unterschiedliche Ziele zu erreichen: Sie müssen ...

- im ethischen Sinne gegenüber jedem Prüfling gleichermaßen gerecht und fair sein,
- im administrativen Sinne der Prüfungsordnung gerecht werden,
- im juristischen Sinne einer Anfechtung standhalten,
- im hochschuldidaktischen Sinne zum Kompetenzerwerb des Studierenden beitragen und
- im ökonomischen Sinne ein sinnvolles Zusammenspiel von Aufwand und Nutzen erreichen.

In Prüfungen soll die zu prüfende Person nachweisen, dass sie die Grundlagen und Zusammenhänge des Prüfungsgebiets versteht und kennt sowie spezielle Fragestellungen in diese Zusammenhänge einzuordnen vermag. Doch viele Prüfer fühlen sich unsicher, wenn sie Leistungen bewerten müssen. Grund hierfür kann beispielsweise der große Spielraum der Bewertung (und der damit verbundenen Interpretation und Gewichtung) sein. Es bleibt vor allem bei mündlichen Prüfungen weitestgehend dem Prüfer überlassen, wo und wie er Akzente und Plus- oder Minuspunkte setzt, weswegen gerade diese Prüfungsbewertungen nur schwer objektivierbar sind. Zum anderen wollen Prüfer oft keine schlechten Noten geben und dem Kandidaten damit Steine in den (Berufs-) Weg legen. Wer aus diesem Grunde zu unangemessen guten Noten tendiert (vgl. Mildefehler in Abschnitt 13.7), verliert jedoch an Differenzierung zwischen Prüfungsleistungen und schmälert den Wert wirklich guter oder herausragender Leistungen. Andere Prüfer wollen genau dem entgegenwirken und bewerten möglicherweise zu streng (vgl. Strengefehler in Abschnitt 13.7). Wie also dem Ganzen abhelfen und es richtig machen?

Zunächst gilt es, anhand spezieller Rahmenbedingungen überhaupt erst die Voraussetzung zu schaffen, dass Sie fair und akkurat prüfen können (Abschnitt 13.1 und 13.7). Darauf aufbauend helfen Ihnen entsprechende Routinen, Zeit zu sparen und effizienter vorzugehen, denn die Abwicklung von Prüfungen stellt im Grunde einen immer wieder gleich gearteten Ablauf dar. Dementsprechend sind in den Abschnitten 13.2 – 13.6 spezifischere Handlungsanleitungen für Sie als Prüfer zusammengestellt.

KAPITEL 13: LEISTUNG BEWERTEN

13.1 Voraussetzungen gerechter Leistungsbewertungen

Nach wissenschaftlichen Gesichtspunkten sollen Prüfungsergebnisse, um qualitativ aussagefähig und damit gerecht zu sein, **drei Gütekriterien** entsprechen. Sie müssen ...

- **objektiv** sein, d.h. auch von anderen Prüfern gleichermaßen bzw. nach den gleichen Kriterien bewertet werden. Da hier typischerweise sehr subjektive Fehler passieren (z.B. werden je nach Laune oder Sympathie einfache oder aber schwierige Fragen gestellt), sollte man möglichst viel standardisieren.
- **valide** sein (= inhaltlich gültig), d.h. das bewerten, was sie zu bewerten vorgeben; also den tatsächlichen Leistungsstand des Prüflings und nicht seine Treffsicherheit beim Erraten der Antworten oder seine Selbstsicherheit im Auftreten abbilden.
- **reliabel** sein (= zuverlässig), d.h. mit einer ähnlichen Prüfmethode sollten die gleichen Bewertungen erzielt werden.

Diese Kriterien sind zwar kaum vollständig zu erreichen, doch ist zumindest eine sog. 'kontrollierte Subjektivität' möglich, wenn ein Prüfer sich der Problematik bewusst ist und entsprechend adäquate Rahmenbedingungen für Prüfungen etabliert (vgl. auch Abschnitt 13.7 zu sog. Beurteilungsfehlern). Weiterhin sind für die Beurteilungssituation relevante Aspekte:

Ungleiche Machtverhältnisse und Handlungsspielräume

Seien Sie sich dessen bewusst, dass Sie als Prüfer Macht haben und die Situation beherrschen, denn nur Sie bestimmen das Spiel: Sie entscheiden über Beginn und Ende der Prüfung, Sie stellen die Fragen, lenken die Themen und bestimmen, wie lange Sie ggf. auch auf einem wunden Punkt insistieren. Ihr Prüfling hingegen kann nur reagieren und versuchen, jede Chance, die ihm eröffnet wird, zu nutzen. Aufgrund dieser Ungleichheit müssen Sie darauf achten, die Machtposition nicht auszunutzen bzw. es dem Prüfling nicht noch schwerer zu machen, als er es ohnehin schon hat. Gestalten Sie die Situation schon im Vorfeld durch eine strukturierte Vorbereitung(-smöglichkeit) positiv für den Prüfling) und währenddessen beispielsweise durch angenehme, wertschätzende Atmosphäre, ein transparentes Vorgehen sowie einen wohlwollenden Umgangston und aktives Zuhören (vgl. Kapitel 6, Basiswerkzeug Kommunikation).

Fairness
Ihre Aufgabe ist es, die Prüfungssituation so zu gestalten, dass sie fair ist – und zwar sowohl innerhalb der einzelnen Prüfung als auch im Vergleich der einzelnen zu allen anderen Prüfungen. Da der jeweilige Prüfling aber dennoch zeigen können soll, was er drauf hat, bedeutet es für Sie, die Prüfungssituation zum einen so zu standardisieren, dass ein gleicher Verlauf für alle Kandidaten gewährleistet wird und zum anderen, dass innerhalb der Standardisierung dem Einzelnen Individualität und Entfaltungsspielraum zugebilligt werden.

Transparenz
Damit die Prüfung auch wirklich das misst, was sie messen soll, nämlich Leistung und nicht nur die Selbstsicherheit oder Stressresistenz eines Prüflings, sollten sowohl die Lernziele als auch die Prüfungsanforderungen an die Kandidaten transparent sein. Nur wenn diese transparent sind, kann ein Prüfling sich gezielt vorbereiten, was die Wahrscheinlichkeit einer verbesserten Leistung und für beide Beteiligten (dem Prüfer sowie dem Prüfling) den 'Spaß' in und an der Prüfung erhöhen. Um Studierenden faire und gleiche Ausgangsbedingungen zu verschaffen, muss es also transparente Abläufe und Bewertungskriterien geben, welche es entsprechend zu kommunizieren gilt. Sie könnten beispielsweise im Rahmen einer Informationsveranstaltung (sog. öffentliche Prüfungskonsultation) vorab sowie per Webseite (bspw. als 'Informationen über Prüfungsanforderungen für Studierende') kundtun, ...

- was Themen der Prüfung mit den dazugehörigen Quellen (Prüfungsliteratur) sind,
- welche Art des zu erarbeitenden Wissens / der Inhalte verlangt wird (z.B. sind nur Fakten abzurufen oder ist auch kritisch Stellung zu beziehen?),
- was exemplarische Prüfungsfragen (mit oder ohne Musterlösung) wären und welche Art der Beantwortung (bspw. im Sinne einer Gliederung oder des Umfangs) gewünscht ist,
- welche Leistungen zu welcher Note führen werden (Bewertungskriterien) und
- wie die Prüfung ablaufen wird, wie sie gestaltet ist und auch, welche Hilfsmittel vorzubereiten sind oder vom Prüfling mitgebracht und während der Prüfung eingesetzt werden dürfen (Prüfungsstrategie und -methode).

Auch werden Ihre Studierenden vermutlich sehr dankbar sein, wenn sie in Vorlesung, Seminar oder Tutorium an Beispielfragen oder -klausuren (z.B. vergangener Semester) üben könnten.

13.1.1 Prüfungen als Mess-Situation

Eine Prüfung ist eine 'Mess'-Situation. Ihre Aufgabe ist es, im Rahmen der Prüfungssituation Wissen und Kompetenz des Prüflings zu bemessen und erst anschließend hinsichtlich einer Benotung zu bewerten (siehe nächster Abschnitt). Während Ihnen das 'Messen' offensichtlicher Gegebenheiten wie der Temperatur oder eines Rechenvorgangs möglicherweise vergleichbar einfach erscheinen mag, ist dies bei eher intellektuellen Prüfungsthemen für die meisten von uns deutlich schwieriger.

Wie sollten Sie daher die Prüfungssituation gestalten, um möglichst 'messbare' (d.h. aussagefähige und vergleichbare) Ergebnisse zu erhalten?

- Dies gelingt Ihnen im Rahmen einer **mündlichen** Prüfung durch Kommunikation, d.h. durch ein Gespräch, in dem Sie Indikatoren für die Leistungsfähigkeit (z.B. korrekte Wiedergabe von Fach- und Methodenwissen, deren Anwendung und Übertragung) des Prüflings abprüfen. Sie können hierzu vorbereitete Fragen heranziehen und dann per Los dem Prüfling zuteilen (was eine wünschenswert hoch standardisierte Prüfungssituation wäre) oder aber im Verlauf des Prüfungsgesprächs Fragen generieren. Wenn Sie letztere Variante praktizieren, sollten Sie darauf achten, dass der Schwierigkeitsgrad der Fragen zwischen den Prüfungen vergleichbar bleibt (eine ausführliche Beschreibung mündlicher Prüfungen finden Sie in Abschnitt 13.2). Sie sollten stets von einfachen zu schwierigeren bzw. detaillierten Fragen übergehen.
- Im Falle von **Klausuren** als **schriftliche** Prüfungen können Sie durch sog. Multiple-Choice-Fragen oder – vor allem in den naturwissenschaftlich-technischen Bereichen – Rechenaufgaben Leistung besonders standardisiert bemessen. Im Falle sog. offener Fragen ist hingegen viel Spielraum für Ihre Interpretation gegeben. Sie sollten daher stets festgelegte Antwortmuster (wie Definitionen, Stichworte oder Skizzen) vorbereitet haben, anhand derer Sie die Ausführungen des Prüflings abgleichen können (eine ausführliche Beschreibung schriftlicher Prüfungen finden Sie in Abschnitt 13.3).
- Je nach Studiengang haben Sie dann auch noch **Referate, Hausarbeiten, Berichte** oder andere Prüfungsleistungen abzunehmen (ausführliche Beschreibungen zu Referaten und Hausarbeiten finden Sie in den Abschnitten 13.4 und 13.5). Bei jenen steht und fällt die Objektivität bzw. Fairness der Mess- und Bewertungssituation sowohl mit den zuvor festgelegten Leistungsanforderungen und -kriterien als auch mit den daraus abgeleiteten Bewertungs- / Benotungsschemata. Selbige sind auch für eine gezielte Vorbereitung und Ausarbeitung seitens der Studierenden wichtig, denn deren Kommunikation ermöglicht ihnen eine Orientierung am Leistungsideal.

Bewertung / Benotung
Die meisten Prüfer wollen durchaus fair bewerten und auch gerecht sein. Kaum jemand weiß aber, woran er sich bei seiner Benotung orientieren soll – oder anders ausgedrückt, welches Bezugssystem er zur Benotung heranziehen soll. Grundsätzlich lassen sich beim Bewerten von Prüfungen stets drei Bezugssysteme unterscheiden:

- **Individuelles Bezugssystem**
  Hier wird die Leistung des Prüflings mit seinen eigenen vorhergehenden Leistungen verglichen (bspw. wenn Sie im Rahmen eines Mitarbeitergesprächs Ihrem Mitarbeiter den Stand seiner Weiterentwicklung mitteilen). Die Bewertung / Note steht folglich für eine intraindividuelle Verbesserung bzw. Verschlechterung.
- **Soziales Bezugssystem**
  Hier wird die Leistung des Prüflings mit den Leistungen der anderen Prüflinge verglichen und die Kandidaten in eine Rangfolge oder Normalverteilung gebracht (wie Sie es z.B. bei typischen Auswahlprozessen benötigen). Die Note gibt folglich die Position innerhalb der Verteilung der Prüflinge an. (Sicherlich erinnern Sie sich noch an diese Methode aus Schulzeiten, wann immer ein Lehrer versucht hat, auf diese Weise den Notenspiegel zu verändern bzw. gezielt einen Notendurchschnitt zu erreichen.) Das soziale Bezugssystem können Sie folglich immer dann verwenden, wenn innerhalb 'einer Kohorte' Prüfungsleistungen abgestuft werden sollten.

- **Sachliches / kriterienbezogenes Bezugssystem**
  Hier wird nach zuvor festgelegten Kriterien bewertet; beispielsweise wird zuvor bestimmt, welche Indikatoren anzeigen, ob eine Leistung vollständig erbracht ist oder nicht. Die Note steht folglich für das Ausmaß des Erreichens vorgegebener Kriterien / Lernziele. Da sich Lernziele häufig nicht direkt aus dem Lehrstoff oder aus den Prüfungsordnungen ableiten lassen, sind sie als notwendige Voraussetzung einer kriterienorientierten Prüfung von den Dozenten explizit zu formulieren und zu kommunizieren.
  Das kriterienbezogene Prüfen sollte die Methode Ihrer Wahl sein, wann immer es darum geht, die Qualität eines Prüflings anhand einer Note zu kennzeichnen, da hier alle Leistungen an denselben vorformulierten Kriterien gemessen und am stärksten den Gütekriterien sowie dem Fairnessempfinden gerecht werden. Dies erfordert vom Prüfer entsprechende Kriterien vorab zu formulieren, mögliche Antworten zu beschreiben und diese den jeweiligen Noten oder aber zu erreichenden Punkten zuzuordnen. Nachfolgend finden Sie zu unterschiedlichsten Arten von Prüfungsleistungen entsprechende Anleitungen und Bewertungskriterien bzw. -vorlagen.

13.1.2 Prüfungen als Managementaufgabe

Prüfungen vorzubereiten, diese abzunehmen, bei schriftlichen Tests zu korrigieren und fristgerecht die Noten an die richtigen Stellen zu melden, ist in der Tat ein enormer Aufwand und für die meisten von uns eine ungeliebte Tätigkeit, welcher man nur allzu oft möglichst wenig Aufmerksamkeit schenkt. Doch das Prüfen ist eine Ihrer zentralen Aufgaben – deswegen managen Sie sie gut! Es gibt – das kennen Sie sicher noch aus eigener Erfahrung während Ihrer Studienzeit – sehr große Unterschiede zwischen Hochschulen, Instituten und vor allem zwischen Prüfern. Die einen gehen perfekt vorbereitet, mit exaktem Zeitplan des Prüfungstags und einer Sammlung möglicher Fragen unterschiedlichen Schwierigkeitsgrads sowie einer Kopie der Prüfungsordnung in eine mündliche Prüfung, während andere Kollegen – wohlgemerkt in Anwesenheit der Studierenden – erst mal den Beisitzer fragen müssen, was denn heute geprüft wird und wie viel Zeit zur Verfügung steht.

Um dem gesamten Thema 'Prüfen' und Ihrer Aufgabe als Prüfer gerecht zu werden, braucht es ein gutes und routiniertes System. Etablieren Sie daher an Ihrem Lehrstuhl eine Struktur, die mindestens folgende Punkte berücksichtigt:

Zeitplanung für das Semester
Um einen reibungslosen Ablauf der Prüfungen innerhalb Ihres Lehrstuhls zu gewährleisten, sind entsprechende Übersichten und ein funktionierendes Zeitmanagement unabdingbar. Vor Beginn des jeweiligen Semesters empfiehlt es sich daher, einen entsprechenden Zeitplan aufzustellen, in dem folgende Spezifika berücksichtigt werden:

- Alle Termine (Lehrveranstaltungen ebenso wie Prüfungen, aber auch Sitzungen und Kommissionen), die Sie selbst oder jemand aus Ihrem Lehrstuhl besuchen, Urlaubszeiten, Kongresse etc., sodass Sie einen Überblick über anstehende Termine und Aufgaben sowie An- und Abwesenheiten Ihres Mitarbeiterstabs haben. So lassen sich einerseits geeignete Prüfungszeiten finden sowie personell sicherstellen.

- Zur Terminplanung gehören neben den konkreten Prüfungsterminen vor allem sämtliche Meilensteine, wie beispielsweise Zeitpunkte, zu denen ein Entwurf einer schriftlichen Prüfung vorliegen, eine Korrektur beendet sein und die Besprechung der Noten und deren Abgabe an das Prüfungsamt erfolgen soll.

- Ferner sind personelle Verantwortlichkeiten festzulegen und in die Terminplanung aufzunehmen, wie beispielsweise Prüfer, Beisitzer, Prüfungsaufsicht oder Noten beschließende Gremien. Lassen Sie zum jeweiligen Termin auch die Mobiltelefonnummern der beteiligten Mitarbeiter eintragen sowie mögliche Vertreter für den Krankheitsfall.
- Sinnvollerweise sollten diese Listen für alle Mitarbeiter im Internet einzusehen sein, die Pflege des Kalenders aber nur durch eine dafür verantwortliche Person erfolgen.
- Planen Sie sowohl personelle (also Vertreter für den Krankheitsfall) als auch zeitliche Puffer ein (folglich also keine Klausurerstellung oder -korrektur auf den letzten Drücker), denn Puffer machen Ihr Prüfungssystem stabil.
- Tappen Sie nicht in die 'Ausnahmefalle' und passen den Terminplan ständig vermeintlich drängenderen Terminen an, da Sie sonst eine Kette an Folgereaktionen auslösen, die Sie nachher überrollt – bedenken Sie: Prüfungstermine sind (nahezu) nicht verschiebbar.

(Wissens-)Management von Prüfungsaufgaben
Profitieren Sie von einem guten Wissensmanagement Ihrer Prüfungsaufgaben.

- Sammeln Sie all Ihre Prüfungsaufgaben bzw. -fragen in einem Fragenpool, sodass Sie nicht zu jeder Prüfung neue Fragen generieren müssen, sondern auf einen bestehenden Pool zurückgreifen können. Auch in mündlichen Prüfungen können Sie diesen dann heranziehen.
- Unterteilen Sie Ihren Fragenpool in für Sie sinnvolle Gruppierungen, wie beispielsweise Themenbereiche oder Aufgabenarten (vgl. Arten von Prüfungsfragen in Abschnitt 13.2). So fallen Ihnen beispielsweise auch Ungleichgewichte in der Anzahl von Fragen pro Themenbereich auf.
- Notieren Sie in Ihrem Fragenpool weitere Aspekte, wie beispielsweise Schwierigkeitsgrade und die von Ihnen gewünschten Lösungen mit Punktevergabe und kennzeichnen Sie zusammenhängende bzw. weiterführende Fragen. Beispielsweise könnten Sie jeweils eine Einleitungsfrage mit den zu ihr gehörigen weiter in die Tiefe gehenden Detailfragen in einem Gliederungsschema (nummeriert als 1, 1.1, 1.1.1 etc.) darstellen. So werden sowohl das Erstellen als auch das Bewerten von Prüfungsleistungen (insbesondere das Korrigieren von Klausuren) wesentlich erleichtert.
- Pflegen Sie Ihren Pool, indem Sie pro Frage stets mit aufnehmen, in welchem Semester und zu welcher Klausur die Frage(n) bereits gestellt wurde, sodass Sie auf einen Blick erkennen können, wann und wie oft diese Frage verwendet wurde. Wenn Sie immer alte / bekannte Prüfungsfragen verwenden, werden zum einen die Studierenden Sie berechtigt für bequem halten und zum anderen prüfen Sie in dem Fall nicht mehr die reine Leistung ab, sondern vielmehr die Fähigkeit der Studierenden, sich alte Prüfungsfragen zu besorgen und zu lernen. Sie sollten unbedingt auch festhalten, welche der Fragen Sie in Ihren Veranstaltungen oder in den Prüfungsinformationen als Beispiele / Anschauungsmaterial verwendet haben, sodass sie in der eigentlichen Prüfung nicht erneut auftauchen.
- Achten Sie im besonderen Maße darauf, den Fragenpool und alle weiteren Prüfungsmaterialien vor unberechtigtem Zugriff zu schützen.

Genauigkeit
Oberstes Prinzip bei der Erstellung, Korrektur und Bewertungen von Prüfungen ist Genauigkeit.

- Je transparenter der Prüfungsprozess (bspw. auf Ihrer Website oder in Form eines Aushangs) und je präziser Ihr Vorgehen, desto weniger Nachfragen gibt es seitens der Studierenden an den Lehrstuhl. Vermeiden Sie im Speziellen, dass es zu Verschiebungen von Termin- oder Raumangaben sowie Mehrdeutigkeiten oder Ungenauigkeiten in den Prüfungsinformationen kommt.

- Legen Sie bei der Erstellung von schriftlichen Prüfungen erhöhten Wert auf eine fundierte inhaltliche Vorbereitung: Beispielsweise müssen Fragen verständlich und eindeutig formuliert sein und Klausuren sollten von den Studierenden in einer angemessenen Zeit zu bearbeiten sein können. Es empfiehlt sich, bereits im Planungsprozess eine Musterlösung zu erstellen und diese mindestens im Vier-Augen-Prinzip zu überprüfen. Prüfen Sie die gestellten Fragen abschließend nochmals dahingehend, dass sie wirklich Prüfungsinhalt widerspiegeln (nehmen Sie bspw. in den Fragenpool mit auf, auf welchen Veranstaltungs- oder Literaturteil sich die Frage bezieht) und anhand der gegebenen Prüfungsliteratur beantwortbar sind.

- Lassen Sie bei allen Prüfungskorrekturen ein Vier-Augen-Prinzip walten und ziehen Sie stets bei der Auswertung schriftlicher Prüfungen Stichproben, d.h. zwei Personen korrigieren sämtliche Arbeiten und ein Dritter zieht exemplarisch Stichproben der Korrekturen und überprüft diese. Haben Sie dabei auch den Mut, Ihre eigenen Bewertungen von anderen stichprobenartig überprüfen zu lassen. Weisen Sie alle an der Korrektur schriftlicher Arbeiten mitbeteiligten Prüfer unbedingt sorgfältig ein: Sprechen Sie dazu die Musterlösungen mit ihnen durch und nehmen Sie anhand einzelner Klausuren exemplarische Bewertungen gemeinsam vor.

- Prüflinge haben grundsätzlich ein Recht darauf, die geleisteten Prüfungen samt Benotung einzusehen. Finden diese bei der Prüfungseinsicht fehlerhafte Korrekturen, so zieht dies unangenehme Diskussionen und Mund zu Mund Propaganda nach sich. Hier ein Image wiederherzustellen, kostet letztendlich mehr Aufwand, als gleich von Beginn an sorgfältig und im Vier-Augen-Prinzip vorzugehen. Vermeiden Sie folglich in Bezug auf die Vorbereitung unnötige Fehler oder Ungenauigkeiten; sie kosten Sie nur wertvolle Zeit, beeinträchtigen Ihr Image und verunsichern die Kandidaten unnötig.

Koordination der Prüflinge

Einen wesentlichen Gesichtspunkt eines reibungslosen Prüfungsbetriebs stellt die Koordination der Prüflinge dar. Dabei geht es neben der reinen Terminfestlegung unter anderem um folgende Punkte:

- Sofern die Anmeldungen nicht durch Ihr Prüfungsamt abgewickelt werden, haben Sie diese zu koordinieren; dazu empfiehlt sich ein Online-Anmelde-Tool.

- Ebenso werden Sie Koordinationsaufwand bezüglich des Abmeldeprozesses haben (Achten Sie diesbezüglich auch auf die Vorschriften in Ihrem Studiengang.). Im Falle kurzfristiger Abmeldungen, beispielsweise bei erkrankten Studierenden, sollten Sie sich nicht damit begnügen, dass eine Abmeldung am Prüfungsamt erfolgt und Sie dann im Nachgang informiert werden. Da in vielen Fächern Prüfungen nur in Ferienzeiten stattfinden, sind dementsprechend in den Prüfungstagen häufig Sekretariate und Prüfungsamt nicht oder unzureichend besetzt, sodass Sie oder auch andere Prüfungskandidaten bei mündlichen Prüfungen ohne eine direkte Abmeldung seitens des Studierenden ggf. unnötig warten. Richten Sie daher eine Kontaktmöglichkeit für kurzfristige Abmeldungen ein (per E-Mail und per Telefon / Anrufbeantworter) und fordern Sie deren Nutzung ein.

Geheimhaltung

Nicht nur aus rechtlichen, sondern auch aus ethischen Gesichtspunkten ist das Beachten der Geheimhaltungspflicht im Rahmen der Prüfungen unerlässlich. Sie sollten diesbezüglich Folgendes berücksichtigen:

- Weisen Sie Ihre Mitarbeiter explizit und sorgfältig in ihre Geheimhaltungspflicht ein.
- Selbstverständlich unterliegen alle, aber insbesondere die mündlichen Prüfungen der Verschwiegenheit.
- Des Weiteren ist der Klausurfragenpool mit einem Passwort zu schützen; ebenso sind die Klausurbögen und weiteres schriftliches Material (wie Prüfungsprotokolle oder Lösungsschablonen) vor unberechtigtem Zugriff zu schützen – das gilt auch für alte Prüfungsmaterialien. Und natürlich sollten Kopiervorlagen oder Kopien der Prüfungen nicht im Kopierer vergessen werden.
- Nicht zuletzt sollten Sie bei mündlichen Prüfungen darauf achten, dass die nachfolgenden Prüfungskandidaten nicht unmittelbar vor Ihrer Tür warten und das noch laufende Prüfungsgespräch mithören. Richten Sie anstatt dessen beispielsweise mit ein paar Stühlen in entsprechender Distanz zum Prüfungszimmer (im Flur oder einem Vorzimmer) einen Wartebereich ein; es sei denn, Sie haben ein entsprechend schallgedämmtes Büro.
- Schließlich ist auch beim Aushängen von Notenlisten (auch online) auf Geheimhaltung zu achten, d.h. eine Verschlüsselung der Daten der Prüflinge (bspw. Matrikelnummern ohne Namen) zu gewährleisten.

Analyse von Prüfungsverläufen und –ergebnissen

Eine differenzierte Betrachtung der Prüfungsverläufe und -ergebnisse kann Ihnen Aufschluss über den Lehr- und Lernerfolg sowie sinnvolle Veränderungen geben.

- Vergegenwärtigen Sie sich den Notendurchschnitt sowie die Durchfallquote jeder Prüfung. Eine Visualisierung der Notenverteilung könnte Ihnen – falls gewünscht – auch einen Vergleich mit den Ergebnissen aus den Vorjahren ermöglichen. Auf diese Weise lässt sich beispielsweise erkennen, ob Prüfungen zunehmend schlechter (bspw. weil ein Anderer die Vorlesung gehalten hat) oder aber erstaunlich besser (weil bspw. die Studierenden inzwischen zu viele Prüfungsfragen bereits kennen) ausfallen.
- Im Falle schriftlicher Prüfungen können / sollten Sie sich von den Aufsichtspersonen berichten lassen, ob und falls ja, welche besonderen Vorkommnisse es gab.
- Bei schriftlichen Prüfungen empfiehlt es sich eine Korrekturübersicht (bspw. in Excel) anzulegen, die es Ihnen gestattet, nach der Korrektur eine Übersicht der erreichten Punktzahlen pro Prüfungsfrage sowie pro Prüfungsthema zu ermitteln. Diese geben Ihnen Aufschluss darüber, ob eine Frage möglicherweise von allen Kandidaten falsch verstanden oder in einem ganzen Prüfungsthema besonders schlechte Leistung erzielt wurde. Sollte dieser Fall eintreten, ist eine Reflexion darüber, ob das Thema in der Vorlesung zu wenig Zeit erhielt oder ob die angegebene Prüfungsliteratur zu schwierig oder zu knapp war, angebracht.
- Im Falle mündlicher Prüfungen sollten Sie nach einer Prüfung oder einem Prüfungstag mit dem Beisitzer die Prüfungen bzw. Ihr Verhalten als Prüfer reflektieren: Haben Sie alle Prüflinge gleich behandelt? Hatten Ihre Fragen vergleichbare Schwierigkeitsverläufe? Wenn sich neue oder zu korrigierende Fragen ergeben haben, so nehmen Sie diese ein Ihren Fragenpool auf.

13.2 Die mündliche Prüfung

Mündliche Prüfungen sind insbesondere geeignet, um zu überprüfen, ob die Studierenden die Fähigkeit besitzen, auf Basis des angeeigneten Wissens fach- bzw. berufsbezogene Problemsituationen zu analysieren und Lösungswege zu generieren. Dabei kann der Prüfer erkennen, wie flexibel ein Prüfling auf Zusatzinformation und Hinweise reagiert und wie viel Hilfe er benötigt, um eine Aufgabe zu lösen.

Zu einer gelungenen mündlichen Prüfung gehören unterschiedlichste Aufgaben und Phasen, welche in Abbildung 13.1 in einem Überblick dargestellt sind. Nachfolgend werden alle wesentlichen Aspekte rund um Ihre Prüfungsorganisation und -durchführung ausführlich erläutert.

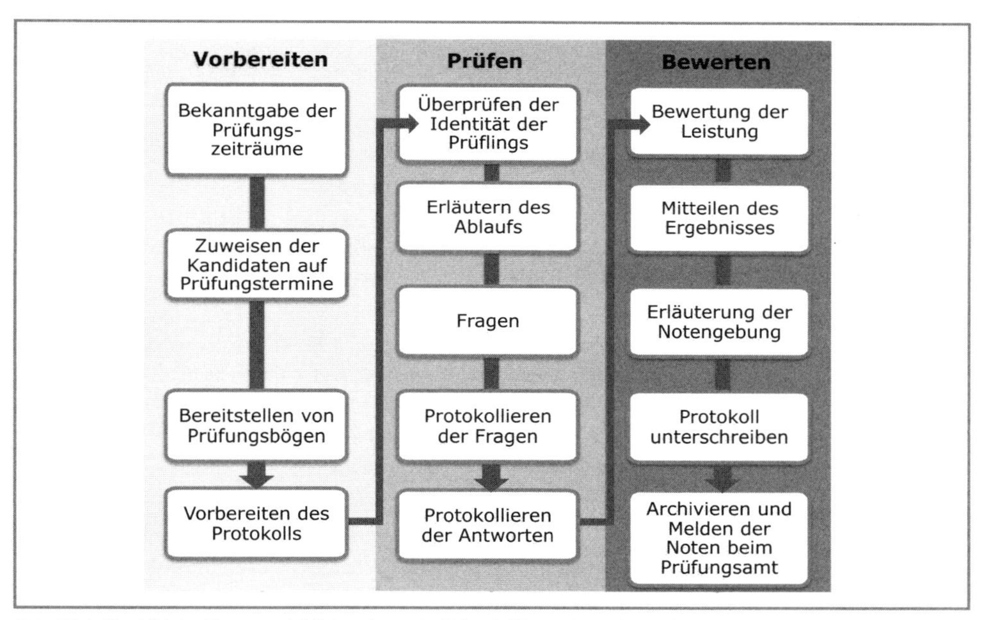

Abb. 13.1. Überblick der Phasen und Schritte einer mündlichen Prüfung seitens des prüfenden Lehrstuhls.

13.2.1 Ablauf einer mündlichen Prüfung

IM VORFELD der Prüfung

Formales

Zur Durchführung von mündlichen Prüfungen ist es unabdingbar, die jeweils gültige Prüfungsordnung zu berücksichtigen, die die Rahmenbedingungen der Prüfung festgelegt. Hierzu gehören Informationen zu folgenden Aspekten:

- **Prüfungsgremium**
  Bei mündlichen Prüfungen müssen außer dem Kandidaten immer mindestens zwei 'prüfende' Personen anwesend sein. Je nach Prüfungsordnung werden diese Personen mit 'Prüfer' und 'Beisitzer' oder 'Prüfer' und 'fachkundige Person' bezeichnet.

- **Prüfungsarten**
  Ob es sich um Einzelprüfungen oder Gruppenprüfungen handelt, wird vom Prüfungsamt bzw. der Prüfungsordnung vorgegeben.

- **Prüfungsdauer**
  Die Dauer einer Prüfung wird vom Prüfungsamt bzw. der Prüfungsordnung vorgegeben.

- **Zulassungsvoraussetzungen**
  Zugelassen werden nur Kandidaten, die die jeweils erforderlichen Voraussetzungen erfüllen. Können nicht alle Nachweise bei der Prüfungsanmeldung vorgelegt werden, kann (je nach Universität) die Zulassung zur Prüfung unter dem Vorbehalt ausgesprochen werden, dass die fehlenden Nachweise bis zum Prüfungstermin nachgereicht werden. Spätestens vor der Bewertung der Prüfung hat sich der Prüfer vom Vorliegen der noch fehlenden Nachweise für die betreffende Prüfung zu überzeugen. Eventuell kann die Prüfung auch unter Vorbehalt absolviert werden.

- **Prüfungsprotokoll**
  Die wesentlichen Gegenstände und die Ergebnisse der mündlichen Prüfung sind in einem Protokoll festzuhalten und vom Prüfungsgremium zu unterzeichnen.

- **Prüfungsergebnis**
  Das Ergebnis der mündlichen Prüfung wird vom Prüfungsgremium festgelegt und der zu prüfenden Person im direkten Anschluss an die Prüfung mitgeteilt. Zum Gespräch über die Notenfestlegung bitten Sie, den / die Prüflinge, den Raum zu verlassen.

- **Zuhörer**
  Studierende des gleichen Studiengangs können auf Antrag (und sofern sich Prüflinge finden, die dies zulassen sowie die Universität dies vorsieht) als Zuhörer an mündlichen Prüfungen teilnehmen. Die Teilnahme erstreckt sich nicht auf die Beratung und auf die Bekanntgabe des Prüfungsergebnisses. Aus wichtigen Gründen oder auf Antrag der zu prüfenden Person ist die Öffentlichkeit auszuschließen; dies ist eher der Regelfall.

Vorabinformationen für Prüflinge
In den jeweiligen Lehrveranstaltungen sowie auf den Webseiten (z.B. des Lehrstuhls, Instituts, Prüfungsamts) sollten die Studierenden Informationen über Inhalte, Ablauf, Bewertung und ggf. über zulässige Hilfsmittel (wie Papier, farbige Stifte, Lineal, Taschenrechner) erhalten. Bei mehreren Lehrveranstaltungen, die in ein und dieselbe Prüfung münden, sollten Sie und Ihre Kollegen die gleichen Informationsmaterialen verwenden. Der Zeitplan der mündlichen Prüfung sollte möglichst frühzeitig veröffentlicht werden sowie am schwarzen Brett ausgehängt und online verfügbar sein. Zusätzlich empfiehlt es sich, dabei ebenfalls über Rücktrittsfristen etc. zu informieren.
Tipp: Wenn sie über die Prüfungsmodalitäten ausreichend auf der Website informieren, reduzieren Sie zum einen Anfragen durch Studierende erheblich und ermöglichen zum anderen den Studierenden eine sichere Vorbereitung und Planung (siehe FAQ-Beispiel im grauen Kasten).

Prüfungsanmeldung
Die Anmeldung zur mündlichen Prüfung erfolgt über das Prüfungsamt oder das Sekretariat des jeweiligen Lehrstuhls. Optimalerweise sollte der Prüfling bei seiner Anmeldung Folgendes angeben: Seine Schwerpunkte (falls erforderlich), den gewünschten Tag und die gewünschte Tageszeit (falls möglich), Wunschprüfer sowie individuelle Präferenzen und Namen von Kommilitonen, mit denen eine gemeinsame Prüfung gewünscht wird (falls möglich). Diese Möglichkeit, Einfluss auf die Gestaltung der Prüfung zu nehmen, kann den Prüfungsstress des Prüflings mindern.

BEISPIEL: FAQ[23]-INTERNETSEITEN FÜR STUDIERENDE

Habe ich Einfluss auf den Prüfungstermin?
Die Prüfungszeiten der mündlichen und schriftlichen Prüfungen werden zu Beginn des der Prüfung vorausgehenden Semesters (also bspw. zu Beginn des Sommersemesters für die Prüfungsperiode des Wintersemesters) im Voraus geplant und von allen Gremien verabschiedet; danach sind keine Änderungen mehr möglich. Sollten Sie Terminwünsche (wegen Praktika oder Auslandsaufenthalten etc.) haben, melden Sie diese bitte entsprechend rechtzeitig bei der Fachschaft an, sodass diese Ihre Wünsche bei der Terminplanung berücksichtigen kann.
Sollten Sie spezielle Wünsche bezüglich der Terminierung Ihrer mündlichen Prüfung haben, so können Sie diese gerne unverbindlich dem Sekretariat mitteilen (bis spätestens vier Wochen vor Prüfungsbeginn) – die Prüfungswochen werden zuvor wie oben beschrieben festgelegt, aber innerhalb dieser können ggf. Ihr Wunschtag und -Uhrzeit berücksichtigt werden. Bitte beachten Sie, dass auch hier kein Anspruch besteht, wir versuchen aber gern, Ihnen allen soweit möglich entgegenzukommen.

Kann ich eine Prüfung verschieben?
Schriftliche Prüfungen werden grundsätzlich nur einmal im Semester angeboten. Schriftliche Wiederholungsprüfungen finden demnach immer im Folgesemester statt. Es gibt grundsätzlich keine Zusatztermine oder Verschiebungsmöglichkeiten.
Mündliche Prüfungen werden ebenfalls nur einmal im Semester angeboten, mündliche Wiederholungsprüfungen finden entsprechend auch immer im Folgesemester statt. Sollte der Prüfling nachweislich wegen eines Praktikums zum Prüfungszeitpunkt nicht vor Ort sein können, kann im Ausnahmefall mit dem Prüfer ein Sonderprüfungstermin vereinbart werden (es besteht aber kein Anspruch darauf). Bitte beachten Sie: Dies gilt nur im Falle des laut Studienordnung vorgeschriebenen Praktikums und muss deutlich vor Beginn der Prüfungsperiode vereinbart werden. Der neue Prüfungstermin ist stets ein vorgezogener Termin, kein zeitlich nach hinten verschobener Termin.

Was sollte ich zur mündlichen / schriftlichen Prüfung mitbringen?
Bitte bringen Sie unbedingt einen Lichtbildausweis mit. Studierende in den Magisterstudiengängen sollten zudem ihr Prüfungsprotokoll aus dem Zentralen Prüfungsamt (ZPA) zur Prüfung mitbringen.

Wie ist die mündliche / schriftliche Prüfung aufgebaut?
(Aufbau erklären, Beispielfragen geben)

Was passiert, wenn ich zu einer Prüfung krank werde?
(Vorgehen erklären, Abmeldestellen und Ansprechpartner angeben)

Wie oft darf ich eine Prüfung wiederholen (nicht bestehen)?
(Vorgehen erklären, aus Prüfungsordnung zitieren)

Was passiert, wenn ich bei einem Täuschungsversuch bei einer Klausur erwischt werde?
(Vorgehen erklären, rechtliche Grundlagen nennen)

[23] FAQ = Frequently Asked Questions

Bei nicht zentral über das Prüfungsamt abzuwickelnden Prüfungen empfiehlt es sich, eine Anmeldeliste zur Prüfung auszulegen bzw. online frei zu schalten. Die Anmeldeliste sollte folgende Daten enthalten:

- Fach
- Anmeldezeitraum
- Prüfungstag und Prüfungsort
- Geplant als Einzel- / Gruppenprüfung
- Name, Matrikelnummer und Studiengang
- Kontaktdaten (Anschrift, E-Mail-Adresse, Telefonnummer)
- Unterschrift

Prüfungsorganisation

- Am Tag der Prüfung sollte der Prüfling optimalerweise nicht mehr als eine Prüfung haben. Dies erfordert gute Fachbereichs- / Institutsinterne Absprachen.
- Empfehlenswert sind auch nach Studiengängen getrennte Prüfungsblöcke (bspw. Haupt- und Nebenfach), da für den Prüfer weniger Umstellungen nicht so anstrengend sind.
- Wenn Sie Studierende aus unterschiedlichen Studiengängen in einer Lehrveranstaltung sitzen haben, bilden Sie, wenn eine Gruppenprüfung geplant ist, die Prüfungsgruppen sinnvollerweise auch bezogen auf den Studiengang (Beispiel: Eine Gruppe mit Architekten, eine mit Umweltingenieuren).
- Die effektive Prüfungszeit pro Tag und Prüfer sollte sechs Stunden nicht überschreiben (Empfehlung nach Roloff, 2002), denn Prüfungen sind auch für den Prüfer anstrengend und seine Aufmerksamkeitsspanne ist begrenzt.
- Um die Wartezeiten für die nachfolgenden Prüflinge gering zu halten, sollten Sie bei der Terminvergabe entsprechende Puffer einplanen.
  So sind zwischen zwei Prüfungsterminen ausreichend Zeit zur Notenberatung (ca. 5 - 10 Minuten) sowie ein Zeitpuffer für etwaige Verzögerungen einzuplanen (falls Sie für eine Notenberatung sehr lange brauchen oder ein Prüfling sich verspätet).
- Planen Sie auch genügend Pausen für sich selbst ein. Ein ausgeruhter und entspannter Prüfer ist eine wichtige Voraussetzung für eine faire Prüfung.
- Lassen Sie den Prüfling nicht unnötig warten, sondern beginnen Sie pünktlich oder informieren Sie ihn über eine mögliche Verzögerung.
- Sorgen Sie für einen angemessenen Wartebereich für die Prüflinge (mit ausreichend Stühlen, ggf. etwas zu trinken).

Unmittelbar VOR der Prüfung

Raumgestaltung

- Wählen Sie lieber einen kleineren, gemütlichen Raum anstatt eines großen Hörsaals für Ihre mündliche Prüfung. Dies ist für beide Seiten von Vorteil: Fühlt der Prüfling sich wohler und sicherer, wird er auch leistungsstärker sein. Und leistungsstarke Prüflinge wiederum machen Ihnen die Prüfungsstunden angenehmer.

- Ein sauberes, aufgeräumtes und ausreichend gelüftetes Prüfungszimmer ist selbstverständlich. Tipp: Sollten Sie ein im Sommer häufig überhitztes Büro haben, so vermeiden Sie es, im Sommersemester Prüfungszeiten in die Nachmittagsstunden zu legen.
- Setzen Sie die Stühle für sich und den Prüfling möglichst im 90° Winkel, sodass jeder auch dem Blick des anderen ausweichen kann, ohne unfreundlich zu wirken.
  In Prüfungen, bei denen mehr Prüfer als Prüflinge anwesend sind, sollte der Beisitzer / Protokollant etwas abseits sitzen, sodass zwischen Ihnen und Ihrem Prüfling eine Zweier-Interaktion entsteht. Gäste wie beispielsweise Studierende, die eine öffentliche Prüfung beobachten möchten, sollten ebenfalls abseits und nicht im Blickfeld des Prüflings sitzen, nicht aber im Rücken des Prüflings.
- Sorgen Sie dafür, dass alle Störquellen im Raum ausgeschaltet werden, wie z.B. Handys, Telefon, Ton des Computers, und hängen Sie an Ihre Tür ein Schild mit der Aufschrift „Prüfung – Bitte nicht stören!" (oder ähnliches). Dieses Schild sollten Sie tatsächlich nur während Prüfungen einsetzen, da es sonst mit der Zeit unwirksam wird.

Vorbereitung der Prüfungsmaterialien

- Prüfungsunterlagen (Prüfungslisten, ggf. Prüfungsliteratur etc.) und zugehörige Prüfungsordnungen sollten zu Prüfungsbeginn bereit liegen. Rufen Sie sich vor Beginn eines größeren Prüfungsblocks nochmals die jeweiligen Prüfungsmodalitäten in den Kopf (wenn Sie bspw. verschiedene Fächer oder Studienordnungen zu prüfen haben). Vermeiden Sie es, den Prüfling direkt nach den Modalitäten zu fragen. Das wirkt unprofessionell und verunsichert den Prüfling.
- Das Prüfungsprotokoll sollte (in der Reihenfolge der Prüflinge) bereit liegen. Sie sollten sich mit Ihrem Protokollanten abstimmen, wie Sie in der Prüfung vorgehen wollen (bspw. ob der Protokollant auch etwas fragen darf / will oder nicht) und wie das Protokoll zu führen ist. (Weitere Tipps zur Protokollierung und einen Beispielbogen für ein Protokoll finden Sie in Abschnitt 13.2.4.)
- Falls nötig und möglich: Bereiten Sie ein einheitliches Verfahren zur Zuteilung der einzelnen Themengebiete / Fragenpakete. Hier könnten Sie auch losen, indem Sie zum Beispiel Ihre Prüflinge Prüfungsfragen oder Prüfungsgebiete aus einem Säckchen ziehen lassen, welches Sie vorher vorbereitet haben. Dadurch entsteht beim Prüfling nicht das Gefühl, dass Sie ihm absichtlich besonders leichte oder besonders schwere Prüfungsfragen gestellt haben. Optimalerweise können Sie anhand von Musterlösungen auch direkt die Leistung des Prüflings abgleichen (zum Stichwort 'Musterlösungen' siehe Abschnitt 13.3).
- Legen Sie Schreib- (z.B. für Skizzen, Rechnungen) und anderes Hilfsmaterial bereit (bspw. Modelle).
- Vergewissern Sie sich eines intakten Zeitnehmers (stellen Sie sich bspw. eine für alle erkennbare Uhr hin). Dies ist besonders wichtig, wenn die Prüfung aus mehreren Teilen mit bestimmten Zeitvorgaben besteht.

IN der Prüfung

Einstiegsphase

- Begrüßen Sie den Prüfling (mit Namen), stellen Sie ihm den Protokollanten (und ggf. die weiteren Prüfer) vor. Überprüfen Sie anhand eines Lichtbildausweises die Identität des Prüflings. Falls erforderlich, bitten Sie den Prüfling das Protokoll und alle weiteren prüfungsrelevanten Formulare dem Protokollanten auszuhändigen.

- Weisen Sie ihm einen Sitzplatz zu.
- Erklären Sie nochmals den Ablauf der Prüfung („Wir prüfen Sie heute im Fach xyz zu den Themen xyz. Dazu sind xx Minuten vorgesehen, hier wird es xx Minuten um xyz gehen und xx Minuten um xx. Haben Sie noch Fragen? Können wir starten?" / „Ich frage Sie jetzt zunächst zum Prüfungsteil xyz..., danach zu ..."). Auf diese Weise sichern Sie sich ab, dass es nicht zu Missverständnissen gekommen ist (das ist leider öfter der Fall, als man glauben möchte) und stellen gleichzeitig ein erstes Einvernehmen zwischen Prüfling und Prüfer her.
- Erkundigen Sie sich (sofern dies auf Ihr Fach zutrifft) nach den gewünschten / gewählten Schwerpunkten des Prüflings und fragen Sie, mit welchem er beginnen möchte. Falls Ihr Prüfling ein Einstiegsreferat / -statement vorbereitet hat (indem er bspw. anhand eines wissenschaftlichen Artikels eine These aufstellt), so bitten Sie ihn, gleich damit zu beginnen. Wenn Sie unverzüglich mit den Fragen starten, so wählen Sie zu Beginn eine leichte Frage (bspw. „Was ist die für Sie wichtigste Aussage Ihrer These / des Artikels?"). Versuchen Sie mit Ihren ersten Fragen, dem Prüfling ein Gefühl von Sicherheit zu geben und die Aufregung zu mindern.

Durchführungsphase

- Behandeln Sie alle Ihre Prüflinge gleich! Jedem, egal wie sympathisch oder unsympathisch sie Ihnen sind, ob Sie sie bereits kennen oder nicht; allen steht die gleiche Freundlichkeit, die gleiche Art der Fragestellung, die gleiche Reaktion Ihrerseits auf falsche oder fehlende Antworten, die gleiche Art der Hilfestellung und des Lobens bei richtigen Antworten zu. Fordern Sie Ihren Beisitzer dazu auf, Ihnen Abweichungen anschließend zurück zu melden.
- Seien Sie Ihrem Prüfling ein unterstützender Gesprächspartner, kein Fragestell- und Antwortkontrollautomat:
    - Zeigen Sie kein Pokerface, denn dies verunsichert den Prüfling nur unnötig. Verdeutlichen Sie, dass Sie zuhören und aufmerksam sind und signalisieren Sie verbal wie nonverbal, wenn es gut oder richtig läuft („Ja, das ist richtig, kennen Sie darüber hinaus...", nicken; vgl. auch Abschnitt 6.3.3, Aktives Zuhören).
    Wenn die Antwort des Prüflings in die falsche Richtung geht und es keine Anzeichen gibt, dass der Prüfling noch selbst die Kurve bekommt, sollten Sie ihn bei der nächsten passenden Gelegenheit (z.B. Satzende oder Sprechpause) unterbrechen. Wenn Sie annehmen, dass der Prüfling lediglich die Frage falsch verstanden hat, so können Sie diese wiederholen und den vermutlich falsch verstandenen Aspekt der Frage besonders betonen. Falls Sie vermuten, dass der Prüfling unsicher ist oder die Antwort nicht kennt, so können Sie die Frage umformulieren, ein Beispiel oder Tipps geben oder die Frage konkretisieren (vgl. auch Abschnitt 9.2, Fragetechniken).
    - Seien Sie offen für die Signale des Prüflings. Sollte er sehr aufgeregt sein (bspw. zittern, hin- und herrutschen, ...), so helfen Sie ihm, dies zu überwinden, indem Sie Verständnis für die Situation zeigen. (Sagen Sie ihm ruhig, dass Nervosität in einer Prüfung normal und völlig in Ordnung ist.)
    - Vermeiden Sie Verhaltensweisen, die Geringschätzung ausdrücken und die Prüfungsangst verstärken wie ironische oder zynische Bemerkungen, harsche Kritik, unklare oder sogar falsche Rückmeldung (etwa ein „gut" oder ein Nicken bei einer falschen Antwort), Ungeduld (bei Nachdenken des Prüflings auf die Uhr zu schauen oder gar auf dem Tisch zu trommeln), ablenkendes Verhalten (Gähnen oder das Herumkritzeln auf Papier, Papierordnen, aus dem Fenster schauen etc.), das Vermeiden oder Erzwingen von Blickkontakt und vieles mehr.

  - Achten Sie darauf, dass Ihr Prüfling im Gespräch den Hauptredeanteil hat, und lassen Sie ihn aussprechen. Versagen Sie ihm nicht jeden Freiheitsgrad bei der Beantwortung und warten Sie nicht nur auf eine spezielle Formulierung als einzig richtige Antwort, die womöglich auch noch wortgetreu aus Ihrer Vorlesung sein muss (abgesehen von klassischen Definitionen).
  - Signalisieren Sie sowohl dem Prüfling als auch Ihrem Beisitzer (für das Protokoll) deutlich, wenn Sie das Themengebiet wechseln („Gut, soweit mal zum Thema xy. Ich würde jetzt gern ein anderes Thema anschneiden, nämlich xyz.").

- Wählen Sie die richtigen Fragen aus.
  - Stellen Sie dem Prüfling inhaltlich klare, wenn möglich offene Fragen, denn diese lassen viele Antwortmöglichkeiten zu und der Prüfling kann seine Antwort selbständig verbalisieren. Vermeiden Sie dagegen geschlossene Fragen (klingen nach Verhörsituation), ebenso rhetorische, suggestive oder verneinte Fragen (vgl. Abschnitt 9.2, Fragetechniken sowie Abschnitt 13.2.2, Arten von Prüfungsfragen).
  - Anstatt Ihre vorbereiteten Prüfungsfragen nach einer strikten Checkliste abzuarbeiten, sollten Sie darauf achten, ein Gespräch mit Ihrem Prüfling aufzubauen (siehe auch Abschnitt zu 'Typen von Prüfungsfragen'). Wie in jedem anderen Gespräch knüpft auch hier eine Frage an eine andere an und steht in logischem Zusammenhang (im Gegensatz zum Quiz).
  - Sollte Ihr Prüfling Ihnen zu wenig oder zu ungenau antworten, reagieren Sie mit Rückfragen und fordern Sie eine Begründung oder Präzisierung ein (bspw. „Können Sie dies an einem Beispiel festmachen?", „Kennen Sie konkrete Befunde dazu, die dies belegen?").
  - Sollte Ihr Prüfling unter einer Denkblockade ('Blackout') leiden, können Sie ihn unterstützen, indem Sie die Frage wiederholen, keinen Zeitdruck erzeugen, die Frage umformulieren. Sie können auch ein Beispiel ergänzen oder die (Haupt-)Frage in einfachere Teilfragen zerlegen, die Frage zurückstellen, das Themengebiet wechseln oder eine sehr leichte Frage stellen. All diese Denkhilfen müssen vom Protokollanten notiert werden, da sie in die Notenfindung mit einbezogen werden müssen.

Abschlussphase

- Ist die Prüfungszeit verstrichen, müssen Sie die Prüfung formal beenden. Dem Prüfling ist mitzuteilen, wann er die Note erfährt.

NACH der Prüfung

- Unmittelbar nach der Prüfung ist die Bewertung / Benotung festzulegen (Hinweise für Bewertungskriterien finden Sie in Abschnitt 13.2.3). Dazu sollte das Protokoll herangezogen und mit den zuvor festgelegten Kriterien und Antwortvorgaben verglichen werden. Damit die Notengebung nicht nur auf dem Gesamteindruck der Prüfer basiert (nach dem Motto: „War das eine angenehme Prüfung, also 1."), ist es hilfreich, ein Bewertungsschema zur Integration der Prüfungsleistungen auf den unterschiedlichen Lernzielebenen und in den verschiedenen Themengebieten anzuwenden.
- Ebenfalls ist zu beachten, dass bei mündlichen Prüfungen eine deutlich größere Anfälligkeit für Urteilsfehler besteht als bei schriftlichen Prüfungen (vgl. Abschnitt 13.7) und damit sowohl eine aussagefähige Protokollierung der Prüfung als auch die Standardisierung des Vorgehens und Auswertens unerlässlich sind. Im Protokoll sollte nachvollziehbar sein, weshalb die Prüfung bzw.

die einzelnen Prüfungsteile mit einer bestimmten Note bewertet wurden. Zusätzlich können Gruppeneffekte unter den Prüfern abgemildert werden, wenn die Prüfer unabhängig voneinander eine Note festlegen und auf ein Papier schreiben. Anschließend kann dann die Durchschnittsnote gebildet werden. Bei großen Abweichungen in der Benotung sollte eine Aussprache zwischen den Prüfern stattfinden.

- Die Prüfung endet mit der Notenbekanntgabe. Hierbei sollte dem Kandidaten zum einen die Notenvergabe begründet werden und zum anderen ein Feedback gegeben werden, sodass er lernen kann, was positiv und was optimierbar gewesen ist (vgl. Abschnitt 14.1, Leistungsbewertung rückmelden).
- Als Prüfer sollten Sie auch für sich selbst ein Fazit aus der Prüfung ziehen und mit dem Beisitzer reflektieren, was positiv oder optimierbar war, um so an der eigenen Professionalisierung zu arbeiten. Bedenken Sie: Auch Prüfen will gelernt sein – und der nächste Prüfling kommt bestimmt. Unterschätzen Sie nicht die Mund zu Mund Propaganda zwischen Studierenden; so eilt Ihnen bspw. schneller als Sie denken Ihr Ruf als lascher oder zu harter Prüfer voraus. Zusätzlich können Sie sich auch von Ihren Prüflingen direkt ein Feedback zum Ablauf und zur Atmosphäre in der Prüfung geben lassen.

13.2.2 Arten von Prüfungsfragen

Da es Ihre Aufgabe ist, anhand von Prüfungsfragen das Vorhandensein von Wissen sowie Kompetenzen sichtbar zu machen, sollten Sie stets verschiedene Arten von Prüfungsfragen einsetzen. Für schriftliche ebenso wie für mündliche Prüfungen stehen Ihnen zur Verfügung[24]:

Wissen / Kennen

- Fragen Sie nach dem „Was ist ...?"
- Um das Wissen Ihres Prüflings zu ermitteln, lassen Sie sich Daten, Fakten, Begriffe, Gesetze, Methoden, Prinzipien wiedergeben.
- Sein Wissen stellt Ihr Prüfling unter Beweis, wenn er etwas anführen, angeben, aufsagen, aufzählen, benennen, berichten, definieren, erinnern, kennen, nennen, wiedergeben, zitieren muss.
- Beispiele: „Nennen Sie die drei Komponenten von organisationalem Commitment." oder „Definieren Sie, was man unter Wärmeleitfähigkeit versteht."

Verstehen

- Bitten Sie um Erläuterung eines Begriffs oder eines Prozesses.
- Um das Verstehen Ihres Prüflings zu ermitteln, lassen Sie sich Aussagen über Sachverhalte in eigenen Worten wiedergeben, Sachverhalte begründen bzw. erklären, Gelerntes 'übersetzen', graphisch darstellen, ein Beispiel oder Gegenbeispiel nennen, Zusammenhänge erklären.
- Sein Verstehen stellt Ihr Prüfling unter Beweis, wenn er etwas abgrenzen, anordnen, begreifen, beschreiben, bestimmen, charakterisieren, deuten, einordnen, erkennen, erklären, identifizieren, vergleichen, zuordnen muss.

---

[24] Obwohl diese Taxonomie (Bloom, Engelhardt, Fürst, Hil & Krathwohl, 1972) sowohl theoretisch wie auch empirisch Optimierungsbedarf ausweist, ist ihr praktischer Nutzen für die Systematisierung von Lernzielen unbestritten (Schnotz, 2006).

- Beispiele: „Beschreiben Sie die Wirkungsweise der Ankerheuristik." oder „Unter welchen Randbedingungen entsteht in einem Wohnraum Tauwasser hinter einem Schrank?"

Anwenden

- Fragen Sie, wie sich etwas erklären oder übertragen lässt.
- Um die Fähigkeit des Prüflings zu ermitteln, sein Wissen anzuwenden, fordern Sie Transfer ein, d.h. die Anwendung bestehenden Wissens, Erfahrungen und Fertigkeiten in neuen Situationen.
- Seine Anwendungskompetenz stellt Ihr Prüfling unter Beweis, wenn er etwas anfertigen, ausführen, bedienen, benutzen, berechnen, durchführen, erstellen, gestalten, handhaben, machen, rechnen, umsetzen, umwandeln, zeichnen muss.
- Beispiele: „Wie lässt sich das Prinzip der Diversität bei national operierenden Unternehmen umsetzen?" oder „Was bedeutet klimagerechtes Bauen in Indien?"

Analysieren

- Hierzu gehören Aufgaben wie „Bitte ordnen Sie nachfolgend ... und begründen Sie Ihre Entscheidung." oder „Wie würden Sie ... und mit welcher Begründung?"
- Um die Fähigkeit des Analysierens Ihres Prüflings zu ermitteln, lassen Sie komplexe Sachverhalte in ihre Elemente zerlegen, Strukturen und Beziehungen zwischen den Elementen aufdecken, zentrale Prinzipien und Wirkmechanismen eines Sachverhalts herausfinden.
- Seine Analysefähigkeiten stellt Ihr Prüfling unter Beweis, wenn er etwas ableiten, auswählen, auswerten, Aussagen auf Richtigkeit überprüfen, Bedeutung ermitteln, Beziehung aufdecken, gliedern, implizite Aussagen erkennen, überprüfen muss.
- Beispiele: „Erläutern Sie die Bedeutung impliziter Prozesse in der Führungsforschung." oder „Welche physikalischen Effekte spielen eine Rolle bei der Schimmelpilzbildung in der Ecke eines Schlafzimmers? Ordnen Sie nach Wichtigkeit!"

Synthetisieren

- Bitten Sie um Antworten zu „Wie kombinieren Sie x und y bei ...?"
- Um die Fähigkeit des Synthetisierens Ihres Prüflings zu ermitteln, lassen Sie Informationen aus anderen Informationen zusammenfügen, Elemente zu einem Komplex neu zusammenfügen. Dies verlangt vom Studierenden eine kreative Leistung. Eine kreative Leistung kann eine Weiterentwicklung einer bestehenden Idee oder Vorgehensweise, eine neuartige Zusammenfassung von mehreren Elementen oder ein konstruktiver Vorschlag zur Verbesserung bisheriger Schwachstellen sein.
- Seine Kompetenz zu synthetisieren stellt Ihr Prüfling unter Beweis, wenn er etwas ableiten, begründen, beweisen, entdecken, entwickeln, erzeugen, folgern, konstruieren, konzipieren, kreieren, planen oder ein Problem lösen muss.
- Weitere Beispiele sind: „Entwickeln Sie die Kernziele eines Führungskräftetrainings auf Basis der Zielsetzungstheorie." oder „Welche Möglichkeiten fallen Ihnen ein, um die Gefahr einer Schimmelpilzbildung hinter einem Schlafzimmerschrank in den Subtropen zu verringern?"

Bewerten und Vergleichen

- Fragen Sie, „Wie beurteilen Sie ...?"
- Um die Fähigkeit des Bewertens und Vergleichens Ihres Prüflings zu ermitteln, lassen Sie komplexe Sachverhalte nach Kriterien beurteilen. Zur Bewertung eines Urteils können umfassende,

übergeordnete Aspekte herangezogen werden wie die Zweckmäßigkeit / Zielangemessenheit, die Tragfähigkeit von Verallgemeinerungen, die Angemessenheit und Gewichtung der Bewertungskriterien, die Abschätzung relevanter Folgen.

- Seine Kompetenz zu bewerten und zu vergleichen stellt Ihr Prüfling unter Beweis, wenn er etwas abschätzen, abwägen, beurteilen, diskutieren, einschätzen, entscheiden, evaluieren, gewichten, kommentieren, meinen, Stellung zu etwas nehmen oder urteilen muss.
- Beispiele: „Wie beurteilen Sie die Aussage 'Es gibt keinen freien Willen.'?", „Welche Führungstheorie würden Sie zum Aufbau eines Trainingskonzepts für Führungskräfte bei einem Dienstleistungsunternehmen heranziehen und warum?" oder „Warum kommen in Deutschland selten Klimaanlagen im Wohngebäuden zum Einsatz?"

13.2.3 Bewertungskriterien in einer mündlichen Prüfung

Die Bewertung mündlicher Prüfungen kann nach den unten aufgeführten Kriterien stattfinden, unabhängig davon, ob sie als Einzel- oder Gruppenprüfung stattfindet:

Spontanität

- Beantwortet der Prüfling die Fragen schnell und oder ohne Unterstützung?
- Erfolgt die Stellungnahme des Studierenden – je nach Kompliziertheit der Frage – spontan und ohne Hilfestellung?
- Kann der Prüfling die Antwort auf die Frage herleiten?
- Muss der Prüfling zu den Antworten hingeleitet werden?

Vollständigkeit

- Werden bei der Beantwortung der Fragen alle wichtigen Aspekte und Fakten genannt?
- Hat der Prüfling den Lehrstoff verstanden oder gibt er nur etwas Gehörtes oder Gesehenes wieder? Dies ist beispielsweise daran zu erkennen, dass er es nicht in eigenen Worten erklären oder anwenden kann.

Genauigkeit und Präzision

- Werden irrelevante Fakten bei der Beantwortung der Fragen weggelassen?
- Beantwortet der Prüfling die Fragen oder schweift er vom Thema ab?

Richtigkeit

- Stimmen die Antworten mit objektiv richtigen Erkenntnissen überein?

Begründungen und Strukturierung

- Strukturiert der Prüfling seine Antwort und begründet er seine Darstellung durch Hinweise auf Quellen, Beispiele, Konsequenzen, Bewertungskriterien oder ähnliches?
- Kann der Prüfling die wissenschaftlichen Hintergründe seiner Antwort erläutern oder weist er nur auf eine Quelle hin, in der seine Antwort steht?
- Sind die Antworten strukturiert und stringent? Haben sie einen 'roten Faden'?

Angemessenes Anspruchsniveau

- Beantwortet der Prüfling neben Wissensfragen auch komplexere Verständnis,- Anwendungs-, Analyse-, Synthese- und Beurteilungsfragen im adäquaten Differenziertheitsgrad?

- Verwendet der Prüfling bei der Beantwortung der Fragen Fachausdrücke? Verwendet er diese korrekt und einheitlich?
- Kann der Prüfling sein Wissen auch auf neue Fragestellungen anwenden?
- Kann der Prüfling die Antwort nicht nur verbal, sondern – je nach Fach – auch graphisch, mathematisch oder technisch-konstruktiv ausdrücken?

Bei Gruppenprüfungen sollten zusätzlich folgende Aspekte Berücksichtigung finden:

- Wurde jedem Prüfling die gleiche Chance gegeben zu antworten (im Sinne von Redehäufigkeit und-menge)?
- Wurden jedem Kandidaten Fragen im gleichen Schwierigkeitsgrad gestellt?
- Achten Sie im Speziellen darauf, dass Sie bei Kandidaten nicht die Aussage „Das hätte ich auch gesagt!" gelten lassen bzw. werten, sondern Sie jedem gleichermaßen auf den Zahn fühlen.

13.2.4 Hinweise zur Protokollierung[25]

Jedes Protokoll sollte folgende Informationen enthalten:

- Name und Matrikelnummer des Prüflings
- Namen der Prüfer
- Name des Protokollführers
- Tag und Uhrzeit
- Beginn und Ende der Prüfung
- Zu prüfendes Fach sowie ggf. Schwerpunkt
- Themengebiete, gestellte Fragen in Kurzform; ggf. gereichte Hilfestellung
- Antworten des Kandidaten in Kurzform, ggf. nur Stichpunkte
- Kurze Bewertung der Antworten nach einem vereinbarten Bewertungsschema (bspw. +, ++, -, --) Es ist sinnvoll, sich auf einheitliche Abkürzungen im Protokoll zu einigen, insbesondere wenn mehrere Prüfer und oder Protokollanten agieren.
- Soweit vorgegeben: die Note (typischerweise als Zahl sowie als Wort ausgeschrieben)
- Unterschriften des Prüfungsgremiums

Die anschließende Benotung der Prüfungsleistung wird leichter, wenn der Protokollant bereits im Protokoll seine Eindrücke von den Antworten des Prüflings dokumentiert. Dazu können Sie die bereits beschriebenen Bewertungskriterien heranziehen. Bitte beachten Sie, dass diese Kriterien keine unabhängigen Bewertungsdimensionen darstellen, sondern einander stark beeinflussen. Es ist nicht möglich und notwendig, bei jeder Antwort alle Dimensionen zu beachten. Sie sollen Ihnen lediglich helfen, Ihren Eindruck von einer Antwort besser greifen und quantifizieren zu können. Nachstehend finden Sie eine von vielen möglichen Einteilungen der Bewertungskriterien in Kategorien sowie eine Hilfestellung bezüglich möglicher Abkürzungen (sodass der Protokollant schneller schreiben kann). Sie können diese Kategorien entsprechend Ihrer Bedürfnisse und Anforderungen gestalten (vgl.

[25] adaptiert nach Roloff (2002)

Tabelle 13.2). Ebenfalls mit angegeben ist nachstehend ein Auszug eines eher frei gestalteten Protokolls (vgl. Tabelle 13.1). Es empfiehlt sich, das Prüfungsprotokoll bezüglich Detailliertheit und Einheitlichkeit der Dokumentation an die eigenen Bedürfnisse, Rahmenbedingungen und Uni-internen Vorgaben anzupassen.

Tabelle 13.1. Auszug aus einem 'freien Protokoll' einer mündlichen Prüfung.

Bezeichnung der Prüfung: *Organisationspsychologie*		**Datum, Uhrzeit:** *01.04.2009, 13.15-13.45 Uhr*	
Name des Prüflings: *Adam Riese*		**Matrikelnummer:** *12345678*	
Name des Prüfers: *Lioba Werth*		**Name des Beisitzers / Protokollführers:** *Anna Steidle*	
Frage	**Antwort**	**Bemerkung**	**Bewertung**
Wie kann ein politisches Wahlkampfteam die sogenannten Judo-Strategien in seiner Kampagne einsetzen?	*Definition der Judostrategien, Nennen zugrunde liegender Prinzipien, Bedarf im politischen Wahlkampf anhand von Beispielen aufgezeigt, für die Judo-Strategie 'Door-in-the-face' wird Einsatzmöglichkeit exemplarisch aufgezeigt*	*Zu Beginn leichtes Nachfragen nötig*	*Klar strukturiert, vollständig*
Folgefrage: Kennen Sie ein aktuelles Beispiel aus dem Bundestagswahlkampf?	*Keine Antwort*	*Prüfer sagt Antwort*	*Nicht vorhanden*
Wie beurteilen Sie die Aussage „Es gibt keinen freien Willen."?	*Einige Argumente zur Automatizität des Verhaltens Nennt jeweils zwei bis drei zutreffende Argumente für die These und die Antithese, kennt aber kaum Evidenz dazu Synthese fehlt*	*Stockend, Prüfer formuliert um, hilft beim Strukturieren*	*Unvollständig* *Mit Hilfe*

Tabelle 13.2. Vorschlag zur standardisierten Einteilung der Bewertungskriterien in Bewertungs- bzw. Benotungskategorien.

	BEWERTUNGSKATEGORIE				
BEWERTUNGS-KRITERIUM	**Sehr negativ**	**Negativ**	**Teils / teils**	**Positiv**	**Sehr positiv**
Spontanität	mit großer Hilfe oder keine Antwort	mit Hilfe, stockend		eigenständiges Ableiten	prompt und flüssig
Vollständigkeit	sehr lückenhaft	kaum / nicht ausreichend		fast / nahezu vollständig	vollständig
Richtigkeit und Genauigkeit	ganz falsch oder ganz weit weg vom Thema	Antwort mit einigen Fehlern oder sehr schwammig		richtige Antwort, die aber noch nicht 100 %ig den Punkt trifft	in allen Details richtige Antwort, „trifft den Nagel auf den Kopf"
Begründung und Strukturierung	raten, falsche Begründung, kein roter Faden, keine Zusammenhänge	nur vage Begründungen, wenig strukturierte Antworten		Begründung mit Standardargumenten, vorgegebene Zusammenhänge / Struktur werden dargeboten	vollständige, teilweise selbst hergeleitete Begründung, klare Strukturierung / roter Faden gut
Angemessenes Anspruchsniveau	Antwort spiegelt nur Allgemeinwissen wider, keine Fachbegriffe, Ebene (Wissen vs. Analyse) wird	Antwort spiegelt kaum Fachwissen wider, fachliche Kompetenz wird kaum ausreichend gezeigt		Antwort spiegelt Fachwissen wider, fachliche und wissenschaftliche Kompetenzen werden deutlich	Antwort spiegelt großes Fachwissen und gute fachliche und wissenschaftliche Kompetenzen wider

13.3 Die schriftliche Prüfung

In schriftlichen Prüfungen soll die zu prüfende Person nachweisen, dass sie in begrenzter Zeit und mit begrenzten Hilfsmitteln mit den Methoden des Prüfungsfaches eine Frage beantworten oder ein Problem erkennen und – je nach Anforderung des Faches – die Frage beantworten bzw. Wege zu einer Lösung darstellen bzw. die Lösung desselben umsetzen kann.

Zu einer gelungenen schriftlichen Prüfung gehören unterschiedlichste Aufgaben und Phasen, welche in Abbildung 13.2 in einem Überblick dargestellt sind. Nachfolgend werden alle wesentlichen Aspekte rund um die Organisation und Durchführung schriftlicher Prüfungen ausführlich erläutert.

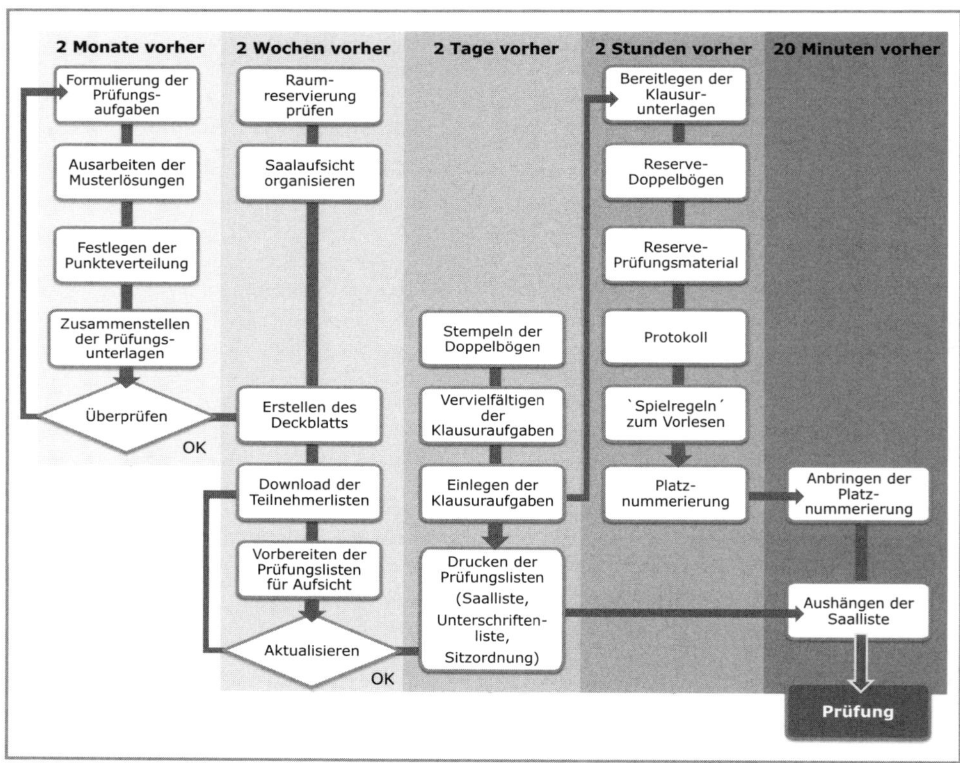

Abb. 13.2. Phasen und Schritte der Vorbereitung einer schriftlichen Prüfung.

13.3.1 Ablauf einer schriftlichen Prüfung

IM VORFELD der Prüfung

Formales

Bei Planung und Durchführung von schriftlichen Prüfungen ist es zwingend erforderlich, die jeweils gültige Prüfungsordnung zu berücksichtigen; darin werden Rahmenbedingungen der Prüfung festgelegt. In der Regel gehören dazu:

- **Das Prüfungsaufsicht**
  Bei schriftlichen Prüfungen müssen mindestens zwei Personen als Prüfungsaufsicht anwesend sein, bei größeren Prüfungsgruppen auch mehr.

- **Die Prüfungsdauer**
  Die Dauer einer Prüfung wird vom Prüfungsamt bzw. der Prüfungsordnung vorgegeben.

- **Die Zulassungsvoraussetzungen**
  Zugelassen sind nur Kandidaten, die die jeweils erforderlichen Voraussetzungen erfüllen. Können nicht alle Nachweise bei der Prüfungsanmeldung vorgelegt werden, kann (je nach Universität) die Zulassung zur Prüfung unter dem Vorbehalt ausgesprochen werden, dass die fehlenden Nachweise bis zum Prüfungstermin nachgereicht werden. Spätestens vor Beginn der Prüfung hat sich die Prüferin bzw. der Prüfer vom Vorliegen der noch fehlenden Nachweise für die betreffende Prüfung zu überzeugen. Eeventuell kann die Prüfung dann unter Vorbehalt absolviert werden.

Vorabinformationen für die Prüflinge
In den jeweiligen Lehrveranstaltungen sowie auf der Website sollten die Studierenden Informationen über Inhalte, Ablauf, Bewertung und ggf. über zulässige Hilfsmittel (wie Papier, farbige Stifte, Lineal, Taschenrechner) erhalten. Bei mehreren Lehrveranstaltungen, die in ein und dieselbe Prüfung münden, sollten Sie und Ihre Kollegen die gleichen Informationsmaterialen verwenden. Der Zeitplan der schriftlichen Prüfung sollte möglichst frühzeitig veröffentlicht und am schwarzen Brett ausgehängt sowie online verfügbar sein. Zusätzlich empfiehlt es sich, ebenfalls über Rücktrittsfristen etc. zu informieren.
Allgemeiner Tipp: Wenn Sie über die Prüfungsmodalitäten ausreichend auf der Website informieren, reduzieren Sie zum einen Anfragen durch Studierende erheblich und ermöglichen zum anderen den Studierenden eine sichere Vorbereitung und Planung.

Prüfungsanmeldung
Die Anmeldung zur schriftlichen Prüfung erfolgt typischerweise über das Prüfungsamt oder das Sekretariat des jeweiligen Lehrstuhls. Bei nicht zentral über das Prüfungsamt abzuwickelnden Prüfungen empfiehlt es sich, eine Anmeldeliste zur Prüfung auszulegen bzw. online frei zu schalten. Die Anmeldeliste sollte folgende Daten enthalten:

- Fach mit Prüfungstag und Prüfungsort
- Anmeldezeitraum
- Name, Matrikelnummer und Studiengang, Kontaktdaten (Anschrift, E-Mail-Adresse, Telefonnummer)
- Unterschrift

Vorbereitung der schriftlichen Prüfung
Zur Vorbereitung gehören:

- Erstellung der Prüfungsaufgaben, der Musterlösung sowie der dazugehörigen Punkteverteilung (vgl. Abschnitt 13.3.2 und Beispielvorlagen im grauen Kasten)
- Vervielfältigen der Prüfungsbögen nach Anmeldeliste
- ggf. Prüfung in Doppelbogen (ein einmal gefaltetes DinA3-Papier) einlegen
- Sitzordnung erstellen (vgl. Beispiel in Abb. 13.3)

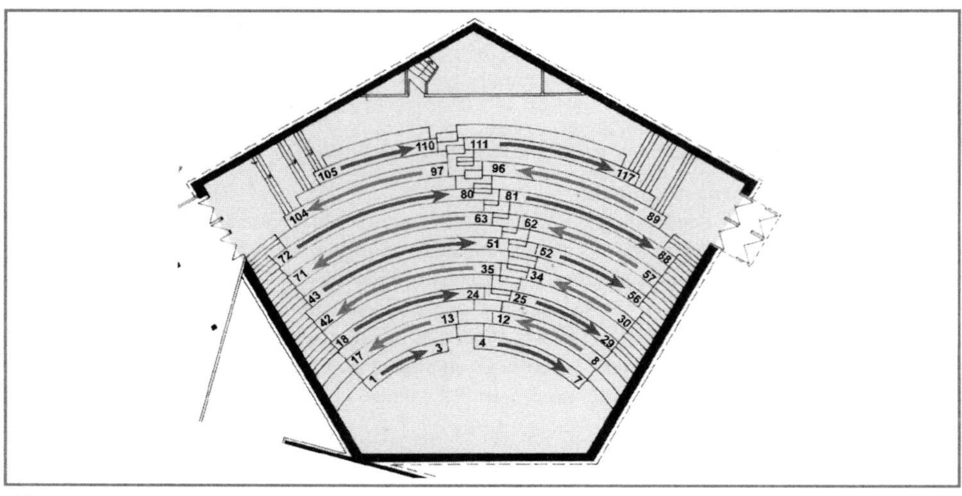

Abb. 13.3. Beispiel einer Sitzordnung für eine Klausur in einem Hörsaal.
Anmerkung. Die 'schlangenförmige' Sitzordnung erleichtert das schnelle Austeilen, Einsammeln und Ordnen der Klausuren (hier: ein Hörsaal mit über 600 Sitzplätzen. Platzbedarf für Klausuren ca. sechs Plätze pro Kandidat.) Zwischen zwei Reihen muss immer eine freie Reihe vorhanden sein, um die Klausuren austeilen und einsammeln zu können. Mittels der freien Reihe ist es auch möglich, dass die Aufsicht während der Prüfung durch diese gehend die Unterschriften einholen und die Identitätskontrolle durchführen kann.

Ein Überblick der nun folgenden Phasen und Schritte der Durchführung zu Beginn, während und zum Abschluss der schriftlichen Prüfung findet sich in Abbildung 13.4.

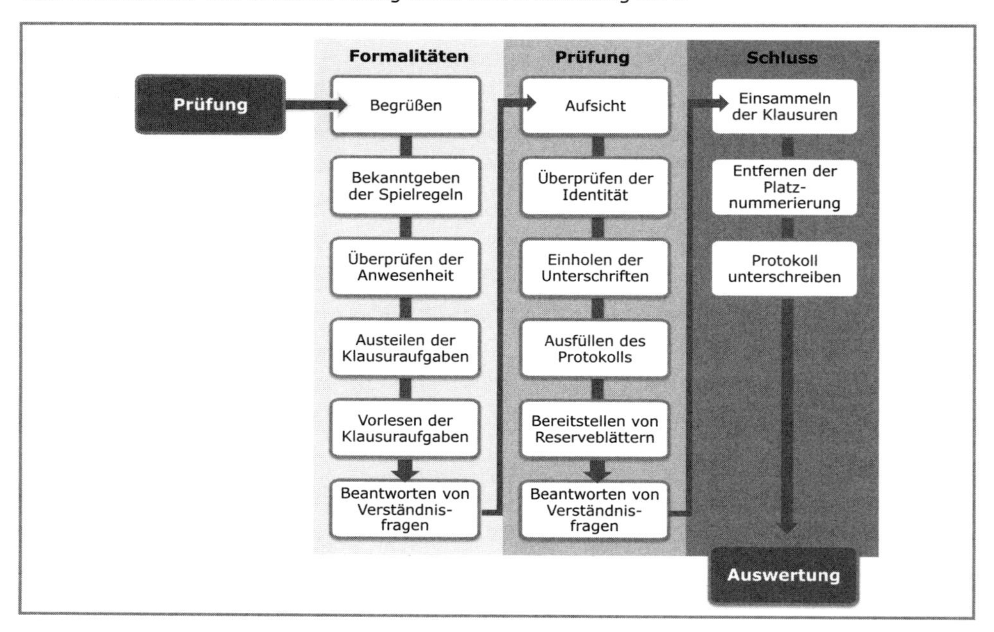

Abb. 13.4. Phasen und Schritte der Durchführung einer schriftlichen Prüfung.

UNMITTELBAR VOR der Prüfung

- Sitzordnung an exponierter Stelle aushängen (bspw. an den Türen und an der Tafel)
- Sitzplätze durch Nummerierung kennzeichnen
- Eingangskontrolle vornehmen (ggf. Verlesen der Saalliste):
    - Anwesenheit und Sitznummer überprüfen
    - Nicht-Anwesende in der Liste der Prüflinge durchstreichen
- Verlesen der juristischen Hinweise bzw. Regelungen zu:
    - Hilfsmitteln (bspw. Formelsammlung, Taschenrechner ...)
    - Dingen, die mit an den Platz genommen werden dürfen (einzelne Stifte, Taschentücher etc.); Dinge, die definitiv draußen oder am Raumende bleiben müssen (wie bspw. Taschen, Garderobe, Mobiltelefone)
    - Studentenausweise (sind bereit zu legen)
    - Mobiltelefone (sind auszuschalten)
    - Toilettengang (vorübergehende Abgabe der Prüfungsunterlagen bei der Saalaufsicht)
    - Täuschung und Betrugsversuch (einmaliges Vergehen führt zu Nicht-Bestehen)
    - Rücktritt (Teilnehmer, die keine Arbeit abgeben wollen, haben dennoch das ausgefüllte Deck- und Aufgabenblatt sowie alle weiteren Schreibunterlagen abzugeben.)
- Modalitäten kommunizieren:
    - „Ab sofort herrscht absolutes Sprechverbot."
    - „Bei Unklarheiten oder Zwischenfragen bitte Handzeichen geben (entweder mitsamt dem Prüfungsmaterial nach vorne kommen oder aber warten, bis eine Aufsicht kommt)."
    - „Alle Schreibunterlagen wie Aufgaben-Deckblatt, Lösungsblätter und Blankopapier sind mit Namen, Matrikel- und Platznummer zu versehen."
    - Sofern für das Fach zutreffend: „Es sind ausschließlich radierfeste Stifte, die nicht rot sein dürfen, zu verwenden."
    - Sofern für das Fach zutreffend: „Rechengang und Ergebnis sind stets anzugeben."
    - „Ungültige Lösungen sind deutlich zu streichen."
    - Sofern es Multiple-Choice-Aufgaben gibt und hierbei stets nur eine Lösung korrekt ist: Regelung, wie im Falle mehrerer angekreuzter Lösungen vorgegangen wird, beispielsweise dass nur die erste angekreuzte Lösung gewertet oder aber die gesamte Frage als 'falsch' bewertet wird.
    - Teilnehmer, die keine Arbeit abgeben wollen, haben dennoch das ausgefüllte Deck- und Aufgabenblatt abzugeben.
    - Alle Teilnehmer bleiben so lange sitzen, bis alle Prüfungsunterlagen eingesammelt sind.
- Austeilen der Prüfungsaufgaben in leerem Doppelbogen
- Ggf. lautes Vorlesen der Prüfungsaufgaben (um sicherzustellen, dass bei allen Studierenden die gleichen Aufgabenblätter vorliegen)
- Uhrzeiten für Beginn und Ende der Prüfung gut sichtbar an der Tafel notieren

IN der Prüfung

- Protokoll erstellen und notieren von:
    - Personen, die den Saal verlassen
    - Personen, die zu spät kommen
    - Personen, die von der Prüfung zurücktreten
    - Personen, die nicht auf der Liste stehen und somit unter Vorbehalt mitschreiben
    - weiteren Unregelmäßigkeiten
- Sitzplan mit Sitzplatznummerierung skizzieren bzw. als Folie an die Wand projizieren (vgl. Abb. 13.5)
- Anwesenheit und Identität anhand des bereitgelegten Studentenausweises überprüfen und, je nach Vorgaben der Uni, Studierende auf der Namensliste der Prüflinge unterschreiben lassen
- Sicherstellen, dass niemand redet oder anderweitig pfuscht
- Hinweis geben, wenn noch 15 sowie wenn noch 5 Minuten der Prüfungszeit verbleiben

Abb. 13.5. Fotografische Aufnahme während einer schriftlichen Prüfung in einem Hörsaal.
Anmerkung: Nachdem die 'Spielregeln' vorgelesen worden sind, werden die Startzeit und Ende auf der Tafel festgehalten. Während der Prüfung herrscht absolutes Sprechverbot. Die Kandidaten können sich dennoch per Handzeichen melden, falls sie den Saal vorzeitig verlassen möchten oder zusätzliche Arbeitsblätter benötigen.

NACH der Prüfung

- Einsammeln der gesamten Prüfungsunterlagen (in dem Falle, dass jemand seine Bearbeitungen nicht zur Benotung abgeben will, sollte er diese durchstreichen und mindestens das Deckblatt und die Prüfungsaufgaben bzw. der Doppelbogen mit Lösungen einbehalten werden)
- Kontrolle, ob die Anzahl der abgegebenen Arbeiten mit der Anzahl der Teilnehmer übereinstimmt
- Ergibt sich keine Übereinstimmung, dann müssen die Namen der Teilnehmer, deren Bearbeitungen fehlen, im Protokoll vermerkt werden.
- Korrektur der Klausur (vgl. dazu Abb. 13.6)
- Versichern Sie sich nach beendeter Korrektur einer Klausur, ob die Benotung insgesamt fair und ausgeglichen war und nehmen Sie ggf. Anpassungen vor (bspw. dass eine Klausurfrage, die versehentlich mehrdeutig formuliert war, nicht einbezogen oder anders bepunktet wird). Geben Sie erst dann die Noten bekannt. Sorgen Sie dafür, dass die Ergebnisse und die Bewertung der Prüfung eingesehen werden können.

NACH der Prüfungsperiode

Unterziehen Sie nach der Prüfungsperiode den Fragenpool und die Lernziele einer kritischen Betrachtung. Prüfen Sie im Speziellen bei Fragen, die besonders gute sowie besonders schlechte Ergebnisse erzielt haben, ob diese zu leicht bzw. zu schwer oder ungenau gestellt waren. Passen Sie diese an oder nehmen Sie sich entsprechende Änderungen Ihrer Lernziele bzw. Vorlesungsinhalte vor.

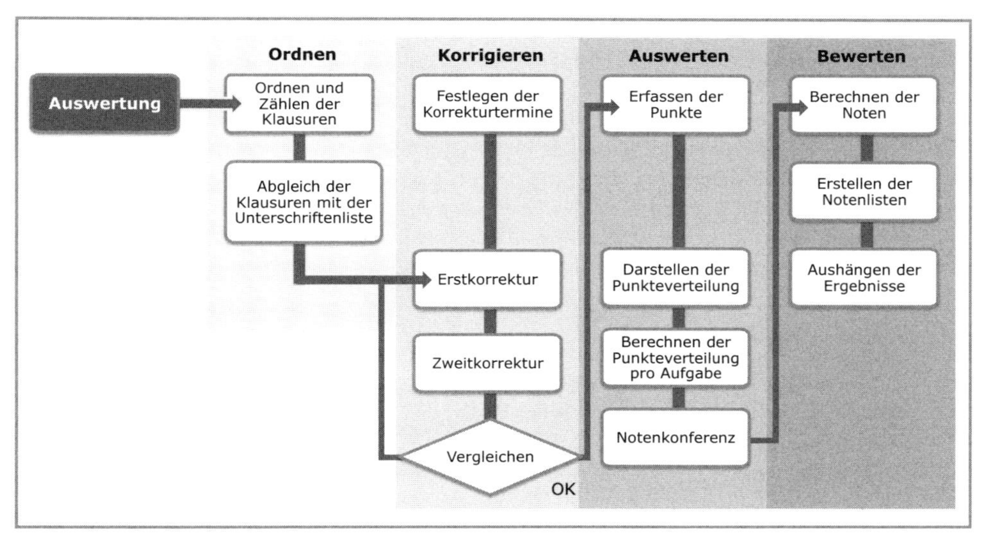

Abb. 13.6. Phasen und Schritte der Korrektur einer schriftlichen Prüfung.

13.3.2 Aufgabenarten einer schriftlichen Prüfung

Wenngleich es unterschiedliche Aufgabenarten gibt, haben sie alle eines gemeinsam: Sie bestehen aus Fragen bzw. Aufforderungen (wie bspw. „Berechnen Sie bitte ..."). Zu den typischsten gehören:

Offene Fragen

- Offene Fragen sind Fragen, die dem Prüfling die Art der Beantwortung offen lassen; d.h. er kann ohne Kategorienvorgabe frei wählen, wie und was er antwortet.
- Häufig handelt es sich bei offenen Fragen auch um Anwendungsaufgaben. Im Fach Jura beispielsweise um die Diskussion eines Falles mithilfe des BGBs (z.B. „Welche Chancen hat der Klient, den Fall mit welchem Ergebnis zu gewinnen?" Hier hat der Prüfling die Argumente beider Parteien kritisch zu beleuchten.).
- Bei diesem Fragetyp besteht die Gefahr, dass die Frage sehr umfangreich beantwortet wird und dadurch sowohl dem Studierenden beim Antworten als auch Ihnen später beim Korrigieren unnötig viel Zeit verloren geht. Empfehlenswert ist daher zum einen, die Formulierung der Frage so zu wählen, dass möglichst kurze und prägnante Antworten gegeben werden (beispielsweise durch Sätze wie „Erklären Sie kurz, ...", „Beschreiben Sie in Stichpunkten ...") und zum anderen den Umfang der Antwortmöglichkeit zu begrenzen (bspw. über vorgegebenen Platzumfang für die Antwort auf dem Prüfungsbogen). Geben Sie zusätzlich die zu erreichende Punktzahl pro Frage an; Prüflinge orientieren sich daran gern bei der Länge der Antwort bzw. bei der eventuellen Abwahl einer Frage.
- Zur fairen Bewertung offener Fragen benötigen Sie ein Kodierungssystem der Antworten, bei dem vordefiniert wurde, für welche Aussage bzw. welche Inhalte wie viele Punkte vergeben werden (vgl. Beispiel im grauen Kasten 'Bewertungsvorlagen zu Prüfungsfragen').
- Selbst bei Berücksichtigung oben genannter Empfehlungen ist der Korrekturaufwand bei offenen Fragen als hoch anzusetzen.

Geschlossene Fragen

- Geschlossene Fragen sind im engeren Sinne Fragen, auf die nur eine eindeutige Ja- oder Nein-Antwort gegeben werden kann. Im weiteren Sinne umfasst dies auch Fragen, die dem Prüfling die Art der Beantwortung zwar nicht offen lassen, ihn aber nur eine bestimmte Antwort als korrekt nennen lassen, da es nur eine richtige gibt (bspw. „Welche physikalische Einheit hat die Wärmeleitfähigkeit?" [Antwort: W/(mK)] oder „Ist der jährliche Energieverbrauch eines exakt gleichen Gebäudes in Taipeh größer als in Stuttgart, wenn an jedem Tag des Jahres eine Raumlufttemperatur von 20°C vorgeschrieben ist?"[Antwort: Ja oder nein]).
- Der Vorteil der geschlossenen Frage ist, dass es nur eine korrekte Antwort gibt, die schnell auswertbar ist. Allerdings ist es durchaus anspruchsvoll, entsprechend intelligente Fragen zu generieren.

Multiple-Choice (Antwort-Wahl-Verfahren)

- Multiple-Choice ist ein in Prüfungen gerne verwendetes Format, bei dem zu einer Frage mehrere vorformulierte Antworten zur Auswahl stehen.
- Seitens der Studierenden müssen die Fragen und Antworten sehr genau gelesen und dabei auf kleine Details geachtet werden. Das Lösen der Aufgabe erfolgt dann durch die Auswahl der richtigen Antwortmöglichkeit, wobei es auch möglich sein kann, dass mehrere Antwortmöglichkeiten richtig sind.

- Die Antworten werden meist auf einem gesonderten Lösungsblatt (vgl. grauer Kasten 'Beispiel einer Antwortvorlage für Multiple-Choice-Fragen') getätigt, welches computerisiert auswertbar ist. Eine solche computerisierte Auswertung ist mit einer speziellen Software möglich (die Sie selbst oder Ihr Rechenzentrum anschaffen sollten); doch Vorsicht: Der Computer kann die Lösungsblätter nur einlesen, wenn sie sauber ausgefüllt sind. Problematisch wird es, wenn der Prüfling seine Antwort korrigiert hat (z.B. falsche Antwort durchstreichen / schwärzen etc.). Das Programm könnte hier Interpretationsschwierigkeiten haben. Sie müssen daher bei einer computerbasierten Auswertung unbedingt vor dem Einlesen die korrekte Bearbeitung der Blätter durch die Prüflinge checken sowie nach der Computerauswertung Stichproben ziehen und so die Auswertung kontrollieren.
- Prinzipiell gilt es zu klären, ob und in welchem Umfang Multiple-Choice-Fragen mit der Prüfungsordnung vereinbar sind. Häufig dürfen nicht mehr als 49 % der Prüfungspunkte durch Multiple-Choice-Aufgaben erworben werden.
- Vorteil dieser Prüfungsform ist das schnelle und unkomplizierte Korrigieren. Nachteilig ist, dass bei Multiple-Choice-Fragen die Gefahr des Abschreibens größer ist (da ja nur Kreuze und nicht ganze Sätze beim Nachbarn abgelesen werden müssen), d.h. Sie sollten entweder unterschiedliche Klausurversionen im Prüfungssaal einsetzen oder aber die Prüflinge weiter auseinandersetzen.

Rechenaufgaben

- Beispielweise in den Ingenieur- oder Naturwissenschaften sind Rechenaufgaben die meist angewandte Form einer schriftlichen Prüfung. Je nach Komplexität und den gegebenen Randbedingungen können somit verschiedene Kompetenzstufen erreicht werden. Die Korrekturzeit ist überschaubar und die Punkteverteilung meist sehr gerecht möglich.

Fragen, die mit einer Zeichnung / Schaubild beantwortet werden

- Für die Auswertung dieser Frageform ist im Vorfeld präzise vorzugeben, welche 'Fakten' enthalten sein sollten und wie die Punkteverteilung zu vergeben ist.
- Für die Studierenden ist es wiederum sehr hilfreich, wenn Sie konkrete Anweisungen mit in die Fragestellung integrieren: „Skizzieren Sie per Hand ...", „Zeichnen Sie maßstabsgetreu ...".

Exkurs: Praktische Aufgaben

- In einigen Fächern sind praktische Aufgaben üblich. Um ein paar Beispiele zu geben: In der Kunst könnte es beispielsweise darum gehen, ein Bild anzufertigen, in der Zahnmedizin, ein Gebiss bzw. einen Zahnersatz anzufertigen; in der Logopädie, einen Behandlungsplan (mit Zielen, Übungen etc. für die einzelnen Sitzungen) zu erstellen und eine Sitzung selbständig durchzuführen; in den Lehramtsfächern, eine Lehrprobe zu halten etc.
- Hinsichtlich der Bewertungsmaßstäbe gibt es ebenfalls eine große Bandbreite. Grundsätzlich gelten auch hier die oben genannten Kriterien für die Vorbereitung der Prüfung, die Festlegung der Bewertungsmaßstäbe sowie Durchführung und Bewertung der Prüfung. Je subjektiver die Bewertungsmaßstäbe sind, desto günstiger ist es, wenn mehrere Prüfer bewerten.
- Das Leiten und Führen einer Diskussion kann ein weiteres Element der Prüfung sein. Hier gelten unter anderem die beim Referat geschilderten Aspekte (vgl. Abschnitt 12.1).

BEISPIELE ZU PRÜFUNGSFRAGEN UND IHREN MUSTERLÖSUNGEN

Beispiel für Multiple-Choice-Fragen, bei denen jeweils eine Antwort richtig und alle anderen falsch sind (richtige Antwort ist jeweils d).

Bei disjunktiven Aufgaben in einer Gruppe wird die potenzielle Gruppenproduktivität durch die _______________ bestimmt?

a) Leistung des schwächsten Gruppenmitglieds
b) Summe der Einzelleistungen
c) Mittel der Gruppenleistung
d) Leistung des fähigsten Gruppenmitglieds

Der Glaube an eine gerechte Welt ist _______________ und hilft den Menschen dabei, _____________.

a) eine verzerrte Attribution ... / ... ihre Fehler zu entschuldigen
b) eine defensive Attribution ... / ... ihre Fehler zu erklären
c) ein fundamentaler Attributionsfehler ... / ... ihr Selbstwertgefühl zu bewahren
d) eine selbstwertdienliche Attribution ... / ... die Welt als geordnet, vorhersehbar und kontrollierbar anzusehen

Beispiele für offene Fragen (Antwort in kursiv untenstehend)

Beschreiben Sie, was man in der Sozialpsychologie unter dem Halo-Effekt versteht. Erklären Sie die Wirkung des Halo-Effekts am Beispiel der Eigenschaft 'physische Attraktivität'. (2 Punkte)

Der Halo-Effekt beschreibt das Phänomen, dass bei der Wahrnehmung einer Person eine hervorstechende Eigenschaft auf die Wahrnehmung der gesamten Person ausstrahlt. Der Gesamteindruck, den eine Person auf andere macht, wird durch ein einzelnes positives Merkmal, wie beispielsweise ihre Attraktivität, dominiert. (1 Punkt)

So werden attraktive Personen im allgemeinen auch als intelligenter, geselliger, dominanter, mental gesünder, sexuell aktiver und sozial kompetenter wahrgenommen als physisch wenig attraktive Menschen. (1 Punkt)

BEISPIEL FÜR EINE TEXTAUFGABE (ANTWORT IN ZEICHNUNG EINGETRAGEN)

Skizzieren Sie für zwei Fälle grafisch die Temperaturen und relativen Feuchten an den Innenoberflächen von Außenwänden im Regelquerschnitt sowie in einer Ecke für die beiden Fälle 'freie Wand' sowie 'hinter einem Schrank'. Die Außenlufttemperatur soll -5°C betragen, der Wärmedurchlasswiderstand 3,5 W/(mK). Die Lufttemperatur im Raum beträgt 20°C, die Luftfeuchte 50 % in einem Fall, 60 % im anderen. (6 Punkte)

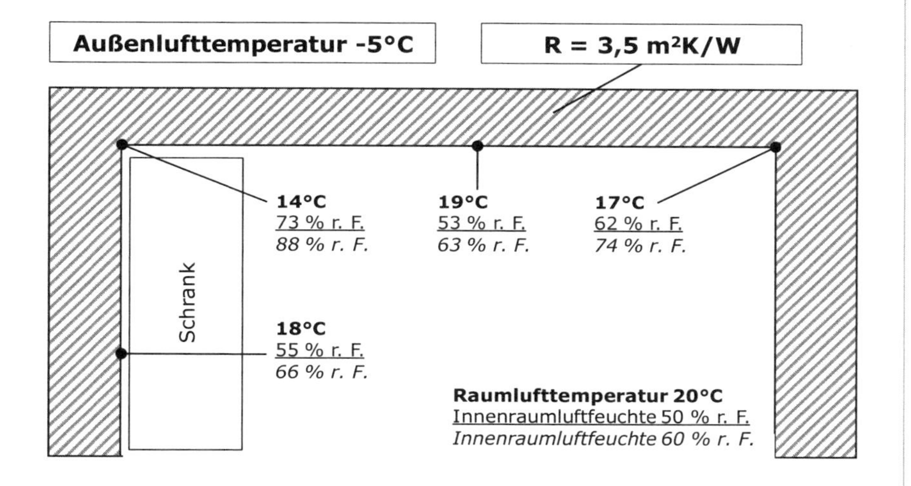

Anmerkung: Die drei Zeilen in der Beschriftung des Bildes bedeuten Folgendes:
Erste Zeile (fett) = Temperatur,
zweite Zeile (unterstrichen) = relative Luftfeuchte bei 50 % Innenraumluftfeuchte,
dritte Zeile (kursiv) = relative Luftfeuchte bei 60 % Innenraumluftfeuchte.

BEISPIEL FÜR EINE RECHENAUFGABE (MUSTERLÖSUNG MIT BEPUNKTUNG AUF FOLGESEITE)

Die Außenwand eines Gebäudes soll nachträglich wärmetechnisch verbessert werden. Die bestehende Wand aus Leichtbeton-Mauerwerk mit Außenputz soll innenseitig mit Mineralfaserplatten gedämmt und mit Gipskartonplatten verkleidet werden. Dadurch ergibt sich folgender Wandquerschnitt:

Randbedingungen

Lufttemperatur:	innen	20°C;
(zeitlich konstant)	außen	-15°C;
relative Luftfeuchte:	innen	50 %
(zeitlich konstant)	außen	80 %
Wärmeübergangswiderstand	innen:	0,17 m^2K/W
	außen:	0,04 m^2K/W

Fragen:

1. **Berechnen Sie die Wärmestromdichte durch das Bauteil sowie die Oberflächen- und Trennschichttemperaturen!** (15 Punkte)
2. **Tritt bei dieser Wandkonstruktion Tauwasserbildung an der Innenoberfläche auf?** (5 Punkte)

KLAUSUR-BEISPIEL LÖSUNG

1. $q = U(\vartheta_i - \vartheta_e)$ (2)

$U = \left(R_{si} + \Sigma \frac{d}{\lambda} + R_{se}\right)^{-1} =$ (2)

$= \left(0{,}17 + \frac{0{,}0125}{0{,}21} + \frac{0{,}08}{0{,}04} + \frac{0{,}24}{0{,}56} + \frac{0{,}02}{0{,}87} + 0{,}04\right)^{-1} =$

$= \frac{1}{2{,}72} = 0{,}367\ W/m^2K$ (2) (1)

$q = 0{,}367 \cdot (20 + 15) = 12{,}8\ W/m^2$ (1)

$\vartheta_{si} = \vartheta_i - q \cdot R_{si} = 20 - 12{,}8 \cdot 0{,}17 = 17{,}8\,°C$ (3)

$\vartheta_{Tr1} = 17{,}8 - 12{,}8 \cdot \frac{0{,}0125}{0{,}21} = 17{,}0\,°C$ (1)

$\vartheta_{Tr2} = 17{,}0 - 12{,}8 \cdot \frac{0{,}08}{0{,}04} = -8{,}6\,°C$ (1)

$\vartheta_{Tr3} = -8{,}6 - 12{,}8 \cdot \frac{0{,}24}{0{,}56} = -14{,}1\,°C$ (1)

$\vartheta_{se} = -14{,}1 - 12{,}8 \cdot \frac{0{,}02}{0{,}87} = -14{,}5\,°C$ (1)

(Σ15)

2. $\vartheta_{si} = 17{,}8\,°C$ (1)

$p_s(17{,}8\,°C) = 2041{,}2\ Pa$

$p_i = p_s(20\,°C) \cdot \varphi = 2341{,}8 \cdot 0{,}5 = 1170{,}9\ Pa$ (1+1)

wenn

$p_i(\vartheta_i) < p_s(\vartheta_{si})$ (1)

$1170{,}9 < 2041{,}2$ dann

kein Tauwasser an der Oberfläche! (1)

(Σ5)

Anmerkung: Die Bewertung des Prüfers ist jeweils umkreist dargestellt.

BEISPIEL EINER ANTWORTVORLAGE FÜR MULTIPLE-CHOICE-FRAGEN

Klausur XYZ
(Wdhlg.)

Bitte ankreuzen: **Hauptfach** ☐ **Nebenfach** ☐

Studiengang : (Bitte in Blockschrift eintragen)

Datum : **Unterschrift :**

Bitte füllen Sie das Feld für die Matrikelnummer sowohl numerisch als auch grafisch wie folgt aus:

2	3	6	9	1	7

MATRIKELNUMMER:

Single Choice Test :
Übertragen Sie bitte wie im nebenstehenden Ausfüllbeispiel Ihre Kreuze entweder mit einem Füller oder einem Kugelschreiber. Bitte verwenden Sie keinen Bleistift. Im Korrekturfalle können Sie die Kreuze mit Tipp-Ex oder einem Tintenlöscher bearbeiten.

Ausfüllbeispiel A ☐ B ☒ C ☐ D ☐

	A	B	C	D		A	B	C	D		A	B	C	D
1.	☐	☐	☐	☐	16.	☐	☐	☐	☐	31.	☐	☐	☐	☐
2.	☐	☐	☐	☐	17.	☐	☐	☐	☐	32.	☐	☐	☐	☐
3.	☐	☐	☐	☐	18.	☐	☐	☐	☐	33.	☐	☐	☐	☐
4.	☐	☐	☐	☐	19.	☐	☐	☐	☐	34.	☐	☐	☐	☐
5.	☐	☐	☐	☐	20.	☐	☐	☐	☐					
6.	☐	☐	☐	☐	21.	☐	☐	☐	☐					
7.	☐	☐	☐	☐	22.	☐	☐	☐	☐					
8.	☐	☐	☐	☐	23.	☐	☐	☐	☐					
9.	☐	☐	☐	☐	24.	☐	☐	☐	☐					
10.	☐	☐	☐	☐	25.	☐	☐	☐	☐					
11.	☐	☐	☐	☐	26.	☐	☐	☐	☐					
12.	☐	☐	☐	☐	27.	☐	☐	☐	☐					
13.	☐	☐	☐	☐	28.	☐	☐	☐	☐					
14.	☐	☐	☐	☐	29.	☐	☐	☐	☐					
15.	☐	☐	☐	☐	30.	☐	☐	☐	☐					

13.4 Bewertung eines Referats

Referate dienen dazu, dass Studierende wissenschaftlich ein Thema erarbeiten, bestimmte Wissensinhalte an andere Lehrveranstaltungsteilnehmer vermitteln und die Gestaltung und Präsentation dieser Inhalte erlernen. Referate stellen somit eine Prüfungsleistung dar, deren Bewertung neben dem reinen Inhalt vom subjektiven Eindruck des Dozenten oder dem Engagement der anderen Lehrveranstaltungsteilnehmer beeinflusst werden kann. Um eine faire, einheitliche und nachvollziehbare Bewertung von Referaten zu erleichtern, unterstützen an vielen Lehrstühlen objektive Bewertungskriterien (siehe Vorlage weiter unten) die Dozenten bei der Leistungsbeurteilung. Da Referatsnoten einige Wochen nach dem Referat häufig nur noch schwer begründet und verglichen werden können, sollten sie möglichst zeitnah nach dem Referat erfolgen. Neben der Prüfungsleistung steht die persönliche Weiterentwicklung des Studierenden im Vordergrund. Deswegen sollte der Referent auch Feedback zu weiteren Aspekten seines Vortrags erhalten (wie Stimme und Körpersprache), die nicht zwingend Teil der Leistungsbewertung sind (vgl. Kapitel 14, Leistungsbewertung rückmelden).

Nachfolgende Kriterien können zur Benotung von Referaten herangezogen werden. Sie beziehen sich auf das Verhalten des Referenten in der Vorbereitung sowie auf den Inhalt und die Vermittlung / Präsentation des Referats. Im grauen Kasten wird abschließend ein Beispielformular zur entsprechenden Bewertung angegeben.

Selbständigkeit in der Vorbereitung

- Sofern im Fach so vorgesehen: Rechtzeitig Besprechungstermin wahrgenommen sowie Anforderungen an Besprechungstermin erfüllt (Bspw. könnte gefordert werden, dass die Studierenden ca. zwei Wochen vor ihrem Referat zu einer ersten Vorbesprechung mit einem Referatskonzept kommen und ca. eine Woche vorher die Präsentation schicken.)
- Eigenes Konzept entwickelt und angemessene Schwerpunktsetzung
- Fragen in Vorbesprechung und nicht erst im Referat geklärt
- Eventuell selbst noch eigene Zusatzideen / Zusatztexte und Angaben zur Informationsbeschaffung eingebracht
- Absprache zwischen den unterschiedlichen Referenten bei Gruppenpräsentationen

Inhalt

- Klarer Aufbau und Gliederung (logische Reihenfolge); Logik der Argumentation und Begründung: Argument – Erklärung – Beispiel
- Gewichtung von Haupt- und Nebenpunkten (Wesentliches herausgearbeitet und Unwesentliches weggelassen)
- Adäquater Umfang
- Sachliche Richtigkeit (Qualität: Inhaltlich richtig und präzise)
- Einbringen eigener Überlegungen (z.B. eigene Beispiele entwickelt, eigene kritische Anmerkungen, eigenes Fazit)
- Verständlichkeit (Erklärung und Definition von Fachwörtern)
- Veranschaulichung (Beispiele, Anwendungs- und Alltagsbezug, persönliche Erfahrungen)
- Diskussionsfragen aufgeworfen

- Zusammenwirken der unterschiedlichen Referenten (bspw. Abstimmung der inhaltlichen Themen, also keine Dopplungen)

Präsentation
- Vortragsstil (frei gehalten, flüssig, angemessene Sprechgeschwindigkeit, Wortwahl, gut verständlich,)
- Einleitung / Überleitungen zwischen einzelnen Teilen sowie Einbettung ins Lehrveranstaltungsthema (letzteres in der Einleitung)
- Zusammenfassungen von wichtigen Inhalten
- Adäquater Medieneinsatz und Visualisierung aller wichtiger Aspekte
- Einbeziehung der Teilnehmer (bspw. durch Diskussionsfragen)
- Folien sinnvoll eingesetzt und übersichtlich gestaltet
- Selbständig und angemessen auf Fragen eingegangen (Hintergrundwissen und persönliche Stellungnahme)
- Zusammenwirken der unterschiedlichen Referenten (klar umrissene Bereiche der einzelnen Referenten, Überleitungen zu und Verweise auf Elemente eines Co-Referenten)

Zeitplanung
- Zeitplanung in der Vorbereitung
- Zeitmanagement im Referat
- Zusammenwirken der unterschiedlichen Referierenden (exakt gleiche Zeitaufteilung, genaues Einhalten der Zeit seitens jedes Co-Referenten im Verlauf des Referats)

Handout
- Inhaltlich richtig
- Alles Wesentliche enthalten und zugleich nichts Unnötiges
- Übersichtlich gestaltet
- Zusammenwirken der unterschiedlichen Referierenden (entweder je Referent ein eigenes Handout oder ein Gesamthandout in einem kohärenten Layout und Aufbau)

Übungen / Diskussion
- Lebendig angeleitet
- Anregende Diskussionsfragen eingebracht
- Teilnehmer angemessen einbezogen (bspw. durch Diskussionsleitung oder praktische Anteile)
- Konnte Fragen beantworten und verständlich erklären

Notenskala[26]
- Noten von 1 bis 6 (mind. 4,0 ist zum Bestehen nötig)
- Notenteilschritte bei 0,3 und 0,7

---

[26] Notenskalen sind je nach Universitätsvorgabe unterschiedlich; bitte erkundigen Sie sich nach den für Sie geltenden Bewertungsskalen.

Darüber hinaus erhält jeder Referent ein Feedback (vgl. Kapitel 14), welches sowohl auf die Begründung der Benotung als auch auf weitere Kriterien eingeht, die nicht Teil der Benotung sind. Während bei kleiner Teilnehmerzahl im Seminar ein öffentliches Feedback durch die Lehrveranstaltungsteilnehmer und den Dozenten sinnvoll sein kann (auch der Dozent erhält dann zu Seminarende öffentliches Feedback), sollte das Feedback bei größerer Teilnehmerzahl grundsätzlich unter vier Augen zwischen Dozent und Referent oder in der Referatsgruppe besprochen werden. Neben inhaltlichen Aspekten wie Richtigkeit und verständliche Erklärung der Inhalte können dem Referenten beispielsweise folgende Aspekte rückgemeldet werden:

- Sozialverhalten in der Lehrveranstaltung allgemein
- Souveränität, Sicherheit beim Referat
- Verbales Auftreten (Rhetorik, Wortschatz, Sprache)
- Nonverbales Auftreten (Stimme, Stand, ...)
- Sonstige Ausstrahlung (begeisternd, lustlos, energetisch, warmherzig, blendend...) u.a.

BEISPIELFORMULAR ZUR BEWERTUNG EINES REFERATS					
Referent:	**Datum:**				
	1	2	3	4	5
Wie positiv ist der jeweilige Bewertungsaspekt ausgeprägt?	gar nicht				sehr stark
Selbständigkeit in der Vorbereitung					
Rechtzeitig Besprechungstermin wahrgenommen					
Eigenes Konzept entwickelt und ansprechende Schwerpunktsetzung					
PowerPoint-Folien oder Handout zu 1. Besprechung mit Dozenten mitgebracht (falls gefordert)					
Fragen in Vorbesprechung und nicht erst im Referat geklärt					
Eventuell selbst noch eigene Zusatzideen / Zusatztexte eingebracht und Angaben zur Informationsbeschaffung					
Bei Gruppenpräsentationen: Absprache zwischen den unterschiedlichen Referenten					
Inhalt					
Sachliche Richtigkeit (Qualität: Inhaltlich richtig und präzise)					
Klarer Aufbau und Gliederung (logische Reihenfolge)					
Umfang					
Gewichtung von Haupt- und Nebenpunkten (Wesentliches herausgearbeitet und Unwesentliches weggelassen)					
Verständlichkeit (Erklärung und Definition von Fachwörtern)					
Veranschaulichung (Beispiele, Anwendungs- und Alltagsbezug, persönliche Erfahrungen)					
Eigene Überlegungen (z.B. eigene Beispiele entwickelt, eigene kritische Anmerkungen, eigenes Fazit etc.)					
Logik der Argumentation: Klare Begründung (Argument – Erklärung – Beispiel)					
Diskussionsfragen aufgeworfen					
Bei Gruppenpräsentationen: Zusammenwirken der unterschiedlichen Referenten					

Wie positiv ist der jeweilige Bewertungsaspekt ausgeprägt?	1 gar nicht	2	3	4	5 sehr stark
Präsentation					
Vortragsstil (frei gehalten, angemessene Geschwindigkeit, gut verständlich, flüssig, Wortwahl)					
Einleitung / Überleitungen zwischen einzelnen Teilen (z.B. Einbettung ins Seminarthema in der Einleitung)					
Zusammenfassungen von wichtigen Inhalten					
Einbeziehen der Teilnehmer z.B. durch Diskussionsfragen					
Folien sinnvoll eingesetzt					
Folien übersichtlich gestaltet					
Adäquater Medieneinsatz und Visualisierung aller wichtiger Aspekte					
Selbständig und angemessen auf Fragen eingegangen (Hintergrundwissen und persönliche Stellungnahme)					
Bei Gruppenpräsentationen: Zusammenwirken der unterschiedlichen Referenten					
Zeitplanung					
Zeitplanung in der Vorbereitung					
Zeitmanagement im Referat					
Bei Gruppenpräsentationen: Zusammenwirken der unterschiedlichen Referenten					
Handout					
Inhaltlich richtig					
Erster Entwurf schon gut					
Alles Wesentliche und nichts Unnötiges enthalten					
Übersichtlich gestaltet					
Bei Gruppenpräsentationen: Zusammenwirken der unterschiedlichen Referenten					
Übungen / Diskussion					
Lebendig angeleitet					
Teilnehmer angemessen einbezogen					
Konnte Fragen beantworten und verständlich erklären					

13.5 Bewertung einer Hausarbeit

Hausarbeiten stellen eine Prüfungsleistung dar, in der es um die Bewertung der Fähigkeit geht, Fragestellungen, Methoden und den Forschungsstand zu einem eingegrenzten und von einer Lehrveranstaltung vorbereiteten Thema sachlich und sprachlich in eigenständiger Form zu bearbeiten. Neben dem reinen Inhalt sollen folglich auch weitere Kriterien wie beispielsweise Aufmachung und Formulierung der Arbeit in die Bewertung einfließen. Um die Benotung verschiedener Arbeiten möglichst vergleichbar zu gestalten, können Sie sich bei der Leistungsbeurteilung wiederum von objektiven Bewertungskriterien unterstützen lassen. Diese beziehen sich auf Darstellung und Formales, auf Stil und Inhalt sowie ggf. auf den eigenen Anteil (Transferleistung, Reflexion).
Folgende beispielhafte Vorlage beschreibt die einzelnen Teilbereiche einer solchen Bewertung und gibt das dazugehörige Bewertungsschema wieder. In diesem Bewertungsschema werden für alle Teilbereiche Einzelnoten ermittelt, die Teilnoten gewichtet und eine Endnote daraus gebildet. Melden Sie Ihren Studierenden alle drei Aspekte auch im Rahmen eines (schriftlichen oder mündlichen) Feedbacks zurück, um ihnen so eine Leistungsverbesserung zu ermöglichen (der Korrektor der nächsten Hausarbeit wird es Ihnen danken).

BEISPIELFORMULAR ZUR BEWERTUNG EINER HAUSARBEIT

Bewertungsbogen für schriftliche Hausarbeiten

Name: ____________________

Matrikelnummer: ____________________ **Note:** ________

Darstellung / Formales

Struktur der Arbeit	nein	teils	ja
1. Die Titelseite nennt die Veranstaltung, die Autoren mit E-Mail-Adressen für Rückfragen, den Dozenten, das Semester.	□	□	□
2. Nach der Titelseite folgt ein vollständiges Inhaltsverzeichnis mit Angabe der Seitenzahlen.	□	□	□
3. Ggf.: Nach dem Inhaltsverzeichnis folgt eine Zusammenfassung.	□	□	□
4. Der inhaltliche Teil sowie der Anhang sind korrekt nummeriert.	□	□	□

Literatur			
1. Die Literaturangaben im Text entsprechen den APA-Richtlinien.	□	□	□
2. Die Literaturangaben im Literaturverzeichnis entsprechen den APA-Richtlinien.	□	□	□

Abbildungen / Tabellen			
1. Abbildungen und Tabellen veranschaulichen die Inhalte gut bzw. erleichtern die Darstellung von Inhalten / Ergebnissen.	□	□	□
2. Die Abbildungen / Tabellen sind korrekt beschriftet (Nummerierung sowie aussagefähige Benennung).	□	□	□
3. Im Text wird auf jede Abbildung / Tabelle mindestens einmal verwiesen.	□	□	□
4. Im Text wird nirgends auf eine Abbildung / Tabelle verwiesen, die es nicht gibt.	□	□	□

Form	nein	teils	ja
1. Das äußere Erscheinungsbild der Arbeit ist ansprechend (keine Knicke, keine Flecken, ...).	□	□	□
Die Arbeit weist eine angemessene Formatierung auf:			
2. Die Arbeit hat ein einheitliches und ausgewogenes Schriftbild (Zeilenabstand / Überschriften / sparsamer Umgang mit fetter / kursiver / unterstrichener Schrift / nicht mehr als zwei Schriftarten).	□	□	□
3. Der Text ist durchgängig und ohne große Wortzwischenräume im Blocksatz oder linksbündig formatiert.	□	□	□
4. Die Arbeit hat einen akzeptablen Satzspiegel (Absätze / Rand).	□	□	□
5. Die Arbeit ist (nahezu) frei von grammatikalischen Fehlern, von Zeichensetzungs- und Tippfehlern.	□	□	□

Teilnote 'Darstellung / Formales': ____________

Stil / Aufbau

Schreibstil	nein	teils	ja
1. Die Arbeit ist sprachlich und stilistisch einer wissenschaftlichen Arbeit angemessen.	□	□	□
2. Alle wissenschaftlichen Termini werden angemessen, korrekt und präzise verwendet.	□	□	□
3. Die Arbeit enthält keine unnötigen englischen Fachtermini, sofern adäquate deutsche Übersetzungen vorhanden sind.	□	□	□
4. Wichtige Begriffe werden in der Arbeit konsistent verwendet.	□	□	□
5. Die Arbeit ist flüssig geschrieben und gut lesbar.	□	□	□

Stringenz	nein	teils	ja
1. Es wird eine klare Fragestellung der Arbeit formuliert.	□	□	□
2. Aufbau der Arbeit: Die Arbeit ist gut strukturiert und in sinnvolle Abschnitte gegliedert.	□	□	□
3. Der Inhalt ist prägnant dargestellt (Zwischenfazits werden gezogen, Beschränkung auf das Wesentliche).	□	□	□
4. Die Darstellung der Arbeit folgt einem roten Faden (Anfang und Ende sind aufeinander abgestimmt; Übergänge sind gegeben etc.).	□	□	□
5. Die Argumentation ist inhaltlich stringent und logisch (keine Gedankensprünge oder Widersprüche; argumentiert aufgrund herangezogener Quellen und Befunde).	□	□	□
6. Die Arbeit enthält keine inhaltlichen Fehler (falsche Definitionen, Rechenfehler etc.).	□	□	□

Teilnote 'Stil / Aufbau': ____________

Inhalt

		nein	teils	ja
1.	Es wurde eine geeignete (Umfang, Kreativität) Fragestellung gewählt (sofern vom Studierenden beeinflussbar).	□	□	□
2.	Für die Fragestellung relevante und aktuelle Theorien / Modelle / Befunde werden diskutiert.	□	□	□
3.	Es werden über die Seminarliteratur hinausgehende Quellen genutzt.	□	□	□
4.	Es werden Querbezüge zu anderen Themen des Seminars / des Studiums hergestellt.	□	□	□
5.	Die Arbeit kommt zu einem nachvollziehbaren abschließenden Urteil.	□	□	□
6.	Sofern Referat vorausging: Das Thema des Referats wurde in der Hausarbeit angemessen erweitert (vertieft, auf ein neues Thema angewandt, ...).	□	□	□
7.	Eine kritische Auseinandersetzung mit dem Thema der Arbeit wird deutlich (sofern dies inhaltlich gewünscht war).	□	□	□

Teilnote 'Inhalt': ____________

0,2 x Teilnote 'Darstellung / Formales': ____________

0,3 x Teilnote 'Stil / Aufbau': ____________

0,5 x Teilnote 'Inhalt': ____________

GESAMTNOTE: ____________

Bemerkungen:

Zusätzlich bei experimentellen Arbeiten

		nein	teils	ja
1.	Die inhaltlichen Hypothesen / Darstellungen der Messaufbauten sowie des Messziels ergeben sich klar nachvollziehbar aus der Fragestellung.	□	□	□
2.	Die unabhängigen Variablen / Randbedingungen sind klar beschrieben.	□	□	□
3.	Die abhängigen Variablen / zu messenden physikalischen Kenngrößen sind klar beschrieben.	□	□	□
4.	Die Wahl der Messgeräte und der Messaufbau sind korrekt.	□	□	□
5.	Der Versuchsplan ist klar beschrieben.	□	□	□
6.	Das Hauptergebnis ist klar und prägnant dargestellt.	□	□	□
7.	Die Ergebnisse werden mit klarem Bezug zu den inhaltlichen Hypothesen / dem Messziel interpretiert.	□	□	□
8.	In der Diskussion werden theoretische und praktische Implikationen aufgezeigt.	□	□	□

Teilnote 'Experimentelles'[27]: ____________

13.6 Bewertung einer Abschlussarbeit

Bei der Bewertung einer Abschlussarbeit (wie Diplom-, Bachelor- oder Masterarbeit) gilt es ebenso wie bei den anderen Prüfungsleistungen auch, möglichst objektiv und vergleichbar vorzugehen. Dies ist hier schwerer, weil es sich bei einer Abschlussarbeit um eine komplexere Arbeit handelt. Es empfiehlt sich daher, sich bereits während der Betreuungszeit der Abschlussarbeit Notizen zu machen, die zur Bewertung herangezogen werden können; sodass das Urteil zum Leistungsverhalten in der Bearbeitungsphase nicht nur aus der Erinnerung heraus getroffen wird und möglichen Verzerrungen unterliegt.

Nachfolgend finden Sie unterschiedliche Möglichkeiten der Leistungsbewertung einer Abschlussarbeit. Allesamt stützen sie sich auf verschiedene Bewertungskriterien und decken damit einen breiten Bereich leistungsrelevanten Verhaltens ab (vgl. Tabelle 13.3 bis 13.5). Beachten Sie dabei, dass Sie möglichst alle Kriterien beurteilen sollten, zugleich aber persönliche Gewichtungen vornehmen können (weil bspw. die betreffende Abschlussarbeit besonders hohe Anforderungen im Bereich x und zugleich niedrige Anforderungen im Bereich y an den Kandidaten stellte). Die Gesamtnote der Abschlussarbeit wird dann aus den gewichteten Einzelnoten für die Kriteriengruppen gebildet. Die Verwendung solcher Kriterien erleichtert zudem Ihren Mitarbeitern die (Mit-) Betreuung und (Mit-)Bewertung der Arbeiten. Nicht zuletzt sind, wenn die Bewertungskriterien für den Prüfling offengelegt werden, damit die Anforderungen transparent und die Bewertung wird für ihn leichter nachvollziehbar.

---

[27] Berechnung der Gesamtnote bei experimentellen Arbeiten bspw.: Gesamtnote = 0,2 x Darstellung / Formales + 0,3 x Teilnote Stil / Aufbau + 0,3 x Teilnote Inhalt + 0,2 x Teilnote Experimentelles.

Tabelle 13.3. Beispielformular 1 zur Bewertung einer Abschlussarbeit.
Anmerkung: Punkte werden auf einer Skala von 1 = 'überhaupt nicht' bis 7 = 'sehr ausgeprägt' vergeben.

BEREICH	KRITERIEN	Punkte	Punkte im Teilbereich
1 Aufgabenstellung	Das Ziel der Aufgabenstellung ist verstanden worden.		
	Alle wesentlichen Aspekte der Aufgabenstellung sind erfasst worden.		
	Der fachlich übergeordnete Zusammenhang ist klar.		
	Das Thema ist bedeutsam für den Stand oder die Weiterentwicklung des Fachbereichs.		
2 Thematische Präzisierung, Ein- und Abgrenzung	Der Autor hat thematische Abgrenzungen vorgenommen.		
	Bei der Eingrenzung sind keine wichtigen Aspekte verloren gegangen.		
	Die Reduktion auf bestimmte Hauptaspekte (wenn vorgenommen) ist wohl begründet.		
	Der Untersuchungsgegenstand ist klar definiert.		
	Die Arbeitshypothesen sind korrekt formuliert.		
3 Lösungsansatz, Methodik	Der Verfasser zeigt Fachkenntnisse bei der Bildung eines Lösungsansatzes.		
	Verschiedene Methoden werden diskutiert und miteinander verglichen.		
	Die Wahl einer bestimmten Methode wird begründet.		
	Die Wahl einer bestimmten Methode wird begründet.		
4 Lösungsweg, Gliederung	Die Gliederung der Bearbeitung ist logisch und ausgewogen.		
	Einzelne Sachverhalte werden ihrer Relevanz gemäß gewürdigt.		
	Die Bearbeitung des gestellten Themas entspricht der Einleitung / Gliederung.		
	Es treten keine Ungleichgewichte zwischen Gliederung und Darstellung auf.		
	Die Argumentation ist vollständig, objektiv und sachlich korrekt.		

5 Qualität der Ergebnisse	Es handelt sich um neue Erkenntnisse.		
	Die Erkenntnisse sind ausreichend begründet, bewiesen, gemessen und zuverlässig.		
	Die Erkenntnisse stellen einen sachlichen Fortschritt auf dem Gebiet der Aufgabenstellung dar.		
	Die Arbeit wurde in der vorgegebenen Zeit fertig gestellt.		
6 Präsentation	Die Lesbarkeit / Übersichtlichkeit wird durch eine gute Strukturierung (z.B. Teilkapitelüberschriften, Zusammenfassungen) der Arbeit gefördert.		
	Die Verständlichkeit wird durch sinnvolle Beispiele, Abbildungen, anschauliche Grafiken und aussage-kräftige Tabellen unterstützt.		
	Alle im Text benutzten Quellen werden vollständig und korrekt im Literaturverzeichnis genannt.		
	Alle Abbildungen, graphische Darstellungen, Tabellen sind vollständig gezählt und beschriftet.		
	Die Richtlinien für Abschlussarbeiten (Vorgaben durch jeweiligen Fachbereich) wurden befolgt.		
	Das Schriftbild / Layout entspricht dem heutigen Standard.		
7 Sprachliche Kompetenz und Stil	Die Gedankenführung ist klar und logisch gegliedert.		
	Die Argumentation ist prägnant.		
	Die Terminologie und der sprachliche Ausdruck sind fachlich korrekt.		
	Satzbau, Orthographie und Zeichensetzung entsprechen den Regeln.		
8 Literatur- und Materialaus-wertung	Die relevanten (auch fremdsprachigen) Literaturquellen, sonstigen Quellen und Materialien sind ausge-wertet und eingebracht worden.		
	Die Quellen sind vollständig und korrekt belegt.		
9 Selbständig-keit	Eigenständige Arbeitshypothesen wurden entwickelt.		
	Auch schwierigere Einzelfragen wurden behandelt.		
	Die behandelte Thematik ist komplex.		
	Einfallsreichtum und gedankliche Tiefe sind zu erkennen.		
	Die Fähigkeit zur Problematisierung und Kritik besteht.		
	Eigenständige Bewertungen werden hergeleitet.		

Tabelle 13.4. Beispielformular 2 zur Bewertung einer Abschlussarbeit (Beispiel des Lehrstuhls für Bauphysik der Universität Stuttgart).

Beurteilungsbogen für: ☐ **Bachelor** ☐ **Master**

Titel der Arbeit:

☐ **konstruktiv** ☐ **experimentell** ☐ **theoretisch**

Beurteilungsmerkmal	Stufe 1	Punkte	Stufe 2	Punkte	Stufe 3	Punkte	Stufe 4	Punkte	Σ
Selbständigkeit	Die Arbeit wurde unselbständig durchgeführt	0 bis 8	Die Arbeit wurde teilweise selbständig durchgeführt	9 bis 17	Die Arbeit wurde selbstständig durchgeführt	18 bis 24	Die Arbeit wurde selbständig durchgeführt	25 bis 30	
Systematik	Kein systematisches Vorgehen bei der Arbeit erkennbar	0 bis 5	Kaum systematisches Vorgehen bei der Arbeit erkennbar	6 bis 11	Systematisches Vorgehen bei der Arbeit in Teilen erkennbar	12 bis 16	Systematisches Vorgehen bei der Arbeit durchweg erkennbar	17 bis 20	
Eigeninitiative, eigene Gedanken	Wenig Eigeninitiative	0 bis 5	Gewisse Eigeninitiative, Ziel teilweise erreicht	6 bis 11	Durch Eigeninitiative wurde das Ziel erreicht	12 bis 16	Durch große Eigeninitiative wurde das Ziel erreicht und sogar übertroffen	17 bis 20	
Sorgfalt bei der Bearbeitung	Bearbeitung nicht sorgfältig (z.B. unzuverlässige Messungen)	0 bis 2	Nur das Nötigste an Sorgfalt	3 bis 5	Sachkundig und überlegt, sorgfältig	6 bis 8	Vorbildliche Sorgfalt bei der Bearbeitung	9 bis 10	
Sorgfalt bei der Ausarbeitung	Mängel bei der Ausarbeitung	0 bis 2	Ausarbeitung und Darstellung der Ergebnisse waren	3 bis 5	Ausarbeitung und Darstellung der Ergebnisse waren sachkundig und überlegt	6 bis 8	Tadellose Ausarbeitung, übersichtlich und vollständig	9 bis 10	
Engagement, Fleiß	Mangelndes Engagement	0 bis 2	Mittelmäßiges Engagement	3 bis 5	Die Arbeit wurde durchweg engagiert durchgeführt	6 bis 8	Die Arbeit wurde hoch engagiert durchgeführt	9 bis 10	

Archiv-Nr. der Arbeit:	
Name Student	
Matrikel-Nummer:	
Beginn:	
Abgabedatum:	

Betreuer:						Gesamtpunktzahl:			
Korrekturdatum:						Notenvorschlag:			
Prüfer:						Endnote			
Punkte*:	92	84	76	68	60	52	44	20	<20 Punkte:
Note:	**1,0**	**1,3**	**1,7**	**2,0**	**2,3**	**2,7**	**3,0**	**4,0**	**5,0**

* ab 92 bis 100 Pkte = 1,0 / ab 84 bis 91 Pkte = 1,3 / ab 76 bis 83 Pkte = 1,7 usw.

Tabelle 13.5. Beispielformular 3 zur Bewertung einer Abschlussarbeit (Beispiel des Instituts für Psychologie der TU Chemnitz).

Fakultät für Human- und Sozialwissenschaften

Institut für Psychologie

TECHNISCHE UNIVERSITÄT CHEMNITZ

Gutachten zur Bachelor-Arbeit

von Frau / Herrn: ______________________

Thema:

Betreuer:

Erstgutachter:

Zweitgutachter:

(A) Allgemeine Aspekte der Darstellung[28]

(1) Aufbau und Gliederung	1☐	2☐	3☐	4☐	5☐
(2) Klarheit und Verständlichkeit	1☐	2☐	3☐	4☐	5☐
(3) Korrektheit des äußeren Bildes	1☐	2☐	3☐	4☐	5☐
(4) Anschaulichkeit (Tabellen, Graphiken)	1☐	2☐	3☐	4☐	5☐

(B) Literaturteil

(1) Gliederung	1☐	2☐	3☐	4☐	5☐
(2) Umfang der berücksichtigten Literatur	1☐	2☐	3☐	4☐	5☐
(3) Angemessenheit der Auswahl der Literatur	1☐	2☐	3☐	4☐	5☐

[28] Die Bewertungsskala reicht von 1 bis 5 und bedeutet: 1 = sehr gut, voll gegeben, hoch bis 5 = ungenügend, fehlend
Anmerkung: Die Gesamtnote stellt nicht zwangsläufig das arithmetische Mittel dieser Noten dar, da je nach Anforderungen der Arbeit die Einzelnoten unterschiedlich gewichtet sein können.

(4)	Korrektheit der Zitate und des Literaturverzeichnisses	1☐	2☐	3☐	4☐	5☐
(5)	Integration der dargestellten Ansätze	1☐	2☐	3☐	4☐	5☐
(C)	**Konkretisierung der Fragestellung**[29]					
(1)	Begründung der theoretischen Fragestellung	1☐	2☐	3☐	4☐	5☐
(2)	Umsetzung der theoretischen Fragestellung in die empirische Fragestellung (Operationalisierung)	1☐	2☐	3☐	4☐	5☐
(3)	Vollständigkeit bei der Berücksichtigung relevanter Variablen	1☐	2☐	3☐	4☐	5☐
(4)	Angemessenheit des Untersuchungsplans	1☐	2☐	3☐	4☐	5☐
(D)	**Datenerhebung**					
(1)	Umfang der Stichprobe	1☐	2☐	3☐	4☐	5☐
(2)	Auswahl und Beschreibung der Stichprobe	1☐	2☐	3☐	4☐	5☐
(3)	Zuverlässigkeit der Datenerhebung bzw. Angemessenheit des Versuchsaufbaues	1☐	2☐	3☐	4☐	5☐
(4)	Dokumentation des Ablaufs der Datenerhebung	1☐	2☐	3☐	4☐	5☐
(E)	**Auswertung**					
(1)	Objektivität und Vollständigkeit der Datenauswertung	1☐	2☐	3☐	4☐	5☐
(2)	Begründung des statistischen Verfahrens	1☐	2☐	3☐	4☐	5☐
(3)	Angemessenheit des statistischen Verfahrens	1☐	2☐	3☐	4☐	5☐
(4)	Richtigkeit der Anwendung	1☐	2☐	3☐	4☐	5☐
(F)	**Darstellung der Ergebnisse**					
(1)	Gliederung und Systematik der Darstellung	1☐	2☐	3☐	4☐	5☐
(2)	Präzision der Darstellung	1☐	2☐	3☐	4☐	5☐
(3)	Adäquatheit der Beantwortung der Fragestellung	1☐	2☐	3☐	4☐	5☐

[29] Die Bewertungsskala reicht von 1 bis 5 und bedeutet: 1 = sehr gut, voll gegeben, hoch bis 5 = ungenügend, fehlend
Anmerkung: Die Gesamtnote stellt nicht zwangsläufig das arithmetische Mittel dieser Noten dar, da je nach Anforderungen der Arbeit die Einzelnoten unterschiedlich gewichtet sein können.

(4)	Bewertung der Ergebnisse auf dem Hintergrund der theoretischen Fragestellung und Hypothesen	1☐	2☐	3☐	4☐	5☐
(5)	Angemessenheit der Generalisierung der Ergebnisse	1☐	2☐	3☐	4☐	5☐

(G) Diskussion[30]

(1)	Bezug zur Fragestellung	1☐	2☐	3☐	4☐	5☐
(2)	Klarheit des Aufbaus	1☐	2☐	3☐	4☐	5☐
(3)	Fundiertheit der Schlussfolgerungen	1☐	2☐	3☐	4☐	5☐
(4)	Kritische Reflexion der Arbeit	1☐	2☐	3☐	4☐	5☐

(H) Übergreifende Beurteilungsdimensionen (nur Erstgutachter / Betreuer)

(1)	Selbständigkeit und Initiative bei der Planung	1☐	2☐	3☐	4☐	5☐
(2)	Selbständigkeit bei der Durchführung	1☐	2☐	3☐	4☐	5☐
(3)	Selbständigkeit bei der Auswertung	1☐	2☐	3☐	4☐	5☐
(4)	Unabhängigkeit von der Beratung des Betreuers oder weiterer Personen in inhaltlicher, methodischer oder organisatorischer Hinsicht	1☐	2☐	3☐	4☐	5☐
(5)	Problemverständnis	1☐	2☐	3☐	4☐	5☐

(I) Ggf. kurze freie Beurteilung

[30] Die Bewertungsskala reicht von 1 bis 5 und bedeutet: 1 = sehr gut, voll gegeben, hoch bis 5 = ungenügend, fehlend Anmerkung: Die Gesamtnote stellt nicht zwangsläufig das arithmetische Mittel dieser Noten dar, da je nach Anforderungen der Arbeit die Einzelnoten unterschiedlich gewichtet sein können.

Prädikat: ______________________________

Ort und Datum:

____

Unterschrift des Gutachters

13.7 Fehler bei der Beurteilung anderer Personen und ihrer Leistungen

Was meinen Sie, beeinflusst es Sie bei der Beurteilung einer mündlichen Prüfung oder eines Referats, wenn die bildhübsche Kandidatin im Minirock oder aber mit mehreren Gesichtspiercings vor Ihnen sitzt? Oder aber wenn es sich um einen langhaarigen, ungepflegt erscheinenden männlichen Studenten handelt? Oder wenn der Kandidat bereits mit einem Lächeln auf den Lippen und einem Kompliment („Endlich darf ich in Ihre Prüfung, Ihr Fach ist nämlich das absolute Highlight des Semesters!") zu Ihnen ins Büro kommt?

Wir neigen zu der Annahme, dass wir uns bei der Leistungsbeurteilung nahezu ausschließlich von dem leiten lassen, was uns der Andere an sachlicher Information bietet – oder eben nicht bietet. Leider ist das ein Fehlschluss, denn jenseits des reinen Inhalts haben weitere Aspekte auf uns Einfluss und wirken auf unser Gesamturteil ein. Auch wenn es uns nicht bewusst ist, spielen beispielsweise die Situation als solche, Merkmale des Prüflings (z.B. sein Auftreten oder Erscheinungsbild) sowie Merkmale unserer eigenen Person (z.B. unsere Erwartung oder Stimmung) eine bedeutsame Rolle. Eine Auswahl solcher Urteilsfehler ist nachfolgend wiedergegeben.[31]

VERZERRUNGEN DURCH MERKMALE DER SITUATION

Reihen(folge)effekt

Werden mehrere Prüflinge nacheinander geprüft, so kommt es häufig zu Reihenfolgeeffekten: Die ersten Prüflinge eines Tages werden meist strenger beurteilt als die nachfolgenden, bei denen dann die eigene Aufmerksamkeit schon nachlässt oder Sie Ihr Anspruchsniveau im Laufe des Tages resigniert gesenkt haben.

[31] Für einen ausführlicheren Überblick siehe Werth (2004) oder Werth & Mayer (2008).

Sozialer Vergleich

Bei Gruppenprüfungen ist es besonders bedeutsam, wer und wie er oder sie vor dem aktuellen Prüfling eine Frage beantwortet hat: Die Leistung eines Einzelnen wird folglich nicht isoliert betrachtet, sondern vom Kontext (hier: den anderen Kandidaten) beeinflusst. Ist die Leistung deutlich besser als der vorhergehende Vergleichsstandard, so kommt es zu einem sog. sozialen Aufwärts-Vergleich (im Kontrast wird die Leistung des aktuellen Kandidaten überbewertet); ist sie deutlich schlechter, so findet ein sog. Abwärtsvergleich statt (die Leistung des aktuellen Kandidaten wird unterbewertet).

Primacy-Effekt

Früher auftretende Informationen wie die ersten Minuten einer Prüfung können einen größeren Einfluss auf die Urteilsbildung haben, da noch keine weiteren Informationen eingegangen sind, die den Abspeicherungsprozess im Langzeitgedächtnis überlagern. So kann sowohl ein sehr guter als auch ein sehr schlechter Start größeren Einfluss auf die Notenfindung haben als die nachfolgende Prüfungszeit.

Recency-Effekt

Die zuletzt bzw. in der Schlusssituation der Prüfung gewonnenen Informationen können einen größeren Einfluss auf die Urteilsbildung haben, da sie nicht durch nachkommende Information 'überschrieben' werden und somit länger im Kurzzeitgedächtnis verfügbar sind. Hat ein Prüfling beispielsweise am Ende der Prüfung brilliert oder aber auch versagt, kann dieser Eindruck größeren Einfluss auf die Notenfindung haben als die vorhergehende Prüfungszeit.

VERZERRUNGEN DURCH MERKMALE DES ZU BEURTEILENDEN

Physische Attraktivität

Attraktiven Menschen werden mehr positive Eigenschaften zugeschrieben wie Ehrlichkeit, Begabung oder auch Intelligenz als unattraktiven (Ursache: Halo-Effekt, siehe unten). Bereits schriftliche Prüfungsleistungen wie Hausarbeiten werden als qualitativ hochwertiger beurteilt, wenn sie einem attraktiven Autor zugeschrieben werden als einem durchschnittlich aussehenden.

Halo-Effekt

Der Gesamteindruck einer Person wird durch einzelne Eigenschaften überstrahlt (Halo = Heiligenschein oder Hof von Planeten): Hat jemand *eine* positive Eigenschaft, schreiben wir ihm auch *andere* positive Eigenschaften zu. So beispielsweise bei physischer Attraktivität: Attraktive Menschen werden in der Regel als intelligenter eingeschätzt, obwohl beide Merkmale nichts miteinander zu tun haben. So könnte die selbstsichere Art eines Prüflings möglicherweise derart überstrahlend wirken, dass man die inhaltlich schwachen Argumente weniger wahrnimmt.

Sympathie / Antipathie

Wer uns sympathisch ist, wird milder und positiver beurteilt. Sympathie kann dabei beispielsweise vorliegen, ...

- weil 'die Chemie stimmt'.
- weil jemand attraktiv ist (siehe oben).
- weil jemand uns ähnlich ist (nach dem Motto „Wer mir ähnlich ist, der muss gut sein."). Die Ähnlichkeit kann sich hier auf verschiedenste Aspekte beziehen wie Wertvorstellungen, thematische Interessen, Äußerlichkeiten, Gewohnheiten oder auch demographische Aspekte (Geschlecht, Herkunft).

- aufgrund einer großen Vertrautheit (bspw. durch häufigen Kontakt; der Student, der immer in der ersten Reihe saß oder sich am meisten gemeldet hat).
- oder aber weil wir ihn mit etwas Positivem assoziieren (positiv erscheint uns der Student, der uns nach der Vorlesung ein Kompliment machte oder aber Antipathie liegt vor gegenüber demjenigen, der in der Vorlesung immer geschwätzt hat).

Nonverbales Verhalten
Merkmale, die wir am Anderen beobachten können, wie Kleidung, Statussymbole oder nonverbales Verhalten im engeren Sinne (bspw. Mimik, Gestik, Blickkontakt, Körperhaltung, Stimme) fließen in unser Urteil mit ein – auch wenn uns dies nicht bewusst ist. Aus der konservativen und gepflegten Kleidung eines Prüflings schließen wir möglicherweise darauf, dass er – so akkurat wie er aussieht – kein Kandidat ist, der auf Lücke gelernt hat, sondern sich gewissenhaft den Stoff angeeignet hat und testen ihn eher auf seine Fähigkeit, die Inhalte auch vielseitig anzuwenden – im Gegensatz zu einem eher flippig aussehenden Studenten, dem wir möglicherweise zwar flexible Anwendungen zutrauen, aber kein fleißiges Büffeln des gesamten Prüfungsstoffs.

VERZERRUNGEN DURCH MERKMALE DES BEURTEILERS

Erster Eindruck (first impression error)
Wir haben die Tendenz, unsere Beurteilungen anderer Personen auf unseren ersten Eindruck von ihnen zu basieren. Wenn Sie von einem Studierenden bereits vorab einen ersten guten Eindruck gewonnen haben (bspw. beim Begrüßen des Kandidaten vor der Prüfung oder sogar auch bei einer früheren Begegnung), so kann dies bereits prägend sein. Derjenige Prüfling, der in dieser Anfangssituation kompetent erscheint und einen guten Start hinlegt, kann damit bewirken, dass nachfolgende, möglicherweise schwächere Leistungen nicht so stark wahrgenommen werden.

Bestätigungsfehler
Die eine eigene Annahme bestätigende Informationen werden gesucht und bevorzugt wahrgenommen. Geht ein Prüfer beispielsweise davon aus, dass der Kandidat gut ist, neigt er dazu, mehrdeutige Antworten positiv zu interpretieren, oder aber weitere Prüfungsfragen zu stellen, dass sie seine Annahme ebenfalls bestätigen – anstatt auch widersprechende, kritische Punkte abzutesten.

Stimmung
In positiver Stimmung wird oberflächlicher, wohlwollender und milder geurteilt, in schlechter Stimmung hingegen analytischer verarbeitet und daher detaillierter und genauer ausgewertet.

Strenge- und Mildefehler
Die Tendenz, zu strenge, zu negative oder zu kritische Bewertungen vorzunehmen. Diese kann aus sehr hohen Ansprüchen oder auch aus dem Bemühen resultieren, den Mildefehler zu korrigieren. Letzterer besteht in der Tendenz, zu milde, zu großzügig oder zu positiv zu bewerten.

Tendenz zur Mitte / Zentraltendenz
Die Tendenz, eher im mittleren Bereich als im extremen Bereich zu urteilen. Diese tritt beispielsweise aus Unsicherheit und dem Bemühen heraus auf, kein falsches Urteil abzugeben.

Vorurteile
Ein Vorurteil ist eine Einstellung gegenüber Angehörigen einer Fremdgruppe, die allein auf deren Gruppenzugehörigkeit beruht. Vorurteile knüpfen meist an äußere Merkmale an, die besonders auffällig (auch 'salient') sind wie Hautfarbe, Geschlecht und andere Besonderheiten im Aussehen. Typische Vorurteile bestehen entsprechend gegenüber ausländisch aussehenden Menschen, gegenüber langen Haaren bei männlichen Studierenden, gegenüber gepiercten Menschen (wenn Sie aber

selbst zu den gepiercten gehören, eher gegenüber den nicht-gepiercten) oder übergewichtigen Personen.

Sich selbst erfüllende Prophezeiung

Während es beim Bestätigungsfehler darum geht, gezielt nur solche Informationen abzufragen, die einen interessieren und bestätigen, wird mit der 'sich selbst erfüllenden Prophezeiung' der Fall beschrieben, dass im Zuge der Interaktion ein neues Verhalten entsteht, das das (eingangs ggf. sogar unberechtigte) Vorurteil nun bestätigt. Die Erwartungen an das Verhalten einer Person (oder auch Vorurteile) werden also Realität, indem sie das gegenüber dieser Person gezeigte eigene Verhalten so beeinflussen, dass diese Person mit dem erwarteten Verhalten reagiert. Dadurch werden die eigenen Erwartungen (z.B. auch Vorurteile) bestätigt und aufrechterhalten. Der Prüfer beispielsweise, der annimmt, dass ein Prüfling besonders gut oder schlecht ist, verhält sich ihm gegenüber auch eher so (bspw. ermunternd oder herablassend), was dazu führt, dass dieser letztendlich genau das erwartete Verhalten entwickelt (durch die Unterstützung seine Leistung verbessert bzw. durch die demotivierende Art eingeschüchtert ist).

UMGANG MIT BEURTEILUNGSFEHLERN

All diese Urteilsfehler können Sie nicht gänzlich ausschließen, sie kommen in menschlichen Urteilssituationen stets mehr oder weniger stark zum Tragen. Allerdings können Sie sie durchaus deutlich reduzieren. Dies gelingt Ihnen am besten indem Sie ...

- sich die Gefahr der fehlerhaften Beurteilung **vergegenwärtigen**,
- eine **hohe Standardisierung** der Bewertungssituationen schaffen (bspw. durch die zuvor genannten Handlungsanleitungen und Vorlagen),
- durch die Wahl weiterer geeigneter **Rahmenbedingungen** weniger anfällig für die Urteilsverzerrung werden, beispielsweise indem Sie bei schriftlichen Prüfungen anonymisierte Unterlagen verwenden (ohne Name, sondern nur Matrikelnummer) und bei mündlichen Prüfungen mit dem Beisitzer getrennte Urteilsprozesse durchlaufen, d.h. getrennt voneinander Noten vergeben und diese dann vergleichen) und gegebenenfalls gegenkorrigieren.
- **motiviert sind, selbst vorurteilsfrei zu handeln.** Beachten Sie Ihre eigene Verfassung (wie Stimmung oder Müdigkeit) und bemühen Sie sich, sie auszubalancieren, indem Sie sich beispielsweise ausreichend Pausen verschaffen. Berücksichtigen Sie eine zu positive oder zu negative Verfassung Ihrerseits (auch Sympathie oder Antipathie) in Ihrem Urteil und geben ggf. der Einschätzung Ihres Beisitzers entsprechend mehr Gewicht.

FAZIT 'STUDENTISCHE LEISTUNGEN BEWERTEN'

Voraussetzungen gerechter Leistungsbewertungen
Nach wissenschaftlichen Gesichtspunkten sollen Prüfungsergebnisse, um qualitativ aussagefähig und damit gerecht zu sein, drei Gütekriterien entsprechen. Sie müssen ...

- objektiv sein
  d.h. auch von anderen Prüfern gleichermaßen bzw. nach den gleichen Kriterien bewertet werden. Da hier typischerweise sehr subjektive Fehler passieren, sollte man möglichst viel standardisieren.

- valide sein
  d.h. das bewerten, was sie zu bewerten vorgeben; also den tatsächlichen Leistungsstand des Prüflings und nicht seine Treffsicherheit beim Erraten der Antworten oder seine Selbstsicherheit im Auftreten abbilden.

- reliabel sein
  d.h. mit einer ähnlichen Prüfmethode sollten die gleichen Bewertungen erzielt werden.

Diese Kriterien sind zwar kaum vollständig zu erreichen, doch ist zumindest eine sog. 'kontrollierte Subjektivität' ist möglich, wenn ein Prüfer sich der Problematik bewusst ist und entsprechend adäquate Rahmenbedingungen für Prüfungen etabliert.

Prüfung als Mess-Situation
Ihre Aufgabe ist es, im Rahmen der Prüfungssituation Wissen und Kompetenz des Prüflings zu bemessen und erst anschließend hinsichtlich einer Benotung zu bewerten. Folgendes sollten Sie bei der Gestaltung der Prüfungen bedenken, welche Prüfungsart (mündlich schriftlich etc.) Ihnen welche Prüfungsaufgaben mit welcher Bewertungsgrundlage ermöglicht. Bemühen Sie sich um solche Prüfungsaufgaben, die Ihnen die o.g. Standards erlauben, also beispielsweise per Los zugeteilte Fragen in der mündlichen Prüfung oder Multiple-Choice-Fragen im Falle von Klausuren. Insbesondere bei Referaten, Hausarbeiten u.ä. steht und fällt die Objektivität bzw. Fairness der Mess- und Bewertungssituation sowohl mit den zuvor festgelegten Leistungsanforderungen und -kriterien als auch mit den daraus abgeleiteten Bewertungs- / Benotungsschemata.

Bewertung und Benotung
Grundsätzlich lassen sich beim Bewerten von Prüfungen stets drei Bezugssysteme unterscheiden:

- Individuelles Bezugssystem
  Hier wird die Leistung des Prüflings mit seinen eigenen vorhergehenden Leistungen verglichen. Die Bewertung steht folglich für eine intraindividuelle Verbesserung bzw. Verschlechterung.

- Soziales Bezugssystem
  Hier wird die Leistung des Prüflings mit den Leistungen der anderen Prüflinge verglichen und die Kandidaten in eine Rangfolge oder Normalverteilung gebracht. Die Note gibt folglich die Position innerhalb der Verteilung der Prüflinge an.

Forts.

- Sachliches / kriterienbezogenes Bezugssystem
  Hier wird nach zuvor festgelegten Kriterien bewertet; beispielsweise wird zuvor bestimmt, welche Indikatoren anzeigen, ob eine Leistung vollständig erbracht ist oder nicht. Die Note steht folglich für das Ausmaß des Erreichens vorgegebener Kriterien.

Prüfungen als Managementaufgabe

Der gelungene Ablauf von Prüfungszeiten ist eine Frage des guten Managements. Etablieren Sie daher an Ihrem Lehrstuhl eine Struktur, die mindestens folgende Punkte berücksichtigt:

- Zeitplanung für das Semester
  Um einen reibungslosen Ablauf der Prüfungen innerhalb Ihres Lehrstuhls zu gewährleisten, sind entsprechende Übersichten und ein funktionierendes Zeitmanagement unabdingbar. Vor Beginn des jeweiligen Semesters empfiehlt es sich daher, einen entsprechenden Zeitplan aufzustellen, in dem alle Termine wie Lehrveranstaltungen, Prüfungen, aber auch Sitzungen und Kommissionen berücksichtigt sind.

- Management von Prüfungsaufgaben
  Profitieren Sie von einem guten Wissensmanagement Ihrer Prüfungsaufgaben. Sammeln Sie all Ihre Prüfungsaufgaben bzw. -fragen in einem Fragen-Pool, sodass Sie nicht zu jeder Prüfung neue Fragen generieren müssen, sondern auf einen bestehenden Pool zurückgreifen können.

- Genauigkeit
  Oberstes Prinzip bei der Erstellung, Korrektur und Bewertungen von Prüfungen ist Genauigkeit.

- Je transparenter der Prüfungsprozess und je präziser Ihr Vorgehen, desto weniger Nachfragen gibt es seitens der Studierenden an den Lehrstuhl.

- Koordination der Prüflinge
  Einen wesentlichen Gesichtspunkt eines reibungslosen Prüfungsbetriebs stellt die Koordination der Prüflinge dar. Dabei geht es neben der reinen Terminfestlegung unter anderem um die Anmeldungen zur Prüfung; dazu empfiehlt sich ein Online-Anmelde-Tool.

- Geheimhaltung
  Nicht nur aus rechtlichen, sondern auch aus ethischen Gesichtspunkten ist das Beachten der Geheimhaltungspflicht im Rahmen der Prüfungen unerlässlich. Weisen Sie auch Ihre Mitarbeiter diesbezüglich ein.

- Analyse von Prüfungsverläufen und -ergebnissen
  Eine differenzierte Betrachtung der Prüfungsverläufe und -ergebnisse kann Ihnen Aufschluss über den Lehr- und Lernerfolg sowie sinnvolle Veränderungen geben. Vergegenwärtigen Sie sich den Notendurchschnitt sowie die Durchfallquote jeder Prüfung und prüfen Sie, worauf diese zurückzuführen sind.

Forts.

Fehler bei der Beurteilung anderer Personen und ihrer Leistungen
Bei der Beurteilung anderer Personen und ihrer Leistungen entstehen typischerweise Fehler. Diese Urteilsfehler lassen sich drei Kategorien zuordnen:

- Verzerrungen durch Merkmale der Situation
  Dazu gehören beispielsweise der Reihen(folge)effekt, der sog. soziale Vergleich und der Primacy- sowie Recency-Effekt.

- Verzerrungen durch Merkmale des zu Beurteilenden
  Die physische Attraktivität, andere hervorstechende Merkmale im Sinne des Halo-Effekts sind hier ebenso zuzuzählen wie Sympathie oder Antipathie bzw. nonverbales Verhalten.

- Verzerrungen durch Merkmale des Beurteilers
  Der erste Eindruck, Bestätigungsfehler, aber auch die Stimmung sowie Strenge- und Mildefehler des Beurteilers spielen bei Personenbewertungen eine Rolle. Ebenso die sog. Tendenz zur Mitte / Zentraltendenz, aber auch Vorurteile und die 'sich selbst erfüllende Prophezeiung'.

Umgang mit Beurteilungsfehlern
All diese Urteilsfehler können Sie nicht gänzlich ausschließen, aber ihren Einfluss durchaus deutlich reduzieren. Dies gelingt Ihnen am besten, indem Sie ...

- sich die Gefahr der fehlerhaften Beurteilung vergegenwärtigen
- eine hohe Standardisierung der Bewertungssituationen schaffen
- durch die Wahl weiterer geeigneter Rahmenbedingungen weniger anfällig für die Urteilsverzerrung werden, beispielsweise bei schriftlichen Prüfungen durch anonymisierte Unterlagen und bei mündlichen Prüfungen durch getrennte Urteilsprozesse durch den Beisitzer.
- motiviert sind, selbst vorurteilsfrei zu handeln.

14 Leistungsbewertung rückmelden

Diese Situation wird Ihnen sicher bekannt vorkommen: Die mündliche Prüfung ist beendet, die Diskussion über die Kandidaten abgeschlossen, die Noten sind vergeben. Und nun liegt es an Ihnen dem Prüfungskandidaten in einem persönlichen Gespräch mitzuteilen, dass er eine 3,7 bekommen hat. Dieser wird möglicherweise unzufrieden sein, weil die gegebene Note ihm den Schnitt vermasselt. Er möchte verstehen, wie die Note zustande kam. Für Sie bedeutet die Rückmeldung der Note also nicht nur, dass Sie ihm die Note verkünden, sondern auch, dass Sie eine stichhaltige und für den Prüfling nachvollziehbare Begründung über deren Zustandekommen angeben.

Sie mögen solche Situationen eigentlich nicht? Sie wissen nicht recht, wie man so etwas macht und worauf zu achten ist und ob es nun wirklich erforderlich ist? Die Rückmeldung von Leistungsbewertungen ist aus mehrerlei Gründen notwendig bzw. sinnvoll: Zum einen sollten Sie Ihre Bewertung gegenüber dem Prüfling ohnehin begründen und das gelingt Ihnen am einfachsten in Form einer Rückmeldung. Zum anderen geben Sie dem Studierenden mit einem persönlichen Feedback die Chance, sich in seinen Verhaltensweisen (z.B. Argumentationslogik, Rhetorik, Umgang mit Unsicherheit etc.) weiter zu entwickeln. Allzu selten bekommt er eine solche Möglichkeit, denn häufig wird nur über die Inhalte (das 'Was') des Referats oder der Prüfung gesprochen, äußerst selten jedoch nur über das 'Wie'. Bei Referaten erfragen Studierende zwar häufiger ein Feedback (im Sinne von „Bei welcher Folie hätte ich denn was genau anders machen sollen?") als nach Abschluss einer mündlichen Prüfung; doch ist es in beiden Fällen sinnvoll, mehr als nur die Note rückzumelden.

Oft fällt es uns aber schwer, Feedback zu geben; zum einen, weil wir nicht gewöhnt sind, dies zu tun und zum anderen, weil wir nicht wissen, wie man Feedback richtig gibt (14.1). Die Berücksichtigung einfacher Grundregeln sowie eines nonverbal wertschätzenden Verhaltens (vgl. Abschnitt 6.1) helfen, die Rückmeldung so zu gestalten, dass der andere es gern und leicht annehmen kann (14.2). Sowohl zum Feedback geben als auch zum Feedback nehmen finden Sie nachstehend Erläuterungen.

<table>
<tr><td rowspan="2">KAPITEL 14:
LEISTUNGSBEWERTUNG RÜCKMELDEN</td><td>14.1
Feedback geben</td></tr>
<tr><td>14.2
Feedback annehmen</td></tr>
</table>

14.1 Feedback geben

Im Folgenden werden wichtige Grundregeln eines guten Feedbackgebens beschrieben und im anschließenden grauen Kasten Beispiele dazu gegeben. Diese Beispiele sind bewusst allgemein und nicht nur auf Prüfungen bezogen gewählt, da die Feedbackregeln auch in allen anderen Gesprächssituationen gelten (aus gleichem Grunde wurde alternierend die Sie- und die Du-Form verwendet).

Feedback sollte möglichst unmittelbar erfolgen.
Feedback ist dann besonders effizient, wenn es sich unmittelbar an das gezeigte Verhalten anschließt. Wird das Feedback verspätet dargeboten, müssen sich die Beteiligten erst wieder an die

Situation erinnern. Ereignisse, die nicht mehr gegenwärtig sind, entziehen sich einer nachträglichen Kontrolle.

Feedback sollte zur richtigen Zeit erfolgen.
Feedback sollte stets sofort gegeben werden, ist aber in dem Fall nicht sinnvoll, in dem der andere sich in einer Situation befindet, in der er nicht richtig zuhören (z.B. dringend weg möchte oder den Tränen nahe / emotional aufgelöst ist) und das Feedback nicht verarbeiten kann. Vereinbaren Sie dann einfach einen anderen, aber zeitnahen Termin (manchmal reicht auch eine einstündige Verschiebung).

Feedback sollte sich auf ein konkretes Verhalten beziehen.
Stempeln Sie die Person nicht mit plakativen Interpretationen ab („Du bist schüchtern."), sondern geben Sie die wahrgenommene Verhaltensweise wieder („Du hast während der Präsentation den Kooperationspartner kaum angesehen, sondern auf den Boden geschaut."). Sie haben nur konkretes Verhalten sehen können und das sollte in Ihrer Aussage deutlich werden. Kritik wird vom Empfänger besser verarbeitet, wenn er merkt, dass nicht seine ganze Person unangenehm wirkt, sondern nur eine begrenzte Verhaltensweise – diese kann er schließlich auch / noch ändern.

Trennen Sie zwischen Ihren Wahrnehmungen und Gefühlen ('WWW-Regel').
Feedback sollte zunächst beschreibend sein. Gehen Sie folgendermaßen vor:

Schritt 1: **Wahrnehmung:** „Ich sehe ..."
Beschreiben Sie das Verhalten des anderen zunächst durch einen klaren Bericht über Ihre Beobachtungen bzw. 'Fakten' wie ein Nachrichtensprecher. Tun Sie dies möglichst neutral, wertfrei und in Bezug auf eine konkrete Situation.

Schritt 2: **Wirkung:** „Das wirkt auf mich ..."
Schildern Sie nun die Gefühle und Interpretationen, die der Sachverhalt / das Verhalten bei Ihnen ausgelöst hat.

Schritt 3: **Wunsch:** „Ich würde anregen / vorschlagen, ..."
Erst an dieser Stelle äußern Sie mögliche Verhaltensalternativen bzw. Anregungen.

Wortwahl beachten.
Stark emotional gefärbte oder geringschätzende Wörter (wie „Das macht mich rasend." oder „Ihre dummschüssigen Antworten.") greifen an und der andere verschließt sich schnell – verwenden Sie deshalb neutrale bis konstruktiv-positive Formulierungen. Stimmen Sie Ihre Sprache auf Ihren Gesprächspartner ab: Verwenden Sie Formulierungen, die er versteht und sehen Sie von unnötigen Fachwörtern und allzu abstrakten / pauschalen Begriffen ab.
Verallgemeinerungen wie „immer" oder „nie" schreien förmlich danach, widerlegt zu werden und lenken vom eigentlichen Thema ab. Mit Weichmachern wie beispielsweise „irgendwie", „eigentlich", „relativ", „recht" oder „im Prinzip" verwässern Sie Ihre eigene Aussage (bspw. „Das war eigentlich ganz gut."). Lassen Sie beide Arten weg und drücken Sie sich schlichtweg so präzise aus, dass Sie exakt das sagen, was Sie meinen („Es war in dem Punkt sehr gut und in diesem Punkt wäre es schön, wenn ... verbessert würde.") (vgl. auch Abschnitte 6.3.1 und 6.3.2).

Senden Sie Ich-Botschaften.
Stellen Sie Ihre Sichtweise nicht als die aller anderen dar. Sie können zwar vermuten, was in deren Köpfen vorgeht, aber wissen bzw. behaupten können und sollten Sie es nicht. Sprechen Sie daher nur für sich und Ihr Empfinden und verwenden Sie Ich-Aussagen. Des Weiteren sollten Sie stets bedenken, dass der andere nicht zwangsläufig so sein muss, wie Sie ihn erlebt haben; bleiben Sie in Ihren Ansichten flexibel und konstruktiv.

Feedback sollte positive und negative Gefühle sowie Wahrnehmungen umfassen.
Feedback sollte nicht nur dann erfolgen, wenn etwas schiefgegangen ist. Es ist für jeden, der Feedback erhält, sehr wichtig auch gelobt zu werden. Andererseits ist natürlich auch konstruktives, negatives Feedback wichtig, damit Probleme aus dem Weg geräumt werden und der Empfänger sein Verhalten überdenken und verändern kann.

Konstruktive Alternativen aufzeigen.
Nennen Sie Ihrem Gegenüber konkrete Möglichkeiten, wie Sie sich sein Verhalten anders vorstellen könnten. Ein Mensch nimmt eher etwas an, wenn er dabei die Wahl hat als wenn es ihm vorgeschrieben wird. Formulieren Sie daher Vorschläge eines neuen Verhaltens oder fragen Sie ihn, ob er sich diese oder jene Variante für sich vorstellen könnte. Möglicherweise ist auch die eine oder andere Variante dabei, an die er noch nicht gedacht hat.

Ohne Zwang zur Verhaltensänderung.
Durch Feedback können Verhaltensänderungen ausgelöst werden, jedoch verbleibt die Entscheidung darüber beim Feedbackempfänger. Feedback ist in erster Linie kein Versuch zur oktruierten Veränderung, sondern ein Perspektivenwechsel oder der Beginn eines Prozesses des Akzeptierens oder Veränderns – je nachdem, was erforderlich ist. Es ist durchaus möglich, dass sich nicht der Feedback-Empfänger ändert, sondern dass der Feedback-Geber lernt, das Verhalten des anderen, das ihn vorher störte, zu akzeptieren.

Stellen Sie sicher, dass Sie (richtig) verstanden wurden.
Feedback zu bekommen löst bei vielen Menschen Nervosität und Angst aus. Diese Erregungszustände führen oft zu Kommunikationsproblemen, wie z.B. zu selektivem Zuhören. Vergewissern Sie sich bei Ihrem Gegenüber, wie Ihre – und welche Ihrer – Botschaften bei ihm angekommen sind. Fassen Sie die wichtigsten Punkte ggf. am Ende noch einmal zusammen.

BEISPIELE ZU 'FEEDBACK GEBEN' [32]

Unmittelbar (anschließend an gezeigtes Verhalten)
falsch: „Vor drei Wochen haben Sie in Ihrem Referat die Schlussfolgerungen falsch dargestellt."
richtig: Drei Wochen früher ansprechen!

Konkret (auf spezifisches Verhalten bezogen)
falsch: „Du dominierst immer alles."
richtig: „In unseren Sitzungen und Diskussionen kommt kein anderer Teilnehmer zu Wort, da wir uns ausschließlich mit Deinen Argumenten beschäftigen."

Beschreibend, nicht wertend (Trennung von Wahrnehmung und Gefühlen)
falsch: „Du hast keinen Teamgeist."
richtig: „Wenn Du in der Kaffeeküche warst, steht danach alles rum, und ich finde dieses Verhalten in einem Team nicht in Ordnung."

Ich–Botschaften
falsch: „Du greifst jeden an."
richtig: „Ich fühle mich von Dir angegriffen, wenn Du so redest."

[32] Die hier angegebenen Sätze sind zwecks Veranschaulichung stilisiert und nur im Gesamtzusammenhang verwendbar.

Positive und negative Aspekte, wenige wichtige Dinge heraussuchen

falsch: Aufzählung aller negativen Dinge, die man immer schon loswerden wollte

richtig: Jeweils zwei bis drei positive und negative Aspekte auswählen, die gerade besonders wichtig sind.

Konkrete Verbesserungsvorschläge

falsch: „Ich will das so nicht." „Lass das zukünftig!" „Mach es ab jetzt anders!"

richtig: „Sie könnten Ihr Vorgehen ändern, indem Sie beispielsweise ... "
„Du könntest doch stattdessen ..."

Nonverbales Verhalten

falsch: Nach unten sehen, Arme vor dem Körper verschränken, oberlehrerhaft den Finger heben

richtig: Blickkontakt halten, offene Sitzposition

14.2 Feedback annehmen

Vermitteln Sie Ihren Studierenden nachstehende Regeln zum Annehmen des Feedbacks bzw. berücksichtigen Sie diese, wenn Sie selbst ein Feedback erhalten.

Sagen Sie genau, worüber Sie Feedback haben möchten.
Lassen Sie den anderen wissen, über welche Einzelheiten Ihres Verhaltens Sie gerne seine Reaktion hören möchten. Bitten Sie andere, Ihnen zu einem bestimmten / angesprochenen Punkt ebenfalls Feedback zu geben, wenn Sie die Bedeutung eines einzelnen Feedbacks überprüfen wollen. Häufig wirkt ein und dasselbe Verhalten auf verschiedene Kommunikationspartner sehr unterschiedlich.

Hören Sie zu und überprüfen Sie, was Sie gehört haben.
Feedback zu erhalten kann zwar unangenehm sein, ist aber für Ihre Persönlichkeitsentwicklung sehr wertvoll. Vergewissern Sie sich, dass Sie genau verstehen, was Ihr Gegenüber meint! Hören Sie zunächst ruhig zu, stellen Sie klärende Fragen und geben Sie ggf. das Feedback in eigenen Worten wieder, um zu überprüfen, ob das Gehörte auch so gemeint war. Achten Sie besonders auf Aspekte, bei denen Sie Unerwartetes hören.

Reaktionen über das Feedback mitteilen.
Für den Feedback-Geber ist es wichtig, zu wissen, wie sein Feedback beim Anderen angekommen ist. Mitteilungen Ihrerseits über Ihre gefühlsmäßigen Reaktionen (Freude, Erstaunen, Enttäuschung etc.) und über die Bedeutung des Feedbacks für Sie (nützlich, hilfreich, bedeutsam, neu, Erfahrungen bestätigend, ...) verbessern das Feedback-System insgesamt und fördern die Bereitschaft, einander Feedback zu geben.

Verteidigen Sie sich nicht.
Eine sofortige Gegenantwort könnte dem Feedback-Geber das Gefühl vermitteln, dass ihm nicht zugehört und er nicht verstanden wurde. Ohnehin ist es in manchen Fällen gut, über die Bedeutung des Feedbacks länger nachzudenken, es gut zu 'verdauen'. Das ist besonders dann empfehlenswert, wenn Sie eine starke gefühlsmäßige Betroffenheit bei sich feststellen. Sie können mit etwas Abstand besser herausfinden, was Sie mit dem Feedback machen wollen, ob Sie es akzeptieren

oder als 'Problem des anderen' beiseitelegen. Verteidigungshaltungen, Gegenangriffe und Rechtfertigungen Ihrerseits verringern die Bereitschaft Ihres Gegenübers, Ihnen Feedback zu geben.

BEISPIELE ZU 'FEEDBACK ANNEHMEN' [33]

Rahmen abstecken

falsch: „Was gefällt Dir nicht an mir? Sag mir mal alles, was Du mir schon immer sagen wolltest."

richtig: Mitteilen, auf welches Verhalten sich das Feedback beziehen soll

Ohne Kommentare erst einmal zuhören

falsch: Gesprächspartner nicht ausreden lassen

richtig: Zuhören und Aussage auf sich wirken lassen, keine Rechtfertigungen

falsch: „Die anderen machen das aber auch nicht.", „Du bist aber auch nicht ohne!"

richtig: Nachfragen, wenn eine Anregung nicht richtig verstanden wurde. Wahrnehmung des anderen respektieren und stehen lassen.

Reaktionen auf Feedback mitteilen

falsch: Verärgert den Raum verlassen oder zurückschlagen („Aber Du!")

richtig: „Bisher habe ich die Sache aus einer anderen Sicht gesehen, und bin daher froh über diesen Hinweis."

Nonverbales Verhalten

falsch: Nach unten sehen, Arme vor dem Körper verschränken

richtig: Blickkontakt halten, offene Sitzposition

Vorlage zur Vorbereitung eines Feedbacks

1. **Für Vorbereitung insgesamt:**
   Was will ich inhaltlich vermitteln? Was soll die Take-Home-Message sein? Die zwei bis drei wichtigsten Aspekte herausgreifen; zuerst positive, dann negative Aspekte nennen.
2. **Für die Wahrnehmung:**
   Konkrete Beispiele des Verhaltens generieren (vergangenheitsbezogen)
3. **Für die Wirkung:**
   Welche positiven und negativen Bestandteile / Folgen hat das zu kritisierende Verhalten?
4. **Für den Wunsch:**
   Konkrete, realisierbare alternative Verhaltensweisen generieren (zukunftsbezogen) (mehrere zur Auswahl anbieten)
5. **Schwierigkeiten im Vorfeld bedenken:**
   Welche Schwierigkeiten oder Hindernisse könnten sich (auf beiden Seiten) im Gespräch ggf. ergeben? Wie will ich damit dann umgehen?

[33] Die hier angegebenen Sätze sind zwecks Veranschaulichung stilisiert und nur im Gesamtzusammenhang verwendbar.

15 Die eigene Lehre bewerten lassen – Lehrevaluationen

„Mancher lässt sich lieber durch Lob ruinieren, als durch Kritik retten."

Renata Tebaldi

Wie stehen Sie denn grundsätzlich zu Lehrevaluationen? Empfinden Sie diese eher als Gängelei der Hochschule, als unangenehmes 'Bewertet-werden'? Oder sehen Sie sie hingegen als Chance für eine Verbesserung der Lehrveranstaltungen bzw. als Baustein einer Qualitätssicherung der eigenen Lehre? Oder wollen Sie lieber gar nicht wissen, wie Sie und Ihre Lehre bei den Studierenden ankommen? Ob die Studierenden aus Ihren Lehrveranstaltungen auch etwas behalten, einen Mehrwert erleben oder sich lediglich unterhalten und nicht 'gelehrt' fühlen? Vielleicht fragen Sie sich auch, ob es denn nicht reiche, auf Störungen, Applaus oder Anzahl der Studierenden in der Vorlesung zu achten und daraus zu schlussfolgern, wie gerne Ihre Zuhörer die Veranstaltung besuchen und wie gut diese inhaltlich gefunden wird? Braucht es wirklich ausgefeilte Fragebögen dafür?

Es braucht sie – Lehrevaluationen sind nicht nur zunehmend unumgänglich, sie sind auch ein wichtiges Instrument eines jeden Lehrbetriebs, denn mittels Lehrevaluationen können Sie unter anderem ...

- **sich in Ihrer Leistung, Effektivität und Ihrer Wirkung verbessern.**
  In Ihrer Position bekommen Sie ohnehin äußerst selten offene Rückmeldung zu Ihrer Person zu hören, nutzen Sie daher die Möglichkeit, über Lehrevaluationen Ihre Wirkung besser kennenzulernen.
- **Ihren Mitarbeitern ermöglichen, zu lernen und sich zu entwickeln.**
  Nutzen Sie die Chance, die Lehrevaluationen aus den Veranstaltungen Ihrer Mitarbeiter mit Ihren Mitarbeitern zu reflektieren und vergleichen Sie die unterschiedlichen Perspektiven: Ihre, die der Studierenden und die Ihres Mitarbeiters.
- **Zielvereinbarungen ableiten.**
  Lehrevaluationen können ein wesentlicher Bestandteil Ihrer Zielvereinbarungen mit der Universitätsleitung aber auch mit Ihren Mitarbeitern sein.
- **die eigene Vita bzw. die der Mitarbeiter aufbessern.**
  Bedenken Sie, dass Lehrevaluationen heute zur Vita (Lebenslauf) dazu gehören. Zunehmend wichtiger wird an vielen Universitäten das Thema 'Lehre' und damit auch bei jedem Berufungsverfahren der Nachweis, dass der Kandidat eine gute Lehrleistung garantieren kann; zu den wenigen Möglichkeiten, dies nachzuweisen, zählen Evaluationsergebnisse.
- **Fehler im Lehrkonzept bzw. der Lehrdurchführung erkennen.**
  Tauschen Sie sich mit Ihren Studierenden konstruktiv über deren Kritikpunkte zum Lehrkonzept und der Lehrdurchführung aus. Setzen Sie entweder deren Verbesserungsvorschläge um oder nehmen Sie klar Stellung dazu. Falsche Erwartungen auszuräumen, ist immer besser, als diese unkommentiert stehen zu lassen.
- **Qualitätsmanagement betreiben.**
  Wer aussagefähig evaluiert, hat bereits wesentliche Schritte getan für eine Qualitätssicherung der Lehre. Sobald Sie Ihren Studiengang akkreditieren (müssen), werden Sie diese spätestens benötigen und froh sein, wenn Sie sie bereits routinemäßig erhoben haben.

- **frühzeitig Trends in den Sichtweisen der Studierenden identifizieren.**
  Studentengenerationen verändern sich; Lehrevaluationen können Ihnen Aufschluss geben, in welche Richtung diese Entwicklungen gehen, was derzeit der Studierenden größter Wunsch ist (bspw. wünschen Studierende zunehmend mehr E-Learning-Methoden; diesen Bedarf könnten Sie abfragen oder auch erfahren, welches Ihrer Vorlesungsthemen das größte Interesse weckt etc.). Wenn Sie diesbezügliche Hinweise erfragen, schützen Sie sich ein Stück weit davor, wichtige Wenden zu verpassen und im Vergleich zu anderen Lehrstühlen 'veraltet' zu sein.

- **Studierende partizipieren lassen.**
  Versuchen Sie, mit Studierenden ins Gespräch zu kommen und sie, wann immer möglich, an Entscheidungen und Entwicklungen zu beteiligen, denn mehr Partizipation führt zu höherer Zufriedenheit.

- **der Verwaltung bzw. der Dokumentation Genüge tun.**
  Damit ersparen Sie sich so manches Hin und Her im Nachhinein (bspw. wenn Fragebögen oder Nachweise eingefordert bzw. bestimmte Informationen gesammelt und nachgereicht werden müssen und Sie der Verwaltung wegen des Nachhakens möglicherweise noch in schlechter Erinnerung bleiben).

Die Qualität einer Lehrevaluation steht und fällt mit den Fragen, die Sie stellen sowie mit der Aufbereitung der gegebenen Antworten. Je besser Ihre Fragen gewählt und fundiert sind, desto aufschlussreicher und hilfreicher sind die Rückmeldungen für Sie. Daher ist unter anderem wichtig, dass Sie nicht nur die Zufriedenheit abfragen, sondern auch dezidiert auf Aspekte wie Verhalten der Dozenten, Didaktik in der Veranstaltung, Medieneinsatz oder Relevanz der Themen sowie Angemessenheit der Schwierigkeit der Veranstaltungsinhalte eingehen. Problematisch sind Fragebögen in diesem Kontext immer dann, wenn sie beispielsweise nur Ja- / Nein-Antworten erfordern (verhindert eine differenzierte Auswertung), wenn mehrere Aspekte in einem Item bzw. einer Aussage kombiniert abgefragt werden (wie bspw. „Die gehaltenen Referate sowie die Themenauswahl der Veranstaltung waren ..."; dies verhindert eine eindeutige Zuordnung der Antwort) oder wenn die Reihenfolge der Aussagen unüberlegt ist. Beispielsweise beeinflusst die Reihenfolge der gestellten Fragen die daraufhin gegebenen Antworten: Globale Fragen („Wie zufrieden sind Sie insgesamt mit der Veranstaltung?") zu Beginn eines Fragebogens erfassen eher ein Stimmungsurteil („Ich fands prima, also bin ich zufrieden."); globale Fragen am Ende eines Fragebogens hingegen stellen eher ein Summenurteil der vorausgegangenen Einzelfragen („Wie zufrieden sind Sie mit der Didaktik in der Veranstaltung, mit dem Dozentenverhalten ...?") dar und sind damit von diesen beeinflusst. Wissenschaftlich erprobte bzw. nach entsprechenden Kriterien erstellte Evaluationsbögen finden Sie in der einschlägigen Literatur (siehe auch Literaturempfehlungen in Abschnitt 25.3) bzw. stellen viele Universitäten Ihren Dozenten inzwischen standardisierte Bögen zur Verfügung. Sollte die Auswertung nicht seitens der Universität oder eines feststehenden Softwaretools erfolgen, müssen Sie sich nun noch Gedanken um die Aufbereitung der Ergebnisse machen. Empfehlenswert sind:

- Detailauswertungen aller Items sowie Gruppierungen der Items nach Oberthemen (wie Inhalte der Veranstaltung, Dozentenverhalten etc.).
- Graphische Aufbereitungen der Ergebnisse. Veranschaulichungen erleichtern das Verständnis und sind auch für Bewerbungen hilfreicher als reine Datentabellen.
- Vergleiche; so können Sie beispielsweise ein- und dieselbe Veranstaltung im Vergleich zu vorhergehenden Semestern betrachten (unabhängig vom Dozenten), Vergleiche ein- und dessel-

ben Dozenten über verschiedene Veranstaltungen hinweg ziehen, die Urteile unterschiedlicher Zielgruppen (wie Haupt- und Nebenfächler) vergleichen und vieles mehr.

- Automatisierte Auswertungen, denn diese erleichtern Ihnen die Auswertung erheblich, v.a. bei größeren Stichproben erspart Ihnen ein Einlesegerät eine Menge Zeit. Sollte Ihre Hochschule eine solche Auswertung nicht anbieten, können Sie diese über entsprechende Software selbst erwerben.

Beispielvorlagen für Evaluationen von Lehrveranstaltungen finden Sie im Folgenden.

KAPITEL 15: LEHREVALUATION	**15.1** **Vorlagen zur Lehrevaluation einer Vorlesung durch Studierende**
	15.2 **Vorlagen zur Lehrevaluation eines Seminars durch Studierende**

15.1 Beispiele zur Lehrevaluation einer Vorlesung durch Studierende

(Variante 1 - Beispiel der Universität Stuttgart)

Befragung der Studentinnen und Studenten
der Universität Stuttgart zur Qualität der Lehre

Universität Stuttgart

Liebe Studentinnen und Studenten,

die Universität Stuttgart ist bemüht, die Situation der Lehre weiter zu verbessern. Dieser Fragebogen ist ein wichtiger Bestandteil dieses Vorhabens. Wir möchten Sie daher bitten unser Anliegen, die Qualität der Lehre zu verbessern, durch Ihre Mitarbeit zu unterstützen. Füllen Sie bitte den Fragebogen sorgfältig aus. Die Fragen beziehen sich ausschließlich auf diese Veranstaltung.

Zur Wahrung der Anonymität der Befragungsteilnehmer ist der Erhebungsbogen nicht vom Dozenten einzusammeln. Die Auswertung der Fragen erfolgt anonymisiert. Die Resultate sollen vom Dozenten mit Ihnen besprochen werden.

Vielen Dank für Ihre Unterstützung.
Der Prorektor für Lehre der Universität Stuttgart

A

Markieren Sie so: ☐☒☐☐☐☐
Korrektur: ☐■☐☒☐☐

Verwenden Sie einen Kugelschreiber, rote Farbe unbedingt vermeiden! Dieser Fragebogen wird maschinell erfasst. Bitte beachten Sie im Interesse einer optimalen Datenerfassung die links gegebenen Hinweise beim Ausfüllen. Vielen Dank!

	trifft voll und ganz zu						trifft überhaupt nicht zu
1. Ziele und Anforderungen der Veranstaltung wurden klar formuliert.	☐	☐	☐	☐	☐	☐	☐
2. Der (inhaltliche) Aufbau der Veranstaltung war für mich nachvollziehbar.	☐	☐	☐	☐	☐	☐	☐
3. Die Relevanz der behandelten Themen wurde verdeutlicht und/oder es wurden Bezüge zu anderen Teilgebieten des Faches hergestellt.	☐	☐	☐	☐	☐	☐	☐
4. Ich bekam die Erklärungen, die ich brauchte.	☐	☐	☐	☐	☐	☐	☐
5. Die eingesetzten Medien (Tafel, Flip, Overhead, Beamer etc.) trugen zum Verständnis der Lehrinhalte bei.	☐	☐	☐	☐	☐	☐	☐
6. Die eingesetzten Methoden (Vortrag, Gruppenarbeit, Diskussionen etc.) eigneten sich gut zur Vermittlung der Inhalte.	☐	☐	☐	☐	☐	☐	☐
7. Der/die Dozentin wirkte inhaltlich gut vorbereitet.	☐	☐	☐	☐	☐	☐	☐
8. Der/die Dozentin hatte die Veranstaltung gut organisiert.	☐	☐	☐	☐	☐	☐	☐
9. Die Veranstaltung hat mein Interesse an dem Thema gefördert.	☐	☐	☐	☐	☐	☐	☐
10. Ich fühlte mich frei, Fragen und Kommentare einzubringen.	☐	☐	☐	☐	☐	☐	☐
11. Mein Lernzuwachs durch diese Veranstaltung schätze ich hoch ein.	☐	☐	☐	☐	☐	☐	☐
12. Ich habe mich auf die Veranstaltung vorbereitet oder den Veranstaltungsstoff nachgearbeitet.	☐	☐	☐	☐	☐	☐	☐
13. Es war mir wichtig, der Veranstaltung inhaltlich zu folgen.	☐	☐	☐	☐	☐	☐	☐

14. Die Anzahl der behandelten Themen schien mir ...	viel zu groß ☐	zu groß ☐	genau richtig ☐	zu niedrig ☐	viel zu niedrig ☐
15. Die Behandlung der Themen war ...	viel zu ausführlich ☐	zu ausführlich ☐	genau richtig ☐	zu wenig ausführlich ☐	viel zu wenig ausführlich ☐
16. Die Anforderungen der Veranstaltung an mich waren ...	viel zu hoch ☐	zu hoch ☐	genau richtig ☐	zu niedrig ☐	viel zu niedrig ☐
17. Die Vorgehensgeschwindigkeit war ...	viel zu hoch ☐	zu hoch ☐	genau richtig ☐	zu niedrig ☐	viel zu niedrig ☐
18. Wie oft haben Sie an der Veranstaltung teilgenommen?	100% ☐	ca .75% ☐	ca. 50% ☐	ca. 25% ☐	0% ☐

ab SS 2006 2618360039

Bitte geben Sie das Studienfach an, für das Sie diese Veranstaltung besuchen. **Bitte nur EINE Angabe!**

- ☐ Anglistik / Englisch
- ☐ Architektur
- ☐ Automatisierungstechnik i. d. Produktion
- ☐ Bauingenieurwesen
- ☐ Betriebswirtschaftslehre
- ☐ Techn. orient. Betriebswirtschaftslehre
- ☐ Technische Biologie
- ☐ Chemie
- ☐ COMMAS
- ☐ Elektrotechnik u. Informationstechnik
- ☐ Energie- u. Anlagentechnik
- ☐ Fahrzeug- u. Motorentechnik
- ☐ Galloromanistik / Französisch
- ☐ Geodäsie u. Geoinformatik
- ☐ Germanistik / Deutsch
- ☐ Geschichte
- ☐ Geschichte d. Naturwissensch. u. Technik
- ☐ Immobilientechnik u. -wirtschaft.
- ☐ INFOTECH
- ☐ Informatik
- ☐ Infrastrukturplanung
- ☐ Italianistik / Italienisch
- ☐ Kunstgeschichte
- ☐ Technische Kybernetik
- ☐ Lebensmittelchemie
- ☐ Linguistik
- ☐ Allg. u. Vergleich. Literaturwissenschaft
- ☐ Luft- u. Raumfahrttechnik
- ☐ Maschinenwesen
- ☐ Mathematik
- ☐ Pädagogik / Berufspädagogik
- ☐ Philosophie / Ethik
- ☐ Computational Physics
- ☐ Physik / Physics
- ☐ Politikwissenschaft
- ☐ Softwaretechnik
- ☐ Deut.-Franz. Studiengang Sozialwissenschaft
- ☐ Sozialwissenschaft
- ☐ Soziologie
- ☐ Sportwissenschaft
- ☐ Technikpädagogik (alle Vertiefungsfächer)
- ☐ Technologiemanagement
- ☐ Umweltschutztechnik
- ☐ Verfahrenstechnik
- ☐ Volkswirtschaftslehre
- ☐ Techn. orient. Volkswirtschaftslehre
- ☐ WASTE
- ☐ WAREM
- ☐ Werkstoffwissenschaft
- ☐ Wirtschaftsinformatik
- ☐ Sonstiges

3807360030

(Variante 2 – Beispiel der Technischen Universität Chemnitz)[34]

LEHREVALUATION

Bewertung der Veranstaltung: ______________________________ im WS/SS: __________

Ihr Studienfach: ______________________________ Fachsemester: __________

Dozent: ______________________________ Datum: __________

Bitte beurteilen Sie die Veranstaltung anhand der folgenden Kriterien nach der Ihnen bekannten üblichen Schulnotenskala (1 = sehr gut; 2 = gut; 3 = befriedigend; 4 = ausreichend; 5 = mangelhaft; 6 = ungenügend). Falls Ihnen bei einer der Aussagen keine Bewertung möglich ist, verzichten Sie bitte auf die Notengebung bei dieser Aussage.

Kriterium

A. Verhalten des Dozenten

01. Aufgeschlossenheit gegenüber Fragen und Kritik ☐
02. Berücksichtigung der Interessen und Anregungen der Teilnehmer ☐
03. Auflockerung der Veranstaltung durch das Verhalten des Dozenten ☐
04. Empathie und Offenheit des Dozenten ☐

B. Angemessenheit der Schwierigkeit der Veranstaltungsinhalte

05. Darstellungsgeschwindigkeit ☐
06. Angemessenheit des Stoffumfangs ☐
07. Angemessenheit der Erklärungen ☐
08. Berücksichtigung von Verständnisproblemen ☐

C. Didaktik der Veranstaltung

09. Aufbau / Gliederung der Veranstaltung ☐
10. Qualität der Beispiele zum Lernstoff ☐
11. Anschaulichkeit des Stoffes ☐
12. Einordnung des Stoffes in größere Zusammenhänge ☐

D. Gesamturteile

13. Gesamtinteresse an der Veranstaltung ☐
14. Gesamtkonzept der Veranstaltung ☐

E. Sonstiges:

Bitte nutzen Sie die folgenden Zeilen für weitere Rückmeldungen (in Stichworten).

---

[34] nach © G. Krampen / Universität Trier (1977 ff.)

15.2 Beispiel zur Lehrevaluation eines Seminars durch Studierende

(Beispiel der Technischen Universität Chemnitz)[35]

LEHREVALAUATION

Bewertung der Veranstaltung: ______________________________ im WS/SS: __________

Ihr Studienfach: ______________________________ Fachsemester: __________

Dozent: ______________________________ Datum: __________

Bitte beurteilen Sie die Veranstaltung anhand der folgenden Kriterien nach der Ihnen bekannten üblichen Schulnotenskala (1 = sehr gut; 2 = gut; 3 = befriedigend; 4 = ausreichend; 5 = mangelhaft; 6 = ungenügend). Falls Ihnen bei einer der Aussagen keine Bewertung möglich ist, verzichten Sie bitte auf die Notengebung bei dieser Aussage.

Kriterium

A. Verhalten des Dozenten

01. Aufgeschlossenheit gegenüber Fragen und Kritik ☐
02. Berücksichtigung der Interessen und Anregungen der Teilnehmer ☐
03. Auflockerung der Veranstaltung durch das Verhalten des Dozenten ☐
04. Empathie und Offenheit des Dozenten ☐

B. Angemessenheit der Schwierigkeit der Veranstaltungsinhalte

05. Darstellungsgeschwindigkeit ☐
06. Angemessenheit des Stoffumfangs ☐
07. Angemessenheit der Erklärungen ☐
08. Berücksichtigung von Verständnisproblemen ☐

C. Didaktik der Veranstaltung

09. Aufbau / Gliederung der Veranstaltung ☐
10. Qualität der Beispiele zum Lernstoff ☐
11. Anschaulichkeit des Stoffes ☐
12. Einordnung des Stoffes in größere Zusammenhänge ☐

D. Gesamturteile

13. Gesamtinteresse an der Veranstaltung ☐
14. Gesamtkonzept der Veranstaltung ☐

- bitte wenden -

---

35 nach © G. Krampen / Universität Trier (1977 ff.)

E. Sonstiges:

Bitte nutzen Sie die folgenden Zeilen für weitere Rückmeldungen

(in Stichworten).

F. Seminarspezifische Angaben

15. Klarheit der Referats-Anforderungen ☐

16. Unterstützung bei Fragen und Problemen zur Gestaltung der Sitzung durch den Dozenten ☐

17. Qualität / Nützlichkeit des Feedbacks des Dozenten ☐

18. Die Anforderungen des Seminars:

    haben mich unterfordert – waren genau richtig – haben mich überfordert.

    ☐ ☐ ☐

Teil IV: Forschung

„Ernst zu nehmende Forschung erkennt man daran, dass plötzlich zwei Probleme existieren, wo es vorher nur eines gegeben hat."

Thorstein Bunde Veblen

Sind Sie Forscher aus Leidenschaft? Reizt es Sie, sich in unerforschte Themen zu vertiefen, Zusammenhänge zu erkennen und neue Erkenntnisse zu generieren? Wollen Sie am liebsten jede Stunde dazu nutzen, sich Ihren Forschungsthemen zu widmen? Oder zählen Sie sich eher zu dem Kreis von Kollegen, die sich vielmehr als (Forschungs-)Manager eines großen Forschungsunternehmens verstehen, die passioniert Forschungsprojekte akquirieren, anschieben und selbst kaum noch Zeit finden, um sich wissenschaftlichen Inhalten en détail zu widmen? Im Grunde ist es ziemlich belanglos, welcher Gruppe Sie angehören (der Übergang ist ohnehin fließend), wichtig ist aber in beiden Fällen, dass Sie die Tätigkeit des Forschens mit all ihren Chancen und Freiheiten für sich wahrnehmen und nutzen können. Immerhin ist dies sogar im Grundrecht verankert (vgl. grauer Kasten).

FREIHEIT DER FORSCHUNG – EIN GRUNDRECHT

Als Lehrstuhlinhaber haben Sie üblicherweise neben der Pflicht zu lehren auch die Pflicht und das Recht zu forschen. So werden Sie mit Ihrer Ernennung finanzielle und personelle Ressourcen sowie Infrastruktur in Ihren Verantwortungsbereich übertragen bekommen haben und verfügen so über die Möglichkeit zu Eigenständiger Forschung – und dies in einem Freiraum, wie ihn nur wenige andere Berufe bieten. Diese Freiheit der Forschung und Lehre ist im Grundgesetz (Artikel 5, Absatz 3) geregelt: „Kunst und Wissenschaft, Forschung und Lehre sind frei. Die Freiheit der Lehre entbindet nicht von der Treue zur Verfassung." Das heißt, jeder, der wissenschaftlich tätig ist, hat ein Recht auf die Abwehr staatlicher Beeinflussung des Prozesses der Gewinnung (Forschung) und Vermittlung (Lehre) wissenschaftlicher Erkenntnisse. Wie Sie forschen und was Sie an Ihrer Hochschule lehren, kann Ihnen folglich nicht staatlich vorgeschrieben werden. So können Sie beispielsweise nicht auf eine bestimmte Wissenschaftstheorie verpflichtet werden.

Sie wären aber nicht der Erste, der sich die Frage stellt, ob er das Richtige forscht und der internationalen Konkurrenz gewachsen ist. Oder aber mit Sorge und einem etwas flauen Gefühl im Magen auf die damit ebenfalls verknüpfte Erwartung seiner Universitätsleitung, umfangreiche Drittmittel für die Forschung einzuwerben, blickt und dies als Belastung empfindet. Möglicherweise resultiert Ihr Gefühl daraus, dass Sie gar nicht genau wissen, wie Sie dieses weite Feld der Forschung am besten betreten und bestellen sollen. Was könnte für diese Befürchtungen der Grund sein? Dass Professoren mit ihrer Freiheit nicht umgehen können? Wohl kaum! Dass sie alle Chancen und spannenden Themen in ihren Fachbereichen am liebsten gleichzeitig und sofort anpacken würden? Schon eher! Oder dass sie einfach lieber ihren Forschungsthemen nachgehen, im wissenschaftlichen Arbeiten aufgehen und sich nicht so gerne mit Planungsaufgaben auseinandersetzen? Ziemlich wahrscheinlich, werden viele unter uns jetzt beipflichten! Aber warum ist das so? Wenn Sie sich im Urlaub erholen oder sportlich austoben wollen, muss alles passen: Die Umgebung, das Ambiente, das Wetter. Sie müssen also richtig planen, eine Urlaubsplanung durchführen. Und dasselbe gilt auch für die Forschung: Um Themen bearbeiten zu 'dürfen', in denen Sie sich wohl fühlen, in denen Sie sich austoben können, braucht es Planung, also Forschungsplanung. Was versteht man darunter?

Forschungsplanung ist definitionsgemäß die permanente Verfolgung und Weiterentwicklung eines Forschungsprofils, dessen Definition in Abschnitt 17.2.1 erläutert wird. Sie zielt darauf ab, dass Sie an Ihrem Lehrstuhl das Kernelement Ihrer Forschung, nämlich die Forschungsprojekte, optimal gestalten können, d.h. die richtigen Projekte angehen, diese erfolgsorientiert durchführen und anschließend deren Ergebnisse sinnvoll verwenden. Wie dies im Einzelnen an den Lehrstühlen abgewickelt wird, unterscheidet sich zwischen den Fachbereichen und Instituten, entspricht aber doch in etwa der Grundstruktur, wie sie in Abbildung 16.1 aufgezeigt wird:

- Wie kommen Sie nun zu Ihrem Ideenpool? Jenen füllen Sie permanent mit Forschungsideen, die sich aus der Beobachtung des wissenschaftlichen Umfelds (siehe Abschnitt 16.1, Aktivitäten eines Professors), z.B. infolge des permanenten Lesens der Literatur (siehe Abschnitt 18.2.3, Umgang mit Literatur), aus externen Anfragen infolge guter Außendarstellung (siehe Kapitel 21) oder durch eigene Ideengenerierung (siehe Kapitel 20, Kreativitätsmethoden) ergeben.
- Um die Frage, welche der Ideen in Form von Projekten angegangen werden sollen, zu beantworten, werden Ihnen einige Hilfsmittel wie die Methoden SWOT und Portfolio vorgestellt (siehe Abschnitte 17.3.1 und 17.3.2). Mithilfe dieser beiden Tools sind Sie in der Lage, die Auswahl der konkreten Ideen und Themen für Ihre Projekte methodisch zu gestalten, d.h. Sie müssen nicht aus dem Bauch heraus entscheiden, sondern können Ihre Auswahl anhand von Kriterien objektiver gestalten.
- Im Kern einer Forschungsplanung stehen die Forschungsprojekte. Wenn Sie und Ihr Team entschieden haben, welche Forschungsprojekte angegangen werden sollen, geht es darum, diese so zu strukturieren, dass Sie einen erfolgsorientierten reibungslosen Projektverlauf ermöglichen. Mögliche Tools dazu finden Sie in Kapitel 18. Dort wird unter anderem die Anwendung eines Projektstrukturplans gezeigt sowie auf den Forschungsprozess an sich verwiesen.
- Um einen Überblick aller am Lehrstuhl stattfindenden (oder zumindest der wesentlichen) Projekte und sonstiger Aktivitäten zu gewinnen, bietet sich wiederum ein anderes Tool ganz besonders an: die sog. Roadmap (siehe Abschnitt 17.3.3).
- Eine erfolgreiche Verwertung der Ergebnisse aus Ihren Projekten erfolgt in der Regel durch Publikationen (siehe Abschnitt 19.1). Sie sind die Visitenkarte des Lehrstuhls und dienen der Weitergabe der erworbenen Erkenntnisse an die (Fach-)Öffentlichkeit. Ferner werden möglicherweise in den Projekten oder auch ganz spontan Ideen für neue Produkte entstehen. Diese können Sie sich unter bestimmten, in Abschnitt 19.3 beschriebenen Voraussetzungen patentrechtlich schützen lassen. Um letztlich Ihre Forschung am Laufen zu halten, ist es unabdingbar und damit ebenfalls eine wichtige Aufgabe guter Forschungsplanung, Anträge und Angebote für die Finanzierung der Drittmittelforschung an Ihrem Lehrstuhl (siehe Abschnitt 19.2) zu erstellen.

Die beschriebenen Elemente einer Forschungsplanung können Sie aber nur dann erfolgreich umsetzen, wenn dafür die geeigneten Voraussetzungen an Ihrem Lehrstuhl gegeben sind (siehe Kapitel 16). Die Forschungsplanung sowie die bei einer (Fort)Entwicklung eines Forschungsprofils zu berücksichtigenden Aspekte finden Sie in Kapitel 17. Dort erfahren Sie auch mehr über die beschriebenen Hilfsmittel zur Projektauswahl und Visualisierung aller Forschungsaktivitäten. Tools zur Projektstrukturierung werden in Kapitel 18 angesprochen. Um die Verwendung und Verwertung von Ergebnissen geht es in Kapitel 19. Schließlich werden in Kapitel 20 Methoden beschrieben, die Ihre eigene Kreativität sowie die Ihrer Mitarbeiter beispielsweise zur Ideen- und Lösungsfindung unterstützen können.

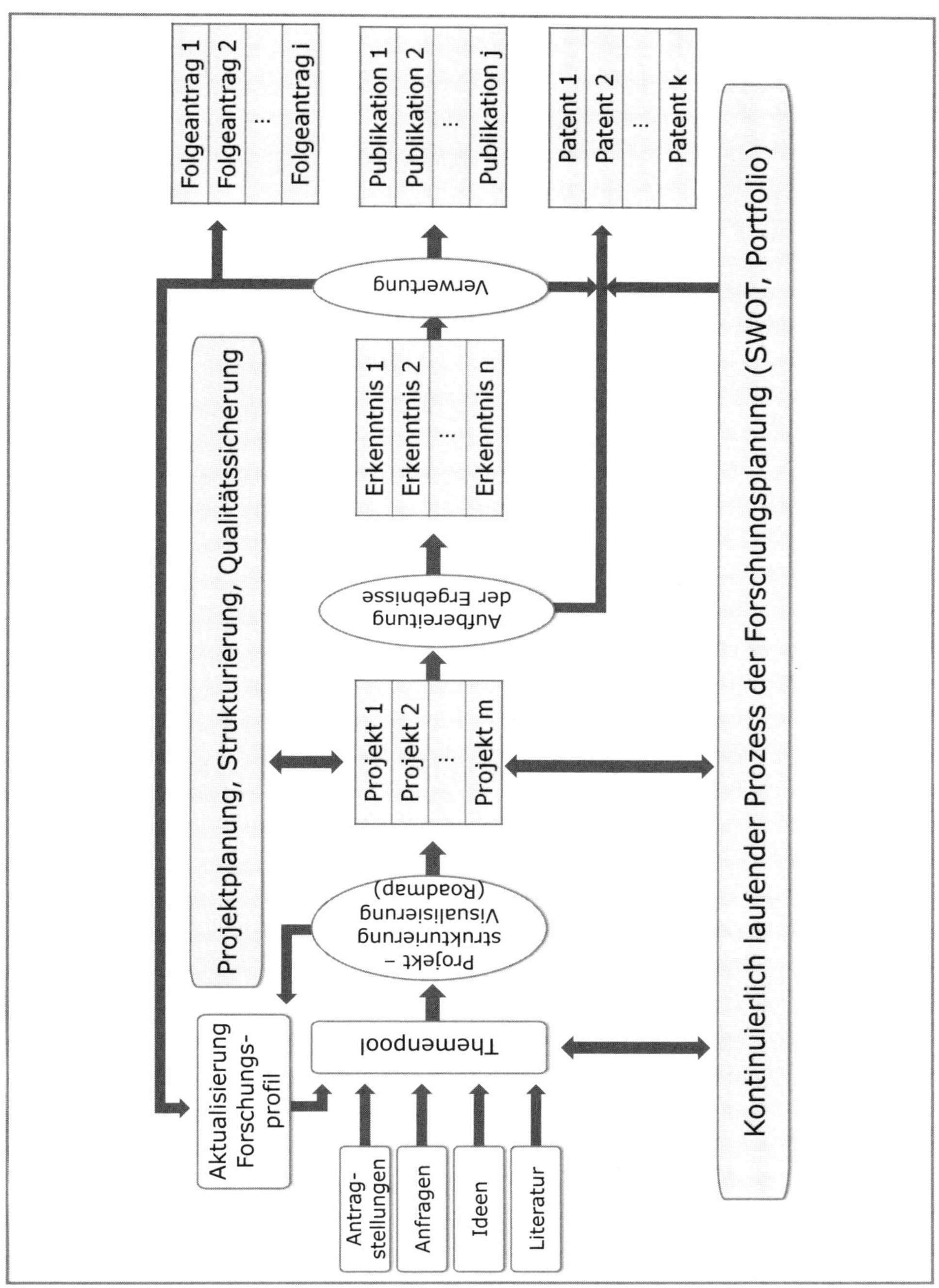

Abb. 16.1. Mögliche Grundstruktur der Forschung an einem Lehrstuhl.

Anmerkung: Ergebnis steht je nach Fachdisziplin für Datensatz, Ideen, Rechenergebnis etc.; Erkenntnis steht je nach Fachdisziplin für Methode, Erweiterung des Stand des Wissens, auch auf Metaebene, etc.

TEIL IV: FORSCHUNG	
	Kapitel 16: **Voraussetzungen erfolgreicher Forschung**
	Kapitel 17: **Forschungsplanung und Forschungsprofil**
	Kapitel 18: **Management von Forschungsarbeiten**
	Kapitel 19: **Verwendung und Verwertung von Forschungsergebnissen**
	Kapitel 20: **Kreativitätsmethoden**

16 Voraussetzungen erfolgreicher Forschung

„We build too many walls and not enough bridges."

Isaac Newton

So unterschiedlich die Forschungsrichtungen bzw. -projekte auch sein mögen, gilt dennoch übergreifend: Es kommt darauf an, dass Sie selbst Ihr Umfeld so gestalten, dass Sie und Ihre Mitarbeiter Ihre Pläne erfolgreich umsetzen können. Doch welche Voraussetzungen sind dafür zu schaffen?

Es gibt mehrere erfolgsentscheidende Rahmenbedingungen, die Sie sicherstellen müssen. Die erste und vermutlich bedeutendste sind Sie selbst! Sie sind der Kopf und das Herzstück Ihrer Forschung am Lehrstuhl; Ihre Arbeitsweise (vgl. Kapitel 2, Persönliche Arbeitsmethodik), die Aufgaben und Aktivitäten, die Sie wahrnehmen, prägen den gesamten Forschungsprozess (vgl. Abschnitt 16.1). Indem Sie die in Kapitel 1 beschriebenen verschiedenen Führungsrollen wahrnehmen, steuern Sie Ihr Team (vgl. Abschnitt 1.3). Doch mit der Übernahme gezielter Aufgaben und Aktivitäten, können Sie auch den Forschungsablauf inhaltlich aktiv gestalten. Des Weiteren sind die Voraussetzungen, die Sie sich und Ihren Mitarbeitern hinsichtlich der Zusammenarbeit schaffen, von Bedeutung für Ihren Forschungserfolg. Arbeiten Sie in Kompetenz-Netzwerken und nutzen Sie die Vorteile! Welche Vorteile sich Ihnen bieten können und wie Netzwerke zu handhaben sind, wird in Abschnitt 16.2. erläutert. Ebenfalls erfolgsbestimmend sind – wenn Sie interdisziplinär arbeiten – Ihre Fähigkeiten, diese Zusammenarbeit so zu gestalten, dass sie Synergien bringt (vgl. Abschnitt 16.3). Diese drei Rahmenbedingungen sind sozusagen der Nährboden, auf dem sich ein Forschungsprozess (vgl. Kapitel 17 und 18) erfolgreich gestalten lässt.

KAPITEL 16: VORAUSSETZUNGEN ERFOLGREICHER FORSCHUNG	**16.1** **Aufgaben und Aktivitäten eines Professors im Forschungsablauf**
	16.2 **Arbeiten in Kompetenz-Netzwerken**
	16.3 **Interdisziplinär zusammenarbeiten**

16.1 Aufgaben und Aktivitäten eines Professors im Forschungsablauf

Haben Sie sich schon mal gefragt, was eigentlich genau Ihre Aufgabe innerhalb des ganzen Forschungsprozesses ist? Bis Sie Professor wurden, war dies sehr einfach, da haben Sie aktiv (die meisten wahrscheinlich sogar nahezu full time) geforscht, aber seitdem? Für die meisten von uns stellt sich schon die Frage, welche forschungsbezogenen Aufgaben eigentlich tatsächlich in unseren Tätigkeitsbereich fallen: Was tun Sie, während Ihre Mitarbeiter die einzelnen Projekte leiten und durchführen (neben Lehre und Verwaltung versteht sich)? Haben Sie bezüglich der Forschung noch Funktionen wahrzunehmen, und wenn ja, welche? Oder wäre es besser, sich aus dem Geschehen zurückzuziehen, um Eigenverantwortung und Abläufe Ihrer Mitarbeiter nicht zu stören? Was sind Aufgaben und Aktivitäten, die Sie als Lehrstuhlinhaber wahrnehmen sollten? Auf diese Fragen gibt es leider nicht die *eine* richtige Antwort, viel zu unterschiedlich sind die Forschungsfelder, viel zu individuell die Charaktere und letztlich auch die Strukturen der einzelnen Lehrstühle. Nichtsdestotrotz finden Sie nachstehend einige generelle Hinweise zur Orientierung.[36] Zur Steuerung Ihrer Forschungsprozesse sollten Sie ...

fachlich-inhaltlich up to date sein.
Über die Bedeutung fachlicher Aktualität muss an dieser Stelle sicherlich kein Wort verloren werden – über die Gestaltung bzw. das 'Wie' dieses 'up to date Bleibens' hingegen schon. Wie stellen Sie dies zurzeit sicher? Was tun Sie, um aktuell bzw. am Puls der Zeit zu bleiben? Vermutlich lesen Sie und Ihre Mitarbeiter dazu bereits regelmäßig die wichtigsten Fachzeitschriften. Teilen Sie dieses Wissen: Fassen Sie die neuen Erkenntnisse einfach kurz zusammen und leiten Sie sie in einer Mail an Ihr wissenschaftliches Team weiter und motivieren Sie Ihre Mitarbeiter, dies auch selbst zu tun. Bezeichnen Sie diese Art von Nachrichten, Umläufen oder Mails mit einem lehrstuhlinternen einprägsamen Namen, z.B. 'News von der wissenschaftlichen Front'. So entsteht ohne großen Aufwand eine lebendige Kommunikation über wissenschaftliche Erkenntnisse und Methoden.

Sie kommen vor lauter anderweitigen Aufgaben kaum noch zum Lesen von Fachliteratur? Lassen Sie es nicht so weit kommen! Planen Sie routinemäßig ein Zeitfenster dafür ein (bspw. einen halben Tag pro Woche) und blocken Sie diesen im Kalender (vgl. Kapitel 2, Persönliche Arbeitsmethodik). Dieser Termin ist genauso wichtig wie alle anderen; wenn Sie ihn immer wieder zugunsten anderer Dinge opfern, werden Sie irgendwann nicht mehr 'belesen' sein. Ihre Zeit ist begrenzt, welche der zahlreichen Artikel sollen Sie nun herausgreifen? Im Allgemeinen bieten sich bei der Auswahl der Lektüre folgende drei Strategien an:

- Ihr ureigenstes Forschungsfeld betreffend sollten Sie stets über aktuelle Methoden und Erkenntnisse informiert sein, um diese für die eigene Forschung nutzen und darauf aufbauen zu können (natürlich können Sie sich diese auch von entsprechend qualifizierten Mitarbeitern zusammenfassen lassen). Fokussieren Sie dabei im Speziellen auf a) hochrangige b) auf Ihr Themengebiet spezialisierte Journals sowie c) die deutschen Publikationsorgane (denn unter anderem erfahren Sie so, was Ihre nationalen Kollegen machen, wer für Sie eventuell Kooperationspartner oder Konkurrent bei den nationalen Fördertöpfen sein könnte).
- Ihre Fachpolitik betreffend sollten Sie darauf achten, was von Kollegen oder der Presse über Ihr Fach geschrieben wird, sodass Sie dazu ggf. auch Stellung nehmen können. Seien Sie des Weiteren bezüglich aktueller Hand- oder Lehrbücher zu Ihrem Fach auf dem neuesten Kenntnisstand.
- Nicht zuletzt sollten Sie immer mal wieder einen Blick in angrenzende Themenfelder werfen, denn diese liefern häufig sehr gute Inspirationen, um Methoden oder Theorien auf Ihr Forschungsgebiet übertragen zu können. Auch hier gilt wieder: Fokussieren Sie insbesondere auf die hochrangigen Publikationen.

Damit der wissenschaftliche Austausch erhalten bleibt, ist es förderlich, in Kontakt mit wissenschaftlichen Kollegen zu stehen – in wissenschaftlichen Netzwerken zu arbeiten (vgl. Abschnitt 16.2), Kongresse zu besuchen (vgl. Abschnitt 22.1) oder zu Vortragsveranstaltungen an Ihrem Lehrstuhl einzuladen (vgl. Abschnitte 3.3 und 24.2) – all dies sind Möglichkeiten solche Kontakte zu pflegen. Nutzen Sie diese Gelegenheiten auch, um die aktuellsten Trends frühzeitig mitzubekom-

[36] An dieser Stelle soll jedoch nicht auf (ebenfalls unverzichtbare, wichtige) Führungsaspekte eingegangen werden, sondern ausschließlich auf managementbezogene Aspekte bzw. solche, die die Steuerung Ihrer Forschungsprozesse betreffen.

men. So könnten Sie beispielsweise nach einem Vortrag erfragen, in welche Richtung die zukünftige Forschung des Referenten ausgerichtet sein wird bzw. welche dringlichen Fragen es in seinem Bereich noch zu beantworten gilt.

Um fachlich innovativ bzw. up to date zu sein, ist es des Weiteren hilfreich, über den eigenen fachlichen Tellerrand hinaus zu schauen. Berücksichtigen Sie beispielsweise aktuelle Entwicklungen und Trends wie demographischen Wandel, Internationalisierung, Klimawandel sowie technische Neuerungen wie Elektromobilität und prüfen Sie, ob nicht eine Verbindung dieser Themen zu Ihrem Fach sinnvoll wäre. Beispielsweise könnte ja ein von Ihnen als Bauforscher entwickeltes Gebäude, das mittels Fotovoltaik Strom erzeugt, als Tankstelle für Elektroautos in Betracht kommen oder ein neuer Lösungsalgorithmus, der aus der Informatik stammt, helfen, das an Ihrem Lehrstuhl entwickelte Gebäudesimulationstool zu verbessern. Laufen Sie aber nicht sofort jedem Trend nach, sondern machen Sie sich – und später Ihrem Team – klar, welche Rolle Ihre Kernkompetenzen darin spielen könnten; denn nur Dinge, in denen wir gut sind, bereiten uns langfristig Spaß und Erfolg. Reflektieren und optimieren Sie daher regelmäßig Ihre wissenschaftliche Forschungsnische und damit verbunden auch Ihre Attraktivität für Kooperationspartner und Drittmittelgeber (vgl. Abschnitt 17.2, Forschungsprofil).

Nutzen Sie die Möglichkeit einer lehrstuhlinternen Literaturdatenbank – pflegen Sie sie und machen Sie aktiv von diesem wertvollen Instrument zum Wissensmanagement Gebrauch, indem Sie etwas einspeisen, als auch passiv, indem Sie dort recherchieren (vgl. Abschnitt 18.2.3). Halten Sie Ihre Mitarbeiter und sich selbst dazu an, bedeutsame, aktuelle oder häufig zitierte Artikel, Metaanalysen oder auch Buchkapitel zu archivieren. Tragen Sie bzw. einer Ihrer Mitarbeiter auch die oben beschriebenen 'News von der wissenschaftlichen Front' ein, sodass auch diese hier bei Stichwortsuchen in Erinnerung kommen. Ein Instrument, das gepflegt wird, wird auch gerne genutzt – je größer das Team, desto reichhaltiger und hilfreicher ist die gemeinsame Datenbank.

projektbezogen up to date sein.

Um hinsichtlich der Lehrstuhl-Projekte auf dem Laufenden zu bleiben, ist es unabdinglich, in intensivem Kontakt mit den Verantwortlichen zu stehen – das liegt auf der Hand. Doch was impliziert das? Wie können Sie diese Aufgabe (mit angemessenem Aufwand) realisieren? Zur Förderung eines solchen proaktiven Prozesses empfiehlt es sich, einige Regeln zu etablieren:

- Definieren Sie für jedes (wichtige) Projekt in regelmäßigen Abständen interne Meetings (vgl. Sitzungsmanagement in Kapitel 3). Routinetermine erleichtern Ihnen in vielerlei Hinsicht den Alltag: Lästige Terminsuchen und Treffen in unvollständiger Besetzung werden ersetzt durch einen festen Termin, zu dem alle Zeit haben; alle kennen den Termin und bündeln Nachfragen und Informationen zu diesem Termin hin (anstatt täglich damit bei Ihnen aufzulaufen); nicht zuletzt tragen regelmäßige Treffen zu einer höheren Kommunikationsqualität und einem intensiveren Zusammenhalt im Team bei.
- Damit Ihre Projekte weder fachlich noch finanziell unkontrolliert aus dem Ruder laufen, definieren Sie stets vorab zu erreichende Meilensteine hinsichtlich wesentlicher Projektergebnisse (vgl. Abschnitt 18.1, Projektstrukturierung betreiben).
- Seien Sie im Falle von Projekten mit externen Auftraggebern nach Möglichkeit auch bei internen Vorbesprechungen Ihrer Mitarbeiter dabei. So kennen Sie die zu präsentierenden Ergebnisse vor dem eigentlichen Meeting mit dem externen Partner und können wertvolle Tipps für die Präsentation und Kooperation geben. Nehmen Sie an Projekttreffen, die zusammen mit externen Forschungspartnern stattfinden, stets teil, um durch Ihre Präsenz dem Ganzen Gewicht zu geben und Entscheidendes mitzubekommen.

- Um den Fortschritt aller Ihrer Projekte gegenseitig abzugleichen und mit Ihren Mitarbeitern die wesentlichen Ergebnisse zu diskutieren, sollten Sie dafür in den (halb-)jährlichen Team-Klausuren (vgl. Kapitel 4) genügend Zeit und Raum einplanen. Lassen Sie Ihre Projektleiter jeweils kurze 'Präsentationen zum aktuellen Stand samt Ausblick' geben, und diskutieren Sie deren Implikationen ausführlich in einem von Ihnen moderierten Prozess.
- Um während der Projektbearbeitung stets auf dem Laufenden zu bleiben, können Sie sich z.B. monatlich standardisierte Projektdatenblätter von Ihren Projektleitern oder deren Mitarbeitern erstellen lassen (vgl. Abschnitt 18.1.1). Darin sollten die Zeit- und Kostenpläne im Ist- und Sollstand ebenso aufgeführt sein, wie ein Bericht über die durchgeführten wissenschaftlichen Arbeiten und deren Ergebnisse. Eine solche Handhabung ermöglicht es Ihnen, bei Bedarf auch kurzfristige Besprechungen einzuberufen, beispielsweise um Details zu diskutieren, Unklarheiten auszuräumen oder Änderungen in der Vorgehensweise anzuordnen. Denn vergessen Sie nicht: Sie stehen mit Ihrem Namen für die Qualität der Projekte ein – Misserfolge werden (auch) Ihnen zugeschrieben!

bezüglich der Finanzierung up to date sein und diese sicherstellen.
Viele von Ihnen kennen bestimmt die immer wieder auftauchende Situation: Ein Forschungsprojekt neigt sich dem Ende zu und der damit betraute Mitarbeiter fragt Sie nach einer Anschlussfinanzierung – und, ob damit seine Weiterbeschäftigung gesichert sei. Auch die Frage, ob dieses oder jenes Gerät noch für ein bestimmtes Projekt gekauft werden kann, lässt uns manchmal ziemlich ratlos erscheinen. Doch beide Fragen haben ihre Berechtigung und sollten, zumindest nach einem Blick in die entsprechende Datei oder den Ordner, von uns rasch und verbindlich beantwortet werden können. Denn: Eine solide Finanzüberwachung und die Sicherung einer soliden Finanzierung Ihrer Projekte gibt nicht nur Ihnen ein gutes Gefühl, sondern auch Ihren Mitarbeitern.

Erst eine gute Finanzierungssituation schafft Ihnen überhaupt den nötigen Spielraum, profund zu forschen. Kaum ein Lehrstuhl ist heutzutage noch so ausgestattet, dass ihm das Jahresbudget umfangreichere Forschungsaktivitäten erlaubt. Von daher müssen Sie Ihre Forschungsgelder ebenso personell wie auch in Bezug auf die Sachausstattung entsprechend aufbessern. Damit Ihnen dies gelingt, sollten Sie Folgendes berücksichtigen:

- Verfolgen Sie aufmerksam, welche Finanzierungsquellen für Ihre Forschung zur Verfügung stehen. Zum Ersten, welche grundsätzlichen Förderquellen, zum Zweiten, welche aktuellen Ausschreibungen sich auftun und zum Dritten, welche Möglichkeiten der Industriefinanzierung sich ergeben könnten. Um informiert zu sein, sollten Sie (oder ein Mitarbeiter in Ihrem Auftrag) ...
    - dafür Sorge tragen, dass Sie auf Verteilerlisten stehen (bspw. von Verbänden, oder hochschulübergreifender Scientific Communities etc.), so bekommen Sie alle dort verteilten Informationen rechtzeitig.
    - auch nach Projektabschluss die Kontakte zu Ihren bisherigen Drittmittelgebern halten.
    - Kollegen fragen und sich mit diesen insbesondere über bisherige Erfahrungen mit Finanzierungsquellen austauschen. Tun Sie sich auch durchaus mit diesen in der Akquise zusammen (bspw. um einen Sonderforschungsbereich ins Leben zu rufen).
    - Publikationen aufmerksam lesen. Insbesondere in den Fußzeilen zu Beginn oder in der Danksagung ('gefördert von') werden Sie den einen oder anderen Hinweis zu Fördermöglichkeiten finden können, die auch für Ihre Themen in Frage kommen könnten.

- Binden Sie Ihre Mitarbeiter durchaus in die Akquisition mit ein. So lernen diese frühzeitig, wirtschaftlich bzw. drittmittelorientiert zu agieren und können ggf. in selbst akquirierten Projekten arbeiten, was natürlich ihrer Motivation zugute kommt.

Betreiben Sie Finanzüberwachung und -planung. Um stets einen guten Finanzüberblick zu bekommen, sollten Sie Ihre 'Lehrstuhlkonten' regelmäßig kritisch durchsehen und ggf. durch eigene Auswertungen detaillieren. Achten Sie dabei nicht nur auf die Gesamtsummen, sondern auch auf entsprechende Angaben für Anschaffungen, Verbrauchsmittel sowie Personalkosten (Tutorien, HiWis) etc. Aus möglichst vielen, wenn nicht allen Projekten sollten Anschlussfragestellungen oder neue Projekte erwachsen. Gehen Sie die Anschlussfinanzierungen daher frühzeitig an, denn Sie wissen ja, wie lange es dauert, bis aus der Idee ein Antrag, eine Bewilligung und schließlich ein bebuchbares Projekt wird. Steht die Anschlussfinanzierung bei Projektende jedoch nicht zur Verfügung, 'reißt' der Forschungsfaden: Die weitere Bearbeitung des Projekts verzögert sich, der oder die auf diesem Projekt beschäftigten Mitarbeiter müssen auf andere Projekte ausweichen oder aber verlassen den Lehrstuhl, wenn kein anderes (Anschluss-) Vorhaben eine Weiterbeschäftigung sichern kann. Das Wissen über die Kontinuität der Finanzierung gibt Ihnen und Ihren Mitarbeitern Planungssicherheit. Auch bei Treffen mit Ihren Geldgebern (sowohl der privaten als auch der öffentlichen Hand) ist es hilfreich, wenn Sie Ihre Projekte und Finanzierungen im Hinterkopf haben – genauso, wie deren aktuelle Forschungsinteressen und Ausschreibungen. Sollten Sie beispielsweise beim Drittmittelgeber oder einem Ihrer Industriepartner einen Vortrag halten, könnten Sie diese Gelegenheit nutzen, sich eine Liste der relevanten Projekte geben zu lassen und die Projektleiter ggf. auf den Fortschritt der Vorhaben ansprechen. Vielleicht ergibt sich ja im Dialog ein guter Anknüpfungspunkt für ein Folgevorhaben.

Außendarstellung aktiv gestalten.
Sie müssen als Professor Ihre Ergebnisse nach außen 'darstellen' (z.B. in Vorträgen, Diskussionen, Promotionen). Lassen Sie sich dazu regelmäßig von Ihren Mitarbeitern Präsentationen zu deren Themen vorbereiten. Haben Sie den Mut, auch Ihrerseits Ihrem Team Ihre eigenen Präsentationen vorzutragen und sich selbst mit Ihren Ideen der wissenschaftlichen Diskussion zu stellen. Interne Diskussionen sind ein wunderbares erstes Korrektiv. Alle Anträge, Publikationen und Presseinformationen, die Ihren Lehrstuhl verlassen, sollten über Ihren Tisch gehen. Korrigieren Sie stets konstruktiv und wertschätzend (vgl. Abschnitt 14.1, Feedback geben), damit ein vertrauensvoller Austausch über Forschungsinhalte in Ihrem Team entstehen kann. Besonders hier befinden Sie sich in einer Vorbildrolle! Weitere wertvolle Hinweise zu einer professionellen Außendarstellung finden Sie in Kapitel 21.

Qualitätsmanagement betreiben.
Qualität und Zuverlässigkeit gehen eng miteinander einher: Denn Sie müssen sich auf Ihre Mitarbeiter verlassen können – sonst sind Sie vielleicht irgendwann verlassen – und den guten Ruf verlieren dann Sie, nicht (nur) Ihre Mitarbeiter. Sich verlassen zu können, hat jedoch nicht nur etwas mit der Kompetenz und Zuverlässigkeit der Mitarbeiter und Ihrem Vertrauen in diese zu tun, sondern auch damit, dass Sie ihnen einen Rahmen vorgeben, in dem Sie für Ihr Team Qualitätsstandards und Kontrollmechanismen definieren. Ein gutes Qualitätsmanagement kann sowohl hilfreich für die Effizienz innerhalb einer Organisation sein (so brauchen Sie sich bspw. um Vieles nicht mehr selbst zu kümmern, da Sie es schriftlich definiert haben) als auch zum Nachweis bestimmter Standards (vgl. ISO 9000 in der Industrie) gegenüber Dritten dienen. Qualität in diesem Sinne erfordert beispielsweise, dass die Ergebnisse der wissenschaftlichen Arbeit termingerecht, übersichtlich aufgearbeitet und deren Nutzen (ggf. auch für den Vertragspartner) klar erkennbar ist. Von erheblicher Bedeutung ist zudem die korrekte Dokumentation der Arbeit, sei es in Form eines Laborbuchs

(vgl. Abschnitt 18.2.2) bzw. eines Mess- oder Experimentalprotokolls sowie das Erstellen des Literaturverzeichnisses (vgl. Abschnitt 12.2, Zitationen und Literaturangaben). Natürlich werden sich die Ausgestaltungen der einzelnen Anforderungen erheblich voneinander unterscheiden, da sie vom Forschungsinhalt und sonstigen Randbedingungen wie beispielsweise Sicherheitsfragen abhängen. Auch Anleitungen zu Hausarbeiten und Präsentationen für Studierende sind als Maßnahmen zur Qualitätssicherung zu sehen (vgl. Kapitel 12, Abschnitt 11.3, Qualitätssicherung in der Lehre bzw. 18.2.1 in der Forschung). Geben Sie daher Ihren Qualitätsstandard in allen Lehrstuhlprozessen vor.

Natürlich geht es nicht nur um das Aufstellen möglichst genauer Regeln und Anweisungen, sondern auch darum, dass diese mit Überzeugung gelebt werden. Ebenso wichtig sind daher das Qualitätsverständnis und der tägliche Einsatz eines jeden Lehrstuhlangehörigen (also auch Ihrer Person!) für die Qualitätssicherung. Die erzeugte Qualität der Leistungen hängt dabei zu allererst von Ihnen und erst dann von den Mitarbeitern selbst ab; von deren Kenntnissen und Fähigkeiten, von ihrer Kooperationsfähigkeit und ihrer Bereitschaft, Schwachstellen und Fehlermöglichkeiten aufzuspüren und zu beseitigen. All dies können Sie durch eine entsprechende Personalführung mit Vorgaben von Leistungsnormen und regelmäßigem Feedback einerseits (vgl. Kapitel 14) sowie prozessbezogenen Maßnahmen der Qualitätsentwicklung wie Fachkolloquien, Fortbildungen oder Lehrstuhl-Workshops andererseits (vgl. Kapitel 4, Team-Klausur) ausbauen und unterstützen.

Zeit für Reflexionen einrichten.
Nehmen Sie sich in regelmäßigen Abständen Zeit zum Reflektieren und kreativen Nachdenken. Kreativität kommt nicht auf Knopfdruck, sondern dann, wenn die Rahmenbedingungen dafür gegeben sind. Eine der wichtigsten ist das dazugehörige ungestörte Zeitfenster (vgl. Kapitel 2, Persönliche Arbeitsmethodik). An Ideen zu 'spinnen' zählt zu den wichtigsten Tätigkeiten im wissenschaftlichen Alltag, denn nur so kommen Sie zu innovativen Einsichten. Nicht zuletzt ist es für Mitarbeiter meist auch sehr wohltuend, Ihren Vorgesetzten in einem gemeinsamen Kreativitätsprozess zu erleben und mit ihm gemeinsam Neues zu entwickeln.

Da Ideen gerne auch durch Zuwerfen von gedanklichen Bällen im Team entstehen, sollten Sie für entsprechende Ideengenerierungs-Runden regelmäßig Gelegenheit schaffen, beispielsweise in Kolloquien oder Team-Klausurtagen (vgl. Kapitel 20, Kreativitätsmethoden). Lassen Sie sich neue Forschungsideen von Mitarbeitern erzählen; schaffen Sie dafür Raum und Platz. Überdenken und hinterfragen Sie jeden (zunächst auch noch so unrealistisch erscheinenden) Geistesblitz mit dem erforderlichen Ernst und der angebrachten Wertschätzung und geben Sie diese Haltung als Standard vor. Dann werden Ihre Mitarbeiter auch außerhalb solcher Sitzungen mit (möglicherweise zündenden oder gar patentbringenden) Ideen zu Ihnen kommen.

Reflektieren und evaluieren Sie mit Ihrem Team zusätzlich zu deren Forschung regelmäßig auch das Forschungsprofil Ihres Lehrstuhls. Hinterfragen Sie Qualität, Ausrichtung, Effektivität Ihrer Forschungsarbeit und schaffen Sie Möglichkeiten der Optimierung, Neuausrichtung oder Verstärkung bestehender Vorhaben (vgl. auch Abschnitt 4.4). Gemeinsame Reflexionen schulen kritisches Hinterfragen und damit auch eigenverantwortliches Arbeiten. Integrieren Sie daher Routine-Reflexionen in die Lehrstuhlabläufe. Nutzen Sie beispielsweise auch Möglichkeiten, die ein Vier-Augen-Prinzip (zwei Wissenschaftler arbeiten jeweils an einem Projekt) oder eine Vorkorrektur durch einen erfahrenen Wissenschaftler bieten.

in Kompetenz-Netzwerken arbeiten.
Natürlich können Sie in Ihrem stillen Kämmerlein vor sich hin forschen und plötzlich eine geniale, nobelpreisverdächtige Idee haben – doch das ist äußerst unwahrscheinlich. Jenes gelingt Ihnen

wesentlich leichter, wenn Sie in Netzwerken arbeiten: Sie werden von anderen inspiriert und generieren mit viel höherer Wahrscheinlichkeit gute Ideen; Sie können im Verbund – sofern Sie diesen wollen – weit gefasster bzw. größere Forschungsthemen stemmen als alleine und mit dem einen oder anderen bekannten Kooperationspartner tun Sie sich möglicherweise auch bei der Akquise leichter. Kurzum, neben Ihrer eigenen wissenschaftlichen Exzellenz und Reputation spielen Ihre Kontakte und Netzwerke eine nicht zu unterschätzende Rolle (für eine ausführliche Darstellung siehe nächstes Teilkapitel).

16.2 Arbeiten in Kompetenz-Netzwerken

„Wenn du schnell gehen willst, geh allein.
Aber wenn du weit gehen willst, geh mit anderen zusammen."
Kenianisches Sprichwort

Networking hat auch in der Wissenschaft große Bedeutung, was jedoch nicht heißt, dass es notwendig ist, zum passionierten Networker zu werden, um als Wissenschaftler erfolgreich zu sein – aber es macht das Erfolgreichsein um einiges leichter. Vermutlich kennen Sie es aus eigener Erfahrung: Networker haben es in vielen Situationen – und erst recht in solchen, in denen sie Anregungen, Austausch oder Input bedürfen – leichter, weil sie auf etwas zurückgreifen können, was sie sich zuvor aufgebaut haben: Kontakte. Durch Kompetenznetzwerke bündeln Wissenschaftler ihre unterschiedlichen Wissens- und Erfahrungsstände sowie Infrastruktur und profitieren damit von einem größeren Wissensstand sowie einer besseren Forschungssituation – mit der Konsequenz, erfolgreicher arbeiten zu können. Kompetenznetzwerke sind spezielle Formen von Netzwerken, die einzelne Personen (oder auch Unternehmen / Institutionen) auf Basis ihrer Kompetenz bilden. Diese können als formeller Zusammenschluss wie die 'Fraunhofer Allianz Bau' fungieren (unter diesem Pseudonym arbeiten 16 Fraunhofer Institute in einem Kompetenznetzwerk zusammen) oder als eher informeller Verbund beispielsweise im Fall von E-Mailverteilerlisten.

Vorteile von Kompetenz-Netzwerken

Akademische Kompetenz-Netzwerke werden sowohl inter- wie transdisziplinär gebildet und fungieren national wie auch international. Auf vielfältige Weise sind Sie damit hervorragend aufgestellt, denn Sie haben nun ...

- **Forschungspartner.** Zunächst einmal finden Sie innerhalb eines Kompetenz-Netzwerks Ansprechpartner für fachliche Fragen und Diskussionen. Auch bezüglich der Forschungsinfrastruktur (Geräte, Anlagen, Datenbanken, Labore etc.) haben Sie innerhalb eines Netzwerks dank kürzerer Wege Hilfestellungen sowie bessere Möglichkeiten, Unterstützung zu erhalten. Ihr Netzwerk kann auch der Ausgangspunkt für Forschungskonsortien (= eine Gruppe von Partnern mit einem gemeinsamen Ziel) werden – beispielsweise um eine neue gemeinsame Forschungsidee weiterzuentwickeln (etwa mit Förderung durch die DFG) oder um sich an einer Ausschreibung (z.B. des BMBF) zu beteiligen.
- **Zeitvorteile.** Insbesondere im internationalen Forschungsgeschäft sind gelegentlich sehr rasche Reaktionen gefragt, um überhaupt im Rennen um einen Forschungsauftrag zu bleiben. Sie haben einen echten Wettbewerbsvorteil, wenn Sie beispielsweise eine Ausschreibung erreicht, in welcher Forschungsprojekte Ihres Faches in Kombination mit einer weiteren Disziplin gefördert werden, und Sie sogleich auf potenzielle Ansprechpartner zurückgreifen könnten.

Netzwerkarbeit bietet folglich den zusätzlichen Vorteil, dass Sie etwaige Kooperationspartner (und deren Arbeits- und Qualitätsstandards) bereits fachlich einschätzen oder (wenn es um Dritte geht) vertrauensvoll einschätzen lassen können.

Aufbau von Kontakten

Sind Sie überzeugt, ein Netzwerker werden zu wollen? In diesem Fall wird sich für Sie die Zusammenarbeit mit anderen wissenschaftlichen Einrichtungen rasch zu einer Selbstverständlichkeit entwickeln. Nun stellt sich natürlich die Frage, wie ein gutes Netzwerk eigentlich aussieht, was es ausmacht und wie Sie dies entwickeln und pflegen sollten, um es voll ausschöpfen zu können. In der Tat ist 'Netzwerken' deutlich mehr als nur Visitenkarten sammeln und es gibt eine ganze Reihe an Faktoren, die eine wesentliche Rolle für den Erfolg Ihres Netzwerks spielen. Dazu gehört unter anderem das Beherzigen einiger grundlegender Tipps zum Sozialverhalten im akademischen und politischen Umfeld. Berücksichtigen Sie diese Spielregeln, werden Sie feststellen, dass es sich lohnt!

- **Kontakte aktiv knüpfen.** Knüpfen Sie aktiv Kontakte! Warten Sie nicht, bis Andere auf Sie zugehen, sondern suchen Sie das Gespräch – man weiß vorher nie, welche Potenziale sich daraus ergeben können. Und vergessen Sie nicht: Ihre fachliche Brillanz nützt Ihnen wenig, wenn Sie nicht das komplementäre wissenschaftliche Umfeld haben, um sie auszuspielen. Und dieses aufzubauen, bedeutet – vor allem – aktive Kommunikation.
  Natürlich sind Tagungen und Kongresse eine gute Gelegenheit, andere Wissenschaftler persönlich kennen zu lernen und sich über deren Arbeit zu informieren. Nutzen Sie hierzu jedoch nicht nur die Vortragsveranstaltungen und die angebundenen Diskussionen, sondern auch die Pausen und Abende. Überlegen Sie sich, mit wem Sie ins Gespräch kommen möchten und sprechen Sie die Kollegen während der informellen Veranstaltungsteile an (vgl. Abschnitt 24.3, Small Talk). Gerade bei solchen Gelegenheiten werden oft unverhofft wertvolle Kontakte geknüpft und – möglicherweise zu späterer Stunde – vielversprechende Projektideen geboren. Nutzen Sie den Abend einer Veranstaltung intensiv zum Kontaktaufbau und zur Kontaktpflege, Sie können sicher sein, dass dies in den meisten Fällen sehr weise investierte Zeit ist (vgl. ausführliche Darstellungen hierzu in Abschnitt 22.1.3, Networking auf wissenschaftlichen Veranstaltungen).
- **Fachliteratur.** Halten Sie Ihre Augen für potenzielle Netzwerkpartner aber auch zu anderen Zeitpunkten offen, beispielsweise wenn Sie die Fachliteratur auswerten. Merken Sie sich die Namen, die Ihnen positiv aufgefallen sind, und nutzen Sie die Möglichkeit, einen solchen Kollegen zu einem Vortrag einzuladen oder jenen auch selbst zu besuchen.
- **Kooperationsspartner.** Langfristig dienen der Aufbau und die Pflege eines Kompetenz-Netzwerks auch, wenn nicht sogar in erster Linie, der Suche nach Forschungspartnern. Seien Sie bei Ihrer Entscheidung wählerisch! Überlegen Sie sorgfältig, wer als Persönlichkeit und auch als Wissenschaftler zu Ihnen passt. Denn wenn die gewünschte Expertise nicht vorhanden ist und die 'Chemie' nicht stimmt, wird es schwierig. Vermeiden Sie vorschnelle Zusagen zu Kooperationsanfragen, die Sie später bereuen könnten und holen Sie im Speziellen Erkundigungen ein – ein Blick ins Internet, die Publikationsliste oder die vertrauensvolle Bitte um eine Einschätzung bei Ihren bestehenden Kooperationspartnern können vielerlei Informationen geben.
  Prüfen Sie vor einer finalen Kooperation auch die Passung der Ziele. Nicht immer stellt sich heraus, dass man das gleiche Ziel hat – im negativen Fall sollten Sie sich für Ihr Projekt dann lieber einen anderen Partner suchen, denn es macht keinen Sinn, wenn Sie beispielsweise ausschließlich Grundlagenforschung betreiben wollen, während der potenzielle Kooperations-

partner nur im angewandten Forschungsfeld unterwegs ist und Sie somit keine gemeinsame Schnittmenge finden. Es kann auch sein, dass Sie sich ausgenutzt fühlen, wenn Ihr Kooperationspartner nur den eigenen Vorteil sucht – etwa, wenn Ihr Forschungspartner bei einem gemeinsamen Forschungsantrag mehr Ressourcen beansprucht als vereinbart oder Ihre ureigensten Themen plötzlich selber weiterverfolgt. Dann sollten Sie konsequent sein und mit diesem Partner nicht mehr oder nur unter strengen Regeln zusammenarbeiten (z.B. jeder bearbeitet nur seine Themen und die Finanzmittel werden strikt nach Aufwand zugeordnet).
Klären Sie, wenn Sie von anderen Forschern kontaktiert werden, welches Interesse bzw. Ziel der andere verfolgt (Will er nur an Ihrer Reputation teilhaben oder aber eine echte partnerschaftliche Zusammenarbeit?) und was er von Ihnen erwartet (Welche Rolle sollen Sie, welche er einnehmen, wer wird welche Kernkompetenzen einbringen?). Sprechen Sie diese Aspekte offen an. Wenn nicht beide von der Zusammenarbeit profitieren oder wenn ein anderer Partner besser zu Ihnen passen würde, dann sollten Sie den Mut haben freundlich abzulehnen.

- **(Forschungs-)Politik.** Ja, Sie lesen richtig, auch die Politik eignet sich für Sie als Netzwerkpartner. Schließlich sind die Bundes- und Landesministerien häufig Geldgeber universitärer Projekte. Allerdings haben gerade die frisch Berufenen oftmals eine gewisse Scheu vor politischen Kontakten, sei es die Minister betreffend oder auch die jeweiligen Ministeriumsmitarbeiter. Für die Neuberufenen als auch für die alten Hasen gilt gleichermaßen: Überwinden Sie Ihre Scheu. Sie können davon ausgehen, dass man im Kultus- oder im Wissenschaftsministerium Interesse an Ihrer Arbeit hat, denn von dort kommt schließlich die Finanzierung Ihrer Hochschule. In der Regel ist ein Referats- oder Abteilungsleiter Ihr Ansprechpartner, und mit ihm sollten Sie zeitnah nach Ihrer Ernennung ein vertrauensbildendes Gespräch führen – und als langjähriger Lehrstuhlinhaber natürlich immer mal wieder.
  Weitere Kontakte zu Ihnen fachlich nahestehenden Ministerien ergeben sich häufig ganz von selbst. Wer sich etwa wissenschaftlich mit Entwicklungshilfe beschäftigt, wird den Vertretern des Bundesministeriums für wirtschaftliche Zusammenarbeit und Entwicklung fast zwangsläufig bei diversen Gelegenheiten über den Weg laufen. Sollte sich dies nicht ergeben, Sie aber den Kontakt herstellen wollen, dann tun Sie das einfach, sobald sich eine passende Gelegenheit ergibt oder Sie ein konkretes Anliegen haben! Beispielsweise könnten Sie Ihren zuständigen Landesminister auch als Redner oder für ein Grußwort zu einem Kongress einladen.

Netzwerke betreiben und aufrechterhalten
Nicht nur der Aufbau von Kontakten, sondern vor allem die Pflege und das Bespielen eines Netzwerks benötigt Ihr Engagement. Sie finden im Folgenden ein paar grundsätzliche Tipps für den Umgang mit Ihrem Kompetenz-Netzwerk.

- **Gemeinsame Basis schaffen / Ziele festlegen.** Das Netzwerk kann ein lockerer, informeller Zusammenschluss sein, der dadurch besticht, dass man sich in regelmäßigen Abständen vorbereitungslos zum thematischen Austausch trifft – ähnlich einem Stammtisch. Wenn das Netzwerk aber darauf ausgerichtet ist, etwas zu bewegen, bringt dies andere Implikationen für die Kooperation mit sich. Einigen Sie sich deshalb zu Beginn über Ihr gemeinsames inhaltliches Interesse, also über das, was Sie zusammenführt, worüber Sie sich austauschen wollen und was ggf. Gegenstand gemeinsamer Forschung werden soll. Ein solch geteiltes Verständnis schließt die Klärung zentraler Modalitäten (siehe unten 'Meeting-Kultur', 'Spielregeln' etc.) und Begrifflichkeiten ein, denn insbesondere wenn Sie aus unterschiedlichen Disziplinen stammen, benötigen Sie zunächst einmal eine gemeinsame Sprache (vgl. Abschnitt 16.3, Interdisziplinäre Zusammenarbeit). So versteht beispielsweise ein Bauphysiker unter Konditionierung etwas völlig anderes als ein Psychologe (erstgenannter möchte einen Raum auf einer bestimmten Temperatur halten, während man in der Psychologie darunter das Erlernen von Reiz-Reaktions-Mustern versteht).

- **Meeting-Kultur.** Definieren Sie bei der Festlegung Ihrer Netzwerkziele auch die Modalitäten der Zusammenarbeit: Wie wollen Sie sich austauschen (virtuell oder real oder beides)? Wie läuft die Kommunikation? Wo, wann, wie lange und wie regelmäßig wollen Sie sich austauschen? Wer treibt was bis wann voran? Bei regelmäßigen lokalspezifischen Treffen bietet es sich an, bereits am Vorabend zum Essen in ruhiger Umgebung zusammenzukommen. Dies wird in der Regel von den meisten Teilnehmern gerne angenommen und häufig werden gerade an solchen Abenden neue Ideen geboren und Bündnisse geschlossen.

- **Spielregeln.** Respektieren Sie wissenschaftliche Gepflogenheiten! Es sollte selbstverständlich sein, dass die Regeln von Anstand und Fairness auch in der Wissenschaft gelten – gerade hier sind sie ein wertvolles Gut. Je intensiver Sie sich im Rahmen Ihres Netzwerkes austauschen, desto stärker sind Sie auf den vertrauensvollen Umgang mit Informationen angewiesen. Wer Sie in eine Projektidee einweiht, sollte darauf vertrauen können, dass Sie dieses Wissen nicht ausnutzen und dass Sie es für sich behalten. Es ist durchaus üblich, vor dem Beginn von Sitzungen (und auch Gesprächen!) ausdrücklich auf die Vertraulichkeit alles Gesagten hinzuweisen oder die Teilnehmer bei Bedarf sogar eine Vertraulichkeitserklärung unterschreiben zu lassen.
  Kooperation und Hilfsbereitschaft stellen ebenfalls wichtige Spielregeln dar. Die Bitte eines Kollegen, als Redner aufzutreten, einen Beitrag für ein Buch zu verfassen, als Zweitgutachter zu agieren u.ä. sollten Sie nur in Ausnahmefällen und gut begründet ablehnen. Das Prinzip 'Eine Hand wäscht die andere' beschränkt sich nicht nur auf das Zitieren – seien Sie bei einem Projekt Ihrem Forschungspartner gegenüber auch mal großzügig, beim nächsten Projekt wird es Ihnen gegenüber – ein entsprechendes Klima vorausgesetzt – mit großer Wahrscheinlichkeit erwidert werden.

- **Aktive Kontaktpflege.** Pflegen Sie Ihre Kontakte, sonst schlafen die Verbindungen ein. Vielleicht denken Sie jetzt „Wie soll ich das nur alles schaffen, wie kann ich allen gerecht werden?". Formelle Kontakte pflegen heißt nicht, tiefgehende Freundschaften aufzubauen (wenngleich Sie natürlich niemand davon abhält). Sie werden im Alltag bei genauerem Hinsehen genügend Gelegenheit haben, einzelne Personen zu bedenken, sei es durch den Hinweis auf einen interessanten Artikel, die Idee zu einem gemeinsamen Projekt oder die Vermittlung einer Begutachtung. Oder laden Sie Ihre Netzwerkpartner zu Tagungen und Feierlichkeiten ein, versenden Sie Weihnachtskarten (oder Nikolauskarten; diese werden eher gelesen, da sie der Weihnachtskartenflut zuvorkommen), wobei regelmäßige Treffen, ein Telefonanruf oder eine Mail hin und wieder natürlich auch zu empfehlen sind. Bei engeren Kontakten sollte der Anruf zum Geburtstag nicht ausbleiben. (Lassen Sie sich von Ihrem Terminkalender rechtzeitig erinnern, wer Geburtstag hat.) Sofern Sie Ihre Kontakte mit Fingerspitzengefühl (nicht aufdringlich) pflegen, werden Sie mehrheitlich auf die gleiche Offenheit treffen. Qualität geht auch hier vor Quantität.

- **Teilnehmerkreis.** Passen Sie auf, dass Sie 'Ihrem Netzwerk' keine Personenkonstellationen zumuten, die das Ganze zum Kippen bringen. Um es offen anzusprechen: Manch ein 'enfant terrible' darf einfach nicht ins Netzwerk, wenn daraufhin andere Personen Ihren Zusammenschluss verlassen würden – sei er auch noch so kreativ.

Wie Sie gesehen haben, ermöglicht Ihnen eine aktive, zielorientierte Netzwerkarbeit viele Vorteile für Ihre Forschung. Häufig arbeiten Sie dabei auch interdisziplinär oder in einem größeren Verbund zusammen. Genau diese Art der Zusammenarbeit wird nachfolgend thematisiert.

16.3 Interdisziplinär zusammenarbeiten

Mit jemandem jenseits Ihres Kernfachgebiets zusammenzuarbeiten – wäre das etwas für Sie? „Ja, warum denn nicht – obwohl, mit jemand Fachfremden zusammenarbeiten, das wird sicherlich schwierig. Der denkt bestimmt ganz anders.“ sagen Sie sich daraufhin vielleicht. In der Tat mag es viele von uns davon abhalten, trans- bzw. interdisziplinär[37] zu forschen, weil es mit einigen potenziellen Hindernissen verbunden ist, die wir zunächst meist weder zu überschauen noch zu überwinden wissen. Und da haben Sie recht, denn meistens scheitert interdisziplinäre Zusammenarbeit mittelfristig aus genau diesen Gründen. Doch unterschätzen Sie nicht die Vorteile, die sich ergeben, wenn die Zusammenarbeit gelingt:

- Wissenschaft zu betreiben heißt, Wissen zu schaffen – Fragestellungen, deren Komplexität mit einer rein intradisziplinären Herangehensweise nicht (mehr) angemessen Rechnung getragen werden kann, lassen sich interdisziplinär umfassender und somit angemessener bearbeiten.
- Erfolgreiche interdisziplinäre Arbeiten erschließen den beteiligten Fächern neue Anwendungsfelder und zusätzliche Perspektiven und tragen zur Weiterentwicklung von Theorien und Methoden bei, derer sich wiederum die einzelnen, beteiligten Fächer dann bedienen können.
- In interdisziplinäre Projekte einzusteigen, lohnt sich nicht zuletzt unter dem Gesichtspunkt, dass sich vor allem an den Schnittstellen zwischen Disziplinen (bislang unerforschte) Themenfelder auftun, welche hoch innovative Erkenntnisse sehr wahrscheinlich machen. Aus eben diesem Grunde befördern einige Drittmittelgeber im Speziellen interdisziplinäre Anträge oder artikulieren sie sogar als Voraussetzung für eine Förderung.

Doch was macht eine erfolgreiche interdisziplinäre Zusammenarbeit aus und wo liegen Fallen und Stolpersteine? In diesem Teilkapitel werden zunächst die Herausforderungen und Erschwernisse beschrieben, um anschließend Prozesse und Einflussfaktoren zu erläutern, die das jeweilige Forscherteam in die Lage versetzen, erfolgreich interdisziplinär zusammenzuarbeiten.

16.3.1 Herausforderungen und Probleme interdisziplinärer Zusammenarbeit

Interdisziplinäre Vorhaben sind, wie aus empirischen Untersuchungen hervorgeht, mit einer Vielzahl von Schwierigkeiten verbunden, die in der Prozessgestaltung der Zusammenarbeit und oder der begleitenden Kommunikation liegen können[38]:

- **Fachspezifische Kulturen.** Jedes Fach hat eine ganz spezifische Weltsicht und eine Art und Weise, an die Dinge heranzugehen, sie zu sehen, Fragen zu stellen und nach Antworten zu suchen. Und genau in diesen 'kulturellen' Unterschieden – in Methodik, Werten, Machtverhältnissen u.v.m. – besteht das vermutlich größte Problem. Denn sie alle beeinflussen in erheblichem

---

[37] Interdisziplinarität ist definiert als integrationsorientiertes Zusammenwirken von Personen aus mindestens zwei Disziplinen im Hinblick auf gemeinsame Ziele und Ergebnisse, in dem die disziplinären Sichtweisen zu einer Gesamtsicht zusammengeführt werden.
Eine andere Art der Zusammenarbeit ist die sog. transdisziplinäre Zusammenarbeit. Hierunter versteht man die Zusammenarbeit zwischen Vertretern unterschiedlicher Arbeitsweisen innerhalb einer Disziplin, beispielsweise von der Grundlagenforschung in die Anwendungsforschung oder von der Theorie (Wissenschaftler) in die Praxis (Praktiker). Viele der im Folgenden genannten Hemmnisse oder Empfehlungen gelten ebenfalls für diese Art der Zusammenarbeit.

[38] Für ausführliche Darstellungen siehe Defila et al. (2006).

Maße die inhaltliche Problemdefinition, die Forschungsdesigns, Interpretationen und die Anwendung der Ergebnisse im gemeinsamen Projekt.

- **Missverständnisse und Definitionsansprüche.** Innerhalb jeder Disziplin besteht zumeist Einigkeit darüber, was wichtig und wissenschaftlich hochwertig ist, wie man vorzugehen hat und was diesbezüglich für Normen und ungeschriebene Gesetze bestehen; dieses 'implizite Wissen' ist innerhalb der eigenen Disziplin selbstverständlich und muss daher nicht explizit gemacht werden (bspw. ist die Annahme, dass „nur Peer-Reviewed Publikationen bedeutsam sind", nur in manchen Disziplinen haltbar). Trifft man aber nun auf eine andere Disziplin, so kann diese weder jenes Wissen kennen noch auf Anhieb bemerken; nicht zuletzt wird es auch häufig nicht anerkannt.
  Daher müssen die eigene Denkweise, die entsprechenden Bewertungen und Vorgehensweisen den jeweils Fachfremden angemessen deutlich gemacht und übersetzt werden, sonst drohen Nicht-Verstehen oder Missverstehen. Beispielsweise können dieselben Begriffe (siehe oben 'Konditionierung') in unterschiedlichen Disziplinen andere Bedeutungen oder weiterführende Differenzierungen haben, die – wenn auf Definitionsprimat beharrt wird – Konflikte entstehen lassen und schüren können.

- **Fehlendes methodisches Know-how von Interdisziplinarität.** Zu wenig Wissen über geeignete Methoden und die Gestaltung der gemeinsamen Prozesse und Meetings kann die Kooperationspartner in Sackgassen führen. Wenn dieses Defizit unbeachtet (und unaufgehoben) bleibt, wird die Arbeit für die Beteiligten zunehmend ineffizient, demotivierend und unbefriedigend verlaufen, sodass sie sich zurückziehen. Auch die Ergebnisse gehen dann nicht über das hinaus, was ursprünglich mit dem interdisziplinären Vorgehen hätte erreicht werden können: Synergien bleiben ungenutzt.
  Eines der trivialsten Probleme bei der Abstimmung und Planung ist übrigens, dass zu wenig Zeit für die in Abschnitt 16.3.2 beschriebene Kommunikation und Integration einkalkuliert wird (vgl. Abschnitt 1.3, Rolle des Integrators).

- **Divergenzen in Methodik, Zielen und Wissenschaftlichkeit.** Der Eine will Patente als Ergebnis, der Andere Publikationen (was sich zeitlich gesehen deutlich im Wege stehen kann), der Dritte will das Projekt nur irgendwie hinter sich bringen und schnell abschließen, was der Qualität der Arbeit der Anderen wiederum möglicherweise ziemlich in die Quere kommt.
  Der von der anderen Disziplin gewählte Anspruch und ihre Vorgehensweise erscheinen vielleicht fremd, im schlechtesten Fall sogar skurril, wenig zielführend oder gar unwissenschaftlich. Schwierigkeiten entstehen auch dann, wenn man denkt, man alleine würde die richtigen oder wichtigen Fragen stellen, die zentralen Brennpunkte auftun oder die besten Methoden wählen und wenn man die Fragen der Anderen als weder sinnvoll noch zielführend abqualifiziert.

- **Gruppendynamische Probleme.** Interdisziplinär arbeiten beinhaltet häufig auch, in einem etwas größeren Team zu arbeiten. Große Gruppen stehen in der Tat vor der Herausforderung, dass ein Zusammenhalt / Teamgefühl nicht so leicht entsteht. Des Weiteren zeigt die Forschung, dass die Verbundenheit / Identifizierung mit der interdisziplinär arbeitenden Gruppe geringer ist, je interdisziplinärer sich ein Team konstituiert (nach dem Motto: Jeder von uns ist Experte auf seinem Gebiet. Klar, dass wir nichts gemeinsam haben. Wie sollte ich mich dann auch mit den Anderen identifizieren? Wie ein Team werden?). Interdisziplinarität ist vor allem dann problematisch, wenn ein Team aufgabentechnisch sehr independent bzw. es wenig erforderlich ist, sich mit den anderen auseinanderzusetzen.

- **Vorurteile.** Die Wenigsten von uns haben ein fundiertes Wissen bezüglich anderer Disziplinen, das liegt auf der Hand. Oft leisten wir uns aber dennoch ein Halbwissen, eine vage Idee oder eine Meinung darüber, was andere Disziplinen leisten können bzw. sollten oder wie 'Physiker', 'Psychologen', 'Ingenieure' oder 'Philosophen' so sind. Problematisch wird dies vor allem dann, wenn man meint, besser als die Disziplinangehörigen zu wissen, was sie beitragen sollten, die Bedeutsamkeit des eigenen Beitrags überschätzt und die Beiträge Anderer herunterspielt.

16.3.2 Erfolgsfaktoren interdisziplinärer Zusammenarbeit

Wie Sie gesehen haben, ist das Arbeiten in interdisziplinären Projekten nichts, was einfach so ohne weiteres Zutun gelingt, sondern eine anspruchsvolle Tätigkeit, die sich bei Beachtung entsprechender Rahmenbedingungen durchaus erfolgreich gestalten lässt. Nachfolgend finden Sie die wichtigsten Rahmenbedingungen für erfolgreiche Zusammenarbeit skizziert und in Abb. 16.2 visualisiert.

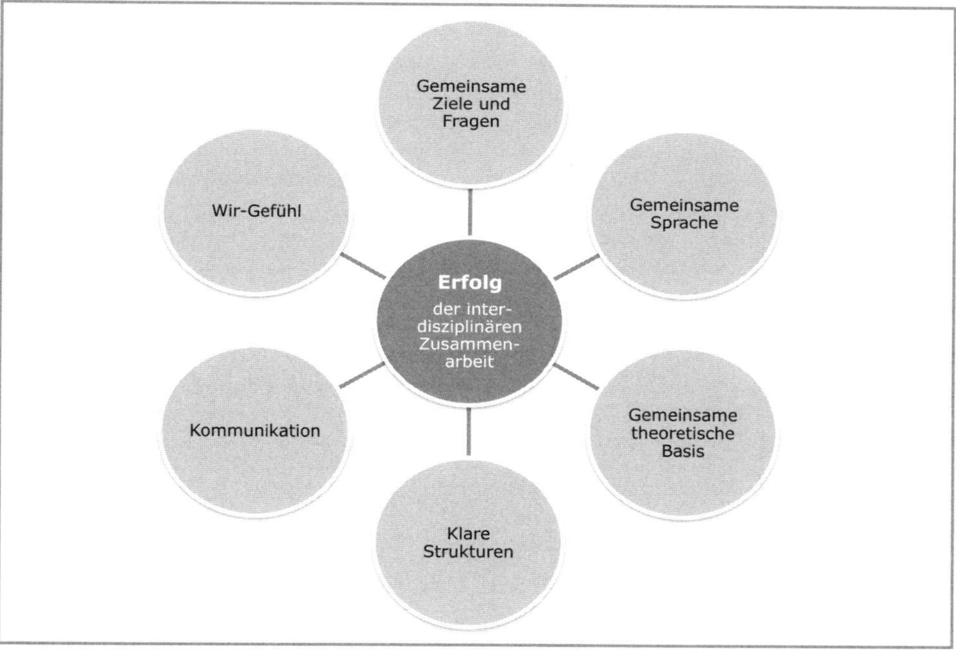

Abb. 16.2. Erfolgsfaktoren interdisziplinärer Zusammenarbeit.

Gemeinsame Ziele und Fragen entwickeln

Interdisziplinäre Zusammenarbeit ist kein Selbstzweck, sondern sie erfolgt immer im Hinblick auf ein bestimmtes Ziel. Entscheidend für das Gelingen der gemeinsamen Arbeit ist, dass sich alle Beteiligten über das Ziel und seinen Stellenwert einig sind. Dies impliziert unter anderem, dass jeder von der Relevanz aller zu behandelnden Aspekte überzeugt sein muss und nicht der Auffassung sein darf, dass irgendein zentraler Aspekt missachtet wird (denn dann gehen Identifikation mit dem und Bindung an das Ziel verloren). Haken Sie daher immer nach, wenn allzu schnell trügerische Einigkeit herrscht – diese könnte ein Hinweis darauf sein, dass sich die Beteiligten nicht wirklich mit den Zielen und Fragen auseinandersetzen. Planen Sie für die Zielklärung genügend Zeit ein, denn es gefährdet den Erfolg, wenn sie unter Druck oder zu schnell erledigt wird (werden muss).

Die Beschreibung des gemeinsamen Forschungsgegenstands und seines angestrebten Ziels muss möglichst präzise und zugleich so verständlich sein, dass sie, unabhängig von einer bestimmten disziplinären Theorie oder Fachsprache, für alle nachvollziehbar ist. Vermeiden Sie bloße Stichworte, Allgemeinplätze oder unkommentierte Graphiken, die die Nichtfachkollegen dann nicht verstehen können.
Schließlich ist auch festzuhalten, was am Ende des Projekts stehen sollte, welche Kriterien die gemeinsame Arbeit als erfolgreich kennzeichnen würden. Was wären Ihre Erfolgskriterien – drei Peer-Reviewed Publikationen oder eine patentierfähige technische Lösung oder ein Folgeantrag oder alle drei? Was sollte aus dem erreichten Ziel abgeleitet werden, was die gewünschten (realistischen) Nebenprodukte sein, damit alle zufrieden sind? Formulieren Sie diese bereits zu Beginn, damit alle wissen, worauf sie hinarbeiten und nicht unterwegs oder am Ende von plötzlich hervorgebrachten Erfolgskriterien oder Forderungen der Anderen überrascht werden.

Gemeinsame Sprache verwenden

Es reicht nicht, dass alle 'englisch' reden, d.h. eine gemeinsame 'Amtssprache' haben – Sie müssen auch wissen, *wovon* sie reden. Kurzum: Ein Minimum an Fachbegriffen der anderen Disziplin sollte jeder beherrschen und sich darum bemühen, die Fachbegriffe der Anderen korrekt zu verwenden. Zum einen ist dies Zeichen des Aufeinanderzugehens und der Wertschätzung der anderen Disziplin, zum anderen lässt es sich so viel leichter diskutieren und zum Dritten auch nach außen besser verkaufen.
Um interdisziplinär erfolgreich zu arbeiten, sollten die Beteiligten eine gemeinsame Sprache entwickeln. Eine gemeinsame Sprache zu entwickeln, heißt dabei weder, gemeinsam eine neue Sprache zu erfinden, noch, sich auf eine einzige Sprache zu einigen, oder dass sämtliche Begriffe gemeinsam abgesprochen und definiert werden müssen. Es bedeutet vielmehr, ein Bewusstsein für die Unterschiedlichkeit der im Verbund vertretenen Fachsprachen zu entwickeln und Begriffe, die für das gemeinsame Forschungsvorhaben von Bedeutung sind, gemeinsam zu diskutieren. Für einzelne Begriffe wird eine gemeinsame, für alle geltende Definition wichtig und unumgänglich sein, für andere Begriffe mag es sich hingegen anbieten, sich nach der Fach- und Bedeutungssprache einer Disziplin zu richten. Und dann gibt es natürlich auch solche Begriffe, bei denen es gemeinsam festzulegen gilt, wie mit unterschiedlichen Bedeutungen umgegangen wird, die die Beteiligten jeweils für sie verwenden.
Noch ein Tipp: Eine gemeinsame Sprache lässt sich am leichtesten anlässlich gemeinsam zu erstellender 'Produkte' (bspw. Publikationen, Vorträge, Anträge) entwickeln, denn konkrete Anlässe vermeiden 'rein akademische, ziellose Begriffsdefinitionen'. Strittige Punkte sollten dabei stets wieder aufgegriffen und so lange diskutiert werden, bis sie aus Sicht aller Beteiligten in sich stimmig und richtig sind. Möglicherweise halten Sie das jetzt auf den ersten Blick für überzogen, aber das Auslassen solcher Schlaufen senkt die Identifizierung mit dem Ergebnis und damit das Engagement der Mitwirkenden.

Gemeinsame theoretische Basis erarbeiten

Eine interdisziplinäre Zusammenarbeit erfordert des Weiteren, einen gemeinsamen theoretischen Ausgangspunkt zu haben, von dem aus die Teilgruppen agieren können. Dies bedeutet, eine Problembeschreibung zu erarbeiten, die so beschaffen ist, dass alle Beteiligten bereit sind, ihre jeweiligen disziplinären Ansätze darauf auszurichten. Eine solche Gemeinsamkeit bzw. ein entsprechender Konsens ist existenziell für das weitere Vorgehen, denn er schafft den erforderlichen Rahmen, in dem sich alle bewegen können, sollen und wollen.
Um sich diese gemeinsame theoretische Basis zu erarbeiten, müssen alle Seiten zunächst einmal die Ziele, Herangehensweisen, Ansätze und Methoden der am Verbund beteiligten Personen kennenlernen. Erst danach lässt sich der gemeinsame Forschungsausgangspunkt in der Sprache einer

jeden Disziplin und schließlich konsensfähig beschreiben (vgl. obigen Abschnitt 'Gemeinsame Sprache entwickeln').
Eine Methode, die verwendet werden kann, um die disziplinären Unterschiede in der Wahrnehmung eines Forschungsgegenstands herauszuarbeiten, ist, eine Mindmap zu den eigenen Konzepten, eine sog. 'Concept-Map', zu erstellen (zur genauen Vorgehensweise siehe Abschnitt 9.8). Dabei stellen die Forschenden ihr Verständnis des zu untersuchenden Problems graphisch dar (als Karte, als Flussdiagramm, als Modell etc.), wobei sie sich an Fragen wie den folgenden orientieren können:

- Was sind relevante Teilprobleme oder -Fragestellungen?
- Wo liegen wesentliche Ursachen des Problems / der Fragestellung?
- Wer sind die relevanten Akteure und welchen Beitrag leisten diese zur Entstehung bzw. zur Lösung des Problems / der Fragestellung?
- Welches sind die für das Verstehen des Problems / der Fragestellung relevanten Annahmen?
- Zu welchen Aspekten des Problems / der Fragestellung ist gesichertes Wissen vorhanden, das einbezogen werden muss?
- Welches sind die offenen Fragen?
- Welches sind die wichtigen Hypothesen?
- Wo liegen mögliche Lösungsansätze?

Im Vergleich der unterschiedlichen Visualisierungen des Problems zeigt sich, in welchen Punkten und wodurch sich die von den Beteiligten vertretenen Sichtweisen unterscheiden. Lassen Sie die Mitglieder Ihres Verbunds die Hypothesen formulieren, die aus ihrer Sicht den gemeinsamen Fragen zugrunde liegen und erklären, von welchen Annahmen Sie bei deren Beantwortung ausgehen würden. Identifizieren Sie Unterschiede und Dissense und diskutieren Sie, wie Sie weiter mit ihnen verfahren möchten.
Letztendlich sollte ebenfalls Einigkeit über die Methoden, die angewendet werden sollen, bestehen (aber nicht jeder muss alle Methoden anwenden können). Des Weiteren sollte ein Konsens über die Kriterien der Wissenschaftlichkeit aller beteiligten Disziplinen, denen das Vorhaben genügen soll, gewonnen werden.

Klare Strukturen etablieren
Strukturvorgaben wirken wie Leitplanken – sie geben den Beteiligten Orientierung und machen Ihnen die Führung leichter, vor allem wenn es zu gewissen Dynamiken in der Gruppe oder Zeitdruck kommt. Je klarer Ihre Strukturvorgaben, desto weniger Abweichungen von der Zielgeraden treten auf. Es geht hier nicht um Gängelung, sondern wirklich um Leiten und Lenken, d.h. Erleichterungen in den Abläufen, um transparentere Vorgaben, bessere Koordination und Zielorientierung. In diesem Sinne sollten Ihnen wichtig sein:

- **Inhaltliche Struktur** (inhaltliche Aufgaben)
  Jeder einzelne sollte für sich benennen können, welchen Beitrag er zu den gemeinsamen Zielen und Fragen leisten will und ob dies aus eigener Kraft geht oder nur zusammen mit einer anderen Teilgruppe. So übernimmt er auch Verantwortung und identifiziert sich mit dem Ganzen. Die hier benannten Teilprojekte lassen sich in einem sog. Projektstrukturplan abbilden, aus dem ersichtlich wird, wer mit wem zusammenarbeitet und wer welche inhaltliche Teilaufgabe übernimmt (vgl. Abschnitt 18.1, Projektstrukturierung betreiben).
- **Prozedurale Struktur** (Ablauf)
  Für jedes sich in der interdisziplinären Zusammenarbeit ergebende Projekt soll ein Zeitplan er-

stellt werden, aus dem ersichtlich ist, wann und von wem etwas fertig gestellt werden soll und welches wichtige Meilensteine sind (vgl. Abschnitt 18.1.1). Des Weiteren ist festzuhalten, wer die Ergebnisse abnimmt (ob sie bspw. in einem Gremium vorgestellt werden oder aber einer Projektleitung abzugeben sind) und mit welchen Kontrollmechanismen eine Qualitätskontrolle betrieben wird. Prüft beispielsweise jemand die Ergebnisse oder werden sie im Rahmen einer Diskussion hinterfragt?
Finden Sie eine Balance zwischen strukturierten Phasen der Kollaboration und freien Phasen zur vertiefenden Arbeit innerhalb der einzelnen Disziplinen. Eine interdisziplinäre Zusammenarbeit aus beidem, dem Abarbeiten der Teilaufgaben sowie der Auseinandersetzung untereinander, ist nötig, um die entsprechenden neuen Einsichten oder innovativen Gedanken freizusetzen. Planen Sie daher genug Zeit bzw. Puffer für gegenseitiges Lernen, Synthese-Leistungen und rekursive Prozesse ein.

- **Unterschiedliche Projektphasen beachten**
  Beachten Sie, dass es in den einzelnen Projektphasen zu typischen Fehlern kommt, denen Sie entgegenwirken sollten:

  - **Start**
    In der Startphase muss festgelegt werden, wann und in welcher Form die Einzelprojekte ihre Beiträge zu den gemeinsamen Zielen und Fragen liefern. Durch Euphorie und Aufbruchstimmung abgelenkt, können sonst leicht die Weichen falsch gestellt werden, sodass es an einem späteren Zeitpunkt unmöglich ist, die einzelnen Forschungsarbeiten zu verzahnen.

  - **Durchführung**
    Hier gilt es, den im Laufe der Zeit auftretenden 'zentrifugalen Kräften' entgegen zu wirken. Für die Forschenden wird das Augenmerk in erster Linie auf der eigenen Forschung im Einzelprojekt liegen. Wie immer im Leben gilt auch hier: Mit der Zeit kann das Interesse an den anderen Einzelprojekten im Verbund abflauen und ihre Ergebnisse werden nur noch pro forma rezipiert. Auch alle anderen gemeinsamen Tätigkeiten, die nicht für das eigene Fortkommen wichtig sind, verlieren an zentraler Bedeutung und werden nur noch mit minimalem Aufwand als Pflichtübung erledigt. Sorgen Sie daher immer wieder für die Präsenz der übergeordneten gemeinsamen Ziele und Fragen sowie den steten Austausch über das Voranschreiten in den Teilprojekten und wirken so diesen 'Kräften' entgegen.

  - **Rückblick und Beurteilung**
    Auf die gemeinsamen Ziele und Fragen soll nicht erst kurz vor oder sogar nach Abschluss geschaut werden, sondern zu einem Zeitpunkt, zu dem es noch möglich ist, Ergebnisse in Ruhe auszutauschen. Planen Sie daher eine Beurteilungsrunde des bisher Erreichten wesentlich früher als zu Projektende ein, und reflektieren Sie regelmäßig die gemeinsame Arbeit (inhaltlich sowie bezüglich des Miteinanders). Auf diese Weise unterstützen Sie eine effiziente und synergetische Zusammenarbeit.

  - **Projektabschluss**
    Sofern über eine mögliche Fortsetzung des Gesamt- oder auch einzelner Teilprojekte nicht frühzeitig bzw. gar nicht gesprochen wird, kann es zu unabgestimmten Projektanträgen für Folgeprojekte oder Publikationen kommen, bei denen Einzelne im Alleingang das Thema weiter bearbeiten und Andere sich übergangen, ausgegrenzt bzw. ausgenutzt fühlen. Dies erzeugt unnötigerweise einen sehr unangenehmen Nachgeschmack auf eine möglicherweise sogar einst sehr fruchtbare und gelungene Zusammenarbeit.

- **Kommunikative Struktur** (Informationsfluss, Moderation)
  Legen Sie gemeinsam fest, wie der Informationsfluss vonstattengehen soll (vgl. Abschnitte 1.2 und 2.4). Dazu gehört zum einen der gewählte Weg: Wie häufig sehen wir uns? Wie häufig gibt es Info-Mails oder andere Newsletter? Wollen wir eine Groupware verwenden? Facebook oder andere Plattformen zum Austausch nutzen? Zum anderen wollen aber auch die gewünschten Inhalte geklärt werden: Worüber werden wir uns austauschen? Was ist das, was alle interessiert? Bei welchen Anlässen werden wir uns informieren? Geben Sie dem Informationsfluss eine Struktur, d.h. Raum und Rahmen, innerhalb welcher er ablaufen kann (und soll). Andernfalls überlassen Sie ihn dem Zufall oder dem Engagement Einzelner und das wird den Informationsfluss meist scheitern lassen.
- **Darstellungs-Struktur** (Aufmachung, Außendarstellung, Publikationen)
  Verwenden Sie ein gemeinsames Erscheinungsbild (Logo, Farben, Bildbeschriftungen), wobei die Minimalanforderungen der jeweiligen Disziplinen berücksichtigt werden müssen (bspw. typisches Kongressfoliendesign). Zum einen verbessern Sie so die Werbewirksamkeit des Teams nach außen und zum anderen erhöhen Sie die Identifikation der Beteiligten mit dem Verbund (vgl. Abschnitt 21.1, Corporate Design). Sofern die Beteiligten ihre eigene Variante der Darstellung fahren können, werden auch die Unterschiede zwischen den Disziplinen wieder deutlicher und das trägt nicht zur gemeinsamen Ausrichtung und dem Gelingen des Ganzen bei.
  Geben Sie daher bereits Strukturhilfen für Dokumentationen, den Austausch der Zwischenergebnisse und natürlich auch für den Aufbau der anschließenden Berichte. Berichte bzw. Präsentationen der Teilgruppen sollen nicht in erster Linie der (unterschiedlichen) Logik der einzelnen Disziplinen / Teilgruppen folgen, sondern immer auch auf den gemeinsamen Forschungsgegenstand bezogen werden und sich an den gemeinsamen Zielen und Fragen orientieren – so hat die andere Disziplin die größtmögliche Wahrscheinlichkeit, diese zu verstehen und gemeinsame Implikationen werden möglich. Besonders hilfreich ist es für die Beteiligten, wenn Sie Ergebnisse für einen Bericht zunächst im Plenum diskutieren, um Struktur, Kernaussagen und Sprache des zu erstellenden Berichts festzulegen (stichwortartig werden Ziel, Startpunkt, Argumentationslinie und Schlussfolgerung genannt) und sie erst dann ausformulieren lassen.
  Auch bezüglich gemeinsamer Publikationen sind Strukturhilfen notwendig (vgl. Abschnitt 19.1). Zum einen, um die fachspezifischen Anforderungen zu berücksichtigen und zum anderen, um unnötige Doppelarbeiten zu vermeiden: Aufbau, Anforderungen, zeitliche Abfolge müssen frühzeitig thematisiert und festgelegt sein, sonst ist der Ärger vorprogrammiert.

Kommunikation gestalten
Die Qualität Ihrer Kommunikation untereinander steht und fällt selbstverständlich immer, doch vor allem aber bei interdisziplinären Projekten, mit den kommunikativen Fertigkeiten der Beteiligten, vor allem aber der der Führungskräfte (vgl. Kapitel 6). Hierzu zählt nicht nur die rhetorische / verbale Gewandtheit, sondern vielmehr das aktive Stellen von Fragen (vgl. Abschnitte 6.3.3 und 9.3) sowie die Kompetenz im Umgang mit Sitzungsmedien und -techniken (Kapitel 3). All diese Kompetenzen tragen zu einer verbesserten Diskussions- und Gesprächsführung bei und helfen, Missverständnisse zu reduzieren.
Sobald Sie in einer Gruppe arbeiten, benötigen erfolgreiche Treffen einen Moderator, der die Prozesse und Gesprächsbeiträge steuert (sei es bei Telefonkonferenzen, Präsentationsterminen oder Brainstormingsitzungen; vgl. Kapitel 9, Moderationsmethoden und Abschnitt 3.2, Video- und Telefonkonferenz). Zu einer solchen Moderation gehört es etwa, Diskussionen zu initiieren und zu strukturieren (bspw. auch anhand standardisierter Fragen wie „Welche Konsequenzen hat dies für die Arbeit in den Einzelprojekten?"), Zwischenergebnisse zu visualisieren, Ergebnisse allgemeinverständlich zu formulieren helfen, Inkonsistenzen aufzudecken, Vorschläge für die Überwindung in-

haltlicher Dissense vorzulegen und bestimmte Schritte der Integration anzuleiten. Der Moderator sollte darauf bestehen, dass auch Zwischenergebnisse, offene Fragen, erste Vermutungen und Hypothesen, aber auch unerwartete Befunde oder Schwierigkeiten ausgetauscht werden, da so ein offenes, wertschätzendes Klima entsteht, das den kreativen Austausch der Teammitglieder untereinander und Problemlöseprozesse unterstützt. Außerdem sollte er intervenieren, wenn nur noch endgültige Ergebnisse ausgetauscht werden (da dann mal wieder die Definitionsansprüche überwiegen und nicht nach Synergieeffekten der anderen Sichtweisen gesucht wird).

Team- / Wir-Gefühl aufbauen

Interdisziplinär zu arbeiten kann – wie Sie oben gesehen haben oder auch aus eigener Erfahrung wissen – aufwändig sein. Ob man bereit ist, diese Anstrengungen auf sich zu nehmen, ist nicht nur eine Frage des Könnens, sondern auch eine des Wollens. Und das Wollen wiederum ist eine Frage des Miteinanders, des Mögens und Schätzens der anderen Beteiligten. Entscheidend für das Gelingen interdisziplinärer Zusammenarbeit sind daher neben der fachlichen Zusammensetzung des Teams Faktoren wie der Umgang miteinander, das soziale Gefüge, das Vorhandensein gemeinsamer Ziele (oder auch eines gemeinsamen 'Feindes') und der Umgang mit Konflikten. Sie alle tragen zur sog. Teamentwicklung bei, werden aber häufig unterschätzt. Die Reflexion von Stärken und Schwächen der Zusammenarbeit wird oft als überflüssig empfunden, denn die Forschenden stehen unter Zeitdruck und haben keine Luft für 'zeitverschwenderische' Teamentwicklung. Doch – und das sei an dieser Stelle betont – die Investitionen lohnen sich! Gerade die ersten Treffen eines Teams tragen entscheidend zur Motivation aller Teammitglieder bei. So ist es auch wichtig, dass sich die Teammitglieder persönlich kennenlernen, damit sie Vertrauen ineinander aufbauen können. Teamentwicklung benötigt Zeit, d.h. es braucht ausreichend häufige Treffen, um sich kennenzulernen und zusammenzuwachsen (vgl. Kapitel 5, Social Events). Nur so ist eine langfristige Zusammenarbeit möglich, die auch bei Hindernissen stabil bleibt.

Kurzum: Für das Gelingen der fächerübergreifenden Zusammenarbeit ist es von erfolgsentscheidender Bedeutung, dass über die Fachdisziplingrenzen hinweg eine gemeinsame Sprache zur Verständigung gefunden, eine gemeinsame theoretische Basis erarbeitet, Strukturen und Kommunikationsformen etabliert, aber auch ein gemeinsames Wir-Gefühl entwickelt wird / werden. Bitte beachten Sie, dass alle oben genannten Prozesse der Konsensbildung und Integration nicht von selbst ablaufen – auch dann nicht, wenn alle Beteiligten guten Willens sind. Diese Prozesse müssen angeregt und moderiert werden und zwar während der gesamten Dauer der Kooperation.

Checkliste
für die Leitung eines interdisziplinären Projektteams

Interdisziplinäre Zusammenarbeit kann einen großen Mehrwert bringen, wenn Sie folgende Voraussetzungen schaffen und konsequent an diesen arbeiten:

✓ **Gemeinsame Ziele**
Die Ziele werden von allen gemeinsam festgelegt; alle wollen sie erreichen und alle können und wollen dazu einen Beitrag leisten.

✓ **Zusammenhalt der Beteiligten**
Insbesondere zu Beginn sind neben den fachlichen Diskussionen ausreichend Zeiten vorhanden, um sich persönlich kennenzulernen und ein Wir-Gefühl aufzubauen.

✓ **Gemeinsame Fragen**
Fragestellungen werden gemeinsam entwickelt, sind im Hinblick auf die Ziele für alle relevant. Alle wollen und können einen Beitrag zur Beantwortung dieser Fragen leisten.

✓ **Gemeinsamer Forschungsgegenstand**
Es besteht eine gemeinsame Identifizierung mit den relevanten Merkmalen des zu bearbeitenden Problems. Es wird gemeinsam entschieden, welche Aspekte untersucht werden sollen.

✓ **Gemeinsame Sprache**
Zentrale Begriffe werden identifiziert und umschrieben, sodass alle mit der Definition einverstanden sind. Begriffliche Unklarheiten und Uneinigkeiten werden geklärt.

✓ **Einigkeit über Methoden**
Alle erachten die Methoden, die angewendet werden sollen, als zielführend, wobei nicht jeder alle Methoden anwenden können muss. Die Methoden zur Synthesebildung werden gemeinsam bestimmt, ebenso die Kriterien der Wissenschaftlichkeit, denen das Vorhaben genügen soll.

✓ **Benennbare Beiträge**
Alle Beteiligten müssen einen benennbaren Beitrag leisten.

✓ **Strukturhilfen**
Klare, transparente Strukturen erleichtern Abläufe, Koordination und verhindern Doppelarbeiten.

✓ **Publikumsgerechte Aufbereitung der Ergebnisse**
Die Aufbereitung der Ergebnisse ist disziplinübergreifend verständlich und genügt den zuvor definierten Erfolgskriterien, damit alle Beteiligten Anerkennung erhalten und 'glückliche Gewinner' der Zusammenarbeit sind – und die Lorbeeren teilen!

16.3.3 Exkurs 'Interkulturelle Zusammenarbeit'

Wenn Sie international zusammenarbeiten, dann gibt es über die obenstehenden Aspekte hinaus noch vielerlei zu bedenken, was Ihnen so manche Peinlichkeit im Kontakt ersparen kann. Hierzu gehören beispielsweise die Kleinigkeiten beim Essen (der Asiate isst mit Stäbchen, Muslime sehen vom Verzehr von Schweinefleisch und Alkohol ab), das versehentliche Außerachtlassen der bestehenden Zeitverschiebungen beim spontanen Anrufen, das Prozedere des Begrüßens (kiss, bow, or shake hands – was ist angemessen?[39]) oder der Abstand, den Sie während eines Gespräches zueinander haben. Doch geht es selbstverständlich nicht nur um das Vermeiden von Peinlichkeiten, sondern vor allem – vergleichbar der zuvor beschriebenen interdisziplinären Zusammenarbeit (16.3.2) – um das Kennen der Unterschiede sowie der Gemeinsamkeiten, um Missverständnissen vorzubeugen und Zusammenarbeit zu erleichtern.

Forschungsbefunden zufolge sind die entscheidendsten kulturellen Unterschiede auf folgenden Ebenen anzutreffen:[40]

Kommunikation und Kontext
Zusammenhang von Kommunikation und Kontext, Information sowie Bedeutung.
Salopp formuliert, muss das Nicken der Asiaten kein 'ja', das 'interesting' der Amerikaner kein gutes Zeichen sein und auch die Verwendung von Gesten und Handzeichen kann sich kulturübergreifend stark unterscheiden (Das Kopfnicken in Griechenland bedeutet Ablehnung und keinesfalls ein Ja!). Kulturen unterscheiden sich dahingehend, wie sehr die Bedeutung des Gesagten vom Kontext bestimmt wird sowie wie explizit man sich ausdrückt oder mit Gestik und Mimik 'spricht'. In Deutschland beispielsweise würde man explizit verbalisieren, dass man sehr beeindruckt von dem eben gehörten Vortrag ist. In Kulturen wie in China hingegen würde dies verstärkt durch Gestik, Mimik (z.B. gesenkter Blick) und Kontext geäußert, indem beispielsweise der Redner beim anschließenden Essen neben hochrangige Manager gesetzt würde. Kommunikationsformen unterscheiden sich interkulturell auch zwischen den Ausprägungen 'Sach- und Beziehungsorientierung'. Dies zeigt sich unter anderem bei der Art und Weise, wie bei Konflikten oder in Verhandlungen agiert wird: Ist das Weiterbringen der Sachverhalte oder die Rücksichtnahme auf Personen von größerer Bedeutung? Auch die Intensität des Ausdrucks von Emotionen und Gefühlen unterscheidet sich über Kulturen hinweg. In Deutschland ist es eher tabuisiert, vor seinem Vorgesetzten zu weinen, in südamerikanischen Kulturkreisen hingegen kann das durchaus passieren. Nicht zuletzt unterscheidet sich auch der Diskussionsstil: Wenn Sie als Deutscher in einer Diskussion jedes Thema Punkt für Punkt abhandeln wollen, mag Ihnen der Diskussionsstil Ihrer ausländischen Kollegen so vorkommen, als würden diese sich ewig im Kreise drehen oder auch ständig auf alte Themen zurückkommen – möglicherweise aber nur ein Ausdruck auf Beziehungsebene („Wir sind uns ja schon in vielen Punkten so einig!").

Raum, Kontakt und Distanz
Angemessene physische Distanz zu einer anderen Person.
Das, was als intimer, persönlicher, sozialer oder öffentlicher 'Raum' gilt, hat kulturübergreifend ggf. unterschiedliche Maße und unterschiedliche Bedeutungen. Das gilt auch für das Ausmaß an Berührungen. Wundern Sie sich nicht, wenn Ihnen Ihr südamerikanischer Kollege im Small Talk nach dem Vortrag näher kommt, als Sie es für angebracht empfinden – für ihn gelten weitaus geringere Distanzen als sozial oder öffentlich akzeptabel als in unserem Kulturkreis.

Zeit
Wie Individuen Zeit wahrnehmen, handeln und ihr Bedeutung beimessen.
In Kulturen mit monochronem oder linearen Zeitverständnis, werden Dinge nacheinander erledigt. Hier hat Zeit eine große Bedeutung und will eingeteilt werden. Im polychronen oder simultanen

---

[39] Titel eines Buchs von Morrison, Conaway und Borden (1996)

[40] Für detaillierte Informationen zu den wichtigsten Ebenen kultureller Unterschiede siehe Hall (1976, 1990), Hofstede (2003) sowie House et al. (2004).

Zeitverständnis werden Dinge parallel erledigt. Termine, Zeitpläne und Deadlines haben keine übergeordnete Bedeutung – die Pflege persönlicher Beziehungen ist beispielsweise wichtiger. Wundern Sie sich daher nicht, wenn Sie – im Extremfall – als Deutscher mit Ihrem monochronen Zeitverständnis bei einer Verabredung auf Ihren 'polychron tickenden' mexikanischen Kollegen warten müssen.

Vergangenheits-, Gegenwarts- oder Zukunftsorientierung

Bedeutung von Traditionen, kurz- oder langfristiger Planung.

In Kulturen mit geringer Langzeitorientierung (wie nordamerikanische Kulturen; im Gegensatz zu asiatischen) besitzen Traditionen eher nostalgischen Wert. Veränderungen vollziehen sich sehr leicht und soziale Verhältnisse sind tendenziell instabil. Die Tendenz, ob in der jeweiligen Kultur eher der Status Quo bewahrt und ob vorrangig eher aktuelle Probleme gelöst werden oder ob in die Zukunft geplant wird, zeigt sich beispielsweise in den Investitionen.

Geschlechterrollen

Ausmaß der Abgrenzung und Festlegung von Geschlechterrollen.

In maskulinen Kulturen (bspw. arabische Kulturkreise) sind die gesellschaftlichen Rollen von Mann und Frau klar getrennt und maskuline Werte (z.B. Dominanz, Durchsetzungsvermögen, materielles Streben, Leistungsorientierung) sind von Bedeutung. In femininеren Kulturen (bspw. Skandinavien) können (fast) alle gesellschaftlichen Rollen auch von Frauen eingenommen werden. Zudem zeichnen sie sich durch Attribute wie Demokratiestreben oder Toleranz aus.

Individualismus / Kollektivismus

Definition der persönlichen Identität.

In sog. kollektivistischen Kulturen, wie beispielsweise im asiatischen Raum, identifizieren sich die Menschen eher auf Gruppenebene bzw. durch die Zugehörigkeit zu einer Gruppe, der gegenüber sie sehr loyal sind. Hier stehen gemeinschaftliche Ziele über den individuellen, weswegen man in Organisationskontexten wenig 'Einzelleistertum' antreffen wird. In den sog. individualistischen Kulturen wie Westeuropa oder USA wird hingegen eher auf persönliche Selbstverwirklichung und individuelle Komponenten (wie bspw. Ihren höchst persönlichen Beitrag zum Projekt) Wert gelegt.

Unsicherheitsvermeidung

Wie sehr sich Menschen durch unsichere Situationen 'bedroht' fühlen.

Kulturen mit einer hohen Unsicherheitsvermeidung, wie beispielsweise Deutschland, haben in der Regel viele Glaubenssätze und Institutionen geschaffen (wie Rechtssprechung, Vorschriften, Richtlinien, formalisierte Abläufe, Hausordnungen etc.), um Sicherheiten herzustellen. Die Bedeutung und Verbindlichkeit solcher schriftlicher Vereinbarungen ist in Kulturen mit hoher Unsicherheitsvermeidung hoch, in solchen mit niedriger Unsicherheitsvermeidung (bspw. Indien) hat sie teilweise eher eine Orientierungsfunktion.

Macht und Hierarchie

Ausübung, Herstellung und Akzeptanz von Macht.

In Kulturen mit hoher Machtdistanz werden große Machtgefälle in Organisationen als unproblematisch erlebt und erwartet, hier findet sich in der Regel eine starke (gelebte) Hierarchie (bspw. im arabischen und japanischen Kulturkreis). Hierarchiestufen sollten hier nicht übergangen werden, dies wird als Zeichen für mangelnden Respekt interpretiert, wobei man in der Regel bei der zu Ihnen hierarchisch gleichrangigen Funktion mit dem Kontaktieren beginnt. In Kulturen mit geringer Machtdistanz (bspw. Skandinavien) findet man eher flache, durchlässige Hierarchiesysteme, in denen jeder mit jedem auf Augenhöhe kooperieren sowie kommunizieren kann und in denen Entscheidungen eher gemeinschaftlich getroffen werden.

Leistungsorientierung und Status

Ausmaß der Bereitschaft zu und Ausprägung, Erwartung, Förderung und Honorierung von Leistung. Kulturen unterscheiden sich mitunter stark in der Ausprägung von Leistungsorientierung.

Der Anspruch an sich selbst, exzellente Leistung zu bringen und danach zu streben, sich kontinuierlich zu verbessern, gilt nicht in allen Kulturen als so erstrebenswert wie beispielsweise in Deutschland. In Kulturen mit geringer Leistungsorientierung stehen typischerweise persönliche Beziehungen im Vordergrund. Es kann Ihnen beispielsweise in Südamerika durchaus passieren, dass ein Mitarbeiter trotz Projekthochphase schon nach einem halben Tag nach Hause geht, da seine Tochter eine Tanzaufführung hat. Eine ausgeprägte Leistungsorientierung, wie in Deutschland oder den USA, zeigt sich auch darin, dass Status in der Regel über Leistung erarbeitet wird bzw. werden kann. In anderen Ländern wie in Indien oder im arabischen Raum ist es hingegen durchaus üblich, dass Status vorrangig durch Geburt erlangt wird. Deutlich wird dies beispielsweise im indischen Kastensystem.

FAZIT 'VORAUSSETZUNGEN ERFOLGREICHER FORSCHUNG'

Aufgaben und Aktivitäten eines Professors im Forschungsablauf

Forschung ist eines der Kernstücke Ihrer Tätigkeit. Entscheidend für deren Erfolg ist der Ablauf Ihrer Forschungsprozesse. Um einen gelungenen Ablauf sicherzustellen bzw. die Forschungsaktivitäten Ihres Teams wirksam zu machen, sollten Sie als Leiter eines solchen Forschungsteams nachfolgende Aufgaben übernehmen:

- Fachlich-inhaltlich up to date sein
  In Ihrem eigenen Forschungsfeld betreffend sollten Sie stets über aktuelle Methoden und Erkenntnisse informiert sein.
- Projektbezogen up to date sein
  Sie müssen die an Ihrem Lehrstuhl laufenden Projekte kennen und sich von Ihren Mitarbeitern wichtige Informationen geben lassen.
- Bezüglich der Finanzierung up to date sein und sie sicherstellen
  Verschaffen Sie sich eine solide Finanzübersicht, sorgen Sie für eine Überwachung der Projekte und stellen Sie deren Finanzierung sicher.
- Außendarstellung aktiv gestalten
  Betreiben Sie eine aktive Außendarstellung und achten Sie darauf, dass Sie alle Anträge, Publikationen und Presseinformationen, die Ihren Lehrstuhl verlassen, auch kennen.
- Qualitätsmanagement betreiben
  Stellen Sie Regeln und Anweisungen auf, die einen qualitätsgesicherten Forschungsablauf gewährleisten und sorgen Sie dafür, dass diese mit Überzeugung gelebt werden.
- Zeit für Reflexionen einrichten
  Nehmen Sie sich in regelmäßigen Abständen Zeit zum Reflektieren und kreativen Nachdenken.

Forts.

Arbeiten in Kompetenz-Netzwerken

Nutzen Sie Kompetenznetzwerke, bündeln Sie das Wissen und die Erfahrung von Kollegen. Dadurch können Sie Synergieeffekte gewinnen bzw. mit einer größeren Hebelwirkung (infolge der umfangreicheren Personenzahl) Forschungsergebnisse erzielen – kurzum, die Forschung in Ihrem Lehrstuhl wird effektiver. Damit dies gelingt, sind u.a. folgende Aspekte zu beachten:

- Vorteile von Kompetenz-Netzwerken nutzen
  Akademische Kompetenz-Netzwerke bieten eine Reihe von Chancen, doch müssen Sie diese auch aktiv nutzen, d.h. in Anspruch nehmen, ausbauen, sich daran beteiligen, damit sie Ihnen auch zum Vorteil gereichen. Zu diesen Chancen gehört beispielsweise, dass Sie über Kontakte zu verschiedenen Forschungspartnern verfügen, die in inter- wie transdisziplinär ausgerichteten Projekten mitarbeiten können und die Ihnen als Ansprechpartner für fachliche Fragen und Diskussionen zur Verfügung stehen. Diese Kontakte lassen Sie ebenso vielseitig wie zügig (denn Sie müssen niemanden suchen, Sie haben ja den Kontakt bereits) agieren.

- Kontaktaufbau richtig machen
  Mit dem Aufbau eines funktionierenden Netzwerks sind verschiedene Aufgaben verknüpft. Zunächst geht darum, Kontakte zu knüpfen. Tagungen und Kongresse sind dabei eine gute Gelegenheit, andere Wissenschaftler persönlich kennen zu lernen und sich über deren Arbeit zu informieren. Potenzielle Netzwerkpartner können Sie auch dadurch finden, dass Sie Fachliteratur systematisch auswerten. Achten Sie aber stets darauf, ob mögliche Forschungspartner auch in Ihr Netzwerk passen. Neben den fachlichen Kollegen können Sie auch politische Kontakte knüpfen und beispielsweise Ansprechpartner von Ministerien oder Projektträgern in Ihr Netzwerk aufnehmen.

- Netzwerke pflegen und Regeln definieren
  Weitere wesentliche Bestandteile des Arbeitens in Netzwerken sind die Pflege und das Bespielen desselben. Schaffen Sie in Ihrem Netzwerk eine gemeinsame Basis und legen Sie Ziele, die mit dem Netzwerk erreicht werden sollen, sowie Modalitäten der Zusammenarbeit fest. Dazu gehören Regeln zur Kommunikation, der Meeting-Kultur und des Teilnehmerkreises. Auch Themen anzusprechen wie die Vertraulichkeit mit dem Umgang von Informationen und das Respektieren wissenschaftlicher Gepflogenheiten aller Netzwerkpartner ist unumgänglich.

Interdisziplinär zusammenarbeiten

Interdisziplinäres Arbeiten erschließt den beteiligten Fächern neue Anwendungsfelder sowie zusätzliche Perspektiven und trägt zur Weiterentwicklung von Theorien und Methoden bei. Um zu einer erfolgreichen interdisziplinären Zusammenarbeit zu gelangen, sind folgende Aspekte zu berücksichtigen:

- Herausforderungen und Probleme interdisziplinärer Zusammenarbeit
  Interdisziplinäre Zusammenarbeit misslingt häufig, da fachspezifische Unterschiede dominieren und einer gemeinsamen, konstruktiven und synergetischen Zusammenarbeit im Wege stehen. Zum Einen treten diese Unterschiede in den fachspezifischen Werten (wie bspw. beim Qualitätsmaßstab) auf. Zum Zweiten ergeben sich typischerweise Missverständnisse bei der Definition von den (gemeinsamen) Zielen und zum Dritten ergeben sich in-

Forts.

folge von Divergenzen in den Methodiken der einzelnen Disziplinen Schwierigkeiten bei der Durchführung von Projekten. Nicht zuletzt sind auch gruppendynamische Probleme zu handeln.

☝ Erfolgsfaktoren interdisziplinärer Zusammenarbeit
Erfolg in interdisziplinären Projekten werden Sie insbesondere dann haben, wenn Sie dem o.g. effektiv entgegenwirken, d.h. explizit den Fokus auf Gemeinsamkeiten (und nicht auf die ohnehin vorhandenen Unterschiede) richten. So gilt es, gemeinsame Ziele oder eine gemeinsame Sprache festzulegen, eine gemeinsame theoretische Basis zu erarbeiten und klare Strukturen zu etablieren sowie ein Wir-Gefühl im Team aufzubauen.

Interkulturelle Zusammenarbeit
Vergleichbar der interdisziplinären Zusammenarbeit ist auch eine interkulturelle Zusammenarbeit nur dann erfolgreich, wenn die mit den kulturellen Hintergründen verbundenen Unterschiede erkannt, spezifische Umgangsweisen damit entwickelt sowie Gemeinsamkeiten erarbeitet werden. Für interkulturelle Zusammenarbeit sind typischerweise Unterschiede in der Wahrnehmung von Hierarchien, in der Leistungsorientierung sowie in Status oder Geschlechterrollen bedeutsam.

17 Forschungsplanung und Forschungsprofil

„Wer den Hafen nicht kennt, in den er segeln will,
für den ist kein Wind der richtige."
Lucius Annaeus Seneca

Sagen Sie mal, woher haben Sie eigentlich Ihre Forschungsthemen? Sind sie durch Zufall entstanden, weil ein ehemals eingegangenes Projekt erfolgreich war und Sie daraufhin bei dem Thema geblieben sind? Oder verfolgen Sie ein Thema, weil es damals schlichtweg eine gute Finanzierung gab? Oder ist Ihr Themenspektrum aufgrund der Mitarbeiterinteressen bzw. der von diesen ein- / mitgebrachten Themen entstanden? Oder haben Sie sie von Ihrem Vorgänger übernommen? Vielleicht haben Sie aber auch gar kein spezielles klar abgestecktes Forschungsfeld, das Sie verfolgen, sondern machen einfach stets, was Sie interessiert?

Im Bereich der Forschungsarbeit geht es aber nicht nur darum, *was* Sie tun, sondern auch *wie* Sie es tun. Möglicherweise erinnern Sie sich an angestoßene Projekte, die hoch erfolgreich verliefen, sie waren quasi ein Selbstläufer, während andere unglaubliche Ressourcen verschlangen und dann letztendlich doch erfolglos im Sande verliefen. Haben Sie in solchen Fällen schon einmal darüber nachgedacht, ob es daran gelegen haben könnte, dass Risiken des Projekts übersehen, Kostenpläne nicht eingehalten (vgl. Abschnitt 18.1.1, Projektstrukturplan), Synergien zwischen Projekten nicht erkannt, das Zukunftspotenzial falsch eingeschätzt (oder auch gar nicht erst reflektiert) wurde, oder die Projektinhalte nicht zum Umfeld bzw. zu den Kompetenzen der Mitarbeiter passten? „Naja, schon irgendwie, aber wie kann ich denn so etwas im Vorhinein wissen." – denken Sie sich jetzt vielleicht. „Wie diese Fehler vermeiden? Woher weiß ich, welches Projekt uns, also den Lehrstuhl, weiterbringt?"

Im Grunde ist es so ähnlich wie mit der persönlichen Arbeitsmethodik (siehe Kapitel 2). Erst wenn lang- und mittelfristige (Forschungs-)Ziele benannt sind, ist man in der Lage, bewusst auszuwählen, in welche Forschungsrichtung man gehen möchte, welche Projekte man strategisch angeht oder von welchen man lieber die Finger lässt. Nur wenn Sie wissen, welchen Weg Sie in Ihrer Forschung einschlagen wollen (und welchen nicht!), können Sie unter den vielen sich bietenden Optionen an Themen, Inhalten, Kooperationspartnern etc. sinnvoll auswählen (vgl. obiges Zitat zu Kapitelbeginn).

Es geht also schlicht darum, zu wissen, wofür Sie derzeit mit Ihrer Forschung stehen (Forschungsprofil), wohin Sie zukünftig mit dieser wollen (Forschungsziele bzw. zukünftiges Forschungsprofil) und wie Sie dorthin kommen (Forschungsaktivitäten) – kurzum, nehmen Sie sich des Prozesses der Forschungsplanung an und gehen Sie hierbei vor allem konzeptuell vor. Je fundierter und je eindeutiger Sie die Forschungsplanung Ihres Lehrstuhls angehen, desto leichter werden Ihnen Ihre Außendarstellung (vgl. Kapitel 21) und Ihr internes Auftreten fallen. Um Ihnen die Aufgaben der Forschungsplanung und insbesondere die Erstellung des Forschungsprofils zu erleichtern, finden Sie nachstehend zunächst einige Definitionen zu Forschungsarten (Kapitel 17.1), grundlegende Gedanken zur Strategieplanung (Kapitel 17.2) und anschließend ausgewählte Methoden zur Forschungsplanung und Profilentwicklung (Kapitel 17.3).

TEIL 17: FORSCHUNGSPLANUNG UND FORSCHUNGS-PROFIL	
	17.1 **Definition von Forschung(sarten)**
	17.2 **Grundsätzliche Gedanken zur Entwicklung eines Forschungsprofils**
	17.3 **Methoden zur Forschungsplanung und Profil-entwicklung**

17.1 Definition von Forschung(sarten)

Unter Forschung ist die wissenschaftliche Suche nach neuen Erkenntnissen sowie deren systematische Dokumentation und Veröffentlichung in Form wissenschaftlicher Arbeiten zu verstehen. Obgleich dies im Wesentlichen für alle Forschungsarbeiten gilt, unterscheidet man Forschung nach Arten.[41] So sind ...

- Grundlagenforschung und
- angewandte Forschung sowie
- Auftragsforschung (zu welcher auch Ressortforschung und Produktentwicklungen gerechnet werden)

voneinander zu differenzieren (vgl. grauer Kasten). Möglicherweise werden zwar in den genannten Forschungsarten inhaltlich ähnliche Forschungsfelder bearbeitet, jedoch mit einem anderen Fokus und anderen Zielgrößen. Da Sie ein Grundverständnis der unterschiedlichen Arten von Forschung benötigen, um sich selbst innerhalb der Forschungslandschaft zu verorten und auch bei Kollegen Anknüpfungspunkte für Ihre Forschungsarbeiten zu finden, werden im Folgenden einige Definitionen erläutert.

ÜBERBLICK DER WICHTIGSTEN BEGRIFFLICHKEITEN

Grundlagenforschung. Die Grundlagenforschung wird auch als 'reine' Forschung bezeichnet, da sie einzig der Gewinnung und Erweiterung wissenschaftlicher Kenntnisse dient (und damit 'zweckfrei' ist). So resultieren aus ihr beispielsweise grundlegende Erkenntnisse über natürliche, historische und soziale Prinzipien und Zusammenhänge, die selbst häufig der Ausgangspunkt für weitere Forschung zur Entwicklung neuer Methoden, Verfahren und Produkte sind. Die Grundlagenforschung stellt das Fundament für die angewandte Forschung und Entwicklung dar, ohne dabei grundsätzlich auf die technische Anwendung bzw. einen direkten praktischen Nutzen abzuzielen. Entsprechend ist Grundlagenforschung meist nur an Universitäten oder gemeinnützigen Forschungsorganisationen wie der Max-Planck-Gesellschaft e.V. (MPG) oder der

---

[41] Sehr gut aufbereitete Informationen über die Strukturen, Finanzierungsmodelle und fachlichen Ausrichtungen der deutschen Forschungslandschaft finden Sie im jährlich vom Bundesministerium für Bildung und Forschung BMBF erstellten Bundesbericht für Forschung und Innovation, www.bmbf.bund.de.

Helmholtz Gemeinschaft Deutscher Forschungszentren (HGF) oder der Österreichischen Akademie der Wissenschaften (ÖAW) anzutreffen.

Anwendungsforschung. Angewandte Forschung wird auch Zweckforschung genannt (der Begriff dient in erster Linie der Abgrenzung zur 'zweckfreien' Grundlagenforschung). Ihre Aufgabe ist die wissenschaftliche Erforschung einer konkreten Nutzanwendung auf einem speziellen Gebiet mit bekanntem Ziel (einer zu beantwortenden Frage), beispielsweise die Lösung eines bestimmten technischen Problems. Charakteristisch ist, dass die Ausgangsfragestellung eine Nähe zur Praxis aufweist und das neu gewonnene Wissen in die Praxis zurückfließt (bspw. in technische Entwicklungen übergeht) und damit mittelbar oder unmittelbar einem Nutzer zugutekommt. Dementsprechend ist auch eine wirtschaftliche Anwendung angestrebt. Anwendungsforschung findet sowohl an Hochschulen als auch in der freien Wirtschaft (in Forschungs- und Entwicklungs-Abteilungen eines Unternehmens; sog. Industrieforschung) und insbesondere in der Fraunhofer-Gesellschaft statt.

Spezialfall 'Ressortforschung'. Ressortforschung ist ein eigenständiger Typ angewandter Forschung. Unter Ressortforschung versteht man die Forschungs- und Entwicklungsaktivitäten für Bundesministerien und Landesministerien. Dazu zählen wichtige forschungsbasierte Dienstleistungen, wie beispielsweise auf den Gebieten der Prüfung, Zulassung und Regelsetzung. Ressortforschung zielt auf die Gewinnung wissenschaftlicher Erkenntnisse ab, die direkten Bezug zu den Tätigkeitsfeldern eines Ministeriums haben. Diese Erkenntnisse dienen als Grundlage für Entscheidungen zur sachgerechten Erfüllung der Fachaufgaben, d.h. der wissenschaftlich fundierten Politikberatung. So arbeiten den Fachressorts sowohl direkt unterstellte Einrichtungen als auch Universitäten und andere Forschungsinstitute zu.
Die Ressortforschung ist zu unterscheiden von der Forschungsförderung, die beim Bund insbesondere vom BMBF betrieben wird. Diese Forschungsförderung hat nicht das Ziel, das jeweilige Ministerium bei der Erfüllung der eigenen Aufgaben zu unterstützen, sondern Forschungsergebnisse / Wissen von allgemeinem Interesse zu schaffen.

Spezialfall 'Auftragsforschung'. Auftragsforschung (auch Vertragsforschung genannt) ist eine Form der externen Technologiebeschaffung. Im Zuge dieser Art der Forschung wird eine Forschungsinstitution (bspw. durch die Industrie) mit der Entwicklung oder Optimierung einer neuen Technologie oder Methode beauftragt. Der den Auftrag erteilende Vertragspartner erwirbt (zumindest partiell) die Rechte an den Forschungsergebnissen; deswegen ist die Auftragsforschung auch in hohem Umfang vertragsbedürftig (vgl. Abschnitt 19.3, Patente).

Das Zusammenspiel von Grundlagenforschung und angewandter Forschung besteht darin, dass die Grundlagenforschung das Wissen für die angewandte Forschung liefert und die angewandte Forschung wiederum Impulsgeber für die Grundlagenforschung sein kann. Der Übergang von der Grundlagen- zur Anwendungsforschung ist in vielen Lehrstühlen und Forschungseinrichtungen inzwischen fließend, indem es zahlreiche Grundlagenforscher gibt, die bereits Anwendungen im Blick haben und sich anwendungsorientierte Forscher notwendigerweise zunächst mit den Grundlagen ihrer Anwendungen beschäftigen müssen. Je fließender der Übergang in Ihrer Disziplin, desto mehr sollten Sie sich in Ihrem Lehrstuhl bei der Entwicklung Ihres Forschungsprofils sowohl über Möglichkeiten einer Grundlagenforschung als auch über deren Anwendungen Gedanken machen.

Auf Basis der oben genannten Definitionen geht es im nächsten Abschnitt um spezielle Aspekte, die Sie bei der Entwicklung oder Optimierung Ihres Forschungsprofils im Auge behalten sollten.

17.2 Grundsätzliche Gedanken zur Entwicklung eines Forschungsprofils

Sie stehen vor der Herausforderung, für sich und Ihre wissenschaftlichen Mitarbeiter zu definieren, welche Fragestellungen für die kommenden Jahre im Mittelpunkt des Interesses stehen und bearbeitet werden sollen. Die Entscheidung für die eine oder andere Forschungsrichtung treffen Sie natürlich nicht voraussetzungslos, denn sowohl Sie als auch der (ggf. sogar für Sie neue) Lehrstuhl haben eine wissenschaftliche Historie. Einmal abgesehen von den diversen externen Anforderungen existieren meist einige vorgegebene Faktoren (bspw. wenn Ihrem Lehrstuhl eine Prüfeinrichtung, ein Labor, Ambulatorium oder ähnliches untersteht), die zu berücksichtigen sind. Für bestimmte Themen haben Sie sich vielleicht bereits einen hervorragenden Ruf erworben. Diese über Bord zu werfen, sollten Sie sich gut überlegen. Mindestens genauso wichtig bei jeder (Weiter)-Entwicklung des Lehrstuhls sind aber Ihre persönlichen Interessen (bzw. jene der längerfristig beschäftigten Mitarbeiter). Sehen Sie Chancen auf neuen Gebieten oder haben Sie spezielle Vorlieben, die bei der Festlegung eines Forschungsprofils zu berücksichtigen sind? Gehen Sie Ihren Interessen nach, eine bessere Motivation gibt es nicht!

Wie entwickle ich nun (m)ein Forschungsprofil? In einem ersten Schritt dürfen Sie so kreativ wie oben beschrieben an die 'Wunschthemen' Ihres Forschungsprofils herangehen – in einem zweiten Schritt sollten diese jedoch dann um weitere relevante Aspekte verfeinert (Abschnitt 17.2.2) und schließlich im dritten und bedeutendsten Schritt methodisch fundiert analysiert werden (vgl. Abschnitt 17.3).

Bevor nun erläutert wird, was es bei der Entwicklung eines Forschungsprofils zu bedenken gilt, soll im Nachfolgenden kurz auf Sinn und Zweck eines Forschungsprofils eingegangen werden.

17.2.1 Definition und Aufgabe eines Forschungsprofils

Wozu stellt man ein Forschungsprofil auf? Ein klares Forschungsprofil erleichtert Ihnen als Lehrstuhlinhaber unter anderem die Darstellung Ihrer fachlichen Stärken im **Außenfeld**. Forschungsprofile werden oftmals im Internet, in Flyern und in Präsentationen sowie auf Postern gezeigt, damit derjenige, der den Lehrstuhl nicht (gut) kennt, sofort einschätzen kann, wodurch sich diese Forschungseinrichtung wissenschaftlich auszeichnet. Dadurch ist für Außenstehende unmittelbar erkennbar, welche Forschungsthemen Ihr Lehrstuhl / Institut bearbeitet, welche Labor- und Testeinrichtungen zur Verfügung stehen sowie welche Netzwerke und Geschäftsfelder (Anwendungsbereiche und Kunden) vorhanden sind. Die Angabe eines Forschungsprofils wird zunehmend häufiger auch in (Forschungs-) Anträgen verlangt. Damit ist das Forschungsprofil wichtiger Bestandteil Ihrer Außendarstellung, um nicht zu sagen, eine Art Marketingmaßnahme (siehe Kapitel 21, Außendarstellung). Achten Sie daher auf ein eindeutiges fachliches Profil.

Ein Forschungsprofil hat des Weiteren eine große Bedeutsamkeit in der **Binnenwirkung**. Indem Sie ein klares Profil Ihrer Forschungsausrichtung angeben, geben Sie ebenso Ihren eigenen Mitarbeitern Orientierung. Sobald jeder Mitarbeiter schwarz auf weiß nachlesen und erkennen kann, für welche Themen Sie und das Team stehen, welche Forschungs- und Zielrichtung verfolgt wird, kann er ...

a) sich damit identifizieren.
Die Identifikation mit der eigenen Forschergruppe (nach dem Motto „Unser Team steht für ABC." oder „Ich bin Mitglied der Arbeitsgruppe xyz des Lehrstuhls.") hat bedeutsame Wirkung auf die eigene Einstellung, das eigene Verhalten sowie die Motivation und Zufriedenheit von Mitarbeitern.

b) dies nach außen kundtun.
Wer sich mit seinem Lehrstuhl und dessen Forschung identifiziert, wird die Forschungsthemen überzeugter nach außen vertreten. Auf diese Weise tragen überzeugte Mitarbeiter auch entscheidend zu Ihrer Außendarstellung bei. Nicht zuletzt können Mitarbeiter, die eine klare Vorstellung der lehrstuhlinternen Forschungslandschaft haben, Anfragen von außen („Kann der Lehrstuhl zur Frage ABC mit seiner Methode DEF etwas beitragen?") wesentlich überzeugter und sicherer beantworten – auch das fällt im positiven Sinne auf Sie zurück.

c) seine eigenen Forschungsaktivitäten danach ausrichten.
Sobald Ihre Mitarbeiter wissen, welche Themen Sie im Team verfolgen, wissen sie zugleich auch, welche Themen nicht am Lehrstuhl bearbeitet werden – und damit ersparen Sie sich so manches 'Einfangen' Ihrer Mitarbeiter. Ein stringentes, ernst genommenes Forschungsprofil kanalisiert die Denk- und Arbeitsrichtung der Mitarbeiter, sodass diese nicht irgendwelche Orchideenthemen verfolgen, sondern die relevanten, zum Forschungsprofil gehörenden Felder bearbeiten.

Übrigens: Sollten Sie in Ihrem Team auf erfahrene und konzeptuell starke Mitarbeiter (bspw. Postdocs) zählen dürfen, so können Sie auch überlegen, das Forschungsprofil mit diesen gemeinsam zu entwickeln – eine hervorragende Möglichkeit, Ihre Mitarbeiter an Prozessen und Entscheidungen partizipieren zu lassen. Diese sind dann von der Ausrichtung 'ihres' (aus Sicht der Mitarbeiter) Lehrstuhls noch überzeugter, als wenn es kein gemeinsames Entwickeln dieses Profils gibt. Doch auch wenn Sie den Mitarbeitern das Forschungsprofil vorgeben, können Sie sie partizipieren lassen, beispielsweise indem Sie sie entscheiden lassen, auf welche Weise sie sich in die abgesteckten Forschungsbereiche einbringen werden.

Das Forschungsprofil stellt folglich eine Art Visitenkarte des Lehrstuhls (nach außen) sowie eine Identifikationsmöglichkeit (nach innen) dar. Es gibt an, für welche Themen Sie im Außenfeld stehen. Dieses Forschungsprofil beinhaltet die Forschungsthemen, die Sie wissenschaftlich beherrschen (Kernkompetenzen), Hinweise darauf, wie Sie arbeiten (grundlagenorientiert oder angewandt und mit welchen Methoden) sowie in welchen Geschäftsfeldern (siehe Begriffsdefinitionen im grauen Kasten) Sie unterwegs sind.

Nachstehend finden Sie Auszüge zweier Beispiele ausformulierter Forschungsprofile (vgl. grauer Kasten).

DEFINITION 'FORSCHUNGSPROFIL'

Ein wissenschaftliches Forschungsprofil eines Lehrstuhls zeigt das allgemeine Tätigkeitsfeld auf und definiert die thematischen Bereiche, in denen eine Forschungseinheit (Ihr Lehrstuhl) Forschung betreibt (Kernkompetenzen). Dabei sollten die einzelnen Teilbereiche der Forschungsaktivitäten inklusive einzelner Forschungsthemen differenziert beschrieben werden, sodass klar wird, welches Thema der Lehrstuhl in welchem Detaillierungsgrad bearbeitet (diese Differenzierung macht die Profilschärfe aus).

Darüber hinaus wird in der Regel angegeben, ob und wie der Lehrstuhl innerhalb seiner thematischen Schwerpunkte die Umsetzung der Erkenntnisse aus der Grundlagenforschung in die praktische Anwendung und umgekehrt betreibt. Ferner sollten die Geschäftsfelder (also z.B. die Kunden), die ein Lehrstuhl bedient, angegeben werden.

Ein dritter Aspekt innerhalb der Beschreibung des Forschungsprofils widmet sich dem wissenschaftlichen Austausch mit anderen Lehrstühlen oder Forschungseinrichtungen, beispielsweise in Form einer Beteiligung an internationalen Netzwerken und Forschungsaktivitäten.

BEGRIFFLICHE DEFINITIONEN VON 'KERNKOMPETENZEN UND GESCHÄFTSFELDERN'

Mit dem Begriff **Kernkompetenz** werden besondere Fähigkeiten, Erfahrungen oder Ressourcen (Produkte, Methoden, Leistungen, Wissen) bezeichnet, über die ein Lehrstuhl insgesamt oder einzelne Mitarbeiter verfügen.

Als **Geschäftsfeld** wird der Anwendungsbereich der Kernkompetenzen bezeichnet. Dabei geht es beispielsweise um die Fragen „Welche Art der Tätigkeit zeichnet den Lehrstuhl aus?" oder „Wofür werden wir von wem bezahlt?" bzw. „Welche unserer methodischen Leistungen benötigt ein anderer Lehrstuhl bei der Durchführung eines Verbundvorhabens?" etc.

Zusammenspiel von Kernkompetenz und Geschäftsfeld
Beispiel 1: Ein Germanist, der zu Methoden zur Entwicklung der neuen Rechtschreibung forscht (Kernkompetenz), könnte ein Programm vermarkten, welches Sekretariaten die Umwandlung von Texten aus der alten in die neue Rechtschreibung ermöglicht (Geschäftsfeld).

Beispiel 2: Nehmen wir an, Sie als Chemiker entwickeln ein System zur schnellen und kostengünstigen Detektion luftgetragener Gase. Hiermit können Sie in verschiedenen Geschäftsfeldern tätig sein, von der Lebensmittelbranche (z.B. Reifegas von Obst) über Automobilhersteller (z.B. Luftqualität im Fahrzeuginnenraum) bis zur Sicherheitsforschung (z.B. Giftgaserkennung). Jedes dieser Geschäftsfelder hat eigene Spielregeln und muss mit eigenen Maßnahmen 'bearbeitet' werden. Ihre Kernkompetenz ist zwar stets die gleiche (hier: Ihr wissenschaftliches Know-how zur Entwicklung von Gasdetektoren), ihre Einsatzbereiche aber liegen in unterschiedlichen Geschäftsfeldern. Damit kommen für Sie auch diverse Auftraggeber für Drittmittelprojekte in Betracht. Es liegt auf der Hand, dass Sie Ihre Kompetenzen und – in diesem Beispiel – Ihr Produkt, je nach anvisiertem Geschäftsfeld unterschiedlich aufbereitet anbieten müssen.

BEISPIEL EINES FORSCHUNGSPROFILS EINES GRÖSSEREN INSTITUTS (AUSZUG)

Das Fraunhofer-Institut für Bauphysik IBP befasst sich mit Forschung, Entwicklung, Prüfung, Demonstration und Beratung auf den Gebieten der Bauphysik. Hierzu gehören der Schutz gegen Lärm und Schallschutzmaßnahmen in Gebäuden, die Optimierung der Akustik in Auditorien, Maßnahmen zur Energieeinsparung, Lichttechnik, Fragen des Raumklimas, der Hygiene, des Gesundheitsschutzes und der Baustoffemissionen sowie die Aspekte des Wärme-, Feuchte- und Witterungsschutzes, der Bausubstanzerhaltung und der Denkmalpflege [...].
Das Institut arbeitet zusammen mit Industriepartnern an der Markteinführung neuer und umweltverträglicher Baustoffe, Bauteile und Bausysteme. Vertragspartner sind Unternehmen aus dem Bauwesen, dem Maschinen- und Anlagenbau, Bauträger und Architekten, Planungs- und Genehmigungsbehörden, öffentliche und private Bauforschungsträger. Leistungsfähige und teils einmalige Prüfeinrichtungen erlauben die Durchführung komplizierter bauphysikalischer Untersuchungen [...].

BEISPIEL EINES FORSCHUNGSPROFILS EINES KLEINEREN LEHRSTUHLS (AUSZUG)

Der Lehrstuhl für Wirtschafts-, Organisations- und Sozialpsychologie (WOS) orientiert sich in Forschung und Lehre am naturwissenschaftlich-technischen Schwerpunkt der TU Chemnitz. Innerhalb der an der WOS laufenden Forschungsvorhaben werden grundlagenorientierte Methoden und Theorien der Sozialpsychologie auf die Anwendungskontexte 'Organisationen' und 'Wirtschaftsleben' übertragen.
Zu den Forschungsschwerpunkten zählt zum einen das Themenfeld 'Führung', im Speziellen der Einfluss geteilter Führung auf die Effizienz, den Zusammenhalt und die Zufriedenheit eines Teams. Ein weiterer Schwerpunkt des Lehrstuhls richtet sich auf Leistung und Wohlbefinden von Menschen in unterschiedlichsten Räumen (Büros, Schulen, Kliniken) bzw. unter verschiedenen baulichen Gegebenheiten (Raumklima, Lichtverhältnisse etc.). Zu letzterem ist der Lehrstuhl an einem interdisziplinären Promotionskolleg beteiligt (www.people-inside.de). In all seinen Forschungsthemen arbeitet der Lehrstuhl eng mit Industrieunternehmen zusammen und wird in seiner Forschung von der öffentlichen Hand, Stiftungen und Wirtschaftsunternehmen finanziell gefördert.

17.2.2 Für die Entwicklung eines Forschungsprofils relevante Aspekte

Jenseits Ihrer eigenen fachlichen Interessenslage und Kompetenz gibt es weitere bedeutsame Aspekte, welche bei der Entwicklung Ihres Forschungsprofils berücksichtigt werden sollten. Zu diesen Aspekten zählen die Universität bzw. der Lehrstuhl per se, weitere beteiligte Personen, mögliche Kooperationen sowie andere strategisch-inhaltliche Belange. Im Folgenden sollen diese Einflussgrößen näher betrachtet werden.

UNIVERSITÄRE UND LEHRSTUHLBEZOGENE ASPEKTE

Das Forschungsprofil Ihrer Hochschule und Ihrer Fakultät. Weist Ihre Universität / Fakultät einen speziellen Forschungsschwerpunkt auf? Viele Hochschulen sind bekannt für eine oder mehrere spezifische Schwerpunktthemen oder historisch begründete fachliche Ausrichtungen. Beispielsweise kennen viele Architekten und Bauingenieure die sog. Stuttgarter Schule, die in ihren Lehr- und Forschungsschwerpunkten Wert auf werkstoffübergreifendes Konstruieren gelegt hat; die Psychologen wiederum die sog. Würzburger Schule, die ein experimentelles Vorgehen in psychologischer Forschung initiiert hat. Dieses Schwerpunkt-Renommee der Universität / Fakultät könnten Sie nutzen, indem Sie Ihr Forschungsprofil daran anknüpfen.
Gegebenenfalls existiert an Ihrer Hochschule auch eine einmalige Forschungseinrichtung, z.B. ein Labor, das sich nur dort befindet. Im Falle der vorhandenen Infrastruktur (Labor, Großgeräte etc.) könnten Sie dies als Chance sehen und Nutzen aus den vorhandenen Ressourcen ziehen, indem Sie Ihre Forschungsstrategie darauf abstimmen, und so eine Art Alleinstellung in Ihrem Forschungsprofil erreichen (bspw. im Falle bedeutender Infrastruktur wie einer bundesweit einmaligen Laboreinrichtung), welche Ihnen nicht zuletzt bei der Akquisition von Forschungsgeldern als gutes Argument nutzen wird.

Ihre Ausstattung. Die Ausstattung Ihres Lehrstuhls wird maßgeblichen Einfluss auf den Spielraum Ihrer Forschungsaktivitäten haben. Stehen Ihnen eine gute Grundausstattung in personeller wie finanzieller Sicht zur Verfügung, sind Sie freier in der Gestaltung – sowohl die Breite des Portfolios (wenige Mitarbeiter können auch nur wenig umsetzen) als auch den Umfang Ihrer Forschungsprojekte betreffend. Bei geringerer Grundausstattung werden Sie deutlich stärker auf Ak-

quise und damit auch auf die Interessen Ihrer Geldgeber angewiesen sein und müssen sehr genau überlegen, welches Thema von welcher Person und zu welcher Zeit angegangen werden soll (vgl. Abschnitt 16.1).
Ein Hinweis: Wer eine große personelle Ausstattung hat, wird leicht dazu verführt, nicht oder zumindest zu wenig darüber nachzudenken, welche Mitarbeiter sich auf welchen Forschungszweig konzentrieren sollen; dies 'verschleudert' möglicherweise (zwar vorhandene) Ressourcen und verwischt zugleich ein klar ausgerichtetes Forschungsprofil.

Die bisherige Kompetenz und Ausrichtung des Lehrstuhls. Nehmen wir an, Sie seien der Nachfolger eines sehr renommierten Lehrstuhlinhabers – in vielen Fällen hat Ihr Vorgänger am Lehrstuhl durch jahrelange Forschungsaktivitäten einen guten Ruf auf diesem Feld aufgebaut; diesen gilt es bei Ihren Planungen zu berücksichtigen. Prüfen Sie, ob Sie diese Forschungsaktivitäten fortführen und so die bestehenden Vorteile (wie langfristige Kundenkontakte oder etablierte Methodenkompetenz und damit verbundene Finanzierungen) nutzen können. Natürlich macht aber auch ein starres Festhalten an Vergangenem keinen Sinn (selbst wenn 'Ihr Emeritus' Ihnen das raten sollte). Nutzen Sie daher die bestehenden Themen, den guten Ruf in diesen Forschungsfeldern; wenn Sie die thematischen Schwerpunkte verändern, dann lieber langsam und erweitern Sie das bestehende Forschungsfeld sukzessive durch Ihre eigenen bzw. neuen Themen.

PERSONENBEZOGENE ASPEKTE

Ihr eigenes bisheriges Forschungsportfolio. Sie sind in keinem Forschungsfeld so methodensicher und erfinderisch, wie in Ihrem angestammten. Wechseln bzw. verändern Sie deshalb nicht zu häufig oder zu durchgreifend Ihr eigenes Profil, sondern nehmen Sie zumindest Ihre bisherigen Stärken, Kenntnisse und Methoden mit in ein neues Themenfeld, sodass Sie von Ihrer Expertise profitieren können. Bedenken Sie: Sofern Sie Drittmittelprojekte beantragen wollen, wird dort zumeist verlangt, dass Sie über einschlägige Expertise verfügen und diese in Publikationen, bewilligten Anträgen und früheren Drittmittelprojekten oder ähnlichem dokumentieren können.

Die bisherigen Forschungstätigkeiten und Kompetenzen Ihrer Mitarbeiter. Denken Sie bei der Forschungsplanung immer auch an die Kompetenz aller am Lehrstuhl beschäftigten Wissenschaftler. Aus diversen Gründen kann es sich als vorteilhaft herausstellen, wenn Sie auch die fachlichen Schwerpunkte vorantreiben, die nicht unbedingt Ihrem ureigensten Fokus, sondern auch dem Ihrer kompetenten Mitarbeiter entsprechen. Damit sind Sie beispielsweise in der Lage, komplexere Projekte anzugehen und sich im Lehrstuhlportfolio etwas breiter – und damit krisensicherer – aufzustellen. Und die meisten Mitarbeiter freuen sich, wenn sie eigene Schwerpunkte 'behalten' sowie pflegen dürfen und sich auf diese Weise ein eigenes Profil für ihre Vita aufbauen können – und arbeiten entsprechend motivierter und leistungsstärker. Bedenken Sie aber, dass Mitarbeiter auch wieder den Lehrstuhl verlassen und Sie daher nicht ausschließlich auf die Interessen der Mitarbeiter fokussieren sollten.

Ihre eigenen Interessen. Nicht zuletzt sollten Sie an Ihre eigenen Interessen denken: Denn nur dort, wo Sie mit Forschergeist und Elan agieren, werden Sie dauerhaft erfolgreich sein. Sie kennen dies sicher aus Ihren bisherigen Tätigkeiten: Das Arbeiten an spannenden Themen lässt Sie die Zeit und manchmal sogar Hunger und Durst vergessen, während für das Lesen einer nicht in Ihrem Interessensfeld liegenden Abhandlung so manche Tasse Kaffee zum Wachhalten erforderlich ist (vgl. Abschnitt 2.3.1, Flow erzeugen). Nutzen Sie also die Freiheit der Forschung, die Sie haben, und richten Ihre Tätigkeitsfelder, soweit dies möglich ist, an Ihren eigenen Interessen und Fähigkeiten aus.

STRATEGISCH-INHALTLICHE ASPEKTE

Alleinstellungen. Viele Lehrstühle konzentrieren sich über einen langen Zeitraum hinweg auf wenige Themen. Diese werden meist mit einem entsprechenden wissenschaftlichen Tiefgang bearbeitet, was im Idealfall zu der angestrebten fachlichen Alleinstellung führt, für die der Lehrstuhlinhaber in seinem Feld bekannt ist und in Forschungsprojekten zu 'dem' gesetzten Partner macht. Denken Sie darüber nach, was 'Ihr' Feld sein kann und pflegen Sie dieses. Achten Sie aber immer darauf, dass dieses schmale Portfolio auch (weiterhin) von allgemeinem Interesse ist. Wenn Sie beispielsweise ausgewiesener Fachmann in der Prüfung einer bestimmten Eigenschaft eines Bauteils sind und diese Prüfung durch eine neuartige Methode ersetzt wird oder aus anderen Gründen zukünftig wegfällt, stehen Sie vor einem Problem und müssen nach anderweitigen Lösungen suchen (Erweiterung Ihrer Kernkompetenz oder Aufsuchen neuer Geschäftsfelder; siehe Abschnitt 17.2).

Trends. Es gibt immer wieder Trends in der Forschung, in dem Sinne, dass bestimmte Themen (wie Klimawandel), Methoden (wie statistische Auswertungsarten, Messmethoden) oder Ergebnisarten (wie differenziert der aufgezeigte Prozess zu sein hat) en vogue sind und damit auch die internationale Forschungsagenda maßgeblich prägen. Heute bewegen uns – insbesondere in den Natur- und Ingenieurswissenschaften – vorrangig Themen wie Energie, Umwelt, Gesundheit, Mobilität, Kommunikation und Sicherheit.
Für die Bestimmung Ihres Forschungsprofils ist es ratsam, Trends – aber nicht nur diese! – stets aufmerksam zu verfolgen, ihre Entwicklungen kritisch zu beobachten und zu hinterfragen, welche Bezüge sich zu Ihrem Fachgebiet ergeben, im Speziellen welche Chancen oder auch Nachteile sich für Sie daraus ergeben würden. Möglicherweise haben Sie in thematischer oder methodischer Hinsicht ebenfalls etwas zu den großen Trends beizutragen und können so an diesbezüglichen Kooperationen und Drittmitteln partizipieren. Dennoch impliziert dies natürlich nicht, dass Sie ausschließlich auf Trendthemen setzen sollten – jeden Trend mitzumachen, ohne ein eigenes Forschungsprofil zu haben, macht weder Sinn noch lässt es Sie als seriösen Wissenschaftler erscheinen. Sie können sich ruhig auch auf neue Gebiete oder Nischenthemen einlassen, solange dies in nachstehendem Sinne (in Bezug auf Finanzierung und Publikationsrate) zu vertreten ist.

Finanzierungsmöglichkeiten. Die Chancen, Drittmittel für Ihre Forschung zu akquirieren, sollten Sie selbstverständlich immer im Blick haben, wenn Sie Ihr Forschungsprofil ausrichten. Natürlich können Sie auch zu Themen forschen, zu denen es kaum Finanzierungsmöglichkeiten gibt (weil sie bspw. derzeit nicht gefragt sind oder keine gesellschaftspolitischen Trends betreffen). Allerdings droht dann die Gefahr, das Profil nicht weiterverfolgen zu können (Themen einstellen zu müssen oder Mitarbeiter nicht finanzieren zu können), weil in der Kasse 'Ebbe' ist. Sie sollten den Blick aus akquisitorischen Gründen auch auf das Ihre Hochschule finanzierende Landesministerium sowie auf Schwerpunktprogramme der DFG oder Ausschreibungen beim BMBF oder anderen Geldgebern werfen (vgl. Abschnitt 19.2, Anträge und Angebote erstellen). Insgesamt empfiehlt es sich, mit einem Forschungsprofil zu arbeiten, welches eine stabile (Misch-)Finanzierung aus unterschiedlichen Finanzierungsquellen ermöglicht und somit Themen und Mitarbeiter längerfristig sichert.

NETZWERKE / KOOPERATIONEN BETREFFENDE ASPEKTE

Ihr persönliches Netzwerk. Mit einem Forschungsprofil, das sich in der meist international agierenden wissenschaftlichen Gemeinschaft (Scientific Community) gut verankern und vernetzen lässt, können Sie in Gesprächen mit Ihren Netzwerkpartnern neue Ideen entwickeln, haben bessere Möglichkeiten, in Verbundvorhaben mit zu arbeiten oder und diese mit gestalten zu können. Zudem erhöhen Sie durch ein auf Ihre Scientific Community ausgerichtetes Profil Anfragen, beispielsweise ob Sie an Kooperationsprojekten interessiert sind. Aber auch die Vernetzung mit öffentlichen Geldgebern, z.B. DFG oder BMBF erhöht die Chancen, frühzeitig von neuen Ausschreibungen zu erfahren oder diese sogar zu initiieren. Pflegen Sie daher Ihr Netzwerk (für weitere Hinweise zu Kompetenz-Netzwerken siehe Abschnitt 16.2).

Kooperationsmöglichkeiten. Des Weiteren können Sie zur Festlegung Ihres Forschungsprofils auch berücksichtigen, welche Kollegen in Ihrer Fakultät bzw. in Ihrem Fachbereich ggf. mit Forschungsschwerpunkten für Kooperationen zur Verfügung stehen würden; mit welchem Forschungsprofil wären Sie sozusagen an diese 'anbindungsfähig'? Oftmals lassen sich Forschungsschwerpunkte besser etablieren, wenn sich mehrere örtlich vorhandene Fachkompetenzen zusammen tun. Nicht zuletzt dieser Erkenntnis folgend, gibt es in zunehmendem Maße z.T. sogar gut öffentlich finanzierte regionale Forschungscluster. (Für Hinweise zu dem sich aus einer solchen Kooperation ergebenden interdisziplinären Arbeiten siehe Abschnitt 16.3.)

Zur Verfügung stehende Infrastruktur. Sollten Sie im Rahmen Ihres (neuen) Forschungsprofils beispielsweise verstärkt experimentelle Untersuchungen durchführen wollen, so müssen dazu die passenden Laboreinrichtungen bestehen oder aber akquiriert werden. Sie können diese zum einen akquirieren bzw. bei Berufungen verhandeln (siehe obigen Abschnitt zur Ausstattung), Sie können sich zum anderen aber auch durch geschickte Wahl Ihrer Kooperationspartner ggf. Zugang zu entsprechend strategisch wertvollen Laborgeräten verschaffen.

Die Konkurrenzsituation in der Scientific Community. Es ist unwahrscheinlich, dass Sie weltweit in völliger Alleinstellung ein komplettes Themenfeld besetzen können. Lassen Sie sich von ähnlich ausgerichteten Kollegen nicht abschrecken, sondern gehen Sie konstruktiv und aktiv mit der Situation um, ein wenig Konkurrenz zu Kooperationspartnern werden Sie immer haben. Jedes Fachthema lässt sich in wissenschaftlich spannende Teilthemen zerlegen, die Sie ggf. sogar untereinander absprechen oder sich selbst die ungeachtete Nische suchen können.

Diese Aspekte bzw. Einflussgrößen betrachtend wird deutlich, dass sich zahlreiche Aspekte bei der Ausrichtung eines Forschungsprofils einbeziehen lassen. Nehmen Sie sich daher Zeit (ggf. auch gemeinsam mit Ihren Mitarbeitern), ein Forschungsprofil zu erarbeiten, das Ihren Kompetenzen und Zielen, aber auch den zukünftigen Chancen und Möglichkeiten gerecht wird. Ein Forschungsprofil ist niemals 100 %ig statisch, sodass dessen Entwicklung und regelmäßige Anpassung / Optimierung eine der wesentlichen Aufgaben innerhalb der Forschungsplanung eines Lehrstuhls darstellt. Nachstehend finden Sie daher Methoden, mit denen Sie sich Ihr Forschungsprofil strategisch neu erarbeiten oder ein bestehendes (bspw. auf dessen Zukunftsfähigkeit) reflektieren können. Die im Folgenden beschriebenen Methoden können sowohl zur Entwicklung einzelner Maßnahmen im Sinne einer strategischen Forschungsplanung als auch zur Entwicklung und Optimierung eines Forschungsportfolios dienen.

17.3 Methoden zur Forschungsplanung und -profilentwicklung

Sagen Sie, wie häufig haben Sie schon Ihr Forschungsprofil oder zumindest den von Ihnen eingeschlagenen Forschungsweg hinterfragt? Zumindest in den – hoffentlich für Sie seltenen – Fällen, in denen ein Projektantrag abgelehnt worden ist oder ganze Studienreihen gescheitert sind, werden Sie vermutlich darüber nachgedacht haben, ob die Forschungsfelder, die Sie bearbeiten, noch die richtigen sind oder ob Sie Ihr Forschungsprofil anpassen sollten. (Und spätestens während Sie dieses Buch gerade lesen, werden Sie hinterfragen, ob Sie überhaupt ein Forschungsprofil haben bzw. wie es darum steht, stimmt's?) Eine Anpassung und Optimierung eines Forschungsprofils sollten Sie nicht nur aufgrund eines kritischen Ereignisses angehen, sondern in regelmäßigen Abständen immer wieder (bspw. jährlich). Über zukünftige Forschung sollte an jedem Lehrstuhl in routinemäßigen Abständen nachgedacht und eine solide Forschungsplanung durchgeführt werden, denn wie nachfolgend zu sehen sein wird, setzt diese Maßstäbe, lässt Ihre Mitarbeiter durch Orientierung selbständiger in Ihrem Sinne agieren und bietet allen Beteiligten Planungssicherheit.

Um seine Forschungsplanung, also die Initiierung von Aktivitäten zur (Weiter-)Entwicklung des Forschungsprofils, strukturell und konzeptionell durchführen zu können, werden in den folgenden Abschnitten drei dafür geeignete Methoden (vgl. Tabelle 17.1) erläutert und jeweils an einem Anwendungsfall illustriert. Im Rahmen einer SWOT-Analyse können Sie einzelne Strategien, die Sie in Ihrer Forschungsplanung vorantreiben wollen, bewerten. Dazu werden die Stärken und Schwächen des Lehrstuhls sowie die Chancen und Risiken, die sich im Umfeld des Lehrstuhls ergeben, berücksichtigt. Die zweite Methode, die Portfolio-Analyse, hilft Ihnen, strategische Handlungsempfehlungen zur Weiterentwicklung Ihres Forschungsprofils zu erhalten. Dazu werden die wirtschaftlichen Zukunftschancen Ihrer Geschäftseinheiten (operativ unabhängige Einheiten) bewertet, in dem Sie die Marktanteile und das Marktwachstum ins Kalkül ziehen. Diese Methode eignet sich nur bedingt für Forschungsfelder, die ausschließlich der Grundlagenforschung zugerechnet werden, wohl aber für anwendungsorientierte Forschungsfelder und Entwicklungsprojekte. Die dritte Methode im Bunde ist die Roadmap, die Ihnen die einzelnen Aktivitäten (Wege, Strategien und Projekte), die Sie im Sinne Ihrer Forschungsplanung am Lehrstuhl angehen wollen, zu strukturieren und in Ihren Zusammenhängen zu visualisieren hilft.

Tabelle 17.1. Übersicht über die Einsatzbereiche und Ziele der Methoden.

METHODE	EINSATZBEREICHE, ZIEL UND ZWECK
SWOT (siehe Abschnitt 17.3.1)	Finden und Bewertung von Strategien zur Forschungsplanung durch Gegenüberstellung von Chancen, Risiken, Stärken und Schwächen
Portfolio (siehe Abschnitt 17.3.2)	Entwicklung strategischer Handlungsempfehlungen zur Weiterentwicklung des Forschungsprofils unter Berücksichtigung der wirtschaftlichen Zukunftschancen
Roadmap (siehe Abschnitt 17.3.3)	Strukturierung und Visualisierung von Aktivitäten (Wege, Strategien, Projekte) der Forschungsplanung

17.3.1 Stärken- und Schwächen analysieren (SWOT)

Was würden Sie antworten, wenn Sie ein Journalist bei einem Interview fragen würde, welches aus Ihrer Sicht die größten Stärken Ihrer Forschung seien? Sicherlich fallen Ihnen dabei sofort einige gute Projekte, angenommene Publikationen bzw. die eine oder andere Dissertation, die am Lehrstuhl lief, ein. Auch über zukünftige Chancen unserer Forschungstätigkeiten wüssten wir so einiges zu berichten, nämlich wie sich unsere Forschungsergebnisse zur Weiterentwicklung von Produkten, zur Anwendung in praktischen Bereichen oder auch zur Bewertung politischer Ereignisse nutzen ließen. Vielleicht fällt Ihnen während Sie hierüber dem Journalisten erzählen, aber auch auf, dass Sie diese Chancen noch nie wirklich ausgelotet oder in Angriff genommen haben. Würde unser kritischer Journalist nun allerdings auch die Schwächen wissen wollen, wäre die Antwort vielleicht nicht so einfach; zum einen, weil wir darüber nur ungern reden, aber zum anderen – Hand auf's Herz – doch vor allem deswegen, weil wir darüber noch nie nachgedacht haben. Erst recht hätten wir Schwierigkeiten, über Risiken zu plaudern, die sich für unsere Forschungsprojekte in Zukunft ergeben könnten; z.B. weil sich keiner mehr dafür interessiert oder kein Geld seitens der Drittmittelgeber vorhanden sein wird. Darüber reden – undenkbar! Wirklich? Sollten wir uns nicht mit solchen Fragen – freiwillig –, zumindest im Kreise unserer Lehrstuhlmitarbeiter, auseinandersetzen, um zu wissen, wie wir uns zukünftig hinsichtlich unserer Forschungsschwerpunkte aufstellen, wie wir unser Forschungsprofil auslegen sollten? Sie fragen doch auch nach, wie sich die Zinsen entwickeln werden, wenn Sie Geld anlegen. Und im Forschungsalltag möchten Sie das auch gerne. Nicht das Nicht-wollen, sondern das Nicht-können ist häufig der Grund dafür, dass zukünftige Entwicklungen nicht hinterfragt werden. Nachfolgend finden Sie daher entsprechende Hilfestellungen.

Um bei der Forschungsplanung Stärken, Schwächen sowie Chancen und Risiken methodisch fundiert zu identifizieren, können Sie auf die sog. SWOT-Analyse zurückgreifen. SWOT ist ein englisches Akronym und steht für Strengths (Stärken), Weaknesses (Schwächen), Opportunities (Chancen) und Threats (Risiken).

Einsatzbereiche

Die SWOT-Analyse ist ein leicht und rasch umzusetzendes (und daher beliebtes) Werkzeug, das Sie zur Standortbestimmung Ihrer Forschung am Lehrstuhl, aber auch zur Betrachtung einzelner Aktivitäten im Rahmen der Forschungsplanung einsetzen können. Sie bietet die Möglichkeit für eine Bewertung der weiteren Entwicklung der Forschungsaktivitäten inklusive der dazugehörigen Alternativen. Weiterhin bietet die Anwendung dieser Methode den Vorteil, sich mit den Stärken, Schwächen sowie Chancen und Risiken der Forschungsaktivitäten in einer offenen und durchaus kritischen Weise auseinander zu setzen.

Die SWOT-Analyse umfasst die Betrachtung von internen Lehrstuhlfaktoren einerseits und externen Umweltfaktoren andererseits (siehe Tabelle 17.2). Sie dient dazu, auf eine definierte Ausgangsfrage hin die Stärken und Schwächen eines Lehrstuhls (interne Sicht) und die Chancen und Risiken der Umwelt (externe Sicht) zu betrachten, um daraus geeignete strategische Lösungsalternativen abzuleiten und zu bewerten.

Tabelle 17.2. Übersichtsbild zur SWOT-Analyse.

		INTERNE FAKTOREN	
		S **Stärken**	**W** **Schwächen**
EXTERNE FAKTOREN	**O** **Chancen**	Stärken einsetzen, um Chancen zu nutzen	Schwächen überwinden durch Nutzung von Chancen
	T **Risiken**	Stärken einsetzen, um Risiken abzuwehren	Reduzierung der Schwächen und Vermeiden von Risiken

Beschreibung der Methode

Die Durchführung der SWOT-Analyse gliedert sich in sieben größere Schritte, die nachfolgend beschrieben werden.

1. **Legen Sie ein Ziel bzw. eine Fragestellung fest**, in Bezug auf das bzw. auf die die SWOT-Analyse bezogen werden soll. Je konkreter, desto besser. Dabei können Sie entweder ein (Forschungs-) Thema des Lehrstuhls herausgreifen und für dieses dann alle nachfolgenden Schritte durchlaufen oder Sie wenden die Methode auf Ihr gesamtes Forschungsprofil an. Mögliche Fragestellungen für eine SWOT-Analyse wären:
   - Sollen wir als Forschungsfeld die Thema A, B und C ins Forschungsprofil mit aufnehmen, oder nur eine davon?
   - Sollen wir die neue Forschungsrichtung A einschlagen oder lieber B und C verstärken?
   - Sollen wir zukünftig Projekte auf Basis der Methode B nicht mehr durchführen?
   - Sollen wir die Doktorandenzahl am Lehrstuhl erhöhen?
   - Sollen wir eine stärkere Internationalisierung der Lehrstuhltätigkeiten anstreben?
   - Sollen wir die Publikationszahl pro Jahr erhöhen?
2. **Bereiten Sie die entsprechenden Unterlagen für die Analyse-Dimensionen vor** (das sind die vier externen und internen Faktoren). In der Regel sind dies Handouts oder Karten. Es ist wichtig, dass für alle Dimensionen eigenständige Karten, Handouts oder Moderationstafeln verwendet werden. So haben Ihre Mitarbeiter die Möglichkeit, ihre Gedanken den einzelnen Dimensionen direkt zuzuordnen.
3. **Analysieren Sie die internen Faktoren.** Unter dem Begriff 'interne Faktoren' werden die Stärken und Schwächen des zu hinterfragenden (Forschungs-)Themas oder des gesamten Lehrstuhls zusammengefasst. Um diese im nächsten Schritt analysieren zu können, müssen Sie sie zunächst sammeln (dafür eignet sich bspw. die Methode des Brainstormings, siehe Abschnitt 20.2.1, zur Visualisierung jene des Mindmappings, Abschnitt 9.8). Zur anschließenden Analyse könnten Sie beispielsweise folgende Leitfragen nutzen:

- In welchen Kernkompetenzen (Methoden, Techniken etc.) hat der Lehrstuhl Stärken?
- Welche spezifischen Einrichtungen können genutzt werden (bspw. vorhandene Laboreinrichtungen)?
- Welche personelle und finanzielle Ausstattung des Lehrstuhls ist vorhanden?

Diese Fragen beziehen sich auf die Stärken. Natürlich müssen Sie hierzu auch die entsprechenden Schwächen auflisten.

4. **Analysieren Sie die externen Faktoren.** Bestimmen Sie nun die für Ihre Fragestellung relevanten Chancen und Risiken (Analyse der externen Faktoren). Nutzen Sie wieder zum Sammeln derselben die Methode des Brainstormings (siehe Abschnitt 20.2.1), zur Visualisierung jene des Mindmappings (siehe Abschnitt 9.8). Dabei werden in der Regel die Position des Lehrstuhls im Wettbewerb, seine Rahmenbedingungen und mögliche zukünftige Veränderungen erfasst. Sie könnten beispielsweise folgende Leitfragen heranziehen:
   - Welche Geschäftsfelder kann der Lehrstuhl (mit dem neuen Themenfeld) bedienen?
   - Welche (zusätzlichen) Drittmittelgeber passen zum Lehrstuhl / Themenfeld?
   - Wie sehen die Kundenstruktur und deren Liquidität in Zukunft aus?
   - Gibt es Konkurrenz / andere Lehrstühle, die das gleiche Themenfeld bearbeiten / angehen wollen?
   - Gibt es für erste Projektanträge passende Ausschreibungen (um das Themenfeld mit ersten finanzierten Projekten zu starten)?
   - Welche Chancen, welche Risiken bergen beispielsweise Markt, Gesellschaft, Politik, Recht und Technik?

Seien Sie beim Auffinden der Chancen und Risiken kreativ (siehe auch Kreativitätsmethoden in Kapitel 20) und gehen Sie nicht zu schnell über diesen Schritt hinweg (man neigt dazu, da das Generieren hier schwerer fällt als bei den Stärken / Schwächen). In Abbildung 17.1 finden Sie exemplarisch einige Stärken und Schwächen sowie Chancen und Risiken eines Lehrstuhls.

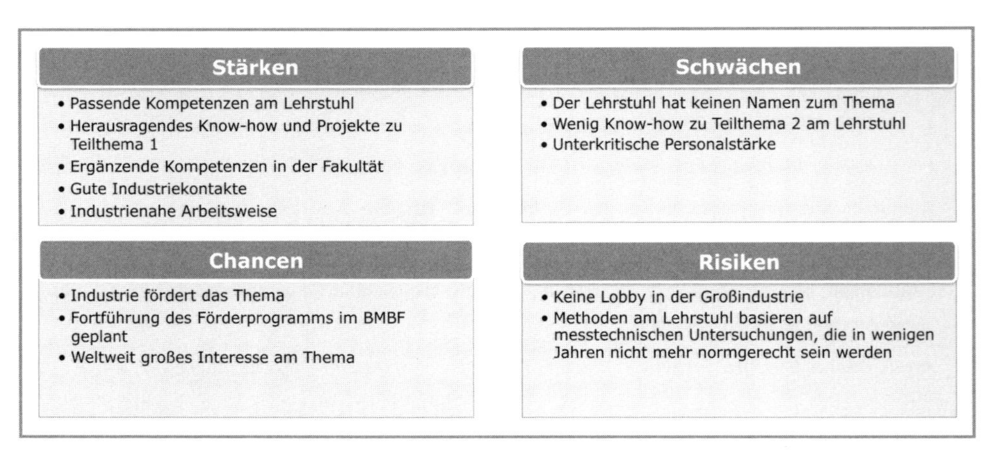

Abb. 17.1. Beispiele für Stärken (S) und Schwächen (W) sowie Chancen (O) und Risiken (T) eines Lehrstuhls im Rahmen der SWOT-Analyse.

5. **Bilden Sie Kombinationen.** Im nächsten Schritt gilt es, die eigene Fragestellung oder das Forschungsprofil des Lehrstuhls anhand des möglichen Zusammenspiels von Stärken, Schwächen, Chancen und Risiken zu beleuchten. Dabei sollen die vorhandenen Stärken sowie die möglichen Chancen maximal genutzt und zugleich die Wirkung der vorhandenen Schwächen sowie die möglichen Risiken minimiert werden. Sie können beispielsweise mit den nachstehenden Fragen arbeiten:

   - **Stärke-Chancen-Kombination:** Welche Stärken passen zu welchen Chancen? Wie können Stärken genutzt werden, sodass sich die Chancenrealisierung erhöht?
   - **Stärke-Risiken-Kombination:** Welchen Gefahren können wir mit welchen Stärken begegnen? Wie können vorhandene Stärken eingesetzt werden, um den Eintritt bestimmter Gefahren abzuwenden?
   - **Schwäche-Chancen-Kombination:** Wo können aus Schwächen Chancen entstehen? Wie können Schwächen zu Stärken entwickelt werden?
   - **Schwäche-Risiken-Kombination:** Wo befinden sich unsere Schwächen und wie können wir uns vor Schaden schützen?

   Beachten Sie, dass durchaus mehrere Stärken zur Realisierung einer Chance oder Vermeidung eines Risikos eingesetzt werden können. Die größten Bedrohungen (Risiken für den Lehrstuhl) sind dort zu vermuten, wo eine Kombination von Schwächen einer oder mehreren Gefahren gegenübersteht.

6. **Maßnahmen ableiten.** Auf diesem Schritt aufbauend sind dann konkrete Maßnahmen abzuleiten. Beispiele für Maßnahmen zu den oben genannten Kombinationen könnten sein:

   - Teilnahme des Lehrstuhls an einer Fachmesse, um die fachlichen Anknüpfungspunkte möglichen Auftraggebern aus der Wirtschaft zu zeigen.
   - Wir bringen uns verstärkt mit eigenen Ideen, Leitthemen in Netzwerken ein, um unsere Position als Marktführer zu stärken, z.B. durch eine strategische Kooperation mit einem anderen (konkurrierenden) Lehrstuhl, indem man sich die Forschungsfelder eines neuen Themas aufteilt und dabei die Kernkompetenzen des eigenen Lehrstuhls als seinen Beitrag zum Thema fixiert, könnte verhindern, dass der andere Lehrstuhl alle Themen bearbeitet.
   - Durch Vergabe von Masterarbeiten und Initiieren mehrerer Dissertationen können wir ein neues Themenfeld, in dem bislang kaum ein Lehrstuhl (also auch nicht der eigene) gearbeitet hat, gezielt vorantreiben.
   - Die Anwendung einer Kernkompetenz in nur einem Geschäftsfeld birgt immer die Gefahr einer nicht dauerhaft gesicherten Finanzierung. Durch Erweitern der Aktivitäten des Lehrstuhls in anderen Geschäftsfeldern gelingt die 'Durchfinanzierung' der Kernkompetenz über die Zeit einfacher.

7. **Aktionen planen.** Aus den konkreten Maßnahmen müssen Gesamtstrategien abgeleitet und aufeinander abgestimmt werden. Hierbei handelt es sich um den anspruchsvollsten Teil des Vorgehens. Entscheidend für den Erfolg sind immer konkrete und am Ziel ausgerichtete Maßnahmen, die in der Folge konsequent umgesetzt werden. Priorisieren Sie also abschließend Ihre Strategien bzw. konkrete Maßnahmen, legen Sie einen Aktionsplan fest und leiten Sie die Umsetzung ein.

Tipp: Sie können die Methode (oder zumindest die ersten vier Schritte) auch dazu verwenden, sich Ihrer Stärken und Schwächen bzw. Chancen und Risiken bewusst zu werden und diese zur Entwicklung zu nutzen: Die Stärken zu stärken, die Schwächen zu eliminieren, die Chancen zu nutzen und den Risiken auszuweichen. Hängen Sie die gesammelten Aspekte im Besprechungszimmer auf und diskutieren Sie mit Ihrem Team beispielsweise bei den Team-Klausuren (siehe Abschnitt 4.4) darüber.

Zusammenfassend lässt sich festhalten: Im Rahmen der Durchführung einer SWOT-Analyse können Sie an Ihrem Lehrstuhl Strategien und Lösungswege entwickeln, die es Ihnen gestatten, die Stärken des Lehrstuhls zu nutzen und weiter auszubauen, Schwächen zu beseitigen und auf diesem Weg Erfolg und Zukunftschancen des Lehrstuhls zu erhöhen. Tabelle 17.3 zeigt einige typische Fragen zur SWOT-Methode nochmals im Überblick auf und im grauen Kasten wird ein abschließendes Anwendungsbeispiel gegeben.

Tabelle 17.3. Überblick zur SWOT-Analyse.

FRAGEN	BESCHREIBUNG
Wann wendet man die Methode an?	Wenn für einen Entscheidungsprozess das Potenzial (des Lehrstuhls bzw. der externen Rahmenbedingungen) veranschaulicht werden soll.
Welche Informationen werden benötigt?	Zu Stärken und Schwächen: Informationen über interne Faktoren, wie Fähigkeiten, Ressourcen, Ausstattung, Netzwerke Zu Chancen und Risiken: Informationen über externe Faktoren, wie gesellschaftliche und wirtschaftliche Trends
Wie verwendet man die Ergebnisse?	Aktionsplan festlegen und implementieren

Anwendungsbeispiel

Nehmen wir an, Sie würden sich per SWOT-Analyse der Fragestellung widmen: „Ist die Verstärkung der internationalen Ausrichtung unseres Lehrstuhls sinnvoll?". Nachfolgend (siehe Abbildung 17.2 und Abbildung 17.3) sind exemplarische Antworten der einzelnen Bearbeitungsschritte aufgelistet.

Stärken / Schwächen (interne Faktoren)

- Zahl und Qualität von bisherigen und zukünftigen englischsprachigen Veröffentlichungen
- Auszeichnungen aus dem Ausland
- Öffentlichkeitsarbeit (Pressemitteilungen, Besuche von Kongressen etc.)
- Anzahl internationaler Doktoranden bzw. Masterarbeiten
- Sprachliche Qualifikation und internationale Berufserfahrung der Mitarbeiter
- Eingeworbene Drittmittel aus dem Ausland
- ...

Chancen / Risiken (externe Faktoren)

- Gibt es einen Trend zur Internationalisierung im Forschungsfeld des Lehrstuhls?
- Entwicklung der Wirtschaftslage oder des Arbeitsmarkts im Geschäftsfeld des Lehrstuhls, das international vermarkten werden soll?
- Strategie der Hochschule(n)
- Bekannte Strategien und Aktivitäten anderer Lehrstühle im entsprechenden Forschungsfeld
- Entwicklung der Haushaltslage (Lehrstuhl, Hochschule, Land)
- ...

Abb. 17.2. Kriterien, die für die Ermittlung der Stärken / Schwächen bzw. Chancen / Risiken zu dem Beispielfall „Ist eine Verstärkung der internationalen Ausrichtung unseres Lehrstuhls sinnvoll?" herangezogen werden können.

Stärken

- Quantität der Publikation hoch (zahlreiche Veröffentlichungen in internationalen Fachjournalen).
- Fachliche Alleinstellung in Deutschland gegeben (aufgrund enger fachlicher Fokussierung).
- Lehrstuhl ist durch Gremienarbeit national gut vernetzt und anerkannt.

Schwächen

- Qualität der Publikation stimmt noch nicht, da keine peer-reviewed Publikationen.
- Die Mitarbeiter des Lehrstuhls kommen nur aus Deutschland, schlechte Englischkenntnisse.
- Kein Zugang zu internationalem Netzwerk und damit erschwerter Zugang zu internationalen Projekten.

Chancen

- Nationale und EU-Förderprogramme für internationale Kooperationen könnten genutzt werden.
- Zusätzliche Forschungsgelder ausländischer Industriekunden lassen sich erschließen.
- Neue Mitarbeiter aus anderen Ländern bringen neue Impulse in die Forschung.

Risiken

- Nicht-Finanzierung des größeren Personalstamms.
- Leidet der Zusammenhalt des eingespielten Teams?
- Zeitlicher Aufwand einer Internationalisierung (Strategie, Umsetzung) blockiert andere Projekte (Dissertationen).

Abb. 17.3. Beispiel für das Ergebnis einer SWOT-Analyse zu der Beispielfrage, ob eine Verstärkung der internationalen Ausrichtung des Lehrstuhls sinnvoll ist.

Aus den oben aufgelisteten einzelnen Stärken, Schwächen, Chancen und Risiken lassen sich beispielhaft folgende Kombinationen ableiten:

- Stärke / Chancen-Kombination: Fachliche Alleinstellung kann durch zusätzliche, aus dem Ausland finanzierte, Projekte (EU und Industrie) auch international gefestigt werden.
- Stärke / Risiken-Kombination: Aufgrund der fachlichen Alleinstellung gelingt es, die oben genannte Finanzierung für weitere Mitarbeiter sicherzustellen.
- Schwäche / Chancen-Kombination: Neue Mitarbeiter aus anderen Ländern erhöhen infolge von Kommunikation in englischer Sprache die Sprachkompetenz der Mitarbeiter.
- Schwäche / Risiken-Kombination: Der zeitliche Aufwand für die Umsetzung der Internationalisierungsstrategie verhindert zunächst einmal das Verfassen hochkarätiger englischsprachiger Publikationen. Daher sollen zusammen mir den neuen ausländischen Mitarbeitern gemeinsame Veröffentlichungen angegangen werden.

Aus den ermittelten Stärken, Schwächen, Chancen und Risiken sowie dem sich daraus ergebenden Zusammenspiel lassen sich nun mögliche **Maßnahmen** ableiten:

- Ein Englischsprachkurs für alle Lehrstuhlmitarbeiter wird organisiert.
- Zwei wissenschaftliche Mitarbeiter scannen die neuen EU-Ausschreibungen im Hinblick auf Passung zu den Lehrstuhlthemen.
- Der Lehrstuhlinhaber besucht die an einer ähnlichen Thematik arbeitenden Lehrstühle in Benelux und Frankreich.
- Im kommenden Semester wird ein internationales Fachkolloquium angeboten. Auf Basis dieser Ergebnisse sollen zwei Publikationen erarbeitet und in internationalen Journals mit Peer-Review eingereicht werden.
- Der aus Spanien stammende Student soll nach Fertigstellung seiner Masterarbeit eingestellt, in das Team integriert und mit der Planung eines länderübergreifenden Projekts beauftragt werden.
- Für die angesprochenen Veröffentlichungen der neuen Mitarbeiter wird ein Zeitplan aufgestellt.
- Der Erfolg der Umsetzung dieser ersten Maßnahmen soll in der jährlichen Team-Klausur evaluiert werden.

17.3.2 Zukunftschancen Ihrer Forschung bewerten (Portfolio-Analysen)

Während Sie nun mit der SWOT-Analyse eine Methode kennengelernt haben, die es Ihnen erlaubt, einzelne Aktivitäten oder Projektideen Ihrer Forschungsplanung hinsichtlich Chancen und Risiken zu bewerten, geht die Portfolio-Analyse ein ganzes Stück weiter. Sie fokussiert auf einzelne strategische Geschäftseinheiten[42] des Lehrstuhls. Dabei geht es um die Klärung der Frage, wie Sie Ihre

---

[42] Unter einer Geschäftseinheit versteht man eine geschlossene, operative Einheit, die separat plan- und kontrollierbar ist. Als Geschäftseinheit eines Lehrstuhls wären beispielsweise einzelne Forschungsthemen oder ein Promotionskolleg denkbar. Es geht also stets um eine bestimmte Forschungsrichtung (im Falle der o.g. Bauphysik beispielsweise um die Akustik) und deren mögliche Finanzierung (also um öffentliche Projektgeber und mögliche Industriefinanzierung oder auch um Lizenzeinnahmen

Ressourcen (Personal, Finanzen) so einsetzen können / sollten, dass Sie mit Ihren Geschäftseinheiten 'maximale Marktchancen' erreichen.

Jetzt werden Sie vielleicht sagen, „Wir sind doch weder ein Industrieunternehmen, noch verkaufen wir Produkte mit Millionen-Umsätzen oder haben mit Wettbewerbern im engeren Sinne zu kämpfen!". Das ist sicher für die meisten Lehrstühle richtig, dennoch agieren Sie als Lehrstuhl in einem gewissen Maß – gewollt oder nicht – in einem 'Markt'. Sie befinden sich in der Regel in einem mehr oder weniger stark ausgeprägten Wettbewerb um die knappe Ressource öffentlicher Projektmittel oder auch um Projekte der Auftragsforschung. Sollten Sie diese Konkurrenz noch nie gespürt haben, dürfen Sie sich glücklich schätzen. Den meisten von uns ist es aber sicher schon so ergangen, dass sie beispielsweise den Zuschlag für ein DFG-Projekt oder einen Industrieauftrag nicht bekommen haben, sondern der Kollege eines anderen Lehrstuhls. Also doch ein wenig Konkurrenz? Selbst wenn nicht, ist es wichtig, sich über seine Forschungsausrichtung (Kernkompetenzen) und die möglichen Finanzierungsquellen (im weitesten Sinn Geschäftsfelder) Gedanken zu machen.

Sollten Sie auf einem Themenfeld arbeiten, das gute Finanzierungsaussichten verspricht, müssen Sie wenig Zeit in die Akquisition stecken und können sich stattdessen auf das Wesentliche konzentrieren, nämlich Ihre wissenschaftliche Forschung. Bearbeiten Sie jedoch Themen, die von geringem öffentlichen Interesse sind, haben Sie möglicherweise zwar wenig Konkurrenz, allerdings auch geringere Akquisitionsoptionen. Kurzum: Sie sollten abschätzen können, ob Ihre Forschungsfelder zukünftig wirtschaftlich erfolgreich sein werden oder nicht. Die Portfolio-Analyse ist ein typisches Instrument zur Klärung solcher Fragestellung.

Einsatzbereiche

Ursprünglich wurde die Portfolio-Analyse in der Finanzwirtschaft entwickelt und geht auf Markowitz (1952) zurück, der sie zur optimalen Zusammensetzung eines Wertpapier-Portfolios für Investoren entwickelte. Übertragen auf die Verhältnisse und Anforderungen einer universitären Forschung bietet Ihnen die Portfolio-Analyse Anhaltspunkte und Entscheidungshilfen für die Bestimmung der 'Wettbewerbsposition' Ihrer Geschäftseinheiten. Unter einer Geschäftseinheit versteht man vereinfacht gesprochen die verschiedenen Kernkompetenzen, jeweils bezogen auf ein Geschäftsfeld. Ein Beispiel einer typischen Fragestellung für die Anwendung der Portfolio-Analyse wäre, ob Ihre Arbeitsgruppe (Geschäftseinheit), die sich mit der Entwicklung einer Methodik für die Branche XY beschäftigt, auch in zwei Jahren noch Ihre Drittmittelprojekte akquirieren können wird und ob angedachte neue Geschäftsfelder sinnvoll sind. Dabei wird unter anderem der Frage nachzugehen sein, ob es auch andere Lehrstühle gibt, die sich in den 'neuen' Geschäftsfeldern tummeln (diese wären dann Ihre Wettbewerber).

Die Portfolio-Analyse bietet sich nun als Verfahren an, diese Situation zu analysieren. Dabei geht man wie folgt vor: Diese Wettbewerbsposition wird aus relativem Marktanteil der jeweiligen Geschäftseinheit sowie dem erwarteten Marktwachstum ermittelt (vgl. grauen Kasten) und erlaubt die Ableitung entsprechender Handlungsempfehlungen, wie beispielsweise Ausbau oder Abbruch eines Forschungsfeldes. Ziel der Portfolio-Analyse ist es folglich, die Forschungsplanung hinsichtlich ihrer Wirtschaftlichkeit zu optimieren.

---

aus Patenten). Je nach Größe des Lehrstuhls besteht das Forschungsprofil aus einer Geschäftseinheit (Forschungsthema samt Finanzierung) oder aus mehreren.

Beschreibung der Methode

Wie Sie nun Ihre Geschäftseinheiten definieren und den vier Quadranten in Abbildung 17.4 zuordnen, wird im Folgenden beschrieben.

1. Zunächst geht es darum, dass Sie in Ihrem Lehrstuhl die **Geschäftseinheiten definieren,** die Sie zu einer Bewertung heranziehen wollen. Diese sollten in sich homogen und voneinander deutlich abgrenzbar sein. Diese eindeutige Festlegung ist erforderlich, da Sie sich sonst schwer tun, darüber zu entscheiden, wie mit einer Geschäftseinheit umgegangen werden soll. Steht beispielsweise für eines Ihrer Teilthemen (Geschäftseinheit) keine Finanzierung mehr zur Verfügung, müssen Sie zwar bezüglich dieses Teilthemas reagieren, nicht aber gleich das übergeordnete Forschungsthema über den Haufen werfen. Um zu einer solchen Aufteilung zu kommen, können Sie beispielsweise folgende Kriterien heranziehen:
   a) **Unterschiedliche methodische Vorgehensweisen (Kernkompetenzen).** Beispielsweise werden hygrothermische Vorgänge in der Bauphysik komplett anders gemessen als lichttechnische Effekte. Diese beiden Kernkompetenzen können also als eigenständige Geschäftseinheiten definiert werden.
   b) **Anwendungsbereiche von Forschungsfeldern (Geschäftsfelder).** Um wieder bei einem bauphysikalischen Beispiel zu bleiben: Raumklimatische Optimierungen eines Gebäudes werden nach anderen Regeln und mit anderen Techniken durchgeführt als solche in Flugzeugen. Auf Basis dieses Merkmals wäre eine Aufteilung der raumklimatischen Forschung in zwei Geschäftseinheiten denkbar, nämlich Innenräume von Gebäuden und Innenräume von Flugzeugen.
   c) **Art der Forschung und deren Finanzierung.** So könnte die DFG-finanzierte Grundlagenforschung zur Entwicklung der rechnerischen Simulation von Raumluftströmungen einer anderen Geschäftseinheit zugeordnet werden, als die von der Industrie finanzierte Optimierung von Lüftungsgeräten (also anwendungsorientierte Forschung).
2. Nach der Festlegung, Definition und möglichst exakten Beschreibung Ihrer Geschäftseinheiten (z.B. Methode, Anwendungsfeld, Art der Forschung und Finanzierung) geht es nun darum, für diese die derzeitigen **Marktanteile und deren zukünftige Wachstumschancen zu bestimmen**. Dazu bedient man sich der in Abbildung 17.4 gezeigten Vier-Felder-Matrix.

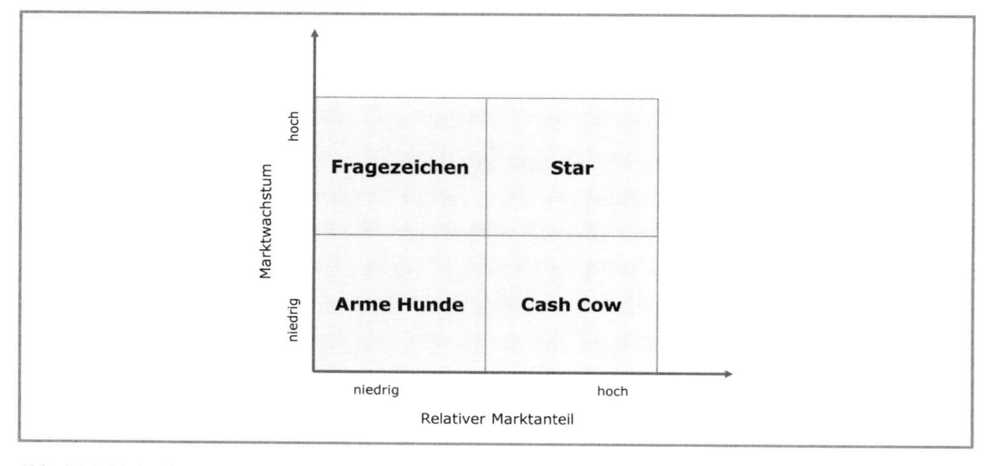

Abb. 17.4. Die bei der Anwendung der Portfolio-Analyse verwendete Vier-Felder-Matrix (Marktanteil-Marktwachstum-Portfolio).

Wie gelingt es, die Geschäftseinheit einem der vier Quadranten zuzuordnen? Um dies zu verstehen, sei zunächst ein Blick auf die ursprüngliche aus der Betriebswirtschaft stammende Methode gestattet: In diesem Schritt der Portfolio-Analyse werden der heutige relative Marktanteil einer Geschäftseinheit und das dafür zu erwartende Marktwachstum bestimmt, in das Bild eingetragen und eine Handlungsempfehlung daraus abgeleitet. Der relative Marktanteil beschreibt das Verhältnis aus eigenem Marktanteil und Marktanteil des größten Konkurrenten und wird so berechnet:

$$\text{Relativer Marktanteil (in \%)} = \frac{\text{Eigener Marktanteil}}{\text{Marktanteil des größten Wettbewerbers}} \times 100$$

Ganz einfach ausgedrückt bedeutet dies, dass Sie in ein Thema investieren sollten, welches nur Sie beherrschen und bedeutend vorsichtiger sein müssen, wenn es viele oder aber auch nur einen großen Konkurrenten gibt. Die Darstellung des relativen Marktanteils bietet gegenüber dem absoluten Marktanteil den Vorteil, dass er Ihnen einen indirekten Einblick in die Struktur bzw. Größenverhältnisse des jeweiligen Marktes bietet. Ein absoluter Marktanteil von 30 % hat in einem Markt mit 35 Wettbewerbern einen ganz anderen Stellenwert, als wenn ein Lehrstuhl lediglich auf zwei Konkurrenten trifft, von denen einer bereits 40 % des Marktes bedient, also 'größer' als Ihr Lehrstuhl ist. Der relative Marktanteil Ihres Lehrstuhls läge dann bei 0,75 (75 %). Bei 35 Mitbewerbern hätten diese bei angenommener Gleichverteilung einen jeweiligen Marktanteil von 2 %, womit sich ein relativer Marktanteil für Ihren Lehrstuhl von 15 (30 % / 2 %) ergibt; also um den Faktor 20 größer! Ihr Marktanteil in Relation zum Marktführer wird auf der x-Achse abgetragen (siehe Abb. 17.4). Die Trennlinie zwischen niedrigem und hohem relativen Marktanteil wird üblicherweise bei dem Wert 1 (100 %) gezogen. In dem oben genannten Fall bedeutet ein relativer Marktanteil von 0,75, dass Sie in den Feldern 'Fragezeichen' oder 'Armer Hund', landen, einer von 15 führt zum Eintrag in einen der beiden rechten Felder.

Zur Ermittlung der Angabe des relativen Marktanteils müssen Sie sich überlegen, wer für Ihre Geschäftseinheiten die Konkurrenten sind und mit welcher 'Power' diese im Vergleich zu Ihrem Lehrstuhl am Markt auftreten. Wie geht das jetzt? Schließlich veröffentlicht kein Lehrstuhl Marktdaten oder Geschäftsbilanzen! In der Regel kennen Sie aber innerhalb Ihrer Scientific Community die Lehrstühle mit ähnlicher Widmung oder gleichem Themenschwerpunkt. Meist werden Ihnen die Kollegen sogar bekannt sein, die in Ihren Themen unterwegs sind. Darüber hinaus sollten Sie auch daran denken, dass Universitäten im Ausland sowie Forschungseinrichtungen wie von Helmholtz, Max-Planck oder Fraunhofer in ähnlichen oder sogar gleichen Forschungsthemen arbeiten; ggf. bestehen darüber hinaus auch entsprechende Forschungsabteilungen in der Industrie. Die Anzahl der Mitarbeiter, die in den entsprechenden Themenfeldern arbeiten, kann im Internet recherchiert werden. Daraus können Sie verhältnismäßig einfach die Größe des Teams (die Ihnen Konkurrenz machen könnten) bestimmen und so den Marktanteil abschätzen. Ob dieser nun auf den Zehntel-Prozentpunkt genau stimmt, spielt bei der Anwendung der Methode in aller Regel keine Rolle. Nun suchen Sie sich den größten 'Konkurrenten' (also die größte Arbeitsgruppe, die auf 'Ihrer' Thematik innerhalb Ihrer Fachdisziplin unterwegs ist), vergleichen diesen mit Ihrem Lehrstuhl und errechnen so den relativen Marktanteil, der auf der x-Achse abgetragen wird.

3. Im nächsten Schritt muss das Marktwachstum ermittelt werden, das auf der vertikalen Achse (y-Achse) in Abbildung 17.4 einzutragen ist. Dies können Sie relativ einfach abschätzen, indem Sie das Verhältnis zwischen dem Marktvolumen im Betrachtungszeitraum (z.B. derzeitiges Marktvolumen) und dem Marktvolumen im vergangenen Zeitraum (z.B. ein Jahr zurückliegend) berechnen.

$$\text{Marktwachstum (in \%)} = \left[\left(\frac{\text{Marktvolumen im Betrachtungszeitraum}}{\text{Marktvolumen im vergangenen Zeitraum}}\right) - 1\right] \times 100$$

Wächst ein Markt, ist das Marktwachstum größer als 0. Insbesondere neue, junge Märkte, die eine große Nachfrage verzeichnen, wachsen. Wenn der Markt stagniert oder sogar schrumpft, beträgt das Marktwachstum 0 oder kleiner 0. Die y-Achse stellt das jährliche Wachstum des Markts dar, auf dem die jeweilige Geschäftseinheit tätig ist. Als Trennlinie zwischen geringem und starkem Wachstum wird in der Regel ein Wert von 10 angenommen.

Wie kommt man nun als Lehrstuhl wiederum zu solchen Zahlen? Machen Sie es sich nicht allzu schwer. Um abzuschätzen, ob die F+E-Dienstleistung,[43] die Ihre Geschäftseinheit anbietet, an Bedeutung gewinnen oder verlieren wird, sollten Sie in einem ersten Schritt einfach die zahlenmäßige Entwicklung (Finanzvolumen, Mitarbeiteranzahl) der (eigenen) Geschäftseinheit im zurückliegenden Zeitraum ansehen. Vor allem, wenn Ihre Geschäftseinheit ohnehin einen großen Marktanteil besitzt, ist es durchaus legitim, 'Ihren Wachstumswert' als Zahl für das Marktwachstum zu nehmen. Auch hier kommt es wieder nicht auf den genauen Prozentpunkt, sondern eher auf die Tendenz an, um zu wissen, welchem Quadranten Sie Ihre Geschäftseinheiten sinnvollerweise zuordnen müssen. Zur Absicherung dieser Tendenz können Sie sich beispielsweise ansehen, ob und in welchem Maße bewilligte Forschungsaufträge für den Folgezeitraum vorliegen, ob es mehr passende Ausschreibungen gibt als in der Vergangenheit, ob die Anzahl der Publikationen in diesem Themenfeld zunimmt oder ob sogar öffentliche Diskussionen über dieses Forschungsfeld zu finden sind. Insgesamt kommt es also darauf an, jedwede zukünftige Entwicklungen bei diesen Überlegungen mit einzubeziehen.

Die Ergebnisse Ihrer Überlegungen zu Marktanteil und Marktwachstum werden je Geschäftseinheit in den entsprechenden Quadranten der Vier-Felder-Matrix übertragen und nach den im Folgenden geschilderten Regeln bewertet. Je nach Zuordnung einer Geschäftseinheit zu einem der vier Quadranten der Abbildung können Sie nun ableiten bzw. entscheiden, wie Sie künftig mit ihm umgehen wollen, d.h. **Handlungsempfehlungen** (sog. Normstrategien) **ableiten**:

- **Fragezeichen.** Im 'Fragezeichen-Feld' befinden sich die strategischen Einheiten, die in Wachstumsmärkten integriert sind, aber nur einen geringen relativen Marktanteil besitzen. Dazu gehören beispielweise all die Kernkompetenzen (Forschungsmethoden, Softwaretools, Patente etc.) Ihres Lehrstuhls, die noch relativ neu sind oder aber in denen Sie Alleinstellung oder mindestens methodischen Vorsprung haben und gleichzeitig ein Interesse bei möglichen 'Abnehmern' erwarten. Ein solches Interesse manifestiert sich beispielsweise in Anfragen durch Kollegen nach Kooperationen oder ersten Signalen der öffentlichen Geldgeber, in diesen Themenfeldern Anträge beauftragen zu wollen. Die angezeigte Strategie wäre in diesem Fall die **Investi-**

[43] = Forschungs- und Entwicklungs-Dienstleistungen

tionsstrategie. Diese lautet: Den Marktanteil deutlich steigern, um das Produkt zu einem 'Star' werden zu lassen. Dies wiederum bedeutet konkret, dass Sie z.B. an den Ausbau des Forschungsfeldes anhand weiterer Forschungsanträge, einen Personalaufbau durch die Vergabe von Masterarbeiten und späterer Übernahme der Personen oder aber an Investitionen in entsprechende Laboreinrichtungen denken sollten.

- **Stars.** Alle Geschäftseinheiten, die einen hohen Marktanteil besitzen und in einem Wachstumsmarkt agieren, werden zu 'Stars'. Dies bedeutet für Sie an Ihrem Lehrstuhl, dass Sie in Ihrer Geschäftseinheit nicht nur der / ein gefragter Spezialist sind und Ihnen keine andere Forschungseinrichtung Konkurrenz machen kann, sondern auch, dass die F+E-Dienstleistungen Ihrer Geschäftseinheit derzeit en vogue sind, also nachgefragt werden und die Nachfrage eher noch steigen wird. Konkret heißt dies, dass Sie z.B. der gesetzte Partner für Kooperationsprojekte sind, dass Sie in diesem Themenfeld infolge des wissenschaftlichen Vorsprungs mit einer großen Bewilligungschance Forschungsanträge stellen können etc. Die Handlungsempfehlung wäre hier daher, den Marktanteil zu halten und etwas auszubauen. Man spricht von einer **Wachstumsstrategie**.

- **Cash-Cows.** Ein 'Goldesel' ist ein sog. Geldlieferant für Fragezeichen und Stars. Hier wäre die strategische Empfehlung, den Marktanteil zu halten und möglichst kein zusätzliches Geld mehr zu investieren. Für Ihren Lehrstuhl kann dies beispielsweise Folgendes bedeuten: Angenommen, Sie betreiben ein Forschungslabor und bekommen fortlaufend Aufträge für Messungen, die Sie mit bestehenden Einrichtungen ohne weitere Investition abwickeln können. Sie sollten das damit verdiente Geld in andere Geschäftseinheiten investieren, also dort beispielsweise Grundlagenforschung finanzieren, d.h. der sog. **Abschöpfungsstrategie** folgen.
  Hinweis: Dieses Vorgehen ist sicherlich an einem Lehrstuhl eher unüblich, wird an den großen Forschungseinrichtungen schon häufiger anzutreffen und in Forschungsabteilungen der Wirtschaftsunternehmen an der Tagesordnung sein.

- **Arme Hunde.** Jene Geschäftseinheiten (Produkte, Dienstleistungen etc.), die einen geringen Marktanteil in einem nur noch langsam wachsenden oder sogar stagnierenden Markt aufweisen, werden als 'arme Hunde' klassifiziert. Dazu zählen im Lehrstuhlkontext all die Forschungsthemen, deren Erkenntnisse sich im Markt durchgesetzt, aber keine neuen Fragestellungen aufgeworfen haben. Es können aber auch Geschäftseinheiten dazu gerechnet werden, für die Sie sich in den letzten Jahren mit der Akquisition von Drittmittelprojekten schwer getan haben, weil beispielsweise große (ausländische) Forschungseinrichtungen sich dieser Thematik mit einem großen Personalstamm angenommen haben und sich die Industrie mit Aufträgen lieber dorthin wendet. Die Handlungsempfehlung besagt in diesem Fall, den Marktanteil deutlich zu senken. Sie sollten überlegen, ob Sie sich aus diesem Feld zurückziehen und Ihre Mitarbeiter den anderen Projekten zuordnen sollten, also eine **Desinvestitionsstrategie** verfolgen.
  Hinweis: In der Regel werden derartige Entscheidungen aber nicht erst aus der fertigen Portfolio-Darstellung abgeleitet, sondern entstehen auch schon während der Erstellung und Bewertung der Einflussfaktoren, also der Zuordnung zu den Feldern.

Hinweis: Oftmals ist es schwierig, exakte Daten für den Marktanteil einer Geschäftseinheit und Zahlen für das erwartete Marktwachstum zu bekommen. In diesem Fall werden – und das ist durchaus gängige Praxis – 'Bauchentscheidungen' bezüglich der Zuordnungen zu den vier Quadranten getroffen. Um Ihnen hier eine Hilfestellung an die Hand zu geben, finden Sie im folgenden Kasten Kriterien, die Sie zur Ermittlung von Marktattraktivität und Wettbewerbsposition Ihrer Geschäftseinheit heranziehen können.

KRITERIEN ZUR ERMITTLUNG DER MARKTATTRAKTIVITÄT UND WETTBEWERBS-POSITION (EXEMPLARISCH)

Kriterien zur Bewertung der Marktattraktivität

- Standortvorteile
  Gelten standortbezogen günstige Marktbedingungen für den Lehrstuhl in einem Geschäftsfeld? (Bspw. lassen sich Dienstleistungen für die Automobilbranche ggf. besser verkaufen, wenn diese Firmen in Ihrer Region beheimatet sind.)
- Marktvolumen
  Steht in diesem Geschäftsfeld ein attraktives Marktvolumen zur Verfügung?
- Marktwachstum
  Handelt es sich bei diesem Geschäftsfeld um einen Wachstumsmarkt?
- Verfügbarkeit öffentlicher Fördermittel
  Sind in diesem Geschäftsfeld öffentliche Fördermittel zu erwarten bzw. verfügbar? Laufen bei der DFG oder dem BMBF in diesem Bereich größere Ausschreibungen oder sind diese geplant?
- Kaufkraft der Kunden bzw. Bedarf an externen F+E-Leistungen
  Wie stellt sich die Mittelverfügbarkeit bei potenziellen Kunden im Geschäftsfeld dar, und wie groß ist der / ihr Bedarf an externen F+E-Dienstleistungen?

Kriterien zur Bewertung der Wettbewerbsposition

- Ausstattung
  Wie ist es um die apparative und infrastrukturelle Ausstattung des Lehrstuhls, bezogen auf die F+E-Leistungen in diesem Geschäftsfeld, bestellt?
- Alleinstellungsmerkmale
  Über welche Alleinstellungsmerkmale verfügt die Geschäftseinheit?
- Marketingaktivitäten
  Wie ist die Marketing- und Akquisitions-Kompetenz in diesem Geschäftsfeld zu bewerten?
- Bekanntheitsgrad / Ansehen
  Wie hoch sind der Bekanntheitsgrad und das Ansehen des Lehrstuhls in diesem Geschäftsfeld?
- Qualifikation der Mitarbeiter
  Wie ist die inhaltliche Qualifikation der Mitarbeiter in diesem Geschäftsfeld zu bewerten?
- Preis
  Wie steht es um die Wettbewerbsfähigkeit im Bezug auf die Preis- bzw. Kostenstruktur? Dabei wäre zu fragen, ob es beispielsweise andere Forschungseinrichtungen gibt, die die F+E-Leistungen kostengünstiger anbieten können.

Zusammenfassend lässt sich festhalten: Mit der Portfolio-Analyse haben Sie eine Methode kennengelernt, die Sie und Ihren Lehrstuhl in die Lage versetzt, Ihre Geschäftseinheiten hinsichtlich deren Zukunftsfähigkeit zu überprüfen. Die nachstehende Tabelle 17.4 fasst die wesentlichen Aspekte der Methode nochmals zusammen. Abschließend wird ein Anwendungsbeispiel dargestellt.

Tabelle 17.4. Überblick zur Portfolio-Analyse.

FRAGEN	BESCHREIBUNG
Wann wendet man die Methode an?	Mit der Portfolio-Analyse kann vor allem die wirtschaftliche IST-Situation des gesamten Lehrstuhls auf Basis seiner einzelnen strategischen Geschäftseinheiten analysiert werden. Sie kann natürlich auch nur auf eine Geschäftseinheit angewandt werden. Mithilfe der Methode kann bewertet werden, ob sich die bestehenden Geschäftseinheiten als zukunftsträchtig erweisen oder ob Korrekturen vorgenommen werden sollten. Das Ergebnis bietet Ihnen Hinweise darauf, wie Sie die Ressourcen des Lehrstuhls auf strategische Geschäftseinheiten lenken können, bei denen die Marktchancen günstig erscheinen und wie Ihr Lehrstuhl Vorteile gegenüber seinen Wettbewerbern nutzen kann.
Welche Informationen benötigt man dazu?	Einer der wesentlichen Schritte der Portfolio-Analyse ist die Abgrenzung der strategischen Geschäftseinheiten (z.B. eines Forschungsthemas) untereinander. Zur effektiven Durchführung der Methode benötigen Sie eine Kriterienauswahl, nach der Sie die Geschäftseinheiten bewerten. Entweder Sie verwenden die Methode in ihrer klassischen Form (Bestimmung von Marktanteil einer Geschäftseinheit und erwartetem Marktwachstum) oder ziehen die im obigen Kasten stehenden Kriterien zur Ermittlung der Marktattraktivität und Wettbewerbsposition Ihrer Geschäftseinheit heran.
Wie verwendet man die Ergebnisse?	Die Ergebnisse dienen der Bestimmung zukünftiger Aktivitäten: Je nach Ergebnis werden Sie in Ihren strategischen Geschäftseinheiten ... • in zukunftsträchtige Forschungsrichtungen investieren, um sie aufzubauen. • gut laufende Felder weiter ausbauen. • weniger zukunftsträchtige Themen auf bisherigem Niveau weiter laufen lassen, solange sie keine Defizite erzeugen bzw. mehr kosten als einbringen. • bei defizitären Forschungsrichtungen desinvestieren, d.h. Projekte auslaufen lassen oder abwickeln bzw. zukünftig diese Richtung einstellen.

Anwendungsbeispiel einer Portfolio-Analyse

Als Beispiel wurde eines gewählt, das in seiner Abwicklung einem klassischen strategischen Projekt entspricht und wirtschaftliche Risiken in sich birgt: Es geht um die Bewertung der geplanten Einrichtung eines Online-Masterstudiengangs. Die Entscheidung, die an unserem fiktiven Muster-Lehrstuhl ansteht, lautet:

Wollen wir in einem dreiköpfigen Team einen derartigen Studiengang erarbeiten, diesen in der Studienordnung verankern und anschließend einführen?

Für diese Erarbeitung, so der skizzierte Fall, soll es eine zweijährige Finanzierung des Bundeslandes geben. Eine erfolgreiche Etablierung des Studiengangs stellt sich dann ein, wenn jeweils eine bestimmte Zahl Studierender pro Jahr sich einschreibt und den dafür anfallenden Jahresbeitrag entrichtet (weitere öffentliche Gelder wird es nach der eigentlichen Entwicklungsphase nicht geben). Wie würden Sie in einem solchen Fall idealerweise vorgehen?

Die zunächst zu definierende **Geschäftseinheit** besteht aus den drei Mitarbeitern, die die Lehrinhalte in einem vorfinanzierten Projekt in zwei Jahren erarbeiten sollen. Nach der Konzipierung soll der Studiengang eingeführt und in seinen Abläufen organisiert werden. Die Finanzierung der Arbeiten des Teams soll durch jährliche Gebühren erfolgen, die die Studierenden entrichten. Diese Geschäftseinheit (Team sowie Studiengangskonzept und anfallende Jahresbeiträge) ist einem der vier Quadranten der Matrix zuzuordnen. Um diese Zuordnung zu ermöglichen, sind der relative Marktanteil und das Marktwachstum zu berechnen.

- **Relativer Marktanteil** der Einrichtung Online-Masterstudiengang
  Der Berechnung wird folgende Annahme zugrunde gelegt: Unser Muster-Lehrstuhl hätte 20 Absolventen pro Jahr bekommen können (hätte es den Studiengang schon gegeben); dies ergab eine Umfrage bei Mitarbeitern einiger Industrieunternehmen und Verbände. Ein anderer Lehrstuhl bietet einen ähnlichen Studiengang an und hatte in der Vergangenheit etwa 30 Absolventen pro Jahr (und ist damit der größte Anbieter). Die Anzahl der Studierenden, die einen derartigen Masterstudiengang derzeit absolvieren könnten, beträgt 100 Studierende (Berechnung siehe unten). Demnach verfügt unser Muster-Lehrstuhl über einen absoluten Marktanteil von 20 % = (20 Absolventen / 100 Absolventen) * 100. Beim Konkurrenten beläuft sich der Marktanteil auf 30 %. Der relative Marktanteil des Masterstudiengangs beträgt daher 67 % = (20 % / 30 %) * 100.

- Geschätztes **Marktwachstum**
  Für die Bestimmung des Marktwachstums Ihres Online-Masterstudiengangs müssen die bisherigen Absolventenzahlen aller Wettbewerber bekannt sein. In diesem Fall seien es nur der bekannte Lehrstuhl (30 Absolventen) sowie drei weitere mit jährlich insgesamt 70 Absolventen (also derzeit 100 Absolventen). Nun gilt es, das (zukünftige) Marktvolumen im Betrachtungszeitraum abzuschätzen, also beispielsweise die Nachfrage nach einem solchen Studiengang durch Befragung von Firmen zu eruieren. Angenommen, es ergäben sich Schätzwerte für eine Nachfrage von 180 Studienabgängern pro Jahr, so wäre dies der anzusetzende Wert für das sog. Marktvolumen im Betrachtungszeitraum. Das durchschnittliche Marktvolumen im vergangenen Jahr lag bei 100 Studierenden, da es ja nur die vier 'Konkurrenzlehrstühle' gibt. Das Marktwachstum beträgt also nach obiger Definition 80 % = (180 Studierende / 100 Studierende) -1.

Abbildung 17.5 zeigt die Eintragung in die Vier-Felder-Matrix für das Beispiel des Online-Masterstudiengangs (MS). Die Idee der Einrichtung dieses Studiengangs befindet sich demnach im Feld 'Fragezeichen', welche sich durch einen geringen relativen Marktanteil, aber ein hohes Marktwachstum auszeichnet. In Feld 'Fragezeichen' sollte gemäß der Normstrategie investiert werden, um am Marktwachstum zu partizipieren und den Anschluss an den größten Konkurrenten nicht zu verlieren. Kurzum, Sie sollten den Masterstudiengang entwickeln.

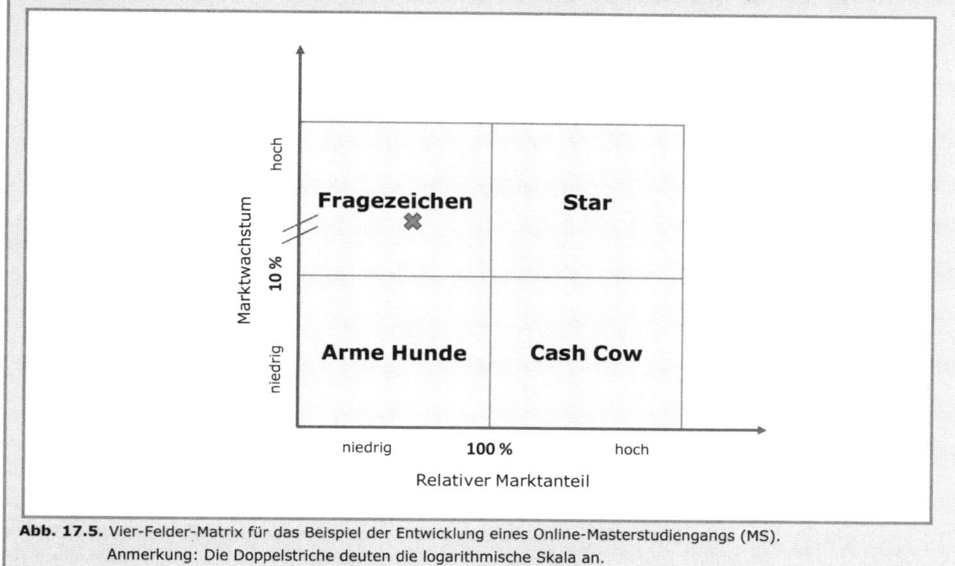

Abb. 17.5. Vier-Felder-Matrix für das Beispiel der Entwicklung eines Online-Masterstudiengangs (MS). Anmerkung: Die Doppelstriche deuten die logarithmische Skala an.

17.3.3 Die Forschungsplanung visualisieren und im Blick haben (Roadmap)

Eine wahrscheinlich typische Situation für viele von uns: Ein Mitarbeiter berichtet von seinen im Labor durchgeführten Experimenten und schließt seinen Bericht mit den Worten: „... dadurch ergibt sich eine Verzögerung der Auswertung der Projektergebnisse und des Endberichts von drei Wochen.". Sie ärgern sich kurze Zeit, überlegen vielleicht noch, wie Sie die Verzögerung Ihrem Auftraggeber 'beichten' können und widmen sich wieder anderen Arbeiten. Erst auf dem Nachhauseweg abends schießt Ihnen siedend heiß ein Gedanke durch den Kopf: „So ein Mist, wenn die Ergebnisse nicht vorliegen, muss ich meinen Vortrag in zwei Wochen umbauen.". Bei längerem Nachdenken darüber wird Ihnen dann auch klar, dass ohne die Ergebnisse der Einreichtermin für die geplante und zugesagte Publikation in Gefahr ist. Schließlich folgern Sie völlig richtig, dass das Folgeprojekt nicht rechtzeitig starten kann, da der Versuchsaufbau von den Ergebnissen dieses in Zeitverzug geratenen Projekts abhängt. Wäre Ihnen dies doch nur bei der Besprechung mit Ihrem Mitarbeiter eingefallen, oder hätten Sie noch besser vor zwei Wochen schon mal bei ihm nachgefragt! Und überhaupt: Der Mitarbeiter hätte diese Zusammenhänge doch wissen müssen. Aber woher? Er kennt weder Ihre Gedanken, die Zusammenhänge, noch stand ihm eine wie auch immer geartete Übersicht über die verschiedenen Aktivitäten am Lehrstuhl zur Verfügung. Sie beschließen spontan: So eine Übersicht muss her – mit allen Aktivitäten, also Projekten (aufgeteilt in die einzelnen Messungen und Bewertungen), Publikationen, Vorträgen, Außendarstellung etc. Und die Abhängigkeiten gehören auch eingetragen. Puh, aber wie geht so etwas? Mit einer Roadmap!

Roadmapping ist eine Methode, die Sie hervorragend im Lehrstuhl zur Strukturierung und Visualisierung der im Zuge Ihrer Forschungsplanung angedachten Aktivitäten nutzen können. Die Roadmap visualisiert, wo die Forschungsreise in Zukunft hinführen soll, was hierfür unternommen wird und wann wer was anpacken soll. Die Roadmap selbst ist genauso wichtig wie der Weg dorthin! Den Weg zu Ihrem Forschungsziel (Weiterentwicklung des Forschungsprofils) haben Sie ja im Zuge der Entwicklung des Forschungsprofils mithilfe einer SWOT-Analyse (siehe Abschnitt 17.3.1) oder, wenn es um wirtschaftliche Aspekte geht, auf Basis der Portfolio-Analyse (siehe Abschnitt 17.3.2), erstellt. Die Roadmap enthält all diese Aktivitäten, die Sie bei SWOT und Portfolio geplant haben. Sie ist dabei allerdings nicht als einmaliger Vorgang zu verstehen, sondern je nach Bedarf einer laufenden Aktualisierung zu unterziehen, indem Sie relevante Informationen erfassen und in den Updating-Prozess der Roadmap integrieren.

Einsatzbereiche

Das Ziel einer Roadmap ist es, eine Übersicht über sämtliche Aktivitäten des Lehrstuhls (geplante strategische Initiativen, laufende Projekte, Dissertationen, Masterarbeiten etc.) zu erstellen. Quasi wie bei einem Routenplaner werden die einzelnen strategischen Hauptrichtungen (im Sinne von zu benutzenden Autobahnen) aufgezeigt. Dabei werden einzelne Aktivitäten in Ihren Folgen und Zusammenhängen dargestellt (zuerst A 3, dann A 5, anschließend A 8 und über diese Route erreichen Sie schließlich Ihr Ziel – eine Alleinstellung im Themenfeld F!). Die Aktivitäten können dabei ganz unterschiedlicher Natur sein: Literaturstudien eines Mitarbeiters, studentische Masterarbeiten oder Dissertationen zählen genauso dazu wie Pressemitteilungen, Kongresse oder Patentanmeldungen. Wesentlich dabei ist nur, dass die zeitlichen Abfolgen und logischen Zusammenhänge bzw. Abhängigkeiten klar beschrieben werden. Durch Visualisierung der Abhängigkeiten zwischen einzelnen Aktivitäten (z.B. wenn das Ergebnis eines Projekts für ein anderes Projekt benötigt wird) bietet Ihnen die Roadmap die Option, auf Fehlentwicklungen oder Zeitverzögerungen (z.B. kann ein Projekt nicht gestartet werden, wenn das Vorlaufprojekt noch keine erforderlichen Ergebnisse geliefert hat) frühzeitig reagieren zu können. Ihr Forschungsroutenplaner zeigt Ihnen also sozusagen Staus und Zeitverzögerungen auf. Er kann aber auch noch mehr, wenn er gut programmiert ist: Wenn Sie nämlich neben den strategischen Projekten auch die Verpflichtungen in Ihrem Lehrstuhl (Lehrveranstaltungen, Wochen mit Prüfungen etc.) mit in die Roadmap aufnehmen, können Sie daraus erkennen, dass es Zeiten geben wird, in denen weniger Forschung gemacht und der Fortschritt etwas langsamer erfolgen wird, z.B. dann, wenn Sie und Ihre Mitarbeiter einige Wochen lang mit Prüfungen 'absorbiert' sind. Das kann sich – etwa verglichen mit einem Stück Landstraße statt Autobahn – auf den Zeitpunkt der Zielerreichung auswirken. Auch dies sollte frühzeitig eingeplant werden.

Mithilfe einer solchen übersichtlichen Darstellung schaffen Sie eine hervorragende Möglichkeit, Ihre Forschungsplanung im Detail dem Team zu kommunizieren. Auf Basis einer Roadmap (mit Zeitplänen und dazugehörigen Meilensteinen der einzelnen Projekte) können Sie den Fortschritt und den Erfolg Ihrer Projekte überwachen – natürlich nur, wenn Sie die Planung immer auf dem aktuellen Stand halten.

Tipp: Eine Aktualisierung könnten Sie beispielweise immer im Rahmen der (halb-) jährlichen Team-Klausur vornehmen (vgl. Kapitel 4).

Beschreibung der Methode

1. Bestimmen Sie in einem ersten Schritt, auf welchen Betrachtungszeitraum sich die Roadmap beziehen soll. Günstig könnte es sein, sie mindestens für einen so langen Zeitraum zu planen, wie Ihr längstes Projekt läuft.

   Darüber hinaus ist der beteiligte Personenkreis festzulegen. Es empfiehlt sich, mindestens die wissenschaftlichen und oder Projekt-Verantwortung tragenden Mitarbeiter einzubeziehen, da diese wichtige Detailinformationen beisteuern können (es sei denn, Sie haben sie bereits alle vorliegen, dann können Sie die Roadmap auch im Alleingang erstellen und nur noch gegenprüfen lassen).

2. Im nächsten Schritt müssen Sie sich Klarheit über die zur Roadmap-Erstellung erforderliche Informationsbasis verschaffen. Dafür ist die Kenntnis folgender Fakten notwendig:

   - IST-Zustand
     Wo stehen wir heute? Wie sieht das Forschungsprofil aus? Welche Projekte laufen derzeit? Welche Forschungsinfrastruktur steht zur Verfügung?

   - Soll-Zustand (Ziel)
     Wo wollen wir hin? Was wollen wir erreichen? Wie soll das Forschungsprofil in einigen Jahren aussehen?

   - Strategische Initiativen
     Welche Initiativen sind für die Weiterentwicklung des Forschungsprofils relevant? Welche Projekte sind für unsere Zukunftsstrategien erforderlich oder erfolgskritisch? Welche Themen sind in Zukunft für unseren Lehrstuhl gefragt und müssen angepackt werden?

   - Meilensteine
     Welche Ergebnisse sollen bis wann erreicht werden? Welches sind kritische Zeitphasen (bspw. Zeitpunkte, bei denen Vieles gleichzeitig benötigt wird)?

   - Ressourcen
     Wer macht was? Wer steuert was bei? Wer macht mit, wie werden Erfolge gemessen? Welche Fördergelder werden zugewiesen?
     Vergessen Sie die Routinetermine wie beispielsweise Prüfungen im Zuge Ihres Lehrbetriebs nicht, denn auch diese kosten Zeit und müssen daher mit berücksichtigt werden.

3. In dieser Phase geht es um die eigentliche Generierung der Roadmap. Diesen Schritt können Sie auf einem Diskussions- und Abstimmungsprozess basierend durchführen (vgl. Kapitel 20, Kreativitätsmethoden und Kapitel 9, Moderationsmethoden). Er funktioniert im Prinzip folgendermaßen:

   - Zunächst sind die Ziele der einzelnen Aktivitäten im Zuge der Forschungsplanung inhaltlich und zeitlich festzulegen. Beispielsweise könnte ein solches Ziel so formuliert sein: In fünf Jahren besteht eine Arbeitsgruppe im Themenfeld ABC aus drei Mitarbeitern und zwei Promovenden und bearbeitet ein Projekt der DFG und eines aus der Wirtschaft.

   - Für jedes Ziel sind die erforderlichen Aktivitäten, die den Lehrstuhl dorthin bringen, zu definieren. Beispielsweise müssen, um eine Arbeitsgruppe aufzubauen, zunächst die Finanzierung stehen und die Projekte akquiriert werden. Bevor jedoch mit der Akquisition begonnen werden kann, sollten auf diesem Themenfeld einige Publikationen geschrieben worden sein. Die dafür erforderlichen wissenschaftlichen Erkenntnisse stammen aus einer Promotion, die wiederum vorher gelaufen sein muss.

   - Die einzelnen Aktivitäten werden mit ihren Inhalten und Zeitplänen beschrieben und in der logischen Reihenfolge in das Roadmap-Diagramm eingetragen (siehe Abb. 17.6).

   - Dieser Prozess des Eintragens wird für alle Ziele durchgeführt.

   - In einem abschließenden Schritt wird aufgelistet, ob es Abhängigkeiten zwischen den zielerfüllenden Aktivitäten gibt oder ob sich aus mehreren Aktivitäten weitere Notwendigkeiten ergeben. Beispielsweise könnte eine räumliche Erweiterung des Lehrstuhls in der Folge des Aufbaus von drei Arbeitsgruppen ergeben.

4. Zuletzt ist festzulegen, wann und durch wen das nächste Update der Roadmap erfolgen soll.

Zusammenfassend lässt sich festhalten: Mithilfe einer Roadmap haben Sie nun für Ihren Lehrstuhl all jene Aktivitäten aufgelistet und miteinander verknüpft, die Sie – zusammen mit Ihrem Team – in der nächsten Zeit angehen wollen. Eine der wesentlichen Herausforderungen im Umgang mit solch einer Roadmap ist es nun, diese auf dem aktuellen Stand zu halten und neue Aufgaben oder Maßnahmen stets mit den in Ihrem Forschungsroutenplaner aufgelisteten Aktivitäten zu vergleichen und darauf zu prüfen, ob diese kongruent mit der Lehrstuhlvision bzw. der geplanten Weiterentwicklung des Forschungsprofils sind. Tabelle 17.5 gibt nochmals einen knappen Überblick der Roadmap-Methode. Abschließend wird ein Anwendungsbeispiel dargestellt.

Tabelle 17.5. Überblick zur Roadmap-Methode.

FRAGEN	BESCHREIBUNG
Wann wendet man die Methode an?	Wenn man sich einen Überblick über sämtliche Aktivitäten und Termine des Lehrstuhls (geplante strategische Initiativen, laufende Projekte, Dissertationen, Masterarbeiten etc.) verschaffen will. Wenn man langfristige Projekte in einzelne, übersichtliche und leichter zu bewältigende Teilprojekte strukturieren und samt ihrer Zeitpläne visualisieren will. Wenn man die Zusammenhänge bzw. Abhängigkeiten zwischen einzelnen Aktivitäten aufgezeigt haben will, um sich die Möglichkeit des frühzeitigen Reagierens bei Fehlentwicklungen oder Zeitverzögerungen zu schaffen.
Welche Informationen benötigt man dazu?	Sie benötigen Informationen über Ihre geplanten strategischen Aktivitäten, die laufenden größeren Projekte (ggf. in Cluster zusammengefasst) sowie deren Zeithorizonte inklusive entsprechender Meilensteine.
Wie verwendet man die Ergebnisse?	Die Ergebnisse können direkt in die Erstellung von Maßnahmen- und Aktionsplänen überführt werden.

Anwendungsbeispiel einer Roadmap

Angewandt auf Ihren Lehrstuhl könnte eine Roadmap im Zuge einer Forschungsplanung bzw. zur Erstellung bzw. Optimierung Ihres Forschungsprofils so wie in Abbildung 17.6 gezeigt aussehen. In dieser Beispiel-Roadmap werden verschiedene Aktivitäten zum Aufbau einer fünfköpfigen Arbeitsgruppe in einem bestimmten Thema gezeigt. Die einzelnen, dazu erforderlichen Arbeitsschritte sind in viereckigen Balken in Abhängigkeit zu der Zeit dargestellt; die vier Meilensteine entsprechend eingetragen. Die Abhängigkeiten zwischen den einzelnen Aktivitäten sind durch Verbindungsstriche dargestellt.

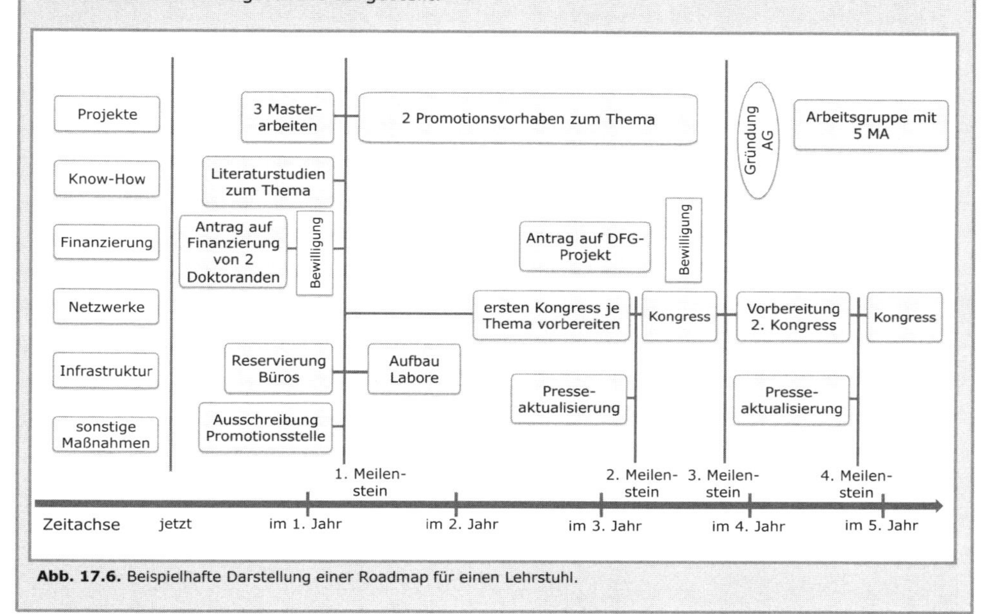

Abb. 17.6. Beispielhafte Darstellung einer Roadmap für einen Lehrstuhl.

17.3.4 Zusammenfassender Überblick der Methoden zur Forschungsplanung

Hiermit haben Sie drei Methoden kennengelernt, die für sich alleine genommen oder auch in Kombination Anwendung in der Forschungsplanung finden können. Jede dieser Methoden hat ihre ureigensten Vorteile und natürlich auch Grenzen bzw. Nachteile.

Im Rahmen der Auswertung der **SWOT-Analyse** sollen Strategien und Lösungswege entwickelt werden, die die Stärken des Lehrstuhls nutzen und weiter ausbauen, die Schwächen beseitigen und auf diesem Weg Erfolg und Zukunftschancen des Lehrstuhls erhöhen. Nehmen Sie sich ausreichend Zeit für diesen Analyseprozess und bedenken Sie, dass die Anwendung der SWOT-Methode auch für Ihre Mitarbeiter sehr wertvoll sein wird. Wenn Sie Veränderungen gemeinsam beschließen, wird die Umsetzung auf eine weitaus höhere Akzeptanz und Motivation seitens Ihrer Mitarbeiter treffen.

Die **Portfolio-Analyse** hilft Ihnen, strategische Handlungsempfehlungen zur Weiterentwicklung Ihres Forschungsportfolios zu erhalten. Dabei stellen Sie Ihre Geschäftseinheiten, bestehend aus den Kernkompetenzen (Forschungsthemen) sowie den dazugehörigen Geschäftsfeldern (Kunden und Geldgeber), auf den Prüfstand. Sie bewerten, welche Marktanteile Sie bereits jetzt in Ihren

Geschäftseinheiten haben (bspw. Frage nach anderen Forschungseinrichtungen, die dasselbe Thema bearbeiten) und welche Chancen (Marktwachstum) zukünftig zu erwarten sind. Auf Basis dieser Analysen visualisieren Sie in einer Vier-Felder-Matrix die sich für jede Geschäftseinheit ergebende eigene Position und leiten daraus sog. Normstrategien ab. Normstrategien sind Handlungsempfehlungen dazu, ob man sich aus Themen zurückzieht, die Entwicklung erst mal beobachtet, sie so laufen lässt wie bisher oder strategisch weiter ausbauen möchte. Das Hinzuziehen von Diskussionspartnern (im Sinne eines Expertenteams, wie beispielsweise auch einzelner oder aller Mitarbeiter) ist bei einer Portfolio-Analyse von entscheidender Bedeutung, um die Subjektivität der einzelnen Bewertungen / Einschätzungen zu relativieren.

Eine **Roadmap** zeigt, einer Landkarte vergleichbar, Wege, Strategien und Projekte, die Sie im Sinne Ihrer Forschungsplanung am Lehrstuhl angehen wollen, auf. Damit werden strategisch wichtige Aktivitäten vom Jetztzeitpunkt bis in die nächsten Jahre hinein systematisch darstellt. Auf diese Weise können Zusammenhänge zwischen einzelnen Aktivitäten (aus Projekt A wird die entwickelte Methode für Projekt B verwendet) genauso thematisiert und visualisiert werden wie die Teilschritte einzelner Aktivitäten (um das Thema B am Lehrstuhl zu etablieren, werden drei vorbereitende Masterarbeiten sowie zwei Doktorarbeiten anzusetzen und eine Patentanmeldung voranzutreiben sein).

Die nachstehende Tabelle 17.6 fasst die Methoden nochmals im Überblick zusammen.

Tabelle 17.6. Übersicht der Planungsinstrumente SWOT, Portfolio und Roadmap im Vergleich.

STRATEGIE/ METHODE	ZIELE UND ANWENDUNGS-BEREICHE	BESCHREIBUNG DER METHODE	VORTEILE	NACHTEILE
SWOT	Bewertung von Aktivitäten zur Weiterentwicklung des Forschungsprofils mit dem Schwerpunkt 'Betrachtung *eigener* Kriterien'	Entwicklung von Strategien und Lösungswegen, die die Stärken des Lehrstuhls nutzen und weiter ausbauen, die Schwächen beseitigen und auf diesem Weg Erfolg und Zukunftschancen des Lehrstuhls erhöhen	Identifizierung und Analyse von Stärken, Schwächen, Chancen und Risiken	Subjektivität des Ansatzes (repräsentiert nur subjektive Sicht der Beteiligten)
Portfolio	Bewertung von Aktivitäten zur Weiterentwicklung des Forschungsprofils mit dem Schwerpunkt 'Betrachtung *wirtschaftlicher* Kriterien'	Bewertung von Geschäftseinheiten Identifizierung von Geschäftseinheiten, die strategisch vorangetrieben werden sollen Ableitung von Handlungsempfehlungen (sog. Normstrategien) zum Umgang mit Geschäftseinheiten	Die Anwendung der Portfolio-Analyse erlaubt eine Geschäftseinheitenübergreifende Diskussion strategischer Aktivitäten Ihres Lehrstuhls. Die Methode bietet pragmatische, einfach zu verstehende und übersichtliche Darstellungen der strategischen Geschäftseinheiten. Die Aufteilung Ihres Lehrstuhls in Geschäftseinheiten mit eigenen Zielen fördert die Übersicht über und erleichtert die Diskussion der strategischen Ziele. Die Methode 'zwingt' dazu, sich über verschiedene quantitative und qualitative Kenngrößen (Drittmittel, eigene Ausgaben, Anzahl von Mitarbeitern, Effizienz der Arbeit) der einzelnen Geschäftseinheiten auseinander zu setzen.	Subjektivität des Ansatzes Nichtanwendbarkeit im Falle von schlecht unterscheidbaren Geschäftseinheiten Aufgrund der Fokussierung auf zwei Erfolgsfaktoren tritt ggf. eine Vernachlässigung weiterer wichtiger Einflussfaktoren auf. Insgesamt müssen Sie sich über die Notwendigkeit der Ermittlung einer Vielzahl von Informationen, die teilweise gar nicht oder mühsam zu beschaffen sind, im Klaren sein.

STRATEGIE/ METHODE	ZIELE UND ANWENDUNGS-BEREICHE	BESCHREIBUNG DER METHODE	VORTEILE	NACHTEILE
Roadmap	Strukturierung der Aktivitäten innerhalb der Forschungsplanung	Visualisierung aller Aktivitäten, Projekte und sonstiger Maßnahmen	Roadmaps sind verhältnismäßig einfach in der Erstellung und nahezu selbsterklärend (sofern Sie keine unbekannten Abkürzungen verwenden). Durch die Visualisierung aller Aktivitäten der Forschungsplanung gewinnen Sie eine Übersicht, wie diese miteinander zusammenhängen (zeitlich, inhaltlich, ressourcenbezogen). Dies gibt sowohl Ihnen als auch Ihrem Team Orientierung und erleichtert entsprechend das Handeln im Alltag. Sie können auf einen Blick erkennen, wann Projekte enden und wann entsprechende Folgeaktionen / -projekte eingeleitet werden müssen.	Eine Roadmap gibt zwar die 'Marschrichtung' vor, berücksichtigt aber nicht alle Eckdaten wie beispielsweise die Kostenplanung. Roadmaps sind regelmäßig zu aktualisieren. Tun Sie dies nicht, verliert der Plan im Laufe der Zeit seine Gültigkeit.

18 Management von Forschungsarbeiten

Nun haben Sie ein Forschungsprofil aufgestellt, das Sie begeistert verfolgen möchten; Sie generieren anhand entsprechender Kreativitätsmethoden eine Vielzahl neuer Ideen (vgl. Kapitel 20). Einige davon haben Sie ausgewählt und daraus neue Forschungsthemen abgeleitet. Jetzt gilt es, diese Ideen in Anträge umzuwandeln und Projekte zu gestalten. Entweder sind dies Forschungsprojekte, die Ihre Mitarbeiter oder Sie selbst bearbeiten, die Sie vergeben als Doktorarbeiten, Abschlussarbeiten Studierender oder als studentische Projekte im Rahmen der Lehre abwickeln. Kurzum, Sie teilen Ihre Projekte in einzelne Teilprojekte auf, welche in ihren Ausprägungen, z.B. als Dissertationen oder Masterarbeiten, in sich abgeschlossen und trotzdem hinsichtlich ihrer Inhalte und Zeitpläne aufeinander abgestimmt sein müssen.

Da Sie als Lehrstuhlinhaber bei vielen dieser Projekte nicht unmittelbar inhaltlich mitarbeiten, trotzdem aber die wissenschaftliche und finanzielle Verantwortung innehaben, müssen Sie es mit einem möglichst geringen zeitlichen Aufwand schaffen, die Projekte so zu initiieren, zu strukturieren und die Projektleitung zu delegieren, dass diese wissenschaftlich richtig und zielorientiert bearbeitet werden, mit anderen Worten 'gemanagt' werden. Zum erfolgreichen Ablauf von Forschungsarbeiten wiederum brauchen Sie ein übergeordnetes Konzept, anhand dessen Sie ...

a) **mit der gegebenen Unsicherheit sowie Situations- und Ergebnisoffenheit umgehen können.** Eine der schönsten Aufgaben unseres Professorendaseins stellt sicherlich das Initiieren oder Vorantreiben und ggf. auch das Durchführen von Forschungsprojekten dar. Getrieben vom Interesse an neuen Erkenntnissen widmen wir uns Fragestellungen, die vor uns kaum jemand angegangen ist. Wir betreten also inhaltlich Neuland und das bringt uns auch ständig in die Situation, dass wir einen nicht von vornherein klar zu definierenden Prozess bzw. nicht vorhersehbare Situationsausgänge vor uns haben. Forschung ist per definitionem etwas, das frei und ergebnisoffen ist. Das Gute daran: Wir können ständig Veränderungen einbringen (und das zeichnet uns ja auch aus) und bleiben in der steten Auseinandersetzung mit Neuem. Das Schwierige daran: Wir müssen uns und unseren Mitarbeitern dennoch Strukturen geben, die uns effizient sein lassen. Denn ganz ohne Rahmen und Struktur würde ein chaotisches Vorgehen entstehen, das Erfolge mehr dem Zufall überließe als dass sie Ergebnis eines geplanten Handelns wären. Kurzum: Auch oder sogar vor allem 'offene Situationen und Prozesse' bedürfen einer Systematik, um effizient und erfolgreich zu sein.

b) **den Überblick über Ihre Projekte und Teilprojekte bewahren können** (inhaltlich, finanziell, personell). Dies ist wichtig, da in der Regel nicht nur eines, sondern gleich mehrere oder sogar zig (Teil-) Projekte gleichzeitig zu managen sind. Den Überblick über die Gesamtheit Ihrer Projekte erreichen Sie mithilfe von Roadmaps (vgl. Abschnitt 17.3.3), die Übersicht in einzelnen Projekten mit dem Projektstrukturplan (vgl. Abschnitt 18.1); hierbei geht es um die Strukturierung einzelner Projekte in Teilprojekte und Aufgaben.

c) garantieren können, dass **Ihre Ideen / Inputs richtig umgesetzt werden**. Sie wollen Projektinhalte steuern, eigene Richtungen einbringen und integrieren, ohne dass das Ganze dann vom Hundertsten ins Tausendste abgleitet und chaotisch wird. Es geht also schlicht darum, dass Sie in den Projekten eine Struktur etablieren, die Ihnen ein Mitsteuern und Mitgestalten erlaubt, ohne dass Sie sich jedoch in jeden einzelnen Projektschritt eindenken oder einbringen müssen.

d) **die Projekte selbständig laufen lassen können**, ohne dass alles aus dem Ruder läuft, wenn Sie abwesend sind. Da Sie aber natürlich nicht jedes Projekt selbst leiten und durchführen (können), sondern an Mitarbeiter delegieren (müssen), ist der Zeitpunkt da, dass Sie Ihr 'Baby' über längere Zeit hinweg in die Hände eines Mitarbeiters abgeben und womöglich dabei noch darum bangen, dass er es termingerecht, erfolgreich (in Bezug auf mögliche Folgeprojekte und Publikationen) sowie kosteneffizient bewältigt.

e) **die Projekte wirtschaftlich abarbeiten** lassen. Jeder hat Angst davor und dennoch hat es jeder schon erlebt: Projekte werden finanziell, zeitlich oder und personell überzogen; Zeitpläne und Finanzkonzepte geraten durcheinander oder führen sogar zum Projektabbruch. Eine wirtschaftliche Projektbearbeitung wird umso wichtiger, wenn Drittmittelgeber im Spiel sind und Sie den Kosteneinsatz rechtfertigen sowie Erfolge nachweisen müssen. Eine professionelle Projektstrukturierung ist im Forschungsablauf also ebenso unerlässlich wie in anderen Arbeitskontexten. Sie ermöglicht einerseits, die Zusammenhänge zwischen den Teilprojekten und deren Zeitplänen im Auge zu behalten und verringert so die Gefahr von Projektablaufverzögerungen. Darüber hinaus hilft sie, oben genannte Kursabweichungen im Personal-, Zeit- und Finanzplan frühzeitig zu erkennen und entsprechend rechtzeitig (gegen-) agieren zu können.

f) **anderen Beteiligten Orientierung und eine Verantwortung geben** können. Beachten Sie, dass Sie es im wissenschaftlichen Bereich mit einem Spezialfall zu tun haben – mit typischerweise sehr jungen, frisch aus dem Studium kommenden und zumeist berufsunerfahrenen Mitarbeitern. Diese sind zwar in der Regel voller Elan und hoch engagiert, verfügen aber leider noch nicht über ein entsprechendes Wissen der Arbeitsmethodik. Sie müssen ihnen also neben dem reinen Grundverständnis eines Forschungsprozesses (vgl. 18.2.2) und der Kenntnis der jeweiligen Rollen am Lehrstuhl (vgl. Aufgaben eines Projektleiters, 18.1.3) auch eine Kenntnis ihres Handwerkszeugs (wie bspw. einer Literaturrecherche, 18.2.3) vermitteln. Des Weiteren benötigen Mitarbeiter Angaben zu Ihrem Anspruchsniveau und zur Qualitätssicherung (bspw. 'Regeln guter wissenschaftlicher Praxis', 18.2.1) ebenso wie einen Rahmen, innerhalb dessen diese ihre Projekte selbständig und in eigener Teilverantwortung abwickeln können. Letzteres unterstützen Sie beispielsweise, indem Übersichten wie Roadmap oder Projektstrukturplan jederzeit das 'Aufgabenpaket' eines einzelnen Projektleiters oder Mitarbeiters innerhalb der Gesamtstruktur erkennen lassen.

g) sich und Ihren Mitarbeitern **Freiheitsgrade bewahren.** Erst wenn Sie und Ihre Mitarbeiter über sämtliche Projekte und Teilprojekte eine Übersicht haben, wird sich am Lehrstuhl ein Zustand der geordneten Projektabwicklung einstellen und Sie nicht permanent mit 'Chaosbewältigung' und 'Feuer löschen' befasst sein. Unterm Strich bleibt also mehr Zeit für das, was Sie tun möchten.

Sie finden, dass all das oben Genannte unter einen Hut zu kriegen, eine Illusion sei? Nein, sicherlich nicht. Ambitioniert ist es vielleicht, aber es geht – mit einer durchdachten Projektstrukturierung und -durchführung. Wie Sie dabei vorgehen können und welche Hilfsmittel Ihnen zur Projektstrukturierung zur Verfügung stehen, wird im ersten Abschnitt angesprochen (Abschnitt 18.1). Im Anschluss daran finden Sie Hinweise, wie Sie Mitarbeiter zum wissenschaftlichen Arbeiten anleiten können, veranschaulicht an diversen Aspekten des Forschungsprozesses (Projektleiter sein, Literatur recherchieren u.ä.; Abschnitt 18.2).

KAPITEL 18: MANAGEMENT VON FORSCHUNGSARBEITEN	**18.1** **Projektstrukturierung betreiben**
	18.2 **Mitarbeiter zum wissenschaftlichen Arbeiten anleiten**

18.1 PROJEKTSTRUKTURIERUNG BETREIBEN

Und nun mal Hand auf's Herz: Planen und strukturieren Sie Projekte für sich und Ihre Mitarbeiter anhand bestimmter Leitlinien? Oder lassen Sie Ihren Mitarbeitern, Doktoranden und Masterstudenten freien Lauf, wollen nicht gängeln und machen keine Vorgaben? Oder aber koordinieren Sie Ihre Projekte anhand klarer Kriterien, beispielsweise auf den Tag genauer Zeitpläne und Vorgaben für die Ergebnisdarstellung, die Ihnen Termineinhaltung und Kontrolle ermöglichen? Zwischen Freiheit und Kontrolle liegt ein weites Feld und irgendwo dazwischen sollte eine gute Projektstrukturierung ansetzen. Orientieren Sie sich bei der Projektstrukturierung stets an bestimmten Randbedingungen. Dazu gehören die ...

- **Größe des Projekts.** 'Kleine Projekte' sind solche mit ein bis zwei Mitarbeitern und einer Laufzeit von etwa einem Jahr. Von 'mittleren Projekten' spricht man klassischerweise, wenn sich vier bis sechs Mitarbeiter (aus unterschiedlichen Forschungseinrichtungen) über einen Zeitraum von zwei Jahren mit dem Projekt beschäftigen. Für 'große Projekte' gibt es keine Begrenzung nach oben; auch internationale Projekte mit 13 Partnern und einer Laufzeit von sieben Jahren sind denkbar. Große Projekte können natürlich in mittlere und kleinere aufgeteilt werden. Wie eine derartige Strukturierung vonstattengeht, wird im nächsten Abschnitt beschrieben.

- **Komplexität des Projekts.** Die Komplexität eines Projekts kann in mehrerlei Hinsicht gegeben sein: Zum einen bezüglich der Aufgaben: Die Verschiedenartigkeit von Aufgaben (wie Literaturrecherchen, Messungen, Auswertungen, Publikationen etc.) können immense Anforderungen an den Überblick und die Vielseitigkeit des Projektleiters bzw. der Beteiligten stellen. Zum Zweiten mag eine Komplexität in der Anzahl parallel zu bearbeitender Teilprojekte bestehen. Zum Dritten birgt die Interdependenz von diesen Teilprojekten und Aufgaben Komplexität: Bei Projekten, in denen einzelne Arbeitsschritte voneinander abhängen, weil beispielsweise mit dem n+zweiten Schritt erst begonnen werden kann, wenn der n+erste abgeschlossen ist, empfiehlt es sich, eine Strukturierung vorzunehmen, die solche Abhängigkeiten explizit berücksichtigt und stets deutlich macht. Schließlich führen diverse Randbedingungen wie Standort verteilte Teams, personelle Ausfälle (wie geplante Eltern- oder Urlaubszeiten; Fluktuation), Interdisziplinarität eines Projekts (vgl. Kapitel 16.3) u.ä. zu einem erhöhten Komplexitätsgrad und entsprechenden Anforderungen an das Projektteam.

- **Neuartigkeit oder Routine.** In Grundlagenforschungsprojekten oder in Dissertationen wird es häufiger als bei Routinearbeiten, wie beispielsweise der wiederholten Durchführung einer Messreihe, der Fall sein, dass sich während der Durchführung einschneidend neue Erkenntnisse ergeben und daraufhin Änderungen im Ablauf und der Projektstrukturierung erfolgen müssen. Bei Routinearbeiten wird ein neues Projekt nicht jedes Mal neu strukturiert, sondern sinnvollerweise auf ein sog. Projekthandbuch zurückgegriffen (vgl. Abschnitt 18.1.2).

- **Projektleiter.** In einem Lehrstuhl laufen meist mehrere Projekte parallel, deren Leitung Sie als Lehrstuhlinhaber nicht in allen Fällen selbst innehaben werden (können). Deshalb wird in diesen Projekten dann ein Projektleiter (und vielleicht sogar noch Teilprojektleiter) benannt, welcher verschiedene Aufgaben übernehmen wird. Die Projektstrukturierung ist in diesen Fällen im Planungsprozess sehr detailliert durchzuführen, damit der Projektleiter alle Informationen zur Leitung des Projekts in der Hand hat, dieses selbständig durchführen kann und nicht bei jedem Arbeitsschritt zu Ihnen kommen muss, um Detailinformationen einzuholen. (Detailliertere Ausführungen zur Rolle des Projektleiters finden Sie in Abschnitt 18.1.3.)

18.1.1 Projektstrukturplan

Zur besseren Handhabung von großen und komplexen Projekten (auch zur Strukturierung von Projektideen für ein Angebot oder einen Antrag) empfiehlt es sich, diese in einzelne, in sich schlüssige Aufgaben und Arbeitspakete zu strukturieren. Der dafür geeignete Projektstrukturplan (im Folgenden PSP) gibt die Strukturierung eines Projekts als graphische Übersicht wieder. Er enthält alle zum Erreichen des Projektziels erforderlichen Vorgänge (Teilprojekte, Aufgaben und Arbeitspakete) und gibt eine von der Zeitplanung unabhängige Sicht auf das Projekt. Im PSP erfolgt eine Gliederung des Projekts auf unterschiedlichen Ebenen (üblich sind drei bis vier; je nach Komplexität können bspw. auch sieben Ebenen existieren), sodass logische sowie hierarchische Zusammenhänge innerhalb des Projekts erkennbar werden (siehe Abb. 18.1). Sollten Sie ein Projekt in besagte vier Ebenen strukturieren, sind diese Strukturelemente das Projekt selbst (1), die dazugehörigen Teilprojekte (2), deren Aufgaben (3) und einzelne Arbeitspakete (4). Es kann auch ein Arbeitspaket (= Einheiten, die klar abgegrenzt und in sich abgeschlossen sind) für sich allein stehen oder ein Teilprojekt nur aus einem Arbeitspaket bestehen. Der PSP wird in der Regel vor Beginn des Projekts erstellt.

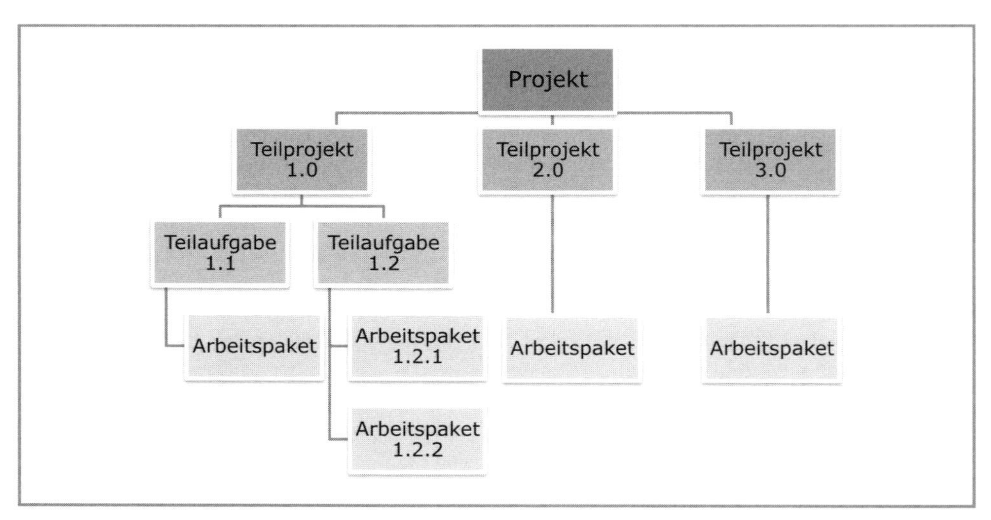

Abb. 18.1. Schematische Darstellung des Aufbaus eines Projektstrukturplans mit seinen Strukturelementen in vier Ebenen.

„Ein riesiger Aufwand!“, denken Sie? Nun ja, ein solcher Projektstrukturplan ist in der Tat aufwändig, hat aber auch jede Menge Vorteile:

- **Plan- und Kontrollierbarkeit.** Der Projektstrukturplan trägt zu einer Unterteilung des Gesamtprojekts in kleinere, leichter überschaubare Aktivitäten bei und hilft somit, die Komplexität zu reduzieren und in den Griff zu bekommen. Dies macht die vorhandenen Arbeitspakete planbar und kontrollierbar. Die Übertragung einzelner Arbeitspakete an Mitarbeiter sowie deren Überwachung durch den Projektleiter wird einfacher.
- **Übersichtlichkeit.** Durch eine graphische Darstellung der Aufgaben (vorzugsweise in Baumform wie in Abb. 18.1, andernfalls in Listenform) kann die Projektstruktur relativ einfach auf Vollständigkeit hin überprüft werden. Dies ist auch der wichtigste Zweck der Übersicht: Eine möglichst vollständige Auflistung aller zur Erreichung des Projektziels notwendigen Aufgaben. Von Projektneueinsteigern oder Mitarbeitern, die bei der Planung selbst nicht mit dabei waren, kann die Projektstruktur verhältnismäßig leicht erfasst und begriffen werden.
- **Gemeinsames Grundverständnis.** Der Projektstrukturplan trägt zu einem gemeinsamen Verständnis des Aufbaus des Projekts sowie dessen einzelnen Aufgaben für alle Projektmitglieder bei. Entsprechend eignet sich der Projektstrukturplan auch als Hilfsmittel in internen Präsentationen und Besprechungen.
- **Orientierung und Zuweisung von Verantwortlichkeiten.** Durch das Strukturieren und Aufteilen des Projekts bis hin zu einzelnen Arbeitspaketen können diese Teile leicht delegiert bzw. beauftragt werden. Den Strukturelementen der Abbildung sollten daher stets Verantwortliche zugewiesen werden. Auf diese Weise kann jedes Projektmitglied sofort seinen Beitrag zum Gesamtprojekt erkennen. Dies kommt vor allem dann zum Tragen, wenn mehrere Lehrstühle oder Forschungseinrichtungen an einem Projekt beteiligt sind.
- **Schaffung von Möglichkeiten zur Projektabrechnung.** Wenn Sie beispielsweise Personal- oder Sachmittel, in kleineren Projekten vielleicht auch nur HiWi- oder Probandenmittel, den jeweiligen Projekten zuordnen möchten, so können Sie das hier leicht abbilden, indem Sie beispielsweise die Kostenpläne den Arbeitspaketen zuordnen. Ebenso können Sie, wenn Sie mit anderen Lehrstühlen gemeinsame (Drittmittel-)Projekte haben, leicht veranschaulichen, welche Forschungseinrichtung für welche Arbeitspakete die Verantwortung hat, und die entsprechenden Mittel zuordnen. Auch die spätere Projektabrechnung kann somit vereinfacht abgewickelt werden.
- **Stabilität.** Der PSP wird von kleineren Veränderungen – und derer hat man viele bei einem komplexen Projekt – kaum tangiert. Ändern sich beispielsweise Details wie Kosten oder Personal im Projektverlauf, so bleibt er zumindest in seiner Übersicht und Orientierung bestehen. Veränderungen wie neue Zuordnungen von Arbeitspaketen können einfach angepasst werden.

Hinweis: Beachten Sie jedoch, dass der Projektstrukturplan noch keine zeitliche Darstellung der Abfolge der Arbeitspakete innerhalb des Projektes enthält – die zeitliche Komponente wird vielmehr anschließend mithilfe eines Termin- / Ablaufplans auf Basis des Projektstrukturplans erstellt (siehe Abschnitt 18.1.2). Ebenso wenig ist aus dem Projektstrukturplan eine Übersicht über die Auslastung der Projektressourcen ersichtlich. Auch dazu sind ergänzende Listen erforderlich (siehe ebenfalls unten).

Arten von Projektstrukturplänen

Vielleicht haben Sie sich beim Lesen der Einleitung und der Vorteile des Projektstrukturplans (PSP) schon gedacht, dass es doch völlig unterschiedliche Möglichkeiten gibt, ein Projekt zu strukturieren. Das stimmt auch. Grundsätzlich gibt es drei verschiedene Arten, nach denen man ein Projekt strukturieren kann:

- **Objektorientierte PSP** werden auch häufig als erzeugnis- oder produktionsorientiert bezeichnet, denn die Gliederung bzw. Definition der Aufgabenpakete richtet sich nach den einzelnen Bestandteilen eines Projekts bzw. Produkts (vgl. Abb. 18.2 und 18.5). Der Projektgegenstand wird entsprechend seiner Systemgliederung in Teil- und Untersysteme, Hauptgruppen, Baugruppen usw. unterteilt. Diese Art der Darstellung eignet sich gut für Projekte, die eine Produktentwicklung zum Inhalt haben, da hierbei logische Zusammenhänge des Produkts gezeigt werden.
- **Funktionsorientierte PSP** werden auch aufgabenorientierte PSP genannt, denn sie orientieren sich an den Funktionsbereichen in der Forschungseinrichtung, beispielsweise den Arbeitsgruppen in einem Lehrstuhl (vgl. Abb. 18.3 und 18.6). Diese Form der Darstellung eignet sich insbesondere für Projekte, deren Inhalte sich in einzelne Prozesse aufteilen lassen (bei Forschungsprojekten: in Zieldefinition, Literatursuche, eigene Untersuchungen, Bewertung der Ergebnisse, Publikation etc.).
- **Gemischorientierte PSP** kombinieren objektorientierte und funktionsorientierte PSP miteinander (vgl. Abb. 18.4). In aller Regel stellt der gemischorientierte PSP dabei eine optimierte Gesamtstruktur und damit den Regelfall der Darstellung eines PSP dar.

Alle drei Varianten ermöglichen es, die Komplexität des Gesamtprojekts in eine Struktur mit handhabbaren Teilprojekten, Aufgaben und Arbeitspaketen zu bringen. Untenstehende Abbildungen veranschaulichen diese an dem bereits aus der Anwendung der Portfolio-Analyse bekannten Beispiel der Entwicklung eines Online-Masterstudiengangs (vgl. Abschnitt 17.3.2). In einem weiteren Anwendungsfall (siehe grauer Kasten) werden der objektorientierte sowie der funktionsorientierte PSP am Beispiel eines typischen kleinen Forschungsprojekts illustriert.

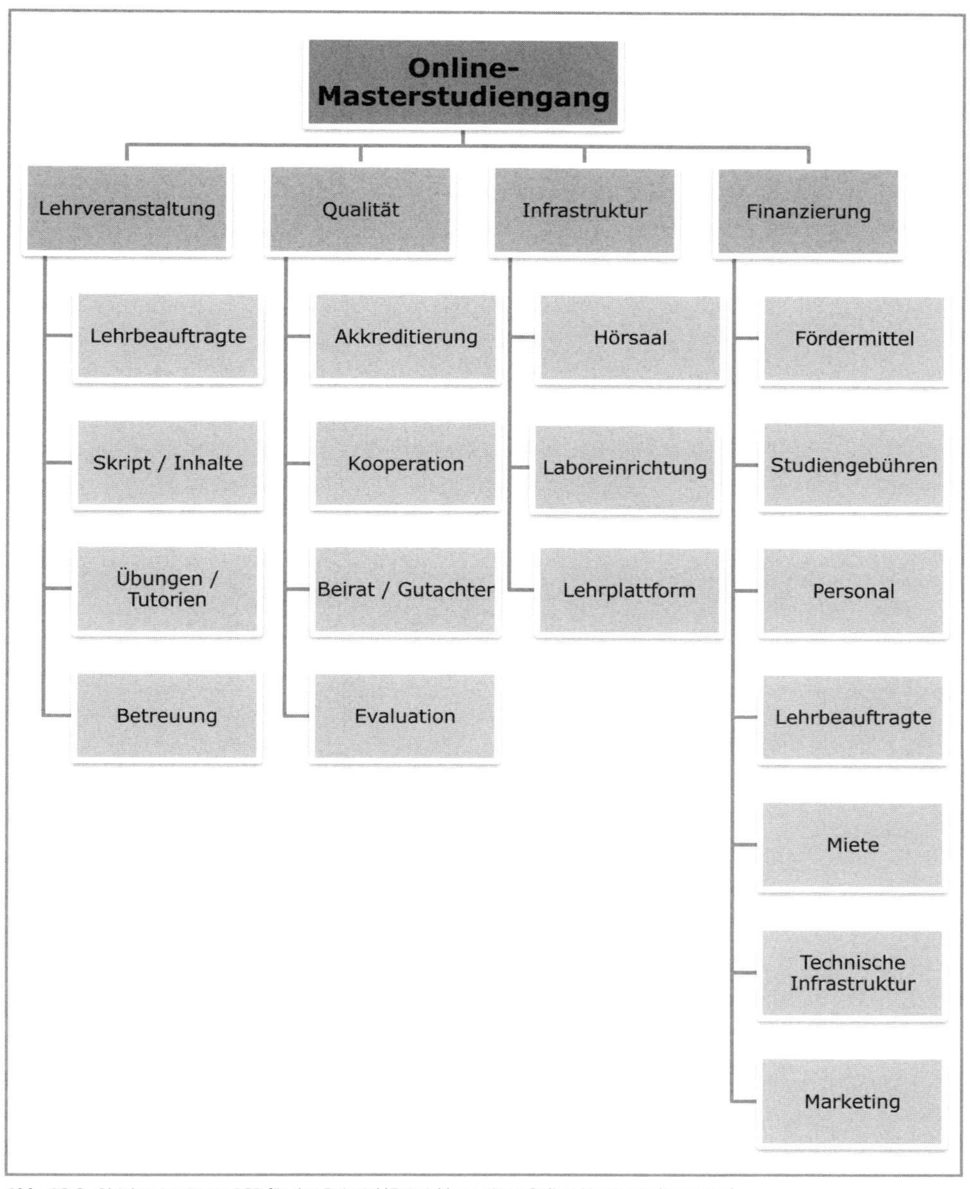

Abb. 18.2. Objektorientierter PSP für das Beispiel 'Entwicklung eines Online-Masterstudiengangs'.

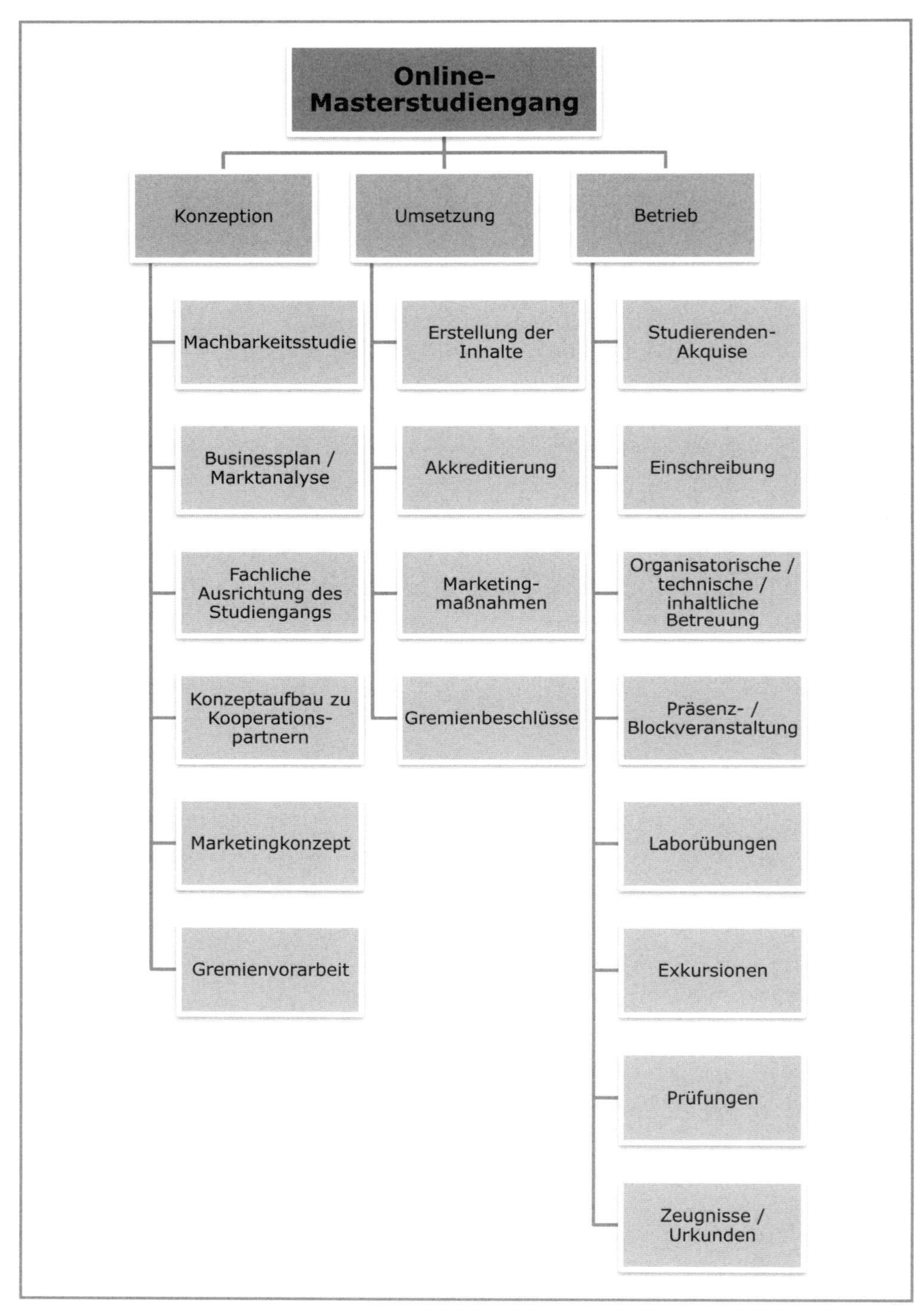

Abb. 18.3. Funktionsorientierter PSP für das Beispiel 'Entwicklung eines Online-Masterstudiengangs'.

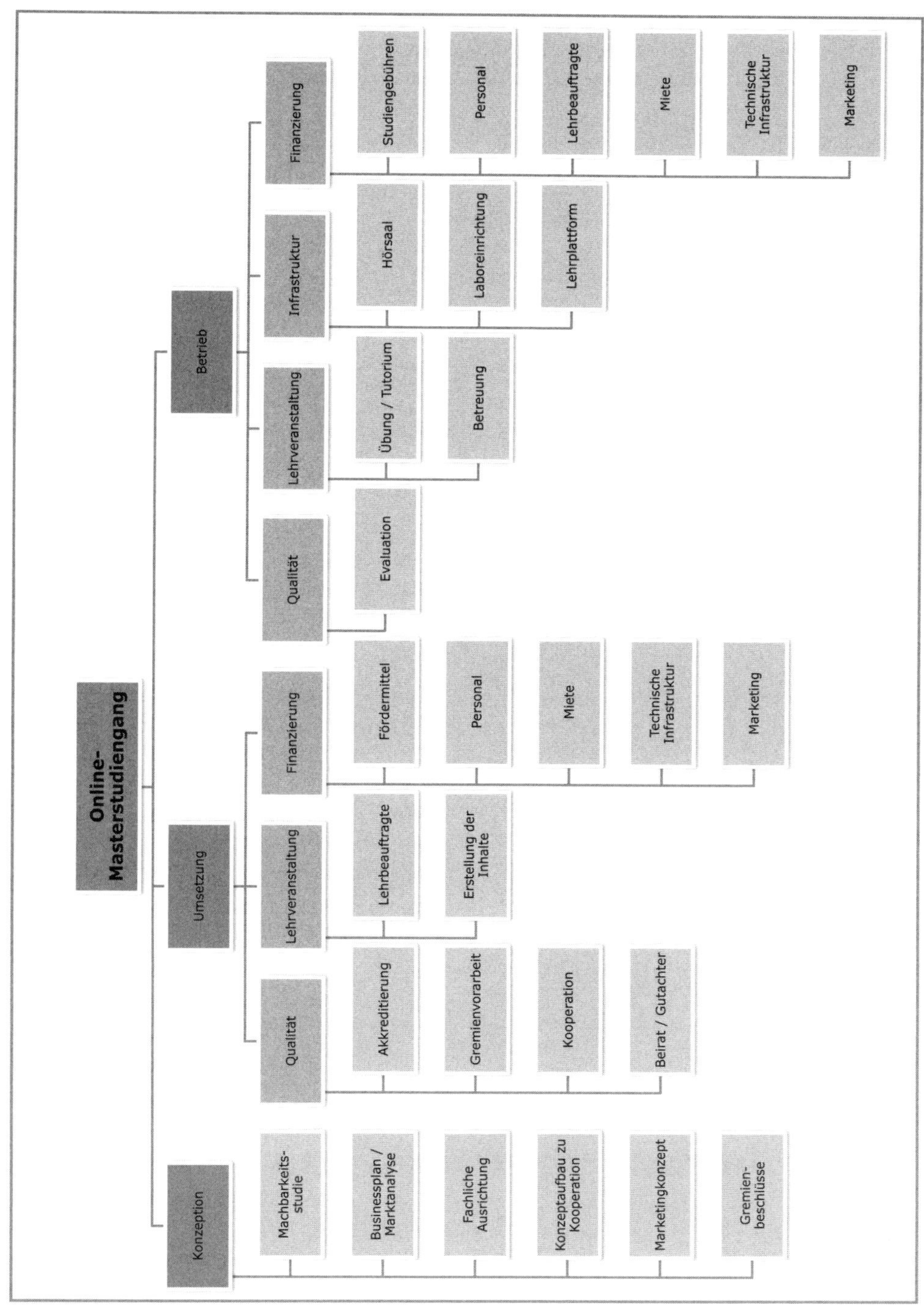

Abb. 18.4. Gemischorientierter PSP für das Beispiel 'Entwicklung eines Online-Masterstudiengangs'.

Anwendungsfall:
Pilotstudie eines Drittmittelprojekts anhand eines PSP strukturieren

Gehen wir von dem Beispiel aus, dass uns ein von einem Drittmittelgeber beauftragtes interdisziplinäres Projekt vorliegt, an welchem sowohl ein Psychologie-Lehrstuhl als auch ein Fraunhofer-Institut mit seinen Abteilungen beteiligt sind. Eine der ersten Studien soll nun strukturiert werden (eine sog. Pilotstudie). Inhaltlich geht es in dieser um die Untersuchung des Zusammenhangs zwischen Raumtemperatur und Arbeitsleistung. Nachfolgend werden sowohl die Projektstruktur in Form eines funktionsorientierten, eines objektorientierten sowie eines gemischorientierten Projektstrukturplans dargestellt. Im Alltag würden Sie sich für eine der drei Varianten entscheiden und anhand dieser arbeiten.

Im Rahmen des **objektorientierten Projektstrukturplans** wird die gesamte Studie nach den 'Objekten', d.h. den Hauptbestandteilen des Projekts gegliedert. Im vorliegenden Fall könnten dies Konzeption, Durchführung, Auswertung und Veröffentlichung sein (vgl. Abb. 18.5). Da die einzelnen Projektschritte (Teilprojekte) hier inhaltlich wie zeitlich voneinander abhängen, bietet sich für die Strukturierung eines solchen Projekts der objektorientierte Projektstrukturplan stets an.

Ad 1) Zu Beginn einer jeden Konzeption steht die Literaturrecherche. Die in ihr gewonnenen Erkenntnisse sind eine wichtige Entscheidungshilfe bei der Festlegung der weiteren Methodik. Zur Methodik können Unterpunkte gehören wie 'die eigentliche Fragestellung als Hypothesen darstellen', 'das Design festlegen' u.ä. Ist einmal eine Entscheidung für einen methodischen Ansatz gefallen, lässt dies wiederum die Anzahl der benötigten Versuchspersonen, die Auswahl des Versuchsmaterials (bspw. Leistungstests, Fragebögen), aber auch auf die Räumlichkeiten (zeitliche Verfügbarkeit, bauphysikalische und technische Bedingungen etc.) bestimmen. Aus alldem kann dann auch der genaue Versuchsablauf und ein entsprechender Kostenplan aufgestellt werden.

Ad 2) Sind alle konzeptionellen Aspekte geklärt, geht es um die Planung der Versuchsdurchführung. Hierunter fallen die Ausarbeitung des zuvor festgelegten Versuchsmaterials, die Aufstellung des Einsatzplans der Versuchsleiter sowie die Anfertigung eines Versuchsleitermanuskripts (= Handanweisung), in dem alle Interaktionen des Versuchsleiters mit den Versuchspersonen festgeschrieben sind. Ebenso müssen die Laborräume mit ihren technischen Anforderungen bereitgestellt werden. Die Nachbereitung umfasst dann beispielsweise das Aufräumen und Vorbereiten für den nächsten Versuchstag.

Ad 3) Ist die Durchführung geplant und erfolgt, geht es an die Auswertung: Die erhobenen Daten sind z.B. einzugeben bzw. einzulesen, aufzubereiten, geeignete statistische Verfahren anzuwenden etc. Nach Anwendung dieser Verfahren werden die Ergebnisse in anschaulicher Form visualisiert. Über den gesamten Auswertungsprozess hinweg erfolgt eine Qualitätskontrolle (hierzu gehören Fragen wie „Sind die Daten fehlerfrei eingelesen worden?", „Wurden die statistischen Verfahren korrekt angewandt?"). Damit ist die eigentliche Studie abgeschlossen.

Ad 4) Für diese Pilotstudie wird eine Publikation angestrebt (vgl. Abschnitt 19.1, Veröffentlichungen). Dazu sind die Ergebnisse entsprechend auszuwählen, aufzubereiten und das Manuskript zu erstellen. Und natürlich gilt es auch, eine geeignete Auswahl des Mediums („Wo publizieren wir für welche Zielgruppe?") zu treffen.

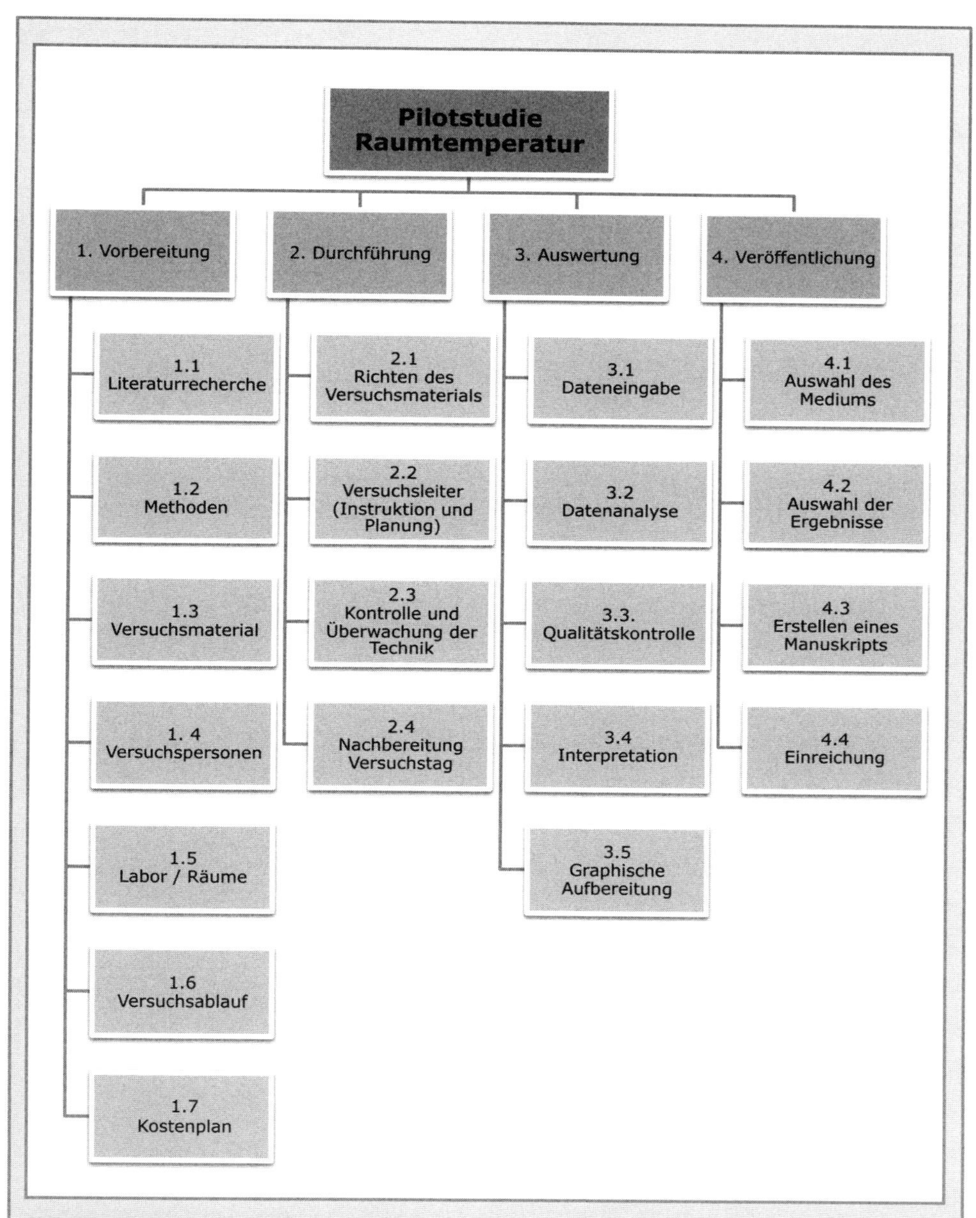

Abb. 18.5. Beispiel eines objektorientierten PSP eines Forschungsvorhabens zur Untersuchung des Zusammenhangs zwischen Raumtemperatur und Arbeitsleistung.

Da es sich im vorliegenden Fall um ein interdisziplinäres Projekt handelt, bei welchem mehrere Teilfunktionen gegeben sind (Psychologie-Lehrstuhl einerseits als auch ein Fraunhofer-Institut mit seinen Abteilungen andererseits), macht es ebenso Sinn, einen **funktionsorientierten Projektstrukturplan** zu verwenden. Im Rahmen eines funktionsorientierten Projektstrukturplans lässt sich das Projekt in die beteiligten Funktionsbereiche untergliedern, so beispielsweise in 'psychologische Konzeption', 'Versuchspersonen-Organisation', 'bauphysikalische Raumgestaltung' und 'Finanz-Controlling' (vgl. Abb. 18.6).

Ad 1) Zum Funktionsbereich 'psychologische Konzeption' gehört zunächst die Literaturrecherche. Aus dieser (alle Vorbereitungen hinsichtlich Fragestellung, Design, Methodik etc. sind dem vorausgegangen) lassen sich wichtige Erkenntnisse bezüglich des Versuchsmaterials gewinnen: Welche der bisher in diesem Kontext eingesetzten Maße können verwendet werden, welche hingegen müssen neu konzipiert werden? Darauf aufbauend sind die geeigneten Leistungstests sowie Fragebögen auszuwählen bzw. neue Maße zu konzipieren. Je nach Testverfahren sind Vortests durchzuführen und ist ggf. das Material anzupassen. Für die eingesetzten Maße sollten auch bereits benötigte Auswertungshilfen (bspw. Lösungsschablonen, Auswertungssoftware sowie -schritte) festgelegt oder bereitgestellt werden.

Ad 2) Den zweiten großen Funktionsbereich stellt die 'Versuchspersonen-Organisation' dar. Hierunter fallen Aufgaben wie die Bestimmung der Stichprobengröße sowie die Anforderung an die Stichprobe (bspw. Altersverteilung, Gesundheitszustand, Geschlecht). Des Weiteren ist die Akquisition der Versuchspersonen zu organisieren. Schließlich gilt es noch festzulegen, wer die Versuchsdurchführung und damit die Betreuung der Probanden übernimmt (entweder durch wissenschaftliche oder studentische Mitarbeiter).

Ad 3) Den dritten Funktionsbereich stellen der Versuchsraum bzw. die Räumlichkeiten dar. Zunächst ist zu prüfen, ob der Raum in seiner jetzigen Ausstattung für die Versuche geeignet ist und bei Bedarf sind Veränderungen (wie Umbaumaßnahmen, technische Zusatzausstattungen) vorzunehmen. Zudem sind die erforderlichen Messungen zu planen, durchzuführen und auszuwerten.

Ad 4) Den vierten Funktionsbereich stellt das Finanz-Controlling dar. Ausmaß und Umfang der Studie müssen berechnet und mit den finanziellen Gegebenheiten des Projektes abgestimmt werden. Die Kosten setzen sich aus den räumlichen und technischen Anforderungen (Raummiete, -gestaltung, Technik), aber auch den Versuchspersonenhonoraren, dem Personal (wissenschaftliche und studentische Mitarbeiter) sowie dem Versuchsmaterial (Anschaffung, Lizenz, Kopien etc.) zusammen.

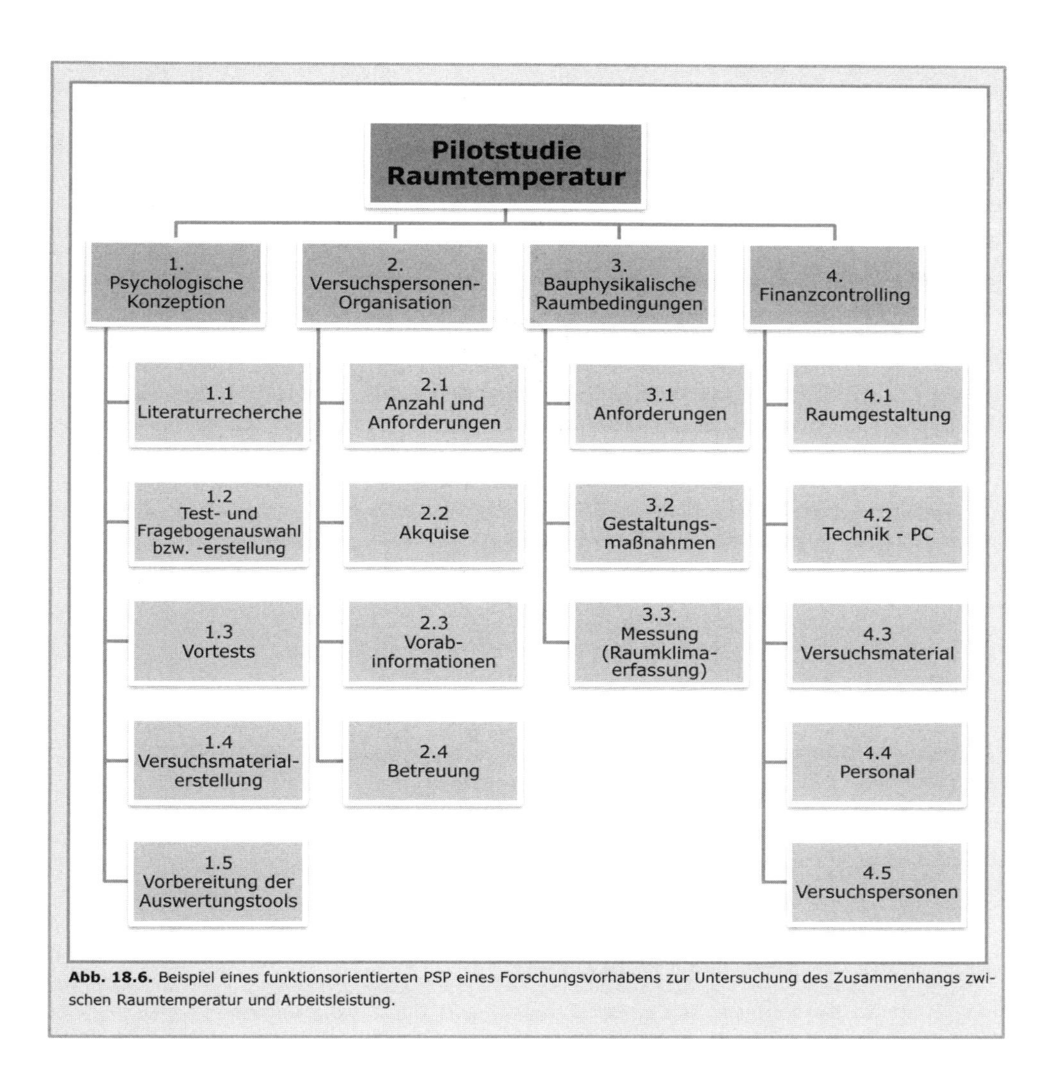

Abb. 18.6. Beispiel eines funktionsorientierten PSP eines Forschungsvorhabens zur Untersuchung des Zusammenhangs zwischen Raumtemperatur und Arbeitsleistung.

Nun haben Sie also Ihr Projekt strukturiert, sich für eine Variante des Projektstrukturplans entschieden und die einzelnen Teilprojekte, Aufgaben und Arbeitspakete definiert. Um zu einem guten PSP zu kommen, empfiehlt es sich, nach Planungsphasen vorzugehen (siehe grauer Kasten): Nach ersten Vorüberlegungen entsteht ein Grobkonzept, das in einem dritten Schritt detailliert wird; darin enthalten sind auch die zeitliche Abfolge Ihres Projekts sowie die Aufgaben- und Kostenpläne. Dies wird nachfolgend erläutert.

Planungsphasen

Es hat sich als vorteilhaft herausgestellt, bei der Erstellung des PSP in sog. **Planungsphasen** vorzugehen. Mit deren Abschluss liegt dann schließlich ein ausführliches Konzept vor, auf dessen Basis die Projektumsetzung entschieden werden und anschließend erfolgen kann. Im Folgenden sind die Charakteristika der einzelnen Planungsphasen beschrieben.

- **Phase 1: Vorüberlegungen.** In Phase 1 geht es darum, die aus der Initiierung des Projekts entstandenen Gedankengänge („Was waren die Grundüberlegungen, die zwischen Ihnen und dem Auftraggeber diskutiert wurden?") aufzugreifen und in ein erstes, noch sehr grobes Konzept umzusetzen. Prüfen Sie, ob auch das richtige Problem angepackt wird („Haben wir die Fragestellung mit ihren Facetten korrekt erfasst?"), ob das gesamte Vorgehen das Richtige ist („Bildet unsere angedachte Vorgehensweise die zu prüfenden Aspekte vollständig ab?"), hinterfragen Sie quasi das Projekt nochmals vollständig. Das Ziel der Vorüberlegungen ist es, eine Entscheidungsgrundlage zu schaffen, die es erlaubt, wenig erfolgversprechende Wege (Methoden, Untersuchungsschritte, technische Produktlösungen etc.) im Hinblick auf die Realisierbarkeit, die Erfolgschancen, den Nutzen, die Wirtschaftlichkeit und die Rahmenbedingungen zu erkennen und zu entscheiden, ob die angedachten Wege umzustrukturieren oder auch das Projekt abzubrechen ist. Dies ist zu empfehlen, da die Vorüberlegungen die letzte Möglichkeit darstellen, das Projekt ohne große Kosteninvestition nochmals zu stoppen bzw. durch Korrekturen 'auf's richtige Gleis zu setzen'. Mithilfe eines Auflistens von Pros und Cons oder einer SWOT-Analyse (vgl. Abschnitt 17.3.1) können Sie die Ziele und Rahmenbedingungen des Projekts erörtern.
- **Phase 2: Grobkonzept.** Beim Grobkonzept werden überschaubare Unter- und Teilsysteme (z.B. Teilprojekte, Unteraufträge an Dritte) abgegrenzt, für die aus der Sicht der Vorstudie detaillierte, aber im Grunde immer noch grobe Lösungsvarianten entwickelt werden. Dabei werden die Schnittstellen zwischen den Teilprojekten eruiert und die Prioritäten bzw. Bearbeitungsfolgen festgelegt sowie Lösungskonzepte für einzelne Teilprojekte ermittelt. Als Ergebnis liegen grobe Lösungskonzepte für alle Unter- und Teilsysteme vor, für die ausführliche Kosten-Nutzen-Schätzungen erarbeitet werden. Sie können wie folgt vorgehen:
  1. Projektantrag und -ziel nochmals konkretisieren
  2. Projektstruktur in einer ersten Iteration skizzieren. Darin sind enthalten:
     a. Konzept für den Zeitplan inklusive Personaleinsatz
     b. Schätzung des Projektaufwands und der Projektkosten für Personal und Material
  3. Projektrisiko final abschätzen („Kann die Aufgabe erfüllt werden? Reichen die Ressourcen? Mit welchen Problemen ist zu rechnen?" etc.)
- **Phase 3: Detailkonzept.** Beim Detailkonzept werden die Grobkonzepte soweit konkretisiert, dass sie als Basis für die Erstellung eines PSP eingesetzt werden (im Falle kleinerer oder mittlerer Projekte auch direkt der Projektumsetzung dienen) können. Insbesondere sind hier die Abfolge des Projekts festzulegen sowie die Aufgaben- und Kostenpläne zu erstellen.

18.1.2 Zeit-, Kosten- und Aufgabenpläne

Zu den wesentlichen Aufgaben jeder Projektstrukturierung gehört die Erstellung der Zeit- und Aufgabenpläne sowie des Kostenplans. Für große Projekte werden Sie dies gleich im Zuge der Erstellung des PSP mit erledigen, bei kleinen und mittleren Projekten kann es hingegen Sinn machen, nur die Zeit-, Kosten- und Ablaufpläne zu erstellen, da die Struktur des Projekts entweder vorgegeben ist oder nur wenige Arbeitspakete erforderlich sind.

Berücksichtigen Sie sowohl bei der Zeit- als auch bei der Kostenplanung jedes Projekts die Aufwendungen für die Projektplanung und jene für die Projektleitung. Für kleine Projekte spricht man von 5 % der Gesamtzeit und -kosten, die für Planung und Leitung aufgewendet werden müssen. Bei großen Projekten werden meist 10 % angesetzt. Nachfolgend geht es zunächst um die Ablauf- und Terminplanung von Projekten.

ABLAUF- UND TERMINPLANUNG BEI GROSSEN PROJEKTEN

Das Ziel der Ablauf- und Terminplanung ist es zunächst, die Reihenfolge der Vorgänge (Teilprojekte, Aufgaben und Arbeitspakete) in Ihrem Projekt, ihre Abhängigkeiten zu anderen Vorgängen des Projekts und die Start- und Endtermine jedes einzelnen Vorgangs zu bestimmen.

Schätzungen des zeitlichen Aufwands sind eine der schwierigsten und kritischsten Abschnitte der Projektplanung: Typischerweise werden Zeiten und Kosten massiv unterschätzt, teils, weil wir nicht gut in der Lage sind, zukunftsbezogene Vorhaben mit all ihren Schwierigkeiten und Unwägbarkeiten korrekt einschätzen zu können, teils, weil wir diese Vorhaben sogar 'beschönigen' wollen und teils, weil wir uns schlichtweg zu wenig ernsthafte Gedanken darum machen wollen und lieber salopp und Pi mal Daumen eine Größenordnung angeben. Die Folgen sind zahlreich: Wir bzw. Kunden oder Kooperationspartner lassen sich auf die Vorhaben ein, weil sie verlockend und wenig anstrengend oder kostenintensiv klingen, sind aber dann enttäuscht, da sie sich eben als genau das (anstrengend und kostenintensiv) entpuppen und nicht in der vorgesehenen Zeit mit den erwarteten Ergebnissen zu erreichen sind oder aber sogar abgebrochen werden müssen.

Um möglichst realistische Zeitschätzungen zu erreichen, sollte daher nicht mit zu großen Strukturelementen gearbeitet, sondern die Einzelkomponenten (Arbeitspakete) abgeschätzt, diese um Puffer (für die Unwägbarkeiten) ergänzt und erst dann das Gesamtvolumen bestimmt werden. Wann immer dies möglich ist, greifen Sie auf Erfahrungswerte oder Besonderheiten bereits früher durchgeführter ähnlicher Aktivitäten zurück – denn diese sind meist realistisch (und beschönigen Sie Erinnerungen nicht, sondern schauen Sie in Ihre alten Unterlagen!). In jedem Fall sind eventuelle Wartezeiten (bedingt durch Urlaubszeit, Fremdleistungen oder auch die Tatsache, dass Fragebögen nicht verteilt werden können, bevor sie nicht gedruckt sind bzw. Versuchsmaterial nicht eingesetzt werden kann, bevor es nicht angeliefert wurde) zwischen den Aktivitäten ebenfalls zu berücksichtigen. Die Ablauf- und Terminplanung erfolgt in drei Hauptschritten:

- **Vorgangsliste.** Im ersten Schritt werden alle im Projektstrukturplan ermittelten Vorgänge inklusive der geschätzten Bearbeitungszeit (auf der Ebene der sog. Arbeitspakete) aufgelistet und in der richtigen Reihenfolge und einer logischen Abhängigkeit voneinander in die sog. Vorgangsliste eingetragen. Ein Beispiel einer solchen, meist tabellarischen Liste findet sich in Tabelle 18.2.
- **Netzplan.** Im nächsten Schritt der Ablaufplanung wird ein sog. Netzplan erstellt. Im Netzplan ist die logische Abfolge der verschiedenen Arbeitspakete visuell dargestellt (vgl. Abb. 18.7). Auf diese Weise lässt sich der 'kritische Pfad' eines Projekts erkennen, d.h. es wird Folgendes ge-

zeigt: Eine Aktivität, die sich auf dem kritischen Pfad befindet und sich aus irgendwelchen Gründen verzögert, führt zu einer Verzögerung des ganzen Projekts. Verzögert sich dagegen eine Aktivität auf einem Pfad, der nicht kritisch ist, so hat es für die Gesamtdauer des Projekts keine Auswirkung.

- **Terminplan.** Aus einem Netzplan kann schließlich ein Terminplan erstellt werden, welcher durch konkrete Anfangs- und Endtermine der einzelnen Arbeitspakete gekennzeichnet ist. Üblicherweise wird ein Terminplan in Form eines Balkendiagramms dargestellt. Bei der Technik des Balkendiagramms erhält jede Aktivität einen Balken im Zeitraster, wobei das Zeitraster Tage, Wochen oder Monate darstellen kann (vgl. Tabelle. 18.1).

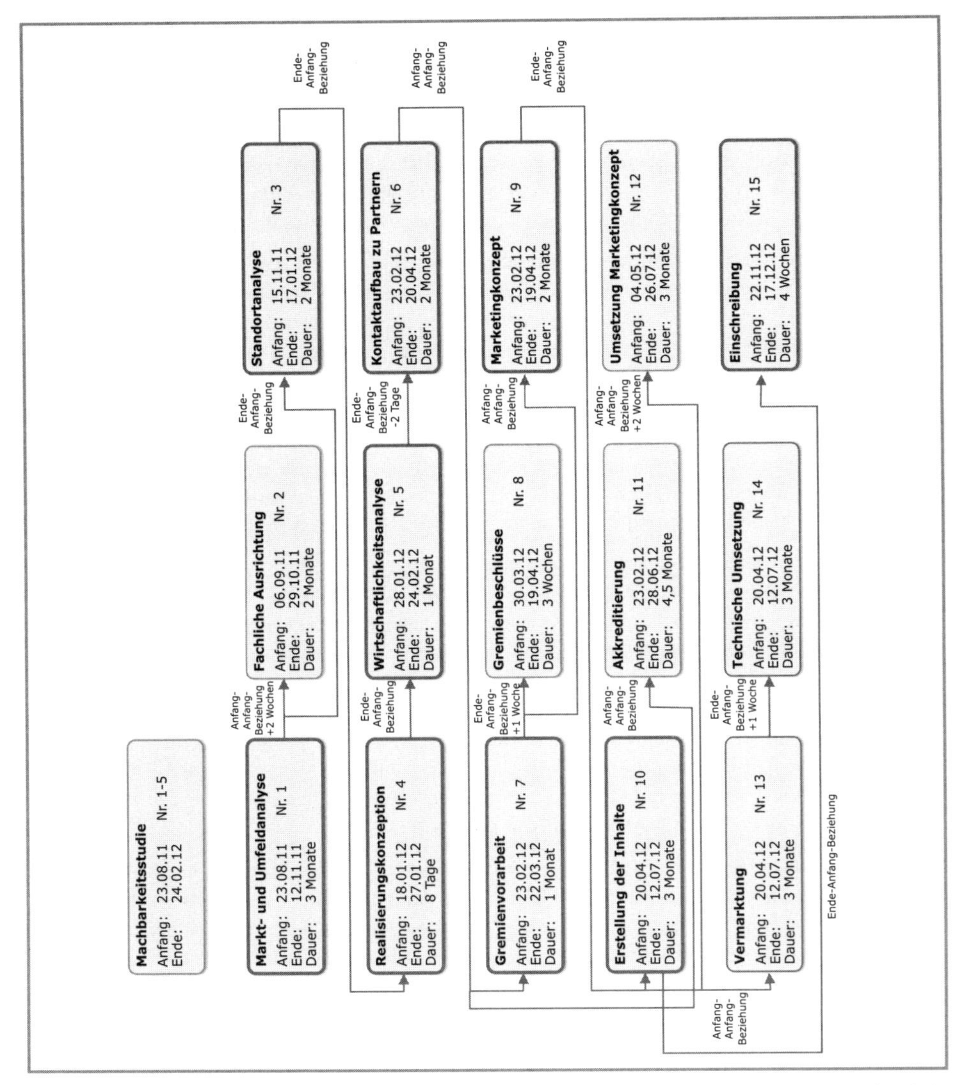

Abb. 18.7. Exemplarischer Netzplan in einem komplexen Projekt am Beispiel des Online-Masterstudiengangs (von links oben zeilenweise zu lesen).

Tabelle 18.1. Exemplarische Terminplanung in einem komplexen Projekt am Beispiel des Online-Masterstudiengangs (Pfeilverknüpfung bedeutet eine inhaltlich logische Verknüpfung der Vorgänge).

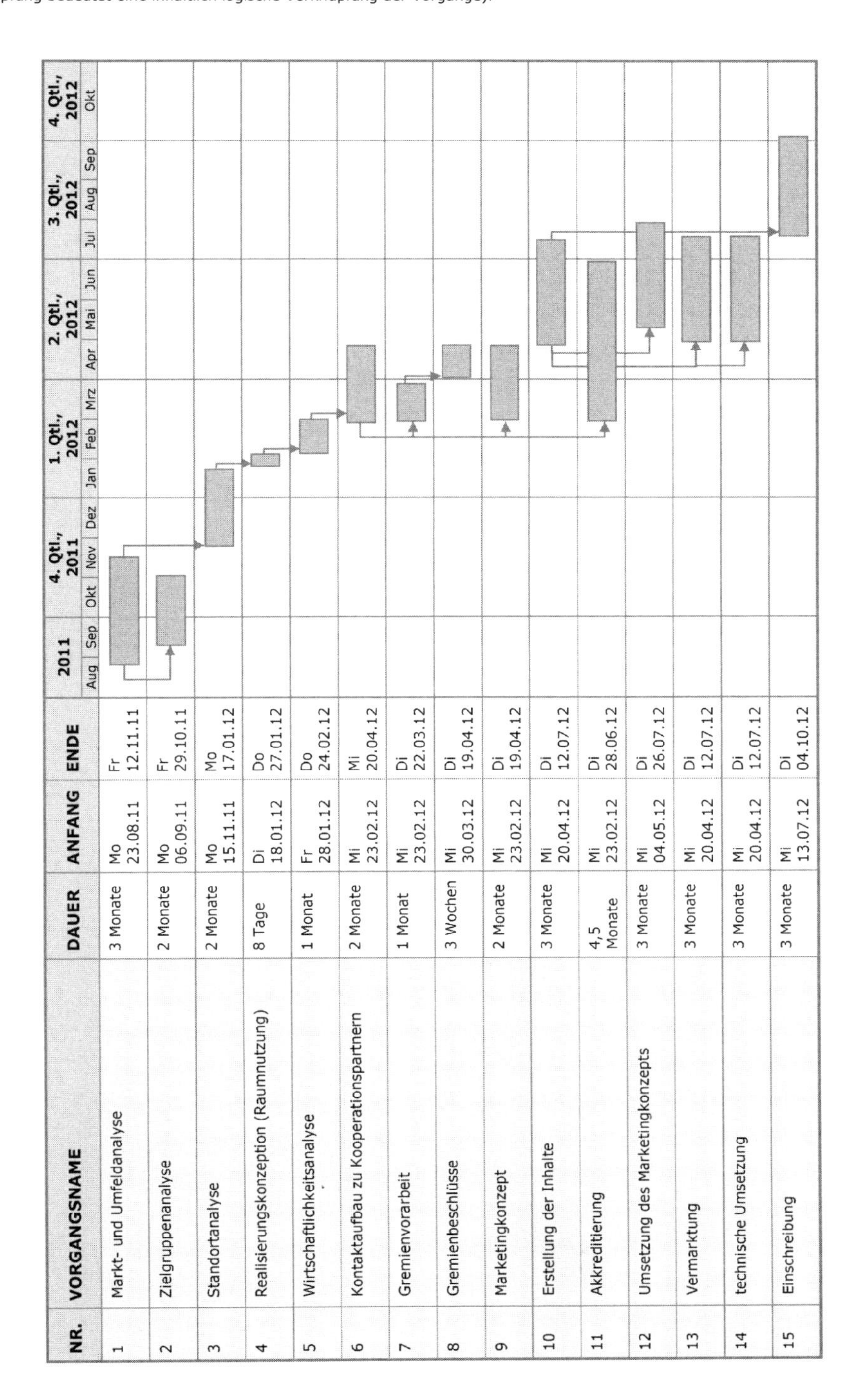

NR.	VORGANGSNAME	DAUER	ANFANG	ENDE
1	Markt- und Umfeldanalyse	3 Monate	Mo 23.08.11	Fr 12.11.11
2	Zielgruppenanalyse	2 Monate	Mo 06.09.11	Fr 29.10.11
3	Standortanalyse	2 Monate	Mo 15.11.11	Mo 17.01.12
4	Realisierungskonzeption (Raumnutzung)	8 Tage	Di 18.01.12	Do 27.01.12
5	Wirtschaftlichkeitsanalyse	1 Monat	Fr 28.01.12	Do 24.02.12
6	Kontaktaufbau zu Kooperationspartnern	2 Monate	Mi 23.02.12	Mi 20.04.12
7	Gremienvorarbeit	1 Monat	Mi 23.02.12	Di 22.03.12
8	Gremienbeschlüsse	3 Wochen	Mi 30.03.12	Di 19.04.12
9	Marketingkonzept	2 Monate	Mi 23.02.12	Di 19.04.12
10	Erstellung der Inhalte	3 Monate	Mi 20.04.12	Di 12.07.12
11	Akkreditierung	4,5 Monate	Mi 23.02.12	Di 28.06.12
12	Umsetzung des Marketingkonzepts	3 Monate	Mi 04.05.12	Di 26.07.12
13	Vermarktung	3 Monate	Mi 20.04.12	Di 12.07.12
14	technische Umsetzung	3 Monate	Mi 20.04.12	Di 12.07.12
15	Einschreibung	3 Monate	Mi 13.07.12	Di 04.10.12

Tabelle 18.2. Exemplarische Vorgangsliste in einem komplexen Projekt am Beispiel eines Online-Masterstudiengangs (Teilprojekt 'Machbarkeitsstudie').

NR.	VORGANGSNAME	DAUER	ANFANG	ENDE	VORGÄNGER
	Machbarkeitsstudie		Mo 23.08.11	Do 24.02.12	
1	Markt- und Umfeldanalyse	3 Monate	Mo 23.08.11	Fr 12.11.11	
2	Zielgruppenanalyse	2 Monate	Mo 06.09.11	Fr 29.10.11	1AA+2W
3	Standortanalyse	2 Monate	Mo 15.11.11	Mo 17.01.12	1
4	Realisierungskonzeption (Meilensteinplan)	2 Tage	Di 18.01.12	Do 27.01.12	3
5	Wirtschaftlichkeitsanalyse	1 Monat	Fr 28.01.12	Do 24.02.12	4
6	Kontaktaufbau zu Kooperationspartnern	2 Monate	Mi 23.02.12	Mi 20.04.12	5EA-2t
7	Gremienvorarbeit	1 Monat	Mi 23.02.12	Di 22.03.12	6AA
8	Gremienbeschlüsse	3 Wochen	Mi 30.03.12	Di 19.04.12	7EA+1W
9	Marketingkonzept	2 Monate	Mi 23.02.12	Di 19.04.12	7AA
10	Erstellung der Inhalte	3 Monate	Mi 20.04.12	Di 12.07.12	9
11	Akkreditierung	4,5 Monate	Mi 23.02.12	Di 28.06.12	6AA
12	Umsetzung des Marketingkonzepts	3 Monate	Mi 04.05.12	Di 26.07.12	10AA+2W
13	Vermarktung	3 Monate	Mi 20.04.12	Di 12.07.12	10AA
14	Technische Umsetzung	3 Monate	Mi 20.04.12	Di 12.07.12	13AA
15	Einschreibung	3 Monate	Mi 13.07.12	Di 04.10.12	10

Anmerkung: In dieser Spalte wird die Abhängigkeit zum Vorgänger definiert.
Anordnungsbeziehungen:

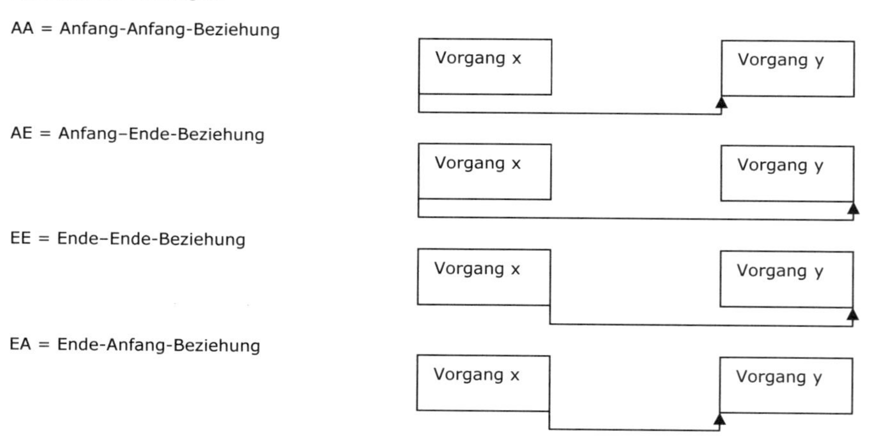

Beispielerklärungen: Die Nummer 1 der Aktivitätenliste 'Markt- und Umfeldanalyse' steht für den Vorgänger von (in dem Fall) 2 'Zielgruppenanalyse'. Durch die Buchstabenkombination AA wird die Anordnungsbeziehung zum Vorgänger beschrieben und +2W bedeutet, dass mit diesem Vorgang 2 erst in zwei Wochen gestartet werden darf. Die Nummer 6 'Kontaktaufnahme zu Kooperationspartnern' beispielsweise dauert 2 Monate, beginnt am 23.2.2012 und endet am 20.4.2012. Sie beginnt 2 Tage bevor die Nummer 5 'Wirtschaftlichkeitsanalyse' abgeschlossen ist.

Ziel der Terminplanung ist, für sämtliche Vorgänge die Start- und Endtermine zu kennen oder festzulegen (bspw. Endtermine auf Basis des Starttermins oder Starttermine auf Basis des Endtermins; mittels Excel oder eines speziellen Terminplanungsprogramms wie MS-Project). U.a. sind dabei Stichtage, Feiertage, Pufferzeiten etc. zu berücksichtigen. Darüber hinaus sind spezielle Terminberechnungen möglich, wie beispielsweise späteste Lage („Wann muss spätestens gestartet werden?"), Zeitreserven („Wie viel Puffer ist vorhanden?") oder Terminverschiebungen durch Verzögerungen („Wie wirkt sich die Verzögerung eines Arbeitsschrittes auf den Gesamttermin aus und welche anderen Arbeitsschritte und Meilensteine verschieben sich dadurch mit?"). Tabelle 18.1 zeigt einen derartigen Terminplan für das Beispielprojekt der Entwicklung eines Online-Masterstudiengangs.

In einem Terminplan macht es Sinn, sog. **Meilensteine** zu definieren. Meilensteine sind wichtige Ereignisse im Projektverlauf und markieren den Abschluss entscheidender Projektschritte. Sie sind durch folgende Merkmale gekennzeichnet:

- Der Meilenstein**inhalt** stellt ein Zwischenergebnis dar und ermöglicht eine Beurteilung des Projektfortschritts sowohl durch den Auftraggeber als auch durch die beteiligten Mitarbeiter bzw. den Projektleiter. Der Meilensteininhalt wird im Voraus (im Zuge der Projektplanung) festgelegt, ist eindeutig definiert und auch überprüfbar.
- Dieses Zwischenergebnis muss zu einem bestimmten Meilenstein**termin** erreicht werden. Dieser Termin wird im Rahmen des Grobkonzepts ermittelt und festgelegt.
- Die Meilenstein**entscheidung** ist eine Berichterstattung, beispielsweise die des Projektleiters an den Drittmittelgeber und stellt eine Entscheidung über den weiteren Projektablauf dar. Diese Entscheidung kann die Freigabe des nächsten Schrittes (zum nächsten Meilenstein), die mögliche Wiederholung des letzten Schrittes oder sogar den Stopp des gesamten Projekts zur Folge haben.

EINSATZMITTEL- UND KOSTENPLANUNG BEI GROßEN PROJEKTEN

Die Einhaltung der Ablauf- und Terminplanung, die Sie in Ihrer Projektplanung abgeschätzt haben, hängt maßgeblich von den personellen Ressourcen und Sachmitteln ab. Wichtig ist daher, in der **Einsatzmittelplanung** (vgl. Tabelle 18.3) genau festzuhalten, welche Ressourcen notwendig sind, um den erstellten Terminplan einzuhalten. Dazu sind folgende Schritte zu durchlaufen:

- **Bedarfe ermitteln.** Welche personellen Ressourcen und Sachmittel werden für das Projekt benötigt? Unter personellen Ressourcen werden sowohl Mitarbeiterleistungen als auch Dienstleistungen externer Fachleute, die für das Projekt beansprucht werden, verstanden. Die Sachmittelressourcen sind alle weiteren, nicht personenbezogenen Einsatzmittel wie Bürobeanspruchung, Hard- und Softwarekapazitäten, Druckkosten usw.
  Die Bedarfsermittlung erfolgt auf der Grundlage der im Projektstrukturplan festgelegten Arbeitspakete, die einen bestimmten Bedarf an Personen und an Sachmitteln aufweisen. Zur

besseren Übersicht bietet es sich an, die bereits vorgestellte Vorgangsliste zu verwenden (siehe Tabelle 18.2) und um die Spalten 'Personal' und 'Sachmittel' zu ergänzen. Daraus kann nun eine Bedarfsübersicht erstellt werden, z.B. in tabellarischer Form. Gliedern Sie Ihre Einsatzmittel so, dass die notwendigen Kapazitäten für gleichartige Einsatzmittel in sog. Kapazitätsgruppen, wie beispielsweise 'Hiwis', 'Kopierkosten', 'Programmierung' zusammengefasst werden können. Würden Sie dies nicht machen, so könnten Sie eventuell übersehen, dass Sie Sachmittel doppelt eingesetzt oder ein- und denselben Mitarbeiter zu 240 % verplant haben.

- **Ressourcen evaluieren.** Im nächsten Schritt müssen die Ressourcen evaluiert werden. Klären Sie, welche personellen Ressourcen und Sachkosten überhaupt verfügbar sind. Rekrutieren Sie die für die Bearbeitung der Arbeitspakete am besten geeigneten Mitarbeiter und wählen Sie die geeigneten Sachmittel aus.
- **Einsatzmittelplan erstellen.** Im letzten Schritt gilt es, einen Plan für Ihre Ressourcen zu erstellen. Ordnen Sie den Einsatz von Personal und Sachmitteln den Arbeitspaketen zu, identifizieren Sie die Kapazitätsengpässe („Können Engpässe entstehen? Wenn ja, wo und wann?") und sorgen Sie für ihren Ausgleich (Zeitpuffer und Rückfallebenen für ggf. 'ausfallende' Mitarbeiter vorsehen etc.), sodass der Endtermin nicht gefährdet wird.

Tabelle 18.3. Exemplarische Einsatzmittelplanung in einem komplexen Projekt am Beispiel des Online-Masterstudiengangs.

EINSATZ-MITTEL	AKTIVITÄTEN	ARBEITSPAKET	KAPAZITÄT / SEMESTER
Personal	Lehrbeauftragte	AP 3.4; 3.5; 3.6; 3.7; 3.8; (evtl. 1.3 und 2.1)	6 SWS
	Wissenschaftliche Mitarbeiter	AP 1 - 2; 3.1; 3.2; 3.3; 3.5; 3.6; 3.8	NN1 (100 %) NN2 (75 %) NN3 (100 %) NN4 (50 %)
	Hilfswissenschaftliche Mitarbeiter	AP 1.1; 1.4; 2.1; 2.3; 3.1; 3.3	850 HiWi-Stunden
Sachmittel	Büroräume	AP 1 – 2; 3.3	3 Büros
	Hörsäle	(evtl. 3.3) 3.4; 3.7; 3.8	20 x 90 Min
	Labor	3.5	1 Woche
	Druck	alle	1.000 €

Auch für eine realistische **Kostenplanung** (siehe Tabelle 18.4) ist eine sorgfältig durchgeführte Ablauf- und Terminplanung unumgänglich. Die Projektkostenplanung beinhaltet die Ermittlung aller Kosten, die im Zusammenhang mit der Projektdurchführung anfallen. Ebenso wie die Ablauf- und Terminplanung unterliegen auch die Kosten der laufenden Projektkontrolle. Änderungen, die im Laufe des Projekts erforderlich werden, müssen sich in einer korrigierten Wirtschaftlichkeitsbetrachtung wiederfinden. Ausgangspunkt der Kostenplanung ist die Festlegung der Kostenstruktur für das Projekt. Eine Gliederung nach Kostenarten verschafft Ihnen und Ihren Mitarbeitern mehr Transparenz:

- **Personalkosten.** Sie ergeben sich aus den in der Einsatzmittelplanung geschätzten personellen Ressourcen. Diese sind mit dem entsprechenden Verrechnungssatz aus der Kostenrechnung zu multiplizieren.
- **Sachkosten.** Als Sachkosten fallen beispielsweise die Anschaffung von Büchern oder Computern an.
- **Sonstige Kosten.** Dazu gehören Kosten, die den obigen beiden Kategorien nicht zuzuordnen sind, beispielsweise Reisekosten oder Kosten für Kopien.

Tabelle 18.4. Exemplarische Kostenplanung in einem komplexen Projekt am Beispiel des Online-Masterstudiengangs. Diese Kostenplanung ist hier exemplarisch abgebildet für ein Arbeitspaket (1.1 Machbarkeitsstudie).

ARBEITSPAKET 1.1 MACHBARKEITSSTUDIE			
Kostenarten	**Menge**	**Kosten pro Mengeneinheit**	**Summe der Kosten**
Personalkosten			
1. Wissenschaftlicher Mitarbeiter	5 Arbeitstage	250 €	1.250 €
2. Wissenschaftlicher Mitarbeiter	10 Arbeitstage	250 €	2.500 €
3. Wissenschaftlicher Mitarbeiter	20 Arbeitstage	250 €	5.000 €
4. Wissenschaftlicher Mitarbeiter	5 Arbeitstage	250 €	1.250 €
1. Hilfswissenschaftlicher Mitarbeiter	5 Arbeitstage	50 €	250 €
2. Hilfswissenschaftlicher Mitarbeiter	7 Arbeitstage	50 €	350 €
Sachkosten			
Bücher	25	40 €	1.000 €
Gesamtsumme (Arbeitspaket 1.1)			**11.600 €**
			... ARBEITSPAKET 1.2 – 3.3
Sonstige Kosten			
Reisekosten			5.000
Bewirtungskosten			3.000
Sonstige Gemeinkosten			30.000
Telefonkosten			2.000
Gesamtsumme (sonstige Kosten)			**40.000 €**
Kosten Gesamtprojekt			**1.020.000 €**

Sie haben nun die wesentlichen Schritte der Planung komplexer Projekte, der Erstellung von Projektstrukturplänen sowie der dazugehörigen Zeit- und Kostenplanung kennengelernt. In aller Regel erfolgt die Konzeption dieser Pläne softwarebasiert (vgl. grauer Kasten). In der Praxis hat es sich eingebürgert, die Zeit-, Aufgaben- und Kostenplanung mithilfe einfacher Excel-Sheets durchzuführen. Im nachfolgenden Kasten können Sie weitergehende Hinweise zu anderen Planungssoftwaretools nachlesen. Erkundigen Sie sich, welche Tools in Ihrer Fachdisziplin bevorzugt Verwendung finden, bevor Sie sich für ein bestimmtes entscheiden.

Software-Hilfsmittel

Auf Grund einer immer höheren Komplexität und einer immer größeren Anzahl von Projekten erscheint für viele Forschungseinheiten ein Projektmanagement auf Basis von Softwaretools sinnvoll. In Abhängigkeit von der Anzahl der gleichzeitig zu bearbeitenden Projekte bieten sich verschiedene Software-Hilfsmittel an:

1. Zur Planerstellung und -verfolgung **eines einzelnen Projekts** bieten sich beispielsweise Microsoft Project oder Open Workbench an.
2. Planungssoftwaretools wie cProjects, Genius Inside, Projektron BCS, PROJECT-CARE oder Termikon können Sie zur Verwaltung und Steuerung **mehrerer Projekte** nutzen.

Detailliertere Informationen zu den jeweiligen Software-Hilfsmitteln finden Sie im Internet.

ORGANISATIONSTIPPS FÜR KLEINE UND MITTLERE PROJEKTE SOWIE ROUTINEAUFGABEN

Wie eingangs bereits geschildert, hängt es von der Größe bzw. Komplexität und der Routinehaftigkeit der Projekte ab, wie detailliert eine Projektplanung und Strukturierung Ihrer Projekte ausfallen muss. Im Folgenden werden für **kleine oder überschaubare Projekte** sowie Routineaufgaben entsprechende Hilfsmittel vorgestellt. Es handelt sich dabei um ToDo- und Aufgabenlisten bzw. Projekthandbücher.

To-do-Liste. Bei kurzen und einfach strukturierten Aufgaben (z.B. Erstellen eines Reviews für ein bestimmtes Thema; hier würde man ja noch nicht von einem Projekt sprechen, höchstens von einer Aufgabe innerhalb eines Projekts) reicht es in aller Regel, sich die erforderlichen Tätigkeiten zusammenzustellen sowie die Ressourcen (z.B. Literaturstellen) zu besorgen und sich die notwendigen Zeitfenster im Kalender einzutragen (siehe hierzu ausführliche Erläuterungen in Kapitel 2, Persönliche Arbeitsmethodik).

Aufgaben-Liste. Aufgaben-Listen eignen sich besonders, wenn es sich um kleine oder überschaubare mittlere Projekte oder Arbeitspakete handelt, die zu einem Teilprojekt gehören. Anhand der definierten Ziele können Sie Ihr Projekt strukturieren, indem Sie alle Tätigkeiten festlegen, die zur Erreichung der gewünschten Ergebnisse notwendig sind. Eine zur Projektstrukturierung geeignete Aufgaben-Liste sollte folgende wesentlichen Inhalte umfassen:

- Klare Definition des Projektziels und der anzuwendenden Methoden
- Aufgaben der einzelnen am Projekt beteiligten Personen
- Ressourcen- und Kostenplan
- Zeitplan mit Endzeitpunkt, Terminen für die Abstimmbesprechungen und ggf. weiteren Meilensteinen
- Prioritäten bzw. Rangfolgen
- Vereinbarte Ergebnisdarstellung (Bericht, Publikation, Abschlusspräsentation etc.)

An einem einfachen Beispiel wird in Tabelle 18.5 eine Aufgaben-Liste bestehend aus der Auflistung der Projektziele, der Projektorganisation und der Zeitplanung gezeigt.

Tabelle 18.5. Aufgaben-Liste für das Beispiel der Durchführung einer Vortragsveranstaltung zum Themenfeld 'Nachhaltiges Bauen'. Dieser Projektplan besteht beispielsweise aus drei Teilen, der Auflistung der Projektziele, der Projektorganisation und der Zeitplanung.

1. PROJEKTZIELE

Zielbeschreibung	Messgröße	Priorität
Projektziel: Das Projekt ist erfolgreich durchgeführt worden, wenn ...	Mind. 100 Teilnehmer den Evaluierungsbogen ausgefüllt und 80 % mit positiv bewertet haben	1
Budget ist eingehalten	30.000 €	1
Es folgen unterschiedliche Zielgruppen aus dem Bereich Bau der Einladung	Ingenieure, Bauingenieure, Auditoren, Planer, Architekten, Projektsteuerer waren anwesend	4
Verpflegung ist sichergestellt	Morgens: Kaffee und Brezeln Mittags: Säfte und Häppchen	3
Zeitplan wird eingehalten	Ende der Veranstaltung um 21.30 Uhr	2

2. PROJEKTORGANISATION

Funktion	Name	Aufgabe
Projektleiter	Dr. Müller	Gesamtkoordination
Kernteam	Dr. Bauer Herr Meyer Frau Bär	Inhaltliche Planung Organisatorische Planung Raumverantwortliche vor Ort
Referenten	Prof. Dr. Bergmann Prof. Dr. Sieg Dr. Meier	Vortragende, Experte Vortragende, Experte Diskussionsleiter
... [Weiteres eintragen]		

3. ZEITPLANUNG

Phasen	Ergebnisse	Entscheidungsbedarf	Beteiligte	Termin
1. Planungsphase	Projektidee und Auftrag	Projektfreigabe	Lehrstuhlinhaber, Projektleiter, Team	4 Monate vorher
2. Angebotsphase	Einladungen der Redner / Experten	Festlegung der Redner	Projektleiter, Team	2 bis 3 Monate vorher

3. ZEITPLANUNG (Forts.)				
Phasen	**Ergebnisse**	**Entscheidungsbedarf**	**Beteiligte**	**Termin**
3. Vorbereitungsphase	Infoveranstaltungen, Pressemitteilungen		Projektleiter, Team	8 Wochen vorher
4. Veranstaltung	Findet am 24.11. wie geplant statt		Lehrstuhlinhaber, Projektleiter, Experten, Team	24.11.
5. Nachbereitung	Abschlussgespräche werden durchgeführt; Evaluierungsbögen werden ausgewertet und Ergebnisse diskutiert	Entlastung des Teams	Projektleiter, Team	+ 4 bis 6 Wochen

Projekthandbuch. Als ein wesentliches Hilfsmittel zur Planung und Steuerung von Routineprojekten, also sich wiederholenden Tätigkeiten (bspw. immer wieder dieselbe Messung, Prüfung, Befragung), hat sich die Erstellung eines Projekthandbuchs bewährt. Unter Projekthandbuch wird die Zusammenstellung von Informationen, wichtigen Dokumenten wie Plänen, Strukturdokumentationen, Organigrammen und Regelungen verstanden, die für sich wiederholende Tätigkeiten gelten sollen. Das Projekthandbuch ist eine Art Handanweisung oder aktuelles Nachschlagewerk für das Projektteam. Vorteilhaft ist, dass sich auch neue Projektmitglieder anhand des Handbuchs schnell in die Thematik einarbeiten und somit in die laufenden Prozesse des Teams integrieren können.

18.1.3 Projektleiter einsetzen

Beschleicht Sie vielleicht manchmal die Sorge: „Wie kann ich es (mir) neben meinen vielen sonstigen Tätigkeiten beispielsweise in der Lehre, akademischen Selbstverwaltung und Öffentlichkeitsarbeit überhaupt leisten, große Projekte selbst zu leiten?" Sie möchten zwar einerseits Ihre Projekte selbst leiten – was durchaus Sinn machen kann – haben aber natürlich viel zu viele Projekte, als dass Sie sie alle selbst bewältigen könnten. Sie benötigen also Personen, denen Sie Projekte delegieren können, die das Projekt kennen und leiten, Prozesse moderieren, Mitarbeiter motivieren, die Übersicht behalten, Kosten und Zeiten im Blick haben und ggf. eingreifen können, wenn wirklich etwas schief gehen sollte? Doch solch kompetente Mitarbeiter gibt es nicht, glauben Sie?

Nun, es gibt sie, und zwar genau dann, wenn Sie sie dazu machen. Entwickeln Sie sich entsprechende Assistenten, begleiten Sie sie in diesen Projekten fachlich (inhaltlich), methodisch (von der Vorgehensweise) wie menschlich und halten Sie engen Kontakt zu ihnen. Auf diese Weise etablieren Sie die Funktion von sog. 'Projektleitern', d.h. denjenigen, die Ihre (oder auch eigene) Projekte leiten. Die Rolle des Projektleiters ist durch Folgendes gekennzeichnet (vgl. Abb. 18.8):

- **Seine Aufgaben.** Was hat er an Inhalten zu bearbeiten? In der Regel fallen hierunter alle Aufgaben rund um die Projektbearbeitung, d.h. Projekte zu planen, durchzuführen und auszuwerten. Oder anders ausgedrückt: Der Projektleiter leitet das Projekt durch den oben geschilderten Forschungszyklus (vgl. Abschnitt 18.2.2).
- **Seine Verantwortung.** Was obliegt ihm, für welche Dinge ist er verantwortlich oder salopp formuliert, was darf nicht schief gehen? In seiner Verantwortung liegen üblicherweise das Erreichen der Projektziele, die Einhaltung aller Termine sowie das Controlling der Projektkosten (sachlicher wie personeller Mittel). Die mitunter für Sie als Führungskraft spürbarste Verantwortung des Projektleiters ist seine Informationsbringschuld (vgl. Abschnitt 2.4.1 und 2.4.7), d.h. nichts anderes, als dass er Sie kontinuierlich auf dem neuesten Stand hält (ohne Sie ständig zu behelligen). Vereinbaren Sie daher unbedingt, auf welche Weise, wie aufbereitet und in welcher Häufigkeit die Informationen zu Ihnen fließen sollen.
  Hinweis: Bezüglich des Informationsflusses, empfiehlt es sich, dreigleisig vorzugehen: Zum einen sollten Sie einen regelmäßigen (bspw. wöchentlichen oder 14-tägigen) Standardinformationstermin haben, zum anderen eine Besprechung immer dann ansetzen, wenn ein bestimmtes Ereignis im Projekt ansteht, also z.B. bei Erreichen eines Meilensteins. Zum Dritten sollten Sie ein sog. 'Ampelsystem' nutzen: Solange Sie – außerhalb der beiden oben genannten Informationstermine – nichts von Ihrem Projektleiter hören, können Sie davon ausgehen, dass alles läuft wie geplant ('grüne Phase'). Wenn bestimmte, zuvor definierte Ereignisse auftreten (bspw. Teilprojekt gerät in Verzug), dann meldet er sich binnen drei Tagen ('gelbe' Ereignisse), wenn andere, zuvor definierte Ereignisse auftreten ('rote' Ereignisse), kommt er umgehend und ohne jede Verzögerung auf Sie zu (wenn bspw. eine Beschwerde des Drittmittelgebers vorliegt).
- **Seine Kompetenzen.** Was darf er, was sind seine Befugnisse? Ohne Befugnisse, die Sie ihm einräumen, zu denen Sie ihn bemächtigen, kann er nicht agieren (vgl. Leistungsmöglichkeit, Kapitel 1.2). Diese beginnen bei einer reinen Unterschriftenberechtigung und gehen über Aspekte der Mitarbeiterführung (wie Aufgaben zu delegieren und deren Bearbeitung zu kontrollieren) bis hin zur Befugnis, Ziele und Vorgehensweisen zu verändern. Die Grundvoraussetzung dieser ganzen Kompetenzwahrnehmung ist natürlich, dass der Mitarbeiter alle erforderlichen Informationen (auch vertrauliche) hat, die ihm für die Erfüllung seiner Rolle dienlich sind. Untergraben Sie die Kompetenz des Projektleiters nicht, sondern sprechen Sie, wann immer Sie Einfluss nehmen wollen oder müssen, alle wesentlichen Schritte mit ihm ab. Lassen Sie ihn auf diese Weise Ihre Wertschätzung, für das, was er leistet, spüren und übergehen Sie ihn in seiner Rolle nicht, sonst kann er sie nicht wirklich wahrnehmen (Dürfen) – und wird es auch nicht mehr wollen (Wollen).

Sie haben Angst, dass Sie neben lauter kompetenten Projektleitern, die Sie hier entwickelt haben, nicht mehr selber mitreden dürfen? Aber nein – Sie sind und bleiben der 'Ober-Projektleiter' des Ganzen. Sie können nach wie vor Input geben und natürlich können Sie auch eigene Projekte bearbeiten – Sie sollen nur die notwendige Zeit für Ihre visionäre Arbeit gewinnen (Forschungsvisionen entwickeln, das Forschungsprofil schärfen, die Forschungsplanung vorantreiben, vgl. Kapitel 17), denn die kann Ihnen niemand abnehmen. Und ein weiterer Aspekt kommt hinzu: Sie haben auch die Aufgabe, Ihre Mitarbeiter zu qualifizieren und ihnen sukzessive Verantwortung zu übertragen, denn einige von diesen werden möglicherweise wissenschaftliche Karriere machen und in Ihre Fußstapfen treten wollen und dabei können Sie sie unter anderem durch solche Projektleiterfunktionen sehr gut unterstützen. In diesem Sinne profitieren beide Seiten von gut ausgebildeten Projektleitern. Haben Sie keine Angst vor Konkurrenz durch Ihre Mitarbeiter – berühmte 'Schüler' hervorzubringen, macht durchaus auch Sie bekannt und noch dazu Freude!

Je klarer Rollen und daran gekoppelte Erwartungen und Aufgaben geklärt sind, desto besser können Mitarbeiter diese erfüllen, desto zufriedener sind alle Beteiligten. Übrigens, dies gilt ebenso für Ihre eigenen Rollen und Aktivitäten als Lehrstuhlinhaber (also 'Oberprojektleiter') im Forschungsablauf (vgl. Kapitel 16 und Abschnitt 1.1). Klären Sie auch für sich, welche an Sie gestellt sind / werden und wie Sie diese erfüllen können / möchten! Allein schon anhand dieser Reflexion werden Sie sich selbst befähigen, besser und prioritätsbewusster zu agieren.

Zusammenfassend lässt sich festhalten: Projekte, die wesentliche Säule unserer Forschungsarbeit am Lehrstuhl, werden nur dann innerhalb des gesteckten zeitlichen Rahmens zu einem erfolgreichen Abschluss mit publizierbaren Ergebnissen kommen, wenn sie gut geplant, strukturiert und geleitet werden. In diesem Abschnitt wurden einige Tools zur Projektplanung und -strukturierung vorgestellt sowie wichtige Aspekte und Möglichkeiten von Zeit- und Kostenplänen angesprochen. Darüber hinaus wurde dargestellt, dass das Einsetzen von Projektleitern zum einen eine große Erleichterung für die Forschungsabläufe darstellt, zum anderen auch Mitarbeiter befähigt, selbständig und eigenverantwortlich zu agieren – sofern man sie zuvor gut eingewiesen und mit den nötigen Kompetenzen und Spielräumen versehen hat.

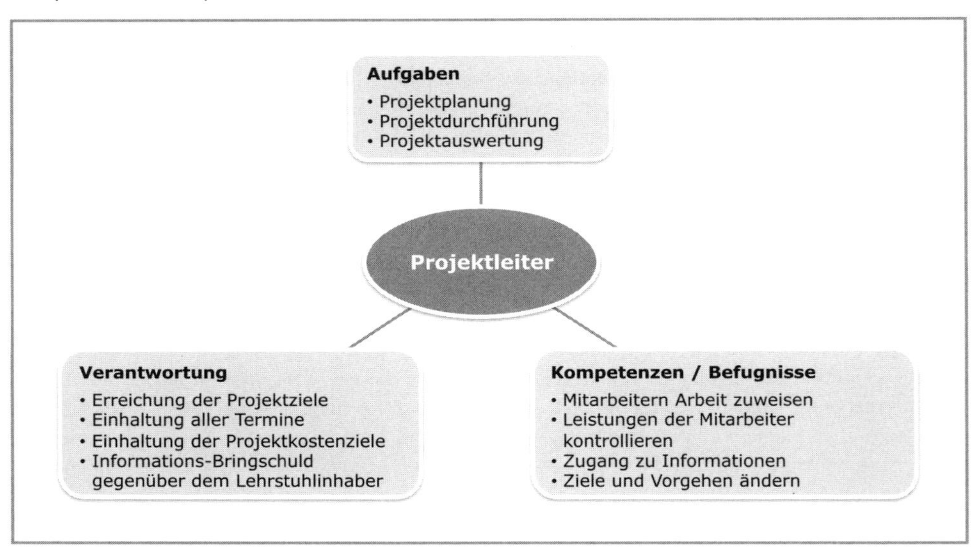

Abb. 18.8. Aufgaben eines Projektleiters.

18.2 Mitarbeiter zum wissenschaftlichen Arbeiten anleiten

Nachdem Sie sich nun am Lehrstuhl eine Übersicht über Ihre Projekte geschaffen haben, die jeweiligen Vorhaben strukturiert sind und die von Ihnen eingesetzten Projektleiter ihre Arbeit aufgenommen haben, ist es nun erforderlich, sich einige Gedanken über die Grundzüge wissenschaftlichen Arbeitens zu machen. Wie eingangs bereits dargestellt, haben wir es im wissenschaftlichen Bereich überwiegend mit sehr jungen, frisch aus dem Studium kommenden und zumeist berufsunerfahrenen Mitarbeitern zu tun. Um diese zum wissenschaftlichen Arbeiten zu befähigen, müssen Sie sie zunächst einmal anleiten, d.h. in die Grundzüge wissenschaftlichen Handelns einführen. Dies mag in jeder Teildisziplin anders sein, doch wird es einige Aspekte geben, die für alle Fächer gelten. So gilt es, Mitarbeiter anzuleiten, durch qualitätsgesichertes wissenschaftliches Arbeiten (vgl. Abschnitt 18.2.1) Forschungsergebnisse zu generieren, die belastbar und seriös sind sowie Ihren Ansprüchen an Wissenschaftlichkeit genügen. Des Weiteren sind Mitarbeiter darin zu unterstützen, ein Grundverständnis (vgl. Abschnitt 18.2.2) sowie das Handwerkszeug wissenschaftlichen Arbeitens zu erlernen, den Umgang mit Literatur (vgl. Abschnitt 18.2.3). Entsprechend geht es im Folgenden um diese exemplarischen Aspekte wissenschaftlichen Arbeitens, deren Kenntnis Ihre Mitarbeiter befähigt, ihrer Aufgabe als Wissenschaftler in Ihrem Sinne nachzukommen.

18.2.1 Qualitätssicherung im Forschungsalltag

Immer mal wieder liest man in der Presse von Fällen wissenschaftlicher Unredlichkeit – seien es gefälschte Daten, Plagiate in Publikationen oder Prüfungsleistungen, 'bezahlte' Gutachten oder ähnliches. Auch wenn Sie dies vielleicht als Einzelfälle abtun –

> ... jeder Fall, der vorkommt, ist aber ein Fall zu viel; denn nicht nur widerspricht Unredlichkeit [...] fundamental den Grundsätzen und dem Wesen wissenschaftlicher Arbeit; sie ist auch für die Wissenschaft selbst eine große Gefahr. Sie kann das Vertrauen der Öffentlichkeit in die Wissenschaft ebenso untergraben wie das Vertrauen der Wissenschaftler untereinander zerstören, ohne das erfolgreiche wissenschaftliche Arbeit nicht möglich ist. Unredlichkeit kann in der Wissenschaft so wenig vollständig verhindert oder ausgeschlossen werden wie in anderen Lebensbereichen. Man kann und muss aber Vorkehrungen gegen sie treffen. Dafür bedarf es keiner staatlichen Maßnahmen. Erforderlich ist aber, dass nicht nur jeder Wissenschaftler und jede Wissenschaftlerin, sondern vor allem auch die Wissenschaft in ihren verfassten Institutionen – Hochschulen, Forschungsinstitute, Fachgesellschaften, wissenschaftliche Zeitschriften, Förderungseinrichtungen – sich die Normen guter wissenschaftlicher Praxis bewusst macht und sie in ihrem täglichen Handeln anwendet. (DFG, S. 5) [44]

Diverse Hochschulen, Berufsverbände und nicht zuletzt die DFG haben sich um Richtlinien bemüht, die es Wissenschaftlern erleichtern (und sie auch daran binden), bestimmte Qualitätsstandards einzuhalten (vgl. auch die Deklaration von Helsinki und die entsprechende Einrichtung von Ethikkommissionen). Exemplarisch sei hier auf die von der DFG veröffentlichten 'Vorschläge zur Sicherung guter wissenschaftlicher Praxis' hingewiesen (vgl. grauer Kasten). Diese Vorschläge regeln Ihr Projekt natürlich nicht im Detail; sie bilden einen Rahmen, innerhalb dessen Flexibilität für eigene Überlegungen besteht. Erkundigen Sie sich, ob es in Ihrer Hochschule eine Organisationsanweisung zur Qualitätssicherung im Projektablauf gibt (oder vergleichbare Hinweise / Anleitungen), die Sie an Ihre fachspezifischen Anforderungen anpassen bzw. detaillieren können.

Was hat dies nun mit der Anleitung oder Befähigung Ihrer Mitarbeiter zu tun? Sie sind als Lehrstuhlinhaber derjenige, der die Standards setzt, der Ansprüche definiert und der Qualitätsniveaus festlegt – wenn Sie es nicht tun, tut es vermutlich auch kein anderer (oder zumindest nicht in Ihrem Sinne). Machen Sie daher Ihren Mitarbeitern klare Angaben hierzu. Das gilt natürlich auch für die Lehre: Teilen Sie Ihre Ansprüche mit und sichern Sie die Qualität (vgl. auch Qualitätssicherung in der Lehre, Abschnitt 11.3). Die Forschung betreffend sollten Sie im mindesten Informationen zur 'Sicherung guter wissenschaftlicher Praxis' austeilen (beispielsweise

---

[44] Siehe http://www.dfg.de/aktuelles_presse/reden_stellungnahmen/download/empfehlung_wiss_praxis_0198.pdf (Stand: 24.01.2011)

die DFG-Vorschläge bzw. universitätsseitig zur Verfügung gestellte). All dies trägt zur Befähigung Ihres Forscherteams bei, denn nur das, was Ihre Mitarbeiter kennen, können sie auch beachten und umsetzen! Passen Sie Anweisungen gemeinsam mit Ihren Mitarbeitern an, diskutieren Sie sie und arbeiten Sie gemeinsam an der Umsetzung in die alltägliche Praxis. Machen Sie sie alltagsrelevant! Und nicht zuletzt: Bedenken Sie Ihre Vorbildfunktion, gehen Sie mit gutem Beispiel voran, was Ihre eigene Haltung zum Umgang mit Daten, Publikationen etc. betrifft. In diesem Sinne gilt es, lehrstuhlintern die Qualität aller Forschungsarbeiten sicherzustellen.

Vorschläge zur Sicherung einer guten wissenschaftlichen Praxis

Die Vorschläge der DFG zur Sicherung guter wissenschaftlicher Praxis zielen auf die Stärkung und Sicherung wissenschaftlicher Selbstkontrolle. Wissenschaftler sind deshalb in der Pflicht, lege artis, also 'nach den Regeln der Kunst', zu arbeiten, Ergebnisse zu dokumentieren und konsequent anzuzweifeln. Hier auszugsweise weitere Empfehlungen:[45]

- Mittels spezifischer Maßnahmen ist wissenschaftlichem Fehlverhalten vorzubeugen – auch indem es in der akademischen Ausbildung thematisiert wird. Beispielhaft sei auf das Seminarangebot der Universität Trier zu 'Gute wissenschaftliche Praxis und ihrer Problemfelder' verwiesen.[46]
- In Arbeitsgruppen ist die Vermittlung der Grundsätze guter wissenschaftlicher Praxis zu regeln.
- Bei der Bewertung wissenschaftlicher Arbeit sind deren Originalität und Qualität höher zu gewichten als die Quantität (Anzahl von Veröffentlichungen).
- Unabhängige Vertrauenspersonen sollen in Konfliktfällen – auch bei Verdacht auf wissenschaftliches Fehlverhalten – als Ansprechpartner zur Verfügung stehen.
- Zur Nachprüfbarkeit von Ergebnissen sind deren Primärdaten 10 Jahre lang aufzubewahren.

18.2.2 Grundverständnis eines Forschungszyklus (Anleitung für junge Mitarbeiter)

So mancher Promovend, den wir in unserem Lehrstuhlteam haben, steht ratlos da, wenn man ihm sein erstes Projekt an die Hand gibt: Was ist wie zu gliedern und zu unterteilen? Was sind die To-dos? Woran kann er feststellen, dass er einen Teilschritt erfolgreich gemeistert hat? Um es auf den Punkt zu bringen: Er braucht möglichst schnell einen guten Überblick darüber, was von ihm gefordert ist; beispielsweise eine Übersicht eines typischen Forschungszyklus, denn den soll er ja nun im Rahmen seiner Promotion oder auch seiner sonstigen Projekte managen. Erläutern Sie ihm daher, was im Rahmen eines Forschungsprozesses in Ihrer Disziplin in welcher Abfolge abläuft. Wenn Sie Ihre Mitarbeiter mit einem solchen Grundverständnis ausstatten, befähigen Sie diese,

---

[45] Siehe http://www.dfg.de/aktuelles_presse/reden_stellungnahmen/download/empfehlung_wiss_praxis_0198.pdf (Stand: 24.01.2011)

[46] http://www.uni-trier.de/index.php?id=12274&urt_veranstaltungskalender[cmd]=showEvent&urt_veranstaltungskalender[date]=2010%2F05%2F07&urt_veranstaltungskalender[event]=2309 (Stand: 24.01.2011)

eigenständig zu agieren und tragen damit erheblich zu deren Motivation und Erfolgserlebnissen bei. Und nicht zuletzt gilt: Was Sie diesbezüglich für Ihre Mitarbeiter schriftlich fixieren, können diese ohne große Rückfragen einhalten und dies erspart Ihnen wiederum viel Zeit.

Nachfolgend wird exemplarisch ein Forschungszyklus, wie Sie ihn Ihren Mitarbeitern als Grundverständnis vermitteln könnten, beschrieben. Obgleich die einzelnen Schritte in einem Forschungsprojekt je nach Fachrichtung, Auftraggeber (zum Teil wird die Gliederung des Abschlussberichts sogar vorgegeben), finanzieller sowie zeitlicher Größe des Projekts Unterschiede aufweisen, stellt die unten beschriebene Vorgehensweise eine gute Orientierung dar, wie sich eine einzelne Forschungsaufgabe im Forschungsprozess darstellt (siehe Abb. 18.9). Sie ist am Beispiel eher naturwissenschaftlich ausgerichteter Forschungsprozesse aufgezogen; dementsprechend sind Reihenfolge und Inhalte der einzelnen Aspekte Ihren Gegebenheiten ggf. noch anzupassen.

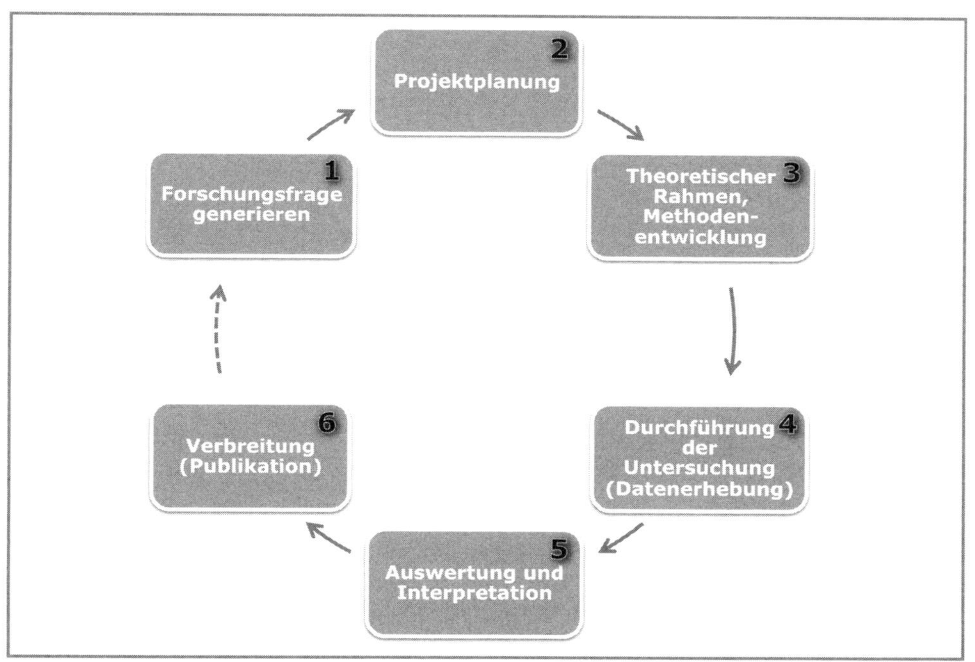

Abb. 18.9. Zyklus eines Forschungsprozesses.

SCHRITT 1: ZIELSETZUNG UND FORSCHUNGSFRAGE

Ausgehend von Ihrem bzw. dem Wissensstand des Lehrstuhls ist das Entwickeln der Zielsetzung ein zunächst offener, kreativer Prozess (vgl. Kapitel 20, Kreativitätsmethoden), der in einer Fragestellung enden sollte (bspw. „Wie wirkt sich Temperatur auf die Konzentrationsleistung aus?"). Es gibt aber auch den Fall, dass eine Forschungsidee auf Vorarbeiten aufbaut, die dann schlichtweg weitergeführt werden und somit bereits zu Beginn eine klare Zielsetzung verfolgen.

Um von einer vagen Projektidee („Ich will zum Thema xyz etwas machen.") zu einer ausformulierbaren Zielsetzung zu kommen, können Sie sich Fragen stellen wie beispielsweise:

- Warum will ich dieses Thema / Gebiet erforschen?
- Welche Antworten und neuen Informationen erwarte ich durch die Erforschung?
- Je nach Fach: Ist dieser Forschungsansatz ethisch vertretbar?

In diesem ersten Schritt könnte auch schon hinterfragt werden, welcher Verwertung die bei der Forschung entstehenden Erkenntnisse zugeführt werden können (Patenten, Publikationen, vgl. Kapitel 19).

SCHRITT 2: PROJEKTPLANUNG

Die Forschungsfrage lässt sich oft nicht in einer Studie oder einem Versuch abhandeln, sondern stellt eine Abfolge an Studien und Versuchen auf. In jedem Fall ist das Forschungsprojekt zu strukturieren, d.h. in Teilaufgaben zu zerlegen und die zugrundeliegenden Teilfragestellungen (wie bspw. die jeder Studie) zu formulieren (siehe Abschnitt 18.1.1, Projektstrukturplan).

Zu Beginn eines Forschungsprojektes sollte ein möglichst genauer Plan ausgearbeitet werden, in dem die einzelnen Schritte des Forschungsprozesses inhaltlich beschrieben und begründet werden. Er muss also das gesamte Vorgehen umfassen, soweit dieses zu Beginn planbar ist. Dieser Plan ist vor allem für Forschungsanträge an potenzielle Geldgeber von großer Bedeutung. Da zu Beginn eines Projekts natürlich noch keine Ergebnisse vorliegen können, Geldgeber aber eigentlich am liebsten schon gleich die Ergebnisse beurteilen wollen, müssen sie wenigstens wissen, für welche Aktionen ihr Geld ausgegeben wird.

Die Projektplanung umfasst:

- Die genaue Beschreibung der Forschungsfrage
- Das Forschungsdesign
- Die Wahl der Erhebungsmethoden
- Die Wahl der Auswertungsmethoden
- Kostenplan
- Zeitplan

SCHRITT 3: THEORETISCHER RAHMEN UND METHODENENTWICKLUNG

Die Forschungsfrage liefert einen ersten Ansatz zur **Literaturrecherche** (siehe Abschnitt 18.2.3). In dieser müssen die vorhandenen Kenntnisse über das Themengebiet analysiert und der in der Forschungsliteratur vorliegende Wissensstand zusammengefasst werden. Es ist nicht ungewöhnlich, dass nach der Zusammenfassung des aktuellen Wissensstands die oben erwähnte Zielsetzung korrigiert werden muss. Typische Fragen zur Literaturrecherche sind:

- Was ist über das Thema / Gebiet bereits bekannt? Welche Untersuchungen wurden bereits zu diesen oder ähnlichen Fragestellungen veröffentlicht? Welche Theorien oder Befunde könnten für die Arbeit herangezogen werden?
- Wie beurteile ich die bereits bekannten Fakten?
- Ist meine anfängliche Zielsetzung – nach Beurteilung der vorliegenden Fakten – noch sinnvoll?

Auf Basis dieser Literaturarbeit wird der theoretische Rahmen geschaffen, um die konkrete **methodische Vorgehensweise** abzuleiten. Zu dieser Ableitung sind unter anderem folgende Fragen zu beantworten:

- Ist die in dem Projekt zu bearbeitende Problemstellung vollständig erfasst? Wird sie in geeigneten Hypothesen wiedergegeben?
- Ist die geplante Vorgehensweise stringent?
- Welche wissenschaftliche Methode (Messung, Berechnung, Befragung, Beobachtung, Ausgrabung etc.) ist am geeignetsten, um meine Fragestellung zu prüfen?

Anschließend wählt man ein **Versuchsdesign** oder einen **Versuchsaufbau** mit geeigneten (eventuell noch zu entwerfenden) Messinstrumenten. In der Physik, Chemie und Biologie können dies analytische Maschinen oder Mess-Systeme sein; in der Psychologie finden definierte Situationen und mathematisch-statistische Auswertung ihre Anwendung; in der Literatur verwendet man Vergleichstexte, Lexika oder Textanalysen durch Computerprogramme etc. Außerdem sollten – vor Versuchsbeginn – Kontrollmöglichkeiten (Qualitätskontrolle) dargestellt und der gesamte geplante Ablauf des Versuches schriftlich festgelegt werden. Hilfreiche Fragen zum Versuchsaufbau sind:

- Ist mein Versuchsaufbau logisch sowie relevant in Bezug auf die Fragestellung?
- Entspricht der Versuchsaufbau den vorgegebenen Sicherheitsmaßnahmen?
- Liegen die einzelnen Versuchselemente in geeigneter Form vor, um den Versuch wie geplant durchzuführen?
- Habe ich die geeigneten Analysewerkzeuge, um meinen Versuch auszuwerten, und sind diese Analysewerkzeuge zuverlässig und kalibriert?

SCHRITT 4: VERSUCHSDURCHFÜHRUNG

Der nächste Schritt ist die eigentliche Versuchsdurchführung. In den Naturwissenschaften werden zu diesem Zeitpunkt oft '**Vorversuche**' durchgeführt, deren Ergebnisse als Entscheidungs- oder Korrekturhilfe für die Durchführung kostspieliger 'Hauptversuche' dienen sollen.

Für alle Versuchsdurchführungen gilt: Es ist eine Frage der Qualitätssicherung, dass die Versuchsdurchführung von den Versuchsleitern sorgfältig dokumentiert wird. Fehlende oder undatierte **Dokumentation** sowie im Nachhinein erfolgende Rekonstruktionsversuche der Dokumentation können die Versuchsauswertung hinfällig machen. Zur Dokumentation stehen folgende Möglichkeiten zur Verfügung:

- Laborsoftware, die kontinuierlich mit aufzeichnet (bspw. Reaktionszeiten, physiologische oder physikalische Messwerte)
- Aufzeichnungen in speziell dafür vorgesehenen Labortagebüchern (vgl. grauer Kasten)
- Video- oder Tonaufnahmen

Zur Dokumentation der Versuchsdurchführung sollten Sie hinterfragen:

- Wurden alle Auffälligkeiten in der Durchführung aufgezeichnet bzw. notiert (vgl. Laborbuch; grauer Kasten)?
- Wurden alle Datenträger datiert und archiviert (CD, Rechner, Messfühler etc.)?

- Wurden alle Daten erfasst und die jeweiligen Zuordnungen (zwischen Versuch und Datensatz; bspw. Probandencode, Versuchsbedingung) dokumentiert? (Tipp: Stichproben ziehen und dies prüfen.)
  Sofern zutreffend: Wurden im Rohdatensatz (SPSS, Excel) alle Variablen benannt und deren Originalwortlaut festgehalten?
- Erlaubt die schriftliche Dokumentation einer fachlich kompetenten Person, den Versuch ohne zusätzliche Hilfe nachzuvollziehen?
- Wie groß ist die Messgenauigkeit, wie hoch der Messfehler?

Regeln zum Führen eines Laborbuchs

- Es ist schriftlich festzuhalten, was, wann und wie gemessen, angewandt oder ausprobiert wurde sowie welche Schlüsse man nach jedem einzelnen Schritt gezogen hat.
- Während man das Experiment noch frisch im Gedächtnis hat, sollten kurze Dokumentationen zu den durchgeführten Untersuchungen geschrieben werden. Diese sollten Graphen, Zusammenfassungen der Ergebnisse und Fehlerabschätzungen aller gemessenen oder berechneten Größen enthalten.
- Alle ungewöhnlichen Methoden sollten beschrieben werden; ebenso erfordern Probleme, denen man beim Experimentieren begegnet, einen Kommentar.
- Rechnungen sollten immer wiederholt werden (wenn möglich auch von anderen Personen), um Rechenfehler zu vermeiden. Einheiten dürfen nicht fehlen.
- Bei Messfehlern: Entsprechende Werte im Laborbuch durchstreichen (kein Radiergummi oder TippEx, keine Seiten ausreißen). Ein Laborbuch soll auch und gerade das dokumentieren, was schief gelaufen ist.

SCHRITT 5: AUSWERTUNG UND INTERPRETATION

Zu Beginn der **Auswertung** ist stets erforderlich, sich die Daten genau anzusehen und hinsichtlich ihrer **Akkuratheit** zu prüfen. In einigen Disziplinen bietet sich dazu ein Vergleich von Mess- und Rechenergebnissen an oder aber ein Gegenüberstellen der eigenen Werte mit jenen aus der Literatur (wenn vorhanden). Folgende Fragen wären zu stellen:

- Müssen ggf. Daten (Messwerte, Probanden) aus dem Datensatz ausgeschlossen werden, beispielsweise wegen fehlerhafter Messwerte oder sonstiger Vorkommnisse laut Laborbuch?
- Weist der Datensatz Fehler auf (Zahlendreher, fehlende Messwerte etc.; sog. Plausibilitätskontrolle)?

Zur eigentlichen Auswertung gehört der Einsatz entsprechender Auswertungstools. In einigen Fächern ist dies mit Beschreibungen gleichzusetzen, in anderen mit Detailskizzen und wieder in anderen mit **statistischen Verfahren**. Im Falle des Einsatzes statistischer Verfahren sollten Sie nun hinterfragen:

- Ist das auf die vorliegende Fragestellung zutreffende statistische Verfahren herangezogen worden? Ist dieses Vorgehen 'State of the Art'?

- Sind für das ausgewählte Verfahren alle Voraussetzungen gegeben (wie bspw. Normalverteilung)?
- Ist das Verfahren in allen Einzelschritten korrekt angewandt worden? Sind alle Einzelberechnungen korrekt (bspw. Umkodierungen, Neuberechnungen von Variablen)?

Nicht zu vergessen ist, dass das Vorgehen bei der Auswertung ebenfalls zu **dokumentieren** ist, sodass man es zu einem späteren Zeitpunkt nachvollziehen kann (bspw. wenn man für einen Vortrag oder eine Publikation einen alten Datensatz nochmals rechnen möchte).

Getrennt von der Auswertung ist die **Interpretation** zu sehen. Dies gilt insbesondere auch für die Darstellung der Ergebnisse in einem Bericht / Vortrag / Publikation. Dort sind auch immer zunächst die 'nackten Tatsachen' (Ergebnisse) zu bringen, bevor diese interpretiert und Schlussfolgerungen daraus gezogen werden. Dazu sind eine kritische **Diskussion der Ergebnisse** (sowohl in Diskussionen mit Kollegen als auch in eigenständiger schriftlicher Auseinandersetzung), ein Vergleich mit dem Stand des Wissens (indem man die neu erhaltenen Ergebnisse in Zusammenhang mit den bereits in der Literatur vorhandenen Ergebnissen stellt), das **Aufbereiten der Ergebnisse zu Erkenntnissen**, das Ableiten von Schlussfolgerungen sowie **Implikationen** für Theorie und Praxis gefragt. Typische Fragen hierzu sind:

- Ist die Interpretation in sich schlüssig und gut belegbar?
- Was wäre an meinem Vorgehen / Design / Auswertung zu kritisieren? Wo sind die Schwächen? Wo die Stärken?
- In welchen Aspekten decken sich meine Befunde mit der Literatur, wo ergänzen sie sich und wo widersprechen sie ihnen?
- Sind die zugrundegelegten Randbedingungen verallgemeinerungsfähig? Wofür gelten die Ergebnisse nicht?
- Welche praktischen oder theoretischen Implikationen lassen sich ableiten? Wie bereichern meine Ergebnisse die bisherigen Theorien, was wären die Konsequenzen für die Praxis / Anwendung?

SCHRITT 6: VERBREITUNG (PUBLIKATION)

Forschungsprojekte unterliegen in der Regel einem gewissen Zwang zur Berichterstattung. Jeder Geldgeber fordert mindestens einen **Endbericht**, wenn nicht gar einen Zwischenbericht nach bestimmten Phasen oder Zeiten. Doch ist es auch für Ihre eigene Dokumentation hier eine gute Möglichkeit, Wissensmanagement und Qualitätssicherung zu betreiben. Bringen Sie Ihre Ergebnisse auf den Punkt:

- Was sind die zentralen Erkenntnisse meines Forschungsprojekts?
- Wie fasse ich die Ergebnisse anschaulich und logisch zusammen?
- Welche neuen Erkenntnisse haben sich ergeben im Vergleich zu den bereits in der Literatur beschriebenen Resultaten?

Nach dem Abschluss des Projekts kann eine Publikation oder ein Vortrag erwogen werden. Diesbezüglich haben Sie zu entscheiden:

- Gibt es legale oder andere Gründe, die die Publikation der Daten fordern oder verbieten?

- Welches ist die richtige Zeitschrift für meine Inhalte? (vgl. Abschnitt 19.1)
  Ein Hinweis an dieser Stelle: Beachten Sie, dass auch nach einer Publikation Rohdatensätze aufzuheben sind (diesbezüglich Richtlinien Ihres Faches heranziehen).
- Welches ist der richtige Kongress / die richtige Tagung (vgl. Kapitel 22.1) zum Präsentieren meiner Ergebnisse (vgl. Kapitel 7)?
- Lassen sich aus den Ergebnissen des Projekts Patentideen ableiten? (Das sollten Sie sich natürlich bereits kontinuierlich während der Projektbearbeitung fragen; vgl. Abschnitt 19.3)

18.2.3 Der Umgang mit Literatur (Anleitung für junge Mitarbeiter)

Das Handwerkszeug eines jeden Wissenschaftlers ist – unabhängig von der Fachdisziplin – der Umgang mit Literatur. Am Beginn einer jeden fundierten wissenschaftlichen Arbeit steht die Zusammenstellung des Standes des Wissens (umfasst auch Technik, Methodik, Theorien), denn erst durch den Abgleich dessen mit der eigenen Idee bzw. dem eigenen Forschungsvorhaben lassen sich letztere bewerten. Der Stand des Wissens wird mithilfe von Literaturrecherchen ermittelt, d.h. der Sichtung der Literatur zu einem Themenbereich. Nachfolgend finden Sie für Ihre Studierenden und Forschungsmitarbeiter eine entsprechende Anleitung der dabei wesentlichen und zu berücksichtigenden Aspekte. Eine Beschreibung der geläufigen Literaturverwaltungssysteme schließt sich an.[47]

Verstehen Sie diese Ausführungen zum Umgang mit Literatur als exemplarische Illustration der Aufgabe, Mitarbeiter zu befähigen, indem Sie ihnen einerseits eine Systematik im Umgang mit den Forschungsinhalten vermitteln (Literaturrecherchen anleiten) und andererseits lehrstuhlintern Rahmenbedingungen schaffen, diese effizient nutzen zu können (Literaturverwaltungssysteme bereit stellen und Routinen der Literaturverwaltung etablieren).

WIE UND WO RECHERCHIERT MAN LITERATUR?

Heutzutage trifft man (bspw. in studentischen Arbeiten) leider zunehmend Recherchen an, die auf Google-Ergebnissen oder auf Wikipedia-Aussagen basieren. Hierbei handelt es sich zwar auch um eine Recherche, jedoch nicht um ein wissenschaftliches Vorgehen, wie es für die universitäre Arbeit erforderlich ist. Ebenso wenig ist es angezeigt, sich auf populärwissenschaftliche Literatur[48] zu stützen. Fachliteratur ist gefragt, nachfolgend wird beschrieben, welche gemeint und wie sie zu finden ist.

Präsenzbibliothek

Natürlich könnten Sie einfach durch eine (Fach-)Bibliothek schlendern und schauen, was Ihnen zum Thema in die Hände oder ins Auge fällt. Dies hat sich vor allem bei älterer Literatur bewährt; ist in seiner Ergiebigkeit aber natürlich sehr abhängig von Qualität und Größe der Bibliothek. Zielführen-

[47] Literaturrecherchen variieren in ihrer Bedeutung, ihrem Aufwand und Vorgehen in den einzelnen Fächern ganz beträchtlich. Entsprechend können hier nur allgemeingültige Hinweise gegeben und keine Spezifika beschrieben werden. Doch übergreifend gilt, dass zu einem professionellen Umgang mit Literaturrecherchen sowohl die Literatursuche als auch deren Ergebnisaufbereitung gehören (siehe hierzu auch Sonnentag, 2006).

[48] Populärwissenschaftliche Literatur zielt nicht auf Wissenschaftler, sondern vielmehr auf den interessierten Laien ab und bereitet entsprechend die Themen in vereinfachter und meist unterhaltsamer Form auf.

der, üblicher und systematischer ist daher meist die Suche in elektronischen Datenbanken und das Durcharbeiten der hier findbaren Literatur (und den wiederum darin genannten Literaturquellen).

Fach-Datenbanken
Fach-Datenbanken sollten Ihr 'Medium Nummer Eins' einer adäquaten und fundierten Literaturrecherche sein (in der Psychologie bspw. PSYNDEX und PsycINFO). Die Arbeit mit ihnen erfordert allerdings in der Regel, dass man sich mit den Suchstrategien und –möglichkeiten etwas vertraut macht (dazu gibt es an jeder Universität Kurse). Ein zentrales Element sind hierbei die Such- bzw. Schlüsselbegriffe (beispielsweise aus der bereits gesichteten Literatur oder der Fragestellung), mit denen man recherchiert. Je treffender diese gewählt sind, desto effizienter und eingegrenzter werden sich Ihre Suchergebnisse gestalten. Aus den Datenbanken heraus lässt sich die Literatur meist online herunterladen bzw. bestellen und auch in ein bestehendes Literaturmanagementsystem übertragen. Bedenken Sie, dass ältere Literatur häufig nicht elektronisch verfügbar ist; hier ist der alt bewährte Gang in die Bibliothek (oder Fernleihe) unerlässlich.
Tipp: Gewöhnen Sie sich an, sowohl die Suchresultate als auch die Suchanfrage abzuspeichern oder auszudrucken, so können Sie sie jederzeit wiederverwenden bzw. kurz nachschlagen.

Science Citation Index (SCI)
Hilfreich sind bei der Literatursuche auch sog. Zitationsindizes. Diese listen auf, wie häufig und wo ein Artikel in nachfolgenden Arbeiten zitiert wird. Es gibt diesbezüglich sowohl fachspezifische (in der Psychologie bspw. Social Science Citation Index, SCCI) als auch fachübergreifende Datenbanksysteme wie beispielsweise Google Scholar.

WELCHE ARTEN WISSENSCHAFTLICHER LITERATUR UNTERSCHEIDET MAN?

Eine solide Literatursuche beinhaltet einen iterativen Prozess. Geschickterweise beginnen Sie mit recht allgemeinen Überblicksdarstellungen und arbeiten sich dann zu spezifischerer Literatur vor. Berücksichtigen Sie dabei sukzessive die nachfolgenden Literaturvarianten:

Enzyklopädien
Das sind alphabetische Nachschlagewerke, die knappe Beschreibungen einzelner Themen eines Faches wiedergeben. Sie führen in relevante Begriffe ein, stellen komprimiert die wesentlichsten Befunde und Ansätze dar und geben Ihnen Hinweise auf weiterführende Literatur.

Handbücher
Sie bestehen aus Einzelwerken zu Teilgebieten eines Faches und sind damit themenspezifischer als Enzyklopädien. Jene Themen werden ausführlicher behandelt, zudem enthalten Handbücher auch umfangreichere Literaturverweise. Da es sich häufig um Herausgeberwerke handelt (d.h. ein oder mehrere Herausgeber mit zahlreichen Kapitelautoren), sind die einzelnen Kapitel unter Umständen von sehr unterschiedlicher Art und Qualität.

Überblicksartikel in Zeitschriften oder Serien (auch Review genannt)
Ein Überblicksartikel ist eine kritische Bestandsaufnahme des bisher zu einem Forschungsthema veröffentlichten Materials (bspw. Studien oder theoretische Herangehensweisen). Dazu wird der derzeitige Forschungsstand in organisierter Weise dargeboten, integriert und bewertet. Idealerweise identifizieren die Autoren auch Lücken und Inkonsistenzen in der bisherigen Forschung und machen Vorschläge für das weitere Vorgehen. Derartige Artikel sind bei der Orientierung über ein (empirisch arbeitendes) Forschungsgebiet unverzichtbar, denn ihr Gegenstand ist eine Übersicht über verschiedene Studien, die dieselbe oder eine ähnliche Fragestellung behandeln.
Es gibt Zeitschriften, die ausschließlich Überblicksarbeiten herausbringen (und so lautet dann auch

meist der Name der Zeitschrift) und solche, die dies nur vereinzelt tun. Erscheinungszyklus ist bei Zeitschriften monatlich bis quartalsweise, bei Serien meist jährlich.
Eine spezielle Art eines Überblicksartikels ist eine sog. Metaanalyse; das ist ein Originalbeitrag, in dem die Ergebnisse verschiedener Studien mit derselben Fragestellung zusammengefasst werden. Das Ziel ist, festzustellen wie groß ein angenommener Effekt ist. Metaanalysen machen deutlich, zu welchen Fragestellungen es schon relevante Forschung gibt, von welchen Effektstärken man ausgehen kann, inwieweit diese variieren und welche Moderatorvariablen die Effekte beeinflussen.

Originalbeiträge in Zeitschriften

Auch sie sind bei der Orientierung über sowie bei der Tiefenarbeit zu einem Forschungsgebiet unverzichtbar. Sie zeigen gängige Methoden auf, mit denen Fragestellungen aus einem Teilgebiet beantwortet werden und geben Hinweise, wie Daten aus einem Teilgebiet üblicherweise ausgewertet werden.
In vielen, aber nicht allen Fächern sind Zeitschriftenartikel Peer-Reviewed (oder auch 'referiert' genannt); dies bedeutet, dass sie von mindestens zwei Gutachtern begutachtet wurden, was (da Autoren während des Reviewprozesses darum gebeten werden, ihren Artikel ein- oder mehrmals zu verbessern) zu einem deutlich höheren Qualitätsstandard beiträgt (vgl. Abschnitt 23.1.1, Review zu einem wissenschaftlichen Artikel verfassen). Dementsprechend sind Peer-Reviewed Artikel nach Möglichkeit zu präferieren.

Bücher

- **Lehrbücher** geben das gesicherte Wissen in didaktisch anspruchsvoller Weise wieder, sind aber nicht immer auf dem neuesten Stand, da sie, wenn überhaupt, nur alle paar Jahre neu aufgelegt und damit aktualisiert werden. Sie eignen sich daher eher, um sich einen Überblick über die bisherigen Versuche, ein Thema zu bearbeiten, zu verschaffen und den Hintergrund eines Problems kennen zu lernen.

- **Monographien** geben die spezifische Auseinandersetzung eines (oder einzelner) Autoren mit einem Thema wieder, wobei in dieser Literaturform eben dann auch die Meinung des Verfassers zum Ausdruck kommt und eine mögliche Gegendarstellung fehlt. Ein Indikator für gute Qualität kann ein angesehener Verlag sein. Bei Monographien könnte allerdings das Literaturverzeichnis hilfreich für die weitere Bearbeitung der Fragestellung sein.

- **Herausgeberwerke** stellen eine Sammlung von Aufsätzen dar, die die Beiträge wesentlicher Vertreter des mit dem Thema des Buches beschäftigten Faches wiedergeben. Auch diese Publikationsform hat ihre Vor- und Nachteile. Als Vorteil ist hier die inhaltliche Breite, die durch die zuweilen unterschiedlichen Zugänge der im Buch gesammelten Beiträge entsteht, zu nennen. Dies dient sowohl als Anregung als auch für einen guten Überblick über das Thema. Ein möglicher Nachteil besteht darin, dass die Qualität der Beiträge untereinander stark schwanken kann, da der Reviewprozess hier nicht immer den gleichen Anforderungen wie bei Fachzeitschriften entspricht.

Habilitations- oder Dissertationsschriften

Sie enthalten in der Regel eine umfangreiche Literaturrecherche, eine Bewertung des Stands des Wissens zu einem spezifischen Thema und einen Ausblick auf zukünftige Forschungsthemen. Infolge der Korrekturen durch die Betreuer der Habilitations- oder Doktorarbeiten durchlaufen sie einen quasi-Reviewprozess dahingehend, dass die Inhalte mindestens von drei Personen gelesen wurden und damit einen den Peer-Reviewed Zeitschriften vergleichbaren Begutachtungsprozess durchlaufen haben. Zumeist sind sie äußerst themenspezifisch, enthalten oft aber auch Überblickswissen zu entsprechenden Teilgebieten oder Überschneidungspunkten des Faches.

WIE ERARBEITET MAN SICH DIE LITERATUR UND IHRE INHALTE?

Verschaffen Sie sich zunächst einen Überblick über das Forschungsthema! Gehen Sie dabei so vor, dass Sie ...

- sowohl in die Breite als auch in die Tiefe lesen – verschaffen Sie sich also sowohl einen groben Überblick über das gesamte Themengebiet als auch anschließend ein detaillierteres Verständnis seiner einzelnen Teilgebiete. Greifen Sie sich dazu aus dem Themengebiet eine überschaubare Anzahl von Teilaspekten heraus, die Sie gezielt vertiefen, um so auf spannende Fragen kommen zu können – ein rein oberflächliches Querlesen ermöglicht Ihnen das in der Regel nicht.
- sowohl ältere als auch aktuelle Literatur heranziehen. Je nach Fach, ist die eine wichtiger als die andere und gilt ein Buch oder Artikel nach unterschiedlicher Zeit als veraltet. (Beispielsweise werden im Fach Psychologie Bücher, die 5 bis 10 Jahre alt sind (ohne überarbeitete Neuauflage), bereits als veraltet angesehen.) Sofern Sie in einem Fach als veraltet geltende Literatur nutzen, laufen Sie Gefahr, dass Sie Erkenntnisse lesen, die schon überholt sind oder Sie zu Schlussfolgerungen kommen lassen, die bereits widerlegt sind. Außerdem können Sie mit veralteter Literatur keine neuen Forschungsfragen aufstellen.

Leitfragen beim Lesen der Literatur sollten sein:

- Was versteht man genau unter bestimmten Themen oder Begriffen?
- Welche theoretischen Ansätze finden sich in dem Forschungsbereich?
- Was wurde auf diesem Forschungsgebiet bislang empirisch untersucht? Welche Fragen konnten bislang schon beantwortet werden? Welche Aussagen sind bereits möglich? Welche Forschungsfragen sind noch offen?

Managen Sie den Prozess der Literaturrecherche! Je tiefer Sie in die Literatur einsteigen, desto mehr Material werden Sie recherchiert, gesichtet und zusammengefasst haben. Um hier nicht den Überblick zu verlieren, ist es sinnvoll, das Ganze in elektronischer Form zu systematisieren.

- Erstellen Sie sich tabellarische Übersichten der gesammelten Literatur und ihrer Kernaussagen (für ein Beispiel einer eigenen tabellarischen Übersicht der gelesenen Literatur siehe Tabelle 18.6). Nutzen Sie dazu alternativ auch Mindmaps (siehe Abschnitt 9.8) oder andere Veranschaulichungen.
- Ordnen Sie Kopien Ihrer Literatur ab bzw. speichern Sie die elektronischen Varianten systematisch. Entwickeln Sie sich dazu ein für Sie leicht verständliches, logisches Ordnungssystem und halten Sie dieses Ordnungssystem konsequent ein. Oft sortieren Systeme nach ...
    - alphabetischer Reihenfolge der Autorennamen
    - thematischer Anordnung mit Ober- und Unterthemen (gelingt meist nur mit etwas Erfahrung)

Tabelle 18.6. Tabellarische Übersicht gelesener und durchgearbeiteter Literatur.

Autor(en)	Jahr	Vollständiger Titel	UV	AV	Design	Struktur Probanden	Ergebnisse / Befunde	subjektive Qualität (1: geringe Qualität - 5: höchste Qualität)	Art der Veröffentlichung	Journal (Jahrgang und Seitenangabe) bzw. Konferenz	Impact-factor des Journals (2008)	Kommentar
Friedman, R.S.; Fishbach, A.; Förster, J.; Werth, L.	2003	Attentional Priming Effects on Creativity - Experiment 1	Aufmerksamkeit (Priming auf breit- oder schmal-fokussierte Aufmerksamkeit)	Originalität (als Teilkomponente von Kreativität) mittels Ziegelstein-Aufgabe	between-design	47 Studenten	Diejenigen Vp mit der breitfokussierten Aufmerksam-keit zeigten mehr Originalität. (t(45)=2.31;p=.02)		Zeitschriftenartikel	Creativity Research Journal (15, S.277-286)	-	Ziegelstein-Aufgabe gut für eigene Studie
Friedman, R.S.; Fishbach, A.; Förster, J.; Werth, L.	2003	Attentional Priming Effects on Creativity - Experiment 2	Aufmerksamkeit (Priming auf breit- oder schmal-fokussierte Aufmerksamkeit): Auswahl von Städten (eng) oder Bundesstaaten (breit) aus einer Karte	Originalität (als Teilkomponente von Kreativität): Ungewöhnlichstes Exemplar einer Gattung finden (z.B: Vögel)	between-design	62 Studenten	Diejenigen Vp mit der breitfokussierten Aufmerksam-keit zeigten mehr Originalität. (t(60)=1,87;p=.06)		Zeitschriftenartikel	Creativity Research Journal (15, S.277-286)	-	
Grün, G.; Holm, A.H.; Luks, N.; Malone-Lee, J; Trimmel, M.; Schreiber, R.; Mellert, V.; Kos, J.; Hofbauer, W.	2008	Impact of Cabin Pressure on Aspects of the Well-Being of Aircraft Passengers - A Laboratory Study	3 Luftdrücke (875 hPa, 810 hPa, 753 hPa) 3 verschiedene relative Luftfeuchten (10 %, 25 %, 40 %) drei Raumtemperaturen (21 °C, 23 °C und 25 °C) 3 Lärmsituationen (64 dB(A), 69 dB(A), 74 dB(A))	Wohlbefinden (Hinsichtlich der physikalischen Umgebung) bei Langzeitflügen mittels Fragebogen	Laborstudie (Flugzeugkabine FTF des Fraunhofer Instituts Für Bauphysik, Holzkirchen)	40 Probanden verschiedener Altersgruppen	Nur Auswertung des Blutflusses bei Herz- und Lungenkranken: Risikogruppe n haben ein geringfügig höheres Risiko, bei längeren Flügen einen zu niedrigen Sauerstoffgehalt im Blut zu erreichen		Konferenzbeitrag	International Congress of the Aeronautical Sciences 2008 (Paper 402)	-	Auswertung der restlichen Daten in der Dissertation: Grün, G.: Modellierung eines Komfortindex zur Beurteilung des Raumklimas am Beispiel der Passagierflug-
Hellwig, R. T.; Antretter, F.; Holm, A.; Sedlbauer, K.	2009	Untersuchungen zum Raumklima und zur Fensterlüftung in Schulen	Außentemperaturen im Winter und im Sommer	Innenlufttemperaturen CO_2-konzentration, Fensteröffnungs-zeiten	Feldstudie, Messung in Klassenräumen direkt	Schüler zweier Gymnasien	Keine signifikante Korrelation zwischen der Außentemperatur und den Fensteröffnungszeiten im Klassenraum		Zeitschriftenartikel	Bauphysik (31, S.89-98)	-	

- Verwenden Sie darüber hinaus ein Literaturverwaltungssystem (bspw. Endnote, Biblist, Reference Manager, ProCite etc.; siehe Überblick in Tabelle 18.7). Dieses ermöglicht Ihnen, in Ihren eigenen Literatursammlungen gezielt zu recherchieren und vereinfacht am Ende die Erstellung eines Literaturverzeichnisses.
  Tipp: Geben Sie (mehrere) für Sie aussagefähige Schlagwörter zu jedem Artikel ein. So können Sie nach einem Artikel suchen, selbst wenn Sie dessen Autor, Zeitschrift oder Titel vergessen haben.
- Gewöhnen Sie sich an, immer die vollständige Quellenangabe zu notieren, wenn Sie Fotokopien oder Notizen zu Texten anfertigen. Das erspart es Ihnen, später ein zweites Mal suchen zu müssen, weil Ihnen Angaben zum Zitieren fehlen. Bei Hausarbeiten (siehe Abschnitt 12.2) empfiehlt es sich, das Literaturverzeichnis von Beginn der Bearbeitung an zu führen und aktuell zu halten (d.h. jede neu verwendete Quelle gleich in das Literaturverzeichnis zu übertragen).
- Markieren Sie sich beim Lesen für Sie wichtige Textstellen mit Post-it's, Textmarker oder anderen Anmerkungen (wie Assoziationen, Ideen, die Sie hatten, Wertungen oder auch Fragen, die Ihnen in den Kopf kamen). Beim erneuten Lesen wird es dadurch für Sie viel leichter sein, wieder in den Text einzusteigen. Sie können auch unterschiedliche 'Lesedurchgänge' vornehmen (bspw. einen zum Verstehen, einen zum Ideen generieren, einen zum kritische Stellen finden) und jeweils für jeden Durchgang andere Farben der Markierung verwenden. Halten Sie auch hier einmal entwickelte Systeme und Bedeutungen (von Farben, Symbolen etc.) beständig ein.
- Bemühen Sie sich zunächst, den Text zu verstehen, bevor Sie sich eine eigene Meinung darüber bilden! Klären Sie, ob die Begriffe und Schlüsselworte für den Autor die gleiche Bedeutung haben wie für Sie, und wenn nicht, was der Autor genau damit meint (ziehen Sie möglicherweise weitere Veröffentlichungen des Autors zu Rate oder lesen Sie die Veröffentlichung, aus der Ihr zu bearbeitender Beitrag stammt, in Gänze quer). Wenn Sie noch nicht so erfahren in dem jeweiligen Themenfeld sind, dann brauchen Sie nicht den Anspruch zu haben, alle einzelnen Informationen aus dem Artikel zu verstehen. Am wichtigsten ist es, zu verstehen, welche Fragestellung mit welcher Methode und mit welchem Ergebnis beantwortet wurde. Sinnvoll ist es auch, beim Lesen der Artikel eine bestimmte Fragestellung im Hinterkopf zu haben. So fällt es leichter, zwischen wichtigen und unwichtigen Informationen zu unterscheiden.
- Fassen Sie einen gesamten Artikel in drei, dann zwei und schließlich einem Satz zusammen – auf diese Weise haben Sie die zentrale Botschaft des Artikels verstanden und können diese kommunizieren (siehe Abschnitt 7.2, Vortragsvorbereitung).
- Bei sehr komplexen Literaturrecherchen bietet sich auch die Methode des Mindmapping (siehe Abschnitt 9.8) an. Mit dieser Methode lassen sich die unterschiedlichen Suchkriterien mit ihren jeweiligen Ergebnissen als Verästelungen darstellen. Zum Beispiel können Sie auf einem Ast alle Autoren, auf einem anderen die wichtigsten wissenschaftlichen Erkenntnisse und auf einem dritten die Literaturquellen (bspw. die verschiedenen Journals) darstellen.
- Wenn es darum geht, innerhalb einer Publikation rechnerische, messtechnische Ergebnisse zusammenzufassen, können Sie sich einfache Grafiken erstellen (und so Unterschiede in Form eines Säulendiagramms bspw. rasch erkennen).
- Arbeiten Sie an Methoden oder technischen Lösungen, können Übersichtsskizzen (wie z.B. eine Funktionsskizze oder ein Bauplan) ein hilfreiches Mittel zur Visualisierung sein.

LITERATURVERWALTUNGSSYSTEME

Literatur zu suchen, zu beschaffen und zu kennen ist die eine Seite, mit Literatur im Forschungsprozess umzugehen, sie so zu verwalten, dass sie auch über eine längere Zeit hinweg in sinnvoller Weise zur Verfügung steht, ist eine andere. Effizienterweise sollten Sie daher für Ihre Arbeit ein entsprechendes Literaturverwaltungssystem etablieren und konsequent nutzen. Jene rechnergestützte Literaturverwaltung sollte im Wesentlichen drei Arbeitsschritte optimieren können:

- Zunächst gilt es, relevante Daten zu erfassen (Titel, Autoren, Schlagwörter u.ä.).
- Zum Zweiten sollte sie entsprechende Suchfunktionen für die eingegeben Daten ermöglichen.
- Zum Dritten sollten die Daten (bei ortsverteilten Arbeiten oder auch an mehreren Rechnern gleichzeitig) von mehreren Nutzern zusammenführbar und gemeinschaftlich verwendbar sein (also bspw. in Form einer gemeinsamen Lehrstuhldatenbank).

Da sich die auf dem Markt angebotenen Systeme zur Literaturverwaltung in ihren Funktionen und Möglichkeiten unterscheiden, sollte man bei der Auswahl darauf achten, dass das Produkt der Wahl zur Arbeitsweise der Anwender (siehe Bedarfsanalyse weiter unten) und zum Einsatzgebiet passt. Fragen Sie unbedingt beim Rechenzentrum bzw. Kollegen nach, welche Systeme und welche Erfahrungen damit bereits vorliegen.

Im Folgenden werden in Form einer Übersichtstabelle Kriterien vorgestellt, anhand derer ein Literaturverwaltungssystem ausgewählt werden kann. Zu den einzelnen Kriterien werden zwar Beispiele aktueller Anbieter genannt, allerdings werden die Programme kontinuierlich weiterentwickelt. Es ist daher ratsam, anhand der im Folgenden angeführten Kriterien die jeweils aktuellen Angebote zu vergleichen und dasjenige auszuwählen, das für den geplanten Einsatzbereich am besten geeignet ist. Um dies besser einschätzen zu können, finden Sie zunächst einen Fragenkatalog, anhand dessen Sie prüfen können, welche Kriterien eine Literaturverwaltungsdatenbank für Ihre Arbeitsweise erfüllen sollte.

Ein neues Literaturverwaltungssystem einzuführen kann Ihnen eine wertvolle Hilfe dabei sein, Ihre bisherige Arbeitsweise zu optimieren sowie neue Arten des Literaturmanagements einzuführen. In diesem Sinne sollten Sie sich kurz Zeit nehmen und überlegen, was Sie sich von einem Literaturverwaltungssystem wünschen würden. Die folgenden Fragen sollen Sie dabei unterstützen, Ihre Wünsche zu strukturieren (vgl. Wang & Wan, 2007, S. 10f.):

Welche Daten sollen erfasst werden?

- Sollen die Volltexte (zum Beispiel als PDF-Datei) mit den Literaturreferenzen gespeichert werden?
- Sollen die DOI (= Digital Object Identifier, dauerhafter Internetlink eines Dokuments) und URL (= Uniform Resource Locator, einheitliche Quellenanzeige) zu einer Literaturreferenz gespeichert werden?
- Sollen weitere URLs zu einer Literaturreferenz gespeichert werden?
- Sollen weitere Dokumente (Bilder, Folien, technischer Bericht etc.) zu einer Literaturreferenz gespeichert werden?
- Sollen Autoren nur mit Namen oder als dedizierte Objekte mit weiteren Attributen (wie Adresse, Forschungsfeld, andere Publikationen etc.) gespeichert werden?

- Sollen eigene Kommentare oder Zusammenfassungen zu einzelnen Artikeln gespeichert werden?
- Sollen Schlagwörter aus einem vorgegebenen Schlagwortkatalog und oder selbst definierte Schlagwörter zu den einzelnen Papieren gespeichert werden?
- Sollen Artikel an Hand von Taxonomien[49] klassifiziert werden?

Welche Form der Datenein- und -ausgabe soll benutzt werden?

- Welche Eingabemethode bevorzugen Sie? (Manuelle Dateneingabe, Suche und Download aus externen Datenbanken, direkter Export aus Fachdatenbanken in das Programm hinein, Import von Dateien über Importfilter, z.B. aus anderen Literaturverwaltungsprogrammen etc.)
- In welchen Datenformaten sollen Literaturreferenzen importiert und exportiert werden? (PDF, Word etc.)

In welcher Form soll die gespeicherte Literatur angeordnet und gesucht werden?

- Sollen Literaturreferenzen anhand eigener Schlagwörter oder einer Taxonomie gruppiert dargestellt werden?
- Nach welchen Elementen einer Literaturreferenz soll die Bibliothek durchsucht werden können (z.B. Autoren, Titel, Zeitschrift, Konferenz, Jahr)?

Welche Anforderungen bestehen hinsichtlich Zugriff und Zusammenarbeit?

- Soll zwischen abteilungsweit sichtbaren und personenspezifischen / privaten Kommentaren, Schlagwörtern etc. zu den Papieren unterschieden werden?
- Soll die Möglichkeit zum Bilden von Benutzergruppen gegeben sein?

In der nachfolgenden Übersicht im grauen Kasten, finden Sie eine Übersicht über die zurzeit gängigsten Systeme. Die Tabelle darunter vergleicht jene dann anhand zentraler Kriterien.

Gängige Literaturverwaltungssysteme[50]

Als Desktop-Anwendungen stehen unter anderem zur Verfügung:

- EndNote (englischsprachig, im universitären Bereich weit verbreitet)
- ProCite (sehr weit entwickelte Windows-Anwendung)
- Reference Manager (Werkzeug für das wissenschaftliche Literaturmanagement in Arbeitsgruppen und Kollaborationen)
- Visual Composer.NET (umfangreiches deutsches Literaturmanagement-Programm, nutzt Visual Library.NET zur Recherche)
- JabRef (freies Java-basiertes Literaturverwaltungsprogramm, speichert die Referenzen in einer zentralen BibTeX-Datei; dies ist eine Datei, in der alle bekannten Angaben über ein Werk in einer bestimmten Reihenfolge notiert werden).

[49] Taxonomie ist eine Methode oder ein Messinstrument, um Objekte eines gewissen Bereichs nach bestimmten Kriterien zu klassifizieren, d.h. sie in bestimmte Kategorien oder Klassen einzuordnen.

[50] Diese Liste ist nicht vollständig, sondern umfasst lediglich die gängigsten Systeme. Eine Nichtnennung impliziert keinerlei Wertung.

Als webbasierte Systeme stehen unter anderem zur Verfügung:

- CiteULike (freier, an Wissenschaftler gerichteter Social-Bookmarking-Service, erlaubt das Verwalten und Teilen wissenschaftlicher Artikel)
- RefBase (gemeinsam nutzbar, standardkompatibel)
- Aigaion (gemeinsam nutzbar, basiert auf PHP / MySQL, einem Datenbankverwaltungssystem)
- BibORB (gemeinsam nutzbar, basiert auf PHP / MySQL)
- RefWorks (kommerzielle Multibenutzeranwendung)
- Zotero (sehr aktueller und benutzerfreundlicher Service, der als Erweiterung des Webbrowsers Firefox kostenlos aus dem Internet herunter geladen werden kann)

In der nachfolgenden Tabelle 18.7 werden diese in ihren Details vergleichend dargestellt.

Tabelle 18.7. Übersicht über eine Auswahl geläufiger Literaturverwaltungssysteme (in Anlehnung an Stöber & Teichert, 2008; Wang & Wan, 2007, S. 34ff.).

LITERATURVERWAL-TUNGS-SYSTEM	Endnote	RefWorks	Reference Manager	Citavi	Zotero	CiteULike
Allgemeine Angaben						
Die hier berichtete Version	X1	V 5.0	11	V 2.4	1.0.3	Worg2.0
Plattform	Windows, Mac	Plattformunabhängige Webanwendung	Windows	Windows	Plattformunabhängig	Plattformunabhängige Webanwendung
Sprache	Englisch	Multisprache	Englisch	Deutsch	Multisprache	Multisprache
Kosten	Downloadversion 205,62 € (Einzelplatz)	100 $ pro Jahr (für eine Person)	Lizenz 'Forschung und Lehre' 229 € (Einzelplatz)	Einzellizenz 77 €; kostenlose Version mit Beschränkung auf 100 Titel	Kostenfrei	Kostenfrei
Erfassbare Daten						
Anzahl der Literaturarten	Vordefiniert: 39, frei verfügbar: 3	Vordefiniert: 23	Vordefiniert: 35	Vordefiniert: 35	Vordefiniert: 33	Vordefiniert: 16
Speicherung der Volltexte	Verweis auf Dateien auf der Festplatte als 'File Attachments', kann direkt geöffnet werden	Nur für organization-wide subscriptions	Verweis auf Datei auf der Festplatte, kann direkt geöffnet werden	Verweis auf mehrere Dateien auf der Festplatte, kann direkt geöffnet werden	Verweis auf Datei auf der Festplatte	Hochladen lokaler Dateien
Speicherung weiterer URLs	Mehrere URLs definierbar	Mehrere URLs können in einer Spalte gespeichert werden	Mehrere URLs definierbar	Mehrere URLs definierbar	Mehrere URLs definierbar	Mehrerer URLs definierbar
Speicherung weiterer Dokumente (Bilder, Folie etc.)	Beliebige Dateien als 'File Attachments' auf der lokalen Festplatte	Nur für organization-wide subscriptions	Link zum Bild definierbar	Ja	Ja	Nein
Speicherung eigener Kommentare	Möglich als Notes	Keine Unterscheidung zwischen eigenen und offenen Kommentaren	Möglich als Notes	Ja, vielfältige Möglichkeiten	Ja, vielfältige Möglichkeiten	Ja, Unterscheidung eigener und offener Kommentare als Notes
Schlagwörter	Schlagwortkatalog mit automatischem Vervollständigen bei Eingabe, eigene Schlagwörter definierbar	Keine Unterscheidung eigener und offener Schlagwörter (= sucht nach allen Begriffen)	Alle definierten Schlagwörter werden in einer Bibliothek gespeichert, Auswahl in einer Auswahlliste	Suche nach Schlagwörtern möglich	Suche nach Schlagwörtern möglich	Alle definierten Schlagwörter werden in einer Bibliothek gespeichert, Auswahl durch Klicken aufgelisteter Tags
Klassifizierung anhand von Taxonomien möglich?	Ja, durch Definition von Gruppen	Ja, anhand von Ordnern	Nein	Ja, über Kategorien; mehrere Hierarchieebenen; auch Mehrfachzuweisungen möglich	Ja, in verschiedenen Hierarchiestufen; Mehrfachzuweisungen mögl.	Ja, alle Referenzen klassifiziert anhand von Tags

LITERATURVERWALTUNGS-SYSTEM	Endnote	RefWorks	Reference Manager	Citavi	Zotero	CiteULike
Dateneingabe / Datenausgabe						
Direkt-Importformat	EndNote, LibraryRefer / BibIX, Tab Delimited, RIS, ISI-CE, EndNote generated XML	BibTeX, EndNote etc. und von anderen Online-Bibliotheken	txt, XML	12 Literaturverwaltungsprogramme (Lite-Rat, Endnote, Bibliographix, ProCite etc.) * RIS, BibTex	RIS, BibTeX, EndNote, MODS, RDF, Refer / BibIX, Unqualified Dublin Core RDF	BibTeX durch URL im Web
Direkt-Exportformat	txt, rtf, HTML, XML	EntNote, ProCite, BibTex, Citation List, RefWorks Tagged Format RefWorks XML Format, Tab Delimited,	RIS, MEDLARS, Comma Delimited, Tab Delimited, XML	Ja (Bibtex, Endnote, RIS); Speicherung Als MS Access Datei; Ausgabe In Tabellenformaten	RIS, BibTex, MODS, Refer / BibIX, Wikipedia Citation Templates	BibTeX, EndNote, ProCite 5, Reference Manager
Eingabe von Sonderzeichen (bspw. Umlaute, Formelzeichen, Symbole)	Unicode	utf8 , Latex Stil	ASCII, ANSII	Unicode-Unterstützung	Unicode-Unterstützung	utf8 oder Latex Stil; Latex Stil wird automatisch lesbar in html konvertiert.
Suche						
Gruppierung nach eigenen Schlagwörtern / eigener Taxonomie	Gruppen von Referenzen frei definierbar	Anhand Von Ordnern	Keine Gruppierung	Gruppen von Referenzen frei definierbar	Gruppen von Referenzen frei definierbar	Gruppierung anhand von Schlagwörtern und Autoren
Suchelemente der Literaturreferenz (z.B. Autoren, Titel, Zeitschrift)	Einfache und erweiterte Suche über mehrere Felder mit Verknüpfung durch Boolesche Operatoren	Einfache und erweiterte Suche über mehrere Felder mit Verknüpfung durch Boolsche Operatoren	Einfache und erweiterte Suche über mehrere Felder mit Verknüpfung durch Boolsche Operatoren,	Einfache und erweiterte Suche über mehrere Felder mit Verknüpfung durch Boolsche Operatoren	Einfache Suche und erweiterte Suche	Volltext-Suche innerhalb der eigenen Bibliothek: Schlagwörter und Autoren; Bibliothek-übergreifende Suche: Titel, Autoren, Abstract, Journal Name, Tag
Online-Suche in externen Fachdatenbanken / Bibliothekskatalogen	Möglich (durch vorkonfigurierte Verbindungsdateien)	Möglich (durch vorkonfigurierte Verbindungsdateien)	Möglich (durch vorkonfigurierte Verbindungsdateien)	Möglich (durch vorkonfigurierte Verbindungsdateien)	Nein	Nein
Kooperative Eigenschaften						
Unterscheidung zwischen abteilungsweit sichtbaren und privaten Kommentaren und Schlagwörtern	Nein	Nein	Nein	Nein	Nein	Nein

FAZIT 'MANAGEMENT VON FORSCHUNGSARBEITEN'

Um die Forschungsarbeiten an Ihrem Lehrstuhl professionell zu managen, d.h. Forschungsprojekte initiieren, strukturieren und die Projektleitung delegieren zu können, brauchen Sie ein **übergeordnetes Konzept**. Dieses sollte Sie in die Lage versetzen, ...

- mit gegebener Unsicherheit sowie Situations- und Ergebnisoffenheit umgehen zu können .
  Da Forschung in aller Regel ergebnisoffen ist und sich bei Projekten nicht vorhersehbare Situationen einstellen können, brauchen Sie Systematiken, um effizient und erfolgreich zu sein.

- den Überblick über Ihre Projekte und Teilprojekte zu bewahren.
  Ihre Projekte sollten Sie stets im Auge haben und dabei Hilfsmittel wie Roadmaps und Projektstrukturpläne nutzen.

- Ihre Ideen und Inputs richtig umzusetzen bzw. umsetzen zu lassen.
  Um Ihren Input in die richtigen Bahnen zu lenken, müssen Sie in Ihren Projekten eine Struktur etablieren, die Ihnen ein Mitsteuern und Mitgestalten erlauben, ohne dass Sie sich jedoch in jeden einzelnen Projektschritt eindenken oder einbringen müssen.

- die Projekte selbständig laufen lassen zu können.
  Da Sie sich nicht um all Ihre Projekte selbst kümmern können, müssen Sie diese an Mitarbeiter delegieren.

- die Projekte wirtschaftlich abarbeiten zu können.
  Um Projekte finanziell stets im Griff zu haben, ist bei deren Planung eine professionelle Projektstrukturierung unerlässlich. Personal-, Zeit- und Finanzplan ermöglichen Ihnen dabei eine entsprechende Kontrollfunktion.

- anderen Beteiligten Orientierung zu geben und Verantwortung zu übertragen.
  Ihre Mitarbeiter benötigen neben dem reinen Grundverständnis eines Forschungsprozesses und der Kenntnis der jeweiligen Rollen am Lehrstuhl auch eine Kenntnis über sinnvolle Handwerkszeuge (siehe nachstehende Projektstrukturierung und Anleitungen).

Projektstrukturierung betreiben

- Zur besseren Handhabung von großen und komplexen Projekten sollten Sie Projektstrukturpläne verwenden. Grundsätzlich sind drei verschiedene Arten von Projektstrukturplänen zu unterscheiden und für Ihre Zwecke auszuwählen: objektorientierter, funktionsorientierter oder gemischorientierter Projektstrukturplan.

- Projektleiter einzusetzen ist ein weiteres wichtiges Element der Projektstrukturierung. Doch wählen Sie die richtigen Personen aus und leiten Sie sie entsprechend an. Die Rolle des Projektleiters ist durch klare Aufgabendefinition, Verantwortungsübergabe und Zuteilung von Befugnissen (Kompetenzen) gekennzeichnet.

- Zu den wesentlichen Aufgaben jeder Projektstrukturierung gehört die Erstellung der Zeit- und Aufgabenpläne sowie des Kostenplans. Die Ablauf- und Terminplanung erfolgt bei kleineren Projekten über To-do- und Aufgabenliste, bei großen Projekten hingegen in den nachstehend ausgeführten Schritten:

Forts.

- Vorgangsliste
  Zunächst werden alle im Projektstrukturplan ermittelten Vorgänge inklusive der geschätzten Bearbeitungszeit aufgelistet sowie in der richtigen Reihenfolge und einer logischen Abhängigkeit voneinander in die sog. Vorgangsliste eingetragen.

- Netzplan
  Im zweiten Schritt wird ein sog. Netzplan erstellt, in welchem die logische Abfolge der verschiedenen Arbeitspakete visuell dargestellt wird.

- Terminplan
  Aus einem Netzplan kann schließlich ein Terminplan, meist in Form eines Balkendiagramms, erstellt werden, welcher durch konkrete Anfangs- und Endtermine der einzelnen Arbeitspakete gekennzeichnet ist.

- Einsatzmittelplanung
  Im Zuge der Einsatzmittelplanung werden die personellen Ressourcen und Sachmittel, die für das Projekt benötigt werden, ermittelt sowie die Ressourcen evaluiert. Darauf aufbauend erfolgt die Erstellung des eigentlichen Einsatzmittelplans.

- Kostenplan
  Eine Projektkostenplanung beinhaltet die Ermittlung aller Kosten, die im Zusammenhang mit der Projektdurchführung anfallen. Dazu gehören im Wesentlichen Personal- und Sachkosten.

Mitarbeiter zum wissenschaftlichen Arbeiten anleiten

Junge oder neue Mitarbeiter müssen zunächst zum wissenschaftlichen Arbeiten befähigt werden. Indem Sie ihnen die entsprechenden Grundlagen dieser Tätigkeiten vermitteln, sorgen Sie dafür, dass diese Leistungsträger werden können und noch dazu so vorgehen, wie Sie es gerne möchten. Im Mindesten sollten Sie Mitarbeiter zu den folgenden drei grundlegenden Bereichen für wissenschaftliches Arbeiten anleiten:

- Qualitätssicherung im Forschungsalltag
  Hochschulen, Berufsverbände und auch die DFG haben Richtlinien zur Qualitätssicherung im Forschungsalltag erarbeitet. Diese sollten Ihre Mitarbeiter kennen und beherzigen.

- Grundverständnis eines Forschungszyklus
  Ihre Mitarbeiter sollten möglichst rasch mit allen wesentlichen Schritten eines Forschungszyklus vertraut sein und in diesen souverän agieren können. Dazu gehören in einem naturwissenschaftlichen Umfeld die Klärung der Forschungsfrage, die Projektplanung, die Methodenentwicklung, die Durchführung der Untersuchungen, deren Auswertung und Interpretation sowie deren Publikation.

- Umgang mit Literatur
  Die Qualität der Literaturrecherchen und -verwaltung ist ein bedeutsamer Grundstein des darauf aufbauenden wissenschaftlichen Arbeitens. Daher sollten Sie dafür Sorge tragen, dass Ihre Mitarbeiter gut Literatur recherchieren und diese in lehrstuhlinternen Literaturverwaltungssystemen aufbereiten können.

19 Verwendung und Verwertung von Forschungsergebnissen

„Das Genie beginnt die schönen Werke,
aber nur die Arbeit vollendet sie."
Joseph Joubert

Nachdem Sie nun die Projekte Ihrer Arbeitseinheit geplant, strukturiert und bei der Durchführung – hoffentlich – im Kosten- und Zeitplan geblieben sind, stellt sich die Frage, was Sie denn mit den Ergebnissen anfangen. Gute Frage, oder? Mal ganz ehrlich: Was machen Sie mit Ihren Zwischen- oder Endergebnissen im Forschungsprozess? Der eine oder andere wird jetzt vielleicht sagen „Ich schreibe den Bericht an die DFG und lege die Akte in den Schrank.". Ja, korrekt, denn Sie sind den Geldgebern Rechenschaft schuldig, und Sie müssen Ergebnisse dokumentieren und aufbewahren. Eine andere Antwort könnte sein „Ich lerne aus den Prozessen und Ergebnissen und diskutiere sie mit meinem Team.". Ja, denn das ist so wichtig und nebenbei wirklich auch ein spannender Prozess, der es in sich hat! Nutzen Sie die Möglichkeit aus dem beackerten Feld, der vielen Mühe, etwas herauszuholen – zu ernten! Darum wäre die beste Antwort, auf die bereits genannten noch eines drauf zu setzen und zu sagen „Ich leite daraus diverse Erkenntnisse ab, die ich für Folge-Anträge, neue Projektideen und Publikationen verwerten werde.".

Genau darum geht es: Gewinnen Sie Erkenntnisse aus bisherigen Ergebnissen, aus Vorgehensweisen (gescheiterten wie erfolgreichen) und nutzen Sie sie für den weiteren Forschungsprozess! Ihre Forschungsplanung lebt von einem solch iterativen Vorgehen, von einem Zyklus des Erkennens und Verwertens (vgl. Abb. 16.1 zur Struktur einer Forschungsplanung an einem Lehrstuhl in Kapitel 16). Die gängigsten Verwertungsmöglichkeiten solcher Ergebnisse sind sicherlich folgende:

- Überlegen Sie stets, welche offenen Fragestellungen genügend Potential für ein Folgeprojekt hätten und prüfen Sie eine entsprechende **Antragstellung** (Abschnitt 19.2; Hinweise zur Begutachtung eines Forschungsantrags finden Sie Abschnitt 23.1.2).
- Natürlich reizt es und ist in den meisten Fällen auch sinnvoll, neue Erkenntnisse dem Kollegenkreis auch kurzfristig mitzuteilen, um anerkennende als auch kritische Worte frühzeitig zu erfahren. Dazu bietet es sich an, **Vorträge** zu halten oder auch ein Poster auf einem **Kongress** zu präsentieren (vgl. Abschnitt 22.1.2).
- Eine weitere Möglichkeit zur Verwertung von Ergebnissen könnte die Anmeldung von **Patenten** sein. Möglicherweise sagen Sie jetzt, dass sich Grundlagenforschung und die Anmeldung von Patenten nur schwer miteinander vereinbaren lassen. Ja und nein – doch lesen Sie einfach nach, welche Möglichkeiten es gibt, Ihr geistiges Eigentum zu sichern und welchen Weg Sie einschlagen müssten, wenn Sie etwas patentieren lassen möchten (Abschnitt 19.3).
- Sie werden bei der Verwertung der Erkenntnisse sicherlich auch, wenn nicht sogar an erster Stelle, an **Publikationen** denken, gemäß dem Motto „Wer schreibt, der bleibt!". Doch ganz so schnell geht das meistens nicht, denn Publikationsgedanken werfen auch Fragen auf: „Wo publiziere ich was?", „Was ist dabei alles zu beachten?", „Wie gehe ich am geschicktesten vor?". Die wichtigsten Hinweise rund um das wissenschaftliche Publizieren finden Sie im nächsten Abschnitt (Abschnitt 19.1).

KAPITEL 19: VERWENDUNG UND VERWERTUNG VON FORSCHUNGSERGEBNISSEN	
	19.1 **Veröffentlichungen**
	19.2 **(Folge-) Anträge und Angebote**
	19.3 **Patente**

19.1 Veröffentlichungen

Der Biologe experimentiert in seinem Labor, untersucht Organismen via Beobachtung, Elektronen-Mikroskop oder biochemischer Proben. Der Anthropologe reist durch die Welt und begibt sich mitten hinein in fremde Kulturen oder Zielgruppen, um durch teilnehmende Beobachtung dieser, seine Erkenntnisse in eine neue Theorie einzubringen. Der Historiker wiederum sucht nach altem Schriftgut, um seine Annahmen über den Ablauf eines Ereignisses zu überprüfen und dann die Rekonstruktion der historischen Abläufe zu beginnen. Und der Physiker baut Teilchenbeschleuniger und lässt Atome miteinander reagieren, um den inneren Aufbau der Materie zu verstehen.

Wenngleich diese Beispiele stereotyp erscheinen, haben die dahinter stehenden Aktivitäten dennoch eines gemeinsam: Sie sind Beispiele für Forschung; Forschung in unterschiedlichen Disziplinen. Doch Forschen geschieht nicht (nur) zum Selbstzweck, früher oder später muss jeder Forscher seine Ergebnisse in irgendeiner Art niederschreiben und erläutern. Einige dieser Texte erscheinen lediglich in Berichten, andere in wissenschaftlichen Publikationen[51] und einige wenige sogar in den (Massen-)Medien (vgl. Kapitel 21, Umgang mit Medien / Außendarstellung).

Mit hoher Wahrscheinlichkeit haben auch Sie sich schon einmal die Frage gestellt: „Warum sollte ich meine Erkenntnisse veröffentlichen? Dann kennen sie doch alle Kollegen und jeder kann sie in seiner Forschung verwenden! Will ich das überhaupt?" „Welche Vorteile oder Nachteile bringt es mir – kurzum: Welche Gründe sprechen für bzw. gegen das Publizieren?"

19.1.1 Warum publizieren?

Forschungserkenntnisse nicht zu publizieren widerspricht zum einen dem Grundverständnis von Forschung und verhindert zum anderen viele Vorteile, die Sie infolge einer stringenten Veröffentlichungsoffensive (an Ihrem Lehrstuhl) haben können. Also kurzum: Welche Gründe für das Veröffentlichen gibt es? [52]

- **Wissenstransfer.** Veröffentlichungen stellen – so ja auch der Wortsinn – der Öffentlichkeit bis dahin unbekannte, also neue Erkenntnisse zur Verfügung. Dies bildet schlichtweg den wesentlichsten Baustein der wissenschaftlichen Tätigkeit und des Wissenstransfers. Denn Wissenschaft macht nur dann Sinn, wenn man im wahrsten Sinne des Wortes auch Wissen schafft, d.h. die-

[51] Unter Publikation (vom lateinischen *publicus* = öffentlich) oder *Veröffentlichung* versteht man entweder den Vorgang der öffentlichen Verfügbarmachung eines Mediums (*Publizierung*) oder das konkrete Medium selbst (bspw. das gedruckte Manuskript). Publikationen werden auf verschiedenen Trägermedien festgehalten.

[52] Von einer Diskussion um den sog. 'publish or perish'-Druck sehen wir an dieser Stelle ab.

ses Wissen generiert und weitergibt. Dabei ist zunächst noch gar nicht ausschlaggebend, ob die Weitergabe an andere Wissenschaftler oder an 'Endnutzer' erfolgt.
Sobald Sie Ihre Ergebnisse und Erkenntnisse kommunizieren, leiten Sie damit einen (fach-) öffentlichen Diskurs ein, welcher Ihnen wiederum eine fruchtbare Auseinandersetzung mit Ihrem Forschungsthema ermöglicht. Auch darauf aufbauende neue Forschungsarbeiten anderer Kollegen können erst entstehen, wenn Ihre Erkenntnisse bekannt werden; beispielsweise wenn ein Kollege Ihre Erkenntnisse zu einem Forschungsantrag heranzieht und Sie als Forschungspartner in einer gemeinsamen weiteren Entwicklung benennen möchte. Dies bedeutet letztlich, dass Publizieren auch eine – und zwar eine sehr effiziente – Akquisitionsstrategie darstellt.

- **Renommee.** Neben Vorträgen auf einschlägigen Tagungen sind Publikationen *das* Medium, um sich der Scientific Community mitzuteilen. Sie sind wesentlich für Ihr wissenschaftliches Renommee und, um sich einen Namen in der Fachwelt zu erarbeiten (besonders in den eher grundlagenorientierten Fachrichtungen), und natürlich, um zitiert zu werden.[53]

- **Erstpublikation.** Der 'Erstgeborenenvorteil' gilt auch in der Forschung: In der Fachwelt wird zu einem Thema stets die Erstpublikation zitiert. Wer neue Ergebnisse hat, sollte sie daher auch zügig publizieren, denn Erstpublikationen zeigen, dass *Sie* zu einem bestimmten Zeitpunkt bereits die Erkenntnisse / Ergebnisse besaßen und nicht ein Kollege, der dazu zwar auch, aber nach Ihnen, also später, publizierte. Warten Sie folglich nach dem Erlangen der wissenschaftlichen Erkenntnisse nicht zu lange damit, diese zu veröffentlichen.
  Manche Forschungseinrichtungen haben sich deshalb sogar schon die (zusätzliche) Möglichkeit geschaffen, sog. Kurzmitteilungen im Internet und als Druck zu veröffentlichen, sodass Forschungsergebnisse schon wenige Tage nach Ihrer Erstdokumentation der (Fach-)Öffentlichkeit zur Verfügung stehen.

- **Bewerbungen und Besoldungen.** Natürlich publizieren Wissenschaftler auch, um sich in ihrem Fach zu etablieren, was unter anderem für die sog. kumulative Promotion / Habilitation oder auch für die Vergabe von Forschungsgeldern wichtig ist. Nicht zuletzt sind Publikationsausmaß und -qualität ein Faktor in der W-Besoldung[54] bzw. der leistungsorientierten Vergütung sowie in Berufungsverfahren (vgl. Abschnitt 3.5, Berufungskommission).
  Tipp: Führen Sie eine aktuelle Publikationsliste, denn sie ist Ihre wissenschaftliche Visitenkarte! Hier hinein gehören in einem Verlag erschienene Bücher, Artikel in Zeitschriften, textlich ausformulierte Beiträge in Tagungsbänden, Studien usw. Hingegen *nicht* aufgenommen werden sollten Vorträge (in den wissenschaftlichen Lebenslauf (CV) schon, nicht aber in die reine Publikationsliste, d.h. das Schriftenverzeichnis), nicht veröffentlichte Manuskripte, interne Berichte, Interviews etc.

- **Bewertung des Lehrstuhls.** Die universitätsinterne Bewertung bzw. Haushaltszuweisung kann zu einem gewissen Teil auf Basis von Anzahl, Art und Qualität der Veröffentlichungen erfolgen. Damit haben Ihre Publikationen – wenn auch in geringerem Umfang – den netten Nebeneffekt, Ihrem Lehrstuhlhaushalt zu Gute zukommen.

---

[53] Bitte beachten Sie: Es gibt diverse Zitier-Indices (bspw. den Science Citation Index; siehe Abschnitt 18.2.3), welche nach unterschiedlichen, gewichteten Kriterien Publikationen und deren Impact-Faktor bewerten. Von einer Diskussion über Sinn und Unsinn oder Vor- und Nachteile dieser Indizes möchten wir an dieser Stelle absehen.

[54] Bezeichnet die aktuelle Besoldungsgruppe für Professoren. Sie wurde durch das Professorenbesoldungsreformgesetz als Ersatz für die sog. C-Besoldung eingeführt. Der Buchstabe W steht für Wissenschaft.

- **Finanzielle Beteiligungen.** Ferner haben Sie die Möglichkeit, für eine Publikation Geld zu erhalten (Tantiemen u.Ä.). Dies ist mit Sicherheit nicht der Hauptmotivator zum Schreiben, aber ignorieren sollten Sie das Geld, das Ihnen zusteht, nun auch wieder nicht – melden Sie daher Ihren urheberrechtlichen Anteil an einer deutschen Veröffentlichung der dafür zuständigen Verwertungsgesellschaft (VG Wort), Sie erhalten dann eine entsprechende Ausschüttung im Folgejahr.
  Tipp: Tragen Sie es sich in Ihren Kalender ein, der VG Wort am Jahresende alle Publikationen des Jahres zu melden, sonst gerät es in Vergessenheit und die Meldefrist läuft ab.
- **Publikationspflicht.** Die meisten Forschungsvorhaben an Lehrstühlen werden durch die öffentliche Hand finanziert (bedenken Sie nur allein jene Forschung, die Ihre Mitarbeiter auf Landesstellen betreiben, abgesehen von denen auf entsprechenden Drittmittelstellen). Was die über Anträge finanzierte Forschung betrifft, so geben viele Projektträger exakte Randbedingungen für die Veröffentlichungspflicht an. Forschungsverträge oder die sog. Vorhabensbewilligungen enthalten in der Regel entsprechende Hinweise, beispielsweise auf die Verpflichtung, die Ergebnisse der Öffentlichkeit zugänglich zu machen.

Es gibt aber durchaus einige wenige Ausnahmen, die eine sofortige Publikation als nicht empfehlenswert erscheinen lassen, oder diese sogar untersagen. Dazu zählen ...

- **Vertragsregelungen.** Forschungsergebnisse, welche in Projekten entstanden sind, die von einem privaten Geldgeber (in der Regel einem Industrieunternehmen) beauftragt wurden, dürfen meist nicht 'einfach so' veröffentlicht werden. Für solche Aufträge werden oftmals sogar gegenseitig Vertraulichkeitserklärungen unterschrieben, die eine Publikation ohne Freigabe durch den Auftraggeber untersagen.
- **Sicherheitsrisiko.** Erkenntnisse, deren Publikation ein Sicherheitsrisiko darstellen würde und somit unter Verschluss bleiben müssen (bspw. da die erforschte chemische Substanz für Terrorakte nutzbar wäre) sind nicht zu veröffentlichen.
- **Patentierfähigkeit.** Im Falle eines patentierfähigen Produkts würde eine vorausgehende Publikation eine spätere Patentanmeldung unmöglich machen (siehe dazu Abschnitt 19.3). Daher kennt man auch sog. Sperrpublikationen; dies sind Veröffentlichungen (egal welcher Art, es reichen schlichtweg auch Haus- bzw. Pressemitteilungen), mit deren Hilfe ein späteres Patentieren verhindert werden soll – weder der Verfasser noch die Konkurrenz dürfen nach Erscheinen einer solchen den Inhalt derselben zum Patent anmelden. Ein solches Vorgehen ist zwar eher selten an Universitäten, in der Industrie aber durchaus anzutreffen (bspw. um die alleinige Marktführung zu behalten).

Wie Sie sehen, hat das Publizieren neben einer CV-Aufbesserung noch weitere Vorteile; aber es gibt auch gute Gründe, die in Einzelfällen nahelegen, etwas bewusst nicht zu publizieren (z.B. die letztgenannten Publikationen, die Patente verhindern würden).

An die Frage des 'Ob' man etwas publizieren sollte, schließen sich unmittelbar die Fragen nach dem 'Wo und Wie' an. Die Auffassungen reichen diesbezüglich von „Wir publizieren nur in Journals mit den besten Impact Faktoren!" bis zu „Unsere Erkenntnisse müssen den Endnutzer erreichen, also veröffentlichen wir in populärwissenschaftlichen Zeitschriften.". Dementsprechend breit ist auch die Palette an Möglichkeiten, was (Abschnitt 19.1.2) und wo (Abschnitt 19.1.3) publiziert werden kann. Nicht zu vergessen sind bei der Wahl des geeigneten Mediums die erheblichen Unterschiede zwischen den Fachdisziplinen und dem, was dort 'toleriert' bzw. gefordert ist.

19.1.2 Welche Medien stehen zur Publikation zur Verfügung?

Bei Publikationen sind verschiedene Veröffentlichungsarten / -medien zu unterscheiden. Dabei kann es sich um die klassische schriftliche Publikation in Zeitschriften, solche in Form von Büchern oder Buchbeiträgen genauso handeln, wie um einen Artikel im Internet oder eine Posterpräsentation auf einem Kongress. Auch Interviews, Vorträge oder Pressemitteilungen stellen Arten von Veröffentlichungen dar. In diesem Kapitel (bzw. Buch) wird jedoch auf die im engeren Sinne wissenschaftlichen Publikationen fokussiert. Unter den Begriff 'wissenschaftliche Publikation' fallen (siehe auch Abschnitt 18.2.3, Literaturarten) ...

- Sämtliche veröffentlichten **Buchhandelsmedien** (sog. 'weiße Literatur') wie Bücher, Zeitschriften, CD-Rom.
  - Zeitschriften mit Review-Verfahren
    In sog. Peer-Reviewed Journals durchläuft Ihre Publikation einen Gutachterprozess (sog. Peer-Review-Verfahren). Einige Kollegen werden gebeten, sich Ihre Arbeit genau anzusehen und zu begutachten. (In Abschnitt 23.1.1 finden Sie mögliche Kriterien für ein solches Gutachten.)
  - Zeitschriften ohne Review-Verfahren
  - Populärwissenschaftliche Zeitschriften
    Populärwissenschaftliche Literatur ist in der Regel von Wissenschaftlern oder zumindest Wissenschaftsjournalisten verfasst und hat vielmehr den interessierten Laien als den Wissenschaftler zur Zielgruppe. Aufbau, Form, Stil und meist auch wissenschaftliches Niveau sind dementsprechend anders als in den wissenschaftlichen Medien.
  - Buchkapitel, Bücher (Monographien, Handbücher, Lehrbücher)
  - Zitierfähige Kongressbeiträge (in Tagungsbänden publiziert)
- **Patentschriften** und **Gebrauchsmusterschriften** (vgl. Abschnitt 19.3, Patente).
- die sog. **'graue Literatur'**; zu dieser zählen Hochschulschriften (auch Diplomarbeiten), Zwischenberichte von Forschungsinstituten sowie Unternehmensschriften. Diese sind nicht im Buchhandel erhältlich.
- Da **weiße Literatur** oft kostenintensiv und graue Literatur nur sehr schwer zugänglich ist, diskutiert man seit einigen Jahren über den sog. 'Open Access'. Open Access steht für die freie, leichte und kostenlose Zugänglichkeit zu und von wissenschaftlichen Veröffentlichungen. Dies soll über die Verfolgung bzw. Implementierung zweier Strategien geschehen – die 'Green Road' und 'Golden Road' genannt. 'Green Road' steht für ein Verfahren der Selbstarchivierung, das wissenschaftliche Dokumente (vor allem in elektronischen Journals) auf Open-Access-Repositorien[55] verfügbar macht. Über eine Qualitätskontrolle verfügen diese Repositorien allerdings nur selten. Die 'Golden Road' beschreibt ein Verfahren des Self-Publishing, bei dem wis-

---

[55] Repositorien sind an Universitäten oder Forschungseinrichtungen betriebene Dokumentenserver, auf denen wissenschaftliche Materialien archiviert und weltweit entgeltfrei zugänglich gemacht werden. Unterschieden werden institutionelle und disziplinäre Repositorien. Als institutionelle Repositorien werden Dokumentenserver bezeichnet, die von Institutionen (meist Universitätsbibliotheken oder Forschungsorganisationen) betrieben werden und ihren Mitgliedern die digitale Publikation oder Archivierung ermöglichen. Disziplinäre Repositorien hingegen sind institutionsübergreifend und stehen Wissenschaftlerinnen und Wissenschaftlern thematisch gebündelt, z.B. für eine Fachdisziplin, zur Publikation und Archivierung ihrer Arbeiten zur Verfügung (z.B. PsyDok als disziplinären Volltextserver in der [deutschsprachigen] Psychologie).

senschaftliche Artikel einen Peer-Review-Prozess durchlaufen, bevor sie von einem eigenständigen Open-Access-Verlag herausgegeben werden.

Nachdem Sie jetzt unterschiedliche Möglichkeiten zum Publizieren kennengelernt haben, stellt sich nur noch die Frage, welche Rechte Sie an einen Verlag abtreten und inwieweit eine Zweitveröffentlichung bzw. das Einstellen einer eigenen Publikation auf Ihrer Website zum downloaden gestattet ist:

1. Fall: Sie haben keinen Verlagsvertrag.
   Laut §38 UrhG fällt das Nutzungsrecht an den Autor ein Jahr nach Erscheinen zurück, d.h. nach diesem 'Embargo' kann der Text wieder veröffentlicht werden. §38 UrhG gilt nicht für Monographien, jedoch für Journalartikel (Abs. 1) und für Beiträge, die in Büchern oder Festschriften erschienen sind, wenn der Autor dafür keine Vergütung erhalten hat (Abs. 2).
2. Fall: Sie haben einen Verlagsvertrag.
   - Möglichkeit 1: Der Verlag hat nur das sog. 'einfache Nutzungsrecht' ('non-exclusive right') erhalten: Ein Artikel kann ohne weiteres von Ihnen eingestellt werden, allerdings nicht im Verlagslayout.
   - Möglichkeit 2: Der Verlag hat das 'ausschließliche Nutzungsrecht' ('exclusive right'). Wenn der Verlag laut SHERPA / RoMEO-Liste (www.sherpa.ac.uk/romeo.php) Green Publisher ist, kann unter den dort aufgeführten Bedingungen der Text übernommen werden. Beachten Sie im Besonderen, dass die Erlaubnis zur Ablage des Textes auf der persönlichen Homepage nicht genügt, sondern das sog. institutionelle Repositorium erlaubt sein muss. Ansonsten muss mit dem Verlag direkt verhandelt werden, ob man ein einfaches Recht zur Zweitveröffentlichung auf dem institutionellen Repositorium erhalten kann.

Generell ist für eine Zweitveröffentlichung die Zustimmung aller Autoren erforderlich, d.h., wenn es Koautoren gibt, müssen Sie deren Zustimmung einholen.

19.1.3 Welche Inhalte eignen sich für eine Publikation?

Haben Sie sich auch schon einmal gedacht, es sei doch eigentlich dringend Zeit für eine neue Publikation, aber Sie hatten einfach keine verwertbaren Erkenntnisse (je nach Disziplin könnten dies Daten, Theorien, Interpretationen, Analysen u. ä. sein), die Sie hätten verwenden können? Grundsätzlich eigenen sich insbesondere folgende 'Anlässe' für eine Publikation:

- **Bestandsaufnahme / Überblick**
  Sie haben so viel gelesen und sich angeeignet, dass Sie diesen thematischen Weitblick eigentlich auch zu Papier bringen könnten? Dann schreiben Sie doch einen Überblicksartikel! Ein Überblicksartikel (siehe Abschnitt 18.2.3) ist eine kritische Bestandsaufnahme des bisher zu einem Forschungsthema veröffentlichten Materials (bspw. zu Studien oder theoretischen Herangehensweisen). Dazu wird der derzeitige Forschungsstand in strukturierter Weise dargeboten und bewertet. Idealerweise identifizieren Sie hierbei auch Lücken und Inkonsistenzen in der bisherigen Forschung und können Vorschläge für das künftige Vorgehen machen.
  Sie haben so viele Primärstudien gelesen bzw. meinen, dass es an der Zeit wäre, diese mal zusammenfassend dazustellen und zu bewerten? Dann wäre eine sog. Metaanalyse genau das Richtige (siehe Abschnitt 18.2.3). Diese bezeichnet eine spezielle Art eines Überblicksartikels, einen Originalbeitrag, in welchem die Ergebnisse verschiedener Studien mit derselben Fragestellung zusammengefasst werden. Das Ziel ist, festzustellen wie groß ein angenommener Ef-

fekt ist. Metaanalysen machen deutlich, zu welchen Fragestellungen es schon relevante Forschung gibt, von welchen Effektstärken man ausgehen kann, inwieweit diese variieren und welche Moderatorvariablen die Effekte beeinflussen.
Oder aber Sie nehmen sich ein größeres Themenspektrum vor und geben einen Überblick eines Faches oder breiteren Themas, indem Sie ein entsprechendes Handbuch oder Lehrbuch verfassen.

- **Neue wissenschaftliche Ergebnisse**
  Sie haben ein neues Ergebnis, das es in dieser Form noch nicht gibt? Dann machen Sie einen kleinen Beitrag (sog. Short Note) oder aber einen größeren Originalbeitrag (mit mehreren weiteren Belegen / Erkenntnissen). Kriterien zur Annahme eines sog. Originalbeitrags in einer Zeitschrift sind in der Regel die Neuheit / Originalität sowie der substantielle Beitrag / Erweiterung zum Stand des Wissens (vgl. auch Kriterien für Review-Erstellungen in Abschnitt 23.1.1).

- **Diskussion / Debattenbeitrag**
  Sie haben einen Artikel eines Kollegen gelesen und sind fassungslos – entweder vor Begeisterung oder aber vor Verwunderung? Beides könnte ein Anlass sein, eine Replik / Debattenbeitrag / Kommentar zu verfassen oder auch ein ganzes Themenheft (sog. Special Issue) dazu ins Leben zu rufen, in welchem ein Ausgangsbeitrag von Fachkollegen in Einzelbeiträgen kommentiert wird.

- **Trendige / Innovative Themen**
  Sollten Sie das Gefühl haben, dass es ein Thema gibt, welches noch nicht ausreichend beleuchtet oder dargestellt wurde, so können Sie dazu auch ein Themenheft oder ein Buch herausgeben. Beiträge wesentlicher Vertreter unterschiedlicher Disziplinen sollten hierin eine inhaltliche Breite und zuweilen auch unterschiedliche Zugänge zum Thema abdecken. Sie übernehmen in diesen Fällen die Herausgeberschaft, d.h. Sie suchen und koordinieren Verlag sowie Beiträge.

- **Lehre / Didaktik**
  Vielleicht haben Sie auch einfach eine Idee, wie man beispielsweise Studierenden einen wissenschaftlichen Sachverhalt anders oder besser aufbereitet darstellen könnte und schreiben in diesem Sinne einen Artikel oder ein ganzes Buch. Oder Sie haben einen neuen Studiengang etabliert, zu dessen spezieller interdisziplinärer Herangehensweise es noch kein Lehrbuch gibt und Sie beschließen, dieses zu schreiben.

- **Formelle Anlässe**
  Im Falle einer Dissertation oder Habilitation ist die Publikation derselben (als Schrift oder kumulativ, d.h. auf Basis mehrerer Artikel) zumeist vorgeschrieben. Achten Sie hierbei auf die Qualität des Verlags bzw. der Buchreihe, in welchem die Schrift erscheinen soll.
  Darüber hinaus mag es noch andere Anlässe geben wie Festschriften (beispielsweise 'Überblick des Lebenswerks von ABC'), Jubiläumsschriften (wie bspw. '100 Jahre Psychologie', '60 Jahre Fraunhofer-Gesellschaft'); diese können, müssen aber nicht als wissenschaftliches Werk ausgerichtet sein.

Beachten Sie: Andere Informationen formeller Art, z.B. zu Ihrem Team oder dem neuen Gebäude für Ihr Institut, können über eine Pressemitteilung kommuniziert werden; dies wäre jedoch keine Publikation im wissenschaftlichen Sinne.

Nachdem Sie sich für den Anlass entschieden haben, gilt es, aus all Ihren Materialien und Inhalten geeignete auszuwählen und diese strategisch geschickt zusammenzustellen. Der wohl häufigste Fehler, der bei der Auswahl der konkreteren Inhalte passiert, ist, dass oftmals 'zu viel Munition' in beispielsweise einen einzigen Artikel gesteckt wird und schließlich für weitere Publikationen nichts mehr übrig bleibt. Schließlich wird auch nach dem Verfassen eines Manuskripts häufig vergessen, zu prüfen, inwieweit sich aus dem gleichen Inhaltsbereich noch weitere Veröffentlichungen zusammenstellen lassen. Kurzum, Sie sollten in diesem Sinne Publikationen vorausschauend planen und Folgendes durchführen:

- **Erkenntnisse sammeln und nach Qualität / Aussagekraft bewerten.**
  Kennen Sie die Geschichte vom Handwerker, der das ganze Jahr über arbeitet wie verrückt und am Jahresende dann dennoch pleite ist, weil er nie dazu kam, auch Rechnungen zu schreiben? Dieser Vergleich ist gar nicht so weit hergeholt, denn wer nicht weiß, was er so alles an Ergebnissen gewonnen hat, der kann sie auch nicht vermarkten – in unserem Fall: nicht publizieren. Daher ist der erste und wichtigste Schritt des Veröffentlichens, dass Sie immer im Blick haben, welche publikationswürdigen Ergebnisse Sie und Ihre Mitarbeiter erzeugt haben. Listen Sie dazu, am besten immer gemeinsam mit dem beteiligten Projektteam, alle in Ihren Projekten gewonnenen Erkenntnisse auf und verschaffen Sie sich einen Überblick zu deren Qualität (Wenn Sie das Qualitätsniveau eines Arbeitsergebnisses nicht kennen, wissen Sie auch nicht, ob und inwiefern dieses publizierbar ist.).

- **Erkenntnisse zu 'Botschaften' / Manuskriptthemen zusammenstellen.**
  Nun gilt es, die zuvor als geeignet befundenen Erkenntnisse so zusammenzustellen, dass sie publizierbar sind, d.h. ausreichend Masse oder Klasse für ein Manuskript ergeben. Sie benötigen einen 'Aufhänger' für Ihre Publikation oder / und einen ganzen Argumentationsstrang. Dazu können Sie beispielsweise zu jeder Erkenntnis eine Mindmap mit der jeweiligen Erkenntnis als Begriff in der Mitte und mit dieser verbundene Aussagen, Themen, weitere Erkenntnisse generieren (vgl. Abschnitt 9.8). Oder aber Sie nutzen die Kartenmethode (vgl. Abschnitt 9.6) und schreiben Ihre Erkenntnisse (Befunde, Ergebnisse, Belege) auf die Moderationskarten und gruppieren diese dann sinnvoll zu einzelnen Manuskriptthemen. Auf diese oder vergleichbare Weise können Sie um jede dieser Erkenntnisse eine Publikation 'stricken'. Manche Erkenntnisse sind zu gruppieren mit anderen, um ein publikationswürdiges Niveau zu erreichen, andere stehen alleine als publikationsreif da und wieder andere sind möglicherweise noch gar nicht aussagefähig genug und warten auf weitere Anknüpfungspunkte. Doch mit genau diesem Vorgehen des Gruppierens stellen Sie dies übersichtlich fest und können nun gezielt festlegen, welche weiteren Forschungsergebnisse benötigt werden, um Ihren Argumentationsstrang publikationsreif zu machen. Besonders empfehlenswert ist es, wenn Sie Publikationsstrategien in Ihre 'Roadmap des Projekts' eintragen und so in Ihren Forschungsplan integrieren (vgl. Abschnitt 17.3.3, Roadmap).

- **Alternativen prüfen.**
  Wenn Sie sich nun überlegen, dass Sie verschiedene Zielgruppen oder Leserkreise haben und darüber nachdenken, in welchen Publikationsorganen Sie Ihr Manuskript veröffentlichen wollen, ergeben sich durchaus weitere Optionen: Ein Themenfeld, das Sie im Detail in Ihrer Scientific Community publiziert haben, kann sicherlich auf einem anderen Abstraktionsgrad und angereichert durch weitere Befunde / Theorien, auch nochmals für den populärwissenschaftlichen Bereich aufbereitet werden. Wichtig ist dabei natürlich, dass Sie durch einen solchen Prozess nicht nur Masse erzeugen, sondern die einzelnen Erkenntnisse nach Qualität sortieren und sowohl zielgruppengerecht als auch nach allen Regeln der Kunst bzw. Ihrer Fachdisziplin aufbereiten.

19.1.4 Wie erstelle ich ein Manuskript?

Sie wissen also jetzt, aus welchem Anlass heraus Sie publizieren wollen. Gehen wir nun einmal davon aus, dass Sie sich für die häufigste wissenschaftliche Publikationsform entschieden haben, einen wissenschaftlichen Artikel. Dann steht vor allem die Frage offen, bei welchem Journal Sie Ihr Manuskript einreichen wollen und wie es dafür aufgebaut sein muss; nun ja, nicht ganz – auch die Frage der Autorenschaft will natürlich geklärt werden. Eine erste Orientierung für beide Aspekte finden Sie nachstehend.[56]

Das richtige Journal. Für die Vertreter einiger Fächer scheint diese Frage banal zu sein, denn bei ihnen ist die Anzahl an Journals möglicherweise sehr begrenzt – andere haben eher die besagte Qual der Wahl. Wie schwierig sich die Suche nach einem geeigneten Journal gestaltet, ist unter anderem von der Anzahl und thematischen Differenziertheit der Zeitschriften sowie den Ansprüchen der einzelnen Fachdisziplinen abhängig. Leitfragen, an denen Sie sich bei der Entscheidungsfindung orientieren können, sind beispielsweise:

- In welchen Publikationsorganen wurden vergleichbare Themen bereits publiziert? Dies gibt Ihnen einen Anhaltspunkt, ob diese Journale geeignet für Ihr Thema sein könnten.
- Welche Schwerpunktsetzung hat eine Zeitschrift? Hinweise dazu finden Sie meist auf deren Webseiten. Ihr Inhalt muss thematisch zu diesen Schwerpunkten passen.
- Welches Journal hat welchen Impact Factor? Recherchieren Sie danach im Netz und schätzen Sie ab, wie erfolgssicher die eigene Einreichung angesichts dieses Impact Factors ist. Überlegen Sie sich aber auch, wie wichtig Ihnen der Impact Factor angesichts der Annahmeunsicherheit und der Zeit ist, die im Falle einer Ablehnung bis zur erneuten Einreichung bei einem anderen Journal verschenkt wird!
- Zu welchem Journal passt Ihre Forschungsmethodik oder Ihr Schreibstil?
- Wen wollen Sie erreichen? Wer sind Ihre Leser? Jedes Journal adressiert eine andere Zielgruppe (bezüglich fachlicher, wissenschaftlicher versus populärwissenschaftlicher, theoretischer versus praktischer Fokussierung etc.). Entscheiden Sie, welche Zeitschrift diesbezüglich für Sie und Ihr Anliegen in Frage kommt.

Aus Ihrer Entscheidung, bei welchem Publikationsorgan Sie Ihr Manuskript einreichen, ergibt sich auch bereits, ob Sie auf Deutsch oder in einer anderen Sprache (überwiegend wohl auf Englisch) schreiben werden. Planen Sie vor der fremdsprachlichen Manuskripteinreichung zeitlich (und finanziell) auf jeden Fall noch eine professionelle Korrektur durch einen entsprechenden Muttersprachler ein.

Die Frage der Autorenschaft. Die Frage, mit wem Sie publizieren *wollen*, ist sicherlich weniger relevant als die Frage danach, wer auf Ihrer Publikation stehen *darf* oder *muss*. Wie die DFG unter anderem immer wieder betont, tragen Autoren wissenschaftlicher Veröffentlichungen die Verantwortung für deren Inhalt stets gemeinsam – eine 'Ehrenautorschaft' ist auszuschließen. Die Nennung als Autor soll einzig auf folgenden Kriterien basieren:

- Substanzielle Beiträge zur Konzeption und Entwurf der Arbeit oder zur Beschaffung, Analyse oder Interpretation der Daten.
- Entwurf der Publikation oder Revisionen, um wichtigen intellektuellen Inhalt zu verbessern.

[56] Mehr als eine grobe Orientierung können wir Ihnen hier leider nicht anbieten, da die Publikationsweisen der einzelnen Fachdisziplinen zu unterschiedlich sind.

- Endgültige Zustimmung zur Veröffentlichung.

> Jeder Autor muss die drei Bedingungen erfüllen. [...] Die Beschaffung von Finanzmitteln, die Erfassung von Daten [zum Beispiel das Ablesen von Messwerten und deren Eingabe in eine Datenbank] oder die bloße Aufsicht bzw. Betreuung einer Forschungsgruppe allein rechtfertigen keine Autorenschaft. [...] Jeder Autor soll in ausreichendem Umfang an der Arbeit beteiligt gewesen sein, um die entsprechenden Teile der Arbeit gegenüber der Öffentlichkeit zu verantworten. [57]

Die Autorenreihenfolge unterscheidet sich in den einzelnen Fachdisziplinen. Während es in den einen Fächern heißt, der Lehrstuhlinhaber müsste letztgenannter Autor sein, da er derjenige ist, der alles supervidiert (also Status entscheidet), ist es in anderen Fächern so, dass die Reihenfolge nach Ausmaß des Beitrags geht (Anteil an der Arbeit nimmt in der Reihenfolgeposition ab; wer am meisten beiträgt, ist erstgenannter, wer am wenigsten beisteuert, letztgenannter Autor) und in wieder anderen Fällen werden Autorenreihenfolgen ausgelost und dies sogar im Artikel so erwähnt (wie bspw. im Fall von Nobelpreisträger Daniel Kahneman und seinem Koautor Amos Tversky). Erkundigen Sie sich, wie es in Ihrer Scientific Community üblich ist, um niemandem Ihrer Koautoren im Ansehen zu schaden. Vor allem in interdisziplinären Teams ist es daher wichtig, vorab die Regelungen zu klären, da diese je nach Fachbereich unterschiedlich sein können.
Sofern Sie bei einer Publikation Datensätze bzw. Erkenntnisse von Abschlussarbeiten Ihrer Studierenden heranziehen wollen, gelten nochmals andere Aspekte, bezüglich derer Sie sich im jeweiligen Fall unbedingt von der Rechtsabteilung Ihrer Universität beraten lassen sollten.

Vorgehen im Falle von Koautorenschaften. Schreiben Sie allein oder mit Koautor/en? Beides hat Vor- und Nachteile. Wenn Sie allein schreiben, so sind Sie natürlich frei in allen Entscheidungen, haben aber auch in der Regel keinen Sparringspartner, der Ihr Manuskript substanziell Korrektur liest. Schreiben Sie mit anderen gemeinsam an einem Manuskript, haben Sie den Vorteil eines solchen Sparringpartners, aber zugleich die Aufgabe, sich sowohl inhaltlich als auch bezüglich Koordination und Schreibstil abzustimmen. Um jedem Ärger vorzubeugen, sollten Sie vor Beginn des Schreibens abstimmen, wie die Aufgabenverteilung sein wird: Einer schreibt, der andere liest Korrektur (die Vorarbeit wurde geteilt); einer schreibt den Kern, der andere die Einleitung und den Schluss; einer schreibt Teil 1, der andere Teil 2 etc.

Bei der Erstellung einer gemeinsamen Publikation oder eines Buchs mit Koautoren empfiehlt es sich, zu Beginn eine verbindliche Gliederung und Vorgehensweise abzusprechen, d.h. bestimmte Regeln und Vorgaben (bspw. zu Sprachniveau, Aufbau und Textlängen) zu definieren. Tun Sie das nicht, erkennt der Leser später vielleicht, dass der Text von unterschiedlichen Autoren stammt, weil er z.B. unterschiedliche Begrifflichkeiten feststellt oder der Text Sprünge im Schreibstil enthält.

Gleiches gilt bezüglich des Umgangs mit den jeweiligen Kapitelautoren, wenn Sie Herausgeber eines Buchs sind. Vielleicht haben Sie schon mal die Aufgabe gehabt, gleich mit mehreren Kollegen einen Abschlussbericht über einige 100 Seiten zu verfassen oder aber zusammen mit drei weiteren Lehrstühlen ein Fachbuch zu schreiben. Dann erinnern Sie sich womöglich noch daran, dass jeder eine andere Formatierung beim Schreiben verwendet hat und unterschiedliche Gliederungsstrukturen in den Teilkapiteln auftauchten. Um solche Unstimmigkeiten zu vermeiden und einen reibungslosen Ablauf zu ermöglichen, sollten Sie einige Voraussetzungen schaffen, beispielsweise, einen

[57] Aus den vom International Committee of Medical Journal Editors veröffentlichten Richtlinien für die Autorenschaft bei wissenschaftlichen Publikationen (http://www.icmje.org/ethical_1author.html, abgerufen am 15.02.2011). Übersetzung durch die Autoren.

Gesamtleiter bestimmen (Hauptverantwortlichen gegenüber dem Verlag oder Herausgeber), einen gemeinsamen Datenzugriff ermöglichen, eine einheitliche Dokumentbeschriftung sowie klare Regeln (siehe oben) vereinbaren. Tabelle 19.1 gibt einen Überblick der wichtigsten Iterationsstufen, die Sie in einem solchen Fall mit Ihrem Autorenteam durchlaufen sollten.

Tabelle 19.1. Überblick der wichtigsten Iterationsstufen zur Erstellung einer Publikation im Autorenteam.

ITERATIONS-STUFE	To-dos
0. Iteration	Gesamtzeitplan festlegen
1. Iteration	Zielgruppe bedenken Zentrale Botschaften } Gliederung und Aufteilen der Textteile sowie entsprechende Teilautoren } festlegen und visualisieren, beispielsweise anhand einer Mindmap
2. Iteration	Layout festlegen Jeweils zentrale Aussagen der Textteile jedem Autor zur Verfügung stellen Grobe Seitenanzahl für das Gesamtwerk und die Textteile festlegen
3. Iteration	Bilder, Tabellen sowie roten Faden der Aussagen gemeinsam besprechen Begrifflichkeiten definieren
4. Iteration	Ausformulierte Erstfassungen untereinander austauschen Gegenseitiges Querlesen und Kommentieren dieser Texte
5. Iteration	Endgültige Ausformulierung Komplettlesung durch den Hauptverantwortlichen
Und ggf. weitere Iterationsstufen	

Aufbau des Manuskripts. Achten Sie bereits zu Beginn der Manuskripterstellung darauf, welche Richtlinien der Verlag Ihnen auch hinsichtlich des Aufbaus vorgibt (beispielsweise bezüglich Zitation, Layout, Aufbau, maximale Zeichenanzahl, Abbildungsformate). Dies erspart Ihnen später eine Menge Arbeit bzw. schützt Sie vor einer Zurückweisung Ihres Beitrags aufgrund formaler Mängel. Naturwissenschaftliche Artikel weisen zumeist folgende Gliederung auf:

- **Titel** (Title)
  Vorzugsweise verwenden Sie im Titel die zwei wichtigsten Schlagworte Ihres Artikels. Der Titel muss wissenschaftlich zutreffend sein, sollte aber zugleich Interesse beim Leser wecken.
- **Autoren** (Authors)
  Dazu gehören auch sämtliche Koautoren und die Kontaktadresse eines Korrespondenzautors (corresponding author).

- **Dank** (Acknowledgements)
  Dankworte an Mit- und Zuarbeiter, die zwar Hinweise oder Hilfestellungen gegeben haben, aber den Artikel selbst nicht (mit) verfasst haben (Steht je nach Journal an dieser oder letzter Stelle im Manuskript).

- **Zusammenfassung** (Abstract)
  Eine kurze Zusammenfassung des Inhalts, welche die Hauptthesen bzw. Ergebnisse in sehr kurzer, prägnanter Form wiedergibt.

- **Einleitung** (Introduction)
  Sie besteht aus einem Kurzbericht des Forschungsstands, dem Aufzeigen der 'Motivation' bzw. der Intention für die vorliegende Arbeit sowie der Hypothesenformulierung.

- **Methoden** / Experimenteller Teil (Materials and Methods / Experimental Section)
  Hierin findet sich eine Darstellung der Methoden, die zur Bearbeitung der Fragestellung verwendet wurden. Darunter können beispielsweise methodische Vorgehensweise, Randbedingungen, Materialien (wie Werkstoffe, Versuchsmaterial) oder Experimente fallen.

- **Resultate** (Results)
  Hier werden die Ergebnisse dargestellt.

- **Diskussion** (Discussion)
  Diese beinhaltet eine kritische Auseinandersetzung dazu, wie die Ergebnisse zu interpretieren oder auch einzuschränken sind, welche Fragestellungen sich aus den Ergebnissen ergeben und ob die Ergebnisse im Widerspruch zu oder im Einklang mit anderen Publikationen stehen.

- **Fazit** (Conclusion)
  Das abschließende Fazit ist dem Abstract zwar ähnlich, im Gegensatz zu diesem aber eher zukunftsorientiert in Bezug auf weiterführende Fragestellungen. Je nach Fach schließen sich hier noch theoretische oder und praktische Implikationen an.

- **Literaturliste** (References)
  Verzeichnis der zitierten Publikationen

- **Anhang** (Appendix)
  Material, wie Tabellen, Abbildungen, Bilder und anderes, auf das im Artikel verwiesen wurde, werden hier eingefügt.

Denken Sie an die in Abschnitt 18.2.1 erwähnten 'Vorschläge zur Sicherung einer guten wissenschaftlichen Praxis'. Legen Sie in diesem Sinne auch bei der Erstellung Ihres Manuskripts Wert auf hohe Qualität. Achten Sie im Speziellen auf korrekte Inhalte, Literaturangaben, Kennzeichnung von Zitaten (vgl. Kapitel 12, Anleitungen für Studierende, Abschnitt zum Zitieren) etc. Bedenken Sie darüber hinaus, dass Bilder, Grafiken und Tabellen kein schmückendes Beiwerk sind, sondern die Argumentation untermauern und daher im Text auf alle Bilder Bezug genommen werden soll.

Im Hinblick auf die Argumentation gilt eine Arbeit als wissenschaftlich korrekt, wenn alle in der Einleitung aufgeführten thematischen Fragen beantwortet, alle Feststellungen und Behauptungen nachprüfbar belegt und sie in sich schlüssig bewiesen sind. Das Weglassen von Teilaspekten eines Themas muss gut begründet sein, eine unvollständige Argumentation in der Beweiskette darf nicht vorkommen. Fließen persönliche Ansichten der Autoren in die Argumentation ein, so müssen diese kenntlich gemacht werden (vgl. Abschnitt 12.3).

19.1.5 Exkurs 'Die Tücken des Schreibprozesses'

Ja, wenn das Schreiben doch so einfach wäre. Die meisten von uns publizieren weniger als sie wollen und das sogar, obwohl sie genau wissen, welche Inhalte sie in diversen Papern aufbereiten möchten. Die Gründe dafür sind zahlreiche, beispielsweise 'Schreibblockaden', 'Aufschieberitis' oder 'Frustration aufgrund von negativem Feedback'. Nachfolgend finden Sie exemplarische Tipps und Tricks im Umgang mit diesen.

- Erscheinen Ihnen im Alltag auch oft andere Dinge wichtiger als das Verfassen eines Papers? Da kleinere Aufgaben oder das Bedienen der Wünsche unseres Gegenübers uns meist unmittelbar Bestätigung geben, wenn man sie abschließt bzw. erfüllt hat, schieben wir das Schreiben selbst zugunsten anderer Aufgaben gerne hinaus. Und in der Tat gibt es ja nie den optimalen Zeitpunkt zum Schreiben. Auch in den nächsten Semesterferien gibt es genug zu tun und nach Abschluss des nächsten Projekts stehen ebenfalls bereits eine Reihe wichtiger Dinge an. Die beste Lösung hierfür ist (vgl. zum Umgang mit 'Aufschieberitis' Abschnitt 2.3.2.): Blocken Sie sich Zeiten zum Schreiben. Schreiben Sie täglich, zu einer festen Uhrzeit, an einem festen Platz (gerne auch im Homeoffice). Schreiben Sie, auch wenn es nur 20 Minuten sind. Verabreden Sie sich mit Ihren Koautoren zur Planung des Papers bzw. zu Meilensteinen und schaffen Sie so Verbindlichkeiten, deren Erfüllen Ihnen o.g. Befriedigung verschafft.
- Oder fehlt Ihnen vielmehr die Chance, ungestört zu schreiben? Diverse Störungen (Personen, Telefon, Emails, Termine) reißen Sie aus Ihrem Gedankenfluss, so dass Sie gar nicht erst zu einem konzentrierten Schreiben kommen? Auch hier sind ebenso einfache wie wirksame Lösungen zu benennen (vgl. zum Umgang mit 'Zeitdieben' siehe Abschnitt 2.3.1.): Schaffen Sie sich störungsfreie Arbeitszeiten (bspw. durch ein Schild an der Bürotür: 'Bitte nicht stören.' und das Abstellen des Telefons; durch Homeoffice-Zeiten etc.); nutzen Sie im speziellen störungsarme Zeiten für hoch konzentrative Aufgaben wie das Artikelschreiben.
- Kennen Sie die Situation, dass Sie vor einem weißen Blatt Papier sitzen, auf dem Sie in die erste Zeile 'Titel:' schreiben und dann darauf warten, dass Ihnen eine Eingebung kommt? Der Beginn einer guten Publikation ist für viele von uns die größte Hürde. Doch auch diese beginnt mit dem ersten Schritt – in der Regel mit der Grundidee. Wie könnten Sie nun vorgehen? Am besten wird das Ganze gelingen, wenn Sie die Story vor sich sehen. Stellen Sie daher zunächst ein Konzept auf, entweder als Abbildung (Ihr Modell, eine Mindmap, ein Flussdiagramm oder Ähnliches) oder als Text. Schreiben Sie dann auf, was Ihr Ziel bzw. Ihre Kernaussage sein soll. Wenn Sie diese notiert haben, reduzieren Sie sie auf drei Sätze. Komprimieren Sie sie danach nochmals und zwar auf einen Satz – das wird die Take-Home-Message, welche auch in den Titel dürfte. Was für einen Artikel gilt, gilt im Übrigen auch bei einer Pressemitteilung (vgl. Abschnitt 21.4): Titel und Abstract müssen so aufgemacht sein, dass Sie die erste Zurückweisungsschwelle des Editors, Reviewers und später des Lesers überwinden.
  Sollte Ihnen dieses Vorgehen zu konzeptuell oder abstrakt sein, dann stellen Sie sich vor, auf einem Kongress einen Vortrag über Ihre Daten zu halten und schreiben diesen Monolog auf (oder beginnen Sie den Artikel sogar unmittelbar nach einem solchen Vortrag; dann sind Sie sozusagen schon 'mitten drin'). Daraus lässt sich dann in einem zweiten Schritt gut ein Artikel nacharbeiten.
  Nicht zuletzt gilt als weitere Hilfestellung auch hier die altbekannte Strategie: Fangen Sie einfach mitten im Text mit einem leichteren Abschnitt an. Man schreibt ohnehin nicht ein ganzes Manuskript chronologisch von Anfang bis Ende; sondern springt mal von einem Teil zum anderen. In den experimentell orientierten Fächern erweist sich meist der Methodenteil eines Artikels als leichtester (da stark vorgegebener und faktenorientierter) Teil.

- Erleben Sie vielleicht auch den Fall, dass Sie vor dem angefangenen Manuskript sitzen und nicht wissen, woran Sie nun weitermachen sollen? Das Problem tritt in der Regel auf, weil wir eben nicht zeitnah ein Manuskript abschließen, also wäre die erste Lösungsmöglichkeit: Schreiben Sie möglichst am Stück bzw. regelmäßig; so vergisst man nicht, wo man aufgehört hat. Notieren Sie sich, wenn Sie die Arbeit für den Moment beenden, was Sie beim nächsten Mal weiterführen wollen; welche Ideen oder Aufgaben Sie fortsetzen wollen. Gegebenenfalls sollten Sie sich auch notieren, was Sie bereits umgesetzt oder eingearbeitet haben, um dies nicht erneut nachprüfen zu müssen. Und wenn es Ihnen schwer fällt, sich erneut in Ihr Manuskript einzudenken, dann lesen Sie es nochmals laut oder leise durch (und freuen Sie sich über das, was bereits entstanden ist) oder beschäftigen Sie sich mit dem dazugehörigen Anhang (bspw. Tabellen), oftmals fällt dies zum Einstieg leichter als das konzeptuelle Arbeiten.
- Ärgern Sie sich beim Schreiben manchmal über sich selbst und das eigene Unvermögen, sich richtig auszudrücken? Steht Ihnen Ihre Unlust beim Schreiben im Weg? Leider bleibt dies in der Regel nicht ohne Wirkung für unseren Schreibprozess, denn Schreiben erfordert Kreativität und diese wird durch positive Gefühle gefördert, durch negative eher gehemmt (vgl. Kapitel 20, Kreativität). Was also tun? Verschaffen Sie sich eine positive Grundstimmung und optimale Rahmenbedingungen. Denken Sie an die positiven Konsequenzen eines fertigen Papers: wie Sie aufatmen, wenn es publiziert ist, wer es lesen oder zitieren wird, wie es die weitere Forschung beeinflussen wird etc.
- Wer kennt es nicht: Man gibt das Manuskript jemandem zu lesen und wartet ewig auf Feedback! Fehlendes oder verzögertes Feedback stehen ebenfalls unserer Motivation bzw. einem effizienten Schreibprozess entgegen. Nutzen Sie unbedingt die Chance, Feedback zu einem Manuskript zu erhalten (denn vier Augen sehen mehr als zwei), allerdings sollten Sie sich verlässliche Personen dazu aussuchen, so dass Sie nicht vergeblich warten müssen. Oder aber Sie führen an Ihrem Lehrstuhl die Regel ein, dass alle jedes nahezu fertige Manuskript lesen und es im Kolloquium gemeinsam diskutieren; so erhalten nicht nur die jeweiligen Autoren zahlreiches Feedback, sondern alle erlernen durch die Diskussion das Schreiben eines solchen Papers. Falls Sie denken, dass Ihre Mitarbeiter keine guten Feedbackgeber für Sie seien, so bedenken Sie, dass diese zumindest Ihre zukünftigen Leser sind und somit durchaus Ihr Paper auf Verständlichkeit bewerten könnten und natürlich auch durch diese Feedbackaufgabe Fähigkeiten dazugewinnen.
  Wer auch immer Ihr Feedbackgeber ist: Ermöglichen Sie ihm, das Feedback zeitlich zu managen, d.h. geben Sie ihm an, wann er es von Ihnen erhält (und halten Sie sich auch daran) und vereinbaren Sie, wann er Ihnen sein Feedback gibt. Agieren Sie stets nach dem Prinzip der Gegenseitigkeit, d.h. unterstützen Sie Ihre Feedbackgeber auch bei deren Publikationen und erwähnen Sie sie in der Danksagung des Papers (author note, siehe oben). Drücken Sie auch bei einem kritischen Feedback Ihrem Feedbackgeber gegenüber Wertschätzung und Dank aus.
- Nehmen wir nun an, das Feedback ist da, aber es fällt nicht so positiv aus wie erhofft, sondern verlangt umfangreiche Änderungen! Daraufhin stellt sich dann die Frage: Lohnt es sich, darauf zu hören und erneut Mühe und Zeit in die Überarbeitung des Papers zu investieren? Sollten Sie an dem Feedback zweifeln, dann holen Sie zunächst ein weiteres Feedback ein. Sollten jedoch mehrere Feedbackgeber der gleichen Auffassung sein, ein Feedbackgeber sehr überzeugende Argumente anführen oder aber Sie selbst im tiefen Inneren an Ihrem Manuskript zweifeln, dann gehen Sie die Überarbeitung an! Denn wenn es Ihren Reviewern oder den späteren Lesern ähnlich ginge, wäre der Aufwand zu diesem Zeitpunkt mehr als sinnvoll. Bedenken Sie: Je besser ein Manuskript geschrieben ist, desto eher wird es (zu Ende) gelesen und zitiert und um beides geht es uns ja letztendlich.

- Jeder von uns hat es schon erlebt: Trotz der vielen Mühe und Arbeit, die wir in ein Manuskript gesteckt haben, übersteht es den Begutachtungsprozess nicht und wird abgelehnt. Sollte es sich hierbei um eine Ablehnung durch den Herausgeber ohne dass das Manuskript zum Begutachtungsprozess zugelassen wurde (sog. desk rejection) handeln, sollten Sie hinterfragen, ob das Manuskript falsch platziert war (siehe oben; richtige Auswahl des Journals: Welche Themen sind dort gewünscht, welche Methoden oder anderen Voraussetzungen verlangt? Wurde alle Formalia eingehalten?). Handelt es sich hingegen um eine Ablehnung nach einem Peer-Review-Prozess, sollten Sie – am besten einige Tage nachdem sich die erste Enttäuschung über die Ablehnung gelegt hat – erneut die Begründung des Herausgebers sowie die Gutachten lesen. Erscheinen Ihnen die Gründe nachvollziehbar (sofern sich die Gutachter erkennbar Mühe gegeben haben)? Was davon könnten Sie wie verändern? Investieren Sie neben der Überarbeitung des Manuskripts insbesondere in ein gutes Antwortschreiben gegenüber dem Herausgeber, in welchem Sie sehr präzise und wertschätzend seine Anmerkungen sowie die der Gutachter kommentieren.

Publikationen sind ein wesentliches Element Ihrer Tätigkeit – Sie sind Wissenschaftler, schaffen Wissen und verbreiten dieses, in der Regel mittels Publikationen. Indem Sie Wissen verbreiten, geben Sie Ihre Erkenntnisse Ihrer Scientific Community und der (Fach-)Öffentlichkeit weiter; tun Sie dies mit Qualität und Verantwortung. Bedenken Sie bei der Planung, Konzeption und Wahl des Publikationsorgans: Publikationen sind die Visitenkarte Ihrer wissenschaftlichen Arbeit.

19.2 (Folge-) Anträge und Angebote erstellen

Wer kennt es nicht: Sie wollen einen Antrag oder ein Angebot für ein Drittmittelprojekt schreiben und finden sich geradewegs in der durchaus nicht einfachen Situation wieder, für etwas, das Sie eigentlich noch gar nicht kennen, eine Beschreibung abgeben zu müssen, Kosten zu kalkulieren, die Sie nicht im Geringsten einschätzen können und ein Ergebnis zu versprechen, das so weit in der Zukunft liegt, dass Sie es eigentlich nicht einmal zu prognostizieren wagen – ein schwieriges Unterfangen! Es gibt aber auch Kollegen, denen das Antrag- und Angebotschreiben selbst unter solch widrigen Bedingungen gut von der Hand geht. Woran könnte das liegen? An der Erfahrung? Sicher auch. Am Thema? Vielleicht. An der Methodik des Verfassens? Auf jeden Fall!

Grundsätzlich unterscheiden sich das Verfassen von Anträgen und Angeboten gar nicht so wesentlich von Publikationen: Während es im Fall einer Veröffentlichung gilt, auf dem Stand des Wissens aufbauend, die neuen Erkenntnisse prägnant zu formulieren und Schlussfolgerungen daraus zu ziehen, beschreiben Sie beim Antrag bzw. Angebot mögliche Schlussfolgerungen, die sich ergeben würden, wenn Sie die Untersuchungen bereits durchgeführt hätten. Warum aber scheint uns die Vorgehensweise beim Verfassen von Anträgen / Angeboten um so Vieles schwieriger zu sein als im Falle der Veröffentlichungen? Weil – werden an dieser Stelle Viele sagen – ich im einen Fall genau weiß, was meine Erkenntnis ist (da diese als Ergebnis meiner Untersuchungen bereits vorliegt) und im anderen Fall eben nicht (sondern einen Zusammenhang annehme bzw. prüfen möchte). Folglich stellt sich die Frage: Wie könnten Sie die Unsicherheiten beim Erstellen von Anträgen / Angeboten verringern?

Die drei hilfreichsten Lösungen sind recht analog zum Schreiben von Publikationen und lauten: Wählen Sie zum Einen je nach Art Ihres Forschungsprojekts – Grundlagenforschung, anwendungsorientierte Forschung oder Entwicklung (vgl. Abschnitt 17.1, Definition der Forschungsarten) – einen entsprechend geeigneten Geldgeber aus. Grundlagenforschungsprojekte werden in aller Regel von der öffentlichen Hand finanziert, während insbesondere industriefinanzierte Forschungsprojekte eher anwendungsorientierten Charakter besitzen und oftmals konkrete Produkte im Fokus haben. Planen Sie zum Zweiten das Projekt in seinen einzelnen Schritten gemäß eines Projektstrukturplans durch (vgl. Abschnitt 18.1.1), bevor Sie beginnen, den Schriftsatz zu formulieren. Je besser Sie Ihr geplantes Projekt kennen und überblicken, desto einfacher lässt es sich beschreiben. Neben diesen beiden Aspekten gilt es zum Dritten auch, die wichtigsten Regeln und Strukturen zum Verfassen von Angeboten und Anträgen zu kennen und damit nutzen zu können. Nachfolgend wird auf eben diese eingegangen.

Hinweis: So vielfältig die Themen für Anträge und Angebote sein können, so mannigfach sind auch die Begrifflichkeiten, die Ihnen dabei begegnen werden. So können Sie prinzipiell zwischen öffentlichen Fördergebern und Auftraggebern aus der Wirtschaft unterscheiden. Dabei differenziert man in aller Regel zwischen 'Anträgen', die bei öffentlichen Trägern eingereicht und 'Angeboten', die einem Wirtschaftspartner vorgelegt werden. Angebote werden beauftragt, während ein Antrag, den Sie beispielsweise bei der DFG einreichen, bewilligt wird. Sollten Sie eine Finanzierung für ein Folgeprojekt suchen, so wird Ihr Antrag Folgeantrag genannt. Bei der Beantragung größerer Forschungs- und Entwicklungsprojekte ist es durchaus üblich, dass Sie zunächst einen Vorantrag oder eine Projektskizze abgeben müssen. Auf Basis einer entsprechenden Begutachtung werden Sie dann aufgefordert einen Vollantrag abzugeben, oder eben nicht. Auch die Struktur und der Umfang möglicher Anträge unterscheiden sich je nach Drittmittelgeber und Projektvolumen erheblich. Dies kann vom Ausfüllen eines einseitigen Antragsformulars bis zu einem mehrere hundert Seiten dicken 'Antragsbuch' reichen.

Im Folgenden finden Sie einige Anregungen, die Sie bei der Erstellung von Anträgen berücksichtigen können. In einem zweiten Abschnitt wird dann auf Angebote und deren Spezifika eingegangen.

19.2.1 FORSCHUNGSANTRÄGE

Im Wesentlichen sollten Sie beim Erstellen eines Antrags folgende Aspekte beachten:

- **Auswahl des passenden Drittmittelgebers**
  Sie können einerseits auf Ausschreibungen achten (bspw. des BMBF), in welchen themenbezogen Forschungsvorhaben unterschiedlicher Größenordnung zur möglichen Förderung genannt werden. Je nach Ausschreibung kann eine Bewilligung von kleinen Projekten erfolgen oder es werden Verbundvorhaben (Förderung ganzer Forschungsnetzwerke mit einem Fördervolumen von mehreren Millionen Euro) adressiert. Andererseits können Sie auch verschiedene Förderprogramme der Drittmittelgeber nutzen (bspw. Sachbeihilfen bei der DFG). Gängige Drittmittelgeber sind beispielsweise:
  - Europäische Union (EU)
  - Deutsche Forschungsgemeinschaft (DFG)
  - Bundesministerium für Bildung und Forschung (BMBF)
  - weitere Bundesministerien; insbesondere jene, die zu Ihrer Forschungsrichtung passen; z.B. Bundesministerium für Verkehr, Bau und Stadtentwicklung (BMVBS) für das Fach Bauphysik. Denken Sie hierbei auch an die Ressortforschung (vgl. Abschnitt 17.1, Definition der Forschungsarten)
  - Landesministerien
  - Stiftungen etc.

- **Richtlinien und Vorgaben**
  Bei einigen Drittmittelgebern müssen Sie für Ihren Antrag Vordrucke verwenden oder und klare Richtlinien bezüglich des Aufbaus und der Struktur einhalten (eine typische Gliederung eines DFG-Antrags finden Sie im grauen Kasten). Halten Sie diese strikt ein, sonst kann Ihr Antrag bereits aufgrund von Formfehlern abgelehnt werden.
  Ferner sollten Sie bei jedem Antrag klären, ob weitere Vorgaben bestehen, die bei der Bewilligung berücksichtigt werden müssen! Sollte beispielsweise bei einer Ausschreibung die Finanzierung von Promovenden ausgeschlossen sein, macht es keinen Sinn, eine solche in Ihren Kostenplan aufzunehmen. Entweder wird die Position gestrichen oder sogar der gesamte Antrag abgelehnt. Fragen Sie, wenn Sie unsicher sind, beim Drittmittelgeber nach – so können Sie auch gleich einen ersten Kontakt herstellen und vielleicht noch den einen oder anderen hilfreichen Hinweis erhalten.

- **Passung von Ausschreibung und Antrag**
  Zur äußeren Form muss natürlich ein qualitativ hochwertiger Inhalt hinzukommen. Dieser sollte in einer klaren Sprache formuliert sein und eine gut ersichtliche Passung zu den Förderkriterien aufweisen. Bei letzterem geht es beispielsweise um Aspekte wie thematische Übereinstimmung des Antrags zum Thema der Ausschreibung, Laufzeiten, Fördervolumina, Erstattung von Gemeinkosten oder Reisekosten etc. Erkundigen Sie sich also vorab nach den genauen Förderkriterien und prüfen Sie diese, bevor Sie sich ans Antragschreiben begeben – zu verschieden sind die Anforderungen der einzelnen Förderstellen, als dass Sie einen einmal geschriebenen Antrag zu diversen Stellen schicken könnten.

- **Perspektivenwechsel**
  Bedenken Sie, dass Ihre Gutachter auf Grundlage der Informationen urteilen, die Sie Ihnen mit Ihrem Antrag geben. Schaffen Sie daher durch eine entsprechende Formulierung des Antrages die Voraussetzungen für ein sachgerechtes und nach Möglichkeit in Ihrem Sinne positiv ausfallendes Urteil.
  Berücksichtigen Sie dabei unter anderem Ihren Gutachterkreis – wer wird dazu gehören, sind es Fachkollegen oder aber Mitarbeiter in einem Ministerium, die keinen tiefergehenden fachlichen Hintergrund haben? Die Antwort auf diese Frage sollte beispielsweise bestimmen, wie Sie formulieren. Drücken Sie sich entsprechend des Kenntnisstandes Ihrer 'Zielgruppe' aus, denn die Gutachter bzw. Vertreter des Drittmittelgebers müssen Ihr Forschungsziel und die dafür gewählte methodische Vorgehensweise in jedem Fall verstehen und den daraus abgeleiteten Finanzierungsplan nachvollziehen können. Versetzen Sie sich ggf. zur eigenen Überprüfung in die Rolle des Gutachters: Hat er alle Informationen, die er braucht? Findet er eine schlüssige Argumentation vor? Was wird ihn dazu bringen, Ihr Vorhaben für ein erfolgreiches Projekt zu halten? Wo könnte er Risiken sehen und wie könnten Sie ihm diese minimieren? Um sich diesen Perspektivenwechsel leichter zu machen, können Sie auch mit Ihren Mitarbeitern die sog. Imaginationstechniken einsetzen (siehe Abschnitt 20.3.2.).

- **Verweis auf Vorarbeiten**
  In Ihren Ausführungen zum Stand des Wissens müssen Sie Ihre Vorarbeiten und die Ergebnisse, die Sie in Bezug auf das Antragsthema haben, klar strukturiert darstellen und aufzeigen, was Sie dazu bewegt hat, den Antrag zu schreiben. Meist müssen Sie zudem angeben, in welches Gesamtthema Ihr Antrag gehört und welche Mitarbeiter ebenfalls auf diesem Thema arbeiten – damit will der Drittmittelgeber den Zusammenhang Ihres Themas zu den sonstigen, in diesem Forschungsfeld laufenden, Projekten erkennen.
  Führen Sie vor der Antragstellung bereits (auf Ihre Kosten) Vorarbeiten durch, die inhaltlich zum beantragten Thema gehören (dies können auch Masterarbeiten u. ä. sowie bereits publi-

zierte oder auch noch nicht publizierte Ergebnisse sein), verweisen Sie im Antrag auf diese. Die Durchführung von Voruntersuchungen oder Vorstudien erlaubt in aller Regel auch eine größere Planungssicherheit bei der Antragsstellung. Darüber hinaus zeigen sie den Gutachtern auf, dass bereits Erprobtes in den Antrag einfließt und damit einerseits Anbindung an Bestehendes gegeben ist und zum anderen ein geringeres Risiko des Nicht-Gelingens besteht. Insgesamt erhöhen solche Vorarbeiten die Chance einer Antragsbewilligung. Dabei sollten Sie bedenken, dass diese Vorhaben zwar nicht vom Drittmittelgeber, aber ggf. von Ihrer Universität (als Vorarbeiten zur Antragsstellung) bezuschussungsfähig sind.
Hinweis: Beginnen Sie die beantragten Arbeiten und auch Anschaffungen erst nach Eingang der Bewilligung durch den Drittmittelgeber, oder aber beantragen Sie bei diesem einen sog. vorzeitigen Maßnahmenbeginn. Versäumen Sie dies, kann es passieren, dass diese Arbeiten (auch nachträglich) von einer Förderung ausgeschlossen werden.

- **Realistische Kalkulationen**
  Um in den Kalkulationen der benötigten Mittel sowie der Zeitpläne treffsicher zu sein, empfiehlt es sich, vorab Projektstrukturpläne aufzustellen sowie bisherige Kalkulationen bereits abgeschlossener Projekte oder Studien heranzuziehen (vgl. Abschnitt 18.1). Bedenken Sie, dass Kalkulationen ein wahrer Balanceakt sind: Denn was Sie hier zu hoch ansetzen, wirft ein schlechtes Licht auf Ihre Kalkulation bzw. Forderungshaltung; was Sie zu niedrig ansetzen, lässt Sie später unzureichend finanziert sein.

- **Timing**
  Je nach Förderstelle dauert es oftmals Monate bis Jahre, bis ein Antrag bewilligt wird. Um eine rechtzeitige Anschlussfinanzierung für ein Forschungsprojekt zu bekommen, sollten Sie diese Zeitdauer in Ihrer Lehrstuhlplanung berücksichtigen.

Die im grauen Kasten beschriebene Antragsgliederung bezieht sich beispielsweise auf eine für Lehrstühle typische Einzelförderung der DFG.

Vorschlag zur Antragsgliederung

Für den Aufbau des Antrags könnten Sie beispielsweise diese, den DFG-Richtlinien entsprechende Gliederung verwenden.

Allgemeine Angaben

- **Antragsteller.** Nennen Sie hier alle Namen inklusive der Kontaktdaten, der Geburtsdaten und auch etwaige Kooperationspartner, die die beantragten Leistungen mit durchführen. Zumeist sind hier auch ein tabellarischer Lebenslauf sowie ein Schriftenverzeichnis beizufügen.
- **Thema.** Geben Sie hierzu eine möglichst präzise Kurzbezeichnung des Vorhabens an.
- **Zuordnung.** Nennen Sie an dieser Stelle das Fach (z.B. Thermodynamik, Organisationspsychologie) und die wissenschaftliche Arbeitsrichtung (z.B. Strömungssimulation, Führung), denen der fachliche Schwerpunkt Ihres Projekts zuzuordnen ist. Aus diesen Angaben wird das Fachkollegium bestimmt, welches als Gutachterkreis in Frage kommt.
- **Voraussichtliche Gesamtdauer.** Geben Sie diesbezüglich an, seit wann das gesamte Vorhaben bereits läuft, seit wann bzw. bis wann es gefördert werden soll (unabhängig von dem vorliegenden Antrag).

- **Antragszeitraum.** Hier ist der Zeitraum anzugeben, für den die Mittel beantragt werden, d.h. gewünschter Förderungsbeginn bzw. Fortsetzungstermin und die Förderungsdauer.

- **Zusammenfassung.** Fassen Sie die wesentlichen Ziele Ihres Vorhabens allgemeinverständlich zusammen (häufige Vorgabe ist: Nicht mehr als 15 Zeilen bzw. 1.600 Zeichen). Die Zusammenfassung dient den Gutachtern einerseits dazu, die Kernziele Ihres Antrags zügig zu erfassen und wird andererseits zu statistischen Zwecken weiterverarbeitet (im Falle der Antragsbewilligung in Datenbanksysteme eingespeist). Achten Sie daher bei der Formulierung auf Kürze und auf Verständlichkeit für Nicht-Fachleute. Um die Recherchierbarkeit zu gewährleisten, sollten Sie nach Möglichkeit Abkürzungen vermeiden und themenrelevante Schlüsselbegriffe verwenden (sog. key words).

Stand der Forschung und eigene Vorarbeiten

- **Darstellung.** Zunächst ist der Stand der Forschung darzustellen und direkt mit dem vorliegenden Forschungsvorhaben in Bezug zu bringen. Dabei sollte deutlich werden, wo und wie Sie Ihre eigenen Arbeiten einordnen und inwiefern Sie einen eigenen, neuen und weiterführenden Beitrag zu den anstehenden Fragen zu leisten planen. Wählen Sie für den gesamten Part eine Ausdrucksweise, die ein Verstehen Ihrer Aussagen ohne Hinzuziehen weiterer Literatur ermöglicht.
  Im Falle von Fortsetzungsanträgen wird hier über die bisherige Arbeit, die gewonnenen Erkenntnisse und deren Bedeutung im entsprechenden Forschungskontext berichtet, wobei allerdings auch die zwischenzeitlichen Erkenntnisse anderer Wissenschaftler (internationale Perspektive) einfließen sollten. Gehen Sie zudem auf die von Ihnen und Ihrem Team gesammelten Arbeitserfahrungen (z.B. Eignung der angewandten Methoden, Tauglichkeit von Technik und Arbeitsmaterial, prozedurale Herausforderungen etc.) ein.

- **Publikationen.** An dieser Stelle können Sie eigene projektspezifische Publikationen beifügen.

Ziele und Arbeitsprogramm

- **Ziele.** Stellen Sie in diesem Abschnitt die Ziele Ihres Forschungsvorhabens sowie das Forschungsprogramm knapp dar. Nutzen Sie auch die Gelegenheit, über Ihre wissenschaftliche Erkenntnisgewinnung hinaus bestehende Ziele darzustellen, wie beispielsweise wissenschaftspolitische, wirtschaftlich-technische, gesellschaftspolitische Aspekte.

- **Arbeitsprogramm.** Das Arbeitsprogramm gibt die konkreten Forschungsvorhaben wieder. Machen Sie also detaillierte Angaben über das geplante Vorgehen während des Antragszeitraums (bei experimentellen Vorhaben schildern Sie hier konkrete Versuchspläne). Legen Sie dar, aus welchen Gründen welche Mittel wofür beantragt werden, ggf. mit Hinweisen auf die einzelnen beantragten Positionen. Schildern Sie die Methoden, die bei der Durchführung des Vorhabens angewandt werden sollen und legen Sie dar, welche davon bereits etabliert, welche zu entwickeln bzw. anderweitig zu gewinnen sind (bspw. durch Kooperation). Ggf. sind (bei Untersuchungen an Menschen) ethische und rechtliche Aspekte zu berücksichtigen (bspw. Stellungnahmen der örtlichen Ethikkommission beizufügen).
  Beachten Sie: Die Qualität des Arbeitsprogramms ist für die Beurteilung des Antrags von entscheidender Bedeutung und nimmt häufig auch den größten Teil des Antrags ein (bei der DFG bspw. ca. 50 % des Seitenumfangs).

Beantragte Mittel als Gesamtübersicht

- **Personalkosten.** Geben Sie an, ob Sie die beantragten Stellen für sich selbst oder andere Personen beantragen sowie in welchem Umfang. Hierzu zählen neben den wissen*schaftlichen Mitarbeitern auch studentische Hilfskräfte.
- **Wissenschaftliche Geräte.** Diese sind zu nennen, Grund und Zweck der Anschaffung vor dem Hintergrund des Forschungsvorhabens sowie ein Kostenvoranschlag beizufügen.
- **Verbrauchsmaterial.** Auch das Verbrauchsmaterial ist aufzulisten und jeweils zu begründen (bspw. Kopierkosten).
- **Reisen.** Reisen, die im Zusammenhang mit dem beantragten Forschungsvorhaben stehen, können ebenfalls gefördert werden. Hierzu begründen Sie die Notwendigkeit der jeweiligen Reise (z.B. Zusammenarbeit mit anderen Wissenschaftlern, Einladung von ausländischen Gästen, Durchführung von Workshops, Archivreisen, Untersuchungen im Gelände, Kongressreisen) und geben die jeweiligen Kosten an.
- **Publikationskosten.** Die Unterstützung einer Publikation kann ebenfalls gefördert werden, beispielsweise im Sinne eines muttersprachlichen Korrekturlesers, anteiliger Druckkosten o.ä.
- **Sonstige Kosten.** Weitere anfallende Kosten, wie beispielsweise Vergütung für Versuchspersonen, Versuchstiere, Inanspruchnahme von Dokumentationsdiensten, projektspezifische Software, Betriebs- und Folgekosten für Großgeräte können unter dem Punkt 'Sonstiges' aufgelistet und begründet dargelegt werden.

Voraussetzungen für die Durchführung des Vorhabens

- **Zusammensetzung der Arbeitsgruppe.** In dieser Kategorie gilt es zu benennen, wer außerhalb der hier beantragten Förderung an dem Forschungsvorhaben mitarbeiten wird. Listen Sie die (möglicherweise aus Landesmitteln, Stipendien oder anderen Förderungen bezahlten) beteiligten wissenschaftlichen und technischen Mitarbeiter sowie die Hilfskräfte auf.
- **Zusammenarbeit mit anderen Wissenschaftlern.** In welchem Netzwerk finden die vorliegenden Arbeiten statt? Listen Sie die Wissenschaftler auf, mit denen Sie in Bezug auf das Antragsthema in Kooperation oder engem Austausch stehen.
- **Apparative Ausstattung.** Auf welche Ausstattung können Sie vor Ort zurückgreifen (v.a. Großgeräte nennen)?
- **Laufende Mittel für Sachausgaben.** Welche laufenden Mittel für Sachausgaben hätten Sie seitens Ihres Haushalts oder Dritter für Arbeiten an Ihren Untersuchungen?

Erklärungen

- Abschließend sind (je nach Vorgabe des Drittmittelgebers) noch weitere Erklärungen abzugeben, so beispielsweise, dass der Antrag an keiner anderen Stelle eingereicht wurde, dass man sich an die Regeln guter wissenschaftlicher Praxis hält etc.

Unterschrift der Antragsteller

Verzeichnis der Anlagen

19.2.2 Kunden-Angebote

Im Wesentlichen sollten Sie beim Erstellen eines Angebots folgende Aspekte beachten:

- **Potenzielle Kunden**
  Selbst wenn Sie die für Ihre Geschäftseinheiten bzw. Forschungsthemen passenden Auftraggeber bereits aus bisherigen Projekten kennen, lohnt es sich durchaus, im Internet zu recherchieren oder bei Verbänden nachzufragen, wer darüber hinaus noch für eine Zusammenarbeit in Frage käme.

- **Form und Struktur des Angebots**
  Hinsichtlich der Strukturierung des Angebots werden Ihnen meist keine Vorgaben gemacht – Sie müssen also eine eigene Struktur entwerfen (vgl. eine Beispielgliederung im grauen Kasten). Achten Sie stets darauf, dass die Inhalte und das Ziel (bspw. Prototyp eines Produkts), das erreicht werden soll sowie die dafür erforderlichen Kosten klar erkennbar sind. Denken Sie auch an den Finanz- und Arbeits- / Umsetzungsplan und stellen Sie sicher, dass sich sämtliche Elemente aus dem Finanzplan im Konzept wieder finden – und umgekehrt.

- **Passung des Angebots / Nutzen**
  Stellen Sie sich selbst die Frage, was Ihre Forschung oder Entwicklung dem möglichen Financier bringen könnte. Versetzen Sie sich in seine Rolle: Was braucht oder möchte der Geldgeber (bspw. das Industrieunternehmen)? Stellen Sie den Mehrwert, den eine Kooperation mit Ihnen bringen kann, klar heraus – zeigen Sie auf, dass er in Ihrem Angebot findet, was er sucht. Umgekehrt kann es aber auch sein, dass der Geldgeber Einschränkungen hat / macht, die für Sie nicht tragbar sind und eine 'Passung' deutlich infrage stellen (bspw. wäre Ihr Wunsch nach einer 'Veröffentlichung' bei einem von der Industrie geförderten Projekt, welches das Ziel verfolgt, ein Produkt zu entwickeln, das sich von denen der Konkurrenz abhebt, eher ein Grund für eine Ablehnung Ihres Angebots).
  Hinweis: In vielen Fällen dürfen die Ergebnisse aus industriefinanzierten Vorhaben nicht oder nur eingeschränkt publiziert werden. Achten Sie daher bei der Beauftragung auf entsprechende Vereinbarungen.

- **Perspektivenwechsel**
  Bedenken Sie, dass Sie der Experte sind und das Angebot aus diesem Blickwinkel schreiben. Doch derjenige, der Ihnen einen Auftrag erteilen soll, stammt zumeist nicht aus Ihrem Wissensgebiet. Diese Problematik tritt bei Angeboten an die Industrie häufiger auf als bei Angeboten an die öffentliche Hand. Schreiben Sie daher stets so, dass man Sie versteht. Versetzen Sie sich bei jeder Angebotserstellung in die Rolle des Entscheiders. Um sich diesen Perspektivenwechsel leichter zu machen, können Sie hierbei am Lehrstuhl mit Ihren Mitarbeitern unter anderem die sog. Imaginationstechniken einsetzen (siehe Abschnitt 20.3.2).
  Tipp: Auch wenn Sie bestimmte Fachbegriffe verwenden müssen, um den Inhalt wissenschaftlich exakt formulieren zu können, sollten Sie einleitend oder abschließend die wesentlichen Aussagen nochmals in einem allgemeinsprachlichen (Ab-)Satz zusammenfassen. In aller Regel können Sie mit Ihrem Ansprechpartner eine Vorversion des Angebots auch durchsprechen, um ggf. noch Korrekturen vor der endgültigen Abgabe vornehmen zu können.

- **Meilensteine**
  Um das wirtschaftliche Risiko eines Projekts für den Auftraggeber zu reduzieren, ist es durchaus üblich, dass nicht sofort das gesamte Projekt beauftragt wird, sondern Meilensteine definiert werden, bei deren Erreichen beispielsweise eine Präsentation der bis dorthin erreichten Ergebnisse erfolgt und erst anschließend der nächste Projektabschnitt beauftragt wird. Sollten Sie solche Meilensteine definiert haben, sollten diese sich auch in der Angebotsgliederung wiederfinden.

Vorschlag zur Angebotserstellung

Für den **Aufbau** des Angebots könnten Sie beispielsweise diese Reihenfolge verwenden:

- Ansprechpartner (Professor oder und Projektleiter)
- Einleitung (Problemstellung, Ziele, Hintergrund)
- Gesamtziel des Vorhabens / Einzelziele
    - Beispielsweise Beschreibung des Projekts
    - Beispielsweise Aufbau des Produkts
- Vorgehen / Arbeits- und Versuchsplan
- Leistungsbeschreibung; wie sehen Zwischenergebnisse aus (bspw. Zwischenbericht), was erhält der Auftraggeber am Ende des Projekts?
- Kostenplan
- Zahlungsplan
- Zeitplan
- Geschäftsbedingungen (sprechen Sie hierzu die Rechtsabteilung Ihrer Universität an)

Wenn Sie einen Antrag oder ein Angebot formulieren wollen, achten Sie stets darauf, dass deren Formulierung nicht den Charakter eines Selbstzwecks bekommt, sondern Sie sich damit Wünsche erfüllen. Denken Sie daran, welche Aktivitäten Sie angehen wollen und träumen Sie durchaus von den Publikationen und Patenten, die am Ende des beantragten Projekts liegen können. Damit fällt das Schreiben auch schon leichter. Viel Spaß dabei!

19.3 Patente

Sofern Sie ein technisches Fach vertreten, kennen Sie dies sicher auch: Sie halten ein Produkt in Ihrer Hand, entdecken eine Schwachstelle und hätten prompt eine Lösung für das Problem im Kopf. Aber haben Sie auch schon einmal daran gedacht, sich diese Idee patentieren zu lassen? Oder haben Sie mit Blick auf Ihren Lehrstuhl / Fachbereich vielleicht ganz gezielt überlegt, wo es Produkte gibt, die solche Verbesserungspotentiale in sich bergen oder ob sich möglicherweise völlig neue Produkte ergeben, die Sie auf Basis Ihrer Grundlagenforschung konzipieren und sich in der Folge patentieren lassen könnten? Mit Patenten und deren Vermarktung lassen sich zusätzliche Einnahmequellen – also additive Drittmittel – erschließen. Dieses ist für den jeweiligen Wissenschaftler ebenso interessant wie für die wissenschaftliche Einrichtung selbst. Deswegen wird es immer wichtiger, nicht nur eine entsprechende gezielte Unterstützung bei der Patentanmeldung und Verwertung durch die Universität zu erfahren, sondern auch selbst eine grobe Vorstellung des Umgangs mit Patenten zu haben.

Grundsätzlich erfolgt der Prozess des Patentierens folgendermaßen: Sie melden Ihre Idee zum Patent an und schließen mit einem Industriepartner, der das auf Ihrer Idee basierende Produkt verkauft, einen Verwertungsvertrag. Dieser Industriepartner verdient sodann am Vertrieb Ihrer

Produktidee, muss aber einen Teil der Einnahmen – so regelt es der Verwertungsvertrag – an Sie abführen (wie dieses Prozedere en détail abläuft, wird im Folgenden noch näher beschrieben). Wirtschaftlich betrachtet haben Patentierung und der Schutz des geistigen Eigentums einen ganz konkreten Vorteil (recht attraktive Zuverdienstmöglichkeiten), der Verzicht auf selbige einen entscheidenden Nachteil: Er impliziert eine regelrechte Schenkung der Forschungsergebnisse an die Wirtschaft. Sobald Universitäten oder Forschungseinrichtungen die technischen Ergebnisse ihrer Forschungs- und Entwicklungsarbeiten nicht oder nur unzureichend schützen, können diese von Dritten frei genutzt werden, was dazu führt, dass (sowohl Ihnen selbst als auch) den Lehrstühlen / Hochschulen attraktive Einnahmequellen entgehen. Obwohl die Argumente, die für die Patentierung von Ideen sprechen, auf der Hand liegen, besteht bei Hochschulangehörigen nur selten ein Bewusstsein dafür, das geistige Eigentum zu schützen und zu vermarkten. Dies kann verschiedene Gründe haben. Oftmals liegt es aber schlichtweg daran, dass die Möglichkeiten, geistiges Eigentum zu schützen, vielen nicht bekannt sind.

Wie Sie der folgenden Zusammenstellung von Begriffsdefinitionen entnehmen können, gibt es unterschiedliche Formen des Schutzes des geistigen Eigentums. Da Patente die häufigste Form dabei sind, werden diese und die prozeduralen Kenntnisse des Prozesses (bspw. einer Patentanmeldung) sowie deren erfolgreiches Durchlaufen (siehe Abschnitt 19.3.2) im Folgenden näher dargestellt. Ebenso wird auf die Voraussetzungen – die erforderlichen Rahmenbedingungen am Lehrstuhl, die es erlauben, eine Art Kultur der Ideengenerierung und Patentierung zu etablieren – eingegangen (Abschnitt 19.3.3), sowie Wege der Zusammenarbeit mit der Wirtschaft im Rahmen von Produktentwicklungen beschrieben (Abschnitt 19.3.1).

BEGRIFFSDEFINITIONEN

Geistiges Eigentum. Mit geistigem Eigentum werden allgemein Rechte an immateriellen Gütern bezeichnet. Darunter fallen insbesondere die Rechte an Erfindungen sowie an Patentanmeldungen, Patenten und Gebrauchsmustern sowie Urheberrechte.

Urheberrechte. Die Rechte, insbesondere an schriftlichen und oder künstlerischen Werken, Computerprogrammen, Bildern, Architekturen usw., werden durch das Urheberrecht für den Schöpfer bzw. dessen Arbeitgeber geschützt.

Gebrauchsmuster werden für technische Erfindungen verliehen wie beispielsweise chemische Stoffe oder Nahrungs- und Arzneimittel. Ausgenommen sind Verfahren, zum Beispiel Herstellungs- und Arbeitsverfahren oder Messvorgänge. Es ist eine Anmeldung beim Patentamt erforderlich. Während eine Patentanmeldung oft einige Jahre dauert, kann das Gebrauchsmuster bereits wenige Wochen nach der Anmeldung eingetragen werden. Es verleiht dieselben Verbietungsrechte wie ein Patent. Eine Prüfung auf Neuheit und erfinderischen Schritt erfolgt jedoch erst im Streitfall. Da nach derzeitiger Rechtsprechung die materiellen Anforderungen an ein Gebrauchsmuster genauso sind wie an ein Patent, allerdings die Laufzeit nur 10 Jahre beträgt, sind Gebrauchsmuster nur in Einzelfällen sinnvoll.

Geschmacksmuster verleihen ihrem Inhaber die ausschließliche Befugnis zur Benutzung einer ästhetischen Gestaltungsform (Design, Farbe, Form). Die ästhetische Gestaltungsform darf nicht technisch bedingt sein. Es kann sowohl das Design dreidimensionaler Gegenstände wie beispielsweise das von Autos, Möbeln oder Spielzeug als auch das zweidimensionaler Muster (Grafiken, Icons, Logos, Stoffe) als Geschmacksmuster angemeldet werden.

Marken (früher Warenzeichen) sollen helfen, die Güter und Dienstleistungen eines Unternehmens von denen eines anderen Unternehmens zu unterscheiden. Es können Wörter, Buchstaben, Zahlen, Abbildungen, aber auch Farben und Hörzeichen (also akustische Merkmale) als Wortmarken (rein sprachliche Zeichen), Bildmarken sowie Mischformen angemeldet werden. Zur Erlangung von Markenschutz ist in der Regel eine Eintragung der Marke beim Patentamt erforderlich. Vom Markenschutz ausgeschlossen sind beschreibende Angaben für die jeweiligen Waren und Dienstleistungen. Berühmte Marken sind etwa Coca-Cola, Tempo, Uhu und viele mehr.

Patente. Bei Patenten handelt es sich um geprüfte Schutzrechte. Möchte man seine wie auch immer geartete Erfindung schützen, meldet man diese beim Patentamt an, wo sie zunächst auf Neuheit und technische Machbarkeit geprüft und über eine Patenterteilung entschieden wird. Ein Patent gibt dem Patentinhaber grundsätzlich das Recht, jedem Dritten die Nutzung seines Verfahrens / Produktes bzw. Patents zu verbieten bzw. zu verkaufen. Dies gilt ab der Erteilung des Patents bis zum Ende von dessen Laufdauer, also bis zum Ablauf von 20 Jahren nach der Anmeldung. Die wirtschaftlich wertvollsten Patente betreffen typischerweise den Bereich der Pharmazie, also wichtige Medikamente.

19.3.1 Zusammenarbeit mit der Wirtschaft im Rahmen von Produktentwicklungen

Arbeiten Sie bereits mit der Wirtschaft in Drittmittelprojekten zusammen? Haben Sie schon einmal darüber nachgedacht, welche verschiedenen Möglichkeiten es gibt, dies zu tun? Die folgende Tabelle 19.2 skizziert dazu drei mögliche Wege einer Zusammenarbeit zwischen Hochschulen bzw. Forschungseinrichtungen und Wirtschaftsunternehmen am Beispiel einer Produktentwicklung (von der Idee über den Prototypen, die Patentierung, die Produkttests bis hin zur Produktion und Vermarktung sowie fortlaufenden Produktverbesserung). Vorab sei gesagt, dass alle drei Wege ihre Berechtigung haben und auch parallel am Lehrstuhl durchgeführt werden können und sollten – allerdings beinhaltet nur Weg C eine Patentanmeldung des Lehrstuhls. Diese Wege sind hier kurz vorgestellt:

Weg A. In aller Regel werden im Zuge der Drittmittelforschung Dienstleistungs-Projekte (DL) zwischen einer Universität bzw. Forschungseinrichtung und einem Industrieunternehmen (Weg A in Tabelle 19.2) vereinbart. In dieser Form der Zusammenarbeit von Wirtschaft und Wissenschaft können in Forschungsprojekten auf wissenschaftlicher Seite beispielsweise die folgenden Leistungen notwendig sein:

- Verbesserung von Produkten z.B. durch gezielte Modifikation von Materialeigenschaften
- Befragung von Kunden (des Industrieunternehmens) zur Produktakzeptanz
- Messung oder Prüfung von Produktkennwerten oder Eigenschaften
- Tests der Praxistauglichkeit oder Usability neuartiger Produkte

Meist sind diese Projekte von klaren Vorstellungen des Industriepartners / Auftraggebers geprägt, denn der Auftraggeber hatte die Idee für das Produkt und hält das Patent. Der Inhalt des **Dienstleistung**s-Projekts bzw. der Forschungsauftrag wird also vorgegeben. Sofern Sie sich für diese Kooperationsform entscheiden, verdienen Sie zwar an dem Forschungsauftrag, die finanziellen Einnahmen durch den Verkauf der Produkte hingegen verbleiben stets und alleinig beim Wirtschaftsunternehmen. Dieser Weg der Zusammenarbeit mit der Wirtschaft ist der bei weitem häufigste – da es zum einen leider noch immer die Regel ist, dass der Wirtschaftspartner das Patent anmeldet und Patentinhaber ist und zum anderen Forschungseinrichtungen häufig nicht ans Patentanmelden denken (ohne dass es bereits einen Wirtschaftspartner gibt).

Weg B. Die Idee einer Produktentwicklung stammt bei Weg B in Tabelle 19.2 zwar genauso von der Industrie (sie meldet auch die Erfindung zum Patent an), allerdings wird die Forschungseinrichtung hier früher eingeschaltet. In einigen Fällen können auch Patente des Lehrstuhls quasi in die Entwicklung eingebracht werden. Die Forscher haben bei Weg B die Möglichkeit, die Produktentwicklung gemeinsam mit dem Wirtschaftsunternehmen zu begleiten oder – in einigen wenigen Fällen - zu gestalten (Doppelstrich in Tabelle 19.2), sie bleiben jedoch auch in diesem Fall bei der geldlichen Vermarktung im Wesentlichen unbeteiligt. Trotzdem ergibt sich für die Forschungseinrichtung (bzw. Ihren Lehrstuhl) ein entscheidender Vorteil: Sie lernt die Denkweise der Industrie und damit auch den Endkunden (Kunde Ihres Industriepartners) kennen. Hieraus wiederum können weitere Ideen wachsen und generiert werden, z.B. Produktverbesserungen oder ganz neue Produkte, die ein Lehrstuhl gemeinsam mit der Industrie zum Patent anmelden könnte.

Weg C. Der Weg C in Tabelle 19.2 kommt ins Spiel, wenn es um Patente Ihres Lehrstuhls geht. Der Hintergrund für diese Art der Zusammenarbeit ist folgender: Auch wenn Sie die tollste Patentidee haben, werden Sie das Produkt in den meisten Fällen nicht selbst herstellen (können) – es sei denn, Sie initiieren eine Ausgründung. Kurzum: Für die Herstellung und Vermarktung Ihres patentierten Produkts werden Sie sich an einen Industriepartner wenden (müssen). Bei Weg C haben die Forscher die Patentidee und können nach deren patentrechtlicher Sicherung die Industrie als langfristigen Partner gewinnen und den Weg der Produktentwicklung sowie -vermarktung und Ertragsgewinnung mit diesem zusammen gehen. Um aber eine derartige Partnerschaft erfolgreich anzugehen und auf die Dauer zu gestalten, müssen Sie folgende Merkmale an Ihrem Lehrstuhl bzw. an Ihrer Forschungseinrichtung voraussetzen können:

- **State of the Art.** Sie und Ihre Mitarbeiter sind exzellente Kenner aktueller Probleme in der entsprechenden Branche bzw. dem Anwendungsfeld. Denn nur diejenigen Erfindungen und Produkte werden von der Industrie und auch von deren Kunden angenommen, die eine bessere Alternative zu bestehenden Techniken darstellen.
- **Patentkultur.** Ihr Team erlaubt sich die Kreativität (Zeit und Raum) und Kultur, um auf eigene Ideen für Entwicklungen zu kommen und hat Ihrerseits die Möglichkeit, Patente anzumelden (vgl. Abschnitt 19.3.3, Kultur etablieren).
- **Bekanntheit und Networking.** Natürlich sollten Sie und Ihre Institution den wichtigsten Industriepartnern Ihres Fachbereiches bekannt sein, sodass Sie jene bei Bedarf auf eine mögliche Produktvermarktung ansprechen können. Ebenfalls empfiehlt es sich, Netzwerke und intensive Kontakte auch zu den Forschern der Wirtschaftsunternehmen zu halten.
- **Kooperationskultur und -struktur.** Ferner sollten Sie zwischen Ihrem Lehrstuhl / Ihrer Forschungseinrichtung und dem Industriepartner eine synergetische Zusammenarbeit etablieren: Sie bürgen als Lehrstuhl für Qualität und Seriosität und helfen Ihrem Industriepartner bei der Vermarktung der gemeinsamen Produkte, beispielsweise durch Vorträge und Publikationen. Während im Normalfall die Aussagen eines Lehrstuhls stets produktneutral sind, sprechen Sie in diesem Fall Vorteile 'Ihres' Produkts konkret an. Dies ist ungewöhnlich und gewöhnungsbedürftig, dient aber der Vermarktung des Produkts und nutzt nicht nur Ihrem Wirtschaftspartner, sondern auch dem Haushalt Ihrer Universität. Eine solche Zusammenarbeit fördert Ihr Networking durch gemeinsame Auftritte auf Kongressen oder Messen und bringt zudem ein neues Erscheinungsbild von Wirtschaft und Wissenschaft als Verbund mit sich, wovon beide Seiten profitieren.

Tabelle 19.2. Darstellung der typischen Phasen einer Produktentwicklung in Bezug auf mögliche Wege einer Zusammenarbeit zwischen Hochschulen bzw. Forschungseinrichtungen und Wirtschaftsunternehmen.

PHASEN	WEGE	A		B		C	
		Uni.	Ind.	Uni.	Ind.	Uni.	Ind.
Produktentwicklung PE	1 Produktidee Problemlösung Marktanalyse		1		1	1	
	2 Technische Umsetzung (Prototyp)		2	DL → 2		2	
	3 Schutzrecht		3	3		3	
Produkttest PT	4 Produktprüfung	DL →	4	4			4 ← Lizenz
	5 Produktbewertung, Zulassung	DL →	5	5			5
Produktvermarktung PV	6 Markteinführung		6	6			6
	7 Produktnachbesserung	DL →	7		7		7
	8 Marktpenetration		8		8		8
	9 Erweiterung auf andere Bereiche (siehe 1) Erschließung neuer Marksegmente		9		9		9

Anmerkung: 'DL' steht für Dienstleistung, 'Ind.' für Industrie. Darunter fallen alle Arten von klassischen Drittmittelaufträgen der Industrie an Forschungseinrichtungen. Der Doppelpfeil steht für ein gemeinsames Vorgehen. Die Abbildung wurde entnommen aus Sedlbauer, K., Fuchs, H. V. & Künzel, H. M. (2004). Neue Wege zur Entwicklung und internationalen Vermarktung von innovativen Bau-Produkten. *Bauphysik, 26*(6), 282-289. Abb. 1.

Die Vermarktung Ihres Produkts können Sie bzw. Ihre Forschungseinrichtung durch folgende Maßnahmen unterstützen:

- Vorbereitung der Akzeptanz des Produkts in Fachkreisen durch Vorträge und Publikationen.
- Die Industrie wird gerne bei der Erstellung von Werbematerial für das zu vermarktende Produkt auf Sie zukommen. Auch hier entsteht ein gegenseitiger Nutzen, denn Sie lernen mitunter Vieles über Marketing, die Industrie wiederum von Ihnen in fachlichen Dingen (bspw. Differenzierung oder fachliche Tiefe).
- Gemeinsam mit Ihrem Industriepartner könnten Sie im Zuge einer längerfristigen Zusammenarbeit an der Erschließung weiterer Marktsegmente arbeiten. Dabei ist es oftmals Aufgabe des wissenschaftlichen Partners (also Ihres Lehrstuhls), Weiterentwicklungsmöglichkeiten von Produkten und Marktsegmenten zu identifizieren. Zum Beispiel könnte es darum gehen, das erfundene Produkt nicht nur im Hochbausektor, sondern auch in der Landwirtschaft zum Einsatz zu bringen.
- Gegebenenfalls müssen bestehende Vorschriften und Richtlinien angepasst werden, sodass die neue Innovation Berücksichtigung findet (dies gilt nicht für alle Forschungsbereiche, ist aber für manche, beispielsweise die technischen Fächer, bedeutsam). Zum Verständnis sei ein Beispiel aus dem Baubereich erläutert: Jedes Bauprodukt benötigt, um auf den Markt zu kommen, eine

Zulassung oder muss in einer Norm beschrieben sein. Gelingt es Ihnen im Zuge Ihrer Mitarbeit in einem Normenausschuss, dass das Produkt, auf welches Sie ein Patent haben, für bestimmte Anwendungen in der entsprechenden Norm erwähnt wird, so kann es jeder Architekt in seine Ausschreibungen ohne weitere Zulassungen integrieren. Damit ist die Basis einer breiten Marktdurchdringung gelegt.

Reflektieren Sie Ihre Kooperation regelmäßig. Achten Sie darauf, mit Ihrem Lehrstuhl nicht zum verlängerten Arm der Vertriebsabteilung des Vertragspartners zu werden – das würde Ihrem und dem Ruf der Universität als wissenschaftlich neutraler Institution schaden. Gehen Sie nicht jeden Schritt blind mit, sondern verhandeln Sie auf Augenhöhe und antworten Sie auch mal mit einem klaren Nein, wenn Sie Aussagen nicht vertreten können oder wollen. Beispielsweise kann es darum gehen, dass Ihr Wirtschaftspartner Vorteile des Produkts nennen möchte, die Nachteile oder Gefahren hingegen verschwiegen werden sollen. Ihnen als Lehrstuhl / Forschungseinrichtung muss es immer um eine vollständige Beschreibung in einer Produktbewertung gehen. Eine einseitige Darstellung in Ihrem Namen sollten Sie bereits aus Seriositätsgründen ablehnen.

19.3.2 Der Prozess der Patentanmeldung

Möglicherweise haben Sie beim Lesen des eben vorgestellten Wegs C bereits die eine oder andere Patentidee gehabt – Gratulation! Doch was haben Sie dadurch nun zu tun? Wie erhält man ein Patent? Was muss bei der Anmeldung berücksichtigt werden? Im Folgenden werden diese Fragen beantwortet und der Prozess, wie Sie von der Idee zum Patent kommen, erläutert.

Um ein Patent zu erhalten, durchlaufen Sie in der Regel folgende Phasen (vgl. Abbildung 19.1):

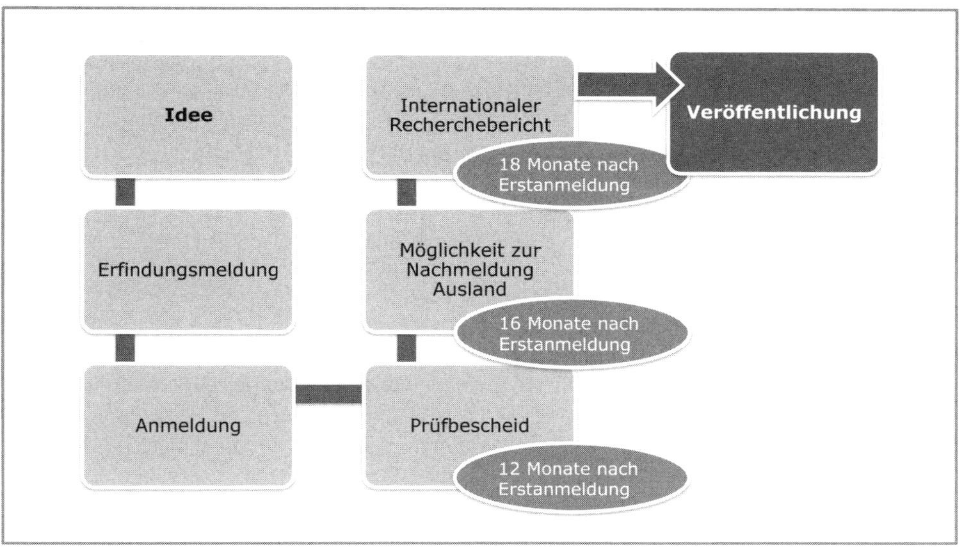

Abb. 19.1. Prozess der Patentanmeldung.

PHASE 1: PATENTIDEE

Für jedes Patent muss natürlich eine Idee für ein Produkt oder eine Produktverbesserung vorliegen. Die pfiffige technische Idee eines Forschers an Ihrer Einrichtung ist es immer wert, einen Patentfachmann hinzuzuziehen, denn die Beurteilung einer Idee als patentwürdig ist nicht einfach; auch sind die Hürden zur Erlangung eines Patents nicht zu unterschätzen. Mindestens folgende drei Patentkriterien sind zuerst von Ihnen und anschließend gemeinsam mit dem Patentfachmann zu prüfen:

- **Die Idee muss neu sein.** Das heißt, sie darf im sog. Stand der Technik nicht bekannt sein (ist sie bekannt, kann das Patent nicht erteilt werden). So werden beispielsweise sämtliche in einer öffentlich zugängigen Institutsbibliothek vorhandenen Dokumente zum Stand der Technik gerechnet – das Aufgreifen einer bereits länger bestehenden, aber noch nicht angemeldeten Idee wäre entsprechend nicht möglich. Zum Stand der Technik zählen auch sämtliche Dokumente, Ausführungsformen, Vorträge und ähnliches, die einem nicht zur Verschwiegenheit verpflichteten Personenkreis zugängig gemacht worden sind (z.B. eine Besprechung mit einem Kunden oder ein Kolloquiumsvortrag, bei dem über die Idee geredet wurde). Dabei genügt es, dass solche Personen die Information hätten erhalten können.

- **Die Idee darf nicht nahe liegen.** Jedenfalls darf sie vom Fachmann in Bezug auf den ihm bekannten Stand der Technik nicht als naheliegend beurteilt werden – im Gegenteil, sie muss vielmehr auf sog. 'erfinderischer Tätigkeit' beruhen. Zur Klärung der Frage, ob erfinderische Tätigkeit vorliegt oder nicht, hat sich der sog. Aufgabe-Lösungsansatz durchgesetzt (dieser Name leitet sich daraus her, dass das Produkt die Lösung zu einer Aufgabe bietet). Juristisch formuliert klingt das so:
  „Zunächst gilt es, den sog. nächstliegenden Stand der Technik zu bestimmen (also der Frage nachzugehen: Was gibt es an ähnlichen Produkten bereits?). Darunter ist die in einer einzigen Quelle (z.B. eine Publikation oder ein Patent) offenbarte Kombination von Merkmalen zu verstehen, die den erfolgversprechendsten Ausgangspunkt für eine naheliegende Entwicklung darstellt, die zur beanspruchten Erfindung führt." Dies bedeutet, dass nach Produkten oder Patenten recherchiert wird, die in allen technischen Ausprägungen der neuen Erfindung am nächsten kommen. Nachfolgend ist die objektive technische Aufgabe zu bestimmen, also festzustellen, welches Problem die Erfindung im Vergleich zum Stand der Technik löst, was also das wirklich technisch Neue ist. Schließlich ist es wichtig zu klären, ob es im Stand der Technik irgendeine Anregung gegeben hat, den nächstliegenden Stand der Technik entsprechend weiterzubilden (wurde also z.B. schon mal die zu patentierende Idee in einer Publikation als Möglichkeit skizziert, kann kein Patent erteilt werden). Dabei kann eine erfinderische Tätigkeit nicht allein deshalb abgelehnt werden, weil sich die Erfindung durch eine Kombination von bereits bestehenden Techniken oder Erfindungen ergibt. Salopp formuliert: So wäre einst das Motorrad patentfähig gewesen, als es zwar schon Räder und Motoren gab, aber noch kein Motor-Rad im wahrsten Sinne des Wortes. Reine Produktverbesserungen wie beispielsweise längere Lebensdauer, einfachere Herstellung, sind nicht patentfähig, es sei denn, die Verbesserung basiert auf einer neuen technischen Lösung.
  Auch wenn für Sie als Fachexperte eine Patentidee trivial erscheint (nach dem Motto „Das muss es doch schon geben."), so wäre dennoch möglich, dass sie patentfähig ist. Denn oft stellt eine Patentidee keine technische Herausforderung, sondern eher eine geniale Neukombination dar.

- **Die Erfindung muss ausführbar sein.** Ausführbar ist eine Erfindung dann, wenn bei der Beschreibung Ihrer Idee eine technische Realisierungsmöglichkeit angegeben werden kann, die einen Durchschnittsfachmann in die Lage versetzt, Ihre Erfindung nachzuarbeiten. Mit anderen Worten, Ideen, die nicht in Produkte umgesetzt werden können, sind nicht patentfähig. So können Sie beispielsweise kein Perpetuum mobile zum Patent anmelden, da Sie hierfür kein technisch realisierbares Verfahren finden werden. Sie müssen den Nachweis der Ausführbarkeit aber noch nicht zum Zeitpunkt der Erfindungsmeldung erbracht haben. Er kann im Laufe des Patentanmeldeverfahrens nachgeholt werden.

Anmerkung zum wirtschaftlichen Nutzen: Es geht beim Patentieren in der Regel nicht darum, möglichst viele Patente zu bekommen, sondern möglichst ertragreiche. Um Ihnen die Entscheidung, ob Ihre Idee patentfähig ist, zu erleichtern, können Sie als 'halbwegs erfahrener Patentanmelder' (wenngleich vielleicht noch nicht unbedingt bei der ersten Patentanmeldung) auch einen Patent-Portfolio-Prozess durchlaufen (vgl. auch Abschnitt 17.3.2, Portfolio-Analyse). Bei diesem Prozess geht es im Wesentlichen darum, für jedes (mögliche) Patent zu eruieren, welche Durchschlagskraft es voraussichtlich haben wird. Es gilt also zu prüfen, ob das geplante Patent eine Lösung schützen wird, die technisch und wirtschaftlich so gut ist, dass ein potenzieller Lizenznehmer bereit ist, dafür zu bezahlen und nicht nach einer Umgehungslösung zu suchen. Genauso wichtig ist es aber auch abzuschätzen, welche Marktvolumina für die jeweiligen Produkte zu erwarten sind. Es gibt viele wissenschaftlich und technisch hervorragende Ideen, bei denen es sich aber um Nischenanwendungen handelt, für die ein Patentschutz wirtschaftlich nicht sinnvoll ist. Die Kosten der Patentierung wären dann möglicherweise höher als die Lizenzeinnahmen

PHASE 2: ERFINDUNGSMELDUNG

Den ersten offiziellen Schritt stellt nun das Ausfüllen und Unterschreiben der sog. Erfindungsmeldung dar. Dabei müssen Sie Ihre Idee, die technische Lösung dazu sowie die an der Erfindung beteiligten Personen (mit Angabe des entsprechenden Prozentsatzes, der den Anteil der Personen an der Erfindung angibt) benennen. Dafür müssen Sie sich mit Ihren Miterfindern auf Prozentanteile einigen – tun Sie dies sorgsam, denn fühlt sich an dieser Stelle nicht jeder fair behandelt, wird es mittelfristig nur Ärger um die Patentanteile geben.

- **Beteiligte Erfinder.** Gerade die eben genannten Personenbeteiligungen sind gut zu durchdenken. Nicht selten kommen 'Interessenten' auf die Idee, Ansprüche am Patent zu äußern, z.B., weil diese zufällig am Tisch saßen, als die Idee gesponnen wurde. Wer gilt nun als beteiligter Erfinder? Zu diesem erlauchten Kreis zählen all jene Personen, die einen schöpferischen Beitrag zur Erfindung geleistet haben. Im Zweifelsfall sollten Sie eher großzügig sein bei der Wahl der Miterfinder. Zum einen motiviert eine Erfindung jeden Mitarbeiter ungemein, zum anderen gibt es jede Menge Arbeit auf dem Weg von der Erfindungsmeldung bis zur wirtschaftlichen Nutzung – und dafür braucht es willige Helfer.
  Darüber hinaus ist bei der Anmeldung anzugeben, ob Sie Ihre Erfindung innerhalb eines von einem externen Auftraggeber finanzierten Projekts getätigt haben. Im Falle einer derartigen Projektbindung kann es sein, dass der Auftraggeber mitunter weitreichende Rechte an der Erfindung bekommt. Je nach Projektvertrag laufen Sie Gefahr, entstehende Erfindungen an den Auftraggeber abtreten zu müssen; dies sollten Sie beachten, wenn Sie planen, erfindungsversprechende Forschungsthemen im Zuge von Industrieaufträgen abzuarbeiten.
- **Publikation und andere Außenkontakte.** Nach Einreichung der Patentanmeldung beim Patentamt (aber niemals vorher), dürfen Sie nun auch Ihre Erkenntnisse publizieren. Würden Sie zu früh Ihre Ergebnisse 'ausplaudern' / publizieren, wäre eine Patentierung nicht mehr möglich. Um Ihre Rechte gegenüber dem Wirtschaftspartner nicht zu gefährden bzw. eine möglichst gu-

te rechtliche Situation für sich selbst zu erzielen, sollten Sie eine Erfindung möglichst zuerst anmelden und erst nach Erteilung des Patents an Ihren Wirtschaftspartner herantreten, auch wenn dies für Sie eine zeitliche Verzögerung bedeutet (siehe Abschnitt 19.3.1).

Tipp: Machen Sie sich mit dem Ausfüllen der Erfindungsmeldung vertraut und legen Sie sich solche Ausdrucke bereit. Der wahre Patenthai hat ein Leerformular ständig bei sich – Sie wissen ja, Ideen entstehen gerne auch beim Duschen!

PHASE 3: ERSTELLUNG DER PATENTSCHRIFT

Auf Basis der Erfindungsmeldung, die Sie bei Ihrem Patentbeauftragten an der Universität oder bei der Patentstelle in Ihrer Forschungsorganisation abgeben, wird nun die eigentliche Patentschrift mit all ihren Haupt- und Nebenansprüchen formuliert. In diesem Arbeitsschritt sollten Sie viel Engagement zeigen, es geht ja schließlich um Ihre Erfindung und den **Umfang Ihrer Patentansprüche**. So wird bei der Abfassung der Patentansprüche genau angegeben, wofür Patentschutz bestehen wird. Auch wenn dies primär Aufgabe des Patentfachmanns ist, sollte der Erfinder hier mithelfen. Wenn das Patent erst einmal schriftlich festgelegt und erteilt ist, sind Änderungen kaum noch möglich – man kann dann grundsätzlich nur noch Verbietungsrechte gegen Dritte geltend machen, die alle Merkmale der unabhängigen Patentansprüche nutzen. Es gilt also, möglichst wenig umgehbare Merkmale in die unabhängigen Patentansprüche aufzunehmen und sich gleichzeitig hinreichend vom Stand der Technik abzuheben, um ein Patent erteilt zu bekommen.

PHASE 4: ANMELDUNG UND ERTEILUNG

Die hiesigen Patentprüfer sind angehalten, innerhalb von acht Monaten nach der Anmeldung einen ersten Bescheid herauszugeben, der angibt, ob ein Patent erteilt werden kann. Ist dieser Bescheid positiv, erfolgt die Anmeldung beim Patentamt (Erstanmeldung; zunächst nur in Deutschland). Ist das Ergebnis positiv, sollten Sie sich zusammen mit Ihrem Patentfachmann auch Anmeldungen in anderen Ländern überlegen. Bis zu einem Jahr nach der Anmeldung (für Deutschland) können Sie im Ausland nachanmelden. Durch eine internationale Anmeldung können Sie besonders kostenintensive Schritte um weitere 18 Monate schieben; Sie haben also ab der ersten Anmeldung knapp (wegen der Vorlaufzeiten ein paar Monate weniger) zweieinhalb Jahre Zeit, bis es sehr teuer wird. Aber Vorsicht bei Auslandsanmeldungen: Es können dabei stattliche Summen zusammenkommen, für das Anmelden ebenso wie für das Halten der Patente. Daher sollten Sie sich sehr genau überlegen, welche Regionen (Länderbereiche) für Sie relevant sind.

PHASE 5: NACH DER PATENTANMELDUNG

Sind Sie nun der stolze Besitzer eines Patents, geht es darum, eine lukrative Verwertung dessen zu ermöglichen. Bei der Ausschöpfung Ihres Patents durchlaufen Sie in der Regel folgende Schritte:

- Zunächst können Sie Ihr Patent karriereförderlich in Ihren **Lebenslauf** einfügen. Viele Berufungskommissionen achten bei der Bewertung eines Kandidaten auch auf seine (verwerteten!) Patente (vgl. Abschnitt 3.5). Kennzeichnen Sie im Speziellen, welche Ihrer Patente bereits verwertet (also produziert) wurden, da reine Patentanmeldungen zwar gewünscht, aber zunächst ausschließlich kostenverursachend und (noch) nicht gewinnbringend sind.
- Möglicherweise macht es Sinn, eine kurze **Pressemitteilung** zu lancieren, um Interesse an Ihrem Patent zu erkunden (vgl. Abschnitt 21.4).

Tipp: Erst wenn eine Patentanmeldung erteilt worden ist, ist die Bezeichnung 'Patent' korrekt. Im Sinne des Wettbewerbsrechts kann es gravierende juristische Konsequenzen nach sich ziehen, wenn Sie in Pressemitteilungen und sonstigen Publikationen von Ihrem 'Patent' sprechen und dieses noch nicht erteilt ist.

- Um aus Ihrem Patent nun Ertrag für Ihren Lehrstuhl und aufgrund der Erfindervergütung, auch für Sie selbst und Ihre Miterfinder zu generieren (für Erfinder an deutschen Hochschulen gesetzlich 30 % der Erlöse!), müssen Sie einen oder mehrere **Industriepartner** finden, die Ihr Produkt herstellen und vertreiben können (siehe Abschnitt 19.3.1). Dabei kann die Universität ausschließliche oder nicht ausschließliche Nutzungsrechte an Ihren Wirtschaftspartner vergeben. Der Fall der ausschließlichen Nutzung bedeutet, dass nur ein Industrieunternehmen Ihr Produkt vermarktet. Dies bietet den Vorteil, dass Sie einen höheren Anteil einer Lizenzgebühr (Geldbetrag, der sich am verkauften Produkt festmacht) aushandeln. Im Fall der nicht-ausschließlichen Nutzungsrechte können Sie mehrere Unternehmen mit einer jeweils geringeren Lizenzgebühr vertraglich verpflichten. Welchen Weg Sie gehen, hängt erheblich von Ihrem Patent, den entsprechenden Produkten und Ihrem Wirtschaftssektor ab. Versetzen Sie sich hierzu in die Lage des Partners. Wenn es für den Partner nur dann interessant ist, auf Basis des Patents eine Alleinstellung auf dem Markt zu erreichen, dann sollten Sie dem Partner auch eine ausschließliche Lizenz anbieten. Dies ist vor allem dann der Fall, wenn noch ein erheblicher Aufwand erforderlich ist, bis das Produkt Marktreife erreicht hat. Der Lizenznehmer, also Ihr Wirtschaftspartner, muss in diesem Fall entsprechend Geld und Zeit in die Produktentwicklung stecken und braucht daher aufgrund seiner Investition die Sicherheit, im Markt der einzige Anbieter zu sein. Bedenken Sie dabei, dass er nicht nur den Aufwand hat, die technischen Herausforderungen zu meistern, sondern beispielsweise auch das erforderliche Marketing finanzieren muss, um ein neues Produkt auf dem Markt zu etablieren. Vereinbaren Sie vor allem bei einem ausschließlichen Nutzungsrecht eine Mindestlizenzzahlung. Diese besagt, dass Ihr Wirtschaftspartner Ihnen (unabhängig von der Anzahl der verkauften Produkte) eine jährliche Mindestzahlung leistet. Auf diese Weise stellen Sie sicher, dass Sie verdienen, egal, was der Industriepartner daraus macht. Denn es könnte ja sein, dass der Industriepartner die ausschließliche Lizenz nur deshalb haben möchte, um der Konkurrenz nicht zu ermöglichen, ein ähnliches Produkt auf den Markt zu bringen, obgleich er selbst nicht aktiv werden möchte. Es ist in der Regel empfehlenswert, die Ausschließlichkeit zeitlich zu befristen, sodass noch während der Laufzeit des Patents weitere Lizenznehmer gesucht werden können.

- Auf alle Fälle sollten Sie sich für diese Verhandlung viel Zeit und einen **Patent- bzw. Lizenzfachmann** hinzu nehmen (vgl. auch grauen Kasten zu den Dienstleistungen eines Patentreferenten oder einer Patentstelle). Bleiben Sie der Treiber des Prozesses, da die Patentfachleute oder die in den Universitätsverwaltungen beteiligten Personen in aller Regel weder die Wirtschaftspartner kennen noch in die inhaltliche Arbeit involviert und damit auf Ihre aktive Mitarbeit angewiesen sind.
  In den letzten Jahren sind in allen deutschen Bundesländern Patentverwertungsagenturen eingerichtet worden, die verschiedene Aufgaben für die Universitäten erledigen (siehe grauer Kasten), sofern die Hochschulverwaltungen diese Aufgaben nicht selbst wahrnehmen (können). Patentansprechpartner stehen also entweder im Amt oder in der universitären Verwaltung zur Verfügung.

- Den arbeitsintensivsten Schritt der Ausschöpfung Ihres Patents stellt die Unterstützung bei der Vermarktung der Produkte dar, wenngleich die Hauptaufgabe hierfür meist beim industriellen Vertragspartner liegt. Marketing – das klingt auf den ersten Blick nicht sonderlich motivierend, schließlich sind Sie vorrangig an Forschung interessiert? Niemand erwartet von Ihnen eine totale Verschiebung der Interessen, aber bedenken Sie: jedes verkaufte Produkt spielt Geld in Ihre Lehrstuhlkasse – und auch auf Ihr eigenes Konto! Diesem Prozess der Zusammenarbeit mit der Wirtschaft wurde ein eigenes Teilkapitel gewidmet (Abschnitt 19.3.1).

ZUSTÄNDIGKEITEN / ROLLEN / AUFGABEN IM PATENTPROZESS

Aufgaben des Erfinders

- Hat die Idee
- Füllt die Erfindungsmeldung aus
- Tritt das Patent an seinen Arbeitgeber ab (z.B. Uni oder FhG)
- Holt sich Beratung seitens eines Patentfachmanns
- Sucht Industriepartner
- Hilft bei der Verhandlung der Verwertungsverträge
- Unterstützt den Industriepartner bei der Vermarktung des Produkts

Rolle der Universität oder Forschungseinrichtung

- Ist Eigentümer des Patents
- Vergibt Zulage nach der Anmeldung oder / und Erteilung des Patents
- Verhandelt und unterschreibt den Lizenzvertrag mit dem Industriepartner
- Zahlt Erfindervergütung an den / die Erfinder

Dienstleistungen eines Patentverantwortlichen oder einer Patentstelle

- Betreuung in allen Belangen und Rechtsfragen, von der Entstehung bis zum Umgang mit Forschungsergebnissen
- Beratung und Unterstützung zur Erfindungsmeldung
- Formulierung und Bewertung schutzrechtsrelevant erscheinender Arbeitsergebnisse
- Vorbereitung und Durchführungen von Patentanmeldungen
- Patentamtliche Durchsetzung und Verteidigung angemeldeter Schutzrechte
- Mitwirkung bei Drittmittel- und Kooperationsverträgen zu Fragen der Rechte an Forschungsergebnissen und deren Behandlung
- Schutzrechtsfragen zur Forschungsförderung beantworten
- Verwertung von Erfindungen durch Partner aus Industrie und Gewerbe
- Verwertung von Forschungsergebnissen durch Ausgründungen aus der Universität
- Vertragsregelungen zu Lizenzvergabe und Schutzrechtsverkauf
- Erläuterung aller Rechte und Pflichten aus dem Gesetz über Arbeitnehmererfindungen und deren Novellierung
- Erfindungsvergütung bei der Verwertung von Schutzrechten klären

Rolle der Industrie

- Sollte sich unmissverständlich dazu verpflichtet fühlen, das Produkt, das auf Basis des Patents aus dem Lehrstuhl entstanden ist, zu vermarkten. Es hat schon Fälle gegeben, bei denen die Industrie einen ausschließlichen Lizenzvertrag unterschrieben hat, der nur dem Ziel genügen sollte, die Idee vom Markt fern zu halten.
- Eine Offenlegung der Marktzahlen, auf deren Basis die Lizenzzahlungen an die Universität festgelegt werden, muss selbstverständlich sein.
- Generell sollte der Lehrstuhl bei dieser Art Kooperation ernst genommen werden. Dies sollte sich an einer Verhandlung auf Augenhöhe widerspiegeln.

19.3.3 Eine 'Patent-Kultur' am Lehrstuhl etablieren

Vielleicht sind Sie nun hoch motiviert, sofort etwas zu erfinden und darüber hinaus eine eigene Patentstrategie am Lehrstuhl zu etablieren. Viele gute Ideen zu haben (und als Patent anzumelden), ist die eine Seite der Medaille, diese dann auch noch so voran zu treiben, dass sie nicht versanden, sondern schließlich auch in eine Vermarktung münden, ist eine andere. Die Etablierung einer Kultur am Lehrstuhl, die Erfindungen ermöglicht und gezielt umzusetzen erlaubt, ist längst nicht so trivial wie es zunächst erscheinen mag. Sie müssen Rahmenbedingungen schaffen, die einerseits das innovativ-kreativ Sein und andererseits ein strategisch-wirtschaftliches Denken gewährleisten. Dies gelingt Ihnen beispielsweise mithilfe der im Folgenden genannten Rahmenbedingungen:

Offen sein für Neues. Die wichtigste Voraussetzung ist: Seien Sie wirklich und wahrhaftig offen für Neues. Dies klingt einfach und trivial, zumal wir als Wissenschaftler per definitionem offen für Neues sein sollten. Doch der Mensch ist ein Gewohnheitstier und denkt somit gerne in allzu gleichen Bahnen. Veränderungen sind eher lästig als willkommen, ebenso neue Vorschläge der Mitarbeiter eher unbequem als freudig erwünscht. Kurzum: So, wie Sie in den Wald hineinrufen, so schallt es heraus. Wenn Sie wirklich Offenheit für Neues versprühen und diese auch von Ihren Mitarbeitern fordern, dann wird es sie geben.

Den Erfindergeist durch Führungsverhalten unterstützen. Förderlich für Innovationen ist eine Führung, die dazu beiträgt, dass die Mitarbeiter eine Situation als ...

- **verbesserungs*bedürftig*** wahrnehmen. Das heißt, die Mitarbeiter sind selbst auch vom Sinn und der Vernünftigkeit einer Innovation überzeugt. Diesbezüglich sind oft sog. Trägheitsbarrieren zu überwinden. Wenn Innovationen nicht aktuell wichtig sind und es keinen akuten Leidensdruck / Veränderungsdruck gibt (bspw. weil die Zufriedenheit mit Bisherigem hoch ist), momentan also alles läuft, hat kaum jemand das Bedürfnis, etwas zu verändern. Dies ist darauf zurückzuführen, dass Veränderungen / Neues auch immer mit Unsicherheit und Anstrengung (da Anpassung nötig) verbunden sind. Erzeugen Sie deshalb eine Stimmung, in der Neues stets erwünscht, Veränderungen grundsätzlich etwas Positives sind und Ihre Mitarbeiter nicht 'zu satt' sind.
- **veränderungs*fähig*** einschätzen. Dies bedeutet, dass die Mitarbeiter sich gegenüber der Situation nicht hilflos und passiv ausgeliefert fühlen, sondern an ihr beteiligt sind und sich daher engagieren. Bei hoher wahrgenommener Veränderungsfähigkeit wird Veränderung als Herausforderung und Chance verstanden, die es gilt aktiv zu gestalten. Insbesondere wenn Personen die Erwartung haben, Handlungen erfolgreich ausführen und etwas bewirken zu können, gehen

sie auch Neues / Ungewisses an. Geben Sie Ihren Mitarbeitern daher das nötige Selbstvertrauen, gute Ideen zu haben und auch umsetzen zu können!

- **anerkennend** wahrnehmen. Wesentlich für das Patentverhalten Ihrer Mitarbeiter ist, dass kein Mitarbeiter teamintern Vor- oder Nachteile erfährt, wenn er ein Patent anmeldet, in die Verhandlung mit Industriepartnern einsteigt oder sich um die Vermarktung seiner Idee kümmert. Neid ist völlig fehl am Platz, höchstens vielleicht noch verstanden als ehrlichste Form der Anerkennung oder als Ansporn. Natürlich geht es für den entsprechenden Mitarbeiter um Geld, um seine eigene Erfindervergütung – es geht aber auch um Geld, das an den Lehrstuhl kommt und für Forschung und mögliche weitere Erfindungen verwendet werden kann. Motivieren Sie also Ihre Mitarbeiter in Ihrer täglichen Arbeit, auch ans Erfinden zu denken, und ermöglichen Sie eine offene Diskussionskultur zur Frage von Patenten. So könnten Sie Mitarbeitern Anerkennung entgegenbringen, die Ideen generiert haben und offen über erteilte Patente (mitsamt einem Gläschen Sekt) oder abgeschlossene Lizenzverträge sprechen.

Kreativitätstechniken anwenden. Fördern und stimulieren Sie aktiv den kreativen Output Ihrer Mitarbeiter! Ziehen Sie dazu als Einzelperson oder auch in Kreativitätsworkshops mit Ihrem Team typische Kreativitätstechniken heran. Zu den bekanntesten zählen Brainstorming, Mindmapping und 6-Hüte-Methode (vgl. Kapitel 20, Kreativitätsmethoden). Hüten Sie sich vor Sätzen wie „Ja, aber ...", da diese kreative Einfälle sofort zerreden und jeden Ideenfluss ersticken.

Patentexpertise austauschen. Nutzen Sie die Inspiration und Erfahrung anderer! Lassen Sie vielleicht einen Kollegen, von dem Sie wissen, dass er bereits Erfolge mit Patenten vorweisen kann, oder einen Patentfachmann einen Vortrag zu seinen Patent-Erfahrungen im Kolloquium halten. Dieser könnte Ihnen und Ihren Mitarbeitern die einzelnen Schritte zur Generierung eines Patents, die dabei entstehenden finanziellen Aufwendungen sowie Wege zur Findung von Verwertungspartnern erläutern. Diskutieren Sie zusammen mit Ihren Mitarbeitern darüber, und sprechen Sie Ideen, Patente und Produkte immer mal wieder in Ihren Jours fixes oder Mitarbeitergesprächen an. Damit halten Sie den Prozess am Laufen und das Thema im Fokus.

Konsequent wirtschaftlich denken. Bedenken Sie, dass das Generieren von Patenten Ressourcen (Zeit und Geld) bindet, die an anderer Stelle zunächst fehlen. Insbesondere während des Aufbaus eines Patentbestands (mehrere Patente, die vermarktet werden können) werden Sie bzw. Ihr Lehrstuhl vorerst scheinbar weniger erfolgreich sein, denn der Ertrag aus Lizenzvergaben stellt sich in der Regel erst später ein und ist auch nicht garantiert. Ein mit Bedacht aufgebautes Patentportfolio lohnt sich aber meist.
Sollten Sie nun den Schluss ziehen, ein Patent anzumelden, es aber dann nicht mit einem Unternehmen zusammen zu vermarkten, so wäre dies vergleichbar einer Publikation, die Sie schreiben, aber nie bei einem Verlag / Journal einreichen. In beiden Fällen hätten Sie eine gute Idee und eine Menge Arbeit investiert, aber auf halber Strecke aufgehört und somit letztendlich keine Ernte eingefahren. Um dies zu vermeiden, sollten Sie darauf achten, dass Patente nach ihrer Anmeldung nicht versanden, sondern die Kreativität Ihres Teams auch auf die Vermarktung derselben gelenkt wird. Führen Sie auf diese Weise Ihre Mitarbeiter an die wirtschaftliche und strategische Umsetzung des Ganzen heran. Ganz nebenbei stellen Sie damit auch die (finanziellen) Weichen für Folgeprojekte.

Nun haben Sie die Chancen, aber auch die erforderlichen Schritte erfahren, die es ermöglichen, aus einer Idee ein Patent, mit diesem ein Produkt und letztlich zusätzliche Erlöse für Ihren Lehrstuhl zu generieren. Das Wichtigste bei alldem ist und bleibt, stets mit offenen Augen durchs (Berufs-) Leben zu gehen, Schwächen von Produkten nicht einfach hinzunehmen und immer wieder den Betrachtungsstandpunkt zu verändern. Denken Sie an Verbesserungen und „Just do it!".

FAZIT 'VERWENDUNG UND VERWERTUNG VON FORSCHUNGSERGEBNISSEN'

Ihre Forschungserkenntnisse sollten Sie stets in Ihren weiteren Forschungsprozess einfließen lassen, d.h. sowohl inhaltlich nutzen und weiterverfolgen als auch verwerten. Zur Verwertung stehen Ihnen unterschiedlichste Wege zur Verfügung, u.a. nachstehende:

Veröffentlichungen

Publizieren gehört zu den wesentlichen Aufgaben eines jeden Forschers. Was Sie und Ihre Mitarbeiter dabei berücksichtigen sollten, ist Folgendes:

☝ Warum sollte ich publizieren?
Die Gründe für das Erstellen von Publikationen liegen auf der Hand: Ihr Wissen wird anderen zur Verfügung gestellt. Dieser Wissenstransfer ist der wesentliche Baustein wissenschaftlichen Arbeitens. Publikationen sind darüber hinaus wesentlich für Ihr wissenschaftliches Renommee. Des Weiteren tragen Publikationen zum Image des Lehrstuhls ebenso bei wie zu der Bewertung Ihrer Person (Stichwort Publikationsrating bzw. Zitationsindex). Und nicht zuletzt besteht in vielen, vor allem öffentlich finanzierten Projekten auch eine Pflicht zur Publikation.

☝ Medien für Publikationen
Bei Publikationen sind verschiedene Veröffentlichungsarten und -medien zu unterscheiden. Dazu gehören Buchhandelsmedien, Patentschriften und Gebrauchsmusterschriften sowie graue und weiße Literatur. Darüber hinaus stellt sich die Frage, welche Rechte Sie an einen Verlag abtreten und inwieweit eine Zweitveröffentlichung bzw. das Einstellen einer eigenen Publikation auf Ihrer Website zum Download gestattet ist. Diesbezüglich sollten Sie die Verträge, die Sie mit Verlagen abschließen, genau prüfen.

☝ Für Publikationen geeignete Inhalte
Zur Veröffentlichung bieten sich folgende Inhalte an: Sie können in einem Thema eine Bestandsaufnahme im Sinne eines Überblicks erstellen, neue wissenschaftliche Ergebnisse veröffentlichen, aber auch Debattenbeiträge zu bestimmten Inhalten zum Besten geben. Selbstverständlich eignen sich auch trendige oder innovative Themen oder aber auch formelle Anlässe für eine Publikation.

☝ Prüfen von Inhalten für eine Publikation
Sammeln Sie Ihre Erkenntnisse und bewerten Sie sie regelmäßig nach Qualität und Aussagekraft. Fokussieren Sie Ihre Erkenntnisse zu 'Botschaften' und erstellen Sie daraus Manuskriptthemen für bestimmte Zielgruppen. Achten Sie darauf, nicht zu viel Munition auf einmal zu verschießen; sondern wohldosiert vorzugehen, d.h. so wenig wie möglich und so viel wie nötig, um zu einem guten Paper zu gelangen.

☝ Erstellen eines Manuskripts
Im Zuge der Manuskripterstellung sollten Sie das für Ihre Inhalte passende Journal stets im Hinterkopf haben und die Manuskripterstellung darauf abstimmen. Vergessen Sie nicht, die Frage der Autorenschaft (und bei Koautoren auch das Miteinander im Prozedere des Schreibens) zu klären. Dem Aufbau des Manuskripts sollten Sie besonderes Augenmerk widmen, denn eine gute Gliederung hilft nicht nur dem Leser beim Verständnis, sondern auch bereits Ihnen beim Schreiben.

Forts.

Anträge und Angebote erstellen
Um für Ihre Forschungsideen Gelder akquirieren zu können, ist es unabdingbar, Anträge oder Angebote zu formulieren. Dabei ist Folgendes zu bedenken:

- Antrag und Angebot
  Anträge werden üblicherweise bei öffentlichen Trägern eingereicht und Angebote einem Wirtschaftspartner vorgelegt. Entsprechend werden Angebote beauftragt und Anträge bewilligt.

- Forschungsanträge
  Bei der Erstellung von Anträgen ist zunächst der für Ihr Projekt passende Drittmittelgeber auszuwählen. Insbesondere auf dessen Richtlinien und Vorgaben sowie eine Passung Ihres Antrags zur Ausschreibung ist zu achten. Stellen Sie sich beim Formulieren die Frage, ob der Mitarbeiter der öffentlichen Stelle, der Ihren Antrag bewilligen soll, den Antrag auch verstehen kann. Selbstverständlich sollten Sie auf Vorarbeiten verweisen, eine realistische Kalkulation sowie ein sinnvolles Timing im Antrag angeben.

- Angebote
  Zur Formulierung eines Angebots an ein Wirtschaftsunternehmen sind folgende Aspekte wichtig: Zunächst sollten Sie sich um den für Ihr Vorhaben passenden Kunden bemühen, seine Interessen im Angebot berücksichtigen und seinen Nutzen herausstellen. Oftmals ist es sinnvoll, das beantragte Projekt in Teile zu portionieren. Benennen Sie dazu Meilensteine, bei denen Ihr potentieller Auftraggeber über die Projektergebnisse informiert wird und ggf. das Projekt stoppen kann. Darüber hinaus gelten die gleichen Qualitätsanforderungen wie sie bei Anträgen genannt wurden.

Patente
Eine weitere Möglichkeit zur Verwertung von Projektergebnissen stellen Patente dar. Bei der Anmeldung von Patenten und deren Vermarktung sind zu berücksichtigen:

- Prozess der Patentanmeldung
  Im ersten Schritt, sozusagen als Voraussetzung für eine Patentanmeldung, muss eine Produktidee vorliegen, die neuartig, aber technisch machbar ist. Die Idee darf noch nicht der Öffentlichkeit zugänglich gemacht worden sein. Trifft dies alles zu, kommt es zur Formulierung einer sog. Erfindungsmeldung. Die Erstellung der Patentschrift schließt sich daran an, gefolgt von der Patentanmeldung und -erteilung.

- Vermarktung des Patents
  Ist Ihnen ein Patent erteilt worden, steht nun die Ausschöpfung des Patents an. In aller Regel bedeutet dies, dass Sie sich um einen Industriepartner kümmern müssen, der Ihr Produkt herstellt und auf den Markt bringt.

- Patentkultur am Lehrstuhl etablieren
  Um am Lehrstuhl zu patentfähigen Ideen zu kommen und diese erfolgreich zu vermarkten, bedarf es einer entsprechenden 'Kultur'. Den Erfindergeist Ihrer Mitarbeiter können Sie durch Ihr Führungsverhalten durchaus unterstützen. Des Weiteren ist die Anwendung von Kreativitätstechniken sehr hilfreich. Nicht zuletzt bedarf es eines entsprechenden Know-hows und Grundverständnisses zum Patentprozess. Dazu ist es sinnvoll, sich Patentexpertise bei Fachleuten einzuholen.

20 Kreativitätsmethoden

„Kreativität ist mehr als nur ein Aha-Erlebnis."

Ernst Hany

"Heureka - ich hab's!" Sind Sie wie viele von uns auch heilfroh, wenn Ihnen endlich mal (unter der Dusche oder sonstwo) ein Geistesblitz widerfährt? Doch schön wäre es, die kämen öfter?! Leider kann man diese Geistesblitze kaum provozieren, aber man kann Rahmenbedingungen schaffen, die ein kreatives Denken und eine Ideengenerierung wahrscheinlicher machen. In Abschnitt 20.1 werden entsprechende Einflussfaktoren auf Kreativität beschrieben und in den Abschnitten 20.2 bis 20.5 verschiedene Kreativitätstechniken aufgeführt, welche sich im Speziellen für den Forschungskontext anbieten.

20.1 Einflussfaktoren auf Kreativität

Was ist Kreativität, was nicht? Kreativität bezeichnet die Produktion von neuen und nützlichen Ideen, Produkten oder Antworten,[58] also das Schaffen von etwas Neuem, welches in irgendeiner Art und Weise Nutzen oder Sinn hat (bspw. ein neues Produkt, eine neue Theorie oder Forschungsidee). Kreativ sein, etwas Neues schaffen, macht den allermeisten Menschen Spaß und ist insbesondere für Wissenschaftler absolut unverzichtbar, denn Kreativität ist das Fundament einer guten Forschung. So gesehen können Sie es sich eigentlich gar nicht leisten, nicht kreativ zu sein. Leider glauben wir viel zu häufig, dass wir kreative Prozesse auf Knopfdruck oder durch Einschließen im Labor und ausgedehntes Grübeln erreichen können. Doch ist das ein Trugschluss - auch wenn wir es gerne so hätten - uns fehlen meist gerade dann die Ideen, wenn wir sie dringend bräuchten.

[58] Definition nach Amabile (1983) bzw. Amabile et al. (1996)

„Denk doch mal in eine andere Richtung!" oder „Lassen Sie sich mal etwas ganz Neues einfallen!" sind zwar gut gemeinte Ratschläge - oder ein verzweifelter Aufruf einer Führungskraft - doch selten von Erfolg gekrönt.

Ist Kreativität eine Begabung? Eine Technik? Eine Fähigkeit? Etwas, das nur manche Menschen besitzen und andere eben nicht? Viele Menschen halten sich selbst für nicht-kreativ, doch ganz so pauschal stimmt das nicht. Alle Menschen haben die grundsätzliche Voraussetzung dazu, kreativ zu sein. Unterschiedlich ist allein, wie stark oder schwach diese Ausprägung ist, in welchen Bereichen wir besonders kreativ sind und inwieweit wir uns selbst stimulieren (können), kreativ zu sein. Es gibt kein Wundermittel, das uns in ein kreatives Genie verwandelt. Aber es ist jedem möglich, seine Kreativität zumindest ein wenig zu steigern. Optimalerweise sollten Sie Kenntnis davon haben, wie Sie - bei sich ebenso wie in Ihrem Team - Kreativität freisetzen und entsprechende Prozesse gezielt steuern können. Diesbezüglich stehen Ihnen dreierlei Stellgrößen zur Verfügung (vgl. Abb. 20.1):

- **Situative Voraussetzungen.** Sie sollten die (Arbeits-)Situation derart gestalten können, dass Sie die Wahrscheinlichkeit für das Auftreten kreativer Ideen steigern (vgl. Abschnitt 20.1.1).
- **Voraussetzungen in Ihrer Person.** Sie müssen wissen, wie Sie durch Ihre Art zu denken oder sich zu verhalten, die Wahrscheinlichkeit für kreative Ideen erhöhen können (vgl. Abschnitt 20.1.2).
- **Kreativitätstechniken.** Schließlich sollten Sie über ein gutes Repertoire an Techniken verfügen, um mit den richtigen Vorgehensweisen bei sich und Ihren Mitarbeitern das kreative Denken gezielt unterstützen zu können (vgl. Abschnitt 20.1.3). Da diese Techniken vielfältig und umfangreich sind, werden sie in den Abschnitten 20.2 bis 20.5 ausführlich dargestellt.

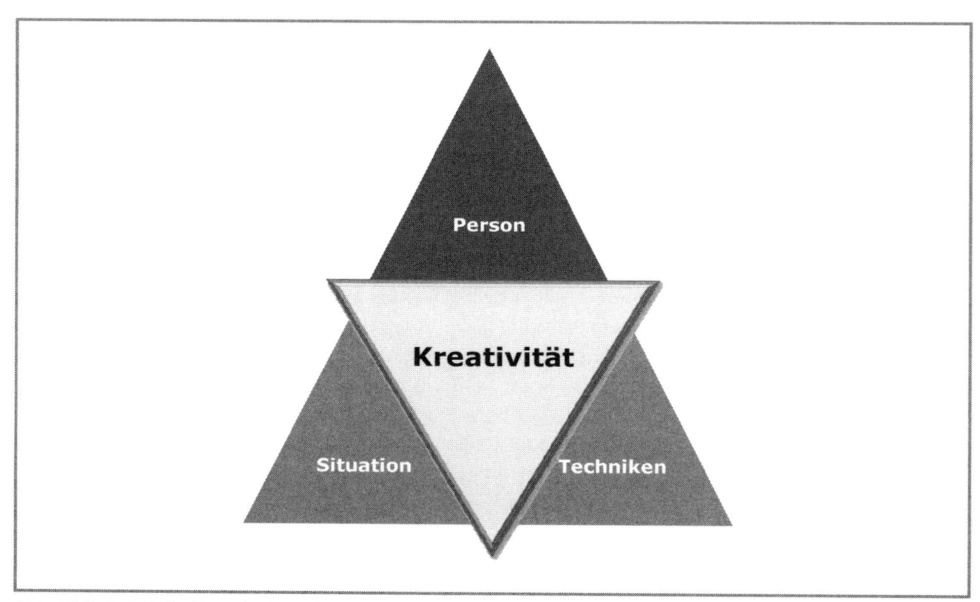

Abb. 20.1. Drei Stellgrößen, die das Auftreten von Kreativität im Arbeitsalltag wahrscheinlicher machen.

In den folgenden Abschnitten wird nun dargelegt, welche Einflussmöglichkeiten Ihnen anhand der drei oben genannten Stellgrößen zur Förderung von Kreativität in Ihrem Arbeitsalltag zur Verfügung stehen.

20.1.1 Die Situation / Rahmenbedingungen

Anregende räumliche Umgebung. Unsere unmittelbare Umgebung hat einen nicht unerheblichen Einfluss darauf, wie und was wir denken und damit auch Einfluss darauf, ob wir kreativ oder eher in gewohnten Bahnen denken. Schaffen Sie sich ein Ambiente, das es wahrscheinlicher macht, kreativ zu sein. Wie das geht? Nun, es gibt wissenschaftliche Hinweise darauf, dass es kreativitätsunterstützend ist, wenn Sie sich schlicht und ergreifend mit Dingen umgeben, die Abwechslung bieten und nicht 'eintönig' oder 'gleichförmig' sind. Wenn Sie beispielsweise ein Bild aufhängen, welches 'Abweichungen' beinhaltet (bspw. ein Kandinsky-Werk), so werden auch beim Betrachter eher Denkmuster aufgebrochen, als wenn er von uniform gestalteten Bildern umgeben ist. Räumliche Eintönigkeit wird ebenso wahrgenommen wie räumliche Abwechslungen. Beide prägen unbewusst das eigene Denken und regen unterschiedliche Denkstile an: Während Eintönigkeit und Konformität im visuellen Blickfeld Personen in ihren Denkmustern fixierter und verhafteter sein lassen, wirken sich Abwechslungen und Abweichungen kreativitätssteigernd aus – das eigene Denken wird unabhängiger, die Ideen vielfältiger. Diese Ergebnisse lassen sich anwenden auf Raumgestaltungen, wie Möbel, Gegenstände, Bilder, Gardinen etc. Haben Sie Mut zu Abweichungen – dies beinhaltet nicht notwendigerweise einen Stilbruch – setzen Sie einfach einen Blickfang ein oder brechen Sie die Durchgängigkeit einer Schrankwand auf. Befreien Sie Ihr Denken durch Vielfalt (aber nicht durch Chaos!) und Anti-Konformität der Raumgestaltung. Natürlich lassen sich auch durch eine anreichernde Umgebung kreativitätsbehindernde Faktoren wie Lärm nicht kompensieren.

Zeitliche Rahmenbedingungen. Damit es überhaupt zu 'kreativen' Phasen im Arbeitsalltag kommt, sollten Sie sich entsprechende Zeitfenster in Ihrem Terminkalender blocken (vgl. Kapitel 2, Persönliche Arbeitsmethodik; im Speziellen die Ausführungen zum Flow). Diese Kreativzeiten sollten Sie in entsprechendem Ambiente (siehe oben) verbringen. Gestalten Sie dieses so, dass es Ihre kreative Entfaltung wahrscheinlich macht und Sie von jeglichen sonstigen Verpflichtungen und Störungen freihält. Legen Sie sich beispielsweise ein Buch für Notizen auf den Schreibtisch, lassen Sie auf dem Whiteboard eine erste Mindmap zu einer neuen Geschäftsidee aufgemalt und auf dem Besprechungstisch die Charts für eine Präsentation, oder andere Dinge, mit denen Sie Ihre kreativen Ideen locken und auch sogleich festhalten können.
Sollten Sie mal von einer kreativen Phase 'überrascht' werden (für die Sie eigentlich gerade kein Zeitfenster vorgesehen hatten), sollten Sie unbedingt prüfen, ob die anstehenden Termine nicht vielleicht doch so variabel sind, dass Sie sie verschieben können, um den Flow Ihrer kreativen Phase voll ausschöpfen zu können (bspw. das kreative Gespräch mit Ihrem Mitarbeiter, bei dem die Patentideen gerade nur so sprudeln: lieber zu Ende führen und dafür die eigentlich mit ihm angesetzte Abstimmung zu einem anderen Thema auf einen späteren Zeitpunkt schieben). Haben Sie die Verschiebemöglichkeit nicht, dann halten Sie die Ideen zumindest stichwortartig fest.

Arbeitsklima. Wer kreativ sein will, braucht einen angst- und druckfreien Raum. Es darf niemand hinter Ihnen stehen, der bei jedem Satz, jeder Idee, die Sie zu äußern wagen, sofort missbilligend mit den Augen rollt oder diese kritisiert. Die meisten Kreativitätstechniken arbeiten daher auch mit strikten Regeln, die eine angstfreie Ideenfindungs- und Entwicklungsphase ermöglichen. Vermutlich liegt die größte Herausforderung allerdings darin, sich selbst diesen druckfreien Raum zu gewähren, denn viel zu oft sind wir selbst unsere schärfsten Kritiker.
Schließlich geht es nicht nur darum, wie man mit entsprechenden Kreativitätstechniken das Produ-

zieren von Ideen unterstützen kann, sondern vor allem darum, Rahmenbedingungen zu schaffen, unter denen sich die Beteiligten trauen, ihre Ideen zu äußern. Ein Klima des Vertrauens ist gefragt, denn wer Angst vor Ideenklau, Imageverlust oder Bewertungsangst hat, wird seine kreativen Gedanken nicht mitteilen und somit weder andere inspirieren noch Stimulation durch die anderen erfahren.
Auch das Wissen um externe Bewertungen einer kreativen Aufgabe reduziert die Kreativität deren Bearbeitung. Weiteres Gift für Kreativität in Organisationen sind Faktoren wie die ständige Erwartung eines kritischen Feedbacks, in dem vor allem auf die Inkompetenz statt auf die Kompetenz der Mitarbeiter fokussiert wird, mangelnde Freiheitsgrade bei der Wahl des Arbeitsstils, zu starke und rigide Regeln („Das hatten wir schon immer so, so etwas hier kommt uns nicht ins Haus.") oder auch die 'Überwachung' der Mitarbeiter, Fehlen von Kooperationsmöglichkeiten mit Kollegen und ein starker Wettbewerb zwischen den Mitarbeitern. Demgegenüber sind die Stärkung der Autonomie und der Kontrollmöglichkeiten des Mitarbeiters (bspw. Arbeitsstil und –zeiten betreffend), Feedback, das vor allem auf die Kompetenz des Mitarbeiters abzielt, eine Aufgabenauswahl, die gut auf den Mitarbeiter passt, sodass er Erfolge erleben kann und sich sicher fühlt, eine Bevorzugung innovativer statt konservativer Ideen, Offenheit für neue Ideen und ein kooperatives Miteinander alles Mittel zur Kreativitätssteigerung.

Zusammenfassend lässt sich festhalten, dass die Arbeitsbedingungen, die wir oder andere uns schaffen, entscheidend mitbeeinflussen, wie kreativ wir sein werden. Weiteres Potenzial, um unsere Kreativität positiv zu beeinflussen, liegt in unserem eigenen Denken, Herangehen und Verhalten.

20.1.2 Die eigene Person

Fleiß und Vorbereitung. Kreative Köpfe erwecken oft den Eindruck, als sei ihnen eine geniale Idee spontan gekommen. Dabei wird jedoch gerne vergessen, dass vor einem vermeintlich spontanen Einfall meist viele Jahre harter und konsequenter Arbeit lagen (bspw. beharrlicher Projektarbeit, konsequenter Visionsverfolgung), denn jeder kreative Mensch muss etwas dafür tun, zu seinen Ideen zu kommen. Fachexpertise ist Forschungsbefunden zufolge weder ein Garant für kreative Ideen noch zwingend erforderlich, aber ganz ohne entsprechende Kenntnisse wird es kaum möglich sein, Innovationen hervorzubringen, denn nach einem Geistesblitz muss noch einiges an Arbeit geleistet werden, damit dieser auch Wirkung zeigen bzw. realisiert werden kann. Darüber hinaus hilft Ihnen eine gewisse Fachexpertise, die Ideen, die Sie generieren, auch zu bewerten (siehe Abschnitt 20.5) und damit einer nachfolgenden Verwertung zuzuführen. Beginnen Sie damit, sich inhaltlich fit zu machen für das Thema, in dem Sie kreativ sein wollen, beispielsweise indem Sie sich die nötigen inhaltlichen Fertigkeiten aneignen oder fehlende Informationen beschaffen – und wenn Sie dann eine Idee haben, verfolgen Sie diese weiter (bis zum Projekt, zum Patent, zur Publikation).
Und genau zu letzterem benötigen Sie eine gesunde Portion Frustrationstoleranz. Gemeint ist damit die Fähigkeit, Zeiten auszuhalten, in denen man mit der eigenen Idee nicht weiterkommt und dabei dennoch nicht aufzugeben. Möglicherweise beginnen wir erst gar nicht mit einem kreativen Vorhaben, weil wir befürchten, es nicht zu schaffen. Wirklich erfolgreiche kreative Menschen machen oft unzählige Anläufe, bis sie eine funktionierende Idee finden. Fangen Sie an und machen Sie weiter, auch wenn die Ergebnisse nicht sofort so ausfallen, wie Sie es wollen.

Ungewohnte Denkbahnen. Kreativität zeichnet sich dadurch aus, dass wir gewohnte Denkbahnen verlassen und bereit sind, Dinge miteinander zu kombinieren, die vielleicht auf den ersten Blick gar nicht zusammen passen. Das ist meist leichter gesagt, als getan, denn oft begrenzen wir uns durch unsere Gewohnheiten selbst. Wir befinden uns dann auf immer denselben gedanklichen

Trampelpfaden und können dort natürlich kaum zu neuen Einfällen kommen. Doch es gibt eine gute Nachricht: Die Fähigkeit, Neues zu denken und gedankliche Grenzen zu sprengen, können Sie üben. Beschäftigen Sie sich dazu mit Dingen, von denen Sie vorher noch nie etwas gehört haben. Fragen Sie andere Menschen nach ihren Ansichten und Herangehensweisen an Fragestellungen; lassen Sie sich von diesen inspirieren; Sie müssen sie nicht gutheißen, sondern nur wahrnehmen, dass Dinge auch anders gehen als Sie dachten. Lassen Sie sich auf Gedanken ein, die Ihnen vielleicht fremd und unsinnig erscheinen (vgl. Konfrontationstechniken in Abschnitt 20.1.3). Tun Sie einfach mal das Gegenteil von dem, was Sie sonst tun. Und denken Sie daran, dass es neben Ihrer persönlichen Ansicht immer auch andere Ansichten gibt, die vielleicht genau den kreativen Anstoß bringen können, den Sie suchen. Seien Sie neugierig und offen für Unbekanntes!
Zur Kreativität gehört auch Flexibilität. Vielleicht kennen Sie den Spruch „Man löst das Problem, indem man sich vom Problem löst.". Sobald wir uns in ein Problem verbeißen, wird es vorbei sein mit der Kreativität. Suchen Sie stattdessen eher alternative Herangehensweisen, neue Wege, um sich der Aufgabenstellung zu nähern (nutzen Sie bspw. 'mentale Provokationen' oder andere Kreativitätstechniken, vgl. Abschnitt 20.4.1). Wenn das Eine nicht klappt, probieren Sie etwas Anderes aus – fragen Sie beispielsweise Mitarbeiter oder Kollegen nach Ideen, wenden Sie alleine oder gemeinsam Kreativitätstechniken an – aber verbeißen Sie sich nicht. Machen Sie lieber eine Pause und kehren Sie zu einem späteren Zeitpunkt zu Ihrem Problem zurück – aber kehren Sie auch zurück und geben Sie nicht einfach auf.

Bodyfeedback. Das Stirnrunzeln oder das 'die Stirn krausziehen', 'Naserümpfen', 'Lippen zusammenpressen' oder auch das 'auf dem Bleistift rumkauen', all dies sind Beispiele für typische Veränderungen der Gesichtsmuskulatur während einer Arbeitssituation. Banalitäten ohne größeren Einfluss beispielsweise auf die Arbeitsleistung, denken Sie? Weit gefehlt, Forschungsergebnisse zeigen einen entsprechenden Einfluss dieses Bodyfeedbacks[59] auf das Leistungsverhalten: Personen, die beispielsweise die Augenbrauen zusammenziehen, während sie eine Aufgabe bearbeiten (entspricht der Kontraktion des Korrugatormuskels), empfinden eine stärkere Anstrengung bei der Aufgabe als Personen, die währenddessen den Zygomaticusmuskel anspannen (das ist die Muskulatur an den Wangen, die ein Lächeln bewirkt). Zudem lässt sich ein Einfluss eben dieser Gesichtsmuskulatur auf das Ausmaß an Kreativität einer Person nachweisen. Die Personen, die während einer kreativen Tätigkeit die Augenbrauen zusammenziehen, sind weniger kreativ als diejenigen, die ein Lächeln zeigen. Folglich sollte, wer möglichst kreativ und ohne Anstrengungsgefühl arbeiten möchte, das Runzeln der Augenbrauen unterlassen. Um kreativitätsförderlicher bzw. vielfältig oder breit zu denken, sollten Sie daher beispielsweise die 'Augen bewusst weit öffnen' (den sog. Frontalismuskel kontrahieren) anstatt die Augenbrauen zusammenzuziehen.

Stimmung und Aktivierung. In guter Stimmung sind Menschen in der Regel kreativer.[60] Dies ist unter anderem darauf zurückzuführen, dass in Abhängigkeit der Stimmung unterschiedliche Denkstile ausgelöst werden. Evolutionstheoretisch betrachtet, signalisiert schlechte Stimmung, dass etwas nicht stimmt, was eine kritischere Vorgehensweise verlangt. Dies widerspricht kreativem Denken, denn wer Vorsicht walten lässt, ist nicht in der Lage, Neues auszuprobieren oder lustvoll seine Umwelt zu explorieren. In guter Stimmung hingegen liegt gefühlt eine sichere, unkritische

---

[59] Das sog. Bodyfeedback bezeichnet den Einfluss, der sich aus der eigenen Körperhaltung, aus Bewegungen und dem Gesichtsausdruck ergibt und das eigene Verhalten beeinflusst. In der Forschung wird hier der Begriff 'Feedback' gebraucht, da es sich um eine Rückkopplung einer Körperempfindung auf das Denken und Verhalten handelt (Adelmann & Zajonc, 1989; Friedman et al., 2003).

[60] Für detaillierte Informationen zum Zusammenhang von Stimmung und Kreativität siehe Baas et al. (2008) sowie Davis (2009).

Situation vor, sodass man vorbehaltloser und 'riskanter' sein kann. Forschungsbefunde zeigen, dass Personen in guter Stimmung besser in der Lage sind, Dinge flexibel zu beurteilen, mehr Spezifika entdecken wie Ähnlichkeiten und Unterschiede zwischen Aspekten. Sie haben damit alle Voraussetzungen, um Probleme kreativer zu lösen und mehr sowie originellere Ideen zu generieren als Menschen in schlechter Stimmung.

Wie können Sie sich nun in positivere Stimmung bringen? Es ist beispielsweise möglich, die eigene Stimmungslage durch das Erinnern eines positiven Lebensereignisses (eine tolle Feier, eine Beförderung, eine ungewöhnliche Reise u. ä.), das Hören fröhlicher Musik oder einer freudigen Stimme, das Riechen angenehmer Gerüche sowie durch eine positiv wirkende Raumgestaltung (bspw. frische Farben, lockere Anordnung von Einrichtung und Accessoires) zu verbessern. Sie kennen sicherlich auch, wie ansteckend ein Lachen einer Person sein kann oder wie sehr das Weinen eines Partners oder Freundes die eigene Stimmungslage beeinflusst (eben noch himmelhoch jauchzend, nun zu Tode betrübt). In der Tat können mehrere Personen, wenn sie aufeinander treffen, einander sowohl mit den positiven als auch mit den negativen Stimmungslagen 'anstecken'. Neben dem klassischen Lachen und Weinen gibt es wesentlich subtilere Mechanismen, die unsere Stimmungslagen mitbestimmen. Bereits die Stimme einer anderen Person, ob sie traurig, fröhlich oder in neutralem Tonfall ihr Anliegen vorträgt, wirkt sich entscheidend auf die Stimmung des Zuhörers aus. Ebenso wird die Mimik eines Gesprächspartners registriert und wenn auch zumeist unbewusst, sogar häufig übernommen. Über diese Form der mimischen Ansteckung (sog. 'Mimikry') kann ebenso positive oder negative Stimmung übertragen werden.

Viele von uns kennen das Phänomen, dass die besten Ideen unter der Dusche oder auf dem Spaziergang kommen. Sie kommen gerade dann, wenn wir keine Lösung erzwingen, sondern uns in Situationen befinden, in denen wir gar nicht an ein bestimmtes Thema gedacht haben. Vielleicht sind Sie gerade aufgewacht oder haben an einem anderen Projekt gearbeitet und plötzlich saust Ihnen eine Idee oder spontane Eingebung durch den Kopf. Dies zeigt nicht – wie fälschlicherweise häufig angenommen wird – dass wir im entspannten Zustand kreativer sind, sondern dass wir in sog. 'aktivierenden Stimmungen' (wie bspw. wenn wir freudig, aufgeregt, ja sogar ärgerlich oder ängstlich sind) mehr und originellere Ideen haben als unter sog. 'deaktivierenden Stimmungen' (wenn wir traurig, depressiv, sehr ruhig, gelassen und entspannt sind). Natürlich ist dies auch vom Ausmaß der Aktivierung abhängig: Wenn wir völlig gestresst und überdreht sind, sind wir selbstverständlich ebenfalls nicht mehr kreativ.

Kurzum: Die Wirkung von Stimmung auf Kreativität ist kontext- und aufgabenbedingt, abhängig von der damit verbundenen Herangehensweise (siehe nächster Abschnitt) und steht des Weiteren im Zusammenhang damit, wie 'aktiviert' wir sind (sog. activation[61]).

Herangehensweise an eine Aufgabe. Um ein- und dieselbe Aufgabe zu bearbeiten, können Menschen entweder eine annähernde oder eine vermeidende Strategie wählen (sog. regulatorischer Fokus[62]). Personen mit Annäherungsstrategien arbeiten direkt auf ihr Ziel hin, sie schlagen vielfältige Wege ein, um die Aufgabenbearbeitung zu erreichen. Personen mit eher vermeidenden Strategien hingegen wollen verhindern, dass die Bearbeitung der Aufgabe gefährdet ist. Aus diesem Grunde wählen letztere beispielsweise häufiger dieselbe Aufgabe wieder, da sie das Gewohnte und damit den sicheren Weg darstellt, während Personen mit annähernden Strategien häufiger neue Aufgaben und Vorgehensweisen wählen und damit sowohl Risiko als auch Chance einer Verände-

---

[61] Für detaillierte Informationen zum Zusammenspiel von Aktivierung und Kreativität siehe Baas et al. (2008) sowie De Dreu et al. (2008).

[62] Für eine Überblicksdarstellung des sog. regulatorischen Fokus siehe Förster und Werth (2009) sowie Werth und Förster (2007).

rung in Kauf nehmen. Diese unterschiedlichen Herangehensweisen wirken sich auch auf die Kreativitätsleistung aus. Personen mit annähernden Strategien haben quantitativ gesehen mehr Einfälle, weisen ein abstrakteres Denkvermögen und auch qualitativ gesehen eine höhere Kreativität auf; sie berücksichtigen mehr Alternativen und können kreativer Probleme lösen als Personen mit vermeidenden Strategien.
Obwohl jeder Mensch tendenziell zu einer der beiden Strategien neigt, kann man dennoch je nach Situationserfordernis die eine oder andere einsetzen. Dies kann – und sollte vor allem bei kreativen Aufgaben – ganz gezielt geschehen. Wer über seine Hoffnungen, Ideale und Wünsche nachdenkt, kann sich dadurch in einen Annäherungsfokus versetzen; wer über seine Verantwortlichkeiten und Pflichten nachdenkt, kann auf diesem Wege einen Vermeidungsfokus aktivieren. In vielen Arbeitsgruppen herrscht ein zur Kreativitätssteigerung sehr dysfunktionales Fehlermanagement, obwohl durch den Umgang mit Fehlern das Risiko- und damit auch das Kreativitätsverhalten der Mitarbeiter entscheidend mitbestimmt werden kann. Beispielsweise wirkt es sich bereits aus, wie eine Aufgabe delegiert wird bzw. was bei erfolgreicher Bearbeitung der Aufgabe in Aussicht gestellt wird: Wird eine Aufgabe mit den Worten delegiert „Fehler können wir uns dabei nicht leisten.“ oder „Bitte seien Sie sorgfältig und akkurat!“, so wird die Aufgabe eher über vermeidende Strategien bearbeitet werden und somit weniger kreativ, dafür aber sorgfältig vorgegangen. Hingegen lösen die Worte „Probieren Sie mal aus, wenn was schief geht, macht's nichts, Hauptsache innovativ.“ oder „Gehen Sie möglichst spontan und schnell vor.“ eher annähernde Strategien aus, die kreatives, aber zugleich auch ein weniger sorgfältiges Vorgehen nachsichziehen.

20.1.3 Die Techniken

Sie haben nun die wichtigsten Randbedingungen der Situation sowie Ihrer Person zur Unterstützung kreativen Arbeitens kennengelernt. Nehmen wir an, Sie sitzen mit Ihren Mitarbeitern gut gelaunt und ungestört in einem abwechslungsreich gestalteten Raum und suchen nach einer guten Idee für eine neue technische Lösung für Ihr Produkt oder ein weiteres Anwendungsgebiet für Ihr Forschungsthema. Die Frage, die sich Ihnen nun stellt, ist die nach der geeigneten Technik, um diesen Kreativitätsprozess zu gestalten. Zum einen benötigen Sie nun ein Instrument, um das Problem genauer einzukreisen, ein weiteres, um die Ideenfindung zu steuern sowie eines, um anschließend die generierten Ideen zu bewerten und weiterzubearbeiten. Und natürlich benötigen Sie eine klare Zielvorstellung, wohin die jeweilige Entwicklung / Ideenfindung gehen soll. Wie Sie hieran bereits merken, haben Sie ganz unterschiedliche Zielsetzungen, in denen Kreativitätstechniken für Sie hilfreich sein können. Ein kreativer Entwicklungsprozess lässt sich entsprechend der darin enthaltenen Schritte unterteilen in (vgl. Abb. 20.2):

- **Gegenstandsfindung** (vgl. Abschnitt 20.2)
  Was kann oder will ich Neues generieren? Wie kann ich eine Forschungslücke finden? Wie lässt sich die Ideenfindung für ein neuartiges Produkt unterstützen?
- **Gegenstandsanalyse** (vgl. Abschnitt 20.3)
  Worauf kommt es bei meinem Problem / meiner Fragestellung an? Welche Randbedingungen, Charakteristika hat mein Gegenstand, die ich für den Entwicklungsprozess beachten muss? Was kann ich in Bezug auf den potenziellen Nutzer, Kritiker, Konkurrenten beachten?
- **Lösungsgenerierung** (vgl. Abschnitt 20.4)
  Welche verschiedenen Lösungsalternativen finde ich? Welche neuen Produkte, Methoden, Umsetzungsvarianten fallen mir ein?

- **Ideenbewertung** (vgl. Abschnitt 20.5)
  Wie sind die generierten Ideen zu bewerten? Welche der generierten Lösungen lohnt es, weiterzuverfolgen?

Es wird Fragestellungen geben, für die Sie alle Schritte nacheinander durchlaufen; in anderen Situationen wiederum, werden Sie beispielsweise gleich in den Schritt der Lösungsgenerierung eintreten, da Ihnen Ihr Kreativitätsziel / -gegenstand bereits völlig klar ist. Möglicherweise werden Ihnen auch Aufgaben begegnen, welche zu einem gegebenen Zeitpunkt nur einen der Schritte erfordern (bspw. nur die Bewertung).

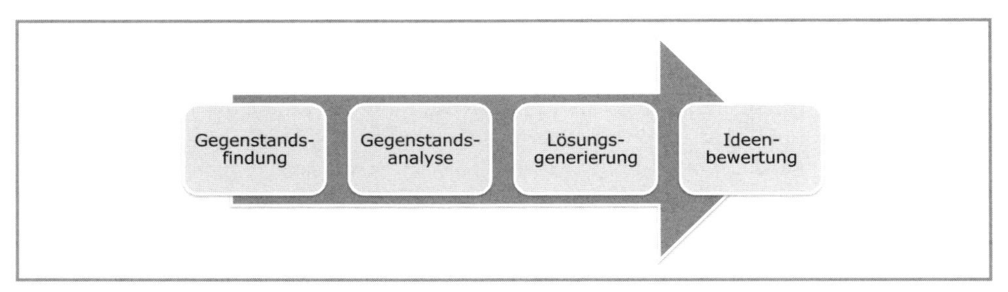

Abb. 20.2. Einteilung der unterschiedlichen Schritte innerhalb eines Entwicklungsprozesses.

Die im Folgenden vorgestellten Techniken (vgl. Tabelle 20.1) unterstützen den Kreativitätsprozess auf ganz unterschiedlichen Wegen und werden teils einzeln, teils auch kombiniert angewandt:

- **Ideen über Assoziationen.** Der Begriff 'Assoziation' stammt aus dem Lateinischen und bezeichnet eine bewusste oder unbewusste Verknüpfung von Gedanken. Während Teilnehmer bei den Kreativitätstechniken des sog. freien Assoziierens (wie bspw. im Brainstorming) ihren Ideen völlig freien Lauf lassen, ohne ihre Äußerungen zu zensieren, erhalten sie bei den sog. strukturierten Assoziationstechniken einen gewissen Rahmen, innerhalb dessen sie ihre Ideen generieren sollen, beispielsweise eine Vorgabe von Eigenschaften, zu denen sie Ideen assoziieren sollen (bspw. in der Osborn-Eigenschaftsliste).

- **Ideen durch Konfrontation.** Techniken der Konfrontation wirken nach dem Grundsatz: „Konfrontiere Dich mit fremden Reizen oder Gedanken, um auf neue Ideen zu kommen." (wie bspw. bei mentalen Provokationen oder der Reizwort-Technik).

- **Ideen durch Imagination.** Techniken der Imagination basieren auf der bildhaften Vorstellung, in die ein Teilnehmer 'eintaucht', um daraus Ideen zu gewinnen (bspw. 'try to become the problem').

- **Ideen durch Systematisierung.** Techniken der Systematisierung unterstützen den Kreativitätsprozess, indem sie einerseits das Denken systematisieren, sodass auf dieser Basis neue Ideen entstehenden können und andererseits die neu entstehenden Gedanken und Ideen in einen geordneten Zusammenhang bringen (typisches Beispiel sind die morphologischen Techniken).

Nachfolgend werden nun die unterschiedlichen Techniken dargestellt. Aus diesen können Sie je nach Anforderung Ihrer Situation, der Vorgehensweisen Ihrer Fachdisziplin und auch Ihrer persönlichen Vorlieben wählen. Alle hier geschilderten Techniken sind gleichermaßen in Einzelarbeit wie in Gruppenarbeit anwendbar (mit Ausnahme der 6-3-5-Methode, da diese explizit auf dem Input anderer aufbaut) und wurden teilweise an den Forschungskontext adaptiert.

Tabelle 20.1. Übersicht der jeweils geeigneten Kreativitätstechniken in Abhängigkeit der jeweiligen Anforderungssituation (in alphabetischer Reihenfolge).

ANFORDERUNGS-SITUATION	TECHNIK	BESCHREIBUNG
Gegenstandsfindung	Brainstorming (Brainwriting)	Durch freies Assoziieren entsteht eine zügige Sammlung spontaner Ideen. ** / *** In der Regel werden beim Brainwriting mehr und vielfältigere Ideen generiert als beim mündlichen Brainstorming.
	Morphologische Techniken (Kasten, Matrix und sequentielle Morphologie)	Sachverhalte werden in abgrenzbare Elemente zerlegt und diese dann variiert und kombiniert, sodass beispielsweise neue Produkte oder Lösungsmöglichkeiten entstehen. **
	Reizwort-Technik	Zufällig ausgewählte Reize (Bilder, Eindrücke, Wörter) werden als Anregung verwendet, um völlig neue Assoziationen und Ideen zu generieren, auf die man ohne diese Reiz-Konfrontation nicht gekommen wäre. **
Gegenstands-analyse	Denkhüte bzw. Denkstile	Durch die Einnahme verschiedener Denkweisen / Perspektiven wird ein ganzheitlicheres / umfangreicheres Bild des Problems / Gegenstands ermöglicht. ***
	Imaginationstechniken	Durch Nutzen einer bildhaften oder situativen Vorstellung werden neue Ansätze für Veränderungen entwickelt. *
	Progressive Abstraktion	Die Problemerkennung wird systematisch erarbeitet, indem durch die schrittweise Entfernung vom Problem eine neue Perspektive und damit neue Ideen gefunden werden. Die Entfernung wird durch die Leitfrage „Worauf kommt es eigentlich an?" erzeugt und das eigentliche Problem stetig auf eine neue bzw. höhere Abstraktionsebene gehoben. ***
Lösungs-generierung	Mentale Provokation	Durch das gezielte Infragestellen bestehender Annahmen und Erfahrungen werden ungewöhnliche Lösungen generiert und Distanz zum Ausgangsprodukt / -gegenstand gewonnen.
	Osborn-Eigenschaftsliste	Durch strukturierte Fragen, die den bisherigen Bezugsrahmen des 'Problemgegenstands' hinterfragen, werden die Veränderungsmöglichkeiten eines bereits vorhandenen Produkts beleuchtet. **
	6-3-5-Methode	Zu den Ideen der anderen Teilnehmer werden systematisch weitere Ideen generiert. **
Ideenbewertung	Ideen-Screening	Die Ideen werden einem kritischen Screening / Kriteriencheck unterzogen, um mit einer Auswahl dann die Umsetzung der Lösung einzuleiten.
	QFD-Methode	Die Ideenbewertung erfolgt hier unter Berücksichtigung definierter Kundenwünsche und Anforderungen.
	Spezialfall Delphi-Methode	Auf Basis von (Experten-) Befragungen werden potenzielle Entwicklungen bewertet.

Anmerkungen: Selbstverständlich eignen sich einige der Techniken auch hervorragend in anderen Anforderungssituationen. Dies wurde entsprechend gekennzeichnet und die Techniken jeweils der Anforderung zugeordnet, in der sie vorrangig von Bedeutung sind. * Einsatz auch für die Gegenstandsfindung, ** Einsatz auch für Gegenstandsanalyse, *** Einsatz auch für Lösungsgenerierung

20.2 Techniken zur Gegenstandsfindung

Kennen Sie die Situation, in der Sie gerne etwas Neues, Kreatives entwickeln würden (ein neuartiges Produkt, ein neues Forschungsfeld), aber noch nicht genau wissen, um was im Detail es dabei gehen könnte? Ihnen fehlt sozusagen die finale Idee oder der klar umrissene zu gestaltende Gegenstand, auf den Sie einen bisherigen Prozess, ein bestehendes Produkt, Ihre bisherigen Methoden noch anwenden könnten? Für diesen Fall gibt es Techniken, die eine entsprechende Gegenstandsfindung unterstützen können, so beispielsweise das klassische Brainstorming (vgl. 20.2.1), morphologische Techniken (vgl. 20.2.2) sowie die Reizwort-Technik (vgl. 20.2.3).

20.2.1 Brainstorming

Gegenstand der Technik

Brainstorming ist die wohl bekannteste und freieste Form der kreativen Sammlung von Ideen. Sie arbeitet buchstäblich nach dem Motto „using the brain to storm a problem", sammelt sozusagen Geistesblitze jeder Art und nutzt dabei alle Einfälle und Assoziationen der Teilnehmer.

Bevorzugte Einsatzgebiete

Die Methode eignet sich unter anderem hervorragend dazu, ein möglichst breites Ideenspektrum zu erhalten. Diese Methode ist demnach überall dort geeignet, wo auf offene Frage- bzw. Problemstellungen eine Vielzahl an Antworten gesucht wird. Sollten bestimmte Vorgaben, Einschränkungen oder Kriterien zu dem Fragegegenstand bestehen (bspw. im Falle von Ideen für einen Betriebsausflug die Eckdaten 'Dauer eines Tages', 'Umkreis von 90 km', 'Kosten von maximal 50,- € pro Person', 'Ausflug muss behindertengerecht sein'), so sollten Sie diese unbedingt benennen. Je präziser Sie dies tun, desto wirkungsvoller wird die Methode sein.

Vorbereitung und Materialbedarf

Brainstorming bedarf vor allem einer eindeutigen, unmissverständlichen, offenen Frage- bzw. Aufgabenstellung (siehe 'Tipps und Besonderheiten'). Materialbedarf besteht hinsichtlich der Visualisierung der Beiträge beispielsweise Flipcharts, Whiteboard oder Pinnwand (bei Einsatz der Kartenabfrage – siehe dazu Abschnitt 9.6).

Ablauf und Durchführung

Meist wird ein Brainstorming so realisiert, dass alle Teilnehmer ihre Ideen einem Moderator durch Zuruf mitteilen, der sie dann beispielsweise an einem Flipchart schriftlich festhält.

Forschungsbefunden zufolge macht dies einer Gruppe zwar meist sehr viel Spaß und sie hält sich auch für produktiv, doch bringt eine Gruppe auf diese Weise leider sowohl quantitativ als auch qualitativ weniger kreative Ideen hervor, als in dem Falle, wenn die Gruppenmitglieder zunächst in einem ersten Schritt getrennt voneinander Ideen entwickeln und diese dann in schriftlicher Form zusammengetragen hätten.[63] Damit ist das erzielte Gesamtergebnis in der Gruppenbearbeitungsform schlechter als die potenzielle Summe der Einzelleistungen. Grund dafür sind zum einen reine Ablenkungsprozesse (man lässt die anderen ausreden und vergisst beim Zuhören seinen eigenen Gedanken; des Weiteren hört man die Idee der anderen und denkt sodann in diese Richtung weiter und nicht mehr in die zuvor selbst eingeschlagene Richtung) und zum anderen die sog. Illusion der Produktivität (man denkt sich „Das hätt ich auch gesagt!", hätte man aber nicht). Wann immer es

[63] Diese Leistungseinbuße gilt vor allem für bereits bestehende Arbeitsgruppen; in ad hoc bzw. neu zusammengestellten Brainstormingteams werden durchaus bessere Brainstormingleistungen erzielt (Nemeth & Ormiston, 2007).

bei einer Ideengenerierung auf eine große Quantität und Qualität der Ideen ankommt, sollten Sie die Ideensammlung in Einzelarbeit schriftlich durchführen – man spricht deshalb auch vom Brainwriting (jeder schreibt zunächst für sich seine Ideen auf; oder bringt sie sogar vorbereitet zur Sitzung mit). Auf diesem Weg wird der individuelle Kreativitätsprozess nicht unterbrochen. Die Beiträge können dann in einem zweiten Schritt zusammengetragen (bspw. an der Pinnwand), ergänzt und diskutiert werden (sog. Stepladder-Prinzip). Bei einfacheren Fragestellungen wie beispielsweise „Was machen wir beim nächsten Betriebsausflug?", bei denen es Ihnen mehr um das gemeinsame Ideengenerieren und Entscheiden geht als um das Sammeln besonders origineller und vielseitiger Ideen, können Sie natürlich auf das schriftliche Sammeln verzichten und sich gleich in der Gruppe Ideen zurufen lassen.

Im Folgenden wird die Durchführung beider Varianten (Brainstorming und Brainwriting) beschrieben:

- Zu Beginn des Brainstormings / -writings wird die eigentliche Fragestellung (vgl. Abschnitt zu Tipps und Besonderheiten) definiert und bei Bedarf auch Hintergrund und Ziel vorgestellt.
- Die Methode und ihre Regeln werden erläutert:
    - Jede Idee ist erwünscht, jede Aussage ist zulässig. Auch spinnig erscheinende Gedanken sollen frei und ohne Hemmungen geäußert werden (um das zu unterstützen, empfiehlt sich wieder das o.g. 'Brainwriting' mit einem anonymen Kartenschreiben).
    - Im Falle des Brainwritings: Jeder generiert zunächst schriftlich für sich selbst Ideen, um unbeeinflusst von den Ideen anderer zu sein.
    - Ziel ist ein maximales Produzieren von Ideen (Quantität geht hier vor Qualität).
    - Ideen der anderen dürfen und sollen später aufgegriffen werden.
    - Grundsätzlich gilt: Ideen und Gedanken werden nicht kritisiert oder kommentiert.
- Im Falle des Brainstormings (der Zuruf-Form) sammelt der Moderator nun per Zuruf die Ideen am Flip oder auf Karten (die er an die Pinnwand heftet) (zu Zuruf- oder Kartenabfrage siehe Abschnitte 9.5 und 9.6).
- Im Falle der schriftlichen Form des Brainwritings erfolgen nun zusätzliche Schritte:
    - Moderationskarten und Stifte (zwecks verbesserter Lesbarkeit solche mit breiter Schreibkante) werden an die Teilnehmer ausgegeben. Die Anzahl der Karten ist von Ihnen festzulegen: Sie richtet sich nach der Fragestellung, der Anzahl der Teilnehmer und der zur Verfügung stehenden Zeit (zur Kartenanzahl siehe 'Tipps und Besonderheiten').
    - Pro Karte wird zur Fragestellung von den Teilnehmern je eine Idee / ein Lösungsvorschlag notiert.
    - Der Moderator sammelt die Karten ein, liest sie unkommentiert vor und heftet sie an die Pinnwand.
- Neue Ideen können jederzeit ergänzt werden.
- Erst wenn dieses kreative Sammeln beendet ist, werden die Karten thematisch geordnet und können in einem letzten Schritt auf ihre Verwendbarkeit hin überprüft werden. Dieser Schritt ist mitunter der aufwändigste bzw. schwierigste und kann durchaus Diskussionen auslösen (siehe Abschnitt 9.6 zur Moderationsmethode 'Kartenabfrage' und Gruppieren).

Tipps und Besonderheiten
Achten Sie darauf, dass Sie **'geeignete' Fragestellungen** auswählen. Geeignet sind solche Formulierungen, die ...

- eindeutig und unmissverständlich in Ausdruck und Wortwahl sind – Ambiguitäten verwirren und können die Ideengenerierung inhaltlich in falsche Richtungen lenken.
- offen in ihren potenziellen Antworten sind. Dies erreichen Sie insbesondere durch Fragen, die mit „Wie ...?" oder „Was ...? beginnen. Lassen Sie des Weiteren der Kreativität offen, woher sie ihre Ideen schickt: Die Frage „Wie können wir die Vorlesung didaktisch besser gestalten?" eröffnet beispielsweise ein breiteres Antwortspektrum als „Wie können wir die Vorlesungsfolien besser gestalten?".
- bedingungsarm sind. Eine Bewertung der Ideen beispielsweise in Bezug auf ihre Eignung / Anwendbarkeit sollte immer ein nachgeschobener Schritt sein, denn möglicherweise lassen sich aus einem breiteren Portfolio geniale Ansätze entwickeln, auf die Sie unter 'limitierten Voraussetzungen' gar nicht gekommen wären. Die Ausgangsfrage „Wie können wir ohne größeren / bei gleichbleibendem Kostenaufwand mehr Marketing betreiben?" ist entsprechend weniger geeignet, als „Wie können wir mehr Marketing betreiben?".
- nicht komplex sind. Brechen Sie schwierige oder solche mit vielerlei Bedingungen / Limitierungen lieber in einzelne, handhabbare Unterthemen bzw. Arbeitsschritte herunter.

Optimal sind **Gruppengrößen** von sechs bis acht Teilnehmern. Jene können bei dieser Methode durchaus auch aus verschiedenen Wissensgebieten oder Erfahrungsbereichen kommen – das erhöht in produktiver Weise den Ideenpool. Eine wichtige Voraussetzung ist allerdings, dass sich die Teilnehmer als gleichwertig empfinden und einander (sowie die Ideen der anderen) respektieren, denn nur so kann eine positive Kreativitätsatmosphäre geschaffen werden. Unterschiedliche hierarchische Stufen unter den Teilnehmern können sich als schwierig erweisen (wenn bspw. die studentischen Mitarbeiter sich nicht trauen, Beiträge abzugeben, wenn Sie als Professor mit im Kreis sitzen), sehen Sie dann lieber vom Brainstorming (und v.a. dem verbalen Zurufen) ab und wählen Sie eine 'anonymere' Variante wie beispielsweise die 6-3-5 Methode (siehe unten).

Brechen Sie das Brainstorming nicht gleich ab, wenn der **Ideenfluss** nur spärlich beginnen sollte, oft werden zu Beginn nur konventionelle Ideen geliefert und die wirklich guten kommen erst mit der Zeit. Je nach Ihren Vorgaben (Zeitvorgabe, Kartenanzahl o.ä.) kann die Ideengenerierung mit dieser Methode von wenigen Minuten bis hin zu Stunden dauern. Bilden Sie bei größeren Gruppen mehrere Kleingruppen – so bleibt der 'Ideensturm' für den Moderator bewältigbar und Sie stellen zudem sicher, dass jeder zu Wort kommt und keine Beiträge verloren gehen. Vergeben Sie ggf., wenn Sie sich für das verbale Zuruf-Brainstorming entscheiden, zwei Rollen: Moderator und Schreiber – denn im Ideensturm wird es schnell gehen und Vieles auf den Moderator einprasseln.

Wenn Sie mit der **Methode der Kartenabfrage** arbeiten, sollten Sie vorab bedenken, ob Sie eine fixe Kartenanzahl pro Person festlegen wollen. Eine Begrenzung („Jeder schreibt maximal drei Karten.") kann beispielsweise dann Sinn machen, wenn es gilt, die weiterzuverarbeitende Kartenanzahl überschaubar zu halten; eine Mindestmenge an Karten („Jeder bringt sich mit mindestens zwei Karten ein.") kann die Mitwirkung aller Teilnehmer sicherstellen. Eine unbegrenzte Kartenanzahl pro Teilnehmer wiederum hat den Vorteil, eine möglichst hohe Vielfalt an Ideen zu erreichen. Schließlich könnten Sie auch anstelle der Kartenanzahl ein Zeitlimit vorgeben („Jeder hat fünf Minuten Zeit, seine Karten zu schreiben – egal wie viele bis dahin geschafft werden, die Zeit ist dann um."). Dies macht vor allem dann Sinn, wenn Sie nur ein enges Zeitfenster zur Verfügung haben. Allerdings müssen Sie dann in Kauf nehmen, weder eine gleiche Beteiligung der Teilnehmer (einer hat in fünf Minuten nur zwei Karten, ein anderer fünf Karten geschrieben) sichergestellt noch den ungehinderten Fluss des Ideenstroms berücksichtigt zu haben.

Variation

Brainstorming mit verdrehten Formulierungen (sog. Kopfstand-Technik)

Diese Methode funktioniert nach dem gleichen Prinzip wie das eben beschriebene Brainstorming / Brainwriting, allerdings wird die Problemlage hier in ihr Gegenteil verkehrt. Aus der Leitfrage „Wie können wir an unserem Institut unsere Mitarbeiter noch schneller Eigenverantwortung übernehmen lassen?" würde beispielsweise „Was müssten wir tun, damit unsere Mitarbeiter noch unselbständiger werden?" oder „Wie kann ich verhindern, dass unsere Mitarbeiter eigene Entscheidungen treffen?". Aus der Leitfrage „Wie müsste unser Produkt sein, damit es mehr Menschen kaufen?" würde beispielsweise „Wie müsste unser Produkt sein, damit es niemand kauft?". Diese Technik gibt die Erlaubnis, das Unmögliche zu denken und kann ein guter Einstieg in das Thema sein und eröffnet eine völlig neue Sicht auf die Dinge sowie entsprechende Lösungsmöglichkeiten.

Tipp: Schreiben Sie die 'verdrehten' Ideen links in eine Tabelle; suchen Sie dann die dazu passenden (also konvertierten) Lösungen und notieren Sie sie jeweils rechts daneben.

20.2.2 Morphologische Techniken

Grundprinzip morphologischer Techniken

Da es mehrere Techniken gibt, die nach dem morphologischen Prinzip funktionieren, soll an dieser Stelle kurz auf ihre Gemeinsamkeiten eingegangen werden, bevor sie im Einzelnen erklärt werden. Der Begriff 'Morphologie' stammt aus dem Griechischen und bedeutet 'Lehre der Gestaltung, Strukturierung und Formung'. Die jeweiligen Techniken (morphologischer Kasten, morphologische Matrix etc.) erzeugen auf unterschiedlichen Wegen eine bestimmte Strukturierung bzw. Ordnung – daher die Namensgebung. Bei allen morphologischen Methoden wird stets der Kernfrage nachgegangen, aus welchen Einzelteilen sich Gegenstände bzw. aus welchen Elementen sich Lösungen aufbauen lassen. Dazu werden Produkte, Sachverhalte etc. in abgrenzbare Elemente zerlegt und diese dann so variiert und kombiniert, dass neue Produkte oder Lösungsmöglichkeiten entstehen.

Die Haupteinsatzgebiete der morphologischen Techniken sind eher produktbezogen, so eignen sie sich beispielsweise hervorragend für die Produktideenfindung, Produktkonzepterstellung und Analyseprobleme, sie lassen sich aber auch auf Dienstleistungen u.Ä. anwenden. Im Folgenden finden Sie unterschiedliche Varianten, die auf dem morphologischen Ansatz beruhen.

MORPHOLOGISCHER KASTEN

Gegenstand der Technik

Im Rahmen des morphologischen Kastens wird beispielsweise ein Produkt gedanklich in seine Bestandteile zerlegt (wie bspw. bei einem Edding Kappe, Mine und Hülle) und diese Bestandteile wiederum hinsichtlich aller möglichen Ausprägungen (wie bspw. Farbe der Kappe, runde oder abgeschrägte Schreibspitze, Breite der Mine) in einer Tabelle aufgelistet. Durch die Kombination der unterschiedlichen Ausprägungen lassen sich vielfältige Varianten durchspielen und neue Gestaltungs- / Lösungsmöglichkeiten ableiten. Die Methode geht der Frage nach, wie sich einzelne Ausprägungen der Bestandteile zu einem neuen Konzept / Produkt kombinieren lassen.

Ein morphologischer Kasten im räumlichen Sinne entsteht nur dann, wenn die Morphologie aus drei Bestandteilen besteht, welche dann als die Achsen eines Kastens angeordnet werden – daher der Name der Methode.

Vorbereitung und Materialbedarf

Zur Arbeit mit dieser Methode benötigen Sie:

- Eine eindeutige Frage- bzw. Problemstellung
- Ausreichend Platz zur Visualisierung der Beiträge (idealerweise eine mit Packpapier bespannte Pinnwand – ggf. auch Moderationskarten – oder ein Whiteboard)
- Zur Bestimmung der wesentlichen Bestandteile benötigen Sie einen / mehrere Teilnehmer mit einem tieferen Verständnis des Problemgebiets. Unter der Voraussetzung, dass die Bestandteile bereits eindeutig beschrieben sind, können für die weiteren Schritte (Füllen der Tabelle und Bilden der Kombinationen) auch Teilnehmer mit weniger Fachexpertise herangezogen werden. Für die abschließende Diskussion und Auswertung benötigen Sie allerdings wieder Teilnehmer mit Expertise.

Ablauf und Durchführung

Stellen Sie den Teilnehmern zunächst die Methode und ihren Anwendungsbezug bzw. die Fragestellung vor. Der Ablauf gestaltet sich dann wie folgt:

- Notieren Sie die Ausgangsfrage als Überschrift auf dem von Ihnen gewählten Medium (bspw. Whiteboard, Pinnwand).
- Zerlegen Sie Ihr Produkt in seine zentralen Bestandteile (Parameter bzw. Merkmale). Am Beispiel des Schreibgerätes wären das Mine, Kappe und Hülle.
- Prüfen Sie die aufgestellten Bestandteile, bevor Sie sie weiterverarbeiten, nach den folgenden Kriterien:
    - Sind sie sachlich voneinander unabhängig? Sie dürfen sich beispielsweise nicht bedingen (bspw. dürften Sie 'Kunststoffteile' nicht aufführen, wenn Sie die Bestandteile 'Kappe' und 'Hülle' haben).
    - Sind sie vollständig? Oder gibt es weitere wesentliche Bestandteile?
    - Sind sie wesentlich? (Lassen Sie unwesentliche Bestandteile weg, diese bringen Sie nicht weiter.)
- Übertragen Sie die Bestandteile in eine Tabelle. Diese werden in der Spalte ganz links aufgelistet.
- Listen Sie nun die Ausprägungen / Ausführungsformen der einzelnen Bestandteile auf und tragen Sie sie zeilenweise jeweils rechts neben den Bestandteilen in die Tabelle ein (siehe Tabelle 20.2). Beachten Sie, dass Sie nun sämtliche Ausprägungen auflisten können, die Ihnen in den Sinn kommen – es wird lediglich nach Varianten gesucht, ein Zusammenhang mit dem Originalprodukt muss überhaupt nicht bestehen. So könnten Sie zum Bestandteil 'Mine' alles auflisten, was Ihnen an Minen bzw. Schreibköpfen einfällt (bspw. aufladbare Minen oder solche, mit einer Kugelspitze). Dadurch lösen Sie sich von dem bestehenden Bild (des Schreibgeräts) und können neue Ideen / Kombinationen in Betracht ziehen.

- In der nun entstandenen Tabelle ergibt sich aus der Kombination der Zellen eine Vielzahl potenzieller Gesamtlösungen. Abschließend sollten Sie die für Sie erfolgversprechenden Kombinationen auswählen und mit Ihrem Team diskutieren.

Tipps und Besonderheiten
Die Abgrenzung der Bestandteile und Ausprägungen ist mitunter nicht immer eindeutig, entscheiden Sie sich hier bewusst für eine Variante.

Tabelle 20.2. Anwendungsbeispiel zur Wärmeerzeugung in häuslicher Umgebung.

ELEMENT	AUSPRÄGUNGEN				
Brennstoff	1.1 Gas	1.2 Öl	1.3 Strom	1.4 Kohle	1.5 Holz
Räumliche Gestaltung	2.1 Flächig	2.2 Als Ofen	2.3 Als Feuerstelle	2.4 Als Heizkörper	2.5 Als Lüfter
Nutzungsart	3.1 Temperierung	3.2 Heizung	3.3 Hitzeerzeuger	3.4 Dekoration	
Wärmeträger-Medium	4.1 Strahlung	4.2 Luft	4.3 Wasser		
Ideen:	1.5 + 2.3 + 3.4 + 4.4 = dekorative Feuerstelle 1.1 + 2.5 + 3.3 + 4.2 = Haartrockner 1.3 + 2.4 + 3.3 + 4.2 = Sauna				

MORPHOLOGISCHE MATRIX

Gegenstand der Technik
Ebenso wie der morphologische Kasten setzt sich auch die morphologische Matrix[64] aus Bestandteilen und Ausprägungen zusammen. Der wesentliche Unterschied zwischen den beiden Varianten besteht nun darin, dass bei der Matrix gezielt zwei Produkte, Prinzipien, Elemente o.Ä. (bspw. 'Sportgerät' und 'Kleidung' oder auf der Suche nach Nischen für Kosmetikprodukte die Begriffe 'Pflegefunktion' und 'Pflegebereich') miteinander kombiniert werden. Bei dieser Kombination entstehen in der Regel Lücken, d.h. Kombinationen, die man noch nicht kennt – sie sind von besonderem Interesse – ggf. aber auch Nullfelder, d.h. solche, deren Kombination keinen Sinn ergibt. Fokussieren Sie die Lücken, denn sie sind insbesondere für Forschung und Innovationssuche erfolgversprechende Nischen oder aber auch Problemfelder. Letzteres führte auch zu dem alternativen Namen 'Problemfelddarstellung' für diese Methode.

---

[64] Das aus der Chemie bekannte Periodensystem der Elemente ist das sicherlich bekannteste Beispiel einer morphologischen Matrix, bei deren Aufstellen man damals durch Kombination der einzelnen Ausprägungen noch nicht erforschte Elemente identifizieren konnte (inzwischen sind natürlich auch diese erforscht).

Vorbereitung und Materialbedarf
Hier gelten die gleichen Vorgaben, wie oben beim morphologischen Kasten.

Ablauf und Durchführung
Stellen Sie den Teilnehmern zunächst die Methode und ihren Anwendungsbezug bzw. die Fragestellung vor. Der Ablauf gestaltet sich dann wie folgt:

- Notieren Sie die Ausgangsfrage als Überschrift auf dem von Ihnen gewählten Medium (bspw. Whiteboard, Pinnwand).
- Zerlegen Sie Ihr Produkt in zentrale Bestandteile (Parameter bzw. Merkmale).
- Prüfen Sie die aufgestellten Bestandteile, bevor Sie sie weiterverarbeiten, nach den folgenden Kriterien:
    - Sind sie sachlich voneinander unabhängig? Sie dürfen sich beispielsweise nicht bedingen.
    - Sind sie vollständig? Oder gibt es weitere wesentliche Bestandteile?
    - Sind sie wesentlich? (Lassen Sie unwesentliche Bestandteile weg, diese bringen Sie nicht weiter.)
- Entscheiden Sie, welche zwei Bestandteile ausgewählt und in der Matrix aufeinander angewandt werden sollen (bspw. jene, die Ihnen am wichtigsten oder interessantesten erscheinen).
- Zeichnen Sie eine Matrix und übertragen Sie die Bestandteile – einen vertikal in die erste Zeile (Kopfzeile), den anderen horizontal in die erste Spalte (Vorspalte).
- Listen Sie die Ausprägungen / Ausführungsformen der einzelnen Bestandteile auf und tragen Sie sie zeilenweise jeweils rechts neben bzw. unterhalb der Bestandteile in die Matrix ein (siehe Tabelle 20.3).
- Gehen Sie nun zeilenweise vor und kombinieren Sie die einzelnen Ausprägungen.
    - Kombinationen, die keinen Sinn ergeben (unabhängig davon, ob rein technisch machbar oder nicht), werden als sog. Nullfelder markiert und nicht weiter betrachtet (am besten streichen Sie diese durch).
    - Kennzeichnen Sie Felder, die bereits ausreichend gut untersucht oder (je nach Beispiel) mit Angeboten versorgt sind, mit einem 'A' oder anderen Zeichen.
    - Kennzeichnen Sie jene Felder, über die Sie noch keine ausreichenden Informationen oder Kenntnisse besitzen und die weiterer Klärungen bedürfen, mit einem '?'.
    - Kennzeichnen Sie jene Felder, in denen noch keine Produkte / keine Forschungsergebnisse existieren, mit 'L' für 'Lücken'.
- Nun haben Sie die Felder identifiziert, die sich anbieten, um entsprechende Nischenprodukte / Forschungsideen zu entwerfen (L-Felder).

Tipps und Besonderheiten
Der Nachteil der Methode besteht in der Beschränkung auf wenige Bestandteile (in der üblichen Darstellung sogar nur zwei Parameter oder Merkmale) pro Matrix. Daher kann es sinnvoll sein, parallel in mehreren Kleingruppen mit unterschiedlichen Matrizen zu arbeiten. Die vielversprechendsten Ergebnisse können dann im Anschluss an die Kleingruppenarbeit dem restlichen Plenum vorgestellt, diskutiert und ggf. sogar ergänzt werden.

Sollten Sie eine Matrix entwickelt haben, bei der keine Nischenfelder mehr unerforscht sind, so verfeinern Sie die Matrix, indem Sie die Ausprägungen der Parameter weiter differenzieren.

Tabelle 20.3. Morphologische Matrix angewandt auf Verkehrsmittel.

BASIS FÜR ANTRIEBS-ENERGIE / BEFÖR-DERUNGS-MITTEL	KOHLE	DIESEL	STROM	WIND
Schiff	A => Dampfschiff	A => Heutige Technik	L => Speichertechnologie	A => Segelschiff
Zug	A => Kohle	A => Diesel-Lok	A => E-Lok	
LKW		A => Diesel-LKW	L => e-Mobility	
PKW		A => Diesel-PKW	L => e-Mobility	? => Windrad lädt Batterie
Motorrad			L => e-Mobility	
Fahrrad			L => e-Mobility	

Anmerkung: Schraffierte Felder kennzeichnen sog. Nullfelder, die nicht weiter betrachtet werden. 'A' steht für Angebotsfelder, die bereits gut untersucht sind; das Fragezeichen für klärungsbedürftige Felder und 'L' für die Lücken, d.h. für erforschungswürdige Nischen.

VARIATION: SEQUENTIELLE MORPHOLOGIE

Bei der sequentiellen Morphologie handelt es sich um eine Weiterentwicklung der morphologischen Methoden, welche eine Priorisierung bzw. Gewichtung integriert. Sie eignet sich sowohl für den morphologischen Kasten als auch für die Matrix. Die Gewichtung erfolgt entsprechend ihrer Bedeutung für das zu lösende Problem (bspw. durch Vergabe einer Zahl von 0,1 - 1,0; es können auch gleiche Gewichtungen vergeben werden). Die Gewichtungen werden vorgenommen, noch bevor die Felder der Matrix / des Kastens gefüllt werden. Im Falle des morphologischen Kastens werden dabei die Bestandteile, im Falle der Matrix die Ausprägungen gewichtet – abgesehen davon ist die Vorgehensweise identisch.

Die Variante der sequentiellen Morphologie eignet sich insbesondere dann, wenn man für seine Lösungen an zentralen Bestandteilen bzw. Ausprägungen eines Produkts oder Prozesses festhalten will, denn durch die Kombination der jeweils priorisierten Ausprägungen / Bestandteile wird die wichtigste Kombination herausgearbeitet. Ein weiterer Vorteil besteht darin, dass die besten Alternativen leichter identifiziert werden können (und nicht erst in einer nachgeschalteten Diskussion). Nachteilig ist, dass der Gestaltungsspielraum eingeengt wird, da man sich schon früh auf einige wenige Bestandteile / Ausprägungen festlegt und andere Lösungsansätze (nahezu kategorisch) ausschließt.

20.2.3 Reizwort-Technik

Gegenstand der Technik

Hierbei handelt es sich um eine Methode, die auf einem zufälligen Input (Reize in Form von Bildern, Eindrücken oder Wörtern) basiert und diesen als Anregung verwendet. Die Reize sind problemfremd, d.h. sie haben nichts mit der Problem- oder Fragestellung zu tun (bspw. das Wort 'Eskimo' oder das Bild einer Landschaft, wenn es darum geht, die eigene Produktgestaltung zu erweitern). Sich per Zufall Reize zu suchen und hinzuzuziehen hilft dabei, völlig neue Assoziationen und Ideen zu generieren, auf die man ohne diese Reizkonfrontation nicht gekommen wäre.

Bevorzugte Einsatzgebiete

Die Reizwort-Technik hat sich vor allem in solchen Einsatzgebieten bewährt, bei denen die Gruppe / man selbst bezüglich der Problemstellung 'betriebsblind' geworden ist und meint, das Lösungspotenzial bereits erschöpft zu haben.

Vorbereitung und Materialbedarf

Für die Arbeit mit Reizwort-Techniken benötigen Sie 'Reizmittel', beispielsweise bildlicher Art von Fotografien aus einem Album, einem Warenkatalog oder von Postkarten. Filmsequenzen eignen sich ebenfalls als Stimuli, aber auch mit Begriffen bzw. Worten können Sie Ideen anregen.

Sofern Sie mit einer Gruppe arbeiten, sollten Sie darauf achten, dass die Reizmittel von allen Teilnehmern wahrnehmbar sind. Ein eingescanntes Bild können Sie beispielsweise via Beamer auf eine Leinwand projizieren oder eine Begrifflichkeit an einer Pinnwand visualisieren. Des Weiteren benötigen Sie Flipchart oder Pinnwände und Moderationskarten, an denen Sie die Assoziationen und Lösungsvorschläge der Teilnehmer festhalten können.

Ablauf und Durchführung

Sollten Sie diese Technik in einer Gruppe durchführen, so stellen Sie den Teilnehmern zunächst die Methode und ihren Anwendungsbezug bzw. die Fragestellung vor.

Der Ablauf gestaltet sich wie folgt:

- Wählen Sie ein Reizmittel aus (Wort, Bild, Film oder ähnliches). Schlagen Sie dazu beispielsweise ein Lexikon oder ein beliebiges anderes Buch auf (auch Bildband, Warenkatalog) und greifen Sie per Zufall etwas heraus oder aber gewinnen Sie Eindrücke aus einem Film, einem Bummel durch ein Kaufhaus, einer Landschaft u. ä.
- Visualisieren Sie den Reiz an einem geeigneten Medium wie Pinnwand, Flipchart oder Beamer, sodass er konstant über einen längeren Zeitraum sichtbar ist.
- Assoziieren Sie nun zu diesem Reiz (bspw. dem Bild oder Wort 'Eskimo'), was auch immer Ihnen einfällt (bspw. Eis, Schnee, Iglu, Grönland, Kälte, Pinguine) und sammeln Sie diese Assoziationen (in Gruppensituationen bspw. via Zuruf- oder Kartenabfrage, siehe Abschnitte 9.5 und 9.6).
- Stellen Sie dann unter der Leitfrage „Zu welchen (neuen) Lösungsansätzen regen uns diese an?" Verbindungen zwischen den Assoziationen und Ihrer ursprünglichen Fragestellung her (bspw. Iglu als die optimale Form eines Gebäudes in Bezug auf Wärmedämmung, Export nach Grönland etc.). Halten Sie diese Lösungsansätze schriftlich an Flipchart / Pinnwand fest.
- Analysieren Sie die neu gewonnenen Ideen hinsichtlich erfolgversprechender Ansätze und Gedanken.

Tipps und Besonderheiten

Verwenden Sie keine Reize, die einen Teilnehmer brüskieren oder verletzen.

Variationen

Sie können den Output dieser Technik noch vergrößern, indem Sie sie in größeren Gruppen arbeitsteilig bzw. parallel einsetzen. Splitten Sie die Teilnehmergruppe dazu in mehrere Kleingruppen (drei bis fünf Personen) auf und geben Sie ihnen inhaltlich unterschiedliche Reizmittel, die sie auf die Problemstellung anwenden sollen. Im Anschluss an die Kleingruppenarbeit können die Ideen dann jeweils den anderen Teilnehmern vorgestellt, diskutiert und ergänzt werden.

Beispielhafte Anwendung der Reizwort-Technik

1. Als Reiz wird das Stichwort 'Eskimo' gegeben, d.h. die Frage gestellt: „Was fällt Ihnen zum Stichwort Eskimo ein?"
2. Die Antworten der Teilnehmer auf das Reizwort 'Eskimo' lauten:
   - Eis
   - Schnee
   - Iglu
   - Grönland
   - Kälte
   - Pinguine
3. Darauf aufbauend wird die Frage gestellt: „Wozu regt dieser Reiz uns in Bezug auf die Verbesserung unseres Produkts an?"
4. Die Antworten der Teilnehmer zur Möglichkeit der Produktveränderung lauten:
   - Iglu als die optimale Form eines Gebäudes in Bezug auf Wärmedämmung
   - Export nach Grönland (und Skandinavien sowie Kanada)
   - Weiße Farbe
   - Glattere Oberfläche gestalten, die ästhetischer wirkt

20.3 Techniken zur Gegenstandsanalyse

Häufig stehen Sie an Ihrem Lehrstuhl vor der Herausforderung, dass Sie beispielsweise einen bestehenden Laboraufbau anpassen, ein Produkt optimieren oder den Ablauf einer Lehrveranstaltung verbessern wollen. Um all dies zu erreichen, bedarf es zunächst einer genauen Analyse des Problems / der Situation / des Gegenstands, um zu erkennen, was beispielsweise an Schwierigkeiten zu überwinden oder an Randbedingungen zu beachten ist. Kurzum: Sie müssen genau verstehen, was die eigentliche Herausforderung bzw. das Kernproblem ist. Zu einer solchen Gegenstandsanalyse bietet sich der Einsatz der Denkhüte bzw. -stile (20.3.1), der Imaginationstechniken (20.3.2) sowie der progressiven Abstraktion (20.3.3) an.

20.3.1 DENKHÜTE BZW. -STILE

Gegenstand der Technik

Bei dieser Technik handelt es sich um eine Form der systematischen Gruppendiskussion. Sie ermöglicht es, (sechs) unterschiedliche Sichtweisen zu einer Frage- / Problemstellung einzubringen, zu antizipieren und in der Ergebnisfindung zu berücksichtigen. Dazu werden Teilnehmern bestimmte Denkweisen bzw. Rollen zugewiesen (symbolisiert durch sog. Denkhüte), die sie in der Diskussion vertreten bzw. repräsentieren sollen.

Bevorzugte Einsatzgebiete

Die 6-Denkhüte-Technik eignet sich vor allem dann, wenn die Gefahr eines zu konvergenten Gruppendenkens oder des Beharrens auf einem Standpunkt besteht oder aber wenn darauf abgezielt wird, ein Thema möglichst umfassend und aus verschiedenen Perspektiven zu betrachten. Die Hüte 'legitimieren' die Betreffenden sozusagen, eine von der Gruppenmeinung abweichende Ansicht / Rolle zu vertreten bzw. fordern diese gezielt ein (bspw. pessimistische, gefühlsbetonte oder optimistische Haltungen), sodass verschiedenste Blickwinkel eingebracht werden und sich auch mit diesen auseinandergesetzt wird.

Vorbereitung und Materialbedarf

Diese Technik ist grundsätzlich ohne materiellen oder organisatorischen Aufwand durchführbar. Für Neulinge, die mit dieser Methode noch nicht gearbeitet haben, kann es allerdings hilfreich sein, Handouts mit den wesentlichen Sichtweisen / Herangehensweisen der einzelnen Denkhüte zu erstellen, damit es den Teilnehmern leichter fällt, sich in ihre 'Rolle' hineinzudenken und sie ausleben zu können. Die einzelnen Hüte könnten Sie den Teilnehmern als Rolleninstruktionen ausgeben. Sie sind wie folgt charakterisiert:

- **Der weiße Hut – Informationen sammeln ohne sie zu werten**
  Sie sind als Träger des weißen Hutes einem Computer ähnlich: für Sie zählen primär die nackten Zahlen, Daten und Fakten. Emotionen haben keine Bedeutung. Es ist für Sie wichtig, einen objektiven Überblick über alle verfügbaren Daten und Informationen zu bekommen – vollkommen unabhängig von Ihrer persönlichen Meinung oder Interpretation.

- **Der rote Hut – Das ganz subjektive Empfinden, die persönliche Meinung kundtun**
  Sie sind als Träger des roten Hutes sehr emotional, gefühlsbetont und intuitiv. Wenn Sie sprechen, spricht vor allem Ihr Bauchgefühl – was der Kopf denkt, ist nicht so wichtig. Lassen Sie alle Gefühle zu, die in Ihnen aufkommen. Das gilt gleichermaßen für positive wie für negative Gefühle (Ängste, Freude, Zweifel, Hoffnungen, Kränkung, Euphorie, Frustration etc.). Sie können alles äußern, was Sie fühlen, unabhängig davon, wie klar Sie es artikulieren können oder ob die anderen in der Gruppe etwas damit anfangen können. Alles Diffuse, alles Gefühlsmäßige kann mit dem roten Hut ausgesprochen werden – Gefühle muss man nicht rechtfertigen.

- **Der schwarze Hut – Advocatus diaboli: Objektiv negative Aspekte anmerken**
  Beim schwarzen Hut geht es darum, die objektiv negativen Aspekte des Problems oder der Fragestellung zu finden. Dazu gehören Bedenken, Zweifel, Risiken, Mängel, Irrtümer, Fehler u.ä. – also alle sachlichen Argumente, die GEGEN ein Projekt bzw. eine Entscheidung sprechen oder die eine Fragestellung verneinen. Als Träger des schwarzen Hutes streben Sie es an, objektiv (!) alle logisch-negativen Aspekte eines Themas herauszufinden. Bringen Sie aber bitte wirklich nur objektive Bedenken an und nicht Ihre persönlichen negativen Gefühle.

- **Der gelbe Hut – Optimismus: Objektiv positive Aspekte benennen**
  Der gelbe Hut steht dafür, das objektiv Positive am Problem oder der Fragestellung zu entdecken. Als Träger des gelben Hutes suchen Sie Chancen, Gelegenheiten, Perspektiven oder Vor-

teile. Sie bringen alle Aspekte ein, die FÜR ein Projekt, eine Entscheidung oder eine Idee sprechen. Dabei geht es darum, die positiven Aspekte aus einer möglichst objektiven (!) Sicht zu erkennen und nicht aus einer Gefühlsstimmung heraus. Logisch und praktisch ausgerichtet formulieren Sie auch Hoffnungen und Visionen. Das intensive Entwickeln von Ideen ist hiermit allerdings NICHT gemeint.

- **Der grüne Hut – Hin zu neuen Ideen**
  Der grüne Hut steht für die Kreativität, Alternativen, Erweiterung und neue Ideen. Als Träger des grünen Hutes begeben Sie sich auf die Suche nach Möglichkeiten. Sie denken über das hinaus, was bereits getan wird oder angedacht ist. Mit dem grünen Hut können Sie Kreativitätstechniken einsetzen oder auch das Mittel der Provokation nutzen (Achtung: Nicht kritisieren – nur kreativ / humorvoll provozieren). Sie dürfen alles formulieren, was zu neuen Ideen und Ansätzen führt, unabhängig davon, wie verrückt oder unrealistisch die Ideen sind.
- **Der blaue Hut – Moderator sein**
  Als Träger des blauen Huts repräsentieren Sie Überwachung, Organisation und Leitung des gesamten Denkprozesses. Sie definieren mit der Gruppe Aufgabe und Thema, stellen Fragen, koordinieren den Prozess zum Gemeinwohl, kommentieren und beobachten aufmerksam. Wer den blauen Hut trägt, begibt sich auf die sog. Meta-Ebene, blickt also von einem übergeordneten Punkt auf den gesamten Prozess und erlangt so einen Überblick.

Ablauf und Durchführung

Stellen Sie den Teilnehmern zunächst die Methode und ihren Anwendungsbezug bzw. die Fragestellung vor. Der Ablauf gestaltet sich dann wie folgt:

- Teilen Sie die Hüte unter den Teilnehmern auf. Entweder entscheiden sich die Teilnehmer selbst für einen Hut, dessen Position sie einmal einnehmen wollen, oder Sie verteilen die Rollen zufällig oder aber ganz gezielt an einzelne Teilnehmer, um deren Perspektivenwechsel zu fördern.
- Geben Sie den Teilnehmern ein bisschen Zeit, um sich in die neue Position hineinzudenken und lassen Sie dann den Träger des blauen Hutes (Moderator) die Diskussion initiieren.
- Je nach Frage- bzw. Problemstellung kann es auch sinnvoll sein, zum Abschluss der Zusammenkunft alle Teilnehmer die Perspektive des grünen Hutes ('Hin zu neuen Ideen') einnehmen zu lassen, um gezielt Lösungsmöglichkeiten zu sammeln oder aber bereits gefundene mit dem gelben oder schwarzen Hut zu prüfen.
- Der Moderator visualisiert die Ergebnisse oder Kernargumente (ggf. mit farbigen Moderationskarten) an der Pinnwand oder am Flipchart.

Tipps und Besonderheiten

Die Hauptschwierigkeit liegt in der klaren Trennung der einzelnen Denkweisen. Je besser diese allen bzw. dem Moderator gelingt, desto erfolgreicher ist die Methode.

Die Hüte sind natürlich symbolisch gemeint (Sie können, müssen diese aber nicht basteln und aufsetzen lassen). Dennoch ist es sinnvoll, die 'Hüte' der Teilnehmer in irgendeiner Weise sichtbar zu machen, sodass die Teilnehmer sich damit identifizieren können, beispielsweise indem Sie ein entsprechend farbiges Tischschild aufzustellen. Sie können auch die gesammelten Argumente / Beiträge mit farbigen Karten oder Klebepunkten markieren.

Sollten Sie mehr Teilnehmer als Denkweisen haben, so können Sie außer der Moderatorenrolle alle Denkhüte auch mehrfach vergeben. Haben Sie weniger Teilnehmer als Denkhüte, so können die

Teilnehmer die unterschiedlichen Denkweisen auch nacheinander in einem Rotationsverfahren einnehmen.

20.3.2 Imaginationstechniken

'TRY TO BECOME THE PROBLEM'

Gegenstand der Kreativitätstechnik

Diese Technik basiert auf der bildhaften Vorstellung und dem Ansatz, unbewusste Erfahrungen mit in die Lösungsfindung einzubeziehen sowie darauf, sich direkt in die Problemsituation hineinzuversetzen, sozusagen Teil des Problems zu werden, und es aus dieser 'beteiligten' Perspektive zu betrachten bzw. zu bearbeiten.

Bevorzugte Einsatzgebiete

Diese Technik eignet sich vor allem dann, wenn es relevant ist, die Bedürfnisse, Argumente, Ziele oder Perspektiven des Gegenübers zu kennen – also wenn es beispielsweise darum geht, den Endnutzerbedarf zu berücksichtigen, wie die Kundenwünsche bei einer Produktentwicklung oder die Erwartungen der Studierenden bei der Konzeption eines Masterstudiengangs.

Vorbereitung und Materialbedarf

Gegebenenfalls wird eine Anleitung zur Phantasiereise in das Innere des Problems benötigt (schriftlich oder durch den Moderator).

Ablauf und Durchführung

Die zentrale Frage, die man sich stellt, wenn man sich in der Problemsituation befindet, lautet "Was erlebe ich in der Problemsituation?". Durch diese intuitive Auseinandersetzung mit dem Problemfeld wird ein vertieftes Problemverständnis erlangt, aus dem sich neue Lösungsideen entwickeln lassen.

Sollten Sie beispielsweise in der Situation sein, als Forscher ein spezielles Produkt entwickeln zu müssen, so könnten Sie sich in die Rolle des späteren Nutzers versetzen und 'mentales Kino spielen': Lehnen Sie sich zurück, schließen Sie die Augen und lassen Sie vor Ihrem inneren Auge die Nutzer Ihr Produkt anwenden – welche Bedürfnisse, Schwierigkeiten, Tätigkeiten tauchen dabei auf? Wie können Sie Ihr 'Produkt' oder Konzept dem anpassen oder Ihre neuen Ideen integrieren?

Die Auswertung von Imaginationstechniken erfolgt beispielsweise nach Leitfragen wie „Welche wesentlichen Erkenntnisse haben wir gewonnen?" und „Wie können wir auf diese Anforderungen / Herausforderungen reagieren?".

Tipps und Besonderheiten

Imaginationsmethoden sind sehr spezielle Methoden, die nicht von jedermann gemocht werden. Sie erfordern eine gewisse Experimentierfreude. Sollten Sie die Methode nicht mögen bzw. Ihnen das Rollenspiel schwer fallen, so wechseln Sie die Methode.

VARIATION: PROBLEMORIENTIERTES ROLLENSPIEL

Diese Variation basiert weniger auf der bildhaften als vielmehr auf der situativen Vorstellung einer (interaktiven) Problemsituation und zielt darauf ab, durch ein Rollenspiel die Perspektive des Gegenübers (seine Bedürfnisse, Argumente, Situation etc.) kennenzulernen.

Versetzen Sie sich in die Rolle des Kunden / Nutzers / Bauherrn etc. und generieren Sie im Dialog, was diese an Produkten, Informationen o.Ä. brauchen könnten etc. Beispielsweise könnte sich im Falle einer Hoteloptimierung ein Teilnehmer in die Rolle eines Übernachtungsgastes versetzen

(„Was will ich als Gast hier vorfinden / haben?"), einer in die Rolle eines Tagungsgastes („Was möchte ich im Seminarraum antreffen?"), einer in die eines Lieferanten, einer in die eines Konkurrenzhotelbesitzers („Wie grenzt sich das eine vom anderen Hotel ab?") etc. und alle ihre jeweiligen Sichtweisen und diesbezüglichen Ideen, Wünsche, Befürchtungen zusammentragen.

20.3.3 Progressive Abstraktion

Gegenstand der Technik

Grundgedanke dieser Technik ist, dass durch die schrittweise (= progressive) Entfernung (= Abstraktion) von der Problem- bzw. Fragestellung eine neue Perspektive und damit neue Ideen gefunden werden. Die Abstraktion wird durch die Leitfrage „Worauf kommt es eigentlich an?" erzeugt, die in mehreren Iterationsschlaufen angewendet wird. Dies geschieht so lange, bis es auf einer Abstraktionsebene eine Lösung für die Fragestellung gibt bzw. bis man meint, den Kern des Problems gefunden zu haben.

Bevorzugte Einsatzgebiete

Die progressive Abstraktion eignet sich besonders für komplexe Fragestellungen (bspw. „Wie soll unser neuer Masterstudiengang aussehen?"), aber auch für die Entwicklung neuer Ideen aus bereits bestehenden. Diese Kreativitätstechnik kann zudem zur Problemanalyse (bspw. „Woran liegt es, dass der lehrstuhlinterne Informationsfluss unstet ist?") und bei der systematischen Generierung von neuen Produkten (siehe Anwendungsbeispiel in Abb. 20.3) oder Prozessen eingesetzt werden.

Vorbereitung und Materialbedarf

Zur Arbeit mit dieser Methode benötigen Sie eine eindeutige Frage- bzw. Problemstellung und Platz zur Visualisierung der Beiträge (idealerweise eine mit Packpapier bespannte Pinnwand, ein Whiteboard oder Flipcharts)

Ablauf und Durchführung

Stellen Sie den Teilnehmern zunächst die Methode und ihren Anwendungsbezug bzw. die Fragestellung vor. Der Ablauf gestaltet sich dann wie folgt:

- Visualisieren Sie die Frage- bzw. Problemstellung als Überschrift an dem von Ihnen gewählten Medium (bspw. Whiteboard, Pinnwand).
- Stellen Sie dann die Frage „Worauf kommt es eigentlich an?" und visualisieren Sie die Beiträge (in Gruppensituationen bspw. via Zuruf- oder Kartenabfrage, siehe Abschnitt 9.5 und 9.6).
- Ergibt sich in diesen Beiträgen noch keine zufriedenstellende Endlösung, greifen Sie sich einen Beitrag (bspw. den für Sie interessantesten) heraus und abstrahieren Sie erneut, indem Sie auch hierauf die Frage stellen „Worauf kommt es eigentlich an?". Sammeln und visualisieren Sie wieder die Beiträge.
- Dieses Prinzip wiederholen Sie in so vielen Iterationsstufen (auf jeder Stufe werden erneut Lösungsmöglichkeiten gesucht), bis Sie der Überzeugung sind, das Kernproblem definiert und erste, zufriedenstellende Lösungsvorschläge zu haben. Prüfen Sie diesen Status beispielsweise mit der Frage „Ist dies als Endlösung (für alle) zufriedenstellend?".
- Wenn die Antwort positiv ist, können Sie diese in einem nächsten, von der bisherigen Vorgehensweise unabhängigen Schritt konkretisieren und weiter bearbeiten (bspw. einen Entwicklungsprozess initiieren).

Tipps und Besonderheiten

Den Kern der progressiven Abstraktion stellt – wie der Name sagt – das Abstrahieren dar. Wenngleich dies simpel klingt, ist es oftmals nicht einfach umzusetzen und die Teilnehmer brauchen Übung, um den Nutzen der Methode voll auskosten zu können.

Beachten Sie, dass das Abstrahieren zeitlich schlecht kalkulierbar ist, mal kann es schnell gehen, mal lang dauern. So ist beispielsweise vorab nicht klar, wie viele Iterationsstufen man brauchen wird, um beispielsweise zum Kern des Problems vorgedrungen zu sein. Achten Sie des Weiteren darauf, dass sich die Gruppe nicht vorschnell mit einem Abstraktionsniveau zufrieden gibt, das noch gar nicht das endgültige ist. Dementsprechend sind Diskussionen zu der Frage, „Ist dies als Endlösung für alle zufriedenstellend?" ein wesentlicher Bestandteil der Methodik (und Diskussionen können bekanntlich zeitlich ausufern). Zeitdruck ist hier, wie bei allen anderen Kreativitätstechniken auch, kein Helfer. Wirklich hilfreich ist hingegen – wie bei allen Techniken – eine gut durchgeführte Moderation.

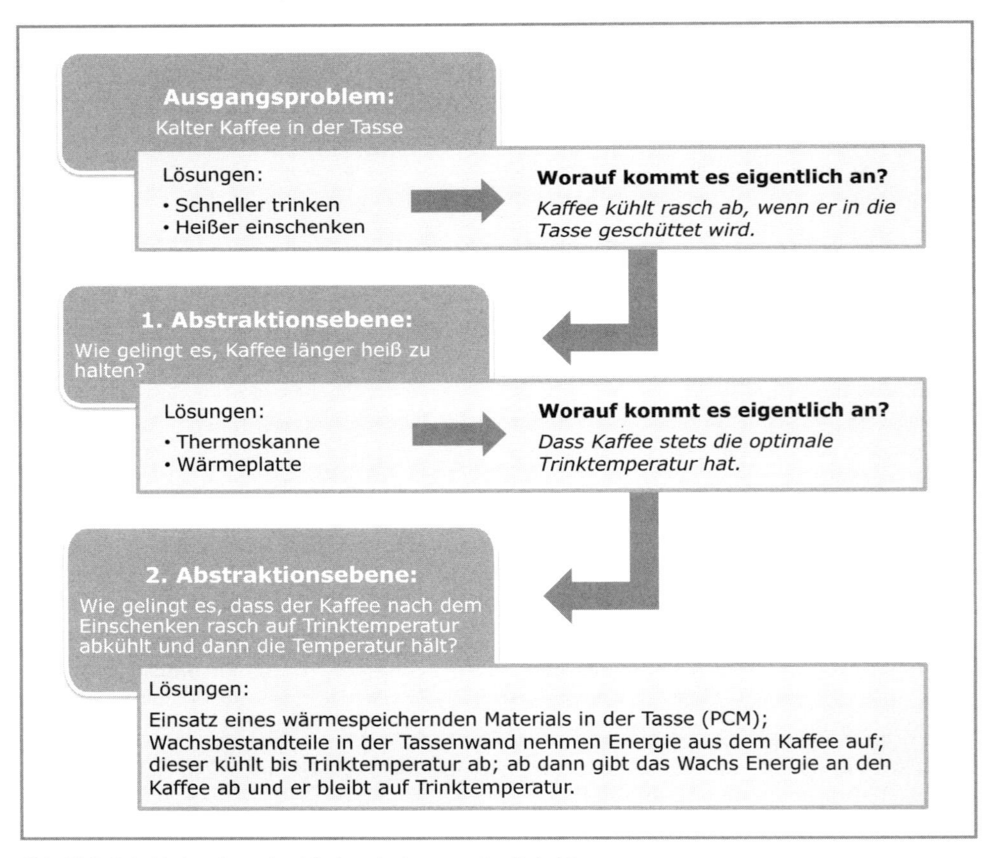

Abb. 20.3. Beispiel einer Gegenstandsfindung durch progressive Abstraktion.

20.4 Techniken zur Lösungsgenerierung

Wenn es Ihnen darum geht, möglichst viele und noch dazu hochkreative Lösungsmöglichkeiten zu generieren (bspw. alternative Vorgehensweisen oder Produktvarianten), können Techniken wie die mentalen Provokationen (vgl. 20.4.1), die Osborn-Eigenschaftsliste (vgl. 20.4.2) sowie die 6-3-5-Methode (vgl. 20.4.3) in Betracht kommen.

20.4.1 Mentale Provokationen

„Vor ein paar Tagen erzählte mir ein guter Freund, dass sein siebenjähriger Sohn ihn gefragt hat: 'Papa, sag mal, wie seid ihr eigentlich ins Internet gekommen, als es noch keine Computer gab?' Interessante Frage, die wir uns doch nie stellen würden, da sie ja gar keinen Sinn macht, oder? Ich wette, die Produktentwicklungsabteilung von Apple hat sich die gleiche Frage gestellt: Wie kommt man ins Internet, wenn man keinen Computer hat? Apple's Lösung dafür heißt iPad." (Beispiel aus http://christophmagnussen.com/archives/2010/07/18/4-dinge-die-jeder-uber-kreativitat-wissen-sollte vom 31.08.2010/).

Gegenstand der Technik

Mentale Provokationen sollen gezielt bestehende Annahmen und Erfahrungen in Frage stellen oder unerwartete Anregungen liefern. Die Technik zielt darauf ab, sich mit dem scheinbar 'Undenkbaren' und dem scheinbar 'Unmöglichen' auseinanderzusetzen. Dabei werden bestehende Annahmen, Denkweisen und Erfahrungen nach dem Prinzip „Was wäre wenn ...?" hinterfragt (bspw. „Was wäre, wenn die heutige Welt kein Internet mehr hätte?"). Dieses Vorgehen lässt Lösungsmöglichkeiten in Betracht ziehen, auf die man normalerweise nie gekommen wäre, weil sie der Erfahrung oder dem gesunden Menschenverstand zu widersprechen scheinen.

De Bono (2010, S. 92, siehe auch 1996) beschreibt, wie die Provokation „Autos sollen eckige Räder haben." zum Konzept des 'intelligenten Stoßdämpfers' geführt hat. Die Folgerungen waren: Wenn Autos quadratische Räder hätten, wäre die Fahrt sehr unruhig; die Stöße allerdings vorhersehbar, und ein 'intelligenter Stoßdämpfer' könnte die bevorstehende Unebenheit kompensieren. Ein zweites Beispiel des Autors basiert auf der Provokation "Orangensaft trinkt mich zum Frühstück.". Dazu fiel jemandem das Bild ein, wie er in einem großen Glas Orangensaft schwimmt und letztendlich nach Orangensaft riechen würde. Daraus ist die Idee entstanden, Dufttabletten herzustellen, die sich in den Brausekopf der Dusche einsetzen lassen.

Bevorzugte Einsatzgebiete

Als bevorzugte Einsatzgebiete sind alle Bereiche der Produkt- und Patententwicklung zu nennen – wann immer es gilt, sich in neue, innovative Gedankenbereiche vorzuwagen und Gewohntes auf den Kopf zu stellen. Ebenso lassen sich aber auch bisherige Abläufe und Prozesse hinterfragen und durch kreative Veränderungen optimieren.

Vorbereitung und Materialbedarf

Für die Arbeit mit dieser Kreativitätstechnik benötigen Sie Flipchart und Pinnwand, um die Provokation konstant zu visualisieren und die Beiträge der Teilnehmer festhalten zu können.

Ablauf und Durchführung

Sollten Sie das Ganze in einer Gruppe durchführen, so stellen Sie den Teilnehmern zunächst die Methode und ihren Anwendungsbezug bzw. die Fragestellung vor. Der Ablauf gestaltet sich wie folgt:

- Legen Sie fest, welches Problem, welche Situation, welche Fragestellung Sie kreativ betrachten wollen.

- Formulieren Sie eine mentale Provokation. Als Beispiele für Provokationen siehe Tabelle 20.4.
- Notieren Sie diese gut sichtbar an Pinnwand, Flipchart o.Ä.
- Lassen Sie die Provokation auf sich wirken. Warten Sie, ob vor Ihrem inneren Auge Bilder aufsteigen (bspw. wie die Welt in diesem Falle aussehen würde, was wie ablaufen würde), welche Gedanken Ihnen kommen.
- Sammeln und visualisieren Sie alle Einfälle (in Gruppensituationen bspw. via Zuruf- oder Kartenabfrage, siehe Abschnitte 9.5 und 9.6).
- Nun können Sie mit ihrem Team die neu gewonnenen Ideen hinsichtlich erfolgversprechender Ansätze und Gedanken analysieren.

Tipps und Besonderheiten
Dadurch, dass diese Methode gezielt Denkgewohnheiten durchbricht, kann sie hochgradig innovative Ideen produzieren. Allerdings ist es nicht immer einfach, sich von den bisherigen Maßstäben der 'Gesetze des Möglichen' zu lösen und es kostet viele Menschen Überwindung, sich auf diese 'abstrusen' Gedanken einzulassen. Dementsprechend ist ein vertrauensvolles Klima eine wichtige Voraussetzung für das Gelingen dieser Methode.

Tabelle 20.4. Beispiele zur Anwendung von Provokationstechniken.

TECHNIK	BEISPIELE FÜR DIE PROVOKATION	DARAUS GENERIERTE IDEEN
Vereinfachung der Umstände / Ideal- bzw. Zielzustände	• „Die Messung läuft von ganz alleine." • „Das Labor baut sich selbst auf."	• Automatisierte Messverfahren entwickeln
Selbstverständlichkeiten hinterfragen	• Das „Normale": An Meetings wird immer teilgenommen. • „Meetings werden nur bei Bedarf besucht."	• Maßnahmen zur Meetingverbesserung
Umkehr-Provokation	• „Geld verdienen am Lehrstuhl ohne dafür zu arbeiten." • „Berichte schreiben sich von selbst." • „Der Rücken massiert sich von selbst."	• Patente entwickeln, anmelden und Patenteinnahmen haben • Textbausteine nutzen • Massagestuhl entwickeln
Übertreibungs-Provokation	• „Jeder Mitarbeiter promoviert in einem Jahr."	• Im Lehrstuhl wird für jeden Mitarbeiter eine Dissertations-Roadmap aufgestellt.

TECHNIK	**BEISPIELE FÜR DIE PROVOKATION**	**DARAUS GENERIERTE IDEEN**
Untertreibungs-Provokation	• „Wir bringen alle drei Jahre nur eine Publikation raus."	• Im Lehrstuhl wird ganz gezielt versucht, mindestens alle drei Jahre eine Publikation im höchstgerankten Journal zu platzieren.
Das Zerrbild	• „Die Studierenden suchen die Unileitung aus." • „Das Softwaretool Ihres Lehrstuhls wählt aus, von wem es gekauft werden darf."	• Bei Besprechungen der Unileitung wird jeweils ein Student dazu gebeten. • Das Softwaretool steht nicht auf dem Markt zur Verfügung, sondern wird nur nach Besuch einer Schulung ausgehändigt.

20.4.2 Osborn-Eigenschaftsliste

„Weglassen ist ganz klar die Königsdisziplin der Kreativen. Streichen, reduzieren, auf das Wesentliche beschränken. Mit wenigen Strichen und minimalistischen Formen ein großartiges Produkt erschaffen – das wollen heute fast alle. In der Theorie klingt es wieder so schön einfach: Man nehme ein vorhandenes Produkt und beginne es, wie beim Kombinieren in die Einzelteile zu zerlegen und streiche dann einfach ein Feature nach dem anderen weg. (...) Nehmen wir mal einen alten Kassettenrecorder (...) und streichen die Aufnahmefunktion, die Lautsprecher, das Mikro, die Bänder sowie den Kabelanschluss weg. Was rauskommt war das wichtigste Statussymbol der 80er Jahre, der Sony Walkman. Er konnte nicht aufnehmen, er brauchte extra Kopfhörer, die Bänder wurden in Kassetten verpackt und man musste ihn mit Batterien betreiben – er wurde ein Welterfolg. Nun nehmen wir auch noch die Kassetten weg, entfernen alle überflüssigen Tasten, produzieren Kopfhörer ohne Bügel und bekommen – voilà – den iPod (für alle die vor 1980 geboren sind: Einfach mal die Augen aufmachen und morgens in der S-Bahn auf die weißen Ohrstöpsel achten, da hängt meistens ein iPod dran)."
(aus http://christophmagnussen.com/archives/2010/07/18/4-dinge-die-jeder-uber-kreativitat-wissen-sollte/ vom 31.08.2010)

Gegenstand der Technik
Diese Methode ist benannt nach ihrem Erfinder Alex Osborn und zielt darauf ab, den bisherigen Bezugsrahmen des 'Problemgegenstands' zu hinterfragen bzw. zu verändern und dadurch neue Ideen zu erzeugen. Jenes gelingt, indem dieser Gegenstand aus der Perspektive verschiedener Prinzipien bzw. Eigenschaften betrachtet wird (bspw. 'weglassen', 'reduzieren' wie im o.g. Zitat). Die zu prüfenden Eigenschaften können einer vorgegebenen Liste – der Osborn-Eigenschaftsliste – entnommen werden.

Bevorzugte Einsatzgebiete
Die Arbeit mit der Osborn-Eigenschaftsliste eignet sich besonders bei der Entwicklung neuer Ideen aus bereits bestehenden (Wie kann ich das Produkt optimieren? Welche Neuaufteilung der Arbeitsfelder ist sinnvoll?). Ein Vorteil dieser Methode ist, dass die Lösungsfindung jederzeit unterbrochen und ohne Prozessverluste (bspw. durch zeitaufwändige Wiedereinarbeitung) später wieder aufgenommen werden kann.

Vorbereitung und Materialbedarf

Zur Arbeit mit dieser Methode benötigen Sie eine eindeutige Fragestellung bzw. Zielformulierung, eine Liste mit den Fragen oder Frageprinzipien (siehe grauer Kasten) sowie Platz zur Visualisierung der Beiträge (Flipchart oder Pinnwand und Moderationskarten – siehe Abschnitt 9.6 zur Kartenabfrage)

Ablauf und Durchführung

Sollten Sie die Methode in einer Gruppe durchführen, so stellen Sie den Teilnehmern zunächst die Methode sowie die Fragestellung bzw. Zielformulierung vor. Der weitere Ablauf gestaltet sich dann wie folgt:

- Mithilfe der Osborn-Eigenschaftsliste (siehe grauer Kasten) können Sie nun nach weiteren Ideen suchen. Geben Sie dazu immer eine Eigenschaft bzw. Frage vor und sammeln Sie zu dieser Ideen, bevor Sie sukzessive mit der nächsten weiter machen.
- Die Beiträge werden entweder per Zuruf am Flipchart oder mittels der Kartenmethode (siehe Abschnitt 9.5 und 9.6) schriftlich und für alle sichtbar festgehalten.
- Diese gesammelten Beiträge bewerten Sie dann in einem nächsten, von der bisherigen Vorgehensweise unabhängigen Schritt.

Beispielhafte Fragen der Osborn-Checkliste

- **Andere Verwendung**
  Gibt es alternative Verwendungen zum bzw. im jetzigen Status?
- **Anpassen**
  Was ist noch so wie das Vorliegende? Zu welchen anderen Ideen / Verwendungen regt es an? Gibt es Parallelen, beispielsweise in der Vergangenheit? Was könnte man kopieren, wen nachahmen, was nachbilden?
- **Abwandeln**
  Welche neue Wendung oder Richtung wäre möglich? Wie ließen sich Bedeutung, Farbe, Bewegung, Richtung, Ton, Geruch, Geometrien, Ausformung ändern?
- **Vergrößern / erweitern**
  Was könnte man hinzufügen? Ließe es sich vergrößern, verlängern, die Frequenz bzw. die Auftretenshäufigkeit erhöhen? Können zusätzliche Werte / Dinge addiert werden? Was entsteht in einem längeren Zeitraum oder größeren Zeitrahmen? Welche weiteren, zusätzliche Komponenten, Zutaten, Fähigkeiten sind denkbar? Ist es zu duplizieren, zu vervielfachen, aufzubauschen, zu übertreiben?
- **Verkleinern / reduzieren**
  Was ist abziehbar? Lässt es sich kompakter gestalten oder kompensieren? Sind Miniaturen, Verkürzungen, Verflachungen, Leichtbau möglich? Was kann aus- oder weggelassen werden? Ist es zu rationalisieren, windschlüpfiger zu machen, zu verkleinern, aufzuteilen, zu untertreiben, zu unterbewerten, abzuwerten?
- **Ersetzen**
  Hinterfragen Sie, wen oder was sich stattdessen nehmen ließe. Gäbe es andere Zutaten, Ingredienzien, Inhalts- oder Betriebsstoffe? Ein anderes Material? Einen anderen Prozess, alternative Herstellungsart, Energie oder Antriebsquelle? Wäre ein anderer Ort, anderer Ansatz, anderer Klang, Ton, Stimme möglich?

- **Umordnen**
  Wie stünde es um einen Komponentenaustausch? Wäre ein anderes Schema, Dekor, Modell, Layout denkbar? Oder ließen sich Reihenfolge, Erscheinung, Ursache und oder Wirkung vertauschen, Schritte, Stufen oder das Tempo wechseln? Ablauf oder Raster verändern?
- **Umkehren**
  Könnte man positiv und negativ umgruppieren? Ließe sich das Gegenteil verwenden oder das Ganze von hinten aufzäumen bzw. auf den Kopf stellen? Wären Rollen oder Aufgaben zu vertauschen, der Spieß umzudrehen? Könnte aus Einweg Mehrweg bzw. Mehrweg Einweg gemacht werden?
- **Kombinieren**
  Wäre eine Mischung, Legierung, Auswahl, Ansammlung möglich? Ließen sich Einheiten, Absichten, Einsatzbereiche, Ansprüche, Ideen, Ansätze, Teillösungen kombinieren?

Anwendungsbeispiel einer Assoziation nach der Osborn-Eigenschaftsliste

Fragestellung: „Wozu kann man einen VW-Transporter noch nutzen?"

- **Andere Verwendung**
  zum Übernachten, als Wohnmobil oder Büro
- **Anpassen**
  Schienenbus
- **Abwandeln**
  mit Glasdach ausgestattet als Touristenbus
- **Vergrößern / erweitern**
  mit Anhänger zum Transport einer Wurst- / Pommesbude
- **Verkleinern / reduzieren**
  nur Vorderteil als Fahrsimulator
- **Ersetzen**
  ohne Motor, als Acht-Personen-Tretrad
- **Umordnen**
  als Karnevalswagen oder Gartenhäuschen
- **Umkehren**
  als Badewanne oder Boot
- **Kombinieren**
  nur den Motor und die Radachsen als Quad

Tipps und Besonderheiten

Ebenso, wie bei allen anderen Kreativitätsmethoden, sind auch hier Kriterien wie Durchführbarkeit oder Realisierbarkeit der Vorschläge zunächst unwichtig, da die Bewertung der Ideen (bspw. in

Bezug auf ihre Eignung / Anwendbarkeit) stets ein späterer und separater Schritt ist (siehe zur Bewertung von Ideen Abschnitt 20.5). Achten Sie als Moderator speziell bei dieser Methode darauf, dass nicht vorschnell eine Diskussion um die Realisierbarkeit entsteht, da Ihnen dann möglicherweise weitere Ideen entgehen oder die Teilnehmer zu früh an einer Idee festhalten.

Variationen

Die Eigenschaftliste lässt sich ebenso wie beim Brainwriting auch gut schriftlich bzw. in vorhergehender Einzelarbeit bearbeiten.

20.4.3 Die 6-3-5-Methode

Gegenstand der Technik

Die 6-3-5-Methode ist (ebenso wie das Brainwriting) eine schriftliche Variante der Ideensammlung, bei der in mehreren Runden vorgegangen wird. Diese Runden erfolgen mit der Vorgabe, zunächst zwar eigene Ideen einzubringen, danach gezielt die Ideen anderer einzubeziehen und darauf aufbauend neue zu generieren. Die Zahlen 6-3-5 kennzeichnen dabei das Vorgehen: In ...

- **6** Abschnitten (bei sechs Teilnehmern als optimaler Gruppengröße) werden jeweils
- **3** Ideen in vorgegebenen Zeitintervallen generiert und
- **5**-mal reihum weitergegeben.[65]

Mit dieser Methode entstehen bei sechs Teilnehmern innerhalb von 30 Minuten bis zu 108 Ideen.

Bevorzugte Einsatzgebiete

Die Technik ist einfach in der Handhabung und kann auch bei 'ungeübten' Teilnehmern eingesetzt werden. Besonders sinnvoll ist der Einsatz der Technik, wenn die Teilnehmergruppe sehr heterogen ist – heterogen in dem Sinne, dass sowohl stillere als auch dominantere Teilnehmer darunter sind; denn die Methode bezieht aufgrund ihrer Vorgehensweise alle Teilnehmer gleichberechtigt mit ein. Desweiteren bietet sich die Methode an, wenn emotionale Themen angesprochen werden sollen, da das schriftliche Vorgehen ohne Diskussion und damit typischerweise ohne größere Emotionsaufwallung in der Gruppe vonstattengehen kann.

Vorbereitung und Materialbedarf

Die 6-3-5-Technik bedarf zweierlei Vorbereitung: Zum einen eine eindeutige Problem- bzw. Fragestellung (siehe Abschnitt Brainstorming-Fragestellung) und zum anderen vorbereitete Arbeitsblätter. Die Arbeitsblätter enthalten die Frage- bzw. Problemstellung (oder eine Lücke, in die diese eingetragen werden kann, beispielsweise wenn die Fragestellung erst in der Sitzung erarbeitet werden soll) sowie eine Tabelle zum Eintragen der Ideen.

Natürlich können Sie die Methode auch mit mehr oder weniger Teilnehmern oder auch mehr oder weniger Antwortspalten durchführen, Sie müssten dann nur das Arbeitsblatt entsprechend anpassen (siehe Abb. 20.5) (und dann würde die Methode ein wenig anders heißen, bspw. 6-3-7-Methode im Falle von sieben Teilnehmern).

---

[65] In der Literatur finden sich auch immer wieder Interpretationen, dass sich die Zahl '5' auf 5 Minuten bezöge, die die Teilnehmer für einen Durchgang benötigen. Dies ist aber zum einen vom Erfinder der Methode so nicht gemeint gewesen (Rohrbach, 1969), zum anderen ist die benötigte Minutenzahl pro Durchgang sinnvollerweise nicht konstant, sondern verändert sich im Laufe der der Durchgänge je nach Schwierigkeit der Ideengenerierung.

Ablauf und Durchführung

Stellen Sie den Teilnehmern zunächst die Methode und ihren Anwendungsbezug bzw. die Fragestellung vor. Die Bearbeitung der Frage- oder Problemstellung erfolgt in drei Schritten (hier dargestellt am Beispiel von sechs Teilnehmern):

- **Schritt 1**
  Jeder Teilnehmer erhält ein vorbereitetes Arbeitsblatt, das in der Kopfzeile die Frage- bzw. Problemstellung und weiter unten eine Tabelle mit sechs Zeilen (eine Zeile je Teilnehmer; bei mehr Teilnehmern entsprechend ergänzen) zu je drei Spalten enthält (siehe Abb. 20.4).
- **Schritt 2**
  Je nach Schwierigkeitsgrad der Frage- bzw. Problemstellung wird (vom Moderator) eine ungefähre Zeitspanne für die Bearbeitung bzw. Weitergabe der Arbeitsblätter vorgegeben (z.B. fünf Minuten). Jeder der sechs Teilnehmer verfasst in dieser Zeit drei Ideen und trägt sie in die Felder der ersten Zeile ein.
- **Schritt 3**
  Nach Ablauf der Zeitspanne werden die Arbeitsblätter von allen gleichzeitig im Uhrzeigersinn weitergegeben. Aufgabe des jeweils Nächsten ist es nun, die bereits genannten Ideen aufzugreifen und sich zu überlegen, wie diese ergänzt und weiterentwickelt (bspw. ausgebaut, spezifiziert, kombiniert, umstrukturiert, abgewandelt etc.) werden können. Seine drei neuen Ideen trägt er in die nächste freie Zeile ein. Der Weitergabezyklus wird bis zur letzten Zeile des Arbeitsblattes wiederholt.

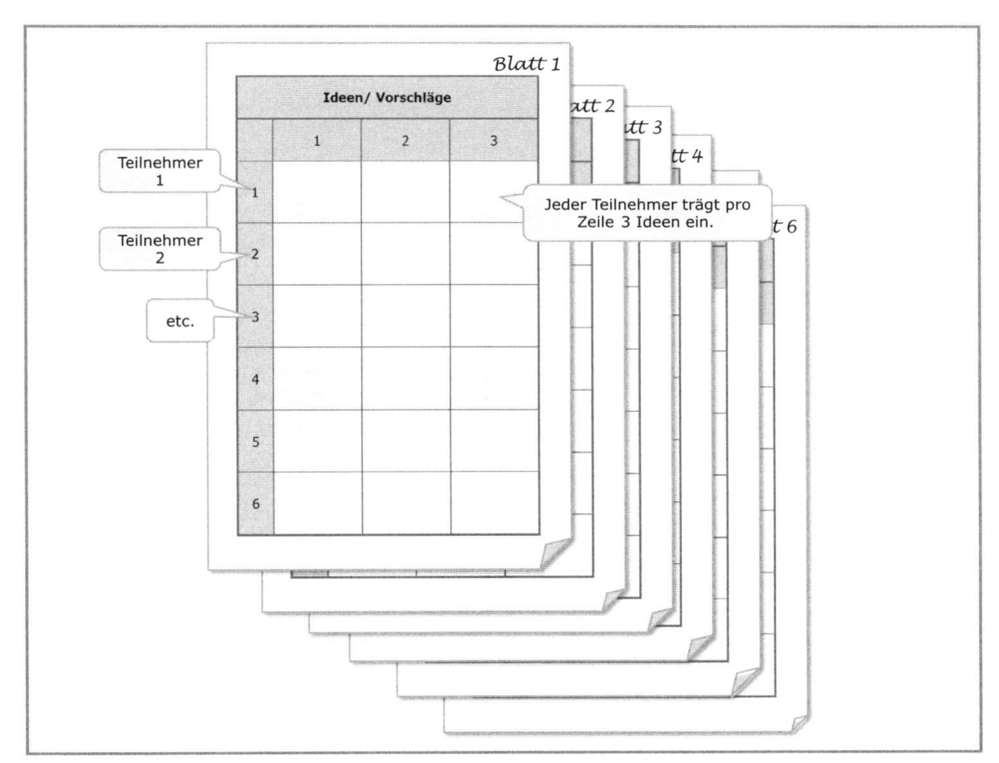

Abb. 20.4. Beispielarbeitsblätter zur Ideengenerierung mit der 6-3-5-Methode.

Tipps und Besonderheiten

Achten Sie darauf, dass Sie 'geeignete' Fragestellungen auswählen (vgl. Tipps und Besonderheiten in Abschnitt 20.2.1, Brainstorming). Weiterhin sollten Sie bei der Formulierung der Frage berücksichtigen, dass diese ausreichend Spielraum für Ideen bzw. Antwortalternativen bieten muss.

Sie werden von Runde zu Runde zunehmend mehr Zeit benötigen, da jeweils mehr Zeilen gelesen und inhaltlich mitverarbeitet werden können / müssen. Planen Sie deshalb im Gesamtkonzept noch etwas Pufferzeit ein.

Akzeptieren Sie, dass in Zeilen auch mal ein Feld leer bleibt, wenn einem Teilnehmer nichts einfällt – Kreativität würde unter Eintragungszwang nur reduziert. Sofern Ihre Teilnehmer es als belastend oder anstrengend empfinden, so viele Ideen in so kurzer Zeit und einem so stark vorgegebenem Raster zu generieren, verwenden Sie lieber offenere Methoden wie beispielsweise das Brainwriting.

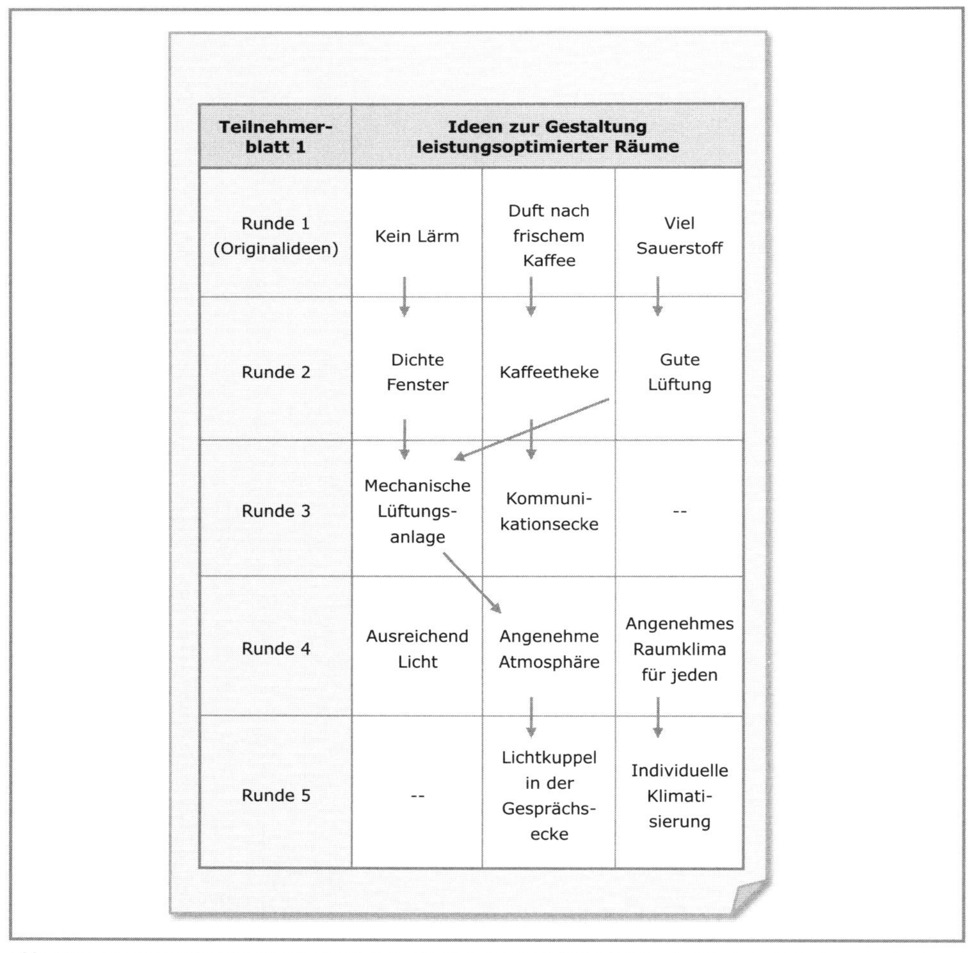

Teilnehmer-blatt 1	**Ideen zur Gestaltung leistungsoptimierter Räume**		
Runde 1 (Originalideen)	Kein Lärm	Duft nach frischem Kaffee	Viel Sauerstoff
Runde 2	Dichte Fenster	Kaffeetheke	Gute Lüftung
Runde 3	Mechanische Lüftungs-anlage	Kommuni-kationsecke	--
Runde 4	Ausreichend Licht	Angenehme Atmosphäre	Angenehmes Raumklima für jeden
Runde 5	--	Lichtkuppel in der Gesprächs-ecke	Individuelle Klimati-sierung

Abb. 20.5. Anwendungsbeispiel einer Ideensammlung anhand der 6-3-5-Methode (hier: 5-3-4, da ein Teilnehmer weniger).

20.5 Techniken zur Ideenbewertung

Ideen zu generieren ist die eine Seite der Medaille, sie auch zu bewerten, ist die andere. Schließlich gilt es sorgfältig zu entscheiden, welche Vorschläge weiterverwendet und umgesetzt werden sollen / können. Durch Handzeichen / Punktekleben können Sie natürlich auch eine Bewertung, Abstimmung oder eine Schwerpunktsetzung herbeiführen, welche den Konsens für die Auswahl der wichtigsten Lösungsalternative unterstützt. Im Folgenden sollen jedoch etwas elaboriertere bzw. differenziertere Methoden der Ideenbewertung dargestellt werden. Diesbezüglich sind das Ideen-Screening (vgl. 20.5.1), die Portfolio-Analyse (siehe hierzu Abschnitt 17.3.2), die QFD-Methode (vgl. 20.5.2) sowie die SWOT-Analyse (siehe hierzu Abschnitt 17.3.1) und als Spezialfall die Delphi-Methode (vgl. 20.5.3) zu empfehlen.

20.5.1 Ideen-Screening

Gegenstand der Technik
Mit der Technik des Ideen-Screenings können Sie in kurzer Zeit überprüfen, ob sich die generierten Ideen für die Lösung Ihres Problems eignen. Um diese Eignung zu ermitteln, werden sog. K.O.-Kriterien bestimmt, anhand welcher die zuvor gesammelten Ideen systematisch und analytisch sortiert, aus- oder aber abgewählt werden.

Bevorzugte Einsatzgebiete
keine Bevorzugung, keine Einsatzbeschränkung

Vorbereitung und Materialbedarf
Es werden Visualisierungsinstrumente (bspw. Flipchart, Whiteboard etc.) benötigt, um die zu sammelnden Kriterien schriftlich festhalten zu können.

Ablauf und Durchführung
Stellen Sie den Teilnehmern zunächst die Methode und ihren Anwendungsbezug bzw. die Fragestellung vor. Der Ablauf gestaltet sich dann wie folgt:

Im ersten Schritt geht es darum, die K.O.-Kriterien festzulegen. K.O.-Kriterien sind erfolgsentscheidende Aspekte einer Lösung – anders ausgedrückt: Es sind die Kriterien, denen die Lösung genügen muss, um ausgewählt zu werden. Die Inhalte dessen, was Sie mit den K.O.-Kriterien berücksichtigen wollen / müssen, hängen ganz individuell von Ihrer Problem- bzw. Fragestellung ab. Sie können beispielsweise zeitlicher, finanzieller oder ideeller Natur sein, aber auch die Entscheidung für ein bestimmtes Material, einen Inhalt oder Prozess, Realisierbarkeit in einem bestimmten Zeitraum, Einsatz bestimmter Produktionsverfahren, Übereinstimmung mit den Idealen des Organisationsleitbilds etc. sind möglich. Beispiele für Leitfragen, unter denen Sie diese K.O.-Kriterien sammeln können, sind:

- Welchen Kriterien muss die Idee / Lösung genügen, um ausgewählt zu werden?
- Welche Kriterien muss die Idee erfüllen, um einer sich anschließenden, genaueren Analyse / näheren Betrachtung unterzogen zu werden?
- Was könnte in unserem Fall ein Erfolgsindikator für eine gute Idee sein?

Diese K.O.-Kriterien sammeln Sie am besten via Brainstorming oder Brainwriting (siehe Abschnitt 20.2.1). Legen Sie sich zunächst noch nicht auf eine bestimmte Anzahl oder inhaltliche Richtung fest, die Limitierung erfolgt später in einem separaten Schritt.

Als nächstes gilt es, die soeben gesammelten K.O.-Kriterienvorschläge auf eine für Sie handhabbare Zahl von beispielsweise 5 - 10 Kriterien zu reduzieren. Methodisch können Sie dies beispielsweise mit der Punktabfrage (vgl. Abschnitt 9.4), der Technik der Progressiven Abstraktion bzw. der Leitfrage „Worauf kommt es eigentlich an?" (vgl. Abschnitt 20.3.3) oder der sequentiellen Morphologie (vgl. Abschnitt 20.2.2) realisieren.

Wenn Sie sich schließlich für die 5 bis 10 wichtigsten K.O.-Kriterien entschieden haben, sollten Sie diese noch einmal auf ihre Formulierung hin überprüfen. Lassen Sie dabei keine mehrdeutigen Aussagen zu, formulieren Sie präzise Kriterien, anhand derer Sie entscheiden können, was in einem nächsten Schritt mit den Ideen passieren soll. Sollen sie ...

- ausgewählt bzw. weiterverfolgt und genauer analysiert werden?
- in einem Speicher für potenziell interessante Ideen 'zwischengeparkt' werden?
- aufgegeben und aussortiert werden?

Beispiele hierzu sind:

- Kriterium 'Vorhandenes Know-how nutzen'
  Die Anwendung Ihres K.O.-Kriteriums könnte beispielsweise ergeben, dass Sie es wegen finanzieller Ressourcen (die Laboreinrichtung, die Sie bräuchten, würde mehr kosten als Ihr Budget hergibt o.a.) nicht selbst entwickeln könnten. Das Resultat wäre analog: die Idee scheidet aus; allerdings bietet sich ggf. auch die Option, nach einem Kooperationspartner mit entsprechenden Kapazitäten zu suchen.
- Kriterium 'Passung mit der Forschungsstrategie'
  Wenn Sie feststellen, dass die Idee nicht zu Ihrer Forschungsstrategie passt oder diese nachteilig beeinflusst, müsste sie ausscheiden. Sie könnte aber auch zwischengeparkt und später ein Kooperationsverbund aufgebaut werden.

Tipps und Besonderheiten
Die Teilnehmer sollten ein möglichst umfassendes Problemverständnis besitzen, um entscheidungsrelevante Kriterien identifizieren zu können.

20.5.2 Quality Function Deployment (QFD)

Gegenstand der Methode
Die QFD-Methode (Merkmal-Funktions-Darstellung) stammt von dem Japaner Yoji Akao (2003, Original 1966) und stellt ein Qualitätssicherungs- und Bewertungsinstrument zur Planung, Entwicklung und Erstellung von Produkten und Dienstleistungen dar. Wesensmerkmal dieser Methode ist es, dass unter Berücksichtigung der Wünsche der Kunden, möglicher Endnutzer, eigener Zielsetzungen und Anforderungen eine Bewertung der Ergebnisse des jeweiligen Planungsstandes in verschiedenen Phasen stattfindet (vgl. Abb. 20.6).

Gearbeitet wird mit Matrizen, bei denen jeweils das Ziel (Was? Also die Kundenwünsche und Anforderungen) und die Umsetzung (Wie? Also die Produktalternativen) zueinander in Beziehung gesetzt und die alternativen Produkte hinsichtlich ihrer Merkmale verglichen und somit bewertet werden. In den weiteren Phasen der Methode wird dann jeweils wieder die entsprechende Umsetzung (Wie?) mit den Zielvorgaben (Was?) verglichen und dabei Alternativen der Produktkomponenten, dann verschiedener Prozesse und schließlich der Produktion bewertet werden. Man kann die QFD-Methode wie hier dargestellt in einer reduzierten Form zur Bewertung von Entwicklungsideen verwenden, d.h. nur Phase I durchlaufen.

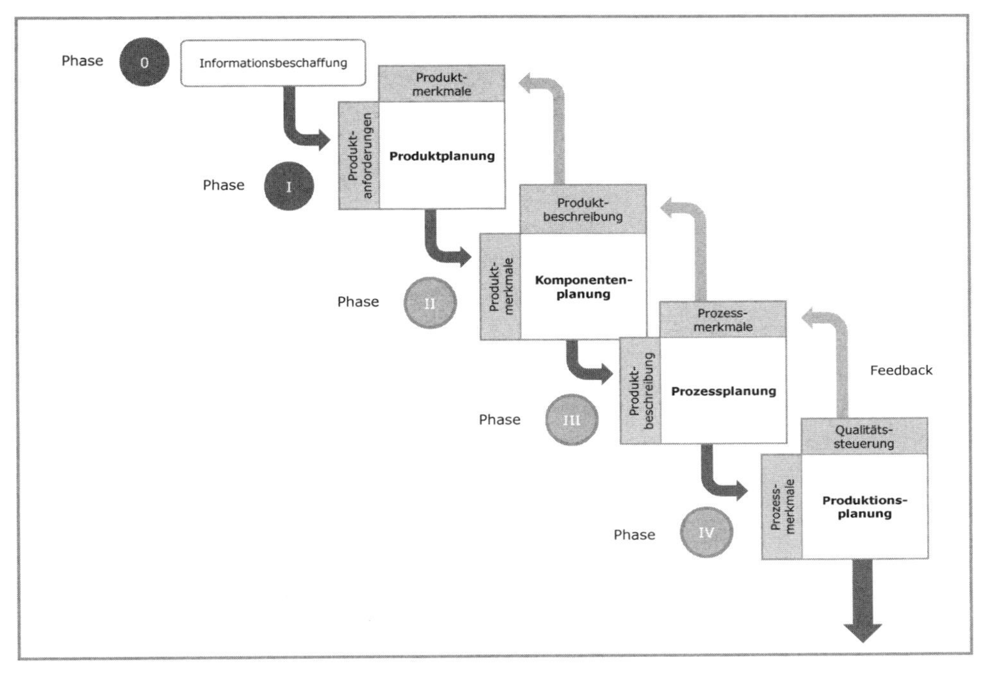

Abb. 20.6. Phasen der QFD-Methode zur Qualitätssicherung und Bewertung von Produkten.

Einsatzgebiet

Die QFD-Methode in der hier vorgeschlagenen, an den Unikontext adaptierten und reduzierten Form (also nur Phase I) eignet sich hervorragend für die Bewertung der mithilfe verschiedener Kreativitätstechniken erdachten Ideen, beispielsweise zum Auffinden von Alternativen für bestehende Produkte.

Vorbereitung und Materialbedarf

Für die Arbeit mit dieser Ideenbewertungsmethode benötigen Sie Flipchart oder Pinnwand, um die Matrix sowie die Beiträge der Teilnehmer visualisieren zu können.

Ablauf und Durchführung

Ablauf und Durchführung werden am Beispiel einer Bewertung möglicher Alternativen zur sog. PCM-Tasse erläutert (Beschreibung der PCM-Tasse siehe Abb. 20.3 in Abschnitt 20.3.3).

Zunächst sammeln und entwickeln Sie mit Ihrem Team mittels diverser Kreativitätstechniken Ideen, beispielsweise für Produkte. Diese Ideen werden in einem nächsten Schritt genauer beschrieben bzw. technisch spezifiziert und in die vertikalen Spalten der QFD-Matrix eingetragen (bei der PCM-Tasse ergeben sich als Spezifikation: Produkt wiegt 200 Gramm, kostet 15 € etc.). Danach werden mögliche oder aufgrund eines Auftrags vorliegende Kundenwünsche (bspw. Produkt soll maximal 20 € kosten und darf keine nicht-recyclingfähigen Bestandteile enthalten) und sonstige Anforderungen (z.B. Brandschutz nach Norm NN einhalten) erfasst, horizontal in die Zeilen der QFD-Matrix eingetragen und gewichtet. Zur Gewichtung werden die jeweiligen Kundenwünsche und Anforderungen mit Gewichtungsfaktoren versehen, wie beispielsweise 1, 3 oder 9.

Im Anschluss bewerten Sie die Erfüllung der Kundenwünsche / Anforderungen durch die Produktalternativen – sind diese erfüllt, wird der jeweils volle Gewichtungsfaktor eingetragen, andernfalls eine Null vergeben. Bei nicht-quantifizierbaren Kundenwünsche / Anforderungen wie beispielsweise der Form des Produkts, entscheidet das Team über die Höhe des eingetragenen Punktes. Nun bilden Sie die Spaltensummen und erhalten so die Produktvariante mit der maximalen Erfüllung aller Kundenwünsche / Anforderungen. Tabelle 20.5 zeigt die beispielhafte Bewertung der möglichen Alternativen der PCM-Tasse. Man erkennt am Ergebnis, dass Tasse 2 mit 16 Punkten die höchste Bewertung erreicht hat, dass aber auch zwei weitere Alternativen mit 15 Punkten unmittelbar folgen. Im weiteren Entwicklungsprozess würde man vermutlich diese drei Tassen weiter verfolgen.

Tabelle 20.5. Bewertung der möglichen Alternativen einer PCM-Tasse.

		Merkmale verschiedener Produktalternativen							
KUNDENWÜNSCHE / ANFORDERUNGEN	Gewichtung	**Tasse 1:** Kosten 20 €, Gewicht 100 gr, Schmelztemperatur flexibel einstellbar, nur recyclinggerechte Produkte	**Tasse 2:** Kosten 15 €, Gewicht 100 gr, Schmelztemperatur flexibel einstellbar, nur recyclinggerechte Produkte	**Tasse 3:** Kosten 10 €, Gewicht 100 gr, Schmelztemperatur flexibel einstellbar, teils recyclinggerechte Produkte	**Tasse 4:** Kosten 20 €, Gewicht 200 gr, Schmelztemperatur flexibel einstellbar, nur recyclinggerechte Produkte	**Tasse 5:** Kosten 20 €, Gewicht 300 gr, Schmelztemperatur flexibel einstellbar, nur recyclinggerechte Produkte	**Tasse 6:** Kosten 15 €, Gewicht 200 gr, Schmelztemperatur nicht flexibel einstellbar, nur recyclinggerechte Produkte	**Tasse 7:** Kosten 15 €, Gewicht 100 gr, Schmelztemperatur nicht flexibel einstellbar, teils recyclinggerechte Produkte	**Tasse 8:** Kosten 15 €, Gewicht 100 gr, Schmelztemperatur flexibel einstellbar, teils recyclinggerechte Produkte
Tasse kostet maximal 15 €	9	0	9	9	0	0	9	9	9
Gewicht maximal 100 gr	3	3	3	3	0	0	0	3	3
Schmelzpunkt flexibel einstellbar	3	3	3	3	3	3	0	0	3
Tasse besteht nur aus recyclinggerechten Materialien	1	1	1	0	1	1	1	0	0
Summe der Gewichtung		7	16	15	4	4	10	12	15

Tipps und Besonderheiten

Im Falle der hier vorgeschlagenen Nutzung von QFD zur Ideenbewertung (reduzierte Form, nur Phase 1) empfiehlt es sich, auf eine ausreichende Trennung dieser Methode von der Ideenfindung zu achten, d.h. eine ausgiebige Ideengenerierung vorzuschalten, um auf einer möglichst soliden, breiten Basis von Ideen anzusetzen und erst anschließend über Zielanforderungen nachzudenken. Grund dafür ist, dass die starke Fokussierung auf Kundenwünsche und Anforderungen zulasten der Kreativität beim Erarbeiten der Produktalternativen gehen kann.

Da QFD vor allem durch die Vielfältigkeit der beteiligten Personen profitiert, sollten möglichst viele der an der Entwicklung beteiligten Arbeitsbereiche (bspw. Lehrstuhlinhaber, Projektmitarbeiter, Entwicklungsingenieur), aber auch – falls vorhanden - Repräsentanten des Kunden / Auftraggebers im Bewertungsprozess vertreten sein. So wird eine möglichst umfassende Sichtweise auf die Aufgabe / das Problem gewährleistet. Da das Team und die Prozesse gesteuert werden müssen, bedarf es für den gesamten Prozess zusätzlich eines kompetenten Moderators (siehe hierzu Abschnitt 9.1).

20.5.3 'Delphi-Methode'[66]

Gegenstand

Ihren Namen hat die Delphi-Methode vom hellseherischen Orakel von Delphi. Sie stellt ein umfangreiches, mehrstufiges Befragungs- und Bewertungverfahren dar, das systematisch Expertenwissen einholt, um mittels bestimmter Schätz- und Rechenmethoden zukünftige Ereignisse, Entwicklungen, Trends etc. möglichst gut bewerten zu können.

Bevorzugte Einsatzgebiete

Die Delphi-Methode kann im Lehrstuhlkontext immer dann eingesetzt werden, wenn zu einem Thema weitreichende Prognosen oder Meinungsbilder erforderlich sind, beispielsweise um die zukünftige Entwicklung eines Forschungsthemas beurteilen zu können. In der Regel beinhalten diese Studien auch Aussagen dazu, ob es unter Experten einen Konsens in der Einschätzung gibt oder aber Dissens besteht. Sie können sich diese Methode in zweierlei Hinsicht zunutze machen, indem Sie ...

- **Publizierte Delphi-Studien verwenden.** Dabei können Sie Aussagen aus bereits publizierten Delphi-Studien an Ihrem Lehrstuhl als Input für eine SWOT- und oder Portfolio-Analyse (siehe Abschnitt 17.3) heranziehen. Beispielsweise helfen Ihnen die darin enthaltenen Aussagen dabei abzuleiten, wie sich bestimmte Technologien oder globale Trends in Zukunft entwickeln werden. Auf dieser Basis könnten Sie Ihre eigenen Forschungs- oder Entwicklungsfelder justieren, d.h. das Forschungsprofil (siehe Abschnitt 17.2) entsprechend ausrichten. Derzeit gehören zu den globalen Trends beispielsweise Themen wie weltweite Ressourcenverknappung, Internationalisierung, demographischer Wandel sowie weltweit zunehmender Energieverbrauch. Diese globalen Trends sind so breitgefächert, dass sie vielen Fächern Anknüpfungspunkte bieten. Das betrifft naheliegende Themen wie Elektromobilität als eine mögliche Lösung der weltweiten Ressourcenverknappung ebenso wie fernere Themen, beispielsweise die Erfordernis der Konservierung von Denkmälern in Regionen, in denen der Tourismus boomt.
- **Delphi-Studien selbst durchführen.** Hierbei können Sie die Methode auch an Ihrem Lehrstuhl anwenden, um beispielsweise wegweisende Entscheidungen auf eine solidere Basis zu stellen. Um diese fundiert durchzuführen, sollten Sie auf Experten zurückgreifen oder Ihre Mitarbeiter diese Expertenrolle einnehmen lassen (bspw. wie im abschließend geschilderten fiktiven Anwendungsbeispiel).

Ablauf

Im Rahmen einer Delphi-Befragung wird einer Gruppe von Experten ein Fragen- bzw. Thesenkatalog vorgelegt. Die Experten haben in zwei oder mehreren 'Runden' die Möglichkeit, die Thesen ein-

[66] Die Delphi-Methode stellt im Kapitel Kreativitätsmethoden insofern einen Spezialfall dar, als dass externe Experten zur Ideenbewertung (aber auch Ideenfindung) herangezogen werden.

zuschätzen. Ab der zweiten Runde wird ihnen eine Übersicht der bislang abgegebenen Antworten aller beteiligten Experten gegeben. Dazu werden die in der jeweils vorhergehenden Runde schriftlich erhaltenen Antworten, Schätzungen, Ergebnisse etc. aufgelistet und beispielsweise mithilfe einer mathematischen Auswertung (spezielle Mittelwertbildung, Perzentile oder Durchschnittswertberechnungen) zusammengefasst und den Fachleuten anonymisiert erneut für eine weitere Diskussion, Klärung und Verfeinerung der Schätzungen vorgelegt. Dieser kontrollierte Prozess der Meinungsbildung erfolgt gewöhnlich über mehrere Stufen. Das Endergebnis ist eine aufbereitete Gruppenmeinung, die die Aussagen selbst und Angaben über die Bandbreite vorhandener Meinungen enthält.

Durchführung

Bei der Standard-Delphi-Methode werden mehrere Experten zur Einschätzung eines Projekts – oder zur Prognostizierung – herangezogen, die sich nicht untereinander abstimmen dürfen. Der Prozess sieht wie folgt aus:

- Ein Projektleiter bereitet eine Projektbeschreibung vor, in der die einzelnen Teil-Produkte aufgelistet sind und bereitet sie in einem Arbeitsformular vor.
- Der Projektleiter stellt die Ziele des Gesamtprojekts vor und verteilt je ein Exemplar des Arbeitsformulars an jeden Experten. Es findet keine Diskussion der Schätzungen statt.
- Jeder Experte schätzt die im Arbeitsformular enthaltenen Aussagen im Hinblick auf die genannten Fragen ein. Keiner der Experten arbeitet mit einem anderen zusammen.
- Alle Arbeitsformulare werden vom Projektleiter eingesammelt und ausgewertet.
- Ergeben sich gravierende Diskrepanzen, so werden diese vom Projektleiter einheitlich auf allen Arbeitsformularen in Bezug auf die Abweichung nach oben oder unten kommentiert. Jedes Arbeitsformular geht anschließend wieder an seinen ursprünglichen Bearbeiter zurück.
- Die Experten überdenken in Abhängigkeit von den Kommentaren ihre Schätzungen.
- Die beschriebene Schleife wiederholt sich so lange, bis sich keine neuen Erkenntnisse mehr ergeben. Die Antworten liegen nun entweder nahe beieinander, d.h. es besteht in einem Toleranzbereich Einigkeit der Experten oder aber nicht. Beides gibt einen deutlichen Hinweis auf die Prognosesicherheit.
- Die finale Einschätzung wird den Beteiligten kommuniziert.

Tipps bei der Durchführung

Häufig werden Delphi-Umfragen nicht im Rahmen einer oder mehrerer Sitzungen, sondern postalisch durchgeführt, die Fragebögen also den Experten per Brief oder Mail gesandt. Die einzelnen Experten sehen sich dementsprechend nie und erfahren auch erst nach Abschluss aller Umfragerunden die Namen der anderen Befragten. Liegt der Schlussbericht einmal vor, werden in der Regel alle Experten und andere Interessierte zu einem Symposium eingeladen.

Hinweis: Das Fehlen jeglicher Diskussionen hat zwei Auswirkungen. Einerseits unterbindet dieses Vorgehen die üblichen bei Gruppendiskussionen auftretenden Urteilsverzerrungen, dazu gehören Meinungspolarisierungen im Laufe einer Diskussion, Konformitätsdruck durch die Anwesenheit anderer oder auch das Durchsetzen dominanter Persönlichkeiten als Meinungsführer. Damit wird verhindert, dass sich aufgrund einer ungewollten Gruppendynamik Strömungen und Tendenzen in den Meinungen herausbilden, die unter Umständen gute Schätzungen verhindern. Auf der anderen Seite könnten Gruppendiskussionen aber auch dazu beitragen, Defizite im Know-how einzelner Experten und die damit verbundenen Fehleinschätzungen zu vermeiden – dementsprechend gibt es auch Variationen der oben genannten Standard-Delphi-Methode, in welchen offen diskutiert wird.

Anwendungsbeispiel

Es gibt auch die Möglichkeit, diese Methode mit Ihren Mitarbeitern am Lehrstuhl anzuwenden. Die Durchführung einer für diesen Kontext angepassten Delphi-Methode wird im Folgenden an einem fiktiven Beispiel der Bewertung von Lehrinhalten für einen neu einzurichtenden Online-Masterstudiengang Bauphysik aufgezeigt.

Alle Mitarbeiter, Kooperationspartner und Förderer des Lehrstuhls werden gebeten, an einer Befragung teilzunehmen. Sie sollten Ideen und Vorschläge für Themen, die für den neu zu errichtenden onlinebasierten Studiengang von hoher Relevanz sind, zusammenstellen. Diese Themen sollen anschließend als Vorlesungsinhalte in den Studiengang integriert werden. Ziel der ersten Delphi-Runde ist es, ein nach Möglichkeit breites Feld an Ideen für Themenfelder des Masterstudiengangs auszuschöpfen. Unter der exemplarischen Annahme, dass sich an der ersten Runde 152 Teilnehmer beteiligen, werden 178 Vorschläge für mögliche Themenbereiche gesammelt. Nach Aussortieren von Dopplungen bleiben zur Vorbereitung der zweiten Runde 136 Vorschläge übrig. Diese Vorschläge werden im Beispiel auf 18 verschiedene Themenbereiche aufgeteilt und in einen Fragebogen überführt.

Die Selektion und Bewertung findet nun methodengemäß in der zweiten Runde statt. Dazu werden die Teilnehmer gebeten, jeden einzelnen Vorschlag hinsichtlich des bisherigen Forschungsstandes einzuschätzen, der Wichtigkeit des Themas für die Vorlesungsinhalte zu benennen sowie jenen Zeitpunkt anzugeben, zu dem sie glauben, dass die Errichtung des Studienganges spätestens in Angriff genommen werden sollte (vgl. Tabelle 20.6). In der dritten und letzten Runde werden die Antworten der zweiten Runde (30 Forschungs- und Entwicklungsvorschläge, vgl. Tabelle 20.7), die als besonders wichtig für den Studiengang eingestuft wurden, diskutiert und auf deren Basis der Studiengang konzipiert.

Tabelle 20.6. Auszug aus dem Fragebogen, der in der zweiten Runde der Delphistudie verwendet wurde (Anwendungsfall 'Online-Masterstudiengang Bauphysik').

	BEURTEILUNGSKRITERIEN								
	Ist der Stand in der bisherigen Forschung in den folgenden Themen ausreichend? (1–4 / keine Meinung)		Wie wichtig ist für Sie das Thema im Studiengang? (1–4 / keine Meinung)		Sollte dieses Thema in die Vorlesungsreihe integriert werden? Wenn ja, wann? (Jahr / gar nicht / keine Meinung)				
Lehrinhalte	(1-4)*	Keine Meinung	(1-4)*	Keine Meinung	2012 / 2013	2014 / 2015	2016 oder noch später	Gar nicht	Keine Meinung
1. Klima und Umwelt Bauen in anderen Klimazonen, erneuerbare Energien, Stadtbauphysik, Lärm und Lärmbekämpfung									
2. Energie Wärmeschutz, Energieeinsparung, Lüftung, hybride Systeme									
3. Bau- und Raumakustik Bauakustik, Raumakustik, baulicher, Schallschutz									
4. Nachhaltiges Bauen Nachhaltige Energiesysteme, Ökobilanzierung, ökonomische Betrachtung, recyclinggerechtes Konstruieren									
5. Hygrothermik Feuchteschutz, nutzungsspezifisches Raumklima, Schimmelpilz und Algenbewuchs, Diffusionsvorgänge									
6. Spezielle Sondergebiete Baulicher Brandschutz, Radon in Gebäuden, präventive Konservierung									
... (Auflistung weiterer Inhalte)									

*Anmerkung: 1 = ganz unzureichend, 2 = eher unzureichend, 3 = eher ausreichend, 4 = ganz ausreichend

Tabelle 20.7. Auszug aus einer möglichen Darstellung der Befragungsergebnisse (aus Tabelle 20.6) zu potenziellen Lehrinhalten im Anwendungsfall 'Online-Masterstudiengang Bauphysik'.

	BEURTEILUNGSKRITERIEN		
	Forschungsstand	**Wichtigkeit des Themas**	**Beginn**
Lehrinhalte	**Nennung des Kriteriums 'eher oder ganz ausreichend'**	**Nennung des Kriteriums 'sehr wichtig'**	**Gewünschter Beginn '2012 / 2013'**
1. Klima und Umwelt Bauen in anderen Klimazonen, erneuerbare Energien, Stadtbauphysik, Lärm und Lärmbekämpfung	95 %	96 %	62 %
2. Energie Wärmeschutz, Energieeinsparung, Lüftung, hybride Systeme	82 %	94 %	80 %
3. Bau- und Raumakustik Bauakustik, Raumakustik, baulicher, Schallschutz	85 %	70 %	75 %
4. Nachhaltiges Bauen Nachhaltige Energiesysteme, Ökobilanzierung, ökonomische Betrachtung, recyclinggerechtes Konstruieren	56 %	91 %	79 %
5. Hygrothermik Feuchteschutz, nutzungsspezifisches Raumklima, Schimmelpilz und Algenbewuchs, Diffusionsvorgänge	80 %	81 %	71 %
6. Spezielle Sondergebiete Baulicher Brandschutz, Radon in Gebäuden, präventive Konservierung	72 %	40 %	55 %
...			

20.6 Schlussgedanken zu den Kreativitätsmethoden

Für eine erfolgreiche Anwendung der obenstehenden Kreativitätstechniken sollten Sie nachstehende Aspekte beherzigen:

- **Die Rahmenbedingungen müssen stimmen.** Beachten Sie, dass Kreativitätsleistungen nicht nur von dem entsprechenden Methodeneinsatz oder den Begabungen der Beteiligten abhängen, sondern auch von geeigneten räumlichen, zeitlichen und arbeitstechnischen Voraussetzungen. Nicht zuletzt zählt hierzu auch das Arbeitsklima. Ein Klima, das Innovationen wahrscheinlich macht (vgl. Abschnitt 19.3.3), das neue Ideen schätzt und wohlwollend aufnimmt, ist ebenso ausschlaggebend wie die Bereitschaft, aufgrund einer neuen Idee etwas Bestehendes auch zu verändern.

- **Die Methode wirkt erst durch Sie.** Betrachten Sie die jeweiligen Methoden nicht als Automatismen, die Ideen sozusagen von allein produzieren. Ob und welche Ergebnisse Sie erzielen, wird in hohem Maße von Ihren Einstellungen, Ihren Fähigkeiten und Ihrem Verhalten (bspw. im Miteinander bei gemeinsamen Ideengenerierungen) bestimmt.
- **Übung macht den Meister.** Bei den ersten Durchläufen mögen sich einige Kreativitätstechniken möglicherweise noch sperrig oder merkwürdig anfühlen. Doch je häufiger Sie mit ihnen arbeiten, desto vertrauter werden Ihnen die Vorgehensweisen und desto bessere Ergebnisse werden Sie erzielen. Beachten Sie, dass alle Teilnehmer die jeweiligen Methoden gut verstanden haben müssen (nicht nur der Moderator oder der Teamleiter), um zu einem erfolgreichen Ergebnis beitragen zu können.
- **Passung von Methoden zu Fragestellungen und Personen.** Beobachten Sie, bei welchen Fragestellungen, bei welchen Personenkonstellationen (denn nicht jeder kann sich auf jede Methode gut einlassen) und unter welchen Bedingungen eine Methode (in Ihrem Team) zu guten Resultaten führte. Dadurch gewinnen Sie an Erfahrungen, wie Sie die Instrumente zukünftig gezielter einsetzen können.
- **Teamarbeit braucht Moderation.** Wann immer Sie Kreativitätstechniken in Gruppen anwenden, sollten Sie der Moderation des Ganzen ausreichend Beachtung schenken, denn Teamarbeit wird ohne Moderation schnell ineffizient. Legen Sie als Moderator beispielsweise Wert auf die Einhaltung der Regeln der einzelnen Techniken sowie auf ein gutes Klima und Miteinander – beide sind für einen hochwertigen Kreativitätsprozess erforderlich.
- **Anspruch an das Ergebnis.** Setzen Sie sich und anderen realistische Erwartungen bezüglich der zu erreichenden Ergebnisse. Kreativitätstechniken sind nicht per se ein Wundermittel, mit dem die schwierigsten Innovationsprobleme im Handumdrehen gelöst werden können.
- **Von der Idee bis zum Ergebnis.** Ideengenerierung ist das Eine, diese entsprechend zu bewerten, sich unter allen für die Richtige zu entscheiden und diese gezielt weiterzuverfolgen, ist das Andere, das zum wesentlichen Erfolg beiträgt. Wenn Sie den Zyklus bereits nach der Ideengenerierung beenden (was häufig passiert, da die Generierung der 'spaßigste' Teil des Ganzen ist), so werden Sie nicht ernten können, was Sie hier an Zeit und Energie gesät haben. Nehmen Sie sich daher die Muße und ggf. auch die Disziplin, den Prozess bis zum Ende zu führen; denken Sie daran, Sie werden nicht (nur) am Spaß gemessen, sondern am letztendlichen Erfolg: Mitarbeiter kommen gerne wieder zu Sitzungen / Kreativitätsworkshops mit Ihnen, wenn deren Verlauf gut UND deren Ergebnis erfolgreich ist. Eines von beiden reicht auf die Dauer nicht, um Menschen zufrieden und leistungsstark zu machen.

Teil V: Schnittstellen nach außen

Beim Thema 'Schnittstellen nach außen' denken Sie vermutlich vorrangig an Kongresse, Workshops oder Vorträge – und damit liegen Sie auch durchaus richtig – jedoch hat Ihr Lehrstuhl wesentlich mehr Schnittstellen, an denen er mit Externen in Verbindung tritt: Angefangen bei den Interaktionen mit den Studierenden, über die Kontakte mit Kooperationspartnern, die Kommunikation via Internet (Ihre Website), Interviews mit der Presse und bis hin zum ganz gewöhnlichen Briefwechsel mit Forschungsstellen, Drittmittelgebern, Ihren Verwaltungseinrichtungen oder der Scientific Community.

Greifen Sie in diesem Zusammenhang einmal exemplarisch den Aspekt des Briefwechsels heraus: Ach, so etwas Triviales, denken Sie jetzt vielleicht. Ja und nein, denn: Haben Sie sich schon einmal gefragt, wie Ihre Schriftstücke auf die Empfänger wirken? Was denkt jener, wenn er Ihren lapidaren Dreizeiler „Kann ich xyz leider nicht übernehmen." erhält? Haben Sie sich schon einmal gefragt, ob das, was Sie schreiben, von Ihnen auch vollumfänglich so gemeint ist? Was meinen Sie eigentlich, wenn Sie schreiben „Ich kann nicht teilnehmen.", „Ich muss Ihre Anfrage ablehnen."? Beispielsweise sagen Sie damit **nicht**, meinen dies aber vielleicht,

- dass seine Einladung Sie ehrt
  (mögliche Folge daraus: Er wird Sie vielleicht nicht mehr einladen),
- dass Sie das Thema grundsätzlich interessiert
  (nur dann wird er Sie auch zu diesem Thema weiter auf dem Laufenden halten),
- warum Sie nicht können
  (nur so wird er verstehen, warum Sie absagen und kann es einordnen)

und vielleicht hätten Sie ihm ja auch noch im Gegenzug was anzubieten (einen anderen Referenten etc.), sodass er erkennt, dass Sie Ihren Kontakt schätzen.

Und wenn Sie von einer wissenschaftlichen Zeitschrift zu einem Review gebeten werden, lassen Sie die vereinbarte Deadline dann erstmal verstreichen und sich anmahnen, bis Sie das Gutachten verfassen? Wie schaut Ihr Gutachten aus? Bemühen Sie sich, ein faires und ausgewogenes Bild des Artikels zu zeichnen und diesem in all seinen Stärken und Schwächen gerecht zu werden oder reißen Sie einfach ein paar Zeilen runter, die Ihre Meinung widergeben und durchaus am Rande spüren lassen, dass Sie keine Lust oder Zeit hatten für mehr?

Kurzum: Ihre Schriftwechsel sagen bei weitem nicht nur über den Inhalt, zu dem Sie gerade Ihre Zeilen verfassen, etwas aus, sondern in wesentlichen Teilen auch etwas über Sie! Ihre Schriftwechsel sind mehr als nur Ihre Visitenkarte! Mit entsprechendem Bedacht sollten Sie sie folglich verfassen! In Kapitel 23 sind daher ausgewählte Vorlagen und Formulierungshilfen zum akademischen Schriftwechsel (vom Gutachten bis zur Weihnachtskarte) für Sie zusammengestellt.

Eng mit dem Schriftwechsel geht ein noch wesentlich größerer Part der Schnittstellen nach außen einher: Die Außendarstellung Ihres Lehrstuhls. Ihre Sichtbarkeit nach außen im persönlichen Auftreten, bei Teilnahmen an wissenschaftlichen Veranstaltungen wie in den Medien sowie im Internet. Auch an dieser, an vorderster Front sollten Sie aktiv werden, sodass Sie in der Öffentlichkeit nicht nur souverän, sondern auch stets sichtbar sind (Medien, Veranstaltungen, Internet etc.). Warum? Nun, dafür gibt es vielerlei Gründe:

- Zum einen leben wir im Zeitalter der Kommunikation: Wer sich dem verschließt, bremst sich selbst aus (wer bspw. nicht per Suchbegriff mit seinen Forschungsthemen im Internet zu finden ist, der erschwert, in diesem Zusammenhang auch gefunden zu werden). Und es gehört natürlich heute auch zum guten Ton, sich entsprechend zu präsentieren (bspw. in Webseiten, Broschüren, auf Kongressen vertreten zu sein). Das erwarten nicht nur Kollegen, Kunden und Auftraggeber, auch Drittmittelaufträge lassen sich damit oftmals leichter akquirieren, denn erst wenn potenzielle Kunden wissen, an welchen Themen Sie arbeiten, können diese Sie darauf ansprechen.

- Wenn Sie entsprechend sichtbar sind und Ihr gutes Image zum Ausdruck bringen, können Sie leichter die Besten unter den Nachwuchskräften (sowohl Studierende als auch Mitarbeiter) rekrutieren (siehe auch Abschnitt 22.3.2, Recruiting-Tag).
- Darüber hinaus verschaffen Sie sich sowie Ihrer Universität auf diese Weise ein gutes Image (siehe Abschnitte 21.4, Pressemitteilung und 21.6, Interview).
- Und wenn auch Ihnen persönlich vielleicht Ihre Außendarstellung nicht so wichtig ist, dann kümmern Sie sich wenigstens der Karriere Ihrer Mitarbeiter zuliebe darum sowie als deren Vorbild für ein gutes Auftreten.

Die Gründe für eine gezielte Außendarstellung liegen also auf der Hand. Es bleibt die Frage, was alles zu einer solchen Außendarstellung gehört und an welchen Stellen Sie ansetzen könnten, diese zu optimieren. Wie Sie nachstehend sehen werden, gelingt Ihnen dies beispielsweise ...

a) über die zentralen Hebel der Außendarstellung (vom Corporate Design über Website und Werbematerial bis hin zu einer wirksamen Medienarbeit) (siehe Kapitel 21, Außendarstellung),

b) über die Teilnahme an oder auch Organisation von wissenschaftlichen Veranstaltungen wie Konferenzen und universitätsinternen Veranstaltungen wie Recruiting-Tagen (siehe Kapitel 22, Wissenschaftliche und universitätsinterne Veranstaltungen),

c) sowie über das richtige Auftreten (siehe Kapitel 24, Kleiner Lehrstuhl-Knigge)

d) bis hin zur richtigen Schriftform (siehe Kapitel 23, Schriftwechsel).

Mit der nachfolgend beschriebenen Professionalität und strukturierten Herangehensweise werden Ihnen diese mit wenig Zeitaufwand und vor allem leichter von der Hand gehen.

TEIL V: SCHNITTSTELLEN NACH AUSSEN	**Kapitel 21: Die Außendarstellung eines Lehrstuhls**
	Kapitel 22: Wissenschaftliche und universitätsinterne Veranstaltungen
	Kapitel 23: (Akademischer) Schriftwechsel
	Kapitel 24: Kleiner Lehrstuhl-Knigge

21 Die Außendarstellung eines Lehrstuhls

Woher wissen Sie von politischen Ereignissen? Aus der Presse! Und woher haben Sie Kenntnis von neuen Medikamenten? Aus der Presse! Und woher erfahren Sie vom neuen Leibnitz-Preisträger? Aus der Presse! Und woher sollten Ihre Fachkollegen und potenziellen Forschungspartner Ihre Kompetenzen kennen? Aus der Presse! Vielleicht werden Sie nun einwenden, dass das doch nur für besondere Anlässe gilt. Dies ist richtig: Es ist nicht nur die Pressearbeit, auf die es ankommt, sondern eine insgesamt gelungene und effektive Außendarstellung. Gerade in Zeiten der Kommunikationsvielfalt und Informationsflut ist eine wirksame eigene Außendarstellung zunehmend mehr eine Notwendigkeit!

Angesichts der beschleunigten Veränderungen in der Forschungslandschaft und der hart umkämpften Bereiche der Drittmittelgewinnung und Nachwuchsgenerierung ist eine klare Abgrenzung sowie Profilbildung (vgl. Kapitel 17) und -schärfung ein entscheidendes Mittel für eine stabile und langfristige Positionierung des Lehrstuhls innerhalb der Scientific Community und gegenüber möglichen Kunden. Doch gilt es dabei nicht nur, ein solches Profil zu besitzen, sondern dieses auch zu vermarkten, nach außen deutlich zu machen: Dies hat im Zuge des Exzellenzwettbewerbs stark an Bedeutung gewonnen, da sich Angebote und Leistungen der vielfältigen Mitbewerber immer ähnlicher werden. Nicht zuletzt werden Sie in der Regel von Außenstehenden besser gekannt als Sie sich selbst zu kennen glauben – oder haben Sie noch Kontrolle darüber, was in den Medien über Sie erscheint oder im Internet so alles über Sie und die Ihnen unterstellte Institution kursiert? Gerade aus diesem Grund ist eine gezielte eigene Außendarstellung eine entscheidende Einflussnahme auf das Image Ihrer Person und Ihres Lehrstuhls, denn Sie speisen über diese Quellen aktiv Ihre Außendarstellung und lassen nicht (ausschließlich) die Gerüchteküche dafür arbeiten.

Wenn es um Außendarstellung geht, sind stets zwei Wirkrichtungen zu beachten: die interne sowie die externe. Um eine nach extern gerichtete Wirkung von Außendarstellung zu erhalten, betreiben Sie klassische Öffentlichkeitsarbeit, Sie fokussieren auf den strategischen Aufbau einer Beziehung zwischen Ihrem Lehrstuhl und dem näheren und weiteren Umfeld mit Hochschulvertretern, Studierenden, Politikern, Förderern etc. Wesentliche Ziele dieser Öffentlichkeitsarbeit eines Lehrstuhls sind der Ausbau des Bekanntheitsgrades, die Gewinnung von Nachwuchswissenschaftlern sowie die Besetzung von Themenfeldern, sprich in Ihrem Fall, die Hervorhebung der Stärken auf Ihrem Fachgebiet innerhalb der Scientific Community. Die interne Wirkrichtung von Außendarstellung hingegen ist sozusagen ein Nebenprodukt Ihres Handelns: Indem Sie die oben genannten Ziele erreichen, stärken Sie das Selbstbewusstsein und 'Standing' Ihres Teams, indem Sie ein sog. Corporate Design (siehe Abschnitt 21.1) einsetzen, erhöhen Sie die Identifikationsmöglichkeit sowie das Selbstverständnis Ihrer Mitarbeiter mit dem Lehrstuhl – und das alles zusätzlich zu der positiven Wirkung nach außen (extern).

Entsprechend sollten Sie bei der Gestaltung Ihrer Außendarstellung auch alle Zielgruppen, die Sie damit ansprechen (wollten), berücksichtigen. Üblicherweise gehören zu den Zielgruppen ...

- intern die Studierenden, die Mitarbeiter der Universität und die Kollegen,
- extern Wissenschaftler anderer Forschungseinrichtungen, Vertreter aus Politik und Wirtschaft sowie weitere Zielgruppen aus der Bevölkerung,
- aber darüber hinaus auch die Medien (Pressestellen, Funk und Fernsehen).
- Nicht zuletzt sind auch Schüler, Lehrer und vor allem ehemalige Studierende wichtige Zielgruppen, da Hochschulen sich zunehmend darum bemühen, Förderer und Sponsoren zu finden so-

wie Nachwuchs zu gewinnen. Sind beispielsweise auf Ihrer Website erfolgreiche Ehemalige zu finden, ist dies ein lebender Beweis für die Qualität Ihres Lehrstuhls.

In den folgenden Ausführungen sind die wichtigsten Hintergrundinformationen und Checklisten zu den Bereichen Corporate Design, Public Relations, Interviews, Pressekonferenzen und Internetauftritt, d.h. Anleitungen und Anregungen zusammengestellt, mit deren Hilfe Sie die Außendarstellung Ihres Lehrstuhls aufbauen und verbessern können.

KAPITEL 21: DIE AUßENDARSTELLUNG EINES LEHRSTUHLS	
	21.1 Das Corporate Design
	21.2 Public Relations eines Lehrstuhls
	21.3 Der Internetauftritt
	21.4 Die Pressemitteilung
	21.5 Die Pressekonferenz
	21.6 Das Interview
	21.7 Das Werbeposter

21.1 Das Corporate Design

Haben Sie sich auch schon einmal darüber gewundert, dass Sie fünf Vorträge gehört haben, dabei aber nicht bemerkten, dass die Referenten aus ein- und derselben Universität stammten, weil jeder Vortrag ein anderes Design hatte? Vielleicht kennen Sie das auch von Ihrem eigenen Lehrstuhl? Mussten Sie schon feststellen, dass Ihre eigenen Mitarbeiter ein Höchstmaß an Kreativität und Zeit aufwandten, um im Endeffekt (leider!) ungeeignete Darstellungsarten in ihren PowerPoint-Präsentationen zu gestalten? Nun, in beiden Fällen fehlte ein sog. Corporate Design.

Das Corporate Design (CD) ist das (visuelle) einheitliche Erscheinungsbild einer Einrichtung und prägt mit seinen vier Bestandteilen Logo, Hausfarbe, Hausschrift und Gestaltungsraster die äußere Wahrnehmung und insbesondere den ersten Eindruck, den die Außenwelt (Studierende, Fachschaft, potenzielle Fördergeber bzw. Förderer, Forschungsgemeinschaft etc.) von Ihrer Institution bzw. Arbeitseinheit wahrnimmt. Wenn Vortragsfolien, Website, Visitenkarten, Broschüren und das Briefpapier aufeinander abgestimmt sind und ein einheitliches Bild präsentieren, lässt sich der eigene Aufmerksamkeits- und Wiedererkennungswert merklich steigern. Zugleich können Sie das Selbstverständnis Ihres Lehrstuhls in Ihrem Designauftritt (durch das gewählte Symbol / Logo, die Farben, das innovative Design) zum Ausdruck bringen.

Ein CD verkörpert nach außen Ihre gemeinsame Identität (sog. Corporate Identity) und unterstützt Sie als Lehrstuhlinhaber zugleich darin, bei Ihren Mitarbeitern eine gemeinsame Lehrstuhlidentität auszubilden. Es hat außerdem den Vorteil, dass für die Gestaltung von Medien klare Regeln gelten (was insbesondere bei der Erstellung von Präsentationen eine immense Zeitersparnis mit sich bringen kann), dass ein bestimmter gestalterischer Qualitätsstandard von den Mitarbeitern nicht unterschritten wird und dass – gerade für Broschüren und Homepagegestaltung – Aufmachung und Symbolik nicht immer wieder neu erfunden werden müssen. Nutzen Sie die Chance, von einem einheitlichen Kommunikationskonzept zu profitieren: teamintern durch eine gemeinsame Identität und Zeitersparnis durch die CD-Materialien sowie nach außen durch ein besseres Image und einen höheren Wiedererkennenswert. (Als Beispiele eines Lehrstuhl-CDs siehe Abb. 21.1 bis 21.4.)

Hinweis: Üblicherweise hat jede Hochschule bereits ein verbindliches CD, das Sie für Ihren Lehrstuhl übernehmen können (oder ggf. auch müssen).

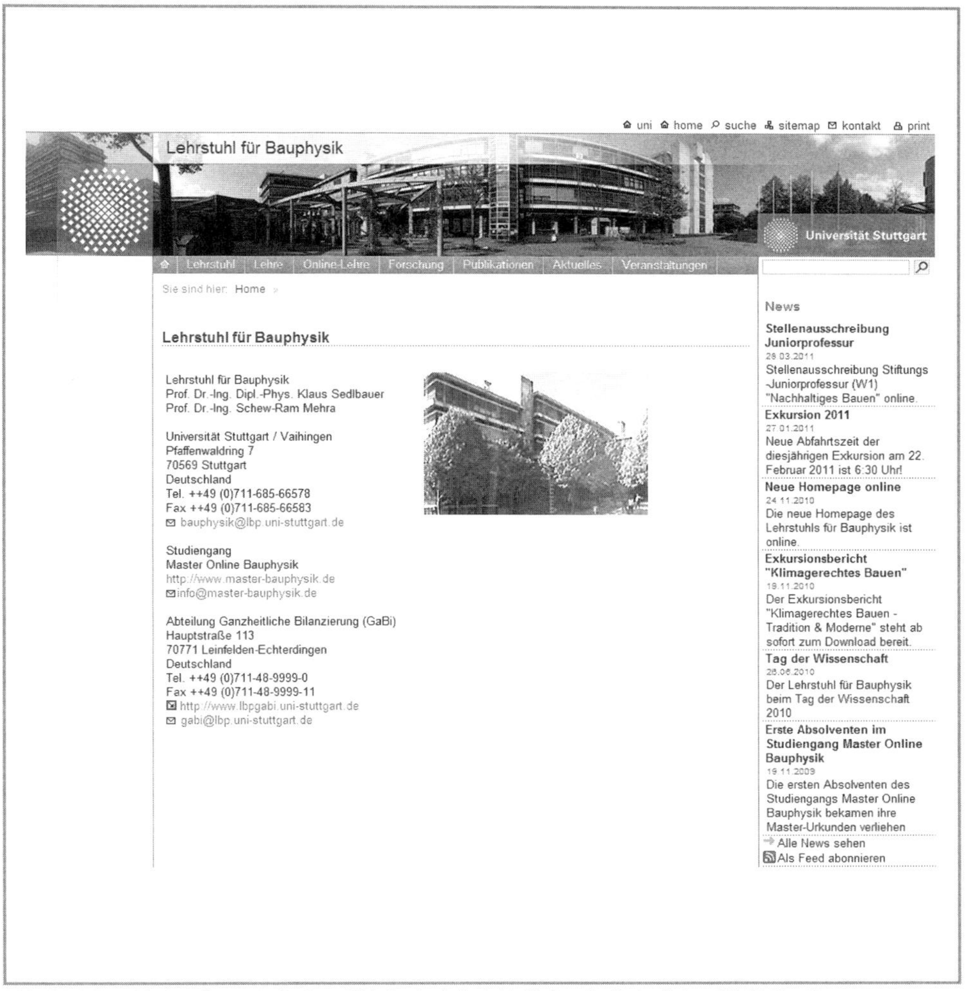

Abb. 21.1. Beispiel eines Corporate Designs (Website des Lehrstuhls für Bauphysik der Universität Stuttgart).

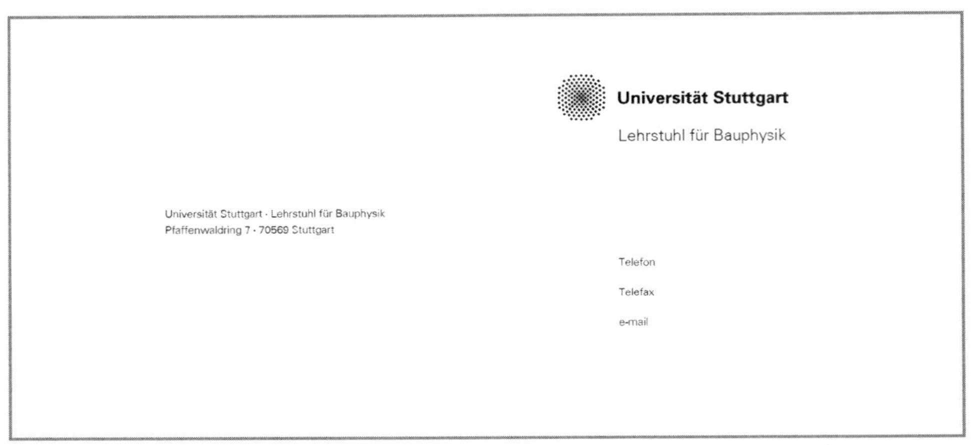

Abb. 21.2. Beispiel eines Corporate Designs (Briefkopf des Lehrstuhls für Bauphysik der Universität Stuttgart).

Abb. 21.3. Beispiel eines Corporate Designs (Visitenkarte des Lehrstuhls für Bauphysik der Universität Stuttgart).

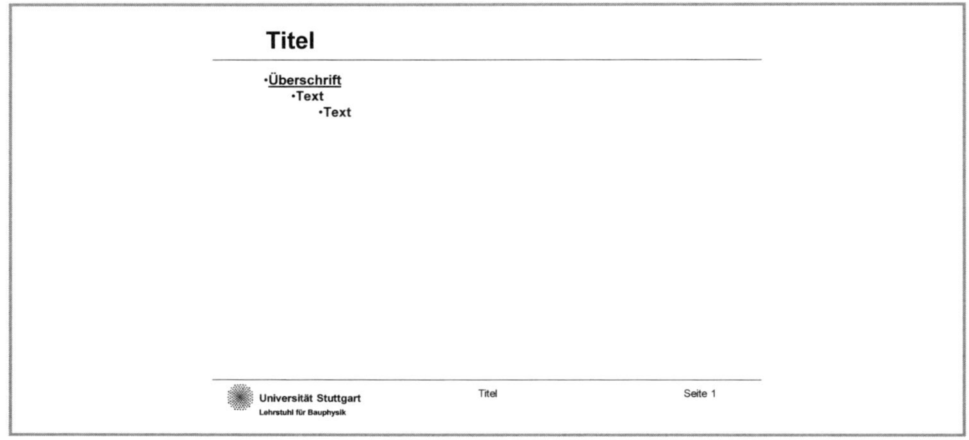

Abb. 21.4. Beispiel eines Corporate Designs (PowerPoint-Folie des Lehrstuhls für Bauphysik der Universität Stuttgart).

21.2 Public Relations eines Lehrstuhls

Habe ich das Kleingedruckte in meiner Berufung nicht gelesen oder warum soll ich mich nun neben der Forschungsarbeit auch noch um die Werbung kümmern?! Diese Frage geht Ihnen sicherlich durch den Kopf, wenn Sie das Stichwort Public Relations (PR; d.h. Öffentlichkeitsarbeit bzw. öffentliche Kommunikation eines Lehrstuhls) hören. Forschung kostet nun einmal Geld und in der Öffentlichkeit bekannte Wissenschaftler haben einen leichteren Zugang zu renommierten Partnern und Fördergebern als Forscher, die sich in Ihrem Lehrstuhl einigeln – mögen Sie auch noch so kompetent sein.

Im folgenden grauen Kasten sind die Aufgaben der Öffentlichkeitsarbeit an Lehrstühlen auf einen Blick zusammengefasst.

AUFGABE DER ÖFFENTLICHKEITSARBEIT AN LEHRSTÜHLEN

... ist es, die ganze Bandbreite aus Lehre und Forschung sowie die außer- wie inneruniversitären Aktivitäten widerzuspiegeln. So sollten Sie über Folgendes stets zeitnah informieren:

Im Bereich der Lehre über ...

- die Einrichtung eines neuen Studiengangs
- den ersten Durchlauf eines neuen Studiengangs und die Vergabe der Bachelor-Zeugnisse
- die Gewinnung / Erweiterung des Kollegiums um fachlich anerkannte Persönlichkeiten
- Fakten wie „jeder (unserer) Abgänger bekommt einen Arbeitsplatz"

Im Bereich der Forschung über ...

- aktuelle Forschungsthemen
- erzielte Erfolge (internationales Projekt unter der Leitung des Lehrstuhls erfolgreich akquiriert)
- den Ideenreichtum des akademischen Nachwuchses (erfolgreich angemeldete Patente)
- relevante Positionierungen zu drängenden Fragen unserer Zeit (Publikation von Standardwerken, kontroverse Thesen, Medienbeiträge wie bspw. Interviews etc.)

In Bezug auf universitäre Aktivitäten über ...

- den Tag der offenen Tür / Recruiting-Tag
- interessante fachliche Lehrstuhlexkursionen
- den Kooperationsvertrag, der mit einer anderer Universität oder einem Unternehmen unterzeichnet wurde (sog. 'Memorandum of Understanding')

Für die öffentlichkeitswirksame Außendarstellung des Lehrstuhls stehen Ihnen unterschiedliche Mittel und Wege zur Verfügung. Neben den Marketinginstrumenten, die von der Hochschule institutsübergreifend bereitgestellt werden (wie Werbeartikel, Flyer), sollten Sie auch einige eigene, lehrstuhlspezifische Materialien bereithalten. Für deren Erstellung und Ausgestaltung empfiehlt es sich, professionelle Unterstützung in Form der zentralen Pressestelle Ihrer Hochschule oder von externen PR-Agenturen hinzuzuziehen.

Folgende **allgemeine Informationsmedien** eignen sich für die interne und externe Darstellung Ihres Lehrstuhls gegenüber der Öffentlichkeit und sollten ständig aktualisiert verfügbar sein:

- **Website**
  Die Aussagefähigkeit Ihres Internetauftritts steht und fällt mit der Aktualität der Inhalte (für weitere Aspekte der Webseiten-Gestaltung siehe Abschnitt 21.3)
- **Flyer**
  Meist handelt es sich hier um einen sechsseitigen Leporello[67] (vgl. Abbildung 21.5), der einen einzelnen Lehrstuhl, eine seiner Teildisziplinen oder eine einzelne Einrichtung der Hochschule / des Lehrstuhls (bspw. ein Promotionskolleg) komprimiert darstellt.
- **Broschüre**
  Eine Broschüre ermöglicht dem Leser / Nutzer im Gegensatz zum Flyer eine umfassende Gesamtdarstellung des Lehrstuhls oder auch Instituts mit Informationen zu allen Fachbereichen, Historie, Ansprechpartnern und Kontaktdaten. Dazu zählen im weiteren Sinne beispielsweise auch ein Jahresbericht oder ein kommentiertes Vorlesungsverzeichnis eines Instituts.
- **Werbeposter**
  Die Darstellungsform des Posters im Rahmen der Außendarstellung darf nicht mit dem rein wissenschaftlichen Poster verwechselt werden. Es zielt nicht auf die Fachwelt ab, sondern auf die breite Öffentlichkeit, was sich auch in Inhalt und Aufbau widerspiegelt. So dienen Werbeposter der werbenden Darstellung des Lehrstuhls / Instituts und geben beispielsweise einen Überblick über dessen personellen Aufbau, Schwerpunktthemen oder wissenschaftliche Arbeitsgebiete (siehe Abschnitt 21.7).

Für eine **gezielte Ansprache von Zielgruppen sowie für spezielle Veranstaltungshinweise** bieten sich folgende PR-Möglichkeiten an:

- **Publikationen**
  Zur Ansprache von Zielgruppen über Publikationen zählen Fachartikel in wissenschaftlichen Fachzeitschriften (siehe Abschnitt 19.1) ebenso wie jene in populärwissenschaftlichen Zeitschriften, Zeitungen und Magazinen (auch online).
- **Veranstaltungen**
  Zu der Rubrik Veranstaltungen gehören verschiedenste Arten. Diese reichen von Fach-Kongressen (siehe Abschnitt 22.2), öffentlichen Kolloquien oder Seminaren und Studentenexkursionen, über Recruiting-Tage (siehe Abschnitt 22.3.2), Tage der offenen Tür, Tag der Wissenschaften oder auch Jubiläen bis hin zu Messebeteiligungen. Sie dienen der Fachinformation, der Imagebildung oder auch dem Ziel, Fachpublikum und wissenschaftlichen Nachwuchs für die Forschungsarbeit des Lehrstuhls zu interessieren.
- **Mailing-Aktionen**
  Unter Mailing-Aktionen wird der Versand von Sonderdrucken, Veranstaltungseinladungen oder Festtagsgrüßen verstanden. Er erfolgt als Postversand oder per E-Mail (vgl. auch E-Mail-Netiquette in Abschnitt 24.4).

---

[67] Ein Leporello ist ein faltbares Heft, das ziehharmonikaartig zusammengelegt ist. Es wird vor allem für Flyer und Prospekte verwendet.

- **Newsletter**
  Als Newsletter bezeichnet man Rundschreiben, die meist in elektronischer Form über relevante Neuigkeiten aus dem Bereich Lehre, Forschung und Leben am Lehrstuhl informieren. Diese regelmäßige Nachrichtenversorgung dient in der Regel der Bindung von Ehemaligen sowie Sponsoren oder Kooperationspartnern. In der Regel sollte der Newsletter mindestens einmal pro Quartal erscheinen.

- **Pressemitteilungen**
  Eine Pressemitteilung stellt eine temporäre Mitteilung aktueller Befunde oder Stellungnahmen zu Sachverhalten / Ereignissen sowie der fachspezifischen Veröffentlichungen der Hochschule und oder des Lehrstuhls dar (siehe Abschnitt 21.4)

- **Pressekonferenzen**
  Pressekonferenzen dienen der Präsentation von relevanten Neuigkeiten des Lehrstuhls. Sie finden beispielsweise im Rahmen einer Veranstaltung bzw. eines Kongresses oder auch als gesondertes Event statt (siehe Abschnitt 21.5)

- **Interviews**
  Fernseh- oder Radiointerviews geben Stellungnahmen oder Informationen von Experten wieder (siehe Abschnitt 21.6).

In Tabelle 21.1 wird ein Überblick über die verschiedenen Maßnahmen sowie deren Zweckmäßigkeit, bezogen auf fünf typische Ereignisse an einem Lehrstuhl, gegeben. In den genannten Abschnitten finden Sie anschließend weitere Detailinformationen.

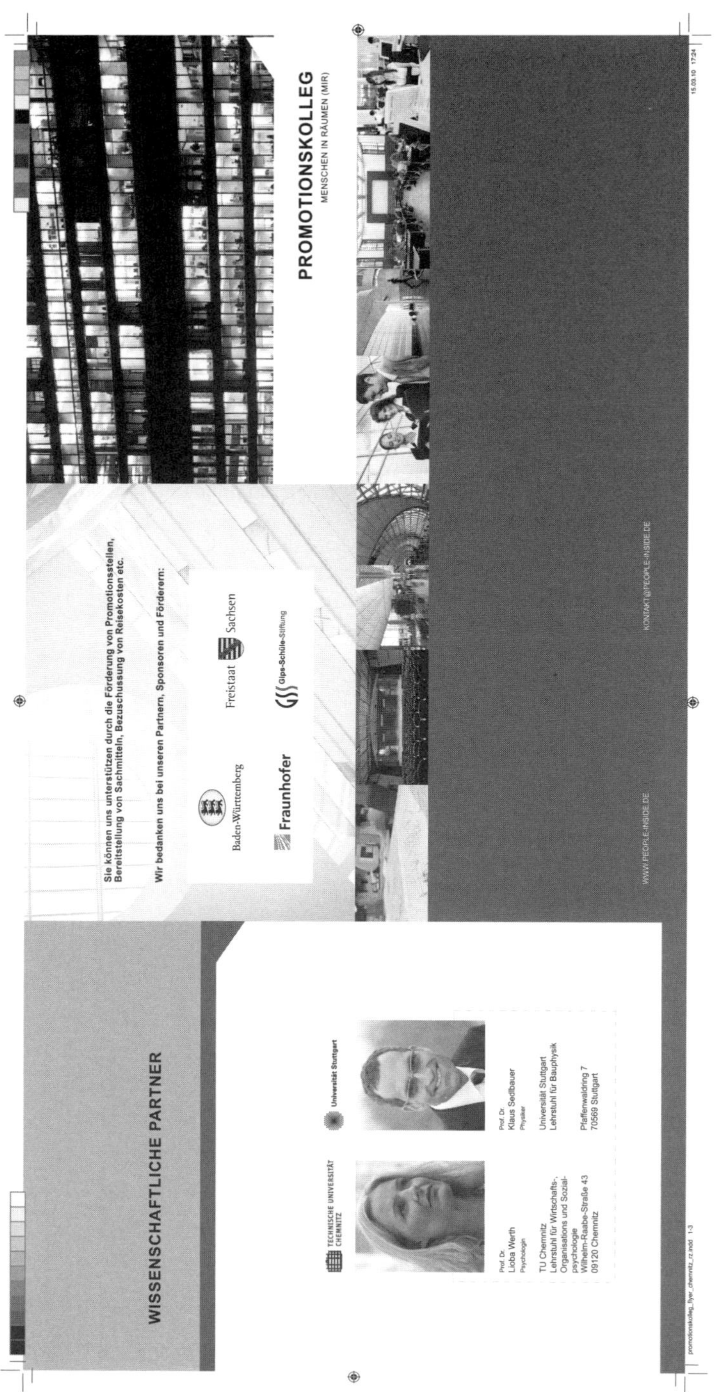

Abb. 21.5a. Beispiel für Public Relations (Flyer eines Promotionskollegs; Blatt 1).

Abb. 21.5b. Beispiel für Public Relations (Flyer eines Promotionskollegs; Blatt 2).

Tabelle 21.1. Überblick der Möglichkeiten einer Außendarstellung je nach Ereignis.
Anmerkung: + = passend ++ = sehr gut passend - = nicht erforderlich

EREIGNIS	AKTION / MASSNAHME										
	Publikation	**Veranstaltung**	**Mailing-Aktion**	**Newsletter**	**Pressemitteilung**	**Pressekonferenz**	**Interview**	**Website**	**Flyer**	**Broschüre**	**(Werbe-) Poster**
Neuer Studiengang 'Master Online' wurde gegründet	-	+ (Recruiting-Tag)	+ (an Firmen)	-	++	-	-	++	++	+	+
Eine bahnbrechende wiss. Erkenntnis wurde gewonnen	++	-	-	+	++	+	+	+	-	-	-
Neues DFG-Projekt wurde Ihrem Lehrstuhl bewilligt	-	-	+ (ggf. an Kollegen)	+	-	-	-	-	-	-	- / + (je nach Umfang)
Mitarbeiter des Lehrstuhls gewinnt einen Dissertationspreis	-	-	+ (Uni-intern)	+	+	-	-	+	-	-	-
Jubiläum der Fakultät / des Lehrstuhls	-	++	+	+	+	-	-	+	-	-	-

21.3 Der Internetauftritt

Nutzen Sie in Ihrer Berufspraxis das Internet? Sicherlich! Nutzen Sie auch die Internetseite Ihres Lehrstuhls, beispielsweise um Ihren Studierenden relevante Informationen (damit Sie nicht alle einzeln nachfragen müssen) und Ihren Kunden attraktive Informationen (sog 'appetizer') bereitzustellen? Oder kennen Sie Ihre eigenen Webseiten eigentlich gar nicht richtig, da sich ja Ihre Mitarbeiter darum kümmern? Vielleicht ist Ihnen Ihr Internetauftritt auch überhaupt nicht wichtig?

Nun ja, um die Präsenz Ihres Lehrstuhls im Internet werden Sie im Zeitalter des Selbstverständnisses digitaler Medientechnologie nicht herum kommen. Das Internet hat die Art und Weise unserer täglichen Kommunikation und Nachrichtenaufnahme verändert. In der Generation der Studierenden ist das World Wide Web längst 'die' Informationsquelle geworden – den ersten Eindruck über ein Thema verschafft man sich heute nicht mehr über das Literaturverzeichnis der Bibliothek, sondern über die ersten zwei Seiten, welche die Internetsuchmaschine bei einer Suchanfrage auswirft.

Viele Lehrstühle gehen bereits dazu über, auf ihren Webseiten neben dem reinen Lehrplan, der Beschreibung der Lehrinhalte oder der Auflistung von Funktionsträgern und Ansprechpartnern, auch ergänzende Service-Angebote wie beispielsweise Video- und Audiopodcasts aus Mitschnitten der Vorlesungen, Reader und Arbeitsunterlagen sowie Foren und Tauschbörsen für wissenschaftliche Unterlagen anzubieten. Natürlich geht es nicht darum, stets sämtliche Möglichkeiten der modernen Technik auch in Ihrer Internetpräsenz umzusetzen, aber es lohnt sich, darüber nachzudenken, ob Sie nicht so einerseits viele Nachfragen der Studierenden einsparen und andererseits neue Kontakte (Sponsoren, Kooperationspartner, Nachwuchskräfte) gewinnen könnten. Nutzen Sie daher diese Chance, Ihre Lehre und Ihre Forschungsarbeit einem größeren Publikum auch außerhalb der Hochschule zugänglich zu machen.

Um Ihren Internetauftritt kritisch zu hinterfragen, können Sie sich beispielsweise folgende grundsätzliche Fragen stellen:

- Welchen Eindruck gewinnt jemand, der die Internetseite Ihres Lehrstuhls zum ersten Mal besucht?
- Wie sind die Internetseiten gegliedert?
- Kommt der Besucher mit der vorhandenen bzw. der geplanten Navigation zurecht?
- Welche Zielgruppen werden angesprochen und bedient?
- Was wird für wen angeboten; d.h. sind die Inhalte zielgruppenorientiert aufbereitet?
- Bekommt der Besucher alle Informationen, die er erwartet?

Versuchen Sie stets, Ihre Internetseite aus Sicht Ihrer Besucher zu gestalten. Fragen Sie auch Ihre Kollegen und Studierenden nach deren Meinung – sie werden sicher Dinge be- und anmerken, auf die Sie allein möglicherweise gar nicht gekommen wären.

21.3.1 Gestaltung des Internetauftritts

Ihr Internetauftritt ist die elektronische Visitenkarte Ihres Lehrstuhls. Achten Sie darauf, diesen entsprechend sorgfältig zu gestalten. Im Folgenden finden Sie alle relevanten Punkte, über die Sie sich während der Konzeptionierung (oder Optimierung sowie Pflege) von Struktur und Inhalten Gedanken machen sollten.

Corporate Design. Der Internetauftritt Ihres Lehrstuhls ist der wohl wichtigste Teil Ihrer Außendarstellung, da er am häufigsten be- / genutzt wird, und sollte zwecks Wiedererkennungswert dem Corporate Design der Fakultät bzw. der Hochschule entsprechen. Falls nicht bereits zentrale Vorlagen über die Hochschulverwaltung für die Lehrstühle zur Verfügung gestellt wurden, empfiehlt sich hierfür die Beauftragung einer professionellen Agentur. Oftmals gibt es auch begabte und motivierte Mitarbeiter, die die Umsetzung der Lehrstuhlpräsentation im Internet übernehmen – sorgen Sie in diesem Fall aber unbedingt für eine professionelle Unterstützung dieser Mitarbeiter (bspw. durch eine entsprechende Fortbildung). Bei der Realisierung sollte zur Vereinfachung der Datenpflege darauf geachtet werden, dass ein Content-Management-System (CMS[68]) implementiert wird, mit dessen Hilfe Sie künftig auch ohne Programmierkenntnisse oder die externe Unterstützung einer Agentur Inhalte einfach und schnell erstellen bzw. ergänzen können.

Nutzerverhalten. Die Informationen, die Sie bereitstellen, sollten nicht nur nützlich, sondern auch gut organisiert bzw. strukturiert sein. Für einen adäquaten Aufbau Ihrer Website sollten Sie berücksichtigen, wer Ihre Zielgruppen (User) sind und wie diese bei der Nutzung der Website vorgehen.

- **Die 'Neuen'.** Ein großer Teil Ihrer Besucher gelangt nicht über den Namen Ihres Lehrstuhls bzw. über Ihre Startseite auf Ihre Internetseiten, sondern über Links aus Suchmaschinen und Themenportalen. Diese Besucher haben kein Vorwissen über Ihren Lehrstuhl und sind überwiegend recherche- bzw. schlagwortorientiert (Forschungsthema, Studienplatzsuche, Stellenausschreibung, Journalistenrecherche etc.). Insbesondere diese Zielgruppe benötigt eine klare Navigation und einfache Stichworte, denn sie wollen sich ohne Organisationskenntnis, also intuitiv zurechtfinden und möglichst schnell erkennen, ob sie bei Ihnen auf der 'richtigen Seite' sind oder nicht. Falls sie bei Ihnen richtig sind, wollen sie bereits nach wenigen Klicks nützliche Informationen vollständig und übersichtlich aufbereitet bekommen, also in die Tiefe gehen.
- **Die 'Regelmäßigen'.** Der regelmäßige Besucher (Studierende, Forschungspartner, Mitarbeiter) nutzt Ihre Website, um spezifische Fachinformationen zu erhalten oder sich über aktuelle Neuigkeiten und Änderungen auf dem Laufenden zu halten. Für diesen Personenkreis müssen also insbesondere neue Informationen und Änderungen sofort erkennbar sein.
- **Die 'Spezifischen'.** Eine weitere Strukturmöglichkeit ist es, Informationen über sog. Direktzugänge anzubieten. Direktzugänge sind in der Navigationsleiste angegebene Buttons für bestimmte Zielgruppen / Nutzer, beispielsweise für Bewerber, Medienvertreter, Wissenschaftler, Studierende oder Mitarbeiter, über die die jeweiligen Nutzer schnell zu den für sie relevanten Informationen gelangen können. Für entsprechende Mitarbeiterseiten (teilweise auch für Studentenseiten – bspw. um Vorlesungsfolien downloaden zu können) empfiehlt es sich, diese Passwort-geschützt zu gestalten.

Service. Gestalten Sie Ihren Internetauftritt benutzerfreundlich. Unabhängig davon, wie anspruchsvoll Ihre Inhalte geschrieben sind oder wie anschaulich Ihr Bildangebot ist – wenn Ihre Website verwirrend, unlesbar oder aufgrund der Downloadzeiten entsprechend langsam im Aufbau ist, werden die Besucher nichts finden und den 'Besuch bei Ihnen' ergebnislos abbrechen. Sie sollten sich bei der technische Konzeption Ihres Internetauftritts auf Folgendes konzentrieren:

---

[68] Ein Content-Management-System oder Inhaltsverwaltungssystem ist ein Computer-Programm, das die gemeinschaftliche Erstellung und Bearbeitung des Inhalts von Text- und multimedialen Dokumenten ermöglicht. Auf diese Weise kann beispielsweise jeder (sofern Sie diese als Lehrstuhlinhaber und Verantwortlicher freigegeben haben) Mitarbeiter seine neu hinzugekommenen Publikationen, Hinweise oder Downloads für die Lehre ohne Hilfe des Webmasters selbst einfügen.

- **Navigation.** Die Hilfsmittel der Navigation erscheinen je nach Vorgaben des Corporate Designs in der Regel am oberen oder am linken Bildrand Ihrer Website in Form von Taskleisten, Schaltflächen oder Verknüpfungen. Ihre Navigation muss eindeutig sein und sich in ihrer Aufteilung an den Ansprüchen Ihrer Besucher orientieren, nicht an Ihrer eigenen Logik. So sollten beispielsweise Fachinhalte nach Fachthemen sortiert dargeboten werden und nicht nur bei den Personen zu finden sein, die sie bearbeiten (bei den Personen sollten natürlich die Links zu den Fachthemen stehen). Auch wenn Sie meinen, dass eine allgemein gebräuchliche Abkürzung verständlich ist, könnte jemand außerhalb Ihres Fachs nicht wissen, was sie bedeutet. Vermeiden Sie daher auch Abkürzungen bei der Beschriftung der Navigationspunkte.
- **Sitemap oder Seitenübersicht.** Darüber hinaus empfiehlt es sich, eine Seitenübersicht (so genannte Sitemap) anzubieten (vgl. Abb. 21.6 und 21.7). Die Sitemap ist eine Art Inhaltsverzeichnis des Webauftritts und gibt neben der Auflistung der Menü- und Untermenüpunkte bis hin zum herunterladbaren Einzeldokument alle Inhalte Ihrer Internetseite stichwortartig wieder. Auf diese Weise erhält der User einen schnellen Überblick darüber, welche Struktur Ihr Internetauftritt hat und wo was zu finden ist. Am besten eignet sich dazu eine hierarchische Gestaltung der Verknüpfungsstruktur der Website. Eine gut strukturierte und übersichtliche Navigation bzw. Menüführung ist allerdings auch wenn eine Sitemap vorhanden ist, immer erforderlich.
- **Geschwindigkeit des Seitenaufbaus.** Nichts verärgert die Besucher Ihrer Website mehr, als ein langsamer Seitenaufbau aufgrund scheinbar ewig dauernder Ladezeiten, die durch gut gemeinte Animationen oder unkomprimierte Dokumente im Download-Bereich verursacht werden. Bei der Konzeption Ihres Internetauftritts sollten Sie daher berücksichtigen, dass trotz rasanter Verbreitung der Internetzugänge nicht jeder Ihrer Besucher über eine High-Speed-Internetverbindung wie DSL oder UMTS verfügt. Viele Internetbenutzer surfen nach wie vor mit ISDN-Geschwindigkeit im Internet. Vermeiden Sie aus diesem Grund ausgefallene Grafiken, die beim Aufrufen Ihrer Internetseite zu viel Ladezeit in Anspruch nehmen. Ebenso wenig sollten Sie den Unterhaltungswert (mit Animationen, Spezialeffekten) gegenüber den zu vermittelnden Inhalten überstrapazieren. Auch hier gilt die Devise: Weniger ist oft mehr!
- **Inhaltliche Lesbarkeit.** Verfassen Sie die Texte in einem umgekehrten Pyramidenstil, mit der wichtigsten Information im ersten Satz. Der Leser muss nach kurzer Zeit erkennen und verstehen können, um was es geht bzw. ob er auf jener Seite seine gesuchten Informationen findet. Arbeiten Sie dazu mit Haupt- und Zwischenüberschriften sowie mit Hervorgehobenem und Auflistungen mit Gliederungspunkten zur Auflockerung des Textbildes.
  Wenn Sie dem Leser weitere Informationen anbieten oder ihn auf andere Bereiche der Website aufmerksam machen wollen, können Sie dies, indem Sie einen entsprechenden Fachbegriff, das Wort „Mehr ..." oder den Satz „Für mehr Informationen klicken Sie hier." hinterlegen (auf Klick / Doppelklick kommt er dann zu dem entsprechenden Abschnitt bzw. auf eine andere Seite).
- **Optische Lesbarkeit.** Das Lesen von Onlinetexten unterscheidet sich wesentlich vom Lesen und Wahrnehmen gedruckter Informationen; es geschieht oberflächlicher, schneller und nach Bildern bzw. Logos. Folgendes erleichtert die Lesbarkeit Ihres Internetauftritts:
  - **Schrifttypen**
    Online am einfachsten zu lesen sind serifenlose Schrifttypen wie Arial, Verdana und Tahoma. Die Feinheiten einer **Serifenschrift** können bei geringer Schriftgröße nicht gut dargestellt werden und führen damit zu schlechterer Lesbarkeit.

- **Schriftgröße**
  Beim Webdesign sollten feste Schriftgrößen vermieden und stattdessen mit relativen Größen gearbeitet werden. Die Nutzer können so im Browser die Darstellung an die Bedürfnisse anpassen (vgl. auch Barrierefreiheit).

- **Farbkontrast**
  Der Kontrast zwischen Textfarbe und Texthintergrund ist relevant für die Lesbarkeit von Informationen. Schwarzer Text auf weißem Hintergrund stellt den größten Kontrast und damit die beste Lesbarkeit dar. Vermeiden Sie dunkle Schriftfarben vor dunklem Hintergrund wie beispielsweise Schwarz auf Blau oder helle auf hellem Hintergrund wie Gelb auf Weiß.

Mit dem Obenstehenden sollten Sie erreichen, dass dem Besucher Ihrer Lehrstuhl-Webseiten auf jeder Seite klar wird, wo er sich befindet, wie er sich einen breiteren Überblick über die Website verschaffen kann und wie er seinem Thema näherkommt.

Barrierefreier Zugang. Achten Sie auch auf einen in mehrfacher Hinsicht barrierefreien Zugang zu Ihrem Internetauftritt. Neben der strikten Trennung von Inhalt und Layout durch eine separate Anordnung von Texten, Bildern und Grafiken, sollten bei der Programmierung der Website ausschließlich skalierbare, d.h. keine festen Schriftgrößen und Zeilenabstände, verwendet werden. Auf diese Weise haben auch Besucher mit Sehschwäche die Möglichkeit, Ihre Inhalte ihrer gewünschten Auflösung entsprechend im Browser darzustellen. Die Vermeidung von Abkürzungen und Akronymen versteht sich dabei ebenso als barrierefrei wie die Darbietung eines zweisprachigen Internetauftritts, denn die internationale wissenschaftliche Fachsprache ist in aller Regel Englisch. Achten Sie dabei auch darauf, dass wirklich alle Inhalte Ihres Webauftritts übersetzt sind, denn oftmals fällt die Internationalität eines Lehrstuhls einer schnellen Aktualisierung deutschsprachiger Inhalte zum Opfer. Halten Sie auch die englischen Seiten auf dem neusten Stand.

Urheberrecht. Ein weiterer wichtiger Hinweis gilt dem Urheberrecht. Immer wieder werden die Betreiber von Internetseiten mit teils empfindlichen Geldbußen abgemahnt, da sie unerlaubt fremdes geistiges Eigentum veröffentlicht haben (z.B. in Form der Übernahme von Artikeln, dem Ausschnitt eines Stadtplans, der Verwendung eines im Internet gefundenen Fotos). Holen Sie sich stets die Erlaubnis der Urheber ein bzw. kontrollieren Sie in dieser Hinsicht alle Inhalte Ihrer Webseiten, bevor diese online geschaltet werden. Darüber hinaus müssen Sie ein **Impressum** Ihrer Lehrstuhlseite anlegen und den Kontakt der Person angeben, die für die Inhalte der Seite verantwortlich ist. Gegebenenfalls gibt es auch innerhalb der Hochschule übergeordnete Regelungen (wie beim Corporate Design), an die Sie sich halten müssen. Informieren Sie sich daher zunächst diesbezüglich beim Rechenzentrum oder der zentralen Verwaltung.

Des Weiteren können Sie sich mithilfe einer sog. 'Linking Policy' [69] (siehe Beispielformulierung im grauen Kasten) vor den Inhalten fremder Internetseiten schützen, die Sie auf Ihrer Website verlinkt haben. Dies ist sinnvoll, da diese geändert werden können, ohne dass Sie Kenntnis davon bekommen.

---

[69] Die 'Linking Policy' ist ein Hinweistext auf der Internetseite, in dem man sich von der Verantwortung für die Inhalte fremder Internetseiten, die mit der eigenen Seite vernetzt sind, distanziert.

BEISPIELFORMULIERUNG EINER 'LINKING POLICY'

Für Internetseiten Dritter, auf die der Herausgeber (d.h. die Universität, der Lehrstuhl) durch sog. Links verweist, tragen die jeweiligen Anbieter die Verantwortung. Der Herausgeber ist für den Inhalt solcher Seiten Dritter nicht verantwortlich. Des Weiteren kann die Webseite des Herausgebers ohne dessen Wissen von anderen Seiten mittels sog. Links angelinkt werden. Der Herausgeber übernimmt keine Verantwortung für Darstellungen, Inhalt oder irgendeine Verbindung des Herausgebers in Webseiten Dritter. Für fremde Inhalte ist der Herausgeber nur dann verantwortlich, wenn er von ihnen (d.h. auch von einem rechtswidrigen oder strafbaren Inhalt) positive Kenntnis hat und es dem Herausgeber technisch möglich und zumutbar ist, deren Nutzung zu verhindern. Der Herausgeber ist nach dem Teledienstgesetz jedoch nicht verpflichtet, die fremden Inhalte ständig zu überprüfen.

Pflege der Website / Aktualität. Halten Sie die Informationen auf Ihrer Website stets auf dem neuesten Stand. Eine zwei Jahre alte Presseinformation unter dem Menüpunkt 'Aktuelles', der Hinweis auf eine Veranstaltung von vor drei Monaten oder die Kontaktdaten eines Lehrstuhlmitarbeiters, der das Institut bereits vor einem halben Jahr verlassen hat, erzeugen keinen guten Eindruck bei Ihren Besuchern. Geschickterweise bedenken Sie schon bei der Konzeption Ihrer Internetseite die Pflege derselben: Je detaillierter und aktualisierter Sie Ihren Lehrstuhl im Internet abbilden möchten, desto aufwändiger wird der damit verbundene Zeitaufwand für Umsetzung und Pflege sein. Deshalb sollten Sie folgende Aspekte berücksichtigen:

- Etablieren Sie in Ihrem Team einen Verantwortlichen, der für die Pflege der Seiten zuständig ist und diese in fest definierten Aktualisierungsroutinen (bspw. vierwöchentlich) durchführt. Erforderliche Änderungen und Aktualisierungen sollten von allen Mitarbeitern immer wieder abgefragt werden (bspw. in der Teamsitzung), sodass niemand vergisst, dem Verantwortlichen eigene Inhalte zukommen zu lassen.
- Tipp: Sehen Sie die regelmäßige Aktualisierung der Inhalte nicht als lästige Pflichtübung, sondern als wichtigen Teil der Außendarstellung. Schauen Sie doch immer mal wieder selbst in Ihre Internetseiten. Damit behalten auch Sie einen Überblick und können sich am Gestaltungs- und Verbesserungsprozess aktiv beteiligen.

Analyse der Zugriffe. Um den Überblick zu behalten, welche Informationen bevorzugt von den Besuchern Ihrer Internetseite aufgerufen oder heruntergeladen werden, sollten Sie die Zugriffe auf Ihren Seiten analysieren. Sie haben auf diese Weise die Chance, nicht nur die Entwicklung von publizierten Inhalten zu verfolgen, sondern vor allem auch Ihr Publikum besser kennenzulernen. Die Analysemittel der Serververwaltung liefern Ihnen beispielsweise Informationen darüber, welche Seiten bzw. über welchen Suchbegriff die Besucher zu Ihnen gefunden haben sowie dazu, auf welchen Ihrer Seiten sie am längsten verweilen. Auf Basis dieser Auswertungen können Sie beispielsweise gezielt weitere Informationen sowie Dokumente zu beliebten Themen auf Ihrer Website zur Verfügung stellen oder gezielte Verlinkungen mit anderen, strategisch relevanten Seiten vornehmen lassen, damit Sie in Zukunft noch schneller im Internet gefunden werden können. Für eine Zugriffsanalyse wenden Sie sich am besten an das Rechenzentrum Ihrer Hochschule. Nützliche Programme dafür finden Sie sonst aber auch zum kostenlosen Download im Internet.

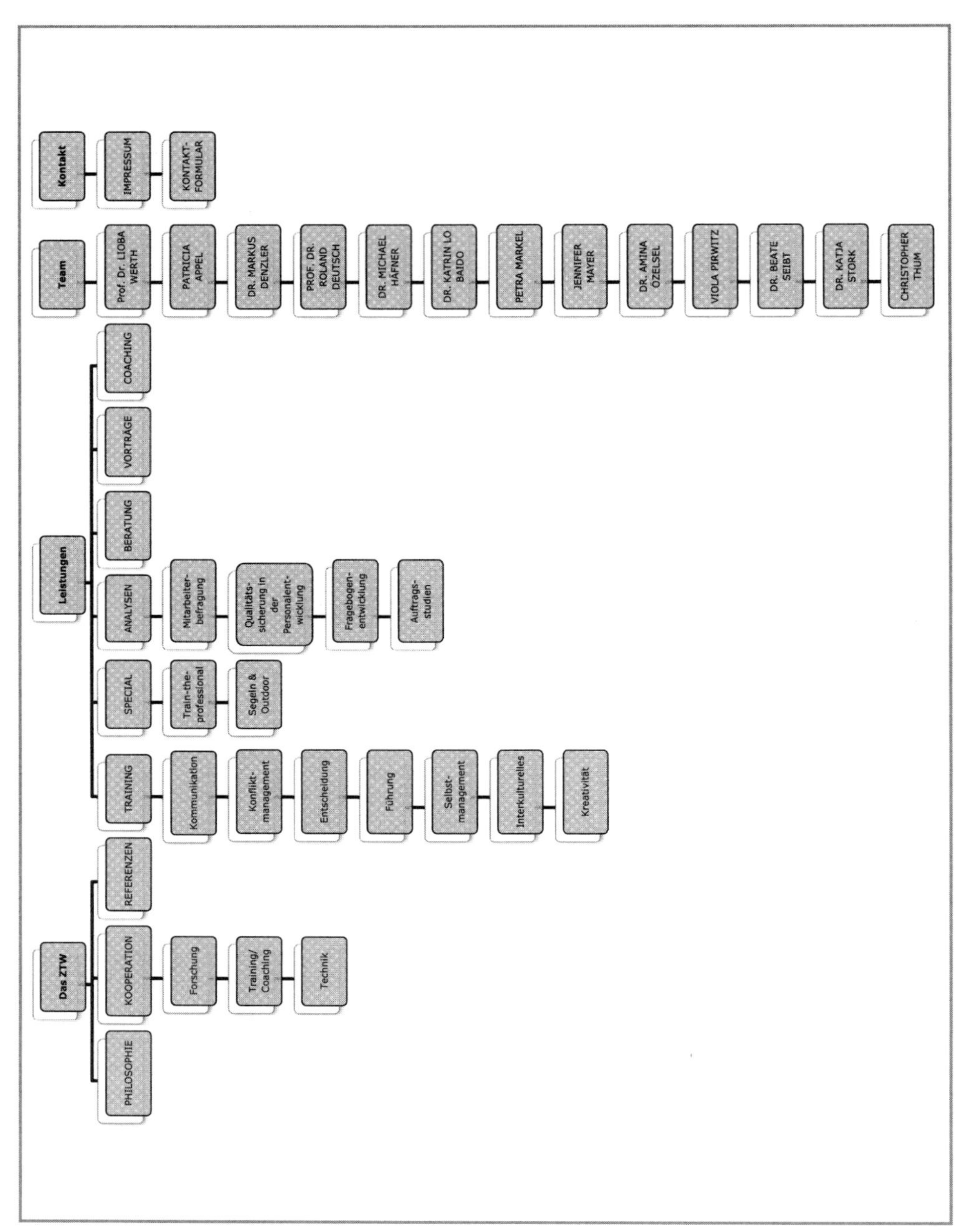

Abb. 21.6. Beispiel 1 einer Sitemap (Beispiel aus dem Webauftritt des Zentrums für Training und Weiterbildung).

Home	Sozialpsychologie
	Wirtschafts- und Organisationspsychologie
Personen	Prof. Dr. Lioba Werth
	Dr. Christine Gockel
	Eva-Verena Hanke
	Peter Kolb
	Stephanie Laux
	Rebecca Schmidt
	Dr. Anna Steidle
	Annerose Koch (Sekretariat)
	Hilfskräfte
Forschung	Forschungsschwerpunkte
	Anwendungsschwerpunkte
	Publikationen des Lehrstuhls
	Kooperationspartner
Lehre	Lehrveranstaltungen
	Prüfungen
	Abschluss- und Forschungsarbeiten
	Leitfäden
Sonstiges	Aktuelles
	Präsenz in den Medien
	Nützliche Links
Anfahrt und Anschrift	
Impressum	
Sitemap	
English Version	

Abb. 21.7. Beispiel 2 einer Sitemap (Beispiel aus dem Webauftritt des Lehrstuhls für Wirtschafts-, Organisations- und Sozialpsychologie der TU Chemnitz).

21.3.2 Inhalte der Website

Die größte Herausforderung bei der Konzeption, Gestaltung und Aktualisierung der Internetseiten ist es, Ihr Leistungsspektrum (auch Portfolio genannt, vgl. Abschnitt 17.3.2) übersichtlich und transparent darzustellen. Ein Interessent – gleich aus welcher Zielgruppe – muss sich schnell ein Bild Ihrer Kompetenzen machen können und zügig zur gewünschten Information bzw. zum bestgeeigneten Ansprechpartner finden. Auch Medienvertreter recherchieren in der Regel anhand Ihres Internetauftritts nach fachlichen Ansprechpartnern zu aktuellen Themen. Im Wesentlichen gliedert sich der Inhalt der Website in 'allgemeine Informationen' (Lehrstuhlinformationen und Personen), 'fachliche Informationen' (Forschungsergebnisse, News, Pressemitteilungen) und 'organisatorische Informationen':

ALLGEMEINE INFORMATIONEN

Hintergrund des Lehrstuhls. Hierzu zählen Informationen zu folgenden Aspekten:

- Vision / Mission des Lehrstuhls (vgl. Abschnitt 1.1): Welche übergeordneten Ziele verfolgen Sie?
- Profil / Gegenstand des Faches: Womit setzen Sie sich an Ihrem Lehrstuhl auseinander? Was sind Ihre Kernkompetenzen und Geschäftsfelder (vgl. Abschnitt 17.2.1)?
- Kooperationen: Mit wem arbeiten Sie zusammen? Welche Partner haben Sie ggf. in der Wirtschaft? Welche wissenschaftlichen Kooperationen unterhalten Sie?
- Teamfoto oder nicht – da scheiden sich die Geister und gibt es kein richtig oder falsch: Bei kleinen Arbeitseinheiten ist ein Teamfoto stets eine nette und sinnvolle Vorgehensweise für den Webseitennutzer, denn er bekommt ein Teamfeeling vermittelt und kann die einzelnen Personen auch auf einen Blick gut erkennen. Bei großen Arbeitseinheiten hingegen wären die Einzelnen nur schwer erkennbar, beeindruckt ein Team aber möglicherweise durch seine 'Größe'.
- Historie des Lehrstuhls: Zahlen, Daten, Fakten, ehemalige Mitarbeiter, ggf. Gründungsgeschichte des Lehrstuhls

Mitarbeiter des Lehrstuhls. Die Lehrstuhl-Website sollte neben den Biografien der Mitarbeiter auch Publikationen und deren weitere Aktivitäten auflisten, um Journalisten und Organisatoren von Tagungen zu Portraits anzuregen oder erste Basisinformationen zu geben. Geben Sie als grundlegende Information zu Ihren Mitarbeitern an:

- Name, akademischer Titel, Foto
- Kurzvita mit Fokus auf bisherige Forschungsinteressen und -projekte
- Verantwortlichkeiten der Person an Ihrem Lehrstuhl (z.B. Lehre, Projektleitungen)
- Kontaktinformationen: Telefonnummer, (verlinkte) E-Mail-Adresse, Sprechzeiten
- Interessante Medienbeiträge (wie Radiomitschnitte, die ggf. auch zum downloaden oder verlinkt sind), Preise, Vorträge
- Publikationsliste

FACHLICHE INFORMATIONEN

Lehre und Studium. Dieser Menüpunkt sollte folgende relevante Informationen für Studieninteressenten und Studierende enthalten (ggf. nur als Link, wenn der Inhalt bereits auf anderen Seiten der Universität beschrieben wird):

- Studiengänge / -fächer
  Geben Sie Übersicht über die angebotenen Studiengänge, die von Ihnen betreut bzw. mitversorgt werden sowie das Fach / die Fächer, das / die Sie an Ihrem Lehrstuhl vertreten.
- Lehrangebot
  Welche konkreten Lehrveranstaltungen (Vorlesungen, Seminare, Übungen, Tutorien, Laborpraktika etc.) bietet Ihr Lehrstuhl an? Sie können das Angebot auflisten oder im Stundenplan-

design darbieten und ggf. auf ein kommentiertes Lehrangebot verweisen, dem detailliertere Informationen zu entnehmen sind.
Es empfiehlt sich, Hinweise zu Anmeldemodalitäten (wie Teilnahmevoraussetzungen, -prozedere) und weiterem Informationsmaterial (bspw. zu den in den Lehrveranstaltungen zu erbringenden Prüfungsleistungen, zu Zusatzangeboten wie Exkursionen) sowie Informationen über die dazugehörigen Dozenten einzufügen (Letzteres ggf. als Link zu deren eigenen Seiten). Schließlich sollte es hier einen 'Downloadbereich' geben, in welchem Sie den Studierenden die Möglichkeit geben, Vorlesungsmaterialien bzw. Übungsmaterial, Aufzeichnungen, Podcasts, Literatur, Leitfäden etc. downzuloaden.

- Prüfungen
  Geben Sie einen Überblick über die von Ihnen angebotenen Prüfungen: Prüfungsgegenstand, Rahmenbedingungen, Anmeldemodalitäten der mündlichen wie schriftlichen Prüfungen sowie Themen und Informationen zu Abschlussarbeiten (vgl. Teil III, Lehre).
  Gern gesehen sind seitens der Studierenden auch Beispiele für erfolgreich abgeschlossene Arbeiten (Seminar-, Projekt-, Bachelor-, Diplom- und Masterarbeiten). Hier sollten Sie zumindest eine Auflistung der an Ihrem Lehrstuhl bearbeiteten Themen einstellen. Eventuell lassen sich, nach Absprache mit allen Beteiligten, ganze Arbeiten oder zumindest Abstracts einstellen.

- Studienberatung
  Weisen Sie darauf hin, wer an Ihrem Lehrstuhl bzw. Institut für die Studienberatung Ihres Faches zuständig ist und an wen sich Studieninteressente und Studierende wenden können / sollen.

- Studium International
  Dieser Bereich ist in der Regel in englischer Sprache gehalten und gibt ausländischen Studierenden oder Forschern, die an Ihrem Lehrstuhl studieren, arbeiten oder anderweitig mit Ihnen kooperieren möchten, die für sie wichtigen Informationen.

- Studienbeiträge
  Soweit dies auf Ihre Hochschule zutrifft und nicht an anderer Stelle kundgetan wird, könnten Sie auch Informationen zur Verwendung von Studiengebühren am Lehrstuhl in die Webseiten einstellen – aber selbstverständlich nur nach Abstimmung mit dem Dekan oder Rektorat. Dies dient der Vermittlung von Transparenz.

- Schwarzes Brett
  In irgendeiner Form sollte es einen Bereich für 'Aktuelles' geben, der den Studierenden auf einen Blick – einem 'schwarzen Brett' vergleichbar, zu erkennen gibt, was es an Dringendem („Heute fällt das Seminar abc wegen ... aus.") oder Aktuellem gibt („Heute Vortrag von ABC..."). Dies sollte aktuelle Aushänge zu Lehrveranstaltungen, Änderungen / Ausfälle von Lehrveranstaltungen, Informationen zu Prüfungen, angebotene Praktikastellen von Kooperationspartnern und ähnliches wiedergeben.

- Links
  Nicht zuletzt sollten Sie auf Ihrer Website nicht versäumen, zahlreiche nützliche Links für Ihre Studierenden aufzulisten, beispielsweise etwa den Link zum Prüfungsamt, zur Homepage der Universität, zum Studentenwerk, zu kooperierenden Firmen für eventuelle Praktika, wichtigen Datenbanken Ihrer Fachliteratur, Berufsverbänden Ihres Faches etc.

Forschungsbereiche. In dieser Kategorie gilt es, dem Websitenbesucher einen Überblick über Ihr Forschungsprofil (siehe Abschnitt 17.2.1) zu geben: Was sind Ihre Forschungsschwerpunkte, Ihre Steckenpferde und diesbezüglich Ihre bisherigen Erfolge (Auszeichnungen)? Auf welche Referenzen (z.B. Kooperationspartner) können Sie verweisen? Welche Projekte laufen aktuell an Ihrem Lehrstuhl? Was kann man wo über Sie und Ihr Team lesen (Publikationsverzeichnis, Medienberichte)?

ORGANISATORISCHE INFORMATIONEN

Aktuelles. Einfach und übersichtlich sollten sich hier alle öffentlichkeitsrelevanten Aktivitäten des Lehrstuhls wiederfinden lassen (wie Aktuelles aus dem Institut oder Termine für Veranstaltungen wie Gastvorträge). Dazu gehören auch Veranstaltungen außerhalb der Lehre: Welche Workshops, Seminare oder Konferenzen stehen an Ihrem Lehrstuhl an?

(Presse-) Mitteilungen. Es ist inzwischen Standard, alle Mitteilungen eines Lehrstuhls an die Öffentlichkeit zu archivieren. Falls Sie als Service einen vollständigen Überblick über Ihre fachspezifischen Mitteilungen offerieren wollen, bieten sich folgende Darstellungsformen an:

- Eine chronologische Auflistung der (Presse-) Mitteilungen (angefangen bei der aktuellsten) mit Datum und Überschrift.
- Fotos / Graphiken Ihrer Mitteilungen als PDF zum Download. Die Bilder sollten dabei zweifach zur Verfügung stehen; sowohl in einer Auflösung von 72 dpi für Online-Medien als auch mit mindestens 300 dpi Druckauflösung für Printmedien. Vermeiden Sie es, im Zuge einer gezielten Außenwirkung wahllos Bilder zu platzieren (bspw. von internen Exkursionen oder Feierlichkeiten – die gehören ins *Intra*net, nicht aber ins *Inter*net!).

Geben Sie zu jeder (Presse-)Mitteilung eine E-Mail-Adresse oder Telefonnummer einer Kontaktperson an, unter der detailliertere Informationen erhältlich sind (vgl. Abschnitt 21.4). Zusätzlich können Sie einen Link angeben, der den Internetbesucher zu weiteren Informationen (Fachartikel, Versuchseinrichtungen, laufende Forschungsarbeiten etc.) führt.

Informationen zum Lehrstuhlstandort. Versäumen Sie nicht, dem Besucher am virtuellen Lehrstuhl auch die Wegbeschreibung zur realen Einrichtung mittels Anfahrtsskizzen und Besucherwegweisern zu erläutern. Berücksichtigen Sie:

- Karten / Wegbeschreibungen zum Lehrstuhlsitz per PKW, Flugzeug und öffentlichen Verkehrsmitteln
- Beschreibung der Besucherwege zu den Büroräumen Ihres Lehrstuhls, Ihrem Sekretariat oder dem Empfang
- Informationen und Links über die nähere Umgebung (universitäre, städtische und kulturelle Einrichtungen und eventuell als Serviceleistung auch Freizeitangebote); ggf. auch Links auf eine Website, auf der man entsprechend weiterführende oder detailliertere Informationen abrufen kann

21.4 Die Pressemitteilung

Vielleicht fragen Sie sich gerade, warum sich die Weltpresse ausgerechnet für die Arbeit Ihres Lehrstuhls interessieren sollte? Sicherlich mag es viele Ereignisse geben, deren Berichterstattung relevanter erscheinen mag als eine über die Lehr- und Forschungstätigkeit einer Hochschule bzw. eines Lehrstuhls. Wenn Sie allerdings nicht nur im stillen Kämmerlein vor sich hinforschen, sondern der Umwelt auch mitteilen wollen, was Sie dabei alles herausbekommen und auf die Beine gestellt haben, gehört Klappern zum Handwerk. Die alte Regel gilt immer noch: Nur der, über den geschrieben wird, wird auch wahrgenommen.

Eine Presseinformation ist das klassische Instrument der Öffentlichkeitsarbeit, um Botschaften in eigener Sache zu verkünden und das mit eindeutigen Benefits, denn jede in den Medien platzierte Pressemitteilung bedeutet kostenlose Werbung für Sie und Ihren Lehrstuhl. Pressemitteilungen sind auch ein wichtiges Medium, um zum Beispiel neu gewonnene Forschungsergebnisse den geeigneten Magazinen zuzuspielen und in den Fokus der Öffentlichkeit zu rücken. Damit Ihre Pressemitteilung das kritische Auswahlverfahren aus dem alltäglichen Berg konkurrierender Nachrichten im Posteingang der Redaktionen bestehen kann und von diesen verwendet wird, sollten Sie nachstehende Regeln im Hinblick auf Themen, Stil, Aufbau und Formalien berücksichtigen.

Themen für eine Presseinformation

Die Presse- und Öffentlichkeitsarbeit Ihres Lehrstuhls kann ihre Wirkung erst dann voll entfalten, wenn die Journalisten regelmäßig und bereits frühzeitig im Vorfeld einer Veranstaltung mit Informationen beliefert werden. Oft werden die besten Chancen für eine Presseinformation vertan, weil seitens des Lehrstuhls Unsicherheit darüber besteht, welche Ereignisse oder Informationen für die Medien relevant sein könnten. Lassen Sie sich durch derartige Gedanken jedoch nicht abschrecken, denn grundsätzlich lässt sich jeder Sachverhalt so aufbereiten, dass Journalisten daran Interesse finden, sofern Sie dies möchten. Mögliche Ansätze für medienrelevante Themen ergeben sich zum Beispiel aus ...

- wissenschaftlicher Brillanz und Brisanz (Forschungsarbeit, Entdeckungen, ...),
- (wissenschaftliche) Arbeit am Lehrstuhl (Projekte, Kolloquien, Seminare, ...),
- Implikation der Befunde für das alltägliche Handeln (bspw. Konsequenz für ärztliche Untersuchungen oder Therapieverordnungen),
- Veranstaltungen des Lehrstuhls (Tagungen, Kongresse, Tag der offenen Tür, ...),
- Investitionsmaßnahmen (Neubau, Anschaffungen, ...),
- Nachrichten über Mitarbeiter (Auszeichnungen, Kompetenzerweiterung, ...).

Falls Sie nicht wissen, welche Medien sich für Ihre Meldung interessieren könnten, sollten Sie Recherchehilfsmittel nutzen, in welchen alle Zeitungen, Zeitschriften und Magazine aufgelistet und mit ihren Mediadaten[70] sowie der entsprechenden Zielgruppe beschrieben werden. Sie können sich daraus dann einen entsprechenden Post- und Mailverteiler erstellen und haben so alle Ihre Redak-

---

[70] Mediadaten werden in regelmäßigen Intervallen von Zeitungs- und Zeitschriftenverlagen veröffentlicht und enthalten relevante Informationen wie Verbreitungsgebiet und Reichweite des Mediums, teilweise demographische Angaben der Abonnenten, Erscheinungstermine und die für die PR-Arbeit relevanten redaktionellen Themenpläne.
Der Zimpel- oder Stamm-Verlag stellen recherchierte Journalistenkontakte für die Pressearbeit gegen ein Entgelt zu Verfügung.

teur-Daten zur Hand. Stöbern Sie ruhig einmal in den entsprechenden Zeitschriften oder Journals und verschaffen Sie sich einen Überblick über vergleichbare Artikel.

PRINZIPIEN EINER PRESSEMITTEILUNG

Neben dem richtigen Thema ist ein weiteres Erfolgskriterium für eine gelungene Pressemitteilung der Stil, in dem diese verfasst wurde. Folgende Kriterien geben einem Thema einen Nachrichtenwert:

1. **Mehrwert.** Die Botschaft muss für den Empfänger einen Mehrwert haben. Ihr erster Empfänger ist der Journalist, weswegen es Ihr wichtigstes Ziel sein muss, zunächst sein Interesse zu wecken. Stimmen Sie den Text auf die Bedürfnisse des Journalisten ab. Medienvertreter interessieren sich in der Regel nur für Neuigkeiten, die sie dem Leser bzw. Zuschauer als Nachricht verkaufen können. Forschungsarbeiten, die lediglich den Stand der Dinge zusammenfassen oder Mitteilungen über längst vergangene Veranstaltungen interessieren die Presse nicht.
2. **Nur *eine* Neuigkeit.** Geben Sie möglichst nur eine Neuigkeit in eine Pressemitteilung. Wenn Sie mehrere Neuigkeiten in eine Pressemitteilung packen, verschenken Sie in der Regel eine länger andauernde Aufmerksamkeit der Medien. Durch die Streuung mehrerer kleinerer Mitteilungen, die jeweils nur eine aktuelle Angelegenheit aus Ihrem Lehrstuhl vermitteln, halten Sie sie hingegen.
3. **Klarheit.** Der Text sollte Klarheit über einen Sachverhalt oder eine Thematik vermitteln. Dazu sollte er in einer klaren, deutlichen und prägnanten Sprache verfasst sein. Denken Sie daran: Keep it short and simple (KISS-Prinzip); nicht jeder versteht Ihre Fachausdrücke oder Abkürzungen; daher letztere immer in Klammern erklären. Ziel der Pressemitteilung ist es schließlich, dass der Endnutzer oder ein Fachfremder in der Lage ist, den Inhalt Ihrer Botschaft zu verstehen – und bedenken Sie: Der erste Laie, dem dies gelingen muss, ist der Redakteur! Selbstredend sollte der Text aus Seriositätsgründen in sachlichem, objektivem Stil verfasst sein, ohne Superlative und Anpreisungen Ihres Lehrstuhls oder Ihrer Arbeit.

FORMALE GESTALTUNG DER PRESSEMITTEILUNG

- Pressemitteilungen müssen immer als solche **erkennbar** sein. Üblicherweise steht deshalb über der Meldung deutlich erkennbar (größer und fett) 'Pressemitteilung' oder 'Presseinformation'.
- Die **Schlagzeile** (Headline) wird ebenfalls optisch vom Fließtext hervorgehoben (z.B. durch Schriftgröße und oder Fettung).
- Die **Länge** Ihrer Pressemitteilung sollte nicht viel mehr als zwei DIN A4-Seiten umfassen und keinesfalls beidseitig bedruckt sein. Bei mehrseitigen Pressemitteilungen geben Sie am besten die Zahl der Seiten auf der ersten Seite an. So verhindern Sie, dass dem Redakteur wichtige Informationen entgehen.
- In einer Pressemitteilung wird der Journalist nicht direkt angesprochen. „Ich"- oder „Wir"-**Formulierungen** (aus Sicht des Autors) müssen ebenso unbedingt vermieden werden.

AUFBAU UND INHALTLICHE GESTALTUNG EINER PRESSEINFORMATION

Ist dieser Schritt getan und Sie haben eine, dem oben geschilderten Verständnis von Neuigkeit entsprechende Nachricht, können Sie sich an das Verfassen der Pressemitteilung machen. Verstehen Sie sich in diesem Zusammenhang als Schnittstelle zwischen Forschung und Journalist. Versetzen Sie sich dazu in die Lage des Empfängers Ihrer Botschaft – Sie fungieren sozusagen als Übersetzer und verwandeln das vermeintliche 'Fachchinesisch' in eine allgemeinverständliche Information mit Nachrichtenwert.

Der Aufbau einer Pressemitteilung ist letztlich immer der gleiche (siehe Abbildung 21.8). Am Anfang steht eine ansprechende Überschrift, die im besten Falle schon auf den Inhalt der Pressemitteilung hinführt und das Interesse des Redakteurs weckt. Da der Journalist meist binnen Sekunden entscheidet, ob Ihre Neuigkeit Nachrichtenwert für seine Leser hat oder nicht, müssen sowohl Überschrift als auch sog. Aufmacher seine Aufmerksamkeit erregen und die Verkaufsargumente für Ihre Botschaft liefern. Zu den Elementen einer Pressemitteilung zählen folglich:

Überschrift. Bereits die Überschrift sollte die Kernbotschaft in wenigen Worten vermitteln können. Es kommt dabei nicht darauf an, besonders originell zu sein, sondern so präzise wie möglich zu formulieren. Gute Titel kennzeichnen die Professionalität und Seriosität des Absenders. Die besten Überschriften sind nicht länger als drei Zeilen (16 Wörter) und greifen in der Regel eine öffentlichkeitswirksame Thematik auf, die sich aktuell in den Medien zu etablieren beginnt. Eine wirksame Überschrift ...

- erfasst die wichtigste Aussage des Textes.
- besticht durch einen klaren, gut verständlichen und eingängigen Ausdruck.
- verzichtet auf vielsilbige Wörter, Fachausdrücke oder Fremdwörter.
- ist inhaltlich korrekt und eindeutig.
- ist originell formuliert und ganz ohne abgedroschene Schlagwörter.
- ist kurz, aber nicht so kurz, dass der Satz unklar wird, weil man z.B. das Subjekt nicht mehr als solches erkennt (Halbsatzform).
- bietet einen Leseanreiz.
- ist frei von Ironie.
- steht im Präsens oder Perfekt bzw. verwendet Imperfekt (das Präteritum) nur in gut begründeten Ausnahmefällen.

Ort und Datum. Unter der Überschrift finden sich in der Regel rechtsbündig Ort und Datum der Pressemitteilung. Der erste Satz Ihres Aufmachers beginnt dann üblicher Weise einen Absatz tiefer, wobei öffentliche Institutionen immer mehr dazu übergehen, gemäß der Schreibweise von Nachrichtenagenturen Ort- und Zeitangaben durch einen Gedankenstrich vom Fließtext getrennt bereits in den ersten Satz zu implementieren.

Aufmacher. Nachdem die Überschrift zum Lesen verleitet hat, soll der Aufmacher das Interesse am gesamten Text wecken. Dazu gibt er die Schlüssel- bzw. Kernbotschaften aus dem Fließtext wieder. Der Inhalt des Aufmachers (auch Anreißer genannt) orientiert sich in der Regel am gewohnten prototypischen Nachrichtenmuster oder steigt mit einer unterhaltsamen Geschichte ein. Um sicher zu gehen, dass Ihre Kernbotschaft auch dann Ihre Zielgruppe erreicht, wenn die Redaktion an Ihre Mitteilung den kürzenden Rotstift ansetzt, sollte Ihr Aufmacher bereits die wichtigsten journalistischen W-Fragen beantworten können (vgl. grauer Kasten): Was ist neu und wer macht was, wann und wo weshalb und wie mit wem?

Aufmerksamkeit und Interesse beim Journalisten können Sie aber auch dadurch erzielen, dass Sie Ihre Kernbotschaft als Aufmacher einer Titelgeschichte verpacken. Orientieren Sie sich dabei vor allem an Ereignissen, die die Medien aktuell beschäftigen oder liefern Sie als Fachspezialist weitere Hintergrundinformationen zu Sachverhalten, die den Medien noch nicht bekannt sind. Gerne genommen wird in diesem Zusammenhang als Einstieg eine rhetorische Frage wie beispielsweise: „Machen Sie sich Sorgen, dass Ihr Kind aufgrund der Wirtschaftskrise keine verlässlichen Berufsperspektiven mehr haben könnte?".

Textkörper. Nach der Überschrift und dem Aufmacher folgt der eigentliche Textkörper. Gliedern Sie diesen in sinnvolle Absätze. Der Textaufbau sollte sich vom Wichtigsten zum weniger Wesentlichen vorarbeiten, kann sich aber in Ausnahmefällen auch an den chronologischen Ereignissen orientieren. Achten Sie zudem darauf, dass die Absätze vor einem Seitenumbruch nicht getrennt werden. Ein Absatz sollte immer auf einer Seite vollständig Platz finden. Das erleichtert dem Journalisten zum einen die Informationsaufnahme und zum anderen hat der Redakteur auf diese Weise leichter die Möglichkeit, den Text zu kürzen bzw. umzustrukturieren. Den Text verschicken Sie im PDF-Format.

Bilder. Fügen Sie Ihren Pressemitteilungen auch immer mindestens ein Bild bei. Ein gut illustrierendes Foto sagt mehr als tausend Worte und fungiert als Eyecatcher. Illustrierend ist beispielsweise im Falle einer Forschungserkenntnis im Bereich einer Zell-Struktur ein Bild eines entsprechenden mikroskopischen Befunds oder des dazugehörigen Geräts oder des Forschers bei einer Labortätigkeit; im Falle einer Preisverleihung wäre ein Bild des Preisträger bei der Annahme des Preises mitsamt Blumenstrauß typisch.
Ein Tipp hierzu: Stellen Sie den Medienvertretern über ein illustratives Bild hinaus weiteres Bildmaterial in Druckqualität auf Ihrer Internetseite zum Downloaden zur Verfügung (ein per E-Mail beigefügtes Bild hat in der Regel keine ausreichende Auflösung für den Druck). Über diesen ebenso simplen wie wirkungsvollen Service bringen Sie die Medienvertreter dazu, sich auch Ihre Internetseite anzuschauen und haben die Chance, dass diese dort noch anderes Spannendes finden oder die Websiteadresse ebenfalls in der Pressemeldung (bspw. Zeitungsbericht) erwähnen.

Hinweis: Wenn Sie ein Foto einfügen, auf dem Personen zu sehen sind (bspw. der strahlende Preisträger, dem Sie gerade den Preis überreichen), dann sollten Sie folgende Daten unterhalb des Bildes vermerken: Alle Namen der Personen in der Reihenfolge (von links nach rechts), in der die Betreffenden auf dem Bild zu sehen sind; den Namen des Fotografen sowie ggf. den Zusatz „Abdruck für journalistische Zwecke honorarfrei". Dies ist beispielsweise dann der Fall, wenn Sie selbst das Foto erstellt haben.

Kontaktangaben. Im letzten Absatz Ihrer Pressemitteilung führen Sie die vollständigen Kontaktangaben Ihres Presseverantwortlichen sowie eventuell die des fachlichen Ansprechpartners an. Auf diese Weise ermöglichen Sie es dem Redakteur und oder dem Leser des Artikels bei Nachfragen direkt Kontakt mit Ihnen aufnehmen zu können.

DIE 'SIEBEN W-FRAGEN' EINER PRESSEMITTEILUNG

In den ersten Sätzen einer Pressemitteilung sollten die 'sieben W-Fragen' erläutert werden. Diese lauten: Wer? Was? Wann? Wo? Wie? Warum? Woher?

- **Wer?**
  Ihr Text muss klären, von wem die Nachricht kommt; das heißt konkret in Ihrem Fall: von Ihrem Lehrstuhl.
  Beispiel: *Herrn Dr. Max Mustermann, Uni Stuttgart, ...*
- **Was?**
  Ihr Text muss klären, um welches Ereignis es geht, was passiert ist oder was herausgefunden wurde.
  Beispiel: *... wurde der ABC-Preis der Firma ijk ...*
- **Wann?**
  Ihr Text muss den Zeitpunkt, an dem das Ereignis stattfand sowie das Datum der Pressemitteilung beinhalten. Eine Pressemitteilung sollte immer so schnell und zeitnah wie möglich veröffentlicht werden.
  Beispiel: *... am 30.4.2011 ...*
- **Wo?**
  Ihr Text muss den Ort des Geschehens beschreiben (Stadt, Bundesland).
  Beispiel: *... in Tegernsee ...*
- **Wie?**
  Ihr Text muss die Umstände klären, die das Ereignis oder Ergebnis betreffen.
  Beispiel: *... während eines Festakts überreicht. ...*
- **Warum?**
  Ihr Text muss die Motive, Beweggründe und Ziele die zu einer Handlung oder einem Ereignis, beispielsweise einer Studie oder einer Forschungsleistung, geführt haben, erläutern.
  Beispiel: *... Seine herausragende Erfindung 123 trägt entscheidend zur Lösung des altbekannten medizinischen Problems xyz bei. ...*
- **Woher?**
  Ihr Text kann die Hintergründe, Zusammenhänge oder die Vorgeschichte (ausführlich) erläutern (Was sollte man zu dem Inhalt oder Ereignis noch Interessantes wissen?).
  Beispiel: *... Kernelement seiner Erfindung ist der Nachweis der Wirksamkeit ... ODER ... Der Preis wurde bereits in früheren Jahren ...*

Bevor Sie eine Pressemitteilung verschicken, sollten Sie immer überprüfen, ob diese sieben Fragen, möglichst in der aufgeführten Reihenfolge, abgehandelt sind. Zu lange Texte werden üblicherweise von hinten gekürzt; ein Grund mehr, die wichtigsten Informationen zu Anfang zu schreiben.

Presseinformation

Holzkirchen,
2. April 2009

Ort/Datum

Bauphysik-Experte berät Bundesregierung in Umweltfragen

Überschrift

Professor Dr. Klaus Sedlbauer, Leiter des Fraunhofer-Instituts für Bauphysik IBP, wurde vom Präsidenten des Umweltbundesamtes, Prof. Dr. Andreas Troge, erneut in die Innenraumlufthygiene-Kommission (IRK) berufen. Mit seiner dritten Berufung in Folge berät Prof. Sedlbauer nunmehr seit über sechs Jahren als bauphysikalischer Experte das Umweltbundesamt. Die IRK erarbeitet Empfehlungen und Stellungnahmen zu verschiedenen Fragen und Problemen der Innenraumlufthygiene. Diese betrafen in jüngster Zeit unter anderem den Leitfaden für die Innenraumluft in Schulgebäuden oder die Thematik der Feinstaubbelastungen in geschlossenen Räumen.

Aufmacher

Bild: Prof. Klaus Sedlbauer, Leiter des Fraunhofer-Instituts für Bauphysik IBP.
© Fraunhofer IBP

Ganz gleich ob im Auto, in öffentlichen Verkehrsmitteln, im Büro oder den eigenen vier Wänden, der Mensch verbringt in Mitteleuropa mittlerweile mehr als 90 Prozent seines Lebens in geschlossenen Räumlichkeiten. Eine möglichst unbelastete und klimatisch behagliche Innenraumluft ist daher von entscheidender Bedeutung für Gesundheit und Wohlbefinden. Die Luftqualität entspricht gerade in urbanen Ballungsgebieten mit zunehmender Mobilisierung und Verstädterung der Landschaften jedoch nicht immer den gesundheitlichen Ansprüchen.

Diverse aktuelle Studien des Umweltbundesamtes belegen, dass die Luft in Innenräumen oftmals stärker mit Chemikalien belastet ist als die Außenluft. Die Ursache ist nicht allein auf die Anwendung chemischer Produkte zurückzuführen. Auch aus Bauprodukten und Einrichtungsgegenständen - wie Teppichen, Bodenbelägen, Möbeln, Wandfarben und elektrischen oder elektronischen Geräten – gasen chemische Stoffe aus. Die gesundheitlichen Wirkungen können vielfältig sein und reichen beispielsweise von Reizungen der Atemwege und Allergien bis hin zu toxischen Effekten bei extremen Belastungssituationen.

Die große Herausforderung dabei ist, dass sich nicht alle Stoffe, die sich in der Raumluft befinden, in ihrem Risiko für den Menschen bislang sicher beurteilen lassen. Häufig fehlen elementare Informationen, um das Gesundheits- und Umweltrisiko, das von ihnen ausgehen könnte, zu beurteilen. Darüber

Textkörper

Abb. 21.8a. Beispiel einer Pressemitteilung mit zusätzlichen Erläuterungen (Seite 1).

Presseinformation

2. April 2009
Seite 2

Datum / Seitenzahl

hinaus sind manche Belastungen durch Stoffe noch nicht bekannt, denn Analytiker können nur das finden, wonach sie suchen.

Das Fraunhofer IBP beschäftigt sich bereits seit vielen Jahren intensiv mit der Untersuchung und Bewertung der Luftqualität in immobilen sowie in mobilen Räumen aus chemischer, aber auch aus sensorischer und mikrobiologischer Sicht. Dabei werden nicht nur die flüchtigen organischen Stoffemissionen aus Bauprodukten analysiert und nach aktuellen gesundheitlichen Kriterien bewertet. Bei Geruchsauffälligkeiten, die zwar nicht die Gesundheit aber das Wohlbefinden negativ beeinflussen können, werden zusätzliche humansensorische Bewertungen durchgeführt und die verantwortlichen Stoffe mit speziellen Verfahren aus der Lebensmittelaroma- und Parfumanalytik detektiert und identifiziert, um daraus Rückschlüsse auf die Quellen zu ziehen.

Auch der sichtbare und unsichtbare mikrobiologische Befall von Innenraummaterialien mit Schimmelpilzen und Bakterien kann bei der hygienischen Bewertung der Innenraumluft eine Rolle spielen. Mögliche Gegenmaßnahmen wie Oberflächenbehandlung von Materialien und Produkten, Luftreinigungsmethoden, Rezeptur- oder Produktionsänderungen am Material werden dabei stets mit erforscht.

Textkörper

Ansprechpartner für Rückfragen:

Janis Eitner
Presse- und Öffentlichkeitsarbeit
Telefon +49 8024 643-203
janis.eitner@ibp.fhg.de

Kontakt

Abb. 21.8b. Beispiel einer Pressemitteilung mit zusätzlichen Erläuterungen (Seite 2).

FINALER CHECK

Prüfen Sie Ihre Pressemitteilung vor der Aussendung nochmals auf folgende Aspekte:

- **Ist die Nachricht für meinen Empfänger von Interesse?** Nicht, dass Sie aus Versehen einem Magazin für die Gartengestaltung einen Fachartikel über die 'Männlichkeit von Gesangskastraten im 17. Jahrhundert' oder der Zeitschrift Brigitte einen Aufsatz über 'Feuchteadaptive Dampfbremsen bei der Renovierung von Bestandsgebäuden' schicken.
- **Besitzt die Meldung (noch) Neuigkeitswert?** Auch wenn Ihre Tagung noch so spannend und gut besucht war, aber nach dem Abbau der letzten wissenschaftlichen Poster im Konferenzraum werden Sie keinen müden Reporter mehr mit einer nachgeschossenen Mitteilung hinter dem Ofen hervorlocken (wie bspw. „Der Kongress zu xyz ist mit 280 Teilnehmern erfolgreich gelaufen."); eine Information über den Kongress beispielsweise muss immer vorab erfolgen („Der Kongress xyz wird dann und dann stattfinden und ist der Öffentlichkeit bei den und den Vorträgen zugänglich."). Sollten Sie dennoch im Nachhinein über den Kongress berichten wollen, gelingt Ihnen dies nur, wenn Sie ihn mit einem spannenden Thema verknüpfen können (bspw. „Auf Kongress xyz wurde weltweit erstmals eine wirklich funktionierende eierlegende Wollmilchmaschine gezeigt."). In diesem Fall können Sie die Pressemitteilung auch im Nachklang an die Medien aussenden, ohne dabei jedoch zwingend Bezug auf das bereits vergangene Ereignis zu nehmen.
- **Besitzt das Thema einen aktuellen Bezug?** Nach der Bundestagswahl wird sich beispielsweise niemand mehr dafür interessieren, dass Sie einen Automaten entwickelt haben, der falsche Wahlversprechen aufdeckt. Auch wenn diese Entwicklung Neuigkeitswert hat, den aktuellen Bezug haben Sie *nach* der Wahl verpasst. Versuchen Sie daher gerade bei der wöchentlichen Lektüre Ihrer Fachjournale oder auch der Tagespresse die Trendentwicklungen von Themen und deren implizite Deadlines im Auge zu behalten. Durch diese Hintergrundinformationen können Sie sich geschickt in Szene setzen und mit Ihren eigenen Themen stets noch rechtzeitig auf einen fahrenden Zug aufspringen.

Eine Presseinformation sollte stets über mehrere Kanäle an die Medien ausgesendet werden, denn dies erhöht die Wahrscheinlichkeit der Veröffentlichung. So senden Sie Ihre Nachricht nicht nur per Post, sondern auch als Fließtext in einer E-Mail an die Redaktionen und speisen Sie sie in kostenlose Presseportale im Internet ein. Dadurch informieren Sie die Journalisten auf mehreren Ebenen. Haben Sie dabei keine Angst, einen Journalisten eventuell doppelt und dreifach mit Ihrer Meldung zu erreichen. Auch hier zählt das Motto: 'Doppelt genäht hält besser'! Die Redaktionen melden sich schon, wenn Sie auf einem Ihrer drei Nachrichtenkanäle künftig nicht mehr erreicht werden wollen. Hinweis: Und vergessen Sie nicht, die Presseinformation auch an die Pressestelle Ihrer Hochschule zu schicken.

21.5 Die Pressekonferenz

Pressekonferenzen sind ein bedeutendes Instrument, wenn es darum geht, eine größere Anzahl von Journalisten gleichzeitig über einen Sachverhalt zu informieren. „Das ist doch eher etwas für die Wirtschaft!", denken Sie? Bekannter ist es in diesem Kontext vielleicht schon, aber deswegen können Sie sich dieses Instruments ja dennoch bedienen – beispielsweise um sich und die eigene Forschung auf diese Weise bekannt zu machen. Was mögliche Anlässe für eine Pressekonferenz sind, wie Sie sich darauf vorbereiten können und was Sie weiterhin beachten sollten, erfahren Sie in den nachstehenden Ausführungen.

Die folgenden Aspekte sollten Sie beachten, wenn Sie den Gedanken haben, eine Pressekonferenz zu organisieren:

Anlass. Der wichtigste Grundsatz: Jede Pressekonferenz braucht einen konkreten Anlass! Und dieser muss eine Pressekonferenz wirklich rechtfertigen. Journalisten erwarten Neuigkeiten. Bleiben diese 'News' aus, bleiben auch die Reporter beim nächsten Mal fern. Eine Pressekonferenz eignet sich vor allem, wenn man zu einem aktuellen (brisanten) Thema vor einer möglichst breiten Öffentlichkeit Stellung nehmen möchte, auf ein neu akquiriertes Forschungsprojekt von internationaler Bedeutung oder eine neue Erkenntnis der eigenen Fachdisziplin hinweisen möchte. Im Gegensatz zur gedruckten Presseerklärung bietet die Pressekonferenz zudem die Möglichkeit, Video- und Tonaufzeichnungen einzusetzen.

Ziel. Definieren Sie ein klares Ziel für Ihre Veranstaltung – „Mit dieser Pressekonferenz will ich X erreichen / bezwecken.". Nach Zweck und Ziel richtet sich auch die Gruppe der Journalisten, die Sie einladen. Wenn Sie beispielsweise ein neues Lehrgebäude einweihen, dann interessiert das in der Regel die lokale Presse und weniger die Fachwelt. Die Bekanntgabe einer Personalie (wie die Vergabe des Leibnitz-Preises) betrifft wiederum Fachredakteure, die Verlautbarung neuer wissenschaftlicher Erkenntnisse hingegen eindeutig regionale wie überregionale Fachmedien im In- und Ausland.

Ort. Wählen Sie den Ort der Pressekonferenz unter dem Aspekt der Zweckmäßigkeit und der räumlichen Lage aus. Eventuell wollen Sie den Medienvertretern eine Besichtigung Ihrer Räumlichkeiten ermöglichen; dann wäre es unklug, die Gäste über den gesamten Campus jagen zu müssen. Wenn es der Anlass erlaubt, können Sie einerseits repräsentative Räumlichkeiten der Hochschule wählen (Senatssaal, Lesesaal, Lichthof, Audimax etc.), andererseits einen besonders originellen Ort wie beispielsweise die Küche der Kantine, wenn Sie über Lebensmittelthemen berichten oder eine Wasserzisterne, wenn es um Umweltthemen geht und zum Dritten interessante Umgebungen benachbarter Forschungseinrichtungen (Sternwarte, Teilchenbeschleuniger, Botanischer Lehrgarten etc.) für Ihre Veranstaltung aussuchen. Es ist alles erlaubt, sofern es nicht wesentlich von Ihrer Thematik ablenkt und Ihrer 'Inszenierung' dienlich ist.

Datum und Dauer. Das Datum bestimmen Sie nach internen Gesichtspunkten. Vermeiden Sie jedoch Überschneidungen mit anderen wichtigen Presseterminen; erkundigen Sie sich deshalb bei den für Sie wichtigsten Redaktionen nach dem günstigsten Zeitpunkt. Ein Termin am späten Vormittag kommt bei Journalisten erfahrungsgemäß gut an; besonders geeignet sind Dienstag, Mittwoch oder Donnerstag, da an diesen Tagen in der regulären Redaktionsarbeit sowohl bei Zeitungen als auch bei Zeitschriften und Hörfunk- sowie TV-Anstalten die Wochenplanungen abgeschlossen sind: Zu Beginn der Woche finden die Gesamtplanungen statt und am Ende der Woche stecken viele Redakteure in der Endproduktion oder Vorbereitung von Wochenendterminen fest. Die Pressekonferenz sollte nicht länger als eine Stunde dauern. Zwei Statements à 15 bis 20 Minuten sind vollkommen ausreichend. Geben Sie den Journalisten anschließend genügend Zeit für Fragen und Diskussionen. In der Regel werden für Rückfragen bis zu 30 Minuten angesetzt.

Einladung. Für die Vorbereitung sollten Sie genügend Zeit einplanen (mindestens vier bis sechs Wochen). Die Einladung an die Journalisten sollte mindestens drei Wochen vorher verschickt werden (akute Anlässe bilden eine Ausnahme). Wie bei allen Presseaktivitäten, vergessen Sie auch hier nicht, die Pressestelle der Universität sowie den Dekan Ihrer Fakultät rechtzeitig zu informieren bzw. einzuladen. Eventuell können Ihnen diese mit ihren Kontakten bei der Einladung von Medienvertretern behilflich sein. Die Einladung umfasst: Anlass, Ablauf der Veranstaltung, Ort, Zeit, Anfahrtsskizze, Parkhinweise, Rückantwortkarte. Wenn Sie Journalisten nach der Pressekonferenz zum Essen einladen wollen, erwähnen Sie dies bereits in Ihrer Einladung. Zumindest ein kleiner Imbiss ist auf alle Fälle empfehlenswert. Ein Beispiel für eine solche Einladung finden Sie in Abbildung 21.9.

Inhaltliche Vorbereitung. Inhaltlich bereiten Sie sich auf Pressekonferenzen ebenso vor wie auf ein Interview (vgl. Abschnitt 21.6). Um während der Konferenz nicht aus dem Konzept zu kommen, notieren Sie sich die wesentlichen Aussagen am besten vorab auf Karteikarten. Damit die Pressevertreter Ihnen auch inhaltlich folgen können, ist es des Weiteren wichtig, dass Sie Ihre Aussagen, wie bereits vorab für die Pressemitteilung, entsprechend allgemeinverständlich aufbereiten.
Des Weiteren benötigen Sie Informationsmaterial, das Sie den Journalisten während / nach der Pressekonferenz austeilen können. Üblicherweise stellen Sie hierzu die Pressemitteilung, Flyer oder Broschüren zu Ihrem Lehrstuhl / Institut, ggf. zu Projekten und Kooperationspartnern (soweit diese einen Bezug zum Inhalt der Pressekonferenz haben) zusammen.

Nachbereitung. Versenden Sie nach der Pressekonferenz Pressemappen an jene Journalisten, die nicht erschienen waren. Auf diese Weise erhöhen Sie einerseits Ihre Chance auch von den dem Ereignis fern gebliebenen Medien publiziert zu werden und verdeutlichen andererseits dem Journalisten, dass Sie an einer langfristigen Zusammenarbeit interessiert sind. Dieser Service wird von den meisten Redaktionen wertgeschätzt, denn sie können in der Regel nur an einigen wenigen Presseveranstaltungen teilnehmen. Die Pressemappe umfasst in der Regel die Dokumente, die Sie auf der Veranstaltung oder bei der Pressekonferenz an die anwesenden Medien ausgegeben haben. Darüber hinaus können Sie der Mappe auch Redemanuskripte, Präsentationen und Broschürenmaterial beilegen. Kontaktieren Sie nach der Konferenz die Journalisten, die Ihnen persönlich bekannt sind und lassen Sie sich deren Eindrücke schildern. Sammeln Sie alle medialen Veröffentlichungen über Ihre Pressekonferenz. Berichten Sie gegebenenfalls im Nachgang über Ihre Pressekonferenz in Ihrem Newsletter, auf Ihrer Website o.ä.

Tipp: Die Abdruckchance Ihrer Pressemitteilung können Sie vergrößern, indem Sie die Presseinformation bereits im Vorfeld des Termins (bis maximal drei Tage vor der Pressekonferenz) mit einem Sperrfristvermerk[71] an die Redaktionen schicken. Bedenken Sie dabei aber, dass die wörtlichen Zitate in der Pressemitteilung mit Ihren Aussagen in der Pressekonferenz übereinstimmen müssen, da die Journalisten, die nicht in der Pressekonferenz sind, aus der Pressemitteilung zitieren und sonst Diskrepanzen auftreten bzw. Sie unglaubwürdig wirken.

[71] Sperrfristvermerk: Hinweis an die Medien, der meist in einer anderen Schriftgröße über die Pressemitteilung platziert wird und die Veröffentlichung vor einem gewissen Zeitpunkt untersagt. Der Vermerk wird von den Medien als Gentleman's Agreement in der Regel eingehalten.

☐ Ich komme ☐ Bitte schicken Sie mir Informationen.

Absender

Musterstraße 1
12345 Musterhausen

Telefon +49 555 12 34 56-78
Telefax +49 555 12 34 56-77
info@institution.de
www.institution.de

Max Mustermann
Durchwahl +49 555 12 34 56-78
max.mustermann@institution.de

Fax +49 5555 12 34 56-77

Einladung zum Pressegespräch
»Titel der Veranstaltung«
Tag, Datum, Uhrzeit
Ort der Veranstaltung

mit

Prof. Dr.-Ing. Peter Muster
Funktion

Max Mustermann
Funktion

Eva Musterfrau
Funktion

Dr.-Ing. Rüdiger von Tun und Tatnichts
Funktion

Viele Energie-Effizienz-Maßnahmen sind nicht mit den Erfordernissen des Denkmalschutzes vereinbar: Solaranlagen passen nicht auf die wertvollen Dächer historischer Stätten und Dämmputze würden beispielsweise bemalte Wände zerstören. Aber muss man sich bei einer Sanierung unserer Denkmäler wirklich entscheiden zwischen fachgerechtem Denkmalschutz und wirkungsvoller Energieeinsparung? Das Europäische Kompetenzzentrum für energetische Altbausanierung und Denkmalpflege in Benediktbeuern des Fraunhofer-Instituts für Bauphysik IBP kennt die Antwort: Mit innovativen Ideen lässt sich ein gemeinsamer Weg für diese Aufgaben finden.

Abb. 21.9a. Beispiel einer Einladung zur Pressekonferenz (Seite 1).

Daher veranstaltet das Denkmalpflegezentrum Benediktbeuern zum Thema „Denkmalschutz und Energie-Effizienz“ gemeinsam mit dem Zentrum Welterbe Bamberg eine Diskussionsrunde. Die Veranstaltung findet in Schloss Geyerswörth statt, das selbst gerade für eine modellhafte Energiesanierung vorbereitet wird. Das Gesamtprogramm liegt diesem Schreiben bei.

Im prächtig ausgemalten Renaissancesaal werden wichtige Entscheidungsträger sowie Fachleute aus Wissenschaft, Politik und Wirtschaft über die Problematik diskutieren. Was kann getan werden, dass eine energetische Sanierung höchsten Ansprüchen der Denkmalpflege genügt?

Nutzen Sie die Gelegenheit, mit Vertretern aus Politik und Experten aus Wissenschaft und Industrie ins Gespräch zu kommen und lernen Sie die Arbeit des Denkmalpflegezentrums Benediktbeuern kennen. Wir freuen uns auf Ihr Kommen! Bitte melden Sie sich per Fax oder E-Mail an. Gerne können auch individuelle Interviewtermine vereinbart werden.

Mit freundlichen Grüßen

Max Mustermann
Pressereferent, Name der Institution

Telefon +49 555 12 34 56-77
Mobil +49 170 12 34 567
Telefax +49 555 12 34 56-78
max.mustermann@institution.de

Abb. 21.9b. Beispiel einer Einladung zur Pressekonferenz (Seite 2).

21.6 Das Interview

Geben Sie gern Interviews? Die meisten Professoren nicht – zu viel Nervosität im Vorfeld, zu viel Unzufriedenheit beim Interview (zu lange Sätze, nicht den Kern getroffen) und dann auch noch das meist falsche Wiedergeben des Gesagten in den Medien am nächsten Tag; nichts als Ärger! Sollte man als Wissenschaftler von Interviews nicht vielleicht besser einfach die Finger lassen?

Natürlich sind Sie (rechtlich) nicht dazu verpflichtet, ein Interview zu geben. Doch mindestens zwei Dinge sprechen dafür, es vielleicht doch hin und wieder zu tun: So ließe sich einwerfen, dass Universitätsangehörige Steuergelder und Studiengebühren erhalten und daher auch gegenüber der (sie finanzierenden) Öffentlichkeit mit den erzielten Ergebnissen in Erscheinung treten sollten. Wenn Sie dies nicht überzeugt, gibt es noch viel wichtigere, Sie persönlich betreffende Gründe: Zum einen arbeiten Wissenschaftler an spannenden Inhalten, die die Bevölkerung durchaus interessieren (vorausgesetzt, sie sind adäquat aufbereitet). Zum Zweiten bieten Ihnen Interviews die Chance einer kostenlosen Werbemöglichkeit zur Außendarstellung; Sie können hier auf einfache Art und Weise sich, Ihren Lehrstuhl und Ihre Arbeit einer breiten Öffentlichkeit präsentieren. Das heißt allerdings nicht, dass Sie jede Interviewanfrage beantworten und zu jedem angefragten Thema Ja sagen sollten – im Gegenteil!

Wählen Sie Anfragen sorgfältig aus. Wie bei jeder Medienanfrage sollten Sie zunächst einmal abklären, um welches Thema es sich handelt und was der Journalist von Ihnen wissen will. Stimmen und stecken Sie das Thema des Interviews mit dem Journalisten im Vorfeld klar und deutlich ab. In dem ausgewählten Thema sollten Sie wirklich Experte sein, sonst laufen Sie Gefahr, im Gesprächsverlauf Aussagen zu machen, die nicht hieb- und stichfest sind, was sich äußerst negativ auf Ihren Ruf und Ihre Professionalität auswirken kann.

Prüfen Sie darüber hinaus sorgfältig Medium (Fernsehen, Radio, Zeitung oder Zeitschrift), Quelle (welcher Sender oder Verlag) sowie Zielgruppe der Interviewanfrage (auf Passung), denn erst diese Zusatzinformationen lassen Sie adäquat agieren (Sie würden vermutlich gegenüber dem lokalen Privatfernsehen anders auftreten als in den Tagesthemen der ARD). Außerdem sollten Sie im Vorfeld abklären, in welchem thematischen Umfeld Ihr Interview wann erscheinen soll (in den Nachrichten, in einer Dokumentation oder aber einer Talkshow und zu welcher Sendezeit). Ist zu befürchten, dass Sie in einer für Sie unwürdigen Sendung eingeblendet werden, sollten Sie dieses Interview ablehnen.

Bedenken Sie bei der Terminvereinbarung, dass Sie ausreichend Zeit und Ruhe benötigen, um das Interview professionell führen zu können: Auf Bahnfahrten oder am Steuer, zwischen zwei Vorlesungen oder wenn Sie sich gerade krank fühlen, sind denkbar schlechte Zeitpunkte. Wenn Sie spontan zu einem Interview gedrängt / gebeten werden, sollten Sie sich zumindest eine halbe Stunde Zeit zur Vorbereitung nehmen.

Ein Journalist ist ein Journalist, aber nicht Ihr bester Freund. Beachten Sie, dass Journalisten in aller Regel sehr charmant und rhetorisch gewandt mit Ihnen umgehen. Zum einen, weil es ein Zeichen ihrer beruflichen Professionalität ist, zum anderen aber auch, weil sie bei Ihnen an ihr Ziel kommen wollen – und viele Interviewpartner muss man umgarnen, damit sie reden. Verstehen Sie dies als professionelle journalistische Haltung, aber missdeuten Sie sie nicht: Ein Journalist, der charmant und freundlich ist, ist noch lange nicht Ihr Freund, dem Sie sich mit all Ihren Gedanken anvertrauen sollten – zumindest, sofern Sie diese Gedanken nicht am nächsten Tag in den Medien wiederfinden wollen. Bedenken Sie darüber hinaus, dass es die Aufgabe eines Journalisten ist, aus Ihren Aussagen einen Aufmacher herauszusuchen (vgl. Abschnitt 21.4, Pressemitteilung). Folglich ist es also umso wichtiger, dass Sie hoch seriöse Aussagen tätigen, die selbst im Falle einer Vereinfachung für die Öffentlichkeit ihre (und Ihre) Kernbotschaft enthalten.

Vorbereitung auf ein Interview. Gehen Sie möglichst nie unvorbereitet in ein Interview! Um ein Interview erfolgreich über die Bühne zu bringen, ist eine sorgfältige Vorbereitung im Vorfeld entscheidend. Ein zentrales Element ist dabei das Auseinandersetzen mit den Fragen, die auf Sie zukommen (könnten). Erfassen Sie die zu stellenden Fragen und gewünschten Informationen des Journalisten möglichst genau und fragen Sie im Vorfeld lieber einmal zu oft nach, als ein Missverständnis zu riskieren! Bereiten Sie sich auf das Themenfeld stets nochmals inhaltlich vor, denn nichts ist schlimmer als auf eine (dann doch noch) unerwartete Frage keine Antwort oder nur ausweichende Standardfloskeln parat zu haben.

Die Redakteure stehen häufig unter einem hohen Erfolgs- und Zeitdruck; daher bietet sich Ihnen durchaus die Chance, der Redaktion eigene Fragen vorzuschlagen. Immer häufiger akzeptieren vor allem Fachredaktionen dies als entgegenkommendes Wohlwollen, denn Sie ersparen dem Redakteur dadurch eine aufwendige Recherchearbeit. Ein wesentlicher Vorteil ist, dass Ihnen auf diese Weise keine unerwarteten Fragen gestellt werden und Sie den Gesprächsfaden in Ihrer Hand behalten. Sie können mit Journalisten in der Regel auch vereinbaren, dass Sie nur auf ausgewählte Fragen antworten. Schließlich sind Sie den Medien keine Rechenschaft schuldig.

Bereiten Sie Ihre Botschaft auf. Schreiben Sie die wichtigsten Fakten zum Thema Ihres Interviews mit klar strukturierten Stichworten zusammen (wie bei einem Vortrag gilt auch hier: Nicht ablesen, sonst wirkt es schnell langweilig!). Fragen Sie den Journalisten kurz vor der Aufzeichnung des Interviews nach dem Interviewkatalog oder bitten Sie ihn bei einem spontanen Interview zumindest, Ihnen die erste Frage vorzulesen, damit Sie sich mental auf die Antwort vorbereiten können.

Versuchen Sie stets, die wissenschaftlichen Sachverhalte prägnant und allgemeinverständlich zu erklären und dabei die eigenen Aussagen und Kernbotschaften dem Erfahrungshorizont des Publikums anzupassen (erkundigen Sie sich also eingangs nach der Zielgruppe des Interviewbeitrags). Stellen Sie sich beispielsweise beim Radiointerview eine konkrete Person der jeweiligen Zielgruppe vor, der Sie die Inhalte erzählen. Wenn Sie beispielsweise Forschungsergebnisse oder ein neues Konzept vermitteln wollen, sollten Ihre Aussagen vier zentrale Fragen beantworten können:

- Um was handelt es sich genau?
- Wie funktioniert es?
- Wer hat welchen Nutzen davon?
- Warum interessiert das die Öffentlichkeit?

Wenn die Presse bereits mit einer gewissen Thematik vertraut ist, sollten Sie sich an folgendem inhaltlichen Leitfaden orientieren:

- Um welches Problem handelt es sich genau?
- Wie schwerwiegend ist das Problem?
- Wen betrifft das Problem?
- Wie gedenkt man, die Sache in den Griff zu bekommen?

Konfrontiert man Sie mit Falschaussagen oder Behauptungen anderer, sollten Sie diese richtigstellen und zwar nach diesem Vorgehen:

- Der Journalist sagt: „XYZ ist passiert." / „Forscher haben nun entdeckt, dass ...."
- Sie antworten: „Es wurde behauptet, dass xyz passiert ist. Tatsächlich hat sich die Sache allerdings wie folgt zugetragen ..." / „Forscher haben abc nachweisen können. Dies ist ein wichtiger erster Schritt, der... zeigt. Allerdings heißt dies noch nicht, dass auch ..."

Verhalten bei der Aufnahme. Sprechen Sie deutlich und in Ruhe. Sie haben keinen Grund, sich hetzen zu lassen, denn schließlich sind Sie als fachlicher Interview-Partner der gefragte Experte. Falls Ihnen dann doch ein Versprecher passiert, haben Sie bei aufgezeichneten Interviews stets die Möglichkeit zu sagen „Lassen Sie uns das bitte noch einmal machen". Verhalten Sie sich vor der Kamera oder dem Mikrophon so natürlich und ungezwungen wie möglich. Wichtig ist, dass Sie gerade bei TV-Aufnahmen authentisch wirken, denn Sie werden von einer größeren Menge an Multiplikatoren wahrgenommen als es bei Printmedien und dem Rundfunk der Fall ist. Bei TV-Interviews schauen Sie immer an der Kamera vorbei! In der Regel fixieren Sie Ihren Interviewer unmittelbar neben der Kamera. Ansonsten ist es üblich, den Blick auf die linke Schulter des Kameramanns zu richten. Damit wirkt es für den Zuschauer so, als würden Sie einen Reporter im natürlichen Gesprächsfluss Rede und Antwort stehen. Vergewissern Sie sich stets Ihrer Körpersprache (vgl. Abschnitt 6.1).

Journalisten wünschen klare Aussagen. Ihre Antworten sollten daher kurz und anschaulich sein. Vor allem bei Radiointerviews können oftmals nur kurze Statements wiedergegeben werden. Aus diesem Grund besteht hier die Gefahr, dass Ihre Aussagen aus dem Kontext gerissen werden können. Um diesen Umstand vorzubeugen, sollten Ihre jeweiligen Antworten bzw. Aussagen nicht länger als 15 Sekunden dauern. Das entspricht etwa zwei bis drei Sätzen. Aufgezeichnete Interviews müssen vom Interview-Partner vor der Ausstrahlung der Sendung in der Regel nicht mehr 'autorisiert' werden: Es gilt das gesprochene Wort. Besonders Rundfunk-Redaktionen reagieren häufig geradezu allergisch darauf, wenn Sie versuchen sollten, im Nachklang Änderungen vornehmen zu wollen.

Wenn Interviewer schwierig werden. Sie werden es beim Umgang mit den Medien zwar überwiegend, aber vielleicht nicht immer mit Ihnen wohlgesonnenen Vertretern zu tun haben. So könnte es vorkommen, dass ein Interviewer seinen Gesprächsgast bei einer öffentlichen Diskussion in die Ecke zu drängen versucht, um auf diese Weise den Unterhaltungswert für das Publikum zu steigern. Achten Sie daher stets darauf, sich von keinem Interviewer dazu bringen zu lassen, etwas zu sagen, was Sie nicht in den Medien wiederfinden wollen. Typische Methoden, um Sie aus dem Konzept zu bringen, sind:

- **Wiederholungen:** Lassen Sie sich durch die variierende Wiederholung von Fragen nicht irritieren, sondern verweisen Sie darauf, dass Sie die Frage/n bereits beantwortet haben. Ein Beispiel hierzu: Ein Journalist fragt Sie: „Was hat die Wahl eines Handy-Klingeltons mit der Persönlichkeit seines Besitzers zu tun?" Sie antworten: „Diesen Zusammenhang gibt es nicht." Der Journalist lässt nicht locker: „Was lässt sich ableiten, wenn man den Klingelton einer Person kennt, über deren Persönlichkeit?"
- **Hypothesen:** Lassen Sie sich nicht dazu verleiten, eine hypothetische Frage zu beantworten, denn in der Regel versucht der Interviewer Ihnen damit eine Position, Behauptung oder Aussage aufzudrängen, die Sie eigentlich gar nicht vertreten. In Fortsetzung des obigen Beispiels wäre dies beispielsweise die Frage des Journalisten: „Nehmen wir mal an, es gäbe diesen Zusammenhang, was würden Sie dann sagen, wenn jemand einen Klingelton hätte, der ..."

- **Unterbrechungen:** Lassen Sie sich durch Störmanöver in Form von Themenwechseln oder Nachfragen während Ihrer Antwort nicht aus dem Konzept bringen. Entweder pausieren Sie in diesem Fall und hören sich die Ausführungen des Gegenübers in Ruhe an oder Sie ignorieren die Unterbrechungsversuche und verweisen den Interviewer darauf, die folgenden Fragen im Anschluss an Ihre derzeitigen Ausführungen beantworten zu wollen.
- **Negativierung:** Lassen Sie sich durch mögliche negative Foki, Ausführungen und Darstellungen des Interviewers nicht dazu verleiten ebenfalls Schwarzmalerei zu betreiben. Zeigen Sie stattdessen konstruktiv auf, wie Sie beispielsweise Probleme gelöst haben und wie Sie das auch in Zukunft handhaben werden, um damit das Gespräch wieder in eine positive Richtung zu lenken.
- **Gerüchte:** Lassen Sie sich nicht darauf ein, anhand vermeintlicher Gerüchte über sich oder Dritte Stellung zu beziehen, sondern lehnen Sie die Beantwortung unter dem Hinweis ab, sich erst selbst darüber informieren zu wollen.
- **Privates**: Lassen Sie sich nicht in die Falle locken, Ihre private Meinung für Ihre berufliche zu vertreten. Auch wenn Sie beispielsweise als Privatperson ein überzeugter Verfechter einer Partei sein sollten, halten Sie besser mit Ihrer Anschauung hinter dem Berg, da sie nichts mit Ihrer beruflichen Position in der Öffentlichkeit zu tun hat.

Halten Sie den Kontakt. Halten Sie auch im Nachhinein oder wenn ein Interview nicht zustande kam, einen guten Kontakt zu dem jeweiligen Journalisten. Je besser Ihr Kontakt, desto eher wird man wieder auf Sie zurückkommen bzw. das nächste Mal auf Ihre Wünsche eingehen.

Wenn Sie oben genannten Grundlagen stets im Hinterkopf behalten, dann kann bei einem Interview kaum noch etwas schief gehen, und Sie können es rundum zu Ihrem Vorteil nutzen.

21.7 Das Werbeposter

Immer dann, wenn im Rahmen einer Tagung, eines Kongresses oder Seminars etwas kurz, zusammenfassend und optisch ansprechend präsentiert werden soll, erweist sich ein Poster als sehr geeignet. Seine Aufgabe ist es also, die Darbietung eines Themas zu unterstützen und zu visualisieren. Typischer Gegenstand eines Werbeposters wäre die Vorstellung eines Studiengangs (vgl. Abb. 21.10), einer neuen Technologie, einer neuen Einrichtung der Hochschule (Bibliothek, Labor, Computerpool, ...) oder auch eines Forschungsprojekts. Auf Tagungen, Kongressen oder Vorträgen wird ein Werbeposter in der Regel in Kombination mit anderen Medien, wie Handouts oder Flyern eingesetzt und kann darüber hinaus auch zur Anregung von Diskussionen dienen (vgl. zu Postern im Rahmen wissenschaftlicher Veranstaltungen Abschnitt 22.1.2).

Ein gutes Werbeposter sollte folglich ...

- das Maß DIN A1 (594 x 841mm) nicht übersteigen.
- optisch ansprechend und im Corporate Design gestaltet sein.
- das Thema übersichtlich darstellen.
- beim Betrachter schnell Interesse für das Thema wecken und didaktisch durch das Poster führen (Leserführung).
- auf Grund einer prägnanten Sprache in zwei bis drei Minuten erfasst werden können.

- in klaren Schrifttypen und mit entsprechendem Zeilenabstand verfasst sein.
- nicht mehr als zwei bis drei unterschiedliche Schrifttypen bzw. –größen aufweisen.
- mehr Grafiken als Text beinhalten.
- aus einer Distanz von zirka fünf Metern wirken.

Um dies zu erreichen, sollten Sie bei der **Postererstellung** folgende Aspekte berücksichtigen:

- **Text.** Vermeiden Sie lange Textpassagen am besten ganz oder ordnen Sie diese in übersichtlichen Blöcken bzw. Spalten an, um eine deutliche Leserführung zu gewährleisten. Maximal die Hälfte der Inhalte sollte aus Text bestehen. Versuchen Sie, das Poster mithilfe eingängiger Überschriften und ansprechender Grafiken optisch zu gliedern. Fragestellungen und Ergebnispräsentationen müssen sich visuell abheben.
- **Schriften[72] und Absätze.** Überschriften sollten Sie unbedingt kurz (Titel nicht mehr als 10 Wörter) und informativ verfassen. Die Schriftgröße für den Titel des Posters ist im A4-Entwurf mindestens 18 pt, für Untertitel und Fließtext genügen 12 pt. Die optimale Zeilenlänge im Text sollte zwischen 45 und 70 Zeichen liegen. Der linksbündige Flattersatz ist für das Auge am leichtesten zu erfassen und erleichtert somit das Lesen und Konzentrieren ungemein. Um wichtige Informationen hervorzuheben, bietet sich der Einsatz von *kursiven* oder **fetten** Schriften sowie von Großdruckbuchstaben oder Farbe an. Unterstreichungen und S p e r r u n g e n sind inzwischen graphisch veraltete Stilmethoden und werden deshalb nicht mehr eingesetzt.
- **Grafiken.** Das Poster sollte nicht mehr als fünf Grafiken enthalten, die sich im besten Falle selbst oder mit kurzen, prägnanten Bildunterschriften erklären. Die Darstellungen sollten mindestens 13x18 Zentimeter groß sein und in einer Auflösung von 300 dpi gestaltet sein. Schaubilder sind stets Tabellen vorzuziehen, da ein Teilnehmer kaum die Ruhe hat, umfangreiche und komplexe Tabellen zu analysieren.

[72] Hier wurde als Referenz der Posterentwurf im Format DIN A4 angenommen. Bei der Übertragung auf ein größeres Format wird die Schriftgröße entsprechend angepasst. Dies erfolgt entweder automatisch vom Drucker, da man die DIN A4-Seite auf dem Plotter auf DIN A1 oder DIN A2 anpassen lässt oder manuell bei der späteren Übertragung.

Weiterbildungsstudiengang Master Online Bauphysik

Der Studiengang „Master Online Bauphysik" ist ein berufsbegleitender, internetbasierter Weiterbildungsstudiengang. Zielgruppen sind alle auf dem Bausektor tätigen Ingenieure und Architekten. Die Studiendauer beträgt einschließlich der Master-Thesis vier Semester. Das Projekt wird seit Oktober 2006 vom Ministerium für Wissenschaft, Forschung und Kunst Baden-Württemberg gefördert. Studienbeginn ist das Wintersemester 2007/08.

Bauschäden vermeiden statt reparieren

Bauphysikalische Kenntnisse sind beim Entwurf, bei der Planung und der Ausführung von Bauwerken unerlässlich. Nach dem Bauschadensbereicht der Bundesregierung entstehen bei Neubauten sowie Instandsetzung und Modernisierungsarbeiten jährlich Schäden von ca. 3,5 Mrd. Euro, wovon große Teile bauphysikalischer Natur sind. Daraus resultierend wurde das Konzept des Studiengangs entwickelt. Durch eine gezielte Weiterbildung der am Bauprozess beteiligten Planer sollen die Schadensfälle präventiv vermieden werden, um somit die Qualität der Bauwerke zu steigern.

Der Studiengang dient der Vermittlung von aktuellem, fundiertem, innovativem Wissen über alle planungs- und ausführungsrelevanten, bauphysikalischen Aspekte und deren gegenseitige Wechselwirkungen. Die Ausbildung befähigt im Bauwesen tätige Ingenieure und Architekten durch bauphysikalisches Wissen und bauphysikalisch richtige Maßnahmen Bauschäden von vornherein zu vermeiden. Sie lernen neuste bauphysikalische Erkenntnisse, Methoden und Verfahren bei der Konzeption umweltverträglicher, energieeffizienter und wirtschaftlicher Gebäude einfließen zu lassen.

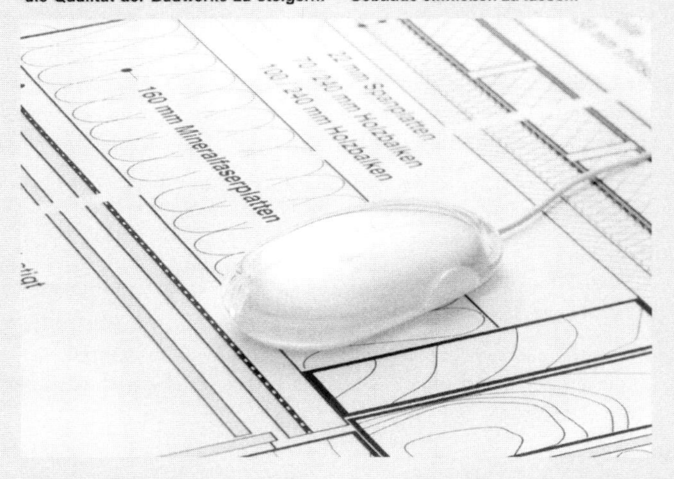

Der Studiengang ist berufsbegleitend, orts- und zeitunabhängig studierbar und baut auf den neusten Techniken des Internets auf. Zielgruppe sind Bauingenieure, Architekten und Ingenieure anderer bau-, technik- sowie umweltbezogener Fachrichtungen.

Für die Absolventen eröffnen sich neue Arbeitsfelder, die die eigene Position am Arbeitsmarkt stärken. Arbeitgeber profitieren durch die gezielte Weiterbildung ihrer Mitarbeiter. Sie können sich dadurch klar von ihren Mitbewerbern auf dem Markt abgrenzen.

Lehrstuhl
für
Bauphysik

Abb. 21.10. Beispiel eines Lehrstuhl-Werbeposters zu einem Studiengang.

Checkliste
zur Außendarstellung eines Lehrstuhls

Erhöhen Sie den Bekanntheitsgrad Ihres Lehrstuhls durch eine wirksame Außendarstellung. Dazu stehen Ihnen zur Verfügung:

Corporate Design

✓ Profitieren Sie von einem visuellen Erscheinungsbild, das einen guten ersten Eindruck vermittelt, Wiederkennungswert hat und Ihrem Team Identifikationsmöglichkeit bietet.

Public Relations

✓ Allgemeine Informationsmedien (Flyer, aktuelle Website etc.) sollten generell verfügbar und stets aktuell sein

✓ Zur gezielten Ansprache spezifischer Zielgruppen und für spezielle Veranstaltungshinweise sollten weitere Wege genutzt werden (Mailing-Aktionen, Newsletter, Kolloquien, Tag der offenen Tür etc.)

Internetauftritt

✓ Sorgen Sie stets für einen aktuellen Internetauftritt mit umfassenden Informationen über Ihr Team und Ihre Forschungsschwerpunkte.

Pressemitteilungen

✓ Bringen Sie Ihre Botschaften (wie bspw. neue Forschungsergebnisse, neue Einrichtungen Ihrer Hochschule / Fakultät) durch Pressemitteilungen gezielt an die Öffentlichkeit.

✓ Halten Sie die formalen wie inhaltlichen Regeln zur Erstellung einer Pressemitteilung ein, damit sie von den Redaktionen auch angenommen wird.

Pressekonferenzen

✓ Informieren Sie im Rahmen einer Pressekonferenz mehrere Journalisten gleichzeitig über einen Sachverhalt.

✓ Bereiten Sie sich organisatorisch wie inhaltlich gut vor, um bei Einladung und Durchführung wirksam zu sein.

Interviews

✓ Nutzen Sie die Chance dieser kostenlosen Präsentation Ihrer Forschungsexpertise, Ihres Teams gegenüber der Öffentlichkeit.

✓ Bereiten Sie sich gut vor und gehen Sie mit Anfragen ebenso vorsichtig um wie mit den Journalisten selbst, damit Sie sich und Ihre Inhalte auch so in den Medien wiederfinden, wie Sie es möchten.

Werbeposter

✓ Beeindrucken Sie auf Kongressen, Messen oder Tagungen durch Werbeposter, die Ihre Einrichtung oder Ihren Lehrstuhl visuell ansprechend präsentieren.

22 Wissenschaftliche und universitätsinterne Veranstaltungen

Schon wieder flattert Ihnen eine Kongresseinladung auf den Tisch, und Sie fragen sich: Kann, will, muss ich dahin? Lohnt es sich? Vielleicht wissen Sie aber auch gar nicht, was da letztendlich von Ihnen erwartet wird oder wie Sie die Zeit dort sinnvoll nutzen können? Während die einen Kongresse als Social Event im Sinne eines Treffens mit (ehemaligen) Kollegen ansehen und sich dort vergnügen (wenn auch nicht fachlich, dann aber im sozialen Sinne), scheuen die anderen eher diese soziale Seite und gehen ausschließlich aus fachlich-inhaltlichen Gründen hin. Wiederum andere vermeiden es generell, einen Kongress zu besuchen. Welches Verhalten ist nun empfehlenswert, denn nachvollziehbar sind für die meisten wohl alle drei Szenarien? Die Antwort ist: Es kommt ganz auf Sie an, d.h. Sie müssen bzw. dürfen entscheiden. Bedenken Sie dabei: Jeder Kongress hat eine fachliche, eine soziale (networking) sowie eine zeitliche Komponente, die es abzuwägen gilt. Die wenigsten von uns wählen aber in diesem Sinne Kongressteilnahmen bewusst aus und bereiten sich auf einen Kongress so vor, dass er ihnen maximalen Nutzen bringt. Wie in nahezu jedem anderen Kapitel dieses Buchs, gilt folglich auch hier, dass die richtige Vorbereitung sich auszahlt.

Als erstes sollte jeder, der überlegt, eine Tagung oder einen Kongress zu besuchen oder sich aktiv daran zu beteiligen, für sich klären, welche persönlichen Erwartungen er an den Kongress bzw. an die Tagung hat und welche Ziele er mit seiner Teilnahme verfolgen möchte. Typische Ziele sind:

- **Der fachliche Austausch.** Auf Kongressen besteht zunächst einmal die Möglichkeit, seine eigene Forschung vor einem breiteren und meist auch internationalen Kollegenkreis vorzustellen und mit diesem darüber zu diskutieren. Des Weiteren ermöglichen es Kongresse, die Forschung anderer, d.h. neue Methoden und Erkenntnisse, kennenzulernen sowie neue Sichtweisen und (methodische) Zugänge zu Forschungsgegenständen finden.
  Des Weiteren bieten Ihnen Kongresse die Möglichkeit, sich zu 'benchmarken', d.h. Ihre Forschung mit dem, was die anderen tun, zu vergleichen. Durch die Diskussionen und Beiträge anderer können Sie Ihre eigenen Forschungsideen auf Qualität und Innovationsgrad hin überprüfen: Sind Sie noch up to date? Spielen Sie eher in der Mittelliga oder an vorderster Front?

- **Kontakte knüpfen und Networking.** Auf Kongressen treffen Wissenschaftler oder Fachleute aus aller Welt zusammen. Somit bieten Kongresse eine Plattform, Kollegen kennenzulernen und wiederzutreffen, das heißt, Kontakte aufzubauen, diese aufrechtzuerhalten und sie zu vertiefen. Networking nützt Ihrer fachlichen Qualifikation sowie letztendlich auch Ihrer Karriere (vgl. Abschnitt 22.1.3 in diesem Kapitel sowie Abschnitt 16.2). Wenn Sie gut vernetzt und vielen Kollegen bekannt sind, werden Sie zu Vorträgen eingeladen, in wissenschaftliche Gutachterkreise oder Scientific Boards berufen, bei fachlichen Fragen konsultiert, zu Mitautorenschaften eingeladen und lernen andere Forschungseinrichtungen kennen. Durch gemeinsame Interessen der Wissenschaftler und deren fachlichen Austausch untereinander können beispielsweise auch Kooperationsprojekte oder zumindest Möglichkeiten der Unterstützung bei anvisierten Forschungsprojekten angestoßen werden. Und nicht zuletzt macht ein Kongress umso mehr Spaß, je mehr nette Menschen Sie dort kennen und stets wieder treffen.
  Je nach Kongress und Disziplin treffen Sie auf diesen auch Vertreter aus der Wirtschaft an, welche Sie als Drittmittelgeber für Ihre Projekte oder zumindest als potenzielle Interessenten gewinnen können. Mit denselben Unternehmen ließe sich eine enge Verbindung aufbauen, indem Sie ihnen studentische Praktikanten, Diplomanden oder Absolventen vermitteln. Von dieser Art der Beziehung hat jeder etwas und festigt nebenbei die Kooperation.

- **Karriere.** Kongresse bieten auch Karrieremöglichkeiten. So kann die eigene Vita mit der Teilnahme an internationalen Kongressen aufgebessert werden, auch Auszeichnungen wie ein Preis für den besten Posterbeitrag sind möglich. Mit anerkannten Forschern, die Sie dort kennengelernt haben, kann der Grundstein für gemeinsame Kooperationsprojekte mit anderen Forschungsgruppen gelegt (bspw. gemeinsame Papers publiziert) werden. Für Diplomanden, die beispielsweise ihre Abschlussarbeit vorstellen, oder auch für Doktoranden, bietet ein Kongress die Möglichkeit, zukünftige Arbeitgeber aus der Forschung aber auch aus der Wirtschaft kennenzulernen bzw. zu finden. Umgekehrt besteht für Sie als Lehrstuhlinhaber die Möglichkeit, entsprechende Talente zu entdecken und zu rekrutieren. Nicht zuletzt können hier auch Gastdozententätigkeiten, Forschungsaufenthalte in einer anderen wissenschaftlichen Gruppe im Ausland oder gemeinsame Symposien geplant werden.

- **Außendarstellung.** Schließlich ist auch der Aspekt der Außendarstellung, die offizielle Präsenz der Institution, der man angehört, nicht zu vergessen (vgl. Kapitel 21). Bei vielen Veranstaltungen mag es darum gehen, dass zumindest ein Vertreter Ihres Instituts oder Lehrstuhls dort anwesend ist, um beispielsweise die oben genannten drei Ziele stellvertretend zu erfüllen.

Selbstverständlich sind die Ziele abhängig vom 'Karrierelevel' sowie dem Stand der Professionalisierung; ein Doktorand oder Postdok wird hier andere Ziele verfolgen als ein Lehrstuhlinhaber. Für jeden lässt sich jedoch festhalten: Planen Sie Ihre Kongressteilnahme gezielt, seien Sie präsent (beschäftigen Sie sich vor Ort nicht nur mit dem Lesen Ihrer E-Mails oder Artikel), und nutzen Sie Ihre Anwesenheit zum Networken und fachlichen Austarieren.

Im Folgenden wird dargestellt, wie Sie Ihre Teilnahme an wissenschaftlichen Veranstaltungen wirksam nutzen können – von der Vorbereitung über die Beitragsgestaltung bis hin zum Kontakten (Abschnitt 22.1), was Sie beachten sollten, wenn Sie Ausrichter einer solchen Veranstaltung oder eines Kongresses sind (Abschnitt 22.2 und 22.3) sowie wie Sie bei diesen mit Spezialaufgaben wie geplanten Festreden oder spontanen Tischreden souverän umgehen können (Abschnitt 22.4).

<table>
<tr><td rowspan="4">KAPITEL 22:
WISSENSCHAFTLICHE UND UNIVERSITÄTSINTERNE VERANSTALTUNGEN</td><td>22.1
An wissenschaftlichen Veranstaltungen teilnehmen</td></tr>
<tr><td>22.2
Kongresse planen und managen</td></tr>
<tr><td>22.3
Ausrichten spezieller Veranstaltungen eines Instituts</td></tr>
<tr><td>22.4
Reden halten bei akademischen Veranstaltungen (Beispiel 'Fest- und Tischreden')</td></tr>
</table>

22.1 An wissenschaftlichen Veranstaltungen teilnehmen

In diesem Kapitel wird auf Kongresse als eine eher übergeordnete Form wissenschaftlicher Veranstaltungen fokussiert, da die hier genannten Hinweise in aller Regel auf andere (kleinere) Varianten übertragen werden können.[73] Allerdings dürfen Sie bei Veranstaltungen nicht mit einheitlichen Begriffsverwendungen rechnen (manche Veranstaltung heißt 'Kongress', ist aber eher ein 'Small Group Meeting' und umgekehrt), auch Mischformen derselben treten auf. Es ist daher immer ratsam, sich zu erkundigen, was der Veranstalter mit der Bezeichnung genau meint bzw. was stattfinden wird (vgl. Beispiel eines Kongresses der Deutschen Gesellschaft für Psychologie im grauen Kasten).

Ein wissenschaftlicher Kongress ist eine Veranstaltung, auf der Wissenschaftler ihre Arbeiten und Erkenntnisse vorstellen und untereinander diskutieren können. Häufig wird in einem sog. Call for Papers im Vorfeld zum Verfassen von Fachbeiträgen aufgefordert. Umfassende Kongresse, die einen breiten Themenbereich abdecken, werden typischerweise von Berufsverbänden, wie etwa der Deutschen Gesellschaft für Psychologie oder dem Bundesverband Deutscher Bausachverständiger, in regelmäßigen Zeitabständen (z.B. jährlich) veranstaltet und dienen, abgesehen von ihrer wissenschaftlichen Funktion, auch als Kommunikationsmedium für deren Mitglieder. In Kongressen werden Informationen vermittelt und Gedanken in Diskussionen und Gesprächen ausgetauscht. Während die Informationen üblicherweise über Vorträge vermittelt werden, kann der Austausch über Fragen und Kommentare aus dem Publikum, in einer Podiumsdiskussion oder in informellen Gesprächen am Rande der Veranstaltung stattfinden. Kongresse richten sich – im Gegensatz zu kleineren Veranstaltungen wie Konferenzen – an ein breites Spektrum, bezogen auf Themen, Teilnehmer und die mediale Wirkung.

Ein Kongress setzt sich in der Regel aus verschiedenen **Veranstaltungsarten** zusammen (vgl. Beispiel einer Programmübersicht in Abb. 22.1). Dazu zählen beispielweise ...

- **Vorträge und Poster.** Üblicherweise werden Forschungsarbeiten in kurzen, prägnanten Vorträgen von etwa 10 bis 30 Minuten Länge vorgestellt, an die sich meist eine Diskussion anschließt (5 bis 10 Minuten). Alternativ zum mündlichen Vortrag kann ein wissenschaftliches Poster präsentiert werden, welches eine kompakte visuelle Darstellung der wissenschaftlichen Ergebnisse beinhaltet. Im Gegensatz zu einem Vortrag vor einem größeren Publikum stehen die Autoren in der Postersession neben ihrem Poster (welches an Stellwänden aufgehängt ist), um ihre Arbeit zu erläutern und mit anderen über ihre Arbeit zu diskutieren. In den meisten Disziplinen haben Beiträge beider Varianten zuvor einen Peer-Review-Prozess durchlaufen, bei denen entweder eine Zusammenfassung (Abstract) oder auch ein ganzes Paper begutachtet wurde.
  Um den Umfang des Programms innerhalb weniger Tage abwickeln zu können, ist es bei größeren Kongressen üblich, zunehmend mehr Beiträge als Postervorträge sowie Parallelveranstaltungen (also zeitgleiche Vorträge, sog. Sessions) anzubieten. Entsprechend ihrer Positionierung lassen sich Vorträge unterscheiden, die einzeln herausgestellt werden (sog. Keynotes) oder aber themenbezogenen Sessions zuzuordnen sind. Die themenbezogenen Vorträge können wiederum sog. Positions- oder Forschungsreferate (vgl. Erläuterung im grauen Kasten).
- **Symposien.** Ein Symposium ist eine wissenschaftliche Veranstaltung, in der ein fachlich eingeschränkter Aspekt, ein spezifisches Thema behandelt wird. Das Thema wird dann bereits im

[73] Als weitere wissenschaftliche Veranstaltungsarten sind zu nennen: Konferenzen, Tagungen, Messen, Fachgruppensitzungen, Small Group Meetings, Rundgespräche, Kolloquien, Seminare, Workshops etc.

Vorfeld von einem Symposiumskoordinator ausgeschrieben, die Referenten ausgewählt und thematisch zusammengestellt, sowie die Veranstaltung schließlich als festes Symposium angemeldet.

- **Überblicksvorträge.** Neben Plenarvorträgen gibt es Überblicksvorträge oder Positionsreferate (session-keynotes). Diese dienen nicht als allein stehender Vortrag, sondern vielmehr als ein Einstiegsvortrag in eine Session und haben in der Regel ein dementsprechend langes Zeitfenster (bspw. doppelt so lang wie die sonstigen Vorträge).
- **Keynote-Lectures.** Zur Eröffnung einer Konferenz oder auch zur Einführung in spezifische Fachgebiete werden in der Regel Plenarvorträge (sog. Keynotes, aus dem Englischen: '*Grundgedanke*') von etwa einstündiger Dauer dargeboten. Häufig handelt es sich dabei um die Eröffnungsrede eines Kongresses oder einer Messe. Die Referenten sind in den jeweiligen Gebieten anerkannte, prominente Kapazitäten, sodass diese Plenarvorträge im Vorfeld des Kongresses spezifisch beworben und zur Attraktivität desselben erheblich beitragen können.
- **Podiumsdiskussionen.** Im Rahmen einer Podiumsdiskussion werden vor einer größeren Zuhörerschaft bei einem aspektreichen Thema unterschiedliche, auch konträre fachliche und oder fachpolitische Positionen und Interessen einander gegenübergestellt. In einem von einem Moderator geleiteten Gespräch werden unter anderem Gegensätze und Gemeinsamkeiten herausgearbeitet. Die Zuhörer erhalten im Verlauf der Diskussion meist die Gelegenheit, sich mit ihren Fragen und Widersprüchen in das Gespräch einzuschalten.
- **Pre-Conferences.** Kongressen vorgeschaltet können auch sog. Pre-Conferences sein. Bei diesen handelt es sich um Konferenzen mit kleinerem Teilnehmerkreis, in welchen zumeist im Symposiums- oder Workshopstil spezifische Themen adressiert werden. Diese Themen stehen mit dem Kongress insoweit in Verbindung, als dass sie meist einen Aspekt des Themenkomplexes des Kongresses herausgreifen.
- **Workshops.** Wissenschaftliche Veranstaltungen, die in kleinem Rahmen stattfinden, und in denen mittels freier Diskussion oder durch Erfahrungsaustausch ein zuvor definiertes Thema von allen Teilnehmern erarbeitet wird, werden als Workshops bezeichnet. Auch wenn hier die Aktivität der Teilnehmer deutlich stärker gefordert / gewünscht ist als bei den anderen Veranstaltungsformen, sind auch Workshops moderiert (vgl. Kapitel 9, Moderationsmethoden).
- **Doktorandentreffen.** Auf vielen Kongressen werden fachliche Doktorandenworkshops oder aber informelle Doktorandentreffen (bspw. als abendlicher Restaurant- oder Kneipenbesuch) organisiert. Erstere finden in der Regel mit dafür ausgewählten Professoren statt und dienen entweder der Fortbildung zu spezifischen Themen (bspw. 'Schreibwerkstatt' oder 'Methodenworkshop') oder aber der individuellen Rückmeldung zum Dissertationsvorhaben. Letztere könnte beispielsweise so gestaltet sein, dass jeder Doktorand in einer der Kleingruppen sein Dissertationsvorhaben vorstellt und anschließend von allen Beteiligten Feedback erhält.
- **Ausstellungen.** Häufig werden Kongresse von Fach-Ausstellern begleitet (Fach-Verlagen, Fach-Medienanbietern, Firmen etc.), welche die Veranstaltung durch Ausstellergebühren finanziell unterstützen und so die teilweise erheblichen Tagungsgebühren senken. Ausstellungen dienen auch der Demonstration von Theorie und Praxis und sind eine zusätzliche Informationsquelle für die Kongressteilnehmer. Beispielsweise stellt ein wissenschaftlicher Buchverlag seine Neuerscheinungen oder ein Bauprodukthersteller auf einem Bauphysik-Kongress seine Produkte aus.
- **Mitgliederversammlungen.** Auf Kongressen, die von bestimmten Verbänden ausgerichtet werden, wird häufig auch die Gelegenheit wahrgenommen, eine Mitgliederversammlung abzu-

halten (bspw. die nach der Vereinssatzung erforderliche Jahresversammlung). Diese bieten Ihnen die Möglichkeit, die Fachpolitik zu verfolgen, diese durch Diskussionsbeiträge und Wahlen mitzubestimmen sowie die in Ihrem Fach agierenden Repräsentanten kennenzulernen.

- **Rahmenprogramm.** Flankierend zum Kongress gibt es meistens auch ein Rahmenprogramm mit Begrüßungsfeier, Gesellschaftsabend und anderen Aktivitäten wie Stadtrundfahrt, Bootsfahrt oder Ähnlichem.

Das Kongressprogramm und Kurzfassungen der Vorträge werden den Kongressteilnehmern üblicherweise vor Beginn der Veranstaltung im sog. Abstract-Band bekannt gegeben. Ausgearbeitete Veröffentlichungen werden je nach Disziplin vor oder nach der Konferenz oft in Buchform (als Proceedings bzw. Tagungsband), als CD oder in einem wissenschaftlichen Journal veröffentlicht.

KONGRESSPROGRAMM AUF EINEN BLICK

Zeit	**Dienstag, 4.9.2012**	**Mittwoch, 5.9.2012**	**Donnerstag, 6.9.2012**	**Freitag, 7.9.2012**
07:30	*Anreise*	*Registrierung*		
08:30 - 09:00		**Eröffnung**	*Registrierung*	*Registrierung*
09:00-10:00		**Keynote**	**Keynote**	**Keynote**
10:00 - 10:30		*Kaffeepause*	*Kaffeepause*	*Kaffeepause*
10:30 - 12:30		Arbeitsgruppen	Arbeitsgruppen	Arbeitsgruppen
12:30 - 13:45		*Mittagessen*	*Mittagessen*	*Mittagessen*
13:45 - 15:15	*Registrierung*	Arbeitsgruppen	Arbeitsgruppen	Arbeitsgruppen
15:15 - 15:45		**Postersession I** *Kaffeepause*	**Postersession II** *Kaffeepause*	**Verabschiedung und Vin d`honneur**
15:45 - 16:45		Arbeitsgruppen	Arbeitsgruppen	
16:45 - 17:15			*Kaffeepause*	
17:15 - 17:45		*Kaffeepause*	Verleihung des Publikationspreises Mitglieder-Versammlung	*Abreise*
17:45 - 18:45		**Öffentliche Vorlesung**		
19:00	**Begrüßungs-Abend**	**Stadtrundfahrt**		
Ab 20:00			**Gesellschafts-Abend** *(Rückfahrt ab 23:00 Uhr)*	
Ab 21:00		**Doktoranden-Treff**		

Abb. 22.1. Beispielprogramm eines Kongresses.

BEISPIEL
DER VORANKÜNDIGUNG DER BEITRAGSARTEN UND VERANSTALTUNGSFORMEN DES 47. KONGRESSES DER DEUTSCHEN GESELLSCHAFT FÜR PSYCHOLOGIE (2010)

Poster	Empirische, konzeptionelle, theoretische und methodische Forschungsarbeiten. Postermaße: Hochformat DIN A0 (1189mm x 841mm). Während der Präsentationszeiten stehen die Posterautoren für Fragen und Diskussionen vor ihrem Poster bereit. Die Posterautoren werden gebeten, Handouts ihrer Posterbeiträge mitzubringen.
Postergruppen	In einer Postergruppe werden thematisch verwandte Forschungsarbeiten von mehreren Autoren zu einer bestimmten Fragestellung in Form von Postern präsentiert. Postermaße: Hochformat DIN A0 (1189 mm x 841 mm). Eine Postergruppe sollte in der Regel aus 6 bis 12 Postern bestehen. Die interne Organisation des Ablaufs obliegt den Leitern der Postergruppen. Das Programmkomitee behält sich vor, weitere inhaltlich gut zum Thema der Poster- / Arbeitsgruppe passende Beiträge zu integrieren.
Arbeitsgruppen / Symposien	In einer Arbeitsgruppe werden thematisch verwandte Forschungsarbeiten von mehreren Autoren zu einer bestimmten Fragestellung präsentiert. Jeder Arbeitsgruppe wird ein Zeitrahmen zugewiesen, in dem die angemeldeten Vorträge gehalten werden. Die interne Organisation des Ablaufs obliegt den Leitern der Arbeitsgruppen. In jeder Arbeitsgruppe sollten mindestens fünf Beiträge angemeldet sein. Das Programmkomitee behält sich vor, weitere inhaltlich gut zum Thema der Arbeitsgruppe passende Beiträge zu integrieren.
Forschungsreferate	Darstellung abgeschlossener empirischer Arbeiten, theoretischer oder methodischer Neuentwicklungen einschließlich der eigenen wissenschaftlichen Position zu dem Thema. Vortragszeit 15 Minuten, Diskussion 5 Minuten. Forschungsreferate werden vom Programmkomitee zu thematisch kohärenten Forschungsreferategruppen zusammengestellt. Ein oder zwei Teilnehmer der Gruppe werden gebeten, diese zu moderieren.
Positionsreferate	Fundierte Darstellung einer eigenen wissenschaftlichen Position zu einem Thema. Vortragszeit 30 Minuten, Diskussion 10 Minuten. Bei der Anmeldung eines Positionsreferats reichen Sie bitte außer Ihrem Abstract auch eine etwa dreiseitige Zusammenfassung ein.
Podiumsdiskussionen	Diskussionen zu kontroversen inhaltlichen, methodischen, wissenschaftstheoretischen sowie forschungsorganisatorischen Problemen (Gesamtdauer ein bis zwei Stunden). Podiumsdiskussionen bestehen aus Repräsentanten kontroverser thematischer Positionen. Der Ablauf wird von den Teilnehmern selbst bestimmt.
Tutorials / Workshops	Diese mehrstündigen Veranstaltungen machen die Teilnehmer mit dem aktuellen Erkenntnisstand auf einem spezifischen Gebiet vertraut. Dabei geht es um die Vermittlung theoretischer, methodischer bzw. anwendungsrelevanter Kenntnisse und Fertigkeiten.
Vorführungen / Austellungen	Vorstellung und Diskussion wissenschaftlicher Filme, Apparate, Versuchsanordnungen und Software-Entwicklungen.

Veranstaltungen mit eingeladenen Referenten

Eingeladenes Symposium	Eingeladenes Symposium mit internationalen Referenten (z.B. zwei) mit zwei Moderatoren.
Mittagsvorlesung	Internationale, renommierte Vertreter der wissenschaftlichen Psychologie berichten über Brennpunkte der psychologischen Forschung. Die Fachgruppen werden um Vorschläge gebeten.
Meet the Experts	Die Referenten der Mittagsvorlesungen stehen für jeweils ein bis zwei Stunden einem interessierten Publikum in lockerer Atmosphäre für Fragen und Diskussionen zur Verfügung. Studierende und junge Wissenschaftler sind hierzu besonders eingeladen.

22.1.1 Prozedere einer Kongressteilnahme

Nachstehend finden Sie die wichtigsten Schritte, die zu einer erfolgreichen Kongressteilnahme beitragen (vgl. Abb. 22.2).

Abb. 22.2. Prozedere einer Kongressteilnahme.

Kongressauswahl. Entscheiden Sie zunächst, welche Kongresse für Sie relevant und interessant sind. Bei der Entscheidungsfindung sollten Sie auch Ihre oben genannten persönlichen Erwartungen an und Ziele für den Kongress berücksichtigen (siehe oben: fachlicher Austausch, Networking, Karriere, Außendarstellung) und sich über die Eckdaten (Zeitraum, Veranstaltungsort, Kosten) informieren sowie die Zeitfenster (Einreichen der Fachbeiträge) beachten. Denken Sie auch rechtzeitig an die Finanzierung der Kongressteilnahme (z.B. Reisekosten). Wenn Sie sich zwischen mehreren Kongressteilnahmen entscheiden müssen, lohnt es sich häufig, sich mit Kollegen Ihrer Scientific Community abzustimmen, ob diese auch dorthin kommen, um entsprechend qualifizierte Vortrags- und Diskussionsrunden sicherzustellen (bspw. ein Symposium, vgl. dazu Abschnitt 22.1.2). Falls Sie sich bereits entschieden haben teilzunehmen, lassen Sie dies Ihre Fachkollegen wissen und motivieren Sie diese durchaus proaktiv, mit auf denselben Kongress zu gehen.
Informieren Sie sich, ob Sie bzw. Ihre mitreisenden Mitarbeiter finanziell von bestimmten Förderprogrammen und Organisationen wie von dem Deutsch-Akademischer Austauschdienst (DAAD) unterstützt werden können oder aber inwieweit lehrstuhl- bzw. projektintern die Kosten (teilweise) getragen werden.

Beitragsanmeldung. Wenn Sie sich für einen Kongress entschieden haben, bleibt noch zu beschließen, welchen thematisch zum Kongress passenden Beitrag Sie in welcher Präsentationsform (z.B. Paper, Poster) einreichen möchten. Eine solche Entscheidung sollte auch strategische Aspekte beinhalten, wie die Überlegung, sich durch einen gezielten Beitrag innerhalb der community zu positionieren oder mit einem Symposium die fachliche Themenballung zu beeinflussen. Sie können einen Beitrag aber auch zurückzuhalten, um ihn noch nicht publik zu machen (bspw. aus Patent-

schutzgründen, vgl. Abschnitt 19.3.2).
Da sich viele Veranstalter nicht an die klassischen Veranstaltungsbezeichnungen halten, empfiehlt es sich, unbedingt in den Kongressanforderungen die genauen Vorgaben der dort genannten Beitragsarten nachzulesen (vgl. Beispiel im obigen grauen Kasten). Und beachten Sie die mit der Teilnahmeanmeldung, Beitragseinreichung und Kongressgebühr-Bezahlung jeweils verbundenen (meist unterschiedlichen) Deadlines!

Tabelle 22.1. Übersicht der möglichen Beitragsarten und der damit verbundenen Aufgaben auf einem Kongress (gegliedert nach der üblichen Häufigkeit des Auftretens).

BEITRAGSART	FUNKTION	AUFGABEN	MITZUNEHMENDE MATERIALIEN
Poster	Referent	Poster aufhängen und erläutern	Poster, Klebepunkte oder Pinnnadeln, Handouts zum Poster (bspw. in Klarsichthülle aufhängen)
Einzel-Vortrag	Referent	Vortrag halten	Memorystick, ggf. Laptop
Vortrag im Symposium	Referent	Vortrag halten, Bezug zu anderen Vorträgen herstellen	Memorystick, ggf. Laptop
	Chair	Einleitung, Moderation	Karten für Redezeitende
	Symposiumsleitung	Einleitung, Chair	Memorystick, ggf. Laptop, Karten für Redezeitende
Überblicksvortrag	Referent	Vortrag halten	Memorystick, ggf. Laptop
Keynote-Lecture	Referent	Vortrag halten	Memorystick, ggf. Laptop
Podiumsdiskussion	Podiumsmitglied	Statement abgeben	
	Diskussionsleitung	(An-)Moderation	
Pre-Conference	Referent	siehe Veranstaltungsarten (22.1)	
Workshop	Workshopleitung	Inhaltliche Vorbereitung und Moderation	(je nach Inhalt)

Je nach Kongress / Konferenzart gibt es unterschiedliche Funktionen, die Sie übernehmen können bzw. für die Sie angefragt werden. Dazu zählen beispielsweise Chair, Symposiumskoordination und

–leitung, Podiumsteilnahme oder -leitung, Workshopleitung (siehe Übersicht in Tabelle 22.1). Sollten Sie eine solche aktive Funktion haben, machen Sie sich diesbezüglich einen Zeitplan für die damit verbundenen Aufgaben (Teilnehmer einladen, instruieren, Beiträge anordnen, Überleitungen planen etc.). Denken Sie rechtzeitig daran, die für den Kongress erforderlichen Materialien vorzubereiten, ggf. abzustimmen und mitzunehmen sowie einen Treffpunkt mit den Ihnen zugeordneten Teilnehmern zu vereinbaren.

Reiseplanung. Je vorausschauender Sie Ihre Veranstaltungsteilnahme planen, desto entspannter und stressfreier wird sich diese gestalten. Zu einer guten Vorbereitung gehört, dass Sie die Anreise und Übernachtung rechtzeitig koordinieren und buchen. Ein Kongress bringt es mit sich, dass nicht nur Sie zu dem Zeitpunkt am Veranstaltungsort übernachten wollen, sondern auch alle anderen und immer wieder hört man von Teilnehmern, die ratlos vor ausgebuchten Hotels stehen (vor allem, wenn der Kongress zu einer Zeit stattfindet, zu der es in der jeweiligen Stadt auch andere große Events gibt, wie im September in München das Oktoberfest). Beachten Sie bei der Buchung der Unterkunft, dass diese nicht zu weit vom Ort des Geschehens entfernt ist bzw. erkundigen Sie sich rechtzeitig über das öffentliche Personennahverkehrsnetz und andere wichtige Aspekte wie Visumsbestimmung oder Touristeninformationen. Um Ihre genaue Reisedauer bestimmen zu können, informieren Sie sich auf der Internetseite des Veranstalters über den Veranstaltungsplan und entscheiden Sie, an welchen Tagen Sie anwesend (über die gesamte Dauer des Kongresses oder nur zu bestimmten Sessions oder Keynote-Lectures?) sein möchten.

Kurz vor Ihrem Reisetermin sollten Sie sich die wichtigsten Adressen und Telefonnummern für den Kongress notieren. Wenn Sie sich am Veranstaltungsort nicht auskennen, nehmen Sie am besten einen Reiseführer samt Stadtplan mit. In den Hotels sind zwar oft Touristeninformationen erhältlich, meist umfassen sie aber nur das Stadtzentrum und längst nicht immer den Kongressort. (Hinweise zum konkreten 'Kofferpacken' stehen im grauen Kasten.) Des Weiteren sollten Sie sich vorab das Programm genau anschauen und markieren bzw. notieren, welche Vorträge oder Veranstaltungen Sie besuchen wollen, um nicht während des Kongresses ständig zu suchen, was jetzt spannend sein könnte und aufgrund dieser Suche zu spät zu kommen oder gestresst zu sein oder aber Wichtiges zu verpassen. Stellen Sie sich also Ihr eigenes Programm zusammen. Wenn bestimmte Anwesenheiten in Veranstaltungen für Sie strategisch wichtig sind, können Sie auch mit Ihren mitreisenden Mitarbeitern absprechen, wer stellvertretend in welche Vorträge geht.

Je besser Sie in all diesen Punkten vorbereitet sind, desto unkomplizierter und stressfreier verläuft Ihr Aufenthalt und Sie haben die volle Aufmerksamkeit für Ihre eigentlichen Ziele.

Ankunft: Kongressregistration. Bei der Ankunft am Veranstaltungsort erhalten Sie in den meisten Fällen die vollständigen Kongressmaterialien, die auch das endgültige Kongressprogramm (welche Veranstaltung wo und wann stattfindet) mit etwaigen Änderungen, einen Tagungsband bzw. -CD mit den Kongressbeiträgen bzw. Abstracts, Schreibmaterialien sowie Ihr Namensschild beinhalten. Denken Sie bei dem Namensschild daran, dieses gut sichtbar anzubringen – auch wenn es Ihnen lästig erscheint, denn es ist Ihre Chance, von anderen erkannt bzw. angesprochen zu werden. Erkunden Sie ruhig zu Beginn den Kongressort und laufen Sie die Räume ab, in denen die von Ihnen besuchten Sessions stattfinden werden. Seien Sie sowohl vor dem offiziellen Beginn als auch vor Ihrem eigenen Beitrag ausreichend früh da, das erspart Ihnen Stress und peinliche Situationen bei der Suche nach den Räumen.

WAS SIE BEIM KOFFERPACKEN NICHT VERGESSEN SOLLTEN

Formalia

Denken Sie zuallererst daran, dass Sie 'ankommen' müssen; dazu benötigen Sie Geld (in Landeswährung), Pass, Reiseunterlagen (Zugticket oder Flugschein, ggf. Visum) etc.

Kleidung

Packen Sie ausreichend Kongresskleidung (auch ein weiterer Anzug, falls was reißt oder fleckig wird) und möglichst unterschiedlich warme Kleidung ein (falls die Räume stark oder kaum gekühlt sind). Sobald Sie sich unwohl fühlen (frieren oder schwitzen), macht der Kongress weniger Spaß und Sie sind weniger leistungsfähig. Informieren Sie sich über die Wetterverhältnisse (Temperatur, Niederschläge der jeweiligen Jahreszeit), um entsprechend Ihre Garderobe anzupassen.

Es ist für Damen wie für Herren zu empfehlen, 'bequeme' Schuhe dabei zu haben, da unter Umständen viel gelaufen (zwischen verschiedenen Räumen oder Gebäuden, die teilweise weit auseinanderliegen) und gestanden (in den Pausen) werden muss. Denken Sie auch daran, dass Sie Kleidung für verschiedene Anlässe und Situationen dabei haben: Fachliche Kongressveranstaltungen sowie das Rahmenprogramm (Tanz bzw. Ball, Bankett, Empfang oder aber auch Freizeitprogramm wie Sport oder Flussfahrt).

Technik

Bringen Sie Ihren eigenen Laptop zur Konferenz mit, welcher idealerweise mit einem CD-Laufwerk ausgestattet ist, da einige Konferenzen zunehmend auf Tagungsbände verzichten und stattdessen alle wichtigen Informationen und Beiträge auf CD speichern (oftmals stehen aber auch PC-Terminals auf dem Kongress zur Verfügung). Vergessen Sie nicht, Ihre Präsentation zusätzlich auf einem Memorystick dabei zu haben. Für das Speichern von neuen Kontakten, Referenzen oder anderen Notizen empfehlen sich neben dem klassischen Notizbuch auch die modernen elektronischen Helfer wie Palms oder Smartphones.

Visitenkarten

Nehmen Sie unbedingt Ihre Visitenkarten mit und denken Sie, sofern Sie die Wahl haben, vorrangig an welche in der jeweiligen Kongresssprache, d.h. in Englisch bzw. Deutsch; für Veranstaltungen in Asien oder Arabien gerne auch in lokaler Schrift bzw. beidseitig bedruckte Varianten. Ziel des Kongresses ist es unter anderem, andere kennenzulernen und Kontakte zu knüpfen und dafür sind Visitenkarten ein wichtiges Instrument (vgl. Kapitel 24, Kleiner Lehrstuhl-Knigge).

Informationsmaterial

Bringen Sie Informationsmaterial über Ihre Projekte bzw. Ihren Lehrstuhl mit. Auf diese Weise können Sie Interessenten Materialien (z.B. Broschüren) mitgeben.

Sonstiges

Packen Sie eine 'Notfalltasche'. Dazu gehören beispielsweise Regenschirm, Notfallapotheke (z.B. Pflaster, Kopfschmerztabletten), Nähzeug (Zwirn und Nadel) und etwas Bargeld. Obwohl Sie auf den Kongressen zwar Schreibutensilien zur Verfügung gestellt bekommen, sollten Sie für den Notfall Ihren eigenen Stift und Notizpapier mitbringen.

Während des Kongresses. Während Sie die im Eingangskapitel bereits genannten Ziele Ihrer Kongressteilnahme (fachlicher Austausch, Networking etc.) eifrig verfolgen, sollten Sie ein weiteres nicht aus dem Auge verlieren: Ob Sie wollen oder nicht – Sie beeinflussen stets, in welcher Art und Weise sich die anderen Kongressteilnehmer an Sie erinnern. Bedenken Sie, womit Sie im Gedächtnis anderer bleiben möchten: Als lustiger Kollege, wortgewandte Teilnehmerin, methodischer Experte oder leidenschaftlicher Kritiker? Sorgen Sie dafür, dass es zu Ihren Gunsten ist! In guter Erinnerung bleiben Sie beispielsweise durch ...

- ein spannendes Forschungsthema.
- eine gelungene Präsentation (Referat, Paper).
- inspirierende Beiträge in Diskussionen (das Stellen intelligenter Fragen bzw. Abgeben konstruktiver Kommentare; vgl. Abschnitt 'Eigene Beiträge gestalten' in diesem Kapitel).
- Flur- und Forschungsgespräche (aktives Networking und das Wachsamsein für geeignete Kooperationen; vgl. Abschnitt zum Networking in diesem Kapitel).
- eine witzige / überraschende Anekdote bzw. Geschichte oder Satz (bspw. „Warum ich Entwicklungspsychologe geworden bin? Ich habe 12 Geschwister!" oder „Warum ich Bauphysiker geworden bin? Ich bin in einem Haus aus dem Jahre 1810 aufgewachsen!").

Nachbereitung eines Kongressbesuchs. Wenn Sie vom Kongress zurückkommen, ordnen und sortieren Sie Ihre Notizen zu Vorträgen und anderen wichtigen Informationen. Versäumen Sie es nicht, nach interessanten Referenzen und Artikeln zu recherchieren, auf die Sie auf dem Kongress gestoßen sind. Tauschen Sie sich mit den Mitarbeitern Ihres Lehrstuhls über Ihre Eindrücke und Inhalte (z.B. Kurzbericht; in Teamsitzung) aus. Sortieren Sie Ihre neu gewonnenen Forschungsideen und diskutieren bzw. delegieren Sie diese im Team (Kolloquium u.ä.). Ordnen Sie ebenfalls die erhaltenen Visitenkarten. Es ist empfehlenswert, beim Austausch der Visitenkarten immer ein Stichwort auf die Rückseite zu schreiben, damit Sie die Person auch später gedanklich zuordnen können. Nehmen Sie zeitnah Kontakt zu Ihren neuen Bekannten auf. Wenn Sie beispielsweise vereinbart hatten, einen Artikel per E-Mail zu senden, schicken Sie diesen mit einer freundlichen E-Mail innerhalb der ersten Woche nach dem Kongress oder wenn Ihnen dies möglich ist, noch vom Kongress aus.

22.1.2 Die eigenen Beiträge gestalten

Unabhängig davon, welchen Beitrag Sie zu dem Kongress beisteuern, es wird immer darum gehen, diesen erfolgreich zu absolvieren, sich positiv abzuheben oder aber zumindest nicht negativ aufzufallen. Die Qualität, die Sie mit Ihrem Beitrag an den Tag legen, spricht für Sie und Ihre Arbeit und ist damit ein zentrales Element Ihrer ganz persönlichen Außendarstellung. Wenn Ihre Mitarbeiter ebenfalls etwas präsentieren, achten Sie bei deren Beiträgen ebenso auf Qualität, denn jene sind genauso ein Aushängeschild wie Ihre eigenen und fallen positiv wie negativ auf Sie zurück. Nehmen Sie folglich jeden anstehenden Beitrag ernst und nutzen Sie die Chance, andere durch Professionalität und Engagement für sich zu gewinnen. Nachfolgend werden die wichtigsten Beitragsarten mit ihren Anforderungen an den jeweiligen Akteur skizziert. Dazu gehören Vorträge verschiedener Art, Symposien, Poster sowie Podiumsdiskussionen.

VORTRÄGE

Gegenstand eines wissenschaftlichen Vortrags ist die klare und unmissverständliche Mitteilung einer wissenschaftlichen Information an das Publikum. Die Unterhaltung des Hörers steht bei dieser Form der Rede keinesfalls im Vordergrund (wenn der fachliche Inhalt gegeben ist, können Sie natürlich dennoch auch unterhaltsam sein); ebenso wenig geht es darum, die Zuhörer durch die scheinbare Komplexität des Inhaltes oder Blendung zu beeindrucken. Wenn **Sie als Vortragender** bei einer wissenschaftlichen Tagung einen guten Eindruck hinterlassen wollen, dann halten Sie einen klar strukturierten Vortrag, von dessen Thema / Inhalt Sie selbst begeistert sind, denn nur so können Sie auch andere mitreißen. Zeigen Sie ausgeklügelt gestaltete Bilder und brillieren Sie mit den Fähigkeiten, in wenigen Sätzen auf den Punkt zu kommen und solide begründete Schlussfolgerungen ziehen zu können. Die sich anschließende Diskussion ist für die meisten Redner der schwierigste Part, da es leicht passiert, dass man sich durch so manche nicht ganz wertschätzend formulierte Diskussionsfrage angegriffen und verunsichert fühlen kann. Behalten Sie Ihre Souveränität, indem Sie freundlich und fachlich bleiben. Es ist nicht Ihre Aufgabe, sich zu rechtfertigen, sondern Ihre Ausführungen zu begründen und inhaltlich zu erläutern. Ausführlichere Hinweise zur Vortragsgestaltung, Diskussion und Umgang mit schwierigen Präsentationssituationen finden sich in Kapitel 7 bzw. 10.

Beachten Sie, dass sich die einzelnen Vortragsarten durch ihre Länge und ihre Zielsetzung unterscheiden. Prüfen Sie daher vorab die Ihnen zugeteilte Vortragsart (Überblicks-, Positions-, Forschungsreferat etc.; die je nach Entscheidung des Programmkomitees nicht zwangsläufig die sein muss, für die Sie sich eigentlich angemeldet haben!). Erkundigen Sie sich genauestens nach der Ihnen zugedachten Rede- und Diskussionszeit und halten Sie diese unbedingt ein. Darüber hinaus ist es sinnvoll, im Programm vorab zu prüfen und entsprechend inhaltlich zu berücksichtigen, wer ebenfalls in Ihrer Session vorträgt, sodass die Zuhörer nicht mehr Dopplungen von Inhalten haben als nötig. Beziehen Sie sich in Ihrem Vortrag auf Ihren Vorredner, knüpfen Sie an die anderen Beiträge nach Möglichkeit an, denn für Ihr Plenum ist es eine gern gesehene Unterstützung, die Inhalte untereinander in Beziehung gesetzt zu bekommen. Zu Beginn der Session, der Sie zugeordnet sind, melden Sie sich beim Chair, stellen sich kurz vor und übertragen Ihre Präsentation auf den Laptop. Sollten Sie aus Ihrer eigenen Erfahrung wissen, dass Sie dazu neigen, die Zeit zu überziehen, teilen Sie dies dem Chair mit und vereinbaren Sie mit ihm entsprechende Signale (z.B. gelbe und rote Karte) oder Zeitansagen seinerseits.

Sollten Sie eine **Keynote-Lecture** halten, beispielsweise zur Eröffnung einer Konferenz oder auch zur Einführung in spezifische Fachgebiete, so ist es Ihre Aufgabe, den Überblick (je nach Veranstalter in der Regel 30- bis 90-minütig) über ein Themenfeld vorzubereiten, in welchem Sie den Teilnehmern einen 'Grundgedanken' (sog. Keynote) in seiner Breite und Bedeutsamkeit vermitteln. Dazu gehören Informationen über relevante Forschungsarbeiten und Trends sowie angrenzende Bereiche, jedoch nur sehr dosiert die Präsentation eigener Inhalte oder Ergebnisse. Sie können in Ihrem Vorgehen wissenschaftliche Breite zeigen, indem Sie ebenso zeitaktuelle wie (kurz streifend) historische Entwicklungen sowie vor allem internationale Bezüge aufzeigen. Erwähnen Sie durchaus auch Namen – erst recht, wenn die genannten Personen im Saal sitzen.

Als Zuhörer haben Sie nur eine Aufgabe: Hören Sie aufmerksam zu – dies ist eine Frage der Wertschätzung dem Referenten, aber auch den anderen Zuhörern gegenüber! Sie kennen es sicherlich aus der Lehre, dass Sie als Dozent einzelne Personen sehr gut im Blick haben und das mehr, als denen bewusst und lieb ist. Bedenken Sie, dass Sie in diesem Sinne auch im Publikum 'gesehen' werden, sowohl durch die anderen Zuhörer als auch vom Referenten. Verhalten Sie sich entsprechend! Auch wenn es trivial klingt, die wenigsten Personen beherzigen all diese Dinge: Lesen Sie keine E-Mails während des Vortrags, beschäftigen Sie sich nicht mit anderen elektronischen Geräten, wie Ihrem Kalender oder SMS des Handys, laufen Sie nicht ständig während Vorträgen rein und raus, sondern nur in den dafür vorgesehenen Pausen, unterhalten Sie sich nicht mit Ihren Sitznachbarn und lassen Sie sich nonverbal nicht anmerken, wenn Sie etwas stört (bspw. Augenverdrehen beim langatmigen Vortrag). In der Diskussion sollten Sie sich nicht profilieren wollen über endlose Diskussionsbeiträge, niemandem die Show stehlen, sondern schlicht und ergreifend konstruktiv sein, gute Fragen stellen und hilfreiche Anmerkungen machen (vgl. richtig fragen in den Abschnitten 3.3.2 und 9.2).

SYMPOSIUM PLANEN UND LEITEN

Haben Sie sich auch schon einmal gefragt, wieso Sie mit Ihrem Vortrag oder Forschungsreferat in einer Session gelandet sind, in der Sie mit keinem der anderen Vortragsthemen auch nur annähernd etwas anfangen konnten, keinen thematischen Zusammenhang sahen und dementsprechend ein Publikum antrafen, das wiederum nichts zu Ihrem Vortrag sagen konnte? Wenn es Ihnen häufiger so geht oder Sie dies einfach grundsätzlich vermeiden möchten, dann sollten Sie – soweit Ihr Fach dies zulässt – die Initiative ergreifen und selbst ein Symposium anmelden oder sich dafür engagieren, bei einem ausgeschriebenen Symposium mitzuwirken.

Ein Symposium ist eine Vortragsveranstaltung, in der ausschließlich Vorträge zu einem definierten Thema gehalten werden. Die Referenten und ihre fachlichen Inhalte sind explizit darauf abgestimmt und ausgewählt worden. Sie können entweder initiativ ein Symposium ins Leben rufen und sich mit diesem bei einem Kongress bewerben und somit **Symposiumskoordinator** werden oder aber um die Übernahme eines solchen vom Kongressveranstalter gebeten werden. Dies erfordert, dass Sie das Thema im Vorfeld ausschreiben oder auch gezielt potenzielle Referenten um ihre Teilnahme bitten, unter den sich bei Ihnen meldenden Referenten bzw. Vortragstiteln geeignete auswählen und thematisch zusammenstellen. Die Anzahl der möglichen Referenten wird meist vom Veranstalter vorgegeben; überlicherweise sind es fünf Referenten. Zudem ist es Ihre Aufgabe, zu dem inhaltlichen Gesamtpaket ein Abstract zu schreiben und dieses als festes Symposium beim Kongress anzumelden. Ob Sie das Symposium mit oder ohne Diskutant gestalten möchten, können Sie selbst wählen. Der Diskutant würde anstelle eines eigenen Forschungsreferats die zuvor erfolgten Vorträge zusammenfassen und kommentieren. Die Dauer dieses Beitrags entspricht einem Vortrag, sodass Sie dies bei der Planung der restlichen Vorträge zeitlich berücksichtigen müssen.

Ihre Aufgabe ist es darüber hinaus, während der Veranstaltung die Rolle des Chairs zu übernehmen (siehe nächster Abschnitt). Auch wenn Sie der Initiator des Symposiums sind: Drängen Sie sich nicht in den Mittelpunkt, halten Sie keine Koreferate. Es ist völlig ausreichend, wenn Sie nach einem kurzen, aber gelungenen Einstieg ins Symposium die Rolle des Chairs gut ausfüllen. Zusätzlich könnten auch Sie selbst die Rolle des Diskutanten wahrnehmen.

CHAIR SEIN

Kennen Sie den Unterschied zwischen einer gut geführten Vortragssession, bei der es dem Chair gelingt, den roten Faden zwischen den Vorträgen aufzuzeigen, neugierig zu machen auf den nächsten Vortrag oder das Publikum zum Lachen zu bringen und einer Session mit einer trockenen, nüchternen Sitzungsleitung, die ihre Aufgabe so enthusiastisch abspult wie ein Computer? Ja? An welcher Sitzung nehmen Sie lieber teil? Bei welcher fühlen Sie sich als Redner besser begleitet und unterstützt? Wo würden Sie als Teilnehmer aufmerksamer zuhören und sich in der Diskussion mehr beteiligen? Vermutlich bei der ersten. In der Tat, der Chair hat großen Einfluss auf Gelingen und Atmosphäre, auf die Inspiration von Diskussionen oder auch auf zähe Frage-Antwort-Spielchen.

Der Chair oder Sitzungsleiter ist üblicherweise ein Fachmann auf dem in der Sitzung behandelten Gebiet. Er ruft die Vortragenden auf, leitet die Diskussion und ist für die Einhaltung des Zeitplans sowie den reibungslosen Verlauf der Sitzung verantwortlich. Leider gehen viele Veranstalter immer mehr dazu über, einfach einen der ohnehin anwesenden Referenten als Chair ins Programm zu setzen, teils ohne diese vorab um ihr Einverständnis zu fragen oder die entsprechende Person über die ihr zugewiesene Rolle zu informieren. Damit Sie diesbezüglich nicht überrascht werden, empfiehlt es sich, das Programm vorab nach Ihrem Namen zu durchforsten.

Was wird von Ihnen als Chair erwartet bzw. was sollten Sie wie tun? Engagieren Sie sich für eine lebhafte Atmosphäre, ein reines Aufrufen („Nun hören wir den Vortrag von Meyer-Müller-Schmidt zu XYZ" – „Danke für den Vortrag; gibt es Fragen?") ist nicht nur trocken, sondern auch langweilig und damit einer guten Stimmung abtrünnig. Weiterhin zählt es zu Ihren **Aufgaben als Chair:**

- **Die Session vor Ort vorzubereiten.** Ganz zu Beginn, d.h. kurz vor der Session, schauen Sie, dass alle Referenten im Raum sind, sich niemand krank gemeldet hat oder es anderweitige Verschiebungen gibt. Wenn die Referenten Sie nicht kennen, stellen Sie sich Ihnen jeweils kurz vor. Bitten Sie die Referenten, ihre Präsentationen auf den Laptop zu spielen (sofern dies nicht vom Kongresspersonal übernommen wird) und fragen Sie sie, ob es irgendwelche Besonderheiten bei ihren Vorträgen oder Diskussionen zu beachten gibt. Sprechen Sie ggf. die Mikrofontechnik an und vereinbaren Sie mit den Referenten die Zeichen zur verbleibenden Vortragszeit.

- **Die Vortragenden aufzurufen und kurz vorzustellen.** Stehen Sie dazu auf und treten Sie vor das Publikum, denn aus dem Sitzen heraus können Sie nicht ausreichend wirksam Ihrer Rolle nachkommen. Geben Sie zu Beginn der Session einen Überblick über das Thema und den gemeinsamen Nenner der Vorträge. An dieser Stelle macht es sich wieder bezahlt, über die Rolle als Chair informiert zu sein, denn die Präsentation des roten Fadens können die wenigsten Menschen spontan entwickeln – sie will daher vorbereitet sein. Die Vorstellung sollte nicht länger als zwei Minuten dauern, denn sie geht von der Redezeit aller ab. Dann gilt es, zu jedem Vortrag kurz den Referenten vorzustellen und vom einen zum anderen überzuleiten („Während wir im Vortrag von XY den Fokus auf ABC hatten, wird im nun folgenden Vortrag ein- und derselbe Aspekt von der anderen Seite der Medaille betrachtet, nämlich ... ."). Rufen Sie den Referenten namentlich auf („Wir dürfen uns nun auf den Vortrag von Lioba Werth mit dem Titel ABC freuen.").

- **Auf die Einhaltung der Redezeit zu achten.** Üblich sind das Verwenden von drei Karten (in DinA4 oder DinA5), auf denen beispielsweise „5 Min" (bspw. in Weiß), „2 Min" (bspw. in Gelb) und „over" (bspw. in Rot) stehen (vgl. Abb. 22.3). Diese schieben Sie dem jeweiligen Referenten zu oder halten Sie so, dass er sie im Vortrag wahrnehmen kann, das Publikum dadurch aber nicht irritiert wird. Sollten auch alle Karten nicht helfen und der Referent einfach kein Ende finden, sind auffälligere Methoden erlaubt: Sie können aufstehen oder zu ihm nach vorne gehen und damit nonverbale Zeichen setzen, sich verbal einklinken („Herr XY, entschuldigen Sie, wir müssen wirklich zum nächsten Vortrag übergehen.") und wenn all das nicht wirkt und selbst das Publikum schon unruhig wird, hilft es nur noch, dem übereifrigen Redner zu danken und ihm kurzerhand den Strom für den Beamer abzustellen.

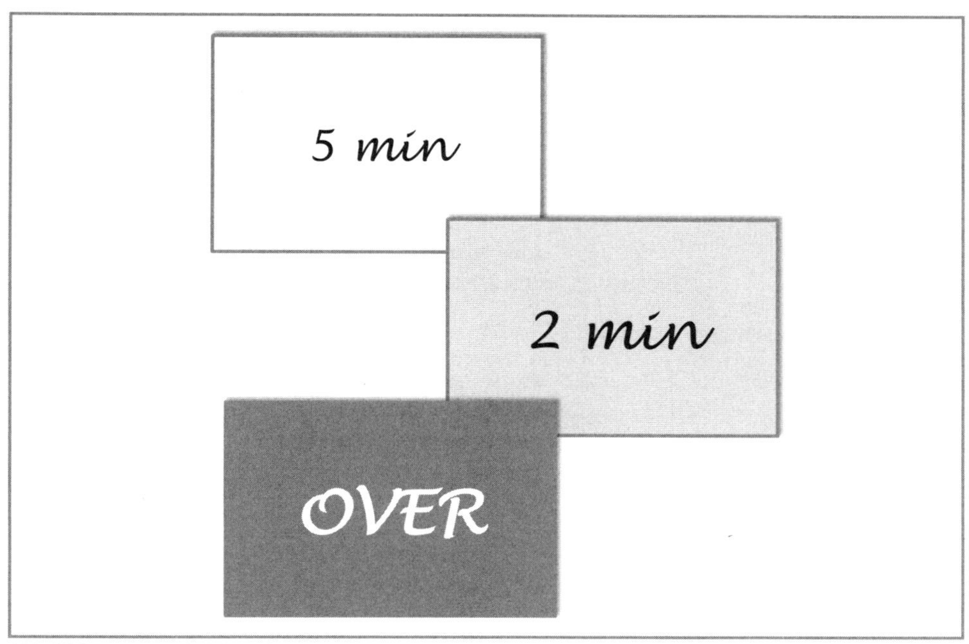

Abb. 22.3. Karten zur Einhaltung der Redezeit.

- **Die Diskussion zu strukturieren.** Im Vorfeld oder spätestens während des Vortrags sollten Sie sich mögliche Fragen notieren, die Sie stellen können, wenn der Fall der Fälle eintritt und seitens des Publikums keine oder aber zu wenige Fragen gestellt werden.
  Zur Eröffnung der Diskussion, d.h. am Ende des Vortrags stehen Sie auf, danken dem Vortragenden („Herr XY, vielen Dank für diesen spannenden und den Prozess von xyz mal in einem neuen Licht zeigenden Vortrag."), applaudieren gemeinsam mit dem Publikum und eröffnen nach dem Verklingen des Applauses die Diskussion. Empfehlenswert ist hierzu, den Vortrag nochmals mit einem Satz aufzugreifen und dann in die Diskussionszeit überzuleiten („Meine Damen und Herren, wir haben nun die Gelegenheit, mit Herrn XY die von ihm dargelegte neue Betrachtungsweise von YXZ zu diskutieren. Ich bin sicher, er hat spannende Antworten für uns. Wer von Ihnen mag starten?"). Wenn es dann Handzeichen gibt, seien Sie aufmerksam für diese und geben den sich Meldenden ein Zeichen, dass Sie diese bemerkt haben. Rufen Sie sie dann der Reihenfolge der Nennung mit einladender Geste auf (bei vielen Meldungen sollten Sie sich diejenigen in Reihenfolge notieren). Wenn Ihnen derjenige namentlich bekannt ist, sagen Sie ruhig auch den Namen dazu „Ja, bitte: Frau Werth".
  Sollte sich niemand melden, haben Sie die erste Frage zu stellen. Eine funktionierende Diskussion ist eine Frage der Wertschätzung gegenüber dem Redner, daher müssen Sie sie, sofern es die Zeit zulässt, mit mindestens drei Fragen sicherstellen. Es empfiehlt sich folglich, bereits während des Vortrags mögliche Fragen zu notieren, die Sie dann ggf. stellen können. Drängen Sie sich jedoch nicht in den Mittelpunkt; der Mittelpunkt sind und bleiben die Referenten mit ihren Vorträgen. Sollte die Zeit dank einer lebhaften Diskussion dann langsam knapp werden, können Sie dies mit den Worten „Wir haben noch Zeit für eine ganz kurze Antwort und eine noch viel kürzere Frage." signalisieren. Am Ende der Diskussionszeit danken Sie dem Referenten erneut und beginnen zu applaudieren.

- **Das Ganze zu beenden.** Zum Abschluss der gesamten Session sollten Sie den roten Faden erneut aufgreifen und dem Ganzen durch ein inhaltliches Fazit einen Rahmen geben. Auch hier haben Sie sich kurz zu fassen und nicht länger als drei Minuten zu sprechen. Danken Sie abschließend den Rednern ebenso wie dem Publikum und verabschieden diese (bspw. mit „... und dann wünsche ich uns allen eine unterhaltsame Pause / gute Heimfahrt.“).

Checkliste
'Chair einer Vortragsveranstaltung sein'

Allgemeines betreffend

✓ Anreiseunterlagen (wie Bahn-, Flugticket; genaue Adresse mit Postleitzahl fürs GPS)

✓ Telefonnummer (am besten Mobilnummer) des Veranstalters vor Ort (für den Fall einer Verspätung, z.B. aufgrund Flugausfall)

✓ Fragen zur Technik (zweiter Beamer, Laserpointer, Mikrophon etc.): Was kann ich tun, wenn ein Gerät ausfällt? Wer kann kurzfristig helfen und wie erreiche ich diese Person?

✓ Programm der Veranstaltung (inklusive Ansagen zur Technik, den Pausen etc.)

Inhaltliche Moderation betreffend

✓ Vorbereitete Begrüßung (Ziel der Veranstaltung, Veranstalter, Sponsoren, Namen und Titel sowie Funktion der zu Begrüßenden Ehrengäste; Reihenfolge beachten)

✓ Genauer Zeitplan der Redner (Redezeit, Fragezeit, Übergabe)

✓ Hinweise zur Anmoderation der Redner (bspw. auf Konzeptpapier mit Seitennummerierung und mit freiem Platz für Notizen)

✓ Zu jedem Referenten: Titel, kompletter Name, kurzer Lebenslauf mit wesentlichen Eckdaten (am besten vorher mit den Referenten abstimmen); soweit auf Sie zutreffend, überlegen Sie sich, welchen persönlichen Bezug zum Redner Sie erwähnen könnten

✓ Darstellung der wesentlichen Kernbotschaften des Vortrags jedes Referenten

✓ Mindestens eine Frage für jeden Referenten vorbereiten, falls die Diskussion nicht von sich aus in Schwung kommt

✓ Am Ende Ihrer Moderation: Ggf. Zusammenfassung der wesentlichen Inhalte (schreiben Sie jeweils mit, bspw. in Form einer Mindmap, vgl. Abschnitt 9.8)

✓ Schlusswort (sollten Sie ebenfalls vorbereitet haben; aktuelle Gegebenheiten aus den Vorträgen erwähnen)

✓ Danksagung (erwähnen Sie den Veranstalter, die Redner, das Publikum, ggf. Sponsoren und die Helfer im Hintergrund

✓ Hinweise zum weiteren Programm (Abreise, ...); ggf. Verabschiedung und Wunsch einer guten Heimreise

WISSENSCHAFTLICHE POSTER

Gegenstand eines wissenschaftlichen Posters sollte eine kompakte visuelle Darstellung wissenschaftlicher Ergebnisse sein, welche in der sog. Postersession von den Autoren den interessierten Personen erläutert und mit ihnen diskutiert wird. Im Rahmen einer Postersession werden in Hallen Stellwände thematisch gruppiert aufgestellt und die Poster daran aufgehängt. Der Besucher kann durch die Halle schlendern und bei dem einen oder anderen ihn interessierenden Poster stehen bleiben, es lesen und ggf. mit dem dazugehörigen Autor oder auch weiteren Interessierten ins Gespräch kommen.

Vielleicht kennen Sie es aber, dass Sie bei einem Kongress durch die Posterhalle gehen und unzählige 'leere' Poster antreffen, d.h. die Poster wurden zwar aufgehängt, doch keiner der Autoren ist anwesend? Sinn und Zweck eines Posters gehen damit insoweit verloren, als dass die Diskussion, der Austausch fehlt – einzig die Werbe- und Informationsaspekte bleiben. Nehmen Sie auch diese Art der eigentlich so bequem wirkenden Präsentationsform ernst, denn wenn Sie das nicht tun sollten, spricht aus Ihrem Verhalten auch Ihre Haltung zu dem Ganzen. Seien Sie dann lieber konsequent und melden Sie auch im Sinne Ihres Images kein Poster an. Wenn Sie es aber anmelden, dann nehmen Sie sich nicht nur Zeit für die Vorbereitung, sondern auch für das Halten der Posterpräsentation (in der vom Veranstalter dafür vorgesehenen 'Posterzeit'). Eine gute Idee, die Sie durch die sich anschließende Diskussion gewinnen, kann Sie u. U. viel weiter bringen als so mancher Vortrag, bei dem nur oberflächlich kritisch hinterfragt wird, nicht aber ein Austausch von Ideen erfolgt.

Ein gutes wissenschaftliches Poster (vgl. Abb. 22.4 und 22.5) sollte ...

- optisch ansprechend sein und das Thema übersichtlich darstellen; denken Sie dabei ans Corporate Design (vgl. Abschnitt 21.1).
- in klaren Schrifttypen und mit entsprechendem Zeilenabstand verfasst sein.
- nicht mehr als zwei bis drei unterschiedliche Schrifttypen bzw. -größen aufweisen.
- beim Betrachter schnell Interesse für das Thema wecken.
- auf Grund einer prägnanten Sprache in zwei bis drei Minuten erfasst werden können.
- mehr Grafiken als Text beinhalten.
- aus einer auf dem Kongress üblichen Distanz (bei eng gestellten Postern von zirka zwei bis drei Metern, bei breiteren Gängen aus etwa fünf Metern) wirken bzw. noch lesbar sein.

Um all dies zu erreichen, sollten Sie bei der **Poster-Erstellung** folgende Aspekte berücksichtigen:

Titel. Bereits der Titel eines Posters sollte die Aufmerksamkeit des Kongressbesuchers auf sich ziehen und entweder eine Frage oder Aussage beinhalten (Anstelle „Temperatur und Personenwahrnehmung" lieber „Warme Getränke führen zu warmer Personenwahrnehmung."). Überschriften sollten Sie unbedingt kurz und informativ verfassen (Titel nicht mehr als 10 Wörter).

Text. Vermeiden Sie lange Textpassagen am besten ganz oder ordnen Sie diese in übersichtlichen Blöcken bzw. Spalten an, um eine deutliche Leserführung zu gewährleisten. Maximal die Hälfte der Inhalte sollte aus Text bestehen. Versuchen Sie, das Poster mithilfe von ansprechenden Überschriften und Grafiken optisch zu gliedern. Fragestellungen und Ergebnispräsentationen müssen sich visuell abheben.

Schriften, Layout und Absätze. Die Schriftgröße für den Titel des Posters ist im A4-Entwurf mindestens 18 pt, für Untertitel und Fließtext genügen 12 pt. Die optimale Zeilenlänge im Text sollte zwischen 45 und 70 Zeichen liegen. Der linksbündig ausgerichtete Text ist für das Auge am leichtesten zu erfassen und verbessert somit das Lesen und Konzentrieren ungemein.
Um wichtige Informationen hervorzuheben, bietet sich der Einsatz von *kursiven* oder **fetten** Schriften sowie von VERSALIEN oder Farbe an. Unterstreichungen und S p e r r u n g e n sind inzwischen graphisch veraltete Stilmethoden und sollten deshalb nicht mehr eingesetzt werden.

Grafiken. Das Poster sollte nicht mehr als fünf Grafiken enthalten, die sich im besten Falle selbst oder mit kurzen, prägnanten Bildunterschriften erklären. Die Darstellungen sollten mindestens 13x18 Zentimeter groß sein und in einer Auflösung von 300 dpi gestaltet sein. Schaubilder (Diagramme, Abläufe etc.) sind Tabellen stets vorzuziehen, da Teilnehmer kaum die Ruhe haben, umfangreiche und komplexe Tabellen zu analysieren.

Handouts. Befestigen Sie auf der Pinnwand ebenfalls DinA4-Kopien Ihres Posters mitsamt Ihren Kontaktdaten, sodass die Besucher das Poster nicht notwendigerweise oder ausschließlich zu diesem Zeitpunkt lesen müssen, sondern auch etwas zum Mitnehmen oder Weitergeben haben.

Interaktion mit den Teilnehmern. Sowohl Ihr Poster (bspw. gibt es einen 'eyecatcher', ist es ansprechend aufbereitet oder erschlägt es einen mit Text) als auch Ihr eigenes Verhalten (z.B. wie engagiert oder freundlich Sie dastehen) beeinflussen maßgeblich – neben weiteren Aspekten wie der Anzahl der Poster und Parallelsessions –, wie viele Interessenten sich bei Ihrem Poster versammeln. Wenn ein Kongressbesucher an Ihr Poster tritt, seien Sie aufmerksam für seine verbalen und nonverbalen Signale (Stirnrunzeln, Lächeln etc.). Warten Sie, bis er Ihnen signalisiert oder Sie explizit bittet, dass er etwas erklärt haben möchte. Am geschicktesten ist es, ihn zunächst zu fragen, ob er auf einen speziellen Aspekt fokussiert oder eher eine allgemeine Zusammenfassung wünscht. Bereiten Sie sich auf mögliche Fragen vor (wie bspw. „Um was geht es? An was knüpft Ihre Forschung an? Was sind die zentralen Erkenntnisse? Wem nützen Ihre Ergebnisse? Wer ist Initiator oder Finanzier des Projekts?") und erläutern Sie ihm dann das Gewünschte in prägnanten Sätzen. Lassen Sie ihm nun die Möglichkeit, Fragen anzuschließen. Sollte Ihr Besucher diese Chance nicht nutzen, können Sie ihm daraufhin eine Frage stellen, die Ihnen beiden ein nachfolgendes Gespräch ermöglicht (bspw. „Sie runzeln die Stirn – überrascht Sie das Ergebnis?" oder „Arbeiten Sie an einem ähnlichen Thema?"). Antwortet er nicht oder nur kurz angebunden, lassen Sie ihn ziehen.

Nutzen Sie Ihre Chancen, ein Poster zu Ihren Gunsten zu gestalten, indem Sie das Poster so gut aufbauen, dass Sie Interessenten für Ihr Poster gewinnen und mit diesen dann ein für beide Seiten spannendes Gespräch führen. So erreichen Sie zwei Ziele: Sie gewinnen Ideen für Ihre Forschung und betreiben (das wohl wichtigste Kongressziel) Networking (vgl. Abschnitt 22.1.3).

Memme oder Macher? – Wie soziale Vergleiche Verhalten beeinflussen

Jennifer Mayer & Thomas Mussweiler
Universität zu Köln

Soziale Vergleiche sind ein integraler Bestandteil menschlicher Informationsverarbeitung und haben bedeutsamen Einfluss auf das Selbst (z. B. Mussweiler, 2003). Bisher wurden hauptsächlich Auswirkungen sozialer Vergleiche auf das Selbstbild und das affektive Befinden untersucht (z. B. Gilbert, Giesler & Morris, 1995); Einflüsse auf Verhalten sind dagegen kaum erforscht (vgl. aber z. B. Seta, 1982). Ziel dieser Untersuchung ist es, diese Lücke zu schließen.

Soziale Vergleiche können zu einer Annäherung an (Assimiliation) oder Entfernung vom Vergleichsstandard (Kontrast) führen (z. B. Mussweiler, Rüter & Epstude, 2004). Gemäß dem Selective Accessibility Model (SAM; Mussweiler, 2003) sind diese unterschiedlichen Effekte Folge einer selektiven Suche nach Ähnlichkeiten (Ähnlichkeitsfokus) vs. Unterschieden (Unterschiedsfokus) zwischen Selbst und Standard.

Ein wichtiger Faktor für die Richtung der Informationssuche ist die Extremität des Standards auf der Vergleichsdimension. Extreme Standards bewirken im Allgemeinen einen Unterschiedsfokus und in der Folge einen Kontrasteffekt (Mussweiler et al., 2004).

Es konnte wiederholt gezeigt werden, dass die Richtung der Informationssuche durch eine vorangehende Aufgabe beeinflussbar ist, bei der Personen zu einer selektiven Informationssuche (nach Ähnlichkeiten vs. Unterschieden) aufgefordert werden. Wird auf diese Weise beispielsweise ein Ähnlichkeitsfokus induziert, kann sich dieser auf eine nachfolgende soziale Vergleichsaufgabe übertragen und damit eine Assimilation auch an extreme Standards ermöglichen.

In dieser Studie wurde in einer Verhaltensaufgabe der Vergleichsstandard in seiner Ausprägung variiert (extrem hoch vs. extrem niedrig). Des Weiteren wurde unabhängig davon in einer vorangehenden Aufgabe die selektive Informationssuche (Ähnlichkeitsfokus vs. kein Fokus (KG)) manipuliert.

Unserer Hypothese zufolge sollten Personen in der Kontrollgruppe den typischen Kontrasteffekt im Verhalten zeigen, während Personen, bei denen ein Ähnlichkeitsfokus induziert wurde, sich in ihrem Verhalten an den jeweiligen (extremen) Standard assimlieren sollten.

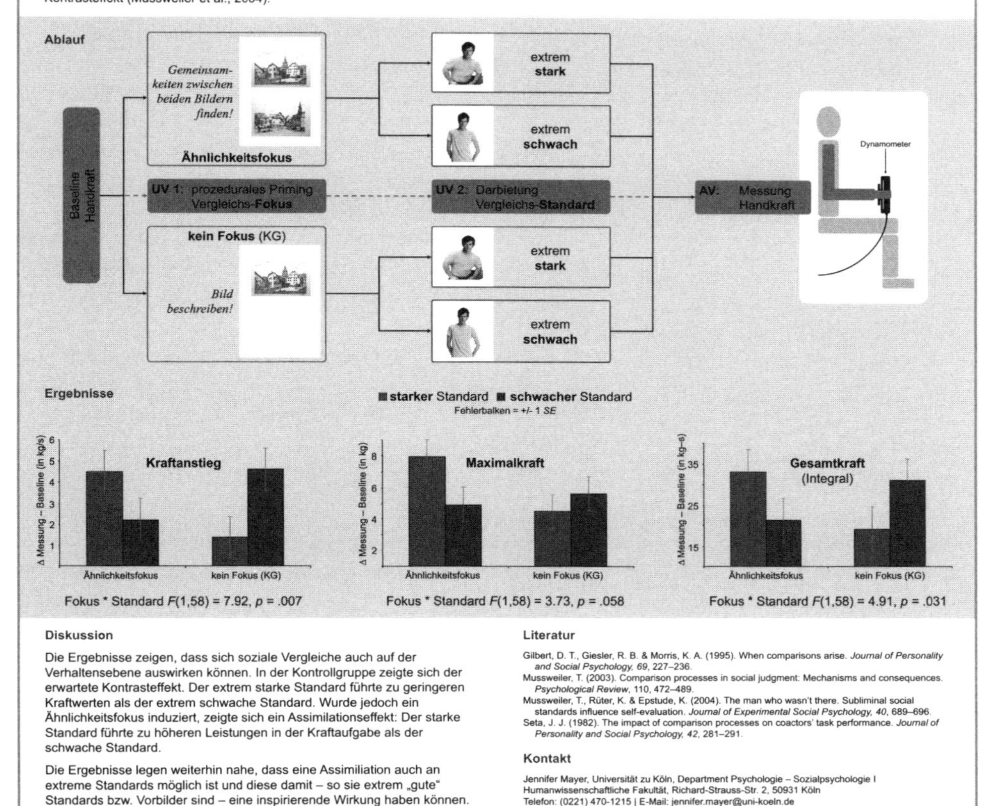

Diskussion

Die Ergebnisse zeigen, dass sich soziale Vergleiche auch auf der Verhaltensebene auswirken können. In der Kontrollgruppe zeigte sich der erwartete Kontrasteffekt. Der extrem starke Standard führte zu geringeren Kraftwerten als der extrem schwache Standard. Wurde jedoch ein Ähnlichkeitsfokus induziert, zeigte sich ein Assimilationseffekt: Der starke Standard führte zu höheren Leistungen in der Kraftaufgabe als der schwache Standard.

Die Ergebnisse legen weiterhin nahe, dass eine Assimiliation auch an extreme Standards möglich ist und diese damit – so sie extrem „gute" Standards bzw. Vorbilder sind – eine inspirierende Wirkung haben können.

Literatur

Gilbert, D. T., Giesler, R. B. & Morris, K. A. (1995). When comparisons arise. *Journal of Personality and Social Psychology, 69*, 227–236.
Mussweiler, T. (2003). Comparison processes in social judgment: Mechanisms and consequences. *Psychological Review*, 110, 472–489.
Mussweiler, T., Rüter, K. & Epstude, K. (2004). The man who wasn't there. Subliminal social standards influence self-evaluation. *Journal of Experimental Social Psychology, 40*, 689–696.
Seta, J. J. (1982). The impact of comparison processes on coactors' task performance. *Journal of Personality and Social Psychology, 42*, 281–291.

Kontakt

Jennifer Mayer, Universität zu Köln, Department Psychologie – Sozialpsychologie I
Humanwissenschaftliche Fakultät, Richard-Strauss-Str. 2, 50931 Köln
Telefon: (0221) 470-1215 | E-Mail: jennifer.mayer@uni-koeln.de

12. Tagung der Fachgruppe Sozialpsychologie, Université du Luxembourg, 2. – 4. September 2009

Social Cognition Cologne

Abb. 22.4. Beispiel 1 eines wissenschaftlichen Posters. (Wir danken den Autoren für die freundliche Abdruckgenehmigung.)

Untersuchung des Nah- und Fernfeldes vor Periodisch Profilierten Oberflächen

D. F. P. Pazos, L. Weber, K. Sedlbauer, P. Leistner
Fraunhofer-Institut für Bauphysik, Stuttgart

Ziel der Untersuchung

- Bisherige In-Situ-Messverfahren zur Bestimmung der Schallabsorption bzw. des Reflektionsgrades von Lärmschutzwänden (Lsw) mit profilierter Oberfläche weisen Defizite auf:
  - Fernfeldmessungen: Schwierigkeiten bei der Korrektur von Umgebungsstörungen
  - Nahfeldmessungen: werden durch starker Interferenz vor strukturierten Wänden verfälscht
- Ziel der Untersuchungen:
  - Entwicklung eines geeigneten In-Situ-Messverfahrens für die Schallabsorption profilierten Lsw
  - Rechnerische Untersuchung des reflektierten Feldes vor periodisch profilierten Oberflächen
  - Schwerpunkt: Zusammenhang zwischen Nah- und Fernfeld
- Modellierung des Schallfeldes nach einer von Urusovskii (Soviet Physics-Acoustics 10, 1965) und Holford (JASA 70(4), 1981) beschriebenen analytischen Methode

Holford-Urusovskii-Methode

- Reflexion vor periodischer, unbegrenzter Oberfläche (Bild 1)
  - einfallende ebene Welle auf der (x,z)-Ebene (Wellenlänge $\lambda = 2\pi/k$, Einfallswinkel φ_0): $p_{ein}(x,z) = exp\{i\, k[\cos(\varphi_0)x - \sin(\varphi_0)z]\}$
  - periodisches Profil: $z = \xi(x)$
  - Profilierungslänge: $\Lambda = 2\pi/K$ Profilierungstiefe: $H = 2h$

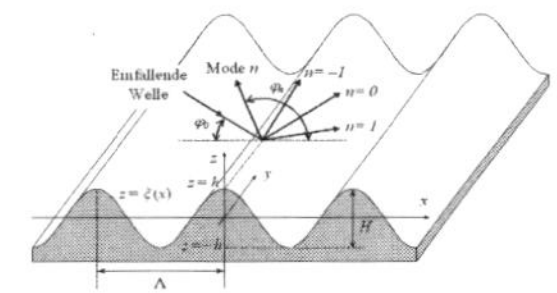

Bild 1 Geometrie der Oberfläche

- Gestreute Reflexion: Summe von ebenen Wellen unter Eigenwinkeln φ_n, mit komplexen Amplituden $\underline{R}_n$

$$p_{ref}(x,z) = \sum_{n=-\infty}^{+\infty} \underline{R}_n e^{ik(\alpha_n x + \gamma_n z)} \quad \text{für} \quad z > h \tag{1}$$

$$\alpha_n = \cos\varphi_n = \cos\varphi_0 + n\lambda/\Lambda \qquad \gamma_n = \sin\varphi_n = \sqrt{1-\alpha_n^2} \tag{2), (3}$$

- $\underline{R}_n$ werden durch das Gleichungssystem berechnet:

$$\underline{\phi}_m - \sum_{n=-\infty}^{+\infty} \underline{\phi}_n \underline{U}_{m,n} = \frac{2}{\Lambda}\int_0^{\Lambda} p_{ein}(x,\xi(x)) \cdot e^{-ik\alpha_m x} \cdot dx \qquad m = 0, \pm 1, \pm 2, \pm 3, \ldots \tag{4}$$

wobei für harte Oberfläche (Admittanz $\eta_0 = 0$):

$$\underline{U}_{m,n} = \frac{1}{\Lambda}\int_0^{\Lambda} e^{-i(m-n)Kx} \cdot \left\{ \int_{-\infty}^{\infty} \frac{ik}{2\rho} H_1^{(1)}(k\rho) \cdot \left[\xi(x+\tau) - \xi(x) - \tau\frac{\partial\xi(x)}{\partial x}\right] \cdot e^{-ik\alpha_m \tau} \cdot d\tau \right\} \cdot dx \tag{5}$$

$\underline{\phi}_m$ sind die unbekannten Fourier-Koeffizienten des gesamten Schalldrucks auf der Oberfläche

$H_1^{(1)}$: erste Hankel-Funktion erster Art $\rho = [\tau^2 + (\xi(x+\tau) - \xi(x))^2]^{1/2}$

- Bestimmung $\underline{U}_{m,n}$: teilweise numerisch, teilweise analytisch (Embrechts et al.: Acustica 92, 2006)
- $\underline{R}_n$ bis einer Ordnung N berechnet: $\underline{R}_n = \underline{R}(\underline{\phi}_n)$, nach Gleichung (A19) von Holford (JASA 70(4), 1981)

- ausbreitende Wellen ($\alpha_n \le 1$, γ_n reelle Zahl): übertragen sich ins Fernfeld
- Oberflächenwellen ($\alpha_n > 1$, γ_n imaginäre Zahl): verschwinden entlang der z-Achse (Gleichung 1)
- Überprüfung der Ergebnisse (Energieerhaltung im Fernfeld): $\varepsilon = \sum_{\gamma_n\ \text{reell}} \frac{\gamma_n}{\gamma_0} |\underline{R}_n|^2 = 1$ **(6)**

Reflexionsmuster

- Sinusförmige harte Oberfläche: $\xi(x) = h \cos(K x)$, $h = 0{,}047$ m, $\Lambda = 0{,}188$ m ($K = 33{,}4$ / m)
- einfallende Schallwelle: Frequenz $f = 2000$ bzw. 4000 Hz, Einfallwinkel $\varphi_0 = 0°, 10°, 90°$
- Reflektiertes Schallfeld (p_{ref})

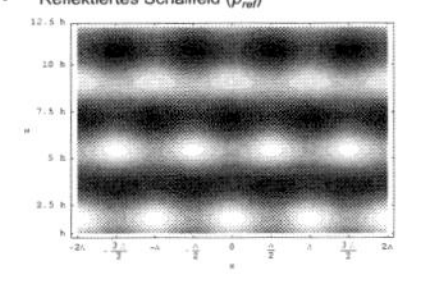

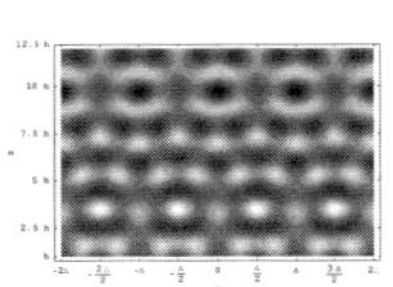

Bild 2 p_{ref} für $f = 2000$ Hz, $\varphi_0 = 90°$ **Bild 3** p_{ref} für $f = 4000$ Hz, $\varphi_0 = 90°$

- Räumliche Periodizität des Feldes (Interferenzmuster)
- starke Interferenz: Fokussierungseffekte

- Feldschnitt des reflektierten Schallfeldes (p_{ref}) und der Oberflächenwellen (p_{ober}) auf $x = 0$:

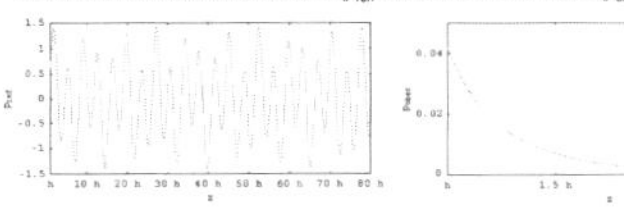

Bild 4 p_{ref} für $f = 2000$ Hz, $\varphi_0 = 90°$, $x = 0$ **Bild 5** p_{ober} für $f = 2000$ Hz, $\varphi_0 = 90°$, $x = 0$

Bemerkungen zu Bild 4 (p_{ref}):
- Fokussierungseffekte: $p_{ref} > p_{ein}$ (Reflexionsfaktor $R > 1$): typisches Nahfeld in der Praxis
- Fokussierung wiederholt sich: unbegrenzte und periodische Dimensionen der Oberfläche

Bemerkungen zu Bild 5 (p_{ober}):
- Oberflächenwellen (γ_n imaginäre Werte): Dämpfung $exp(k|\gamma_n|\, z)$, $z > h$
- verschwinden dicht vor der Oberfläche
- enthalten wenig Energie: tragen kaum zum Nahfeld bei

Diskussion und Ausblick

- Holford-Urusoviiski-Methode:
  - Voraussetzung: unbegrenzte und periodische Oberfläche
  - reflektiertes Feld: räumliche Wiederholung des Interferenzmuster mit Fokussierungseffekten
  - gute Darstellung des Nahfeldes vor profiliererten Lsw
  - liefert keine praxis relevanten Ausgaben über das Fernfeld
- Ideen zur Untersuchung des Fernfeldes mittels Nahfeld-Messungen und -Berechnungen:
  - gesucht werden: Reflektionsfaktoren $\underline{R}_n$ im Fernfeld (wobei Interferenz ohne Bedeutung)
  - Bestimmung der Koeffizienten $\underline{R}_n$ mit Hilfe der Holford-Urusovskii Methode aus Nahfeldmessungen ⇒ Übertragung auf das Fernfeld
- Geplante Untersuchungen: Labormessungen an Proben mit profilierter und periodischer Oberfläche

Danksagung: Die Arbeiten erfolgten im Rahmen eines Stipendiums der Bundesstiftung Umwelt (DBU)

www.ibp.fraunhofer.de/**Akustik**

Abb.22.5. Beispiel 2 eines wissenschaftlichen Posters. (Wir danken den Autoren für die freundliche Abdruckgenehmigung.)

PODIUMSDISKUSSION

Gegenstand der Podiumsdiskussion ist es, durch systematische Argumentation und Gegenargumentation der Podiumsmitglieder zu einer Meinungs- oder Wahrheitsfindung zu gelangen. Die Zuhörer sollen die Argumentation der Podiumsmitglieder bei der Diskussion verstehen, sich ein eigenes Urteil bilden und eine eigene Meinung bezüglich der kontroversen Erkenntnisse bilden können.

Das Gespräch wird üblicherweise auf einer abgegrenzten oder erhöhten Fläche wie einer Bühne oder einem Podium abgehalten, damit möglichst viele Zuhörer und Zuschauer der Diskussion folgen können. Die Podiumsmitglieder sitzen meist nebeneinander an einem langen Tisch, ihre Beiträge werden über Mikrofone und eine Lautsprecheranlage verstärkt. In der Regel sind die Podiumsdiskutanten ausgewählte Experten oder Vertreter von Interessengruppen (wie bspw. dem Bundesverband der Psychologen), wenngleich deren Auswahl und die Moderation des Ganzen eine Herausforderung darstellen; denn wenn nicht alle pointiert und effizient agieren, oder unterschiedlich dominant oder spitzzüngig sind, wird das Ganze für das Publikum schnell langweilig und verliert seinen erkenntnisbringenden Effekt.

Aufgabe des Organisators der Podiumsdiskussion ist es, im Vorfeld die Diskutanten festzulegen, diese einzuladen und entweder deren Statements im Groben vorzugeben oder diese im Vorfeld einzuholen, um so sicherzustellen, wie bzw. dass sie zueinander passen bzw. sich komplettieren. Hilfreich ist es daher, die im Laufe der Podiumsdiskussion vorgesehenen Fragen oder kontroversen Aussagen mit den Diskutanten bereits im Vorfeld detailliert zu besprechen – ja, wieder einmal steht und fällt Vieles mit einer sorgfältigen Vorbereitung. Rufen Sie dazu am besten jeden einzeln an und klären Sie Ihre Fragen und deren mögliche Antworten, sodass Sie nicht im Laufe der Diskussion von völlig neuen Positionen überrascht werden oder die Teilnehmer mit Ihren unerwarteten Fragen in Bedrängnis bringen. Hilfreich ist es ebenfalls, allen Teilnehmern diese Fragen und möglichen Antworten vorab zuzumailen, sodass auch diesen die Gegenpositionen vertraut sind.

Während der Podiumsdiskussion ist der **Moderator** (sollte, muss aber nicht zugleich der Organisator sein) der Dreh- und Angelpunkt: Er ...

- begrüßt die Zuhörer
- stellt dem Publikum die Podiumsmitglieder vor (nur mit Namen und Funktion oder auch mit ihrer Kernthese zum Thema)
- erklärt einleitend das Thema, den Ablauf sowie die Regeln des Gespräches (bspw. Redezeit, wann die Zuhörer zu Wort kommen)
- steuert die einzelnen Redebeiträge
- greift wichtige Kernsätze auf
- fasst inhaltliche Beiträge zusammen
- hält die Diskussion in Gang
- bremst Übereifrige
- vermittelt bei Konflikten, behält den Überblick
- versucht die Zeiten einzuhalten
- lenkt den Umgang mit dem Thema
- bezieht die Zuhörer mit ein

- fasst die Erkenntnisse und offenen Punkte am Ende zusammen
- bedankt sich bei den Teilnehmern
- verabschiedet die Zuhörer

Kurzum: Der Moderator ist zwar das Verbindungsglied zwischen den Diskutanten und damit der Entscheider, der das Wort erteilt und die Themen beeinflusst, darf selbst aber nicht inhaltlich im Mittelpunkt stehen und keine eigene Meinung vertreten – er ist in der Rolle des Vermittlers, nicht aber in der des Experten. Für eine ausführliche Erläuterung der dem Moderator zur Verfügung stehenden Moderationsmethoden und vor allem Fragetechniken siehe Kapitel 9.

Als Diskutant einer Podiumsdiskussion sollten Sie sich auf Ihre Teilnahme so vorbereiten, dass Sie eine in zwei bis drei Sätzen klar formulierte Meinung haben, die Sie als Ihre Eingangs-Position einbringen. Beispielsweise könnte dies so aussehen:

> „Ich denke, energieeffizientes Bauen ist das Thema der Zukunft, da
> - damit die Umwelt entlastet werden kann,
> - Sie Geld sparen
> - und somit gesünder wohnen können, denn es gibt keinen Schimmelpilz mehr im Haus.“

Es empfiehlt sich, Ihr zentrales Statement vorab mit dem Moderator zu besprechen – sollte er Sie nicht von sich aus kontaktieren, ergreifen Sie die Initiative. Bitten Sie ihn um sein 'Drehbuch', d.h. die von ihm vorgesehenen Fragen oder schlagen Sie ihm Ihrerseits zu Ihrer Position passende Frageformulierungen vor. Bemühen Sie sich auch, die Statements der anderen Teilnehmer vorab zu erhalten, um sich positionieren und Gemeinsamkeiten sowie Unterschiede abzuleiten zu können. Während der Diskussion sollten Sie Ihren Standpunkt klar und eindeutig vertreten, sobald Sie etwas sagen wollen, dies dem Moderator signalisieren und niemanden in die Parade fahren. Im Laufe der Diskussion erhitzen sich häufig die Gemüter und der Austausch kann sich mehr und mehr zum Streitgespräch entwickeln. Vergessen Sie nicht, auch Gemeinsamkeiten der unterschiedlichen Positionen herauszustellen und lassen Sie alle Beteiligten 'unversehrt'; achten Sie auf einen weiterhin wertschätzenden, konstruktiven und höflichen Umgang – „Tough on the issue, soft on the person.“ sollte Ihr Motto sein.

22.1.3 Networking: Andere ansprechen und kennenlernen

Wie oben beschrieben, sollte es eines Ihrer Kongressziele sein, Kontakte zu knüpfen und auszubauen. Wenn Sie in einer Gruppe zu einem Kongress fahren (bspw. gemeinsam mit Kollegen oder Ihren Mitarbeitern), ist die Gefahr groß, dass Sie niemand Neues kennenlernen und Ihnen der eine oder andere Kontakt entgeht. Trennen Sie sich daher immer mal wieder bewusst von Ihrer Gruppe und gehen Sie auf andere zu. Es gibt verschiedene Situationen, bei denen Sie mit anderen ins Gespräch kommen können. Einige Situationen sind dabei mehr oder weniger geeignet: Absolute Don't-Situationen, um jemanden anzusprechen, sind beispielsweise, wenn die Person sichtlich in Eile ist, sie in einem (privaten) Gespräch ist, z.B. telefonierend, oder mit jemandem in einer Ecke sitzt, sie deutlich beschäftigt ist, z.B. lesend oder am Laptop schreibend. Nicht zuletzt wäre es auch eher unangemessen, jemanden in einer 'peinlichen' bzw. intimen Situation antreffend anzusprechen, z.B. auf der Toilette oder im Wellnessbereich (Sauna, Swimmingpool).

Sie tun daher gut daran, 'passende' Gelegenheiten abzuwarten und zu nutzen. Wenn es beispielsweise der prominente Keynote-Speaker ist, den Sie unbedingt kennenlernen möchten, so behalten Sie die Person im Auge und warten Sie auf einen günstigen Augenblick. Generell sollte eine Situation so gewählt werden, dass Sie sich und Ihr Anliegen (Interesse an einem fachlichen Gespräch; Frage zum Referat) in Ruhe und in wenigen Sätzen vorbringen können. Besonders gut eignen sich folgende Situationen:

- **Nach einem Vortrag.** Es bietet sich an, eine Person unmittelbar nach ihrem Vortrag anzusprechen, da hier ein guter Gesprächseinstieg möglich ist. Stellen Sie sich und Ihr Anliegen in wenigen Sätzen vor. Bedenken Sie aber, dass Sie ggf. nicht die einzige Person sein werden, die diese Gelegenheit nutzen möchte. Wenn Sie also nicht direkt im Anschluss ein längeres Gespräch führen können, sollte Ihr Ziel eine verbindliche Verabredung sein. Bei der Ansprache des Referenten können Sie sich auf die Präsentation beziehen, am besten beginnen Sie mit einem kurzen positiven Feedback und bringen dann Ihr Anliegen vor (Frage zum Thema; Bitte um ein fachliches Gespräch). Vermeiden Sie einem Referenten gegenüber den Satz „Vielen Dank für den interessanten Vortrag". „Interessant" sagt jeder und ist umgangssprachlich teilweise sogar negativ konnotiert. Wählen Sie als Alternative lieber Adjektive wie „spannend" (bspw. „Frau Werth, darf ich mich kurz vorstellen? Mein Name ist ... Ich habe gerade begeistert Ihren Vortrag verfolgt und insbesondere Ihre These, dass ..." oder „Von Ihrer Aussage, dass 50 % aller Personen nicht in der Lage sind, einen Videorekorder zu programmieren, war ich beeindruckt. Könnte es sein, dass ...? Dazu fällt mir xyz ein, in welchem ...").
- **Pausensituation.** Insbesondere Pausen sind ideal, um ins Gespräch zu kommen, allerdings sollten Sie darauf achten, dass Sie mit dem Ansprechen niemanden stören. So bedeutet das 'zu zweit in einer Ecke sitzen' oder ein geschlossener Gesprächskreis in der Regel, dass man nicht gestört werden möchte (wenn Sie hingegen an diesen vorbeigehen und Sie jemand einladend ansieht, können Sie dazukommen, sonst nicht). Eine bessere Möglichkeit ist es, sich zu einer offenen Gruppe (z.B. wenn ein Platz am (Steh-)Tisch frei ist) dazuzustellen bzw. -zusetzen (bspw. mit den Worten „Darf ich hier noch dazukommen?"). Hören Sie sich zunächst in das Gespräch ein und bringen Sie sich ein, wenn sich die Möglichkeit bietet. Sinnvoll ist es, sich zunächst mit nonverbalen Mitteln am Gespräch zu beteiligen (z.B. Kopfnicken, „Hmmm"). Sagen Sie nicht etwas, nur um etwas zu sagen. Ihr erster Satz und Ihre Beiträge sollten gewinnbringend für die Konversation und nicht banal sein. Platzen Sie nicht ins Gespräch oder bringen Sie kein völlig neues Thema auf. Für erste Beiträge eignen sich am besten offene Fragen, denn sie halten Ihren ersten Beitrag kurz, signalisieren Interesse und halten Sie auch bezüglich Meinungen und Ansichten auf der sicheren Seite.
- **Empfang / Buffet.** Empfangs- und Buffetsituation können ebenfalls Möglichkeiten sein, ins Gespräch zu kommen. Allerdings ist es ungünstig, jemanden anzusprechen, der mit vollem Teller zu seinem Tisch eilt oder gerade kaut. Eine günstigere Situation hingegen ist die Warteschlangensituation am Buffet. Geschickter Weise sprechen Sie jemanden an, der unmittelbar vor Ihnen am Buffet ist, denn er wird nahezu gleichzeitig mit Ihnen nach einem Sitzplatz Ausschau halten, sodass Sie ggf. gemeinsam zum Sitzen kommen. Ein guter, unverfänglicher Gesprächseinstieg ist eine positive Bemerkung über das Essen zu machen (sofern dies zutreffend ist) oder eine Frage zum Buffet zu stellen („Haben Sie die Maultaschen schon probiert – können Sie sie empfehlen?"), vermeiden Sie es aber, sich negativ über das Essen zu äußern.

Grundsätzlich gilt: Ein freier Platz ist stets als eine Einladung zu verstehen. Fragen Sie, ob Sie sich dazusetzen können („[Entschuldigen Sie,] darf ich mich zu Ihnen setzen?"). Des Weiteren sind

Persönliche Beziehungen immer eine gute Empfehlung. In diesem Fall heißt das nichts anderes als: Lassen Sie sich vorstellen. Gehen Sie auf jemanden zu, den Sie kennen und von dem Sie wiederum wissen, dass er Ihre 'Zielperson' kennt und bitten Sie Ihren Bekannten, Sie einander vorzustellen („Bist du so nett und stellst mich ihm vor?"). Sie haben auf diese Weise eine ganz andere Aufmerksamkeitszuwendung als wenn Sie als Unbekannter auf ihn zugehen. Im Besonderen sollten Sie hier bedenken, auch Ihre Mitarbeiter auf diese Weise in die Fachgesellschaft einzuführen und ihnen so die Wege zu Kontakten zu ebnen – für Sie eine Kleinigkeit, für Ihre Mitarbeiter eine immense Hilfe.

Wie ins Gespräch einsteigen? Als erste Frage sind sog. 'Foot-in-the-door'-Fragen empfehlenswert. Den sprichwörtlichen Fuß in der Tür haben Sie, wenn Ihr Gegenüber Ihnen zu einer ersten Aussage zustimmt und Sie darauf aufbauen können und in einen Dialog eintreten: „Frau / Herr X, Sie hatten doch heute Vormittag einen Vortrag zu Y gehalten? ...". Wenn die Antwort bejaht wird, können Sie ins Fachgespräch einsteigen, z.B. mit einer Frage zum Thema. Ein guter Überleitungssatz ist beispielsweise: „Ich arbeite auf / forsche zu einem ähnlichen Thema und interessiere mich für Ihre Meinung zu ...". Für das weitere Gespräch oder auch andere Themen siehe Abschnitt 24.3, Small Talk.
Wenn Sie mit jemandem ins Gespräch kommen, sollte dieses in einen Visitenkartenaustausch resultieren oder vielleicht sogar mit einer verbindlichen Verabredung. Klären Sie dazu explizit, wo und wann Sie sich treffen; ein „man sieht sich" ist zu unverbindlich und wird sich vermutlich nicht realisieren.

ALLGEMEINE REGELN BEIM ANSPRECHEN ANDERER

- Stören Sie niemanden, der deutlich beschäftigt ist. Platzen Sie nicht in ein Gespräch anderer herein. Warten Sie ruhig ein wenig ab; nutzen Sie günstige Momente.
- Unterbrechen Sie den Anderen nicht, sondern knüpfen Sie an seine Sätze an.
- Fallen Sie nicht mit der Tür ins Haus (junger Mitarbeiter zu Professor: „Sie sind mein Idol! Kann ich bei Ihnen arbeiten?"; Professor zu Professor: „Gut, dass ich Sie sehe, können Sie mir Ihre Befragungsinstrumente für meine Forschung zur Verfügung stellen?"). Ein einleitender Small Talk oder ein Aufgreifen eines Stichwort (apropos) schaffen eine gute Gesprächsatmosphäre, um Ihren Wunsch anzubringen.
- Schmeicheln Sie sich nicht ein. Das durchschaut Ihr Gegenüber bzw. lässt Sie nicht authentisch sein – seien Sie einfach Sie selbst.
- Machen Sie keine schlechten Bemerkungen über andere oder über den Kongress. Sie bleiben als Nörgler in Erinnerung und werden mit Negativem assoziiert. Seien Sie freundlich, höflich und respektvoll.

22.2 KONGRESSE PLANEN UND MANAGEN

Das kennen Sie sicher: Man kommt von einem Kongress zurück, hoch motiviert mit interessanten Forschungsideen, einem Stapel neuer Visitenkarten, die Aussicht auf zukünftige universitäre Partnerschaften versprechen und dem guten Gefühl, während der gesamten Veranstaltung hervorragend betreut worden zu sein. Hochkarätige Vorträge waren dabei nur eines der Highlights. Stets gab es auch genügend Zeit für spannende Gespräche und das Kennenlernen interessanter Kollegen. Und die Tagung endete pünktlich, die schnelle ICE-Verbindung zur Rückfahrt konnte leicht erreicht werden. Kurzum, Sie wollen auf alle Fälle wieder zu Tagungen dieses Veranstalters und tragen sich gleich den nächsten Termin in Ihren Kalender ein!

Jedem von uns fallen aber leider auch Veranstaltungen ein, die ein völlig anderes Bild, also eine negative Erinnerung hinterlassen: Langweilige Redner, die mit unnötigen fachlichen Überschneidungen zu kämpfen hatten, keine Fragen gestellt bekamen, weil nicht mal dem Moderator ein Kommentar eingefallen war. Lange Wartezeiten durch das Aufspielen der Präsentationen vor jedem Vortrag verkürzten stets die versprochenen Kaffeepausen. Der Zeitverzug war so erheblich, dass der Schlussredner erst so spät mit seinem Beitrag starten konnte, dass er bereits zwei Minuten nach dem Beginn seines Referats die offizielle Redezeit überschritten hatte und ums Erreichen seiner letzten Bahnverbindung bangen musste.

Beide Fälle gibt es, bleibt die Frage: Was machte der Veranstalter im ersten Fall richtig, was machte der zweite falsch? Sollten Sie einmal in die Lage kommen, einen Kongress auszurichten, so können Ihnen nachstehende Hinweise helfen, Randbedingungen zu schaffen, die dazu beitragen, dass Ihre Kollegen mit einem positiven Eindruck nach Hause fahren. Es sollte nämlich nicht darum gehen, einen Kongress einfach nur irgendwie auszurichten, sondern Ihren Teilnehmern ein gutes, gelungenes Event anzubieten und sich selbst dadurch in ein positives Licht zu rücken. Dafür gibt es eine Menge einleuchtender Gründe:

- Mit gezielt zusammengestellten Veranstaltungen haben Sie die Möglichkeit, in unmittelbaren Kontakt mit vielen oder ausgewählt wenigen Ihrer Fachkollegen zu treten. Als Organisator haben Sie beispielsweise durch die geschickte thematische Eingrenzung einen großen Einfluss darauf, wer kommen wird.
- Das Einberufen dieser Veranstaltungen trägt dazu bei, dass in Ihrem Fachgebiet ein stets erforderlicher fachlicher Austausch stattfinden kann und entsprechende Netzwerke gebildet werden können. Kongresse bieten Ihrem Lehrstuhl eine gute Gelegenheit, Forschungsthemen voranzutreiben, oder sogar Themenfelder zu besetzen, indem Ihr Name mit einem bestimmten Fachthema verbunden wird. Dies gelingt umso mehr, wenn Sie der Ausrichter gut organisierter Veranstaltungen sind.
- Im Rahmen eines an Ihrer Hochschule stattfindenden Kongresses haben Sie die Gelegenheit, Ihr Arbeitsgebiet, Ihre Forschungsfelder und Ihre Hochschule zu präsentieren.
- Veranstaltungen, die Sie selbst organisieren, können Ihre Pressearbeit unterstützen sowie zum guten Ruf Ihrer Hochschule und einer gekonnten Außenwirkung beitragen (denken Sie an entsprechende Vorankündigungen und die Nachberichterstattung).
- 'Last, but not least' bleiben Sie im Falle eines erfolgreichen Kongresses Ihren Kollegen in guter Erinnerung und erhöhen damit Ihre Reputation: Denn wer einen Kongress so erfolgreich auf die Beine stellt, dem werden auch weitere positive und gewinnbringende Fähigkeiten zugeschrieben.

Die Organisation eines Kongresses ist, wie oben dargestellt, also durchaus mit Vorteilen für Sie und Ihren Lehrstuhl verbunden – allerdings auch mit einem in der Regel nicht unerheblichen Aufwand. Dieser darf keinesfalls unterschätzt werden, denn neben der eigentlichen Kongressdurchführung beanspruchen auch Vor- und Nachbereitung erhebliche finanzielle, personelle und zeitliche Ressourcen. Deshalb sollten Sie idealer Weise schon weit im Voraus (dabei sind zwei Jahre durchaus realistisch) mit ersten Überlegungen zu Thematik und inhaltlichem Ablauf, Veranstaltungstermin und -ort sowie potenziellen Referenten und Ausstellern beginnen.

Nachfolgend finden sie eine Übersicht der wichtigsten Phasen einer Kongressplanung und ihrer Todos (vgl. Abb. 22.6).

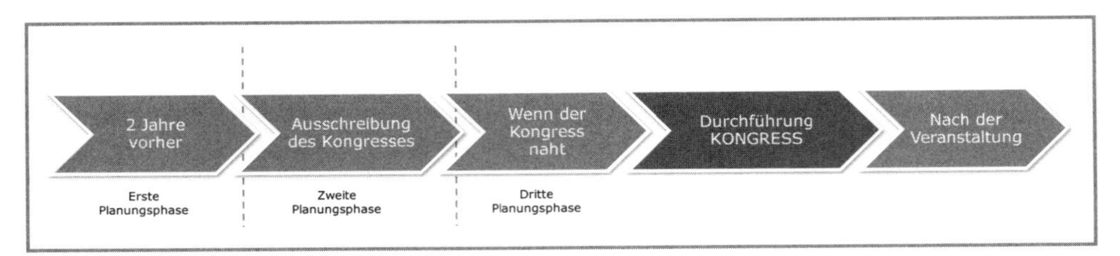

Abb. 22.6. Phasen einer Kongressplanung.

22.2.1 Die erste Planungsphase (etwa zwei Jahre im Voraus)

Zur Planung eines Kongresses gehört nicht nur die Definition der inhaltlichen Schwerpunkte, sondern auch eine ganze Reihe organisatorischer Arbeiten. Diese sind im Folgenden in einzelnen Schritten dargestellt (in der Realität sind sie häufig iterativ durchzuführen).

ECKDATEN UND LEITUNGSTEAM

Charakter der Veranstaltung, Inhalt und Zielgruppe

In einem ersten Schritt werden bei der Planung eines Kongresses das Ziel, das Thema und die inhaltlichen Schwerpunkte einer Veranstaltung von Ihnen bzw. einem Kreis von Fachkollegen diskutiert und festgelegt. Gleichzeitig wird auch der Charakter der Veranstaltung und die Zielgruppe bestimmt, d.h. man legt fest, wen man erreichen kann und will bzw. mit wie vielen Teilnehmern gerechnet werden kann und muss. Aus diesen Variablen leiten sich Veranstaltungsort, Finanz- und Zeitplanung ab.

Veranstaltungsort

Wählen Sie den Veranstaltungsort sorgsam aus; dies betrifft sowohl die Örtlichkeit als auch die konkreten Räumlichkeiten der Veranstaltung. Bei der Wahl der Stadt sollten Sie stets auch die Anreisemöglichkeiten der Teilnehmer berücksichtigen: Gibt es gute Flug- bzw. Zuganbindung? Liegt Ihr Ort zentral bzw. ist er in zumutbarer Zeit zu erreichen? Benötigen Sie ggf. Shuttlebusse (diese sind mindestens zu organisieren und in vielen Fällen auch (vor-) zu finanzieren)? Bedenken Sie, dass die Austragungsstadt wie ein Magnet, aber auch abschreckend wirken kann; im ersteren Fall wirkt der Kongress schnell zweitrangig, im letzteren Fall hingegen ist aber einiges zu tun, um ausreichend Anmeldungen zu erzielen. Kurzum: Machen Sie es den Teilnehmern durch eine geschickte Ortswahl oder entsprechend kompensatorische Elemente (wie Shuttleservice bei schlechter Anbindung) so einfach und angenehm wie möglich, an der Veranstaltung teilzunehmen.

Wenn die Wahl für den Veranstaltungsort getroffen ist, gilt es, sich um die Räumlichkeiten im 'kleineren' Sinne zu kümmern: Austragung in der Hochschule, einem Kongresshotel oder anderen Räumlichkeiten? Dem vermutlich finanziellen Interesse, die Teilnehmer in die Räumlichkeiten Ihrer Hochschule zu holen, steht die Frage gegenüber, ob dort tatsächlich die für Ihren Kongress notwendige Infrastruktur (ausreichend große und viele Räume, dazugehörige Aufenthaltsbereiche mit Sitzgelegenheiten und Cafeterien, Technik etc.) vorhanden ist. Auch die Nähe bzw. Anbindung zu Übernachtungsmöglichkeiten muss bei Ihrer Entscheidung eine Rolle spielen. Als Alternative bieten sich Congress Center oder Hotels an: Hier haben Sie von der Verpflegung bis zur Tagungstechnik Profis an Ihrer Seite, was extrem entlastend, aber auch ein erheblicher Kostenfaktor ist. Natürlich können Sie auch auf sonstige, besondere Locations wie Fabrikhallen oder Kirchengebäude ausweichen. Für eine Abendveranstaltung in außergewöhnlichem Rahmen bieten sich z.B. Museen oder historische Sehenswürdigkeiten an. Unterschätzen Sie allerdings nicht den organisatorischen Aufwand, wenn Sie einen Veranstaltungsort wählen, der erst auf Ihre Zwecke hin hergerichtet werden muss. Die Originalität hat ihren Preis, leider oft auch einen monetären.

Noch ein Hinweis: Informieren Sie sich, ob Sie die Anforderungen der Versammlungsstättenverordnung einhalten müssen und ob Ihr Kongress eventuell beim Amt für öffentliche Ordnung angemeldet werden muss.

Termin

Der Termin sollte sorgsam ausgewählt werden, wobei es unterschiedliche Entscheidungsfaktoren gibt. Dazu zählen z.B.:

- **Räumlichkeiten.** Zunächst einmal geht es bei der Planung der Räumlichkeiten darum, wann und wo welche Räumlichkeiten unter welchen finanziellen Randbedingungen zu bekommen sind. Dies betrifft nicht nur Räume für Vorträge, Ausstellungen und das Rahmenprogramm, sondern auch entsprechende Übernachtungsmöglichkeiten.
  Wenn der Kongress in Räumen Ihrer Hochschule stattfinden soll, dann kann er meistens nur während der Semesterferien erfolgen. Da dies mit Prüfungen kollidieren kann (die ggf. große Räumlichkeiten beanspruchen), nehmen Sie rechtzeitig mit der Hochschule Kontakt auf (mit ein bis zwei Jahren im Voraus sind Sie auf der sicheren Seite). Sollten Sie einen externen Tagungsort planen (bspw. ein Kongresszentrum), so reservieren Sie ebenfalls jetzt (knapp zwei Jahre im Voraus) die Räume und machen einen entsprechenden Vorvertrag.
  Hinsichtlich der Unterbringung der Teilnehmer ist zu empfehlen, in verschiedenen Hotelstandards Kontingente zu reservieren und im Zuge der Anmeldung den Hotelwunsch abzufragen oder dies einem professionellen Kongressbüro zu überlassen.
- **Konkurrenzveranstaltungen.** Die Frage, ob andere, wichtige Veranstaltungen mit ähnlicher Zielgruppe zum gleichen Zeitpunkt stattfinden oder der geplante Termin in der Ferienzeit stattfinden soll, ist zu klären. Im ersten Fall müssen Sie sich potenzielle Teilnehmer mit der Konkurrenzveranstaltung teilen und wenn diese zu allem Übel auch noch in der gleichen Stadt anberaumt ist, kann dies gerade in kleineren Städten ein Hotelkapazitätsproblem nach sich ziehen. Im Fall der Konkurrenz mit der Ferien- und Reisezeit müssen Sie mit urlaubsbedingtem Ausfall von Teilnehmern rechnen.
- **Persönlichkeiten.** Sollten Sie bestimmte bekannte Vertreter Ihres Faches auftreten lassen wollen (bspw. als Keynote Speaker, vgl. Abschnitt 22.1) (und das sollten Sie schon allein aus Werbegründen tun), fragen Sie bei diesen mögliche Zeitfenster ab und berücksichtigen Sie diese bei Ihrer Terminplanung. Falls Sie auf die Anwesenheit Ihrer amerikanischen Kollegen Wert legen, sollten Sie ggf. die amerikanischen Semesterzeiten beachten. Bevorzugt nehmen die Amerikaner im Sommer (Juli) an Kongressen teil.
- **Terminliche Tradition.** Sollte Ihr Kongress in einer Veranstaltungsreihe stehen (also bspw. im Zuge einer Jahrestagung), so gibt es vermutlich auch hier bereits anvisierte oder traditionell feste Termine (wie „immer die letzte Septemberwoche").

Noch ein Tipp: Sollten Sie einen Kongress einer 'Kongress-Reihe' (wie jährliche Tagung des Verbands xyz) ausrichten, so treten Sie unbedingt mit dem Organisationsteam des vorangegangenen Kongresses der Reihe in Kontakt – diese haben sicherlich Vorarbeiten und gute Materialien sowie positive wie negative Erfahrungen gesammelt, die sie Ihnen weitergeben können.

Team für die Organisationsleitung

Bilden Sie frühzeitig ein Team für die Organisationsleitung und sorgen Sie dafür, falls diese Personen zusätzlich anderweitig eingebunden sind (bspw. als wissenschaftliche Mitarbeiter), dass sie den zeitlichen Freiraum für diese Aufgabe haben (ggf. durch Arbeitsentlastung an anderer Stelle). Sinnvollerweise sollten unter den Mitgliedern des Organisationsleitungsteams Zuständigkeiten für die einzelnen Aufgabenbereiche (wie Räume, Catering, HiWis, Werbung, Teilnehmeranfragen) aufgeteilt und gleichzeitig unbedingt eine (möglichst erfahrene) Person als gesamtverantwortlich bestimmt werden, bei der alle Fäden zusammenlaufen. Kurz vor und während des Kongresses sollten Sie sich eines erweiterten Organisationsteams bedienen können, das aus weiteren Mitarbeitern und HiWis besteht. Aus diesem Personenkreis resultiert auch die Mannschaft für die Saalbetreuung und das Tagungsbüro. Diese Personen sollten für alle Aufgaben klare Arbeitsanweisungen bekommen und während des Kongresses anwesend sein (vgl. Musteranleitung im grauen Kasten). Denken Sie bei jeder Einteilung von Personen auch an einen Notfall- bzw. Krankheitsersatzplan.

Programmkomitee
Ein hochkarätig besetztes, ggf. internationales Programmkomitee sorgt für den notwendigen fachlichen Hintergrund der Veranstaltung. Es besteht aus Persönlichkeiten, mit denen Sie inhaltliche Fragen klären, den Veranstaltungstitel wählen und fachliche Schwerpunkte definieren. Sie können das Komitee entweder selbst zusammenstellen oder – bei einer Fachgruppen- oder Verbandsveranstaltung – auf ein bereits bestehendes Gremium zurückgreifen (wie den Vorsitzenden / Fachgruppensprecher etc.) und dieses je nach Kongressgröße nur 'auffüllen' mit weiteren Personen. Bei der inhaltlichen Programmentwicklung sollten Sie auch die thematische Breite Ihres Kongresses, die daraus resultierende Anzahl der Vortragenden sowie die Festlegung des Ablaufs der Vorträge (z.B. Parallelveranstaltungen) und Diskussionszeiten berücksichtigen.

KOSTENPLANUNG

Nachdem Sie Zeit, Ort, Personal und Inhalte Ihrer Veranstaltung festgelegt haben, sollten Sie eine möglichst detaillierte **Kostenaufstellung** vornehmen und diese mit Ihren möglichen finanziellen Ressourcen abstimmen. Je früher Sie dies tun, desto unproblematischer können Sie spätere notwendige Korrekturen oder Anpassungen integrieren. Folgende Punkte sollten Sie in einer solchen Aufstellung berücksichtigen:

- Personalkosten (eigene Mitarbeiter, Fremdpersonal, aber auch Hilfskräfte, Hausmeister, Reinigung, Wachdienst)
- Sitzungen des Organisations- und Programmkomitees (Reisekosten, Verpflegung etc.)
- Honorar und Reisekosten für spezielle Referenten oder Ehrengäste
- Catering (Kaffeepausen, Mittagessen)
- Rahmenprogramm (Get-Together, Abendessen, Stadtrundfahrten, Besichtigung von Sehenswürdigkeiten mit Eintrittsgebühren und Anfahrten etc.)
- Miete für Räumlichkeiten und Ausstellungsflächen und Posterwände
- Kosten für Bereitstellung der Technik in den Tagungsräumen, im Tagungsbüro und ggf. in einem Teilnehmer-Servicepool (Overheadprojektor, Beamer, PCs, Internetzugang, Mikrofone, ggf. Telefon, Fax, Kopierer, Drucker, Papier etc.)
- Erstellung einer Informationsplattform im Internet (ggf. auch ein Internetforum)
- Printmedien, Werbung, Presse (Anzeigen, Fotos, Kongressbanner etc.)
- Tagungsunterlagen bzw. Mappen für die Teilnehmer, Programmdruck
- Dokumentation / Publikation der Ergebnisse (z.B. Erstellung und Druck des Tagungsbands)

- Sonstiges (Telefon-, Porto- , Drucker und Faxkosten der beteiligten Mitarbeiter in der gesamten Vorbereitungszeit, Fahrten zur Abstimmung mit Hotels usw.
- Vergessen Sie nicht, die Kosten Ihrer eigenen Teilnahme als Veranstalter und Ihrer Mitarbeiter zu berechnen, denn Ihr gesamtes Personal ist bei den Kaffee- und Mittagspausen sowie dem Rahmenprogramm ebenfalls zu berücksichtigen.)

Ein Kongress bietet immer auch die Möglichkeit der Erschließung von Einnahmequellen (sog. **(Gegen-)Finanzierung des Kongresses**). Dabei können Sie an folgende Bereiche denken:

Teilnahmegebühren. Bei Kongressen werden zur Kostendeckung in der Regel Teilnahmegebühren erhoben (auch Tagungsgebühr genannt). Folgende Punkte sollten Sie bei der Festlegung von Teilnahmegebühren beachten:

- Bei hohen Tagungsgebühren schließen Sie a priori einige Teilnehmerkreise aus. Sie sollten sich also durchaus dazu entschließen, für Studierende, Rentner, Teilnehmer bestimmter Länder (wie Osteuropa) oder Kooperationspartner einen verringerten oder gar keinen Obolus zu verlangen. (Teilweise gibt es auch von den Sponsoren oder Verbänden Zuschüsse für Teilnehmer aus Osteuropa.) Üblich ist darüber hinaus, Studierende der eigenen Uni sowie Inhaber halber Stellen (Doktoranden) für einen geringen Beitrag teilnehmen zu lassen.
  Tipp: Sehen Sie lieber davon ab, Tagespreise festzusetzen. Manche Teilnehmer kommen dann nur für einen Tag anstatt an der gesamten Tagung teilzunehmen und das ist weder im Sinne der Veranstaltung noch gut für Ihre Kalkulation.
- Sie können die Höhe der Teilnehmergebühren auch nach dem Zeitpunkt der Anmeldung staffeln (Stichwort 'Frühbucher-Rabatt'); der höchste Beitrag wird dann von denjenigen gezahlt, die sich sehr kurzfristig (z.B. in den letzten zwei bis drei Wochen) anmelden. Die Aussicht auf Ermäßigungen bringt die Teilnehmer dazu, sich frühzeitig anzumelden und vereinfacht Ihnen nebenbei die Planung für Catering, Rahmenprogramm etc. Den Zeitpunkt der günstigsten Teilnahme sollten Sie etwa zwei bis drei Wochen nach Erscheinen des Programms legen.
- Insgesamt gesehen ist der Verwaltungsaufwand zur Abwicklung von Tagungsgebühren allerdings nicht gerade gering. Daher kann es durchaus sinnvoll sein, ganz auf Teilnahmegebühren zu verzichten statt nur geringe Gebühren zu erheben (und ggf. nur Transfer oder Essen kostenpflichtig zu machen oder aber alles aus Sponsorenmitteln zu tragen).

Sponsoren. Häufig kommen ergänzend zu den Teilnehmerbeiträgen auch themennahe Gesellschaften, Stiftungen und Wirtschaftsunternehmen als Sponsoren in Frage. Es kommt auch vor, dass diese als Mitveranstalter des Kongresses auftreten. In diesem Fall beeinflussen sie das Programm stärker mit und ergänzen es in der Regel dann auch mit eigenen Beiträgen (bspw. Firmen, die Universitätsstadt, das Wissenschaftsministerium des Landes). Eventuell bieten diese sich auch für eine prominente Schirmherrschaft des Kongresses an. Die Sponsoren erhalten in der Regel eine Spendenbescheinigung, die den Erhalt einer Spende für wissenschaftliche Zwecke bestätigt. Im Veranstaltungsprogramm sind Spender und Sponsoren dankend zu erwähnen.

Öffentliche Zuschüsse. Auch die Einwerbung öffentlicher Zuschüsse ist möglich. Diesbezüglich sind beispielsweise Institutionen interessant, die Forschungsprojekte und Veranstaltungen fördern, wie beispielsweise BMBF, entsprechende Bundesministerien mit Ressortforschung, Länderministerien, DFG etc. In einem Antrag an forschungsfördernde Institutionen oder andere Sponsoren müssen Sie darlegen, warum dieser Kongress wichtig ist und die Vorträge und Diskussionen einen wissenschaftlichen und praktischen Gewinn erwarten lassen. Dazu gehört beispielsweise, dass wichtige Personen für Hauptvorträge (Keynote-Speaker) als Beleg für die kompetente Behandlung der Tagungsthemen benannt werden. Des Weiteren ist ein Finanzplan vorzulegen (Gesamtfinanzierung der Tagung aus Eigenmitteln, Landesmitteln, Spenden, Tagungsgebühren inklusive der beantragten Förderungen). Die Chancen, die sich durch hochgestellte Persönlichkeiten aus Wirtschaft und Politik ergeben, sollten Sie bedenken. Hat ein Thema z.B. die Unterstützung der Politik, ist es leichter, an Forschungsgelder zu gelangen, da die Öffentlichkeit auch ein Interesse an der Lösung von Problemen hat.

Kongressbegleitende Ausstellung. Sie können durchaus auch mit Einnahmen aus einer kongressbegleitenden Ausstellung kalkulieren. Ob Aussteller ihre Produkte vorstellen oder an einer Posterausstellung teilnehmen, hängt unter anderem von der Zugkraft der Themen des Kongresses sowie der Zielgruppe ab. Zur Planung einer solchen Ausstellung sollten Sie folgendes berücksichtigen:

- Sie brauchen genaue Angaben zu Ihren örtlichen Gegebenheiten bzw. den angemieteten Räumlichkeiten, um Ihre möglichen Ausstellungsflächen zu überblicken sowie um den Ausstellern genaue Angaben machen zu können (bspw. zu Strom- und Netzanschlüssen, Platz, Höhe, Beleuchtung, Akustik).
- Lassen Sie sich im Umkehrschluss zu den Ausstellungsgegenständen der interessierten Aussteller genaue Angaben machen (Um welche Produkte / Inhalte geht es? Wie werden die in welchem Umfang ausgestellt? Gibt es Produktpräsentationen bzw. Vorführungen?). Auch für die Auswahl und Qualität Ihrer Aussteller stehen Sie als Kongressleitung in der Verantwortung (Sind diese seriös und professionell? Haben Sie für Ihre Besucher spannende Inhalte anzubieten?). Verschaffen Sie sich daher einen Überblick, was auf Ihrem Kongress in der Summe gezeigt wird, bevor Sie Zuschläge erteilen.

Sonstiges. Schließlich können Sie auch aus weiteren pfiffigen Ideen wie einem Anzeigen- und Katalogverkauf, aus Werbeflächenvermietungen und dem Betrieb von Informationsplattformen weitere finanzielle Unterstützung Ihres Kongresses gewinnen. Nutzen Sie diese Chancen, Sie ersparen Ihren Teilnehmern so höhere Tagungsgebühren!

Ein weiterer Tipp: Die Hinzunahme eines professionellen Kongressorganisations-Anbieters ist ebenfalls empfehlenswert – aber Vorsicht, die Anbieterqualität unterscheidet sich sehr; lassen Sie sich von Kollegen wirklich gute Anbieter empfehlen! Diese bieten Ihnen unterschiedlichste Leistungen bzw. entsprechende 'Service-Pakete' an, wozu beispielsweise Aufgaben wie Teilnehmerregistrierung und Inkasso, Druck der Namensschilder und Materialien, Hotelkontingent und –Vermittlung (bei gleichen Preisen für die Teilnehmer) zählen könnten. Sie ersparen sich durch die Kooperation mit einem solchen Anbieter jede Menge Zeit, die Sie sonst für E-Mails, Bürokratie, Hard- und Software, Personal(-suche und -einarbeitung) etc. verwenden müssten. Zudem erhalten Sie eine saubere Abrechnung und können auf diese Weise gut kalkulieren. Einige Anbieter offerieren auch Beratungs- und Betreuungsleistungen, beispielsweise in Form von einem oder zwei Tagen Anwesenheit im Tagungsbüro zur Unterstützung (auch während der Veranstaltung). Sie können so weiterhin professionell auftreten und Ihnen wird viel Arbeit und Zeit abgenommen, die Sie vermutlich gerade in dieser heißen Phase dringend für andere Dinge brauchen werden.

22.2.2 Die zweite Planungsphase: Programmgestaltung und Ausschreibung

Nachdem Sie nun ein grobes Zeitraster für Ihre Veranstaltung festgelegt haben, planen Sie den Kongress so weit vor, dass Sie ihn ausschreiben können. Die einzelnen Arbeitsschritte zur Grobplanung des Aufbaus, zur Vermarktung sowie zur Ausschreibung des Kongresses werden nachfolgend benannt.

GROBE PROGRAMMGESTALTUNG

Bei der Zeitplanung der Veranstaltung sind folgende Aspekte zu berücksichtigen:

Aufbau / Zeitraster. Im Zuge der Programmgestaltung sollten Sie sich zunächst ein grobes Zeitraster für das Rahmenprogramm, die Vorträge und Pausen erstellen. Dieses kann im Verlauf der konkreteren Kongressplanung beispielsweise an die Anzahl der Vortragsanmeldungen und damit verbundenen Parallelsessions angepasst werden. Behalten Sie die festgelegten Zeitschienen (morgendlicher Beginn, Pausenzeiten) gerade bei mehrtägigen Veranstaltungen bei; dies erleichtert es den Teilnehmern, sich zu orientieren.
Tipp: Mithilfe parallel stattfindender Sessions lässt sich insgesamt ein breites fachliches Spektrum abdecken. Bedenken Sie aber, dass es nicht zu viele Parallelsessions werden sollten, da sonst zu wenige Teilnehmer in den einzelnen Vorträgen sitzen. Da bei mehrheitlich parallelen Veranstaltungen immer nur eine begrenzte Anzahl an Vorträgen gehört werden kann, müssen diese so ausgewählt werden, dass die Teilnehmer nicht ausgerechnet zu den jeweils parallel stattfindenden Veranstaltungen wollen. Um das zu umgehen, können Sie beispielsweise verschiedene (Tages- oder) Fachthemen parallel anordnen oder die vermutlich stark besuchten Vorträge ohne Parallelveranstaltung einplanen.
Der Umfang und die Anzahl der Parallelveranstaltungen (und Beitragsarten) sind immer determiniert durch das Budget sowie die gegebenen räumlichen Rahmenbedingungen. Wenn Sie nur vier Räume haben, können Sie nicht fünf parallele Veranstaltungen planen; wenn von diesen Räumen nur zwei von ausreichender Größe sind, sollten Sie nicht mehr als zwei sehr 'attraktive' Redner / Themengruppen parallel einplanen etc. Entsprechendes gilt für die möglichen Kosten für Keynote-Speaker. Berücksichtigen Sie dies von Anfang an für Ihre Planungen und geben Sie dem Programmkomitee entsprechende Angaben und Spielräume vor.

Eröffnung. In vielen Fällen, vor allem bei großen Kongressen, werden ein Grußwort oder mehrere Einführungsreden erwartet. Hierzu können neben dem Organisator auch Rektor und oder Dekan, aber auch andere Persönlichkeiten aus Berufsverbänden, Wirtschaft und Politik (Stadt, Land, Bund) beitragen. Bedenken Sie, dass all diese Personen in der Regel einen vollen Terminkalender haben und frühzeitig angesprochen werden müssen.
Tipp: Stimmen Sie mit diesen Personen Inhalte und Redezeit genau ab; denn so mancher Referent neigt dazu, auch mal länger zu reden. (Und wenn Sie Tipps zu Ihrer eigenen Rede brauchen, dann finden Sie diese in Abschnitt 22.4).

Tagesverlauf. Die interessantesten Beiträge legen Sie am besten an den Beginn der morgendlichen Sitzungen sowie an den Beginn des Nachmittages. So stellen Sie sicher, dass diese etwas unbeliebten Zeitfenster gut besucht sind. Spannende Vorträge gegen Ende einer Tagung erhöhen zwar auf der einen Seite die Chance, dass die meisten Teilnehmer bis ans Ende bleiben, bergen aber auf der anderen Seite auch das Risiko, dass der Starredner doch vor leerem Saal spricht. Beugen Sie dieser Unannehmlichkeit für sich und den Redner durch eine entsprechende Planung vor.
Diskussionssitzungen mit offenem Ende positionieren Sie am geschicktesten an das Ende des Tagungsprogramms, so kann der Ablauf des Programms auch bei 'Verlängerungen' ohne Störung durchgezogen werden. Dieser Aspekt ist insbesondere bei Parallelsessions von großer Wichtigkeit. Sie sollten immer zum gleichen Zeitpunkt enden, denn die Überziehung in einer Session kann zum einen die gesamte Zeittaktung durcheinander bringen, zum anderen aber auch den Teilnehmern ihre Pause nehmen, wenn pünktlich mit der Folgesession begonnen wird.
Achten Sie darauf, dass Sie nicht jeden Abend oder jede Mittagspause komplett mit Programmen

füllen. Zeit für Gespräche in freien Stunden schätzt jeder Teilnehmer. Versuchen Sie freie Zeiten eher in die Mitte der Kongresstage zu legen, da Ihre Teilnehmer den Start zum Kennenlernen und Sie den letzten Abend zum offiziellen Verabschieden benötigen.

Rahmenprogramm. Das Rahmenprogramm sollte so geplant werden, dass möglichst alle teilnehmen können, es aber keine parallelen inhaltlichen Veranstaltungen gibt. Beachten Sie, dass die Teilnehmer je nach Art des Rahmenprogramms (Kultur, Kulinarisches etc.) dankbar sind, wenn diese zeitlich so gelegt sind, dass zuvor bzw. danach noch Gelegenheit zum Zwischenstopp im Hotel bleibt (z.B. zum Umziehen oder zum Hinterlegen der Kongressunterlagen).

Mitgliederversammlung oder ähnliches. Viele Kongresse werden genutzt, um dort die jährlichen Mitgliederversammlungen, Doktorandentreffen oder Ähnliches stattfinden zu lassen – reservieren Sie für diese Zeitfenster im Programm (etwa 1,5 Stunden; gerne platziert gegen 18 Uhr vor dem freien Abend oder einem Gesellschaftsabend).

Abschluss. Planen Sie eine Abschlusssitzung ein, zu der alle Teilnehmer und Referenten noch einmal zusammenkommen. In dieser bietet es sich an, als Organisator eine unterhaltsame Rede zur Rückschau auf den Kongress, zu den wesentlichen Inhalten und Erkenntnissen sowie Highlights, beispielsweise aus dem Rahmenprogramm, zu geben. Verbinden Sie diese Sitzung ggf. mit Wein, Sekt oder einem kleinen Imbiss (gerne auch den lokalen Gepflogenheiten angepasst), um einen angenehmen, lockeren und positiv gestimmten Ausklang zu gestalten.
Um genügend Zeit für die Verabschiedung zu haben, sollten Sie das offizielle Ende ca. 15 Minuten später nennen, als Sie es tatsächlich beabsichtigen.

Sprache / Lingua Franca. Bei der Entscheidung für einen internationalen Kongress ist die Kongresssprache festzulegen, in der Regel wird dies Englisch sein. Insbesondere bei nationalen Kongressen oder aber auch internationalen, welche Teilnehmer aus nicht englischsprachigen Ländern haben, kann eine Simultan-Übersetzung erforderlich sein. Sollten Sie sich mit Ihrem Organisationsteam dafür entscheiden, sind folgende Aspekte zu klären:

- Personal (Wer macht's?)
- Technik (Was wird benötig und gelingt uns dies?)
- Finanziell (Was kostet das Ganze? Wäre es ggf. Uni-intern über das Sprachenzentrum zu leisten?)
- Für welche Zeiten (wird die Übersetzung den gesamten Kongress über oder nur zur Eröffnung, den Keynotes und dem Abschluss benötigt?)

Bedenken Sie bei der Wahl der Art einer Übersetzung, dass eine konsekutive Übersetzung mehr Zeit in Anspruch nimmt als eine simultane. Dies muss dann wiederum im Zeitablauf berücksichtigt werden.

MARKETINGSTRATEGIE

Ihr Kongress soll beworben werden – aber wie? Überlegen Sie sich eine Marketingstrategie! Im besten Fall kennen Sie Ihre Zielgruppe (da Sie bspw. eine Verbandstagung ausrichten) und können diese entsprechend zielgenau ansprechen. Möglicherweise handelt es sich bei Ihrem Kongress aber auch um eine wesentlich breitere oder neue und damit für Sie ungenauere Zielgruppe. In diesem Fall müssten Sie deutlich mehr Medien und vor allem verschiedene Kanäle nutzen. Für beide Varianten sollten Sie Folgendes durchdenken:

- Eine Website ist immer unerlässlich; dabei ist zu empfehlen, auch einen eigenen Namen zu verwenden, z.B. www.kongress-lehrstuhlmanagement.com.
- Welche ergänzenden Medien sollen eingesetzt werden? Hier ist eine Entscheidung für die Art der Medien gefragt: Plakate in Großformat, Flyer oder Broschüren, E-Mail-Informationen, Werbeanzeigen (bspw. in Fachzeitschriften) u.v.m. stehen zur Wahl. Kontaktieren Sie hierzu bei Bedarf das Marketingbüro Ihrer Universität.
- Layout und Corporate Design (vgl. Abschnitt 21.1) müssen entwickelt werden (in der Regel über eine Agentur). Deadlines für Entwurf, Abstimmung und Freigabe sind festzusetzen.
- Wer fertigt die Printmedien an? Deadlines für Druckvorlage, Korrekturlauf und Auslieferung sind festzusetzen.
- Wie soll die Verteilung der schriftlichen Medien erfolgen? Per E-Mail- oder Postversand über die Uni oder übernimmt diese Aufgabe ein professionelles Kongressbüro? Oder soll es vielleicht gar keine schriftlichen Vorab-Informationen geben? Ein Plakat sollte vor allem immer dann verteilt werden, wenn Sie auch neue Teilnehmer gewinnen möchten; bei geschlossenen Jahrestagungen für Mitglieder könnten Sie sich aber auch auf Website und E-Mailverteiler beschränken.
- Sollen parallel Presseinformationen lanciert werden (vgl. Abschnitt 21.4)? Wann und an wen?

Üblicherweise wird Informationsmaterial (Flyer oder Plakate) mit der Bitte um Verteilung und Aushang an andere Universitäten oder Institutionen, ggf. auch Praktiker (Kliniken, Industrie) geschickt.

Tipp: Sprechen Sie als Organisationskomitee die Personen, auf deren Teilnahme Sie gesteigerten Wert legen, persönlich an und laden Sie diese explizit ein (nicht nur, wenn Sie jemanden als Keynote-Speaker oder für eine Podiumsdiskussion haben wollen). Häufig bekommen Sie auf diesem Wege eher verbindliche Zusagen als auf Basis der offiziellen Ausschreibung. Ihnen bekannte Kollegen können Sie hierbei auch um Multiplikatorenfunktion bzw. die Weiterverteilung von Werbematerial bitten.

AUSSCHREIBUNG DES KONGRESSES

Nachdem Aufbau, Finanzierung und Marketingkonzept des Kongresses stehen, kann die eigentliche Ausschreibung erfolgen. Hier unterscheiden sich nun die Fächer sehr: Die einen verstehen unter Ausschreibung das Bekanntmachen des Kongresses mit der Einladung zur Beitragsanmeldung (regulärer Fall), die anderen das Darstellen eines fertigen, inhaltlichen Programms, zu dem vorab bereits Referenten festgelegt wurden (und nun kein Beitrag mehr dazukommen kann), und nur noch um Teilnehmer / Zuhörer geworben wird. Im Falle der letzteren Variante ergibt sich lediglich eine zeitliche Veränderung der Schritte (siehe unten) dahingehend, dass das Programm vor der Ausschreibung festgelegt wird und die Ausschreibung nur noch der Werbung und Zuhörergewinnung, nicht aber der Beitragsanmeldung dient. Nachfolgend wird der Einfachheit halber vom erstgenannten Fall ausgegangen. In der Ausschreibung (auch auf der Kongress-Website) sollten folgende Informationen enthalten sein:

Erwünschte Beiträge und Zielgruppen

- Machen Sie deutlich, welche Zielgruppe an Referenten Sie sich für den Kongress wünschen, z.B. nur Wissenschaftler oder auch Vertreter aus der Industrie bzw. der Praxis.
- Geben Sie vor, welche fachlichen Themenbereiche angesprochen werden sollen. Hier sollten Ihre Angaben möglichst genau sein. Benennen Sie dazu mögliche Themenbereiche am besten

bereits in der Ausschreibung mit zentralen Stichworten; dann können sich die Bewerber diesen zuordnen.

- Es ist an Ihnen zu bestimmen, welche Beitragsarten möglich sind (Vortrag, Poster, Workshops etc.). Auch diesbezüglich sind Hinweise und möglichst konkrete Anweisungen zu den jeweiligen Modalitäten der Beitragsart zu geben. Dazu zählen beispielsweise Vorgaben für Formate und Umfang der jeweiligen Beiträge sowie für deren Abstracts (vgl. Abschnitt 22.1.1, Beispiel im dortigen grauen Kasten).

Das fachliche Kongressprogramm

In Ihrer Ausschreibung sollten natürlich auch Informationen zum fachlichen Programm und exakten Zeitablauf der Kongresstage enthalten sein.

Hinweis: In einigen Fachkongressprogrammen (die zu der o.g. Variante gehören, bei der die Referenten vor der Ausschreibung ausgewählt werden) taucht bei Referaten manchmal der Passus 'wurde angefragt' auf. Dies dient möglicherweise nur als profane Werbemaßnahme und basiert (noch) nicht auf einer wirklichen Beitragszusage. Ein solches Vorgehen führt sowohl beim angefragten Referenten als auch bei den potenziellen Teilnehmern zu Ärger und sollte auch im Sinne der Seriosität und Glaubwürdigkeit des Veranstalters vermieden werden.

Das begleitende Rahmenprogramm

Ebenfalls sollte das den Kongress begleitende Rahmenprogramm beschrieben werden. Diesbezüglich sind Hinweise wichtig, ob einzelne Programmpunkte separat, mit oder ohne Zusatzkosten gebucht werden können bzw. müssen. Gegebenenfalls empfehlen sich auch Hinweise auf eine Kleiderordnung oder die Möglichkeit, Begleitpersonen mitzubringen.

Anmeldeformular für die Teilnehmer

Bezüglich der Anmeldung bieten sich webbasierte Systeme wie z.B. EasyChair, Amiando, Regonline oder OpenConf an, welche die Anmeldungen verwalten und zusätzlich die Arbeitsabläufe für Einreichung, Peer-Review und Zusammenstellung des Tagungsbandes unterstützen. Darüber hinaus bieten sie auch (sofern Sie sich für die Erhebung von Beiträgen entschieden haben) integrierte Zahlungsmöglichkeiten an, d.h. Konferenzbesucher können einfach und direkt online bezahlen. Gestalten Sie die Anmeldung für die Teilnehmer (technisch) so einfach wie möglich und sparen Sie so effektiv Zeit, die sonst für Nachfragen und Problemmails aufgewandt werden muss. Testen Sie das Anmeldeformular, es muss gut und schnell aufrufbar sein.
Folgende Informationen sollten Sie von Ihren Teilnehmern bei der Anmeldung abfragen:

- Angaben zu Namen (auch der Begleitpersonen), Institution, Herkunftsland und E-Mail-Adresse (ggf. derzeitige Position bzw. Kurzbiographie, falls der Chair die Vortragenden so ausführlich vorstellen soll, dann ist diese Information gleich vorhanden und muss nicht per E-Mail eingeholt werden).
- Teilnahme am Rahmenprogramm bzw. an einzelnen Aktivitäten
- Sofern so vorgesehen: Gewählte Themen oder Veranstaltungen des inhaltlichen Programms, an denen die Person teilnehmen will
- Ggf. Teilnehmergebühren mit Zahlungsmodalitäten und Überweisungsdeadline
- Besonderheiten bei Essgewohnheiten, Vegetarier, Veganer etc.

Das Einreichungsprozedere für Beiträge

Sie müssen für die Interessenten diesbezüglich die Rahmenbedingungen klären:

- Ist vorab nur ein Abstract einzureichen oder aber ein ganzes Paper?
- Wird es einen Review-Prozess geben?
- In welcher Form werden die Beiträge später publiziert werden (zitierfähig?)?
- Muss man bereits bei der Beitragseinreichung als Teilnehmer angemeldet sein oder kann man damit warten, bis man weiß, ob der eigene Beitrag angenommen wurde?
- Welche Deadlines bestehen? (Deadline der Anmeldung des Teilnehmers sowie der Anmeldung des Beitrags, Zeitpunkt der Rückmeldung über Annahme des Beitrags, Deadline für die Zahlung der Teilnahmegebühr; Deadline für den etwaigen Eingang der Paper oder auch der Vorträge in Text- oder Folienformat).

Für die Beiträge gilt das gleiche wie für die Teilnehmerregistrierung: Je einfacher handhabbar, desto besser. Denken Sie aber hier bereits dran, dass Sie es nicht nur dem potenziellen Teilnehmer leicht machen, sondern auch sich selbst. Damit Ihnen die spätere Organisation und Programmerstellung leicht fallen, sollten Sie folgendes abfragen:

- Gewählte Beitragsart (Einzelreferat, Symposium, Poster etc.; vgl. Abschnitt 22.1.1)
- Thematischer Bezug bzw. inhaltliche Zuordnung zu den thematischen Stichworten (siehe oben). Dies können Sie beispielsweise als anklickbare Auswahlliste realisieren.
- Titel und Abstract des Beitrags. Denken Sie hierbei auch an eine Angabe des maximalen Umfangs (maximal xx Zeichen) und ggf. auch schon einen Hinweis auf die Layoutvorgaben.
- Nennung der Autoren und Koautoren
- Ggf. Option auf einen passwortgeschützen Zugangsbereich beispielsweise zur erneuten Einloggmöglichkeit für nachzureichende Angaben wie Paper zum Beitrag oder ausgearbeitete Vorträge)

Anreise und Unterkünfte

- Geben Sie den Interessenten an, welche Anreisemöglichkeiten zur Verfügung stehen: Flugzeug (nächstgelegener Flughafen), Bahn (entsprechend nächster Bahnhof), Auto (Anbindung über die Autobahnen (ggf. auch Bus- oder Shuttleservice).
- Verweisen Sie auf Hotels oder sonstige Übernachtungsmöglichkeiten – aber nur auf solche, die Sie guten Gewissens empfehlen können.
- Listen Sie Hinweise / Links zu weiteren Internetseiten auf, um beispielsweise weiterführende Informationen über den Kongress oder die Stadt, in der dieser stattfindet, abfragen zu können.

Kontaktdaten

- Machen Sie es den Interessenten leicht, Sie bzw. den Kongressverantwortlichen zu erreichen. Geben Sie dazu beispielsweise unter der Rubrik Kontakt / Impressum Telefon- und Faxnummern, E-Mail-Adressen und postalische Daten an, über die man das Kongress-Team vor und während des Kongresses kontaktieren kann. Gegebenenfalls macht es Sinn, thematische Ansprechpartner zu nennen (inhaltliche Beiträge, Website-Probleme, Hotelbuchung etc.).

Nachfolgend finden sich zwei Beispiele einer Einladung zu einem Kongress als Flyer-Version (Abb. 22.7 und 22.8).

DAGA 2007

Akustik aktuell

Auf der Jahrestagung DAGA werden aktuelle Forschungsergebnisse und Neuentwicklungen aus allen Teilgebieten der Akustik vorgestellt. Mehr als 450 Fachbeiträge, präsentiert in über 40 fachlich strukturierten und thematisch zusammenhängenden Vortragssitzungen werden durch Plenarvorträge, Posterpräsentationen und eine begleitende Ausstellung ergänzt. Die Fachgebiete umfassen

Aktive akustische Systeme	Messtechnik
Audiologische Akustik	Musikalische Akustik
Audiotechnik	Medizinische Akustik
Bauakustik	Numerische Akustik
Bioakustik	Physikalische Akustik
Elektroakustik	Psychoakustik
Fahrzeugakustik	Raumakustik
Geräuschbeurteilung	Schwingungstechnik
Hydroakustik	Signalverarbeitung
Körperschall	Sprachverarbeitung
Lärmausbreitung	Strömungsakustik
Lärmschutz	Technische Akustik
Lärmwirkungen	Ultraschall
Lehre der Akustik	Virtuelle Akustik
Maschinenakustik	

und weitere Themen der Akustik.

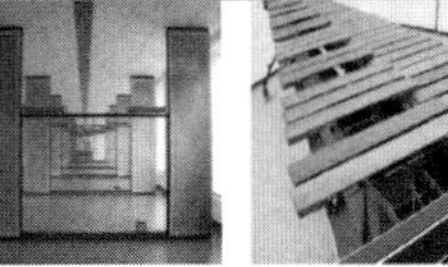

Kolloquien zu speziellen Themen

Zum Auftakt der DAGA 2007 finden am 19. März Kolloquien zu ausgewählten Stuttgarter Forschungsschwerpunkten statt. Sie bieten auch Fachleuten aus benachbarten Fachdisziplinen die Gelegenheit zur Information und Diskussion.

Akustik von Bauteilen und Bauwerken aus Folien und Membranen (Leitung: Dr. Leistner)

Membranbauteile oder -bauwerke haben zahlreiche Vorzüge und eröffnen neue technische und architektonische Möglichkeiten. Ihre akustischen Eigenschaften unterscheiden sich jedoch von herkömmlichen Bauweisen. Geringe Schalldämmung, Regengeräusche und der Raumklang zählen dazu. Leichtigkeit und Flexibilität sind aber auch der Ausgangspunkt aufblasbarer Schallschirme für temporäre Lärmschutzaufgaben besonders bei Baustellen oder Open-Air-Veranstaltungen.

Akustische Eigenschaften von Sandwich-Bauteilen (Leitung: Prof. Maysenhölder)

Schichtstrukturen können sich akustisch ähnlich verhalten wie homogene Platten - oder aber ganz anders. Wie Schalldämmung, Körperschallanregung oder Schwingungsdämpfung von den zahlreichen Parametern abhängen, die ein Sandwich-Bauteil mit oft inhomogenen, anisotropen viskoelastischen Schichten charakterisieren, wird zunächst allgemein diskutiert und anschließend im Einzelnen anhand von Messergebnissen und rechnerischen Modellierungen vertieft.

Maschinenakustik (Leitung: Prof. Hübner)

Die Geräuschemission von Maschinen und Fahrzeugen lässt sich effektiv und kostengünstig durch Maßnahmen an den primären Entstehungsquellen mindern. Hilfreich hierbei ist das Wissen der Maschinenakustik für eine Vorausberechnung aus Konstruktions- und Betriebsdaten sowie eine leistungsfähige Geräuschmesstechnik. Das Kolloquium ist konzentriert auf den derzeitigen Stand der auf die maschinenspezifischen Gegebenheiten bezogenen Luft- und Körperschall-Akustik.

Numerische Akustik (Leitung: Prof. Gaul)

Es werden moderne, numerisch effiziente Rand- und Gebietsdiskretisierungen der Akustik vorgestellt. Sie umfassen die Fast Multipole Randelementmethode (FBEM) zur Lösung von Innen- und Außenraumproblemen sowie die verbesserte Modellierung von Schiffsschwingungen als Interaktion von Struktur und umgebendem Wasser mittels FEM-FBEM-Kopplung. Ein energetisches Diffraktionsverfahren zur Raumakustik und Methoden zur Lösung von Streuproblemen komplettieren das vielschichtige Kolloquium.

Hinweise zu den Kolloquien

Die Kolloquien finden am 19. März 2007 von 13 Uhr bis 16 Uhr auf dem Campus der Universität Stuttgart in Stuttgart-Vaihingen statt. Die Teilnahme ist kostenlos. Weitere Informationen unter:

http://www.daga2007.de

Abb. 22.7a. Beispiel 1 einer Einladung zu einem Kongress (Faltflyer Seite 1).

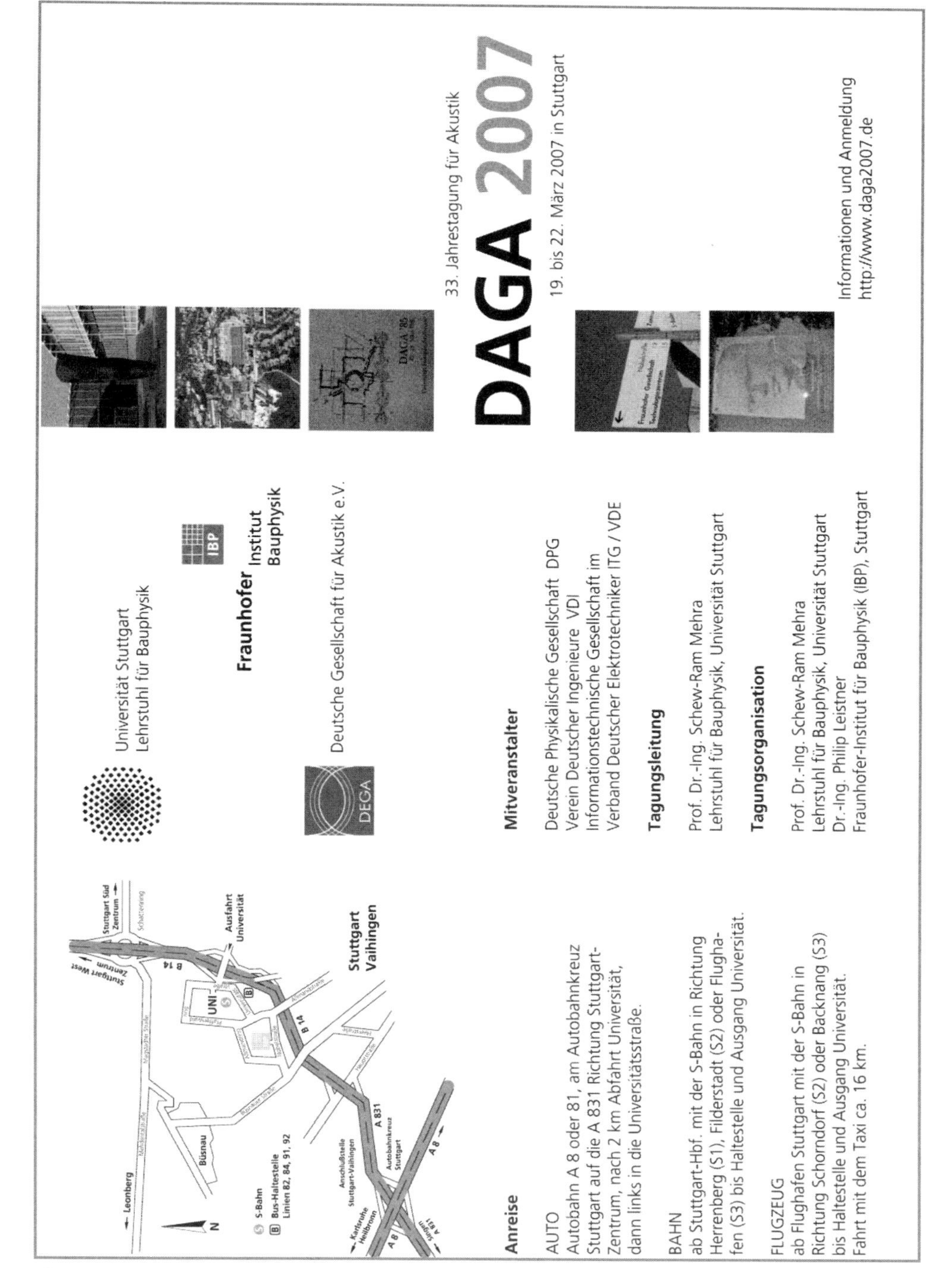

Abb. 22.7b. Beispiel 1 einer Einladung zu einem Kongress (Faltflyer Seite 2).

ZUKUNFTSRAUM SCHULE – SCHULGEBÄUDE NACHHALTIG GESTALTEN

KONGRESS ZUKUNFTSRAUM SCHULE

TEILNAHMEHINWEISE

Termin
Dienstag, 3. November 2009 und Mittwoch, 4. November 2009

Veranstaltungsort
Alte Reithalle, Seidenstraße 34, 70174 Stuttgart

Veranstalter
Fraunhofer-Institut für Bauphysik IBP
Nobelstraße 12, 70569 Stuttgart

Schirmherr:
Ernst Pfister MdL,
Wirtschaftsminister des Landes Baden-Württemberg

Kongressleitung:
Prof. Dr. Klaus Sedlbauer, Dr. Philip Leistner

Kosten und Anmeldung
Die Teilnahme am Kongress ist kostenlos.
Ihre verbindliche Anmeldung erbitten wir **bis 23.10.2009.**

Ansprechpartner
Rita Schwab, Presse und Öffentlichkeitsarbeit
Tel. +49 711 970-3301, rita.schwab@ibp.fraunhofer.de

Anreise mit dem ÖPNV
S-Bahn Linien S1–S6 bzw. DB bis Hauptbahnhof Stuttgart.
Dann Stadtbahn Linien U9 oder U14 bis Haltestelle Berliner Platz (Liederhalle). Von dort 3 Min. zu Fuß.

Kongress des Fraunhofer-Instituts für Bauphysik IBP
Dienstag, 3., und Mittwoch, 4. November 2009
Alte Reithalle, Seidenstraße 34, 70174 Stuttgart

ZUM THEMA

In einem Punkt sind sich alle einig: Die Schaffung optimaler Bedingungen für das Lernen und Lehren in Schulen ist eine lohnende Investition in die individuelle und gesellschaftliche Zukunft. Dabei gilt es, Reserven in vielen Bereichen und in integraler Weise zu erschließen. Einen unverzichtbaren Teil der Gestaltung repräsentiert die bauliche und räumliche Umgebung in den Schulgebäuden. Ihre Qualität steht nachweislich in enger und vielfältiger Wechselwirkung zur Gesundheit und Leistungsfähigkeit von Lehrern und Schülern.

Den Zukunftsraum Schule nachhaltig zu gestalten, erfordert einen integralen Ansatz, der alle Beteiligten und alle Aspekte zusammenführt, um auf wirtschaftliche Weise optimale Bedingungen in effizient betriebenen und architektonisch anspruchsvollen Gebäuden zu erreichen. Das ist keine leichte Aufgabe, aber es gibt keine Alternative.

Der Kongress wendet sich an Pädagogen und Behördenvertreter, Architekten und Planer, Hersteller und Handwerker, Forscher und Praktiker und ist zugleich Anlass und Auftakt einer Plattform für

Abb. 22.8a. Beispiel 2 einer Einladung zu einem Kongress (Faltflyer Seite 1)

WORKSHOPS UND IHRE INHALTE

Information und Kommunikation, die vom aktuellen Wissensstand bis zu innovativen Konzepten und Produktlösungen reicht.

Daher behandeln Plenarvorträge die nachhaltige Schulbaugestaltung aus verschiedenen Richtungen und interdisziplinäre Fachreferate in thematischen Workshops verbinden wissenschaftliche Erkenntnisse mit praktischen Erfahrungen. Darüber hinaus bieten Ausstellungsstände von Institutionen und Unternehmen konkrete Informationen und innovative Lösungen.

www.zukunftsraum-schule.de

DANK

Die Veranstaltung findet mit freundlicher Unterstützung des Bundesministeriums für Verkehr, Bau und Stadtentwicklung sowie der Forschungsinitiative »Zukunft Bau« statt. Auch die Gips-Schüle-Stiftung, Stuttgart, fördert diesen Kongress.

Bundesministerium für Verkehr, Bau und Stadtentwicklung

FORSCHUNGSINITIATIVE Zukunft BAU

Gips-Schüle-Stiftung

PROGRAMM

3. November 2009

9:00 Registrierung, Gelegenheit zum Besuch der Ausstellung

10:30 Begrüßung – Grußworte:
Richard Drautz, Wirtschaftsministerium des Landes Baden-Württemberg
Bürgermeisterin Dr. Susanne Eisenmann, Stadt Stuttgart

11.00 »Integrale Schulsanierung«
Prof. Dr.-Ing. Klaus Sedlbauer, Fraunhofer IBP

11.30 »Konjunkturprogramm für Schulen«
MDgt Dr. Rüdiger Kratzenberg, Bundesministerium für Verkehr, Bau und Stadtentwicklung BMVBS

12.00 »Nachhaltiger Schulbau zwischen Anspruch und Wirklichkeit«
Prof. Dr. Karl Robl, Zentralverband Deutsches Baugewerbe

12.30 Mittagspause, Gelegenheit zum Besuch der Ausstellung

14.00 »Schule Leben Lernen – Lernräume der Zukunft«
Michael Frielinghaus, Doris Gruber
Bund Deutscher Architekten BDA

14.30 »Die Schule von morgen – Anforderungen an das Schulgebäude«
Prof. Dr. Klaus Klemm, Universität Duisburg-Essen

Anschließend Transfer zu den thematischen Workshops

15:30 Beginn der Workshops – Teil 1

18.30 Rück-Transfer zur Alten Reithalle, Abendessen

19.30 Festvortrag
Prof. Dr.-Ing. Hans-Jörg Bullinger, Präsident der Fraunhofer-Gesellschaft

4. November 2009

9.00 Fortsetzung der Workshops – 2. Teil

12.30 Mittagspause

14.00 Verabschiedung der Teilnehmer, Ende der Veranstaltung

Programmänderungen vorbehalten

WORKSHOPS

ENERGIEEFFIZIENTE SCHULE – SPARSAM GEBILDET
In Kooperation mit dem Begleitforschungsvorhaben Energieeffiziente Schule des Bundesministeriums für Wirtschaft und Technologie BMWi

Moderation:
Dr. Jürgen Görres, Stadt Stuttgart; Hans Erhorn, Fraunhofer IBP

Erfahrungen aus dem BMWi-Forschungsschwerpunkt EnEff-Schule – Johann Reiß, Fraunhofer IBP

Integrale Planungstools – Simon Wössner, Fraunhofer IBP

Innovative Fenster und Fassaden – Von der Wetterhaut zum Mini-Kraftwerk
Hans Erhorn, Fraunhofer IBP

Abb. 22.8b. Beispiel 2 einer Einladung zu einem Kongress (Faltflyer Seite 2)

Zukunftsorientierte Lüftungskonzepte
Günter Grabbert, Exhausto GmbH, Bingen-Kempten

Innovative Belüftung von Klassenräumen – Hybride Lüftungstechnik
Runa Hellwig, Hochschule Augsburg/Fraunhofer IBP
Simone Steiger, Fraunhofer IBP
Dirk Müller, Inga Eggers, Peter Matthes, RWTH Aachen EON ERC
Jürgen Wildeboer, Wildeboer Bauteile GmbH

Innovative Beleuchtungskonzepte
Jan de Boer, Fraunhofer IBP

Wärmeversorgung mit Umweltenergie
Stefan Vötsch, Bosch Buderus Thermotechnik GmbH, Wetzlar

Betriebsüberwachung und Energiemanagement
Werner Jensch, Fachhochschule München

Innovative Pädagogikkonzepte
Edelgard Gruber, IREES GmbH, Karlsruhe

Auf dem Weg zur ersten Plus-Energie Schule
Jürgen Görres, Stadt Stuttgart

Erfahrungsbericht zu dena-Modellsanierungen von Schulen
Thomas Kwapich, Deutsche Energie-Agentur GmbH dena, Berlin

Europäische Konzepte zur energieeffizienten Schulsanierung
Heike Erhorn-Kluttig, Fraunhofer IBP

Stuttgarter Leitlinien für die energetische Schulsanierung – Update
Hans Erhorn, Fraunhofer IBP

KLASSE(N) ZIMMER – VIEL RAUM FÜR LEISTUNG

Moderation:
Heinz-Jörn Moriske, Umweltbundesamt;
Horst Drotleff, Fraunhofer IBP

Empfehlungen im UBA-Schulleitfaden
Heinz-Jörn Moriske, Umweltbundesamt, Berlin

Schimmel und Feuchtigkeit in Räumen unter besonderer Berücksichtigung der Situation in Schulen
Wolfgang Hofbauer, Nicole Krueger, Klaus Breuer, Klaus Sedlbauer, alle Fraunhofer IBP

Luftqualität und Geruchsbelastung in Schulen
Florian Mayer, Andrea Burdack-Freitag, Klaus Breuer, alle Fraunhofer IBP

Zur Belastung der Atemluft von Klassenräumen mit Feinstaub
Tunga Salthammer, Fraunhofer WKI, Braunschweig

Raumakustik in Schulen
Horst Drotleff, Philip Leistner, Fraunhofer IBP

Baustoffe mit neuen Funktionen
Jochen Pfau, Fachhochschule Rosenheim
Sebastian Mittnacht, Knauf Gips KG, Iphofen

Die raumklimatische Situation in Schulen – Anforderungen und Realität
Runa Hellwig, Hochschule Augsburg
Florian Antretter, Andreas Holm, Klaus Sedlbauer, alle Fraunhofer IBP

Farben in der Schule: Rettungslos verkrampft
Axel Venn, Colortrend, Berlin

Schulraumakustik – Balanceakt zwischen Kosten, Gestaltung und guter Akustik
Abidin Uygun und Thoma Plötzner,
OWA Odenwald Faserplattenwerk GmbH, Amorbach

Raum für Leistung mit leistungsfähigen Materialien
Margit Pfundstein, BASF AG, Ludwigshafen

Der dritte Lehrer - Einrichtungskonzepte für Lernräume der Zukunft
Axel Haberer, VS Vereinigte Spezialmöbelfabriken GmbH & Co. KG, Tauberbischofsheim

SCHULBAU INTEGRAL – AUS DER PRAXIS FÜR DIE PRAXIS

Moderation:
Christian Wetzel, CalCon AG; Dr. Philip Leistner, Fraunhofer IBP

Schulen als Kraftorte gestalten
Peter Hübner und Olaf Hübner, plus+ bauplanung GmbH, Hübner-Forster-Hübner Freie Architekten, Neckartenzlingen

Schulhof: Komplexer Funktions- und Lebensraum
Günter Beltzig, Play Design, Hohenwart

Pädagogik und Raum.
Welche »Weichen« müssen die Pädagogen stellen, bevor der Zug der Architekten seine Fahrt aufnehmen kann?
Otto Seydel, Institut für Schulentwicklung, Überlingen

Abb. 22.8c. Beispiel 2 einer Einladung zu einem Kongress (Faltflyer Seite 3).

Arkitektfirmaet C. F. Møller, © Julian Weyer

ANMELDUNG

Neue Schulbauformen, neue Forderungen:
Die A. P. Møller Schule in Schleswig
Julian Weyer, Arkitektfirmaet C. F. Møller A/S, Århus

Eine neue Architektur für eine neue Pädagogik?
Neuerungen im Schulbau der Schweiz mit Blick nach Europa
Martin Schneider, Stoffel Schneider Architekten, Zürich

Vorbeugender Brandschutz an Schulen
aus Sicht des Unfallversicherungsträgers
Hans-Joachim Wachter und Michael Sommer,
Unfallkasse Baden-Württemberg, Stuttgart

SMS – Service Management Schule
Wilhelm Alfen, Bauhaus Universität Weimar,
Katrin Firscher, Alfen Consult GmbH, Weimar

Transparenz im Public Private Partnership (PPP)
für Kommunen
Herrmann Altmeppen, Altmeppen – Gesellschaft für
Immobilienbewertung und -beratung mbH, Braunschweig

Die MultiKomfortSchule –
ganzheitliche Gebäudemodernisierung mit System
Reiner Machner, Saint-Gobain Ecophon GmbH, Lübeck

Null-Heizkosten-Schule – eine Machbarkeitsstudie
Antonio Wehnl, LUWOGE Consult GmbH, Ludwigshafen

Optimierte Bewirtschaftung für Schulbestände
Christian Wetzel, Calcon AG, München

Programmänderungen vorbehalten

ANMELDUNG

Zum Kongress
Zukunftsraum Schule – Schulgebäude nachhaltig gestalten
am 3. und 4. November 2009 melde ich mich ***verbindlich*** an:

Titel/Name ....

Vorname: ....

Firma/Institut ....

PLZ/Ort ....

E-Mail ....

Teilnahme am Workshop ❑ .. Energieeffiziente Schule
❑ .. Klasse(n)zimmer
❑ .. Schulbau integral

Teilnahme am Abendessen .... ❑ .. nein ❑ .. ja

Damit wir Sie für die Veranstaltung registrieren können, bitten wir Sie, diese Anmeldung an uns zu senden, sich per E-Mail mit den entsprechenden Angaben oder Online anzumelden.

Ort/Datum ....

Unterschrift ....

Online www.zukunftsraum-schule.de
E-Mail ines.schimkowski@ibp.fraunhofer.de
Telefax +49 711 970-3406

KONGRESS ZUKUNFTSRAUM SCHULE –
SCHULGEBÄUDE NACHHALTIG GESTALTEN

Rückantwort

Fraunhofer-Institut für Bauphysik IBP
Frau Ines Schimkowski
Nobelstraße 12
70569 Stuttgart
Germany

Anmeldung erbeten bis 23. Oktober 2009
Bitte im Briefumschlag zurücksenden
oder per Fax + 49 711 970-3406

Abb. 22.8d. Beispiel 2 einer Einladung zu einem Kongress (Faltflyer Seite 4).

22.2.3 Die dritte Planungsphase: Wenn der Kongress naht

WENIGE MONATE VORHER

Programmerstellung

Nach Ablauf der Einreichungsfrist für die Beiträge ist die finale Programmerstellung zu leisten. Die eingegangenen Vorschläge bzw. Bewerbungen / Einreichungen für Vorträge und Poster sind an das Programmkomitee weiterzuleiten, dort zu prüfen, zu bewerten und mit Perspektive auf ein thematisch stimmiges Programm auszuwählen, bevor dieses an die Kongressleitung zurückgegeben wird. Diese hat nun wiederum die jeweiligen Referenten bzw. Autoren zu informieren, ob und in welcher Art (die Art des Beitrags kann sich durchaus ändern, beispielsweise für einen Vortrag beworben, als Poster angenommen) ihre Beiträge angenommen wurden. Es zeugt von organisatorischer Kompetenz und Service, wenn Sie dem Referenten in der Bestätigung der Beitragsannahme auch gleich mitteilen, an welchem Tag, um welche Uhrzeit und in welchem Raum sein Beitrag stattfindet.

Zum Zeitplan: Die Entscheidung des Programmkomitees über die Annahme der Beiträge sollte ca. sechs Monate vor dem Kongress fallen, das finale Programm (mit Nennung der Einzelbeiträge) dann ca. sechs bis acht Wochen vor Kongressbeginn erstellt sein. Etwa vier Monate vor dem Kongress sollte das Programm (mit den Themen pro Tag, aber ohne Einzelbeiträge) im Netz stehen! Kündigen Sie diesen Termin auf Ihrer Website bereits an, damit die Teilnehmer dies für sich einplanen können. Falls es Teilnehmergebühren geben soll, die nach dem Zeitpunkt der Anmeldung gestaffelt sind (auch hierzu sind auf Ihrer Website Informationen notwendig), sollte das Ende des Zeitpunkts der preiswertesten Teilnahme etwa zwei bis drei Wochen nach Erscheinen des Programms liegen.

Chair-Auswahl

Des Weiteren haben das Programmkomitee oder aber das Organisationsteam die jeweiligen Sitzungsleiter auszuwählen (vgl. auch Abschnitt 22.1.2, Chair sein). Um den Chairs die Moderation möglichst einfach zu machen, können Sie ihnen ein 'Chair-Paket' zusammenstellen, welchem sie alle notwendigen Informationen übersichtlich aufbereitet entnehmen können. In diesem sollte enthalten sein:

- Tabellarische Übersicht der Referate mit Titel und Zeiten (Beginn Vortrag, Beginn Diskussion, Ende für den Referenten)
- Abstracts der Referate und jeweilige Kurzvita des Referenten (die das Organisationsteam der Anmeldung der Teilnehmer entnommen hat)
- Farbige Minutenzettel für das Einhalten der Redezeit
- Stift und Papier, um sich während der Referate mögliche Diskussionsfragen zu überlegen bzw. zu notieren
- Liste mit den wichtigsten Kontakten (Organisationsteam, technischer Support, Hausmeister)

Die Chairs sollten wohlüberlegt ausgesucht werden,[74] denn der Verlauf einer Vortragssession wird ganz wesentlich von ihnen geprägt. Berücksichtigen Sie daher bei der Auswahl folgende Gesichtspunkte:

---

[74] Soweit vorgesehen sind in ähnlicher Weise auch weitere Funktionsträger auszuwählen, wie Leiter einer Podiumsdiskussion, eines Workshops etc. (vgl. Abschnitt 22.1, Tabelle 22.1).

- **Fachlich-Inhaltliches.** Der Chair muss die Fachsprache der Teilnehmer verstehen, um die Fragen, die gestellt werden, einschätzen oder selbst Anmerkungen machen zu können. Ein guter Überblick über das fachliche Spektrum ist somit eine unabdingbare Voraussetzung, die diese Personen mitzubringen haben.
- **Methodisches Repertoire.** Das Beherrschen verschiedener Moderationsmethoden (siehe Kapitel 9) zeichnet einen guten Chair ebenfalls aus. Mit diesen Kompetenzen ausgestattet ist er in der Lage, die Diskussion zu moderieren, hitzige oder ausufernde Diskussionen in konstruktive Bahnen zu lenken und thematische Überleitungen zu schaffen. Der Chair sollte eine Person sein, der es gelingt, gegenüber jedem Referenten und seinen Inhalten wertschätzend zu sein. Darüber hinaus muss er über Durchsetzungsvermögen verfügen, wenn es beispielsweise darum geht, die Einhaltung der Redezeit auch durchzusetzen.
- **Organisatorisches.** Ein Chair sollte möglichst selbst keinen Vortrag in 'seiner' Session, 'seinem' Symposium halten, um nicht abgelenkt zu sein, sich selbst anmoderieren oder am Ende sogar selbst Fragen stellen zu müssen.

Marketing und Werbeträger

Für Ihren Kongress sind nun eine ganze Reihe von Werbeträgern zu erstellen. Denken Sie an ein Corporate Design, das sich durch Ihre Werbeträger zieht, um vom Wiedererkennungswert und professionellen Erscheinungsbild zu profitieren (vgl. Abschnitt 21.1). Beachten Sie hierbei, welche Logos es zu verwenden gilt. Manche regelmäßig stattfindenden Kongresse haben eigene (die Sie allein schon aus Gründen der Wiedererkennung, aber auch aus Pragmatismus aufgreifen sollten), es könnte aber auch gewünscht sein, die der Mitveranstalter, Verbände oder Sponsoren mit zu verwenden. Zu den wichtigsten Werbeträgern (neben der o.g. Website) gehören:

- Klassische Printmedien wie Flyer, Plakate und Poster
- Cover für das Programmheft (in welchem nur die Programmübersichten, und nur bei kleinen Kongressen auch die Abstracts stehen) sowie den Tagungsband (in welchem alle Abstracts oder auch Vorträge abgedruckt sind; aufgrund des entsprechenden Umfangs häufig auch als CD) oder die Kongress-CD und ihre Hüllen
- die Tagungsmappen und ggf. –taschen (sowohl das Produkt als auch das Design mit Logo sind auszuwählen); Goodies für die Tagungsmappen (bspw. Schreibblöcke, Stifte, Memorysticks)
- Namensschilder für Teilnehmer und Mitarbeiter. Es muss sich sowohl um das Produkt zum Anstecken oder Umhängen als auch um das Layout und Ausdrucken der Schilder gekümmert werden.
- Einheitliche Kleidung für das Organisationsteam (z.B. Hemden, Blusen oder T-Shirts mit Logo), sodass mögliche Ansprechpartner im gesamten Tagungsbereich eindeutig zu erkennen sind.
- Banner (bspw. über dem Eingang oder anderen Bereichen des Veranstaltungsorts)
- Hinweisschilder für die Anreisewege im Kongressgelände, denn diese sollten auch dem Corporate Design entsprechen.

Rahmenprogramm

Um insgesamt zu einem interessanten (und auch durchführbaren) Rahmenprogramm zu kommen, ist es unabdingbar, sich ausführlich verschiedene Programmvorschläge für den Tagungsort zu besorgen. Dazu können Ihnen die örtliche Touristeninformation, das Kongresszentrum oder aber auch Ihre Universität (die sicher schon öfter ähnliche Veranstaltungen durchgeführt hat) behilflich sein.

Schauen Sie doch auch einfach mal in die Kongressprogramme vorhergehender Veranstalter am selben oder an anderen Orten, Sie werden merken, Sie kommen auf gute Ideen.

Klären Sie die Ziele des Rahmenprogramms und damit die Zielgruppe. Je nach Zielsetzung wird sich zeigen, ob es tatsächlich Sinn macht, die gesamte Kongressgesellschaft zu allen Teilen des Rahmenprogramms einzuladen (was in den allermeisten Fällen aber sicherlich so sein wird), oder ob beispielsweise eine Abendsession nur für ein ausgewähltes Publikum offen steht. Unterscheiden Sie die **Zielsetzung** Ihres Rahmenprogramms hinsichtlich:

- **Sozialer Ziele**
  Beispiele: Gemeinsames Fußballspiel, Bootsfahrt, Stadtbesichtigung, Party
  Hier steht das gemeinsame Erlebnis, das Networken und gesellige Beisammensein im Vordergrund; dies ist die wohl typischste und beliebteste Art des Rahmenprogramms
- **Inhaltlicher Ziele**
  Beispiel: Ein neues Projekt soll der Öffentlichkeit bekannt gemacht werden
  Hier steht eine werbende Information im Fokus, es sollen Kooperationspartner oder Sponsoren gesucht werden.
- **Strategischer Ziele** (für ausgewählte Zielgruppen)
  Beispiel: Für den neuen Studiengang werden Studierende gesucht
  Weitere Zielgruppen können beispielsweise Kunden, VIPs oder die Presseleute sein, die Sie mal für ein paar Stunden entführen wollen. Andere Veranstaltungen innerhalb des Rahmenprogramms können dann wieder für alle Besucher zugänglich sein.

Bedenken Sie Ihr **Budget**. Für einige Veranstaltungen wird die Kongresskasse nicht reichen. Dann können Sie entweder ein anderes Programm wählen, selbst in die Tasche greifen oder für einen Programmpunkt eine Teilnahmegebühr erheben. Letzteres sollten Sie aber nur für höchstens einen Abend oder ganz besondere Aktivitäten (bspw. den Ausflug zu einer benachbarten, sehr berühmten Sehenswürdigkeit) in Erwägung ziehen. Benötigen Sie für Ihr Rahmenprogramm eigenes Personal, (z.B. zur Zuteilung von Tischen bei einem Bankett), so ist dies finanziell wie personell einzukalkulieren. Soll eine der Veranstaltungen innerhalb des Rahmenprogramms mit einem **Dienstleister** zusammen durchgeführt werden (z.B. eine Stadtführung, ein größerer Kulturtrip), müssen Sie dessen Leistung genau beschreiben und diese bei höheren Beträgen ggf. auch ausschreiben (erkundigen Sie sich daher zuvor bei Ihrer Universitätsverwaltung).

Sie sollten die voraussichtliche Anzahl Ihrer Teilnehmer bedenken und sich die Frage stellen: Für welche Personenzahl steht z.B. der Raum, in dem ich die Veranstaltung durchführen möchte, zur Verfügung? Sollten Sie unbedingt dort feiern wollen und der Raum reicht nicht für alle, bietet sich als Ausweg an, diese Veranstaltung mehrfach (bspw. an zwei aufeinanderfolgenden Abenden wiederholend) anzubieten. Prüfen Sie ebenfalls, ob die angedachte Veranstaltung für jede Altersgruppe attraktiv ist. Wollen Sie beispielsweise zum Winterrodeln gehen, wäre ein alternativer Programmpunkt für Ihre 'älteren Semester' vorzusehen.

Sollten Sie einen klassischen Gesellschaftsabend im Restaurant stattfinden lassen, so ist das Catering (Buffet oder Menü) mit der jeweiligen Lokalität genau abzustimmen. Klären Sie ggf. auch die Sitzordnung (sofern diese frei sein soll, benötigen Sie zumindest einen Tisch für die VIPs). Klären Sie auch, welche Getränke (alkoholische / alkoholfreie / ausgewählte) über Ihren Kongressetat finanziert werden sollen, welche von den Teilnehmern selbst bezahlt werden müssen oder ob der ganze Abend nur gegen eine Gebühr zu besuchen ist. Um Ihre Gäste bei Laune zu halten, sollten Sie unbedingt Programmpunkte wie kurze Showeinlagen, Musik oder Tanz anbieten.

Und dann gibt es noch die berühmten **Kleinigkeiten**, die das Ganze abrunden und zu einem unvergesslichen Erlebnis machen: Legen die Teilnehmer beispielsweise abends von den Tagungsräumen zum Shuttlebusplatz draußen einen Weg zurück, könnten Sie beispielsweise Fackeln einplanen, die bereits bei einem Blick aus dem Fenster Atmosphäre schaffen und später den Weg erleuchten. Beziehen Sie Dinge ein, die die Gäste staunen lassen, lokale Spezialitäten für die Zugereisten / ausländischen Teilnehmer, Weinproben wenn Sie in einer Weinregion sind, Brauereiführungen in Biergegenden etc.

Nicht zuletzt bedenken Sie die Transferzeiten zwischen den einzelnen Veranstaltungsorten und kalkulieren Sie Ihre sich anschließenden Programmpunkte zeitlich eher großzügig. Planen Sie Verzögerungen bei den einzelnen Veranstaltungen (Ihre Referenten könnten länger als geplant reden) genauso ein, wie eventuelle Staus auf den Zubringerstraßen oder Wartezeiten an der Eintrittskasse. Und: planen Sie auch kurzfristige Nachmeldungen ein, denn so mancher entscheidet sich erst für eine Teilnahme, nachdem er jemanden getroffen haben, der dort auch teilnimmt.

Mit diesen wenigen Arbeitsschritten sollte es Ihnen gelingen, ein ansprechendes Rahmenprogramm für Ihren Kongress auf die Beine zu stellen, an das sich womöglich mehr Teilnehmer erinnern werden, als an so manchen Vortrag.

EINIGE WOCHEN VORHER

Nun steht das Programm, zahlreiche Teilnehmer sind angemeldet; die heiße Phase der Kongressvorbereitung beginnt. Ab jetzt sollten Sie sich folgenden Aktivitäten widmen:

Tagungsbüro

Bei allen Kongressen gibt es ein Tagungsbüro, das die Unterlagen ausgibt und als erste Ansprechadresse für Teilnehmer und Referenten sowie bei allen auftretenden Problemen fungiert. Das Tagungsbüro ist Ihr Aushängeschild; suchen Sie sich daher für diese Funktionen unbedingt Leute, die diese Rolle souverän ausfüllen: Sie müssen auch in hektischen Situationen die Ruhe bewahren, serviceorientiert denken, sie sollten über ausreichend Sprachkenntnisse verfügen und auch besonders freundlich und verbindlich auftreten können. Ganz wichtig: Schwören Sie Ihr Personal auf Freundlichkeit ein, die Teilnehmer sollen sich schon hier willkommen fühlen. Leiten Sie Ihr Tagungsbüro detailliert an, statten Sie es mit allen Informationen (wie Rufnummern eines Arztes, der Taxiunternehmen, der Flug- und Bahnauskunft etc.) und Hilfsmitteln (mehrere Laptops mit schneller Internetverbindung, Fax, [Mobil-]Telefon, Kopierer) aus, damit Anfragen rasch und umfangreich gelöst werden können. Zu den Aufgaben des Tagungsbüros gehört unter anderem auch die Registrierung der Teilnehmer. Gerade zu Beginn der Veranstaltung kann es leicht zu Engpässen und Warteschlangen kommen, weswegen Sie Ihr Team vor allem zu diesem Zeitpunkt ausreichend groß gestalten sollten.

Fotograf

Zumindest für die üblichen Pressefotos und die Dokumentationen (der Eröffnung, von Pausenszenen sowie den Social Events) sind Fotografen zu engagieren. Sehen Sie mit diesem auch etwaige Termine für Gruppenfotos vor.

Teilnehmerunterlagen

Etwa zwei Wochen vorher sollten die Teilnehmerunterlagen gedruckt und in einer Tagungsmappe bzw. Tagungstasche zusammengestellt sein. Zu den Teilnehmerunterlagen gehören üblicherweise:

- Teilnahmebestätigung
- Ggf. Teilnehmerliste

- Aktuelles Programm (dieses sollte nun auch mögliche kurzfristige Änderungen, z.B. infolge einer Krankheit eines Referenten, enthalten; die ggf. beim Ausgeben der Unterlagen dazugelegt werden)
- Kurzzusammenfassung (Abstract-Band) oder Publikation der einzelnen Beiträge – diese können Sie auch auf CD brennen
- Information zum Tagungsort: Sehenswürdigkeiten, Restaurants, Supermärkte etc.; ggf. auch allgemeine Informationen zu Ihrem Institut oder Lehrstuhl
- Stadtplan mit der Lage des Veranstaltungsgebäudes, des Bahnhofs, des Stadtzentrums etc.
- Schreibblock und Stifte (werbewirksam mit Kongresslogo oder aber Sponsorenlogo)
- Ggf. kleine Werbegeschenke

Pressearbeit. Um eine rege Beteiligung am Kongress und auch Pressebesuche während des Kongresses zu ermöglichen, sollten Sie frühzeitig (etwa 10 Tage vor Kongressbeginn) Informationen an die Pressestelle Ihrer Universität geben (ggf. auch direkt an Presseverteiler, siehe Abschnitt 21.4). Darüber hinaus sollte Ihr Kongress in der Rubrik 'Termine, Tagungen und Kongresse' auf der Homepage des universitären Veranstaltungskalenders landen. Gegebenenfalls macht eine Pressekonferenz Sinn (bspw. wenn Sie eine Neuheit präsentieren; vgl. Abschnitt 21.5). Diese sollten Sie allerdings mit der Pressestelle der Universität abstimmen.

EINE WOCHE VOR KONGRESSBEGINN

Stellen Sie nochmals sicher, dass die benötigten Räume und die Technik definitiv reserviert sind, dass ggf. zusätzliche Reinigungsteams bestellt sowie etwaige Wachdienste über die Tagungszeiten informiert sind. Schließen Sie die Vorbereitung Ihrer eigenen Begrüßungs- oder Festreden sowie möglicher Vorträge ab. Sie werden in den letzten Tagen komplett absorbiert sein und dafür keine Zeit mehr haben.

EINEN TAG VOR KONGRESSBEGINN

Die **Ausstellungen** werden aufgebaut. Sie sollten einen ersten Rundgang durch die Ausstellung machen und die Firmen- und Forschungspartner begrüßen. An diesem Tag sollten Sie auch dafür sorgen, dass die Tagungsräume ggf. mit dem gewünschten **Blumenschmuck** und der Dekoration ausgestattet werden. Lassen Sie von Ihrem Organisationsteam die **Plakate**, Banner und Wegweiser aufhängen.

Besprechen Sie mit dem **Organisationsteam** nochmals alle Einzelschritte des Ablaufs, um ggf. letzte Ergänzungen oder Änderungen vornehmen zu können. Sollten sich kleinere Änderungen des Programms (bedingt durch Absagen von Vortragenden) oder Verschiebung von Programmteilen ergeben haben, sollten Sie diese über die Website und am schwarzen Brett kund tun sowie auch als Info-Sheet den Tagungsmappen beifügen.

Klären Sie, ob die gewünschte **Technik** vorhanden ist, und lassen Sie Funktionstests durchführen. Dies betrifft insbesondere:

- Beamer
- Laptops
- Laserpointer

- Lichttechnik und Verdunkelung
- Akustik (Lautsprecher und Mikrophon)
- Ggf. Klimaanlage
- Stellwände für Poster u.a.

Am Vorabend des Kongresses treffen die ersten **Teilnehmer** ein. Sie sollten ab jetzt für diese Gäste als Ansprechpartner und Repräsentant zur Verfügung stehen und nur noch bei solchen Problemen aktiv werden, deren Lösung Sie nicht delegieren können. Insbesondere um Ihre **VIPs** sollten Sie sich intensiv kümmern. Gehen Sie auf dem Kongressgelände umher, schauen Sie sich die Ausstellungen, die gerade fertig gestellt werden, an und sprechen Sie mit den Ausstellern. Ihre Präsenz wird ab jetzt überall erwartet!

AM (ERSTEN) TAG DES KONGESSES

Ihr **Tagungsbüro** nimmt seinen Betrieb auf. Seien Sie vor endgültigem Beginn des Kongresses unbedingt nochmals vor Ort, und sprechen Sie aktuelle Punkte (z.B. Änderungen im Ablauf) mit den entsprechenden Mitarbeitern ab. Hinterlegen Sie bei diesen auch Ihre Mobilfunknummer, um im Ernstfall (zumindest per SMS) ständig erreichbar zu sein.

Wenige Stunden vor dem Eintreffen des Gros der Teilnehmer (in der Regel morgens) sollten Sie alle Räume sowie die Zugänglichkeit des Geländes überprüfen (eine unerwartet eingerichtete Baustelle könnte zu Schwierigkeiten führen). Achten Sie dabei auf ...

- die richtige Anbringung der Hinweisschilder (Räume, WC, Verpflegung etc.), die den Teilnehmern eine reibungslose Ankunft ermöglichen.
- den Zustand der Sauberkeit.
- die korrekte Aufstellung der Stühle, der Tische und des Rednerpults (gewünschte Anordnung im Raum, Sichtbarkeit der Präsentationsflächen).
- die Aufbereitung der Stellwände, Informationsstände- und Informationstische bei den Ausstellern.
- die Einrichtung der Informationstafel / schwarzes Brett für aktuelle Informationen (wie Programmänderungen, Nachrichten von Teilnehmer zu Teilnehmer, verlorene Gegenstände etc.).
- Vorhandensein der Informationsblätter mit aktuellen Programmänderungen an den Hauptwegen sowie an den betreffenden Raumtüren.
- Getränke an den Rednerpulten.
- Bereitliegen der Gastgeschenke für die Redner und Referenten.

22.2.4 Durchführung: Während des Kongresses

Im Folgenden finden Sie die wesentlichen Gesichtspunkte, die Ihrerseits während des Kongresses berücksichtigt werden sollten:

Gehen Sie in regelmäßigen Abständen zu Ihrem Tagungsbüro und halten Sie sich an dieser Schaltzentrale auch vor den einzelnen Vortragsblöcken auf, da dort alle wichtigen Hinweise (ein Chair hat kurzfristig abgesagt und Ersatz ist gefragt, jemand brauchte Erste Hilfe u.ä.) und natürlich alle

Teilnehmer ankommen werden. Vor allem Ihre wichtigen Persönlichkeiten und Referenten können Sie so gut in Empfang nehmen – und übrigens: Sie sollten sie während der Veranstaltung in guten Händen wissen (bspw. einen Mitarbeiter 'abstellen', der diese umsorgt und zu den Räumen geleitet). Versuchen Sie nach Möglichkeit, bei allen Veranstaltungen Präsenz zu zeigen und beteiligen Sie sich durchaus auch an Diskussionen. Nehmen Sie sich vor und während der Veranstaltung auch Zeit, durch die Ausstellung zu gehen, und treten Sie durch diese persönliche Begehung mit den Ausstellern in direkten Kontakt – möglicherweise ergeben sich dadurch interessante Kooperationen und gemeinsame Projekte.

In jedem Raum sollte nun ein Ansprechpartner zur technischen Unterstützung zur Verfügung stehen. Checken Sie dies bzw. lassen Sie es überprüfen. Stellen Sie ebenfalls sicher, dass Ihre jeweiligen Chairs auch auf der Tagung bzw. vor ihren Sessions im Raum sind und geben Sie ihnen ggf. noch eine kurze Information über aktuelle Gegebenheiten (bspw. Programmänderungen).

Sorgen Sie dafür, dass Ihre Informationsmedien (schwarzes Brett, Homepage etc.) stets auf dem aktuellsten Stand sind – auch wenn es sich nur um kleine Änderungen handelt. Sie zeigen dadurch Ihr Engagement und rasches Reagieren. Und wenn mal etwas schief geht, beispielsweise das Buffet wider Erwarten nicht schmeckt oder in seinem Umfang völlig fehlkalkuliert ist (bspw. zu wenig da ist), improvisieren Sie. Nutzen Sie die Chance, mit Ihrem Improvisationstalent und Pannenmanagement unvergesslich zu sein, beispielsweise weil es Ihnen gelang, binnen 30 Minuten 300 Personen mit Pizza zu versorgen.

22.2.5 Nach der Veranstaltung

Nachdem alle Teilnehmer abgereist und ein paar Tage ins Land gegangen sind, sollten Sie sich bei den Rednern, den Sponsoren und vor allem Ihrem Team, das die gesamte Arbeit hatte, **bedanken**. In einigen Fällen wird erwartet, dass Sie an den Dekan, Rektor oder die Fachgruppe einen **Bericht** abgeben. Nachdem Sie auch dieser Pflicht nachgekommen sind, bleibt Ihnen nur noch, die Abrechnungen anzugehen und die Fotografien, die während des Kongresses gemacht wurden, zu genießen – und diese ins Netz zu stellen.

Checkliste
zur Planung eines Kongresses

Als Organisationsteam haben Sie in der Vorbereitung des Kongresses folgende To-dos:

Zwei Jahre vorher

- ✓ Inhalt und Zielsetzung des Kongresses festlegen
- ✓ Zielgruppen bestimmen (Abschätzung der Teilnehmerzahl)
- ✓ Termin und Räumlichkeiten festlegen
- ✓ Falls Sie Ihren Kongress in einem Kongresszentrum veranstalten wollen, gilt es, einen Vorvertrag abzuschließen
- ✓ Ggf. professionellen Anbieter für Kongressorganisation engagieren
- ✓ Ggf. Terminanfrage bei wichtigen Persönlichkeiten
- ✓ Terminvorankündigung (bei großen internationalen Kongressen)

Forts.

Eineinhalb Jahre vorher

- ✓ Programmkomitee und Organisationsteam er- und benennen
- ✓ Grobes Programm aufstellen
- ✓ Marketingstrategie festlegen
- ✓ Budgetplanung: für die Kalkulation müssen Angebote zu Catering, Eröffnungsfeier (sog. Welcome Reception), Abschlussfeier (sog. Farewell Banquet), Rahmenprogramm, Druckereien, Raumausstattung, Posterstellwände etc. eingeholt werden
- ✓ Anträge an Sponsoren stellen, Aussteller anfragen

Ein Jahr im Voraus und weniger

- ✓ Kongress ausschreiben und entsprechende Website einrichten (und diese natürlich ständig aktualisieren)
- ✓ Beitragsbearbeitung:
  - o Deadline für die Einreichung der Beiträge ca. acht Monate vorher
  - o Entscheidung des Programmkomitees über die finalen Beiträge ca. sechs Monate vorher (Bearbeitungszeit der Beiträge / Aufbereitung für das Programmkomitee: ca. vier Wochen)
  - o Danach ca. sechs Wochen, bis das Programm fertig gestellt ist
  - o Finales Programm (inkl. Abstracts als PDF) ins Netz: vier Monate vorher; E-Mail mit finalem Programm an alle Teilnehmer versenden
- ✓ Technik bestellen
- ✓ Pressearbeit anstoßen
- ✓ Marketing beginnen (Werbematerial, Printmedien erstellen)
- ✓ Teilnehmerunterlagen (Tagungsmappen) erstellen

Checkliste
zum Anleiten des Organisationsteams eines Kongresses

Dem Organisationsteam (Mitarbeitern im Tagungsbüro sowie in den Kongressräumen) sollten Sie Folgendes aushändigen:

- ✓ Dienstpläne mit Zuständigkeiten
- ✓ Aufgabenliste (siehe unten)
- ✓ Übersicht über den Programmablauf
- ✓ Liste mit wichtigen Telefonnummern (Techniker, Hausmeister, Ärzte, Taxi etc.)
- ✓ Handys oder Funkgeräte
- ✓ Anleitungen für die Laptophandhabung

Forts.

- ✓ Stadt- / Ortspläne
- ✓ S-Bahn-Plan u.ä.
- ✓ Erste-Hilfe-Box, Taschentücher, ggf. Kopfschmerztabletten etc.

Aufgaben des Organisationsteams 'Vortragsräume' umfassen

- ✓ Räume auf- und zuschließen sowie ggf. arrangieren (falls dies nicht von Externen übernommen wird). Je nach Veranstaltungsart Stühle mit oder ohne Tischen anordnen.
- ✓ Beaufsichtigung der Räume (auch in den Pausen)
- ✓ Funktionstest der Präsentation des jeweils Vortragenden vor den Veranstaltungen bzw. in den Pausen
- ✓ Ansprechpartner sein und Hilfestellungen geben (bspw. wenn jemand einen Internetzugang benötigt)
- ✓ Geräte auf- und abbauen; bei Gerätedefekten oder ernsthaften Problemen Tagungsbüro / Technikhotline anrufen
- ✓ Als 'Türsteher' darauf achten, dass niemand ohne Namensschild (ergo ohne Kongresszugang) den Kongressbereich betritt

Aufgaben des Organisationsteams 'Posterhalle' umfassen

- ✓ Posterwände gemäß Skizze aufstellen
- ✓ Poster nummerieren
- ✓ Erstellen einer Übersicht / 'Landkarte' mit Informationen darüber, wo welche Posternummer zu finden ist
- ✓ Teilnehmern beim Aufhängen ihrer Poster helfen (Klebestreifen mitnehmen)
- ✓ Nach jeder Postersession alle Poster entfernen (sofern die Teilnehmer sie nicht mitgenommen haben), sodass die neue Postersession beginnen kann

Aufgaben des Organisationsteams 'Tagungsbüro' umfassen

- ✓ Jedes Problem lösen (entweder selbst oder via Delegation); dazu festlegen, wer das Sagen hat, wer wem delegieren darf
- ✓ Am Einlass: Teilnehmernamen erfragen, mit Listen abgleichen / prüfen und entsprechende Teilnehmermappe ausgeben
- ✓ Freundlichkeit und Herzlichkeit verbreiten: Die Teilnehmer sollen sich schon hier willkommen fühlen
- ✓ Unterstützung der sonstigen Mitarbeiter (z.B. durch Springerdienste, telefonische Erreichbarkeit)

Forts.

Dienstpläne der HiWis könnten so aussehen (Beispiel: Vortragsraum-HiWis)

DIENSTZEITEN FÜR MITTWOCH, 20. JULI

Vormittagsschicht

- Treffen um 10.00 Uhr am Conference Office
- Aufbau der Beamer und Laptops bis 10.30 Uhr
- Ab 10.30 Uhr im Raum warten, um die Präsentationen mit den Vortragenden auf die Rechner zu ziehen und zu checken, ob alles läuft
- Ab 11.10 Uhr Start der Voträge
- Ab 12.25 Uhr während der Mittagspause im Raum bleiben und evt. weitere Präsentationen auf die Rechner ziehen
- Gegen 14.00 Uhr noch während der Pause Raumübergabe an Nachmittagsschicht

Nachmittagsschicht

- Spätestens 14.00 Uhr Raumübergabe vom Vorgänger
- Restliche Präsentationen auf die Laptops ziehen
- Ab 14.15 Uhr Fortsetzung der Vorträge
- Ab 15.55 Uhr während der Kaffeepause im Raum bleiben
ACHTUNG: Nach der Pause neue Veranstaltung!
- Präsentation der neuen Veranstaltung auf Laptops ziehen und checken, ob alles läuft
- Ab 16.30 Uhr Start der neuen Vortragsveranstaltung
- Ab 18.30 Uhr Geräte abbauen, Räume abschließen

Raum	10.00 Uhr – ca. 14.00 Uhr	14.00 Uhr – ca. 18.45 Uhr
001	Max	Nadine
002	Paul	Gustav
003	Emil	Carolin
004	Claudia	Henry
005	Peter	Teresa

22.3 Ausrichten spezieller Veranstaltungen eines Instituts

Neben wissenschaftlichen Fachveranstaltungen wie Kongressen, Tagungen und Konferenzen haben Sie möglicherweise noch weitere Veranstaltungen, die Sie (mit) organisieren müssen: Fakultätsfeste, Lehrstuhlfeiern (siehe Social Events des Lehrstuhls in Kapitel 5), Absolventenfeiern, Preisverleihungen – all dies sind Beispiele für 'interne' Events bzw. solche mit Ihren Mitarbeitern, Kollegen und oder Studierenden, die Universitätsalltag sind. Darüber hinaus gibt es aber auch Veranstaltungen, die explizit der Neugewinnung von Mitarbeitern und Studierenden dienen, wie beispielsweise der klassische Tag der offenen Tür, die Kinder-Uni, Nacht der Wissenschaften, Girls-Day, Recruiting-Veranstaltungen und vieles mehr. Damit Ihnen die Ausrichtung Spaß macht und die jeweiligen Veranstaltungen im Endeffekt auch ihren Zweck erfüllen, sollten Sie sie gezielt vorbereiten. Im Folgenden finden Sie am Beispiel der Absolventenfeier (Abschnitt 22.3.1) und dem eines Recruiting-Tags (Abschnitt 22.3.2) die wichtigsten Eckdaten, um solche Veranstaltungen erfolgreich und zugleich pragmatisch zu gestalten.

22.3.1 Spezialfall 'Absolventenfeier'

Die meisten Fakultäten oder größeren Institute richten alljährlich eine Absolventenfeier aus, bei der den Absolventen in feierlichem Rahmen ihre Zeugnisse überreicht werden. Nehmen wir an, Sie würden mit der Ausrichtung dieser Feier betraut werden – was hätten Sie zu tun? Was wäre zu bedenken? Wie immer steht und fällt der Erfolg dieser Veranstaltung mit der Vorbereitung. In diesem Zuge sollten Sie sich vorab um Folgendes kümmern:

Ziel und Zweck. Klären Sie zunächst einmal für sich oder mit Ihren Kollegen, was Ziel der Veranstaltung sein soll: Geht es nur darum, die Zeugnisse ordnungsgemäß auszuteilen oder möchten Sie den Absolventen eine runde Feier bieten, sodass sie beschwingt und mit positiven Erinnerungen die Uni verlassen? Vielleicht ist es Ihnen ja auch ein Anliegen, die Eltern und Familien miteinzubeziehen, indem Sie zugleich auch Ihr Institut, die Fakultät vorstellen oder das Studium erklären? Möglicherweise gewinnt auch der Förder- oder Alumniverein auf diese Weise an Mitgliedern.

Termin und Raum. An erster Stelle steht die Auswahl und Buchung eines geeigneten Raumes. So simpel das auch erscheinen mag – Sie müssen für diesen Schritt dennoch etwas Vorarbeit leisten. Damit Sie am Ende nicht zu viele Menschen in einem zu kleinen Raum haben (oder umgekehrt), sollten Sie grob schätzen können, wie viele Personen vermutlich teilnehmen werden (Einen Richtwert ermitteln Sie am besten aus der letzten Feier; notieren Sie sich daher immer die Teilnehmerzahlen!). Ebenso brauchen Sie eine Terminvorstellung, um die geeigneten Räumlichkeiten verbindlich reservieren zu können. Wegen der An- und Abreise der Angehörigen, sind Freitage oder Samstage besonders geeignet.
Für die Raumreservierung empfiehlt es sich auch, das Rahmenprogramm im Hinterkopf zu haben. Brauchen Sie beispielsweise für musikalische Beiträge eine Bühne, auf der ausreichend Instrumente Platz finden? Möchten Sie im selben Raum ein Buffet aufbauen oder soll dies lieber in einem angrenzenden Raum stehen (wäre besser, da zeitlich unabhängiger vorbereitbar)? Bedenken Sie auch die Deko (Blumenschmuck), ggf. Werbetafeln über Ihre Fakultät / Ihr Institut, angebundene Einrichtungen oder die Sponsoren. Des Weiteren sind namentliche Sitzplatzkarten für Absolventen unerlässlich und sollten in der Reihenfolge ihres Aufrufs zur Zeugnisabgabe angeordnet sein. Vergessen Sie nicht die Platzkarten für alle aktiv Beteiligten wie Redner, Professoren, Presse etc.!

Catering. In der Tat ist das leibliche Wohl ein zentraler Planungspunkt. Was soll es geben? Sekt und Schnittchen, ein Buffet, eine Gulaschkanone oder doch lieber nur Getränke? Oder wollen Sie das Essen vielleicht im Anschluss an die feierliche Veranstaltung in einem Restaurant stattfinden lassen und einen entsprechenden Unkostenbeitrag von jedem Absolventen einziehen? Vielleicht gibt es an Ihrem Lehrstuhl aber auch ein 'ungeschriebenes Gesetz', dass sich jeweils die nächstjährigen Absolventen um das Catering kümmern. Oder wie wäre es, dieses »Gesetz« einfach ins Leben zu rufen?

Ablauf. Neben Getränken und Verzehr gilt es auch, sich ein Programm bzw. den Ablauf zu überlegen. Es sollte dem feierlichen Rahmen der Veranstaltung gerecht, nicht aber langatmig werden und etwa 90 Minuten dauern. Der Ablauf gliedert sich in folgende Elemente:

- **Einklang.** Lockeres Eintreffen der Gäste mit Sektempfang (halten Sie auch nicht-alkoholische Getränke bereit). Hierfür brauchen Sie in jedem Fall ein Team, das sich um Aufbau, Verteilung der Getränke und später um das Abräumen derselben kümmert (vielleicht Hiwis oder externes Catering).
- **Eröffnungsrede.** Der Gastgeber bzw. 'Hausherr' (Dekan, Studiendekan oder Institutsvorstand) moderiert typischerweise durch die Veranstaltung und hält auch die Eröffnungsrede. Informieren Sie die entsprechende Person rechtzeitig über den Termin und halten Sie ggf. einen Ersatzredner bereit, falls dem eigentlichen Sprecher aufgrund akuter Ereignisse etwas dazwischen kommen sollte. Die Eröffnungsrede sollte 5 bis 10 Minuten dauern und folgendes umfassen: Den Anlass, den Inhalt bzw. Ablauf der Veranstaltung, zwei bis drei unterhaltsame Aspekte sowie eine Überleitung zum nächsten Programmpunkt.
- **Weitere Reden / Vorträge.** Vielleicht können Sie ja einen Kollegen oder ehemaligen Absolventen zu einer Art Keynote-Speech überreden? Für die Angehörigen ist es oftmals sehr beeindruckend, eine etwaige Vorstellung von dem zu bekommen, was Tochter oder Sohn da eigentlich gelernt haben. Beispielsweise wäre ein Vortrag nett, der die Inhalte des Studiums allgemeinverständlich zusammenfasst und einen kleinen, mit Anekdoten gewürzten Ausblick gibt auf das, was sich nun damit anfangen lässt. Klären Sie mit Ihren Rednern auch, wer wie lange und zu welchem Thema sprechen soll, damit es keine Doppelungen bzw. Längen gibt.
- **Andere Programmbeiträge.** Vielleicht befinden sich unter Ihren Absolventen Musiker, Zauberer oder Schauspieler, die Sie als Auflockerungselement der Veranstaltung zu einem kleinen Auftritt überreden können. Auch hier gilt: kümmern Sie sich rechtzeitig darum, denn Ihre Künstler werden sich vermutlich auf Ihren Auftritt vorbereiten wollen (etwa zwei Monate im Voraus). Denkbar ist auch, dass die Fachschaft oder Mittelbau-Vertreter ein Video oder eine Büttenrede als Jahrgangs-Rückblick zusammenstellen oder auch durch die Uni-Band oder das Uni-Kammerensemble ein musikalischer Rahmen geschaffen wird. Sprechen Sie aber mit all diesen Aktiven im Vorfeld, um ein stimmiges und niveauvolles Programm zu garantieren – Sie sind es den Absolventen und Ihrer Außendarstellung schuldig!
- **Zeugnisausteilung.** Klären Sie, wer die Zeugnisse austeilen (bspw. der Institutsvorstand) und wie dieser Akt vonstattengehen soll. Soll jeder Studierende einzeln aufgerufen werden und nach vorne kommen (Achtung: das kostet viel Zeit!)? Oder wollen Sie vielleicht die Variante wählen und alle nach vorne bitten und dann jeden Studierenden einzeln mit einem Zeugnis beglückwünschen und verabschieden? Bei großen Jahrgängen können Sie die Absolventen auch in Vierer-Gruppen aufrufen. Wollen Sie dazu vielleicht im Hintergrund eine PowerPoint-Präsentation mit Fotos und Namen der Studierenden laufen lassen? Sie können den Absolventen auch ein kleines Geschenk mitgeben, beispielsweise einen Memorystick mit dem Logo der Uni, eine CD mit den Beiträgen der Feier oder ähnliches. Auch hier gibt es wieder viele Möglichkeiten!

- **Preise.** Zumeist werden in diesem Zug die drei besten Absolventen mitsamt Masterarbeitstitel und Gesamtnote genannt. Sie bekommen ein zusätzliches Präsent überreicht (bspw. ein Buch oder einen kleinen Blumenstrauß) und ggf. auch ein Zertifikat / Abschlussjahrgangsranking, dem zu entnehmen ist, dass sie zu den Besten gehören (eignet sich hervorragend für deren anstehende Bewerbungen).
- **Ausklang.** Abschließend ist ein lockerer Umtrunk gern gesehen, sofern Sie nicht gleich ins Restaurant weiterziehen. Dies ist in der Regel der letzte offizielle Programmpunkt, bei dem Sie Ihre Small Talk-Fähigkeiten (siehe Abschnitt 24.3) unter Beweis stellen können / müssen, denn viele der Gäste werden es sich nicht nehmen lassen wollen, den Professor, bei dem die Tochter ihre Abschlussarbeit geschrieben hat, einmal persönlich kennen zu lernen. Sie können diesen Ausklang mit und ohne Catering / Imbiss gestalten. Sie sollten aber bereits in der Einladung ankündigen, wie Sie dies handhaben werden, sodass die Teilnehmer ihren Hunger zu dosieren wissen.

Je nachdem, welches Programm Sie nun geplant haben, sind die entsprechenden Unterlagen sowie die Geschenke für die Absolventen (und ggf. Künstler für das Rahmenprogramm) vorzubereiten. An mindestens einen guten Fotografen sollten Sie ebenfalls denken. Nicht zuletzt freuen sich die Angehörigen sehr, wenn Sie nach der Übergabe von Zeugnis bzw. Preisen Zeit für ein Foto einplanen und dazu die Absolventen entsprechend auf der Bühne platzieren.

Einladung. Wenn Sie all die bis hierher genannten Eckdaten haben, können Sie mit der Bearbeitung der Einladung beginnen. Auch das klingt zunächst recht banal, ist es jedoch insofern nicht, als dass Sie unbedingt sicherstellen müssen, dass kein Studierender vergessen wird. Vielleicht gibt es an Ihrem Lehrstuhl oder seitens Ihrer Universität bereits Vorlagen für derartige Veranstaltungseinladungen, die nur noch aktualisiert werden müssen. Ansonsten sollten Sie inhaltlich folgende Aspekte erwähnen:

- Anrede des Adressaten, Grund der Einladung
- Datum, Ort und zeitlicher Beginn der Veranstaltung sowie auch deren etwaiges Ende
- Programmablauf (inklusive Angabe zur Verpflegung)
- Bitte um Antwort mit verbindlicher Anmeldung der teilnehmenden Personen (wichtig für Ihre Planung von Verköstigung, Bestuhlung des Raums etc.)

Informieren Sie die Presse, erstellen Sie eine Pressemappe und laden Sie ggf. die Presse vor dem Einklang zu einer kurzen Informationsrunde ein (vgl. Abschnitte 21.4 und 21.5).

Nachbereitung. Mit einer strukturierten Nachbereitung einer wiederkehrenden Veranstaltung können Sie sich einen immensen Teil der Vorbereitungsarbeit sparen und das gesamte Konzept verbessern! Reflektieren Sie daher im Anschluss an die Absolventenfeier:

- Was lief besonders gut? Wofür gab es z.B. explizites Lob?
- Was lief leider nicht so gut? Womit waren Sie nicht zufrieden? Was soll beim nächsten Mal anders laufen?
- Gab es Koordinationsprobleme oder andere Schwierigkeiten?
- Holen Sie sich Meinungen der Gäste und Ihrer Mitarbeiter / Kollegen ein: Wie sehen bzw. sahen sie die Veranstaltung? Welche Anregungen gibt es?

Notieren Sie sich dann, was Sie konkret ändern möchten und was Sie dafür tun müssen (bspw. Dekan bereits drei Monate vor geplanter Veranstaltung einladen) und vermerken Sie entsprechende Termine, Deadlines und Dokumente in Ihrem Kalender und Arbeitssystem.

Auch wenn diese Aufgaben erst mal umfangreich erscheinen, eine gut geplante und erfolgreiche Veranstaltung lohnt sich allemal. Die Teilnehmer behalten ihre Abschlussfeier in guter Erinnerung, die Eltern spüren professionelles Vorgehen und Sie ernten Anerkennung. All dies ist den Aufwand wert!

22.3.2 Spezialfall 'Recruiting-Tag'

Gehören Sie mit Ihrem Fach auch zu denjenigen, die sich Gedanken machen müssen, ob und wie Sie an ausreichend neue Erstsemestler bzw. Master-Studieninteressenten kommen? Oder vielleicht lehren Sie Fächer, die zu wenig Nachwuchs im Doktorandenbereich haben, weil ihre potenziellen Absolventen in die Praxis / Industrie abwandern oder sich selbständig machen? Wenn Sie sich damit nicht abfinden, sondern aktiv werden und auf Ihr Fach und die interessanten Möglichkeiten, die es bietet, aufmerksam machen wollen, dann könnten Sie eine Veranstaltung wie beispielsweise einen Recruiting-Tag ausrichten.

Ein Recruiting-Tag stellt eine einmalige oder sich auch in einem bestimmten Turnus (jährlich oder alle 2 Jahre) wiederholende Veranstaltung dar, in der die 'recruitierende Organisation' (also Sie) ihr Fachgebiet oder ein besonderes Thema aus ihrem Tätigkeitsbereich für die Öffentlichkeit oder spezielle Zielgruppen vorstellt. Eine solche Veranstaltung kann von einer Universität, einer Fakultät oder auch einem einzelnen Institut organisiert werden und sollte der Zielgruppe (Schülern, Studierenden oder Absolventen) die Chance bieten, nicht nur einen Blick in die Institutsgebäude, Hörsäle und Labore zu werfen, sondern auch den Wissenschaftlern vor Ort Fragen zu ihrem Arbeitsalltag und Erfahrungen sowie zu konkreten Einstiegsmöglichkeiten zu stellen. Für den Fall, dass Sie beabsichtigen, eine solche Veranstaltung anzubieten, ist im Vorfeld eine Vielzahl von Aspekten zu bedenken. Im Einzelnen geht es hierbei um:

Ziel und Zweck. Bevor Sie mit jedweder konkreter Planung beginnen, ist zu klären, zu welchem Zweck die Veranstaltung durchgeführt werden soll. Fragen Sie sich dazu, was Ihre Motivation ist, den Recruiting-Tag einzuberufen und was sein Ergebnis sein soll. Kommen Sie mit dem Recruiting-Tag lediglich der Aufforderung Ihrer Uni nach, einen solchen zu veranstalten? Wenn dem so wäre, würden Sie trotz Ihres Aufwands, viele Chancen vertun. Ein Recruiting-Tag kann Ihnen viel mehr bringen als das bloße Erfüllen von Erwartungen (bspw. seitens der Fakultät / Uni). Doch dies gelingt Ihnen nur mit einem klaren Ziel vor Augen und einer entsprechenden Ausrichtung des Ganzen. Zwei Aspekte sind besonders zu beachten:

- Es geht darum, die Veranstaltung so zu gestalten, dass sich Ihre Zielgruppe (Erstsemester, Mitarbeiter, Schüler etc.) angesprochen fühlt. Schreiben Sie daher die für Sie relevanten Zielgruppen (siehe unten) an, entwerfen Sie für diese jeweils ein spannendes Programm, mit dem Sie punkten können.
- Sie werden mit einem solchen Tag stets Werbung in eigener Sache betreiben – und die gilt es so gut zu machen, sodass sie Ihnen nutzt. Angefangen von der Universität, der Stadt, bis hin zu Wirtschaftsunternehmen oder Institutionen / Kliniken und Ihrer Scientific Community können Sie – sofern Ihr Marketing, Ihre Pressearbeit diesbezüglich stimmen – Ihr Renommee und Image stärken! Sorgen Sie daher für eine Außendarstellung, die Sie so darstellt, wie Sie es möchten.

Zielgruppe. Nach Festlegung des Ziels ist die Zielgruppe der Veranstaltung zu spezifizieren. Bei universitätsbezogenen Recruiting-Tagen zählen hierzu in der Regel folgende drei:

- **Nachwuchsmitarbeiter.** Hier gilt es, sich als potenzieller Arbeitgeber vorzustellen und den Absolventen anzubieten, Sie kennenzulernen: Im Laufe eines Recruiting-Tages für diese Zielgruppe sollten sich beide Seiten unmittelbar ein Bild von ihrem Gegenüber machen und prüfen können, ob die mögliche Zusammenarbeit etwas für sie wäre. Um Nachwuchsmitarbeiter zu gewinnen, können Sie den potenziellen Interessenten einen Einblick in Ihre wissenschaftliche Forschung, Ihr Netzwerk und Ihr Team gewähren und Ihren Recruiting-Tag natürlich auch international bewerben.
- **Studienbewerber.** Möglicherweise schreiben sich Personen teils deswegen nicht in ein / Ihr Fach ein, weil sie schlichtweg nicht wissen, dass es existiert und was es zu bieten hätte. Dies betrifft vor allem die Nischenfächer sowie solche, denen gegenüber Vorurteile bestehen (wie bspw. „Ist ein viel zu schweres / unbrauchbares Studium.", „Mit dem Fach bekommt man eh keinen Job.", „Die das studieren, haben doch eh alle einen Knall."). Interessenten werden aber auch durch die Befürchtung, keinen Studienplatz zu bekommen (z.B. wegen eines hohen NCs), von einer Bewerbung abgehalten. In beiden Fällen haben Sie also in Bezug auf die Gewinnung von Studierenden – Studienanfängern wie Masterstudierenden – die Möglichkeit, Aufklärungsarbeit zu leisten.
  Ein Hinweis: Im Zuge der Bemühungen, Masterstudierende für Ihren Fachbereich zu gewinnen, sollten Sie Ihr Marketing ausweiten und sich deutschlandweit bzw. ggf. auch international als attraktives Institut gegenüber den Studierenden präsentieren.
- **Schüler.** Sie können nicht früh genug damit beginnen, junge Menschen für Ihr Fach zu interessieren: Wer als Schüler bereits kennenlernt, was sich jenseits des Schulstoffs hinter einem Fach (z.B. Geschichte) und seiner Berufswelt (Archäologie) verbirgt, kann eher Motivation und Interessen entwickeln. Wer hier jedoch keine Perspektiven bekommt, wird vermutlich weder eigene Neigungen / Talente entdecken, noch sich gezielt auf ein Studienfach hin vorbereiten (z.B. durch Belegen entsprechender Leistungskurse). Im Rahmen eines Recruiting-Tags können Sie Schülern Ihre Begeisterung für Ihr Fach näher bringen und sie die Institution Universität sowie den Universitätsbetrieb kennen lernen lassen. Auch Abiturienten aus der Region könnten Sie gezielt ansprechen und ihnen einen Überblick über Ihr Fach, die Berufsaussichten und -varianten geben.

Termin. Den Termin der Veranstaltung sollten Sie ganz gezielt auswählen: Um möglichst vielen Interessenten die Teilnahme zu ermöglichen, sollte er für die jeweilige Zielgruppe günstig liegen (bspw. bei den Schülern außerhalb der Ferien, bei den Absolventen jenseits der Prüfungsperiode). Des Weiteren ist der Termin mit den vorgesehenen Referenten abzustimmen (Rektor oder Dekan der Universität, wissenschaftliche Mitarbeiter oder Gastredner). Schließlich sollten Sie den Termin so legen, dass keine konkurrierenden Veranstaltungen zeitgleich an Ihrer Uni stattfinden. Sollte dies doch der Fall sein, könnte auch eine Gemeinschaftsveranstaltung in Betracht gezogen werden.

Räumlichkeiten. Damit Sie am Ende nicht zu viele Menschen in einem zu kleinen Raum haben (oder umgekehrt), sollten Sie grob schätzen können, wie viele Personen vermutlich teilnehmen werden. Sollten Sie keine Erfahrungswerte bezüglich der Anzahl der Interessenten haben, bitten Sie die Teilnehmer um Anmeldung (v.a. wenn bspw. bei der Schülerzielgruppe ganze Klassen kommen wollen). Anschließend sind die Räumlichkeiten (Vorlesungssäle, Versuchseinrichtungen etc.) zu reservieren.

Einladung. Wenn Sie die bis hierher genannten Eckdaten spezifiziert haben (Ziel, Zielgruppe, Termin und Ort), können Sie die Einladung bearbeiten (vgl. Abb. 22.9 sowie das Beispieleinladungsschreiben im grauen Kasten). In dieser sollten Sie inhaltlich folgende Aspekte erwähnen:

- Anrede des Adressaten, Grund der Einladung / Nutzen für die potenziellen Gäste
- Datum, Ort und zeitlicher Beginn und Ende der Veranstaltung
- Kurze Programm- bzw. Ablaufinformationen, vor allem etwaige Höhepunkte nennen
- Sofern gewünscht: Verbindliche Zusagen einholen (dies ist wichtig für Ihre Planung von Verköstigung, Bestuhlung des Raumes etc., wenn Sie keine Erfahrungswerte haben)

BEISPIEL EINES EINLADUNGSBRIEFES AN EINE SCHULE

Sehr geehrte Frau Rektorin, sehr geehrter Herr Rektor,

wie viel Spaß das Berufsleben jungen Menschen macht, hat unter anderem damit zu tun, wie sehr die Berufstätigkeit ihren Vorstellungen und ihrem Können entspricht. Wir möchten daher Schülern die Möglichkeit geben, Einblicke in die Inhalte des Studiums und die praktische Arbeit eines Ingenieurs zu erhalten. Zu diesem Zweck laden der Lehrstuhl für Bauphysik der Universität Stuttgart (LBP) und das Fraunhofer-Institut für Bauphysik (IBP) Sie mit Ihren Schülerinnen und Schülern am 12. Oktober 201x auf dem Campus der Universität in Stuttgart-Vaihingen zum fünften 'Tag der Bauphysik' ein. Die Veranstaltung soll den Schülerinnen und Schülern der Baden-Württembergischen Gymnasien Gelegenheit geben, sich beruflich zu orientieren und speziell den Beruf des Bauingenieurs mit bauphysikalischer Ausbildung besser kennenzulernen. Aufgrund der besonderen Bedeutung, den Jugendlichen den Ingenieurberuf näherzubringen, wird die diesjährige Veranstaltung von der Initiative 'think-ing' (www.think-ing.de) unterstützt.

Ich möchte Sie bitten, den diesjährigen 'Tag der Bauphysik' den für das Fach Physik zuständigen Lehrkräften Ihres Gymnasiums bekannt zu geben. Das Programm der Veranstaltung liegt diesem Schreiben bei. Die aktuellen Informationen können unter www.tagderbauphysik.uni-stuttgart.de aufgerufen werden. Da wir auch dieses Jahr eine große Anzahl von Besuchern erwarten, wäre ich Ihnen für eine rechtzeitige Rückmeldung mit beiliegendem Antwortformular dankbar. Nur so kann die Teilnahme Ihrer Schülerinnen und Schüler bei der Planung des Tages berücksichtigt werden.

Mit freundlichen Grüßen

Abb. 22.9. Beispiel eines Werbeplakats zum Recruiting-Tag.

Je nach Zielgruppe gibt es verschiedene Wege, Ihre Einladung an die potenziellen Teilnehmer zu adressieren.

- **Schüler / Studienbewerber:** Sprechen Sie zu Beginn eines Schuljahres die Schulleitungen derjenigen Schulen an, die im Umkreis von 30 - 45 Minuten Fahrzeit zu Ihrer Universität liegen. Dabei ist es stets sinnvoll, eine Schule persönlich aufzusuchen oder telefonisch zu kontaktieren – Briefe sind meist nicht wirksam genug. Verschicken Sie ggf. nach dem Erstkontakt schriftliches Informationsmaterial, welches diese zum Werben verwenden können. Und: Lassen Sie sich die endgültige Teilnahme einer Klasse bzw. eines Jahrgangs bestätigen.
- **Nachwuchsmitarbeiter:** Schicken Sie etwa zwei Monate vor dem Veranstaltungstermin Plakate und Informationsmaterial an Lehrstühle (und ggf. Firmen) und Fachschaften anderer Unis, die zu den für Sie in Frage kommenden Fächern gehören. Natürlich sollten Sie auch die Studierenden der höheren Semester Ihrer eigenen Universität ansprechen – beispielsweise in den Lehrveranstaltungen. Nutzen Sie auch studentische E-Mail-Verteiler oder jene von Fachschaften, um national bzw. international zu Ihrem Recruting-Tag einzuladen. Um gut planen zu können, sollten Sie um verbindliche Anmeldungen der Teilnehmer bitten; am besten über ein Onlineformular auf Ihrer Internetseite (vgl. Software zur Anmeldung zu einem Kongress, Abschnitt 22.2.2). Es macht auch einen sehr guten Eindruck, auf der Website verlinkt über den gesamten Recruiting-Prozess zu informieren.

Informieren Sie ca. 10 Tage vor der Veranstaltung die Lokal- und Universitätspresse mit einer Pressemitteilung (vgl. Abschnitt 21.4).

Vorbereitung. Je nachdem, welches Programm Sie nun geplant haben, sind die entsprechenden Unterlagen sowie ggf. die Geschenke für eine mögliche Preisausschreibung vorzubereiten. Sehen Sie auch eine kleine **Info-Ausstellung** mit Werbetafeln über Ihr Institut, Postern über das Lehrangebot, die besonderen Stärken und Alleinstellungsmerkmale Ihres Instituts, eventuelle Mitveranstalter oder Sponsoren vor. An mindestens einen **Fotografen** sollten Sie ebenfalls denken, denn Bilder von Ihrer Veranstaltung sind sowohl als Erinnerung (z.B. auf Ihrer Homepage) als auch für Ihre Pressearbeit gern gesehen. Wenn Sie Ihre Teilnehmer zum Lesen Ihrer Poster, zu Gesprächen und einem längeren Verweilen animieren möchten, sollten Sie ein **Catering** vorsehen (Kaffeepausen, Mahlzeiten) – Hungrige bleiben nicht lange!

Ablauf / Programm. Der Erfolg der Veranstaltung steht und fällt mit dem Programm, das Sie für Ihre Zielgruppe konzipiert haben. Der Ablauf sollte dem Rahmen und Zweck der Veranstaltung gerecht werden, d.h. spannende Themen für die Zielgruppe müssen gefunden und auf diese zugeschnitten dargeboten werden: Bei der Zielgruppe 'Schüler' faszinieren Sie sicherlich nicht in erster Linie mit detailgenauen Fragestellungen Ihrer aktuellen Forschung, sondern eher mit einer fokussierten Veranschaulichung derselben sowie etwas 'Show' drumherum. Für die Zielgruppe 'Studienbewerber' ist zusätzlich spannend zu hören, welche beruflichen Chancen (Inhalte, Berufsbilder, Verdienst- und Karrieremöglichkeiten, Internationalität etc.) Ihr Fach nach jetziger Sicht in sich birgt. Potenzielle neue Mitarbeiter (Zielgruppe 'Nachwuchswissenschaftler') allerdings werden Sie auf allein diesem Wege vermutlich nicht gewinnen; für sie benötigen Sie vor allem die Aufbereitung Ihrer spannenden Forschungsthemen und -methoden. Und für die Masterstudierenden sollten natürlich detaillierte Informationen zum Studium und den damit verbundenen Berufsqualifikationen nicht fehlen. Unabhängig von der jeweiligen Zielgruppe sollte der Ablauf des Recruiting-Tags folgende Elemente enthalten:

- **Empfang.** Wie bei jeder Veranstaltung gilt auch hier: Der erste Eindruck zählt! Der Empfang muss daher perfekt organisiert sein und reibungslos ablaufen. Er beginnt in der Regel mit dem

Eintreffen der Teilnehmer sowie deren Registrierung. Wenn bereits hier warme und kalte Getränke mit etwas Gebäck bereit stehen, fühlen sich die Teilnehmer gleich wohl und Sie haben im Gegenzug deren positive Stimmung auf Ihrer Seite. Für diesen Service benötigen Sie in jedem Fall ein freundliches, kommunikatives Team, das sich um Aufbau, Verteilung der Getränke und später um das Abräumen kümmert. Je nach finanziellen Mitteln (oder Sponsoring, vgl. Abschnitt 22.2.1) könnten Sie hiermit HiWis oder ein externes Catering beauftragen.

- **Begrüßung.** Der Gastgeber (in der Regel der Institutsvorstand oder Dekan) eröffnet üblicherweise mit einer kurzen Ansprache und moderiert (oder ab hier dann auch der Verantwortliche des Recruiting-Tags) durch die Veranstaltung, d.h. kündigt andere Redner an, verweist auf Programmpunkte (vgl. Kapitel 9, Moderationsmethoden sowie Abschnitt 22.4, Reden halten).
- **Vorträge.** Nach der Begrüßung der Teilnehmer sollten Mitarbeiter des Lehrstuhls (oder wenn Sie es fakultätsintern gestalten: Mitarbeiter der beteiligten Lehrstühle), die einzelnen Arbeits- und auch Forschungsfelder vorstellen (in jeweils ca. 15 - 30minütigen Beiträgen).
  Die Zielgruppe 'Nachwuchswissenschaftler' sollte erfahren, worauf bei Ihnen als Arbeitgeber in Bewerberprofilen ein besonderes Augenmerk gelegt wird und wie ein Karrierestart bei Ihnen aussehen könnte, angefangen bei Studien- und Abschlussarbeiten über Projektarbeiten bis hin zur Festanstellung. Für die Zielgruppen 'Schüler und Abiturienten' wären Informationen zu den Inhalten des Studiums, dessen Aufbau und Dauer ebenso hilfreich, wie mögliche Hürden oder Schwierigkeiten (sie sollten auch erkennen können, wenn dieser Studiengang nichts für sie ist). Auch Ausblicke auf das spätere Berufsleben werden mit viel Interesse verfolgt. Die Vorträge müssen also unbedingt auf die jeweilige Zielgruppe zugeschnitten und für diese verständlich und interessant sein (mischen Sie die Zielgruppen folglich nicht). Insgesamt ist es geschickt, ehemalige Absolventen, die mittlerweile Mitarbeiter Ihres Lehrstuhls geworden sind, sprechen zu lassen, beispielsweise mit einem persönlichen Rückblick vom Studium bis zum Berufsleben, mit bisherigen Erfahrungen im neuen Job und ähnlichem. Da sie altersmäßig näher am teilnehmenden Studierenden bzw. Schüler sind, machen sie diesen eine Identifikation mit ihnen leichter. Achten Sie darauf, dass sich die einzelnen Referenten bezüglich ihrer Beiträge abstimmen, sodass es keine inhaltlichen Doppelungen gibt.
- **Führungen.** Eine Laborführung oder Besichtigung Ihrer Einrichtungen, die den Teilnehmern ein Bild Ihrer Aufgaben und Tätigkeiten und einen Einblick in die praktische Arbeit und Forschungstätigkeit vermittelt, sind für alle Zielgruppen zentrale Elemente eines Recruiting-Tags. Erfahrungsgemäß macht es Teilnehmern Spaß, aktiv die Forschungspraxis auszuprobieren, beispielsweise indem sie Demonstrations- und Vorführungsobjekte erleben, anfassen und sie ggf. auch anwenden oder durchführen können. Hierzu sollten Sie verschiedene Gruppenführungen oder Gruppenaufgaben anbieten, die jeweils unterschiedliche Schwerpunkte der Institutsarbeit vorstellen und beleuchten. Achten Sie darauf, dass jeder Teilnehmer ausreichend Auswahlmöglichkeiten hat.
  Die Größe und Kapazität der Besichtigungsobjekte und oder Laborräume sowie die Teilnehmerzahl bestimmen dabei sowohl die Anzahl der Gruppen als auch die jeweilige Gruppengröße. Die zur Verfügung stehende Zeit ist – samt einem Zeitpuffer, um eventuelle Pannen überbrücken zu können – entsprechend der zu besichtigenden Stationen (z.B. die Labore oder einen Demoraum) einzuteilen. Damit der Ablauf der Führungen planmäßig vonstattengeht, sollte jeder Gruppe ein Gruppenleiter (Mitarbeiter oder HiWi Ihres Lehrstuhls) zugeordnet werden, der den Weg zu den einzelnen Stationen kennt und auf die Einhaltung der Zeittaktung achtet. Eine Abstimmung der Gruppenleiter untereinander (per Handy) empfiehlt sich, um unnötigen Wartezeiten vorzubeugen.

Tipp: Es ist vor allem bei den Schülern wichtig, die Teilnehmer von Beginn an in das Programm einzubinden. Damit beispielsweise Schüler bei den Vorträgen aufmerksam zuhören, können Sie auch eine Art Quiz oder Preisausschreibung anbieten. Dazu könnten den Teilnehmern vor den Vorträgen Quizbogen mit einfachen Multiple-Choice-Fragen zu den Inhalten der Vorträge ausgeteilt werden – die Antworten liefern Sie und Ihr Team dann in den Vorträgen. Als Gewinne könnten Sie den besten dreien, fünfen oder zehn, die also die meisten Fragen richtig beantwortet haben, kleine, reizvolle fachbezogene Sachpreise (in der Physik z.B. ein Thermometer) in Aussicht stellen. Oder Sie verlosen – bei der Zielgruppe Nachwuchswissenschaftler – einen Besuch eines in fachlichem Bezug stehenden Orts (bspw. der Produktionsstätte Ihres Kooperationspartners). Industriepartner oder örtliche Banken sind beispielsweise oftmals gerne bereit, einen solchen Recruiting-Tag inklusive der Sachpreise finanziell zu unterstützen.

- **Ausklang.** Beim geselligen Ausklang des Tages sollte für Ihre Teilnehmer schließlich die Möglichkeit bestehen, Fragen an die Wissenschaftler loszuwerden und neue Kontakte zu knüpfen. Gestalten Sie diesen Teil so, dass die Teilnehmer mit einem guten Gefühl, vielen Ideen und ersten Adressen nach Hause gehen. Dies gelingt Ihnen neben einer angenehmen Atmosphäre und einem dezenten Catering vor allem in persönlichen Gesprächen mit den Teilnehmern, seien Sie also mit einer ausreichenden Anzahl von Gesprächspartnern anwesend und gehen Sie auch auf die Teilnehmer zu.

Tipp: Kein Programmpunkt sollte länger als 90 Minuten dauern, anderenfalls sind innerhalb jener Pausen (mit Getränken und Snacks) einzuplanen.

Nachbereitung. Eine strukturierte Nachbereitung erspart Ihnen gerade bei wiederkehrenden Veranstaltungen einen immensen Teil der Vorbereitungsarbeit und bietet gleichzeitig die Möglichkeit, das gesamte Konzept zu optimieren! Reflektieren Sie daher im Anschluss an die Veranstaltung:

- Was lief besonders gut? Wofür gab es z.B. explizites Lob und Zuspruch?
- Was lief leider nicht so gut? Womit waren Sie nicht zufrieden? Was soll beim nächsten Mal anders laufen?
- Gab es Koordinationsprobleme? Wenn ja, welche? Wie könnte man diese künftig vermeiden?
- Holen Sie sich Meinungen der Teilnehmer und Ihrer Mitarbeiter / Kollegen ein: Wie sehen bzw. sahen Sie die Veranstaltung? Welche Anregungen gibt es?

Notieren Sie sich dann, was konkret Sie ändern möchten und was Sie dafür tun müssen (bspw. künftig für die Führungen kleinere Gruppen planen, da es vor den Laborständen doch enger war als gedacht; einen anderen Fotografen engagieren) und vermerken Sie entsprechende Termine, Deadlines und Dokumente in Ihrem Kalender und Arbeitssystem.

Auch wenn diese Aufgaben zunächst umfangreich erscheinen: Eine gut geplante und erfolgreiche Veranstaltung lohnt sich allemal! Wenn sich Ihre Teilnehmer von Ihrer Veranstaltung angesprochen fühlen und Anregungen sowie neue Erkenntnisse oder Entscheidungshilfen für das künftige Studium bzw. den Berufseinstieg bekommen, behalten sie Sie in guter Erinnerung und berichten vermutlich Freunden und Bekannten von diesem Tag. Wenn Sie nun mittelfristig auch noch mehr Bewerber (Erstsemester, Praktikanten, Nachwuchswissenschaftler) haben, war all dies den Aufwand wert!

22.4 Reden halten bei akademischen Veranstaltungen (Beispiel 'Fest- und Tischreden')

Sie kennen vielleicht folgende Situation: Sie kommen morgens an Ihren Lehrstuhl, Ihre Mitarbeiter versammeln sich um Sie und gratulieren Ihnen zu Ihrem erfolgreichen Projektabschluss, den Sie am Vortag erreicht haben. Sekt steht bereit, und Sie müssen eine kurze Ansprache halten. Dann schießen Ihnen die Gedanken durch den Kopf: „Was sage ich? Wie ausführlich schildere ich den Projektinhalt, den Verlauf der Verhandlung? Wie beschreibe ich die konkrete Bedeutung dieses Projekts für den Lehrstuhl? Wen erwähne ich (bspw. weil er das Projekt unterstützt hat)? Wem muss ich sonst noch danken?" Oder Sie besuchen mit einer Gruppe aus Ihrer Fakultät eine andere Hochschule und wollen sich beim gemeinsamen Abendessen im Anschluss an die Tischrede des Gastgebers kurz für dessen Einladung bedanken. Was auch immer der Anlass zu Ihrer spontanen Rede sein mag; Ihr Ziel wird neben der Vermittlung Ihrer Message sicher auch sein, sich nicht zu blamieren. Doch wie lässt sich dies sicherstellen? In der Tat gibt es besonders talentierte Redner, denen Stegreifreden leicht fallen. Glücklicherweise gibt es aber für die weniger begabten unter uns auch ein paar Tricks, die man sich zu eigen machen kann und die einem als Redner dann zugute kommen.

Im Folgenden finden Sie Hinweise, wie Sie eine Rede professionell aufbauen und wie Sie Inhalte einer Rede ad hoc generieren – beispielsweise in dem Fall, dass Sie nur wenige Minuten Zeit oder vielleicht sogar gar keine Zeit für deren Konzeption haben und diese Aufgabe während des Redens leisten müssen. Zum Abschluss dieses Kapitels werden entsprechende Beispielreden abgebildet.

22.4.1 Aufbau einer Rede

Zu welchem Anlass auch immer Sie sprechen wollen oder müssen – eine Rede sollte den nachfolgend geschilderten Ablauf haben.

Begrüßung

- Begrüßen Sie die Anwesenden Gäste nach Rang (Klerus, Politik, Wissenschaft, Gastgeber), es sei denn, Sie wurden anmoderiert, dann können Sie die Begrüßung der Gäste weglassen, denn dies ist in der Regel die Aufgabe des Moderators. Zu weiteren Hinweisen rund um die Namensnennung in Ansprachen siehe grauer Kasten (zum Umgang mit Namen und Titeln im Schriftverkehr, siehe Abschnitt 23.2, in persönlichen Gesprächen siehe Abschnitt 24.1).
- Sollten Sie einen Ehrengast haben wie beispielsweise ein Geburtstagskind, sprechen Sie diese Person direkt an.

Einführung

- Drücken Sie zunächst Ihre Freude aus, dass Sie hier stehen und reden dürfen. Beispiel: „Ich freue mich, so viele vertraute Gesichter zu sehen; sich jedes Jahr hier wiederzusehen ist wie langjährige Freunde zu treffen, an unzählige schöne Diskussionen zurückzudenken ..."
- Inhaltlich können Sie dann auf folgende Fragen eingehen:
  - Warum rede ich hier?
  - Welche Rolle spiele ich?
  - Wie bin ich angekommen? (Ob mit der Deutschen Bahn oder einem bestimmten Gefühl – wenn es zum Kreis passt, können Sie durchaus so Ihren Einstieg wählen.)

- Machen Sie dem Publikum ggf. ein Kompliment. Um ein Beispiel zu geben: „In diesem Kreise vortragen zu dürfen, ist eine besondere Ehre – denn selten trifft man so viele Experten und Koryphäen auf dem Gebiet des xx an, es versprechen wunderbare Stunden und anregende Diskussionen zu werden."
- Leiten Sie dann zum Anlass der Veranstaltung über, beispielsweise mit den Worten „Liebe Festgäste, Sie haben sicherlich die Einladung gelesen und sind jetzt ganz gespannt, was wir unter xyz verstehen. Wie wir das im Einzelnen meinen, möchte ich Ihnen nun kurz erläutern. ..." oder „Wir feiern nun schon zum 10. Mal diese Veranstaltung, haben allerdings diesmal etwas ganz Besonderes geplant. Und zwar ..."

Anlass

- Gehen Sie im Kern der Rede vor allem auf den Anlass ein, denn dieser verbindet Sie mit allen Zuhörern, beispielsweise so: „Ich darf heute als Vertreter der Fakultät Ihnen, Herr Dekan, zu Ihrer Ehrendoktorwürde gratulieren."
- Sprechen Sie über Ihren persönlichen Kontakt beispielsweise zur Hauptperson. Ein Beispiel wäre: „Ich kann mich noch gut erinnern, als Sie, liebe Frau Kollegin Werth, damals zum ersten Mal mit mir in Berlin waren. Damals konnte sich keiner von uns beiden vorstellen, dass aus dieser Zusammenarbeit ein Doktorandenkolleg erwachsen könnte."
- Erzählen Sie dazu eine Anekdote (ernst und spaßig zugleich), einen Aphorismus oder schaffen Sie eine Parallele zu politischen, historischen oder anderen Bezügen, an denen Sie Ihre Inhalte intelligent aufhängen können. Die skönnte lauten: „Herr Sedlbauer, erinnern Sie sich noch daran, wie schwierig es war, ein Taxi zu bekommen, das uns bei all dem Schnee auf den Berg fahren sollte, auf dem sich unser Hotel befand? Fast zwei Stunden haben wir ..."
- Gehen Sie im Rückblick auf Fakten oder Gegebenheiten ein, die Ihnen wichtig erscheinen (Promotion, Habilitation, Lehrstuhlübernahme, Projekte, ...).
- Schlagen Sie am Ende einen Bogen zum Anfang; ziehen Sie ggf. Konsequenzen, zeigen Sie Alternativen auf oder appellieren Sie! Ein Beispiel wäre: „Nun, meine Zuhörer, wie wir heute eindrucksvoll von unserem Ehrengast gehört haben, waren es gerade die Studierenden, die ihn auf seine besten Ideen gebracht haben. Machen wir es ihm nach, und Sie, liebe Studierenden, bleiben Sie uns auf den Fersen und lassen Sie uns die Forschung gemeinsam gestalten."
- Und wagen Sie einen Blick in die Zukunft: Wie geht es weiter? Hier dürfen Sie durchaus realistisch, idealistisch, optimistisch, phantasiereich sein.

Dank und Schluss

- Bauen Sie (zu Beginn oder am Ende) bei Reden immer ein paar Worte des Dankes ein, beispielsweise an den Einladenden, den Hausherrn oder an die Organisation (wie „die Mitarbeiter des Organisationsteams", „die fleißigen Helfer in der Küche" etc.).
- Bilden Sie den Schluss mit einer Überleitung zum nächsten Festredner, Akt oder der Eröffnung des Büfetts.

Nachstehend finden Sie Beispiele für eine Laudatio sowie eine Eröffnungsrede und allem voran die wichtigsten Hinweise zu Namensnennungen in Ansprachen.

TIPPS UND TRICKS ZU NAMENSNENNUNGEN IN ANSPRACHEN

- Um ellenlange Namensnennungen bei einer Ansprache zu vermeiden, können Sie abwägen, wessen Begrüßung unabdingbar ist und wer es verschmerzen kann, nicht erwähnt zu werden. Vielleicht lässt sich auch eine Gruppe gemeinsam begrüßen, ohne dass Sie sie dadurch 'degradieren' (bspw. „Ich heiße die Damen und Herren der Presse herzlich willkommen."). Eine weitere Möglichkeit, um die Begrüßungen zu straffen, besteht darin, eine Persönlichkeit nicht zu Anfang, sondern erst im Laufe der Rede persönlich anzusprechen („... und das gibt mir das Stichwort, um ganz herzlich Sie, lieber Herr Dekan, zu begrüßen...").
- Achten Sie darauf, dass alle Gäste, die Sie namentlich erwähnen möchten, auch tatsächlich anwesend sind. Denn natürlich werden alle sofort nach dem Ministerpräsidenten suchen, wenn Sie diesen als Ehrengast nennen – peinlich für Sie, wenn er dann (noch) nicht da ist!
- Alle Namen und Titel müssen korrekt sein und richtig ausgesprochen werden. Erkundigen Sie sich in Zweifelsfällen im Umfeld Ihres Gastes, z.B. bei der Assistentin, wie Sie den Namen des Herrn Csikszentmihalyi denn nun richtig aussprechen. Für die korrekte Nennung der traditionellen universitären Anreden siehe Abschnitt 24.1.
- Achten Sie auf die angemessene Reihenfolge der in der Begrüßung genannten Personen (siehe unten).

Die wichtigsten Begrüßungsreihenfolgen bei Reden

- **Mandatsträger vor Beamten**
  Gewählte politische Repräsentanten rangieren vor Verwaltungsbeamten:
  - Bürgermeister vor Stadtdirektor
  - Vorsitzender des Sozialausschusses vor Sozialamtsleiter
- **Erworbene Titel vor verliehenen Titeln**
  Bei Titeln rangieren die erworbenen vor den verliehenen:
  - Akademischer Doktor vor Dr. h. c. (= honoris causa: lateinisch für 'ehrenhalber')
  - Ordentlicher Professor vor Prof. h. c.
  - Botschafter vor Honorarkonsul
- **Ausländer vor Inländern**
  Gäste aus dem Ausland – oder entsprechend aus anderen Städten oder Gemeinden – werden vor den einheimischen begrüßt. Das gebietet die Höflichkeit als Gastgeber und honoriert außerdem den (mehr oder weniger) weiten Weg, den die Besucher auf sich genommen haben.
- **Anciennitätsprinzip**
  Die Anciennität – die Reihenfolge nach dem Dienstalter – eignet sich insbesondere dort, wo Kollegialität herausgestellt werden soll. So wird der Dienstälteste zuerst begrüßt.
- **Besondere Beziehungen**
  Hängt Ihre Veranstaltung direkt mit einem Ihrer Gäste zusammen, dann ist dieser Ihr wichtigster Ehrengast und wird vor allen anderen begrüßt (z.B. der Schirmherr der Veranstaltung, der Künstler, dessen Vernissage Sie eröffnen, der Jubilar, dessen Laudatio Sie halten, der Doktorand, dessen Dissertation Sie soeben abgenommen haben etc.).

Personen, die zu Ihnen als Gastgeber oder zu einer vom Gastgeber vertretenen Institution in einer besonderen Beziehung stehen, können anderen Gästen gegenüber ebenfalls hervorgehoben werden. Dies wären beispielsweise Personen wie Ehrenbürger, der Präsident des Deutschen Hochschulverbands, Vereinsvorsitzende, der Doktorvater des Gastgebers, ein wichtiger Geschäftspartner – die Möglichkeiten sind gerade hierbei sehr vielfältig. Voraussetzung ist natürlich, eine solche Bevorzugung genügend transparent zu machen (bspw. „Mich freut es sehr, den Gründer unseres Fachverbands unter uns zu wissen." oder „Ich freue mich daher sehr, meinen langjährigen Weggefährten und heutigen Preisträger NN hier begrüßen zu dürfen."), damit sich andere Gäste nicht zurückgesetzt fühlen.

BEISPIEL FÜR EINE LAUDATIO

Nehmen wir an, ein sehr geschätzter Kollege hat einen runden Geburtstag und Sie möchten eine Laudatio auf ihn halten. Folgende Variante würde sich anbieten (wahlweise in Du- oder Sie-Form).

Einstieg
„Das Jahr 2012 ist etwas ganz besonderes: Unsere Stadt hat 800sten Geburtstag, die Universität feiert ihr 80-jähriges Jubiläum, und Sie, lieber Kollege ABC haben 50 Jahre vollendet. Drei Jubiläen, doch nur eines brachte uns heute hier zusammen. Natürlich kennen alle hier Anwesenden Dich, sonst wären sie nicht hier; doch jeder sicherlich auf eine andere Weise und so möchte ich die Frage stellen:

Hauptteil
Wer ist Kollege ABC? Nun, ich möchte diese Frage in drei Etappen beantworten.

1. Ein richtiger Professor, also einer, der eine andere Meinung vertritt. Und so kennen wir dich als ...

2. Ein geschätzter Geschäftsmann, weltgewandt, visionär und voller Tatendrang ... .

3. Ein wunderbarer Mensch, der stets den Studierenden als ernst zu nehmenden jungen Kollegen sieht, ... das Herz am rechten Fleck hat ... Immer ein offenes Ohr für uns Kollegen hat und stets bereit ist, sich für eine gute Sache im Team zu engagieren ...

Abschluss
Kurzum: Ich fasse nochmals zusammen, Herr ABC ist Geschäftsmann, Professor und Mensch in einer Person, der weltgewandt eine visionäre Meinung vertritt, um junge Menschen und große Projekte zu bewegen. Drei Eigenschaften, die wir täglich zu schätzen wissen und auf die wir uns die nächsten 25 Jahre freuen."

BEISPIEL EINER REDE ZUR ERÖFFNUNG EINER TAGUNG

Stellen Sie sich vor, Ihr Lehrstuhl richtet eine internationale Doktorandentagung an Ihrer Hochschule aus und Ihnen fällt die Aufgabe zu, die Teilnehmer zu begrüßen und die Tagung offiziell zu eröffnen. Das Ganze startet mit einem Eröffnungsabend in lockerer Atmosphäre in einem Lokal namens 'Brauhaus'. Im Folgenden finden Sie einen Vorschlag für eine solche Rede.

Herzliche Begrüßung
(besondere Gäste wie Alumni, Preisträger etc. zu Beginn oder im Laufe der Rede ansprechen)
„Liebe Doktoranden, sehr geehrter Herr Dekan, liebe Kollegen, es ist mir eine große Freude Sie zur 7. internationalen Doktorandentagung im Fach Sozialpsychologie hier in Chemnitz begrüßen zu dürfen. Chemnitz ist neben Leipzig und Dresden eine der drei großen Universitätsstädte des Bundeslandes Sachsen. Bezüglich des historischen Zusammenspiels der drei Städte sagt man, dass in Chemnitz das Geld verdient, in Leipzig vermehrt und in Dresden ausgegeben wurde. (Nur damit Sie wissen, wie Sie das Wochenende nach der Tagung verbringen können.)

Bezug zum Ort, zum Event oder zu den inhaltlichen Themen
„Für den heutigen Abend haben wir Sie in einen ebenfalls historischen Ort dieser Stadt eingeladen - das Turmbrauhaus. Sie haben sich sicherlich schon gefragt, warum wir uns ausgerechnet in einem Brauhaus treffen. Das hat gute Gründe! Ein Brauhaus hat durchaus sehr viel mit einer Doktorandenschule gemeinsam! Nein, nicht das, was Sie jetzt denken, nämlich, dass das Schreiben einer Doktorarbeit nur mit viel Biertrinken durchzuhalten sei. Es ist der eigentliche Brauprozess, der sehr viel mit dem Promovieren gemeinsam hat:

- Zunächst müssen Sie Ihr Feld pflügen und Hopfen, Malz oder Gerste anbauen und die zarten Pflänzchen hegen und pflegen. *Das erinnert doch sehr stark an den langen Prozess der Vorbereitung einer Dissertation; das Lesen und Auswerten der Literatur; die Festlegung der Designs und die Durchführung der Experimente etc.*

- Nachdem Sie nun das Getreide geerntet haben, müssen Sie dieses reinigen und nach Qualitäten sortieren. Dabei werden unbrauchbare Teile entfernt. *Die Ergebnisse der Experimente werden auch unbrauchbare Teile beinhalten. Sie müssen also ordnen, analysieren und bewerten.*

- Nur mit gutem Wasser und dem Getreide mit hoher Qualität können Sie den Sud ansetzen. *Dieser Prozess unterscheidet sich vom Schreiben eines Papers nicht wesentlich: Auch hier brauchen Sie hohe Qualität Ihrer Ergebnisse. Wasser spielt natürlich auch eine Rolle, denn es wird dabei fließen, zumindest in Form von Schweiß!*

- Den Sud zu probieren, erzeugt Spannung: Hat es geklappt, habe ich alles richtig angesetzt oder vielleicht etwas vergessen oder zu viel verwendet? Was wäre nachzubessern? *Sie ahnen schon die Parallele: Das Schreiben des Editors ist mitsamt der Reviews angekommen: Spannung. Und wie beim Brauprozess gilt auch bei den Papers: Der 'letter of the editor' sagt Ihnen, was es gilt nachzubessern!*

- Hat alles geklappt, können Sie den Abfüllprozess starten. Sie bieten quasi das Ergebnis Ihrer Braukunst in wohldosierten Portionen an, z.B. in Fässern! *Nun ja, auch das Zusammenstellen der Ergebnisse in Ihrer Doktorarbeit sollte ebenfalls in wohlproportionierten Teilen erfolgen!*

- Und dann das Grande Finale des Brauprozesses: Das Anzapfen eines Fasses! *Das Pendant auf Seiten der Doktoranden: Sie haben Ihre Doktorprüfung!*
- Schließlich geht's ans Ausschenken und Genießen. *Auch bei der Promotion: Darüber reden, publizieren und genießen!*

Soweit zum Brauprozess. Doch eine ganz wichtige Person haben wir bislang noch nicht bedacht: Den Braumeister selbst. *Und auch bei der Promotion haben wir da sozusagen Braumeister, nämlich die Doktormütter und –väter, die Sie bei Ihrem ganzen 'Brauprozess' begleiten. Im Rahmen dieser Doktorandentagung haben wir Ihnen für Ihren dreitägigen Brauprozess ebenfalls drei 'Braumeister' an die Seite gestellt: Die drei Professoren x, y, z. Nutzen Sie also die Chance, entsprechend andere Geschmäcker, andere (Brau-)Künste und andere Vorgehensweisen kennenzulernen und so Ihr eigenes Repertoire ebenso wie Ihre eigene Rezeptur zu verfeinern.*

Offizieller Startschuss
Jetzt will ich aber nicht weiter übers Bier reden, während Sie dabei im Trockenen sitzen, sondern mit Ihnen – mit den lokalen Biersorten – auf unsere Tagung und das Gelingen Ihrer Promotionen anstoßen: Erheben Sie die Gläser und beginnen Sie mit mir die Tagung.
Ich freue mich, die 7. Internationale Doktorandentagung in Chemnitz hiermit eröffnen zu dürfen! Auf Ihr Wohl und auf eine schöne gemeinsame Zeit!!!

22.4.2 Hinweise für eine spontane Rede

Um Ihre Anspannung etwas zu senken, sollten Sie sich vor Augen halten, dass es eigentlich keinen Unterschied zwischen geplanten und spontanen Reden gibt – abgesehen von der Länge der Vorbereitungs- und Redezeit. Sollten Sie nun unerwartet in die Verlegenheit kommen, eine spontane Rede zu halten, können Sie sich mit nachstehenden Kniffen helfen.

Gewinnen Sie zunächst einmal Zeit, indem Sie langsam (!) nach vorne gehen, das Jackett zuknöpfen, ein Fenster schließen oder ein Stichwort wie „Alles Gute zum Geburtstag!" auf das Flipchart schreiben. Damit ziehen Sie die Aufmerksamkeit auf sich und gewinnen wertvolle Sekunden, die für Ihre innerliche Strukturierung entscheidend sein können. Sie können sich auch im Raum umsehen und werden zumindest einige Personen entdecken, die Sie beispielsweise bei Ihrer Begrüßung und Einleitung berücksichtigen können. Durch den Adrenalinstoß, eine spontane Rede halten zu müssen, werden Sie in diesem Moment ohnehin sehr leistungsfähig sein – darauf können Sie vertrauen. Strukturieren Sie im Kopf zunächst grob den Aufbau Ihrer Ansprache, finden Sie Anhaltspunkte für die Inhalte, in dem Sie sich zunächst die Veranstaltung vergegenwärtigen. Vielleicht hilft Ihnen dabei folgende Faustregel:

- **Ich**
  Warum bin ich hier / wie kommt es dazu, dass ich hier rede?
- **Du**
  Gehen Sie auf das Publikum ein und begrüßen Sie es.
- **Er / Sie / Es**
  Damit können je nach Anlass prominente Gäste, neuentwickelte Produkte, Ausstellungsstücke oder Abschlusszeugnisse gemeint sein, die Sie in Ihre Rede einbeziehen können.

- **Wir und Ihr**
  Gemeinsamkeiten herausstellen, Begeisterung für eine Forschungsrichtung, ein gemeinsamer Bekannter, zukünftige Zusammenarbeit zeigen.
- **Sie**
  Was wünschen Sie Ihren Zuhörern (z.B. „Guten Appetit")? Wofür wollen Sie sich bei Ihrem Plenum oder einzelnen Mitgliedern bedanken?

Wenn Sie, wie in diesem Fall, für jeden erkennbar eine spontane Reden halten, wird niemand von Ihnen erwarten, dass Sie perfekt sind. Seien Sie wohlwollend mit sich selbst, das gibt Ihnen zusätzliche Gelassenheit und damit Ruhe für die Konzentration auf Ihre Stegreifrede. Weitere kleine 'Rede-Hilfen' sind:

Bei der Begrüßung ...

- in die Runde zu schauen und die Anwesenden zu begrüßen (vor allem aber den Gastgeber, das Geburtstagskind etc.). Wenn Sie anmoderiert wurden, lassen Sie die Begrüßung weg.
- sich dem Publikum vorzustellen, sofern Sie ihm noch nicht bekannt sind.

Bei der Einführung ...

- darauf hinzuweisen, dass Sie jetzt spontan reden – aber bitte nicht, wenn es halbwegs vorhersehbar war, dass Sie reden müssten und man nun annehmen kann, Sie hätten Ihre Rede vergessen vorzubereiten (wie die Oscar-Preisträger, die ja wussten, dass sie nominiert waren und dann dennoch keine Dankes-Rede parat haben).

Beim Anlass ...

- auch über sich, Ihre Gedanken oder Gefühle reden („Wissen Sie, wenn ich so darüber nachdenke, dass ..“). Vermeiden Sie aber Sätze wie „Jetzt weiß ich gar nicht, was ich sagen soll, der Dekan hat mich mit der Bitte um diese Rede ziemlich überfallen", denn dann rücken Sie Ihren Gastgeber in ein schlechtes Licht – er hätte sich ja besser kümmern können.
- eine Anekdote (ernst und spaßig) zu erzählen und einen Blick in die Zukunft zu wagen.

Beim Dank und Schluss ...

- dem oder den Organisatoren Ihren Dank für die Veranstaltung auszusprechen. Wenn Sie rhetorisch firm sind, können Sie sich auch galant dafür bedanken, „... dass Sie sich jetzt dank der spontanen Rede nicht mehr bei allen vorzustellen brauchen, Sie aber hoffen, trotzdem Gesprächspartner zu finden". Gehen Sie so aber nur dann vor, wenn Sie es auch so meinen!
- eine Überleitung zum Anstoßen mit Sekt oder zum nächsten Festredner herzustellen. Gerade bei spontanen Reden sollten Sie darauf achten, dass die Aufmerksamkeit wieder von Ihnen weg in eine weitere Aktion mündet. Schließen Sie beispielsweise mit dem Satz: „Und zum Schluss meiner kurzen Ansprache hat die Vorbereitungsgruppe einen kräftigen Applaus verdient! Dankeschön.".

Wissenschaftliche Veranstaltungen sind schlichtweg die Bühne, auf der Sie Ihre Forschung darstellen, aber auch Ideen generieren. Seien Sie Profi: Bei der Teilnahme, vor allem aber der Organisation! Beim lange geplanten Kongress genauso wie bei einer spontanen Rede! Aus dem, wie Sie nach außen agieren, schließt man auf Ihre Person und Ihre sonstige Arbeitsweise – haben Sie daher alles gut im Griff (bspw. Ihre Zeit beim Vortrag, Ihre Inhalte, die Organisation Ihres Kongresses), seien Sie interessiert und aufmerksam, haben Sie etwas zu sagen, seien Sie auch im Spontanen noch spritzig (wie bei einer Rede)! Man vermutet nämlich, dass Sie all dies auch in Ihre Forschung und in Kooperationen einbringen und wird Sie somit gern dabei haben wollen.

FAZIT 'WISSENSCHAFTLICHE UND UNIVERSITÄTSINTERNE VERANSTALTUNGEN'

Sinn und Zweck von Kongressen
Mit dem Besuch von Kongressen lassen sich diverse Ziele verknüpfen. Neben dem rein fachlichen Austausch steht immer auch das Kontakte knüpfen und Networken im Fokus. Des Weiteren können Sie auf Kongressen auch Mitarbeiter rekrutieren oder sich selbst sowie die eigene Arbeitsgruppe in der Scientific Community präsentieren.

Prozedere der Kongressteilnahme
Um die mit einer Kongressteilnahme verbundenen o.g. Ziele auch erreichen zu können, sollten Sie einen Kongressbesuch gut vorbereiten und seinen gelungenen Ablauf unterstützen. Folgende Schritte tragen zu einer erfolgreichen Kongressteilnahme bei:

- Kongressauswahl
  Entscheiden Sie sorgfältig, welche Kongresse für Sie relevant und interessant sind. Bei der Entscheidungsfindung sollten Sie auch Ihre persönlichen Erwartungen an und Ziele für den Kongress berücksichtigen.
- Beitragsanmeldung
  Zur Beitragseinreichung eines Kongresses bieten sich verschiedenste Möglichkeiten an, die vom klassischen Vortrag über Podiumsdiskussionen bis hin zu Ausstellungsständen reichen. Wägen Sie im Vorfeld ab, welche Beitragsform Ihren Zielen und Ihren Inhalten am dienlichsten ist.
- Reiseplanung
  Je vorausschauender Sie Ihre Veranstaltungsteilnahme planen, desto entspannter und stressfreier wird sich diese gestalten. Zu einer guten Vorbereitung gehört unter anderem, dass Sie die Anreise und Übernachtung rechtzeitig koordinieren und buchen (lassen).
- Tagungsmaterial
  Spätestens bei der Ankunft am Veranstaltungsort erhalten Sie in den meisten Fällen die vollständigen Kongressmaterialien, die auch das endgültige Kongressprogramm mit etwaigen Änderungen, einen Tagungsband mit den Kongressbeiträgen bzw. Abstracts, Schreibmaterialien sowie Ihr Namensschild beinhalten. Bereiten Sie sich anhand dieser Materialien auf die Teilnahme vor und stellen Sie Ihren persönlichen Ablaufplan zusammen.
- Die eigenen Beiträge gestalten
  Unabhängig davon, welchen Beitrag Sie zu dem Kongress beisteuern, es wird immer darum gehen, diesen erfolgreich zu absolvieren. Bedenken Sie, dass Sie den anderen Teilnehmern mit Ihrem Beitrag im Gedächtnis bleiben werden, wie positiv oder auch negativ er sein mag.
- Andere ansprechen und kennenlernen
  Eine ganz wesentliche Chance eines Kongresses ist es, mit Kollegen ins Gespräch zu kommen und Kontakte zu knüpfen. Gehen Sie dies aktiv an und ziehen Sie sich nicht in sich selbst (oder mitgebrachte sonstige Arbeit) zurück, sonst vertun Sie Chancen.

Forts.

 Nachbereitung eines Kongressbesuchs

Bereiten Sie Ihre Teilnahme nach, indem Sie Ihre Notizen und Visistenkarten ordnen und sortieren. Versäumen Sie es nicht, nach interessanten Referenzen und Artikeln zu recherchieren, auf die Sie auf dem Kongress gestoßen sind. Und nicht vergessen: Ihre neu eingegangenen Kontakte sollten Sie von nun an pflegen.

Kongresse planen und managen

Sollten Sie sich mit dem Gedanken tragen, einen Kongress ausrichten zu wollen, so bedenken Sie bei Ihrer Planung die zahlreichen und durchaus langwierigen Planungsschritte (denn die Planung ist hier das A und O) sowie jegliche zeit-, personal und kostenintensiven Faktoren, die damit verbunden sind. Es empfiehlt sich, einen professionellen Kongressorganisator zur Unterstützung heranzuziehen.

Ausrichten spezieller Veranstaltungen eines Instituts

Neben wissenschaftlichen Fachveranstaltungen haben Sie möglicherweise noch weitere Veranstaltungen, die Sie (mit) organisieren müssen. Dazu zählen Absolventenfeiern oder Recruiting-Tage. Bei all diesen Veranstaltungen sind, ähnlich wie bei Kongressen, das Ziel und der Zweck, der Termin sowie der Ablauf der Veranstaltung sorgfältig zu planen und eine Nachbereitung durchzuführen. Bedenken Sie auch hier, eine gute Vorbereitung zahlt sich aus: Gelungene Veranstaltungen sprechen für Sie und machen auch allen Beteiligten mehr Spaß.

Reden halten bei akademischen Veranstaltungen

Beachten Sie folgende Hinweise, wie Sie eine Rede professionell aufbauen und Inhalte einer Rede ad hoc generieren können:

Aufbau einer Rede

Eine Rede sollte in der Regel folgende Bestandteile enthalten: Begrüßung, Einführung, Anlass sowie einen Dank und einen Schluss, der den Teilnehmern angenehm im Gedächtnis bleibt.

Hinweise für eine spontane Rede

Um Ihre Anspannung etwas zu senken, sollten Sie sich vor Augen halten, dass es eigentlich keinen Unterschied zwischen geplanten und spontanen Reden gibt. Gewinnen Sie Zeit, indem Sie beispielweise langsam nach vorne gehen oder Ihr Jackett zuknöpfen. Strukturieren Sie im Kopf zunächst grob den Aufbau Ihrer Ansprache, finden Sie Anhaltspunkte für die Inhalte, in dem Sie sich zunächst die Veranstaltung oder die Reden Ihrer Vorredner vergegenwärtigen.

23 (Akademische) Schriftwechsel

Wahrscheinlich kennen Sie die Situation gut: Ein Student bittet Sie darum, ein Gutachten für ein Stipendium zu schreiben und ein Mitarbeiter fragt an, ob Sie ein Empfehlungsschreiben für einen Forschungspreis verfassen können. Gleichzeitig tummeln sich in Ihrer Posteingangsbox einige Review-Anfragen verschiedener wissenschaftlicher Zeitschriften und auf Ihrem Schreibtisch liegen zwei Dissertationen, über die Sie ebenfalls ein Gutachten anfertigen müssen. Vielleicht schreiben Sie gerne Gutachten – vielleicht gehört diese zu verfassen aber auch zu Ihren eher unliebsamen Aufgaben. Gleich wie Sie dazu stehen, haben Sie sich schon einmal Gedanken gemacht, wie Sie durch Routinen den Arbeitsaufwand verringern und wie Sie die Gutachten besonders wertvoll machen können? Dann gibt es da noch den Stapel Post, den Sie tagtäglich bearbeiten: Einladungen sind zu- bzw. abzusagen, Geburtstagsgratulationen zu versenden und ab und an gibt es eine Karte zur Emeritierung oder ein Kondolenzscheiben aufzusetzen. Auch hier lassen sich Routinen bzw. Vorlagen anlegen, die ein schnelles Beantworten ermöglichen (vgl. auch Umgang mit Informationsflut in Abschnitt 2.4). Nachstehend finden Sie daher entsprechende Hinweise für die Erstellung von Gutachten und Reviews (Abschnitt 23.1) und einige Schriftwechsel-Beispiele (Abschnitt 23.2). Für den wichtigen Umgang mit E-Mails siehe Abschnitt 2.4 (Posteingang und Ablage) bzw. Abschnitt 24.4 (E-Mail-Netiquette).

KAPITEL 23: (AKADEMISCHE) SCHRIFTWECHSEL	**23.1 Gutachten und Reviews**
	23.2 Schriftverkehr

23.1 Gutachten und Reviews

Sie sind Fachspezialist, Ihre Meinung ist gefragt! Und das nicht nur bei Kollegen, Kunden oder der Presse, sondern auch als Gutachter, um bei Anträgen, Bewerbungen und Paper-Einreichungen Entscheidungen treffen zu können. Das ist aber auch immer ganz schön zeitaufwändig – werden Sie jetzt vielleicht denken. Dabei fällt es Ihnen eigentlich gar nicht so schwer, ein fachliches Urteil zu fällen, lediglich die ganzen Formulierungen drumherum und einen logischen Aufbau zu finden, sind lästig? Gerade dann wird es sich für Sie als lohnenswert erweisen, den eigenen Umgang mit dem Erstellen von Gutachten und Reviews zu reflektieren, zu optimieren und zu professionalisieren – denn ausweichen können Sie diesen Tätigkeiten ohnehin nicht, da sie schlichtweg zum Hochschullehrer- und Fachexpertendasein dazugehören.

Sinn und Zweck eines Gutachtens ist es durch Ihre Expertensicht eine Entscheidungsgrundlage zu schaffen, auf deren Basis Sie andere in die Lage versetzen, eine profunde Entscheidung treffen zu können. Einmal mehr ist es auch hier die Qualität, die entscheidet, wie nützlich Ihr Aufwand für die Betroffenen ist.

Für alle Begutachtungsprozesse, an denen Sie teilhaben, sollten Sie an folgende Aspekte denken:

- **Zu- oder Absage.** Eine Gutachten- oder Reviewanfrage sollten Sie nur dann annehmen, wenn Sie nicht befangen sind, d.h. kein Interessenskonflikt vorliegt. Das wäre beispielsweise der Fall, wenn ein enger Kollege / Freund den Artikel geschrieben hat, den Sie reviewen sollen oder es bei dem Gutachten um etwas geht, bei dem sich einer Ihrer Mitarbeiter ebenfalls beworben hat und konkurriert (z.B. um einen Preis oder eine Position / Stelle). Geben Sie Ihrem Auftraggeber (dem Herausgeber / der Stiftung / dem Drittmittelgeber etc.) in diesem Fall umgehend Rückmeldung, sodass zeitnah jemand anderes mit dem Reviewen beauftragt werden kann. Wenn Sie das Review übernehmen, geben Sie ebenso Bescheid und informieren Sie natürlich auch dann, falls Sie es nur verspätet schaffen.

- **Bearbeitung.** Fertigen Sie Ihr Gutachten / Review sorgfältig an, denn Sie entscheiden damit über ein – wenn auch kleines – Stück der Karriere des zu Begutachtenden und so sollte es Ihnen wichtig sein, Ihre Entscheidung fundiert und möglichst akkurat zu treffen. Bedenken Sie, dass Ihr Schriftstück auch von anderen gelesen wird und somit Ihre Visitenkarte ist. Ungenauigkeiten, Tippfehler etc. werden mit Ihnen und Ihrer Arbeitsweise ebenso in Verbindung gebracht wie eine akkurate und professionelle Aufmachung.
- **Rücksendung.** Wichtig ist ferner, dass Sie Ihre Gutachten und Reviews pünktlich zurückschicken. Wir alle wissen, wie viele Nerven es kostet, auf ein Review zu warten und wie ärgerlich es ist, wenn dieses selbst nach Monaten immer noch nicht verfügbar ist. Bei personenbezogenen Gutachten (wie Berufungsbeurteilung oder Stipendiumsgutachten) wird es besonders kritisch, wenn durch Versäumnisse der Gutachter Bewerbungsfristen oder Termine von Kommissionssitzungen nicht eingehalten werden und ein Bewerber aufgrund dessen nicht berücksichtigt werden kann.

Sicherlich werden die erfahrenen Kollegen unter Ihnen bereits etablierte Gutachtensysteme haben, auf deren Basis Sie diesen Prozess strukturieren und bearbeiten. Für diejenigen, die in diesen Aufgaben noch nicht so versiert sind, finden sich im Folgenden einige Anregungen und Vorlagen für die typischsten Gutachtenarten: Reviews zu Zeitschriftenartikeln (Abschnitt 23.1.1), Gutachten zu Forschungsanträgen (Abschnitt 23.1.2), Gutachten zu Professurbewerbern (Abschnitt 23.1.3) sowie Promotions- (Abschnitt 23.1.4) und Stipendiumsgutachten (Abschnitt 23.1.5).

23.1.1 Review zu einem wissenschaftlichen Artikel

Hauptziel des Review-Prozesses ist es, festzustellen, ob ein Artikel den Anforderungen einer bestimmten Zeitschrift genügt. Analog ist es dabei Ihre Aufgabe, eine Bewertung der Qualität des Artikels abzugeben (vgl. Qualitätskriterien im grauem Kasten), wobei je nach Herausgeber darüber hinaus auch eine eindeutige Stellungnahme zu Annahme oder Ablehnung eines Artikels von Ihnen verlangt wird. In vielen Fächern ist es ein weiteres Ziel des Reviews, den Autoren Feedback zu geben, damit diese durch Ihre Anmerkungen etwas lernen und einen Nutzen aus dem Review ziehen können. Seien Sie sich darüber im Klaren, dass Sie mit dem Manuskript privilegierte Informationen in Händen halten, die Sie vor der Veröffentlichung weder zitieren noch weitergeben dürfen.

In manchen Fächern besteht das Review ausschließlich im Ankreuzen eines vom Herausgeber beigefügten Reviewdokuments, auf welchem lediglich Skalen anzukreuzen sind. In anderen Fächern wird (ggf. zusätzlich zu Skalen) ein ausführlicher Text (von ca. drei Seiten Länge) verlangt; hierfür finden Sie nachfolgend einige Hinweise und Anregungen.

Ersteinschätzung

Ihre erste Entscheidung sollte immer sein, ob ein Artikel bedeutsam, wichtig und interessant genug für die Publikation in der vorliegenden Zeitschrift ist. Wenn Sie diese Frage mit Ja beantwortet haben, sollten Sie sich den Details des Artikels widmen. Wenn Sie sie mit Nein beantworten, darf Ihr

Review in einigen Disziplinen kürzer ausfallen, Ihre Einschätzung sollte aber dennoch stets gut begründet werden.

Aufbau des Gutachtens

1. Benennen Sie in Ihrem Gutachten zunächst den Titel und die dem Manuskript zugewiesene Referenznummer.
2. Fassen Sie dann in einem ersten Abschnitt das Ziel (Worauf zielt der Artikel ab, beispielsweise eine neue Methode vorzustellen, einen Überblick zu geben, etwas zu widerlegen, ...? Welche wichtige Frage beantwortet er?) und den Inhalt des Artikels kurz zusammen.
3. Nennen Sie im anschließenden Hauptteil die wichtigsten Stärken und Kritikpunkte (major aspects) und danach kleinere Kritikpunkte (minor aspects), rahmen Sie diese jedoch mit positiven Anmerkungen ein. Nummerieren Sie Ihre Anmerkungen, um die Kommunikation mit Herausgeber und Autoren zu vereinfachen (der Herausgeber kann dann bspw. sagen, „Ich bitte, die Punkte 3 bis 7 unbedingt zu erfüllen." und muss sie nicht inhaltlich wiedergeben). Typischerweise umfasst der Hauptteil etwa zwei bis drei Seiten (einzeilig).
4. Falls gefordert, geben Sie am Ende Ihres Textes eine eindeutige und begründete Empfehlung über Annahme oder Ablehnung des Artikels ab.

Inhalte des Gutachtens
Insgesamt sollten Sie bei der Beurteilung (d.h. im Hauptteil) folgende Kriterien adressieren:

- **Stärken / Qualität.** Identifizieren Sie die Stärken: Arbeiten Sie klar heraus, welche Aspekte des Artikels gut sind. Zur Beurteilung der Qualität eines Artikels finden Sie im grauen Kasten Beispiel-Kriterien bzw. Leitfragen.
- **Schwächen / Verbesserungspotenzial.** Identifizieren Sie Schwächen und benennen Sie im gleichen Atemzug Verbesserungspotenzial: Wenn Sie beispielsweise Lücken und Probleme erkennen, dann beschreiben Sie klar, welche davon in einer Überarbeitung des Artikels gelöst werden können und geben Sie entsprechende handlungsweisende Vorschläge. Durch diesen Prozess verschaffen Sie den Autoren einen großen Nutzen: Sie können ihren Artikel verbessern (und dann später erneut einreichen), was durch eine gesteigerte Qualität und entsprechendes Lesevergnügen langfristig auch den Lesern und dem Renommee des Journals zugutekommt.
- **Länge des Artikels.** Merken Sie an, wenn Sie den Artikel zu lang finden. Alle Zeitschriften müssen Platz sparen. Außerdem freuen sich Leser über kurze Artikel.
- **Schreibstil und Grammatik.** Diese müssen Sie als Gutachter zwar nicht verbessern (das ist Aufgabe des Copy Editors der Zeitschrift), sollten aber anmerken, dass es Fehler gibt und an welchen Stellen der Schreibstil schlecht ist.

Stil und Aufbereitung Ihres Gutachtens
Ihr Gutachten sollte so gestaltet sein, dass es nicht nur dem Editor als Entscheidungsgrundlage dient, sondern auch für die Autoren eine hilfreiche Rückmeldung beinhaltet.

- **Direkte Ansprache.** Um Ihr Feedback möglichst wirksam und höflich zu gestalten, personalisieren Sie Ihre Formulierungen. Stellen Sie sich vor, die Autoren säßen in Ihrem Büro und Sie gäben ihnen mündlich Feedback (zu Feedback siehe auch Abschnitt 14.1). Wie würden Sie Ihre Anmerkungen dann formulieren? Schreiben Sie also beispielsweise „You explain clearly ..." anstelle von „The authors explain clearly ...".

- **Positives zuerst.** Beginnen und beenden Sie Ihr Review mit positivem Feedback, das lässt die Autoren Ihre Kritik besser aufnehmen.
- **Kritisieren Sie konstruktiv.** Selbst wenn Sie den Eindruck haben, dass ein Artikel nicht mehr zu retten ist, ist es essentiell, eine professionelle, konstruktive Haltung zu bewahren. „Was du nicht willst, das man dir tu', das füg' auch keinem anderen zu." heißt in diesem Kontext, seien Sie kollegial. Auch wenn die Probleme zu gravierend sein sollten, um sie für den aktuellen Artikel zu lösen, sollten Sie den / die Autoren unbedingt darauf hinweisen, was künftig beachtet werden sollte. Seien Sie ihnen gegenüber wertschätzend und konstruktiv, so stellen Sie als Gutachter einen Mehrwert dar jenseits Ihrer Entscheidung für oder gegen den Artikel.
- **Eindeutigkeit.** Formulieren Sie Verbesserungsvorschläge eindeutig und instruktiv, sodass der Autor unmissverständlich weiß, was Sie meinen (bedenken Sie: Er kann Sie ja nicht fragen!).

LEITFRAGEN ZUR BEGUTACHTUNG EINES ARTIKELS

- Stellt der Titel eine ausreichende Beschreibung des Inhalts dar?
- Enthält die Zusammenfassung alle wichtigen Informationen?
- Wird in der Einleitung die zentrale Fragestellung klar herausgearbeitet?
- Wird die relevante Literatur genannt?
- Werden Fragestellung und Hypothesen nachvollziehbar aus der Einleitung abgeleitet?
- Ist das Untersuchungsdesign adäquat zur Beantwortung der Fragestellung?
- Ermöglicht das Design eine eindeutige Hypothesentestung?
- Werden ausreichende Details über Stichprobe, Design, Methoden, Messverfahren und Untersuchungsablauf gegeben?
- Sind die verwendeten statistischen Methoden zulässig?
- Sind die deskriptiven Statistiken detailliert genug?
- Sind Tabellen und Abbildungen klar und nötig?
- Werden in der Diskussion zulässige Schlussfolgerungen aus den Daten abgeleitet?
- Werden Probleme der Verallgemeinerbarkeit der Ergebnisse diskutiert?
- Geht die Diskussion auf Probleme ein, die in der Einleitung aufgezeigt wurden?
- Ist die Präsentation knapp genug, sodass keine redundanten oder unwichtigen Punkte behandelt werden?

FORMULIERUNGSHILFEN FÜR EIN DEUTSCHES REVIEW

Titel (des Manuskripts)

(Aktenzeichen des Manuskripts: ...)

Kurzzusammenfassung zu Beginn

- In diesem Artikel untersuchen / stellen die Autoren ... dar.
- Der Kerngedanke des Artikel ist ... wird gestützt von ....

Positive (und negative) Aspekte beschreiben

- Die Argumentation ist stringent / nicht stringent dahingehend, dass ...
- Die Autoren zeigen klar und deutlich auf (erklären nicht detailliert genug) ...
- Es ist für den Leser einfach (schwierig) zu verstehen, inwiefern ...
- ... lässt den Artikel strukturiert (zu wenig strukturiert) aufgebaut sein.
- Meiner Ansicht nach ist die Beschreibung von ... klar (zu ungenau).
- Mit ... implizieren die Autoren, dass ...
- Argumente wie ... machen das Manuskript zu einem (wenig) bedeutenden und interessanten Beitrag.
- Der hier verfolgte Ansatz bettet sich in die bestehende Literatur (nicht) gut ein; deckt (keine) eine bisherige Lücke ....

Aspekte beschreiben, die verbessert werden sollten

- Spezielle Punkte, die im Manuskript verbessert werden können, sind ....
- Es wäre hilfreich für das Verständnis, wenn ....
- Sie könnten überflüssige Informationen herausnehmen, beispielsweise ...
- Sie könnten die folgenden Abschnitte neu strukturieren, um den Inhalt leichter verständlich zu machen ...
- Es könnte zur Diskussion beitragen, wenn Sie ....
- Eine ausführlichere Darstellung im Abschnitt über ... wäre für den Leser hilfreich, damit er leichter versteht ....
- Geben Sie bitte mehr Details an zu ....
- Haben Sie damit sagen wollen, dass ...)
- Indem Sie Ihre Argumente zu ... besser begründen, würden Sie ... verbessern.
- Wenn Sie die Struktur der Ergebnisse hinsichtlich ... klarer darstellen, werden Ihre Argumente zu ... überzeugender.

Positive / negative Aspekte könnten betreffen

- Beitrag zum Fachgebiet
- Konzeptionelle und theoretische Argumente
- Zitierte Literatur
- Operationalisierung der Variablen / Design / Versuchsaufbau
- Konzeption der Studien, des Forschungsansatzes
- Datenanalyse und -Interpretation
- Tabellen und Bilder
- Schreibstil

Das Review beenden

- Aus diesem Grund befürworte ich (nicht) die Veröffentlichung des Artikels.

Manche Herausgeber verlangen Stellungnahmen wie:

- Ich empfehle, das Manuskript mit geringfügigen Änderungen zu akzeptieren.
- Ich empfehle, das Manuskript nach den angegebenen, erfolgreich vorgenommenen Änderungen zu akzeptieren.
- Eine Änderung des Manuskripts wäre möglich, hätte aber vermutlich nur geringe Erfolgsaussichten auf eine Annahme.
- Ich empfehle, das Manuskript abzulehnen.

FORMULIERUNGSHILFEN FÜR EIN ENGLISCHES REVIEW

TITEL (of manuscript)

(The manuscript's reference number is: ...)

How to summarize the article

- In the article, the authors present / examine ...
- The argument advanced in this paper ...

How to describe positive and negative aspects

- One aspect that is very clear / not clear is ....
- It was a good idea to ... / was not to ... because ...
- In my perspective, this is convincing / confusing.
- You explain clearly / do not explain detailed enough ...

- It is easy / difficult to understand ...
- This reflects / does not reflect what you originally proposed.
- For me, it is easy / difficult to follow the argument that ...
- For me as a reader, this makes the paper seem well organized / to jump around a bit ...
- The organization of the results follows / does not follow the organization of the introduction.
- In my opinion, the description of ... is clear / too vague.
- You seem to imply that .... If my interpretation is correct, then ...
- Arguments like this make the paper important and interesting / less important and interesting.

How to describe points that need to be improved

- Specific points where this manuscript can be improved are ...
- I'd recommend you to ....
- You could benefit from ...
- You could remove some redundant information, for example ...
- You could re-organize the following sections to improve the flow of the material ...
- You could strengthen the discussion if ...
- More detail would be helpful for the reader in the section about ... so that one can better understand ...
- Please provide more detail about ...
- You may want to mention that ...
- By providing more rationale for your arguments, you would improve ...
- If you clarified this seemingly inconsistent pattern of results, your arguments about ... will seem more convincing.

Positive / negative aspects might concern ...

- conceptual and theoretical arguments
- literature cited
- operationalization of variables
- research design
- data analysis
- tables and figures
- writing style
- contribution to the field

How to conclude your review

- Thus, I do / do not recommend the article for publication.

Some editors might require statements like these:

- Accept the manuscript with minor revisions.
- Invite a revision of the manuscript - is very likely to succeed.
- Invite a revision of the manuscript - is somewhat likely to succeed.
- Invite a revision of the manuscript - but it is risky and it is unclear if it will succeed.
- Reject the manuscript.

23.1.2 Gutachten zu einem Forschungsantrag

Im Laufe Ihrer universitären Karriere werden Sie immer wieder von deutschsprachigen, aber auch internationalen Drittmittelgebern wie Stiftungen, Nationalfonds, der DFG, dem BMBF u.v.m. aufgefordert, dort eingegangene Forschungsanträge zu begutachten. Ziel dieser Gutachten ist es, dem Auftraggeber eine Einschätzung der Qualität des Antrags zu ermöglichen, sodass die Entscheidung über eine Bewilligung, Ablehnung oder entsprechende Auflagen getroffen werden kann. Nachfolgend finden Sie ein Beispiel für ein Gutachten zu einem solchen Antrag.

FORMULIERUNGSHILFEN ZU EINEM GUTACHTEN ÜBER EINEN FORSCHUNGSANTRAG

Auf der Basis der mir vorgelegten Unterlagen mit dem Titel: "XXXXX" erstelle ich nachfolgendes Gutachten:

1. Aussagen zur Qualität des Vorhabens

- **Beurteilung der Tragfähigkeit der Vorarbeiten**

  Das Erreichen der Projektziele ist in Anbetracht der vorgesehenen Projektlaufzeit durchaus ehrgeizig, aber als machbar zu betrachten.

- **Einschätzung der Qualifikation der Antragsteller**

  Prof. Müller-Lüdenscheid: Ausgewiesener Experte mit langjähriger Erfahrung im Bereich x ...
  Prof. Klöbner: Die Reputation von Prof. Klöbner für die beantragte Aufgabenstellung kann ebenfalls als positiv bewertet werden, er hat bereits zahlreiche vergleichbare Drittmittelprojekte im Themenfeld ABC erfolgreich bearbeitet.

- **Aussagen zur Qualität der Veröffentlichungen und der bisher erzielten Ergebnisse**

  Die im Antrag erwähnten Veröffentlichungen der Antragsteller im Themenbereich ZZZ sind viel zitierte und beachtete Schriften.

- **Originalität der Antragsinhalte**

  Die beantragten Forschungsvorschläge sind innovativ, in dieser Form noch nicht dagewesen und schließen eine vorhandene Forschungslücke. Die Notwendigkeit der im Rahmen des Projekts beantragten Grundlagenforschung wird bestätigt.

- **Einschätzung des erwarteten (Erkenntnis-)Gewinns – im Verhältnis zu den Kosten**

  Die bei erfolgreicher Durchführung des Projekts zu erwartenden Ergebnisse sind für die weiteren Forschungsaktivitäten sowie Produktentwicklungen maßgeblich. Der Nutzen überwiegt den Aufwand bei weitem.

- **Wissenschaftliche Bedeutung – auch mit Implikationen für andere Disziplinen**

  Im Bereich der YYY besteht erheblicher Forschungsbedarf, da XYZ nicht vorliegt. Die erwarteten Ergebnisse können auch für die Forschungsbereiche a, b, c genutzt werden.

- **Sonstige Bedeutung - Besondere Bedeutung aus z.B. wissenschaftspolitischen, gesellschaftspolitischen oder wirtschaftlich-technischen Gründen**

  Im Hinblick auf XYZ könnten die zu erwartenden Ergebnisse entsprechende Grundlagen für ... werden.

2. Arbeitsmöglichkeiten / wissenschaftliches Umfeld

- **Personelle / institutionelle / räumliche und apparative Voraussetzungen**

  Die personelle, institutionelle, räumliche und apparative Ausstattung beider Projektpartner im Hinblick auf die Durchführung des Vorhabens wird als sehr gut eingestuft.

- **Wissenschaftliches Umfeld**

  Die beiden Lehrstühle sind in ihrer Scientific Community hervorragend vernetzt. Die in einigen Punkten außerhalb des jeweiligen Fachbereichs zu untersuchenden Bereiche können durch andere Institute in den beiden Hochschulen profund abgedeckt werden.

3. Ziele und Arbeitsprogramm

- **Klare Arbeitshypothesen**

  Die Teilprojekte und Arbeitspakete sind klar strukturiert, aufeinander aufbauend ausgelegt und ehrgeizig definiert (bezogen auf die Laufzeit).

- **Sinnvolle Eingrenzung der Thematik**

  Bezüglich der vorgesehenen Arbeiten ergibt sich ein schlüssiges und vollständiges Aufgabenpaket im Vorhaben bezüglich der definierten Thematik.

- **Angemessenheit der Methoden**

  Sowohl die XXX als auch die YYY Herangehensweisen zur Bearbeitung der jeweiligen Aufgabenfelder erscheint methodisch passend. Eine vorangehende Recherche im Bereich der ZZZ wird ebenfalls als sinnvoll erachtet.

- **Durchführbarkeit insbesondere im beantragten Zeitrahmen**

  Das Erreichen der definierten Ziele in der beantragten Projektlaufzeit erfordert ein koordiniertes Herangehen und eine konsequente Aufgabenverteilung zwischen den beiden Projektpartnern, was beide Partner auf Grund der jeweiligen Expertise sicherlich leisten werden.

4. Vorschlag zum Umfang der Förderung

Personal
Der beantragte Personalbedarf wird durch das Arbeitsprogramm gerechtfertigt.

Geräte

- **Erforderlichkeit der Geräte**

  Die beantragten Aufwendungen für Geräteanschaffungen werden als plausibel angesehen.

- **Auslastung der Geräte durch das Forschungsvorhaben**

  Die Auslastung der Geräte ist als gegeben anzusehen.

- **Gehören die Geräte zur zeitgemäßen Grundausstattung?**

  Die beantragten Geräte (-erweiterungen) werden nicht als Grundausstattung gesehen.

Kleine Geräte, Verbrauchsmaterial, Reisekosten und Sonstige Kosten
Die beantragten Aufwendungen für Verbrauchsmaterial werden als plausibel angesehen.

5. Zusammenfassung

Das Forschungsvorhaben wird in seiner beantragten Form ohne Einschränkung[75] zur Förderung empfohlen.

23.1.3 Gutachten zu Professur-Bewerbungen

Diese Art von Gutachten hat das Ziel, Berufungsentscheidungen zu untermauern. Hierzu können im Rahmen eines Berufungsverfahrens (vgl. Abschnitt 3.5) vergleichende oder Einzelgutachten eingeholt werden. Bei Einzelgutachten wird ein einzelner Kandidat hinsichtlich seiner Qualifikation sowie in Bezug auf die von der Kommission darüber hinaus vorgegebenen Kriterien (bspw.: „Befähigung zum Aufbau einer Forschergruppe") beurteilt. Im Falle vergleichender Gutachten haben Sie zunächst für alle Bewerber Einzelbeurteilungen zu erstellen und dann jene miteinander zu vergleichen. Abschließend müssen Sie einen Vorschlag zur Rangfolge bzw. Listenplatzierung abgeben. Häufig geben Berufungskommissionen einen solchen Listenvorschlag bereits zur Begutachtung dazu und bitten um Stellungnahme hierzu. Nachfolgend finden Sie ein Beispiel für ein vergleichendes Gutachten in einem Anwendungsfach.

[75] Je nach Bewertung stünden hier zur Wahl: wird ohne / mit Einschränkung / erst nach weiterer Überarbeitung / nicht zur Förderung empfohlen.

BEISPIEL EINES GUTACHTENS ÜBER EINE BEWERBERQUALIFIKATION

Gutachten über die wissenschaftliche Qualifikation der vorgeschlagenen Bewerber und deren Befähigung, eine erfolgreiche Forschungsgruppe aufzubauen

1. Allgemeines

Mit Schreiben vom 13.01.20xx hat mich die Fakultät XYZ der Uni ABC, Herr Dekanus gebeten, ein Gutachten über die wissenschaftliche Qualifikation der im oben genannten Berufungsverfahren für eine Listenposition vorgeschlagenen Bewerber und deren Befähigung, eine erfolgreiche Forschungsgruppe aufzubauen, abzugeben. Bei den Vorgeschlagenen handelt es sich um

- Fritz Klöbner
- Max Mustermann
- Heinrich Müller-Lüdenscheid

Ich komme der Bitte um Erstellung des Gutachtens gerne nach. Dabei möchte ich vorausschicken, dass ich Herrn Klöbner und Herrn Müller-Lüdenscheid aus gelegentlichen Treffen und Gesprächen an der Universität Stuttgart und deren Umfeld sowie aus der Beobachtung der Arbeiten der beiden Herren kenne. Herr Mustermann ist mir persönlich nicht bekannt. Meine Beurteilung basiert deshalb in wesentlichen Teilen auf den mir überlassenen Unterlagen.

2. Zur wissenschaftlichen Qualifikation der Bewerber

Herr Klöbner und Herr Müller-Lüdenscheid haben beide an prominenten Hochschulen studiert und bei Professoren von internationalem Rang promoviert. Die Themen der Dissertationen sind von überdurchschnittlichem Schwierigkeitsgrad und die hohe Qualität der wissenschaftlichen Bearbeitung spiegelt sich in den Bewertungen der Dissertationen wider. Auch durch nachfolgende Publikationen sind sie in ihrem Fach hervorragend ausgewiesen. Letzteres wird bei Herrn Klöbner durch eine Reihe besonders hochkarätiger Artikel untermauert. Herr Mustermann kann nur wenige Fachveröffentlichungen vorweisen, allerdings ist ihm zu Gute zu halten, dass Publikationen aus einer Projektbearbeitung in einem Institut mit industrienaher Forschung typischerweise erst mit einem größeren zeitlichen Nachlauf entstehen. Die von Herrn Klöbner bearbeiteten Projekte weisen einen überdurchschnittlichen, die von Herrn Mustermann einen sehr hohen Schwierigkeitsgrad auf, der die Anwendung teilweise komplexer wissenschaftlicher Methoden in der Bearbeitung erfordert. Alle drei Bewerber verfügen über Erfahrungen in den für das Fach charakteristischen Lehrthemen.

3. Zur Befähigung der Vorgeschlagenen, eine erfolgreiche Forschergruppe aufzubauen

Alle drei Bewerber haben als Projektleiter, Herr Klöbner sogar als Abteilungsleiter, in einem Industrieunternehmen umfangreiche Erfahrungen im Aufbau und in der fachlichen, sozialen, terminlichen und finanziellen Führung von Teams. Die hierfür erforderlichen Qualifikationen werden innerhalb der Universitäten gerne unterschätzt, nach meinem Dafürhalten sind sie ähnlich hoch einzustufen wie die zur Anleitung eines reinen Wissenschaftlerteams erforderlichen Qualifikationen. Insbesondere die haftungsrechtlich folgenschweren Verstöße gegen Termine und finanzielle Rahmenvorgaben bedingen innerhalb eines Wirtschaftsunternehmens der Baubranche eine wesentlich präzisere Art der Abwicklung der zu leistenden Arbeiten, wobei diese Arbeiten bei komplizierten Bauvorhaben in Teilen immer wieder den Charakter wissenschaftlicher Arbeiten haben können. Die Befähigung zum unternehmerischen Handeln sowie zur Personalführung sind notwendig, um eine erfolgreiche Forschergruppe aufzubauen. Weitere Voraussetzungen zum erfolgreichen Aufbau einer Forschergruppe sind der Innovationsgrad und die Profilschärfe des eigenen Forschungsansatzes. Unter Einbeziehung der bei allen drei Vorgeschlagenen attestierten wissenschaftlichen Qualifikation sehe ich deshalb bei allen drei Herren die Befähigung, eine erfolgreiche Forschergruppe aufzubauen, als gegeben an.

4. Zusammenfassung

Die Fragen, ob bei den für einen Listenplatz vorgeschlagenen Bewerbern eine der Professur adäquate wissenschaftliche Qualifikation und die Befähigung, eine erfolgreiche Forschungsgruppe aufzubauen, gegeben ist, kann ich vollumfänglich mit „Ja" beantworten. Es gibt bei den drei Bewerbern ein gewisses Qualifikationsgefälle. Dieses Gefälle sehe ich genauso wie die Berufungskommission. Unter Einbeziehung meiner oben gemachten Aussagen kann ich deshalb auch die Reihung der Bewerber auf der Liste in der Reihenfolge

1. Klöbner
2. Mustermann
3. Müller-Lüdenscheid

vollumfänglich bestätigen. Insbesondere mit Herrn Klöbner, aber auch mit Herrn Mustermann würde die Universität ABC einen hervorragend geeigneten und hoch qualifizierten Bewerber für die ausgeschriebene Professur bekommen. Auf der Basis meiner Übersicht über die in den vergangenen Jahren abgewickelten Berufungsverfahren zu vergleichbaren Professuren kann ich Sie zu Ihrer hervorragend besetzten Liste nur beglückwünschen und Ihnen viel Erfolg im weiteren Ablauf des Verfahrens wünschen.

23.1.4 Gutachten zu einer Promotion / Dissertationsschrift

Eine immer wiederkehrende Aufgabe eines Lehrstuhlinhabers ist die Erstellung von Promotionsgutachten. Diese Gutachten dienen der Fakultät (im Speziellen dem Promotionsausschuss) in aller Regel dazu, die Arbeit zu bewerten und darüber zu entscheiden, ob eine Promotion angenommen wird oder nicht. Ihre Bewertung fließt in die spätere Notenfindung mit ein. Achten Sie zugunsten des Kandidaten als auch im Hinblick auf Ihr eigenes Image darauf, mit welcher Qualität Sie das Gutachten anfertigen, denn in der Regel werden Dissertationsschrift und Promotionsgutachten in einem Umlaufverfahren jedem Professor der Fakultät zugänglich gemacht.

Sie sind in Ihrem Gutachten berechtigt, auf Mängel und Fehler hinzuweisen und deren Korrektur zur Auflage für die Annahme zu machen. Unterscheiden Sie hierbei mit Bedacht, ob diese Kritikpunkte und deren Korrektur die Benotung Ihrerseits beeinflussen (ganz wesentliche Theorie oder Literatur wurde nicht berücksichtigt), oder ob es sich hierbei um 'Kleinigkeiten' handelt, die lediglich vor Drucklegung behoben werden sollten (wie bspw. eine verschobene Zeile in einer Tabelle). Nur wenn Sie am Ende Ihres Gutachtens eine Überarbeitung ausdrücklich fordern, wird der Doktorand von der Promotionskommission dazu aufgefordert. Die korrigierte Fassung wird Ihnen anschließend erneut zur Begutachtung zugesandt. Zur konkreten Benotung sind die jeweils für den Promotionskandidaten geltende Promotionsordnung und die darin enthaltene Notenskala heranzuziehen. Typischerweise kommen folgende Bewertungen zur Anwendung:

- **Summa cum laude:** Selbständig durchgeführte Arbeit mit hohem wissenschaftlichen Erkenntniswert und methodisch wie formal einwandfreier Ausführung. Der Doktorand / Doktorandin hat eigenständige Beiträge zu Problemstellung und Methodik geleistet.
- **Magna cum laude:** Selbständig durchgeführte Arbeit mit beträchtlichem wissenschaftlichen Erkenntniswert und methodisch wie formal guter Ausführung.
- **Cum laude:** Selbständig ausgeführte Arbeit mit wissenschaftlichem Erkenntniswert. Die Arbeit darf keine wesentlichen methodischen und formalen Mängel aufweisen.
- **Rite:** Selbständig ausgeführte Arbeit mit Erkenntniswert. Die Arbeit darf keine tiefgreifenden Mängel aufweisen.
- **Non sufficit:** Alle Arbeiten, die nicht mindestens die Kriterien des 'rite' erfüllen.

BEISPIEL FÜR EINE MÖGLICHE GLIEDERUNG EINES PROMOTIONSGUTACHTENS

Gutachten zur Dissertation von Max Mustermann zum Thema 'XYZ'
(zur Vorlage beim Promotionsausschuss der Fakultät ABC)

Sehr geehrter Herr Kollege,
in der oben genannten Promotionsangelegenheit bin ich zum Gutachter bestellt worden. Gerne gebe ich in dieser Eigenschaft das nachfolgende Gutachten ab:

A Problemstellung und Zielsetzung der Arbeit
In der vorgelegten Arbeit geht es darum, ... und folgende methodische Lücke im Themenfeld xyz zu schließen. ...

B Inhalt und Methodik der Arbeit
Die Arbeit zeigt eine Methode auf, um ....

Diese besteht dabei aus mehreren Einzelschritten:

- Erstellung eines ....
- Generierung eines Verfahrens zur ....
- Aufbau eines ....
- Entwicklung eines Verfahrens, um ....
- Überprüfung der Methode durch Anwendung mehrerer Kriterien des ....

Dabei bedient sich Max Mustermann folgender Gliederung in seiner Dissertation:

1. Aufgabenstellung
   In diesem Abschnitt thematisiert Max Mustermann .... Er beschreibt die Problemstellung, definiert die Ziele der Arbeit (die da wären XYZ) und erläutert die Vorgehensweise bei der Entwicklung der Methode.

2. Stand des Wissens
   Die verschiedenen XYZ werden näher betrachtet und analysiert. Hinsichtlich des Standes der Technik wird ABC vorgestellt und erläutert. Detailliert werden insbesondere AB und C sowie Bewertung und Auszeichnung folgender Systeme dargestellt:

   - ...
   - ...
   - ...

3. Erarbeitung der Methode / Theorie zur ....
4. Anwendung oder Prüfung der Methode / Theorie
5. Diskussion der entwickelten Methode / Theorie

C Wissenschaftliche Qualität und Ergebnisse

Die Arbeit entspricht sowohl von der methodischen Vorgehensweise als auch hinsichtlich der Durchführung, Auswertung und Interpretation der Ergebnisse den im Fach ABC geltenden wissenschaftlichen Anforderungen und Qualitätsstandards.
Die erzielten Ergebnisse lassen sich wie folgt zusammenfassen: ....
Mit den Ergebnissen dieser Arbeit konnte der Stand des Wissens erheblich erweitert werden, da ....

D Beurteilung der Form

Die Gliederung der Arbeit und die Ergebnisse sind ....

Der Doktorand verfügt über einen ... Schreibstil.

Tabellen und Diagramme sind ....

Die abschließende Zusammenfassung ist ....

Kleinere 'Schönheitsfehler', Tippfehler, Auslassungen etc. sollten vor der Drucklegung behoben werden.

E Gesamtbeurteilung

Bisher existierten keine wissenschaftlich fundierten Rechenverfahren für .... Mit dieser Arbeit liegt ein erster Vorschlag dafür vor. Damit wurde von Max Mustermann der Forschungsstand erheblich erweitert. Mit den Ergebnissen dieser Arbeit steht für die Anwendung nun eine Methodik zur XYZ vor.

Zusammenfassend bleibt festzustellen, dass es Herrn Mustermann hervorragend gelingt, auch dem fachfremden Leser den komplexen, interdisziplinären Sachverhalt zu erläutern. Aus den erläuterten inhaltlichen, methodischen und formalen Gründen empfehle ich mit Nachdruck, die Dissertation anzunehmen.

Ich bewerte die Arbeit daher mit der Note ... *(numerisch UND ausschreiben).*

Ort, Datum, Unterschrift

23.1.5 Gutachten zu einem studentischen Stipendium

Ein weiterer Teil der alltäglichen universitären Gutachtertätigkeit betrifft die Studierenden. Immer wieder benötigen Studierende gutachterliche Stellungnahmen ihrer Professoren, um Stipendien beispielsweise für Auslandsaufenthalte oder Praktika zu beantragen (Stiftungen, DAAD, Erasmus etc.). Ziel ist es, dem jeweiligen Auswahlgremium eine entsprechende Entscheidungsgrundlage zu verschaffen, um dem Antrag des Studierenden stattzugeben oder aber diesen abzulehnen. Ihre Aufgabe ist es daher, den Kandidaten hinsichtlich seiner Qualifizierung / Eignung (bspw. für den beantragten Auslandsaufenthalt oder für eine spezielle Förderung, eine Preisvergabe etc.) und ggf. nach weiteren stiftungsspezifischen Kriterien zu bewerten. Nachstehend finden Sie ein entsprechendes Beispiel für ein DAAD-Stipendiums-Gutachten. Die jeweilige Struktur eines Gutachtens zu einem Stipendiumsantrag bzw. eines Empfehlungsschreibens lautet:

- **Erklären Sie Ihre Gutachterseite.** Erklären Sie, wer Sie sind, warum und in welcher Funktion Sie mit dem Kandidaten zu tun haben. Geben Sie an, woher Sie ihn kennen und welche (positiven) Erfahrungen Sie schon mit ihm gemacht haben (als Mitarbeiter, HiWi, Teilnehmer etc.).
- **Stellen Sie das Thema dar.** Beschreiben Sie den Gegenstand, die Inhalte des Beantragten bzw. die inhaltliche Basis Ihrer Empfehlung: Was hat der Kandidat schon an Vorarbeiten geleistet? Warum ist das Thema besonders spannend? Worum geht es (in drei Sätzen)? Welche weiteren Qualifikationen bringt der Kandidat mit? Was spricht fachlich und auch seitens seiner Persönlichkeit für die Bewilligung bzw. die Auswahl des Kandidaten? Welche neuen fachlichen Erkenntnisse oder persönlichen Entwicklungen verspricht sich der Gutachter davon (Kandidat wird in der und der Hinsicht profitieren; Kooperationsprojekte können lanciert werden etc.)?
- **Ziehen Sie eine eindeutige Schlussfolgerung:** „Ich möchte daher den Kandidaten vorschlagen und bin überzeugt, dass er die ihm gebotenen Chancen gewinnbringend nutzen wird. Für Rückfragen stehe ich gern zur Verfügung.“ Hiermit zeigen Sie, dass Sie hinter dem Kandidaten und seinem Projekt stehen.

BEISPIEL EINES GUTACHTENS FÜR DIE BEWERBUNG UM EIN STIPENDIUM

Gutachten zum Stipendiumsantrag von Max Mustermann

Sehr geehrte Damen und Herren,

Herr Mustermann hat mich gebeten, eine gutachterliche Stellungnahme als Basis für die Erlangung eines Stipendiums zu erstellen. Dieser Bitte komme ich gerne nach. Ich kenne Herrn Mustermann seit ca. eineinhalb Jahren. Herr Mustermann hat als Studierender des Fachs ABC meine Vorlesungen gehört und seine Bachelorarbeit an meinem Institut angefertigt. Die Erstellung einer solchen Bachelorarbeit erfordert ...

Der Arbeitsstil von Herrn Mustermann ist engagiert und von einer tiefen und nachhaltigen Auseinandersetzung mit dem gestellten Thema geprägt. Herr Mustermann verfügt über ein breites Spektrum an methodischen Kenntnissen und die Fähigkeit, dieses Wissen auch in Projekten anzuwenden, die über sein ursprüngliches Arbeitsgebiet hinausgehen. Er besitzt darüber hinaus die Befähigung, unterschiedliche Perspektiven der an einem Projekt / Aufgabe beteiligten Personen zur Erarbeitung eines Lösungswegs zu integrieren.

Herrn Mustermanns fachliche Interessen reichen dabei auch über die Ränder des eigentlichen Studienfaches hinaus. Er interessiert sich sowohl für xxx wie als auch für yyy. Vor diesem Hintergrund befürworte ich ohne jede Einschränkung die Absicht von Herrn Mustermann, sein Wissensspektrum durch ein Auslandsstudium zu erweitern und zu vervollkommnen.

Das Auftreten von Herrn Mustermann ist selbstsicher und freundlich. Herr Mustermann besitzt, soweit mir ein derartiges Urteil zusteht, sehr höfliche und gute Umgangsformen.

Ein Studium im Ausland erfolgreich zu meistern, ist nicht nur eine Frage der fachlichen Qualifikation, sondern auch eine der menschlichen Eignung. Beides attestiere ich hiermit ohne jede Einschränkung. Ich würde mich sehr freuen, wenn Sie Herrn Mustermann mit einem Stipendium für einen Auslandsaufenthalt bedenken würden.

Datum, Ort, Unterschrift

BEISPIEL EINES GUTACHTENS FÜR EIN AUSLANDSSTIPENDIUM

Gutachten zum Stipendiumsantrag von Max Mustermann

Sehr geehrte Damen und Herren,

- Herr M. hat mich um eine Stellungnahme zu seinem Vorhaben gebeten, seine Promotionsstudien für einen Zeitraum von drei Monaten als visiting scholar an der [Gastuniversität] fortzusetzen. Gerne komme ich seiner Bitte nach.
- Herr M. promoviert zu dem Thema [Thema]. Ich habe mich davon überzeugt, dass er seine Dissertation mit großer Zielstrebigkeit und beachtlichem Erfolg voranbringt. Die Arbeit von Herrn M. ist dem Schwerpunkt [...] gewidmet. Die [Gastuniversität] zählt im Bereich des [Fachgebietes], in dem Herr Mustermann forscht, zu den fünf anerkanntesten Hochschulen [des Gastlandes] Im Hinblick auf meine eigenen Aufenthalte [an der Zieluniversität] als Gastprofessor [...] kann ich bestätigen, dass er dort hervorragende Forschungsbedingungen vorfinden wird.
- Der Auslandsaufenthalt ist nahezu zwingend erforderlich, da [Gründe angeben, wie bspw. spezielle Forschungsmöglichkeiten im Gastland]. Der anvisierte Zeitraum von drei Monaten erscheint dabei als angemessen, um das [Thema] zu ergründen. [Und so geht es bei der Forschung weiter]
- Herr M. verfügt über ausgezeichnete [Sprachkenntnisse], die er während seines einjährigen Studienaufenthalts am Ende seines Studiums an der [anderen ausländischen Universität], perfektioniert hat. Es kann daher guten Gewissens davon ausgegangen werden, dass er sich rasch in das [Fachgebiete] einarbeiten und seinen Forschungsaufenthalt effektiv nutzen wird.
- Nicht unerheblich zum Gelingen des Aufenthalts beitragen wird außerdem, dass mein Kollege und Kooperationspartner Professor XYZ, der an der [Gastuniversität] einen Lehrstuhl innehat und als einer der renommiertesten [Experten des Fachgebietes im Gastland] gilt, sich bereit erklärt hat, Herr Mustermann während der Dauer seines Gastaufenthalts akademisch zu betreuen.
- Insgesamt bin ich vom Gelingen des geplanten Forschungsaufenthalts überzeugt und unterstütze das Vorhaben von Herrn M. daher mit Nachdruck.

Datum, Ort, Unterschrift

BEISPIEL EINES GUTACHTENS FÜR EIN PROMOTIONSSTIPENDIUM

Frau N.N. geb. am ... in ... hat mich anlässlich ihrer Bewerbung um ein Stipendium [des Stipendiengebers] um ein Kurzgutachten für ihr Promotionsvorhaben gebeten. Gerne komme ich ihrer Bitte nach.

1. HINTERGRUND

Frau N. ist mir aus einer Reihe von Veranstaltungen bekannt, in denen sie mir durch ihre aktive Mitarbeit positiv aufgefallen ist.

Die akademische Qualifikation von Frau N. ist hervorragend. Sie zeigt sich nicht allein darin, dass Frau N. bereits Stipendiatin des [anderen Stipendiengebers]. In ihrer Zwischenprüfung / ihrem Vordiplom / Bachelorabschluss erzielte sie die für den Studiengang [Studiengang] herausragende Note von ... und gehörte damit zu den 5 % Jahrgangsbesten. Diese Note reiht sich ein die in sehr gute Abiturnote (...) und die sonstigen deutlich überdurchschnittlichen Leistungen und während des Studiums erworbenen Zusatzqualifikationen. Ihre Fähigkeit, wissenschaftlich zu arbeiten, hat Frau N. bereits durch eine Seminararbeit zu [einem Thema] sowie durch ihre Bachelorarbeit über das Thema [Thema] gezeigt. Beide Arbeiten wurden unter meiner Betreuung geschrieben und mit deutlich überdurchschnittlichem Erfolg abgeschlossen. Durch einen Studienaufenthalt an [ausländischen Universität] in der Zeit zwischen [fast einem Jahr], gefördert durch ein Stipendium [des angefragten Stipendiengebers] und hat Frau N. sich nicht nur hervorragende Kenntnisse der [ausländischen] Sprache erworben. Gekrönt wurde ihr Auslandsaufenthalt vielmehr durch den Abschluss als [berufsqualifizierender ausländischer Abschluss].

Hervorzuheben ist auch das gesellschaftliche und gesellschaftspolitische Engagement von Frau N., durch welches sich ihre Bereitschaft zeigt, gesellschaftliche Verantwortung zu übernehmen. Neben ihrer aktiven Mitgliedschaft in [Beispiele], ist sie auch ehrenamtlich als [Beispiel] tätig.

Ich habe Frau N. als äußerst engagierte und stets zielstrebige Person kennen gelernt, die aufgrund sowohl ihrer fachlichen Kenntnisse als auch ihres persönlichen Durchsetzungsvermögens argumentativ stets zu überzeugen wusste.

2. AKTUELLER ANTRAGSGEGENSTAND

Frau N. möchte an meinem Lehrstuhl zu dem Thema [...]. [Einige Sätze Beschreibung des Kernthemas der Dissertation.] promovieren.

Ziel des Promotionsvorhabens von Frau N. ist es, [...] [einige zentrale Merkmale darstellen]. Untersucht werden sollen insbesondere die [...] [weitere Sätze zur Methodik].

Frau N. hat bereits ein umfangreiches Exposé zu ihrem Promotionsvorhaben abgeliefert. Das Exposé ist von überdurchschnittlicher Qualität. Frau N. hat damit gezeigt, dass sie sich bereits in die Thematik und auch in die Bewältigung dieser mit der geforderten Fachexpertise eingearbeitet hat. Die abgeschlossene Dissertation wird sowohl für die Belange der Praxis als auch aus Sicht der Wissenschaft von erheblichem Interesse sein.

3. SCHLUSSFOLGERUNG

Der bisherige Lebenslauf von Frau N. verdeutlicht, dass sie in der Lage ist, Außergewöhnliches zu leisten. Aufgrund ihrer Zielstrebigkeit bin ich davon überzeugt, dass sie die Promotion in der vorgesehenen Zeit und mit überdurchschnittlichem Erfolg abschließend wird.

In Anbetracht all dieser Umstände empfehle ich mit großem Nachdruck, Frau N. in die Förderung [des angeschriebenen Stipendiengebers] aufzunehmen.

Datum, Ort, Unterschrift

23.2 Schriftverkehr

Graut Ihnen auch davor, wenn Sie Ihren Stapel an zu beantwortenden Briefen sehen? Fragen Sie sich vielleicht, wenn die Weihnachtszeit näher rückt, was Sie bloß in die zahlreichen Weihnachtskarten schreiben sollen? Oder tun Sie es schon gar nicht mehr? Bewundern Sie vielleicht insgeheim, wie es andere Kollegen immer wieder schaffen, persönlich formulierte Weihnachtsgrüße zu schicken? Oder selbst zu anderen Anlässen nett formulierte Karten zu verfassen, bei denen sogar im Falle eines negativen Inhalts (Absage, Kondolenz) ein freundlicher, verbindlicher Kontakt bestehen bleibt? Selbst wenn Sie es als mühselig ansehen, sollten Sie die Chance eines professionellen Schriftwechsels nutzen! Professionell meint in diesem Fall, dass Sie sowohl auf das achten, was 'in' den Zeilen steht, als auch auf das, was 'dazwischen' steht: Zwischen den Zeilen steht die Wertschätzung, hier erkennt der Leser die Aufmerksamkeit und den persönlichen Bezug, der ihm entgegen gebracht wird. 'In' den Zeilen wiederum findet er der Inhalt bzw. die Sachinformation oder die Coverstory, die das Zwischenmenschliche wohl formuliert verpackt.

Unabhängig davon, ob Sie Verfasser oder Empfänger solcher Schreiben sind, sollten Sie die Grundregeln des Schriftverkehrs beachten:

- Geben Sie jedem Schreiben eine persönliche Note, indem Sie auf das Spezielle, Individuelle oder Besondere der Situation bzw. Person eingehen und handeln Sie es keinesfalls in einem Dreizeiler ab.
- Sollten Sie einen Brief, eine Anfrage erhalten, so antworten Sie auf diese. Das Ausbleiben einer Reaktion ist schlichtweg unhöflich – und natürlich ein ungenutzter Kontakt.

Nachfolgend finden Sie Beispiele und Tipps für die typischsten universitären Schriftwechsel: Weihnachts- / Neujahrskarte (Abschnitt 23.2.2), Gratulationskarte zu einer Beförderung (Abschnitt 23.2.3), Absage einer Einladung (Abschnitt 23.2.1), Karte zur Emeritierung (Abschnitt 23.2.4) und Kondolenzschreiben (Abschnitt 23.2.5). Für Hinweise zum korrekten Umgang mit Namens- und Titelnennungen im Schriftverkehr siehe grauen Kasten.

DER UMGANG MIT TITELN UND NAMENSNENNUNGEN IM SCHRIFTVERKEHR

Hat ein **Adressat** mehrere Titel, werden in der **Anschriftenzeile** alle genannt

- Herrn Prof. Dr. K. Sedlbauer
- Herrn Privatdozent Dr. E. Xampel
- Herrn Dr. M. Mustermann
- Herrn Dipl.-Ing. K. Beispiel
- Herrn M.Sc. G. Modern

Im Falle eines Dekans beispielsweise lautet das Anschriftenfeld:

An den Dekan der xy Fakultät der Universität ABC
Herrn Professor Dr. Vorname Nachname
Straße
Stadt

Sehr geehrter Herr Dekan,

In der schriftlichen **Anrede im Brief selbst** wird der (verbleibende) Titel ausgeschrieben, sofern es sich nicht um den Doktortitel handelt (dieser wird abgekürzt). Diplom- oder Master-Titel werden in der persönlichen Anrede im Allgemeinen nicht verwendet.

- Sehr geehrte Frau Professorin Werth, sehr geehrter Herr Professor Sedlbauer,
- Sehr geehrte Frau Privatdozentin Siehan, sehr geehrter Herr Privatdozent Xampel,
- Sehr geehrte Frau Dr. Mustermann, sehr geehrter Herr Dr. Mustermann,
- Sehr geehrte Frau Beispiel, sehr geehrter Herr Beispiel,

Bitte beachten Sie: Kollegen derselben Titelstufe verwenden untereinander den Titel nicht, d.h. ein Promovierter schreibt zwar an einen Professor „Sehr geehrter Herr Prof. Dr. Sedlbauer", aber an einen ebenfalls promovierten Kollegen hingegen „Sehr geehrter Herr Mustermann".

Definitorischer Hinweis zu oben genannten Titeln

Ein Privatdozent (PD oder Priv.-Doz.) ist ein verwendeter Titel für einen habilitierten Wissenschaftler an einer Universität, der keine reguläre Professorenstelle innehat.

Der Doktorgrad ist kein Titel, sondern ein akademischer Grad, der nach Abschluss eines Promotionsverfahrens erworben wird. Eine Ausnahme sind nur die Ehrendoktorwürden, die wie ein mit einer Promotion erworbener Doktorgrad behandelt werden.

Ein Diplom ist bislang der häufigste akademische Grad gewesen, mit dem Studierende an Universitäten oder Fachhochschulen ihre wissenschaftliche Ausbildung abschließen konnten (bspw. als Diplom-Ingenieur oder Diplom-Psychologe). Geläufiger sind nun Bachelor und Master (bspw. Bachelor oder Master of Science).

Für weitere traditionelle Anreden im universitären Bereich siehe Abschnitt 24.1.

23.2.1 Absage einer Einladung

Sehr geehrter Herr Mustermann,

für Ihre Einladung zum Symposium xyz danke ich Ihnen. Die Schwerpunkte, die Sie benennen, interessieren mich sehr – insbesondere AB und D. Gerade hat mein Lehrstuhl mit dem neu eingerichteten Studiengang 'Master Online Bauphysik' begonnen; ein Erfahrungsaustausch über Ihr Projekt 'Hochschule dual' wäre sicherlich vielversprechend gewesen.

Auch in Ihr Diskussionsforum zum Thema 'Die Wirtschaft braucht dringend Ingenieure und Informatiker' hätte ich meine Erfahrungen gerne eingebracht. Sowohl an meinem Institut als auch an meinem Lehrstuhl ist der Ingenieurmangel bereits deutlich spürbar. Vier unserer hiesigen Institute wollen dagegen etwas tun und veranstalten am 22. Nov. 20xx eine Recruiting-Veranstaltung. Bei Interesse lasse ich Ihnen gerne nach Drucklegung das Programm zukommen.

Es tut mir besonders leid, dass ich aufgrund anderweitiger Terminverpflichtungen absagen muss.

Ihrer Veranstaltung wünsche ich einen guten Verlauf!

Viele herzliche Grüße

23.2.2 Weihnachts- / Neujahrskarte

Lieber Herr Mustermann,

für eine erfolgreiche Forschung und Lehre ist eine Universität auf eine gute Kooperation zwischen den Lehrstühlen und der Verwaltung angewiesen. Wir möchten uns deshalb bei Ihnen für die gute Zusammenarbeit im vergangenen Jahr bedanken!

Besonders hilfreich war für uns Ihre zügige und unbürokratische Unterstützung bei abc, sie führte dazu, dass wir in Rekordzeit xyz erreichen konnten.

Wir wünschen Ihnen und Ihrem Team eine gesegnete Weihnachtszeit und ein rundum gutes und gelungenes neues Jahr!

Viele Grüße

23.2.3 Gratulationskarte zu einer Beförderung

Sehr geehrter Herr Rektor, lieber Wolfram,

Du kennst doch die Sache mit dem lachenden und dem weinenden Auge. Ich fange mal mit dem weinenden an: Deine humorvolle unverwechselbare Art, die Fakultätskollegen als Dekan zu leiten und unter Deine Fittiche zu nehmen, werden mir – jetzt wo Du Rektor bist – fehlen! Aber immerhin bleibst Du mir als Mitstreiter in diesem Gremium erhalten. Das lachende Auge sagt mir: Jetzt habe ich sogar einen Rektor als Projektpartner! Fabelhaft, ich freue mich sehr darüber.

Nun aber Spaß beiseite! Lieber Wolfram, für Deinen Start in das Amt als Rektor der Universität XYZ wünsche ich Dir alles erdenklich Gute. Die anstehenden Neuerungen in Forschung und Lehre, Studiengebühren und Hochschul-Ranking sind nur einige der Herausforderungen, die es nun für Dich zu meistern gilt. Umso stärker sind Persönlichkeiten wie Deine gefragt, die über ein gehöriges Maß an Beharrlichkeit und gute Nerven verfügen. Auch müssen sie es verstehen, ein emotionales Zugehörigkeitsgefühl von Studierenden und Dozenten zu ihrer Universität zu erzeugen, sodass sich ein Klima für herausragende Leistungen ausbreiten kann. Ich bin fest davon überzeugt, dass es Dir gelingen wird.

In diesem Sinne – eine gute Zukunft! Herzliche Grüße,

23.2.4 Karte zur Pensionierung / Emeritierung

Sehr geehrter Herr Mustermann,

so schnell kann es manchmal gehen: Letzten Freitag haben wir noch darüber gesprochen, dass wir uns am Montag zu Ihrer Verabschiedung wieder treffen und dann kam es leider doch ganz anders. Eine Virusinfektion hat mich am Sonntag erwischt und für zwei Tage lahm gelegt. Es war mir absolut unmöglich, an Ihrer Abschiedsvorlesung teilzunehmen, auf die ich mich so sehr gefreut hatte.

Statt des persönlichen Wortes, wähle ich nun diesen Weg, um mich bei Ihnen für so Vieles zu bedanken. Unsere Zusammenarbeit war zwar zeitlich gesehen nicht allzu lange; dafür empfand ich sie umso intensiver. Sie haben sich für unsere gemeinsamen Forschungsideen eingesetzt, diverse Anträge erfolgreich zum Abschluss und vielerlei Projekte zum Laufen gebracht.

Darüber hinaus haben Sie sich während Ihrer Zeit als Dekan für die Belange und Interessen der Mitarbeiter in der Fakultät vorbildlich eingesetzt; dafür möchte ich Ihnen mein Kompliment aussprechen. Auch im Recruiting von Studierenden haben Sie mit Ihren sog. 'Tagen der offenen Fakultät' den richtigen Weg beschritten. Wie wichtig dieser Schritt für unser aller Zukunft war, zeigt der jetzt akute Ingenieur- und Facharbeitermangel, dem wir damit nun wirkungsvoll begegnen können.

Ich wünsche Ihnen, lieber Herr Mustermann, persönliches Wohlergehen, hoffentlich mehr Zeit für all' die Dinge, die Sie bis jetzt immer aufgeschoben haben und nicht zuletzt mehr Freiraum und Muße für die Menschen, welche in Ihrem Leben eine wichtige Rolle spielen.

Mit herzlichen Grüßen,

23.2.5 Kondolenzschreiben

Beispiel 1

Liebe Trauerfamilie,

die ehemaligen Kollegen und Kolleginnen des Lehrstuhls trauern mit Ihnen um den Tod von Herrn Mustermann. Wir haben in ihm einen hoch geschätzten, verlässlichen und mutigen Menschen verloren, der uns trotz seiner Schicksalsschläge stets positiv und mit viel Humor begegnete.

Er wird uns unvergesslich bleiben.

Ihr Lehrstuhl-Team XYZ

Beispiel 2

Lieber Herr Mustermann,

der plötzliche Tod Ihrer Frau hat uns tief getroffen und ich spreche Ihnen im Namen der Institutsleitung sowie aller Mitarbeiterinnen und Mitarbeiter unser tief empfundenes Beileid aus. In den Jahren der gemeinsamen Zusammenarbeit haben wir Ihre Frau als äußerst sympathischen, engagierten und liebenswerten Menschen kennen und schätzen gelernt. Sie war uns und dem Institut über ihre Schaffenszeit hinaus eng verbunden. Wir trauern mit Ihnen um einen wertvollen Menschen, den wir nie vergessen werden.

Mit stillem Gruß,

Ihr Lehrstuhl-Team XYZ

Schriftwechsel nehmen einen bedeutsamen Teil Ihrer Arbeit(szeit) ein. Ihren Umgang damit zu reflektieren lohnt sich in mindestens zweierlei Hinsicht: Zum einen können Sie sich anhand weniger, gut ausgearbeiteter Vorlagen das Erstellen von Gutachten und Reviews wesentlich erleichtern. Zum Zweiten sind Ihre Schriftwechsel, seien es Zeitschriften-Reviews oder andere Gutachten, Briefe oder Karten ein schriftlicher, d.h. steter Eindruck, den Sie hinterlassen. Achten Sie daher darauf, dass Sie diese so gestalten, dass sie auch den Eindruck machen, den Sie erzeugen möchten. Kurzum: Die eigenen Schriftwechsel von Zeit zu Zeit kritisch zu beleuchten, lohnt sich!

Und wenn Sie die Dos und Don'ts bezüglich Ihrer E-Mailkommunikation kennenlernen möchten, dann lesen Sie diese nach unter der 'E-Mail-Netiquette' in Abschnitt 24.4.

24 Kleiner Lehrstuhl-Knigge

Sie fragen sich, warum sich der Gast, der vergangene Woche bei Ihnen am Lehrstuhl war, so überschwänglich bei Ihnen bedankt hat? Was war es, das ihn so begeisterte? Offensichtlich waren Sie ein guter Gastgeber! Doch was macht einen solchen aus?

Vielleicht kennen Sie aber auch die Situation (oder Sie steht Ihnen noch bevor), dass Sie wichtige Gäste aus dem Ausland erwarten; Ihre Mitarbeiter, die halbe Fakultät und ein paar externe Gäste dazu anwesend sind, und Sie die Rolle des Gastgebers haben! Es darf also nichts schiefgehen, keine Peinlichkeit passieren, alles muss sitzen und Sie müssen sicher wirken. Es schießen Ihnen Fragen durch den Kopf wie „Wen begrüße ich denn zuerst?" oder „Wie überreiche ich die Visitenkarte?" bzw. „Muss ich unserem Dekan die Gruppe vorstellen, oder anders herum?" – viele Fragen, auf die wir meist keine verlässliche Antwort wissen! Dabei sind es im Grunde ganz einfache Aspekte, die es hier zu beachten gilt – kleine Dinge, die aber große Wirkung haben!

Im Folgenden finden Sie als Orientierung für entsprechende Situationen einen kurzen Überblick der häufigsten Fragen und Antworten rund um Auftreten und souveränes Verhalten, Manieren, Etikette sowie den Umgang mit Kommunikationsmedien, wie es einem heutigen Lehrstuhl- und Businessalltag entspricht.

KAPITEL 24: KLEINER LEHRSTUHL-KNIGGE	**24.1** Allgemeines Auftreten
	24.2 Ihre Rolle als Gast bzw. als Gastgeber bei Institutsbesuchen
	24.3 Small Talk
	24.4 Umgang mit elektronischen Geräten

24.1 Allgemeines Auftreten

KLEIDUNG

„Kleider machen Leute." sagt ein Sprichwort und meint, dass Kleider andere Personen beeindrucken – und das ist in der Tat so. Formelle Kleidung, wie der klassische Businessdress, bewirkt, dass man beispielsweise ernster genommen wird und einen höheren Status zugeschrieben bekommt als im legeren Jeans-Outfit. Wissenschaftliche Studien haben diese Effekte bereits mehrfach nachweisen können. Doch viel wichtiger ist, dass Ihre Kleidung auch Ihnen selbst hilft, sich in eine Rolle einzufinden. Ihre Kleidung darf durchaus ein Hilfsmittel sein, damit Sie Ihre, möglicherweise recht unterschiedlichen, Rollen besser wahrnehmen können. Beispielsweise fällt es den meisten Menschen leichter, in formeller Kleidung (Anzug) formell aufzutreten als in legerer Kleidung (Jeans).

Schließlich drückt Kleidung auch Wertschätzung aus. Indem Sie sich dem Anlass entsprechend kleiden, signalisieren Sie, dass Sie diesen ernst nehmen bzw. ihm Bedeutung zuweisen. So gehen viele Kollegen an 'vorlesungsfreien Tagen' zwar in Jeans ins Büro, in die Vorlesung jedoch stets im Anzug – ihrem 'formellen Auftritt' entsprechend. Weitere Anlässe für 'offizielle Kleidung' (also den Anzug, das Kostüm oder zumindest ein Jackett) sind mündliche Prüfungen, Feierlichkeiten, formelle Ausschusssitzungen, Gastgeberrollen u.Ä.

Kurzum, betreiben Sie 'Dress for Success': Finden Sie die Balance zwischen 'dem Anlass angemessen' und 'sich wohlfühlen' (vgl. Abschnitt 6.1, Nonverbales Auftreten sowie Kapitel 10, Schwierige Präsentationssituationen). Im Zweifelsfall ist es – insbesondere als Gast – immer besser, etwas zu formell gekleidet zu sein als underdressed zu wirken.

Sorgen Sie als Vorgesetzter dafür, dass sich auch Ihre Mitarbeiter anlassgemäß kleiden. Machen Sie Ihre Sekretärin und Mitarbeiter darauf aufmerksam, wenn ein wichtiger Gast kommt oder aber ein besonderes Ereignis ansteht– und geben Sie ggf. einen entsprechenden Kleidungsstil vor.

BEGRÜßUNG

Ob als Gast oder als Gastgeber – die Art und Weise, wie Sie jemanden begrüßen, trägt ganz wesentlich zum entscheidenden ersten Eindruck bei und fungiert gleichzeitig als ein erstes Signal der entgegengebrachten Wertschätzung. Daher sollten Sie grundsätzlich (als Herr und auch als Dame) bei jeder Begrüßung immer aufstehen und keine Hand in der Hosen- oder Jacketttasche haben. Wenn Sie jemanden zur Begrüßung die Hand geben, so tun Sie dies mit festem Händedruck und einem klaren Blick in die Augen. Sprechen Sie darüber hinaus die Anderen mit ihrem Namen an. Wenn Sie es nicht übertreiben (also nicht in jedem zweiten Satz tun), gewinnen Sie dadurch Sympathie (denn jeder hört seinen eigenen Namen gern) sowie Aufmerksamkeit des Gegenübers (die menschliche Aufmerksamkeit ist für alle Reize erhöht, die mit einem selbst zu tun haben – und dazu gehört auch der eigene Name).

Innerhalb des universitären Kontexts lassen Sie beim Begrüßen und im Gespräch Ihren eigenen und den akademischen Titel des anderen weg (unter Kollegen spricht man sich nicht mit Titel an; einzige Ausnahme: Vorstellen einer anderen / dritten Person). Sollten Sie sich unsicher sein, ob Ihr Gegenüber Sie auch als Professorenkollege einordnet, teilen Sie ihm Ihre Gleichstellung einfach subtil mit den Worten mit „Herr Kollege, darf ich mich vorstellen ...." (und verzichten nach wie vor auf die Nennung Ihres Titels). Zur richtigen Einordnung Ihrer Gesprächspartner kann eine kleine Personenrecherche im Vorfeld manchmal recht hilfreich sein. Für den richtigen Umgang mit den Titeln in der Anrede siehe auch grauen Kasten.

Ansprechen einzelner Personen

Treffen Sie auf eine einzelne Person, sprechen Sie diese mit Namen an. Falls Sie sich noch nicht kennen, stellen Sie sich dann mit Ihrem vollen Namen und Ihrer Position vor. Indem Sie zuerst die andere Person mit ihrem Namen ansprechen, können Sie zum einen die Aufmerksamkeit des anderen gewinnen und so sicherstellen, dass er Ihnen bei Ihrer nun folgenden Namensnennung auch richtig zuhört. Andernfalls passiert es leicht, dass der andere mit „Wie war noch einmal Ihr Name?" oder „Wie bitte?" nachfragen muss, was für beide Seiten unangenehm ist.

Begrüßungsbeispiele sind:

- **Unbekanntes Gegenüber:**
  „Herr Sedlbauer? [warten, bis der andere dies bejaht oder nickt und dann in der Begrüßung

fortfahren mit:] Schönen guten Tag. Mein Name ist Lioba Werth, ich bin Inhaberin des Lehrstuhls für Organisationspsychologie an der TU Chemnitz. Schön, Sie zu sehen."

- **Bekanntes Gegenüber:**
  „Guten Tag Herr Sedlbauer. Schön, Sie hier zu treffen."

Begrüßung einer Gruppe

Treffen Sie auf eine Gruppe, ist es zudem wichtig, dass Sie Ihre Gäste in der richtigen Reihenfolge begrüßen. Dafür sind drei Kriterien von Bedeutung: Das Geschlecht, die Hierarchie sowie wer Ihnen bekannt bzw. unbekannt ist. Zuerst begrüßen Sie denjenigen, der Ihnen bekannt ist. So geben Sie ihm die Chance, Sie den Mitgliedern seiner Gruppe vorstellen zu können. Sollte er dies nicht tun, begrüßen Sie dann den hierarchisch höchsten, die Nächsthöchsten usw. und innerhalb der jeweiligen Gruppe die Damen zuerst. Die Regel der Vorstellungsfolge lautet also: Bekannt vor unbekannt; hierarchisch hoch vor weniger hoch und innerhalb jeder Kategorie: Die Damen zuerst.

Nur wenn die Gruppe nicht zu groß ist, begrüßen Sie alle Personen einzeln. Bei größeren Gruppen (über sechs bis acht Personen) begrüßen Sie nur die Ihnen bekannte(n) wichtige(n) Person(en) mit Handschlag und nicken ansonsten nur freundlich in die Runde. Achten Sie dabei aber darauf, ob Sie jemand offensichtlich begrüßen möchte (indem er bspw. Ihnen die Hand entgegenstreckt) und gehen Sie dann darauf ein.

Sollten Sie als Gast etwas später zu einer Gruppe dazu stoßen, wünschen Sie allerseits einen guten Tag / Abend und entschuldigen Sie sich für die Verspätung (bedanken Sie sich ggf. für die Geduld der anderen, nicht aber für ihr Verständnis, denn letzteres können Sie nicht voraussetzen). Verzichten Sie dann darauf, jedem die Hand zu geben, das stört nur unnötig den bereits begonnenen Ablauf. Sitzen Sie selbst als Gast bereits am Tisch und trifft ein anderer verspäteter Gast ein, so bleiben Sie sitzen, wenn er kommt. Einzige Ausnahme: Er ist Ihr einziger Gast oder aber er beginnt, Sie mit Handschlag zu begrüßen; dann stehen Sie auf.

Treffen Gruppen auf Gruppen und es gibt keinen klaren Gastgeber, so wird der Ranghöchste die Rolle des Gastgebers übernehmen und die Begrüßung starten. Sollten Sie Gastgeber einer Gruppe sein, die auf Ihre Gruppe treffen wird, dann instruieren Sie vorab Ihre Mitarbeiter, wer wen zuerst begrüßt (Sie den Ranghöchsten, die Mitarbeiter jeweils möglichst jemand Gleichrangiges). Auf diese Weise gelingt es Ihnen, dass sich immer Paare finden (möglichst die, die später auch nebeneinander sitzen) und niemand ist, beispielsweise auch auf dem Weg zum Essen oder Vortragsraum, allein. Wenn sich dann die Gelegenheit bietet, können Ihre Mitarbeiter 'ihren' Gast den anderen Kollegen (und Gästen) vorstellen und es bilden sich viele kleine Gespräche.

Vorstellen eines Kollegen

Sofern Sie Personen einander vorstellen, die nicht über den gleichen akademischen Titel verfügen, so sollten Sie diese mit Titel vorstellen. Verwenden Sie Ihrerseits die Formulierung 'Kollege', impliziert dies, dass derjenige Ihrer akademischen Stufe entspricht.

Begrüßungsbeispiele

- Treffen Sie mit einem Mitarbeiter / einem Kollegen auf einen **einzelnen, Ihnen bekannten Gast**:
  „Herr Kollege Sedlbauer, darf ich Ihnen meine Mitarbeiterin / Kollegin Frau Dr. Gockel vorstellen? Sie ist eine unserer Postdocs an meinem Lehrstuhl (und beschäftigt sich im Speziellen mit dem Themenfeld XYZ)."
- Treffen Sie mit einem Mitarbeiter / Kollegen auf einen **Ihnen unbekannten Gast**:
  „Schönen guten Tag. Mein Name ist Lioba Werth, ich bin Inhaberin des Lehrstuhls für Organisa-

tionspsychologie an der TU Chemnitz. Darf ich Ihnen meine Mitarbeiterin / Kollegin Frau Dr. Gockel vorstellen? Sie ist eine unserer Postdocs an meinem Lehrstuhl (und beschäftigt sich im Speziellen mit dem Themenfeld XYZ)."

Die Reihenfolge des Vorstellens und Bekanntmachens

„Die situativ wichtigste Person bekommt alles zuerst" – diese Faustregel stimmt beim Zusammenführen von Personen immer. Aber wer ist jeweils situativ die wichtigste Person? Diese Frage ist nicht immer leicht zu beantworten. Die Person, die zuerst informiert wird bzw. der andere Menschen vorgestellt werden, erfährt damit eine besondere Wertschätzung. Diese sollten Sie zukommen lassen:

- Ranghöheren
  dazu zählen nicht nur hierarchisch Höhergestellte, sondern auch für Sie besonders wichtige Personen wie Auftraggeber / Kunden, der Preisträger der aktuellen Veranstaltung etc.
- Gastgebern
  denn Sie müssen ihm zuerst sagen, wen Sie sozusagen in sein Revier bringen
- älteren Menschen.

In all diesen Fällen stellen Sie einseitig vor, d.h. dem Wichtigen / Ranghöheren die andere Person („Herr Präsident, dies ist mein Mitarbeiter Peter Kolb.") – nicht aber umgekehrt. Ihre Begleiter wissen entweder ohnehin, wem sie gerade vorgestellt werden oder aber Sie können ihnen dies vorab sagen („Da vorne kommt der Präsident auf uns zu, lass uns ihn kurz begrüßen."). Einen Überblick der Reihenfolgen des Vorstellens gibt Tabelle 24.1. In allen anderen Situationen informieren Sie alle Beteiligten. Formulierungshilfen dazu sind „Meine verehrten Damen, gestatten Sie, dass ich Sie miteinander bekannt mache.", „Es freut mich, dass Sie sich nun kennen lernen. Herr Kolb. Frau Schmidt." oder ein lockeres „Das ist Peter und das ist Rebecca".

Tabelle 24.1. Die Reihenfolge beim Vorstellen im Überblick.

PRINZIP	ZUERST WIRD ...	DANACH WIRD ...
Hierarchieabwärts	dem Präsidenten / Dekan / Vorgesetzten der neue Mitarbeiter vorgestellt.	der Mitarbeiter mit dem Präsidenten / Dekan / Vorgesetzten bekannt gemacht.
Extern/Kunde vor Mitarbeiter/Intern	dem Kunden / Kooperationspartner der Kollege vorgestellt.	der Kollege mit dem Namen des Kunden / Kooperationspartners vertraut gemacht.
	der Fremde (aus einer anderen Universität, dem Ausland, dem anderen Fach ...) darüber informiert, wer der Interne ist.	der Interne (aus der eigenen Uni, Land, Fach) über den Fremden informiert.
Alter vor Jugend	der deutlich älteren Person die jüngere Person vorgestellt.	die jüngere Person mit der älteren bekannt gemacht.
Anwesender vor Neuzugang	ein in einer Gesprächsrunde bereits Anwesender darüber informiert, wer neu hinzukommt.	der Neuzugang aufgeklärt, wer schon vor Ort ist.
Und ggf. **Ladies first**	die Dame über den Namen des Herrn in Kenntnis gesetzt.	dem Herrn die Identität der Dame verraten.

ANREDE MIT DEM RICHTIGEN TITEL

Hat jemand verschiedene Amtsbezeichnungen oder gleich mehrere Titel, dann helfen Ihnen die folgenden drei Fragen, um ihn adäquat anzusprechen (bezüglich der Titelverwendung in Reden siehe Abschnitt 22.4 und im Schriftverkehr Abschnitt 23.2):

Welche Amts- oder Berufsbezeichnungen bzw. akademischen Titel führt Ihr Gast?

- Bei akademischen Titeln wird nur der ranghöchste Titel zusammen mit dem Namen genannt. Sie sprechen Herrn Prof. Dr. Dr. h.c. Günter Meier also nur als „Herrn Professor Meier" an. Ehrentitel (h.c.), Diplom- und Magistertitel lassen Sie in der Anrede ebenfalls weg: Herrn Dipl.-Ing. Günter Meier begrüßen Sie also entsprechend als „Herrn Meier".
- Im Falle von Amtsbezeichnungen folgt auf die Amtsbezeichnung keine Namensnennung mehr, beispielsweise „Sehr geehrter Herr Bürgermeister", „Sehr geehrter Herr Landrat".
- Auch wenn die sog. 'traditionellen Anreden' an der Universität heutzutage nur noch selten gebraucht werden, sollten Sie sie kennen und korrekt verwenden können.
  - Ein Dekan[76] wird grundsätzlich mit „Sehr geehrter Herr Dekan", bei förmlichen Anlässen wie beispielsweise bei Urkundenverleihungen mit „(Eure) Spektabilität" angesprochen. Hier gilt bezüglich der Namensnennung das Amtsbezeichnungsprinzip (siehe oben). Akademische Titel entfallen 'zugunsten' des Amtstitels. Kollegen aus der Professorenschaft, die selbst bereits einmal Dekan waren, verwenden für den Dekan die Anrede Spectabilis. Eine Nennung des Namens erfolgt auch hier nicht.
  - Der Rektor[76] wird mit „Magnifizenz" bzw. „Eure Magnifizenz" angesprochen (Amtsprinzip, keine Namensnennung). Im Falle eines Präsidenten wird jener „Herr Präsident" genannt (und nicht Magnifizenz).
  - Prorektoren[76] werden als „Honorabilis" angesprochen (ebenfalls Amtsprinzip, keine Namensnennung).
- Die Amtsbezeichnung wird bei einer weiblichen Trägerin üblicherweise feminisiert („Frau Ministerin"); beim Professorentitel kann zwischen „Frau Professor Werth" und „Frau Professorin Werth" gewählt werden. Bei Spectabilis, Magnifizenz und Honorabilis sowie beim Doktortitel (außer in den Doktorurkunden) gibt es im Gegenteil zum Professorentitel keine feminine Form.

In welcher Funktion ist Ihr Gast bei Ihnen?

In welcher Funktion haben Sie Herrn Dr. Max Mustermann, der sowohl Bundestagsabgeordneter, als auch Präsident der Handelskammer ist, eingeladen? Danach richtet sich nämlich die Anrede („Herr Abgeordneter" bzw. „Herr Präsident"). Vielleicht bevorzugt die Person aber auch eine schlichte Anrede, oder Sie sind ihr schon seit Jahren freundschaftlich verbunden? Dann sind „Herr Dr. Mustermann" oder – im privateren Rahmen – „lieber Max" die passenden Begrüßungen.

Was bevorzugt Ihr Gast?

In diplomatischen Kreisen oder bei Religionsgemeinschaften gelten häufig noch althergebrachte Anreden, wie z.B. „Eure Exzellenz" (beim Botschafter oder bei Bischöfen) oder „Eure Eminenz" (Metropolit der orthodoxen Kirche). Teilweise hat sich hier auch die 'weltliche' Anrede mit der Funktionsbezeichnung durchgesetzt: „Herr Bischof" oder „Frau Botschafterin". Sie sollten im Einzelfall unbedingt vorher mit dem Sekretariat abklären, welche Anrede Ihr Gast bevorzugt.

---

[76] Der Rektor / Präsident steht einer Universität oder Hochschule vor. Prorektoren sind die Stellvertreter eines Rektors / Vizepräsidenten des Präsidenten. Der Dekan steht der Fakultät einer Universität vor.

DIE VISITENKARTE

Sie geben eine Visitenkarte immer mit dem Ziel aus, dem Anderen im Gedächtnis zu bleiben bzw. einen Kontakt halten oder ausbauen zu können – daher sollten Sie Ihre Karte nicht wahllos unters Volk streuen, sondern eben nur den Personen überreichen, mit denen Sie auch wirklich in einen entsprechenden Kontakt getreten sind.

Üblicherweise werden Visitenkarten eher gegen Ende eines Small Talks ausgetauscht. Sind Sie Gast, sollten Sie als erstes die Visitenkarte überreichen – und zwar in Ihrer Runde zunächst dem Ranghöchsten. Die Visitenkarten, die man Ihnen sodann überreicht, sollten Sie nicht achtlos wegstecken! Behandeln Sie sie wertschätzend, betrachten Sie sie aufmerksam und bedanken Sie sich nach Erhalt dafür. Lassen Sie sie keinesfalls beiläufig in der Hose verschwinden, denn ein Blick auf die Karte bietet die Chance für Rückfragen oder Anknüpfungspunkte; z.B. verraten Titel oft etwas zur Ausbildung / zum Fachbereich oder der Name zur Herkunft. Und schon sind Sie im Small Talk!

Ein Tipp hierzu: Stecken Sie die erhaltenen Visitenkarten auch später NICHT zu Ihren auszugebenden dazu (sondern an eine andere Stelle in Ihrer Tasche bzw. eine andere Jacketttasche), da es sonst schnell passieren kann, dass man sie mit eigenen vertauscht und irrtümlich wieder ausgibt. Legen Sie sie also zunächst am besten zu Ihren Unterlagen oder sollten Sie keine dabei haben, in die Jacketttasche. Und leeren Sie die Taschen nach dem Meeting – Visitenkarten überleben einen Waschgang in der Regel nicht.

Eine Karte entgegenzunehmen, ohne die eigene zu überreichen, ist grob unhöflich. Dass Sie genügend eigene Visitenkarten (je nach Fachsprache in Deutsch oder auch Englisch) bereithalten, gehört zum guten Ton. 'Gerade keine Karte dabeizuhaben' hingegen wirkt unprofessionell. Geknickte oder angeschmutzte eigene Karten sollten Sie auf keinen Fall ausgeben.

Für Ihre internationalen Kontakte, sollten Sie den dortigen Umgang mit Visitenkarten ebenfalls kennen, denn er kann durchaus anders sein als bei uns: Als Zeichen des Respekts wird die Visitenkarte in China und Japan beispielsweise immer mit beiden Händen überreicht, die Schrift ist dabei dem Geschäftspartner zugewandt. Auf die gleiche Weise nimmt man auch eine Visitenkarte entgegen. Und noch ein Hinweis: Sollten Sie beispielsweise in Asien oder nicht englisch-vertrauten Ländern tätig sein, sollten Sie zweisprachige Visitenkarten zur Hand haben: Eine Seite in englischer Sprache, die andere in Landessprache.

SITZORDNUNG

Grundsätzlich obliegt Ihnen als Gastgeber bei allen Anlässen die Sitzplatzwahl. Da sich niemand setzen sollte / darf, solange Sie nicht dazu auffordern, sollten Sie entweder Ihren Gast einen Platz wählen lassen oder aber ihm einen speziellen Platz anbieten. Wenn möglich, wählen Sie für ihn einen 'Logenplatz' mit einem Überblick über den gesamten Tisch bzw. Raum. Eine Sitzgelegenheit mit dem Rücken zur Tür hingegen ist für die meisten Menschen unbehaglich.

Eine gute Hilfe, um sich Namen besser merken zu können und in einer Besprechung die Personen stets von Anfang an mit dem Namen und ggf. dem Titel anzusprechen, ist, sich die Namen gemäß der Sitzordnung auf ein Blatt Papier zu schreiben und vor sich zu legen (bei bis zu 10 Personen).

Bei (offiziellen) Essen oder Feiern

Als Gastgeber haben Sie mit der Platzierung Ihrer Gäste ein wichtiges strategisches Instrument in der Hand. Mit einer geschickten und strategisch günstigen Platzierung Ihrer Gäste können Sie bewirken, dass sich gut unterhaltende und vermutlich sympathisch findende Personen nebeneinander sitzen und eine gute Stimmung entstehen kann. Auch können Sie sich und andere so positionieren, dass Sie strategisch die wichtigsten Menschen in Ihrer Reichweite haben und damit selbst gut agieren können. Eine richtige Platzierung kann unter Umständen über Erfolg (gelungene Kommunikation, heitere und auch strategisch sinnvolle Gespräche) und Misserfolg (das Gegenteilige) Ihres Essens entscheiden. Gestalten Sie diese daher wirksam, aber nicht aufdringlich.

Ziel einer Platzierung ist es, dass die Gäste sich angenehm unterhalten können und Sie als Gastgeber zugleich Ihrer Führungsrolle nachkommen können. Dies erfordert, dass ...

- Sie Menschen nebeneinander platzieren, die sich als spannende Gesprächspartner empfinden werden. Dies sind in der Regel Menschen mit denselben Vorlieben, ähnlichem Aufgabengebiet oder auch vergleichbarem Werdegang.
- Sie die Tischgröße so anpassen, dass Gespräche möglich sind (bis zu acht Personen an einem Tisch, bei größeren Gruppen lieber mehrere kleine Tische oder Stehtische).
- Sie Ihren eigenen Platz so wählen, dass Sie von dort aus den Service (Restaurant) mühelos dirigieren können und alle Gäste gut im Blick haben.
- Sie Ihren für Sie bzw. diese Veranstaltung bedeutendsten Gast rechts neben sich sitzen haben. Wiederum rechts von Ihrem Hauptgast sitzt dessen Assistent. An Ihre linke Seite platzieren Sie den Ihnen assistierenden oder Ihren unerfahrensten Mitarbeiter (so haben Sie letzteren gut im Blick und können bei Bedarf hilfreich oder korrigierend eingreifen). Die weiteren Teilnehmer werden abwechselnd nach Gast und Gastgeber platziert, wobei Ihr fähigster Mitarbeiter ruhig am weitesten von Ihnen entfernt sitzen kann – denn er kommt ja auch gut ohne Sie klar.

Wie vermitteln Sie Ihren Gästen die Tischordnung, die Sie im Kopf haben?

- Regel Nummer eins ist: Sie müssen die Gruppe beim Betreten des Raums oder Restaurants 'anführen'. Achten Sie darauf, dass Ihnen die komplette Gruppe folgt und nicht nur einzelne; ggf. können Sie sie dazu auch ruhig auffordern. Geschickt wäre es, wenn Sie jetzt bereits die Person neben sich haben, bei der Ihnen eine strategisch geschickte Platzierung am wichtigsten ist – sie werden Sie als Erstes platzieren. Um diese Taktik elegant-unauffällig über die Bühne zu bekommen, können Sie sich beispielsweise bereits kurz vor dem Zu-Tisch-Gehen in ihrer Nähe aufhalten. Sobald Sie eine erste Platzierung vornehmen, ist dies für alle ein Signal, auf Ihre weiteren Aufforderungen zu warten und erst dann Platz zu nehmen.
- Um einem Gast seinen Platz zu signalisieren, können Sie verbale („Herr xy, mögen Sie vielleicht dort Platz nehmen?") und oder nonverbale Signale verwenden (auf den Stuhl deuten und dem Gast auffordernd und freundlich zunicken).
- Bei Gruppen ab 10 Personen können Sie auf Tischkarten, bei Gruppen ab 25 Personen auf eine Sitzplatztafel zurückgreifen.
- Im Falle mehrerer Gäste können und sollten Sie sich auch von Ihren Mitarbeitern beim Platzieren unterstützen lassen: Informieren Sie Ihre Mitarbeiter dafür zunächst über den ihnen zugedachten Platz. Geben Sie ihnen sodann die Aufgabe, sich kurz vor dem Essen in der Nähe eines ihrer Tischnachbarn aufzuhalten. Wenn es dann zu Tisch geht, können Ihre Mitarbeiter ihren jeweiligen Gesprächspartner unauffällig mit an den Tisch nehmen. Auf diese Weise delegiert, können Sie die Platzierung sehr galant und dennoch zielsicher vornehmen.

Agieren Sie bei der Platzierung möglichst wertfrei und geben Sie allen Gästen das Gefühl, gleichsam bedeutend zu sein – auch unabhängig von ihrer akademischen Reife. Wenn Sie einer Person einen Platz anweisen, müssen Sie dies der Gleichwertigkeit halber für alle tun. 'Lümmeln' Sie nicht im Stuhl – weder als Gast noch als Gastgeber: Aufrechte Sitzhaltung zeugt von Interesse an Thema und Gesprächspartner. Und natürlich gilt: Wenn etwas schiefgeht (jemand nimmt den 'falschen' Platz ein), sollten Sie die Tischordnung flexibel handhaben und nicht auf deren Einhaltung bestehen.

Als Gast: Lassen Sie sich platzieren! D.h., warten Sie ab, ob es Signale des Platzierens gibt und setzen Sie sich erst, wenn es auch Ihr Gastgeber tut.

BEWIRTUNG

Es ist eine Frage der Wertschätzung, dass Sie jedem Gast und zu jeder Sitzung kalte Getränke und Kaffee bereit stellen. Je nach Anlass, Budget und Zeitumfang wären auch Gebäck und Snacks passend. Bei vier- oder mehrstündigen sowie bei über die Mittagszeit gehenden Besprechungen sollte auch eine Mahlzeit vorgesehen werden.

- Sofern Sie einen **Imbiss / Snack** zwischendurch einplanen, erfordert dies zwar eine entsprechende Vorbereitungszeit, überlässt Ihnen aber auch ein 'Mehr' an Sitzungszeit.
- Sollten Sie einen **Restaurantbesuch** vorgesehen haben, so bedenken Sie, dass dies mit dem Restaurant immer im Voraus abgestimmt werden sollte. Zur Zeitersparnis könnten Sie sich auch schon vorab die Speisekarte geben lassen bzw. ein Menü bestellen.

Bei beiden Varianten gilt: Sollten Sie diese vorgesehen haben, so geben Sie eingangs einen Hinweis darauf. Ob Restaurantbesuch oder Imbiss im Raum: Zuvorkommend wäre es, wenn Sie Besonderheiten Ihrer Gäste berücksichtigen würden (bspw. essen Vegetarier keine Schinkenbrötchen, Gäste aus muslimischen Ländern kein Schweinefleisch). Sie dürfen dazu durchaus auch vorweg die Sekretärin des Gastes oder ihn persönlich kontaktieren und nachfragen, ob Sie besondere Wünsche berücksichtigen dürfen (oder aber Sie kennen den Gast schon und haben sich diese gemerkt / notiert.) Dies wirkt keinesfalls aufdringlich, sondern vorausschauend und im positiven Sinne fürsorglich. Sollten Sie vorab nicht nachgefragt haben, gilt es spätestens bei der Essensauswahl diese Eventualitäten zu bedenken. Und natürlich gilt: Der Gast ist König und darf sich als Erstes bedienen – aber natürlich tut er dies erst dann, wenn Sie ihn dazu auffordern, also vergessen Sie dies nicht!

Beim Imbiss müssen Sie als Einladender nicht alle Gäste bedienen, es reicht ein Zeichen oder eine kleine Eröffnung „ab jetzt darf zugegriffen werden". Ihre Mitarbeiter sollten sich ebenfalls als Mit-Gastgeber verstehen und entsprechend mitverantwortlich verhalten (Small Talken, aufmerksam sein für Wünsche und Versorgung der Gäste etc.). Achten Sie die ganze Zeit darauf, ob noch genügend Getränke und Essen vorhanden sind. Diese Aufgabe können Sie durchaus an einen an der Sitzung teilnehmenden Mitarbeiter delegieren, sollten aber dennoch stets einen Kontrollblick dafür übrig haben. Im Restaurant nimmt Ihnen all dies zwar der Service ab, nichtsdestotrotz achten Sie mit darauf und umsorgen Sie Ihre Gäste ebenfalls. Noch ein Hinweis: Da von rechts serviert und auch der Service nach rechts reihum weiter serviert, wird Ihrem Gast als erstes und Ihnen als letztes serviert werden, um das Gespräch zwischen ihm und Ihnen als letztes zu unterbrechen (Sie können sich also weiter unterhalten bis auch Sie Ihr Essen vor sich stehen haben und allen das Startzeichen zum Essen geben).

Achten Sie nicht zuletzt auch darauf, dass Sie keine Monologe halten und beispielsweise immer noch reden (und nicht essen), wenn schon alle anderen bereits mit dem Gang fertig sind – Sie wirken weitaus sympathischer, wenn Sie nur durch geschickte Fragen oder Themeneinwürfe das Gespräch in Gang setzen und am Laufen halten, zugleich aber den anderen die Bühne des Erzählens überlassen (vgl. Abschnitt 24.3, Small Talk und 9.2, Fragetechniken und 6.3.3, Aktiv Zuhören).

Sollten Sie eine Rede halten wollen, so sind im Rahmen offizieller Essen die besten Zeitpunkte für eine Rede nach dem Aperitif, bevor man zum Essen geht oder nach dem Hauptgang. Während zum Aperitif eine kurze Begrüßungsrede geeignet ist, bietet sich nach dem Hauptgang eine Dankesrede, eine Ankündigung oder auch ein Jahresrückblick an. Bedenken Sie, dass die Höflichkeit Ihren Gästen gebietet, während Ihrer Rede weder zu trinken, zu essen noch den Tisch zu verlassen. Fassen Sie sich daher kurz, um diesbezüglich Ihre Gäste nicht allzu lange einzuschränken. Merken Sie sich einfach, dass Sie „über alles, nicht aber über fünf Minuten reden" dürfen. Gute Themen für eine entsprechende Rede sind meist Gegebenheiten, die alle Beteiligten kennen (sollten) wie der Ort oder die Region, wo man sich trifft, der Anlass des Meetings oder auch nette Begebenheiten, die Sie mit den Gästen verbinden. Und vergessen Sie am Schluss der Ansprache nicht den Dank, z.B. an jene, die zum gelungenen Projektabschluss beigetragen haben, oder an die, welche die Stadtbesichtigung organisierten. Weitere Ausführungen zum Thema 'Reden halten' finden Sie in Abschnitt 22.4.

VERABSCHIEDUNG

So wie der Anfang des Treffens prägt, haftet auch das Ende besonders. Gehen Sie daher als Gastgeber die Verabschiedung überlegt an. Leiten Sie sie (im europäischen Kulturraum) zum einen behutsam ein, denn ein plötzlicher Aufbruch hinterlässt immer eine komische Stimmung. Hilfreich können dazu beispielsweise in einer Besprechung die Worte sein „Haben wir noch einen Punkt zu klären, oder hat noch jemand einen Aspekt, der noch nicht besprochen wurde?". Im Restaurant wäre eine Formulierung geschickt wie z.B. „Darf ich Ihnen noch einen letzten Drink / einen abschließenden Kaffee bestellen?" (Sie können als Regel nehmen, eine Viertelstunde nach dem Kaffee ist alles passé). Beide Formulierungen signalisieren den Gästen, dass sich das gemeinsame Treffen dem Ende zuneigt.

Das allerletzte Wort ist die Verabschiedung selbst. Hier ist es sinnvoll, jenseits des reinen „Auf Wiedersehens" nochmals Wertschätzung für das soeben Stattgefundene auszudrücken („Vielen Dank für das angenehme und informative Treffen / Essen.") sowie einen Bezug zur Fortsetzung des Zusammentreffens zu schaffen – natürlich nur, wenn dies keine Floskel, sondern Fakt ist, beispielsweise: „Ich werde Ihnen das / den Memo / Vertrag usw. wie besprochen zukommen lassen. Bis dahin." Oder „Ich freue mich auf unser Treffen morgen um 9.00 Uhr in Ihrem Büro; auf Wiedersehen!".

FAZIT 'ALLGEMEINES AUFTRETEN'

Für ein gutes allgemeines Auftreten im Sinne der 'Knigge-Regeln' sollten Sie folgenden Aspekten Beachtung schenken:

- Kleidung
- Begrüßung, in der richtigen Reihenfolge, mit adäquatem Umgang mit Visitenkarten
- Sitzordnung
- Bewirtung, ggf. mit dem Halten einer Rede
- Verabschiedung

24.2 Ihre Rolle als Gast bzw. als Gastgeber bei Institutsbesuchen

Gäste im eigenen Institut empfangen

Vorbereitung

Wenn Sie an Ihrem Institut Gäste empfangen, gehört es zu Ihren Aufgaben, für die Rahmenbedingungen zu sorgen. Dazu zählen beispielsweise die Auswahl eines geeigneten Raumes sowie das Überprüfen dessen kurz vor der Veranstaltung: Ist gelüftet? Sind ausreichend Plätze vorhanden? Sind die Mülleimer geleert worden? Sind die Materialien wie Handouts oder Papier, aber auch Flipchart-Stifte oder Kreide vorhanden? Funktionieren Technik und Beleuchtung? Diese Vorbereitungsaufgabe kann von Ihnen delegiert werden, sollte dann aber rechtzeitig auch kontrolliert werden.

Begrüßung

Als Gastgeber ist es Ihre Aufgabe dafür zu sorgen, dass Ihr Gast am Empfang abgeholt wird (diese Aufgabe kann aber auch einer Ihrer Mitarbeiter für Sie übernehmen. Je nachdem, wie 'fremd' Ihr Gast in Ihrem Land, Ihrer Stadt oder Universität ist, sollten Sie ihn auch am Flughafen oder Parkplatz abholen (lassen). Sollte es in Ihrem Haus keinen Empfang geben, lassen Sie den Gast direkt zu Ihrem Sekretariat kommen oder bitten Sie ihn, Sie kurz anzurufen, wenn er vor Ihrem Gebäude steht, und holen Sie ihn dann an einem verabredeten Punkt (Parkplatz, Haupteingang etc.) ab. Begrüßen Sie ihn wie oben beschrieben und geleiten Sie ihn in Ihr Büro oder in den entsprechenden Raum.

Sollten Sie für Ihr Treffen einen anderen Raum als Ihr eigenes Büro aufsuchen müssen, erläutern Sie dies Ihrem Gast kurz („Ich habe uns im zweiten Stock einen Raum reserviert, wenn Sie mir bitte folgen wollen."). Gehen Sie auf dem Weg dorthin nicht vor Ihrem Gast, sondern 'begleiten' Sie ihn – es sei denn, ein nebeneinander Gehen ist nicht möglich, dann gehen Sie voran („Ich darf vorangehen."). Halten Sie Ihrem Gast die Türen auf und treten anschließend stets wieder an seine Seite. Richtungsänderungen kommentieren Sie („Da vorne geht es dann rechts lang."), damit er nicht überrascht wird, wenn Sie plötzlich 'abbiegen' oder seinen Weg kreuzen.

An Ihrem Büro bzw. dem Konferenzraum ankommend fragen Sie den Gast, ob Sie ihm die Garderobe abnehmen dürfen; nehmen ihm den Mantel ab und hängen diesen auf (nicht nur über den Stuhl werfen, das wäre stillos und wenig wertschätzend!). Übrigens: Die Garderobe abnehmen dürfen Sie ruhig auch als Gastgeberin. Es ist übrigens durchaus üblich, Ihren Gast auch der Sekretärin vorzustellen, was oft beide freut, denn meist hatten sie schon Kontakt oder werden ihn künftig haben – und in der Regel verläuft dieser immer reibungsloser, wenn man das Gesicht zum Namen kennt.

Betreuung

Im Fokus Ihrer Aufmerksamkeit sollten der Gast sowie die Stimmung, die verbreitet wird, sein. Aus diesem Grund erstreckt sich die 'Betreuung' Ihres Gastes nicht nur auf eine Momentaufnahme in einer Situation (bspw. nur der Begrüßung), sondern zieht sich durch einen ganzen Besuch hindurch. Geben Sie Ihrem Gast stets das Gefühl, willkommen und umsorgt zu sein. Dies beginnt damit, dass Sie Ihrem Gast einen Platz sowie Getränke anbieten. Das schlichte 'auf den Tisch stellen' reicht dabei nicht aus; geben Sie Getränke, Kekse oder Buffet stets frei mit einer kleinen Ansage „Bitte bedienen Sie sich!"; bei kleineren Gruppen unter sechs Personen könnten Sie auch jeden einzeln fragen, ob Sie ihm etwas anbieten dürfen. Lassen Sie bei all dem Ihrem Gast die Zeit anzukommen, bereiten Sie ihm mit einem kleinen Small Talk den Einstieg ins eigentliche Gespräch (vgl. Abschnitt 24.3, Small Talk).

Sofern Ihre Mitarbeiter zu dem Treffen dazukommen, stellen Sie vorab sicher, dass sie pünktlich sein werden. Denn neben den Rahmenbedingungen sind Ihre Mitarbeiter und deren Verhalten Ihr Aushängeschild bzw. Ihre Visitenkarte. Instruieren Sie Ihre Mitarbeiter vorher also sorgfältig (vgl. Checkliste im grauen Kasten) und geben Sie Ihnen auf diesem Weg die Möglichkeit, in Ihrem Sinne agieren zu können.

Instituts- oder Laborführung

Kennen Sie die Situation, dass Sie im Rahmen eines Vortrags oder eines Kooperationstreffens zu einer Führung durch ein Labor oder ein Institut eingeladen werden? Sie sind dort zum ersten Mal, vielleicht auch erstmalig mit dem dort ansässigen Themenfeld konfrontiert und noch bevor Sie sich wenigstens einigermaßen umgesehen oder eine Vorstellung davon entwickelt haben, um was es dort genau geht, sind Sie schon von ein paar hoch motivierten Mitarbeiter – oder sogar Kollegen – umgeben, die sofort anfangen, flammende Reden über die einzigartige Messeinrichtung mit all ihren Funktionen zu schwingen. Sie hören sich dies einige Minuten lang an und fragen sich dann vielleicht: „Von was genau sprechen die?", „Was um alles in der Welt wird hier untersucht?", „Zu welcher Forschungsrichtung gehören die Untersuchungen, mit welchem Sinn und Zweck?", „Welcher Auftraggeber bzw. Drittmittelgeber steckt dahinter?". Und erst als Sie sich endlich ein Herz gefasst und diese Dinge erfragt haben, stellen Sie überrascht fest, wie simpel doch die Zusammenhänge sind und wie nützlich die Ergebnisse der Experimente für Sie selbst sein könnten. Warum nur haben die Gastgeber das nicht gleich von vornherein erzählt, sondern Sie dies mühsam erschließen lassen? In aller Regel steckt hier kein böser Wille, sondern schlichtweg Unachtsamkeit dahinter: Wenn wir aus der eigenen Begeisterung heraus über unsere Arbeit erzählen, vergessen wir leicht die Sichtweise unseres Gegenübers. Doch unser Besucher hat nur so viel von unserem Vortrag bzw. der Führung, wie wir es ihm ermöglichen – und letztendlich haben auch nur wir selbst etwas von seinem Besuch, wenn wir ihn so durch unsere Arbeit führen, dass er auch an uns andocken kann und zu einem spannenden Dialog inspiriert wird.

Also, machen Sie es besser; gehen Sie bei der Vorstellung Ihrer Forschungseinrichtung wie folgt vor und leiten Sie insbesondere Ihre Mitarbeiter entsprechend an:

- Stellen Sie die wichtigsten Eckdaten vor (bspw. „Wir gehören zur Fakultät / Forschungsinstitution XY, sind mit XX Mitarbeitern einer der größten ... und bestehen in der vorliegenden Konstellation seit xx Jahren. Unser Kernthema ist ..., unser Hauptanliegen ...").
- Sollten Sie Ihren Besucher nicht näher kennen, dann fragen Sie ihn, welche Hintergrundinformationen er hat, ob er ggf. Ihre Institution oder Ihre Forschungsaktivitäten bereits kennt oder auch, aus welchem Fach bzw. welcher Fachrichtung er kommt. Nur so können Sie einschätzen, welche Kenntnisse Sie voraussetzen und welche zum Gesamtverständnis erforderlichen Informationen Sie zusätzlich geben sollten.
- Holen Sie ihn in jedem Fall dort ab, wo er steht. D.h., stellen Sie den Zusammenhang zu seinem Forschungsfeld her; versuchen Sie, in einem ihm vertrauten Vokabular sowie mit ihm bekannten Beispielen die Dinge zu erklären (vgl. Abschnitte 7.2 und 7.3, Vortragsvorbereitung und Beziehungsgestaltung).
- Grundsätzlich gilt: Starten Sie mit dem Allgemeinen und gehen Sie erst dann ins Detail.
- Fragen Sie den Besucher immer mal wieder, ob er Fragen hat und wie er die geschilderten Untersuchungen / Methoden / Beispiele sieht. Auf diese Weise kommen Sie ins Gespräch und haben eine gute Chance festzustellen, inwieweit Ihre Ausführungen verständlich waren und wie es um sein Interesse diesbezüglich bestellt ist.

- Fassen Sie die gegebenen Informationen nochmals abschließend zusammen und geben Sie Ihrem Besucher die Möglichkeit, weitere Fragen zu stellen.
- Seien Sie während der gesamten Führung bemüht, zusammen mit Ihrem Besucher Gemeinsamkeiten, Berührungs- oder Anknüpfungspunkte herauszuarbeiten; denn Gemeinsames verbindet und schafft die Basis für einen guten Dialog (vgl. Abschnitt 24.3, Small Talk).

Verabschiedung

Als umsorgender Gastgeber bleiben Sie bis zum letzten Schritt an der Seite Ihres Gastes. Helfen Sie ihm in seine Garderobe und begleiten Sie ihn dann bis zu dem Punkt, wo Sie ihn empfangen haben und verabschieden Sie ihn dort. Zu guter Letzt bedanken Sie sich an dieser Stelle für das Gespräch, den Vortrag, die gemeinsame Zeit. Auch wenn vorher hitzig debattiert wurde, ist es jetzt an der Zeit, die Meinungsverschiedenheiten vorüber sein zu lassen. Verleihen Sie bei Unstimmigkeiten beispielsweise der Hoffnung Ausdruck, dass mit etwas Abstand ein gemeinsamer Nenner gefunden werden wird. Geschickt ist eine Verabschiedung, welche die Komponenten 'Vergangenheit – Gegenwart – Ausblick in die Zukunft' enthält: „Ich danke Ihnen, dass Sie sich die Zeit genommen und wir einen so fruchtbaren Ideenaustausch haben konnten. Ich freue mich darauf, mit Ihnen diese Ideen bei unserem Treffen im kommenden Monat fortsetzen zu können." (Nennen Sie hier den konkreten nächsten Termin, um auf diese Weise Verbindlichkeit herzustellen).

Und nicht vergessen: Ein nettes persönliches Wort lässt den anderen beschwingter gehen als eine sehr formelle Verabschiedung: Hat Ihr Gast beispielsweise erzählt, dass er am nächsten Tag mit seinen Kindern eine Radtour plant, dann könnten Sie darauf beim Gehen anspielen: "Und für Ihre Radtour morgen drücke ich die Daumen, dass das Wetter hält!".

Checkliste
'Mitarbeiterinstruktion zum Besuch von Gästen'

Wenn Sie einen Gast / Gäste erwarten und Ihre Mitarbeiter von diesem Besuch betroffen sind, besprechen Sie mit Ihren Mitarbeitern, wie und unter welchen Rahmenbedingungen der anstehende Tag bzw. Besuch ablaufen wird und in welchen Situationen Sie deren Unterstützung benötigen bzw. einfordern werden. Informieren Sie sie also über:

1. Zeit- und Ablaufplan

✓ Informieren Sie Ihre Mitarbeiter über den Gast, Grund und Zielsetzung des Besuchs sowie den zeitlichen und inhaltlichen Verlauf. Stellen Sie sicher, dass Ihre Mitarbeiter pünktlich sein werden. Bringen Sie ihnen ebenfalls nahe, ob, wann und wie bzw. mit welchen Aufgaben sie zum Einsatz kommen werden (bspw. wer für die Führung durch das Institut zuständig ist).

2. Kleidungsstil

✓ Sorgen Sie dafür, dass sich auch Ihre Mitarbeiter anlassgemäß kleiden. Machen Sie Ihre Mitarbeiter darauf aufmerksam, wenn ein wichtiger Gast kommt oder aber ein besonderes Ereignis ansteht und geben Sie ggf. einen entsprechenden Kleidungsstil vor.

Forts.

3. Die Begrüßung

- ✓ Erzählen Sie Ihren Mitarbeitern, wie Sie gedenken, jene und Ihren Gast / Ihre Gäste untereinander bekannt zu machen. Wenn Sie auf die Forschungsinteressen Ihrer Mitarbeiter als Small-Talk-Starter verweisen wollen, sprechen Sie diese unbedingt vorher mit ihnen ab, damit es kein böses Erwachen gibt.
- ✓ Wenn einer Ihrer Mitarbeiter den / die Besucher am Eingang abholen soll, um sie zu Ihrem Büro zu geleiten, gehen Sie diese Szenerie mit ihm durch: Wen begrüßt er ggf. zuerst, wie redet er die Person(en) an, wer geht an wessen Seite etc.

4. Zugewiesene Gäste

- ✓ Empfangen Sie mit Ihren Mitarbeitern mehrere Gäste, so sollten Sie Ihren Mitarbeitern einen Gast zuweisen, den sie zuerst begrüßen und neben dem sie ggf. auch bei einem späteren Essen sitzen. Bei sich bietender Gelegenheit können Ihre Mitarbeiter dann 'ihren' Gast den anderen Kollegen (und Gästen) vorstellen und so Gespräche initiieren. Geben Sie Ihren Mitarbeitern dazu ggf. Vorschläge für Small-Talk-Themen – so bekommen sie zusätzlich Sicherheit (vgl. Abschnitt 24.3, Small Talk).

5. Sitz- bzw. Tischordnung

- ✓ Erklären (und skizzieren) Sie die Sitzordnung für Ihre Mitarbeiter. Machen Sie Ihnen klar, wer aus welchen Gründen wo sitzt und ob diese Platzierung weitere Aufgaben mit sich bringt (z.B. Kommunikation mit einzelnen Gästen, Koordination des Service o. Ä.). Wenn Sie möchten, dass die von Ihnen angedachte Sitzordnung eingehalten wird, weisen Sie Ihren Mitarbeitern Gäste zu, die sie zum Tisch begleiten sollen.

6. Restaurantbesuch

- ✓ Ihre Mitarbeiter sollten sich während des gemeinsamen Restaurantbesuches als Mit-Gastgeber verstehen und entsprechend mitverantwortlich verhalten (Small Talken, aufmerksam sein für Wünsche und Versorgung der Gäste etc.). Diesbezüglich können Sie auch einzelne Aufgaben delegieren – beispielsweise dafür zu sorgen, dass stets ausreichend Getränke und Essen vorhanden sind.

GAST SEIN

Um es gleich auf einen Nenner zu bringen: Für das Verhalten als Gast gelten die gleichen Prinzipien wie oben beim Gastgeber beschrieben: die Wertschätzung und das Wohlbefinden aller stehen im Vordergrund. Darüber hinaus sollten Sie als Gast im Speziellen Folgendes beachten:

Eintreffen

Respekt und Höflichkeit gegenüber dem Gastgeber gebieten unbedingt, dass Sie als Gast pünktlich erscheinen – eine Verspätung von mehr als fünf Minuten sollten Sie telefonisch (z.B. im Sekretariat oder beim Gastgeber persönlich – also immer Dienst- und ggf. Handynummer dabei haben) ankündigen. Erscheinen Sie allerdings auch nicht vor der verabredeten Zeit, da Sie Ihrem Gastgeber damit wichtige Vorbereitungszeit nehmen.

Begrüßung

Geben Sie immer erst dem Gastgeber die Gelegenheit, Sie seinen Mitarbeitern und Kollegen vorzustellen. Sollte er dies nicht tun, dann ergreifen Sie die Initiative („Darf ich mich vorstellen?" oder „Guten Tag, ich bin... Ich freue mich, Sie kennenzulernen."). Sollten Sie ihm fremde Gäste bei sich haben, so stellen Sie ihm diese vor (vgl. Abschnitt 24.1, Reihenfolge des Vorstellens).

Platzwahl

Wenn Sie als Gast in ein Besprechungszimmer gehen, warten Sie – auch mit der Platzwahl – unbedingt auf den Gastgeber. Wenn Sie sich als Gast selbst einen Platz aussuchen können, dann wählen Sie eher einen dem Fenster abgewandten Platz (= Rücken zum Fenster) und machen Sie niemandem seinen angestammten Platz streitig. Fragen Sie ruhig nach, ob es in der Runde solche 'Stammplätze' gibt. Bedenken Sie, dass ein Platz mit Blick in Richtung Fenster zwar möglicherweise die verlockende Gelegenheit zum Hinausschauen bietet, jedoch ist das den jeweils Vortragenden gegenüber unhöflich. Auch müssen Sie dabei zugleich ins Helle blicken, was für die Augen sehr anstrengend ist und verhindern würde,dass Sie die Gestik oder Mimik der gegenübersitzenden Gesprächspartner genau beobachten können. Möglicherweise gehen Ihnen somit wertvolle Hinweise verloren.

Kommt der Gastgeber deutlich später, ist es angemessen, sich bereits zu setzen; verzichten Sie aber dennoch auf ein allzu ausladendes Ausbreiten Ihrer Unterlagen – es wirkt dann so, als wären Sie nicht nur 'nebenbei' beschäftigt, sondern vollauf in Arbeit vertieft und als würde er Sie mit seinem Eintreffen nun dabei stören. Stehen Sie auf, wenn er sodann erscheint. Benötigen Sie Ihren Laptop für eine Präsentation, können Sie diesen während des Wartens bereits hochfahren.

Bewirtung

Wird Ihnen etwas zu trinken angeboten, wie Kaffee oder Wasser, so nehmen Sie dieses an – selbst wenn Sie keinen Durst haben und nur daran nippen. Es wäre unhöflich, diese Geste des Gastgebers abzulehnen. Stehen Kekse auf dem Tisch, dürfen Sie sich davon nehmen, sobald der Gastgeber diese 'freigibt'.

Als Grundregel sollten Sie sich immer, vor allem aber, wenn Sie unsicher sind, als Gast stets am Gastgeber orientieren! Richten Sie sich beispielsweise nach ihm, ob und wann Sie rauchen, Ihr Sakko ausziehen oder am Ende eines Essens noch Spirituosen bestellen. Ihr Gastgeber ist Ihr Ansprechpartner für all Ihre Wünsche und Fragen. Dies gilt übrigens auch im Restaurant: Da ist nicht das Servicepersonal, sondern er als der Einladende Ihr Ansprechpartner; es sei denn, das Servicepersonal spricht Sie direkt an, beispielsweise mit „Was darf ich Ihnen bringen?". Da Ihr Gastgeber darum bemüht ist, dass Sie sich sicher und behaglich fühlen, wird er gerne Ihre Wünsche aufnehmen (und sie nicht kopfschüttelnd abtun). Dies gilt insbesondere bei Reisen in fremde oder sogar exotische Länder. Immer dort, wo Etikette eine Rolle spielt, kommt man mit der Regel 'erst beobachten, dann nachmachen und ggf. einfach fragen' stets gut durch. Auch zeigt das Nachfragen Ihr Interesse an der fremden Kultur und hat zusätzlich den positiven Nebeneffekt eines fabelhaften Small Talk-Themas.

Verabschiedung

Bei der Verabschiedung bedanken Sie sich als Gast stets für die Ihnen gebotenen Rahmenbedingungen (bspw. die gute Bewirtung, die Zeit, die anregende Diskussion, die Möglichkeit, Ihre Ideen vorzutragen etc.).

24.3 Small Talk

Vielleicht halten auch Sie Small Talk für ineffiziente, überflüssige Konversation ohne Tiefgang, auf die man im akademischen Berufsalltag gut und gerne verzichten kann. In der Tat sind Small Talks weder lösungsorientiert noch lässt sich ihr Ergebnis – sofern man überhaupt ein konkretes benennen kann – kaum an ökonomischen Kriterien messen. Das Plaudern zwischen Tür und Angel, den Austausch bei Konferenzen, die schnellen Worte im Vorbeigehen also besser bleiben lassen? Die Antwort hierauf ist ein entschiedenes „Nein", denn Small Talk ist ein gesellschaftliches Ritual, mit dem Sie Gewinne auf ganz anderen Ebenen einfahren können. Durch Small Talk signalisieren Sie Interesse an Ihrem Gegenüber und genau das ist die Basis für eine angenehme und wohlwollende Atmosphäre, den Abbau von Berührungsängsten, die Überwindung von Distanzen, ohne sich dabei zu nahe zu kommen, und summa summarum für ein erfolgreiches Beziehungsmanagement. Die Erreichung dieser Ziele und die Qualität eines Small Talks hängen jedoch von der Beachtung einiger grundsätzlicher Regeln ab.

DIE GRUNDLAGEN

Ein Small Talk dauert in der Regel 5 bis 15 Minuten. Vor allem, wenn Sie noch ungeübt oder kein Naturtalent sind, ist es sinnvoll, sich auch auf einen Small Talk vorzubereiten – z.B. auf mögliche Themen (siehe weiter unten), Beginn / Einstieg sowie Ende / Abgang (siehe ebenfalls weiter unten) etc. Zum anderen sollten Sie Ihrem Gesprächspartner mit einer offenen Haltung begegnen und das sowohl von der inneren Einstellung her (offen sein gegenüber dem, was er anspricht und wie er agiert) als auch vom Körperausdrück her (keine vor der Brust verschränkten Arme, vgl. Abschnitt 6.3.1, Nonverbales Verhalten). Zeigen Sie eine freundliche Mimik (aber kein 'Dauergrinsen'), nicken Sie dann und wann als Zeichen des Zuhörens (vgl. Abschnitt 6.3.3, Aktives Zuhören), halten Sie Blickkontakt (bedenken Sie, dass sich das kulturübergreifend unterscheidet – in einigen asiatischen Ländern gilt es beispielsweise als unhöflich, sein Gegenüber lange anzusehen), und sprechen Sie mit einem freundlichen Tonfall. Wahren Sie dabei immer eine höfliche Distanz (auch diese unterscheidet sich von Kultur zu Kultur – in Deutschland ist ca. eine Armlänge angemessen; vgl. Abschnitt 16.3.3, Interkulturelle Zusammenarbeit). Nicht zuletzt sollten Sie Ihrem Gegenüber Aufmerksamkeit schenken, ihm mit Wohlwollen und Wertschätzung begegnen und beispielsweise durch konkrete Fragen Interesse signalisieren (vgl. Abschnitt 9.2, Fragetechniken).

DER SMALL-TALK-ABLAUF

Der Beginn

Zu Anfang ist es wichtig, auf sicherem Terrain zu bleiben und damit die Gelegenheit zu haben, das Gegenüber kennen und einzuschätzen zu lernen. Dabei sollten Sie Folgendes beachten:

- **Gemeinsamkeiten ansprechen / Trennendes umgehen.** Für den Einstieg bieten sich vor allem Gemeinsamkeiten mit dem Gesprächspartner an – gut geeignet ist alles, was sich auf die aktuelle Veranstaltung bezieht, d.h. das Ambiente allgemein, die Musik, das Essen, der Gastgeber etc. Natürlich sollten Sie nur 'sichere' Themen ansprechen (siehe unten).
- **Wertungen zurückhalten.** Da Sie Ihr Gegenüber noch nicht einschätzen können, sollten Sie sich mit negativ wertenden oder provokativen Aussagen zurückhalten. Auch vermeintlich besonders geistreiche oder witzige Aussagen sind hier nicht angebracht.
- **Konkret statt allgemein.** Konkrete Aussagen bzw. Fragen wie „Sie kommen doch über die A81, nicht wahr? Ich habe im Radio gehört, dass dort Stau war – wie ist es Ihnen damit ergan-

gen?" zeigen dem Gegenüber im Gegensatz zu Allgemeinsätzen wie „Wie war Ihre Anreise?", dass Sie sich wirklich für ihn interessieren. Des Weiteren kommt so leichter ein Gespräch in Gang, da das Gegenüber nicht einfach mit „Gut." antworten kann.

Der Verlauf

Wie bei der Gesprächsführung gilt auch hier: Wer (gut) fragt, der führt! Indem Sie mit den richtigen Fragen vom Allgemeinen zum Konkreten hinführen, halten Sie das Gespräch am Laufen und sorgen dafür, dass es – trotz der eingeschränkten Themen – interessant bleibt (vgl. Abschnitt 9.2, Fragetechniken). Folgende Regeln sind zusätzlich für den Small Talk wichtig:

- **Geben statt nehmen.** Vermeiden Sie es, den anderen auszufragen. Brechen Sie ruhig das Eis, indem Sie (kurze, spannende) eigene Anekdoten erzählen, die dem Gegenüber die Gelegenheit zum Einhaken geben. Lassen Sie dann den anderen reden!
- **Den anderen gut dastehen lassen.** Geben Sie Ihrem Gegenüber die Möglichkeit zu glänzen. „Der Mensch kann sich gegen einen Angriff wehren, nicht aber gegen ein Lob.", wusste schon Sigmund Freud. Typische Beispiele sind: „Ich habe Ihr neuestes Buch gelesen – es war eine Freude, denn ..... Haben Sie bereits ein weiteres geplant?" oder „Wie ich gehört habe, sind Sie ein begnadeter Skifahrer, hätten Sie einen Tipp für uns, wo man um diese Jahreszeit noch ....")
- **Mitdenken und einhaken.** Behalten Sie das Wörtchen 'apropos' im Hinterkopf und merken Sie sich im Verlauf des Gesprächs Stichwörter, auf die Sie mit diesem Wörtchen einhaken können. Günstig ist dies vor allem, wenn Sie das Thema wechseln wollen / müssen.
- **Alle einbeziehen.** Denken Sie daran, alle Teilnehmer in das Gespräch einzubeziehen, indem Sie zwischen den Beteiligten Verbindungen schaffen, wie beispielsweise „Kommen Sie nicht auch aus einer Gegend, die typisch für diesen Wein ist?" oder „Wie erleben Sie das in Ihrer Sparte?" Sobald Verbindungen, d.h. Ähnlichkeiten zwischen den Beteiligten sichtbar werden, haben Sie eine Brücke geschaffen, die Sympathien erzeugt!

Das Ende

Wenn Sie einen Small Talk beenden wollen, stehen Ihnen auch hier unterschiedliche Möglichkeiten zur Verfügung:

- Hart aber herzlich: „Hat mich gefreut, Sie kennen zu lernen, ich möchte Sie aber nicht länger aufhalten. Sie wollen sicher noch mit anderen Gästen sprechen. Vielleicht können wir unsere Unterhaltung ja später fortsetzen?"
- 'Menschliches Rühren' vorgeben: „Würden Sie mich bitte kurz entschuldigen?"
- Sich andernorts als erwünscht erklären: „Ich muss hier noch jemanden begrüßen – wir sehen uns ja ohnehin nachher."
- Andere Person(en) als 'Fluchthelfer' nutzen (eleganteste Lösung): Einen Neuzugang einbinden: „Wissen Sie eigentlich, dass Sie hier einen begnadeten xy-Experten / absoluten xy-Fan vor sich haben? Ich lasse Sie jetzt mal allein."
- Den Gesprächspartner weiterreichen („Kommen Sie, ich stelle Sie xy vor!") und sich dann verabschieden.

DAS GESPRÄCHSTHEMA

Der Small Talk soll die Beteiligten locker und entspannt unterhalten – entsprechend verbietet es sich, sensible oder konfliktträchtige Themen anzusprechen (vgl. Tabelle 24.2). Halten Sie sich an neutrale Themen (damit treten Sie niemandem zu nahe) und wechseln Sie das Thema ruhig öfter einmal – Small Talk soll schließlich kurzweilig sein! Dazu ist es ganz allgemein von großem Vorteil, wenn Sie 'informiert' sind (aktuelle Ereignisse und Bildung allgemein). Achten Sie darauf, Ihrerseits keine 'unsicheren' Themen anzusprechen und leiten Sie elegant zu einem anderen Thema über („Apropos ..."), wenn Ihr Gegenüber Ihnen ein solches anbieten will.

Geeignete Gesprächsthemen (kommen aus dem Alltagsleben)

- Umgebung (Stadt, Land, Region, Landschaft, aber auch Musik, Gastgeber etc.), d.h. was Sie hier und jetzt sehen bzw. gerade erlebt haben und deshalb auch häufig mit dem Gegenüber gemeinsam haben.
- Aktuelle Ereignisse („Haben Sie schon gehört, dass (hier) ...")
- Geburtsort (Der Akzent / Tonfall Ihres Gegenübers kann dazu ein Anknüpfungspunkt sein.)
- Medien, Kunst und Kultur im weitesten Sinne, Lektüre und Literatur, möglichst mit aktuellem Bezug („Erst gestern habe ich gelesen ...")
- Sport und Hobbys, Reisen und Urlaub, Trends und Sammelleidenschaften
- Essen und Trinken (Restauranttipps, Wein, Zigarren, ...)
- Autos bzw. anderes 'technisches Spielzeug'
- Beruf und Ausbildung (v.a. im beruflichen Umfeld angebracht, achten Sie jedoch darauf, dass Sie selbst bzw. Ihr Gegenüber nicht ins Arbeiten – z.B. im Sinne einer kostenlosen Beratung – abdriften!) (Denken Sie daran, das Geschäftliche besprechen Sie erst nach dem Espresso.)
- *Für Fortgeschrittene*: Geschmack, Sehnsüchte, Geheimtipps / Warnungen (Radarfallen u.ä.), Geständnisse (amüsante Peinlichkeiten, 'allzu Menschliches')

Eher ungeeignete Gesprächsthemen sind

- Anregung zur Meinungsäußerung:
  Politische Überzeugungen, Glaubens- / Religionsfragen, Moral und negative Wertungen über Personen oder Sachverhalte, Belehrungen, Bekehrungsversuche
- Persönlich-intime Sachverhalte:
  Geld / persönlicher Besitz („Mein Haus, mein Auto etc."), Krankheiten („Mein Kreuz, mein Blutdruck etc."), Familienverhältnisse, sexuelle Orientierungen, biographische Datenabfrage, seelische Probleme
- Widerwillen erregende Sachverhalte:
  Ekel erregende Geschichten, Unfallberichte, Anstößiges, Demonstrationen des eigenen Wissensvorsprungs („Das wussten Sie nicht?") / Fachsimpeln, Angeben, Klatsch

Tabelle 24.2. Beispielsätze eines Small Talks im Universitätsalltag.

TYPISCHE SITUATION FÜR EINEN SMALL TALK	IHRE MÖGLICHE REAKTION
Sie treffen ein Fakultätsratsmitglied auf dem Flur	„Ach, Frau Werth, schön, dass ich Sie sehe! Dann sind Sie offensichtlich heute doch kein Opfer des Schneechaos geworden. Sie waren doch gestern in Aachen. Wie war die Fahrt?
Ein entfernter Kollege schaut vorbei	Aktuelles Thema ansprechen: „Haben Sie sich schon mal die Pläne des Neubaus des Hörsaalgebäudes angeschaut? Die neue Technikausstattung soll ja ...."
Ein erst vor wenigen Tagen eingestellter Mitarbeiter betritt den Raum	„Schön, Sie zu sehen. Wie haben Sie sich eingelebt? Für welches Stadtviertel haben Sie sich nun entschieden? Konnten Sie das verlängerte Wochenende schon mal nutzen, sich umzusehen? Das Wetter war ja brillant...
Ein angemeldeter Besucher klopft an die Tür	„Unser Dekan hat Sie mir schon angekündigt. Ich freue mich sehr, dass Sie heute bei uns im Kolloquium sind. Die Kollegen haben Sie als hervorragenden Redner beschrieben. Über welche Studien werden Sie heute berichten?"
Auf einer internationalen Konferenz	Bereiten Sie sich ein paar englischsprachige Einstiegssätze zu klassischen Small Talk-Themen (s.u.) vor: „How do you enjoy the town? Have you been here before or is it your first time in xy?" oder „Who is your favorite for the next world championship?".
Sie treffen Ihren Rektor in der U-Bahn in Bonn-Bad Godesberg	„Guten Tag Herr Herrmann, das ist ja ein Zufall, Sie hier zu treffen. Sind Sie auch unterwegs zur DFG?
	„Guten Tag Herr Kaufmann! Wie schön, Sie zu sehen! Ich war übrigens letzte Woche zu einem Treffen bei einem Kooperationspartner in Ihrer Heimatstadt – das ist ja eine schöne Gegend, aus der Sie da stammen! Und leckeren Wein baut man dort an! ... Wie ich mitbekommen habe, plant man dort, ... zu schließen / umzubauen – hatten Sie das schon gehört?"

MIT SCHWIERIGKEITEN UMGEHEN

Wenn Ihnen während des Small Talks ein Fauxpas passiert ist, haben Sie mehrere Möglichkeiten, darauf angemessen zu reagieren. Hier ein paar Beispiele:

- Die eigene Aussage relativieren („Es gibt natürlich Ausnahmen.")
- Sich entschuldigen („Das tut mir leid, da habe ich offensichtlich ein Vorurteil.")
- Leugnen (die eigene Aussage als Versprecher darstellen. „Habe ich xy gesagt? Ich meinte natürlich yz.")
- Ablenken („Was ist denn das da vorne für eine Statue?")
- Mit einer Ausrede die Flucht nach vorne antreten (Voraussetzung: Schlagfertigkeit, da Ausreden nur ankommen, wenn Sie witzig sind) - („Ich habe wirklich eine loses Mundwerk – hat je-

mand eine Idee, wie ich das in den Griff kriegen kann?" oder „Ich bin wirklich ein Elefant im Porzellanladen – weiß jemand, wie ich das ohne Ballettunterricht in den Griff bekommen kann?").

Wenn Ihr Gegenüber sich nicht an die Small Talk-Regeln hält, können Sie ...

- das Thema mit einer am Rande aufgekommenen Frage wechseln, indem Sie mittels einer Frage etwas aufgreifen, was bisher nur am Rande besprochen wurde.
- versuchen, auch in Unterschieden noch Gemeinsamkeiten zu finden („Sehen Sie, da sind wir uns gar nicht so unähnlich, beide suchen wir im Urlaub den Ausgleich zum Job – Sie durch sportliche Aktivitäten, ich durch kulturelle Eindrücke.").
- Verständnis äußern, Gefühle ansprechen („Das ist wirklich eine unangenehme Erfahrung, Sie haben guten Grund, darüber erbost zu sein.").
- das Gespräch unter einem Vorwand beenden.

Checkliste
zum 'Small Talk'

Wann Small Talken?

✓ Zum warming-up und networking – wann immer Sie eine angenehme und wohlwollende Atmosphäre, den Abbau von Berührungsängsten oder die Überwindung von Distanzen schaffen wollen, ohne sich dabei zu nahe zu kommen.

Wie läuft es ab?

✓ Kurzes, lockeres Gespräch von 5 bis 15 Minuten

✓ Bringen Sie Stichworte auf und knüpfen Sie an jene Ihres Gegenübers an.

✓ Fokussieren Sie auf Gemeinsamkeiten, Parallelen in Ihren Interessen oder angesprochenen Aspekten (bspw. gleiche Herkunft).

Welche Themen passen?

✓ Umgebung (Stadt, Land, Region, Landschaft, aber auch Musik, Gastgeber etc.), aktuelle Ereignisse („Haben Sie schon gehört, dass (hier) ...")

✓ Geburtsort, Ausbildung und Beruf

✓ Medien, Kunst und Kultur im weitesten Sinne, Lektüre und Literatur, Sport und Hobbies, Reisen und Urlaub, Trends und Sammelleidenschaften, Essen und Trinken (Restauranttipps, Wein, Zigarren, ...), Autos bzw. anderes 'technisches Spielzeug'

Wie eröffne ich?

✓ Erzählen Sie kurz etwas und binden Sie dann den oder die Anderen ein.

✓ Fragen Sie! Und zwar bevorzugt die sog. W-Fragen („Was hat Sie hierhher geführt? Was hat Sie bislang hier besonders angesprochen? Welchen Eindruck haben Sie bislang von ...?").

Wie schließe ich?

✓ 'Herzlich, aber bestimmt', 'sich entschuldigen', Andere 'einbinden', den Anderen weiterreichen

24.4 Umgang mit elektronischen Geräten

Im Zeitalter der Elektronik piepst, klingelt und melodeit es nahezu ständig in unserer Umgebung – sei es an der Supermarktkasse, im Restaurant, in der Oper oder in der Uni. Man sieht Menschen geschäftig mit ihren Laptops in Cafés und Wartezimmern, an Flughäfen und Bahnhöfen hantieren und auch in Konferenzen und Sitzungen halten sie mehr und mehr Einzug – wenngleich dabei eher selten Notizen zu den Sitzungsthemen gemacht werden. Es scheint normal, dass man hier auch die eine oder andere SMS schreibt, kurz telefoniert und währenddessen zeitökonomisch bereits die Mail verschickt. Zum guten Ton gehört das nicht – oder darf man's doch? Wie gehe ich mit diesen unbegrenzten kommunikativen Möglichkeiten angemessen um? Die nachstehenden Abschnitte werden Ihnen diese und weitere Fragen beantworten.

MOBILTELEFON

Vor einer Sitzung oder dem Betreten eines Restaurants zum gemeinsamen Geschäftsessen ist Ihr Mobiltelefon aus- oder zumindest stumm zu schalten. Dies ist ein Zeichen der Wertschätzung gegenüber den Anderen und der gemeinsam investierten Zeit. Vermeiden Sie neben dem 'Parallelgespräch' auch das Lesen von SMS oder Mails in Gegenwart Ihrer Kunden, Gäste oder Kollegen. Es ist schlicht unhöflich und signalisiert recht offenkundig, dass jene Nachricht gerade wichtiger ist als Ihr Gegenüber. Manchmal ist ein anderes Gespräch aber wichtig(er), möchten Sie einwenden? Dann bitten Sie in solchen Situationen um Entschuldigung und verlassen Sie kurz die Runde. Denken Sie bei Telefonaten daran, das Gespräch erst dann anzunehmen, wenn Sie außer Hör- / Reichweite sind – zum einen können (und müssen!) Ihnen die anderen auf diese Weise nicht zuhören, zum anderen ist es auch für Sie einfacher außerhalb zu telefonieren, da Sie dann nicht so sehr auf Ihre Inhalte und Worte achten müssen. Insgesamt gilt: Sollten Sie einen wichtigen Anruf erwarten, kündigen Sie dies zuvor an.

Auch in Restaurants sollte das Handy nur in Absprache mit dem Essenspartner eingeschaltet bleiben. Es bleibt dann übrigens nicht zum allgemeinen Bestauntwerden auf dem Tisch liegen, sondern wartet diskret in Jackett- oder Hosentasche auf seinen Einsatz. Nehmen Sie auch hier den Anruf nicht bei Tisch entgegen, sondern entschuldigen Sie sich und gehen Sie für das Gespräch am besten vor die Tür.

TELEFONVERHALTEN

Vielleicht kennen Sie das auch aus dem universitären Kontext: Sie wollen jemanden anrufen, wählen die Nummer, es klingelt und schließlich hebt am anderen Ende jemand ab und sagt „Ja?" Mitarbeiter melden sich auf die seltsamsten Arten und gestalten dadurch die Außenwahrnehmung Ihres Lehrstuhls (vgl. Kapitel 21, Außendarstellung), was im Endeffekt wieder auf Sie zurück fällt. Sorgen Sie daher dafür, dass sich Ihre Mitarbeiter nicht mit „Hallo?" oder „Hallo, hier ist Franzi!" melden, wenn es sich um einen externen Anruf auf einem Dienstanschluss handelt. Stattdessen wäre es gerade bei externen Anrufern wichtig, sich zuerst mit der Institution und dann mit Vor- und Nachnamen zu melden (oft hören die Anrufer die ersten Silben nicht, weil man noch nicht in den Hörer spricht o.ä.): „Institut für Bauphysik, Apparat Müller-Lüdenscheidt" oder „Institut für Psychologie, Sekretariat Professor Klögner, mein Name ist Enthe – was kann ich für Sie tun?" Bei internen Anrufen kann man davon ausgehen, dass der Anrufer weiß, wo bzw. wen er gerade anruft, von daher reicht hier die Meldung mit Vor- und Nachnamen.

Lassen Sie uns noch einmal annehmen, dass Sie einen Kollegen bzw. Wissenschaftler einer anderen Universität anrufen wollen, weil Sie eine fachliche Frage haben. Der Kollege meldet sich – was erwidern Sie? Da viele Menschen auf ein Telefonklingeln meist mit 'Hörer abnehmen' reagieren, also nahezu automatisch ans Telefon gehen, ist es nie sicher, dass sie auch gerade Zeit und Muße zum Telefonieren haben. Kurzum: Möglicherweise werden Sie mit Ihrem Anruf zu einer unpassenden Zeit kommen. Um sicher zu stellen, dass derjenige sich auch gerade auf Sie und Ihr Anliegen einlassen kann, sollten Sie als derjenige mit dem Anliegen klären, ob Ihr Anruf gelegen kommt, beispielsweise mit den Worten „Hätten Sie gerade ein paar Minuten für mich?" bzw. „Passt es gerade oder kommt der Anruf ungelegen?" So können Sie dazu beitragen, dass der andere auch mit seiner ungeteilten Aufmerksamkeit bei Ihnen ist.

LAPTOP

Auch der Laptop hält in immer mehr Lebens- und Arbeitsbereichen Einzug. Grundsätzlich kann der Laptop ein in vielen Kontexten geeignetes Hilfsmittel sein – sofern er denn angemessen eingesetzt wird. Ihr Laptop kann Ihnen beispielsweise in der mündlichen Prüfung als elektronischer Stichwortzettel dienen, jedoch sollten Sie es aus Respekts- und Höflichkeitsgründen tunlichst vermeiden, parallel E-Mails zu lesen oder an dem Paper zu arbeiten, das bis zum Ende der Woche fertig werden muss. Ihr Prüfling hätte dann kaum eine Chance auf Ihre Aufmerksamkeit, welche er aber dringend braucht, um Leistung zu bringen und nicht durch fehlendes Feedback verunsichert zu werden. Gleiches gilt für Sitzungen und Konferenzen. Es ist eine Unsitte und Verletzung der Höflichkeitsnorm, sich während des Vortrags eines anderen hinter seinem Laptop zu verschanzen und E-Mails zu verfassen oder seine eigene Präsentation noch einmal zu überarbeiten. Wechseln Sie einfach einmal die Perspektive: Auch Ihnen wäre vermutlich Ihre Zeit zu kostbar, vor und für Menschen zu reden, die durch ein solches 'Parallelarbeiten' signalisieren, offenbar weder am Inhalt Ihres Vortrags interessiert zu sein noch Ihren Arbeits- und Vorbereitungsaufwand zu schätzen zu wissen.

E-MAIL-NETIQUETTE

„Das Internet bringt die Menschen so gut zusammen, dass sie sich nicht mehr treffen müssen.", ist einer der Leitsprüche des 21. Jahrhunderts. Dies ist für kaum eine Kommunikationsform zutreffender als für die des E-Mailens. Gehören Sie auch zu denjenigen, die am Tag über 100 Mails bekommen? Die elektronische Post hat einen wesentlichen Vorteil: Sie ist schnell – schnell geschrieben und schnell weggeschickt. Doch gerade aus diesem Grund sollten E-Mails – und seien sie noch so kurz – bedächtig und überlegt verfasst werden. Was Sie bei Adressierung, Betreff, Inhalt und Anhängen berücksichtigen sollten, zeigen Ihnen die folgenden Ausführungen.

Adressierung

Wenn Sie eine E-Mail versenden, beginnen Sie vermutlich mit der Adressierung Ihrer Nachricht oder Sie klicken schlicht auf 'Antworten'. Betrachten Sie die Adressen bewusst und achten Sie vor allem bei fortschreitenden E-Mail-Diskussionen auf die Empfänger:

- Senden Sie E-Mails beispielsweise nicht an mehrere Personen gleichzeitig weiter, wenn sich die E-Mail-Diskussion zu einer Zwei-Mann-Konversation gewandelt hat.
- Überlegen Sie sich auch, für wen welche Informationen wichtig sind und wählen Sie dann die Empfänger gezielt aus, d.h. nicht alles an alle schicken!
    - 'An' an alle Personen, die auf Grund dieser E-Mail handeln müssen oder die sie wesentlich betrifft.

  - 'CC' an alle Personen, die diese Information bekommen sollten, aber nicht akut betroffen sind

- Setzen Sie die CC-Funktion mit Bedacht ein: Welche Information sind für wen wichtig? Außerdem freut es niemanden besonders, wenn seine E-Mail-Adresse in Massenbenachrichtigungen auftaucht, aus denen andere dann Rückschlüsse auf private oder geschäftliche Kontakte schließen können. Das gleiche gilt für die Funktion 'Allen antworten'.

- Missbrauchen Sie die CC-Funktion nicht als Machtinstrument. In manchen Organisationen oder Arbeitsgruppen hat es sich eingebürgert, einfach mal ein paar Kollegen, Vorgesetzte oder andere Personen als 'CC' auf die Mail zu setzen und auf diese Weise allen publik zu machen, dass jemand etwas vergessen hat oder man sich gerade wehrt / ärgert. Indem Sie auf diese Weise ein Ereignis oder einen Sachverhalt aufdecken, können Sie im positiven Sinne Machenschaften eindämmen, aber im negativen Sinne auch Menschen verletzen, sie ihr Gesicht verlieren lassen oder das Arbeitsklima beeinträchtigen; also unter Umständen Folgen haben, die Sie möglicherweise noch nicht absehen können. Verwenden Sie die CC-Funktion daher stets bedacht und gebrauchen Sie sie nicht als Druckmittel.

- Verwenden Sie die Funktion BCC (Blind Copy) nicht. Der offizielle Empfänger der Mail (An-Funktion) weiß nicht, dass die Mail ebenfalls (blind) an jemand anderes geht (BCC-Empfänger). Dies ist unhöflich und wenig wertschätzend. Wenn Sie die Mail schon an andere weiterleiten, dann seien Sie auch so ehrlich, dies durch ein CC anzuzeigen (auf Briefen steht ja auch 'in Kopie an xyz').

- Beachten Sie die Antwortadressen, denn manche Adressen sind gleich für eine Gruppe von mehreren Personen (z.B. studierende_psychologie@uni.de für sämtliche Psychologiestudierende) eingerichtet.

Betreffzeile

So banal es klingen mag, aber füllen Sie die Betreffzeile stets aus. Es braucht nur wenige Sekunden und hat den Vorteil, dass Sie die Nachricht ggf. zu einem späteren Zeitpunkt spezifischer suchen bzw. leichter wiederfinden können, als wenn Sie all Ihre 'betrefflosen' E-Mails durchforsten müssen. Gestalten Sie die Betreffzeile immer aussagekräftig, d.h. setzen Sie dort beispielsweise ein wichtiges Sortierstichwort, ein Projektakronym, ggf. 'Action' oder 'Info' zur Kategorisierung ein, denn die Betreffzeile soll möglichst eindeutig auf den Inhalt der E-Mail deuten. Dann weiß auch der Empfänger sofort, worum es geht – denken Sie nur einmal an sich selbst; vermutlich öffnen auch Sie zunächst die E-Mails, deren Betreff und Thema für Sie wichtig erscheint. Und apropos wichtig, kennzeichnen Sie eine Mail nur dann als dringend, wenn sie auch wirklich dringend ist, denn wenn Sie es mit diesem Instrument übertreiben, fehlt Ihnen in relevanten Situationen sonst das Mittel der geeigneten Betonung. Ebenfalls kennzeichnen sollten Sie übrigens besonders lange E-Mails – kündigen Sie dies durch das Wort 'LONG' in der Betreffzeile an! Eine E-Mail gilt ab etwa 100 Zeilen als überlang. Und last but not least zum Gegenteil langer E-Mails, zu solchen, die außer dem Betreff gar keinen weiteren Inhalt haben. Die Aussagekraft des Betreffs, z.B. „Treffen morgen erst um 11 Uhr anstatt um 10 Uhr!" mag zwar aussagekräftig sein, verlangt aber im Zuge der E-Mail-Netiquette samt Höflichkeits- und Respektsdenken nach mehr, als der Fußzeile des Absenders. Übrigens ist ein langer Betreff nicht bei allen E-Mailprogrammen lesbar.

Tipp: Wenn Sie nur einen Betreff ohne weiteren E-Mail-Inhalt verwenden wollen, dann nutzen Sie das Prinzip des 'EOM': Schreiben Sie ans Ende der Betreffzeile 'EOM' (= end of message), so wird deutlich, dass es keinen weiteren Inhalt in der Mail mehr gibt und Sie ersparen Ihrem Empfänger die Arbeit, die E-Mail öffnen zu müssen (bspw.: „Treffen morgen um 11 Uhr fällt aus. EOM").

Das Antwort-Prinzip

Es empfiehlt sich, zuerst alle E-Mails ein- und desselben Absenders zu lesen, bevor Sie ihm antworten. Auf diese Weise vermeiden Sie unnötige Teilantworten auf sich bereits im Laufe der Zeit von selbst gelöst habende Probleme bzw. überholte E-Mails. Gehen Sie dabei am besten 'mit der Zeit' – beginnen Sie mit den aktuellen E-Mails einer Person und arbeiten Sie sich sukzessive zu den älteren (die sich ggf. bereits erledigt haben) derselben Person vor.

Inhalt

Beginnen Sie Ihre E-Mails stets mit einer Anrede, denn eine persönliche, nette Ansprache des Adressaten schafft ein gutes Gefühl und ein professionelles Klima. Nutzen Sie in diesem Zusammenhang auch Groß- und Kleinschreibung bzw. schreiben Sie niemals alles in Groß- oder Kleinbuchstaben. Und wo wir schon gerade beim Vermeiden sind: Nehmen Sie von der HTML-Formatierung Ihrer E-Mail Abstand, denn nicht alle E-Mail-Programme können diese (automatisch) öffnen.

Vergessen Sie beim E-Mailschreiben nicht, dass Ihr Empfänger ein Mensch und nicht der Computer ist. Sie glauben, das passiert Ihnen eh nicht? Haben Sie schon mal eine Mail weitergeleitet mit den Worten „bitte bearbeiten", ohne Dank und Anrede? Eine Studentenanfrage beantwortet mit dem lapidaren Satz „bin nicht zuständig" oder eine Aufgabe kommentarlos Ihren Mitarbeitern gesendet? Wenn auch nicht bei der ersten Mail des Tages, dann vielleicht doch bei der 35. So verständlich es auf der einen Seite ist, so prägend ist es für das menschliche Miteinander auf der anderen Seite. Vernachlässigen Sie daher nie einen entsprechend höflichen und wertschätzenden Stil. Und natürlich schreiben Sie niemals etwas, was Sie dem Adressaten nicht auch von Angesicht zu Angesicht sagen würden. Bedenken Sie auch, dass in einem schriftlichen Medium nur sehr wenig von all dem deutlich wird, was Sie in Gesprächen über Ihre Mimik und Gestik ausdrücken würden. Die Gefahr von Missverständnissen ist beim Mailen dementsprechend hoch. Achten Sie daher darauf, dass Ihre Aussagen eineindeutig sind, dass Sie insbesondere Emotionen, Spitzfindigkeiten, Witze als solche deutlich machen (bspw. mit Smileys: ☺ und ☹).

Auf der inhaltlichen Ebene und für sämtliche weiteren Formulierungen gilt dann der Leitsatz „So kurz wie möglich und so ausführlich wie nötig.". Bedenken Sie, dass Sie für den Empfänger neue Informationen ggf. gesondert erklären sollten bzw. ihm einen Hintergrund geben müssen, vor dem er die Neuigkeiten einordnen kann. Des Weiteren gilt:

- Eine E-Mail – ein Thema! Sprechen Sie pro E-Mail jeweils nur ein Thema an, denn es ist für Sie (und den Empfänger) leichter, die E-Mail in Ihrer Ablage zu ordnen und wiederzufinden (vgl. Abschnitt 2.5, Informationsverwaltung); und Sie vermeiden, dass Ihr Gegenüber an der ersten Information hängen bleibt und weitere Themen überliest oder vergisst.
- Gliedern Sie – durch Absätze und bei langen E-Mails auch durch Kurzzusammenfassungen, indem Sie wichtige Handlungen / Ergebnisse aufführen. Optisch können Sie die Übersichtlichkeit und Lesbarkeit durch Absätze beeinflussen.
- Geben Sie klare Handlungsempfehlungen: Wer muss was bis wann erledigen? Spätestens hier muss für den Leser klar werden, ob und wie die folgende Information für ihn relevant ist.
- Es ist hilfreich, wenn Sie die Arbeitsaufträge, zu beantwortenden Fragen etc. nummerieren, denn das macht dem Empfänger die Bezugnahme zur Frage wesentlich leichter. Dies gilt insbesondere dann, wenn Ihre E-Mail mehrere Empfänger hat.
- Bauen Sie als Empfänger beim Beantworten einer Frage nur so viel 'Originalmaterial' (bspw. Zitat aus einem Artikel) wie nötig ein, damit Ihre Antwort nachvollziehbar bleibt. Arbeiten Sie alle relevanten Teile heraus und antworten Sie direkt auf jede Frage (wenn diese nicht numme-

riert sind, antworten Sie direkt unter der Frage). Auch eine farbliche Hervorhebung (Antwort blau, Frage rot) kann hilfreich sein.

- Beenden Sie eine Mail offiziell; d.h. mit einer Unterschrift, da man sonst das Ende nicht klar erkennen kann (Mail könnte ja abgeschnitten worden sein). Und darüber hinaus gilt: "Ein guter Schluss ziert alles." Wie in einem Brief auch erzeugt ein zusammenfassender Abschlusssatz eine gewisse Verbindlichkeit und sorgt vielleicht für noch mehr Klarheit.
- Beenden Sie Ihre Mail stets mit der Angabe Ihrer Kontaktdaten. Diese sog. Signatur können Sie bei jeder Mail automatisch einbinden lassen. Da sie wie eine Visitenkarte wirkt, sollte sie sich mit einer Trennlinie vom Text absetzen und alle Kontaktdaten (wie die der Visitenkarte) enthalten.
- Und vor dem Abschicken gilt: Lesen Sie Ihre Mail nochmals durch, denken Sie kurz noch einmal darüber nach (nicht, dass sie zu spontan / emotional aufgewühlt geschrieben wurde) und beseitigen alle Rechtschreibfehler (lassen Sie die Rechtschreibprüfung möglichst immer an), dann lesen Sie sie erneut und versenden sie erst danach.

Anhang

Wenn eine Datei oder E-Mail als Anhang weitergeleitet wird, sollten Sie einen kurzen, erklärenden Text dazu schreiben. Im Text sollte stehen, warum Sie welche Datei (offiziellen Dateinamen nennen) versandt haben. Die angefügten Dateien sollten aussagefähige Namen haben – hier gilt das gleiche Prinzip wie beim Betreff. Schauen Sie, bevor Sie eine E-Mail mit Anhang versenden, nach, wie groß die Nachricht wird – einige Empfänger können nur Daten bis zu einer bestimmten Größe empfangen. Erkundigen Sie sich ggf. bei ausbleibender Antwort oder Reaktion des Empfängers, ob ihn die Nachricht überhaupt erreicht hat. Anhaltspunkt für maximale Dateigrößen in E-Mails sind bei nahezu allen E-Mailprogrammen 5 MB, bei den meisten sind inzwischen auch 10 MB möglich. Größere Dateien sollten Sie nur nach Absprache mit dem Empfänger versenden, um sicherzustellen, dass diese ankommen bzw. sein E-Mail-Postfach nicht sprengen.

Abwesenheitsnotiz

Im Falle von Abwesenheitszeiten richten Sie eine automatische Abwesenheitsnotiz ein, in der Sie erklären, dass Sie die Nachricht zum jetzigen Zeitpunkt nicht lesen, dass die Nachricht nicht (oder eben doch) weitergeleitet wird und geben Sie Kontaktadressen von Ansprechpartnern an, die im Notfall angeschrieben werden können (vgl. grauer Kasten). Es ist nicht nur höflich, anzukündigen, dass Sie nicht oder verspätet reagieren werden, sondern es lässt Sie auch beruhigter sein, Urlaub machen oder Abstand gewinnen.

VARIANTEN FÜR DIE ABWESENHEITSNOTIZ

1. Englischsprachig

Betreff: out of office autoreply

Dear e-mail sender,
I will be out of the office from September 1st until September 11th 2012 and might not be able to check my e-mails during this time. Sorry for any inconvenience, best wishes, *ODER* thanks for your patience and have a nice summer,

Barbara Beispiel

In urgent cases please contact my secretary Anne Wieseflink,

Mail: Sekretariat@xxxl.university.de
Tel.: +49 (0)123 - xxxx
Fax: +49 (0)123 - xxxx

2. Deutschsprachig I

Betreff: Abwesenheitsnotiz

In der Zeit vom 1. bis 11. September 2012 bin ich nicht im Büro und werde Ihre Mail erst nach dem 12. September beantworten können. Herzlichen Dank für Ihr Verständnis.

Babara Beispiel

In dringenden Fällen wenden Sie sich bitte an mein Sekretariat, Frau Anne Wieseflink,

Mail: Sekretariat@xxxl.university.de
Tel.: +49 (0)123 - xxx
Fax: +49 (0)123 - xxx

3. Deutschsprachig II

Betreff: Abwesenheitsnotiz

Vielen Dank für Ihre E-Mail.

Ich bin bis zum XX. September 2012 per Mail nicht erreichbar. ODER Ich bin derzeit nicht im Büro und kann Ihre Mail erst nach dem XX beantworten.

In dringenden Fällen können Sie sich an das Sekretariat des Lehrstuhls, Frau Anne Wieseflink, wenden.

Mail: Sekretariat@xxxl.university.de
Tel.: +49 (0)123 - xxx
Fax: +49 (0)123 - xxx

Mit freundlichen Grüßen, ODER Vielen Dank und bis dahin,

Babara Beispiel

4. Deutschsprachig III

Betreff: E-Mail-freier Tag

Ich habe dienstags meinen E-Mail-freien Tag und werde Ihre Nachricht daher erst ab morgen beantworten. Vielen Dank für Ihr Verständnis!

In dringenden Fällen wenden Sie sich bitte an mein Sekretariat, Frau Anne Wieselflink.

Mail: Sekretariat@xxxl.university.de
Tel.: +49 (0)123 – xxx
Fax: +49 (0)123 – xxx

Herzlichen Dank,

Babara Beispiel

Nun wissen Sie aufzutreten, die Gäste zu empfangen, zu unterhalten und ein Dinner zu arrangieren. Nutzen Sie die Chance, auch Ihre Mitarbeiter diesbezüglich zu instruieren und einzuweisen, sodass Sie als gesamtes Team einen gelungenen Auftritt haben.

Sie haben hier kennengelernt, welche Aspekte für Sie und Ihre Mitarbeiter rund um Auftreten und souveränes Verhalten, Manieren, Etikette sowie den Umgang mit Kommunikationsmedien wichtig sein können, um die Wirkung nach außen zu erzielen, die Sie möchten. Bedenken Sie, dass andere Personen, die mit Ihnen und Ihrem Team nur flüchtig oder zum ersten Mal zu tun haben, ausschließlich aus Ihrem Auftreten und Agieren schließen können, wie und wer Sie sind – daher sollte dieses Auftreten so sein, dass es einerseits Ihren Werten und Grundüberzeugungen entspricht (bspw. der Höflichkeit und dem Respekt anderen gegenüber) und niemanden vor den Kopf stößt bzw. dem Anderen hilft, sich zurechtzufinden und wohlzufühlen (bspw. als Gast geführt und umsorgt zu sein). Da wir, häufig, nicht einmal absichtlich, sondern aufgrund von Unaufmerksamkeit oder Gewohnheit, entgegen diesen 'Knigge-Regeln' agieren, ist es empfehlenswert, diese auch im Team immer mal wieder zu thematisieren. Erst wenn wir in unserem Lehrstuhl dieser Thematik das richtige Gewicht beimessen, werden wir entsprechend achtsam miteinander und Anderen umgehen. Und diese gegenseitige Wertschätzung tut uns allen gut.

Gestalten Sie Ihren Lehrstuhl professionell,
denn Sie sind der **Einzige**,
dem dies **erfolgreich** gelingen kann.

Teil VI Anhang

25 Literatur

Zu den einzelnen Buchteilen geordnet finden Sie nachstehend sowohl die genannten Quellen als auch vertiefende Literatur.

25.1 Teil I: Internes Lehrstuhlmanagement

Die Basis schaffen

Belzer, V. (1998). *Sinn in Organisationen? - oder: Warum haben moderne Organisationen Leitbilder?* München: Hampp.

Birkigt, K., Stadler, M. M. & Funck H. J. (2002). *Corporate Identity: Grundlagen, Funktionen, Fallbeispiele.* München: Verlag Moderne Industrie.

Gläbe, R. (2004). *Strategische Planung: Umsetzung der Vision, Mission und der Werte des Unternehmens.* Kissing: WEKA MEDIA.

Graf, P. & Spengler, M. (2008). *Leitbild- und Konzeptentwicklung.* Augsburg: ZIEL.

Herbst, D. (2009). *Corporate Identity: Aufbau einer einzigartigen Unternehmensidentität. Leitbild und Unternehmenskultur. Image messen, gestalten und überprüfen.* Berlin: Cornelsen.

Persönliche Arbeitsmethodik

Allen, D. (2008). *Wie ich die Dinge geregelt kriege: Selbstmanagement für den Alltag.* München; Zürich: Piper.

Crenshaw, W. (2009). *Eins nach dem anderen: Endlich Schluss mit Multitasking.* Weinheim: Wiley-VCH.

Csikszentmihalyi, M. (1999). If we are so rich, why aren't we happy? *American Psychologist, 54*(10), 821-827.

Dababneh, A. J., Swanson, N. & Shell, R. L. (2001). Impact of added rest breaks on the productivity and well-being of workers. *Ergonomics, 44,* 164–174.

Gieltowski, C. (2008). *Effizientes Zeitmanagement auf den Punkt gebracht.* Kissing: WEKA MEDIA.

Gollwitzer, P. M. (1990). Action phases and mind sets. In E. T. Higgins & R. M. Sorrentino (Hrsg.), *Handbook of motivation and cognition* (Vol. 2, S. 141-185). Chichester, England: Wiley.

Gollwitzer, P. M. (1996). Das Rubikonmodell der Handlungsphasen. In J. Kuhl & H. Heckhausen (Hrsg.), *Motivation, Volition und Handlung. Enzyklopädie der Psychologie C/IV/4* (S.531-582). Göttingen: Hogrefe.

Gollwitzer, P. M. (1999). Implementation intention – strong effects of simple plans. *American Psychologist, 54*, 493-503.

Gollwitzer, P. M. & Brandstätter, V. (1997). Implemention intention and effective goal pursuit. *Journal of Personality and Social Psychology, 73*, 186-199.

Grotian, K. & Beelich, K. (2004). *Arbeiten und Lernen selbst managen: Effektiver Einsatz von Methoden, Techniken und Checklisten für Ingenieure.* Berlin: Springer.

John, F. & Peters-Kühlinger, G. (2010). *Mit Druck richtig umgehen.* München: Haufe.

Medina, J. (2009): *Gehirn und Erfolg: 12 Regeln für Schule, Beruf und Alltag*. Heidelberg: Spektrum.

Seiwert, L. J (2001). *30 Minuten für mehr Zeitbalance: Mit Life-Leadership Konzept.* Offenbach: Gabal.

Seiwert, L. J. (2010). *30 Minuten für optimales Zeitmanagement.* Offenbach: Gabal.

Seiwert, L. J., Müller, H.; Labaek-Noeller, A. (2010). *30 Minuten Zeitmanagement für Chaoten.* Offenbach: Gabal.

Sheeran, P. & Orbell, S. (1999). Implementation intentions and repeated behavior: Augmenting the predictive validity of the theory of planned behavior. *European Journal of Social Psychology, 29*, 349-369.

Skinner, B. F. (1938). *The behavior of organisms: An experimental analysis.* New York: Appleton-Century.

Tucker, P. (2003). The impact of rest breaks upon accident risk, fatigue and performance: A review. *Work & Stress, 17(2),* 123-137.

Tucker, P., Folkard, S. & Macdonald, I. (2003). Rest breaks and accident risk. *The Lancet, 361,* 680.

Zulley, J. & Knab, B. (2009). *Wach und fit: Mehr Energie, Leistungsfähigkeit und Ausgeglichenheit.* Freiburg im Breisgau: Herder.

Sitzungen

Barker, A. (1998). *30 Minuten bis zur effektiven Besprechung (4. Aufl.).* Offenbach: Gabal.

Blom, H. (1999). *Sitzungen erfolgreich managen (1. Aufl.).* Weinheim: Beltz.

Kießling-Sonntag, J. (2005). *Besprechungs-Management: Meetings, Sitzungen und Konferenzen effektiv gestalten.* Berlin: Cornelsen.

Laufer, H. (2009). *Sprint-Meetings statt Marathon-Sitzungen: Besprechungen effizient organisieren und leiten (1. Aufl.).* Offenbach: Gabal.

Lencioni, D. (2004). *Death by meeting. A leadership fable.* San Francisco: Jossey-Bass. (auf deutsch: Lencioni, D. (2009). *Tod durch Meeting. Eine Leadership-Fabel zur Verbesserung Ihrer Besprechungskultur (1. Aufl.).* Weinheim: Wiley-Vch.

Lipp, U. & Will, H. (2008). *Das große Workshop-Buch: Konzeption, Inszenierung und Moderation von Klausuren, Besprechungen und Seminaren.* Weinheim: Beltz.

25.2 Teil II: Präsentieren und Moderieren

Arthur, W., Jr., Bennett, W., Jr., Edens, P. S., & Bell, S. T. (2003). Effectiveness of training in organizations: A meta-analysis of design and evaluation features. *Journal of Applied Psychology, 88(*2), 234-245.

Brunner, A. (2009). *Die Kunst des Fragens.* München: Hanser.

Cole, K. (1993). *Crystal clear communication.* New York: Prentice Hall.

DePaulo, B. M. & Friedman, H. S. (1998). Nonverbal communication. In D. T. Gilbert, S. T. Fiske & G. Lindsey (Eds.), *The handbook of social psychology* (4th ed.,Vol. 2, pp. 3-40). New York: McGraw-Hill.

Friedrich, W. G. (2003). *Die Kunst zu präsentieren.* Berlin: Springer.

Hartmann, M., Funk, R. & Nietmann, H. (2003). *Präsentieren: Präsentationen: zielgerichtet und adressatenorientiert.* Weinheim: Beltz.

Herrmann, J. *Präsentationen und Vorträge - so verhalten sich gute Zuhörer, Projektmagazin.* Online im Internet: URL: http://www.projektmagazin.de/tipps/t-1507-1.html (Stand: 30.08.2010)

Langer, I., Schulz von Thun, F. & Tausch, R. (2006). *Sich verständlich ausdrücken.* München: Reinhardt.

Lipp, U. & Will, H. (2008). *Das große Workshop-Buch (8. Aufl.).* Weinheim: Beltz.

Macke, G., Hanke, U. & Viehmann, P. (2008). *Hochschuldidaktik: Lehren – vortragen – prüfen.* Weinheim: Beltz.

Mehrabian, A. (1980). *Silent messages: Implicit communication of emotions and attitudes.* Belmont, CA: Wadsworth.

Morris, D. (1997). *Bodytalk: Körpersprache, Gesten und Gebärden*. München: Heyne.

Qubein, N. R. (2006). *How to be a great communicator. In person, on paper, and on the podium.* New York: Wiley.

Rückle, H. (1998). *Körpersprache für Manager: Kunden richtig verstehen. Mitarbeiter besser führen. Geschäftspartner leichter überzeugen.* Landsberg: Moderne Industrie.

Seifert, J. W. (1999). *Moderation & Kommunikation. Gruppendynamik und Konfliktmanagement in moderierten Gruppen (6. Aufl.).* Offenbach: Gabal.

Seifert, J. W. (2009). *Visualisieren, Präsentieren, Moderieren*. Offenbach: Gabal.

Thiele, A. (2006). *Die Kunst zu überzeugen: Faire und unfaire Dialektik*. Berlin: Springer.

Topf, C. (2004). *Präsentations-Torpedos. Präsentation für Fortgeschrittene: So überleben Sie persönliche Angriffe, Pannen, dumme Zwischenfragen, randalierende Vorgesetzte und andere Störfaktoren.* Bonn: managerSeminare.

Weisbach, C.-R. (2001). *Professionelle Gesprächsführung*. München: dtv.

Werth, L. & Thum, C. (2006). *Geschäftsessen souverän gestalten.* Heidelberg: Spektrum Akademischer Verlag.

Winkler, M. & Commichau, A. (2005). *Reden. Handbuch der kommunikationspsychologischen Rhetorik*. Reinbek: Rowohlt.

Wittstock, S. (2001). *Stimmig sprechen – stimmig leben. Körper – Sprache – Mimik.* München: Beust.

25.3 Teil III: Lehre

Anleitungen für Studierende und ihre zu erbringenden Leistungen/ Studentische Leistung bewerten

Aschermann, E. (2004). *Tipps für die inhaltliche und formale Vorbereitung von Referaten.* Online im Internet: URL: http://www.psychologie-studium.info/dateien/refv.pdf (Stand: 21.03.2010).

Aschermann, E. (2004). *Tipps für die praktische Durchführung von Referaten.* Online im Internet: URL: http://www.psychostudium.de/forumdateien/Attachments/Referat_Durchf_hrung.pdf (Stand: 21.03.2010).

Bänsch, A. (2009). *Wissenschaftliches Arbeiten: Seminar- und Diplomarbeiten.* München: Oldenbourg.

Bloom, B. S., Engelhardt, M. D., Fürst, E. J., Hill, W. H. & Krathwohl, D. R. (1972). *Taxonomie von Lernzielen im kognitiven Bereich*. Weinheim: Beltz.

Buchner, A. *Zur Gestaltung von Haus- und Diplomarbeiten*. Online im Internet: URL: http://www.f3.htw- berlin.de/Professoren/Pruemper/pdf/RichtlinienHaus-undDiplomarbeiten.pdf (Stand: 15.02.2011).

Deininger, M., Lichter, H., Ludewig, J. & Schneider, K. (2002). *Studien-Arbeiten: Ein Leitfaden zur Vorbereitung, Durchführung und Betreuung von Studien-, Diplom- und Doktorarbeiten am Beispiel Informatik*. Zürich: vdf.

Eugster, B. & Lutz, L. (2004). *Leitfaden für das Planen, Durchführen und Auswerten von Prüfungen an der ETHZ*. Online im Internet. URL: http://www.let.ethz.ch/docs/leistungskontrollen/Leitfaden_PDA_Pruefungen_DiZ-2003.pdf (Stand: 15.02.2011).

Fachhochschule für das öffentliche Bibliothekswesen Bonn (Hrsg.) (1987).

Beurteilungskriterien für Diplom-Hausarbeiten. Bonn: Fachhochschule für das Öffentliche Bibliothekswesen Bonn.

Lathrop, A. & Foss, K. (2000). *Student cheating and plagiarism in the internet era: a wake-up call.* Englewood, CO: Libraries Unlimited.

Lorenzen, K. F. (2002). *Wissenschaftliche Anforderungen an Diplomarbeiten und Kriterien ihrer Beurteilung.* Online im Internet: URL: http://web.bui.haw- hamburg. de/fileadmin/redaktion/diplom/lorenzen_wissenschaftliche_anforderungen_dipl.pdf (Stand: 15.02.2011).

Macke, G., Hanke, U. & Viehmann, P. (2008). *Hochschuldidaktik: Lehren – vortragen – prüfen.* Weinheim: Beltz.

Roloff, S. (1999). Gut betreut ist halb bestanden: Betreuung von Diplomarbeiten an Fachhochschulen. In B. Berendt (Red.), *Handbuch Hochschullehre : Informationen und Handreichungen aus der Praxis für die Hochschullehre* (Losebl.-Ausg., Lfg. 22, E 3.1, S. 1- 24). Bonn: Raabe, Fachverlag für Wissenschaftsinformation.

Roloff, S. (2002). *Hochschuldidaktisches Seminar – Mündliche Prüfungen*. Online im Internet. URL: http://www. lehrbeauftragte.net/documents_public/MuendlPruef_Roloff.pdf (Stand: 15.02.2011).

Rußhardt-Maurer, I. (2010). *Zur Notengebung an Hochschulen.* Online im Internet. URL: http://www.ingperiat.com/215e5844db5b5058bedfb7ab317231de_Zur_Notengebung_an_Hochschulen.pdf (Stand: 15.02.2011).

Seidenspinner, G. (1994). *Wissenschaftliches Arbeiten: Techniken, Methoden, Hilfsmittel, Aufbau, Gliederung, Gestaltung, richtiges Zitieren*. München: mvg-Verlag.

Schnotz, W. (2006). *Pädagogische Psychologie – Workbook*. Weinheim: Beltz Psychologie Verlags Union.

Werth, L. (2004). *Psychologie für die Wirtschaft*. Heidelberg: Spektrum Akademischer Verlag.

Werth, L. & Mayer, J. (2008). *Sozialpsychologie*. Heidelberg: Spektrum Akademischer Verlag.

Die eigene Lehre bewerten lassen (Lehrevaluationen durch Studierende)

Berger, U. & Buhl, T. (2000). Praktische Durchführung einer Lehrveranstaltungsevaluation: Qualität – Arbeitsschritte – Kosten – Konsequenzen. *Medizinische Ausbildung, 2*, 110–115.

Rindermann, H. (2003). Lehrevaluation an Hochschulen: Schlussfolgerungen aus Forschung und Anwendung für Hochschulunterricht und seine Evaluation. *Zeitschrift für Evaluation, 3*, 233-256.

Rindermann, H. (2003). Methodik und Anwendung der Lehrveranstaltungsevaluation für die Qualitätsentwicklung an Hochschulen. *Sozialwissenschaften und Berufspraxis, 26*, 401-413.

Spiel, C. (2001). *Evaluation universitärer Lehre - zwischen Qualitätsmanagement und Selbstzweck.* Münster: Waxmann.

Vorlagen für Lehrevaluationen

Diehl, J. M. (2002). *VBVOR - VBREF. Fragebögen zur studentischen Evaluation von Hochschulveranstaltungen: Manual.* Gießen: Fachbereich Psychologie (Abteilung Methodik).

Gollwitzer, M. & Schlotz, W. (2003). *Das „Trierer Inventar zur Lehrveranstaltungsevaluation" (TRIL): Entwicklung und erste testtheoretische Erprobungen.* In G. Krampen & H. Zayer (Hrsg.), Psychologiedidaktik und Evaluation IV (S. 114-128). Bonn: Deutscher Psychologen Verlag.

Rindermann, H. (2001). *Lehrevaluation.* Landau: Verlag Empirische Pädagogik.

Staufenbiel, T. (2000). Fragebogen zur Evaluation von universitären Lehrveranstaltungen durch Studierende und Lehrende. *Diagnostika, 46*, 169-181.

25.4 Teil IV: Forschung

Interdisziplinäre und interkulturelle Zusammenarbeit

Balsiger, P. W. (2005). *Transdisziplinarität.* München: Fink.

Böhm, B. (2006). *Vertrauensvolle Verständigung – Basis interdisziplinärer Projektarbeit.* München: Steiner.

Defila, R., Di Guilio, A. & Scheuermann, M. (2006). *Forschungsverbundmanagement. Handbuch für die Gestaltung inter- und transdisziplinärer Projekte.* Zürich*:* Vdf Hochschulverlag.

Hall, E. T. (1976). *Beyond culture.* New York: Anchor.

Hall, E. T. (1990). *The hidden dimension.* New York: Anchor.

Hofstede, G. (2003) *Culture's consequences: Comparing values, behaviors, institutions and organizations across nations*. Beverly Hills, CA: Sage.

House, R. J., Hanges, P. J., Javidan, M., Dorfman, P. & Gupta, V. (2004). *Culture, leadership and organizations: The GLOBE study of 62 societies.* Thousand Oaks, CA: Sage.

Käbisch, M. (2001). *Interdisziplinarität: Chancen, Grenzen, Konzepte*. Leipzig: Leipziger Universitätsverlag.

Ludwig, J. (2008). *Interdisziplinarität als Chance: Wissenschaftstransfer und Beratung im lernenden Forschungszusammenhang.* Bielefeld: Bertelsmann.

Markowitz, H. M. (1952). Portfolio selection. *The Journal of Finance, 7* (1), 77–91.

Von Blanckenburg, C., Böhm, B., Dienel, H.-L. & Legewie, H. (2005). *Leitfaden für interdisziplinäre Forschergruppen: Projekte initiieren – Zusammenarbeit gestalten.* München: Steiner.

Management von Forschungsarbeiten

Bullinger, H.-J. & Warschat, J. (1997). *Forschungs- und Entwicklungsmanagement: Simultaneous Engineering, Projektmanagement, Produktplanung, Rapid Product Development.* Stuttgart: Teubner.

Deutsche Forschungsgemeinschaft (1998). *Vorschläge zur Sicherung guter wissenschaftlicher Praxis: Empfehlungen der Kommission „Selbstkontrolle in der Wissenschaft".* Weinheim: Wiley-VCH. Online im Internet: URL: http://www.dfg.de/aktuelles_presse/reden_stellungnahmen/download/empfehlung_wiss_praxis_0198.pdf (Stand 15.02.2011).

Heller, L. (2007). *Social Software – Bausteine einer "Bibliothek 2.0".* Online im Internet. URL: http://eprints.rclis.org/10129/ (Stand 15.02.2011).

Hobohm, H.-C. (2005). Persönliche Literaturverwaltung im Umbruch. Vom Bibliographie-Management zum Social Bookmarking. Anmerkungen zu EndNote, Reference Manager, RefWorks und Connotea. *Information. Wissenschaft und Praxis, 56*(7), 385-388.

Hobohm, H.-C. & Umlauf, K. (2006). *Erfolgreiches Management von Bibliotheken und Informationseinrichtungen.* Hamburg: Dashöfer.

Kerschis, A. (2006). Literaturverwaltungsprogramme. In H.-C. Hobohm, & K. Umlauf (Hrsg.), *Erfolgreiches Management von Bibliotheken und Informationseinrichtungen* (14. Aufl., 9/3.6). Hamburg: Dashöfer.

Morrison, T., Conaway, W. A. & Borden, G. A. (2006). *Kiss, bow, or shake hands: The* *bestselling guide to doing business in more than 60 countries.* Holbrook, MA: Adams Media.

Ohlhausen, P. & Warschat, J. (1997). Projektmanagement. In H.-J. Bullinger & J. Warschat (Hrsg.), *Forschungs- und Entwicklungsmanagement: Simultaneous Engineering, Projektmanagement, Produktplanung, Rapid Product Development* (S.93-125). Stuttgart: Teubner.

Plieninger, J. (2008). Literaturverwaltung leicht gemacht - Wie Nutzer Literaturangaben und Volltextdateien in Ordnung halten können. *Forum Bibliothek und Information, 07-08*, 582-583.

Pott, B. (2007). Bibliothekspraxis und EDV. In H.-C. Hobohm & K. Umlauf (Hrsg.), *Erfolgreiches Management von Bibliotheken und Informationseinrichtungen* (14. Aufl., in der Loseblattsammlung, Punkt 9.3.3.1). Hamburg: Dashöfer.

Schnell, R., Hill, P. B. & Esser, E. (2008). *Methoden der empirischen Sozialforschung*. München: Oldenbourg.

Stöber, T. & Teichert, A. (2008). Webbasierte Literaturverwaltung. Neue Kooperationsformen und Anwendungsszenarien. *B.I.T. Online 11(4)*, S. 407–412. URL:http://www.b-i-t-online.de/pdf/bit/BIT2008-4.pdf.

Wang, T. & Wan, X. (2007). Anwendungen und Systeme zur kollaborativen Literaturverwaltung. *Fachstudie Nr. 61. Institut für Parallele und Verteilte Systeme (IPVS)*, Universität Stuttgart, Stuttgart.

Verwenden und Verwerten von Forschungsergebnissen

Belcher, W. L. (2009) *Writing your journal article in 12 weeks: A guide to academic publishing success*. Thousand Oaks, Calif.: Sage.

Cone, J. D. & Foster, S. L. (2006) *Dissertations and thesis from start to finish.* Washington, DC: APA.

Huff, A. S. (1999) *Writing for scholarly publication.* Thousand Oaks et al.: Sage.

Rogelberg, S. G., Adelman, M. & Askay, D. (2009). Crafting a successful manuscript: Lessons from 131 reviews. *Journal of Business Psychology, 24,* 117–121.

Sedlbauer, K., Fuchs, H. V. & Künzel, H. M. (2004). Neue Wege zur Entwicklung und internationalen Vermarktung von innovativen Bau-Produkten. *Bauphysik, 26* (6), 282-289.

Silvia, P. J. (2007) *How to write a lot: A practical guide to productive academic writing.* Washington, DC: American Psychological Association.

Sternberg, R. J. (1993) *How to win acceptance from psychology journals: Twenty-one tips for better writing.* In R. J. Sternberg (Ed.), The psychologist's companion (3rd ed., pp. 174-180). New York: Cambridge University Press.

Kreativitätsmethoden

Adelmann, P. K. & Zajonc, R. B. (1989). Facial efference and the experience of emotion. *Annual Review of Psychology, 40*, 249-280.

Akao, Y. & Mazur, G. H. (2003) The leading edge in QFD: past, present and future. *International Journal of Quality & Reliability Management, 20*(1), 20-35.

Amabile, T. M. (1983). The social psychology of creativity: a componential conceptualization. *Journal of Personality and Social Psychology, 45,* 357-376.

Amabile, T. M., Contti, R., Coon, H., Lazenby, J. & Herron, M. (1996). assessing the work environment for creativity. *Academy of Management Journal, 39*(5), 1154-1184.

Baas, M., De Dreu, C. K. W. & Nijstad, B. A. (2008). A meta-analysis of 25 years of mood-creativity research: hedonic tone, activation, or regulatory focus? *Psychological Bulletin, 134*(6), 779-806.

Buzan, T. (1993). *Kopftraining: Anleitung zum kreativen Denken. Tests und Übungen.* München: Goldman.

Davis, M. A. (2009). Understanding the relationship between mood and creativity: A meta-analysis. *Organizational Behavior and Human Decision Processes, 108*, 25–38.

De Bono, E. (1996). *Serious creativity: Using the power of lateral thinking to create new ideas – a step by step approach to creativity on demand.* New York, NY: HarperBusiness.

De Bono, E. (1997). *Das Sechsfarben-Denken: Ein neues Trainingsmodell.* Düsseldorf: Econ.

De Bono, E. (2000). *Six thinking hats.* London: Penguin.

De Bono, E. (2010). De *Bonos neue Denkschule. Kreativer denken, effektiver arbeiten, mehr erreichen.* Heidelberg: mvg-Verlag.

De Dreu, C. K. W., Baas, M., & Nijstad, B. A. (2008). Hedonic tone and activation level in the mood–creativity link: toward a dual pathway to creativity model. *Journal of Personality and Social Psychology, 94*(5), 739-756.

Förster, J. & Werth, L. (2009). Regulatory focus: Classic findings and new directions. In G. B. Moskowitz & H. Grant (eds), *The big book of goals* (S. 392-420). New York: Guilford.

Friedman, R., Fishbach, A., Förster, J. & Werth, L. (2003). Attentional priming effects on creativity. *Creativity Research Journal, 15,* 277-286.

Kolb, K. & Miltner, F. (1998). *Kreativität: Frei für neue Ideen und Lösungen. Die besten Methoden für Alltag und Beruf.* München: Gräfe und Unzer.

Nemeth, C. J. & Ormiston, M. (2007). Creative idea generation: Harmony versus stimulation. *European Journal of Social Psychology, 37*, 524–535.

Osborn, A. (1979). *Applied imagination.* New York: Scribner.

Rohrbach, B. (1969). Kreativ nach Regeln – Methode 635, eine neue Technik zum Lösen von Problemen. *Absatzwirtschaft 12*(19), 73-76.

Strebel, H. (2007). *Innovations- und Technologiemanagement*. Wien: Utb.

Werth, L. & Förster, J. (2007). Der regulatorische Fokus: Ein Überblick. *Zeitschrift für Sozialpsychologie, 38,* 33-42.

25.5 Teil V: Schnittstellen nach außen

Die Außendarstellung eines Lehrstuhls

Birkigt, K., Stadler, M. M. & Funck H. J. (2002). *Corporate Identity: Grundlagen, Funktionen, Fallbeispiele.* München: Moderne Industrie.

Herbst, D. (2009). *Corporate Identity: Aufbau einer einzigartigen Unternehmensidentität. Leitbild und Unternehmenskultur. Image messen, gestalten und überprüfen.* Berlin: Cornelsen.

Pordesch, Ulrich. *Der rechtssichere Webauftritt. Rechtliche Vorschriften rund um die Gestaltung von Web-Seiten*. Fraunhofer-Gesellschaft, Online im Internet. URL: http://info.fraunhofer.de/fhg/Images/20101124_Rechtssicherer_Webauftritt_tcm100-133378.pdf (Stand: 24.11.2010)

Wissenschaftliche und universitätsinterne Veranstaltungen

Beckmann, K. (2006). *Seminar-, Tagungs- und Kongressmanagement: Veranstaltungsdidaktik und –design, Projektmanagement, Durchführung und Nachbereitung*. Berlin: Cornelsen.

Kuzbari, R. & Ammer, R. (2006). *Der wissenschaftliche Vortrag.* Heidelberg: Springer.

Mehrmann, E. & Plaetrich, I. (2003). *Der Veranstaltungs-Manager: Aktives Marketing bei Ausstellungen, Kongressen und Tagungen.* München: Dtv.

Müller, R. (1999). *Die erfolgreiche Tagung: Planen - veranstalten - teilnehmen*. Köln: Wirtschaftsverlag Bachem.

Kleiner Lehrstuhl-Knigge

Burger, A. (2009). *E-Mail-Management im Job: Informationen effizient organisieren.* Berlin: Cornelsen.

Heidenberger, B. (2008). *E-Mail-Netiquette: So hinterlassen Sie einen guten Eindruck.* Online im Internet. URL: http: //www.zeitblueten.com/news/1058/e-mail-netiquette-benimmregeln/ (Stand 15.02.2011).

Karadeniz, B. (n.d.). *Nettiquette für E-Mails*. Online im Internet. URL: http: //www.netplanet.org/netiquette/email.shtml (Stand 15.02.2011).

Peter, R. O. (2006) *Der korrekte Umgang mit E-Mail*. Online im Internet. URL: http: //portal.tugraz.at/portal/page/portal/zid/netzwerk/dienste/email/nutzung/inhalt (Stand 15.02.2011).

Werth, L. & Thum, C. (2006). *Geschäftsessen souverän gestalten.* Heidelberg: Spektrum Akademischer Verlag.

Zenk, W. (n.d.). *WebMaster-Tipps. E-Mail Netiquette*. Online im Internet. URL: http://www.homepage-total.de/tipps/ netiquette.php (Stand 15.02.2011).

26 Tabellen- und Abbildungsverzeichnis

26.1 Tabellenverzeichnis

26.2 Abbildungsverzeichnis

27 Autorenverzeichnis

Nachfolgend sind jeweils nur die Erstautoren genannt.

28 Stichwortverzeichnis

A

B

C

D

E

F

G

H

I

L

M

O

P

Q

R

S

T

U

V

W

Z